Wer war Luther wirklich, was für ein Mensch war er? Und warum wurde gerade er zum großen Reformator, der die Welt aus den Angeln hob? Die renommierte Oxford-Historikerin Lyndal Roper hat Luther für unsere Zeit neu entdeckt. Sie schildert ihn als Mann, der mit beiden Beinen im Leben stand, als Mann aus Fleisch und Blut. Für Luther waren der Körper und die Sexualität Teil des Mensch-Seins, er wollte den Körper vom Makel der Sünde befreien. Sein Glaube an die Einheit von Körper und Geist führt zum Kern seiner Theologie, der zu einem der großen Streitpunkte des Christentums werden sollte: Luthers unumstößliche Überzeugung, dass Christus bei der Eucharistie leibhaftig anwesend ist. Eine tiefgehende und einfühlsame Biographie, ein Lesevergnügen für alle, die Luther und die Reformation neu entdecken oder erstmals kennenlernen wollen.

»Wundervoll geschrieben (…) die interessanteste, provokativste und originellste Luther-Biographie seit Jahren.« *Literary Review*

*Lyndal Roper* ist »Regius Professor of History« in Oxford und Expertin für die Geschichte der Reformation und der Frühen Neuzeit in Deutschland. Seit vielen Jahren beschäftigt sie sich mit dem Leben Martin Luthers. Auf Deutsch erschienen von ihr zuletzt ›Hexenwahn. Geschichte einer Verfolgung‹ (2007) und ›Der feiste Doktor. Luther, sein Körper und seine Biographen‹ (2012). 2016 erhielt sie den renommierten Gerda Henkel Preis.

*Weitere Informationen finden Sie auf www.fischerverlage.de*

Lyndal Roper

# Der Mensch Martin Luther

## Die Biographie

Aus dem Englischen von
Holger Fock und Sabine Müller

FISCHER

Für meinen Vater Stan Roper
(21.6.1926–22.5.2016)

Erschienen bei FISCHER Taschenbuch
Frankfurt am Main, Oktober 2018

Die Originalausgabe ist 2016 unter dem Titel
›Martin Luther. Renegade and Prophet‹
bei Bodley Head / Penguin Random House, London, erschienen.
© Lyndal Roper 2016

Für die deutschsprachige Ausgabe:
© 2016 S. Fischer Verlag GmbH, Hedderichstr. 114,
D-60596 Frankfurt am Main

Druck und Bindung: CPI books GmbH, Leck
Printed in Germany
ISBN 978-3-596-17930-5

# Inhalt

Inhalt

# Einleitung

Für Protestanten ist es fast ein Glaubensartikel: Die Reformation soll damit begonnen haben, dass der schüchterne Mönch Martin Luther am 31. Oktober 1517, dem Vorabend von Allerheiligen, 95 Thesen an das Portal der Wittenberger Schlosskirche nagelte und damit eine religiöse Revolution in Gang setzte, die das christliche Europa für immer erschütterte. Für Luthers nächsten Mitarbeiter Philipp Melanchthon war Luther derjenige, »der uns (...) das Licht des H. Evangeliums neu entzündet hat«, und ihm verdanken wir die knappe Beschreibung des Ereignisses vom 31. Oktober.[1] In seinem späteren Leben feierte Luther selbst diesen Augenblick als den Beginn der Reformation und stieß gerne mit Freunden darauf an.[2]

Ein klein wenig historische Entzauberung ist immer heilsam, besonders bei Ereignissen von solcher Tragweite. Wie der katholische Kirchenhistoriker Erwin Iserloh 1962 darlegte, hat Luther selbst das Ereignis nie erwähnt, sondern lediglich gesagt, er habe an Erzbischof Albrecht von Mainz und den Bischof von Brandenburg, Hieronymus Scultetus, Briefe geschickt, in denen er den missbräuchlichen Verkauf von päpstlichen Ablassbriefen offen verurteilte, und seine Thesen beigelegt.[3] Die Geschichte, er habe sie an das Portal der Schlosskirche genagelt, ist uns von Melanchthon und Luthers Sekretär Georg Rörer überliefert, doch keiner von beiden war zu der Zeit in Wittenberg und hatte das Geschehen als Augenzeuge erlebt.[4] Andere haben vermutet, die Thesen seien, weit weniger dramatisch, nicht an die Tür genagelt, sondern geklebt worden.[5]

Ob Luther einen Nagel oder den Leimtopf verwendete, wird man wahrscheinlich nie mit Sicherheit wissen. Gesichert ist jedoch, dass er die Thesen am 31. Oktober an Erzbischof Albrecht sandte, den ranghöchsten Kirchenfürsten in Deutschland. Das Begleitschreiben hatte einen bemerkenswert selbstsicheren, sogar arroganten Beiklang. Nach einer unterwürfigen Eröffnung verurteilt Luther in seinem Brief unverblümt die mangelnde Fürsorge des Bischofs für seine Herde und fordert Albrecht auf einzuschreiten. Andernfalls könne am Ende vielleicht einer auftreten, der mit öffentlichen Schriften die Ablassprediger zum Schweigen bringe, die den Käufern versprechen, dass ihnen die Zeit im Fegefeuer erlassen wird.[6] Einen ähnlichen Brief schrieb Luther an seinen direkten Vorgesetzten, den Bischof von Brandenburg. Diese Briefe stellten eine weit größere Provokation dar als der Aushang der Thesen im Provinzstädtchen Wittenberg, und sie mussten eine Antwort nach sich ziehen. Schon damals wurde eines von Luthers Talenten sichtbar: seine Fähigkeit, ein Ereignis zu inszenieren, etwas Spektakuläres zu tun, das ihm Aufmerksamkeit verschaffte.

Luthers Reformation spaltete die Einheit der katholischen Kirche für immer, und man kann ihr sogar den Beginn des Säkularisierungsprozesses im Westen zuschreiben, denn durch sie verlor der Katholizismus seine Monopolstellung in weiten Teilen Europas. Dabei begann alles an einem ziemlich unwahrscheinlichen Ort. Die winzige neue Universität von Wittenberg kämpfte darum, sich einen Namen zu machen; die Stadt selbst war ein Baugelände mit »verdreckten Häusern, unreinen Gassen, alle Wege und Straßen voller Unrat«. Sie lag am Ende der Welt, wie Humanisten aus dem Süden spotteten, weit weg von großen Reichsstädten wie Straßburg, Nürnberg oder Augsburg mit ihren Verbindungen zum mondänen Italien. Sogar Luther merkte an, sie sei so fernab der Zivilisation, dass nur ein kleines Wegstück fehle, und sie hätte in einem barbarischen Land gelegen.[7] Auch Luther selbst war ein Revolutionär, wie ihn niemand erwarten würde. Kurz nach seinem 34. Geburtstag war er bereits seit zwölf Jahren Mönch, hatte sich im Augustinerorden hochgearbeitet und war zu einem bewährten Provinzialvikar und Universitätsprofessor geworden. Er hatte so gut wie nichts veröffentlicht, und seine Erfahrung als Verfasser von Schriften, die sich an die Öffentlichkeit wandten, beschränkte sich weitgehend auf Thesen für Disputationen, Beiträge zur Bibelauslegung und Predigten, die er als Ghostwriter für faule Kollegen verfasste. Obwohl die Kirche sehr zögerlich reagierte, verbreiteten sich die 95 Thesen in Deutschland wie im Fluge. Ihre Leserschaft war groß, sowohl unter Laien als auch unter Klerikern. In nur zwei Monaten waren sie in allen deutschen Ländern bekannt und bald auch weit über deren Grenzen hinaus.

Was immer am 31. Oktober 1517 tatsächlich geschehen ist, an der Bedeutung der Thesen selbst gibt es keinen Zweifel: Ein einziger Text wurde zum Zündfunken für die Reformation. Thesen waren Listen mit durchnummerierten, für die akademische Debatte bestimmten Behauptungen, wenngleich eine Debatte in diesem Fall nie stattfand und Luther wahrscheinlich nie die Absicht hatte, eine solche zu initiieren. Thesen wurden nicht in zusammenhängender Prosa verfasst, und sie beanspruchten auch nicht, die Wahrheit wiederzugeben: Thesen waren hypothetische Behauptungen, die durch eine anschließende Beweisführung überprüft werden sollten, und sie waren so knapp und zugespitzt formuliert, dass es schwer war, sie zu verstehen. Nur wenige zeitgenössische Drucke von Luthers Text haben überdauert, darunter keiner aus Wittenberg selbst.[8] Einseitig auf ein großes Blatt Papier gedruckt, waren sie dazu bestimmt, an einer Wand angeschlagen zu werden – was darauf hindeutet, dass an der Geschichte mit der Kirchentür etwas dran ist –, wenngleich es bei der Größe des Schriftbilds schwer gewesen wäre, Luthers Thesen zu lesen. Darüber aber befand sich in größeren Buchstaben eine Einladung im Namen Luthers, über diese Thesen in Wittenberg zu diskutieren.[9]

Die erste These beginnt mit den Worten »Da unser Herr und Meister Jesus Christus spricht ›Tut Buße‹ usw. (Matth. 4,17), hat er gewollt, dass das ganze Leben des Gläubigen Buße sein soll.« Das Lateinische legt die Betonung auf das Hauptverb *voluit* (»wollte er«), also darauf, was das Leben der Gläubigen nach Gottes Willen sein soll. Diesen Gedanken führt Luther ohne Umschweife weiter, indem er meint, man könne dies nicht so auslegen, als müsse man lediglich die frommen Bußübungen vollziehen, die einem der Priester auferlegte, etwa beten oder Ablassbriefe kaufen. Die scheinbare Schlichtheit dieser Aussage ist trügerisch; sie ist in Wirklichkeit eine Generalkritik am gesamten Gebäude der spätmittelalterlichen Kirche.[10]

Wie konnte eine so einfache Botschaft solche Auswirkungen haben und einen solchen Tumult auslösen? Luther war nicht einmal der Erste oder der Einzige, der die Ablassbriefe kritisierte. Luthers Beichtvater etwa, der Augustiner Johann von Staupitz, hatte dies in Predigten im Jahr 1516 ebenfalls getan. Wie dieser formulierte Luther lediglich einen alten Standpunkt in Bezug auf die Natur der Gnade, der auf Augustinus zurückging: die Vorstellung, dass wir unser Heil nie durch unsere eigenen guten Taten sichern können und dass wir ganz auf Gottes Gnade vertrauen müssen. Luther jedoch klagte darüber hinaus an, das Bußsakrament sei pervertiert und von einer geistigen Übung zu einem Geldgeschäft geworden. Auslöser seiner Wut waren, wie er sich später erinnerte, die Predigten des Dominikanermönchs Johannes Tetzel in der nahe gelegenen Stadt Jüterbog, der behauptete, seine Ablässe seien so wirksam, dass sie selbst jemandem, der der Jungfrau Maria Gewalt angetan habe, vollständige Vergebung und Begnadigung vom Fegefeuer garantierten. Das Problem der Ablässe war ein vieldiskutiertes Thema in theologischen und politischen Debatten, und ursprünglich sahen manche im Streit um den Ablass kaum mehr als einen der häufigen Schlagabtausche zwischen den Mönchsorden, eine Episode in der seit langem bestehenden Rivalität zwischen den Dominikanern und den Augustinern, zu denen Luther gehörte.

Doch es war weit mehr als das. Mit dem Argument, Christen könnten sich weder durch gute Werke noch durch den Anblick von Reliquien oder den Erwerb von Ablassbriefen vom Fegefeuer befreien, griff Luther die Behauptung der mittelalterlichen Kirche an, sie sei durch das Spenden der Sakramente imstande, Vergebung zu gewähren und die Erlösung zu erleichtern. Für Luther zeigten diese Praktiken, dass die Natur der Sünde, der Buße und der Erlösung grundlegend missverstanden wurde. Der Chronist der Protestanten Friedrich Myconius berichtete später, einige von Luthers Gemeindemitgliedern hätten sich beschwert über Luther und seine Weigerung, ihnen die Sünden zu erlassen – »da wollt sie, weil kein rechte Buss noch Besserung da angeben wurd, der Doctor nicht absolvieren« –, und sie seien mit Ablassbriefen von Tetzel angekommen, da »sie weder von Ehebruch, Hurerei, Wucherei, unrechtem Gut und dergleichen Sünd und Bosheit nicht ablassen wollten«.[11]

Mit seinem Angriff auf das Verständnis von Buße traf Luther unausgesprochen das Herz der Papstkirche und ihr gesamtes ökonomisches und soziales Gefüge, das auf der systematischen Vermarktung einer Methode zur kollektiven Seelenerlösung beruhte, die es ermöglichte, dass Menschen für andere beteten und damit deren Zeit im Fegefeuer verkürzten. Dieses System finanzierte die Heerschar des klerikalen Proletariats aus Priestern, die dafür bezahlt wurden, dass sie für die Seelen der Verstorbenen jährlich am Todestag Messen lasen. Es finanzierte fromme Laienhelferinnen in Armenhäusern, die Gebete für die Seelen der Toten sprachen, um ihnen den Gang durchs Fegefeuer zu erleichtern. Es finanzierte religiöse Bruderschaften, die für ihre Mitglieder beteten, Messen lasen, Prozessionen veranstalteten und besondere Altäre finanzierten. Kurz, dieses System strukturierte das religiöse und soziale Leben der meisten Christen im Mittelalter. In seinem Zentrum stand der Papst, der einen »Gnadenschatz« verwaltete – aus dem andere gute Taten bezahlt werden konnten. Ein Angriff auf den Ablass musste daher früher oder später zur Infragestellung der päpstlichen Macht führen.

Niemand zwang die Menschen, Ablassbriefe zu kaufen, doch der Markt für sie war groß. Wenn der Ablassverkäufer in die Stadt kam, »so trug man die Bulla auf einem sammet oder gülden Tuch daher, und gingen alle Priester, Mönch, der Rat, Schulmeister, Schüler, Mann, Weib, Jungfrauen und Kinder mit Fahnen und Kerzen, mit Gesang und Prozession entgegen. Da läutet man alle Glocken, schlug alle Orgel, geleitet ihn in die Kirchen, richtet ein rot Kreuz mitten in der Kirchen auf, da hängt man des Papstes Panier an usw.«[12] Das System war so gut durchorganisiert, dass die Ablassbriefe sogar vor Ort auf Pergament gedruckt wurden, auf dem man nur noch den Namen der Person eintragen musste, zu deren Gunsten sie gekauft wurden.

Die Explosivität von Luthers Thesen ergab sich aber teils auch aus dem Zeitpunkt, zu dem er sie öffentlich machte. An Allerheiligen stellte man die prachtvolle Reliquiensammlung von Kurfürst Friedrich III., dem Reichsfürsten von Sachsen und Luthers Landesvater, in der Schlosskirche von Wittenberg für Pilger aus der weiteren Umgebung aus, und jedem, der sie sah, wurde ein Ablass gewährt. Die Thesen wurden wahrscheinlich während oder unmittelbar vor dieser Feier angeschlagen. Zwar konnten ungebildete Pilger sie nicht lesen; und selbst die gebildete Stadtbevölkerung dürfte Mühe gehabt haben, sie zu verstehen. Doch die Empfänger von Luthers Brief dürften die Bedeutung des Zeitpunkts im vollen Umfang begriffen haben, ebenso seine theologischen Kollegen in Wittenberg. Für die Letztgenannten kratzten die Thesen am eigenen Auskommen, da die Universität von zwei Geldquellen abhängig war: von dem, was die »Allerheiligen«-Stiftung durch das Lesen von Messen für die Toten erwirtschaftete, und von dem, was die Pilger zahlten, die kamen, um die Reliquien zu sehen, damit ihnen Zeit im Fegefeuer erlassen wurde.

Zu diesem Zeitpunkt wusste Luther freilich nicht, dass der besondere »Ablass-Skandal«, gegen den er sich wendete, weit mehr umfasste als die unverfrorenen Predigten Johannes Tetzels, dessen Werbespruch angeblich sinngemäß lautete: »*Sobald der Gülden im Becken klingt, im huy die Seel im Himmel springt.*« Tetzel speiste mit seinem Ablasshandel eine ganze Reihe von grundlegenden Praktiken, die die Kirche finanzierten. Das Geld, das der Priester einsammelte, sollte angeblich für den Wiederaufbau des Petersdoms nach Rom gehen. In Wirklichkeit floss die Hälfte direkt an die Bankiersfamilie Fugger in Augsburg, das reichste Handelshaus jener Zeit. Ihnen schuldete der Mainzer Erzbischof Albrecht von Brandenburg Geld. Als jüngster Sohn einer mächtigen Fürstenfamilie war Albrecht im Alter von 23 Jahren Erzbischof von Magdeburg geworden. Doch dann stand überraschend das Erzbistum Mainz zur Disposition, das reichste Bistum Deutschlands. Diese Gelegenheit wollte sich Albrecht nicht entgehen lassen. Der Heilige Stuhl versuchte jedoch, die Ämterhäufung von Bischöfen zu unterbinden, und nach Albrechts Amtsübernahme in Magdeburg war zudem angeordnet worden, dass künftige Bischöfe mindestens 30 Jahre alt sein mussten.[13] Der Streit wurde zu Albrechts Gunsten beigelegt, als dieser sich bereit erklärte, mit einer Summe von 21 000 Dukaten zum Neubau des Petersdoms beizutragen – Geld, das er nicht hatte. Er lieh es sich von den Fuggern, obwohl deren frühkapitalistischer Handel von der Kirche als Wucher angesehen wurde. Um die Schulden abzubezahlen, verlegte sich Albrecht darauf, Gelder wie die Einnahmen aus Tetzels Ablasshandel in seine Taschen umzuleiten. Mit anderen Worten: Luthers Thesen griffen nicht nur die päpstliche Macht an, sondern auch, ohne dass er es selbst wusste, einen der mächtigsten Männer Deutschlands und das reichste Bankhaus Europas.

In den ersten Tagen nach Versendung der 95 Thesen passierte nicht viel. Es fand keine Disputation statt. Der Bischof von Brandenburg scheint auf Luthers Brief nicht geantwortet zu haben. Als ihm Luther dann seine ausführlichen Erläuterungen und die Verteidigung seiner Thesen sandte, empfahl der Bischof einen Aufschub der Veröffentlichung, was Luther offenbar – fälschlicherweise – als Wink interpretierte, dass der Bischoff mit seinen Ideen sympathisiere. Erzbischof Albrecht von Mainz hielt sich gerade in Aschaffenburg auf, als die Thesen bei ihm ankamen, doch auch er antwortete nicht auf den Brief. Stattdessen sandte er das Schriftstück zur theologischen Überprüfung an die Universität Magdeburg und daraufhin weiter nach Rom. Dieser Schritt sorgte dafür, dass die Thesen eine ernste Angelegenheit wurden, da jetzt eine päpstliche Untersuchung wegen des Verdachts der Häresie begann. Albrechts bürokratischer Akt bedeutete, dass die Angelegenheit nicht länger ein Problem darstellte, das nur einen kleinen Teil von Deutschland anging: Die Thesen waren zu einem Ereignis geworden, das die gesamte Kirche betraf.

*

Luther bewegte sich zeitlebens in einem kleinen, begrenzten Umfeld. Er wurde in Eisleben in Sachsen geboren, und ein merkwürdiger Zufall wollte es, dass er auch dort starb. Seine Kindheit verbrachte er in der Bergbaustadt Mansfeld, zwölf Kilometer nördlich von Eisleben, als junger Mann besuchte er die Universität in Erfurt, 80 Kilometer südwestlich davon, und die meiste Zeit seines übrigen Lebens verbrachte er in Wittenberg, 90 Kilometer nordöstlich von Eisleben. Er wagte sich nur einmal aus den Grenzen des Heiligen Römischen Reichs heraus, als er nach Rom reiste, und diese Reise war in seinem späteren Leben lediglich eine Quelle für papstfeindliche Anekdoten und nährte seine Intoleranz gegenüber allem, was nicht deutsch war. Er reiste ausgiebig in Sachsen, doch als die Reichsacht über ihn verhängt war, konnte er sich nur noch dorthin wagen, wo er unter dem Schutz des sächsischen Herrschers stand. Gegen Ende seines Lebens schränkte ihn sein schlechter Gesundheitszustand noch weiter ein, und wenn er zur Predigt in die Kirche wollte, war er darauf angewiesen, in einer kleinen Karre gefahren zu werden. Aber er schuf nach und nach ein über das gesamte Kaiserreich und darüber hinausreichendes Netzwerk von Briefpartnern und Pastoren, für deren Berufung er gesorgt und deren Karrieren er gefördert hatte. Seine Reformation strahlte von Deutschland aus nach Italien, England, Frankreich, in die skandinavischen Länder und nach Osteuropa.

Die Umrisse seiner Biographie sind schnell erzählt. Seine Kindheit sticht durch nichts hervor, außer in einer Sache: Er kam aus einer Hüttenregion. Die Wirtschaftsform des Bergbaus unterschied sich sehr von der Welt der Werkstätten und Kleinunternehmen, die für die meisten Städte im 16. Jahrhundert charakteristisch waren und die das städtische Umfeld bildeten, das so viele Humanisten und Gelehrte hervorgebracht hat. Luthers Familie investierte in die Ausbildung ihres Sohnes und wollte einen Rechtsgelehrten aus ihm machen, ein Beruf, der geholfen hätte, das familiäre Hüttenunternehmen zu schützen. Doch 1505 gab der junge Mann zum Entsetzen seines Vaters das Jurastudium auf und trat ins Augustinerkloster in Erfurt ein. Dort geriet er unter den Einfluss von Johann von Staupitz, einem als Gründungsprofessor maßgeblich am Aufbau der neuen Universität in Wittenberg beteiligten Augustiner, der den jungen Mönch dazu brachte, sich dem Theologiestudium zuzuwenden und ein Doktorat anzustreben. Nachdem er zügig in der Hierarchie des Ordens aufgestiegen war, übernahm Luther schließlich Staupitz' Lehrstuhl an der Universität und beteiligte sich aktiv an deren Reformierung. Bis 1517 die 95 Thesen über die Welt hereinbrachen.

Die Thesen enthielten kein ausgearbeitetes theologisches Programm; eher radikalisierte sich Luther durch die Gegnerschaft, auf die er stieß, und die Argumente und Angriffe anderer veranlassten ihn, seine Theologie zu entwickeln und seine Ideen weiterzutreiben. Die Reformation entstand durch eine Reihe von Disputationen und Debatten mit seinen Gegenspielern in Heidelberg, Augsburg und Leipzig. Luther wusste, dass Häresie mit dem Scheiterhaufen bestraft wurde und dass er wahrscheinlich sein Leben verlöre, wenn er von der Kirche inhaftiert und verhört würde. Das bedeutete, dass er seine Glaubenslehre unter dem doppelten Druck der beständig aggressiver werdenden Argumentation seiner Gegner und des drohenden Märtyrertodes entwickelte.

1521 wurde Luther, der inzwischen in ganz Deutschland bekannt war, von Kaiser Karl V. zum Reichstag nach Worms vor die Reichsstände geladen. Viele glaubten, er werde das Risiko nicht eingehen, dort zu erscheinen, doch nach seinen eigenen Worten gab es nichts, was ihn davon abhalten konnte, selbst wenn er gewusst hätte, »dass so viele Teufel hinter mir her waren, wie es Ziegel gab auf den Dächern zu Worms«.[14] Der Mut, den er in Worms an den Tag legte, war atemberaubend. Als gewöhnlicher Bürger dem Kaiser und den mächtigsten Reichsfürsten die Stirn zu bieten und sich der Macht der Kirche entgegenzustellen war ebenso außerordentlich wie unvergesslich. Mehr als seine Theologie trug wahrscheinlich dieses entscheidende Ereignis dazu bei, die Menschen von der Reformation zu überzeugen und Hoffnungen und Erwartungen Gestalt zu geben. Wie in jeder revolutionären Bewegung wurden Luthers Ideen aufgebauscht und gebrochen durch das, was die Menschen auf der Straße oder in Predigten hörten oder was ihnen über seine Taten zu Ohren kam.

Der Reichstag endete mit der deutlichen Verurteilung durch den Kaiser. Auf seinem Rückweg von Worms wurde Luther, der nun in

Lebensgefahr schwebte, auf Anweisung seines Herrn und Protektors Friedrichs des Weisen entführt und zu seiner eigenen Sicherheit in die Wartburg geleitet. Dort brachte er die folgenden zehn Monate abgeschieden von der Welt damit zu, in rasender Geschwindigkeit Schriften zu verfassen und das Neue Testament zu übersetzen. In der Zwischenzeit schritt die Reformation in Wittenberg rasch ohne ihn voran. Unter der Führung von Andreas Karlstadt wurde sie immer radikaler und wandte sich Fragen zu, die wenig Unterstützung und moralischen Rückhalt fanden. Als Luther im März 1522 nach Wittenberg zurückkehrte, verlangte er umgehend die Rücknahme der Reformen, weil sie zu schnell gekommen seien. Es kam zum endgültigen Zerwürfnis mit Karlstadt, der inzwischen einen anderen Standpunkt zum Abendmahl einnahm und die Auffassung vertrat, dass Christus in Brot und Wein nicht wirklich gegenwärtig sei, eine Ansicht, die Luther leidenschaftlich zurückwies.

Dieser Bruch deutete bereits in die Zukunft, in der etliche Leute Luthers Theologie entsprechend ihrer eigenen Auslegung benutzten, um ihre speziellen Ziele zu verfolgen – ein Prozess, gegen den sich Luther wohl verwahren konnte, der aber außerhalb seiner Kontrollmöglichkeiten lag. Als die Reformation sich ausbreitete, begann sie auch zu zersplittern, da viele Menschen in Süddeutschland, in den Schweizer Städten, in Schlesien und sogar in Sachsen sich von denjenigen überzeugen ließen, die bestritten, dass der Leib Christi in der Kommunion wahrhaft gegenwärtig sei.

Überall im Reich begannen Menschen in Städten und Dörfern, evangelische Freiheit zu fordern, die Berufung evangelischer Priester zu verlangen und bestehende Autoritäten zu stürzen. Wie Luthers Gegenspieler es von Beginn an vorausgesagt hatten, brachte seine Botschaft eine Revolution. 1524 begann der Bauernkrieg, der größte Aufstand, den es in den deutschen Landen je gegeben hat und dem in Europa bis zur Französischen Revolution nichts gleichkommt. Luther scheint am Anfang beide Seiten gleichermaßen scharf getadelt zu haben. Er geißelte die Bauern, während er wie ein alttestamentarischer Prophet gleichzeitig die Herrscher kritisierte, doch schließlich unterstützte er die Fürsten. Mit dieser Haltung wurde der soziale Konservativismus von Luthers Reformation offensichtlich.

Auf dem Höhepunkt des Bauernkriegs beschloss Luther zu heiraten – dem Teufel zum Trotz, wie er erklärte, was sicher eine der merkwürdigsten Begründungen ist, die ein frischgebackener Ehemann je gegeben hat.[15] Die Eheschließung war in der Tat schockierend, doch dass er dies wagte, war ebenso sehr eine Herausforderung der Kirche wie eine des Teufels. Luther war sowohl Priester als auch Mönch, und seine Braut Katharina von Bora war eine Nonne: Beide hatten das Gelübde der Keuschheit abgelegt. Luther war nun nicht länger der blasse, asketische Mönch, er trat in eine neue Lebensphase ein und wurde bald Vater. Dennoch musste er das nun verwaiste Kloster nicht verlassen: Die sächsischen Fürsten überschrieben die Gebäude ihm und seinen Erben. Sein Haushalt, mit den Gästen, Studenten und Kollegen, die ein und aus gingen, wurde zum umfassenden Vorbild für das evangelische Pfarrhaus.

Die neue Kirche brauchte freilich noch eine Rechtsgrundlage. 1530 hielt Kaiser Karl V. einen weiteren Reichstag auf deutschem Boden ab, dieses Mal in Augsburg. Inzwischen war klar, dass es keine Verständigung zwischen Lutheranern und Katholiken geben konnte. In der Frage der Kommunion war die Reformation zu dieser Zeit allerdings selbst gespalten. Luthers Gegner erhielten jedoch kein Rederecht auf dem Reichstag. Die letzten Lebensjahre Luthers waren von Versuchen bestimmt, zu einer Art von Übereinkunft mit den »Sakramentariern« zu kommen. Schließlich wurde eine wackelige Einigung erreicht, doch sie bestärkte Luther in seiner Überzeugung, er habe die ganze Zeit über Recht gehabt – eine psychologische Dynamik, bei der künftiger Ärger für die Bewegung vorprogrammiert war. Zur selben Zeit wurde seine gegen den Papst gerichtete Rhetorik immer harscher. Seine Anprangerung des Papstes als Antichrist verhärtete sich zu einem fundamentalen Axiom seiner Theologie, überdies war sein Lebensabend gekennzeichnet durch heftige Auseinandersetzungen mit früheren Anhängern und durch wilde Hetzschriften gegen Juden. Nach Luthers Tod kam es zwischen verschiedenen Flügeln seiner eigenen Bewegung zu Brüchen, die zu einem Vermächtnis von Spaltungen führten, bei denen sich jede Seite leidenschaftlich auf Luther berief.

*

Das sind die äußeren Begebenheiten, doch sie teilen nichts mit über Luthers innere Entwicklung, die durchgehend im Fokus dieses Buchs liegt. Woher nahm er die innere Kraft, sich Kaiser und Reichsständen in Worms entgegenzustellen? Was brachte ihn so weit? Warum brach er mit Andreas Karlstadt, seinem engen Unterstützer in den ersten Jahren der Reformation? Warum zerstritt sich Luther immer wieder mit den Menschen, mit denen er am engsten zusammengearbeitet hatte, und schuf – zum Entsetzen seiner Anhänger, die fürchteten, auch sie könnten seinen Zorn auf sich ziehen – gallige Feindschaften? Wie konnte der Mann, der überzeugt war, dass es niemandem gelingen würde, ihm »ein Weib aufzuhalsen«, zum Modell des verheirateten Pfarrers werden? In diesem Buch werden Luthers emotionale Wandlungen skizziert, ausgelöst durch die religiösen Umwälzungen, die er selbst in Gang gesetzt hatte. Denn seine Persönlichkeit hatte große historische Auswirkungen – im Guten wie im Schlechten. Sein bemerkenswerter Mut und seine Zielstrebigkeit schufen die Reformation; seine Verbohrtheit und sein Vermögen, Gegner zu dämonisieren, hätten sie beinahe zerstört.

Aufgrund ihrer Tendenz, komplexe Persönlichkeiten und historische Prozesse mit Hilfe von Grundmustern zu erklären, die in der frühen Kindheit angelegt sind, stand die Psychohistorie lange in zweifelhaftem Ruf. Luthers Leben gab den Anstoß für einige der berühmtesten psychobiographischen Studien, darunter Erik Eriksons Buch *Der junge Mann Luther* und Erich Fromms Kapitel über den Reformator in seinem Buch *Die Furcht vor der Freiheit* – beide Autoren waren Psychoanalytiker.[16] Erikson war zudem Entwicklungspsychologe, der mit Jugendlichen arbeitete. Sein lebendiges, im Amerika der Nachkriegszeit veröffentlichtes Buch bleibt ein Klassiker. Eines der wichtigsten Merkmale von Luthers Reformation besteht allerdings darin, dass sie nicht das Werk eines *jungen Mannes* war. Dieses Buch soll unter anderem zeigen, dass Vaterfiguren nur ein Teil dessen waren, was Luther formte, wenngleich die Beziehung zu seinem Vater für seine Persönlichkeit und seinen Glauben grundlegend war und seine Auffassung von den Beziehungen zwischen Eltern und Kindern seine gesamte Theologie durchdringt.

Es mag verwegen erscheinen, eine psychoanalytisch beeinflusste Biographie gerade des Mannes in Angriff zu nehmen, dessen Biographie zum Inbegriff für die schlechtesten Ausprägungen reduktionistischer Geschichtsschreibung geworden ist.[17] Ein solcher Zugang läuft Gefahr – so könnte man behaupten –, die Rolle individuellen Handelns in der gleichen Weise zu überschätzen, wie es die Luther-Hagiographie des 16. Jahrhunderts tat, und das Verständnis dafür zu blockieren, warum Luthers Ideen bei so vielen Menschen auf fruchtbaren Boden fielen und wie daraus eine soziale Bewegung hervorging. Außerdem könnte man einwenden, es würdige die Theologie herab, wenn man zentrale Ideen auf Folgen unbewusster Wünsche und Konflikte reduzieren würde, und hindere uns zu begreifen, warum Ideen über die Gegenwart Gottes im Sakrament oder über die Natur der Buße so vordringlich wurden.

Allerdings ist die Fülle an Material zu Luther, das überliefert ist, so enorm, dass wir über sein Innenleben wahrscheinlich mehr wissen als über das irgendeines anderen Menschen des 16. Jahrhunderts. Das erlaubt uns, anhand seiner Briefwechsel seine Beziehungen zu seinen Freunden und Kollegen nachzuzeichnen und sogar seine Träume zu untersuchen. Seine gesammelten Werke, die berühmte Weimarer Ausgabe (WA), umfassen 120 Bände, darunter elf Bände mit Briefen und sechs Bände seiner Tischreden. Wo viele Historiker diese Materialfülle dazu genutzt haben, seine theologische Entwicklung in allen Einzelheiten nachzuzeichnen und besondere Ereignisse mit größerer Genauigkeit zu datieren, möchte ich Luther selbst verstehen. Ich will wissen, wie ein Mensch des 16. Jahrhunderts die ihn umgebende Welt wahrnahm und warum er sie so wahrnahm. Ich möchte seine Seelenlandschaft erforschen, um seine Vorstellungen von Fleisch und Seele besser zu verstehen, die aus einer Zeit vor unserer modernen Trennung von Geist und Körper stammen. Insbesondere interessiere ich mich für Luthers Widersprüche. Wir haben es mit einem Mann zu tun, der unter allen Denkern einige der frauenfeindlichsten Äußerungen machte und der trotzdem nicht nur für ehelichen Sex eintrat, sondern auch forderte – und das ist entscheidend –, dass dieser für Frauen und Männer gleichermaßen lustvoll sein sollte. Dieses offensichtliche Paradox zu verstehen ist eine Herausforderung, der ich nicht widerstehen konnte.

Luther war ein Mann mit großem Charisma, aber seine leidenschaftlichen Freundschaften gingen einher mit einer ebenso unerbittlichen Ablehnung derer, von denen er glaubte, sie irrten sich oder seien illoyal. Seine Theologie war Ausfluss seines Charakters, sein Charakter beglaubigte seine Lehre, worauf Melanchthon, einer seiner ersten Biographen und sein engster Mitarbeiter, nachdrücklich hinwies: »Wie schon die alten Griechen sagten: Einem züchtigen Lebenswandel pflegt man am meisten zu trauen.«[18] Luthers Theologie wird lebendiger, wenn wir sie mit den psychologischen Konflikten zusammenbringen, die in seinen Briefen, Predigten, Abhandlungen, Gesprächen und Bibelauslegungen zum Ausdruck kommen. Eine solche Re-Lektüre der Originalquellen, die vom Zuwachs an konfessioneller Gelehrsamkeit absieht, wird uns zeigen, warum scheinbar abseitige und abstruse theologische Fragen ihm und seinen Zeitgenossen so sehr am Herzen lagen und inwieweit sie uns heute noch betreffen können. So gewinnt man, indem man die Erkenntnisse der Psychoanalyse heranzieht, ein umfassenderes Verständnis nicht nur für den Menschen Luther, sondern auch für die revolutionären religiösen Grundsätze, denen er sein Leben widmete, und für seine Hinterlassenschaften, die noch immer so wirkmächtig sind.

Dieses Buch soll keine allgemeine Geschichte der Reformation bieten, nicht einmal eine Geschichte der Reformation in Wittenberg. Noch weniger kann es eine umfassende Interpretation dessen liefern, was wir als Luthertum kennen. Dennoch wird hier dargelegt werden, dass unsere Wahrnehmung der Reformation in den deutschen Ländern verzerrt wurde durch die vorwiegende Beschäftigung mit den süddeutschen Städten, wie sie in der westlichen Wissenschaft während der Nachkriegszeit stattfand. Unser Bild von Luther war ein Erbe des Kalten Krieges, als Historiker aus dem Westen Schwierigkeiten hatten, die Archive im Osten zu benutzen, während ihre Kollegen aus der DDR in erster Linie an sozialen Bewegungen und dem Erbe des religiösen Radikalen und Revolutionärs Thomas Müntzer und weniger an Luther interessiert waren. Infolgedessen ist die Erforschung der sozialen Geschichte des Luthertums noch immer im Gange, und es fehlt eine materialreiche, nuancierte Darstellung der Entwicklung dieser Bewegung, wie sie uns für die bedeutenden Städte Süddeutschlands vorliegt. Weil die westdeutschen Historiker nach dem Krieg so begierig darauf waren, eine demokratische Spur als Anknüpfungspunkt in ihrer eigenen Geschichte zu finden, idealisierten sie die freien und unabhängigen Reichsstädte mit ihren gewählten Räten. Sie wollten der Gleichsetzung der Reformation mit politischem Konformismus und Untertanengehorsam entgehen, die ihrer Geschichte den Glanz geraubt hätte. Sie wiesen daher auf die Vielfalt lokaler, populärer Reformationen hin, deren Vorstellungen über das Sakrament, die Bilderfrage und deren soziale Reformen sich von denen Luthers jedoch stark unterschieden. Dadurch hat unsere Erzählung der Reformation eine Schieflage erhalten. Es fehlt an einer angemessenen Einschätzung des Luthertums in seinem heimischen sozialen und kulturellen Kontext, der so anders war als der süddeutscher Städte: Die politischen Werte des Luthertums und die ökonomischen Strukturen waren nicht die Süddeutschlands. Ebenso wenig verstehen wir, wie sich das Luthertum im Dialog mit den Denkbewegungen entwickelte, aus denen die reformierte Konfession als Vorläufer des Calvinismus hervorging – ein Dialog, der immer wieder bestimmt war von erbitterten Feindschaften und tragischem Abbruch freundschaftlicher Beziehungen. Diese Leerstellen kann das Buch nicht füllen, doch ich hoffe, einen neuen und unerwarteten Zugang zu Luthers Theologie zu bieten, indem ich den Menschen Luther in den sozialen und kulturellen Kontext setze, der ihn geformt hat.

\*

Länger als ich gerne zugebe, war Luther Teil meines Lebens. Er war ein Angelpunkt meiner Kindheit, denn mein Vater war einige Jahre lang Pastor einer presbyterianischen Gemeinde. Ich war nur kurz eine Pfarrerstochter, doch ich erlebte, welchen Tribut ein Familienleben in der Öffentlichkeit von beiden Elternteilen forderte. Die seltsame schwarze Soutane und der Talar schienen meinen Vater in ein anderes Wesen zu verwandeln. Er hatte ein Arbeitszimmer, dessen Wände vom Fußboden bis zur Decke mit theologischen Werken bestückt waren, doch die Gemeinde sehnte sich nach seinem Vorgänger zurück, der weniger intellektuell war. Das alles konfrontierte mich mit Problemen der Autorität – die Autorität, die die Gemeinde meinem Vater übertragen hatte; die Bedeutung, die die Kanzel und die schweren, schwarzen Gewänder ihm verliehen, die für das australische Klima so unpassend waren; und die Belastungen, die diese Rolle für ihn mit sich brachte. Wir spielten eine Sonderrolle, und dennoch waren wir beschämend abhängig – nichts im Pfarrhaus konnte repariert, kein Möbelstück angeschafft werden ohne die Zustimmung der Gemeindemitglieder, von denen eines der Ansicht war: »Ihr braucht keine Teppiche, um Gottes Werk zu tun.«

Durch einen eigenartigen historischen Zufall war die Presbyterianische Kirche von Melbourne zu jener Zeit mehr von Luther als von ihrem angeblichen Begründer Johannes Calvin beeinflusst, da mehrere an australischen Universitäten lehrende Theologen in Tübingen bei lutherischen Professoren studiert hatten. Einige Jahre später, als mein Vater aus der Kirche ausgetreten war und ich mit meiner Doktorarbeit begann, studierte ich selbst in Tübingen bei Professor Heiko Oberman, einem niederländischen Gelehrten, der dort das Institut für Spätmittelalter und Reformation leitete und dessen Arbeiten unser Verständnis der spätmittelalterlichen Theologie veränderten. In meinem ersten Semester besuchte ich die Vorlesungen, aus denen seine Studie über Luther hervorging, ein Klassiker, der meiner Meinung nach noch immer die beste Biographie des Reformators ist. Und während meines Studiums in Tübingen verlor Hans Küng, der dort katholische Theologie lehrte, seine Lehrberechtigung *(missio canonica)*, weil er die Unfehlbarkeit des Papstes in Frage gestellt hatte. Offenbar waren die Fragen der Autorität, der Freiheit und des Gehorsams, die Luther Jahrhunderte zuvor aufgeworfen hatte, noch sehr lebendig. Durch diese brennenden Fragen blieb die lutherische Theologie weiterhin im Zentrum meines intellektuellen und persönlichen Interesses.

Die meisten Biographien über Luther wurden von Kirchenhistorikern verfasst. Eine große Ausnahme ist die herausragende neue Biographie des Historikers Heinz Schilling, der als Erster Luther in einen umfassenderen historischen Kontext gestellt hat und seinem Gegner Karl V. gleiches Gewicht gibt.[19] Ich bin kein Kirchenhistoriker, sondern eine Religionshistorikerin, die von der Sozial- und Kulturgeschichte der letzten Jahrzehnte und insbesondere von der Frauenbewegung geprägt ist. Ich möchte Luther weder zum Idol erheben noch verunglimpfen und ebenso wenig seine Widersprüche auflösen. Ich möchte ihn verstehen und die Erschütterungen begreifen, die er und der Protestantismus auslösten, nicht nur in Bezug auf Autorität und Gehorsam, sondern auch hinsichtlich der Beziehungen zwischen den Geschlechtern und in Bezug auf die Weise, in der Männer und Frauen ihre physische Existenz begriffen.

Als ich mein Promotionsstudium aufnahm, gab es aufgrund der damaligen Teilung Deutschlands sehr wenige Geisteswissenschaftler aus dem Westen, die über lutherische Regionen der Reformation in Ostdeutschland arbeiteten. Zu den wenigen Ausnahmen gehörte der früh verstorbene Bob Scribner, der seine Doktorarbeit über die Reformation in Erfurt geschrieben hatte und mein Doktorvater werden sollte. Die meisten lokalen Untersuchungen zur Reformation behandelten Städte in Süddeutschland, die unter dem Einfluss der Theologie von Reformatoren wie Huldrych Zwingli oder Martin Bucer standen, aber keine lutherischen Regionen.[20] Die ostdeutsche Wissenschaft ihrerseits wandte sich dem Bauernkrieg und Luthers Gegenspieler Thomas Müntzer als einem Revolutionsführer zu. Die Sozialgeschichte von Wittenberg blieb indessen weitgehend unerforscht, mit dem Ergebnis, dass die Darstellung der Geschichte der Reformation sehr einseitig war. Biographien wurden weitgehend ohne Verständnis für die soziale und kulturelle Welt Sachsens oder Wittenbergs verfasst und tendierten dazu, das Bild von Luther als einem einsamen theologischen Helden, der über Raum und Zeit stand, weiter zu verfestigen. Dennoch gab es einige subversive Momente. Durch eine feine Ironie bezeugt die beste wissenschaftliche und seither unerreichte Studie über Wittenberg das Vermächtnis der frühen Frauenbewegung: Es handelt sich um die 1927 entstandene Arbeit der Wirtschafts- und Sozialhistorikerin Edith Eschenhagen, die Wittenbergs Steuerlisten untersuchte.[21]

Alle diese Arbeiten hatten einen starken Einfluss auf mich, als ich 2006 mit der Arbeit an diesem Buch begann, und sie bestärkten mich darin, dass ein Verständnis des Orts wesentlich für ein Verständnis von Luthers Reformation war. Ich verbrachte so viel Zeit, wie ich konnte, in den Wittenberger Archiven, die im Schloss Friedrichs des Weisen untergebracht sind. In den Mittagspausen spazierte ich durch die Stadt. Ich besuchte alle Ortschaften, in denen Luther gelebt hatte, bevor er nach Wittenberg kam, und ich las in den Archiven – weniger, um etwas über Luther herauszufinden, als um ein Verständnis für die lokalen Wirtschafts- und Machtstrukturen zu bekommen. Ich las zeitgenössische Berichte über Luther von Widersachern und Freunden, und ich entdeckte, dass seine Gegenspieler sich häufig erstaunlich scharfsinnig über seine Psychologie und seine Beweggründe äußerten. Die größte Freude und Bereicherung in der Begegnung mit diesem Mann fand ich jedoch bei der Lektüre seiner Briefe. Ich las sie nicht, um Ereignisse in der Reformation zu bestätigen oder zu datieren, sondern als literarische Quellen, die seine Gefühle mitteilten und seine Beziehungen zu anderen erhellten. Luthers Briefe waren in der Absicht geschrieben, Dinge zu bewegen. Seine Irrtümer, Fehltritte, Selbstrechtfertigungen und seine Vorliebe für bestimmte Formulierungen verraten viel darüber, was ihn bewegte. In der Frühzeit der Reformation zum Beispiel sprach er ständig von der *invidia* (Neid), die er seinen Gegnern unterstellte – obwohl es ziemlich unwahrscheinlich ist, dass sie einen mittel- und machtlosen Mönch beneideten, während er dagegen allen Grund hatte, sich mit denen zu beschäftigen, die er beneidete. Ich begann darüber nachzudenken, dass viele seiner theologischen Anliegen eng verknüpft waren mit den heftigen Konflikten, die seine Persönlichkeit formten.

Luthers Gewohnheiten beim Briefeschreiben liefern vielleicht die interessantesten Einblicke. Obwohl er seit seinen Tagen als Mönch Sekretäre beschäftigte, schrieb er, sofern ihn nicht eine ernsthafte Erkrankung daran hinderte, seine Briefe selbst. Seine Handschrift – klein, sauber und wohlgestaltet – bewegte sich sicher über die Seite, und Luther wusste fast immer, welches Papierformat er benötigen würde, und zeigte eine bemerkenswerte Fähigkeit darin, im Voraus einzuschätzen, wie viel er schreiben würde. Über die Jahre hinweg blieb seine Handschrift weitgehend unverändert, mit der Ausnahme, dass sie dazu tendierte, ein bisschen kleiner und eckiger zu werden, da die Handmuskeln offenbar kräftiger wurden. Dass Luther keine Kopien aufbewahrte, war ungewöhnlich in einem Zeitalter, in dem Briefe in der Regel von Hand zu Hand weitergereicht, gefälscht oder abgefangen wurden und in dem jede Kanzlei Entwürfe abheftete. Das verlieh seinen Briefpartnern große Macht, denn sie allein geboten über das, was er geschrieben hatte, doch Luther sorgte sich nicht darum, scherzte, er könne jederzeit seine eigene »Hand« verleugnen, eine Bemerkung, die sein ungewöhnliches Vertrauen offenbart.

Diese unbeschwerte Gleichgültigkeit gegenüber Formalitäten ist eine von Luthers anziehendsten Eigenschaften. Als brillanter, fesselnd persönlicher Briefeschreiber hatte er einen sicheren Sinn dafür, worüber sein Adressat lachen würde. Mit echtem Interesse erkundigte er sich nach der Gesundheit, doch er wusste genau auf den wunden Punkt zu kommen und redete nicht um das Leid eines Briefpartners herum. Mehr als alles andere vermitteln uns seine Briefe etwas von dem Charisma, das er ausgestrahlt haben muss, und dem Glücksgefühl, zu seinen Freunden zu zählen, das seine Briefpartner sicherlich empfunden haben. Es waren Luthers lebhafte Freund- und Feindschaften, die mich überzeugten, dass er durch seine Beziehungen verstanden werden muss und nicht als der einsame Held, als den ihn der Mythos der Reformation präsentiert. Luthers Theologie bildete sich im Dialog und in der Debatte mit anderen heraus – und es ist kein Zufall, dass die Disputation, die Form, in der er seine 95 Thesen unterbreitete, das intellektuelle Werkzeug blieb, das er bis zu seinem Tod schätzte.

Dieses Buch zeichnet auch ein ungewohntes Bild von Luthers Theologie. Wir sind daran gewöhnt, ihn als den Anwalt für die »Erlösung allein durch Gnade« anzusehen, als den Mann, der auf dem *sola scriptura* bestand, dem Prinzip, dass die Bibel die einzige Autorität in Glaubensfragen darstellt. Doch ebenso wichtig war für Luther selbst sein Beharren auf der Realpräsenz Christi in der Eucharistie. Das ist vielleicht das Merkmal, das viele moderne Protestanten am befremdlichsten finden, misstrauen sie doch dem Ritual und der Idee, das Göttliche könne sich in Objekten manifestieren. Diese Frage dominierte allerdings in Luthers letzten Lebensjahren und mobilisierte seine tiefsten Energien, und sie spaltete auch die Reformation. In dieser Frage war Luther als Denker am originellsten, indem er sich weigerte, zwischen Zeichen und Bezeichnetem zu unterscheiden – was leicht gewesen wäre –, sondern darauf bestand, dass Christus *wirklich anwesend ist* in der Eucharistie, *dass diese wirklich* der Körper und das Blut Christi *ist*. Obwohl er selbst ein Intellektueller war, misstraute Luther »der Hure Vernunft«, wie er es nannte.[22] Seine Haltung zur Eucharistie stimmte überein mit dem eindrucksvoll ungezwungenen Verhältnis zur Körperlichkeit, ein Wesensmerkmal, mit dem moderne Biographen schwer zurechtkommen. Als eingefleischter Antisemit unterhöhlte und untergrub Luther ständig die Unterscheidung zwischen Fleisch und Seele, und dieser Aspekt seines Denkens erfordert wohl die gründlichste Auseinandersetzung. Auch deshalb muss seine Theologie im Hinblick auf den Menschen Luther verstanden werden.

Luthers Reformation entfesselte leidenschaftliche Gefühle, Ärger, Furcht und Hass ebenso wie Freude und Erregung. Luther selbst war ein sehr gefühlsbetonter Mensch, doch viele Darstellungen zur Geschichte der Reformation blenden diese Gefühle aus, denn sie erscheinen entweder als unpassend oder als irrelevant für die Entwicklung seiner Theologie. Es ist schwierig für Historiker und Theologen, etwas anzupacken, das einem heute so fremdartig erscheint wie seine verstörende Fixierung auf den Teufel, sein giftiger Antisemitismus und seine grobe Polemik. Die Erkundung seiner inneren Welt und des Kontextes, in den seine Ideen und Leidenschaften einströmten, eröffnet jedoch einen neuen Blick auf die Reformation.

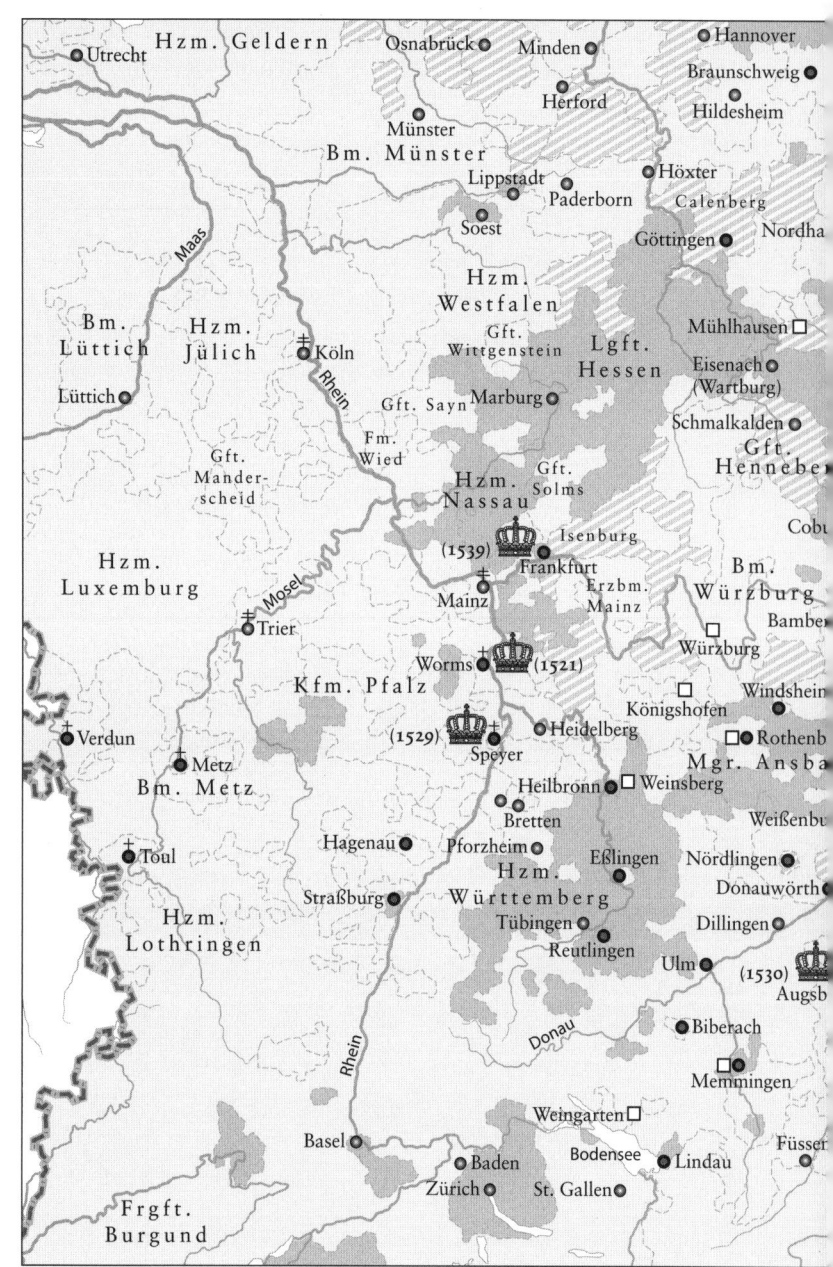

Magdeburg

berstadt

Fm. Anhalt

nsfeld

Wittenberg

Eisleben

Allstedt

Torgau

Elbe

Mühlberg

nken-

Merseburg

Leipzig

sen

Leisnig

Meißen

Rochlitz

Dresden

Weimar

Altenburg

Hzm. Sachsen

Orlamünde

m. Sachsen

Frankfurt/Oder

KGR. POLEN

Hzm. Sagan

Hzm. Liegnitz

Breslau

nberg

Oberpfalz

nberg

(1541)

Regensburg

chstätt

Ingolstadt

Hzm. Bayern

Donau

Prag

Donau

Wien

Erzherzogtum Österreich

Hzm. Steiermark

**Ausbreitung der Reformation**

von 1524–1536

von 1536–1546

Reichstage

● Freie Reichsstädte

□ Wichtige Stätten im Bauernkrieg

Erzbistümer

Gft. Grafschaft
Hzm. Herzogtum
Erzbm. Erzbistum
Bm. Bistum
Mgr. Markgrafschaft
Kfm. Kurfürstentum

0   50   100km

*Erstes Kapitel*

# Mansfeld und der Bergbau

»Ich bin eines Bauern Sohn«, erklärte Luther, »mein Urgroßvater, Großvater, Vater, sind rechte Bauern gewesen.«[1] Das war nur die halbe Wahrheit. Mochte Luthers Familie auch bäuerliche Wurzeln haben, er wuchs in einer Hüttenstadt auf, und diese Kinderstube sollte einen großen Einfluss auf ihn haben. Seine Kindheit verbrachte er in Mansfeld, einer kleinen Bergbaustadt in der gleichnamigen Harzgrafschaft, wo ein mit Kohle beladener Pferdewagen nach dem anderen über die schlammigen Straßen rollte und der Geruch von den Feuern der Rennöfen in der Luft hing. Sein Leben lang sah Luther sich als einen Mansfelder an. Er komme »aus Mansfeld«, sagte er stets über sich, als »Martinus Luther ex mansfelt« schrieb er sich an der Universität von Erfurt ein, und als ein »Landkind« bezeichnete er sich in seinem lebenslangen Briefwechsel mit den Grafen von Mansfeld.[2] Noch 1546 machte er sich, schon erkrankt, auf den Weg nach Eisleben, um einen erneuten Streit zwischen den Grafen zu schlichten. Er wusste, die Reise konnte ihn das Leben kosten, und so kam es auch: Er starb beim Versuch, die Dinge in Mansfeld zu richten. Von dieser tiefen Verbundenheit findet sich in unserem heutigen Lutherbild jedoch fast keine Spur.[3] Die meisten Biographien haben wenig über Luthers Kindheit zu berichten. Anders als sein Geburtsort Eisleben und anders als Wittenberg, wo er die meiste Zeit seines Lebens verbrachte, wurde Mansfeld für Lutheranhänger nie ein Ort der Pilgerfahrt. Doch um Luther zu verstehen, muss man die Welt verstehen, aus der er stammte.

Der Abbau von Erz begann im Mansfelder Land um 1200. Mitte des 15. Jahrhunderts wurde es durch eine neue Methode der Raffina

*1* Luthers Geburtsstadt Eisleben[4]

tion möglich, Silber und reines Kupfer nach dem anfänglichen Schmel-
zen zu trennen.[5] Da dieser technologische Fortschritt sehr kapital-
intensiv war, führte er dazu, dass die großen Leipziger und Nürnberger
Finanziers in den Bergbau investierten, was dem Revier einen großen
ökonomischen Aufschwung brachte. Mansfeld gehörte bald zu den
größten europäischen Silberproduzenten, außerdem wurde ein Viertel
des kontinentaleuropäischen Kupfers hier gewonnen.[6] Das Kupfer
wurde in Verbindung mit Zinn oder Zink als Bronze oder Messing zu
Hunderten von Haushaltsgegenständen verarbeitet – etwa in Städten
wie Nürnberg –, und es spielte eine große Rolle bei der Revolution
des Lebensstils in jener Epoche, als die Menschen begannen, für den
häuslichen Gebrauch nicht nur Glas und Steingut, sondern auch Ge-
schirr, Pfannen und andere Utensilien aus Metall zu kaufen. Luthers
Vater, Hans Luder, erfuhr wahrscheinlich über Beziehungen der Familie seiner Frau von den neuen Bergrechten, die in den achtziger Jahren
des 15. Jahrhunderts im Mansfelder Land zur Pacht standen, und er
zog mit seiner Frau erst nach Eisleben, wo Luther 1483 geboren wurde,
und dann nach Mansfeld.

Luther selbst beschrieb seinen Vater später als »metallicus, ein

Berckhauer«, doch die Legende über Hans Luders Aufstieg vom bettelarmen Bauern zu einem reichen Mann, die Luthers frühe Biographen erzählten, entspricht nicht der Wahrheit.[7] Obwohl in seiner Familie niemand eine höhere Bildung genossen hatte, zählte Hans bestimmt nie zu den kapuzentragenden Männern, die sich in den niedrigen Stollen liegend mit ihren Keilhauen abplagten.[8] Als der älteste Sohn aus der Bauernfamilie Luder erbte Hans allerdings nichts: Nach dem lokalen Brauch in Möhra, wo seine Eltern lebten, übernahm der jüngste Sohn den Hof. Der Wert des Besitzes wurde vermutlich zu gleichen Teilen unter den Kindern aufgeteilt, wodurch der älteste Sohn zu etwas Startkapital gekommen sein könnte. Neue Forschungen deuten zudem darauf hin, dass die Luders in der Nähe von Möhra eine einfache Kupferhütte besaßen, wo Hans etwas Erfahrung gesammelt haben könnte.[9] Er muss jedenfalls gute Zukunftsaussichten gehabt haben, anders kann man kaum erklären, warum die Lindemanns, eine etablierte städtische Patrizierfamilie in Eisenach – zu der auch Anthonius Lindemann gehörte, der ranghöchste Amtmann der Grafschaft Mansfeld und selbst Hüttenmeister –, ihre Tochter mit einem jungen Mann ohne Gewerbe und ohne Aussicht auf eine sichere Erbschaft verlobten.[10] Dies jedoch war, wie sich zeigte, eine weise Entscheidung. Innerhalb kurzer Zeit betrieb Luder nicht nur Hütten, sondern gehörte spätestens ab 1491 zu den *Vierherren*, einem Beirat zum Rat der Stadt, der aus Vertretern der vier Stadtteile von Mansfeld bestand. Schließlich stieg Luder zum Mineninspektor *(Schauherrn)* auf und gehörte damit zu den fünf ranghöchsten Bergbaubeamten der Region.[11] Schon im frühen 16. Jahrhundert hatte er sich mit anderen zu einer Zeche zusammengeschlossen, die sieben Hütten betrieb; seither zählte er zu den größeren Hüttenunternehmern in Mansfeld.

1500 hatte die Stadt etwa zwei- bis dreitausend Einwohner, es gab fünf »Hospitäler« zur Armenfürsorge und Spitäler für Kranke; ungewöhnlicher und der Stolz der Stadt war die Lateinschule für Jungen. Mansfeld schmiegte sich in ein Tal, und man gelangte durch vier Tore und zwei Portale in die Stadt hinein. Rings um eine ursprünglich sehr viel kleinere Siedlung hatten sich ihre Viertel ausgebreitet.[12] Eine der beiden Hauptstraßen wand sich durch die Stadt steil den Berg hinauf bis zur Kirche auf dem Hauptplatz, und hier hatten die Hüttenmeister und die gräflichen Beamten ihre Häuser. Die dem Patron von Mansfeld geweihte St.-Georgs-Kirche war im 13. Jahrhundert erbaut worden. Sie brannte nieder, als Luther noch ein Jugendlicher war, weil ein gedankenverlorener Organist vergessen hatte, das Feuer zu löschen, das die Blasebälge heizte. Zwischen 1497 und 1502 wurde sie wieder aufgebaut, der neue Chor wurde zwischen 1518 und 1520 fertiggestellt.[13] Die ansässige Bevölkerung glaubte, der schwertschwingende heilige Georg sei ursprünglich ein Graf von Mansfeld gewesen, der beim nahe gelegenen Lindberg gegen den Drachen gekämpft habe. Die Grafen schlugen sicher Kapital aus dieser legendären Verbindung, der Heilige war auf Münzen, Brunnen und über Haustüren abgebildet; es gab ihn sogar als Wetterhahn.[14]

Hans Luders Haus stand gegenüber vom Wirtshaus *Zum Goldenen Ring*, einem der beiden Gasthäuser, in denen Reisende Station machten. Die Stadt lag an der Handelsstraße von Hamburg nach Nürnberg über Erfurt, doch es gab wenig Gründe für Reisende, in Mansfeld haltzumachen, es sei denn, sie statteten den Grafen einen Besuch ab oder waren im Bergwesen tätig.[15] Hans Luders Haus steht noch immer, doch war es wohl doppelt so groß wie ursprünglich angenommen. (Es ist unbekannt, wann Hans Luder das Haus erworben hat, sicher ist, dass es ab 1507 in seinem Besitz war.[16]) Das Anwesen hat ein breites Portal, das ein Fuhrwerk passieren konnte, sowie eine große Scheune und Pferdeställe.[17] Vom Haus aus müssen die Auswirkungen des Bergbaus überall sichtbar gewesen sein: Schlackenhügel überzogen die Landschaft wie Pockennarben, und der große Teich unterhalb der Stadt war mit gelöster Schlacke aus den beiden Hütten außerhalb der Stadtmauern verschmutzt. Weiter oben an der Straße, in Richtung des Platzes vor der St.-Georgs-Kirche, stand das große Haus, in dem Luthers bester Freund Hans Reinicke lebte, dessen Vater ebenfalls ein Hüttenbesitzer und einer der wohlhabendsten Männer der Stadt war. Daneben, zwischen dem Haus Luders und der Schule, wohnte ein anderer Freund, Nickel Öhmler, der später in die Familie einheiraten sollte.

Über der Stadt ragten die Burgen der Grafen von Mansfeld auf. Man kann sich schwer eine Kulisse vorstellen, die geeigneter gewesen wäre, einem jungen Burschen wie Luther einzuprägen, welche Macht die Herrscher der Stadt hatten. Unter den Grafen gab es kein Erstgeborenenrecht, stattdessen erbten alle Söhne gleichermaßen. In Luthers Kindheit teilten sich drei Grafen von Mansfeld die Herrschaft

2 Altargemälde in Schloss Mansfeld

über das Territorium. Als 1501 der offizielle Vertrag aufgesetzt wurde, der das Gebiet aufteilte, bestand das Herrscherkollektiv aus nicht weniger als fünf Grafen.[18] Sie kamen, was wenig überraschend ist, nicht immer miteinander aus, und einer der Streitpunkte unter ihnen war das Schloss. In Luthers Kindheit standen zwei Schlösser auf dem Burgberg, dazu zwei weitere Wohngebäude, zwei Bäckereien, zwei Brauereien, Ställe und eine Trennmauer mit einem gemeinsam benutzten Durchgang. Es muss eine sehr eindrucksvolle Anlage gewesen sein, denn 1474 waren die Grafen in der Lage, den dänischen König und 150 seiner Ritter drei Tage lang zu beherbergen.[19] Als Graf Albrecht 1501 beschloss, ein drittes Schloss auf dem Gelände zu errichten, stieß er jedoch auf den Widerstand der anderen Grafen. Der Streit wurde schließlich beigelegt, und Albrecht erhielt die Erlaubnis, seine Pläne zu verwirklichen. Mit dem Vermögen aus den Minen wurde die Anlage umgebaut, und man errichtete drei Renaissanceschlösser im Westentaschenformat – ein rotes, ein gelbes und ein blaues, mit gemeinsamem Zugang zur Kapelle –, so dass eine der am besten befestigten Schlossanlagen Deutschlands entstand. Im Volk munkelte man, einer der Grafen habe, als er ein Altarbild in Auftrag gab, das die Kreuzigung darstellte, den Dieb zur Rechten Christi mit den Gesichtszügen seines meistgehassten Mitregenten malen lassen. Ob wahr oder nicht, der Dieb hat die individualisierten Gesichtszüge eines Porträts, und er ist nicht nackt, was ungewöhnlich ist, sondern trägt eine grellbunte Hose wie die Scharfrichter. Da der Beruf des Scharfrichters als ehrlos angesehen wurde, wäre diese Darstellung eine köstliche Beleidigung gewesen.[20]

Die Familie Luder lebte im Wohlstand.[21] Man ließ sich besonders das zarte Fleisch von Ferkeln schmecken, ein verhältnismäßig teures Nahrungsmittel in einer Zeit, in der der Verzehr von aus Mitteleuropa eingeführtem Rindfleisch immer üblicher wurde. Auf dem Speiseplan standen auch mit Fallen gefangene Singvögel. Mindestens ein Mitglied der Familie war ein leidenschaftlicher Vogelfänger, denn in der Abfallgrube vor dem Haus haben etliche Pfeifen aus Gänsebein überdauert, wie sie beim Vogelfang gebräuchlich waren. Es gab eine gut ausgestattete Küche, die reichlich bestückt war mit einfachen grünen und gelben Tellern und Steingut; auch Trinkgläser wurden gefunden – in jener Epoche noch ein Luxus.[22] Die Luders waren sicher eine Familie, in der man gerne gut aß, das Leben genoss und nicht jeden Pfennig dreimal umdrehen musste.

In den meisten städtischen Haushalten des 16. Jahrhunderts arbeitete die Frau des Meisters in der Werkstatt mit, schwirrte zwischen den Lehrlingen und Gesellen umher und übernahm manchmal sogar die Buchhaltung. Doch in der Klasse der Hüttenbesitzer waren die Bereiche von Ehemann und Frau scharf getrennt. Die Bergleute lebten mit ihren Familien in eigenen Häusern, und die Frau des Hüttenmeisters war nicht für deren Ernährung oder sonstige Versorgung zuständig. Hans Luder verließ täglich das Haus und ging vor die Stadtmauer zur Arbeit, wo er in diese seltsame Welt aus Rauch, Schächten und Stollen eintauchte, während Luthers Mutter mit Mägden, Knechten und Kindern zu Hause blieb. Das entspricht weit mehr der im Bürgertum des 19. Jahrhunderts üblichen Trennung der Sphären und unterschied sich stark von der Norm in den frühneuzeitlichen Städten und Gehöften des Deutschen Reichs, wo Frauen in den Werkstätten mithalfen, Geflügel züchteten, Kräuter anbauten, die tägliche Hausarbeit erledigten und zum Markt zogen. Hier mussten Frauen imstande sein, den Hof oder das Geschäft zu übernehmen, für den Fall, dass sie Witwen wurden. Die strenge Grenzziehung zwischen den Geschlechtern im Haushalt der Luders war deshalb eher ungewöhnlich und könnte erklären, warum der späte Luther seine Vorstellungen über die Geschlechterrollen derart übertreibt: »Männer haben ein breite Brust und kleine Hüften, darum haben sie auch mehr Verstandes denn die Weiber, welche enge Brüste haben und breite Hüften und Gesäß, dass sie sollen daheim bleiben, im Hause still sitzen, haushalten, Kinder tragen und ziehen.«[23]

Weiter unten auf der sozialen Stufenleiter waren Frauen durchaus im Bergbau tätig. Die Geschäftsbücher aus dem frühen 16. Jahrhundert listen die wöchentlichen Verdienste der Frauen der Bergleute ebenso auf wie die ihrer Männer, was ihre Bedeutung für die Hüttenindustrie bezeugt.[24] Sie arbeiteten neben den Männern an den Winden, um Lasten in die Schächte hinabzulassen oder aus ihnen hochzuziehen, und zusammen mit den Kindern zerkleinerten sie Erz und trennten minderwertiges von höherwertigem Gestein. Sie verrichteten die mühsame Arbeit des Siebens der Holzkohle, um das feine Pulver für den Lehm herzustellen, der gebraucht wurde, um die Rennöfen auszukleiden; sie wuschen die staubbedeckten Kleider der Bergleute, und sie heizten den Ofen mit noch heißer Schlacke, die ihre Männer nach Hause brachten.

*3, 4 und 5* Auf den Illustrationen zu Georg Agricolas Abhandlung über den Bergbau *De re metallica* von 1556 zerstoßen zwei kräftige Frauen das Erz auf langen Tischen, eine Methode, die noch im 19. Jahrhundert angewandt wurde. Zwei Frauen sieben Holzkohle, während man hinter einem riesigen Blasebalg ein Mädchen in einem kurzen Hemd sehen kann, das beim Befeuern hilft.[25]

Luthers Vater war einer der Hüttenmeister, die den hochprofessionellen Vorgang des Kupferschmelzens überwachten und die Hütten effektiv betrieben. Jeder Schacht war einem Hüttenfeuer zugeordnet, und die Hütten befanden sich in Flussnähe, denn man benötigte die Wasserkraft, um die Blasebälge anzutreiben, mit denen die Flammen der Rennöfen angeheizt wurden. Eine Hütte konnte mehrere Rennöfen haben, 1508 gab es um die 95 Rennfeuer in Mansfeld, die von etwa 40 Hüttenmeistern betrieben wurden.[26] Jeder von ihnen schloss einen eigenen Vertrag mit einem Grubenaufseher (Hutmann), der die Bergleute anwarb und an ihrer Seite unter Tage arbeitete. Arbeitsverhältnisse waren daher mittelbar. Wenn die Bergleute gegen ihre Arbeitsbedingungen aufbegehrten, wie dies 1507 geschah, richteten sie ihre Klagen schriftlich an die Grafen. Die Grafen ihrerseits wussten, dass sie die Geduld der Bergleute nicht überstrapazieren durften: Während sie rebellierende Bauern wahrscheinlich hingerichtet hätten, beließen sie es im Fall der Bergmänner bei einer gesalzenen Geldstrafe von 100 Gulden für jeden der etwa ein Dutzend Rädelsführer, doch sie gestatteten ihnen die Abzahlung in Raten.[27] Die Herrschaft musste zwar ihre Autorität behaupten, doch die hochqualifizierte Arbeitskraft der Bergmänner war zu wertvoll, um sie zu schwächen. Die stolzen Männer waren sich ihrer Fertigkeiten durchaus bewusst. Sie gaben nicht auf und gründeten 1511 eine Bruderschaft der Bergleute, um ihre Interessen voranzubringen.[28]

Gerichtsbücher aus jener Zeit vermitteln einen Eindruck davon, wie das Leben im Bergbau aussah. Immer wieder wurden Holz, Leitern und Geräte aus den Schächten gestohlen, und überall lauerte Gewalt unter der Oberfläche.[29] Ein Mann ermordete eine Prostituierte in einem Bordell nahe Hettstedt und wurde dafür hingerichtet. Ein anderer tötete einen Mann und warf die Leiche in einen Minenschacht – auch er bezahlte mit dem Leben für seine Tat. Ein Dritter ging mit den Fäusten auf seinen eigenen Vater los und verletzte ihn dabei so sehr an der Hand, dass dieser nicht mehr arbeiten konnte.[30] Das Strafrecht in jener Zeit vermischte römisches Recht mit älteren, auf einen Ausgleich abzielenden Traditionen. So konnte Mord noch immer damit abgegolten werden, dass der Familie des Opfers eine Entschädigung gezahlt wurde. Trotzdem wurden zwischen 1507 und 1509 mindestens drei Verbrecher wegen Mordes hingerichtet.[31] Ständig kam es auch zu Streitereien zwischen Angehörigen verschiedener Berufsgruppen. Die Haspler, die die Seilwinden bedienten, waren schlecht zu sprechen auf die Sinker, die die Schächte abteuften, also senkrechte Schächte anlegten. Die Sinker kamen mehrheitlich aus Schlesien und lebten, da sie die Heirat verschmähten, mit ihren Gefährtinnen in Häusern in der Nähe der Gruben, wo sie unter anderem auch Hühner und anderes Vieh hielten.[32] Die Arbeit im Bergbau war gefährlich. Die Stollen, die von den Schächten abgingen, waren eng, die Bergleute mussten bäuchlings liegend arbeiten, und die Beleuchtung war spärlich. Wenn es »böse Wetter« gab, konnte es passieren, dass die Lampen plötzlich erloschen, weil sich im Stollen Schwefelwasserstoff angesammelt hatte. Alle Bergleute, die sich noch unter Tage befanden, wurden durch das Gas vergiftet und starben. Man glaubte, es sei ein Produkt böser Lüfte, die beim Hauen aus dem Schwefel und Metall entwichen, in die Stollen stiegen und die Bergleute durch Kälte töteten.[33]

Die Arbeit im Bergbau machte durstig, das Wasser war jedoch nicht trinkbar, und so wurde das Brauwesen zum zweiten wichtigen Industriezweig der Stadt. Der Alkohol schürte Streitigkeiten, und weil praktisch jeder Mann ein Messer bei sich trug, endeten Auseinandersetzungen oft blutig. Die meisten Handgemenge gab es in Wirtshäusern und Schänken.[34] Luthers eigener Onkel, Klein Hans, ein Tunichtgut, der vor keiner Rauferei zurückschreckte, kam 1536 bei einem Handgemenge in einer Schänke zu Tode.[35] Die Leute schnappten sich bei Prügeleien, was sie zu fassen bekamen, griffen nach den Lampen des Gasthauses oder erhoben die Bierkrüge, um einem Gegner eins überzuziehen. Diese Krüge hatten im Übrigen auch eine symbolische Bedeutung. Der gemeinsam benutzte Krug stand für Kameradschaft, weshalb ein Mann einen anderen beleidigen konnte, indem er ihn für unwert befand, einen Krug mit einem ehrbaren Mann zu teilen.[36] Das Trinken in Gesellschaft war schließlich auch begleitet von Ritualen der Einbindung, und es gab Trinkwettkämpfe, in denen man beweisen musste, dass man seinen Mann stehen konnte. Ein beliebtes Trinkspiel erforderte ein mit Bändern in unterschiedlichen Abständen umwickeltes Passglas, wobei der Trinker mit einem Schluck das Glas genau bis zum nächsten Band leeren musste; die Luder-Familie besaß davon mindestens eines.

In einer solch streitlustigen Lebenswelt waren Beschimpfungen üblich. Wenn er eine fromme, also keusche Mutter habe, solle er mit vor die Tür kommen und sich schlagen, ansonsten könne er drinnen bleiben, verhöhnte einer den anderen. Ritterlichkeit herrschte selten in den Schänken. Einmal forderte ein Mann eine Frau auf, sie solle sich davonmachen zu den Priestern und Mönchen in Hettstedt und mit ihnen herumhängen, wie sie es zweifellos früher getan habe. Es gebe höchstens zwei oder drei fromme Frauen in ganz Mansfeld, verkündete ein anderer wütend. Er schwieg ostentativ, als sein Trinkgefährte ihn fragte, ob er seine eigene Frau in diese Zahl einschließe.[37] Ein Streit über die Arbeit konnte schnell in Vorhaltungen über das sexuelle, moralische und soziale Verhalten eines Menschen übergehen, weil Ehre, die zentrale soziale Kategorie, sowohl sexuell als auch ökonomisch verstanden wurde.

In Luthers Kindheit war Hans Luder bestimmt keiner, dessen Wort man übergehen konnte. Er war ein körperlich starker Mann. Als einmal in einer Kneipe in seiner Gegenwart eine Schlägerei begann, kippte er über den beiden Kontrahenten sein Bier aus, um sie zu trennen, und haute ihnen als Zugabe einen Bierkrug auf den Kopf, bis Blut floss.[38] Man musste sich hüten, ihm in die Quere zu kommen. Es ist belegt, wie er sich über die hohen Kosten für die Männer an den Seilwinden beklagte und auf einen anderen Hüttenbetreiber schimpfte, der ihm, wie er behauptete, sein Erz stahl (worauf der Beschuldigte entgegnete, Luder klaue seine Holzkohle).[39] Die Gerichtsbücher sind gespickt mit Streitsachen zwischen den Hüttenbetreibern – kein Wunder bei 194 Schächten im frühen 16. Jahrhundert, als die Industrie im Revier von Mansfeld und Eisleben ihren Höhepunkt erreicht hatte; denn es kam darauf an, zu wissen, wo ein Minengebiet begann und endete. Immer wieder wurde der Bergbauinspektor gerufen, damit er den Standort der Grenzsteine überprüfte. Stollen durchlöcherten die Hügel wie Waben. Der längste reichte bemerkenswerte 13,5 Kilometer weit, und es ging das Gerücht, man könne durch die Stollen von Schloss Mansfeld nach Eisleben gelangen.

Verwirrend komplex waren in dieser Welt auch die Finanzvereinbarungen. Viele der Zechen und Hütten mussten kollektiv unterhalten werden, die erhaltenen Aufzeichnungen erlauben uns einen flüchtigen Blick auf das Labyrinth von Darlehen, Gegendarlehen und Sicherheiten: Das Geld zirkulierte teils innerhalb der kleinen Gruppe der Hüttenbetreiber, teils wurde es auch von Investoren aus Nürnberg vorgestreckt. Immer wieder wurden Gruben abgetreten und neu aufgeteilt.[40] Hans Luder war zwischen verschiedenen konkurrierenden Kräften eingekeilt: den Grafen, die die Bergwerke verpachteten und ständig versuchten, mehr Geld aus ihnen herauszuholen, indem sie die Rechtsgrundlagen änderten; den anderen Bergbauunternehmern, die stets auf ihren eigenen Vorteil bedacht waren; den Männern, die das Erz in harter Arbeit abbauten und damit das Vermögen erst aus dem Boden holten und die gerade begannen, sich zu organisieren; und den Investoren im fernen Nürnberg und Leipzig, die hart verhandelten und bei denen man sich nur allzu leicht heillos verschulden konnte.

Diese ökonomischen Beziehungen waren neu, und sie waren kompliziert. Die weitreichenden Pachtverträge, die mit den neuen Grubenbesitzern geschlossen wurden, und das im 15. Jahrhundert eingeführte Saigerhüttenverfahren, mit dem aus Kupfer Silber ausgeschmolzen wurde, lockten Investoren von außerhalb an. In der Folge entstanden zutiefst unsichere Verhältnisse, sowohl rechtlich wie auch ökonomisch und sozial. Die Grafen legten neue Pachtverträge vor, die nicht mehr zeitlich unbegrenzt, sondern befristet waren, und schufen damit eine rechtlich verankerte Zweiklassenordnung unter der kleinen Elite der Hüttenbesitzer. Dabei gab es für diese keine Erfolgsgarantie. Einige Unternehmer verdienten große Summen – Familien wie die Heidelbergs und die Drachstedts kamen zu sagenhaften Vermögen –, während andere immer tiefer in Schulden versanken.

Die Mansfelder Hüttenbesitzer mussten häufig ihre Kräfte bündeln, um das notwendige Kapital und die notwendigen Gerätschaften zu beschaffen. Doch statt exklusive und dauerhafte Gemeinschaftsunternehmen zu bilden, verließen sie sich nach dem Vorbild der Kaufleute auf Verträge, nach denen sie lediglich über einen bestimmten Zeitraum hinweg zusammenarbeiteten.[41] Hans Luder erarbeitete sich eine namhafte Stellung in Mansfeld, er unterhielt sieben Rennfeuer und beschäftigte im zweiten Jahrzehnt des 16. Jahrhunderts wahrscheinlich 200 Arbeiter.[42] Daher war ihm bewusst, dass er jemanden brauchte, der rechtsgültige Verträge lesen und seine Interessen gegenüber den Handelskapitalisten und den Grafen wahren konnte. Dies spielte wahrscheinlich eine wichtige Rolle bei der Entscheidung, dass sein Sohn Rechtswissenschaften studieren sollte. Zudem könnte Hans Luder durch seine Partnerschaft mit Dr. Drachstedt, der Doktor der Rechte war und in der zweiten Hälfte der 1520er Jahre zum reichsten Hüttenbesitzer in der Gegend werden sollte, zu den Plänen für seinen Sohn angeregt worden sein.[43]

Wo Verträge nicht schützten, half möglicherweise das Blut. Wie alle Angehörigen dieser kleinen Bergwerkselite aus 20 oder 30 Familien nutzte Hans Luder Eheschließungen, um seine Position zu festigen. Mit drei oder vier Söhnen – ganz genau wissen wir es nicht – und vier Töchtern konnte Hans Luder von einer Dynastie träumen, doch zwei seiner Söhne starben 1506 oder 1507 an der Pest, ebenso eine Tochter 1520.[44] Drei Töchter heirateten in die lokale Elite ein. Dorothea gelangte durch Heirat in den Mackenrodt-Clan, der seit mindestens einem Jahrhundert in der Gegend ansässig war und zur besonders privilegierten Gruppe derer gehörte, die sichere, unbefristete Pachtverträge besaßen. Die nach ihrer Mutter benannte Tochter Margarethe vermählte sich mit Heinz Kaufmann, der zwischen 1508 und 1512 einen einzigen Rennofen betrieb, später aber wie Martins jüngerer Bruder Jakob (dessen Name in der Familie »Jakuff« ausgesprochen wurde) Teilhaber bei seinem Schwiegervater wurde. Die dritte Schwester heiratete Claus Polner, der wie Luder zu den Unternehmern ohne sichere Pachtverträge gehörte.[45]

Doch letztlich sollten Hans Luders sorgfältige Kalkulation und langfristige Strategie vergeblich sein. Das Mansfelder Revier wurde von fünf Grafen gemeinsam verwaltet, wobei sie einander in der Rechtsprechung ablösten. Es scheint ein gerechtes System gewesen zu sein, doch mussten die Hütten genügend abwerfen, um die Renaissance-Paläste zu unterhalten, die über der Stadt aufragten. In den zwanziger Jahren des 16. Jahrhunderts, lange nachdem Luther sein Elternhaus verlassen hatte, wurde es zunehmend schwieriger, diese Balance zu halten. Während die Grafen weiterhin Geld aus den Betreibern der Zinshütten pressten, gingen die Einkünfte aus den Minen allmählich zurück – die Flöze lagen immer tiefer und waren deshalb schwerer zugänglich, Wasser musste abgepumpt werden, und es waren vielfältigere und mehr Geräte erforderlich. Die Zahl der Hüttenmeister verringerte sich, und die Saigerhandelsgesellschaften, die die Saigerhütten finanziert hatten, übernahmen diese nun nach und nach, weil sich die Hüttenmeister zunehmend bei ihnen verschuldeten.[46] 1520 war Hans Luder, ein stolzer, unabhängiger Mann, nicht mehr in der Lage, seine Schulden zu bezahlen. Er war gezwungen, für einen Lohn von 50 Gulden im Jahr für die verhassten Investoren zu arbeiten, in seinem Fall für die Saigerhandelsgesellschaft von Schwarza. Besonders beschämend war es für ihn, dass ihm ein Aufseher an die Seite gestellt wurde.[47] Als er 1530 starb, konnte er seinem Sohn in Mansfeld keine Hütten mehr vererben. Geblieben war jedoch der Familienbesitz von nicht unbeträchtlichem Wert, und der wurde zu gleichen Teilen unter den Geschwistern aufgeteilt.[48] Während es 1508 in Mansfeld noch 42 Hüttenmeister gegeben hatte, waren es 1536 nur noch halb so viele.[49] Bis in die sechziger Jahre des 16. Jahrhunderts betrieben die Grafen die Mansfelder Hütten selbst, zuletzt jedoch war das gesamte Bergbauunternehmen bankrott.[50] Die Lagerstätten waren am Ende des Jahrhunderts erschöpft, und die deutsche Silbergewinnung hatte den Wettbewerb mit dem Silber aus der Neuen Welt verloren.

Hans Luder und seine Zeitgenossen versuchten, sich einen Reim auf die ökonomischen Zusammenhänge zu machen, die niemand verstehen oder kontrollieren konnte und die schließlich zu ihrem Untergang führten. Sie hatten keine Wirtschaftstheorie zur Hand und verstanden wenig davon, wie Wertschöpfung funktionierte: Niemand wusste, warum die Geldgeber aus Nürnberg und Leipzig Gewinn machten, während die Hüttenbesitzer plötzlich verarmten. Das ökonomische Denken gründete auf der Annahme, dass Reichtum begrenzt war. Wenn der eine Reichtümer besaß, konnte der andere diese nicht haben. Man glaubte, Metalle entstünden aus der Mischung von Quecksilber und Schwefel und würden unter dem Einfluss der Planeten geformt. Bergbau war Glückssache. Es gab Rutengänger, und es gab gedruckte Ratgeber, doch niemand wusste, wo sich die ertragreichen Lagerstätten befanden. Kein Wunder, dass das Schicksal eine so allgegenwärtige Rolle im Leben der Mansfelder spielte.

Der Bergbau war eine unerschöpfliche Quelle an volkstümlichen Überlieferungen, die bei Luther Spuren hinterlassen haben. Wasser war unverzichtbar für den Schmelzprozess, und so wuchs Luther mit

6 In der volkstümlichen Überlieferung war im Bergbau jedem Erz ein Planet zugeordnet, für Kupfer war es Venus. In Ulrich Rülein von Calws *Bergbüchlein* von 1527 wird Kupfer als nackte, vollbusige Liebesgöttin dargestellt, die in den Spiegel blickt. Ihre Lockenpracht fällt üppig über ihren Rücken, während eine Balkenwaage, das Emblem der Gerechtigkeit, unbeachtet neben ihren Füßen liegt.[51]

45

dem Glauben an Nixen heran, boshafte Wassergeister, die den Menschen Streiche spielten. Von den Fossilien, die beim Erzabbau gefunden wurden, hieß es, sie seien Bilder, die von den Erd- und Luftgeistern gemalt wurden; und seltsame, unheimliche Lichter wiesen angeblich auf ergiebige Lagerstätten hin. Als Erwachsener glaubte Luther, diese Lichter seien Satans Werk, Satan war der Erzbetrüger. »Im Bergwerk verwirrt und betrügt der Teufel die Leute, stellt ihnen ein Gespenst und Geplärre vor die Augen, dass sie nicht anders wähnen, als sähen sie einen großen Haufen Erz und gediegenes Silber, wo es doch nichts davon gibt«, schrieb Luther, und obwohl er viele abergläubische Vorstellungen aus der Welt des Bergbaus vollmundig zurückwies, hielt er an der Vorstellung fest, man müsse das Glück auf seiner Seite haben, um wertvolles Erz zu finden. Solches Glück hätten andere durchaus, räumte er ein, aber: »Ich weiß, dass ich kein Glück im Bergwerk habe. Alle anderen müssen es büßen, dass Satan mir dieses Geschenk Gottes nicht gönnt.«[52] Wie so häufig lieferte Luther eine theologische Erklärung, die tradierte Vorstellungen aufgriff – in diesem Fall den Glauben an das Glück –, diese jedoch überlagerte statt sich an ihnen zu orientieren, und er sprach, nur halb zum Spaß, dem Teufel die entscheidende Macht zu.

Die bittere Erfahrung der Hüttenbesitzer formte Luthers ökonomisches Denken. Regelmäßig wetterte er in seinem späteren Leben gegen die »kleinen Tricks« der Diebe, Räuber und »Zinss Juncker«. Darin drückte sich ein populistischer Hass auf die großen Frühkapitalisten wie die Fugger aus, die die sündigen Praktiken des Wuchers betrieben und versuchten, die Quellen des Reichtums, wie etwa den Handel mit Mineralien, zu monopolisieren.[53] Luther griff zur moralischen Sprache der Sünde, um ökonomisches Verhalten zu erklären, er geißelte die Habsucht der Monopolisten als eine der Todsünden, aber dieser ethische Ansatz hinderte ihn daran, den Mechanismen des neuen Kapitalismus angemessen zu begegnen. Er lehnte viele kaufmännische Praktiken als unchristlich ab und hielt sein Leben lang daran fest, dass Zinsgeschäfte Sünde seien. Dennoch war er bereit, für einen Kredit einen Aufschlag in Form einer Rückzahlungsgebühr zu akzeptieren.

Aktien an den Bergwerken, wie sie ihm von den sächsischen Herzögen später angeboten wurden, die ihm die dringend benötigten 300 Gulden im Jahr eingebracht hätten, lehnte Luther ab und erklärte: »Ich bin des Papstes Laus, den zwicke ich, der ernährt mich, und von seinem Hab und Gut lebe ich.« Luther wollte kein Kapitalist sein. Für ihn waren Aktien Spielgeld.[54]

Es ist kaum verwunderlich, dass Johannes Tetzel, der Priester, der den Zündfunken zu Luthers 95 Thesen gab, schnurstracks das neue Bergbaurevier in Annaberg ansteuerte, das nach der Schutzheiligen der Bergleute, der Mutter Marias, benannt war, als er 1508 mit dem Verkauf von Ablassbriefen begann: Bergmänner brauchten allen Schutz, den sie bekommen konnten. Wie Myconius, der lutherische Stadtprediger, es später formulierte, hofften sie, »wenn sie (nur Geld ins Papstes Ablaßkasten) einlegten und Gnad und Ablaß löseten, so würden alle Berge um St. Annaberg eitel gediegen Silber werden, sobald nur der Groschen im Becken kläng, führe die Seele, für die man einlegt, von Mund auf gen Himmel«.[55]

Es könnte diese Allgegenwart von Unsicherheit, Gefahr und Risiko in der Welt des Bergbaus gewesen sein, die in Luthers Seele Fuß fasste und ihm die tiefe Überzeugung von der umfassenden Allmacht Gottes gab: das Gefühl, dass Menschen Gottes Gnade gänzlich ausgeliefert sind und dass es keine Vermittler und keine Strategien gibt, die sie schützen könnten. Zauber half nicht, Versicherungen gab es noch nicht, und das Gesetz bot nur dürftigen Schutz. Der Bergmann konnte die Heiligen anrufen, besonders die heilige Anna. Doch letztlich stand er allein vor Gott.

\*

Um 1527 malte Lucas Cranach der Ältere Porträts von Luthers Eltern, als sie ihren Sohn in Wittenberg besuchten. Hans ist als Mann mit eindrucksvoller physischer Präsenz und grob geschnittenen Gesichtszügen dargestellt. Ein Mann der Tat, denn er sieht aus, als wäre es ihm fast lästig, still zu sitzen, und er hat die Hände unbeholfen gefaltet. Er trägt Schwarz, die Farbe der Vermögenden, dazu den obligatorischen

Fellkragen. Die Ähnlichkeit mit Martin ist unübersehbar. Er hat seine tiefliegenden Augen und die schwere Kieferpartie an Luther weitervererbt. Die weiße Haube und das Hemd seiner Mutter Margarethe bilden einen ergänzenden Kontrast zu den dunklen Farben, in denen das Porträt ihres Mannes gehalten ist. Mit ihrer schlichten, konventionellen Aufmachung und ihrem Verzicht auf Schmuck wird sie als vorbildliche Frau dargestellt, obwohl ihr vorspringendes Kinn einen weniger konventionellen Charakter erahnen lässt. Darüber hinaus ist eine mit Wasserfarben kolorierte Bleistiftskizze von Cranach überliefert, die Hans Luder zeigt und die wahrscheinlich eine Porträtstudie ist. Sie ist aufschlussreicher, da auf das Gesicht konzentriert: Die ins Licht blickenden Augen sind zusammengekniffen und die Züge verwittert, wie es sich für einen Mann gebührt, der sein Leben lang im Freien gearbeitet hat. Der Mund ist zusammengepresst, die Nase markant. Das ist ein Mann, der es gewohnt ist zu sagen, was er denkt, doch der umwölkte Blick lässt auch an einen alt gewordenen Patriarchen denken,

7 Lucas Cranach der Ältere, Hans Luder, 1527

der seine Kraft verausgabt hat. Als die Porträts geschaffen wurden, waren die glorreichen Tage des Bergbaus bereits vorbei.

Es lässt sich schwer sagen, was für ein Vater Hans Luder war. Geprägt von traditioneller Frömmigkeit, praktizierte er seinen Glauben in den in seiner Generation üblichen Formen der Andacht. Als Mitglied der Anna-Bruderschaft und der St.-Georgs-Bruderschaft beteiligte er sich an der Gründung der lokalen Marianischen Bruderschaft, und die Scherbe eines Aachhorns, die in seinem Haus gefunden wurde, zeigt, dass ein Mitglied der Familie möglicherweise die berühmte Heiligtumsfahrt nach Aachen unternommen hat, die noch heute alle sieben Jahre stattfindet: Wenn die im Aachener Dom aufbewahrten Reliquien gezeigt wurden, bliesen die Pilger in die tönernen Hörner.[56] Dass Luthers starke Spiritualität vom Vorbild seines Vaters herrührte, muss jedoch bezweifelt werden: Hans Luder war es gewohnt, auf seine eigenen Fähigkeiten zu vertrauen, wenn es etwas zu erledigen gab; er hatte sich dafür entschieden, nicht für andere zu arbeiten, sondern selbst Verantwortung zu übernehmen. Wir wissen, dass Luther erstaunt war über seine ausgedehnte Verwandtschaft väterlicherseits, als er diese nach dem Wormser Reichstag 1521 in Möhra besuchte. Dieses Staunen legt den Schluss nahe, dass Hans mit seiner weitläufigeren Familie nicht in Verbindung geblieben war.[57] Er hatte sich seine Fertigkeiten und Fähigkeiten selbst angeeignet, sie waren ihm nicht in die Wiege gelegt worden. Sein familiärer Hintergrund mag ihm grundlegende Kenntnisse im Bergbau vermittelt haben, doch wie man ein größeres Bergbauunternehmen führt, größere Geldsummen verwaltet und eine schwierige Belegschaft diszipliniert, konnte er dort nicht gelernt haben. Dieser jähzornige, streitbare Mann, der es verstand, in einer rauen Männerwelt Karriere zu machen, war gewiss ein fordernder Vater. Anscheinend war er nicht imstande zu akzeptieren, dass sein Sohn einen anderen Lebensweg einschlagen wollte. Die Härte des Konflikts zwischen Vater und Sohn, der auf Martins Eintritt ins Kloster folgte, gibt einen Hinweis darauf, wie stark sich Hans mit seinem Sohn identifiziert hatte und wie sehr es ihn traf, dass Martin jenes Leben ablehnte, das er für ihn geplant hatte.

Luther, der von seinem Vater den Willen zum Erfolg geerbt hatte, könnte einem wie der klassische älteste Sohn erscheinen, wobei er möglicherweise einen älteren Bruder hatte, der früh gestorben war.[58] In Luders Haushalt wimmelte es von Kindern. Luthers jüngerer Bruder Jakob scheint ein Spielgefährte gewesen zu sein. Von der Mutter ist die Aussage überliefert, es habe stets ein so gutes Einvernehmen zwischen den Brüdern geherrscht, dass keiner von ihnen einen anderen als Spielgefährten vorzog noch irgendeine Speise oder ein Spiel ohne den anderen genoss.[59] Vielleicht setzten Luther, wie dies beim ältesten Kind oft der Fall ist, die Geburten seiner Geschwister zu, und er war womöglich neidisch darauf, wie sehr die Neuankömmlinge seine Mutter für sich beanspruchten – Kinder wurden damals mehrere Jahre gestillt. Als er 1532 seine eigene schwangere Frau Katharina von Bora beim Stillen ihres jüngsten Sohnes Martin beobachtete, bemerkte Luther, es sei schwer, zwei Gäste zu ernähren, einen im Haus, den anderen vor der Tür.[60] Als 1533 ihr fünftes Kind, Paul, geboren wurde, hielt Luther ihn in seinen Armen und grübelte darüber, wie sehr Adam seinen Erstgeborenen Kain geliebt hatte, den künftigen Brudermörder. Dass Väter ihre Kinder lieben, ganz gleich, was diese tun, war einerseits eine Allerweltserkenntnis, die unerwartete Bemerkung könnte allerdings auch enthüllen, dass er wusste, wie neidisch ein zurückgesetzter Erstgeborener werden kann.[61] Ob Luther einen älteren Bruder hatte oder nicht, sein Vater beschloss, in Martins Ausbildung zu investieren, und diese besondere Behandlung machte Luther stolz und verlieh ihm Selbstvertrauen und die Überzeugung, er könne ebenso erfolgreich sein wie sein Vater.

Doch könnte die Sonderbehandlung auch Schuldgefühle gegenüber den Geschwistern in ihm geweckt haben und Sorge über ihren Neid. Luther wusste, was seine Ausbildung an der Universität kostete: Für sein Studium in Erfurt mussten die Einkünfte aus zwei Jahren Verhüttung aufgebracht werden, und gewiss sorgte sein Vater dafür, dass er das nie vergaß.[62] Er wusste auch, dass dieses Geld nicht für seine Geschwister ausgegeben wurde. Sieben, vielleicht auch acht Kinder, von denen fünf das Erwachsenenalter erreichten, mussten ausgebildet oder mit einer Aussteuer ausgestattet werden – alles aus den Einkünften, die Hans Luders Hüttenunternehmen erzielte. Der Finanzhaushalt einer Familie, in der alle Kinder ihren Weg mit Hilfe des Einkommens aus dem Mansfelder Revier machen sollten, weckte wahrscheinlich ein Gemeinschaftsgefühl, und die Familie scheint eng verbunden geblieben zu sein, solange Luther lebte.[63] Als seine Eltern starben, kam es jedoch zu Misshelligkeiten wegen des Erbes, ein Ärger, der vielleicht vergangene Konflikte wiederbelebte. Luther als der Älteste übernahm die Rolle des Friedensstifters und setzte einen Teilungsvertrag auf, wobei er darauf bestand, dass damit Unzufriedenheit und Missmut vollständig ausgeräumt würden.[64] Gelegentlich mag aber auch Martins privilegierte Stellung Neid und Bitterkeit hervorgerufen haben. Luthers geradezu allergische Reaktion, wenn er dachte, andere beneideten ihn, wurde ein grundlegendes Merkmal seines Charakters.

Während die meisten Studenten seiner Generation aus den Handwerksstädten stammten und viele mit den vornehmen Moden und dem Bürgerstolz der großen Reichsstädte vertraut waren, wurde Luthers Charakter in einer ganz anderen, viel raueren Welt geschmiedet. Seine Erziehung in Mansfeld verlieh ihm Zähigkeit und die Bereitschaft, sich selbst physisch einzusetzen, Eigenschaften, die in den folgenden Jahren bis zum Äußersten auf die Probe gestellt würden. Von seinem Vater und den anderen Hüttenbesitzern hatte er gelernt, wie wichtig es war, Netzwerke zu bilden, eine Fähigkeit, die die Reformation überhaupt erst ermöglichte. Er hatte gelernt, eine Führungsrolle zu übernehmen – und nicht Hochachtung zu erwarten, sondern mit Angriffen, Auseinandersetzungen und abfälligen Worten zu rechnen. Mansfeld nährte in ihm ein Gespür für Politik, das auf Autorität und der Trennung der gesellschaftlichen Klassen beruhte, auf einer klaren Unterscheidung zwischen den Grafen, die vom Berg herab regierten, und den »schwarzen Hüttenknechten«, wie Luther die Bergarbeiter unten nannte.[65] In sozialer Hinsicht lehrte ihn seine Herkunft die Bedeutung von Freundschaft und Familie. Durch Eheschließungen sollte er mit den meisten seiner Mansfelder Freunde verbunden bleiben. Jahre später wiederholte sich dasselbe Muster, als die Familien lutherischer Geistlicher untereinander heirateten und so einen neuen, durch Verwandt-schaftsbande verknüpften Priesterstand schufen.[66] In theologischer Hinsicht könnte bei Luther in seiner Kindheit ein starkes Gespür für die unüberbrückbare Distanz zwischen Gott und dem Menschen und für die Unberechenbarkeit von Gottes Vorsehung angelegt worden sein. Nichts stand zwischen dem Bergmann und dem Unglück, und auf jeden Bergmann, der auf eine Glücksader stieß, kamen etliche, die alles verloren. Doch jene, die der Dame Fortuna misstrauten und sich nicht an abergläubische Vorstellungen klammerten, entwickelten vielleicht ein geschärftes Bewusstsein für die Vorgänge in der Welt und ein zynisches Misstrauen gegenüber den Sternen.

# Der Student

Als der junge Martin 1497 Mansfeld verließ, um in Magdeburg zur Schule zu gehen, war er in seinem 14. Lebensjahr, und die Zukunft seines Vaters als wohlhabender Hüttenmeister sah noch rosig aus. Er verließ Mansfeld zusammen mit Hans Reinicke, dem Sohn des Bergbauinspektors; ehrgeizig wie immer, wollte Hans Luder, dass Martin dieselbe Ausbildung bekam wie der Sohn des bedeutendsten Mannes der Stadt. Der junge Luder wurde bei Dr. Paul Moßhauer einquartiert, einem ebenfalls aus einer Bergbauunternehmerfamilie stammenden Beamten des Magdeburger Erzbischofs.[1] Die Karrieren der beiden gescheiten Jungen stehen in interessantem Kontrast zueinander. Martin besuchte die Universität in Erfurt und wurde Mönch, während Reinicke in den Familienbetrieb einstieg und 1511 mit etwa 28 Jahren heiratete. 1512 war Luther zum Subprior des Klosters und Studienleiter des Wittenberger Generalstudiums der Augustinermönche aufgestiegen, während Reinicke seine ersten beiden Hüttenfeuer betrieb.[2] 1519, als Luther ein berühmter, aber mittelloser Mönch war, erbte Hans das Haus der Familie in Mansfeld, und 1522 war er einer der reichsten Hüttenbesitzer der Stadt.[3] Luther hatte inzwischen seinen berühmten Auftritt beim Reichstag in Worms gehabt und versteckte sich 1522 auf der Wartburg. In den 1520er und 1530er Jahren blieb Hans Reinicke als einziger Hüttenbesitzer seiner Generation erfolgreich im Geschäft, indem er sich der Steinacher Saigerhandelsgesellschaft anschloss, die die Silbergewinnung von Mansfeld beherrschte, und die Rolle des Sprechers der Hüttenbesitzer übernahm. Luther aber wurde in diesen Jahrzehnten weit über die Grenzen Sachsens hinaus zur Berühmtheit.[4]

Reinicke führte das Leben, das Luther hätte führen können, von dem er sich aber abgewandt hatte. Die beiden Männer blieben lebenslang in Verbindung, ihre Freundschaft war ein mächtiger Anker für beide. Reinicke besuchte Luther während des Reichstags in Augsburg 1530, als dieser auf der Veste Coburg unter Einsamkeit litt. Es war Reinicke, der ihm schonend die Nachricht von Hans Luders Tod überbrachte: Als kurz nach ihrem Treffen ein Brief von seinem Freund eintraf, warf Luther einen Blick darauf und sagte: »Wohlan, mein Vater ist auch tot.« Laut Melanchthon herrschte zwischen Luther und Reinicke eine außergewöhnliche Verbundenheit, sei es aufgrund einer natürlichen Übereinstimmung oder weil sie gemeinsam die Schulbank gedrückt hatten. Als Reinicke 1538 starb, war Luther krank und bettlägerig, weshalb ihm die Nachricht vom Verlust seines besten Freundes (»amici mei optimi«) monatelang verheimlicht wurde. Alle in seiner Umgebung wussten, wie sehr ihn dies treffen würde.⁵

Die Freundschaft der beiden Männer gründete auf der gemeinsam verbrachten Jugend, vor allem auf dem geteilten Leid. Luthers Kritik an dem Unterricht, den seine Generation erhalten hatte, war vernichtend: »Solche Lehrer und Meister mussten wir ständig erdulden, die selbst nichts gewusst und nichts Gutes noch Rechtes lehren konnten, ja auch die Weise nicht verstanden, wie man doch lernen und lehren sollte.«⁶ Die Aussage stammt von 1524, die so lange währende Bitterkeit hinter seinen Worten könnte mit einer von ihm berichteten Anekdote aus seinem Leben zusammenhängen: »Ich bin einmal vormittags fünfzehnmal nacheinander geschlagen worden. (…) man muss Kinder schlagen und bestrafen, aber gleichwohl soll man sie auch lieben.«⁷ Es überrascht, dass Mansfeld, die kleine Bergbaustadt, ihre eigene Lateinschule hatte, und man ahnt, welche kulturellen Ambitionen die städtische Elite hegte. Wie mangelhaft auch immer die Schule gewesen sein mag, es gelang zumindest, dem Knaben Latein einzuimpfen, denn seine spätere Fähigkeit, mit der Sprache zu spielen, eine ganze Skala von Gefühlen auf Latein auszudrücken und seine Vorstellungen präzise zu formulieren, kann sich nur durch eine sehr gründliche Vertrautheit mit der Sprache entwickelt haben.

Latein war in ganz Europa die Sprache der gelehrten Debatten und intellektuellen Diskussionen, Latein zu lernen war der erste Schritt in eine exklusive Welt. Mädchen erhielten in der Regel keinen Lateinunterricht. Aber für die des Lateins Mächtigen tat sich mit der klassischen Literatur eine neue Welt von Helden, Kriegern, Gottheiten und Fabeln auf. Je tiefer Luther in diese Welt eindrang, desto mehr entfernte er sich aus dem Einflussbereich seines Vaters: Er hatte eine Sprache, die der alte Mann nicht verstand, und Zugang zu einem Wissen und intellektuellen Denken, von dem Hans Luder ganz und gar ausgeschlossen war. Und doch war es in gewisser Hinsicht genau das, was sein Vater für ihn gewollt hatte.

Als die beiden Jungen Hans und Martin nach Magdeburg aufbrachen, sah es so aus, als hätte man sie gemeinsam auf den Weg in eine strahlende Zukunft geschickt. Doch kaum ein Jahr später, 1498, wurde Martin von Magdeburg nach Eisenach verpflanzt, eine Stadt, die in seinem späteren Leben wieder eine wichtige Rolle spielen sollte. Auf den ersten Blick kann man sich diesen Umzug nicht erklären, denn weder war die Eisenacher Schule sonderlich berühmt oder groß, noch konnte die Stadt mit ihren drei- bis viertausend Einwohnern mit dem Wohlstand und dem Ruf Magdeburgs konkurrieren. An der Wende zum 14. Jahrhundert hatten die Eisenacher – in der Hoffnung, von den sächsischen Herrschern unabhängig zu werden – in den Wettinischen Hauskriegen auf der falschen Seite gestanden. In der Folge verlor die Stadt ihren privilegierten Status als landgräfliche Residenz der Wettiner, die nun Gotha und Weimar vorzogen. Zudem wurde Eisenach im 14. Jahrhundert wiederholt von der Pest heimgesucht, und es kam zu Pogromen gegen die jüdische Bevölkerung, die aus der Stadt vertrieben wurde. Konflikte innerhalb der herrschenden Elite, die Schaffung eines neuen sächsischen Oberhofgerichts in Leipzig, der Eisenach als Gerichtsstand untergrub, schwindender Reichtum und erhöhte Steuern, all das trug dazu bei, dass aus Eisenach eine Provinzstadt wurde.[8]

Allerdings stammte Martins Mutter aus einer angesehenen Eisenacher Familie, und es ist wahrscheinlich, dass er auf ihre Veranlassung hin die Schule wechselte.[9] Sie hatte eindeutig einen starken Ein fluss auf ihren klugen Sohn, doch wir besitzen wenig Material über sie und nur dürftige Informationen über die Beziehung der beiden. Wir wissen sicher, dass ihr familiärer Hintergrund sich stark von dem ihres Ehemanns unterschied. Die gehobenere Herkunft seiner Mutter könnte dazu beigetragen haben, dass er schließlich beschloss, nicht dem Weg zu folgen, den sein Vater ihm vorgezeichnet hatte.

Luther erinnerte sich später: »Die Mutter hat all ihr Feuerholz auf dem Rücken getragen.«[10] Wir können auf Lucas Cranachs Porträt an ihrem leicht gekrümmten Rücken sehen, dass sie keine elegante Bürgersfrau war, die das Wasserholen und das Tragen schwerer Lasten Bediensteten überließ. Aber sie hatte gebildete Verwandte und war für Luther die Brücke zu der etwas feineren Welt von Eisenach.[11] Wie tief Luthers Beziehung zu seiner Mutter war, zeigt sich daran, dass er ihr eine Ausgabe des Büchleins *Von der Liebe Gottes* schenkte. Es war ein wichtiges Buch für ihn, da es von seinem Mentor und Beichtvater Johann von Staupitz verfasst worden war. Er widmete es ihr mit den Worten »Meiner lieben Mutter Margarethe Lutherin«, verbunden mit dem Wunsch für »ein seliges neues Jahr«.[12]

Einer der ersten Luther-Biographen, Johannes Mathesius, erzählt eine erhellende Geschichte darüber, wie Luther zum ersten Mal eine lateinische Bibel in die Hand fiel. Sie habe viel mehr Text, Episteln und Evangelien enthalten, als er sich je ausgemalt habe. Aufgeregt habe Luther sie durchgeblättert, bis er zu der Geschichte von Samuel und seiner Mutter Hannah gekommen sei, die er »eilends mit hertzlicher Lust und Freude« gelesen habe.[13] Hannah – oder »Anne«, wie Mathesius sie nennt – war kinderlos und gab dem Sohn, um den sie Gott gebeten hatte, den Namen Samuel, »Gott hat erhört«. Sie übergab den Jungen dem Priester Eli, damit dieser ihn als Priester erzog. Wie sich Mathesius' Leser bestimmt erinnerten, wurde der junge Samuel dreimal von Gott gerufen, bis er schließlich antwortete: »Rede, Herr, denn dein Knecht höret.«[14] Er wurde kein Priester, wie es die Mutter für ihn vorgesehen hatte, sondern Prophet. Alle drei Weggefährten Luthers – Mathesius, Aurifaber und Lauterbach – überlieferten Versionen von Luthers erster Begegnung mit der Bibel in ihren

Aufzeichnungen der Tischgespräche aus den Jahren 1531, 1538 und 1540. Offenbar erzählte Luther diese Geschichte gerne. An seiner Vorliebe für sie lässt sich ermessen, wie wichtig seine Mutter – die auch unter dem Namen ›Hannah‹ bekannt war – für seine Auffassung von religiöser Berufung gewesen sein mag. Luther selbst stilisierte sich später als einen Propheten, der ebenfalls einen anderen Weg einschlug als den, welchen seine Mutter vielleicht für ihn vorgesehen hatte.[15]

Luthers Mutter wurde später zur Zielscheibe katholischer Polemiker, die zeigen wollten, dass der Reformator ein Spross des Teufels sei. Johannes Nas, um einen herauszugreifen, ein katholischer Theologe und Verfasser polemischer Schriften, der in der zweiten Hälfte des 16. Jahrhunderts wirkte, behauptete, Luthers Mutter habe als Bademagd gearbeitet – ein unehrenhafter Beruf und der Inbegriff moralischer Zügellosigkeit. Sie sei von einem Fremden in einem luxuriösen roten Gewand verführt worden, der ihr versprochen habe, dass es ihr nie an etwas fehlen und sie einen reichen Ehemann an Land ziehen würde, wenn sie sich ihm hingäbe. Daher sei Luther das Produkt eines sexuellen Abenteuers mit etwas, das nur der Teufel höchstpersönlich gewesen sein konnte. Solche sexuellen Verunglimpfungen hatte der Katholik Johannes Cochläus, ein Zeitgenosse, der ursprünglich mit Luthers Ideen sympathisierte, später aber ein entschiedener Gegner wurde, bereits 1533 ausgestreut. Er schrieb über Luther, dieser sei »ein lausiger entlaufener Mönch und gemeiner Nonnenschänder, der weder zu einem Land noch zu Leuten gehört, (…) ein elender Wechselbalg, von einer Bademagd geboren, wie man sagt«.[16] Luther lachte über diese Angriffe: Entweder, witzelte er, sei er Sohn einer Bademagd oder ein Wechselbalg, beides zugleich könne er nicht sein. Doch wenn er auch vorgab, sich nicht darum zu scheren, erinnerte er sich öfters an die Beschimpfung und zitierte sie mehrmals.[17]

\*

So tief Eisenach seit seinen ruhmreichen Tagen auch gesunken war, es unterschied sich doch sehr von Luthers Heimatstadt. Während Mansfeld eine Stadt voller Schlackenhügel und Wirtshäuser war, rühmte sich Eisenach seiner Kirchen, Klöster und Bücher. Viele Verwandte Luthers mütterlicherseits hatten studiert und als Ärzte, Akademiker, Verwaltungsbeamte oder Rechtsanwälte Karriere gemacht. Das war der Hintergrund, der ihn veranlasste, ein Universitätsstudium und eine künftige berufliche Tätigkeit im öffentlichen Bereich in Betracht zu ziehen. Als er 1520 ärgerlich die Vermutung zurückwies, seine Familie stamme aus Böhmen – damit wollte man ihn in den Ruch einer Verbindung zu hussitischen Häretikern bringen –, verwies er bezeichnenderweise auf Eisenach und seine dortige Verwandtschaft: »Denn in Eisenach hält sich fast meine ganze Verwandtschaft auf, und ich bin dort von ihnen anerkannt gewesen und bin heut noch dort bekannt.«[18] Großen Einfluss auf seine Schulbildung und seine religiöse Identität hatte vor allem die Familie der Mutter, nicht die des Vaters.

Wie Mansfeld schmiegte sich Eisenach in den Schatten einer Burg: der Wartburg. Die Beziehung der Stadtbewohner zum Adel der Umgebung war wechselhaft. Im 13. Jahrhundert hatte Sophie von Brabant eine Festung in der Stadt errichten lassen, die von den Stadtbewohnern »Klemme« genannt wurde, da sie dazu bestimmt war, sie zu kontrollieren – und die sie bei der erstbesten Gelegenheit mit Freude zerstörten.[19] Es gab wiederholt Konflikte, 1304 zertrümmerten die Eisenacher sogar die Türme von St. Marien »Unserer lieben Frauen«, um mit den Steinen ihre Verteidigungsanlagen zu verstärken. Dies kam einem Sakrileg gleich und endete damit, dass die ganze Stadt mit einem Kirchenbann belegt wurde. 1306 bis 1308 versuchten die Stadtbewohner, ihre Unabhängigkeit zu erlangen, stürmten sogar die Wartburg und wurden, als sie scheiterten, selbst belagert. Aus dieser Geschichte erwuchs den Eisenachern ein starkes Selbstbewusstsein und ein sturer Widerspruchsgeist gegenüber den Herren auf dem Berg.[20]

Die Stadt hatte wenig Handwerksbetriebe, war aber auf religiöse Dienstleistungen spezialisiert. Laut einem Chronisten des 17. Jahrhunderts war Eisenach eine »rechte geistliche Stapelstadt«[21] und vollgepackt mit kirchlichen Institutionen: Er listet eine Stiftung, drei Kirchengemeinden, sieben Klöster und neun Kapellen auf. Die Kirche St. Marien hatte 23 und St. Georg 18 Altäre, für die jeweils ein Geist-

licher da sein musste. Allerdings scheint dem Chronisten vor Bürgerstolz die Brust übermäßig angeschwollen zu sein, denn einige dieser
»Klöster« waren alles andere als nennenswerte Einrichtungen.[22]

Eisenach war wie Mansfeld eine der Städte, in denen der heilige
Georg verehrt wurde, doch hier gab es dazu eine Stadtheilige, die das
Gegengewicht zu dem Drachentöter bildete: die heilige Elisabeth von
Thüringen, die 1221 Ludwig IV. von Thüringen geheiratet und in der
Wartburg gelebt hatte. Um diese Zeit herum waren die Franziskaner
in Eisenach angekommen, und Elisabeth wurde eine fromme Anhän-
gerin ihrer Gemeinschaft. Sie war eine wunderbar subversive Frau,
die die Macht und Anmaßung der Grafen ablehnte und von ihrer Burg
herunter in die Stadt kam, um ihre Zeit dem niederen Volk und den
Ausgeschlossenen zu widmen, sich um Kranke zu kümmern und den
Bau von Hospitälern zu fördern. Viele Legenden rankten sich um sie:
Einmal ließ sie während der Abwesenheit ihres Mannes einen Lepra-
kranken in dessen Bett schlafen. Als der Landgraf bei seiner Rückkehr
davon erfuhr, zog er mit verständlichem Ärger die Decke vom Bett,
doch statt des Kranken entdeckte er das Zeichen des Kreuzes, das sich
in die Laken eingeprägt hatte. Nach Ludwigs Tod während des Kreuz-
zuges übernahm sein Bruder Heinrich von Raspe die Regentschaft
und verbannte Elisabeth von der Burg; sie war gezwungen, bei den
Franziskanern Zuflucht zu suchen, die sie versteckten.[23]

Für Heinrichs Grausamkeit gibt es allerdings keinen historischen
Beweis, und später scheint Elisabeth aus eigenem Antrieb nach Marburg gezogen zu sein, wo sie als Asketin lebte. Sie stellte in der Tat
eine gewaltige Bereicherung für die Dynastie dar, Heinrich selbst errichtete eine Kirche zu ihrem Gedenken. Elisabeth war für Luther
lange Zeit ein bedeutender Bezugspunkt. Jahre später konnte er immer
noch ihre Biographie herunterbeten, ihr Geburtsdatum und ihr Todes-
alter nennen.[24] Er sprach niemals verächtlich über sie, selbst wenn
andere Heilige zur Zielscheibe seiner Schmähungen wurden; und er
benannte seine erste Tochter nach ihr.

Eisenachs Ruf als geistliche Stadt wurde noch gesteigert durch Geschichten über außergewöhnliche Büßer und eindrucksvolle Gestal-

ten, die durch plötzliche spirituelle Bekehrung demütig wurden: Hermann, Freiherr von Dreffurt, der ein räuberisches, sexuell zügelloses und von Gewalttaten bestimmtes Leben geführt hatte, eilte 1329, als er die Lasterhaftigkeit seiner Lebensführung erkannte, nach Eisenach, um Franziskanermönch zu werden. Bei seinem Tod fast 20 Jahre später beharrte er darauf, dass man ihn dort begrabe, wo sich der Abtritt der Schüler befand.[25] Doch diese fieberhafte Spiritualität hatte eine Kehrseite: Luther und Melanchthon erinnerten sich beide, in Eisenach das schlimmste Beispiel einer beweglichen Statue gesehen zu haben.[26] Dabei handelte es sich um Heiligenstatuen, die mit verstellbaren Körperteilen ausgestattet waren. Man wollte dem frommen Volk vorgaukeln, dass die Statuen sich wunderbarerweise bewegten oder den Blick senkten und so mit den Gläubigen interagierten. Sie waren Teil der Andachtskultur, Devotionalien, die starke Gefühlseindrücke hinterlassen sollten, doch Skeptikern boten sie einen willkommenen Angriffspunkt.

Als Luther in Eisenach ankam, musste er um sein Abendessen betteln. Der junge Bursche, der im Chor sang, hatte eine gute Stimme, eine Gabe, die er zum Betteln nutzen konnte. Seine Stimme wie seine musikalischen Fähigkeiten sollte er später als Prediger und als Komponist von Kirchenliedern zur Entfaltung bringen. Vorerst aber bettelte er, was durchaus normal war. Für Franziskanermönche, die keinen eigenen Besitz haben durften, war es ein gottesfürchtiges Werk, um Almosen zu bitten, und auch Schuljungen bettelten, um Kost und Logis zu bezahlen. Die Heftigkeit freilich, mit der sich Luther später gegen das Betteln aussprach, lässt ahnen, wie unwohl er sich dabei gefühlt haben muss. Um 1520 schrieb er an einen Freund, er würde lieber ein Gewerbe erlernen, als sich durch Betteln zu erhalten. Etwa zur selben Zeit tadelte er das Mönchstum und beklagte sich: »Es hat nichts Gutes bewirkt, und bewirkt auch nimmermehr Gutes, ihr Herumlaufen über Land. Drum ist mein Rat, man lege zehn Klöster, oder wie viel ihrer nötig sind, zusammen und mache ein einziges draus, das genügend versorgt ist und nicht betteln muss.«[27]

Vier Jahre verbrachte Luther in der Welt seiner Mutter und lebte bei der angesehenen Familie Schalbe, mit der seine Mutter verwandt war. Heinrich Schalbe war Ratsherr und übte von 1495 bis 1499 das Amt des Bürgermeisters aus.[28] Die Schalbes orientierten sich in ihrer Frömmigkeit an der Franziskaner-Regel, Bescheidenheit und wohltätige Werke bestimmten ihr Leben. Ihr religiöser Bezugspunkt war ein kleines Kloster, das von Minoriten geführt wurde und ursprünglich zu einer Einrichtung gehörte, die die heilige Elisabeth selbst gegründet hatte.[29] Diese Frömmigkeit hatte einen tiefen Einfluss auf Luther, und die Familie blieb so wichtig für ihn, dass er sie 1507 zu seiner ersten eigenen Messe einladen wollte. Nur das Wissen um die Kosten, die für die Familie mit der Reise verbunden gewesen wären, brachte ihn davon ab.

Über Luthers Schulzeit in Eisenach ist wenig bekannt. Die Schulgebäude waren wohl nicht besonders eindrucksvoll, denn sie wurden 1507 abgerissen.[30] Eine Geschichte, die Luthers Arzt und früher Biograph Matthäus Ratzeberger überliefert – ob sie stimmt, weiß man nicht –, zeugt von einem die Schulatmosphäre prägenden Respekt gegenüber den Schülern wie auch dem Lernen: Der Rektor legte vor seinen Schülern stets seinen Umhang ab und hielt alle Lehrer an, dasselbe zu tun, da sie möglicherweise einen künftigen Bürgermeister, Würdenträger, ausgebildeten Arzt oder Herrscher unterrichteten.[31] Diese Art von Respekt ist weit entfernt von den Schlägen in der Kindheit, an die Luther sich erinnerte, und vielleicht ist der Schüler Luther hier intellektuell aufgeblüht. Nachdem er in Mansfeld die lateinische Sprache gelernt hatte, wandte er sich nun der Literatur zu und tauchte in die Klassiker ein, was seinen Schreibstil stark beeinflussen sollte. Er fing an, die Dichtung zu lieben. Laut seiner Erinnerung war der zeitgenössische Dichter Baptista Mantuanus der erste, den er las. Wahrscheinlich in dieselbe Zeit, wenn nicht früher, fällt seine Lektüre von Ovids *Metamorphosen* und Äsops *Fabeln*.[32]

Luther baute eine dauerhafte Beziehung zu einem seiner Lehrer auf, Wigand Guldenäpf, dem er, 15 Jahre nachdem er die Schule verlassen hatte, die Abschrift einer seiner Predigten schickte. Ein anderer, gleichfalls älterer Bekannter, Johannes Braun, Vikar des Eisenacher Doms, wurde ebenfalls ein wichtiger Freund. Braun, der sich 1470 an der Universität zu Erfurt eingeschrieben hatte, unterhielt engen Kontakt zur St.-Georgs-Schule, lud regelmäßig Schüler zu sich nach Hause und lieh ihnen Bücher. Er pflegte eine gelehrte Geselligkeit ähnlich den humanistischen Zirkeln von Lehrern und ihren ehemaligen Schülern, die zu einem charakteristischen Merkmal der Bildungslandschaft in der zweiten Hälfte des 16. Jahrhunderts wurden. Wie die Schalbes wollte Luther auch ihn bei seiner ersten Messe dabeihaben.[33] Die Freundschaft zwischen dem jüngeren und dem älteren Mann blieb lange über Luthers Schulzeit in Eisenach hinaus bestehen und dauerte bis in seine ersten Jahre an der Universität und über seine Entscheidung, Mönch zu werden, hinaus an. Die Verbindung scheint aber nach Luthers Weggang nach Wittenberg lockerer geworden zu sein, so dass Luther, um ihn seiner Freundschaft zu versichern, an Braun schrieb, er solle nicht denken, ein kalter und hochmütiger Wind habe alle warme Zuneigung ausgelöscht, vielmehr sei sein Schweigen lediglich der Tatsache geschuldet, dass er keine Zeit oder Muße zu schreiben finde – eine Erklärung, die den alten Mann nicht beruhigt haben dürfte.[34]

Zu den bleibenden Eindrücken aus seiner Zeit in Eisenach gehörte auch, was Luther bei Schalbes über einen Mann hörte, der später wichtig für ihn wurde: den aufmüpfigen Franziskanermönch Johann Hilten.[35] Um 1470 hatte Hilten begonnen, apokalyptische Voraussagen zu machen, vor der Macht der Türken zu warnen und das Mönchstum offen zu kritisieren. Er wurde schließlich in Eisenach in eine Zelle gesperrt, in der er, wie es die lutherische Propaganda verbreitete, um die Jahrhundertwende verhungerte – ein Opfer der Grausamkeit der Mönche. Jahrzehnte später kam die Geschichte wieder hoch, als Luther 1529 seinen Freund Friedrich Myconius besuchte. Inzwischen waren die Parallelen zwischen Luther und Hilten beachtlich: Beide hatten erfolgreich an der Universität in Erfurt studiert, waren Mönch geworden und hatten gegen die Kirche aufbegehrt. Dazu belagerten die Türken gerade Wien, so dass Hiltens Warnung plötzlich wie eine Vorhersage aussah. Als Luther nach Wittenberg zurückkam, schrieb er aufgeregt an Myconius, er wolle, so viel er könne, über den Mönch herausfinden, und bat seinen Freund, in seinem Bericht nichts auszulassen.[36]

Warum war Luther so aufgeregt? Hilten hatte offenbar vorausgesagt, bald werde sich jemand erheben und das Papsttum angreifen. In der Geschichte, wie sie Luther von Myconius zum ersten Mal hörte, war dieses Ereignis für das Jahr 1514 vorhergesagt worden, doch es gab andere Versionen, die – hilfreicher – die Ankunft des Propheten auf das Jahr 1516 legten. Spätere Biographen sahen darin einen Beweis für Luthers göttliche Mission, auch wenn sie sich erst ein Jahr später erfüllte. Überzeugt, die Prophezeiung weise auf ihn, zitiert sie Luther selbst mit dem Datum 1516. Als Luthers wichtigster Mitarbeiter Melanchthon an der Augsburger Konfession von 1530 *(Confessio Augustana)* arbeitete, in der er die grundlegenden Artikel des Luther'schen Glaubens niederlegte, begann er den Abschnitt über die Klostergelübde mit der Lebensgeschichte von Johann Hilten. Er gab den Bericht über die Misshandlungen wieder, die Hilten aus »pharisäischer Bitterkeit und Neid« durch Mönche erfahren habe. Melanchthon fügt hinzu, bevor er gestorben sei, habe Hilten – ein Echo Johannes des Täufers – vorausgesagt: »Es wird ein anderer Mann kommen (...), der euch Mönche tilgen wird, (...) dem werdet ihr nicht widerstehen können.«[37]

So hielt Hilten Einzug in die Luther-Hagiographie, und seine Prophezeiungen wurden Ende des 16. und im Lauf des 17. Jahrhunderts wiederveröffentlicht. Späteren Protestanten galt Hilten als Prophet und Beweis, dass Luther ein Mann Gottes war. Jedoch war er auch ein peinlicher Held, der angeblich mit Blut Briefe an eine Geliebte geschrieben hatte und in dessen aufsässigem Weltuntergangsglauben psychische Labilität durchschien. Es ist vielleicht bezeichnend, dass der Lutheraner-Chronist Ludwig Rabus, der eine Zeitlang in Luthers Haushalt gelebt hatte, sich zwar auf die Prophezeiung bezog, Hilten jedoch nicht in sein Kompendium protestantischer Märtyrer und »auserwählter Gotteszeugen« aufnahm.[38]

Luthers Vorstellung von der Rolle der Kindheit bei der Persönlichkeitsbildung unterschied sich sehr von unserer. Der Mönch-Prophet Hilten zog Luthers Interesse nicht auf sich, weil er in dem Kloster nahe seiner Schule eingesperrt gewesen und deshalb Teil von Luthers Kindheitserinnerungen war. Nicht die Herausbildung der Persönlichkeit aufgrund solcher Erfahrungen, sondern die Erfüllung des göttlichen Plans war entscheidend. Luther hatte das Gefühl, dass Hilten seine eigene Rolle als Prophet und seinen Kreuzzug gegen die Mönche beglaubigte. Zugleich lässt Luthers Interesse an den Prophezeiungen seine eigene Gefühlslandschaft mit größerer Klarheit hervortreten. Als Luther 1531 Melanchthons Apologie las, markierte er Hiltens Namen rot und notierte am Rand, er erinnere sich, als Vierzehn- oder Fünfzehnjähriger während seines Aufenthalts in Eisenach bei den Schalbes von dem Mönch gehört zu haben. Die Prophezeiung stellte Luthers Kampf gegen das asketische Mönchstum ins Zentrum seiner Theologie, sein Freund verstand das. Deshalb hielt Melanchthon in diesem wichtigen Dokument der Theologie Luthers diese intime, persönliche Geschichte über den Gründer der Bewegung fest.[39]

Indirekt bestätigt er damit die Bedeutung von Eisenach und der mütterlichen Welt für die Entwicklung der Spiritualität Luthers. Sicherlich haben die Schalbes und die Gruppe um Johannes Braun Luthers Haltung zum Gebet geformt.[40] Diese Frömmigkeit könnte eine starke feminine Seite enthalten haben: Sankt Anna und Maria wurden wichtige Figuren in Luthers religiöser Vorstellung, und die Mythen und Geschichten, die sich um seine Zeit in Eisenach ranken, weisen auf einen jungen Mann, dem fern von zu Hause die Mutter fehlte und der Zuwendung suchte. Eine Überlieferung berichtet, dass die Witwe Ursula Cotta ihn einmal zu sich ins Haus holte, weil ihr sein Gesang gefiel und sie verstehen konnte, dass ihm das Betteln widerstrebte. Eine weitere Geschichte erzählt, wie er ein andermal, als seine Gastfamilie in der Kirche war, schwach vom Durst auf Händen und Knien in die Küche kriechen musste, um an Wasser zu gelangen, weil man ihn mit Fieber allein im Haus zurückgelassen hatte.[41] So zweifelhaft die Geschichten sein mögen, spiegeln sie vielleicht doch die psychologische Realität wider, dass Luther in Eisenach seine Mutter vermisste und innerlich eine Verbindung zu ihr aufbaute.

*

Von Eisenach ging Luther 1501 nach Erfurt an die Universität, die schon sein verehrter älterer Freund Johannes Braun besucht hatte. Obwohl weiter entfernt von seinem Heimatort als die konkurrierende Universität in Leipzig, lag Erfurt näher bei Eisenach und seiner Familie mütterlicherseits. Luther könnte in der Georgenburse gewohnt haben – einer weiteren Einrichtung, die nach dem Stadtpatron von Mansfeld benannt war – oder im Collegium Porta Coeli (Collegium der Himmelspforte, auch Collegium Amplonianum genannt) bei der Michaeliskirche aufgenommen worden sein, der größten Studentenburse für die Scholaren in Erfurt. Diese Einrichtungen hatten eine strenge, quasimönchische Hausordnung: Die Studenten, die sich jeweils zu mehreren einen Schlafraum teilten, mussten um acht Uhr abends im Bett sein und standen um vier Uhr morgens auf. Viele Studenten scheinen dennoch Wege gefunden zu haben, die Regeln zu umgehen, denn Luther schrieb später: »Erfurt ist ein Hurenhaus und eine Schenke; diese beiden Lektionen lernen die Studenten in ihrem Gymnasium.«[42]

Die Universität Erfurt hatte unter allen Hochschulen Deutschlands das älteste Gründungsprivileg (1379), war 1392 eingeweiht worden und konnte sich zu Beginn des 16. Jahrhunderts damit rühmen, eine Reihe prominenter Humanisten versammelt zu haben, die daran interessiert waren, die antike Lehrtradition wiederaufleben zu lassen und zu den Quellen der Bildung zurückzukehren. Obwohl er von diesen intellektuellen Strömungen beeinflusst wurde, pflegte Luther offenbar keinen persönlichen Umgang mit den führenden Humanisten von Erfurt, darunter Eobanus Hessus und Konrad Mutian. Zwei seiner späteren Freunde, Georg Spalatin und Johannes Lang, gehörten allerdings zum Kreis um Mutian. Der Humanist Crotus Rubeanus beschrieb Luther später als seinen guten Freund und erinnerte sich, wie sehr ihre gemeinsame Begeisterung für das Studium sie verbunden habe. Wenn er jedoch behauptet, mit seiner Seele stets bei Luther gewesen zu sein, wirkt dieser auf seine Freundschaft zu Luther erhobene Anspruch ein wenig überzogen.[43] Als er sich 1519 auf diese alte Freundschaft berief, war Luther bereits berühmt geworden.

Luther begann als eher durchschnittlicher Student, bei seinem ersten

Baccalaureat 1502 erreichte er unter 57 Mitstudenten den 30. Platz.[44] Wir wissen nicht, was seine wissenschaftliche Vorstellungskraft an der Universität am meisten beflügelte, doch es ist wahrscheinlich, dass es die Philosophie war – auch wenn er darüber klagte, man zwinge ihn, dieses Fach zu studieren.[45] Die Erfurter Universität war eine Hochburg der *via moderna*, einer Variante des Nominalismus, die im 14. Jahrhundert entstanden war und auf Wilhelm von Ockham zurückging. Zu Luthers Lehrern zählten führende Nominalisten, Verfasser von Lehrbüchern, die zur Standardlektüre des Bildungskanons wurden. Ein Grundsatzstreit trennte die *via moderna* von der *via antiqua* und deren prominenten Vertretern Thomas von Aquin und Duns Scotus. In der aristotelischen Philosophie verwurzelt, war die *via antiqua* von der Position ausgegangen, dass die Dinge sind, was sie sind, weil sie ein besonderes Moment eines universalen Allgemeinen darstellen. Dagegen argumentierte der Nominalismus, dass die Universalien keine realen Entitäten seien, sondern lediglich ein Etikett für zahlreiche verschiedene Gegenstände. Zwanzig Jahre später, in einer Zeit, als diese Dispute den Studenten bereits ziemlich spitzfindig vorkamen, fasste Luther die Auseinandersetzung wie folgt zusammen:

> »Der Streit und Hader unter ihnen war: Ob das Wort *Humanitas*, Menschheit, und dergleichen Wort, eine gemeine Menschheit heiße, die in allen Menschen wäre, wie Thomas und die Andern halten. Ja, sagen die Occamisten und Terministen, es sey nichts mit solcher gemeiner Menschheit, heißet alle Menschen insonderheit; gleichwie ein gemalet Menschen-Bilde alle Menschen deutet.«[46]

Es waren die Methoden der *via moderna*, an denen sich Luther schulte, nicht so sehr das Programm des aufstrebenden Humanismus. Und so kritisch er später der Philosophie gegenüberstand, die durch sie erworbene Argumentationstechnik formte ihn.[47] Später stellte er klar, dass er auf der Seite der Ockham-Anhänger stand, die zu kritischem Denken ermutigten und auf die Bedeutung der empirischen Evidenz pochten. Getreu dem humanistischen Prinzip der Rückkehr zu den Quellen lasen seine Lehrer Bartholomäus Arnoldi aus Usingen und

Jodocus Trutfetter Originaltexte von Aristoteles, nicht lediglich ihre mittelalterlichen Kommentare, und es muss ein schwindelerregendes Gefühl gewesen sein, sich unmittelbar mit den Werken selbst vertraut zu machen, statt sie durch einen Schleier überkommener Auslegungen und Glossen zu betrachten.

Zu diesem Zeitpunkt deutete nichts auf die Richtung hin, die Luthers Denken später nehmen sollte. Während Luther in die aristotelische Philosophie eintauchte, setzte er wahrscheinlich sein Studium der Texte von Cicero, Titus Livius und Vergil fort. Um 1505 wird ihm der Titel Magister Artium verliehen, seine Zufriedenheit über diesen Erfolg schwingt in seinen späteren Äußerungen über die feierliche Zeremonie noch mit: »Wie war es eine so große Majestät und Herrlichkeit, wenn man Magistros promovirte, und ihnen Fackeln fürtrug, und sie verehrte; ich halte, daß keine zeitliche, weltliche Freude dergleichen gewesen sey.«[48] Bei der Verleihung des Magistertitels erhielt der Student einen besonderen Magister-Ring und ein Birett, und er musste einen Vortrag halten. Aus Respekt sprach Luthers Vater ihn nun nicht mehr mit dem zwanglosen »Du« an, sondern wechselte zum höflichen »Ihr«.[49] Und man kann mit ziemlicher Sicherheit davon ausgehen, dass Luther sich nun auf Betreiben seines Vaters für ein Studium der Rechte entschied. Alles schien dafür vorbereitet, dass er in ein paar Jahren nach Mansfeld zurückkehren und vielleicht, wie seine Geschwister es taten, in die ansässige Elite der Hüttenbesitzer einheiraten und mit seinem juristischen Wissen die Geschäfte seiner Familie voranbringen würde.

*

Es sollte anders kommen. Luthers Leben war im Begriff, sich für immer zu verändern. Drei Ereignisse aus seiner Zeit in Erfurt ragen heraus und verweisen auf die Qualen, die der junge Mann litt, der scheinbar für eine erfolgreiche Karriere bestimmt war. Als Erstes erkrankte und starb ein Kommilitone und Freund; sein Tod traf Luther sehr, und offenbar ist er darüber in Schwermut verfallen. Als Zweites verletzte er sich auf der Reise heim nach Mansfeld eine halbe Meile hinter Erfurt irgendwie mit dem eigenen Schwert, wobei eine Arterie an seinem Oberschenkel durchtrennt wurde. Er verschloss die Wunde mit dem Finger, um die Blutung zu stoppen, doch das Bein begann stark anzuschwellen. Luther hätte leicht verbluten können. In Panik betete er: »O Maria, hilf!« Man rief nach einem Arzt, damit er die Wunde behandelte, doch am Abend, als Luther im Bett lag, platzte sie auf. Wieder flehte Luther zu Maria, sie möge ihn retten. Dem Anschein nach waren seine Gebete erhört worden, denn die Wunde heilte. Als er Jahre später bei Tisch davon erzählte, drehte er die Geschichte raffiniert um, so dass das wahre Wunder nun nicht darin bestand, dass Maria ihm das Leben rettete, sondern dass Gott ihn vor dem Tod bewahrte, während er auf Maria gebaut hatte und nicht auf Christus, wie ein Christ es tun sollte.[50]

Ein ähnlicher Vorfall ereignete sich nicht lange danach, doch mit weitaus ernsteren Konsequenzen. Wieder war Luther zu Fuß unterwegs, dieses Mal kehrte er an einem Sommertag von Mansfeld zurück nach Erfurt. Er befand sich in der Nähe von Stotternheim, als ein schreckliches Gewitter losbrach. In großer Angst rief Luther die heilige Anna – die Schutzheilige der Bergleute – an und schwor, ins Kloster einzutreten, wenn sie ihn retten würde. Seine Reaktion mag uns übertrieben erscheinen, doch es herrschte der Glaube, Gewitter würden vom Teufel oder von Hexen ausgelöst, und bei Unwetter läutete man die Kirchenglocken, um sie fernzuhalten. Wie schon zuvor wandte sich Luther nicht an Jesus, sondern an eine Heilige. Als er 1539 die Geschichte erzählte, gab er ihr wieder eine besondere Wendung: Gott habe in seiner Güte »Anna« nicht als den Namen der Heiligen, sondern als das hebräische Wort für »Gnade« verstanden. Diese augenzwinkernde Interpretation erlaubte ihm, die Vorstellung aufrechtzuerhalten, bei seiner Anrufung während des Sturms habe tatsächlich erneut Gott eingegriffen, so dass er keiner weiblichen Fürsprecherin bedurfte.[51]

Nachdem das Gewitter überstanden war, hielt Luther sein Gelübde: Am 17. Juli 1505 trat er in Erfurt in den Augustinerorden ein. Das war ein Schritt von großer Tragweite. Mit einem Streich zerstörte er damit die Pläne seines Vaters. Hans Luder hatte sein Geld vergebens in den Sohn investiert. Zusammen mit einem Brief, der die Eltern darüber informierte, dass er einen Schlussstrich unter diesen Lebensabschnitt gezogen habe, sandte Luther seinen Talar und seinen Magister-Ring nach Mansfeld. Er verkaufte einige der edlen juristischen Lehrwerke, die sein Vater ihm gekauft hatte, und schenkte weitere dem Kloster.[52] Dann lud er alle seine Kommilitonen zu einem üppigen Festmahl mit Musik und Unterhaltung ein. Auf dem Höhepunkt des Fests teilte er seinen schockierten Gefährten seinen Entschluss mit, ein Mönch zu werden, und verkündete melodramatisch: »Heute seht ihr mich und dann nimmermehr!«[53] Danach machte er sich, begleitet von seinen schluchzenden Gefährten, auf den Weg ins Kloster. Luther hatte seinen Abschied in Form eines Abendmahls zelebriert – eine dramatische Inszenierung seines Scheidens aus der Welt der sinnlichen Begierden.[54]

Luthers Eintritt ins Kloster war ein schwerwiegender Akt des Ungehorsams, eine Zurückweisung sowohl der Pläne seines Vaters als auch der gesellschaftlichen Werte von Mansfeld. Nach seiner Aufnahme ins Kloster zog er sich für einen Monat in die Abgeschiedenheit zurück und verhinderte so, dass sein wütender Vater einschreiten oder seine Freunde versuchen konnten, ihn umzustimmen. Überdies kehrte er nicht noch einmal in sein Elternhaus zurück, um seine Entscheidung persönlich mitzuteilen, sondern informierte seine Familie brieflich über seinen Entschluss. Aufgebracht antwortete ihm sein Vater mit einem bitteren Brief, in dem er zu dem vertraulichen »Du« zurückkehrte. Er verweigerte seinem Sohn anfangs die Zustimmung, ins Kloster zu gehen, und gab schließlich nur unfreiwillig nach, wie Luther festhielt. Unter anderem wird berichtet, er habe sich erst gefügt, nachdem er 1506 zwei Kinder durch die Pest verloren hatte.

Was diese Rebellion Luther abverlangt haben muss, wird in einer Geschichte rund um die Primiz deutlich, die erste heilige Messe, die er 1507 zelebrierte und bei der sein Vater zugegen war. Als der Moment der Wandlung gekommen war, in dem die Hostie zum Leib Christi wird, überfiel ihn eine solche Panik, dass er fast davongelaufen wäre, hätte der Prior ihn nicht daran gehindert.[55] Es seien die Worte »Tibi aeterno Deo et vero« (»Dir, dem ewigen und wahren Gott«) gewesen, die ihn in Panik versetzt hätten, urteilte Luther 1537. Der Vorfall betraf die Eucharistie, bei der das Brot, das nun der Leib Christi ist, gezeigt oder vom Priester den Gläubigen gespendet wird.

Bei dem anschließenden Festessen zur Feier der Primiz, zu dem Luthers Vater – stets ein Mann der großen Gesten – eine Summe von 20 Gulden beigesteuert hatte, war der Bruch zwischen beiden noch nicht verheilt. Luther fragte seinen Vater, ob er seine Entscheidung nun akzeptiere, worauf Hans Luder vor der versammelten Tischgesellschaft antwortete: »Habt ihr nicht gelesen, du sollst Vater und Mutter ehren?«, und er gab zu bedenken, hinter den Ereignissen während des Unwetters könne der Teufel gesteckt haben: »Wohlan, wollte Gott, dass kein Teufel dahinter wäre.« Das war ein gravierender Vorwurf, zumal Luther gerade das erste Mal als Vertreter Christi auf der Erde agiert hatte. Jeder am Tisch wusste, dass Satan dem Gläubigen leicht vorgaukeln konnte, eine Erscheinung sei göttlicher Natur, während sie in Wirklichkeit Teufelswerk war. Kein anderer Kommentar hätte so zielsicher bei einem jungen Mann die Gewissheit seiner geistlichen Berufung erschüttern können, und Luthers Schock war noch Jahre später spürbar, wenn er von dem Vorfall erzählte und dabei betonte, dass sein Vater diese Bedenken vor allen anderen Gästen bei Tisch geäußert hatte.[56] Die Worte hätten sich so sehr in seinem Herzen festgesetzt, dass er seitdem von seinem Vater niemals mehr etwas gehört habe, das ihm mehr im Gedächtnis geblieben sei, erinnerte sich Luther in einem Brief an Melanchthon aus dem Jahr 1521.[57] Auch Luthers Gegenspieler, erst Cochläus und später Johannes Nas, erkannten, was es bedeuten konnte, wenn man hinterfragte, welche Rolle das Gewitter bei Luthers Entschluss gespielt hatte. Der Donner, spottete Nas, sei nicht göttliche Zustimmung gewesen. Er sei vielmehr der Beweis für Gottes Zorn.[58]

Der Luther-Biograph und Psychoanalytiker Erik Erikson hat zweifellos recht, wenn er meint, dass sich Luthers schwierige Beziehung zu seinem Vater in seiner Theologie widerspiegele: Gott wurde Luthers Vater, ein Vater, der weit mächtiger war, als Hans Luder es je sein konnte.[59] Doch es steckte mehr dahinter als das. Luthers Verständnis von Gott erfasste den Abstand zwischen Gott und Mensch in der grundsätzlichen Unmöglichkeit, Gott zu erkennen, und in der Verborgenheit Gottes im Leiden Christi am Kreuz. Er betonte die ganze Skala väterlicher Aspekte von Gottes Natur; der bequeme evangelische Blick auf Jesus als einen Freund war Luther fremd. Seine Auffassung vom Menschsein und von Vätern war von der rauen Welt in Mansfeld ebenso geprägt wie von der Beziehung zu seinem Vater. Zudem war Hans Luder nicht der Einzige, der seinen Sohn formte: Luthers Mutter spielte eine gewichtige Rolle, ebenso seine Geschwister. Gleichwohl bestand Luthers Revolte gerade darin, gegen Autoritäten aufzubegehren, die zu seiner Zeit als Formen väterlicher Autorität verstanden wurden, Papst und Kaiser eingeschlossen. Luthers Fähigkeit, solchen Figuren entgegenzutreten, musste von innen kommen, und der erste Schritt dazu war die Rebellion gegen seinen Vater.

*Drittes Kapitel*

# Das Kloster

Als Luther Novize wurde, musste er sich vor dem Hochaltar beim Grab von Andreas Zacharias, dem berühmten Sohn des Erfurter Klosters, niederwerfen. Diese Prostratio, bei der die Kühle des Steins in seinen Körper drang, sollte dem Kandidaten zugleich ein Gefühl der physischen Demut und der spirituellen Verbindung mit dem Verstorbenen geben. Der Theologe Zacharias hatte sich beim Konstanzer Konzil (1414–1418) mit seinen Angriffen auf die Lehren des böhmischen Reformators Jan Hus einen Namen gemacht: Dass Hus 1415 als Häretiker verbrannt wurde, hat man – vielleicht zu Unrecht – Zacharias zugeschrieben. Hus forderte, dass bei der Kommunion sowohl Brot als auch Wein an Laien ausgeteilt werde. Ironischerweise kommt Luther selbst mit der Zeit immer mehr dazu, viele derselben Ansichten zu vertreten wie Hus, der ein Held der Reformation wurde.[1]

Das Erfurter Kloster hatte einen wichtigen Anteil an der Wandlung des jungen Luther zum späteren Reformator. Doch warum hatte er gerade dieses zum Augustinerorden gehörende Kloster ausgewählt? Es gab viele vermögende Klöster in der Stadt, so ein weiteres Augustinerkloster, und auch die Kartäuser, Serviten, Dominikaner und Franziskaner unterhielten Häuser. Bei Luthers Verbindung zu den Eisenacher Franziskanern hätte vor allem deren Orden für ihn attraktiv sein können. Doch die Wahl des intellektuellen Magisters fiel auf den nach der strengen Observanz geführten Augustinerkonvent, der unter dem Namen »Schwarzes Kloster« bekannt war. Viele Angehörige des Konvents unterrichteten zusätzlich an der Universität, und das Kloster verfügte über eine gut bestückte Bibliothek. Es wurde in der Zeit, in der Luther in Erfurt war, gerade vergrößert, etliche neue Gebäude befanden sich im Bau, und es stand in hohem Ansehen bei den Bürgern der Stadt. Das Kloster beherbergte eine Gemeinschaft von 45 bis 60 Mönchen, eine großzügige und wachsende Stiftung, die umfangreiche Güter in der Stadt und ihrer Umgebung besaß, unterstützte die Gemeinschaft.[2]

Das Kloster war zudem in einen schweren Konflikt innerhalb des Ordens verwickelt, nämlich in die Auseinandersetzung zwischen den Observanten, die eine strenge Befolgung der ursprünglichen Ordensregeln anstrebten, und den sogenannten Konventen, die weniger streng waren. Mönchsorden tendierten zu zyklischer Erneuerung, da immer wieder nachfolgende Generationen von Mönchen der Ansicht waren, die Ordensregeln würden inzwischen zu lässig gehandhabt und zu wenig befolgt. Die neueste Bewegung zur Reformierung der Augustinerorden hatte 1480 begonnen und dauerte bis weit ins 16. Jahrhundert hinein. Das Erfurter Kloster war eines der bedeutendsten Häuser in Thüringen, die für die strenge Observanz eintraten. Einen Eindruck, worum es ihnen ging, geben die Fragen, die der Reformer Andreas Proles 1489 stellte. Ihn bekümmerte, ob die Mönche *im Refektorium zusammen an einem langen Tisch aßen, wie es in reformierten Klöstern üblich war, ob sie beim Essen schwiegen und ob einzelne außerhalb der gemeinsamen Mahlzeiten allein aßen oder tranken.*[3] In Klöstern der strengen Observanz waren die Mönche angehalten, pünktlich zur Morgenandacht zu erscheinen und jeden Freitag eine Generalbeichte abzulegen. Die Stundengebete waren streng einzuhalten, und aller Besitz, sogar die Kleidung, wurde mit der Gemeinschaft geteilt.[4] Gehorsam, Armut und Keuschheit bildeten das Fundament des Mönchslebens, sie mussten streng beachtet werden.

Luther wählte also eine Einrichtung mit einem ausgesprochen akademischen Auftrag, engen Verbindungen zu der Universität, an der er studiert hatte, und einer starken Festlegung auf die Augustinerregel. Mit seinem Vorsatz, in Erfurt zu bleiben, entschied er sich außerdem für eine Lebenswelt, die sich deutlich von der Kleinstadt abhob, in der er aufgewachsen war. Mit 24 000 Einwohnern war die bevölkerungsreiche und betriebsame Stadt weitaus größer als Eisenach oder Mansfeld, und welchen Eindruck sie auf Luther machte, kann man daran ermessen, wie extrem er die Einwohnerzahl überschätzte – er nahm eine Anzahl von 18 000 Herdfeuern an, womit die Stadt dreimal größer gewesen wäre, als sie tatsächlich war.[5] In Erfurt standen überdies große kirchliche Bauwerke. Noch heute überragt der Dom die Stadt und erhebt sich am Ende einer lange Reihe von Stufen wie eine italienische Basilika über dem großen Domplatz. Kein städtisches Bauwerk konnte annähernd mit ihm konkurrieren.

Erfurt war eine wohlhabende Stadt – Luther schätzte ihr Einkommen auf sagenhafte 80 000 Gulden jährlich.[6] »Erfurt liegt am besten Ort, ist eine Schmalzgrube; da muss eine Stadt stehen, wenn sie gleich wegbrenne«, schreibt er später in einem Brief.[7] Erfurts mächtige Kaufmannselite war durch den Handel mit Färberwaid reich geworden, aus dem man den Farbstoff gewann, der Stoffe entweder blau oder in dem modischen, von reicheren Städtern bevorzugten Schwarz färbte. Ein großes bäuerliches Hinterland sorgte für eindrucksvolle Kornvorräte, genug, um die Bürger über schwierige Zeiten hinwegzubringen.[8]

Trotzdem war Erfurt nicht mehr das, was es einmal gewesen war. Die Stadt hatte nie die Stadtrechte erhalten, die sie gerne gehabt hätte. Erfurt wollte freie Reichstadt sein wie die sagenhaften Städte Süddeutschlands – Nürnberg, Ulm, Augsburg, Straßburg –, die niemandem als dem Kaiser unterstanden und die ihre eigenen Gesetze erlassen konnten. Doch es war gefangen zwischen zwei rivalisierenden Mächten, dem Herzogtum Sachsen und dem Erzbistum Mainz, die beide seinen Reichtum ausbeuten wollten. Wenn beide im Streit miteinander lagen, konnte die Stadt sie gegeneinander ausspielen. Aber zu Erfurts Pech handelten sie seit der Wahl Adalberts von Sachsen zum Erzbischof von Mainz 1482 und der Einverleibung der thüringischen Gebiete aus dem Besitz des Erzbistums Mainz in das Herzogtum Sachsen häufig in Abstimmung miteinander. Seit die Stadt 1483 zur Zahlung einer lähmenden Entschädigung und eines jährlichen »Schutzgeldes« an Sachsen gezwungen war, lasteten eine Generation lang hohe

Steuern auf den Bürgern; 1509 waren die Stadtschulden auf eine halbe Million Gulden angewachsen. Zur Verschlimmerung der Lage trug bei, dass ein Brand 1472 weite Teile der Stadt zerstört hatte, deren Wiederaufbau die Stadtkasse zusätzlich belastete.[9] Unter solchen Umständen wurde der Klerus, der von der Steuerpflicht befreit war, leicht zum Sündenbock für die Leiden der Stadt. Wie tief die antiklerikale Haltung in Erfurt reichte, sollte in den ersten Jahren der Reformation deutlich werden, als die Stadt als eine der ersten Schauplatz von antiklerikalen und besonders gewalttätigen Aufständen wurde.

Erfurt kannte auch turbulente innerstädtische Auseinandersetzungen. 1509 kam es zu einer Revolte der Stadtbevölkerung, da sich ein Spalt auftat zwischen einer Führungsschicht aus Patriziern, die vornehmlich Sachsen unterstützen und sich unter seinen Schutz stellen wollten, und der einfachen Bevölkerung, die dem Erzbischof von Mainz, Uriel von Gemmingen, zugewandt war. Der Erzbischof hatte Agenten in der Stadt, die erfolgreich Unruhe unter der Bevölkerung schürten, die aufgrund der hohen Steuerlast und der finanziellen Misere der Stadt die städtische Politik nicht mehr mittragen wollte. Während im Stadtrat eine kleine Oligarchie aus Patriziern regierte, hatten weder die ökonomisch wichtigen Kaufleute im Waidhandel noch die Zünfte ein echtes politisches Mitspracherecht. Als die Bevölkerung das Ausmaß der städtischen Finanzmisere erkannte, versuchte der oberste Ratsherr, den Sturm zu überstehen, indem er darauf beharrte, sie alle seien eine Gemeinde, und dabei auf sich selbst wies. Ein großer Fehler, denn es sah so aus, als verwechselte er das Gemeingut mit seinem Eigeninteresse – nicht lange danach hing er an einem Galgen außerhalb der Stadt.[10] Man verweigerte ihm ein ehrbares Begräbnis und ließ ihn in seinem Fuchsfellmantel im Wind baumeln – eine letzte Demütigung, denn Fuchsfell war der billigste Pelz.

In den folgenden Jahren kämpften die Agenten von Sachsen und Mainz weiter um Einfluss in der Stadt und manipulierten die städtischen Parteien. Sachsen strengte ein Verfahren an, damit die Stadt unter Reichsacht gestellt wurde.[11] Auf der Gegenseite unterstützte der Erzbischof von Mainz eine neue Verfassung, die die Patrizier aus dem

Rat ausschloss, 1514 schließlich war ein sehr viel radikalerer Rat in der Lage, den Sturz einiger führender Politiker zu bewirken.[12] Der Klerus und die Klosterstätten in der Stadt wurden in den Aufruhr hineingezogen, weil sie Hauptgläubiger waren und ihnen finanzielle Verluste drohten, wenn die Stadt ihren Verpflichtungen nicht nachkam. Während dieser unerbittlichen Folge von blutigen inneren Streitigkeiten

*8* Hartmann Schedel's *Weltchronik* von 1493. Der Erfurter Dom ist das große Gebäude am linken oberen Bildrand. Man erkennt gut die Treppe, die zu ihm hinaufführt. Gegenüber liegt die Severikirche.

schlossen sich die meisten Klöster der städtischen Elite an und unterstützten mit ihr die Interessen Sachsens, zumal sich in diesen Jahren der Erzbischof von Mainz als besonders heimtückisch entpuppte. All das sollte wenig dazu beitragen, Luther für die Einheit der Bürgerschaft und die städtischen Freiheitsrechte zu begeistern, mit denen sich die deutschen Reichsstädte brüsteten.[13]

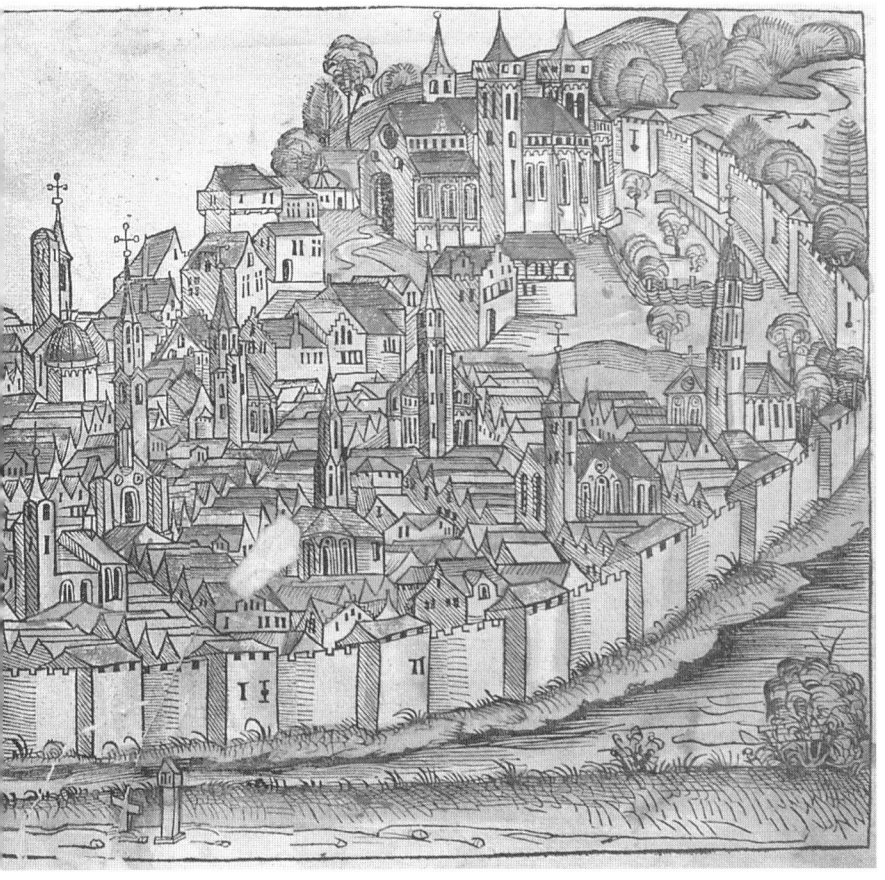

Schließlich verlor Mainz den Machtkampf in Erfurt: 1516 war mit sächsischer Hilfe die alte städtische Elite wieder an der Macht. Luther hatte wahrscheinlich wenig detaillierte Kenntnis der politischen Machenschaften und unterhielt, soweit wir wissen, keine Beziehungen zu Bürgern außerhalb der Klostermauern. Doch kann ihm nicht völlig entgangen sein, was um ihn herum passierte und welche Rolle Mainz beim Schüren des Konflikts spielte.[14] 1514 wurde Albrecht von Brandenburg Erzbischof von Mainz – ein Hohenzoller und damit Gegenspieler der Wettiner –, und vielleicht war die Erinnerung an das Verhalten des Bistums einer der Gründe, weshalb Luther seine 95 Thesen direkt an ihn adressierte. Sicher datierten einige Zeitgenossen die Unterstützung, die Friedrich der Weise Luther in der Folgezeit gab, auf den Streit um Erfurt zurück.[15]

*

Frühe Luther-Biographen beschrieben sein Leben als Mönch als eine Zeit der Plackerei. Johannes Mathesius veröffentlichte 1566 eine der ersten ausführlichen Lebensbeschreibungen Luthers. Er berichtet, dass man Luther gezwungen habe, Gesindetätigkeiten zu verrichten, sogar die Latrinen zu putzen. Luther selbst erinnerte sich, dass er noch betteln und die Aborte säubern musste, als er bereits Magister der Theologie war.[16] Natürlich handelt es sich dabei um Berichte von Mitstreitern, die zeigen sollten, wie sehr er unter den neidischen und grausamen Mönchen litt, und die seinen späteren Hass auf das Mönchstum rechtfertigen sollten. Trotzdem enthalten sie vielleicht einen wahren Kern. Wie alle Novizen musste Luther eine Periode des Übergangs in sein neues Leben absolvieren, und dazu gehörte die Verrichtung von Hausarbeit. Für den Lieblingssohn eines Hüttenbesitzers, der von seinem Elternhaus, in dem Dienstboten und die Hausfrau wahrscheinlich den Großteil der lästigen Hausarbeiten erledigten, fortgeschickt worden war, um Schule und Universität zu besuchen, muss diese Erfahrung schockierend gewesen sein. Erst als er bereits Vorlesungen über die Psalmen hielt, wurde er von diesen Pflichten befreit. Da der Orden aber die Sünde des Hochmuts bekämpfte, lag es nahe, dass man den einstigen Jurastudenten Demut lehren wollte, indem man ihn die Latrinen putzen ließ. Nach einigen Jahren im Kloster scheinen jedoch andere für seine grundlegenden Bedürfnisse gesorgt zu haben, denn auf Anordnung seines Mentors Johann von Staupitz arbeitete ein Mitbruder sogar als sein Schreiber.[17]

Das neue Leben, für das sich Luther entschieden hatte, brachte strenge Disziplin mit sich. Das äußerliche Zeichen seines Eintritts ins Kloster war die Tonsur. Damit unterschied sich der Mönch sofort von anderen Männern, sogar von anderen Klerikern. Darüber hinaus gelobte er Keuschheit, Armut und Gehorsam – für Luther das Gegenteil jenes männlichen Verhaltens, mit dem er in Mansfeld aufgewachsen war. Dort beglichen Männer ohne Zögern mit den Fäusten alles, was an ihre Ehre rührte. Mächtig war dort derjenige, der den größten Reichtum anhäufte, geistige Unabhängigkeit sicherte Respekt, und eine hohe Kinderzahl festigte den Erfolg der Familie. Im Kloster trug der Novize zwar im ersten Jahr noch nicht den vollständigen Habit, doch sobald er das Gelübde abgelegt hatte, erfolgte die Einkleidung in Soutane und Kukulle, und er gürtete sich mit einem Zingulum. Während Männer in Luthers Alter und von seinem gesellschaftlichen Rang gerne figurbetonte Wamse und Kniehosen aus anschmiegsamem Stoff in prächtigen Farben trugen und erst im Alter dazu übergingen, weitere Oberbekleidung oder einen Mantel in schlichtem Schwarz zu tragen, verbarg die formlose Mönchskutte den Körper. Luther hatte sich für die strenge Observanz entschieden, und das bedeutete körperliche Züchtigung und Kleidung aus rauer Wolle, die auf der Haut kratzte, wie er sich später erinnerte. Er musste das ganze Jahr über in derselben dünnen Soutane herumlaufen, im Winter die bittere Kälte während der Gottesdienste ertragen und sich einem strapaziösen Fastenrhythmus unterwerfen. Mehr als 15 Jahre strenger Observanz sollten ihn tief prägen, und er glaubte, sie hätten seine Gesundheit ruiniert. Hätte er das nicht getan, schrieb er, wäre er gesünder und stärker.[18] Wie er schrieb, kostete es ihn später zunächst Überwindung, freitags Fleisch zu essen, obwohl er fest davon überzeugt war, dass Fasten der Gesundheit schade.[19]

Luther wählte bewusst ein von extremer mentaler und körperlicher Kasteiung bestimmtes Leben, und er nahm es mit großer Ernsthaftigkeit in Angriff. Der Tagesablauf und die Nacht wurden im Kloster durch regelmäßige Stundengebete unterbrochen. Man betete ständig: Die Mönche wurden mitten in der Nacht aus dem Schlaf gerissen, um die Matutin zu beten; um 6 Uhr, 9 Uhr und zur Mittagszeit folgten weitere Stundengebete und am Nachmittag die kleinen Horen, danach die Vesper und schließlich das Komplet nach dem Abendessen.[20] Täglich wurde die Messe gelesen. Es gab also wenig Spielraum, aber es gab ihn: Wenn ein Mönch mit seinen Gebeten nicht hinterherkam, konnte er sie später nachholen. Einige bezahlten sogar Mitbrüder, damit diese für sie beteten, aber diese Praxis lehnte Luther ab. Stattdessen verschob er die verpassten Stundengebete auf den Samstag, an dem er weder aß noch schlief und den Tag und die Nacht über seine Gebete nachholte. Dieses Programm ließ sich nur schwer mit der Konzentration vereinbaren, die akademisches Arbeiten erfordert, was Staupitz später einsah. Daher befreite er Luther von den Matutinen, als dieser 1508 mit seinen Vorlesungen in Wittenberg begann. Dennoch hatte das strenge Asketentum seinen Preis: Luther strapazierte seinen Körper bis an die äußerste Grenze, dabei verlor er so viel Gewicht und durchlebte Phasen so schwerer Depression, dass er annahm, er werde nicht lange leben.

Warum nahm sein Glaube eine solch asketische Form an? Als spontan veranlagter, zeitlebens impulsiver Mensch scheint er mit Absicht eine klösterliche Umgebung gewählt zu haben, um sich unterzuordnen und seine Wünsche und Begierden zu kontrollieren. Sein Eintritt ins Kloster war Rebellion gegen den Vater gewesen und die Zurückweisung der männlichen Identität und patriarchalischen Macht, die sein Erbe ausmachten. Statt ihrer wählte er ein Leben, dessen Inhalt das religiöse Studium der Bücher war sowie frommer Gehorsam und bei dem sich alles um die Kasteiung des Körpers drehte. Er verwies auf seinen eigenen Perfektionismus und seine Kämpfernatur – offenbar wollte er im Rennen um die Heiligkeit als Sieger hervorgehen. Auch ein Gefühl von überwältigender Schuld muss eine Rolle gespielt haben, doch es ist schwierig abzuschätzen, woher es rührte. Vielleicht hatte es damit zu tun, dass er der begünstigte Sohn war, aber für die Stärke dieser Gefühle und ihren verzehrenden Charakter kann man das kaum verantwortlich machen. Luther scheint geradezu in Schuldgefühlen geschwelgt zu haben, als könnte er, wenn er es zum Äußersten trieb, eine höhere Stufe des frommen Selbsthasses erleben, der ihn Gott so nahe wie möglich bringen würde.

Es gab jede Menge stille Einkehr im Kloster, nach dem Abendessen wurde nicht mehr gesprochen. Strenger Augustinismus war eine extreme Variante spätmittelalterlicher Frömmigkeit, die auf Wiederholung und Verhaltenskontrolle ausgerichtet war, zum Beispiel durch Fasten. Er hieß Schmerz und den Entzug von Sinnesreizen gut, und die ständigen Unterbrechungen des Schlafs konnten den Betroffenen in einen tranceartigen Zustand der Andacht versetzen. Später äußerte sich Luther zornig über eine Scheinheiligkeit, die auf Äußerlichkeiten abzielte und dabei das Gewissen beschwerte, weil es unmöglich für die Mönche war, alle Pflichten zu erfüllen. Und wie er sich erinnerte, waren alle Mönche überzeugt, »dass wir vom Scheitel bis an die Fersen ganz heilig gewesen«, doch im Herzen waren er und seine Brüder »voller Hass, voller Furcht, voller Unglauben«.[21] Ihm fiel dazu ein Sprichwort aus seiner Kindheit ein: »Bleibt gerne allein, so bleibt euer Herz rein«, und später rief er sich einen Eremiten aus Einsiedeln in der Schweiz in Erinnerung, der mit niemandem sprach, denn: »Wer mit Menschen umgeht, zu dem können die Engel nicht kommen.«[22] Der ältere Luther erachtete diese Art von Zurückgezogenheit für unnatürlich und gefährlich, und folgerte, dass jene, die an Melancholie litten (wie er selbst), im Gegenteil ermutigt werden sollten, zu essen und zu trinken und vor allem, unter Leuten zu sein.

Der ältere Luther war nicht unbedingt der beste Interpret seines jüngeren Ichs, besonders seit er das Mönchstum so vehement ablehnte. Dennoch sollte festgehalten werden, dass sich beim Rückblick auf sein Leben als Mönch sein Augenmerk immer auf dieselbe Triade richtete: Im Mönchtum, behauptete er, würde das Gewissen durch endlose religiöse Pflichten belastet, Christus werde als Richter wahrgenommen, und Maria würde zur Fürbitterin bei Christus. Besonders die Tendenz, Christus durch Maria zu ersetzen, verdrehe die wahre Botschaft des Christentums. Über seine Erfahrung als Mönch predigte Luther 1523: »Wir glaubten, Christus sitze im Himmel zu Gericht und kümmere sich nicht um uns auf der Erde, dass er uns, sogar wenn wir gute Taten vollbracht hätten, nur das Leben nach dem Tod schenken würde, wenn die Mutter Maria ihn mit uns versöhnt hätte (...). Deshalb wäre es mir am liebsten, wenn das Ave Maria ganz wegfiele wegen seines Missbrauchs.«[23] Weiter sollten die typischen furchterregenden Bilder in den mittelalterlichen Kirchen, die Gott beim Jüngsten Gericht zeigten, entfernt werden, »wo man gemalt hat, wie der Sohn vor dem Vater niederfällt und kniet und ihm seine Wunden zeigt, und der heilige Johannes und Maria bitten bei Christus für uns am Jüngsten Gericht, und die Mutter weist dem Sohn ihre Brüste, die er gesogen hat.« Sie seien dazu da, »dass sie sich vor dem lieben Heiland fürchten sollten, gleich als wolle er uns von ihm wegtreiben und würde unsere Sünden strafen«.[24] Seine spätere Ablehnung der Askese hing eng zusammen mit seiner entschiedenen Ablehnung sowohl des Marienkults als auch des Mönchtums, wie er es erlebt hatte. »Als ich noch ein Papist war, schämte ich mich, Christus zu nennen; ich dachte: Jesus ist ein weibischer Name.«[25] Im Urteil des späten Luther war seine einstige Revolte gegen den Vater ein Rückzug aus der Männlichkeit in eine matriarchalische Welt, in der religiöse Frauengestalten und eine falsche, pervertierte Religiosität vorherrschten.

*

Während seiner Zeit als Mönch war Luther, wie er es selbst bezeichnete, »Anfechtungen« ausgesetzt, die zur Quelle großer Angst und Beklemmung wurden – heute würden wir vielleicht eher von spirituellen Versuchungen sprechen, wie sie Christus in der Wüste erlebte. »Da war ich der elendeste Mensch auf Erden, Tag und Nacht war da nichts als Heulen und Verzweifeln, das mir niemand abwehren konnte«, berichtete er später.[26] Als er merkte, dass sein Beichtvater kein Verständnis für seine Seelenqualen hatte (»die Versuchung hat niemand als du!«), begriff er, dass er eine außergewöhnliche Erfahrung machte, und wurde, wie er es ausdrückte, »wie ein Toter«.[27] Seine Angst drückte sich körperlich aus. Er schwitzte unmäßig, der falsche Weg des Mönchs in den Himmel sei, wie er später einmal bemerkte, »in Schweiß ja in Angst zu baden«, was er getan habe. Auch bei einer Fronleichnamsprozession in Eisleben 1515 packte ihn plötzlich große Furcht vor den eucharistischen Gaben, er brach in Schweiß aus und glaubte sich dem Tode nah.[28] Hier war es die Gegenwart Christi in der Monstranz, die ihn erschreckte und eine ähnliche Panikattacke auslöste, wie es die göttliche Gegenwart schon in der Wandlung bei seiner ersten Messe getan hatte. Beide Vorfälle scheinen im Zusammenhang mit seinem Vater zu stehen: Bei Luthers erster Messe war jener persönlich anwesend, während Eisleben, wo er geboren war, ihm seine Kindheit und die väterliche Welt des Bergbaus in Erinnerung gerufen haben könnte.

Es lässt sich schwer bestimmen, welche Rolle der Konflikt mit seinem Vater in diesen Seelenkämpfen gespielt hat, doch es sieht so aus, als rührten seine spirituellen Probleme daher, dass er an einer Beziehung zu einem väterlichen Gott arbeitete. All die Krisen kreisen um das Entsetzen darüber, direkt vor Gottvater zu stehen, also vor dem Richtergott, und zwar ohne Fürsprecher. Dagegen bestand der ganze Zweck des mönchischen Lebens, wie Luther es erlebte, darin, ein Sicherheitsnetz zu schaffen, in dem die Fürbitte Marias, Gebete in eigener Sache und Exerzitien, um das Fleisch zu bändigen, ihn vor Gottes transzendenter Gewalt schützten. Wenn also Luthers Eintritt ins Kloster ein Rückzug in eine matriarchalische Welt war, warf dieser Rückzug eigene spirituelle Probleme für ihn auf.

Luthers »Anfechtungen« überwältigten ihn körperlich. Sie hatten nichts zu tun mit sexuellem Begehren, sondern drehten sich um etwas, das Luther »die rechten Knoten« nannte, womit er seine Glaubenskämpfe meinte. Hinsichtlich seiner Sexualität war er anscheinend so unbekümmert, dass er nächtliche Samenergüsse völlig unerschrocken erwähnte und sie einfach als physisches Phänomen abtat. Für ihn war echte »Lüsternheit des Fleisches« nicht in erster Linie körperliches Begehren, sondern hatte mit negativen Gefühlen wie Neid, Ärger oder Hass gegenüber anderen zu tun.[29] Zu der Zeit bereitete ihm sein Verhältnis zu seinen Mitmenschen Sorge: Das Leben in der Klostergemeinde, wo er tagaus, tagein mit derselben kleinen Gruppe Menschen zu tun hatte, muss schwierig gewesen sein. Es könnte gut Luthers Eifersuchtsgefühle und seine Angst vor dem Neid der anderen, die der Beziehung zu seinen Geschwistern in der Kindheit entsprungen waren, von neuem geweckt haben. Welche Gründe auch immer dahintersteckten, sie hatten nichts zu tun mit fleischlichen Begierden, sondern mit Luthers problematischem Verhältnis zu Gottvater, das den Kern seiner Bedrängnis bildete.

Diese Anfechtungen oder Kümmernisse sollten ihn sein Leben lang begleiten, sie sind grundlegend für das Verständnis von Luthers Glauben. Im ersten Jahr im Kloster, erinnerte er sich, quälten sie ihn nicht; auch als frisch Verheirateter hatte er eine Zeitlang Ruhe – »so gute Tage hatte ich« –, doch dann kamen die Zweifel zurück. Während er Mönch war, schienen sich die Anfechtungen hauptsächlich um den Gedanken zu drehen, dass Gott ihn hassen müsse, wenn Gott ein Richter sei und er ein Sünder. Die Anfechtungen erwuchsen konsequent aus seiner wachsenden Einsicht, dass zwischen dem Gläubigen und Gott nichts stehe, keine Mittler, und dass nichts getan werden könne, um als Sünder vor Gott zu bestehen. Als Luther 1531 auf diese Erfahrungen zurückblickte, folgerte er, dass die Anfechtungen notwendig gewesen seien, da sie ihn auf den Weg brachten, der zur Reformation führen sollte. Er fügte eine ins Ironische gewendete Erinnerung an seinen Beichtvater und Mentor Staupitz hinzu, der über sich gesagt hatte, er selbst sei niemals solchen Versuchungen ausgesetzt gewesen: »›(…) aber so viel ich verstehe und merke‹, sprach er, ›so sind sie euch nötiger denn Essen und Trinken.‹«[30]

Als Luther schließlich das Kloster verlassen und mit der römischen Kirche gebrochen hatte, konzentrierten sich die Anfechtungen deutlicher auf seinen Kampf mit dem Teufel, wenngleich sie immer noch körperliche Formen annahmen. Er litt an wiederkehrenden Klingelgeräuschen im Ohr und war sicher, dass es sich dabei um einen Angriff

des Teufels handelte. In seinen späteren Lebensjahren zog er seine bewährten Gefährten ins Vertrauen. 1529 klagte er einem Freund in Breslau, er habe acht Tage lang an Kopfschmerzen, Übelkeit und einem
dumpfen Geräusch in seinen Ohren gelitten, und fragt sich, ob der
Grund Erschöpfung oder eine Anfechtung Satans gewesen sei.[31] 1530
berichtete er Melanchthon in einem Brief von einem flauen Gefühl in
seinem Kopf, das ihn vom Arbeiten abhalte: Wie bei Paulus hämmere
Satans Engel mit seinen Fäusten darauf herum.[32] Bei dieser Gelegenheit regte er an, dass alle an Melancholie Leidenden nicht nur essen
und mehr trinken, sondern auch fröhlich sein und Spiele spielen sollten, um dem Teufel ein Schnippchen zu schlagen.[33] Wir wissen nicht,
inwieweit die frühen Anfechtungen den Anflügen von depressiver Verstimmung und Traurigkeit glichen, die Luther später hatte, und auch
nicht, ob er in diesem frühen Lebensabschnitt glaubte, der Teufel sei
im Spiel. Doch es ist klar, dass sie sein Verhältnis zu Gott betrafen –
und insoweit waren sie, wie Staupitz zu Recht bemerkte, grundlegend
für Luthers Form der Hinwendung zu Gott.

*

Jedes Kloster ist ebenso eine Lebens- wie eine Kultgemeinschaft, die
praktische Organisation und Arbeit in einem eindeutig hierarchischen
System einschließt. Trotz seiner offenkundigen Schwierigkeiten mit
der väterlichen Autorität blühte Luther in dieser Umgebung auf und
kletterte rasch die Karriereleiter hinauf. Schon bald erfolgte die Weihe
zum Subdiakon, dann zum Diakon; 1508 bis 1509 entsandte man ihn
für kurze Zeit an die Universität von Wittenberg, wo er Philosophie
unterrichtete und sein Theologiestudium fortsetzte. Erfurt war ein
wohlhabendes Kloster, das viel Besitz zu verwalten hatte. Luther
lernte, wie man sicherstellte, dass Schulden bezahlt, die jährlichen Abgaben geleistet und die für das Kloster benötigten Lebensmittel gelie-
fert wurden. In einer Auflistung seiner verschiedenen Aufgaben führte
er 1516 an, er sei Priester im Kloster, Vorleser während der Mahlzeiten, täglich bitte man ihn, die Messe in der Stadtkirche zu lesen, er
müsse den Unterricht der Novizen und Klosterbrüder beaufsichtigen,

er sei Vikar, und das bedeute, er sei elfmal Prior (denn dem Vikar unterstanden elf Monasterien). Er pflege den Fischteich von Leitzkau, vertrete das Volk von Herzberg beim Torgauer Gericht, dazu halte er Vorlesungen über Paulus und sammle für einen Kommentar der Psalmen. Doch die meiste Zeit beanspruche das Briefeschreiben – es seien so viele, klagte er, dass er oft vergesse, was er bereits geschrieben habe, und seinen Freund und Mitbruder Johannes Lang bitte, ihn darauf hinzuweisen, wenn er sich wiederhole. Hinzu kämen noch, fährt er fort, seine eigenen Kämpfe mit dem Fleisch, der Welt und dem Teufel. »Sieh, was für ein Faulpelz ich bin!«[34] Luther mag über die Verwaltungstätigkeiten gemeckert haben, doch er genoss merklich die intellektuelle Arbeit; und er hatte offenbar Talent im Umgang mit Menschen und zu organisatorischen Aufgaben, eine Fertigkeit, die er vielleicht bei seinem Vater abgeschaut hatte. Er konnte auch streng sein. Er ermahnte Lang, einen ungehorsamen Mönch zur Bestrafung ins Kloster Sangerhausen zu schicken, und wies den Prior in Mainz an, einen entlaufenen Mönch zurückzuschicken.[35] Alle diese Verwaltungserfahrungen, besonders sein Urteilsvermögen in Bezug auf Menschen, sollten ihm zugutekommen, als er begann, seine eigene Kirche aufzubauen.

Mit der Zeit schätzte man seine Fähigkeiten im Erfurter Kloster und darüber hinaus. Beim Versuch, die langwährenden Auseinandersetzungen über die künftige Richtung des Ordens zu beenden, versuchte Staupitz, die Augustiner zu einen. Doch sieben Klöster, zu denen auch das Erfurter gehörte, befürchteten, seine Bestrebungen würden die Werte der Observanten verwässern, und sie versuchten deshalb, eine Ausnahmeregelung zu erlangen. Trotz seines engen Verhältnisses zu Staupitz wählten die Erfurter Mönche Luther und seinen früheren Lehrer Johannes Nathin aus, ihr Anliegen zunächst dem Erzbischof von Magdeburg vorzutragen. Die Mission war nicht erfolgreich, weshalb sich das Kloster noch im selben Jahr dazu entschloss, eine Delegation, zu der auch Luther gehörte, nach Rom zu senden, um an den Papst zu appellieren.[36]

Der Rombesuch war bei weitem die längste Reise, die Luther je unternahm, und sein einziger Abstecher in ein nicht deutschsprachiges Land. Es scheint sein Gefühl bestärkt zu haben, dass er ein »Deutscher« sei. Sein gesamtes späteres Werk ist durchzogen von negativen Aussagen über Italiener, zum Beispiel wenn er über den päpstlichen Sondergesandten Karl von Miltitz schreibt, er liebe als »Italiener« blumige Prosa und führe ihn mit seiner Herzlichkeit und Freundlichkeit hinters Licht. Der einzige Ort, an dem er sich in Rom wohl fühlte, war offenbar die deutsche Kirche Santa Maria dell'Anima, wo der Gottesdienst seiner Meinung nach ordentlich gehalten wurde. Sein Urteil von 1540 war eine Verdammung: »Durch wunderbare Weisung kam ich nach Rom, so dass ich den Gipfel der Gottlosigkeit und den Thron des Teufels sehen konnte.«[37]

Seine anfängliche Aufregung teilt sich in seinen Erinnerungen an die Ankunft in der Ewigen Stadt mit: Luther warf sich auf den Boden, begrüßte überschwänglich die von Märtyrerblut geheiligte Stadt.[38] 1510 muss Rom ein seltsamer Ort gewesen sein, eine Geisterstadt in weiten Teilen, und der Bau des Petersdoms, der einmal die größte Kirche der Christenheit werden sollte, hatte gerade erst begonnen. Doch selbst die vorhandene Kirche war nach Luthers späterem Urteil zu groß, um darin zu predigen.[39] Das mittelalterliche Rom hatte nur noch einen Bruchteil der Bevölkerung, die es zu römischer Zeit gezählt hatte. Luther erwähnt die Katakomben und die Hügel Roms, doch für jemanden, zu dessen Bildungskanon die klassischen Autoren gehörten, spricht er überraschend selten von den klassischen Altertümern. Er sah wohl, was das alte Rom zuwege gebracht hatte – und wie weit entfernt das 16. Jahrhundert davon war. Gebäude wie das Kolosseum und andere antike Ruinen verfielen ungenutzt, ihre Steine wurden abgetragen, um sie für den Bau des Petersdoms zu verwenden. Noch Jahre später erinnerte sich Luther, dass das Kolosseum 200 000 Zuschauer aufnehmen konnte, aber nur noch seine Fundamente und einige seiner verfallenen Mauern sichtbar waren.[40] Er rief sich die schwülen italienischen Nächte und die daraus entstehenden Albträume ins Gedächtnis. Die Mönche litten großen Durst, doch weil man wusste, dass das Wasser verseucht war, waren sie gehalten, zur Bekämpfung ihrer Kopfschmerzen Granatäpfel zu essen: »Damit hielt Gott uns am Leben.«[41]

Difer heylige Babft Siluefter hat gegeßen allen den die warlich geßeycht vnd gerewt haßen ire fündt/die vor der Veronica ein fart andechtigklich fprechen ein Vatter vnfer/er/

9 *und* 10 Welche Blüten der Ablasshandel in Rom trieb, über den Luther in den 30er Jahren des 16. Jahrhunderts eine Generation aufklären wollte, die mit der Reformation aufgewachsen war, verdeutlicht ein Blick in eine 1515 in Nürnberg gedruckte Broschüre. Als nützlicher Führer zu den Ablässen, die der fromme Tourist in der Ewigen Stadt erhalten konnte, listet sie die Möglichkeiten zum Sündenerlass für das gesamte Jahr auf und nennt dazu die Zahl der Tage, die nachgelassen wurden. Die Rechnungen sind schwindelerregend. Ein besonderes Symbol markiert, wann der fromme Pilger bedeutende Teilerlasse vom Fegefeuer erhalten konnte, ein ›p‹ bezeichnet den vollständigen Sündenerlass. Zur Bequemlichkeit liefert der Führer eine Liste aller sieben Pilgerkirchen und der dort angebotenen Ablässe samt einer kurzen Beschreibung der Höhepunkte des Ablasstourismus. Dazu gehört eine Beschreibung der Helena-Kapelle in der Kirche Santa Croce in Gerusalemme, die Frauen nur an einem Tag im Jahr betreten durften. Die Ausstattung der Broschüre umfasst auch einen beliebten Holzschnitt zur Meditation, der das Tuch der heiligen Veronika mit Christi Gesicht zeigt, und ein Schlussbild von Christus am Kreuz, umringt von Hostien. Auf die Seelenrettung ausgerichtet, spiegelte die Broschüre die fromme Geisteshaltung, die Luther und viele andere einnahmen, wenn sie nach Rom kamen.[42]

Für den jungen Luther als loyalem Anhänger des Papsttums wartete Rom mit einem wahren Schatz an religiösen Wohltaten auf. Sie eilten nach Rom, schrieb Luther 1535, »dazu gewährte der Papst einen Ablass, was nun alles vergessen ist, aber diejenigen, die dabei waren, werden es nicht vergessen«.[43] Aus seinem einmonatigen Aufenthalt am Heiligen Stuhl, dem »Thron des Teufels«, schöpfte er zahlreiche Anekdoten, die er später beim Abendessen zum Besten gab. Besonders zwei davon stechen hervor. Luther war überrascht, wie schnell die Priester die Messe hielten und sechs oder gar sieben bezahlte Messen gelesen hatten, bevor er mit seiner ersten zum Ende kam. Ein Kleriker habe ihn zur Seite geschoben und aufgefordert, sich zu beeilen: »Passa, passa, fort, fort, schicke unser Frauen jhren Son bald wider heim« – was so viel bedeutete wie: Schaffe Abhilfe, damit die nächste Messe stattfinden kann. Für Luther, der sich endlos darum sorgte, ob er die Worte mit dem rechten Gefühl gesprochen hatte, war diese Sorglosigkeit zutiefst erschütternd. Sie hätten sogar beim Abendessen darüber gelacht und sich damit gebrüstet, dass sie beim Zeigen von Hostie und Kelch die Worte »panis es et panis manebis« (»du bist Brot und bleibst es«) sprachen. Zum Zeitpunkt, als Luther sich ihres Spotts erinnerte, wurde die reale Gegenwart Christi im Sakrament gerade zum Grundpfeiler seiner Theologie und so wichtig, dass es zum Bruch mit den Anhängern des Schweizer Reformators Huldrych Zwingli kam, die die reale Gegenwart bestritten. Seinen Zuhörern war diese Parallele wohl bewusst, da er ihnen anhand dieser Episode die Missstände der päpstlichen Messe vor Augen führte.[44]

Die andere herausragende Anekdote betraf den Besuch der gegenüber der Basilika San Giovanni gelegenen Scala Santa in Laterano. Es handelte sich um die »Heilige Stiege« aus dem Palast von Pontius Pilatus, die Jesus bei seinem Prozess hochgegangen sein soll und die angeblich die heilige Helena von Jerusalem nach Rom gebracht hatte. Ihre Stufen musste der fromme Pilger auf den Knien erklimmen und dabei auf jeder Stufe ein Vaterunser beten, damit er vom Fegefeuer befreit wurde. Luther, der die Seele seines Großvaters Heine Luder retten wollte, betete auf der Treppe, doch von Erschöpfung übermannt,

begann er an der Wirksamkeit seiner Gebete zu zweifeln. Davon erzählte er in seinem späteren Leben wiederholt bei Predigten und bei
Tisch, wobei sich die Interpretation der Anekdote mit der Zeit wandelte. Als sein elfjähriger Sohn Paul sie 1544 hörte, war sie zum Bau-
stein der Erzählung darüber geworden, wie Luther mit Rom gebrochen hatte. Nun erinnerte sich Luther, ihm sei beim Gebet auf den Stufen plötzlich der Satz des Propheten Habakuk aus dem Alten Testament eingefallen, den Paulus in seinem Römerbrief zitiert, nämlich
dass der Gerechte allein durch den Glauben lebe. Auf diese Weise
fügte er sein späteres theologisches Verständnis in die Episode ein.[45]

Wir wissen nicht, was Luther damals wirklich gedacht hat. Er sah
die Stadt sicher nicht mit den Augen eines Reformators, sondern mit
denen eines frommen Augustinermönchs. Seine Entschlossenheit, einen
Sündenerlass für seinen Großvater zu erlangen, ist ein Hinweis darauf,
wie viel ihm diese Ablässe bedeuteten. Er erinnerte sich sogar, dass er
sich gewünscht hatte, seine Eltern wären bereits tot, damit er die
Chance seines Lebens hätte nutzen und Ablässe für sie erwirken können. In ihrer Glätte zeigt die theologische Botschaft seiner späteren
Erinnerungen, dass er in der Rückschau alles wegließ, was ihm damals
großartig erschienen war.[46] Trotz seines kritischen Andenkens muss
sein Romaufenthalt von großer Bedeutung für ihn gewesen sein. Sonst
hätte er ihn nicht so eng mit dem Kern seiner theologischen Entdeckungen verknüpft oder mit seiner lebenslangen Selbstbestimmung
als »Deutscher«, dem alles Italienische widerstrebe.

Es gibt ein paar Dinge, die Luther nicht erwähnt. Wir wissen weder,
wer sein Reisebegleiter war, noch haben wir Kenntnisse über seine
weitere Reisegesellschaft. Die Verhandlungen mit dem Heiligen Stuhl,
der entscheidende Punkt der Reise, werden überhaupt nicht erwähnt.
Als junges Ordensmitglied war Luther gewiss nicht der Verhandlungsführer der Delegation – er hatte keine Ahnung davon, wie die Kurie
funktionierte, ein solch ernster Auftrag wäre keiner so unerfahrenen
Person anvertraut worden. Es ist möglich, dass der Mönch, der Luther
nach Rom begleitete, der Nürnberger Patrizier Anton Kress war, wie
Cochläus später angab, wenngleich es wahrscheinlicher ist, dass es

sich auch hier wieder um Luthers früheren Lehrer Johannes Nathin handelte. Nathin besaß viel Erfahrung, er hatte 1493 das Augustinerkloster in Tübingen gerettet, indem er es in Übereinstimmung mit den Wünschen des damaligen Grafen und späteren Herzogs von Württemberg einer Reform unterzogen hatte. Nathin war ein ranghoher Gelehrter und ein erprobter Verhandlungsführer, er dürfte genau gewusst haben, wie die Kurie funktionierte.

Wie wir wissen, waren die Verhandlungen in Rom dennoch ein Misserfolg auf ganzer Linie. Die beiden Mönche erlangten keine Ausnahmeregelung für das Erfurter Kloster, die ihnen erlaubt hätte, weiterhin nach ihren Regeln der Observanz zu leben. Stattdessen erhielten sie den Befehl, der Politik des Generalvikars des Ordens, Johann von Staupitz, zu folgen. Es ist wahrscheinlich, dass Luther in der Sache bald die Haltung seines Beichtvaters übernahm und die Bestrebungen Nathins und des Erfurter Klosters ablehnte, die Traditionen der Observanten beizubehalten. Das muss ihn in Rom in eine schwierige Lage gebracht haben, sollte er mit Nathin doch eine Linie vertreten, die darauf abzielte, den langjährigen Plan für den Orden zu durchkreuzen, den Staupitz verfolgte und an dem ihm so sehr gelegen war.

Auf ihrer Rückreise machten die beiden Augustinermönche in Augsburg halt, wo es, wie Luther sich erinnerte, zu einer Begegnung mit der »heiligen« Anna Laminit kam. Die aus einer einfachen Handwerkerfamilie stammende Frau lebte angeblich auf wunderbare Weise ohne jegliche Nahrungsaufnahme. Diese Art von Religiosität – die moderne Autoren auch »heilige Anorexie« genannt haben – war eine bedeutende Zeiterscheinung der mittelalterlichen Frömmigkeit, ermutigt durch eine extreme Askese, die davon ausging, dass körperliche Begierden der religiösen Vollkommenheit abträglich waren. Besonders weibliche Heilige fasteten häufig auf extreme Weise und unterzogen sich so mystischen Erfahrungen. In einer Kirche, die Frauen mit größtem Argwohn begegnete, bot ihnen das Asketentum eine Möglichkeit, sich auszudrücken und zu Autorität zu erlangen. Laminit erzählte von ihren Visionen der heiligen Anna, ihrer Namenspatronin, der Heiligen also,

11 Anna Laminit, Silberstiftzeichnung von Hans Holbein, 1511. Auf der linken Seite ist die Zeichnung überschrieben mit »lamanötly«, rechts wurde von anderer Hand ebenfalls im 16. Jahrhundert ergänzt »dz nit ist«, also »ist dies nicht«, mit anderen Worten, sie ist eine Betrügerin.

der Luther, wie wir wissen, verbunden war. Laminit nahm nicht nur keine Speise zu sich, sie war darüber hinaus bekannt dafür, weder Urin noch Exkremente auszuscheiden. Seit 1498 pilgerten Menschen zu ihr, und zu ihren Anhängern zählten auch reiche Augsburger Patrizier.

Luther erkundigte sich listig, ob sie zu sterben wünsche, eine Frage, auf die richtig zu antworten schwierig gewesen wäre. Soweit er sich erinnerte, erwiderte sie: »Traun nein! Wie es dort zugeht, das weiß ich nicht; aber wie es hier zugeht, das weiß ich.« Nicht lange nach seinem Besuch wurde sie von der bayerischen Herzogin Kunigunde von Österreich des Betrugs überführt, als diese ihren geheimen Vorrat an Luxusspeisen wie Pfefferkuchen und Birnen aufdeckte. Dabei kam heraus, dass sie ihre Nachttöpfe durchs Fenster entsorgte. Es gab das Gerücht, dass sie ein Kind von einem führenden Patrizier und Händler habe. Man wies die Laminit dann aus der Stadt. Der späte Luther erachtete sie als eine Betrügerin, eine »Hure« und Intrigantin, doch ob er sie bereits in Augsburg durchschaut hatte, wissen wir nicht. Vielleicht zweifelte er wie andere schon damals an dieser extremen und exhibitionistischen Selbstkasteiung, eine Skepsis, die seine spätere Theologie prägte und die von seinen Beichtvater Johann von Staupitz gefördert wurde.[47]

*

Johann von Staupitz war mindestens 15 Jahre älter als Luther und hatte einen völlig anderen Hintergrund. Er war viel gereist und bewegte sich zwanglos unter dem Adel und bei Hofe.[48] Zusammen mit dem sächsischen Kurfürsten Friedrich dem Weisen erzogen, war er ursprünglich Generalvikar der observanten Augustinerklöster Deutschlands, wurde dann aber zusätzlich zum Oberhaupt der Konventualen in Sachsen, also zum Provinzial all jener Augustinerklöster, welche die Ordensregeln großzügiger auslegten.[49] Die beiden Männer begegneten sich wahrscheinlich das erste Mal im April 1506, als Staupitz in Erfurt war. Staupitz war es wohl, der Luther die formale Erlaubnis erteilte, Priester zu werden – was Mönche nicht automatisch waren –, und er entschied auch, dass Luther Theologie studieren solle.

Luthers Beichtvater zu sein war eine Aufgabe, die ihn sicher sehr in Anspruch genommen hat. Die schonungslose Suche des jungen Mönchs nach Vervollkommnung bedeutete, dass er einmal sechs Stunden am Stück beichtete, wonach Staupitz wohl mit seinem Latein am Ende war. Staupitz hatte eine entspannte Einstellung zur Sünde – einmal witzelte er, er habe es aufgegeben, Gelübde abzulegen, weil er schlicht nicht in der Lage sei, sie zu halten –, doch was Luther bedrängte, waren nicht die üblichen Sünden, sondern »die rechten Knoten«: sein Mangel an Gottesliebe und seine Angst vor dem Jüngsten Gericht. Einmal, als er wieder Luthers übertrieben gewissenhafte Beichte abnahm, hatte Staupitz zu ihm gesagt: »Ich versteh euch nicht« – was alles andere als tröstlich war, wie Luther später bemerkte. Nach Staupitz' Überzeugung konnten Versuchungen nicht schaden, weil sie einen die Theologie lehrten. Der junge Luther glaubte, Staupitz habe gemeint, er kämpfe hauptsächlich gegen die Sünde des Hochmuts, rückblickend war er jedoch selbst der Ansicht, das Gegenteil sei der Fall gewesen: Anfechtungen waren der Stachel des Teufels im Fleisch, keine Warnung vor Anmaßung. Wie ein guter Vater versuchte Staupitz ständig, Luthers Ängste zu beschwichtigen, indem er den jungen Mönch daran erinnerte, dass Gott ihn liebe. Er dämpfte seinen Hang zum Perfektionismus und begegnete seiner Heftigkeit und seiner Wut mit milder Selbstironie und leichtem Spott. Er war wahrscheinlich genau die Sorte beständiger Gesprächspartner, die Luther brauchte, doch beiden Männern blieb nicht verborgen, dass Staupitz Luthers leidenschaftliche Religiosität nicht wirklich begriff.

Staupitz unterschied sich von Luther auch darin, dass er die guten Dinge des Lebens genoss. Seine Vorstellung von einem rechtschaffenen Christen, wie er sie Freunden in Nürnberg beschrieb, grenzt an ein Selbstporträt: »Er richtet sein Gemüt und Wesen immer danach, was die Gelegenheit hinsichtlich Zeit, Ort und Personen erfordert, denn in der Kirche ist er andächtig, im Rat tapfer und vorsichtig, am Tisch und bei ehrbaren Personen angenehm und fröhlich.«[50] Im Bemühen, dieses oder jenes Problem zu lösen, war Staupitz, der an den Höfen ein und aus ging und in städtischen Zirkeln ebenso verkehrte wie in der Welt der Augustinerorden, ständig auf Reisen. Er kannte sich in allen Fragen des Patronats aus, und Luther und seine Freunde, wie Wenzeslaus Linck und Johannes Lang, profitierten enorm von seinem Wissen. Alle drei verdankten ihre Karriere innerhalb des Ordens Staupitz, der wie ein listiger Schachspieler systematisch seine Männer in Schlüsselpositionen brachte. Er bildete Luther dazu aus, seine Professur in Wittenberg zu übernehmen, Linck wurde Generalvikar des Ordens, und Lang wurde ins Amt des Priors von Erfurt eingesetzt. Doch nicht immer waren seine Schützlinge dankbar. Reuig klagte Staupitz später: »(...) und wenn ich sie nun so hoch gehoben hatte wie möglich, so schissen sie mir durch die Hände auf den Kopf.«[51]

Staupitz überzeugte Luther vom Theologiestudium, doch als Bewunderer des im ausgehenden 13. Jahrhundert lehrenden Philosophen Duns Scotus sorgte er wahrscheinlich auch dafür, dass der junge Mönch Philosophie studierte. Ziemlich sicher verbrachte Luther auf sein Geheiß 1508 bis 1509 ein Jahr an der neuen Wittenberger Universität, bei deren Gründung 1502 der Ältere mitgewirkt und wo er einen Lehrstuhl hatte. Da er ständig in Ordensangelegenheiten unterwegs war, hatte Staupitz wenig Zeit, selbst Vorlesungen zu halten. Er hatte Luther zu seinem Nachfolger in Wittenberg auserkoren und schlug ihm daher vor, einen Doktor in Theologie zu machen. Jahrzehnte später erinnerte sich Luther an die Unterhaltung und beschrieb seinen eigenen Studenten, wie er und Staupitz unter einem Birnbaum im Hof des Klosters von Wittenberg saßen (der Baum stand noch, als er ihnen die Geschichte erzählte). Luther hatte gesagt, er wolle kein Doktor werden, da er überzeugt sei, dass er nicht lange leben werde – eine düstere Anspielung auf seine schonungslos Selbstkasteiung. Doch Staupitz hatte den Dreh heraus und wusste, wie er aus Luthers morbidem Schwulst die Luft ablassen konnte: »Wisst Ihr nicht, dass unser Herrgott viele große Dinge auszuführen hat? Dazu braucht er viele kluge und weise Leute, die ihm mit Rat helfen. Wenn Ihr denn einst sterbet, müsst Ihr sein Ratgeber werden.«[52]

Luther folgte diesem Rat und schloss 1512 schließlich sein Doktorstudium mit einer Feier ab, zu der er das gesamte Kloster Erfurt sowie Gäste aus Wittenberg einlud. Doktorfeiern waren Großveranstaltungen mit Prozessionen durch die Stadt und anschließendem Festbankett – der Sage nach wurden einmal zu einer solchen Feier 100 Gäste geladen und 35 Gulden allein für die Verköstigung ausgegeben, dazu kamen Getränke und ein anschließendes Tanzvergnügen, an dem »ehrbare« Frauen teilnahmen. An eine solche Vergnügung reichte Luthers Doktorfeier nicht heran, aber seine Einladung an die Erfurter Mönche begann mit den passenden frommen Floskeln. Darauf folgte eine unkonventionelle Entschuldigung dafür, dass der Einladende auf die üblichen Erklärungen seiner Unwürdigkeit verzichte, würden diese doch seine Einladung so aussehen lassen, als gereichte ihm seine Demut zum Ruhm oder als wollte er Lob für sie erheischen. Nur Gott und sein Gewissen wüssten, wie würdig und tauglich er für diese Entfaltung von Ruhm und Ehre sei, fuhr er fort, und meinte damit, Gott und sein Gewissen wüssten schon, wie unwert und untauglich er in Wirklichkeit sei. Freilich kann man diese Bemerkung auch als Ausdruck seines Stolzes darüber lesen, was er selbst als seine Chance beschrieben hat, »Pomp« zu entfalten.[53]

Staupitz hatte scherzhaft bemerkt, dass Luther nach dem Doktorat zu tun bekomme (»so krigt yhr etwas zu schaffen«) – eine Bemerkung, die in ihrer wunderbaren Zweideutigkeit sowohl die Ankündigung enthält, dass er künftig eine echte Arbeitsaufgabe bekommen werde, als auch darauf hinweist, dass nun die Schwierigkeiten anfangen würden –, und damit sollte Staupitz recht behalten.[54] Die ersten Schwierigkeiten bekam Luther mit einigen Erfurter Augustinern, die sich gekränkt fühlten, weil er sein Studium in Wittenberg und nicht in Erfurt fortgesetzt hatte, wo er ursprünglich immatrikuliert war. Sie strengten ein Verfahren an, um ihm den Doktortitel abzuerkennen, und drohten, ihn wegen Eidesbruch mit einer Geldstrafe zu belegen, da er beim Eintritt in die Universität geschworen habe, keine andere Universität zu besuchen. Luther antwortete, er habe diesen Schwur nie geleistet – was man übersehen hatte –, doch der Schaden war angerichtet. Was ein freudiges Ereignis hätte werden sollen, war verdorben durch die gehässigen Angriffe von Männern, die einmal seine Lehrer gewesen waren. Besonders schwer traf Luther, dass an der Spitze des Angriffs mit Johannes Nathin ein Mann stand, der wahrscheinlich sein Reisebegleiter nach Rom gewesen war. Dieser bittere Verrat mag ein weiterer Grund dafür gewesen sein, warum seine Erinnerungen an Rom sich so verdüsterten. Zwei Jahre nach der Doktorfeier klagte er noch immer darüber, wie man ihn behandelt hatte, und protestierte in einem Brief an das Erfurter Kloster gegen ein neues Sendschreiben von Nathin. Darin hatte dieser mit Formulierungen, als spräche er für alle Erfurter Augustiner, den Vorwurf erhoben, Luther habe schändlichen Meineid geleistet. Er sei weder meineidig geworden, noch habe er einen Schwur gebrochen, beharrte Luther, doch habe er allen Grund, sich über Nathins Angriff zu ärgern. Wie ihm Gottes Segnungen unverdient zuteilgeworden seien, so wolle er nun jedoch den Groll, den seine Gegner verdienten, beiseiteschieben und ihnen seine Freundlichkeit erweisen.[55]

Der Vorfall verletzte Luther tief, doch er hatte vielleicht mehr mit der Politik des Ordens zu tun als mit Luthers Studienort. Luther hat sein Doktorat bei Staupitz gemacht, der Nathin mit seiner versöhnlichen Gangart innerhalb des Augustinerordens gegen sich aufgebracht hatte. Vielleicht sah Nathin in Luther einen Überläufer, was seinen tiefen Groll und seine Weigerung, zu der Feier zu kommen, erklären würde.[56] Luther war vom Kampf zwischen den verschiedenen Auffassungen über die Zukunft des Ordens eingeholt worden.

Die Begegnungen Luthers mit seinem Beichtvater fanden in Erfurt und Wittenberg statt; auch auf ihren Reisen durch die Region dürften sie sich ab und zu begegnet sein. Luther behauptete: »Ich habe alles von Doktor Staupitz«,[57] und nach dem Tod seines ehemaligen Mentors gedachte er seiner als einer großen, gütigen und trostreichen Persönlichkeit. 1518 erinnerte er in einem Begleitschreiben zu den *Resolutiones*, seinen Erläuterungen zu den 95 Thesen, an ein Gespräch mit Staupitz über die »wahre Buße«, das sich wie ein Pfeil in ihn gebohrt habe. Darin habe der Ältere ausgeführt, dass wahre Buße nur diejenige sei, die bei der Liebe zur Gerechtigkeit und zu Gott anfange. In der Tat berichtete er 1545 in einem Brief an Kurfürst Johann Friedrich, er stehe bei seinem Beichtvater in der Schuld und müsse ihn dafür preisen, »dass er als Erster mein Vater in dieser Lehre gewesen ist und sie in Christus geboren hat (…), welchen [Staupitz] ich rühmen muss, sofern ich nicht ein verdammter, undankbarer päpstlicher Esel sein will«.[58] Aber wie in seiner ebenfalls erkalteten Beziehung zu Johannes Braun in Eisenach scheint Luther oft Eigenschaften auf Staupitz projiziert zu haben, die überhaupt nicht vorhanden waren, und wenn er sich später bei seinen Tischreden und in seinen Schriften an Staupitz' Äußerungen erinnerte, wiederholte er häufig dieselben Bemerkungen, als ob sein Bild von Staupitz versteinert wäre.

Wie vor ihm Braun war Staupitz eine weitere Vaterfigur, über die Luther hinauswuchs. Sowohl in ihrer Theologie wie auch in ihrem Charakter waren sie grundverschieden. Luther beharrte letztlich auf dem Vorrang der Schrift als Quelle aller Autorität. Obwohl Staupitz wie Luther bei Paulus ansetzte, stellte er keine so radikale Forderung auf und zitierte wiederholt Augustinus und die anderen Kirchenväter.[59] Wie Luther betonte er die sündige Natur des Menschen und vertrat die Auffassung, dass wir niemals durch unsere Werke Erlösung erlangen können. Und auch er kritisierte das Ablasswesen. Über den Glauben als ein Geschenk Gottes hatte er nicht viel zu sagen: Sein Akzent lag mehr auf der Sündhaftigkeit des Menschen, weniger auf Gottes Geschenk der Gnade oder auf der Bibel. Er zielte auf die Gefühlswelt des Gläubigen, ihn galt es zu ermutigen, damit er die weltlichen Bindungen hinter sich ließ. Obgleich er sich in hohem Maße auf seine eigenen religiösen Empfindungen bezog, glaubte Luther dagegen nicht, dass Spiritualität eines besonderen Gefühlszustands bedurfte.

Staupitz sprach gerne über die »Süße« Gottes, den »süßen Retter«, den »süßen Seligmacher«, das »süße Wort« und die »fortwährende Süße« in der mystischen Vereinigung der Seele mit Gott.[60] Das hatte eine dunkle Seite. Er war ein brillanter Prediger, aber seine Predigten waren durchsetzt von Antisemitismus, der in jener Zeit weit verbreitet war und den auch Luther teilte, und er nutzte die Ressentiments gegen Juden als Verfolger Christi, um die emotionale Identifikation mit Jesus und Maria zu verstärken. So beschrieb Staupitz Juden als »Hunde«, die Christus mit all dem Unrat bespien hätten, den sie hätten aufbieten können,[61] und bezüglich der Kreuzigung Jesu glaubte er: »Die Juden haben viel schlimmer gesündigt als Pilatus: Sie handelten nämlich aus Bosheit (…). Die harten Juden, diese verfluchte Kreatur, verwirft unsern Herrn (…). Alle Welt bezeugt den Neid der Juden.« Und weiter predigte er: »Oh, du böser Jude! Pilatus gibt dir zu erkennen, dass deine Natur härter ist als die eines Schweins. Das hat nämlich Erbarmen mit seiner Mitkreatur!«[62]

Staupitz' deutschsprachige Schriften, die nicht dieselbe literarische Qualität besitzen wie Luthers Schriften, schöpfen aus einer weit ins Mittelalter zurückreichenden Tradition religiöser Schriften für Laien, wie sie von Meister Eckhart, Johannes Tauler und der sogenannten *Theologia deutsch* überliefert sind. Darin finden sich häufige Wiederholungen, die einen Zustand meditativer Ruhe herbeiführen sollen, sowie bildliche Übertragungen, um die spirituelle Wahrheit greifbar zu machen. Bei Staupitz ist die Sprache weniger ein intellektuelles Instrument als eine Meditationsform, ein Mittel zu mystischer Kontemplation und Auflösung der Individualität. Luther dagegen schrieb nie auf diese Weise. Als er es endgültig abgelehnt hatte, seine »Stundengebete« zu sprechen, wandte er sich auch gegen das, was er als Mummenschanz beschrieb – gegen das gedankenlose und wiederholte Hersagen von Gebeten.

Die Unterschiede zwischen den beiden Männern sind am deutlichsten in ihrer Haltung zum »Fleisch«.[63] In der Tradition von Predigern wie Augustinus, Bernhard von Clairvaux und den deutschen Mystikern Johannes Tauler, Meister Eckhart und Heinrich Suso verwendete Staupitz die Metapher der sexuellen Vereinigung, um den Gedanken der mystischen Vereinigung des Gläubigen mit Christus zu vermitteln. Diese Autoren zielten auf ein Aufgehen des Ich im Göttlichen und auf einen inbrünstigen, nach innen gerichteten Stil der Andacht; solcherlei Mystizismus wurde überall in Deutschland von Mönchen und Nonnen ebenso wie von Laien aufgegriffen. Deshalb konnte Staupitz ausgesprochen explizit von der Offenbarung Christi als dem ewigen Brautgemach schreiben – »jetzt mit Küssen, jetzt mit Umarmen, jetzt mit Vereinigung des Nackten mit der Nackten« –, in dem alle Keuschheit preisgegeben ist.[64] Er beschreibt die verschiedenen Stufen der Vereinigung der Seele, wobei die erste das Stadium des jungen gläubigen Mädchens (»iunge meidlein im glouben«) sei, die zweite das »Konkubinat« und die dritte das Stadium der »Königinnen«: Diese seien nackt und vereinten sich mit den Nackten. Sie schmecken, dass außerhalb von Christus nichts Süßes sei, und sie genössen seine dauerhafte Süße. Denn der nackte Christus könne sich diesen Nackten nicht versagen. Auf der vierten Stufe aber, die allein Maria erfahren habe, schlafe Jesus nackt bei der nackten Maria und zeige noch andere Zeichen einer solchen Liebe.[65] Eine höchst sinnliche Sprache wird auch für die Leiden Christi benutzt – der nackte Christus ist der leidende Christus –, und in seinen früheren Predigten in Salzburg hatte sich Staupitz auf das »lustpetel« (Wonnebett) von Christus bezogen: Gemeint war damit das Kreuz.[66]

Diese Salzburger Predigten, die sich an eine Stadtbevölkerung richteten, wurden von den Benediktinerinnen des an die Kirche angrenzenden Stifts Sankt Peter aufgeschrieben, und man fragt sich, was sie mit diesem expliziten Erotismus anfingen. Staupitz verteidigte sich gegen den Einwand, menschliche Liebe könne nicht als Modell für göttliche Liebe herhalten, weil sie der Wollust entspringe, indem er (in einer Linie mit der Tradition) argumentierte, dass das, worauf es ankomme, nicht der Körperkontakt sei. Vielmehr sei es eine Perversion, wenn man die körperliche, zeitliche Wollust der ewigen Wollust vorziehe.[67] Dies konnte die starke sexuelle Aufgeladenheit der Sprache jedoch kaum verdecken. Erotische Mystik, in der auf Süße, Lust, Verschmelzung und Vereinigung Nachdruck gelegt wurde, war im späten Mittelalter nicht unüblich, doch von Staupitz verfasst, hatte sie eine zuckersüße Wörtlichkeit, die alles ausschöpfte, um das Leiden zu erotisieren.[68]

Diese Spielart des Erotismus, deren Merkmal die Verschiebung des Begehrens ist, kann leicht einhergehen mit Verdächtigungen, die sich gegen das andere Geschlecht richten. Einige von Staupitz' anschaulichsten und zugleich schroffsten Schriften handeln von der Liebe zu Frauen, die uns angeboren sei durch die Liebe zu unseren Müttern und durch die Tatsache, dass Eva aus der Rippe Adams geformt wurde: »(...) und wir saugen sie aus unsern Müttern, ja, schöpfen sie aus den mütterlichen Herzen, noch verborgen in deren Leib.« Zugleich warnt Staupitz, wir gäben um der Frauen willen Ehre, Hab und Gut, Werte und Vernunft auf und seien gefangen in ihrer Liebe, die uns stumpfsinnig mache und den Verstand raube.[69] Im Vorwort zu den überarbeiteten Statuten der vereinten Augustinerorden von 1504 stellte Staupitz fest:

»Mögen einige Frauen auch deinen Blick anziehen, lass ihn auf keiner ruhen (...). Denn das Begehren nach Frauen (...) sucht (...) nicht mit stummen Gefühlen allein, sondern auch mit Gefühlen und Blicken. Und behaupte nicht, du hieltest deine Sinne keusch, wenn du unkeusche Augen hast: Das unkeusche Auge ist der Bote des unkeuschen Herzens. Und wenn unkeusche Herzen sich wiederum mit stummen Blicken ankündigen, mag zwar die Zunge schweigen, und wenn das Fleisch eines jeden, dem Fleisch folgend, von der Glut entzückt wird, mögen die Körper zwar unberührt sein von unreiner Entweihung, die Keuschheit ist trotzdem dahin und mit ihr ihre Sittlichkeit.«[70]

Mönche sollten nur in Gruppen zu zweit oder zu dritt ins Bad gehen. Sie sollten ihre Kleidung nur waschen, wenn der Vorsteher des Klosters es für angebracht hielt, aus Furcht, ein übermäßiges Verlangen nach sauberer Kleidung könne eine innere Vernachlässigung des Geistes nach sich ziehen. Obwohl er seine beiden auf Deutsch verfassten Abhandlungen weiblichen Anhängerinnen gewidmet hat,[71] geht bei Staupitz die leidenschaftliche Verehrung der fürbittenden Jungfrau mit einer fast allergischen Reaktion auf Frauen einher. Luther dagegen lehnte schließlich beide Haltungen ab, indem er die Marienverehrung mit der Begründung zurückwies, dass es keinen Mittler zwischen Gott und dem Menschen geben könne, und zugleich den Gedanken bestritt, sexuelle Enthaltsamkeit sei eine notwendige Voraussetzung für Seligkeit.

✻

In diesem Zusammenhang ist Luthers Predigt anlässlich des Ordenskapitels der deutschen Augustinerkongregation im Mai 1515 in Gotha erhellend – nicht nur hinsichtlich der emotionalen Basis seiner späteren theologischen Entwicklung, sondern auch, weil sie die Abhängigkeit von seinem Beichtvater ebenso zeigt wie die Differenz zu ihm. Die Predigt, von Staupitz organisiert, hatte mit der komplexen Innenpolitik des Ordens erneut mehr zu tun, als es schien. Luther brachte sie den Posten eines Distriktvikars über die Klöster der Gegend ein, die höchste Position, die er bis zu diesem Zeitpunkt im Orden innehatte.[72]

Die Predigt behandelte das Thema Neid und wurde zu einer Zeit gehalten, als Staupitz bei seinem Versuch, den Orden zu einigen, mit bisher ungekannten Schwierigkeiten zu kämpfen hatte. In der Tat gab er kurz danach den Versuch ganz auf. Die Predigt könnte deshalb bestimmte Spannungen unter den Augustinern und direkte Angriffe auf den Generalvikar widergespiegelt haben. Zusätzlich gab das Debakel von Luthers Doktorfeier – und Nathins Rolle in dieser Episode – Luther allen Grund, dieses Thema auch zu seinem zu machen.

Obwohl die Predigt einen konkreten Anlass hatte, liest sie sich eigentlich nicht wie eine Antwort auf einen bestimmten Vorfall und noch weniger wie ein taktisches Manöver im Streit innerhalb des Ordens.[73] Sie veranschaulicht zunächst Luthers Unterstützung für seinen Vorgesetzten. Sie ist in einem Stil gehalten, der Staupitz' Zugang zur Andacht nahezu widerspiegelt, denn wie dieser benutzt Luther in schneller Abfolge Allegorien, die die Sinne überwältigen. Doch während Staupitz diese Technik entfaltet, um ein Gefühl von meditativer Reflexion über die Liebe Gottes zu schaffen, schlachtet Luther das Verfahren aus, um seine Hörer in eine unerträgliche Welt von Lebensekel und Verlassenheit zu treiben. Die Predigt gewährt uns tiefer als jedes andere Zeugnis einen Einblick in die religiöse Verzweiflung und überwältigende Sündenlast, die der Mönch Luther empfand.

Um seinen Standpunkt zum Neid darzulegen, vergleicht Luther den Lästerer mit einem Mörder und einem Schänder *(stuprator)*. Er benutzt dazu eine Sprache, die weit über den Bibeltext hinausgeht, um bei den Zuhörern Abscheu zu erregen: So wie Gottes Wort eine heilige Saat sei, die im Geist rein und ohne Entweihung aufgehe, sei das Wort des Lästerers im Gegensatz dazu die ehebrecherische und falsche Saat des Teufels, die die Seele dessen verderbe, der ihm sein Ohr leiht. Eigentlich sei der wahre Name des Teufels Lästerer.[74] Lästerer seien »Giftmischer« und »Hexen«, sagt Luther, die die Ohren ihrer Zuhörer »verhexen« und »zerrütten« würden.[75] Wie Hexen den Beischlaf behindern und Empfängnis verhindern könnten, so könne der Lästerer eine Gemeinschaft zerstören, indem er die Beziehungen zwischen den Einzelnen vergiftet, weil er, der einst geliebt und »umarmt« worden war, verstoßen ist. In gutem Ruf zu stehen heiße, einen guten Namen zu haben, der von außen komme; einen schlechten Ruf zu haben heiße, verrufen zu sein, was vom Schmutz im Inneren komme. Der Lästerer lasse es nicht zu, dass der Schmutz der anderen verborgen bleibt, sondern »hat Lust, sich darin zu wälzen« wie ein Schwein, er sei wie der Vogel, der im Schmutz herumhüpft, so dass die Leute sagen: »Seht, wie hat sich der beschissen«, worauf die beste Antwort sei: »das frisst du«.[76] Im düstersten aller Vergleiche beschreibt Luther zwei Lästerer als Hyänen oder Hunde, die stinkende menschliche Leichen ausgraben, halb verwest und voller Würmer, und ihre Zähne in sie schlagen.

»Pfui, pfui, was für ein entsetzliches Monstrum der Verleumder ist!«[77] Wir sind alle Sünder, argumentiert Luther, und sollten uns um unsere eigenen Exkremente kümmern. Diejenigen, die sich an den Sünden anderer erfreuten, gingen ihrer eigenen Sünde aus dem Weg, und sie zerstörten nicht nur die Person, über die sie schlecht redeten, sondern auch alle, die von ihrem Gift verdorben seien. »Wenn wir unsere Sünde nicht angehen«, warnt Luther, »sondern nur die Decke und den Schleier über unseren Handlungen sehen, wenn wir unser wahres Innenleben vor anderen verstecken, werden wir unrein durch das Exkrement der anderen.«[78] Hass, Neid und üble Nachrede beschäftigten Luther offensichtlich sehr – sie gehören zu den »rechten Knoten«. Nicht zufällig greift er hier auf die Sprache der Dämonologie zurück, denn der größte Neider war die Hexe, die Stürme aufruft, das Getreide vernichtet, die Fruchtbarkeit zerstört, die Toten, die verwesenden Leichname aufdeckt, Wohlstand und Leben zerstört.

Allerdings deutet die emotionale Tonlage darauf hin, dass auch Luther mit dem Lästern kämpfte: Schnell dabei, anderen Neid zuzuschreiben, kämpfte Luther mit seinen eigenen Neid- und Hassgefühlen und Aggressionen, die er nur allzu schnell gegen andere richten konnte und die er daher als das größtes Hindernis für die Erkenntnis Gottes ansah. Möglicherweise hat dies zu dem Gefühl höchster Unwürdigkeit und Angst beigetragen, das seinen Glauben prägte. Es war Luthers eigener innerer »Misthaufen« – seine sündige Natur –, der die Schranke zwischen ihm und Gott schuf.

Wenngleich Luther es an dieser Stelle nicht ausspricht, das Heilmittel für unsere Sünden ist für ihn die Beichte, denn dabei werden unsere Verfehlungen benannt und vor Gott eingestanden. In dieser Hinsicht ist diese höchst emotionale Predigt ein Testament seiner Beziehung zu seinem Beichtvater Staupitz. Die Predigt ist in einem tieferen Sinn auch ein psychologisches Dokument. Indem er kurz vor dem Punkt stoppt, an dem der Zuhörer durch den Beichtgedanken getröstet werden könnte, lässt Luther seine Zuhörer, wo sie sind: »in ihrem Misthaufen«, mit dem unerträglichen Abscheu, den er in ihnen erregt hat und der seinen eigenen spirituellen Grundstock bildete. Es ist nahezu das genaue Gegenteil des Staupitz'schen Stils der Andacht. Die Gothaer Predigt bringt uns mehr als jedes andere Zeugnis in Tuchfühlung mit der religiösen Verzweiflung und den überwältigenden Gefühlen von Sündhaftigkeit, die der Mönch Luther empfand. Und genau zu diesem Zeitpunkt begann er, Paulus' Brief an die Römer zu studieren, eine intellektuelle und religiöse Übung, die seine Spiritualität verändern sollte.

# Wittenberg

1511 war Luther, wahrscheinlich auf Befehl von Staupitz, in die sächsische Kleinstadt Wittenberg zurückgekehrt, wo er von 1508 bis 1509 studiert hatte – dieses Mal blieb er für immer. Wittenberg sollte zur Bühne für Luthers Reformation werden, die wiederum die wirtschaftlichen und sozialen Strukturen der Stadt veränderte. Eine unbedeutende Universität in einem unbekannten Winkel des Deutschen Reichs wurde zu einer international renommierten Einrichtung, der die Studenten in Scharen zuströmten, und eine Provinzstadt entwickelte sich zu einem Zentrum des Buchdrucks. Es war gerade der Provinzialismus dieser Universität, der es ermöglichte, dass sich hier eine kleine Gemeinde bildete, in der ein Mann wie Luther aufblühen und seine Ideen ungehindert und frei von den Einschränkungen einer traditionsreichen Einrichtung entwickeln konnte.

Bei Luthers Ankunft in Wittenberg war die Stadt eine einzige Baustelle. Schloss und Kirche wurden gerade erweitert und umgebaut, die neuen Universitätsgebäude befanden sich im Bau, und für das Rathaus waren ehrgeizige Pläne auf den Weg gebracht worden. Es sollte bis 1535 dauern, bis das riesige fünfstöckige Renaissancegebäude fertiggestellt war.[1] Es waren nicht einfach öffentliche Gebäude, die in Wittenberg aus dem Boden schossen. Die Studenten und Beamten, die der sächsische Herrscher nach Wittenberg lockte, mussten untergebracht werden, ganz zu schweigen von den Handwerkern und Gewerbetreibenden wie Drucker und Buchbinder, die das für die Universität Notwendige produzierten. Stadtverordnungen regten mit einer Mischung aus Zuckerbrot und Peitsche die Bautätigkeit an, indem sie jedem, der ein Stück Land kaufte, vorschrieben, dass er dort innerhalb eines Jahres bauen müsse, wobei sie ihm für die Bauzeit alle Steuern erließen. Wenngleich die Neubauten nicht mit den Palästen der Patrizier und den Handelshäusern in Augsburg oder Nürnberg mithalten konnten, waren sie anspruchsvoll: Fensterlaibungen aus Sandstein, elegante Portale und Renaissanceverzierungen prangten an ihnen, und hinter den großartigen Fassaden entlang der Straße lagen elegante Innenhöfe.[2]

Wie die meisten sächsischen Städte lag Wittenberg an der Kreuzung zweier Hauptverkehrswege. Luthers Freund Friedrich Myconius, der 1520 aus der Silbererzstadt Annaberg nach Wittenberg kam, spottete über die niedrigen Holzhäuser, die in seinen Augen Dorfhütten mehr glichen als Stadthäusern.[3] An einem Ende überragte die kurfürstliche Residenz die Stadt, am anderen das Augustinerkloster und die Universität. Es gab insgesamt nur neun Straßen, und abseits der beiden Hauptstraßen waren die Häuser weit weniger eindrucksvoll und die Straßen eng. Drei Haupttore führten zu den beiden Handelsstraßen und dem Flusshafen an der Elbe, dem Haupttransportweg für schweres Baumaterial.[4]

Wittenberg war auch eine Festung. Das gesamte 16. Jahrhundert über erweiterten und verbesserten die sächsischen Herrscher die Festungsanlagen, besonders 1540 durch die Erhöhung und Verbreiterung der Wälle – sehr zum Ärger Luthers, da man das ehemalige Augustinerkloster, in dem er mit seiner Familie lebte, in die Festungsbauten integrierte. Wie andere sächsische Städte jener Zeit war Wittenberg im 10. Jahrhundert auf slawischem Territorium gegründet worden, als germanische Siedler auf der Suche nach neuem Land östliche Gebiete besiedelten: Die Stadt war zur Unterdrückung der ursprünglich ansässigen elbslawischen Bevölkerung angelegt worden. Deutsche Prachtentfaltung und Bodenwirtschaft verbargen die brutale Vergangenheit der Stadt, und die neue Bautätigkeit überdeckte alle verbliebenen Spuren früherer Besiedlung. Die Wenden, Angehörige eines slawischen Volks, durften sich nicht in der Stadt niederlassen, sondern nur in den Vorstädten, sie konnten keine Stadtbürger werden. Nur wer Deutsch sprach und vier deutsche Großeltern vorweisen konnte, erhielt Bürgerrechte.[5] Zu Luthers Zeit gab es nicht weit von Wittenberg entfernt noch immer wendische Dörfer, und der slawische Einfluss lebte in den Siedlungsnamen fort. Luther bezeichnete die Slawen als »pessima omnium natio« (»die schlechteste aller Nationen«) und glaubte, in ihren Städten und Dörfern wimmele es von Teufeln. Er teilte die Angst der Siedler vor denen, deren Land sie sich angeeignet hatten. Hätte es nicht die frommen Kurfürsten gegeben, äußerte er sich 1540, wäre es mit der Universität rasch aus gewesen: »(...) der Wenden wegen hätte die Universität nicht ein Jahr bestehen können, sie hätten uns einfach ausgehungert.«[6]

12 Stadtkarte von Wittenberg, 1623. Das kurfürstliche Schloss befindet sich an der linken unteren Seite des Dreiecks, das Augustinerkloster rechts, am anderen Ende der Straße neben der Stadtmauer. Die Stadt war von einem Graben umgeben, und die Befestigungen wurden seit Luthers Tagen weiter ausgebaut; über die Bauarbeiten zur Verstärkung der Stadtmauer hat Luther sich beschwert.

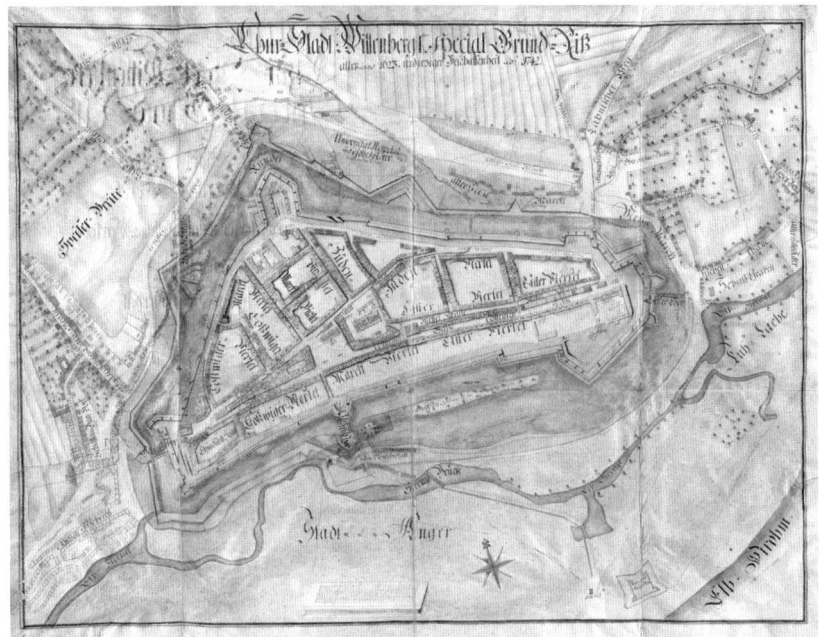

Die andere Minderheit, die man in Wittenberg ausgelöscht hatte, waren die Juden. Legenden über Ritualmorde waren damals weit verbreitet, besonders in Süddeutschland, wo jüdische Gemeinden regelmäßig beschuldigt wurden, christliche Kinder verschleppt und ermordet zu haben, um deren Blut bei ihren religiösen Feiern zu gebrauchen. In Wittenberg hatte der Antisemitismus eine andere Einfärbung. Die Hauptkirche lag direkt hinter dem Rathaus, und dort wurden die prominenten Bürger bestattet. Weit oben an der Außenwand des Gebäudes befindet sich das Steinrelief einer »Judensau«, das wahrscheinlich aus dem Jahr 1280 stammt. Sie zeigt eine große Sau mit hängenden Zitzen, an denen zwei Juden trinken, die durch ihre Hüte und die gelben Kreise auf ihrer Kleidung (wie sie auch Prostituierte tragen mussten) kenntlich gemacht sind. Ein weiterer packt ein Ferkel an den Ohren und versucht, darauf zu reiten, während ein vierter, großer Jude mit dem Kopf dicht am Anus des Schweins dargestellt ist. Die Abbildung sagt nicht nur aus, dass Juden selbst Schweine seien, sondern auch, dass sie Schweinen in den Anus schauen. Das Relief sollte Juden fernhalten, zu diesem Zweck war es zusammen mit

*13* Die »Judensau« an der Wittenberger Stadt- und Pfarrkirche

Dämonen und Wasserspeiern an der Außenseite der Kirche angebracht.[7]

1304 hatte man die Juden aus der Stadt vertrieben, doch eine »Judenstraße« im Stadtkern zeugte – wie in vielen anderen deutschen Städten – von ihrer einstigen Anwesenheit.[8] Tatsächlich wurde eines der vier Stadtviertel, in die die Stadt zu militärischen und steuerlichen Zwecken aufgeteilt war, noch zu Luthers Zeiten »Jüdisches Viertel« genannt. In vielen Dörfern in der Umgebung lebten Juden. Als Luther in seinen letzten Lebensmonaten von Wittenberg nach Eisleben reiste, hatte er große Angst, wenn er durch die Dörfer mit ihren vielen jüdischen Einwohnern kam, und er schrieb sogar seiner Frau, er befürchte, ihr Atem habe ihn krank gemacht.[9] Wie in vielen anderen Städten, in denen im 14. und 15. Jahrhundert Pogrome stattgefunden hatten, war die Vertreibung der Juden verbunden mit einem Erstarken der Verehrung Marias, von der die Christen glaubten, die Juden hätten sie entehrt: Ihr war die Stadtkirche von Wittenberg geweiht.[10]

All diese neuen Bauten in Wittenberg wurden mit den Reichtümern aus den Silberbergwerken im Erzgebirge finanziert, das zu Friedrichs Fürstentum gehörte. Friedrich war Kurfürst, also einer der sieben Reichsfürsten, die den Kaiser wählten, das machte ihn zu einem bedeutenden Faktor in der kaiserlichen Politik. Verglichen mit den reichen Handelsstädten in Süddeutschland wie Nürnberg oder Ulm, die vom Handel mit Italien profitierten, war das Kurfürstentum Sachsen rückständig: Die Bergwerke hatten es wohlhabend gemacht, ein moderner Lebensstil und Geschmack war aber kaum entwickelt. Friedrich war entschlossen, diesen Zustand zu ändern, und befand sich darüber hinaus im Wettstreit mit seinem Bruder Georg, der die andere Hälfte von Sachsen einschließlich Leipzig und seiner Universität geerbt hatte. Als kluger Herrscher verstand er es, seine Vermögenswerte zu nutzen. Er gründete kostengünstig die Universität in Wittenberg, verwandelte den ansässigen Augustinerkonvent geschickt in einen Arm der neuen Bildungsstätte, rekrutierte den Kern des Lehrpersonals aus dem Orden und zog die Talente des Franziskanerklosters hinzu. Jeder und alles war doppelt verpflichtet. Die neue Schlosskirche diente der Universität zugleich als Aula; das Hauptgebäude der »Leucorea«, wie man die Universität nannte – eine wörtliche Übertragung des Stadtnamens, der »weißer Berg« bedeutet, ins Griechische –, wurde in unmittelbarer Nähe des Augustinerkonvents errichtet.[11] Das ganze Unternehmen wurde aus dem Vermögen der Stiftung »Allerheiligen« finanziert, die ihre Einkünfte von den Pilgern bezog, die nach Wittenberg kamen, um Friedrichs erstaunliche Reliquiensammlung zu sehen. Diese Grundausstattung stockte Friedrich mit Mitteln aus der kurfürstlichen Staatskasse auf, trotzdem war die Finanzdecke der Universität noch immer dünn, und Wittenberg hatte es schwer, mit den akademischen Gehältern zu konkurrieren, die Tübingen, Leipzig oder Köln boten. Regelmäßig versuchten rivalisierende Universitäten, die führenden Professoren abzuwerben: Mehr als einmal war Luther gezwungen, dem Kurfürsten mehr Geld oder bessere Bedingungen zu entlocken, um Melanchthon zu halten, den neuen Griechischprofessor, der seine rechte Hand wurde.

Es liegt eine merkwürdige Ironie darin, dass Luthers akademische Arbeit ursprünglich durch den Handel mit Reliquien ermöglicht wurde. Er war sich dieses Widerspruchs schmerzlich bewusst. Weil dem Pilger für das Betrachten jeder Reliquie eine bestimmte Anzahl von Tagen im Fegefeuer erlassen wurden, stand Friedrichs Sammlung in offener Konkurrenz mit den päpstlichen Ablässen. Die Höhepunkte seiner Sammlung waren eine Monstranz, die einen Dorn aus der Dornenkrone Christi enthielt, und ein Schrein mit den Überresten des Körpers von einem der Unschuldigen Kinder, die Herodes in Bethlehem hatte ermorden lassen.[12] Mit 117 Reliquiaren und 19 013 Knochenstücken von Heiligen im Jahr 1520 machte Friedrichs Sammlung dem Reliquienschatz Albrechts von Mainz den Rang streitig.[13] Friedrich weigerte sich, den Ablasshandel in seinem Fürstentum zuzulassen, unter anderem weil er Nachteile für die Pilgerstätte Wittenberg befürchtete, wenn in anderen sächsischen Kirchen Ablässe erteilt würden.

Das Geld der Pilger war jedoch nicht der einzige Grund, warum Friedrich so erpicht darauf war, immer mehr Reliquien zu erwerben.[14]

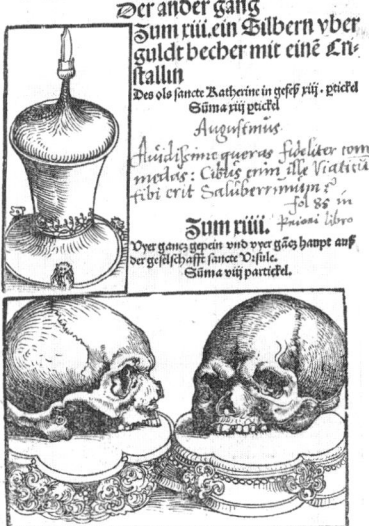

*14, 15 und 16* Lucas Cranach, *Dye zaigung des hochlobwirdigen hailigthumbs der Stifftkirchen aller hailigen zu wittenburg.* Wittenberg 1509 [VD 16 Z 250], das sogenannte *Heiligtumsbuch von Wittenberg,* eine reich illustrierte Beschreibung der Wittenberger Schlosskirche und ihrer Schätze. Der Stich zeigt Kurfürst Friedrich und seinen Bruder Herzog Johann; der Holzschnitt daneben zeigt die Schlosskirche. Jede Reliquie war dargestellt. Die dritte Seite zeigt das Öl der heiligen Katharina sowie zwei vollständige Gebeine und vier Schädel der Jungfrauen der heiligen Ursula.

Indem man sie in Wittenberg hortete, wurde Sachsen zu einem heiligen Ort, und seine Bevölkerung musste nicht nach Rom reisen, sondern konnte auf heimischem Boden göttliche Gnade erhalten. Reliquien stärkten so den Lokalpatriotismus, und je mehr es gab, desto besser: Dieser Form von Religiosität wohnte eine eigene expansionistische Dynamik inne.[15] Volksfrömmigkeit konnte dem Fürstenhaus sehr nützlich sein: Wer vor dem Reliquienschrein, der den heiligen Dorn enthielt, kniete und für die Seelen Friedrichs, seines Bruders Herzog Johann und ihrer Ahnen betete, erhielt einen Sündenerlass von hundert Tagen. Das galt ebenso für jeden, der zum Bau von Friedrichs Kirche beitrug oder sie in seinem Testament bedachte.[16] Es war ein gutes Geschäft. Schon 1490 hatten sich Friedrich und Johann einen päpstlichen »Butterbrief« gesichert, der es den Sachsen gegen Zahlung eines jährlichen Dispenses an ihre Herrscher erlaubte, während der Fastenzeit verbotene Lebensmittel zu essen. Das Geld wurde für den Bau einer neuen Steinbrücke über die Elbe verwendet.[17]

Reliquien waren auch dazu bestimmt, den Betrachter durch die Schönheit und die einfallsreiche Gestaltung des Reliquiars, das sie beherbergte, zu überwältigen. Reliquiare wurden aus besonders kostspieligen Metallen – Gold und Silber – angefertigt und mit glänzenden Edelsteinen verziert. Sie waren einschüchternde Beweise für das Vermögen eines Herrschers, zu Reichtümern ebenso wie zu göttlicher Gnade zu gelangen, und sie wurden, anders als die späteren fürstlichen Sammlungen von Preziosen, nicht in einem privaten Kuriositätenkabinett verwahrt, sondern für alle fürstlichen Untertanen zugänglich ausgestellt. Friedrich beauftragte seinen Hofmaler Lucas Cranach den Älteren damit, ein gedrucktes, vollständig illustriertes Verzeichnis seiner Schätze anzulegen, das 1509 erschien und selbst bereits ein Kunstwerk war. Zwei Jahre später eiferte Albrecht von Mainz ihm nach und übertraf ihn noch, indem er die Titelseite mit einem Porträt seiner selbst schmücken ließ, das vom seinerzeit bedeutendsten deutschen Künstler Albrecht Dürer stammte.[18]

Die Reliquien wurden in der Schlosskirche ausgestellt, und Friedrich gab bei führenden Künstlern Altarbilder in Auftrag. Anders als

Herrscher in späteren Zeitaltern beschäftigte er hauptsächlich deutsche Künstler, keine italienischen oder niederländischen Maler, was den unverwechselbaren lokalen, patriotischen Stil noch deutlicher machte, der mit seiner eigenen innigen Frömmigkeit und Schlichtheit zu jener Zeit im Gegensatz zur reichen und prächtigen sakralen Kunst Italiens stand. Mit ihren neun Altarwerken von Dürer, Cranach und Matthias Grünewald konnte es die Altarsammlung an künstlerischer Qualität mit jeder anderen Kirche aufnehmen. Schon ein halbes Jahrhundert später wurde die Sammlung nach der Kapitulation von Wittenberg im Schmalkaldischen Krieg auseinandergerissen. Für den Besucher der Stadtkirche, die im 19. Jahrhundert umfangreiche Umbaumaßnahmen erfahren hat, ist es heute unmöglich, ein Gefühl dafür zu bekommen, wie sie zu Luthers Zeiten aussah. Als Ort des Gebets muss sie begeisternd gewesen sein. Doch sie war auch die letzte Blüte eines Malstils, der durch die Reformation selbst zu Ende ging, da er durch sie seine spirituelle Funktion verlor.

Die Pracht der Schlosskirche war umso bemerkenswerter, als die Stadt zu ihren Füßen gerade einmal 2000 bis 2500 Einwohner zählte.[19] Politisch war Wittenberg eine Siedlung im Aufbruch, es gab noch kein Patriziat, und die Verwaltungsstrukturen waren ganz und gar rudimentär. Alle Verträge, ob Handelsabschlüsse, Besitzteilungen, Verfügungen, Testamente oder Ehegenehmigungen, wurden beim städtischen Gericht eingetragen, die richterliche Niederschrift war Beurkundung und Archiv aller Rechtsgeschäfte. Durch diese Form der Verwaltung konnte auf Notare verzichtet werden, doch das funktionierte nur, solange der Umfang der Geschäftstätigkeiten das Gericht nicht mit Notariatsaufgaben überhäufte. Der Großteil der alten städtischen Elite hatte keine Universität besucht und war nicht geschult in Rechtsgeschäften, die Zugezogenen dagegen lasen und schrieben Latein, ihr Bildungsweg war vom neuen humanistischen Bildungsideal geprägt. Bald öffneten Drucker wie Johann Rhau-Grunenberg ihre Druckwerkstätten am Kloster und nahe der neuen Leucorea. Und ein Parfümgeschäft neben dem Universitätsgebäude zeugte von der Verfeinerung des Geschmacks bei der wachsenden Stadtbevölkerung.[20]

Der Rat der Stadt selbst glich mitnichten den stolzen Bürgerversammlungen süddeutscher Freier Reichsstädte. Jene unterstanden direkt dem Kaiser und konnten ihre eigenen Gesetze erlassen. Sie hatten Gerichtsrecht über ihre Stadtbewohner und konnten sie zum Tode verurteilen und sie hinrichten, ohne dass eine Berufung möglich war. Ihre Räte, die in elegantes Schwarz gekleidet waren, konnten den Reichstagen beiwohnen, an der kaiserlichen Politik mitwirken und sogar ihre eigene Außenpolitik entwerfen. »Stadtluft macht frei«, so lautete ein Sprichwort. Obwohl in der Praxis oft eine kleine Oligarchie aus Bürgern und Händlern die Stadt regierte, hatte der Mythos von der bürgerlichen Ständebeteiligung großen Bestand. Ihre Ratssitzungen versammelten mehrere hundert Bürger, und jedes Jahr fand ein Schwörtag statt, an dem der Rat den Eid ablegte, zum Wohl der Bürgerschaft tätig zu sein. In Wittenberg dagegen konnte, obwohl die Stadt die Hoheit über die juristische Strafverfolgung hatte, nahezu nichts ohne die Zustimmung des Kurfürsten entschieden werden. Die Ratsprotokolle aus dem frühen 16. Jahrhundert sind niederschmetternd. Man diskutierte und unterbreitete dem Kurfürsten Vorschläge, der entweder zustimmte oder ablehnte, in jedem Fall aber das letzte Wort hatte. Die Entscheidungsgewalt lag beim Fürsten, und es war die Nähe zum Kurfürsten, nicht die Mitgliedschaft im Rat, die einem Untertanen politischen Einfluss verlieh.

Luther war mit dieser Ordnung vertraut, sie entsprach dem, was er in seiner Kindheit in Mansfeld kennengelernt hatte. Er erwartete selbstverständlich, dass die Macht von oben nach unten wirkte und keiner Legitimierung von unten bedurfte. Das macht verständlicher, warum sich seine Reformation so sehr von der Bewegung unterschied, die in Süddeutschland entstand, und warum seine Theologie der Macht so reaktionär erscheint. Ihm fehlte einfach die Erfahrung mit Formen einer demokratischen Beteiligung und den entsprechenden Werten, wie sie in den süddeutschen Städten existierten. In Erfurt war er überdies Zeuge eines politischen Chaos geworden, in dem die sich bekriegenden politischen Fraktionen der Bürgerschaft einander zerrissen: Es konnte schwerlich eine bessere Anschauung dafür geben, welchen

Schaden Querelen in der Bürgerschaft anrichten konnten. So konservativ Luthers Politik gewesen sein mochte, sie stand in Einklang mit den sich gerade herausbildenden Realitäten jener Epoche. Denn die großen Herrschaftsgebiete der Fürsten wurden die Hauptstützen der Reformation, während für die Freien Städte in Süddeutschland mit ihren Ständeräten der Niedergang begann.

*

Der Maler Lucas Cranach der Ältere war einer der Zugezogenen in Wittenberg. Er kam kurz vor Luther 1505 in die Stadt und wohnte als kurfürstlicher Hofmaler im Schloss. Seine Porträts von Luther – erst als junger Mann, schlank und ernst, dann in die Breite gegangen, vierschrötig und gebieterisch – prägten die Vorstellung, die sich die Öffentlichkeit von dem Reformator machte, und die Zusammenarbeit zwischen den beiden Männern war außerordentlich wichtig für die Reformation. 1512 erwarb Cranach zwei aneinandergrenzende Häuser am Marktplatz und baute sie zu einer Werkstatt um, die Raum gab für großformatige Arbeiten. Cranach hatte sowohl hinsichtlich der Anzahl als auch des Formats seiner Werke neuen Ehrgeiz entwickelt. 1518 erwarb er schließlich den Cranachhof, einen Gebäudekomplex mit einem vierstöckigen Wohnhaus und sechs mit zahlreichen Fenstern versehenen Nebengebäuden, die um einen Innenhof angeordnet waren. Sein Anwesen am Markt war eines der größten Häuser der Stadt, ein massives Gebäude mit eleganter Renaissancefassade, das Platz für Lager und Werkstätten bot und wichtige Gäste wie den exilierten König von Dänemark oder den Herrscher von Brandenburg beherbergen konnte.

Cranach, der als »der schnelle Maler« bekannt war, hatte einen Blick fürs Geschäft. Da er der einzige Maler in der Stadt war und niemand vor Ort ihm Pigmente, Pinsel, Öle und Leinwände liefern konnte, die in Nürnberg oder Augsburg so leicht zu beschaffen gewesen wären, musste er alles von außerhalb kommen lassen. Er machte aus der Not eine Tugend. Auf den Wagen mit seinen Lieferungen war immer reichlich Platz, also zog er einen Importhandel mit Wein und pharmazeuti-

schen Produkten auf. Cranach erlangte sogar ein Monopol für den
Import und Verkauf dieser Güter – später bedauerte der Stadtrat diese
Konzession aus gutem Grund und klagte darüber, dass der Maler,
der 1528 zum reichsten Mann der Stadt geworden war, Arzneimittel
zurückhielt und den Einwohnern dafür minderwertige Produkte an-
drehte.[21]

Cranachs Schwenk zum Handel spricht nicht nur Bände hinsichtlich
seines Geschäftssinns, er verrät auch, was für ein Ort Wittenberg damals war. Offenbar war die städtische Handelselite bis dahin eher ärm-
lich gewesen und hatte wenig Interesse, systematisch Luxusgüter zu im-
portieren. Cranachs Lagerhäuser sollten Fundgruben für Stoffe und alle
Arten von Materialien werden; Luther stöberte in ihnen, um zu sehen,
welche Waren von der Leipziger Messe gekommen waren, und er probierte sicher die guten Rheinweine, die Cranach ebenso importierte.

Luthers neues Leben ähnelte dem vorherigen in Erfurt kaum. Während er sich offenbar unbehaglich fühlte, solange er nicht in Amt und
Würden war, wurde der Achtundzwanzigjährige durch das Doktorat,
das man ihm 1512 verlieh, zu einer Persönlichkeit des öffentlichen
Lebens. Hatte er in Erfurt praktisch niemanden aus der Bürgerschaft
gekannt, schloss er in der aus der Bedeutungslosigkeit aufstrebenden
Stadt Wittenberg schnell Bekanntschaft mit kleinen Zirkeln von Intellektuellen, Druckern und Künstlern, die eine neue Elite bildeten. Durch
seine Freundschaft mit Cranach, der einer der ersten »neuen Männer«
war, die in den Rat von Wittenberg aufgenommen wurden, kam er
auch mit der alten Elite der Stadt in Kontakt, etwa mit dem 1515 verstorbenen Bürgermeister Hans Krapp, dessen Tochter Melanchthon
später heiratete. Ein weiterer Freund wurde der Goldschmied Christian Döring, der mit Cranach zusammenarbeitete.[22]

Luther bekleidete jetzt auch eine höhere Stellung innerhalb des
Augustinerordens. Als Distriktsvikar, zu dem man ihn nach seiner Predigt in Gotha 1515 für drei Jahre gewählt hatte, war er für elf Klöster
zuständig. Er erwies sich als entschlossener Manager. Anscheinend
hatte er den Geschäftssinn seines Vaters geerbt: Hartnäckig verteidigte er die Einkünfte des Wittenberger Klosters, dem er eine minu-

ziöse Buchführung auferlegte. Ein Großteil seiner Arbeit betraf dennoch Personalfragen, vor allem die Beförderung von Brüdern innerhalb des Ordens und Überstellungen an andere Klöster. Er setzte ohne
Umstände den Prior von Neustadt an der Orla ab, indem er dem Kloster mitteilte, die ganze und einzige Ursache für die Unruhe im Kloster
sei die Uneinigkeit der Brüder mit ihrem Haupt und Prior, und das sei
schädlicher, als wenn ein einzelner Bruder mit einem anderen uneins
sei. Deshalb fordere er Bruder Michael Dressel auf, Amt und Siegel
niederzulegen.[23] Seine Freunde hatte er freilich nicht vergessen. Eine
der ersten Amtshandlungen nach seiner Ernennung zum Distriktsvikar
1515 bestand darin, seinen alten Gefährten und Mitbruder Johannes
Lang zum Prior des Klosters Erfurt zu ernennen.[24] Als Humanist und
enger Freund war Lang Luther 1511 von Erfurt nach Wittenberg gefolgt. Ihn zurückzuschicken war nicht nur ein Freundschaftsdienst.
Luther unterstrich damit nur zwei Jahre nach dem bitteren Briefwechsel über sein Doktorat auch seine Autorität gegenüber seiner früheren
Ordensgemeinschaft. Lang war in Luthers Alter, und seine Ernennung
mit knapp 30 Jahren bedeutete den Aufstieg der neuen Generation
von Staupitz' Schützlingen. Luther war sich bewusst, dass Langs Aufgabe keine leichte war – er wusste, dass die Brüder murren würden
(»murmuri fratrum«), und wies Lang an, ein Haushaltsbuch zu führen, in dem alle Einkünfte und Ausgaben notiert werden sollten, damit er herausfinden könne, »ob der Convent mehr ein Kloster als eine
Schenke oder Wirthshaus sei«, eine Strategie, die seinem Freund den
Weg nicht leichter machte.[25] In der Zwischenzeit war mit Wenzeslaus
Linck ein weiterer Schützling von Staupitz zum Prior des Klosters in
Wittenberg ernannt worden: Er sollte Luthers lebenslanger Freund
werden.

Ein neuer Kreis von Freunden in und außerhalb des Augustiner-
ordens kristallisierte sich um ihn heraus. Georg Spalatin – Sekretär,
Bibliothekar und späterer Beichtvater Friedrichs des Weisen – zählte zu
den wichtigsten, da er die Reformation ermöglichte, indem er ihr die
Protektion des sächsischen Herrschers sicherte. Mit ihm wechselte
Luther in den Jahren bis 1525 die meisten Briefe, er war der Gesprächs-

partner, dem er seine täglichen Angelegenheiten und tiefsten Ängste offenbarte. Ihre Freundschaft begann auf den verschlungenen Wegen, die für die Kreise der Humanisten typisch waren: Spalatin kannte Johannes Lang und bat diesen, ihn bei Luther einzuführen. Als kurfürstlicher Bibliothekar war Spalatin verantwortlich für die Universitätsbibliothek und hatte auch beratende Funktion in Fragen der Universitätspolitik, die beiden Männer mussten also zusammenarbeiten.[26]

Spalatin hatte uneingeschränkten Zugang zum Kurfürsten, und die gesamte Korrespondenz ging durch seine Hände: Er sprach Latein, während der Kurfürst sich nur auf Deutsch problemlos ausdrücken konnte.[27] Es war ein Zeitalter, in dem die einzelne Person sehr viel wichtiger war als das offizielle Amt, das sie bekleidete, und in dem Politik stark an Personen gebunden war. Daher besaßen jene, die Zugang zu einem Herrscher hatten, selbst große politische Macht. Spalatin führte Luther nicht nur bei Friedrich und an dessen Hof ein, er brachte ihn auch mit einem Kreis von Nürnberger Humanisten zusammen, die ihn in der Frühzeit der Reformation maßgeblich unter-

17 Lucas Cranach der Ältere, *Christoph Scheurl*, Porträt, Öl auf Holz

stützten. Obwohl Staupitz lange Zeit eine Gruppe von Bewunderern in Nürnberg hatte, war es Spalatin, der Luther Christoph Scheurl vorstellte, dem mächtigen Ratskonsulenten der Stadt, ein brillanter Rechtsgelehrter, der selbst einige Zeit an der Wittenberger Rechtsfakultät gelehrt hatte. Diese Verbindung zum reichen Süddeutschland hob Luther das erste Mal heraus aus dem engen Horizont der begrenzten Welt zwischen Erfurt, Mansfeld und Wittenberg. Später räumte er ein, wie viel er seinen gebildeten Nürnberger Freunden verdankte, die mit zu seinen wichtigsten Unterstützern wurden.

*

Es gab noch viel zu tun an der neuen Universität von Wittenberg. Die Gebäude mussten fertiggestellt, die Studiengänge festgelegt, die Lehrkräfte angestellt und die Studenten angelockt werden.[28] Und obwohl es sich um eine Neugründung handelte, bildete Wittenberg rasch eigene Universitätstraditionen aus, an denen Luther großen Gefallen fand. Nicht lange nach ihrer Eröffnung kam die Universität zu ihrem eigenen Propagandisten, Andreas Meinhardi, dessen lateinischer Dialog zum Ruhme Wittenbergs 1508 erschien. Obwohl er mit seinem Buch nicht den akademischen Posten errang, nach dem er sich sehnte, sicherte es ihm die Stelle als Stadtschreiber des Rats, die er bis zu seinem Lebensende innehatte. Meinhardi beschrieb die Rituale, mit denen die Studienanfänger in die Universität aufgenommen wurden, und sie unterschieden sich wahrscheinlich nicht von denen an anderen Orten Deutschlands. Der Kandidat wurde von einer Gruppe Studenten umringt, sein Gesicht wurde mit Ruß und Schmutz geschwärzt, man zog ihn am Bart, so er einen hatte, man strich ihm mit Schweinsborsten übers Gesicht, er wurde eingeölt mit dem, was Leute »hinter den Hecken liegengelassen« hatten, und mit Wein »getauft«. Und während der sogenannte Beanus das vorgeschriebene Festmahl für die Professoren ausrichtete, musste er selbst in Ketten gefesselt die rituellen Beschimpfungen über sich ergehen lassen. Das Haar wurde ihm mit Pferdeäpfeln gewaschen, man setzte ihm Hörner auf den Kopf und feilte an seinen Zähnen; seine Bildung wurde verspottet, dann hänselte man ihn, zuerst wegen der Mädchen, um ihn dann über die Beschaffenheit und die Größe seines Anus auszufragen. Eine größere Demütigung oder schonungslosere Einführung in die akademische Hierarchie als diese, die dem Neuling von älteren Studenten – die das alles zuvor selbst durchgemacht hatten – zugefügt wurden, kann man sich kaum vorstellen.[29]

*18, 19 und 20* Drei Holzschnitte von 1578 illustrieren die Aufnahmerituale an der Universität Wittenberg. Sie zeigen die geschwärzten Gesichter und die gehörnten Narrenkappen der Studienanfänger. Die Zeremonienwerkzeuge – vergoldete Säge, Beißzange, Axt, Pinsel, Glocke – sind uns von der Leipziger Universität überliefert. Die Rituale, die auch eine scherzhafte Beichte umfassten, sind deutlich Parodien religiöser Zeremonien, und doch unterstützte Luther ihre Beibehaltung. Ganz wie Staupitz scherzte, Luther brauche den Teufel, missbilligte Luther nie ein Ritual, das den Aspekt der völligen Verderbtheit des Sünders und Christen aufgriff – so auch bei diesem Universitätsritual.[30]

Die Universität sollte sich der neuen humanistischen Lehre anschließen, doch obwohl einige berühmte Humanisten und Scholaren ihr einen Besuch abstatteten und Vorlesungen hielten, blieb in den ersten Jahren keiner von ihnen lange. Tatsächlich war die Universität scholastisch ausgerichtet, und ihr erster Rektor, Martin Pollich von Mellerstadt, war ein alter Konservativer und Anhänger der *via antiqua*, der jeder Abweichung von den Lehren Aristoteles' und Duns Scotus' widerstand. Gegen Mellerstadts Einfluss strebten Staupitz und andere die Einführung der *via moderna* an, doch die Ideen der Humanisten, die zu jener Zeit so viele in Europa begeisterten, standen dennoch nicht auf ihrer Agenda. Die Theologie behielt ihren Ehrenplatz an der Universität, und viele ihrer Professoren – Mellerstadt eingeschlossen – waren von anderen Disziplinen zur Königin der Wissenschaften, für die man sie damals hielt, gewechselt und hatten sie zum Kraftzentrum der Universität gemacht. Ein Mitglied der theologischen Fakultät, Andreas Karlstadt, war ein Anhänger von Thomas von Aquin. Johannes Lang lehrte Moralphilosophie. Er hatte in humanistischen Kreisen in Erfurt verkehrt und Griechisch und Hebräisch gelernt, so dass er die Bibel in den Originalsprachen lesen konnte. Luther hatte bei ihm Hebräisch studiert. Eine immens produktive Freundschaft verband sie, und Luther könnte von Lang humanistische Ideen übernommen haben. Gemeinsam brachten sie einen neuen, die Scholastik kritisch hinterfragenden, biblischen Humanismus in die universitäre Lehre ein und kehrten entschlossen zu den Originaltexten zurück.[31] Doch es war keine Freundschaft auf Augenhöhe. Obwohl Luther wahrscheinlich nur vier Jahre älter war, war die Bewunderung des Jüngeren für den Älteren von Anfang an deutlich, und Luther nahm kein Blatt vor den Mund, als er Lang 1517 seine 95 Thesen schickte und ihm dabei mitteilte, er habe das Gefühl, Lang verstehe seine neue theologische Ausrichtung nicht.[32]

Luther hatte von Staupitz die Bibelprofessur übernommen und sollte sie bis zu seinem Tod behalten. Seine Verpflichtung bestand darin, Vorlesungen über die Heilige Schrift zu halten, Disputationen abzuhalten und zu den Studenten und Angehörigen der Universität zu predigen.[33] Er machte sich mit Enthusiasmus an die Arbeit und hielt als Erstes eine Vorlesung über die Psalmen. Für seine Vorlesungen über den Römerbrief, die er 1515 und 1516 hielt, nutzte Luther die neue Drucktechnik und ließ bei Johann Rhau-Grunenberg, der nahezu alle Universitätsschriften druckte, den Text der Vulgata mit doppeltem Zeilenabstand und großzügigen Seitenrändern drucken, um dort seine Randnotizen und Berichtigungen zu notieren. In den Vorlesungen las Luther daraus, so dass seine Studenten die Berichtigungen in ihre eigenen Ausgaben übernehmen konnten. Luther erläuterte die Bedeutung des Bibeltextes, oft anhand vorbereiteter Notizen, manchmal sprach er aber auch frei. Grundlage seiner Glossen waren die philologisch auf den neuesten Stand gebrachte Bibelausgabe von Jakob Faber Stapulensis, die außer dem Normaltext der Vulgata verschiedene andere lateinische Versionen des Psalmentextes bot, darunter auch die Übersetzung des Hieronymus aus dem Griechischen, die von Erasmus herausgegebenen Kommentare des Lorenzo Valla und ab Frühjahr 1516 die neue Ausgabe des Griechischen Neuen Testaments von Erasmus.[34] Johannes Oldecop, später ein Gegner der Reformation, erinnerte sich, wie gut Luther biblische Textstellen erklärte, wobei er dies nicht auf Latein, sondern auf Deutsch tat.[35] Überhaupt vermittelte dieser Vorlesungsstil, bei dem direkt am Text gearbeitet wurde, den Studenten eine nahezu sinnliche Erfahrung bei der Begegnung mit der Heiligen Schrift.

Diese Arbeit veränderte auch Luther. Als er ein Jahr vor seinem Tod auf sein Leben zurückblickte und einen kurzen biographischen Abriss als Vorwort für seine gesammelten lateinischen Schriften verfasste, erinnerte er sich daran, wie wichtig seine Begegnung mit dem Text des Römerbriefs gewesen war. »Aber es hatte mir dabei nicht etwa das kalte Blut, welches das Herz umfließt, im Wege gestanden«, schrieb er über seine melancholische Gemütsverfassung in seiner Zeit als Mönch, »sondern das eigene Wort, welches Cap. 1,17 steht: ›Die Gerechtigkeit Gottes wird in demselben offenbart.‹ Ich hasste nämlich dieses Wort ›Die Gerechtigkeit Gottes‹, wie ich durch den Brauch und die Gewohnheit aller Lehrer so unterwiesen war, dass ich es in philosophischer Weise verstehen müsste, von der formalen oder thätigen Gerechtigkeit (wie sie es nennen), nach welcher Gott gerecht ist und die Sünder und die Ungerechten bestraft.« Luther hatte versucht, ein perfekter Mönch zu sein, doch: »Ich aber (...), der ich mich vor Gott als einen Sünder befand und ein sehr unruhiges Gewissen hatte, (...) liebte den gerechten Gott nicht, der die Sünder straft, ja, ich hasste ihn.«[36]

Schon im Kommentar zu dieser Stelle im Manuskript seiner Vorlesung von 1515/16 zitierte er Augustinus und konstatierte weitaus nüchterner, die Ursache der Erlösung sei die Gerechtigkeit Gottes, die uns vor Gott zu Gerechten mache, und zwar durch unseren Glauben an das Evangelium. Es wäre zu jener Zeit vermutlich niemandem aufgefallen, nicht einmal Luther, dass dies etwas anderes war als orthodoxer Augustinismus.[37] Die Folgen dieses intellektuellen Durchbruchs waren nicht sofort ersichtlich, doch über die Jahre, in denen Luther Vorlesungen über die Psalmen, den Hebräerbrief und den Galaterbrief hielt und sich ganz auf den Bibeltext einließ, traten sie immer mehr hervor. Er selbst datierte diesen Durchbruch lange danach auf das Jahr 1519.[38]

Intellektuelle Arbeit war offenbar das Richtige für ihn. Neben dem Studium der Theologie hatte er von Anfang an unterrichtet, seine Erfahrung als Dozent zusammen mit seinem Doktorat vermittelte ihm wohl ein Gefühl von Autorität. Sein erstes eigenes Werk, eine Übersetzung der Bußpsalmen ins Deutsche und ihre Auslegung, erschien jedoch erst 1517.[39] Wie Luther erläuterte, hatte er für seine Übersetzung auf die alte lateinische Vulgata von Hieronymus zurückgegriffen, doch er korrigierte sie, indem er sich auf die hebräische Ausgabe des Humanisten Johannes Reuchlin stützte, des führenden Hebraisten jener Zeit. Der stolze Autor schrieb an Lang, selbst wenn es niemandem sonst gefalle, ihm, Luther, gefalle es. Scheurl in Nürnberg ließ er wissen, die Schrift sei nicht für den akademischen Hörsaal bestimmt: Sie ziele nicht einmal auf hochgebildete Nürnberger, sondern auf raue Sachsen. Darin irrte er gewiss, denn die teure Schrift mit ihrer geschliffenen Ausdrucksweise mochte vielleicht noch der

Wittenberger Elite zugänglich gewesen sein, den meisten Sachsen jedoch kaum.[40]

Auf den ersten Blick war es überraschend, dass Luther so schnell zur zentralen Gestalt der neuen Universität wurde. Weder war er in gesetztem Alter, noch stammte er aus einer gehobenen sozialen Schicht, und vor 1517 hatte er zudem so gut wie nichts veröffentlicht. Ausschlaggebend könnte unter anderem gewesen sein, dass bei seiner Ankunft 1511 die meisten in Wittenberg angestellten Gelehrten etwa in Luthers Alter waren, so dass die Voraussetzungen für alle ähnlich waren. Zu den akademischen Lehrkräften gehörte neben Lang Andreas Karlstadt, der zwar drei Jahre jünger, aber Luthers akademischer Lehrer und damit derjenige war, der ihm seinen Doktortitel verlieh. Der Professor der Rechte Hieronymus Schurff war gerade zwei Jahre älter als Luther, Wenzeslaus Linck, Prior des Klosters von Wittenberg von 1511 bis 1515, hatte seinen Doktortitel 1511 erlangt, ein Jahr vor Luther. Nikolaus von Amsdorf, ein Neffe von Staupitz und besonders fähiger Dialektiker, war nur wenige Monate jünger; er lehrte an der philosophischen Fakultät, wechselte jedoch bald zur Theologie. Obwohl sie unterschiedliche Fächer unterrichteten, bildeten sie eine geschlossene Peergroup; viele von ihnen hatten dieselbe Ausbildung genossen, und einige waren Augustiner und lebten zusammen im Wittenberger Kloster, das ungefähr 40 Mönche zählte.[41]

Ein anderer Grund für Luthers Aufstieg könnte darin liegen, dass seine energische Persönlichkeit in einer noch immer kleinen Institution voll zur Geltung kam. 1536 gab es in Wittenberg lediglich 22 Professorenstellen, je vier bei den Theologen und den Juristen, drei bei den Medizinern und elf in den Künsten.[42] Karlstadt, um nur einen herauszugreifen, war stark beeinflusst von seinem ehemaligen Doktoranden und neuen Freund und übernahm dessen Ideen schnell. 1516 absolvierte Luthers Student Bartholomäus Bernhardi eine der üblichen, zur akademischen Ausbildung gehörende Disputationen und brachte einige von Luthers Vorstellungen über die Gnade vor, die jener in den Vorlesungen über den Römerbrief entwickelt hatte. Dabei erklärte Luther öffentlich, er glaube nicht, dass der heilige Augustinus Autor der ihm zugeschriebenen Abhandlung *De vera et falsa poenitentia* sei. Karlstadt bestritt dies entschieden und ließ sich sofort ein eigenes Exemplar aus Leipzig kommen. Doch als er den Text noch einmal las, gelangte er zu der Ansicht, dass Luther recht hatte, und näherte sich von da ab Luthers Verständnis von Augustinus an.[43] Radikal und leidenschaftlich zugleich, verlor sich Karlstadt leicht in seinen eigenen Ideen und brauchte daher jemanden, der ihm die Richtung wies: Luthers Energie scheint Karlstadts Kreativität freigesetzt und ihn angefeuert zu haben, alle seine intellektuellen und geistlichen Standpunkte zu überdenken. Schurff, der von Natur aus vorsichtiger war, ließ sich ebenso fesseln, vielleicht weil Luther imstande war, der Verzweiflung und dem Gefühl der eigenen Sündhaftigkeit, die er selbst empfunden hatte, Ausdruck zu verleihen. Luthers intellektueller Schwung zog andere an, auch weil sie in seinen Argumentationen ihre eigenen Ideen erkannten. Er war intellektuell unabhängig und entscheidungsfreudig, und er konnte komplexe Ansichten mit Leidenschaft vermitteln. Seine Energie und Überzeugungskraft, nicht so sehr eine intellektuelle Überlegenheit, erklären, warum er so rasch zur führenden Gestalt in Wittenberg wurde.

*

Es war eine spannende Zeit, in der eine Generation von Intellektuellen spürte, dass sie den Anbruch einer neuen Epoche erlebte. Es sah so aus, als sei die Scholastik mit ihrer gequälten Verbeugung vor Aristoteles an ihr Ende gekommen. Der Wittenberger Lehrplan war ein vorsichtiger Kompromiss zwischen *via moderna* und *via antiqua* gewesen, doch schon 1516 schwärmte Johannes Lang, die Studenten würden eifrig Vorlesungen über die Bibel und die Kirchenväter hören, während die »scholastischen Doktoren« kaum mehr als zwei oder drei Hörer hätten.[44] 1517/18 hielt Luther eine Vorlesung über den Brief an die Hebräer, Karlstadt eine über Augustinus, der Humanist Johannes Aesticampianus eine über Hieronymus – ein Studienprogramm, das komplett von einer humanistisch geprägten Zuwendung zu den Quellentexten angeregt war.

Manche Anliegen erforderten einen besonders leidenschaftlichen Einsatz. Die Humanisten schlossen sich zusammen, um den Hebraisten Johannes Reuchlin gegen die Kölner Dominikaner zu verteidigen, die alle hebräischen Texte verbrennen wollten. Spalatin erbat 1514 Luthers Meinung in der Sache und erhielt eine freimütige Antwort: Luther verteidigte den Mann, dessen Grammatik er selbst benutzt hatte, als er zusammen mit Lang in Erfurt Hebräisch lernte. Anders als die Dominikaner glaubten, könne jüdische Blasphemie nicht beseitigt werden, argumentierte Luther, da die Propheten des Alten Testaments prophezeit hätten, dass die Juden Christus schmähen und ihn lästern würden. Beseitige man die Gotteslästerungen, würde man den Beweis vernichten, und Gott und die Propheten stünden als Lügner da. Diese Einsicht bedrücke ihn »mehr, als die Zunge sagen kann«, und er betonte, dass jene, die dieses Paradox nicht verstünden, nichts von Theologie verstünden. Er zeigte freilich keine Sympathie mit jüdischen Schriften um ihrer selbst willen, vielmehr sollte er diese sein Leben lang tatsächlich für blasphemisch halten.[45]

Zwei der bedeutendsten Schriften Luthers aus dieser Zeit waren Thesen zu Disputationen, die er für seine Studenten verfasst hatte, wie die Vorlage für Bernhardi. Zum Ende eines Studienabschnitts und für den Übergang zum nächsten war es üblich für Studenten, Thesen zu erläutern, die die Sicht des Professors widerspiegelten. Bei diesen ritualisierten Debatten hing der Ausgang von den argumentativen und rhetorischen Fähigkeiten ab, sie boten einen Rahmen, in dem intellektuelle Angriffe erlaubt waren. Mit einer Position, die durch eine Reihe logisch aufeinanderfolgender Behauptungen untermauert wurde, war es einfacher, bestimmte Punkte der Argumentation anzunehmen oder zu verwerfen und die Verbindungen zwischen einer Behauptung und einer anderen zu untersuchen. Das Streitgespräch erlaubte intellektuelle Abenteuer und Freiheit, denn so konnten Ideen ausprobiert werden, ohne mit dem Anspruch aufzutreten, sie seien feststehende Wahrheiten. Solche Prüfungen und intellektuelle Wettkämpfe gefielen Luther sehr, und die Reformation entwickelte diese Technik zu einer hohen Kunstform.

1517 verteidigte Luthers Student Franz Günter eine Reihe von Thesen, die Luther gegen die Scholastik verfasst hatte und die in vielerlei Hinsicht radikaler und schockierender sind als die 95 Thesen. Sie verkündeten, dass Aristoteles nicht nur überflüssig für das Studium der Theologie sei, sondern geradezu schädlich. An einer Universität, deren Lehrpläne von Aristoteles dominiert waren, war diese Position ein Schlag ins Gesicht für Professoren wie Nikolaus von Amsdorf, der Vorlesungen über die Ethik des Aristoteles hielt. Doch Luthers Student gewann den Wettstreit, die Fakultät als Ganzes sprach ihm den Sieg zu. Daraufhin sandte Luther die Thesen nach Erfurt, wenn auch nicht unter seinem Namen, denn er wusste, dass sie dort auf Widerstand stoßen würden. Auch wenn die Wittenberger sie für annehmbar und »orthodox« hielten, die Erfurter würden sie als »cacodoxa« – eine »Scheißdoktrin« – beurteilen, scherzte er.[46] Er hatte recht. Seine ehemaligen Kollegen und Lehrer im Kloster waren entrüstet.[47]

Die Thesen sind eine außerordentlich selbstsichere Reihe von Behauptungen, die so angeordnet sind, als folge eine aus der anderen, doch ihre Abfolge ist ebenso emotional wie logisch. Forsch etikettiert Luther eine These nach der anderen als »der gängigen Meinung entgegengesetzt« (»contra dictum«) oder »in Opposition zu den Scholastikern« (»contra scholast«).[48] Sie bringen seine heftige, wütende Ablehnung der gesamten Tradition der mittelalterlichen Theologie auf den Punkt: »Es wird keiner Theologe, wenn er es nicht ohne Aristoteles wird.«[49] Die Thesen beginnen mit einer aggressiven Verteidigung von Augustinus und gipfeln in der radikalen Aussage: Die Wahrheit sei, dass der Mensch, der von einem schlechten Baum geschaffen ist, nichts tun könne, als Böses zu wollen und zu tun. Oder wie Luther es eingängig formuliert: »Der Mensch kann nicht von Natur wollen, daß Gott Gott sei; vielmehr wollte er, er sei Gott und Gott sei nicht Gott.«[50] Nebenbei verwirft Luther das Argument von Duns Scotus, der rechtschaffene Mensch könne das Allgemeinwohl mehr lieben als sich selbst. Eine beiläufige Bemerkung weist voraus auf Luthers spätere politische Theorie: seine Absage an die Vorstellung, der Mensch könne jemals das Gemeinwohl über sein eigenes Interesse stellen, und seinen Man gel an Verständnis für jede andere Regierungsform als die autoritäre fürstliche Macht.[51] Außerhalb von Gottes Gnade sei es tatsächlich unmöglich, nicht wütend oder lüstern zu sein, argumentiert Luther, es gebe keinen moralischen Wert, es sei immer entweder Stolz oder Sorge im Spiel, also Sünde. Das sind nicht die ersten Sünden, die einem einfallen, wenn man sich vorstellt, was einen Mönch belasten könnte, aber sie enthüllen seine seelische Verfassung in jener Zeit, als er mit Melancholie, den »Anfechtungen« und seinem eigenen Ärger und Stolz zu kämpfen hatte.[52] Obwohl Luther in diesen Thesen der Philosophie, weil sie theologiefeindlich sei, eine Absage erteilt, benutzt er ironischerweise eine philosophische Beweisführung. Luther mag sich einige Jahre zuvor bei Braun darüber beklagt haben, mit welcher Lustlosigkeit er dieses Fach studierte, die philosophischen Methoden aber hatte er eindeutig gelernt. Wie sein Biograph Melchior Adam schrieb, machte er sich über die verworrene und dornige »Logick« seiner Zeit her, und die Fähigkeiten, die er erworben hatte, gaben ihm Selbstvertrauen bei Debatten, da er deren Techniken in- und auswendig beherrschte.[53]

*

Dann gab Luther am 31. Oktober 1517 seine 95 Thesen bekannt. Wenn sie tatsächlich dazu gedacht waren, Gegenstand einer Disputation zu werden, war ihre formale Funktion schnell irrelevant: Niemand nahm die Herausforderung je an. Im Stil seiner Thesen gegen die Scholastik verfasst, besitzen sie eine gesteigerte rhetorische Kraft fern vom leidenschaftslosen akademischen Stil. Das anfängliche Beharren auf der Bedeutung von Buße und Reue eröffnet eine völlig neue religiöse Perspektive, keine akademische Debatte, und sie schwellen zu einer immer gewaltigeren Anklage des gesamten, auf dem Kalkül der Ablässe beruhenden Systems der Frömmigkeit an.

Auf ein einziges Blatt gedruckt, die Buchstaben über die ganze, fast dem heutigen DIN-A3-Format entsprechende Seite eng gesetzt, sind die Thesen ein mächtiges Dokument.[54] Und doch ist es in gewisser Weise ein Rätsel, wie die 95 Thesen so bekannt werden konnten: Von den zwei überlieferten Einblattdrucken nummeriert der eine die Thesen in

Gruppen zu 25, der andere präsentiert 87 Thesen, weil der Drucker sich bei der Nummerierung mehrfach vertan hatte. Es muss weitere, heute verlorene Drucke gegeben haben. In einem Brief an seinen Nürnberger Freund, den Humanisten Christoph Scheurl, bestand Luther später darauf, er habe nie vorgehabt, sie zu veröffentlichen oder über einen kleinen Kreis hinaus bekanntzumachen. Einige Gelehrte fassten dies als Beweis dafür auf, dass er sie nicht für den Druck zusammengestellt hatte. Doch Luther erklärte auch, warum er Scheurl keinen Abzug geschickt hatte, wie er es hätte tun sollen, wobei diese Erklärung kaum schlüssig ist.[55] Als er seine Thesen nach Erfurt an Johannes Lang sandte, bat er seinen Freund keineswegs, sie nur in einem kleinen Kreis in Umlauf zu bringen. Man kann sich kaum des Verdachts erwehren, dass Luther, auch wenn er später behauptete, das Wort habe alles bewirkt und ausgerichtet, den Dingen doch ein wenig nachgeholfen hat. Es ist kaum glaubhaft, dass er vorhatte, die Thesen sorgfältig von Hand vielfach abzuschreiben, um sie seinen verschiedenen Freunden zu schicken.[56] Sein Brief an Lang, bedeutungsvoll auf den 11. November datiert, den Martinstag, brodelte von Gefühlen: Er sei sich sicher, Langs Theologen würden seine Thesen nicht gefallen, dennoch wolle er sich gegen jeden Vorwurf der Hoffart und Anmaßung verwahren.[57]

Von einem unbekannten deutschen Professor in der intellektuellen Provinz zu Papier gebracht, ist das Verwunderlichste an den 95 Thesen, dass sie so schnell Verbreitung fanden. Das war in der Tat »unerhört«, wie Luther an Lang schrieb. Innerhalb von nur zwei Monaten waren sie überall in Deutschland bekannt, und schon waren die ersten Widerlegungen auf dem Weg. Der Prediger des Augsburger Mariendoms, Urbanus Rhegius, bemerkte, Luthers Disputationsankündigung sei überall erhältlich. Albert Kranz in Hamburg erhielt sie in den ersten Dezembertagen, Conrad Pellican erinnerte sich, er habe sie im Elsass Anfang 1518 erhalten; Erasmus sandte sie am 5. März 1518 an Thomas Morus. In Eichstädt diskutierte Bischof Gabriel von Eyb gegen Ende 1517 eine Kopie mit Johannes Eck, einem Freund Luthers. Die Thesen »liefen in fast vierzehn Tagen durch ganz Deutschland«, erinnerte sich Luther mit einer gewissen Übertreibung.[58]

Als Luther einige Monate später an den Bischof von Brandenburg schrieb, bestritt er, dass die Thesen theologische Wahrheiten aussprächen, und beharrte darauf, dass sie nur Vorschläge für eine Debatte seien. Doch es dauerte nicht lange, bis er energisch für sie stritt.[59] Innerhalb von sechs Monaten veröffentlichte er seine Predigt *Eynn Sermon von dem Ablasz und Gnade*, die zwischen 1518 und 1520 insgesamt 25 Nachdrucke erfuhr. Ob die 95 Thesen für ein weiteres Publikum gedacht waren oder nicht, diese auf Deutsch verfasste Predigt war eindeutig dazu bestimmt, Luthers Ideen über die Grenzen von Wittenberg hinaus im gesamten Deutschen Reich zu verbreiten.

Wie brachte Luther den Mut auf, einen solchen Angriff nicht nur auf das Papsttum, sondern noch dazu auf die fundamentalen Werte der Kirche zu starten? Später räumte er ein, er sei damals wie ein Pferd gewesen, das man mit Scheuklappen dazu zwingt, nicht auszuscheren. Er habe zu Gott gebetet, »wollte er (...) mit mir ein Spiel anfangen, dass er es allein für sich tue und mich davor behüte, sodass ich mich nicht einmischen müsse mit meiner ›Weisheit‹«.[60] Er beschrieb eine geistige Verfassung, in der er nicht die volle Kontrolle über seine Taten hatte, sondern die Verantwortung an eine höhere Macht übergab. Später gebrauchte er das Wort »Spiel« häufig auch, um die Vorgänge zu beschreiben, die die Veröffentlichung begleiteten, als hätte Gott ihn benutzt, um Unruhe zu stiften, und er selbst wäre nicht vollständig für seine Handlungen verantwortlich gewesen. Ein Spiel hat immer einen ungewissen Ausgang.

Natürlich spricht aus den Briefen, die Luther in dieser Zeit geschrieben hat, stets eine überschwängliche Entschlossenheit, seine Ansichten öffentlich zu machen, und er scheint weder nach rechts noch nach links geschaut zu haben. Während die früheren Thesen nie so weit gingen, die Macht des Papstes in Frage zu stellen, schrieb Luther nun (These 26): »Der Papst tut sehr wohl daran, dass er den Seelen nicht nach der Schlüsselgewalt, die er so gar nicht hat, sondern in Gestalt der Fürbitte Erlass gewährt.«[61] Später erinnerte er sich daran, dass Hieronymus Schurff ungläubig fragte, ob er gegen den Papst schrei-

ben wolle: »Was wollt Ihr tun? Man wird es kaum dulden!«[62] Luther
war sich sehr bewusst, dass er einen Weg eingeschlagen hatte, auf dem
er Gefahr lief, zum Märtyrer zu werden.

Die Thesen wurden nicht nur mit Beifall aufgenommen, und eine der
ersten Gegenstimmen war ein bitterer Schlag. Der Humanist Johannes Eck, ein Bekannter, den Luther bewunderte und der ihm durch
niemand anderen als seinen Nürnberger Freund Christoph Scheurl
empfohlen worden war, verfasste einen Verriss der Argumente. Luther
war sehr verletzt über diesen, wie er es sah, persönlichen Verrat und
vergalt es ihm mit tiefem Groll. Andererseits trug die begeisterte
Unterstützung, die er in Nürnberg erhielt, zur raschen Verbreitung der
Thesen unter der deutschen Bildungselite bei. Obwohl Nürnberg selbst
keine Universität besaß, war es durch seine Lage an den Handelsstraßen, die Norddeutschland mit Italien verbanden, ein Zentrum des
Handels, der Bildung und der politischen Macht. Als Johannes Cochläus 1512 sein Schulbuch *Brevis Germaniae descriptio* … (Kurze Beschreibung Deutschlands …) verfasste, setzte er Nürnberg buchstäblich
ins Zentrum als den Ort, der alle Regionen des Landes verband.
Luthers Nürnberger Bekannte – Humanisten, Patrizier und Politiker –
machten nun seine Sache zu ihrer. Es gab sogar einen Klüngel, der sich
zu Augustiner-Tischgesellschaften versammelte und zu dem die mächtigsten Männer der Stadt gehörten. Dort drehe sich fast das ganze
Tischgespräch um Martin: Man feiere, bewundere, verteidige ihn, sei
bereit, alles für ihn auf sich zu nehmen, man rezitiere seine Schrift,
man küsse seine Pamphlete, lese begierig jedes Wort, schrieb Scheurl
an Ulrich von Dinsedt, Otto Beckmann und Spalatin.[63] Ursprünglich
war in diesem Kreis die Spiritualität von Luthers Mentor und Beichtvater von Staupitz gepflegt worden, jetzt gaben sie seinem brillanten
Schützling scharfsinnigen Rat und Unterstützung und verhalfen ihm
damit in Süddeutschland zu einer großen Leserschaft. Scheurl war dabei derjenige, der die Botschaft weiterleitete, zusammen mit anderen
übersetzte er die Thesen ins Deutsche. Als Luther im Januar 1517 den
Briefwechsel mit dem Juristen aufnahm, verriet sein etwas schwülsti-
ger Ton, wie wichtig die Verbindung für ihn war: »Ich will nicht, daß

du mein Freund werdest, denn nicht zum Ruhme, sondern zu deiner Gefahr wird dir diese Freundschaft ausschlagen, wenn anders das Sprichwort wahr ist: Freunde haben alles gemeinsam. Wenn nun durch diese Freundschaft das Meine zu dem Deinigen wird, so wirst du an keinem Dinge reicher werden, als an Sünden, gleichweise an Unverstand und Schmach.«[64]

Die Menschen lasen nicht einfach nur die Thesen, sie handelten auch danach. Im März 1518 schrieb Luther bereits präventiv an Lang nach Erfurt, um ihn vorzuwarnen, dass ihn Gerüchte erreichen könnten, Tetzels Verteidigung der Ablässe, die *Positiones*, sei von Studenten auf dem Wittenberger Marktplatz öffentlich verbrannt worden. Er selbst, beteuert Luther, habe nichts damit zu tun, und er bedaure zutiefst die Angriffe auf den armen Händler, dem man die Werke zum Teil abgekauft, zum Teil aber auch einfach entrissen und dann in die Flammen geworfen habe. Das alles wäre überzeugender gewesen, hätte Luther dem Brief nicht ein Exemplar von Tetzels »den Flammen entrissenem« (»de incendio raptam«) Werk beigelegt, damit Lang sehen konnte, wie die Papisten gegen ihn wüteten.[65] Die ersten Bücherverbrennungen, die für die Reformation so charakteristisch werden sollten, waren also nicht von der römischen Kirche, sondern von Luthers Unterstützern angezettelt worden, und es war klar, wohin sie führen würden. Tetzel drohte bereits, Luther selbst würde verbrannt werden und binnen zwei Wochen in seinem Badehemd in die Hölle fahren.

*

Es ist leicht zu begreifen, warum die 95 Thesen einen solchen Aufruhr hervorriefen. Die Kritik am Ablass war verknüpft mit dem Angriff auf die Denkweise der Scholastik und Teil des allgemeinen Überdrusses an althergebrachten Verfahrensweisen. Humanisten konnten darin einen Angriff auf etablierte Autoritäten sehen, die sich an ihre Philosophie klammerten, anstatt zu den Quellen zurückzukehren und die Texte neu und kritisch zu lesen. Die Thesen spiegelten aber ebenso eine Laienfrömmigkeit wider, die sich um echte Buße bemühte und eine mystische Vereinigung mit Christus anstrebte: Ablassbriefe waren aus Sicht dieser spirituellen Empfindsamkeit ein Gräuel. Dieses Infragestellen war wahrscheinlich für die Resonanz von Luthers Thesen wichtiger als alles andere. Für Luther persönlich markierten die Thesen eine tiefe Veränderung seines Selbstverständnisses, denn um die Zeit des Thesenanschlags herum änderte er seinen Namen. Er unterzeichnete nicht mehr mit seinem Familiennamen »Luder«, sondern nahm den neuen griechischen Namen »Eleutherius« – der Befreite – an, den er mehrere Monate lang benutzte. »Luder« als Familienname stellte keine besonders glückliche Erbschaft dar, denn das Wort weckte Vorstellungen von Liederlichkeit und moralischer Verwahrlosung. Selbst als Luther nicht mehr mit Eleutherius unterzeichnete, behielt er den Kern dieses Namens bei und nannte sich »Luther«.[66]

Wie wurde Luther zum »Befreiten«, wie gelangte er zu der theologischen Überzeugung, dass der Mensch allein durch den Glauben von Gott angenommen sei? In die Beantwortung der Fragen, wann und wo Luthers Durchbruch stattfand und worin er genau bestand, ist wahrscheinlich mehr Tinte geflossen als in irgendein anderes Thema rund um die Reformation. Theologen, die an Luthers früher Entwicklung interessiert sind, verbinden den Zeitpunkt, an dem Luther plötzlich die Natur der göttlichen Gnade verstand, gewöhnlich mit dem sogenannten Turmerlebnis, lange vor der Formulierung der 95 Thesen. Dennoch lässt sich nicht eindeutig sagen, ob ein einzelnes Erlebnis dafür verantwortlich war, wenngleich der Prozess zum Teil mit Sicherheit 1517 stattfand, als Luther seinen Namen änderte. Später erachtete er es manchmal für wichtig, ein »Damaskuserlebnis« anzugeben, das Schlüsselereignis, bei dem er begriffen habe, dass der Mensch nur durch den Glauben gerettet werden konnte. Die emotionale Wandlung, mit der sich alles änderte, musste offenbar in einem einzelnen Ereignis lokalisiert werden.

1532 erzählte er seinen Tischgenossen die Geschichte seiner reformatorischen Erkenntnis. Während er in bedrückende Gedanken an das Strafgericht Gottes versunken war, soll ihn der Gedanke, dass der Gerechte durch den Glauben allein lebe, wie ein Blitz getroffen haben, und zwar auf dem Abort im Turm des Klosters, in dem Luther sein Studierzimmer hatte. »Diese Kunst hat mir der heilige Geist auf der Kloake eingegeben«, formulierte er. Es ist deutlich, dass Luther seine Zuhörer durch den Gegensatz zwischen der Bedeutung dieser Offenbarung und der niederen Umgebung, in der sie stattgefunden hatte, erschüttern wollte.[67] Anders als andere Reformatoren beanspruchte Luther selten göttliche Inspiration für seine Ideen. Es ist auch interessant, dass er das Wort »Kunst« gebraucht, denn durch den Vergleich mit den Fertigkeiten eines Handwerkers oder Künstlers weist er darauf hin, dass die Erkenntnis ihn befähigte, Dinge auf eine völlig neue Weise zu tun.

Den berühmtesten Bericht über seine reformatorische Erkenntnis veröffentlichte er 1545, ein Jahr vor seinem Tod, im Vorwort zur ersten Ausgabe seiner gesammelten Schriften auf Latein. Dort beschreibt er, wie er durch die Lektüre der Psalmen von 1519 und seine erneute Beschäftigung mit dem Römerbrief zu einer neuen Auffassung über die Gerechtigkeit Gottes kam:

> »Endlich, da ich Tag und Nacht darüber nachdachte, gab ich durch Gottes Gnade auf den Zusammenhang Acht, nämlich: Die Gerechtigkeit Gottes wird darinnen offenbaret, wie geschrieben steht: ›Der Gerechte lebet seines Glaubens.‹ Da fing ich an zu verstehen, daß die Gerechtigkeit Gottes die sei, durch welche der Gerechte durch die Gabe Gottes lebt, und daß dies die Meinung sei: durch das Evangelium werde die Gerechtigkeit Gottes offenbart, nämlich die leidende (passivam), durch welche uns der barmherzige Gott durch den Glauben gerecht macht, wie geschrieben steht: ›Der Gerechte lebet seines Glaubens.‹ Da habe ich empfunden, dass ich ganz wiedergeboren sei und durch die offenen Türen in das Paradies selbst eingegangen. Da erschien mir sofort die ganze Schrift ein ganz anderes Ansehen zu haben. Sodann ging ich durch die Schrift, so weit wie ich sie im Gedächtnis hatte, und fand auch in anderen Wörtern dieselbe Redeweise (analogiam) als das Wort Gottes, das heißt, welches Gott an uns wirkt; die Kraft Gottes, durch welche er uns kräftig macht; die Weisheit Gottes, durch welche er uns weise macht; die Stärke Gottes; das Heil Gottes; die Ehre Gottes.

Mit wie großem Hasse ich nun zuvor das Wort ›die Gerechtigkeit Gottes‹ gehaßt hatte, mit so großer Liebe hielt ich dieses Wort hoch als das, welches mir das allerliebste war. So ist mir diese Stelle des Paulus in der That die Pforte des Paradieses gewesen.«[68]

Bezeichnenderweise datierte Luther seine veränderte Haltung nicht auf das Jahr 1515, als er seine Vorlesung über den Römerbrief hielt, nicht einmal auf das Jahr des Thesenanschlags 1517, sondern er nennt das Jahr 1519.[69] Gelehrte haben diese Chronologie dennoch mit Vorsicht behandelt und darauf beharrt, dass Luthers Glaubensverständnis für ihn bereits fassbar geworden war, bevor er die 95 Thesen formulierte. Tatsächlich scheint es wahrscheinlicher, dass Luther zu der Zeit, als er die 95 Thesen verfasste, noch immer an seinen Ideen arbei-

21 *Eyn deutsch Theologia: das ist Eyn edles Buchleyn*, Wittenberg 1518. Das Titelblatt zeigt einen Holzschnitt, auf dem Christus nach der Auferstehung dargestellt ist mit der Flagge der Erlösung und den Wunden der Kreuzigung, dazu einen schlichten Kasten als Grab, schmucklos, doch mit einem angedeuteten Renaissancefries. Im Vordergrund liegt Adam, dem eine Schlange aus dem Mund kriecht, während Engel ihn mit Hilfe landwirtschaftlicher Geräte wieder unter den Boden pflügen. Das Bild erzählt vom Tod des »alten Adam« und von Gottes Auferstehung im Gläubigen.

135

tete und es auch nach dem Thesenanschlag noch eine Zeitlang tat.[70] Es war nicht eindeutig, in welche Richtung sich seine Theologie entwickeln würde. So sind einige der Vorstellungen und Themen aus der Zeit vor 1520 später entfallen.

Wie veränderlich das frühe evangelische Denken war, lässt sich an Luthers Begeisterung für mystische Ideen ablesen, besonders für jene von Johannes Tauler und für die sogenannte *Theologia deutsch*. Die *Theologia deutsch* war ein deutschsprachiger, mundartlich gefärbter Text aus dem 14. Jahrhundert, den Luther im Dezember 1516 zuerst in Teilen mit einem kurzen Vorwort, dann 1518 noch einmal als Gesamttext mit einer ausführlichen Einleitung drucken ließ.[71] Darin beschreibt er die *Theologia* als das Buch, aus dem er, abgesehen von der Bibel und den Schriften des heiligen Augustinus, am meisten gelernt habe.

Doch das kleine Buch irritierte die Anhänger Luthers. Calvin verurteilte die *Theologia* später scharf: Sie verwirre die Christen und sei Gift für die Kirche. In der Tat fordert die Schrift von Christen, sie sollten ihren Willen abstreifen und sich ganz dem göttlichen Willen überlassen, bis der Geist Gottes Besitz von ihnen ergreife. Ist der Wille des Menschen mit dem Willen Gottes durchtränkt, vergöttlicht der Mensch. Die Betonung der Überwindung des individuellen Willens kann als Hinweis auf Luthers Theologie der Gnade gelesen werden, doch sie gründet im Glauben an die Möglichkeit des Menschen zur Vervollkommnung, was Luthers späterer Gedankenwelt völlig fremd ist.

Die Erfahrung, den eigenen Willen aufzugeben, ist ein Vorgang der Abkehr und Entsagung – das Loslassen von allem, was individuell ist. Obwohl das Wort in der *Theologia deutsch* nirgends auftaucht, klingt im Text immer wieder die Vorstellung von der Gelassenheit an, ein Schlüsselbegriff in Staupitz' Predigten aus dieser Zeit. Für Staupitz ist Gelassenheit eine Art meditatives Aufgehen in Gottes Liebe, bei der das Individuum aufhört, nach etwas zu trachten, und sich Gottes Liebe öffnet. Die *Theologia deutsch* ist indessen nicht eindeutig darin, was der Gläubige tun kann, um sich den Zustand der Vergöttlichung zu erhalten. Denn während sie nachdrücklich daran festhält, dass Werke, die auf die Welt gerichtet sind, Gott nicht gefallen, geht aus dem Text nirgends hervor, ob der Mensch eine Haltung der Entsagung annehmen soll oder ob diese sich als ein Gottesgeschenk einstellen wird.

Gelassenheit wurde später zur Losung des radikalen Flügels der Reformation, und die *Theologia deutsch* war außerordentlich anziehend für alle, die Religion spiritualisierten und nichts mit einer etablierten Kirche zu tun haben wollten. Die Vorstellung von einem inneren und äußeren Menschen wurde von Denkern wie Andreas Karlstadt in Wittenberg und Claus Frey in Straßburg vorangetrieben: Wenn der individuelle Wille mit dem göttlichen Willen vereint ist, wohnt Gott selbst im Gläubigen und bildet eine innere Quelle der Autorität. Doch die *Theologia* warnte auch vor der »falschen Freiheit«, die daraus erwachsen könne, dass Menschen fälschlicherweise meinten, sie seien nun eins mit Gott und vergöttlicht – und tatsächlich warf Luther später Thomas Müntzer, Karlstadt und anderen Radikalen vor, sie hätten sich der »falschen Freiheit« schuldig gemacht, die ihnen aus spirituellem Hochmut erwachsen sei. Doch welche Haltung auch immer er später eingenommen hat, zum Zeitpunkt der reformatorischen Erkenntnis scheinen Luthers Ideen einen kräftigen Schuss meditativen Mystizismus enthalten zu haben. Er las die *Theologia deutsch* in den entscheidenden Jahren bis 1516, und dann wieder zwischen 1516 und 1518, als er begann, an den Folgen aus den 95 Thesen zu arbeiten.[72] In dieser Zeit war seine Theologie aufnahmefähig genug, um ebenso einen spiritualisierenden, nach innen gerichteten Mystizismus wie die rationale Erörterung der 95 Thesen einzuschließen. Erst nachdem Karlstadt die Idee der Gelassenheit vollständig entwickelt hatte, verwarf Luther in den Jahren nach 1524 diese Möglichkeit für immer.

Die Auffassung von der Natur des Menschen, die für die *Theologia deutsch* charakteristisch ist, gleicht der Sichtweise des späten Luther in keiner Weise. Luther unterschied für gewöhnlich nicht zwischen dem inneren und dem äußeren Menschen, noch lokalisiert er den Geist Gottes und erst recht nicht den Geist des Teufels im Individuum.

Ebenso fehlte beim reifen Luther die für die mystischen Denker so zentrale Verdammung des Fleisches, ein Paradox, schätzte er doch die Menschheit so gering und hielt den Menschen für so sündig, dass eine Vereinigung mit Gott für ihn undenkbar war.

Da Luther sich von der Frömmigkeit der *Theologia deutsch* wegbewegte, waren Gelassenheit und die Zurückweisung der Welt keine Themen mehr. Das Luthertum trennte sich von der meditativen Dimension, die einen so starken Anteil an der mittelalterlichen Frömmigkeit hatte. Luthers wachsende Neigung zu einer mehr intellektuellen Beschäftigung mit der Bibel mag zu diesem Richtungswechsel seines Denkens beigetragen haben. Er verlor dabei die emotionale Dimension des Glaubens, das Potential zu radikaler Kritik an den Institutionen und die meditative Dimension der Religion, wie wir sie eher aus der hinduistischen oder buddhistischen Glaubenspraxis kennen. Stattdessen gewann jene Seite Luthers die Oberhand, die stärker auf Taten, Auslegung der Schrift und Autorität ausgerichtet war. Sie sollte das Luthertum und den Protestantismus für die folgenden Jahrhunderte prägen.

# Reisen und Disputationen

Anfang April 1518 machte sich Luther auf den Weg nach Heidelberg, eine Reise von fast 400 Kilometern Luftlinie. Staupitz hatte für den 25. April eine Versammlung des Generalkapitels der Augustiner einberufen, bei der Luthers Student Leonhard Beyer 40 Thesen seines Lehrers verteidigen sollte. Viele rieten Luther von der Reise ab: An Lang schrieb er, er sei gewarnt worden, die Prediger würden ihn von der Kanzel herab verdammen und dem Volk verheißen, er werde binnen kurzer Frist »brennen«. Doch trotz der Warnungen ließ er sich nicht davon abhalten, mit Beyer und Urban, dem Boten des Klosters, zu Fuß nach Heidelberg zu gehen. Es scheint, als habe er zu jenem Zeitpunkt nicht mit großer öffentlicher Unterstützung für seine Sache gerechnet.

Dennoch war er in Hochstimmung. Am 15. April, nachdem er sechs Tage unterwegs gewesen war, teilte er Spalatin mit, sie hätten Coburg erreicht, eines der kurfürstlichen Schlösser. Ohne Geld auf der Straße wie ein Bettler, doch immer einfallsreich, war es Luther geglückt, den kurfürstlichen Rat Degenhart Pfeffinger – der so unklug war, sich im Gasthof zu ihnen zu setzen – zu bewegen, die Mahlzeiten der Mönche zu bezahlen: Spalatin wisse ja, wie sehr es ihm gefalle, reichen Leuten Bares zu entlocken, witzelte Luther.[1] Er hoffe, er könne auch den Kastellan dazu bringen, ihren Aufenthalt in Coburg zu bezahlen. Doch dem inzwischen fußkranken Mönch war auch klargeworden, dass er sich über die Strapazen getäuscht hatte, daher erfolgte die Weiterreise auf einem Karren: Er habe gesündigt, scherzte er, als er beschloss, zu Fuß zu gehen, aber er habe bereut und müsse keinen Ablass kaufen.[2]

Es werde ein gutes Weinjahr, fügte er noch hinzu, als er durch die ersten Weingärten Süddeutschlands fuhr. In Würzburg stieß schließlich Lang zu der Reisegesellschaft.[3]

Das Heidelberger Streitgespräch gab Luther Gelegenheit, seine Theologie innerhalb des Augustinerordens weiter bekanntzumachen. Doch Staupitz spielte ein gefährliches Spiel, als er diesen Disput initiierte. Die Provinzialen des gesamten Ordens drängten darauf, man müsse Luther überzeugen zu widerrufen. Tatsächlich hatte Luther versprochen, dem Papst eine Erklärung seiner Thesen zu schicken.[4] Es war daher ein Spiel mit dem Feuer, die neue Theologie durch eine öffentliche Disputation in der deutschen Provinz bekanntzumachen, zumal in einer Universitätsstadt, wo wahrscheinlich Akademiker, die nicht dem Orden angehörten, an den Sitzungen teilnehmen würden.

Inhaltlich erinnern die Heidelberger Thesen an die Thesen gegen die Scholastik, indem sie den freien Willen und den Nutzen der Philosophie für die Theologie radikal verneinen.[5] Doch sie sind sehr viel ausgefeilter und spiegeln wider, wie sehr Luther seine Theologie inzwischen weiterentwickelt hatte. So wie niemand einen guten Gebrauch vom sexuellen Begehren machen kann, wenn er nicht verheiratet ist, argumentiert er, so kann auch niemand gut philosophieren, sofern er kein Narr, das heißt kein Christ ist (These 30). Er meint damit, dass heidnische Philosophie nicht die Linse sei, durch die man die Heilige Schrift verstehen könne. Die Parallele ist interessant, behauptet Luther doch damit, sexuelles Begehren sei nicht schlechter als irgendeine andere menschliche Aktivität und die praktische Anwendung von Philosophie mit sinnlicher Hingabe vergleichbar: Philosophie müsse von einer gesunden christlichen Geringschätzung der Vernunft gezähmt werden im Sinne des Pauluswortes 1. Korinther 4,10 »wir sind Narren um Christi willen«. Tatsächlich nannte Luther die Vernunft wiederholt eine »Hure«.[6] Am bedeutungsvollsten ist allerdings die Weiterentwicklung seiner Theologie des Kreuzes, die er in seinen 95 Thesen im Herbst des Vorjahres abzustecken begonnen hatte: »Ein Theologe der Herrlichkeit nennt das Böse gut und das Gute böse; ein Theologe des Kreuzes aber nennt die Sache so, wie sie ist.« (These 21)

Der Theologe der Herrlichkeit feiere Gottes Größe und Macht und liebe Gottes Werke und deren Herrlichkeit, während der wahre Theologe verkünde, dass Gott nur im Leiden und am Kreuz gefunden werden könne – eine schwierige Wahrheit, die Menschen nicht gerne hören. Somit muss Leiden ein Teil des christlichen Lebens sein: »Es ist unmöglich, dass der durch seine guten Werke nicht aufgebläht werden sollte, der nicht zuvor durch Leiden und Übel erniedrigt und zunichte gemacht ist, bis er weiß, dass er nichts sei, und die Werke nicht sein, sondern Gottes sind.« Es ist die Idee des »verborgenen Gottes« *(Deus absconditus)*, des im Leiden verborgenen Gottes, die Luther hier ausführt und die ein bedeutendes Thema seiner Theologie in der Debatte mit Erasmus werden sollte: der Gott, der nicht in uns ist und den der Mensch nie vollständig erkennen kann.[7] Überraschenderweise wird in diesen Thesen nirgendwo die Frage des Ablasses aufgeworfen, und einmal mehr führen sie zum Entwurf einer eigenen Theologie, anstatt nur Argumente aus Thesen abzuleiten. Die Themen, mit denen sich Luther nun beschäftigte, gingen weit über das hinaus, was er in den 95 Thesen umrissen hatte, und die ganze Tragweite seines Angriffs auf die »Philosophie« wurde jetzt offensichtlich.

Am 25. April 1518 wurden Luthers Thesen in Heidelberg vor seinen ehemaligen Philosophielehrern Bernhard von Usingen und Jodocus Trutfetter präsentiert. Trutfetter war einer der führenden Logiker seiner Zeit, er hatte in seinen *Summulae* das neueste Denken über die Modallogik zusammengeführt, jener Logik, die nicht nur den gerade gegebenen Fall untersucht, sondern sich mit Aussagen über das Mögliche befasst. Sein in Wittenberg gedrucktes Lehrbuch präsentierte eine Reihe gültiger Syllogismen oder logisch richtiger Argumente in bildlicher, tabellarischer Form. Sie bildeten ein schlagkräftiges Instrument nicht nur um sich in der Debatte gegen andere durchzusetzen, sondern um das Denken selbst zu verstehen.

Er habe, berichtete Luther Spalatin, jeden durch seine Disputation überzeugt – bis auf einen frischgebackenen Doktor, der zur Erheiterung der Zuhörer eingeworfen habe: »Wenn die Bauern dies hörten, so würden sie euch sicherlich steinigen und tödten.« Und natürlich waren auch Usingen und Trutfetter nicht zu überzeugen gewesen. Wie Luther später festhielt, waren seine einstigen Lehrer über seine Ansichten »zu Tode empört«. Nach dem Streitgespräch war Usingen mit ihm im Wagen zurückgefahren, und während der Fahrt nach Erfurt hatte Luther vergeblich versucht, ihn doch noch auf seine Seite zu ziehen. Für Usingen als verdientes altes Ordensmitglied war es gewiss nicht angenehm, dass sein junger Reisegefährte ihm eine Predigt über die Hohlheit der Philosophie hielt. Letztendlich gab keiner von beiden nach. Er lasse die »wahnerfüllten Greise« jetzt hinter sich wie Christus die Juden, schrieb Luther in einem bösen Vergleich am 18. Mai an Spalatin.[8] Bereits im Februar 1517 war Luther seinen Lehrern mit seinen Ansichten über die Scholastik entgegengetreten.[9]

Während der Rückreise aus Heidelberg nun suchte Luther bei einem Zwischenstopp in Erfurt am 8. Mai Trutfetter auf, entschlossen, ihm persönlich auf einen kritischen Brief zu antworten, den ihm sein ehemaliger Lehrer geschrieben hatte.[10] Als dessen Diener ihm den Eintritt verwehrte, weil sein Herr angeblich zu krank sei, schrieb Luther ihm stattdessen. Er leitet seinen Brief mit der Versicherung ein, er würde seinen alten Lehrer niemals »mit bissigen und schmähenden Briefen schänden«, wie dieser es befürchtet hatte. Er glaube einfach, fährt er fort, »dass es unmöglich ist, die Kirche zu reformiren, wenn nicht von Grund aus die Canones, die Decretalen, die scholastische Theologie, die Philosophie, die Logik, wie man sie jetzt hat, ausgerottet« und durch das Studium der Bibel und der Kirchenväter ersetzt würden. Wie schon zuvor gegenüber Lang, weist er den Vorwurf zurück, er sei für die Verbrennung von Tetzels Pamphleten verantwortlich, und verwahrt sich gegen diese gefährliche Andeutung, die ihn wie einen gewalttätigen Aufrührer aussehen lasse, der andere Gelehrte nicht respektiere.[11] Er bestreitet auch, den Zwickauer Priester Johannes Egranus, der von der Kanzel die Heiligenlegenden einschließlich der Legende der Bergbauheiligen St. Anna angegriffen hatte, gegen die Leipziger Professoren verteidigt zu haben. Zwar habe er einmal Spalatin gegenüber die Bemerkung gemacht, die Bergleute würden die Heilige nur verehren, weil sie glaubten, sie würde sie reich machen. Ansonsten aber habe er lediglich an Egranus einen unterstützenden Brief geschrieben. Doch so harmlos, wie Luther sein Engagement darstellt, war es nicht. Sein Brief war veröffentlicht worden, und zwar zusammen mit Egranus' Flugschrift zu diesem Thema.[12]

Luther verteidigt gegenüber Trutfetter dennoch ganz unmissverständlich den Druck seiner »deutschen Predigt« (»Sermon von Ablass und Gnade«), von der er wisse, dass sie ihm »mehr missfällt als dies alles«. Es scheint, als sei er bereit gewesen, die Debatte aus der Universität heraus auf den Marktplatz zu tragen. Am Ende des Briefs beharrt er auf seinem Recht, die Scholastiker anzugreifen, und bekräftigt: »(...) es ist mein fester Vorsatz, dass ich mich von dieser Meinung weder durch Dein Ansehen (welches sicherlich sehr schwer bei mir wiegt), viel weniger durch das irgend eines anderen abschrecken lasse.« Abschließend ermutigt er Trutfetter, ihn mit Einwänden zu überhäufen: »(...) ja, schütte sicher heraus«.[13]

Luther nimmt in dem Brief wenig Anteil an dem alten Mann, er erkundigt sich nicht nach dessen schwerer Erkrankung und nimmt auch keine Rücksicht darauf, wie es sich für seinen Lehrer angefühlt haben mag, dass er ihm im Grunde nichts anderes sagte, als dass sein Lebenswerk belanglos geworden sei. Kein Wunder also, dass Trutfetters Diener der Ansicht war, der alte Herr würde den Besuch des rebellischen Mönchs nicht verkraften.[14] Hier zeigt sich die dunklere Seite von Luthers Persönlichkeit, die aus seinem Missionsgeist, seiner wachsenden Beschäftigung mit dem Märtyrertum und seiner neuentdeckten Beziehung zu Gott erwuchs. Während der magere Mönch mit den tiefliegenden Augen andere inspirieren und leiten konnte, war er von sich selbst so überzeugt, dass er diejenigen, die sich seiner Meinung nicht anschlossen – diese »Juden«, die der falschen Kirche, der »Synagoge« angehörten –, bei Bedarf schonungslos abservierte.

*

Luther kehrte in glänzender gesundheitlicher Verfassung aus Heidelberg zurück. Er habe trotz der langen Reise zugenommen, und das Essen sei ihm sehr gut bekommen, schrieb er an Spalatin. (Für das erbärmliche Essen im Wittenberger Kloster entschuldigte sich Luther regelmäßig bei Gästen.)[15] Weit wichtiger war freilich die Bestätigung seitens der jungen Theologen, die ihn umringten und sich bereit zeigten, das Überkommene hinwegzufegen. Karlstadt stand ihm zur Seite, den selbst Luthers Gegner Johannes Cochläus später bewundernd als einen Mann beschrieb, der seinen einfachen Verstand bearbeite wie einen harten Fels.[16] Dass der Mann, der Luther den Doktortitel verliehen hatte, sich nun begeistert seinem jüngeren Kollegen anschloss, signalisierte eine grundlegende Änderung von Luthers Stellung innerhalb der Universität und des Ordens. »Du kennst ja die Begabtheit (ingenia) derer, die bei uns sind«, schrieb er an Trutfetter, die ganze Universität stehe an seiner Seite.[17]

Jetzt wurden die Frontlinien gezogen. Die Heidelberger Disputation war ein Wendepunkt, denn sie zeigte, dass Luthers im Entstehen begriffene Theologie über die Kritik am Ablass hinausging. Sie führte neue Anhänger zu ihm, Männer wie Martin Bucer und Wolfgang Capito, die fernab des Nürnberger Netzwerks bei den süddeutschen Humanisten für seine Ideen warben. Besonders überraschend war die Konversion des Dominikanermönchs Bucer, der an der Heidelberger Universität studierte und ein begeisterter Anhänger des Erasmus war. Er hatte bei der Disputation sorgfältig mitgeschrieben. Später trat er aus seinem Orden aus. Tief bewegt von dem, was er erlebt hatte, schrieb er seinem Freund, dem Humanisten Beatus Rhenanus, es sei wie in einem Traum.[18] Er wurde einer der bedeutendsten Theologen der Reformation und ein großer Verteidiger der Einheit und des Kompromisses unter den Protestanten. Capito, ein Benediktiner, war Universitätsprofessor in Basel und Prediger am dortigen Münster, einem weiteren wichtigen intellektuellen Zentrum; er war auch ein Freund Albrechts von Mainz. Theobald Billican, Martin Frecht und Johannes Brenz, alle künftige Anführer der Reformation in Süddeutschland, saßen ebenfalls im Heidelberger Auditorium.[19] Die Disputation machte auf sie alle großen Eindruck und veränderte ihr Leben, selbst wenn sie nicht in jeder Hinsicht mit Luthers späteren Lehren übereinstimmten.

Zurück in Wittenberg, verflog Luthers frühlingshafter Optimismus schnell. Trutfetter hatte geschrieben und in seinem Brief das wieder-holt, was er bereits in Erfurt eingewandt hatte, doch der Ton, so schrieb Luther an Lang, sei jetzt sehr viel bitterer als das, was er beim Generalkapitel gehört habe.[20] Noch niederschmetternder war, dass Johannes Eck, einer der führenden deutschen Humanisten und Theo-logen, den Luther zu seinen Freunden zählte, eine Widerlegung der 95 Thesen verfasst hatte, die unter dem Titel *Obelisci* als Manuskript im Umlauf war. Luther hatte Ecks Text vor seiner Reise nach Heidel-berg gelesen und eine Erwiderung verfasst, der er gewitzt den Titel *Asterisci* gab. (»Obelisci« waren Druckerzeichen für Fehler, »Aste-risci« zeigten an, wo etwas hinzuzufügen oder anzumerken war. Die Titel waren also Insider-Witze unter den Humanisten, die sich in der neuen Drucktechnologie hervorragend auskannten.) Danach hatte Luther die Angelegenheit jedoch bis zu seiner Rückkehr ruhen lassen. Er hatte offenbar angenommen, Eck sei »einer von ihnen«, und emp-fand dessen Widerspruch als Dolchstoß. Eck hätte dem Evangelium folgen und seinen Bruder »privat« tadeln können, klagte er.[21] Sein Brief an Eck, verfasst im Mai 1518, als er sich einigermaßen beruhigt hatte, war Ausdruck seiner Wut und Kränkung, allerdings in gemä-ßigter Form. Er werde Böses nicht mit Bösem vergelten, beteuerte Luther, deshalb wolle er Eck die Entscheidung überlassen, ob er auf seine *Asterisci*-Schrift privat oder in gedruckter Form antworten wolle. Im letzteren Fall würde er, Luther, freilich dasselbe tun und Eck dabei nicht schonen. Am Ende des Briefs verliert Luther dann doch noch die Selbstbeherrschung, als er Eck vorwirft, wie eine zeternde Hure zu handeln: »Denn welche Hure, die ein wenig zornig ist, könnte nicht dieselben Schmähungen und Herabsetzungen ausspeien, die du gegen mich ausgespien hast?«[22]

Noch während sich Luther in Heidelberg aufgehalten hatte, war Karlstadt schon eine Abschrift der *Obelisci* zugekommen, und er hatte eine 406 Thesen starke Erwiderung verfasst und drucken lassen. Somit war die Sache bereits publik geworden, und Luthers Beteue-rung, er werde den Streit nicht in die Öffentlichkeit tragen, war unauf-richtig. Es wäre auch erstaunlich gewesen, wenn er die Angelegenheit nicht mit anderen Ordensmitgliedern in Heidelberg diskutiert hätte. Im Juni schrieb er an Scheurl. Dieser war bestürzt über die Kluft, die sich zwischen Luther und Eck aufgetan hatte, und versuchte zu vermitteln. Luther erklärte sich zu dem Zugeständnis bereit, nicht an die Öffentlichkeit zu gehen, und äußerte schmeichlerisch seine Bewunderung für Ecks Bildung. Es wäre in der Tat närrisch gewesen, sich Scheurl und sein humanistisches Netzwerk in Nürnberg zu Feinden zu machen, die bisher Luthers einziger Rückhalt außerhalb des Ordens und Wittenberg waren. Dennoch beharrte er darauf, Eck solle in seiner Erwiderung nicht zu hart mit Karlstadt verfahren, eine Bedingung, die Karlstadt, hätte er davon gewusst, erzürnt hätte, denn der hatte es gerade darauf abgesehen, sich mit Eck anzulegen.[23] Doch Luthers Bitte war eine kluge Vorsichtsmaßnahme, denn Eck bemühte sich schon bald darum, dass Luthers Thesen in Rom und nicht auf deutschem Boden verhandelt wurden. Wäre ihm das gelungen, wäre auch Karlstadt in Gefahr gewesen.

*

Unterdessen mahlten die Mühlen der Kurie langsam. Albrecht von Mainz hatte die 95 Thesen zur Beurteilung an die Universität von Mainz weitergereicht und sie anschließend im Dezember 1517 nach Rom gesandt. Dort verfasste der Dominikaner Sylvester Prierias im Auftrag des Papstes eine Widerlegung, die im folgenden Sommer unter dem Titel *In presumptuosas Martini Luther conclusiones de potestate pape dialogus* (»Dialog gegen die arroganten Thesen von Martin Luther die Macht des Papstes betreffend«) erschien. Die Schrift war in Luthers Augen so schlecht, dass er sie einfach nachdrucken ließ und dazu eine vernichtende Erwiderung verfasste. Andere Entgegnungen tauchten auf. Im Januar 1518 verbreitete der Ablasshändler Tetzel, jener Dominikaner, der zugleich Inquisitor von Sachsen und damit zuständig für die Bekämpfung von Häresie war, eine Sammlung von 106 Thesen gegen Luther, die von dem Theologieprofessor Conrad Wimpina verfasst worden waren. Zusätzlich veröffentlichte er eine Erwiderung auf Luthers *Sermon von Ablass und Gnade*.[24] Bald sah sich Luther einer Front von häufig unmäßigen, manchmal heimtückischen Angriffen auf seine Thesen gegenüber, die sich immer mehr ausweitete. Schließlich wurden die 95 Thesen in Rom als häretisch eingestuft: Am 7. August 1518 erhielt Luther in Wittenberg eine Vorladung nach Rom. Das war der erste Schritt in Richtung eines Gerichtsverfahrens, das auf dem Scheiterhaufen hätte enden können.

Der päpstliche Legat Tommaso de Vio, bekannt als Cajetan, war im Frühjahr 1518 auf dem Reichstag in Augsburg erschienen. Kurz zuvor zum Kardinal ernannt, war Cajetan ein ernsthafter Kirchenmann, der ein einfaches, vorbildliches Leben führte. Zugleich war er ein Gelehrter, der viele Jahre an einem modernen Kommentar der *Summa Theologica* von Thomas von Aquin gearbeitet hatte. Er war sogar aufgeschlossen gegenüber humanistischem Gedankengut und hatte seinen dominikanischen Mitbrüdern empfohlen, keine Unterwerfungskriege gegen die Eingeborenen in der Neuen Welt zu führen. Die Entsendung nach Augsburg war seine erste diplomatische Mission, und sie war schwierig, denn er versuchte, die deutsche Unterstützung für den Kreuzzug Papst Leos X. gegen die Osmanen zu gewinnen. Die Reichsstände sträubten sich, sie waren nicht bereit, die vom Papst geforderte Türkenabgabe zu erheben, und verlangten als Bedingung für jede weitere Unterstützung, dass der Papst und Kaiser Maximilian ihre Beschwerden über die Eintreibungen der römischen Kurie annahmen.[25]

Luthers Herrscher Friedrich der Weise hatte in Augsburg eine mächtige politische Stellung. Seine Unterstützung war nicht nur ausschlaggebend dafür, ob man die Reichsstände zur Zahlung bewegen konnte. Bei diesem Reichstag ging es für Kaiser Maximilian vor allem darum, die Wahl seines Enkels Karl I. von Spanien (der dann als Karl V. Kaiser des Heiligen Römischen Reiches wurde) zu seinem Nachfolger zu sichern. Kurfürst Friedrich verfügte bei der Wahl über eine gewichtige Stimme. Cajetan war zwar enttäuscht und wütend über die Kurzsichtigkeit und das Eigeninteresse der Reichsstände, doch er musste vorsichtig sein, als die Frage nach der Behandlung des kurfürstlichen Untertanen und Wittenberger Professors auf den Tisch kam, und agierte entsprechend. Beide, Friedrich und Spalatin, waren beeindruckt von Cajetans offensichtlich guter Absicht und Aufgeschlossenheit: Tatsächlich erklärte der Kardinal, er sei bereit, einen Prozess in Rom zu vermeiden und Luther auf deutschem Boden, in Augsburg, zu treffen. Cajetan scheine ein Mann zu sein, mit dem sich verhandeln lasse, schrieb Spalatin an Luther und bemühte sich, dessen Ängste zu beschwichtigen und ihm zu versichern, dass der Kardinal ihm gewogen sei.

Im Sommer 1518 wurde allerdings deutlich, wie kritisch Luthers Lage war. Es gab weitere Berichte über geplante Anschläge auf sein Leben, und Graf Albrecht von Mansfeld warnte ihn davor, Wittenberg zu verlassen.[26] Am 28. August schrieb Luther an Spalatin und wägte ab, was getan werden könnte: »Doch ich (...) fürchte in allen diesen Dingen nichts. Wenn es auch ihrer Schmeichelei oder ihrer Macht gelänge, mich allen verhaßt zu machen, so bleibt mir doch die Herzensstellung und das Bewußtsein, daß ich erkenne und bekenne, daß ich alles, was ich habe, und alles, was sie anfechten, von Gott habe, dem ich dies auch gern und willig heimstelle und darbiete: wenn er es nimmt, so sei es genommen, wenn er es erhält, so sei es erhalten, und sein Name sei geheiligt und gelobt in Ewigkeit. Amen.«[27] Doch während es so aussah, als lege er sein Schicksal in Gottes Hand, rechnete er sich gleichzeitig aus, wie weit er wohl gehen könne, ohne sein Leben zu gefährden. Luther hatte keinen Grund, Cajetan zu trauen, der Italiener war und zur Kurie gehörte. Tatsächlich waren Gerüchte im Umlauf, der Kardinal sei vom Papst angewiesen, den Kaiser und die Fürsten zu überzeugen, sich gegen Luther zu stellen. Nicht zum letzten Mal griff dieser daher zu einer List: Er wollte vermeiden, den Weg nach Augsburg anzutreten. Deshalb bat er Spalatin, sich beim Kurfürsten dafür zu verwenden, ihm sicheres Geleit zu gewähren. Er ging davon aus, dass Friedrich Spalatin diese Bitte abschlagen werde, was Luther eine Entschuldigung liefern würde, um die Reise abzusagen. Doch damit hatte er sich verkalkuliert. Spalatin selbst lehnte den Vorschlag umgehend ab, da sowohl er als auch der Kurfürst Cajetan vertrauten und bestrebt waren, das Treffen herbeizuführen.[28]

Noch einmal machte Luther sich auf den Weg und ging 480 Kilometer zu Fuß nach Augsburg, und wieder begleitete ihn sein Ordensbruder und Student Leonhard Beyer. Es war Luthers Entscheidung, zu Fuß zu gehen, obwohl er einen Wagen hätte nehmen können, denn er war entschlossen, als bescheidener Bettler zu reisen. Jahre später begann Luther seinen Bericht über das Treffen im Vorwort seiner *Gesammelten lateinischen Schriften* mit den Worten: »Daher kam ich nach Augsburg zu Fuß und arm.« Selbst bei einer durchschnittlichen Leistung von 30 Kilometern am Tag hätte die Reise freilich zu Fuß länger gedauert als die 14 Tage, die Luther dafür brauchte, vielleicht hat er sich also gelegentlich von einem vorbeifahrenden Fuhrwerk mitnehmen lassen. Zur Deckung der Reisekosten hatte der Kurfürst ihm ganze 20 Gulden gegeben, und sein früher Biograph Johannes Mathesius berichtet, dass er sich unterwegs von seinem alten Freund Wenzeslaus Linck eine Soutane leihen musste. Als sie durch Weimar kamen, warnte ihn der Provisor des Augustinerklosters: »O lieber Herr Doctor! Die Walen sind bei Gott gelehrt Leut. Ich habe Sorg, Jr werdet Euere Sachen vor ihnen nicht behaupten können. Sie werden Euch drob verbrennen.« Luther, der die Gefahr herunterspielte, erwiderte, Brennnesseln könne er aushalten, aber Feuer wäre zu heiß – eine Anspielung darauf, wie sehr ihn die Scholastiker mit ihren Angriffen auf seine Schriften reizten.[29]

Luther war ein aufmerksamer Reisender. Er liebte die Natur, und er kam durch viele sehr unterschiedliche Landschaften, unter anderem in der Gegend um Nürnberg, wo Wälder sowie steinige und sandige Böden einander abwechselten. Auf seiner Reiseroute lagen Reichsstädte mit ihren Fachwerkhäusern und eindrucksvollen Rathäusern, Zunfthäusern und Werkstätten, in denen Handwerker hervorragende Metallwaren, Stoffe und wissenschaftliche Instrumente herstellten.[30] So lernte Luther den reichen Süden kennen, was sein tiefempfundenes, bei seiner Romreise 1511 entstandenes Gefühl, ein »Deutscher« zu sein, noch gestärkt haben dürfte. Die beiden Reisenden erreichten Nürnberg am 3. oder 4. Oktober und kamen schließlich am 7. Oktober in Augsburg an. Fünf Kilometer vor Augsburg war der sture Luther gezwungen, auf einen Karren zu steigen, weil ihn eine Magenverstimmung so geschwächt hatte, dass er nicht mehr weitergehen konnte. Doch er erholte sich so schnell, dass er vier Tage nach seiner Ankunft in der Stadt für das Treffen mit dem päpstlichen Gesandten bereit war.[31]

Augsburg war eine der größten Städte des Reichs und sollte Nürnberg nicht nur als kulturelles Zentrum, sondern auch hinsichtlich seines Reichtums bald überflügeln. Es war die Heimatstadt der Fugger, der reichsten Handelsdynastie jener Zeit, deren Handelsbeziehungen über Europa hinaus bis in die Neue Welt reichten. Die Häuser der Fugger, deren riesiger Stadtpalast sich im Stadtzentrum befand, bildeten einen aufwendigen Gebäudekomplex, fast wie die Paläste der italienischen Adeligen, mit denen sie Geschäfte machten. Etwa zur gleichen Zeit wie ihre Residenz bauten die Fugger auch die erste moderne Sozialsiedlung, die »Fuggerei«. Dieses eindrucksvolle Quartier für Bedürftige in der Vorstadt St. Jakob bestand aus kleinen, zweistöckigen Zweifamilienhäusern mit separatem Hauseingang für jede Wohnung. Die Siedlung war von einer Mauer umgeben und nur durch Tore zugänglich, sie besaß ihre eigene Kapelle, über deren Eingang der Wahlspruch der Fugger eingemeißelt war: »Nütze die Zeit.« Die Fuggerhäuser dagegen waren um drei miteinander verbundene Innenhöfe errichtet. Zu ihren Gestaltungselementen gehörten die für die Renaissance typischen Bögen und Gesimse, die Fassaden waren von führenden Künstlern mit Fresken geschmückt, darunter Szenen des *Triumphzugs Kaiser Maximilians*, um die enge Verbindung des Herrschers zur Fuggerfamilie darzustellen. Wie es sich für einen Kardinallegaten gehörte, war Cajetan in diesem luxuriösen Stadtpalast untergebracht, und auch die Streitgespräche fanden dort statt.[32]

Da es anders als üblich kein Augustinerkloster in der Stadt gab, wurde Luther in einer einfachen Zelle im ersten Stock des Karmeliterklosters von St. Anna untergebracht, dessen Prior Johannes Frosch ein Freund aus Erfurter Studententagen war.[33] So bescheiden die Zelle war, Luthers Unterkunft war dennoch bemerkenswert. Die an das Kloster angebaute St.-Anna-Kirche, auf die Luthers Zelle blickte, war bei den führenden Patriziern und Händlern von Augsburg beliebt. In ihr befand sich die Fuggerkapelle, die 1508 gestiftet und im Januar 1518 geweiht worden war. Sie war ein Meisterwerk der Baukunst, wie es weder Erfurt noch Wittenberg aufweisen konnten. Berühmt als der erste Renaissancebau Deutschlands, erstrahlte die Kapelle in einer vollkommen anderen Ästhetik als die kurfürstliche Schlosskirche in Wittenberg. 15 000 Gulden hatten die Fugger für den Bau der Kapelle aufgewendet, die Baumeister hatten den gotischen Stil weit hinter sich gelassen, stattdessen finden sich dieselben Kreismotive und Rundbögen wie in den Höfen der Fuggerhäuser, und wie dort sind sie im Stil der italienischen Renaissance aus rotem Marmor gehauen. Durch ein rundes Fenster über der Orgel flutet Licht herein. Nirgends wird mit ausgestellten Reliquien geprunkt, und es gibt keine Heiligenaltäre. In der Mitte der Kapelle befindet sich der Fronleichnamsaltar mit einer der bemerkenswertesten Skulpturen des 16. Jahrhunderts, die den Gekreuzigten mit Maria, Johannes und einem Engel als freistehende Gruppe zeigt. Die Linie ihrer ineinandergreifenden Arme verleiht der Gruppe Bewegung und Schwerelosigkeit, aber auch Ambivalenz: Der Betrachter vermag nicht zu sagen, ob Maria und der Engel Christus tragen oder ob er sie trägt. Die Skulptur, die den Betrachter emotional berühren soll, zeigt Christi Leiden und Wiederauferstehung als alleiniges Ziel der Andacht – Staupitz hätte diese Art von auf Christus gerichtete Frömmigkeit voll und ganz unterstützt.[34]

Nahe dieser Kapelle verfasste Luther in seiner Augsburger Zelle seine Antwort auf Cajetan. Deutlicher als zuvor legte er darin dar, dass seiner Ansicht nach die Autorität der Heiligen Schrift sowohl über dem päpstlichem Dekret als auch über den Kirchenvätern stand: Dieses Prinzip sollte von nun an sein Denken bestimmen. Ebenfalls in Augsburg berief er sich erstmals auf das »Gewissen«, eine Idee, die für immer mit ihm verbunden sein sollte. Nach und nach bildeten sich im Laufe der Auseinandersetzungen mit seinen Gegnern die Elemente seiner Theologie heraus.

*

Augsburg stellt einen weiteren Wendepunkt im Verlauf der Reformation dar. Bis dahin war Luthers Streitsache vor allem eine Angelegenheit der Augustiner und Roms gewesen, jetzt war sie auch Gegenstand der weltlichen Politik. In Augsburg fand Luther neue Unterstützung bei einer Gruppe von Laien, zu der führende Politiker und Intellektuelle gehörten: Der Stadtschreiber von Augsburg, Konrad Peutinger, der nicht nur als kaiserlicher Politiker eine bedeutende Rolle spielte, sondern auch ein bekannter Humanist war, speiste mit ihm zu Abend, der Einsatz des aus einer einflussreichen Augsburger Patrizierfamilie stammenden Christoph Langenmantel erwies sich als lebenswichtig für die Bewegung, und aus den humanistischen Kreisen um Peutinger suchten der Benediktiner Veit Bild sowie die Augsburger Domherren Bernhard und Konrad Adelmann von Adelmannsfelden die Unterredung mit ihm.[35] Gerade war der Reichstag in der Stadt zu Ende gegangen, und alle diese Männer, die vertraut waren mit dem Machtgefüge im Zentrum des kaiserlichen Reichs, verband das Interesse, die Macht des Papstes zu begrenzen, die Abgaben an die Kirche zu reduzieren und die politischen Verbindungen zwischen dem Kaiser und den Reichsständen zu reformieren. Luthers Ideen waren eine intellektuelle Herausforderung für sie und passten gut zu den politischen Zielen, die sie verfolgten.

Doch bei der Vorbereitung auf sein Treffen mit Cajetan war Luther auf sich allein gestellt. Kein Spalatin war da, um ihm zu helfen, denn der Kurfürst war am 22. September abgereist. Scheurl, den der Kurfürst gerne als Luthers Beistand gesehen hätte, hatte es verpasst, sich mit ihm in Nürnberg zu treffen – vielleicht weil Spalatins Anfrage zu vage formuliert war, vielleicht auch weil Luther keinen Beistand wollte oder weil Scheurl selbst vermeiden wollte, zu sehr in die Sache verwickelt zu werden. Staupitz, der versprochen hatte, die Debatten zu verfolgen, traf erst am Tag nach dem ersten Treffen mit Cajetan ein. So musste Luther anfangs ohne Beratung über seine Taktik entscheiden.

Vor dem ersten offiziellen Zusammentreffen empfahl Urbanus von Serralonga, der italienische Geistliche, der zum Mediator berufen worden war, Luther, vor den Kardinal zu treten und seine Irrtümer einzugestehen. Sobald Luther Einspruch erhob, fragte der Italiener stets: »Wollt ihr ein Turnier anrichten?«[36] Um einen würdelosen Schlagabtausch zu vermeiden, hatte Cajetan die Treffen sorgfältig vorbereitet. Er beabsichtigte, in einem »väterlichen« Ton zu Luther zu sprechen, ihn wegen seiner Fehler zu ermahnen, ihn auf den rechten Pfad zurückzubringen und ein Verfahren in Rom zu verhindern. Luther allerdings hatte gerade erst in Heidelberg einen vernichtenden Schlag gegen seine einstigen Lehrer Trutfetter und Usingen geführt, und väterliche Zuwendung musste ihn zwangsläufig erzürnen, nicht zuletzt weil er durch den Streit mit seinem Vater zu seiner eigenen Identität gefunden hatte. Tatsächlich drückte Luther bei seinen Berichten über das Treffen immer wieder seine Verärgerung über den Kardinal aus, der ihn fortwährend seinen »lieben Sohn« nannte. Mehr noch, der Dominikaner Cajetan war ein solch enthusiastischer Anhänger von Thomas von Aquin, dass er dessen Vornamen angenommen hatte, und Thomas symbolisierte die Scholastik, die Luther inzwischen verhasst war. Während der Kardinal also versuchte, eine Debatte zu vermeiden, indem er deutlich auflistete, wo Luthers Thesen von der Kirchendoktrin abwichen, lehnte Luther jede Art von Belehrung konsequent ab, solange man ihm nicht zeigte, worin er irrte – was nicht ganz das Gleiche war. Daher überrascht es nicht, dass ihr erstes Treffen scheiterte. Trotz seiner wohlmeinenden Absichten schrie Cajetan schließlich Luther nieder und mokierte sich zusammen mit seinen italienischen Begleitern über die Argumente des deutschen Mönchs.

Luthers nächster Schritt war außergewöhnlich. Zum zweiten Treffen am nächsten Tag erschien er nicht allein, sondern in Begleitung von vier kaiserlichen Räten, dem gerade angekommenen Staupitz und einer Gruppe von Zeugen. Auch einen Notar hatte er mitgebracht. Luther eröffnete die Befragung mit dem Verlesen eines Dokuments, in dem er erklärte, er werde sich dem Urteil und dem Rechtsbeschluss der heiligen Kirche und all derer unterwerfen, die besser unterrichtet seien als er. Er bestritt jedoch, irgendetwas gesagt zu haben, das der Heiligen Schrift, den Kirchenvätern oder einem päpstlichen Dekret widersprach. Schließlich verkündete er, er weigere sich, mehr dazu zu sagen, versprach aber, schriftlich zu antworten. Zur dritten Zusammenkunft am nächsten Tag hatte er ein langes Dokument vorbereitet, in dem er seinen Standpunkt zu den angeschnittenen Themen darlegte

und mit Bibelzitaten untermauerte. »Und da diese Schriftstellen fest-
stehen«, schloss Luther, »kann ich nicht anders thun, und weiß (...),
daß man Gott mehr gehorchen muß, denn den Menschen. (...) Ja, es
soll meine größte Freude sein, dass die Wahrheit obsiegt und obliegt.
Allein, daß ich nicht gedrungen werde, wider die Überzeugung meines
Gewissens etwas vorzunehmen.«[37] Auf diese Weise machte Luther aus
dem Treffen, das nach Cajetans Absicht eine private Admonitio (Ermahnung) hätte sein sollen, ein öffentliches, ritualisiertes Streitgespräch, bei dem die Positionen offiziell in schriftlicher Form und nicht
aus dem Gespräch heraus dargelegt wurden. Luther tat also genau
das, wovor Serralonga ihn gewarnt hatte: Er inszenierte ein Turnier.

Luthers Streitgespräch mit Cajetan drehte sich vor allem um zwei
Themen: Zum einen ging es um die Natur des »Gnadenschatzes«, auf
den sich die Erteilung der Ablässe stützte, zum anderen um die Rolle
des Glaubens im Sakrament. Hinsichtlich des »Gnadenschatzes« beschuldigte Cajetan Luther, er leugne, dass Christi Verdienste den
Schatz der Kirche bildeten, aus dem Sündenerlasse erteilt und Sünder
aus dem Fegefeuer befreit werden konnten. Damit widerspreche er
der päpstlichen Bulle *Unigenitus.* Diese Bulle war nicht immer Bestandteil des kanonischen Rechts, und Luther verdächtigte Cajetan,
er berufe sich darauf, weil er davon ausgehe, sein Gegner wisse dies
vielleicht nicht.[38] Das war ein Irrtum, und Luther stellte nun den Kardinal auf die Probe, indem er konterte, die Bulle besage eigentlich,
dass Christus durch seine Verdienste den Schatz erworben habe, folglich könnten die Verdienste und der Schatz nicht dasselbe sein. Die
Stimmung wurde gereizt. Der Kardinal schrie: »Widerrufe, erkenne
deinen Irrthum, so will es der Papst und nicht anders«, und Luther,
der kaum noch zu Wort kam, begann ebenfalls zu brüllen: »Wenn gezeigt werden kann, daß jene *Extravagante* lehre, die Verdienste
Christi seien der Schatz des Ablasses, so werde ich widerrufen, wie
ihr nur immer wollt.« Daraufhin ergriff der Kardinal das Konvolut
des kanonischen Rechts und blätterte es durch, fand allerdings nur
eine Textstelle, die besagte, Christus habe *durch* seine Verdienste den
Gnadenschatz *erworben.* Jetzt triumphierte Luther: »Wenn Christus

*durch* seine Verdienste den Schatz erworben hat, so sind folglich die *Verdienste* nicht der Schatz, sondern das, was die Verdienste verdient haben, das heißt die Schlüssel der Kirche. Also ist meine These wahr.«[39] Luther, der Spalatin in einem meisterhaften Brief davon berichtete, konnte es sich nicht verkneifen, vor seinem Freund zu betonen, der deutsche Mönch habe sich als besserer Lateiner erwiesen, als Cajetan vermutet hatte.

Es mag nach Rabulistik aussehen, nach Wortklauberei, doch ging es hier um die Beziehung zwischen Kirche und Sünder und um das Wesen der Vergebung. Wenn die Verdienste Christi – und die guten Werke der Heiligen, die deren Verdienste sind – einen Schatz bildeten, den der Papst betreute, dann war die Kirche nichts anderes als eine riesige Bank. So gesehen konnte, insofern Christus und die Heiligen in ihrem Schatz mehr angehäuft hatten, als sie zu ihrer eigenen Erlösung brauchten, der »Überschuss« in Form von Ablässen an reuige Sünder verkauft werden. Doch wenn die Verdienste Christi nicht mit dem Schatz identisch waren, dann war der Weg offen, die Theologie der Vergebung zu überdenken und den Opfertod Christi am Kreuz durch den Begriff der Gnade mit dem Gläubigen zu verbinden, wie Luther es angedacht hatte. Luther überging diesen besonderen Schlagabtausch in seinem Bericht über die Diskussion in Augsburg. Doch in seiner Korrespondenz mit Spalatin und in seinem Bericht an den Kurfürsten schlachtete er Cajetans Irrtum weidlich aus. Auf jeden Fall wurde dadurch, dass Luther nun den Vorrang der Heiligen Schrift vor den päpstlichen Dekreten verteidigte, die Frage nach der genauen Formulierung in der Bulle *Unigenitus* zu einem Nebenschauplatz.

Für Luther stellten die Verdienste Christi keinen Vorschuss auf Erlösung dar. Vielmehr verliehen seine Verdienste der Kirche ihre »Schlüssel«, das heißt die Macht, den einzelnen Menschen anzunehmen oder vom Sakrament und der Gemeinschaft der Christen auszuschließen. Weil jedes menschliche Handeln den Makel der Sünde trage, könne es keine hinlängliche Auslösung der Sünde durch eine Ablasszahlung geben, auch lasse sich die Sünde nicht durch gute Taten aufwiegen. Es gebe somit keine Möglichkeit für den Menschen, sich bei Gott angenehm zu machen, indem man Ablässe oder sonst etwas erwerbe. Der systematische Verkauf von »Verdiensten« nach dem Modell einer Bank müsse daher insgesamt abgelehnt werden. Die Kehrseite des Arguments liegt darin, dass der Christ nach Luther ohne jeden Beistand allein vor Gott steht, während es der Ablasshandel den Menschen ermöglichte, füreinander zu beten, und eine ganze Reihe von kollektiven Praktiken hervorbrachte, bei denen Gebete gesprochen, Messen gelesen, Seelenmessen gestiftet und andere gemeinsame Anstrengungen zur Erlösung unternommen wurden. Auf den ersten Blick handelt es sich also bei Luthers Position um eine trostlose und individualistische Auffassung von Erlösung, bei der die Betonung deutlich auf der Begegnung des Gläubigen mit dem lebendigen Gott liegt. Das muss Luthers eigener Erfahrung entsprochen haben – vielleicht auch dem Gefühl der Isolation, als er bei seiner Verteidigung auf sich allein gestellt war.

Der andere Streitpunkt der Debatte betraf die Rolle des Glaubens für die Wirksamkeit der Sakramente. Luther behauptete, dass die Sakramente nicht wirksam seien, wenn der Glaube fehle, während Cajetan darauf beharrte, dass sie grundsätzlich immer wirkten: Da man sich seines Glaubens niemals ganz gewiss sein könne, sei es entscheidend, dass die Sakramente nicht vom Glauben abhingen, argumentierte der Kardinal. Allerdings zeigte sich Cajetan letztlich kompromissbereit, vorausgesetzt, Luther widerrufe in der anderen Sache und gestehe ein, dass der Papst die Schlüsselgewalt habe. Das Thema, das dieser Auseinandersetzung in Augsburg zugrunde lag, war die Frage nach der Autorität. Als Luther die Textstellen zur Unterstützung seiner Position zu Ablass und Buße präsentierte, hatte Cajetan offenbar wenig Lust, sie zu lesen. Was eine einzelne Person aus der Bibel herauslese, meinte er, könne wohl kaum so viel Gewicht haben wie ein päpstliches Dekret. Dieses Vorgehen Cajetans bestätigte, was Luther als das autoritäre Herrschaftsgebaren der Kirche und des Papstes ansah.

Am Ende der dritten und letzten Zusammenkunft am 14. Oktober verlor Cajetan schließlich die Geduld. Er schickte Luther mit den Worten fort, er solle erst zurückkommen, wenn er zum Widerruf bereit sei. Dann forderte er Staupitz auf, er solle als Luthers Vorgesetzter einschreiten. Staupitz erwiderte, er wolle tun, was er könne, doch Luthers Kenntnis der Schriften gehe über die seine hinaus. Bis Luther zum Widerruf bereit sei, erklärte Cajetan, wolle er Rom berichten und weitere Anweisungen abwarten. Im Laufe des Tages kam Staupitz jedoch das Gerücht zu Ohren, Gabriele della Volta, der vom General-kapitel der Augustiner gewählte Leiter des Gesamtordens *(Prior Gene-ralis)*, habe gefordert, Cajetan solle Luther festnehmen und nach Rom bringen lassen. Als Reaktion darauf entband Staupitz Luther vom Augustinergelübde – und das schloss die Entbindung von der Gehor-samspflicht gegenüber denjenigen ein, die im Orden über ihm standen. Staupitz lehnte es tatsächlich ab, seinen ehemaligen Schützling zu kontrollieren oder zu disziplinieren.[40]

So endete das Treffen in Augsburg damit, dass Luther Staupitz als seinen Vorgesetzten verlor. Nicht zum ersten und nicht zum letzten Mal gelang Luther ein intellektueller Durchbruch über den Angriff auf die Autorität, doch sein Sieg setzte nicht nur gewaltige kreative Kräfte frei, sondern auch Trauer und Angst. Seine gerechte Wut und Aggression wiederum haben ihm anscheinend die Energie gegeben, eine Persönlich-keit zu entwickeln – und ihm vielleicht dabei geholfen, die Melancholie, die *tristitia*, zu ersticken, die ihn so oft plagte und sich ihm in den Weg stellte. Die Absage an die Autorität des Kardinals war freilich eine Sache, die Trennung von Staupitz eine ganz andere. Auch sein anderer enger Freund und Anhänger, der Augustiner Wenzeslaus Linck, reiste von Augsburg ab. Jahre später, 1531, erinnerte sich Luther daran, wie allein er sich damals fühlte: Staupitz »ließ mich allein in Augsburg«, und »als ich von Augsburg fortging, fürchtete ich mich, denn ich war allein«.[41] Luther war seit Jahren Mönch, er identifizierte sich mit sei-nem Orden. Er verstand es zudem, Menschen zu führen, die seiner Ob-hut anvertraut waren, und zugleich konnte er sich, da er dem Kloster gehorsam schuldete, hinter den Rücken seiner Vorgesetzten verstecken. Jetzt jedoch war er ohne Unterstützung durch eine Autorität oder eine Institution, alleingelassen mit seinem Verhältnis zu Gott – in einer Weise auf sich allein gestellt, die er ebenso herbeisehnte wie fürchtete.

Vier Tage vergingen, ohne dass er eine Vorladung von Cajetan oder eine Antwort auf seine Verteidigungsschrift erhalten hätte. Am 18. Oktober verfasste Luther einen offiziellen Brief an den Papst, in dem er gegen die Behandlung protestierte, die ihm widerfuhr. Er ließ den Brief von zwei Notaren beglaubigen. Dann schrieb er noch einmal an den Kardinal. Es war ein außerordentlich unhöflicher Brief, in dem Luther sich mit seinem »lupenreinen Gehorsam« brüstete: »Hochwürdigster in Gott Vater! Es hat eure väterliche Gütigkeit gesehen, ja gesehen, sage ich, und genugsam erkannt meinen Gehorsam, daß ich mich so auf eine ferne Reise, in so große Gefahr, dazu so schwach von Leibe, und allerdings arm der Zehrung haben, hierher zu kommen begeben, und auf Befehl unseres allerheiligsten Herrn Leo X. vor euer Hochwürden persönlich erschienen bin.« Damit konnte er Cajetan nicht aus der Reserve locken, war der doch gezwungen, wegen Luther seine eigene Rückkehr nach Rom um mehrere Monate zu verschieben. »Ich gedenke derhalben«, fuhr Luther fort, »die Zeit hier nicht länger vergebens zuzubringen«, und stellte seine unmittelbar bevorstehende Abreise aus Augsburg leichtsinnigerweise als einen Akt des Gehorsams gegenüber Cajetans übellauniger Anordnung dar: »weil mir eure väterliche Liebe *mündlich* [Hervorhebung L. R.] befohlen hat: wo ich nicht widerrufen wollte, sollte ich eurer Hochwürden nicht mehr unter die Augen kommen«. Den Brief unterzeichnete er mit »Eurer hochwürdigsten väterlichen Liebe unterthäniger Sohn«.[42]

Wie im Schreiben an den Erzbischof von Mainz, das er im Oktober 1517 seiner Sendung der 95 Thesen beigelegt hatte, ist von Reue nichts zu sehen, und die Beteuerungen seines »Gehorsams« klingen sehr ironisch. Er löste sich von der kirchlichen Hierarchie und stellte sich auf eine Stufe mit dem Adressaten. Auch einen kleinen Scherz konnte er sich nicht verkneifen: Er werde an den Papst schreiben, kündigte er an, »der übel berichtet ist, (...) bis er besser unterrichtet würde«.[43] Auch wenn seine in offizieller Amtssprache gehaltene Appellation an den Papst auf den ersten Blick höflicher klang, machte Luther deutlich, dass er kein Vertrauen in das Urteil der Kirche hatte.

Zu diesem Zeitpunkt drängten Luthers neue Augsburger Freunde ihn, die Stadt zu verlassen, da sie fürchteten, Rom bereite einen Prozess gegen ihn vor. In der Nacht vom 20. auf den 21. Oktober floh er über die Stadtmauer. Am nächsten Tag hing seine Appellation an den Papst an der Tür des Augsburger Mariendoms: eine Maßnahme, die Luther bestimmt geplant hatte, um seinem Appell Rechtswirksamkeit zu verschaffen und ihn öffentlich zu machen. Sie stellte zudem sicher, dass Cajetan keine andere Wahl hatte, als seine Appellation an Papst Leo weiterzureichen: Die Angelegenheit war nun nicht mehr länger durch eine private Aussöhnung mit der Kirche abzutun. Eine unvollständige Version des Appells gelangte auf unbekanntem Weg auch nach Basel zu Johann Froben, einem der maßgeblichen Buchdrucker; kurze Zeit später war sie in ganz Europa verbreitet.[44] Wieder einmal hatte Luther sich als ein Meister der Inszenierung erwiesen. Und mit ebenso viel Nachdruck brannte er die Brücken hinter sich nieder.

\*

Das »Turnier« in Augsburg hatte ein langes Nachspiel, sowohl in persönlichen Briefen als auch in Drucksachen. In den Pausen zwischen den Treffen mit Cajetan schrieb Luther eine Reihe von Briefen an Spalatin, Karlstadt und den Kurfürsten, in denen er sein Verhalten erklärte und rechtfertigte, die Vorgänge aber auch als persönliche Tragödie darstellte. Er wählte Karlstadt zu seinem Vertrauten und bat ihn, die Briefe an Melanchthon, Nikolaus von Amsdorf, Luthers Kollegen Otto Beckmann und andere Theologen weiterzuleiten.[45] Mit ihren ausführlichen Erzählungen und Zitaten waren die Briefe dazu bestimmt, laut gelesen zu werden, zu unterhalten, die Gunst des Kurfürsten zu erlangen und, äußerst wichtig, Cajetans Version von ihrem Zusammentreffen zu widersprechen.[46] Einen Monat nach dem Treffen, als der Bericht des Kardinallegaten bei Friedrich dem Weisen eintraf, hatte Luther seine Version der Geschichte längst ausführlich dargelegt. Nun machte er sich umgehend daran, Cajetans Version Punkt für Punkt zu widerlegen. Und während der Brief des Kardinals in ordentliche Paragraphen gegliedert war, mit einem Vorwort versehen und in präzisem klassischem Latein geschrieben, war Luthers Antwort fünfmal so lang und in wortreicher, emotionaler Prosa verfasst.[47]

Luther konnte noch eine andere wichtige Karte ausspielen. Er hatte die Gespräche in Augsburg von einem Notar aufzeichnen lassen. Das war, wie er wusste, eine Zeitbombe. Am 31. Oktober 1518, genau ein Jahr nach dem Thesenanschlag, kehrte er nach Wittenberg zurück und ließ die Aufzeichnung kurz darauf unter dem Titel *Acta Augustana* drucken. Als der Kurfürst versuchte, die Veröffentlichung zu stoppen, erklärte Luther Spalatin, da die ersten Exemplare bereits verkauft seien, erscheine es nicht sehr vernünftig, die verbliebenen zurückzuhalten. Der Kurfürst gab nach, doch er bestand darauf, dass der erste Abschnitt von Luthers darin enthaltener *Postilla*, in der dieser andeutete, das an Cajetan gerichtete päpstliche Breve könne eine Fälschung sein, eingeschwärzt werde. Es war nicht das erste Mal, dass Luther gehandelt hatte, bevor die Obrigkeit einschreiten konnte. So hatte nur wenige Monate zuvor der Bischof von Brandenburg Luther gebeten, die Veröffentlichung seines *Sermon von Ablass und Gnade* zu stoppen. Luther jedoch hatte dafür gesorgt, dass seine erste deutschsprachige Schrift für ein breites Publikum längst verbreitet wurde – 1520 existierten bereits 25 gedruckte Ausgaben in allen größeren Städten Deutschlands.[48] Auch in Bezug auf die Appellation an Papst Leo überlistete er Spalatin, als er ihm – unaufrichtig – erklärte, er habe zwar ihren Druck in Auftrag gegeben, dann habe er den Verkauf der Exemplare jedoch stoppen und die gesamte Auflage zurückkaufen wollen. Als er aber mit dem Geld zum Buchhändler gekommen sei, seien alle Exemplare bereits verkauft gewesen.[49]

Mit diesen Aktivitäten heizte Luther den Konflikt mit Rom weiter an. Die Art und Weise, wie er den Buchdruck einsetzte, war taktisch brillant: Er wusste genau, dass er der Zensur zuvorkommen und seine Ideen schützen konnte, indem er sie so schnell und so weit wie möglich verbreitete. Mit jedem neuen Werk unternahm er dabei einen weiteren radikalen Vorstoß und versorgte damit ein Publikum, das begierig war, mehr davon zu lesen. Die Logik des Marktes und der Hunger nach Neuigkeiten trugen dazu bei, Luthers Sache voranzutreiben. Da er größtenteils auf Latein veröffentlichte, waren seine Schriften noch hauptsächlich an eine klerikale, intellektuelle Elite gerichtet, doch bald wurden sie auch übersetzt. Niemand hatte bis dahin den Buchdruck mit einer so verheerenden Wirkung genutzt.

Doch es gab tiefere Gründe für Luthers Weigerung, einen Kompromiss zu schließen. In seinen Briefen aus jener Zeit, besonders in denen an Spalatin, kommen Hochgefühle und Heiterkeit zum Ausdruck, da er zu glauben begann, dass er wahrscheinlich als Märtyrer sterben würde. Kennzeichnend für seine Briefe kurz vor dem Augsburger Treffen ist ein Gefühl von Dringlichkeit: »(...) aber dies muß eilends geschehen. Sie haben mir eine knappe Zeit gesetzt«, oder: »Aber hier ist baldiges Handeln vonnöthen. Die Tage eilen dahin, und der festgesetzte Tag naht heran.«[50] Die außerordentliche Bedeutung des Treffens wurde dadurch noch erhöht. Nach seiner Rückkehr aus Heidelberg im Mai 1518 hatte er die Erläuterungen der 95 Thesen an Staupitz gesandt, versehen mit folgenden Worten: »Nur eines ist übrig geblieben, mein armes, schwaches und durch stetes beständiges Ungemach ermüdetes bisschen Körper (...), wenn sie das durch Gewalt oder List wegnehmen wollen (...), so werden sie mich vielleicht um eine oder zwei Stunden meines Lebens ärmer machen.«[51] Bei seiner durch extreme Askese geschwächten Gesundheit hatte er nie damit gerechnet, lange zu leben, und dieser Glaube hatte sich seiner Religiosität eingeprägt. Die Aussicht, als Märtyrer zu enden, verstärkte nun diesen Zug seiner Spiritualität und nährte seine Überzeugung, auserwählt zu sein, an der er festhielt seit jenem Sturm, aus dem ihn die heilige Anna errettet hatte.

Aus Augsburg schrieb er am 11. Oktober an Melanchthon, der zu seiner Freude gerade zum Professor für Griechisch in Wittenberg berufen worden war: »Hier geht nichts Neues oder Seltsames vor, außer daß in der Stadt mein Name in aller Leute Mund ist und alle den Menschen zu sehen begehren, der gleich einem Herostratus eine so große Feuersbrunst verursacht hat.« In der klassischen Mythologie brannte Herostratus den Artemistempel nieder, doch Luther gebrauchte den Verweis offenbar in einem Doppelsinn: Er deutet an, dass er nicht nur wie Herostratus nicht nur den »Tempel« des Papsttums zerstören, sondern selbst wahrscheinlich ebenso verbrannt werden würde. »Ich gehe hin, um für euch und für sie geopfert zu werden, wenn es dem Herrn gefällt«, fährt Luther fort, »ich will lieber sterben und, was für mich das Allerschwerste ist, auch euren lieblichen Umgang ewiglich entbehren, als daß ich das widerrufen sollte, was recht geredet ist.«[52] Es klingt fast, als ermahnte er Melanchthon, nicht auch zum Märtyrer zu werden, während er sich »für euch und für sie« auf dem Scheiterhaufen opfern würde. In der Tat dachte Luther nicht nur an sich selbst. Wie er bald nach dem 14. Oktober aus Augsburg an Spalatin schrieb, könnte sich die Bedrohung ausdehnen auf Karlstadt und die gesamte Wittenberger Fakultät, die Luthers theologische Position unterstützt hatte, sollte es dazu kommen, dass man ihn und seine Äußerungen mit Gewalt unterdrücke. Das Überleben der erst kurz zuvor gegründeten Universität stehe auf dem Spiel.[53]

Überzeugt von seiner Bestimmung zum Martyrium, begann Luther, sich immer mehr mit Christus zu vergleichen. In einem Brief, den er auf seiner Hinreise nach Augsburg aus Nürnberg an seine Wittenberger Freunde verfasste, heißt es: »Es geschehe der Wille des Herrn. (...) Es lebe Christus, es sterbe Martin und jeder Sünder, wie geschrieben steht (Psalmen 17,47). Es werde aber der Gott meines Heils erhöhet.«[54] In der *Acta Augustana* wurde Luther noch deutlicher: »Meine Schriften sind im Haus des Kaiphan, wo sie falsches Zeugnis gegen mich suchen und noch nicht gefunden haben«, die Papisten hätten sich also zunächst Christi bemächtigt und würden nun nach etwas suchen, das sie ihm vorwerfen könnten. Wie Christus habe er geschwiegen, als Cajetan ihm sagte, er habe sich verirrt; wie Christus erwarte ihn der Tod.[55]

Doch Luther forcierte seinen Weg in ein Märtyrertum nicht aktiv. Seine Briefe schwanken zwischen pathetischer Spiritualität und nüchterner Sachlichkeit, mit der er versuchte, den Kurfürsten dazu zu bringen, ihn zu schützen. Im September beteuerte er Spalatin gegenüber, wie sehr ihm daran liege, dass Friedrich an den Folgen nicht leide: »Ich will nicht, daß unser ganz unschuldiger Fürst in dieser Sache irgend etwas thue, was meine Thesen verteidigen könnte, sondern daß ich allen dargeboten und vorgeworfen werde, die wider mich handeln oder schreiben wollen, wie ich hoffe, daß er thun werde, es sei denn, daß er ohne Ungelegenheit zuwege bringen könnte, daß mir nicht Gewalt angethan werde.« Und weiter: »Wenn er dies auch nicht thun kann, so will ich auch alsdann, daß die ganze Gefahr mein sei. Ich hoffe, daß ich das gar wohl verteidigen werde, was zu vertheidigen ich auf mich genommen habe, wider den Willen (wie ich unter Christi Führung rühmen kann) aller Meinungen der Thomisten. Der Gewalt aber wird man weichen müssen, doch unbeschadet der Wahrheit.« Er erinnerte mit jedem Wort seinen Freund daran, welcher Gefahr er sich aussetzte und wie verzweifelt er die Unterstützung des Kurfürsten benötigte.[56]

Das drohende Martyrium brachte Luther Gott noch näher, denn es schuf eine spirituelle Intensität, die wie ein emotionaler Hebel wirkte und ihn weiter antrieb zu neuen ikonoklastischen, bilderstürmerischen Erkenntnissen. Mit jedem neuen Argument war er ein Stück isolierter und zugleich noch begeisterter. Jeder neue Schritt, den er theologisch tat, war von intensiven Gefühlen begleitet, denn es handelte sich wahrhaft um eine Frage von Leben oder Tod, da er Christi Weg ins Martyrium nachvollzog. In diesem pathetischen Zustand gab es keinerlei Raum für einen faulen Kompromiss. »Doch ich, das sollst du wissen (...), fürchte in allen diesen Dingen nichts«, schrieb Luther am 28. August 1518 an Spalatin.[57]

Zwischenzeitlich mischte sich die Reichspolitik ein. Im Januar 1519 starb Kaiser Maximilian, und in den folgenden sechs Monaten wetteiferten zwei Kandidaten – Franz I. aus Frankreich und der spanische König Karl – um die Nachfolge. Papst Leo entschied, keinen der beiden zu unterstützen, da er von jedem der beiden Schwierigkeiten für das Medici-Papsttum befürchtete, insofern beide übermächtige Fürsten waren. Eine Zeitlang spielte der Papst mit dem Gedanken, Friedrich den Weisen als Alternativkandidaten zu unterstützen, er beschenkte ihn sogar mit der begehrten goldenen Papstrose, einem ausgesuchten Zeichen seiner päpstlichen Gunst. Diese verzwickten Umstände in der

Reichspolitik trugen dazu bei, dass Luther während der gesamten ersten Hälfte des Jahres 1519 von Verfolgung verschont blieb.

Unterdessen wurde ein anderer Gesandter damit beauftragt, Luther zum Widerruf zu überreden: Karl von Miltitz, ein Höfling, der weit weniger intelligent war als Cajetan. Während das Augsburger Treffen im Briefwechsel zwischen Luther, Cajetan, Spalatin und Friedrich dem Weisen sein Nachspiel fand, erlebte der Konflikt mit dem Papsttum eine Neuinszenierung als Farce. Luther war sauer auf den »Italiener« (wie er Miltitz nannte), den er im Streitgespräch leicht niederrang. Seinen falschen Freundschaftsbezeugungen traute er nicht – Miltitz habe ihm einen Judaskuss aufgedrückt und dabei Krokodilstränen geweint, von denen er sich nicht habe täuschen lassen, schrieb er einem Freund.[58] Mit dem umfassenden Sieg über Cajetan – so sah es zumindest Luther – und dem Beistand des Kurfürsten schien er für den Augenblick vor Angriffen sicher zu sein.

# Die Leipziger Debatte

Die lang erwartete Disputation mit Johannes Eck, die seit dem Frühjahr 1518 ausstand, wurde schließlich für den Juni 1519 in Leipzig anberaumt, das zum Herzogtum Georgs von Sachsen gehörte. Das Treffen war eine weitere jener dramatischen intellektuellen Auseinandersetzungen, die die Reformation stückweise vorantrieben, und es war ein entscheidender Schritt weg von einer rein akademischen Zuhörerschaft in eine breitere Öffentlichkeit. Hier liegt der Ausgangspunkt für die Entstehung einer Partei von Lutheranern, zugleich aber auch der Beginn einer Koalition ihrer Gegner. Überdies markierte das Treffen eine weitere Radikalisierung von Luthers Theologie, deshalb lokalisierte der ältere Luther seinen reformatorischen »Durchbruch« etwa in dieser Zeit. Nach Leipzig gab es für Luther kein Zurück mehr.

War die Auseinandersetzung mit Cajetan eine Streiterei mit Vaterfiguren, so war die Disputation mit Eck ein Kampf unter Brüdern. Anders als die verhassten Italiener in Augsburg war Eck kein päpstlicher Höfling. Der im schwäbischen Egg bei Memmingen geborene Bauernsohn war von seinem Onkel erzogen worden, einem Priester in Rottenburg am Neckar, der ihn in den klassischen Sprachen unterrichtete und später an die Universität nach Heidelberg schickte. Ecks intellektueller Werdegang war dem von Luther nicht unähnlich: Er hatte Ockham, Aristoteles und Augustinus gelesen und sich später für die mystische Theologie und den Humanismus interessiert. Er konnte nicht einfach als altmodischer Scholastiker oder Thomist abgetan werden wie Cajetan. Er beherrschte nicht nur Latein und Griechisch fließend, sondern auch Hebräisch, was ungewöhnlich war, und wurde

her.yeglicher wol ermeffen mag.was yedenn Chriftglaubigen zu wiffen.not ift.Dan an zweyfel.welche dieße wagen.flich.vnd widderumb.wortlin des vnderften.vndienlich vnd fchedlich.eynen außgezogen.Das ich alles.durch hey-chem fwerd das ift gottis wort.fonft mugte ich auch fchelden.vnnußen wie wol mir der weeg widder vn nicht helen.

fleifch ftreit geift zu dē mich reift. ift mit mir l.2c.

Got i vns fchaft. Alles dz er gut acht er pflägt gute willē mit fruchtē vn wur zeln.

durch dei Creuz Mich mich fug

Auß mer furent mich So ich mich anfche erfchrecklich.Wie gern ich mir frem Wä mich recht erkēt Aug. Bern:

Dein wil ð gefchech.

Chriftus ift vnfer felickeit

Gots fchrifft ift gut vñ heilig. Vnd macht die fund krefftig. Dindt vbertretüg .zorn vñ tot. Bfchluft all mēfchen in not. Gemert begerüg. furet yn fchand. Dz Chrift° einiger heyla werd bkāt Paul. et Aug.

Mei gerechtis gkeit acht ich mift.dz mich got entheb ar ger lift.

Vnguttig natren. fo i frevelheit harrē. gebē got ei tail. gut ter werck hayl.

Du haft mei gewiffen bwegtvñ i hait bdrieg gelegt . dē biß gnedig. Den du gemacht haft rewhig.

Gotfei folck nit wacht.weil gere chtickeit im vite yl wacht.pß 93

Chrifti zyhe vnß wol.vbergeuß deyn gnad vol.fprich vnnd groffem danck 2c. Andreas Caroloftadius.

vnfer wil mit gutē werckē außbricht.vñ fie durch fich fel-it geftect.das vnfer wil furgeet.der fal vor vnßer fchrifft.fo er gegē fewr fmelzen.vñ fich mit Credere wol pelzen.-fchreyt. Szo beret gott zu euch alleseyt.David Geent zu dē ritwercken in gewiffe beruff ig fleucht.Paul° fagt.lauffēt -f.Got zu ker macht vñ erleucht. aber wir kunne diftigwirē -ne nihil poteftis facere, das ift volkülich. ma ichoatie lafla mi fare.

Las faren bofer helde. vvir habē dē hymd ervvelt. Vmb reichen lon . aus eigen kreften vvol gethon

Der hat ein fichern muth.der fo vil thut. als er felbft kā wirckē. dā got muß hulf gebē

Regir dich nach deinēhoch ftē.fo küpftu zū befte.

Der todt fund . kan ēn wüd.wol wirckē enviā an fpot.zitlich en lon ēlägen von got.

Do ich lebet noch mir.vil ich i dz dir

Noch got foltan wir leben.vnd ym allein ere gebē.

Wil gie vnße compam nicht wefen. So muthe gie deffe twe wagen met fliethe leefen.

22 Lucas Cranach der Ältere, *Himmelwagen und Höllenwagen des Andreas Boden-stein von Karlstadt*. Durch eine horizontale Linie in zwei Hälften geteilt, zeigt der Holzschnitt in der oberen Hälfte einen Wagen, den ein alter Mann mit einem Bart – ein wahrer Christ – zu einem Kreuz lenkt. Hinter dem Kreuz steht als »verborgener Gott« der leidende Christus, eine Vorstellung, die Luther in den 95 Thesen und in der Heidelberger Disputation entwickelt hatte. Auf der unteren Bildhälfte sieht man einen Wagen, der mit Eck als Wagenlenker in die Hölle fährt. Nur der Glaube an Gott, argumentiert diese Bildergeschichte, kann den Gläubigen zur Wahrheit führen. Im unteren Bildbereich schmiegen sich Teufel an Eck und drängen sich in den Bildecken, während das Fuhrwerk unaufhaltsam dem Höllenfeuer entgegenfährt, wobei Eck und sein verbündeter Thomist die alten Formeln der scholastischen Theologie wiederholen.

von dem Augsburger Stadtschreiber und Humanisten Konrad Peutin-ger unter den »humanistischen Theologen« aufgeführt.[1] Eck war 1512 Prokanzler der Universität Ingolstadt geworden und führte in seinem Amt eine Reihe von Reformen durch. Unter seinen Studenten waren Männer wie Urbanus Rhegius, der später ein einflussreicher Prediger in der Marienkathedrale von Augsburg wurde und der seinen Lehrer als jemanden pries, dessen klare, intellektuelle Brillanz Neid hervorrief und »eine für die böse Finsternis geeignete Schar« blendete.[2] Eck hat Johannes Reuchlin nicht nur gegen die Dominikaner verteidigt, er hat ihn auch nach Ingolstadt eingeladen, wo Reuchlin von Ende 1519 bis Frühjahr 1521 lehrte. Die Vorlesungen, die Reuchlin dort hielt, zählte Eck zu den wichtigsten intellektuellen Einflüssen auf sein Denken.[3]

Die Vorgeschichte der Leipziger Disputation reicht zurück ins späte Frühjahr 1518, sie begann mit Karlstadts Replik auf Ecks Widerlegung der 95 Thesen in den »Obelisci«. Eck hatte versucht, ein öffentliches Streitgespräch zu verhindern, seine »Obelisci« waren eigentlich nur für die private Diskussion bestimmt gewesen, doch dann gab Karlstadt seine 406 Thesen gegen Eck in den Druck. Der Kurfürst sicherte Karlstadt freies Geleit zu, damit er Eck in einer Disputation angreifen konnte. Unterdessen hagelte es Beschimpfungen – Luther sagte vor-aus, Eck werde nach der Begegnung mit Karlstadt ein »toter Löwe« sein –, und die Diskussion wurde ungewöhnlich hitzig.[4] Im Januar 1519 schloss sich Karlstadt mit Lucas Cranach zusammen, um ein riesiges satirisches Flugblatt zu entwerfen, das bald als *Karlstadts Wagen* bekannt wurde. Es zeigte, wie Eck einen Wagen über einen langen Weg in die Flammen der Hölle steuert.

Das Flugblatt wurde zuerst auf Latein gedruckt und dann, den Zeichen der Zeit folgend, auf Deutsch. Von erfolgreicher visueller Propaganda kann man dabei nicht sprechen. Die Zeichnung ist mit so vielen Worten zugekleistert, dass der Betrachter das Bild kaum erkennen kann: Sogar die Figur des Gottvater ist von Text bedeckt. Selbst von seinen Unterstützern bekam Karlstadt zu hören, sie könnten die Botschaft nicht verstehen. Als Reaktion darauf produzierte der intellektuelle Karlstadt noch mehr Wörter und schrieb eine 50 Seiten umfassende Schrift zur Erläuterung.[5] Dennoch wirkte sich das Flugblatt aus: Es war eine der Hauptklagen, die Eck vor den Kurfürsten brachte. Der humanistische Theologe fühlte sich insbesondere dadurch beleidigt, dass sein Konterfei mit der Aufschrift »Eigner will« (Eigener Wille) versehen war. Damit machte man sich über seinen Glauben an die Rolle des Individuums beim Streben nach Erlösung lustig und implizierte, es gehe ihm nur darum, seinen eigenen Willen durchzusetzen.

Eck wollte sich jedoch mit dem Meister selbst auseinandersetzen und hatte eine solche Möglichkeit bereits vorgeschlagen, als er Luther in Augsburg traf.[6] Auch Luther war darauf aus, mit Eck in der Öffentlichkeit zu debattieren, und hatte nicht den Wunsch, dies Karlstadt zu überlassen. Wie zwei Boxer ergingen sich die beiden Seiten daraufhin in gewundenen halböffentlichen Erörterungen über die Richter, das freie Geleit und darüber, wo die Disputation stattfinden sollte.[7] Herzog Georg von Sachsen war ein Cousin des Kurfürsten und bekannt für seine kritische Einstellung gegenüber dem Ablasshandel. Er war erpicht darauf, die Bühne für die Disputation zu sich zu holen, obwohl seine Haltung zu Luthers Theologie bis dahin unklar war. Als nächste große Stadt bei Wittenberg lag Leipzig an einer Haupthandelsstraße und in einiger Entfernung zu Ecks Wirkungsstätte Ingolstadt. Die Beziehungen zwischen den Universitäten von Wittenberg und Leipzig reichten zurück in die Gründungsphase der Wittenberger Universität, viele der ersten Lehrkräfte in Wittenberg waren von der älteren Universität gekommen. Daher war Leipzig von Luthers Standpunkt aus eine gute Wahl, doch er musste bald feststellen, dass er eine besonders feindselige Umgebung ausgesucht hatte.

Ecks Ehrgeiz und Aggressivität standen Luthers in nichts nach. Wie sein Student Urbanus Rhegius festhielt, witterte Eck den Neid anderer auf dieselbe Weise wie Luther, und wie dieser später war Eck schon damals skeptisch gegenüber Erasmus eingestellt, dem führenden Philosophen nördlich der Alpen, den er im Frühjahr 1518 in einem an ihn gerichteten Brief dafür kritisiert hatte, dass er Hieronymus höher einstufte als Augustinus.[8] Erasmus war damals auf dem Höhepunkt seines Ruhms, und seine vielen Anhänger hatten nichts übrig für Angriffe auf den Superstar der Renaissance. Der junge Justus Jonas – er hatte in Erfurt Jura studiert und wurde später ein bekannter Humanist und Reformator – war einer von denen, die nach Antwerpen gepilgert waren, um ihr Idol zu treffen. Er schrieb aufgeregt: »Ich war bei meinem Vater in Christus, Erasmus von Rotterdam. Wie oft du es auch gesagt haben willst, ich war, ich war bei Erasmus!«[9] Einen kritischen Brief an Erasmus zu schreiben war Kalkül, denn Eck dürfte gewusst haben, dass sein Brief weitergereicht würde. Wie Luther setzte er auf Dreistigkeit, um sich einen Namen zu machen.[10] Auch Luthers private Korrespondenz aus dieser Zeit war gepfeffert mit abschätzigen Bemerkungen über Erasmus, später schrieb er, Eck sei ihm lieber gewesen als Erasmus, weil er den Feind wenigstens offen angegriffen habe und nicht mit verdeckten Winkelzügen.[11] Wie Eck hatte Luther nicht viel für Höflichkeiten übrig.

Anders als der Wittenberger Mönch war Eck jedoch politikerfahren. Er war für die Disputation über den Wucher ausgewählt worden, die 1514 und 1515 in Augsburg stattfand. Das Thema war von größter Bedeutung für die reichen Kaufmannsfamilien in Süddeutschland, da die Kirche weiterhin die Erhebung eines Zinses auf alle risikofreien Geldanleihen untersagte. Wie Thomas von Aquin gelehrt hatte, unterschied Geld sich von anderen Gütern dadurch, dass es durch den Verbrauch nicht aufgezehrt wurde. Daher war es betrügerisch und eine Sünde, Geld mit Zins zu verleihen, denn wenn der Schuldner das

Kapital nutzte und vollständig zurückzahlte, würde er ja doppelt belastet werden, wenn er auch noch Zinsen bezahlen müsste. Solche Argumente hatten dazu geführt, dass der Geldverleih mit Bösem assoziiert und hauptsächlich von Juden ausgeübt wurde, die von vielen anderen Berufen ausgeschlossen waren. Die neue, komplexe Geldwirtschaft jedoch, die sich im 16. Jahrhundert entwickelte, koppelte Geld mit Sicherheiten, was bedeutete, dass Kapital nicht mehr einfach nur »verbraucht« wurde. Mehr noch: Die kirchlichen Restriktionen erschwerten die Geschäfte der großen Kaufleute wie die der Fuggerfamilie in Augsburg, deren Fernhandel es erforderlich machte, dass Geld zirkulierte. Eck war von Konrad Peutinger, der selbst in ein bedeutendes Handelshaus eingeheiratet hatte, mit der Aufgabe betraut worden, hierfür eine Lösung zu finden. Eck verfocht einen Zins von fünf Prozent, den er als vernünftig erachtete, und entwickelte eine theologische Argumentation, die das neue Wirtschaftsumfeld berücksichtigte, in dem das Risiko minimiert werden konnte und eine globale Geldwirtschaft möglich wurde. Es war ein wichtiger intellektueller Aufbruch, mit dem er sich von jenem ökonomischen Denken befreite, das durch das Wucherverbot der thomasischen Sittenlehre bestimmt war. Eck verteidigte auch die Monopolbildung, bei der Unternehmen es anstrebten, die komplette Kontrolle über bestimmte Güter zu erlangen. Kupfer war ein solches Handelsgut, und die Nürnberger Händler versuchten, den Kupferpreis zu bestimmen, indem sie die Kupferausbeute in den Minen von Mansfeld und anderswo kontrollierten.[12] Eck sicherte sich mit seiner Arbeit die Patronage der Fugger und stellte sich direkt an die Seite der Händler und Kapitalisten jener Tage. Als ein Mann mit weitgefächerten Interessen war er fasziniert von der Welt jenseits Europas, er spielte mit dem Gedanken, ein Buch über die Sitten der Eingeborenen im kurz zuvor entdeckten sogenannten Westindien zu schreiben, und übersetzte 1518 eine Schrift über das iranische Nomadenvolk der Sarmaten, die er Jakob Fugger widmete.[13] Luther hingegen, mit seinem Bergbauhintergrund, lehnte die neuen Wirtschaftsformen und die Sittenlehre des Kapitalismus, wonach die Armen an ihrem Elend selbst die Schuld trügen, entschieden ab. Er dürfte

Ecks Ansichten gekannt haben, und die Tatsache, dass er die Fuggerhäuser mit eigenen Augen gesehen hatte, als er mit Cajetan in Augsburg diskutierte, hatte bestimmt nicht dazu beigetragen, ihn Deutschlands neuen Wirtschaftsherren gewogener zu machen.

Nicht zuletzt begriff Eck, anders als Cajetan, die wichtige Rolle der
Druckerpresse. In der Auseinandersetzung mit Luther nutzte er von
Anfang an den Buchdruck, um seine Ansichten zu verbreiten, und er
verstand es, den Streit lebendig zu halten, indem er immer wieder
neue Herausforderungen veröffentlichte. Ende Dezember 1518, nach
seiner ersten Erwiderung auf Luther, ließ er in Augsburg ein Plakat
mit einer Zusammenstellung von zwölf Thesen drucken. Im Gegensatz zu Karlstadt mit seinen 406 Thesen hatte er also auch begriffen,
wie wichtig Kürze war. Vordergründig richteten sich Ecks Thesen an
Karlstadt, doch zielten sie allesamt auf die Kernpunkte von Luthers
Theologie. Luther biss an und antwortete darauf.[14]

Jedem anderen hätte die Kombination aus Aggressivität, Ehrgeiz und
intellektuellen Gaben mit Sicherheit eine Beförderung in ein hohes Kir-
chenamt, ein Bistum oder vielleicht sogar den Kardinalshut eingebracht,
und vielleicht war es das, worauf Eck hoffte, als er gegen Luther antrat.
Tatsächlich sah er das Hauptthema, das dem Streitgespräch zugrunde
lag, im Gehorsam gegenüber dem Papst. 1520 wurde er mit dem Titel
eines »päpstlichen Gesandten« dafür belohnt, doch das Bistum, auf das
er vielleicht gehofft hatte, wurde ihm nie gewährt, und Eck verbrachte
den Rest seines Lebens mit einem bescheidenen Gehalt als Priester und
Professor in Ingolstadt. Später schrieb er, er habe sich in seinem Leben
nie mehr gewünscht, als »ein Schulmeister zu bleiben«. Doch in seiner
Pfarrkirche predigte er mit großem Eifer, in der Absicht – wieder wie
Luther –, mit seinen Predigten den einfachen Menschen zu erreichen.
Zudem veröffentlichte er fünf Bände mit Predigten in mundartlich ge-
prägtem Deutsch, weil er fürchtete, mancher Priester könnte aus Mangel an Brauchbarem von katholischer Seite dazu verleitet sein, Luthers
Predigten zu benutzen. Für seine Gemeinde waren seine Predigten
trotzdem harter Stoff, eine intellektuelle Herausforderung, denn er
machte keine Zugeständnisse. Wie Luther übersetzte schließlich auch

Eck die Bibel und brachte 1537 eine Komplettübersetzung heraus. Dabei hatte er für das Neue Testament den Text Hieronymus Emsers zugrunde gelegt, das Alte Testament hingegen selbst übersetzt.[15]

＊

Welchen Fehler Luther begangen hatte, als er dem Treffen in Leipzig zustimmte, war von Beginn an deutlich. Da es mitten im Hochsommer stattfand, als »gut wandern war«, wie Luthers Freund und Chronist Friedrich Myconius meinte, zog die Debatte große Menschenmengen von überallher an. Eck, der es so eingerichtet hatte, dass er am Tag vor Fronleichnam ankam, war als Erster vor Ort und wurde vom Bürgermeister bewirtet, bei dem er auch wohnte. Er konnte daher an der Seite der städtischen Würdenträger an der Fronleichnamsprozession teilnehmen. Da das Fest, bei dem die Monstranz an allen Orten, über die sich die Kirchengemeinde erstreckte, ihren Segen spendete, eine wichtige, identitätsstiftende Feier darstellte, war dies ein schlauer Schachzug.[16]

Luther kam am 24. Juni an, dem Freitag nach Fronleichnam, nachdem er zusammen mit Karlstadt und Melanchthon dieses Mal nicht zu Fuß, sondern im offenen Wagen angereist war. In Leipzig musste er nicht päpstlichen Pomp mit Bescheidenheit kontern. Karlstadt hatte darauf bestanden, eine ganze Bibliothek von Quellen mitzunehmen, sein Wagen war so schwer, dass er bei der Einfahrt ins Stadttor einen Achsenbruch erlitt und im Schlamm stecken blieb. Das war kein gutes Omen für den Mann, der versucht hatte, seinen Gegner mit einer »Wagen-Karikatur« lächerlich zu machen; offenbar war es Karlstadt, der den Höllenwagen fuhr, nicht Eck.[17] Die Wittenberger Delegation quartierte sich nicht in einem Kloster ein, sondern – vielleicht aufschlussreich – bei dem Buchdrucker Melchior Lotter.[18] Trotz der heiteren, sommerlichen Stimmung war den Wittenbergern anzumerken, dass etwas Bedrohliches in der Luft lag. Die Wagen Luthers und Karlstadts wurden von einem Zug Studenten eskortiert, die mit Speeren und Hellebarden bewaffnet waren. Gleichzeitig wurden bewaffnete Männer bei den Studentenunterkünften postiert, um zu verhindern, dass es dort zu Handgreiflichkeiten kam, während 76 Wachposten täglich für die Sicherheit in und um Schloss Pleißenburg sorgten, wo die Debatten stattfanden.[19]

Die Disputation dauerte fast drei Wochen, sie begann am 27. Juni und endete am 15. Juli. Sie wurde in der Hofstube im Rittersaal des Schlosses abgehalten, in dem man extra einen großen Hörsaal für das Ereignis eingerichtet hatte. Zwei Katheder standen einander gegenüber, eines mit einer Tapisserie dekoriert, die zu Ehren des sächsischen Herrschers den heiligen Georg zeigte, während das andere mit dem heiligen Martin geschmückt war. Nach einem festlichen Gottesdienst in der Thomaskirche – mit einer zwölfstimmigen Messe, die allein für diesen Anlass komponiert worden war – begab man sich zum Schloss, wo Petrus Mosellanus, der Griechisch-Professor der Leipziger Universität, eine feierliche Ansprache hielt, in der er beide Seiten ermahnte, sich an die Kernpunkte der Angelegenheit zu halten und jede Schroffheit in ihren Auseinandersetzungen zu vermeiden.[20] Der Wettstreit beschränkte sich jedoch nicht auf das Streitgespräch: Als Luther von Herzog Barnim von Pommern aufgefordert wurde zu predigen, strömte eine so große Menschenmenge herbei, dass die Veranstaltung aus der herzoglichen Kapelle in den Saal der Disputation verlegt werden musste. Eck sah sich gezwungen, drei Predigten zu halten, um der Aufmerksamkeit etwas entgegenzusetzen, die seinem Gegner zukam.[21]

Auch das Aussehen der Kontrahenten spielte eine Rolle. Eck, ein starker, großer und kräftiger Mann, wurde von einigen der humanistischen Zaungäste, die über die Debatte schrieben, als »Soldat« und »Fleischer« beschrieben, ein »Löwe« und ein »Herkules«, dessen Auftreten Selbstvertrauen und Ungezwungenheit ausdrückte.[22] Er präsentierte sich als Mann des Volkes, ein »Landpriester«, der nichts mehr liebte, als über die Felder zu reiten. Die Zeit zwischen den Debatten – sie fanden von 7 bis 9 Uhr morgens und von 14 bis 17 Uhr nachmittags statt – verbrachte er in seinen geliebten Wäldern, während seine Gegner drinnen saßen und über den Protokollen der vorausgegangenen Sitzung brüteten. Luther dagegen war nach Jahren der Kasteiung schmerzlich mager. Johannes Rubius – ein ehemaliger Student aus Wittenberg, der Eck unterstützte und einen Bericht über das Streitgespräch verfasste – beschreibt ihn als »fürwahr bleich in seinem Gesicht«, Mosellanus beschreibt Luther als »hager von Sorgen und Studieren, so daß man fast die Knochen durch die Haut zählen könnte«. Karlstadt sei der am wenigsten einnehmende der drei Kandidaten gewesen, meint Letzterer: Er sei von »noch kleinerer Statur, und schwarzbraunen, verbrannten Gesichtes, unvernehmlicher und unangenehmer Stimme, schwächer am Gedächtniß und rascher zum Zorn«. Ein anderer Beobachter bemerkte sein »abstoßendes, bartloses Gesicht«. Karlstadt hatte Probleme, sich Gehör zu verschaffen, und klagte darüber, dass Ecks Stimme laut wie die eines Ochsen sei. Luthers Stimme konnte, obgleich sie klar war, häufig einen unangenehmen spöttischen Klang haben, wie einige Kommentatoren festhielten.[23]

Nach dem Auftakt war die Disputation selbst ein ziemlich ermüdendes Ereignis. Als Myconius Jahre später seine Chronik verfasste, hatte er wenig Lust, die Fragestellungen noch einmal aufzuwärmen, und forderte seine Leser auf, anderswo nachzusehen, wenn sie wissen wollten, was genau diskutiert wurde. Einer von Ecks Unterstützern, der spätere lutherische Pfarrer Sebastian Fröschel, erinnerte sich mit beißenden Worten, dass er während der nachmittäglichen Debatten meist friedlich geschlafen habe und zum Abendessen geweckt werden musste. Viel Zeit verging bei den anfänglichen Sitzungen mit dem Streit über Formalitäten. Karlstadt wollte aus seinen Büchern zitieren, aber Eck beharrte darauf, dass er sich auf sein Gedächtnis zu verlassen habe und nicht »nach Knabenart« ablesen (»legeret puerorum«) sollte, was andere geschrieben hätten – eine Regelung, von der Eck stark profitierte, dessen Gedächtnis unerschöpflich war und der zudem hervorragend aus dem Stand referieren konnte. Doch einen Kampf gewannen die Wittenberger: Sie bestanden darauf, dass die Redebeiträge von Notaren protokolliert wurden, ein Verfahren, das den Schlagabtausch verlangsamte und die Sitzungen für das Publikum weniger interessant machte, das jeweils warten musste, bis die Schreiber nachgekommen waren.[24]

Zu Luthers Überraschung lag der Schwerpunkt der Debatte nicht auf der Frage des Ablasses, denn es stellte sich heraus, dass Eck viele Kritikpunkte Luthers teilte. Stattdessen begannen die Sitzungen mit einer Diskussion zwischen Karlstadt und Eck über die Rolle des freien Willens und die Frage, welchen Anteil die Taten des Menschen an der Erlösung seiner Seele hatten. Die Debatte schleppte sich eine Woche lang hin. Eck drang manchmal darauf, dass es einen Bereich des Willens gebe, der mit der Gnade zusammenwirken könne, während er an anderen Stellen zugab, dass gute Werke gänzlich von der Gnade abhingen. Karlstadt blieb verbohrt bei seiner Linie, der Wille des Menschen gehöre in allen Teilen zum Bösen, doch er war nicht imstande, Eck bei seinen Unstimmigkeiten zu packen. Es sah wie eine reine Fachsimpelei aus, doch das Thema war ein Grundpfosten der neuen Theologie: Menschen haben keinen freien Willen, behaupteten die Evangelischen, denn sie seien nicht in der Lage, das Gute zu wählen, und müssten daher auf Gottes Gnade vertrauen. Dieses Thema sollte in den folgenden Jahren noch einer viel schärferen Prüfung unterzogen werden, da Erasmus es als das Problem herausgriff, bei dem Luther angreifbar war.

Nachdem das Streitgespräch mit Karlstadt nichts mehr hergab, wandte sich Eck seinem eigentlichen Gegner zu. Die Debatte mit Luther verlagerte sich auf andere Themen und rückte insbesondere die Frage nach der Beschaffenheit des Papsttums und seiner Autorität in den Mittelpunkt. Luther interpretierte das Wort »Felsen« in Matthäus 16,18 (»auf diesen Felsen will ich meine Kirche bauen«) als einen Verweis auf Christus, nicht auf Petrus. Dies war jedoch die Stelle, mit der die Kirche den Anspruch des Papsttums legitimierte, Nachfolger des Petrus zu sein, dessen Autorität sich aus diesem Satz ableitete – Luthers Interpretation war also ein Generalangriff auf das Papsttum. Diesen Angriff koppelte er mit einem ziemlich haarsträubenden Abriss der Kirchengeschichte, mit dem er beweisen wollte, dass ursprünglich nicht alle christlichen Kirchen dem Willen des Papstes unterworfen waren, insbesondere nicht die griechisch-orthodoxe. Die päpstliche Macht, folgerte Luther daraus, sei eine historische Ergänzung und nicht durch die Bibel sanktioniert. Nichts davon hatte ursprünglich in den 95 Thesen gestanden. Luther hatte diese Argumentation erst in den vorausgegangenen Monaten nach und nach im Briefwechsel mit Spalatin entwickelt. Paradoxerweise erschien nun Eck als derjenige, der sich auf die Evidenz der Heiligen Schrift verließ, während Luther sich auf eine Reihe wenig bekannter Autoritäten berief, wie den päpstlichen Historiker und Humanisten Bartolomeo Platina.[25]

Eck wusste, wie er einen Gegner zu immer radikaleren Positionen verleiten konnte. Und er hatte leichtes Spiel bei Luther, zu dessen charakteristischen Merkmalen es gehörte, dass er sein eigenes Denken entwickelte, indem er von einer Position zur nächsten vorstieß. Eck entlockte Luther sogar die Aussage, der böhmische Häretiker Jan Hus habe in einigen Schlüsselfragen recht gehabt. Genau genommen ging ihm Luther hier freilich nicht in die Falle, denn bereits im Mai desselben Jahres hatte er darüber spekuliert, ob nicht einige Behauptungen von Hus möglicherweise richtig seien. Das kam beim Publikum allerdings nicht gut an, besonders nicht bei Herzog Georg, dessen Familie vom Kaiser für den Kampf gegen die Hussiten sowohl das Herzogtum als auch den Kurfürstentitel erhalten hatte. Die Leipziger Universität war zudem die Zufluchtsstätte für viele der deutschen Professoren gewesen, die Prag infolge des böhmischen Nationalitätenkonflikts verlassen hatten. Und nicht zuletzt stellte Luther mit dieser Aussage unausgesprochen die Autorität des Konstanzer Konzils in Frage, das Jan Hus 1415 verurteilt hatte. Damit trennte ihn seine Kritik am Papst auch von den Konzilsvätern, die in den vergangenen hundert Jahren versucht hatten, die päpstliche Macht mit dem Argument zu beschränken, Entscheidungen von Konzilen stünden über denen des Papstes.[26]

Melanchthon bemerkte, in welche Gefahr sich Luther mit dieser Einräumung begab. In einem Brief aus jener Zeit schreibt er, Luther habe nicht die Absicht gehabt, die Autorität des Konzils zu bestreiten, sondern habe lediglich angeführt, dass Konzile keine neuen Glaubensartikel erlassen könnten. Er habe weiter nichts gesagt, als dass das Konstanzer Konzil nicht alle Glaubensartikel der Böhmen als ketzerisch verdammt habe.[27] Doch der Schaden war schon angerichtet. Sebastian Fröschel erinnerte sich, er habe einmal Luther beiläufig zu Eck in Gegenwart von Herzog Georg sagen hören, dass unter den in Konstanz verdammten Glaubensartikeln einige »fromme und christliche« gewesen seien. Herzog Georg sei sehr schockiert darüber gewesen: »Darauf sprach Herzog Georg mit lauter Stimme, daß man's übers ganze Auditorium hörte: ›Das walt die Sucht‹, schüttelte den Kopf und stemmte beide Arme in die Seiten.«[28] Wie auch immer man Luthers Bemerkungen interpretierte, es war klar, dass er allmählich auf den Ideen aufbaute, die er in Augsburg entwickelt hatte: dass die Heilige Schrift über der Autorität der Päpste, Konzile und Kirchenväter stand. Eck erachtete auch andere Aussagen Luthers als »ärgerlich« und »ungereimt«, so seine Überzeugung, dass die Existenz des Fegefeuers nicht aus der Heiligen Schrift bewiesen werden könne. Doch wenn der Papst allein gemäß dem menschlichen Gesetz Oberhaupt der Kirche sei, wer habe Luther dann, fragte Eck, das Ordenskleid gegeben, das er trage, wer habe ihm die Macht gegeben, »zu predigen und die Beichte der Pfarrkinder zu hören«? Worauf Luther erwiderte, er wünschte, dass es nicht die Bettelorden seien. Kritik an Bettelmönchen war damals nicht ungewöhnlich, doch wenn sie von einem Augustiner kam, durfte dieser dafür kaum Anerkennung von seinen Ordensbrüdern erwarten.[29]

Die Debatte endete mit einer Reihe von Wortgefechten zwischen Eck und Karlstadt, bei denen Letzterer erneut darauf beharrte, alles menschliche Tun sei Sünde. Selbst die Heiligen sündigten, verkündete Karlstadt: »Das ist, böse Begierden in der Natur fühlen, welche nicht aufhören werden, solange uns das Sterbliche noch überkleidet; wenn aber der Tod verschlungen sein wird in den Sieg, dann wird das gute Wollen ohne böse Begierde sein, dann wird Wollen und Vollbringen da sein.« Er ging so weit zu behaupten, gute Werke seien immer »unrein«, wie der »Unflat«, der aus dem Körper der Frau tropfe – nichts hätte schockierender und abstoßender sein können als der Vergleich mit dem Menstruationsblut. Eck hielt dagegen, wenn alle guten Werke schlecht wären, würde die Beichte gegenstandslos und Menschen müssten nichts tun, um ihre Erlösung zu erwirken – dann könnten sie essen, trinken und fröhlich sein und dabei alles Gott überlassen. Das war eine grelle Travestie von Karlstadts Position. Doch es zeigte, wie unbequem die neuen Ideen sein konnten und wie schwer es war, sie den gewohnten Ansichten über die menschliche Natur anzupassen.[30]

Die Vorstellung von der Sündhaftigkeit allen menschlichen Tuns rückte von da ab ins Zentrum des frühen reformatorischen Denkens. Es ist schwer zu begreifen, aber es war offensichtlich eine Vorstellung, die ein Mann wie Karlstadt befreiend fand. Man konnte daraus ein negatives Menschenbild ableiten und eine Feindseligkeit gegenüber allem entwickeln, was »Fleisch« war, wie es bei Karlstadt der Fall war. Nicht aber bei Luther, bei dem dieses Denken zu einer überraschend positiven Haltung gegenüber der Körperlichkeit führte. Dahinter steckt der uns heute aus der Psychoanalyse vertraute Gedanke, dass alle unsere Handlungen – und insbesondere die, auf die wir besonders stolz sind –, selbst wenn wir glauben, sie entsprängen höchst löblichen Motiven, mit Sünde behaftet oder, wie wir es heute ausdrücken würden, von recht düsteren psychischen Trieben wie Wut, Stolz oder Neid gesteuert sind. Deshalb können gute Werke, weit entfernt davon, durch ihre Häufung den Sünder vor Gott annehmbar zu machen und ihm zu seiner Erlösung zu verhelfen, nichts dazu beitragen, aus uns etwas anderes zu machen als das, was wir sind – unvollkommene Wesen. Doch während Karlstadt und Luther bestritten, dass Menschen einen freien Willen haben, argumentierte Eck, eine solche Auffassung führe zum Antinomismus, zu einer Situation, in der Menschen alle Gesetze ablehnen und alle Arten von Sünden begehen. Dieses Thema sollte bald zu einem tiefen Riss im reformatorischen Denken führen.

Leipzig war eine Niederlage für Luther, wie er bitter feststellte, als er Lang mitteilte, Eck brüste sich bereits mit seinem Sieg.[31] Seine Unterstützer versuchten, die Niederlage ein wenig zu übertünchen. Mosellanus erklärte: »Eck triumphirt bei allen, die wie Esel, die der Leier zuhören, die Sache nicht verstehen (…) oder den Wittenbergern sonst gram sind.« Und Amsdorf schrieb einem Freund, wolle man Eck mit Luther vergleichen, sei das wie »Stein oder mehr Unflat und Koth mit dem allerschönsten und reinsten Golde vergleichen«. Doch sogar Amsdorf musste einräumen, dass Eck »allzeit das letzte Wort gehabt und am sehrsten geschrieen« und darin Luther übertroffen habe, dass er »sehrer schreiet« und auf jedes Argument Luthers acht oder neun Gegenargumente gehabt und sich das letzte Wort gesichert habe.[32] Die Zuhörer schrieben also Eck die Lorbeeren zu. Er hatte es allein mit zwei Gegnern aufgenommen, hatte wie Herkules und Samson mit Argumenten gekämpft, die mit »voller und recht deutscher Stimme« auf seine Gegner herabgeregnet waren. Luther und Karlstadt waren von einem ganzen Trupp von Mitarbeitern begleitet worden: von Lang, Melanchthon, drei Juristen und einer Schar Graduierter, die alle nachts über dem Protokoll der Debatte brüteten und Luther tagsüber unterstützten.[33] Doch auch mit ihrer vereinten Gelehrtheit brachten sie es nicht fertig, die Klippe, die Eck darstellte, zu überwinden.

Luther war besonders verärgert darüber, dass die Leipziger Eck eine Robe und einen schönen »Camelot«, einen Mantel aus Kamel- oder Ziegenhaar, geschenkt hatten.[34] Solche Ehren waren den Wittenbergern nicht zuteilgeworden, die bei ihrer Ankunft nur den obligatorischen Willkommenstrunk erhielten, während Eck in der ganzen Stadt gefeiert wurde. Luther glaubte, Eck sei allein durch Selbstherrlichkeit und Neid angetrieben worden, eine Unterstellung, die für sein übriges Leben ein Leitmotiv für jeden Bericht über ein Streitgespräch wurde, am stärksten in seinen kurzen autobiographischen Betrachtungen, die seiner Sammlung der lateinischen Werke von 1545 vorangestellt sind.[35] Ecks Unterstützer warfen Luther dagegen Eigennutz vor.

Die gegenseitigen Beschuldigungen und die Fixierung auf den »Neid«, die auf beiden Seiten vorhanden war, lassen erkennen, dass die Debatte bei allen Beteiligten verstörende Gefühle auslöste. Als Eck kurz vor seinem Tod 1538 an die Ereignisse zurückdachte, wunderte er sich, warum alles so unerfreulich gewesen war: Seine späteren Disputationen mit den Schweizer und den süddeutschen Protestanten seien bei weitem nicht so feindselig gewesen.[36] Johannes Cochläus, der Jahre später über die Leipziger Disputation schrieb, lenkte die Aufmerksamkeit wiederholt auf Luthers Zorn. Als er sich bei der Frage, wer Schiedsrichter der Disputation sein solle, nicht durchsetzen konnte, sei Luthers Gesicht zornig gewesen, Wut habe ihn überkommen, und als Eck ihn beschuldigte, ein Anhänger von Hus zu sein, habe Luther wütend auf Deutsch gerufen, das sei eine Lüge.[37] In einer akademischen Debatte ins Deutsche auszurutschen war schlechter Stil. Sogar Mosellanus hielt fest, Luther habe die Tendenz, seine Gegner »etwas zu frech und beißig« ab-

zustrafen, mehr, als es einem Theologen anstand. Diesen Fehler hätten
»wohl alle, die etwas spät gelehrt worden sind, an sich«, fügte er hinzu –
ein Kommentar, der vielleicht verrät, wie sehr Luther noch immer ein
intellektueller Außenseiter war und wie unbeholfen sein öffentliches
Auftreten wirkte. Denn er fiel immer wieder aus der Rolle: Johannes
Rubius schrieb, dass er auf dem Leipziger Marktplatz gesehen habe,
wie Luther sich an einem Blumensträußchen festhielt, als ob er eine Geliebte erwartete oder sich an einen Siegerkranz klammerte.[38]

Als die Disputation schließlich Ende Juli vorüber war, machten sich
Luther und Karlstadt still aus der Stadt davon, während Eck blieb, um
seinen Triumph zu genießen, bevor er gemächlich nach Ingolstadt zurückkehrte. Der einzige Fehltritt, der ihm unterlief, war ein Brief über
die »Freudenmädchen« von Leipzig, der die Runde machte und seine
Feinde auf den Gedanken brachte, dass seine Bekanntschaft mit den
Damen von Leipzig wohl nicht rein platonisch gewesen war.

Die Universitäten von Paris und Erfurt sollten den Sieger der Disputation benennen, und bis zur Verkündung ihrer Entscheidung waren
alle Veröffentlichungen über die Sitzungen verboten. Keineswegs überraschend gingen beide Universitäten die Sache schleppend an, Erfurt
lehnte es schließlich ganz ab, eine Entscheidung abzugeben. Das Urteil
aus Paris kam erst im April 1521, und es war dann keine Stellungnahme mehr zur Disputation selbst, sondern zur häretischen Natur
von Luthers Schriften.[39] Doch es war inzwischen ohnehin nicht mehr
von Belang. Eck und Luther hatten beide schon lange den Buchdruck
genutzt, um jeweils ihre Seite der Geschichte zu verbreiten. Mit einem
Vorwort über den Verlauf der Leipziger Sitzungen ließ Luther seine
Positionen noch einmal in der Form drucken, wie er sie vor dem Streitgespräch ausgearbeitet hatte. Er veröffentlichte seinen *Sermon gepredigt zu Leipzig auf dem Schloß* über Matthäus 16,13–19, der seine
Auslegung des Verses »Auf diesen Felsen will ich meine Kirche bauen«
enthält. Wieder unterstellte das Vorwort, Eck sei von Neid getrieben
gewesen: »(...) der Neidhammel mag die Wahrheit anfechten, aber er
kann niemals obliegen.«[40] Mit einem langen Brief an Spalatin als Vorwort folgte im August sein Kommentar zu seinen Leipziger Thesen, in

dem er die Debatte zusammenfasste: Anfang September war die Schrift bereits vergriffen. Im Dezember schließlich wurde in Erfurt von Luthers Unterstützern ein inoffizielles Protokoll der Debatte veröffentlicht, das schnell nachgedruckt wurde.[41] Humanisten in Leipzig und Wittenberg, der Hebraist Johannes Cellarius, Johannes Hessius Montanus und Rubius – alle schrieben sie konkurrierende Berichte, droschen aufeinander und auf die zugehörige Universität ein. Der Ton der Wortwechsel wurde im fortwährenden Nachgeplänkel der Debatte sogar noch schärfer und verschob sich von einem Zank unter Humanisten zu einer weit umfassenderen Diskussion über religiöse Wahrheit, in der Cellarius schließlich verkündete, Luther liebe die evangelische Wahrheit mehr als alle seine Gegner zusammengenommen.[42]

Eck für seinen Teil veröffentlichte eine Folge von Pamphleten, in denen er Luther beschuldigte, vom Glauben abgefallen zu sein und die gemeinsam vereinbarten Bedingungen für die Disputation verletzt zu haben. Seine letzte Salve war eine Sammlung von Dokumenten einschließlich Briefen Luthers aus der Zeit der vorbereitenden Verhandlungen, die laut Eck bewiesen, dass Luther heimtückisch gehandelt hatte. Er übersetzte alles ins Deutsche, doch er musste die Sammlung gemeinsam mit einem Mitglied seiner Familie veröffentlichen, denn inzwischen hatte er Schwierigkeiten, eine Druckerei für seine Schriften zu finden. Im ganzen Reich waren die Buchdrucker darauf aus, für eine hungrige Leserschaft die neue evangelische Botschaft zu drucken: Werke, die eine konservative Glaubenshaltung propagierten, hatten ihre Bedeutung für den Markt verloren.[43]

Luther erholte sich außerordentlich schnell von dem Leipziger Debakel. Die Sitzungen hatten gezeigt, dass er ein schlechter Darsteller war, der zu persönlichen Beschimpfungen neigte und in Debatten, bei denen er aus dem Stegreif vortragen und argumentieren musste, nicht glänzen konnte. Er sei »harsch« gewesen, wie er in der Vorrede zu den wiederveröffentlichten Leipziger Artikeln selbst zugibt, und er hatte sich nicht in der maßvollen und friedfertigen Weise verhalten, die Mosellanus angemahnt hatte. Politisch hatte er sich bestenfalls als naiv gezeigt, indem er mit einer bewaffneten Horde Wittenberger Stu-

denten anreiste, so dass er kaum auf die Unterstützung der rivalisierenden Universitätsstadt Leipzig zählen konnte. Während Eck mit der
Leipziger Elite plauderte, verbarrikadierte sich Luther mit seinen Gefährten. Nicht einmal die Audienz, die ihm der Herzog gewährte, verstand er zu nutzen. Sollte Georg der Bärtige vor der Debatte der neuen
Theologie gegenüber aufgeschlossen gewesen sein, so war er es bestimmt nicht mehr nach der Disputation, die klar enthüllte, dass
Luthers Theologie einen radikalen Bruch mit der traditionellen Kirche
darstellte. Das war ein ernster Rückschlag für die evangelische Bewegung. Dass der Cousin des Kurfürsten und Herrscher des albertini-
schen Sachsen sich der Reformation entgegenstellte, sollte bis zum Tod
des Herzogs 1539 ein Dauerproblem für Luther werden.

Dennoch holte Luther schon wenige Monate später zu einem neuen
Coup aus. Dazu trug bei, dass die führenden deutschen Humanisten
mit Eck nichts zu tun haben wollten und ihm wegen seines früheren
Angriffs auf Erasmus ihre Unterstützung versagten. Männer wie Justus Jonas und Petrus Mosellanus verspotteten Eck als ehrgeizigen
Aufschneider, der um seines Ruhmes willen einen Gladiatorenkampf
mit Luther führe. Ecks Schärfe der Beweisführung und seine Tricks,
die dem Leipziger Publikum gefallen hatten, kamen bei ihnen schlecht
an. Im Sommer 1520 erhielt Ecks Ruf zudem einen schweren Schlag
– wovon Eck sich nie mehr erholte –, als eine großartige lateinischspra-
chige, anonyme Satire voll Wortwitz, Anagrammen und humanistischem Scharfsinn erschien. Der *Eckius dedolatus* (»Der enteckte Eck«)
war eine der besten Satiren der Epoche, ein Feuerwerk von Geistes-
blitzen, das einem Aristophanes Ehre gemacht hätte. Hatte Luther die
Leipziger Debatte noch als Tragikomödie beschrieben, so wurde sie
jetzt zur reinen Farce: Von übermäßigem Alkoholgenuss krank, schickt
Eck seine eigene Hexe Canidida nach Leipzig, um einen Arzt zu holen
und bei Rubius um Rat zu fragen. Der Wächter am Tor sagt ihr, »sie
finde die Wohnung des Mannes in der nächsten Synagoge«, womit
Luthers Gegner in die Nähe von Juden gerückt wurden. Höhepunkt
der Satire ist der Rückflug nach Ingolstadt auf einem Ziegenbock, der
sich in die Luft schwingt, sobald die Namen Hoogstraaten und Pfef-

ferkorn rückwärts gesprochen werden. Beim Flug über Nürnberg und Augsburg nach Ingolstadt entleert sich Rubius, Ecks enger Unterstützer, auf dem Bock: Er ist, legt der Autor nahe, ein Poet, der nur »Scheiße von sich gibt«.[44]

Die zweite Hälfte der Satire bedient sich szenisch bei studentischen Initiationsritualen und nimmt abermals Ecks Namen wörtlich: Der Chirurg schleift Ecks Ecken ab. Die Szene gipfelt in der Kastrierung von Eck – Ecks mutmaßliche Tändeleien mit den Damen von Leipzig hatten bereits die Runde gemacht –, und der Chirurg erklärt, er werde jetzt »diesem Enkelchen der Venus diesen Auswuchs (...) entfernen und ihm, wie einem Knaben seine Klapper, um den Hals hängen«.[45] Hexen, Darmentleerung, Kastration: Die tödliche Wirkung der Satire bestand darin, Eck mit den alten Garden Hoogstraaten, Pfefferkorn und anderen Gegnern der Humanisten in einen Topf zu werfen, die so witzig in den *Dunkelmännerbriefen* entlarvt worden waren, einem Text, der während der Verfolgung des Hebraisten Johannes Reuchlin durch die Dominikaner erschienen war. Luther ist, so legt die Satire nahe, ein neuer Reuchlin, dessen Sache jeder Humanist unterstützen sollte. Ironischerweise zählte Eck einst zu Reuchlins standhaftesten Unterstützern, doch der *Eckius dedolatus* zerstörte Ecks Ruf und schloss ihn für immer aus dem Kreis der Nürnberger Humanisten aus, dem er sich mit Stolz angeschlossen hatte. (Als Urheber der Satire vermutete man den Nürnberger Anwalt Willibald Pirckheimer. Eck hielt ihn sicher für den Autor und sorgte aus Rache dafür, dass Pirckheimer, obwohl die Satire keinen häretischen Inhalt hatte, in die Bulle von 1520 aufgenommen wurde, die Luther verdammte. Pirckheimer selbst wurde offiziell exkommuniziert und zusätzlich damit gedemütigt, dass er bei Eck persönlich um Absolution bitten musste, die ihm Ende 1520 erteilt wurde.)[46]

Doch die Unterstützung der Humanisten war nicht der einzige Grund, weshalb Luther den Rückschlag von Leipzig letztlich überwand: Ecks Sieg erwies sich als bedeutungslos, weil er nichts an der Sache änderte. Ein Jahrzehnt später beschreibt Luthers Gegner Johannes Cochläus, wie Luther mit bestürzender Geschwindigkeit von einer Häresie zur nächsten eilte. Kaum wurde eine Behauptung widerlegt, vertrat Luther bereits eine andere, noch extremere Position. Und das Publikum wartete begierig darauf, was er als Nächstes ansprechen, wo er als Nächstes angreifen würde.

Luther lieferte bald neuen Stoff. Im Dezember 1519 griff er Ecks Schmähung auf, er sei ein Hussit, und trat in einer Predigt dafür ein, dass ein Konzil prüfen solle, ob nicht auch Laien das Altarsakrament in beiderlei Gestalt, Brot und Wein bekommen müssten.[47]

**23 und 24** Martin Luther, *Eyn Sermon von dem Hochwirdigen Sacrament*, Wittenberg 1519 (VD 16 L 6358): Die Forderung, dass auch Laien Wein bekommen sollten, wurde auch in Illustrationen deutlich gemacht. Die erste Seite zeigte eine Monstranz, in das die Hostie gelegt und das herumgezeigt wurde. Auf der nächsten Seite sah man einen mit Wein gefüllten Kelch und gegenüber Luthers provokative Erklärung: »Es ist aber meiner Meinung nach richtig, dass die Kirche in einem gemeinsamen Konzil anordnete, dass man allen Menschen beiderlei Gestalt reiche, wie den Priestern.«[48]

Das Altarsakrament, argumentierte Luther, sei von Christus gestiftet worden und habe zwei Bestandteile, Brot und Wein, deshalb müssten auch Laien und nicht nur der Klerus beides erhalten. Als er sich damit an die Öffentlichkeit wandte, und das auf Deutsch, stellte Luther eine Forderung auf, die von Laien leicht begriffen werden konnte. Herzog Georg alarmierte sofort den Kurfürsten über Luthers neueste Verkündung und schrieb zugleich an die Bischöfe von Merseburg und Meißen.[49] Das war böhmisches Gift: Dass Wein auch an die Gemeinde ausgeteilt wurde, war genau das, wofür Jan Hus sich eingesetzt hatte. Das Sakrament in Brot und Wein auszuteilen war radikaler und häretischer als alles, was Luther in Leipzig vorgetragen hatte. Und anders als sein Beharren auf der Sündhaftigkeit menschlicher Werke oder sein Angriff auf den Ablass war es keine theologische Meinung, sondern eine einfache Forderung nach einer praktischen Reform, die vom einfachen Volk aufgegriffen werden konnte und die zu weitreichenden Änderungen in jeder Pfarrgemeinde führen würde. Obwohl Luther so vorsichtig war einzuräumen, dass auch denjenigen, die nur Brot bekamen, noch das ganze Sakrament zuteilwurde, war der Geist aus der Flasche.[50] Es war diese Forderung nach Erteilung der Kommunion mit beiden Elementen, die die Reformation in ihren Anfängen populär machte, denn nun wollte eine Pfarrgemeinde nach der anderen zusammen mit dem Brot auch Wein bekommen. Luthers Forderung war überdies ein Frontalangriff auf den Klerus als dem priesterlichen ersten Stand, der es aufgrund dieser Sonderstellung angeblich verdiene, alle eucharistischen Gaben und nicht nur das Brot gespendet zu bekommen. Es war nur eine Frage der Zeit, bis Luther zum Angriff auf das Wesen der Priesterschaft ausholen würde. Seine Kritik am Ablass hatte die päpstliche Autorität und die kirchliche Hierarchie angegriffen, jetzt hinterfragte er etwas, das jedes Gemeindemitglied aus eigener Erfahrung kannte.

Damit nicht genug, ging Luther noch weiter und griff die wichtigsten religiösen Laienorganisationen an: die Bruderschaften, die das System der Ablässe untermauerten, in dem die Gläubigen organisiert füreinander um Erlösung beteten. Diese Bruderschaften, schrieb Luther, seien nichts weiter als Entschuldigungen für »fressen, saufen, unnützes Geld ausgeben, plärren, schreien, schwätzen, tanzen und die Zeit vertun ... Wenn man eine Sau zu einer solchen Bruderschaft geben würde, würde die es nicht aushalten.«[51] Luther begann, einen eigenen deutschen Prosastil zu entwickeln, der schwungvoll, lebendig, energisch und erdverbunden wie Bruegels Bilder war und gespickt mit aneinandergereihten Verben.

Der Markt für Texte dieser Art wuchs. In den Monaten nach der Leipziger Disputation explodierte plötzlich der Buchdruck. Zwischen 1518 und 1525 überflügelten Luthers auf Deutsch publizierte Schriften die der 17 produktivsten Schriftsteller zusammen. Tatsächlich gingen allein 20 Prozent aller im deutschen Buchdruck veröffentlichten Werke zwischen 1500 und 1530 auf das Konto von Luther.[52] Infolge seiner Arbeitsleistung wurde der Buchdruck einer von Wittenbergs neuen Industriezweigen und stellte Leipzig weit in den Schatten: Als Georg der Bärtige sich gegen die Reformation stellte und den Druck von Luthers Schriften verbot, fiel die Zahl der Veröffentlichungen in Leipzig zur Bestürzung der Leipziger Buchdrucker von durchschnittlich 140 auf 43. Katholische Schriften fanden keine Abnehmer mehr.[53]

Nicht nur Theologen sahen zu, dass ihre Werke gedruckt wurden. Jetzt schalteten sich auch Laien ein und stellten sich auf Luthers Seite, und ihre Werke fanden begierige Leser. Ein Hinweis darauf, was kommen sollte, war 1519 die Veröffentlichung der auf Deutsch verfassten *Schutzred und christenliche Antwort ains erbarn liebhabers goetlicher wahrhait der hailigen geschrifft ...* des Nürnberger Ratsschreibers und Laien Lazarus Spengler, jener Flugschrift, von der der Autor des *Eckius dedolatus* behauptete, Eck wolle sie verbrennen.[54] Spenglers Breitseite wurde in Nürnberg, Basel, Leipzig, Wittenberg und Augsburg veröffentlicht, es gab sogar eine zweite Auflage. »Ob Luthers Lehre der christlichen Ordnung und der Vernunft gemäß ist, stelle ich der Beurteilung eines jeden vernünftigen frommen Menschen anheim«, schrieb Spengler, »das aber weiß ich ohne Zweifel, dass mir, der sich selbst für keinen hochvernünftigen Gelehrten oder Kenner hält, mein Leben lang niemals eine solche Lehre oder Predigt mit so starker Wirkung auf meinen Verstand vorgekommen ist.« Diejenigen, die Luthers Lehre als »Sauerbier« angriffen, seien es nicht wert, seine Schnürsenkel aufzuknoten. Insbesondere griff Spengler diejenigen an, die behaupteten, Luthers Lehre tauge nur für Universitäten und Gebildete: Wenn sie gerecht sei und von Gott komme, dann solle sie öffentlich verkündet werden, und nicht nur an Universitäten oder, um es richtiger zu sagen, in jüdischen Synagogen.[55] Die Rhetorik der Luther-Anhänger setzte immer häufiger die Scholastik und konservative Universitätsgelehrte mit Juden gleich, eine Mobilisierung von Antisemitismus, die zu einem schwierigen Erbe für die Bewegung wurde.

So wie Spengler Luthers Lehre verstand, griff sie die Missbräuche in der katholischen Kirche an und gründete auf der Heiligen Schrift. Hinsichtlich Luthers positiver Theologie war Spengler weniger deutlich: Luther befreie das Gewissen von den Irrtümern und falschen Zweifeln, die es bedrückten und die die Christen bisher mehr eingeschüchtert als getröstet und sie in die Verzweiflung getrieben hätten, statt sie ge-

25 Die Lutherrose, das Monogramm, das er für sich wählte und das bald berühmt werden sollte, ist in einem Schild am unteren Rand des Holzschnitts angebracht, der ihn gestikulierend zeigt, als ob er predigte. Er trägt seinen Doktorhut und die Mönchskutte und wird als Augustiner und Wittenberger bezeichnet, auch wenn der Künstler nicht genügend Platz fand, den Namen von Luthers Universität auszuschreiben.[56]

sunden zu lassen, obwohl der Weg zum Seelenheil »ganz süß und heilsam« sei.[57] Mit anderen Worten: Es hatte für ihn den Anschein, als wiederhole Luther recht viel von dem, was Staupitz gepredigt hatte. Zu diesem Zeitpunkt konnte Spengler – auf dessen Engagement sich unter anderem Staupitz' karitative Bruderschaft in Nürnberg stützte – keinen echten Unterschied zwischen Luther und seinem ehemaligen Beichtvater erkennen. Alle schienen vereint zu sein im Kampf gegen die gierigen Ablasshändler.

Vor der Leipziger Disputation war Luther ein Unbekannter gewesen. Jetzt, im Kielwasser des Streitgesprächs, erschien als erste überlieferte Abbildung von ihm ein Holzschnitt auf dem Titelblatt seiner gedruckten Leipziger Predigt. Sie zeigt ihn als jungen, zurückhaltenden Mönch, wobei die riesige Kutte und das Barett nichts von seiner körperlichen Erscheinung ahnen lassen. Die umlaufende Inschrift bezeichnet ihn als »Doctor Martinus Lvtter. Avgvstiner: Wittenb:«, der Künstler hatte offensichtlich Mühe, die Buchstaben leserlich zu gestalten. Kaum ein Jahr nachdem Cranach den Reformator auf einem Kupferstich abgebildet hatte, der das berühmteste Bild Luthers wurde, war sein Aussehen so bekannt, dass man von fortan seinen Namen nicht mehr dazusetzen musste: Jeder wusste, das war Luther.

# Die Freiheit eines Christenmenschen

Das Jahr nach der Leipziger Disputation war die intellektuell kreativste Phase in Luthers Leben. Die Entwicklung seiner Standpunkte erhielt in dieser kurzen Zeit einen außerordentlichen Schub. Das Streitgespräch mochte für Zeitgenossen wie ein Streit zwischen zwei rivalisierenden Universitäten ausgesehen haben, ein Kräftemessen zwischen Männern mit notorisch großen Egos und nur für Gelehrte von Interesse. Doch spätestens 1520 war die »Lutherische Sache« in aller Munde, und sie betraf nicht nur die Kirche, sondern auch die Politik und die Beziehung zwischen Kaiserreich und Papsttum. Diese Veränderung erscheint gebündelt in Luthers drei Hauptwerken von 1520: *An den christlichen Adel deutscher Nation, Von der babylonischen Gefangenschaft der Kirche* und *Von der Freiheit eines Christenmenschen.* Diese Schriften bedeuteten den unwiderruflichen Bruch mit Rom und bildeten die Fundamente, auf denen schließlich eine neue Kirche errichtet wurde, die die westliche Christenheit für immer spaltete.

Was führte zu dieser Entfesselung intellektueller Kreativität? Frühere Historiker erzählten Luthers Werdegang als Geschichte einer Entfaltung des Unvermeidlichen: Nach seinem »religiösen Erwachen« im Turm – eine Erfahrung, die sie auf einen Zeitpunkt weit vor 1517 datierten – sei die Reformation in logischer Folge geradewegs daraus hervorgegangen. Doch obwohl, wie wir gesehen haben, Staupitz und viele andere Luthers Auffassung von der Gnade und der Gerechtigkeit Gottes teilten und gleichfalls zu jener mystischen Religiosität neigten, die Luthers Glauben in jener Zeit charakterisierte, schlossen sie sich seinem Angriff auf die Kirche nicht an. Und Luther selbst gelangte erst schrittweise während der Auseinandersetzung mit seinen Gegnern zu seiner ausgereiften Theologie.

Später datierte Luther seine spirituelle Neuorientierung in die Zeit nach der Leipziger Disputation, und seine in dieser Phase – sofern er sich an das Datum richtig erinnerte – erlangte souveräne Gewissheit, dass er die Gerechtigkeit Gottes nun verstanden habe, erklärt vielleicht diesen Energieschub. Als Außenstehender könnte man freilich meinen, er habe diese intellektuelle Position bereits 1515 in seiner Vorlesung über den Römerbrief vertreten. Wie auch immer es tatsächlich gewesen sein mag – als Luther diese zutiefst kreative Schaffensperiode erreichte, muss etwas Grundlegendes und Neues in ihm zutage getreten sein, das seine religiöse Praxis, seine theologische Orientierung und seine engsten Freundschaften einschloss.

Als Erstes änderte sich infolge der Leipziger Debatte Luthers Haltung zu seiner mönchischen Pflicht, ein Leben im Rhythmus der Stundengebete zu führen, die den Tagesablauf eines Mönchs bestimmten und viel von seiner Zeit beanspruchten.[1] Selbst als Staupitz ihn nach der Augsburger Disputation von seinem Gelübde befreit hatte, war es Luther schwergefallen, die Stundengebete aufzugeben, als ob er diese Bürde nicht ablegen könnte. Irgendwann 1520 jedoch hörte er ganz damit auf. 1531 erinnerte er sich: »Unser Herrgott hatte mich mit Gewalt von den kanonischen Gebetsstunden [horis canonis] weggerissen im Jahre 1520, als ich schon viel schrieb, und sparte oft acht Tage meine Stunden [horas] zusammen; an einem Sonnabend zahlte ich sie nacheinander ab, wobei ich den ganzen Tag weder aß noch trank und schwächte mich derart, dass ich nicht mehr schlafen konnte, so dass man mir Doktor Eschs *haustum soporiferum* geben musste, welches ich noch in meinem Kopf fühle.«[2] Am Ende hatte er ein ganzes Vierteljahr angesammelt, »da wurde es mir zu viel und ich ließ es ganz weg«.[3] Die daraus resultierende Befreiung – und die viele Zeit, die plötzlich zur Verfügung stand – spielte vermutlich eine große Rolle bei der Entfesselung der Kreativität, die er 1520 erlebte: Jetzt konnte er sich ganz ohne Unterbrechung und auch ohne Schuldgefühle dem Schreiben und Denken widmen.

Alles das wurde umso intensiver, je mehr sich seine Positionen radikalisierten, je näher eine Vorladung nach Rom und ein Verfahren wegen Häresie rückten. Wie in seiner Umgebung alle wussten, würde ein solches Verfahren mit dem Scheiterhaufen enden. Mit jedem neuen theologischen Ansatz wurde er kühner, denn es gab immer weniger zu verlieren – und das brachte ihn dazu, alle logischen Konsequenzen der theologischen Positionen, die er eingenommen hatte, neu zu überdenken. Am 24. Juni 1520 wurde die Bulle veröffentlicht, in der Luthers Lehre verurteilt wurde, und man räumte ihm eine Frist von 60 Tagen ein, um zu widerrufen, sonst würde er als »notorischer Häretiker« gebannt. Die Sprache war eisig und gespickt mit Tier- und Jagdmetaphern: Es sind »Füchse aufgestanden, die sich unterwinden, deinen Weinberg zu verwüsten«, »ein wild hauend Schwein aus dem Walde« wolle »den Weinberg Gottes verderben«, den Petrus und seine Nachfolger, die Päpste, pflegten, und »ein sonderlich wild Thier« wolle ihn »verzehren«, das Schaf brauche Schutz – diese Metaphern sind womöglich der Tatsache geschuldet, dass Papst Leo die Bulle am 2. Mai 1520 bestätigte, nachdem er einer Wildschweinjagd auf seinem Schloss Magliana südwestlich von Rom beigewohnt hatte.[4] Luther hatte zuvor die Einigungsversuche Cajetans und des päpstlichen Gesandten Karl von Miltitz abgelehnt, es gab somit kein Zurück im Kampf mit der Kurie. Hartnäckig hielten sich Gerüchte, man trachte Luther nach dem Leben. So wurde beispielsweise berichtet, ein Doktor der Medizin, der sich selbst durch magische Künste unsichtbar machen könne, sei beauftragt worden, ihn zu ermorden.[5]

Alles das fiel zusammen mit einem bedeutenden Wandel in Luthers Denken und im Charakter seiner Religiosität. Bis zu diesem Zeitpunkt war er sehr von der *Theologia deutsch* beeinflusst gewesen. In den Monaten bis zur Leipziger Disputation verteidigte Luther energisch den mystischen Text gegenüber Eck, der darauf bestand, dass die *Theologia deutsch* und andere Werke von Autoren wie Johannes Tauler nicht die Autorität der Kirchenväter hätten und deshalb im Streitgespräch nicht zitiert werden sollten. Luther beschuldigte Eck, er verleumde diese Texte lediglich, weil sie auf Deutsch geschrieben seien und nicht auf Latein, und er fand, ihre fromme Ausdrucksweise sei der beste Führer für jeden Christen. Wenngleich die *Theologia deutsch* mit Luther und dem Augustinismus die negative Haltung gegenüber Werken teilte, die von Menschen geschaffen wurden, so lehrte sie doch, dass Individuen durch intensive, andächtige Frömmigkeit ihren Willen mit dem Willen Gottes in Übereinstimmung bringen konnten. Dieser Fokus auf die Möglichkeit der menschlichen Natur, sich zu vervollkommnen, passte immer weniger zu Luthers Auffassung, dass es keinen freien Willen gebe. Doch er fuhr fort, das Buch zu preisen, obwohl er sich mit seiner eigenen religiösen Praxis von ihm entfernte, da er immer weniger Zeit mit der Kontemplation verbrachte.[6]

Das Gebet blieb dennoch ungeheuer wichtig für Luther. Aus einer kleinen Schrift, die er 1535 verfasste, wissen wir, dass er auf den Knien oder im Stehen betete, dabei die Hände faltete und mit geöffneten Augen zum Himmel blickte. Nach seiner Beschreibung war das Gebet ein Prozess, bei dem »ein hertz zu sich selbs komen und warm werden« solle. Luther wies den Gläubigen an, über jede Zeile des »Vaterunser« nachzudenken, sie in seinem Gebet auszuformen und anschließend die Zehn Gebote durchzugehen, von denen jedes »wie ein Lehrbüchlein, wie ein Gesangsbüchlein, wie ein Beichtbüchlein, wie ein Gebetsbüchlein« betrachtet werden solle. »Wer nun noch Zeit übrig«, könne ein Glaubensbekenntnis hinzufügen, schlug er vor. Seine Anweisung trägt deutliche Spuren des methodischen Betens der Stundengebete, gleichwohl ist er mehr auf Intensität als auf Länge bedacht: »(...) ein gutes Gebet soll nicht lang sein, (...) sondern öfter wiederholt mit Inbrunst ausgeführt werden.«[7]

Da Luther sich nun von der Spiritualität entfernte, die er bei Staupitz kennengelernt hatte, veränderte sich auch sein Verhältnis zu seinem ehemaligen Generalvikar und Beichtvater. Obwohl er sein Leben lang stets Staupitz als seinen einzigen Lehrer würdigte, mit dem alles begonnen habe, finden sich jetzt in seinem Briefwechsel Hinweise, dass sein Verhältnis zu ihm weitaus ambivalenter war. Als ihm 1516 zu Ohren kam, dass Staupitz nach dem Willen des Kurfürsten Bischof von Chiemsee werden sollte, einem traumhaft schönen Bischofssitz,

schrieb Luther an Spalatin, er werde diesen Plan in keiner Weise unterstützen. Bischof zu sein bedeute, so beteuerte er, »in Schwelgerei, Sodomiterei und nach römischer Weise zu leben« und »das Besitzthum,
das heißt, die unersättliche Hölle des Geizes auf(zu)bauen«. Obwohl
er sorgsam darauf hinwies, dass Staupitz natürlich weit entfernt von
solchen Lastern sei, stellte er Spalatin unverblümt die Frage: »willst
du denn Bürge sein, daß, wenn die Gelegenheit es gibt, ja, wenn
ihn (...) die Noth treibt, dieser Mensch nicht werde hineingezogen
werden in die Wirbel und diese tobenden Stürme der bischöflichen
Höfe?«[8] Zu diesem Zeitpunkt scheint Luther der Ansicht gewesen zu
sein, dass Staupitz' Vorliebe für Luxus – oder vielleicht seine sexuellen
Neigungen, denn die Verben *pergraecari, sodomari, romanari*, die
Luther verwendete, deuten auf homosexuelle oder päderastische Neigungen hin – schwerer wog als sein Eifer, ein christliches Leben zu
führen.

Am 3. Oktober 1519 beklagte sich Luther brieflich bei Staupitz darüber, dass dieser zu beschäftigt sei, um ihm zu schreiben – gewöhnlich
war es gerade umgekehrt, und Luther entschuldigte sich bei seinen
Briefpartnern in einem fort, dass er nicht früher geschrieben habe. Im
selben Jahr im Februar hatte er Staupitz noch in einem geschwätzigen
Brief den neuesten Klatsch über Freunde erzählt. Heiter hatte er geschrieben, der Bischof von Brandenburg habe, während er Holzscheite
ins Feuer legte, die Bemerkung gemacht, er könne keinen ruhigen
Schlaf finden, bis auch Luther in die Flammen geworfen werde. Jetzt,
im Brief vom Oktober, schrieb Luther an Staupitz: »Du verlässest mich
allzusehr« und gestand unter Hinweis auf Psalm 131, er sei betrübt
über ihn »wie ein Entwöhnter über seine Mutter«. Er sei »an Gaben
leer, voll von anderen Gaben« und: »Christus weiß es, wie gar ich dieser nicht begehre, wenn ich ihm nicht dienen kann.« Dies war ein
Appell an seinen Beichtvater, der wie kein anderer seine Anfechtungen
verstand. Dann, im letzten Abschnitt des Briefs, beschreibt Luther
einen Traum: »In dieser Nacht habe ich einen Traum von dir gehabt,
als ob du von mir zurückweichen wolltest, ich aber bitterlich weinte
und Leid trug; aber du winktest mir mit der Hand und sagtest, ich

sollte ruhig sein, du würdest zu mir zurückkehren.« Und er fügte hinzu: »Dies ist gewißlich wahr und gerade am heutigen Tage geschehen.«[9]

Nachdem er eine Zeitlang nichts von Staupitz gehört hatte, litt Luther offensichtlich unter dem, was er als zunehmende Kälte von Staupitz' Seite empfand. Es sollte in der Tat nicht mehr lange dauern, bis die Kluft zwischen den beiden Männern unüberbrückbar wurde, da Staupitz sich weigerte, Luther darin zu folgen, den Papst abzulehnen und die Kirche zu verlassen; schließlich wandte er sich von seinem ehemaligen Schützling ab, als dieser 1521 exkommuniziert wurde. Die Anweisung, die Staupitz Luther in dessen Traum gibt – er möge ruhig sein –, war genau das, was Luther schwerfiel. Tatsächlich hatte er diesen Umstand in einem früheren Brief an Staupitz vom 20. Februar in dramatischer Weise thematisiert: »Gott reißt, treibt, ich kann nicht sagen, führt mich; ich bin meiner nicht mächtig, ich will stille sein und werde mitten in den Lärm hineingerissen.«[10] Und so ist denn auch der Brief vom Oktober voller »Lärm« – angefüllt mit dem Tumult der Disputationen, mit Neid und Streit. Was also bedeutet der Traum? Streckte Staupitz seine Hand Luther entgegen, oder winkte er ihm zum Abschied? Hing die Rückkehr seines Beichtvaters davon ab, ob Luther ruhig oder gelassen *(quietus)* wurde, oder tatsächlich davon, ob er den Mund hielt – denn das lateinische Wort *quietus* könnte auch das bedeuten –, ob er also seinen Kampf gegen den Papst aufgab?

Psychologisch war es vorhersehbar, dass Staupitz die Kopien des Kommentars zum Galaterbrief, die Luther seinem Brief vom Oktober beigelegt hatte, nahezu umgehend zurückschicken würde; er hätte kaum deutlicher machen können, dass er mit dessen neuer Theologie nichts zu tun haben wollte, als durch die Ablehnung des Geschenks seines Schützlings.[11] Im Januar 1521 erinnerte Luther Staupitz daran, was dieser in Augsburg gesagt hatte: »Sei eingedenk, Bruder, dass du dies im Namen unseres Herrn Jesu Christi angefangen hast.«[12] Und er wies Staupitz darauf hin, dass es nun ernst werde. Als dann die endgültige Bannbulle am 3. Januar 1521 veröffentlich wurde, konnte Luther sich Staupitz' Loyalität nicht mehr sicher sein. Im Februar beklagte er sich, sein Beichtvater habe ihn bereits verraten, indem er in seinem Brief an den Papst diesen als Richter akzeptiert habe, denn Leo werde Staupitz sicher zwingen, Luthers Lehre zu bestreiten. In einer Art Warnung unterstrich Luther das ganze Ausmaß von Staupitz' Kapitulation: Wenn Gott ihn liebte, würde er Staupitz drängen, seine Zustimmung zu widerrufen, denn in der Bulle verdamme der Papst alles, was Staupitz selbst ihn bis dahin gelehrt und was dieser geglaubt habe. »Denn hier ist es nicht Zeit sich zu fürchten, sondern zu schreien«, hielt Luther ihm entgegen und fuhr fort: »(...) so sehr du mich zur Demuth ermahnst, so sehr ermahne ich dich zur Hoffahrt. Du hast allzuviel Demuth, wie ich allzuviel Hoffahrt.« Luther stellte Staupitz' »Unterwerfung« (»tua submissio«) der Haltung des Kurfürsten gegenüber, der »nicht allein klug und treu, sondern auch beständig« handele – eine Spitze gegen die Verzagtheit seines Beichtvaters –, und er beschrieb, wie auch andere, etwa der Humanist und Ritter Ulrich von Hutten, das Wort für ihn ergriffen. »Aber es hat mich gar sehr diese deine Unterwerfung in Betrübniß versetzt, und mir einen andern gezeigt als den vorigen Staupitz, den Verkündiger der Gnade und des Kreuzes«, schrieb er weiter, und er fügte hinzu: »Wenn du dieß nun vor der Kenntniß dieser Bulle und der Schmach Christi gethan hättest, würdest du mich nicht betrübt haben.«[13]

Es scheint, als habe Luther erst ein Jahr später noch einmal an Staupitz geschrieben. Staupitz seinerseits schrieb im Oktober 1521 traurig an Wenzeslaus Linck, in ihm habe er nun seinen einzigen Freund, alle anderen müsse er zu seinem Leid entbehren, nie wieder werde er ihre Stimme hören, ihr Gesicht sehen.[14] Luthers Ernüchterung war vollkommen, als Staupitz plötzlich Benediktinerabt wurde und sich in sein geliebtes Salzburg zurückzog, in das er Luther früher eingeladen hatte, als er an ihn geschrieben hatte: »Es ist mein Wunsch, dass du Wittenberg eine Zeitlang verlassest und zu mir kommest, damit wir zusammen leben und sterben könnten.«[15] Luther betrachtete Staupitz' Entscheidung als Verrat, doch kann man schwer darüber hinwegsehen, dass für einen Mann wie Staupitz, der das gute und geordnete Leben liebte, der sich von der Äbtissin des Frauenchiemseer Klosters Ursula

Pfeffinger den besten Fisch zur Seite legen und sich von seinem Freund Christoph Scheurl Orangen schicken ließ, der Rückzug in ein bequemes Leben als Abt in Salzburg ganz und gar seinem Charakter entsprach.[16]

Für Luther war der Verrat wohl ein vielfacher. Das Kirchenrecht erlaubte einem Mönch nur den Übertritt in einen strengeren, nicht in einen weniger strengen Orden. Dieses Prinzip führte natürlich zu viel Streit darüber, welcher Orden die größten Anforderungen stellte, doch man konnte schwerlich behaupten, die Benediktiner seien strenger gewesen als die observanten Augustiner. Staupitz' Ordenswechsel markiert auch seinen Rückzug aus den dramatischen Veränderungen, die innerhalb des Augustinerordens stattfanden, und zwar genau zu dem Zeitpunkt, als man, wie Luther es sah, die Veränderungen durchzuführen schien, für die Staupitz einst gekämpft hatte. Auch wenn Staupitz einige der fundamentalen Glaubenssätze der Augustinischen Theologie geteilt hat, für die Luther eintrat, lag Luther letztlich nicht falsch mit seiner Annahme, dass Staupitz' Rückzug nach Salzburg – wo er sich im Umkreis eines unerbittlichen Gegners der Reformation, des Kardinals Matthäus Lang, bewegen würde – nichts anderes bedeutete, als dass er dessen Zuneigung verloren hatte. Sein Lieblingsschüler, Schützling und Beichtkind habe ihm, wie Staupitz es formulierte, durch die Hände auf den Kopf geschissen.[17] Beide Männer hatten einander idealisiert, und nun waren beide bitter enttäuscht.

Nach 16 Monaten Funkstille schrieb Luther im Juni 1522 an Staupitz und zeigte sich fassungslos über dessen Entscheidung, den Orden zu verlassen, aber entschlossen, kein Urteil darüber abzugeben. Der Ton war nun distanziert. Gegen Staupitz' Vorwurf protestierend, sein Werk »werde von denen hoch erhoben, die in Hurhäusern lägen, und dass viele Ärgernisse aus meinen neueren Schriften entstanden wären«, stellte er richtig, er, Linck und andere hätten bisher »sicherlich so gehandelt und handeln noch so, daß wir das reine Wort ohne Lärmen bei den Leuten lehren«. »Es muß, liebster Vater«, fuhr er fort, »das Reich des Greuels und des Verderbens, des Pabsts, mit seinem ganzen Körper zerstört werden.«[18]

Ein Jahr später, am 17. September 1523, als sich der Augustinerorden auflöste und ein Mönch nach dem anderen aus dem Kloster
austrat, schrieb Luther seinen letzten Brief an Staupitz. Er setzte sich
darin für einen Ordensbruder ein, einen »ehemaligen Gefangenen
Eures Klosters, jetzt aber Freien in Christo«, der Staupitz' Kloster in
Salzburg verlassen hatte und für den er um finanzielle Unterstützung
aus dem »reichen Kloster« bat. Wieder begann Luther den Brief damit, dass er Staupitz für sein Stillschweigen rügte, ihm aber sogleich
versicherte: »Wenngleich wir Ew. Ehrwürden nicht mehr lieb und angenehm sind, so dürfen wir doch gewißlich Ew. Ehrwürden nicht vergessen, oder undankbar sein, durch welchen das Licht des Evangelii
aus der Finsterniß in unseren Herzen zu leuchten angefangen hat.« Er
zeigte sich enttäuscht darüber, dass Staupitz mit dem »berüchtigten
Unthier, eurem Cardinal, eigen geworden« ist – gemeint war Kardinal
Lang. Zwischen Lobpreis und Verwünschung springend, bat Luther
Staupitz inständig: »Ich werde gewiß nicht ablassen zu wünschen und
zu beten, daß Ihr von Eurem Cardinal und Pabstthum abgewendet
werdet, wie ich bin, ja, wie Ihr selbst gewesen seid.«[19] Er unterzeichnete diesen letzten Brief mit »Euer Sohn« (»filius tuus«), doch es kam
zu keiner Versöhnung mehr. Staupitz starb am 28. Dezember 1524,
und im Januar schrieb Luther an Amsdorf, Staupitz' Neffen: »Staupitz
ist aus dem Leben geschieden, nachdem er kurze Zeit seine Macht-
haberstelle verwaltet hat« – eine weitere Spitze gegen den Abt Staupitz.[20] Linck, ebenfalls ein dankbarer Schützling von Staupitz, veröffentlichte posthum dessen letzte Predigten, doch Luther beteiligte
sich nicht daran. Sein Urteil über die Predigten seines ehemaligen
Beichtvaters war hart, sie seien »ziemlich kalt, wie er immer war, und
nicht kräftig genug«. Er setzte noch ein mattes Lob hinzu: »Das Büchlein ist des Lichtes und der Öffentlichkeit nicht unwürdig, da täglich
so viele Ungeheuerlichkeiten hervorkommen und verkauft werden.«[21]

Luther war also einer weiteren Vaterfigur entwachsen. Es sollte
keine neue mehr geben, stattdessen handelte er nun selbst wie ein Vater
für viele seiner Gefolgsmänner in Wittenberg. Man kann es am Wirbel sehen, den er ständig um Melanchthon machte, der gerade den

Griechisch-Lehrstuhl in Wittenberg übernommen hatte, um dessen Gesundheit er sich sorgte und den er unablässig zur Heirat drängte. Luther gab zu, dass Melanchthon ein besserer Griechischkenner war als er, und er war froh, ihn für die Universität gewonnen zu haben. Es sollte nicht lange dauern, bis Melanchthons Vorlesungen besser besucht waren als die Luthers. Dennoch betrachtete Luther ihn nie als Rivalen, sondern behandelte den jüngeren, körperlich schwächeren und zerbrechlicheren Mann als jemanden, für den man Sorge tragen musste.

Als er später zurückblickte, zeichnete Luther seinen einstigen Beichtvater Staupitz schließlich in einem ganz und gar positiven Licht: »Ich habe alles von Doktor Staupitz; der hat mir die *occasio* gegeben«, ein ambivalenter Ausdruck, mit dem Luther den günstigen Augenblick, die Gelegenheit oder Vernunft gemeint haben kann.[22] Er scheint damit sowohl Staupitz' Protektion gewürdigt zu haben, die ihm eine öffentliche Plattform gab, als auch das, was er ihm intellektuell und emotional verdankte. Luther war inzwischen selbst Vater geworden, und sein eigener Vater war gestorben. Luthers größte – obgleich indirekte – Anerkennung für Staupitz lag vielleicht darin, dass er hinsichtlich der Frage zögerte, welchen Platz die Beichte und die Buße in einem christlichen Leben einnehmen sollten, obwohl er alle Sakramente außer der Taufe und der Kommunion ablehnte, weil sie nicht in der Bibel verankert waren, und es doch gerade diese Themen waren, mit denen die Reformation begann. Überdies praktizierte Luther weiterhin die persönliche Beichte und behielt zeitlebens seinen Kollegen Johannes Bugenhagen als Beichtvater. Und weil er es als großen spirituellen Trost ansah, wurde Luther in Eisleben kurz vor seinem Tod die allgemeine Absolution erteilt.[23]

\*

In den Monaten nach der Leipziger Disputation wurden die polemischen Töne immer schriller. Das lag nicht nur an der Litanei aus Hass und Galle, die Luther nun über Eck ausgoss, den er bei jeder Gelegenheit der Prahlerei und des Neids bezichtigte. Die katholische Seite organisierte sich allmählich besser. Neben Eck bliesen jetzt die italienischen Dominikaner Sylvester Prierias und Ambrosius Catharinus sowie Hieronymus Emser, der Theologe und Sekretär Herzog Georgs, zum Angriff auf Luther.[24] Auf diese Angriffe zu antworten wurde für Luther jetzt ein Teil seiner täglichen Routine, und seine Briefe drehen sich beständig darum, wer eine persönliche Erwiderung verdiene und wo er es einem anderen überlassen könne zu antworten. Allerdings fiel es Luther schwer, etwas aus der Hand zu geben: Nachdem er entschieden hatte, seine Antwort an den Leipziger Franziskaner Augustin von Alveld seinem Famulus Johann Lonicer – Diener und Sekretär in einer Person – zu überlassen, konnte er dennoch nicht widerstehen, ihm auf Deutsch zu antworten, nachdem Alveld seine Polemik in Mundart veröffentlicht hatte.[25] Die Angriffe wurden sogar noch schärfer und persönlicher. Alveld sandte ihm quasi den Fehdebrief, indem er sich weigerte, Luther mit seinem Doktortitel anzureden, und ihn beschuldigte, er lärme und schmähe aus Eitelkeit wie »thörichte Weiber«.[26] Luthers Gegner zogen über seine Herkunft her, und Luther seinerseits spottete, bald werde es heißen, er habe Frau und Kinder in Böhmen – der Geburtsstätte der häretischen Hussiten. Tatsächlich war dies wenig später der Fall, wie ein Brief an Spalatin bezeugt, in dem er klarstellte, dass ihn in Eisennach wohl kaum der eine für »seinen Enkel, ein Anderer für seiner Mutter Bruder, noch ein Anderer für sein Geschwisterkind (...) gehalten hätte, wenn ihnen bewußt gewesen wäre, daß mein Vater und meine Mutter Böhmen, und ganz andere Leute wären, als die bei ihnen geboren worden sind«.[27]

Luther entdeckte nun auch sein Talent für satirische Polemik. Als der Bischof von Meißen seinen *Sermon von dem hochwürdigen Sakrament des heiligen wahren Leichnams Christi und von den Bruderschaften* (1519) verbot, schleuderte er umgehend eine Entgegnung auf Deutsch zurück. Bei ihrer Lektüre konnte sich der apostolische Nuntius Karl von Miltitz, der sie druckfrisch erhalten hatte und zusammen mit dem Bischof las, vor Lachen nicht halten – wenngleich der geschmähte Bischof nicht einstimmte. Der Verfasser des »Zettels« könne gewiss nicht der Bischof von Meißen sein, schrieb Luther.

Jemand in seiner Kanzlei in Stolpen müsse sein Siegel missbraucht haben. Mit dem Wort »tolpisch« (nhd. tölpisch) spielend, scherzte er, man würde den Brief eher für »tolpisch« denn für »stolpisch« (aus Stolpen kommend) halten, und er rät dem Verfasser, an einem »nüchternen Morgen« zu schreiben, nicht wenn »er hab sein gehirn ym ketzschperg vorloren«, wenn er also am Abend zuvor zuviel Wein getrunken habe. Das Schriftstück sei von einem »Juncker Neidhard« abgefeuert worden, und es wäre »bedauerlich gewesen, wenn die Zettel zu einer anderen Zeit als an Fastnacht herausgegangen wären«. Doch bei allem Witz meinte Luther es überaus ernst, denn der Bischof müsse selbst zugeben, »dass beide Gestalten zusammen das ganze Sakrament ausmachen«. In der katholischen Theologie, räumte Luther ein, sei es die Gepflogenheit, dass derjenige, der nur Brot erhalte, Christus ganz empfange. Aber dennoch, triumphierte Luther, »empfängt er doch nur einen Teil des gesamten Sakraments, nämlich nur eine der beiden Gestalten«.[28]

Wieder einmal hatte Luther Spalatin vor vollendete Tatsachen gestellt. Er hatte ihn vor dem Druck des Sermons 1519 nicht informiert, obwohl er sich vollkommen im Klaren über den Sprengstoff war, den er enthielt. Als er Spalatin vergnügt ein Exemplar schickte, wusste er, dass es für den Höfling zu spät war, er konnte es nicht mehr verbieten. Und auch jetzt, da er dem Bischof von Meißen in einer Druckschrift antwortete, hielt er es nicht für nötig, mit Spalatin Rücksprache zu halten, der dann prompt wütend war, als er die Schrift las. Luther reagierte unwirsch und empört auf Spalatins Rüffel:

> »Ich habe dir zuvor geschrieben, du solltest ja nicht denken, als sei diese Sache nach deinem, meinem, sonst irgend eines andern Menschen Verstande angefangen oder geführt worden. (...) Ich bitte dich, wenn du vom Evangelio die rechte Meinung hast, glaube ja nicht, daß die Sache könne ohne Aufstand, Aergernis und Unruhe gehandelt werden. Du wirst doch aus dem Schwert keine Flaumfeder, noch aus dem Krieg den Frieden machen.«[29]

Außerdem habe er Spalatins Ratschläge erst erhalten, »da mein Büchlein fast fertig war«, schreibt er im Postskriptum – wobei das »fast« offenbar ein Ausrutscher war, denn wenn die Schrift tatsächlich nur fast fertig gewesen wäre, hätte sie auf Luthers Anweisung sicher zurückgezogen werden können.

Für seine Feinde erfand Luther neckische Spitznamen. Der schwerfällige Hieronymus Dungersheim von Ochsenfart wurde zum »Ochsen«, in Emser hörte er den »Ziegenbock«, Eck gab den »Narren«, Alveld den »Esel«, Papst Leo wurde »dieser Wolf«, und die Theologen wurden zu »Eseln« aus Löwen und Köln.[30] Er spielte mit den Namen seiner Gegner, Thomas Murner etwa taufte er »närrischer Kater« (»murr« war das Wort für Kater, »ner« klang ähnlich wie Narr). Das war herrliches Material für Bildsatiren, und bald dekorierten ihre grotesken Porträts die billigen Pamphlete. Wer aus seinem Gegner ein Tier machte, sprach ihm den Status eines intellektuell auf gleicher Höhe stehenden Gegenspielers ab, und die Schwelle zur Aggression wurde – auf beiden Seiten – herabgesetzt, wenn man den Gegner dem Gelächter preisgab.

In diese Art von Polemik tauchte Luther zur selben Zeit ein, da seine persönliche Frömmigkeit sich von kontemplativer Betrachtung zu Engagement verwandelte. Es war, als ob seine rationale Autorenstimme plötzlich von einer dünnen Kopfstimme zu einem vollen Bass mit viel Bauchstimme gereift und die spielerischen, nicht rationalen Aspekte seiner Persönlichkeit mobilisiert worden wären und mit ihnen das emotionale Engagement, das notwendig war, um eine spirituelle Revolution von dieser Größenordnung zu vollbringen, die tatsächlich Menschen in ihrer ganzen Persönlichkeit verändern konnte.

*

1520, nach dem Bruch mit Staupitz und den Gewohnheiten des Mönchslebens, als es wahrscheinlicher denn je schien, dass er zum Märtyrer werden würde, verschob sich etwas in Luthers Religiosität. Er veröffentlichte nun drei Abhandlungen, die zusammen einen in sich schlüssigen Angriff auf das gesamte Gebäude der katholischen Kirche dar-

26 Der Holzschnitt für die Titelseite eines 1522 erschienenen Buchs von Johannes Agricola, einem Unterstützer Luthers, zeigt die Karikaturen von sechs römisch-katholischen Gegnern Luthers: Johannes Eck (mit Narrenkappe), Hieronymus Aleander (als Löwe), Augustin von Alveld (als Esel), Dam (als Schwein), Thomas Murner (als Kater) und Hieronymus Emser (als Ziegenbock).[31]

27 Titelseite zu *Von dem großen Lutherischen Narren* von Thomas Murner, 1522. Murner versucht, Luthers Epitheton bildlich umzusetzen: Der Holzschnitt zeigt Luther als einen großen, von Dämonen umflatterten Narren, während Murner als der beherzte Kater dargestellt ist, der die katholische Wahrheit verteidigt.[32]

stellten und die Positionen benannten, an denen er sein gesamtes weiteres Leben arbeitete. Sie sind, gleich welchen Maßstab man anlegt, eine außerordentliche Errungenschaft.

Wie weit er im Jahr nach der Leipziger Disputation gekommen war, wird schon an seiner Haltung zur päpstlichen Macht deutlich. 1519 hatte Luther nebenbei erklärt, dass angesichts des Todes oder sonstiger Not jeder Priester ein Bischof sei und ein Papst.[33] Er ging noch nicht so weit zu behaupten, dass jeder Gläubige ein Priester sei. Doch 1520 schrieb er mit atemberaubender Schlichtheit über die Christen: »(...) dass sie durch den Glauben alle Könige und Priester sind mit Christus. Wie der heilige Petrus sagt in 1. Pet. 2.: ›Ihr seid ein priesterliches Königreich und ein königliches Priestertum.‹ Und das geht so zu, dass ein Christ durch den Glauben so hoch erhoben wird über alle Dinge, dass er über alle Herr wird in geistlicher Weise.«[34]

Die Schriften von 1520 zeigen trotz des Drucks, der auf Luther lastete, einen neuen, entspannten Stil. Sie strahlen Vertrauen und Sicherheit aus. Bis zu diesem Zeitpunkt war Luther darauf spezialisiert, Thesen, Vorlesungen und Predigten zu verfassen. Jetzt entwickelte er eine Form zu schreiben, die das Geschriebene atmen ließ und den Leser mitreißen konnte. Zum Teil erreichte er diese Wirkung, indem er Techniken aus der Kunst des Predigens übernahm, wie das Auflisten verschiedener Punkte, die Verwendung leicht memorierbarer Gleichnisse und humorvolle Einschübe. Doch vor allen Dingen sprach er die Leser direkt an, zog sie hinein in seine Argumentation und führte sie durch alle Schritte, die er selbst durchlaufen hatte, bis er zu seiner Position gelangt war. 1520 beispielsweise verdammte er in *An den christlichen Adel deutscher Nation von des christlichen Standes Besserung* den päpstlichen Pomp, als er scharf urteilte: »Lieber [Leser], wie reimt sich doch solch Luziferischer Hochmut auf Christus, der zu Fuß gegangen ist wie alle seine Apostel?« Als er die Immunität kirchlicher Würdenträger vor weltlichen Gerichten aufs Korn nahm, forderte er den Leser auf, selbst zu urteilen: »Nun sieh, wie christlich das gemeint und gesagt ist: Weltliche Obrigkeit stehe nicht über der geistlichen, solle sie auch nicht strafen. Das bedeutet so viel wie: Die Hand soll nicht eingreifen, wenn das Auge große Not leidet. Ist es nicht un-natürlich, ja unchristlich, dass ein Glied dem andern nicht helfen, sei-nem Verderben nicht wehren darf?« Und er folgerte, wenn das geist-liche Amt genüge, die weltliche, weil zeitlich begrenzte Gerichtsbarkeit zu verhindern, »so soll man auch verhindern, dass Schneider, Schuster, Steinmetze, Zimmerleute, Köche, Kellner, Bauern und alle Handwer-ker dem Papst, den Bischöfen, Priestern und Mönchen Schuhe, Kleider, Häuser, Speisen, Getränke machen oder ihnen Steuern zahlen«.[35]

Die Tatsache, dass auf den Titeln vieler dieser Abhandlungen Luther abgebildet war, band nicht nur den Mann und seine Botschaft un-trennbar aneinander, sondern half den Lesern auch, eine Beziehung mit dem Autor aufzubauen. Auf dem ersten Holzschnitt von Luther, der in Leipzig hergestellt wurde, waren seine Gesichtszüge vage geblieben. Jetzt trat Luthers langjähriger Freund Lucas Cranach der Ältere auf

AETHERNA IPSE SVAE MENTIS SIMVLACHRA LVTHERVS
EXPRIMIT·AT VVLTVS CERA LVCAE OCCIDVOS
·M·D·X·X·

28 Lucas Cranach der Ältere, *Martin Luther*. Der Stich wurde auf dem Reichstag verkauft und war außerordentlich einflussreich. In einer früheren Version zeigte er einen streitlustigeren Luther.

den Plan, und eine der wichtigsten Partnerschaften der Reformation zeigte nun, was sie bewirken konnte. Cranach liebte neue Technologien und hatte zusammen mit dem Goldschmied Christian Döring sogar eine Druckerpresse gekauft. Im Frühjahr 1520 fertigte er einen Stich an, der Luther als Mönch vor einer Nische zeigte, in der Hand eine Bibel und gestikulierend, als predige er. Der Stich kam weder als Holzschnitt noch als Buchillustration in Umlauf, doch seine Wirkung war gewaltig.[36] Ein ähnliches Bild von Luther schmückte bald den Einband der lateinischen, in Basel gedruckten Schrift *Von der babylonischen Gefangenschaft der Kirche (De captivitate Babylonica ecclesiae praeludium)*, und in ganz Deutschland prangten gröbere Kopien von lokalen Künstlern auf den Titelblättern. Einige dieser Luther-Bilder, darunter das hochwertige Porträt des Straßburger Künstlers Hans Baldung Grien, zeigten Luther inspiriert vom Heiligen Geist

29 Aus einem Pamphlet aus Niederdeutschland über die Gründe, warum Luther die Bücher des Papstes verbrannte, veröffentlicht 1520. Der Stich trägt die Initialen, die berühmt werden sollten: D.M.L., der Doktortitel wird hier zum Bestandteil des Namens. Luthers berühmte tiefliegende Augen sind eindrucksvoll dargestellt.[37]

mit dem Symbol der Taube (auf einer schwachen Version aus Lübeck sieht sie aus wie eine plumpe Stadttaube). Die weite Verbreitung dieser Bilder führte dazu, dass Luthers Aussehen bekannt war, noch bevor ihn sein Auftritt auf dem Reichstag in Worms berühmt machte. Und der Leser, der Luthers Schriften zu lesen begann, hatte bereits eine Vorstellung vom Charakter und der persönlichen Geschichte des Autors, wenn er seine Theologie kennenlernte.

Die erste von Luthers drei großen Reformationsschriften, *An den christlichen Adel deutscher Nation von des christlichen Standes Besserung*, die er im August 1520 veröffentlichte, war von Anfang an ein kühnes Unternehmen. Auf Weisung des Prior Generalis des Augustinerordens hatte Staupitz Luther dringend geraten, vor der nächsten Veröffentlichung etwas Zeit verstreichen zu lassen, doch als Luther den Brief erhielt, waren bereits 4000 Exemplare der Abhandlung aus

30 Dieses Bild fand für viele Ausgaben verschiedener Schriften Verwendung, darunter auch für die Abhandlungen *Von der babylonischen Gefangenschaft der Kirche* und für *Von weltlicher Obrigkeit, wie weit man ihr Gehorsam schuldig sei* (1523).

der Druckerpresse gekommen.[38] Vierzehn Tage später war die Auflage ausverkauft, und ihre Wirkung war elektrisierend. Luthers Freund Johannes Lang nannte die Schrift eine »Kriegstrompete«, ebenso »schrecklich wie grausam«.[39] Auf Deutsch verfasst, wandte sie sich an Laien, nicht an Kirchenmänner. Da die Kirche offenbar unfähig sei, sich selbst zu reformieren, müssten weltliche Obrigkeiten einschreiten, argumentierte Luther. Mit einem Federstreich fegte er alle Hindernisse hinweg, die bisher weltliche Gerichte davon abgehalten hatten, sich mit den Missbräuchen der Kirche zu beschäftigen, zumal sie Rückhalt weder bei kirchlichen noch bei kaiserlichen Autoritäten hatten. Die päpstliche Macht, folgerte Luther weiter, stütze sich auf »drei Mauern«: Die Kirche hatte ihr eigenes geistliches Recht, das Papsttum hatte das alleinige Recht zur Interpretation der Heiligen Schrift, und nur der Papst konnte ein Kirchenkonzil einberufen. Mit jeder dieser Schutzkonstruktionen machte Luther anschließend kurzen Prozess: Das geistliche Recht sei nur eine Erfindung des Papsttums, um zu ver-

*31* Die Habgier lauert auf der Rückseite von Dürers *Bildnis eines jungen Mannes*, 1507: Eine alte Frau mit faltiger, entblößter Brust greift in einen mit Goldmünzen prall gefüllten Beutel.

hindern, dass Laien die Kirche reformierten; die Autorität der Schrift stehe über der des Papstes; jeder könne ein Konzil einberufen, wenn sich die Notwendigkeit dazu ergebe, und am geeignetsten dafür seien die weltlichen Obrigkeiten. Luther nutzte mit seiner Rhetorik auf brillante Weise den Gegensatz zwischen der Kurie auf der einen und dem Kaiser und den deutschen Fürsten auf der anderen Seite aus, als er darstellte, welche politischen Folgen es hätte, gäbe man den säkularen Mächten in Deutschland die Möglichkeit zu handeln. In Rom säßen nämlich Geschäftemacher, an ihrer Spitze der Papst, die Deutschland aussaugten und es finanziell austrockneten, argumentierte Luther, bevor er den finanziellen Missbrauch der Kirche auflistete – von den Einnahmen aus der Gebühr, die Bischöfe für das Pallium zahlten, bis zu den Einkünften aus dem Dispens von der Pflicht zur Ehelosigkeit: »Ist das nicht ein Hurenhaus über allen Hurenhäusern, die jemand erdenken kann, so weiß ich nicht, was Hurenhäuser sind«, schloss er.[40]

Diese Beschwerden waren nicht neu. Sie waren Bestandteil der *Gravamina*-Literatur, jener seit Mitte des 15. Jahrhunderts kursierenden Klageschriften, die auf den Reichstagen vorgebracht wurden. Auch auf dem Reichstag in Worms 1521 forderten die deutschen Fürsten den Kaiser dazu auf, die Kirche zu reformieren.[41] Wir wissen, dass man Luther am Hof des Kurfürsten über diese seit langem bestehenden Beschwerden unterrichtet hatte. Dieser aber stimmte nicht etwa in die Beschwerden ein, sondern – und das machte die enorme Wirkung seiner Argumentation aus – er kritisierte die Missstände allesamt als Beispiele für eine durch das System des Papsttums erzeugte Habgier – und Habgier war eine Todsünde.

Das ganze Papsttum, führte Luther an, diene in seinem Aufbau dem Zweck, die Gier nach Geld zu stillen. Dadurch sei es zu einem Ungeheuer geworden. Er beschreibt die komplizierten Finanzierungsquellen des Papsttums als Vehikel zum Wucher, ein brillanter polemischer Schachzug, der das Finanzgebaren der Kirche mit den komplexen Finanzstrategien der großen Handelshäuser – der verhassten »Großhanse« – und der Juden gleichsetzt. Das war die Rhetorik eines Hüttenbesitzersohns, der in Mansfeld erlebt hatte, welche Auswirkungen die Kontrolle des Geldflusses durch die großen Monopolisten auf die Welt seines Vaters hatte. Es war aber auch mehr als das: Der geniale Einfall der Abhandlung bestand darin, die wirtschaftlichen Beschwerden über das Finanzgebaren der Kirche mit dem religiösen Thema der Autorität der Heiligen Schrift zu verbinden. Es wird mitunter die These vertreten, Luther spreche in dieser Schrift am wenigsten theologisch, was den Einfluss seiner neuen Freunde verrate, die sich in Rechtsfragen und kaiserlicher Politik auskannten. Doch es war im Gegenteil gerade der theologische Radikalismus dieser Abhandlung, der den alten Ruf nach einer Reform wirksamer machte denn je.

Der Rest der Polemik beschreibt die Konsequenzen für die Kirche und die Gesellschaft. Luther warf alle im Kollektiv geübten Formen der Frömmigkeit, die immer den Charakter der Buße hatten, auf den Scheiterhaufen: Der Heiligenkult sollte unterbunden werden, es sollten keine Pilger- und Wallfahrten mehr stattfinden, religiöse Orden sollten nicht betteln, Klostergelübde nicht bindend sein, jährliche Totenmessen sollten abgeschafft werden, sogar Bordelle (ein notwendiges Übel in den Augen der Kirche) sollten geschlossen werden – das schiere Ausmaß dessen, was Luther in Frage stellte, ist atemberaubend. Seine Messlatte war die Bibel. Kirchliches Zölibat zum Beispiel ist kein Gebot der Heiligen Schrift. Mit bewegenden Worten beschreibt Luther den »frommen Pfarrer, den ansonsten niemand tadeln kann, als dass er gebrechlich ist und eine Frau genommen hat, welche doch beide in ihrem Herzen so gesinnt sind, dass sie gerne für immer beieinander bleiben wollen in rechter ehelicher Treue, wenn sie das nur mit gutem Gewissen tun könnten«.[42] Nach Luthers Ansicht erklärt das Buch Genesis, wie Männer und Frauen geschaffen wurden. Wenn man sie zusammenbringe und ihnen zugleich verbiete, miteinander sexuell zu verkehren, sei das ebenso »wie Stroh und Feuer zusammenzulegen und zu gebieten, es solle weder rauchen noch brennen«. Sex sei natürlich, und der Papst habe so wenig Macht, Sex zu verbieten, »wie er Macht hat, Essen, Trinken und das natürliche Ausscheiden zu verbieten oder das Fettwerden«.[43] Diese offene Einstellung gegenüber Sex ist Teil von Luthers Akzeptanz der Körperlichkeit, die sich in seinem skatologischen und derben Humor spiegelt, sobald vom Leib die Rede ist. Seine außergewöhnliche Toleranz gegenüber der Körperlichkeit führte einen neuen Ton in das theologische Denken ein.

Bezeichnenderweise sieht die Abhandlung in den deutschen Fürsten die einzigen Obrigkeiten, die eine Reform durchführen könnten: Kaiser, Papst, Bischöfe, Städte und Bürgerschaften schließt Luther aus. Da die Kirche nichts unternehme, um sich selbst zu reformieren, sollten jetzt die Fürsten als »Notbischöfe« handeln. Denn sie seien nicht nur Vasallen des Kaisers, sondern von Gott eingesetzte Herrscher mit eigener Autorität.[44] Damit gab Luther den Fürsten freie Hand, um das zu gestalten, was später die neue, reformierte Kirche werden sollte, und unter ihrer Herrschaft stehende Kirchenverwaltungen in ganz Deutschland aufzubauen. Die Schrift *An den christlichen Adel deutscher Nation* bildete also das intellektuelle Fundament für die künftigen Landeskirchen. In den folgenden Jahren beriefen Städte und Länder evangelische Priester und institutionalisierten die Reformen, die Luther vorgeschlagen hatte, indem sie Schulen einrichteten, das Betteln verboten, die Armenfürsorge neu organisierten, Bordelle schlossen und Klöster auflösten. Als Ergebnis wurden die Zuständigkeiten sowohl der säkularen als auch der geistlichen Obrigkeiten neu bestimmt. Dabei versuchten einige säkulare protestantische Herrscher, sich die Kontrolle über einen Teil des gewaltigen Reichtums der Kirche zu sichern.[45]

Manche Wendungen in *An den christlichen Adel* klingen wie ein Echo von Stimmen, die Luther vielleicht als Kind gehört hatte, wenn in Mansfeld oder Eisenach über die schweren Zeiten im Bergbau geklagt wurde. Andere Abschnitte – über Bordelle, Finanzen und das Gesetz – zeigen einen Mann, der über die Klostermauern hinausschaut, der eingreifen und die säkulare Welt verändern möchte. Zu dieser Erweiterung seines Horizonts könnten seine langen Reisen zu Fuß durch die Mitte Deutschlands nach Augsburg und Heidelberg beigetragen haben, ebenso aber auch die Begegnung mit politisch einflussreichen Männern, mit denen er in den zurückliegenden Jahren zusammengetroffen war. Auch die Unterhaltungen mit Spalatin, der in allen Fragen der Reichspolitik wie der Lokalpolitik auf dem Laufenden war, könnten ihn geformt haben. Mit der Zeit sah Luther es als seine Pflicht an, zu politischen Themen Stellung zu beziehen: Die säkulare Gesellschaft war nicht mehr länger die »Welt draußen«, die alle, die ins Kloster eintraten, ein für alle Mal hinter sich ließen,[46] sie war Teil des Gemeindelebens, für das Luther jetzt verantwortlich war.

\*

Im Oktober 1520, nur wenige Monate nach *An den christlichen Adel deutscher Nation*, veröffentlichte Luther eine noch radikalere Abhandlung, diesmal auf Latein: *De captivitate Babylonica ecclesiae praeludium* (dt. *Von der babylonischen Gefangenschaft der Kirche*).[47] In diesem Monat erhielt er endlich seine eigene offizielle Abschrift der päpstlichen Bulle, die ihm die Exkommunikation androhte und eine Frist von 60 Tagen zum Widerruf seiner Lehre einräumte. Die Uhr begann zu ticken. Der markante Titel der Abhandlung deutete an, dass die Kirche so korrupt sei, dass die Christen nun im Exil seien wie einst die Juden in Babylonien nach der Zerstörung Jerusalems und des Tempels. Als der Beichtvater des Kaisers die Schrift las, war er so schockiert, »als hätte ihn einer mit einer Peitsche vom Kopf bis zu den Füßen gespalten«.[48] Er weigerte sich zu glauben, dass Luther der Verfasser war, weil der Schrift seine frühere Fertigkeit fehle. Sollte Luther jedoch der Autor sein, sinnierte er, dann wäre die Schrift vielleicht in einem Wutanfall als Reaktion auf die Bulle verfasst worden. Hatte Luther wirklich seiner Wut freien Lauf gelassen und war einer der sieben Todsünden zum Opfer gefallen? Sein Gegner Thomas Murner beschloss, die Abhandlung ins Deutsche zu übersetzen, denn er war überzeugt, sobald das Volk sie lesen würde, wäre es entsetzt. Er hätte keinen größeren Fehler machen können. Gedruckt in Augsburg, erschien die Übersetzung mit dem inzwischen standardisierten Luther-Bild – auf der Basis von Cranachs Darstellung Luthers als frommer Mönch – und machte Luthers Lehre nur noch bekannter.

Die Abhandlung beginnt mit einem Scherz: Luther fordert, die Buchhändler und Leser sollten seine früheren Schriften über den Ablass verbrennen, weil sie nicht radikal genug gewesen seien. Tatsächlich bezeichnet Luther den Papst nun als Nimrod, den »gewaltigen Jäger«, den biblischen König und Tyrannen, der sich gegen Gott auflehnte. Das Papsttum ist »die gewaltige Jagd des römischen Bischofs«, Rom ist also Babylon und der Papst der Antichrist. Luther hatte den Papst bereits in *An den christlichen Adel deutscher Nation* als Antichrist dargestellt, doch dort war die Beschimpfung in den letzten Abschnitten der Schrift versteckt gewesen; hier steht sie ganz am Anfang und in Großbuchstaben.[49] Seine neue Einsicht verdanke er den Angriffen von Eck, Emser und ihren Mitstreitern, denn gerade deren lahme Verteidigung der existierenden Theologie habe enthüllt, wie korrupt sie geworden sei. Die Werke seiner Gegner bezeichnet er als »Mist dieser schrecklich stinkenden Kloake«, seine Gegner selbst als »gottlose« Menschen, einen beschimpft er sogar als »vom Engel des Satans getrieben«.[50]

Während Luther 1519 den zaghaften Vorschlag gemacht hatte, dass ein Konzil der Kirche darüber beraten möge, ob Laien das Sakrament in beiderlei Form erhalten sollten, griff er jetzt das ganze kirchliche System der Sakramente und seine Bedeutung bei der Begleitung des einzelnen Menschen durch seine verschiedenen Lebensphasen an. Von den sieben Sakramenten – Taufe, Firmung, Kommunion, Beichte, Ehe, Weihe, Letzte Ölung – seien nur die Taufe und die Kommunion durch die Heilige Schrift beglaubigt. Die anderen seien erst durch die Kirche hinzugekommen und sollten daher überhaupt nicht als Sakramente angesehen werden.

Sakramente, argumentierte Luther, seien keine Werke, die man vollbringe, um Gott gefällig zu sein. Sie seien Zeichen von Gottes Verheißung einer künftigen Erlösung, und sie erforderten Glauben. Der Glaube sei es, der den Sünder gerecht mache, verkündete Luther, »die Sakramente werden nicht erfüllt, wenn sie verrichtet werden, sondern wenn sie geglaubt werden«. Die Taufe ist ein Zeichen, dass man zu den Geretteten gehört, sie ist nicht nur allegorisch zu verstehen: Sie ist ein Zeichen »von dem wahren Tode und von der wahren Auferstehung«. Wenn man getauft sei, legte Luther dar, behalte das Sakrament für immer seine Gültigkeit: Die Verheißung verliere, wer aus Verzweiflung die Heilserwartung aufgebe.[51] Der Papst jedoch habe eine endlose Zahl von Werken und Zeremonien eingeführt, die die wahre Bedeutung der Taufe zerstört hätten. Ordens- und Priestergelübde zum Beispiel sollten abgeschafft werden, fordert Luther, weil wir im Taufschwur bereits genug versprochen hätten. Ordensgelübde würden das Gewissen unnötig belasten und nähmen uns die Freiheit, die wir durch die Taufe bekommen hätten.

In gewissem Maße rührten Luthers Angriffe auf die Sakramente von seinem Antiaristotelismus her. In den Jahren bis 1520 hatte er immer wieder die Dominanz der aristotelischen Philosophie im universitären Curriculum angegriffen und sich für eine Reform des Wittenberger Lehrplans eingesetzt. Er bestritt die Auffassung, das Messwunder – die Verwandlung von Brot und Wein in den Leib und das Blut Christi – könne durch die aristotelische Unterscheidung zwischen dem Essentiellen und dem Akzidentiellen erklärt werden. Das war die übliche philosophische Antwort auf das Rätsel, wie Christus in Brot und Wein anwesend sein konnte. Aristoteles' Unterscheidung beruhte auf der Überlegung, dass alles Vorhandene durch etwas bestimmt wird, das mit unseren Sinnen – dem Tastsinn, dem Geruchssinn, dem Auge usw. – wahrgenommen werden kann: die sogenannten Akzidenzien. Doch diese sind nicht identisch mit dem Wesen des Dings selbst, das unabhängig von unserer Wahrnehmung existiert. Theologen argumentierten daher gewöhnlich, dass im Augenblick der Transsubstantiation, also der Verwandlung von Brot und Wein, die äußeren Akzidenzien von Brot und Wein – Farbe, Geschmack und Geruch – dieselben blieben, ihre »Essenz« sich aber auf wunderbare Weise in den Leib und das Blut Christi verwandle.

Nach der Ablehnung des Aristotelismus war es nur logisch, dass sich Luther auch gegen die aristotelische Interpretation der Messfeier wendete. Aber es steckte noch mehr dahinter. Eine der aufschlussreichsten Passagen in *Von der babylonischen Gefangenschaft der Kirche* ist die, in der Luther ausmalt, wie aristotelische Theologen die Jungfrauengeburt erklärten. Sie würden sagen, feixt er, »daß jenes Fleisch der Jungfrau unterdeß vernichtet gewesen sei (annihilatam fuisse), oder, wie sie es passender ausgedrückt wissen wollen, transsubstantiirt, so daß Christus, in dessen zufällige Eigenschaften (Akzidenzien) eingehüllt, endlich durch die zufälligen Eigenschaften hindurch ans Licht gekommen ist«.[52] Luther weist die Abstraktionen des Aristotelismus energisch zurück: Er zertrümmert den Versuch, der *physischen* Realität dadurch zu entkommen, dass man sich *buchstäblich* auf die Frage konzentrierte, wie Christus aus der Jungfrau hervorging. Die hochmütige Distanz der Aristoteliker zum Körper und ihre Zuflucht in der Abstraktion reizten ihn zum Spott. Ob der menschliche Verstand es fassen konnte oder nicht, die Körperlichkeit Christi in allen ihren Dimensionen war nichts, was man einfach abtun konnte, indem man behauptete, es sei nur eine Frage von »Akzidenzien« und äußeren Erscheinungen. Christus war *wirklich* Mensch geworden, sein Dasein konnte nicht aufgespalten werden. Um zu erklären, was er meinte, betrachtete Luther das Eisen auf dem Amboss eines Schmieds: Das heiße rote Eisen ist zugleich Eisen *und* Feuer – eine interessante Analogie, bei der Luther auf Kindheitserinnerungen an die Welt des Bergbaus zurückgriff.[53]

Dies ist eine der produktivsten Erkenntnisse Luthers. Seine positive Haltung zum Körper stellte einen bedeutenden Bruch mit dem asketischen Geist der spätmittelalterlichen christlichen Frömmigkeit dar, von dem er tief geprägt war. Zwanzig Jahre später bei einem Tischgespräch mit Freunden erinnerte er sich, Mönch zu sein habe bedeutet, dass sich alles darum drehte, die Ernährung und den Schlaf zu kontrollieren, das Fleisch zu kasteien und gegen sexuelle Bedürfnisse anzukämpfen. Luthers ursprüngliche Erkenntnis betraf das Wesen der Sünde und der Buße: Bei allem Tun konnten Menschen keine Vollkommenheit erlangen, ihre guten Werke machten sie Gott nicht angenehmer – sie mussten sich mit ihrer Sündigkeit abfinden und anerkennen, dass Gott in seiner Gerechtigkeit Sünder annimmt. So waren sie zugleich Sünder und Gerettete.

Luthers radikaler Augustinismus versetzte ihn in die Lage, sich mit sich selbst als einem Sünder auszusöhnen. Doch dadurch konnte er nun auch die Körperlichkeit des Menschen zusammen mit Seelenzuständen (die durch die Säfte-Lehre damit verbunden waren) annehmen, und hier ging Luther weit über Augustinus hinaus und vielleicht auch über Staupitz' muntere Billigung der menschlichen Unvollkommenheit. Es war einer der riesigen Sprünge, die Luther zwischen 1519 und 1520 machte, und er bedeutete ebenso sehr einen persönlichen wie einen intellektuellen Wandel.

Calvins spätere Lösung des Dilemmas der Eucharistie bestand darin, zu sagen, dass Jesus symbolisch gesprochen habe und daher die Sprache auf nichts verwies, das gegenwärtig war. Eine solche Interpretation wäre Luther ein Dorn im Auge gewesen, für ihn war von entscheidender Bedeutung, dass das Messwunder genau dieses war, nämlich ein Wunder. Es bedurfte keines logischen Begreifens. Deshalb stellte sich Luther gerne als »Narr« dar, dessen Narrheit Gottes Weisheit war – eine konventionelle Metapher, doch eine tiefreichende. Luther war überzeugt, dass die Philosophie in der Theologie nur eine Ablenkung von der Bedeutung der Heiligen Schrift darstellte und dass man den Versuch aufgeben müsse, Gott durch die »Hure« des Verstands zu finden. Was den Glauben ausmache, sei doch gerade, dass er über die Rationalität hinausgehe und das Gefälle zwischen Gott und dem Menschen offenbare.[54]

*

Die schönste Schrift aus dieser Zeit ist Luthers *Von der Freiheit eines Christenmenschen*, die 1520 in Nürnberg erschien. Auf Deutsch verfasst, ist sie gerade 30 Seiten lang. Mit köstlicher Ironie schrieb Luther sie zur selben Zeit wie seinen »Entschuldigungsbrief« an Papst Leo und legte den Essay als Geschenk an den Papst seinem Brief bei. Obwohl die Abhandlung in 30 Punkte untergliedert ist, ist die Schrift weniger ein Sermon als eine fromme Erbauungsschrift.[55] Sie ist frei von Polemik oder Angriffen auf die Kirche. Tief musikalisch, kann man fast Luthers Stimme im Gespräch mit dem Leser hören. Er beginnt mit einer paradoxen Aussage: »Ein Christenmensch ist ein freier Herr über alle Dinge und niemandem untertan. Ein Christenmensch ist ein dienstbarer Knecht aller und jedermann untertan.«[56]

Wie kann das sein? Luther führt dazu an, dass wir eine geistige und eine physische Natur hätten, doch er macht diesen Unterschied nicht, um das Fleisch herabzuwürdigen. Im Gegenteil, argumentiert er, einzige Voraussetzung für einen Christenmenschen sei es, dass der innerliche Mensch an Gott glaube, durch Werke, die der äußerliche Mensch vollbringe, könne niemand zum Glauben gelangen. Gleich welche Kleidung wir tragen, welchen Bestimmungen wir folgen, nichts davon sei von Belang und könne uns vor Gott annehmbar machen. Wir müssen nichts dazu tun. Der Glaube betreffe allein den innerlichen Menschen, und – hier greift Luther auf das Gleichnis zurück, mit dem er die wirkliche Gegenwart Christi beim Abendmahl erklärte – wie Eisen glühend heiß werde und sich mit der Flamme vereine, so vereine sich unser inneres Selbst mit dem Glauben und mit Gott.

Bei der weiteren Beschreibung des Glaubens zieht Luther einen Vergleich, wie er nur im 16. Jahrhundert möglich war. Jemandem zu glauben bedeute, ihn für einen frommen, der Wahrheit verpflichteten (»wahrhaftigen«) Menschen zu erachten, dessen Wort ebenfalls stets

32 Martin Luther, *Von der freyheyt eynes Christenmenschen*, 1520

fromm und »wahrhaftig« ist, »was die größte Ehre ist, die ein Mensch dem andern erweisen kann«. Für die Gesellschaft, in der Luther lebte, war die Ehre ein zentraler Rechtsbegriff; das Wort, das man gab, war bindend, und Verträge beruhten auf Treu und Glauben. Ehre war ein grundlegender Wert, sie hatte ebenso eine ökonomische wie eine moralische Qualität. Das biblische Gesetz lehrt den äußeren Menschen, wie sündig er ist, und dies anzuerkennen ist die Voraussetzung dafür, zum Glauben zu gelangen. Nichts, keine menschliche Tat kann frei sein von dem, was Luther Sünde nennt; zum Beispiel können wir nicht vermeiden, dass sich »böse Begierde« in unser Tun mischt.[57] Deshalb können uns unsere guten Taten in Gottes Augen nicht gefällig machen. Da sie außerhalb stehen, reichen sie nicht ins Reich des »Glaubens« hinein. Luthers düstere Einschätzung der menschlichen Natur führt allerdings zu einem erhebenden Schluss: Wenn alles, was wir tun, mit Sünde behaftet ist, spielt es auch keine Rolle, denn so sind wir nun einmal, und wir können uns nicht zu Frommen machen, indem wir versuchen, gute Werke anzuhäufen.

Luther benutzt in seiner Schrift durchgängig scheinbar einfache und doch sehr kraftvolle Wörter – Freiheit, Glaube, Ehre. Die Direktheit der Sprache verleiht ihnen Nachhall, sie konnten jedoch in unterschiedlicher Weise verstanden werden. So war Luthers Gebrauch des Wortes »Freiheit« auch über die Vorstellung hinaus, dass ein Christ sowohl Herr als auch Diener ist, voller Sprengstoff. Da er sich an alle Christen als Gleichgestellte wandte, egal ob Fürsten oder Gemeine, und auf ihrer Freiheit bestand, setzte er sich über das soziale System der Ehrerbietung hinweg. Seine Leser sprach er immer wieder mit dem zwanglosen »du« an, er wandte sich an »alle« und »jederman«. Zudem führte er als Begründung an, dass »jedermann« berufen sei, sich über geistliche Gegenstände selbst ein Urteil zu bilden: »Hieraus mag ein jeder ein gewisses Urteil und eine Unterscheidung hinsichtlich aller Werke und Gebote ableiten, auch [schließen], welche blinde, tolle oder rechtgesinnte Prälaten sind.«[58] Damit sprach er dem gewöhnlichen Christen die Fähigkeit zu, selbst zu entscheiden, wer die wahre christliche Lehre predige, niemand musste mehr hinnehmen, was der Priester ihm vorsetzte. Die Heilige Schrift spreche alles klar aus, argumentierte Luther, und ihre Bedeutung sei für alle offensichtlich.

*

Am 10. Dezember endete die 60-Tage-Frist, die Luther von der Bulle *Exsurge Domine* zum Widerruf eingeräumt worden war. Als er am Morgen seine Vorlesung an der Universität beendet hatte, ging er in Begleitung seiner Studenten durch das Elstertor zur Heilig-Kreuz-Kapelle nahe dem Hospital. Hier entzündete einer der Theologiemagister – wahrscheinlich auf dem Platz, auf dem die Hospitalwäsche verbrannt wurde – ein Feuer, und Luther warf die päpstlichen Dekrete, das kanonische Recht und die Bulle hinein mit den lateinischen Worten: »Weil du das Heilige Gottes verdorben hast, verderbe dich heute das ewige Feuer.«[59] Dann kehrte er zur Universität zurück.

Es war ein sorgsam inszenierter Akt.[60] Melanchthon hatte einen Aufruf mit der Ankündigung der geplanten Aktion verfasst und an der Tür der Pfarrkirche angeschlagen. Er lud darin alle ein, welche »die evangelische Wahrheit lieben«, sich um 9 Uhr früh am angegebenen Ort zu versammeln. Spalatin war bereits eine Woche zuvor informiert worden: Er warnte den Kurfürsten, Luther plane, die Bulle zu verbrennen, sobald er Gewissheit habe, dass seine Werke in Leipzig verbrannt worden seien.[61] Zeitpunkt und Ort waren von Luther so gewählt worden, dass man möglichst viel Aufsehen erregte. Er verurteilte sowohl Bücher als auch die Bulle zum Tode und führte zum Schein die Hinrichtung durch. Den versammelten Augenzeugen war die Bedeutung klar: Er brach nicht nur mit der Autorität des Papstes, sondern mit der gesamten Tradition des kanonischen Rechts, das über Jahrhunderte zusammengestellt worden war, um alle religiösen Belange zu regeln. Wieder einmal hatte Luther ein Spektakel veranstaltet, einen öffentlichen Akt, der seine theologischen Überzeugungen vermittelte und unwiderruflich im Gedächtnis verankerte. Stolz berichtete er Staupitz davon und teilte dem alten Mann mit, wie endgültig sein Bruch mit Rom war: »Ich habe die Bücher des Papstes und die Bulle verbrannt, zuerst unter Zittern und Flehen, aber jetzt freue ich mich darüber mehr, als über irgend eine andere That in meinem Leben, denn sie sind verderblicher, als ich glaubte.«[62]

An diese »Hinrichtung« schloss sich ein antipäpstliches Studentenfest an. Nachdem Karlstadt, Melanchthon und Luther gegangen waren, gaben die Studenten ein Schauspiel, das sich bei ihren Initiationsriten, dem Beanus-Ritus, bediente. Mit einem Trompeter im Schlepptau verspotteten einige hundert von ihnen die Bulle, zerstückelten die Drucke, bastelten Fähnchen daraus, spießten einige auf ein Schwert und trugen sie umher. Dann stopften sie weitere Exemplare in ein riesiges Fass, das sie auf einem Wagen herumfuhren. Unter viel Gelächter lasen sie dabei laut aus den Werken von Eck und Hieronymus Dungersheim von Ochsenfart sowie aus der Bulle und türmten zuletzt ebenfalls einen Scheiterhaufen auf, auf dem sie die Bulle, die Bücher und das Fass verbrannten. Danach sammelten sie die Asche wie eine Trophäe, und am Nachmittag zogen sie mit ihren Trompeten durch die Stadt und sangen Totenmessen für die Bulle.

Das war eine klare Eskalation des morgendlichen Spektakels. Die Vorgänge spielten sich nun nicht mehr länger vor den Toren der Stadt ab: Die Studenten versuchten, die Stadtbewohner einzubeziehen und sich des öffentlichen Raums von Wittenberg als einer Bühne für ihren Protest zu bemächtigen. Wieder einmal behauptete Luther, er habe nichts damit zu tun gehabt. Als die Umzüge stattfanden, sei er ins Kloster zurückgekehrt. Doch die rowdyhafte Unterstützung durch die Studenten war der Katalysator, der aus dem universitären Ereignis eine Angelegenheit machte, die die ganze Stadt betraf.[63] Den Studenten machte ihr improvisierter Karneval so viel Spaß, dass sie an Neujahr einen ähnlichen Aufzug organisierten, bei dem sie eine Papstpuppe in einer Prozession durch die Stadt trugen und das Ereignis mit einem gedruckten Gedicht feierten.[64] So wie er einer Horde bewaffneter Wittenberger Studenten erlaubt hatte, ihn nach Leipzig zu begleiten, nutzte Luther stillschweigend die Kraft der studentischen Unruhen, um seine Sache voranzubringen.

Vor allen Dingen kannte er den Wert des Lachens. Ein Jahr später machte er sich noch immer über die Bulle lustig. Als Neujahrsscherz für

1522 ließ er eine komplette Spottversion der Bulle *In coena Domini* einschließlich Glossen drucken, die vom Papst regelmäßig zu Ostern publiziert wurden, um Häresie zu verdammen. Natürlich verdammte Luther die »Bullenkrämer, Cardinäl, Legaten, Commissarien, Untercommissarien, Erzbischöfe, Bischöfe, Aebte, Pröbste, Dechanten, verthumte Herren, Priores (...), und wer könnte die Rotte solcher Schinder und Schlinder alle erzählen?«[65] Wenngleich seine Gegner ihn fälschlich beschuldigten, er habe Aufruhr geschürt, und behaupteten, er habe gelehrt, dass man säkularen Obrigkeiten nicht gehorchen müsse, witterten sie nicht zu Unrecht das Potential für soziale Unruhen in Luthers Botschaft.

Die Ereignisse folgten nun immer schneller aufeinander. Täglich kamen Nachrichten von neuen Angriffen durch Ambrosius Catharinus (Politus), den apostolischen Nuntius Hieronymus Aleander und Hieronymus Emser. Er fühle sich wie Herkules im Kampf gegen die vielköpfige Hydra, meinte Luther.[66] Mit den Reaktionen aus dem katholischen Lager mitzuhalten nahm seine ganze Zeit in Anspruch.

*33* Ein Holzschnitt von Hans Holbein dem Jüngeren zeigt Luther als Hercules Germanicus mit Keule, circa 1519. Reuchlins Gegner Hoogstraaten wird von Luther mit der rechten Hand erwürgt, Aristoteles, Thomas von Aquin, Wilhelm von Ockham und Peter Lombard sind bereits erledigt: Zu diesem Zeitpunkt galten die Scholastiker-Philosophen und die Kritiker des Humanismus als Luthers Hauptgegner.[67]

Bewaffnet mit der Bulle, war Eck aus Rom nach Deutschland zurückgekehrt. Wie sehr sich das Meinungsbild in den deutschen Ländern inzwischen gewandelt hatte, wurde deutlich, als er und Aleander versuchten, die Bulle im Herbst als Nachdruck zu veröffentlichen. In Meißen, Merseburg und Brandenburg hatte Eck erreicht, dass die Bulle mit großem Getöse und unter dem Geleitschutz bewaffneter Männer ausgehängt wurde. Doch sobald seine Eskorten abzogen, brachten »fromme Kinder« Gegenanschläge an, die so wirksam waren, dass Eck in ein Kloster fliehen musste. Man sang Spottlieder auf ihn, sandte ihm Fehdebriefe, in denen man ihm nicht nur mit dem Verlust von Hab und Gut, sondern auch mit dem Tode drohte. Eine Bande Wittenberger Studenten kam nach Leipzig, um ihm nachzustellen.[68]

Am 3. Januar 1521 wurde Luther schließlich durch die Bulle *Decet Romanum Pontificem* exkommuniziert. Er selbst beobachtete fasziniert die Entwicklung der Ereignisse, vollzog die Wege der Originalbulle nach und sammelte das ganze Frühjahr 1521 Berichte über ihre Verbreitung und Aufnahme.[69] In Leipzig wurde die Bulle zu seiner großen Überraschung zerrissen und mit Kot beschmiert, dasselbe Schicksal erlitt sie in Döblin, wo sie mit einer Notiz versehen wurde: »Das Nest ist hier, die Vögel sind ausgeflogen.« In Magdeburg hatte man Emsers Buch an den Pranger genagelt.[70] Es schien, als drehte ganz Deutschland dem Papst und seiner Macht eine lange Nase.

Und es roch nach Bücherverbrennungen. 1518 hatten die Studenten in Wittenberg das Werk des Ablasspredigers Tetzel verbrannt. In Löwen veranstaltete Aleander ein Autodafé für über 80 lutherische Bücher auf dem Marktplatz. Sie wurden vom Henker dem Feuer übergeben, nachdem Aleander einige Ratsmitglieder dazu gebracht hatte, sie bei den Buchhändlern zu beschlagnahmen. In Mainz ging ein solches Autodafé gegen Ende des Jahres schief. Der Henker fragte die versammelte Menschenmenge, ob der Autor rechtmäßig verurteilt worden sei. Das sei er nicht, brüllte die Menge zurück – und der Henker weigerte sich zur großen Freude der Zuschauer, das Feuer zu entzünden.[71] Luther verspottete Aleander dafür, dass er Hunderte Dukaten ausgegeben habe, um seine Bücher zu kaufen und zu verbrennen. Doch das Verbrennen häretischer Schriften war ein Symbol für den Scheiterhaufen, der dem Häretiker drohte. Luther wusste, welches Schicksal ihn erwartete, falls ihn die Kräfte des Papstes zu fassen bekämen.

# Der Reichstag von Worms

Jetzt setzte der kurfürstliche sächsische Hof alle Hebel in Bewegung, damit Luthers Fall vor den Kaiser kam und nicht nach Rom verwiesen wurde. Kaiser Karl V. hatte tatsächlich angeboten, im November 1520 vor Ablauf der von der Bulle festgesetzten 60-Tage-Frist eine Anhörung zu gewähren, einen Monat später jedoch einen Rückzieher gemacht, nachdem der apostolische Gesandte Einwände erhoben hatte.[1] Im Briefwechsel mit dem kaiserlichen Hof argumentierten der Kurfürst und seine Berater, über Luther solle nicht gerichtet werden, außer »er wäre denn zuvor gehört worden (…), so dass die Wahrheit (…) an den Tag komme«. Wenn durch die Heilige Schrift gezeigt würde, dass er irre, würde er sich untertänig weisen lassen, versicherten sie Karl. Wie ihre Beschwerdeschrift es formulierte, war Luther »unerhört und mit der heiligen Schrift unüberwunden« – und das war eine glänzende Werbung.[2] Den Männern des Kurfürsten gelang es, eine Anhörung zu erwirken: Am 6. März erging die kaiserliche Anordnung an Luther, dass er in Worms vor dem Kaiser zu erscheinen habe, wofür ihm der Kaiser freies Geleit zusicherte.[3]

Luther dankte dem Kurfürsten für seine Bemühungen, doch er war sich voll und ganz bewusst, dass er seine Protektion Spalatin und anderen Fürsprechern am sächsischen Hof verdankte und dass seine Freundschaft mit Spalatin ihn wahrscheinlich gerettet hatte. Neben seiner Tätigkeit als Beichtvater und Bibliothekar des Kurfürsten war Spalatin anfangs auch Tutor von Friedrichs Neffen, dem zukünftigen Kurfürsten Johann Friedrich, gewesen und in dieser Funktion unablässig mit Friedrich von einem sächsischen Schloss zum anderen gereist, von

Altenburg nach Torgau, von Torgau nach Wittenberg.[4] Als Friedrichs
Berater hatte Spalatin eine außerordentlich machtvolle Position inne
und die Aufgabe, die theologischen Argumente für den Kurfürsten zu-
sammenzufassen sowie Vorschläge zu machen, welche Maßnahmen
man ergreifen sollte. Darüber hinaus konnte er durch seinen Einfluss
auf die Erziehung des zukünftigen Kurfürsten und anderer Nachkommen des Fürstenhauses sicherstellen, dass diese mit der Zeit nicht nur
zu persönlichen Unterstützern Luthers wurden, sondern auch zu
standhaften Verfechtern der Reformation.[5] In der Tat beriet sich der
junge Herzog Johann Friedrich ab 1520 in spirituellen Fragen mit
Luther, während Luther ihm im Gegenzug einige seiner wichtigsten
Schriften widmete.[6]

Spalatin versuchte, Luther zu zügeln, indem er immer wieder bemerkte, seine gedruckten Pamphlete seien zu aggressiv, und wenn er
ihn schon nicht davon abhalten könne, sie zu drucken, so wolle er zumindest darauf einwirken, dass Luther sich im Ton mäßige. Luther
dagegen neckte Spalatin, indem er ihn »Höfling« nannte, sandte ihm
aber zugleich einen seiner zuverlässigsten Studenten, Franz Günter, den
er in den Geschäften bei Hof unterweisen sollte.[7] Die beiden Männer
waren offenbar ungleiche Freunde. Ein frühes Porträt von 1509 zeigt
Spalatin mit hübschen Locken, bekleidet mit einem schlichten grauen
Talar mit schwarzem Futter, wobei er akademische Zurückhaltung mit
höfischem Auftreten verbindet. Auf einem Holzschnitt von 1515 ist er
als ernster junger Mann in einem schlichten Gewand beim Anbeten des
Kreuzes dargestellt. Doch Spalatin war kein Höfling von Geburt. Sein
Vater war Gerber, er kam aus Spalt bei Nürnberg. Spalatin war einer
der »neuen Männer«, die durch Bildung aufgestiegen waren. Er ging
an den Hof, doch er wusste, dass er den Adligen aufgrund seines Standes nicht ebenbürtig war. Es gab auch Spekulationen, er sei ein außer-
eheliches Kind gewesen. Als Diener und wichtiger Berater des Kurfürsten genoss er dessen volles Vertrauen, gelegentlich war der Umgang
zwischen den beiden sogar so vertraut, dass Spalatin bei der Toilette
des Kurfürsten vor dem Abendessen zugegen sein durfte. Zur Tafel
wurde er anschließend allerdings nicht gebeten.[8]

34 Lucas Cranach der Ältere, *Georg Spalatin in Anbetung des Kreuzes*, 1515

Spalatin muss bei Verhandlungen und taktischen Manövern eine sichere Hand gehabt haben, ein Gespür für das Mögliche und einen Sinn für Realismus, der Luther fehlte. Wie Luther beherrschte er Griechisch und Latein und gehörte zum humanistischen Kreis um Konrad Mutian und Nikolaus Marschalk an der Universität von Erfurt. Er besaß nicht Luthers ruppiges Selbstvertrauen und war kein begnadeter Redner. Doch zusammen bildeten die beiden Männer ein unglaublich kreatives Gespann. Spalatin kaufte die Bücher für die Universitätsbibliothek und unterstützte Universitätsreformen, die das Studium der Bibeltexte und der Texte der Kirchenväter einführten. Gemeinsam sorgten sie dafür, dass eine Reihe herausragender Lehrer berufen wurde, unter denen Melanchthon der Star war. Luther scheute sich nicht, Spalatin Empfehlungen zu geben, ob es sich um kleine Vergünstigungen oder Pensionen vom Kurfürsten handelte oder um Stellen, für die er jemanden vorschlug. Spalatin dagegen, der unermüdlich und oft bis spät in die Nacht im Dienst des Kurfürsten arbeitete, fand dennoch Zeit, Luthers lateinische Schriften mit feinem musikalischen Gespür ins Deutsche zu übertragen.[9]

Wir kennen nur Luthers Seite dieser Freundschaft, denn nur seine Briefe sind erhalten geblieben – von Spalatin sorgfältig katalogisiert und mit Querverweisen, häufig auf Griechisch, versehen.[10] Wie die bloße Anzahl seiner Briefe zeigt – es sind über 400 –, war dies vielleicht die wichtigste Beziehung in seinem Leben zwischen 1518 und 1525: Obwohl sie sich regelmäßig sahen, schrieb er an Spalatin mehr Briefe als an irgendjemanden sonst. Anfangs begannen diese mit aufwendigen Formeln der Zuneigung und Hochachtung, die den Inbegriff humanistischer Briefrhetorik darstellten, doch mit der Zeit verwendete Luther weniger Sorgfalt auf diese Briefe und hielt sich nicht mehr mit Schmeicheleien auf, sondern kam direkt zur Sache. Spalatin wurde zum Resonanzboden für einige der radikalsten Ideen Luthers. Zunächst ihm – und erst anschließend Johannes Lang – eröffnete er 1519, dass er immer mehr davon überzeugt sei, der Papst sei der Antichrist oder zumindest sein Apostel.[11] Vielleicht wollte er die Wirkung seiner neuen theologischen Erkenntnisse an Spalatin erproben, weil dieser kein Theologe war, denn Luthers Briefe an seine Ordensbrüder Lang und Wenzeslaus Linck sind häufig zurückhaltender und weniger entdeckerfreudig. Manchmal hielt er es allerdings für besser, Spalatin zu umgehen. In Leipzig unterließ Luther es, Spalatins Meinung einzuholen, indem er vorgab, nicht gewusst zu haben, wo er ihn finden könne, und auch in Augsburg hatte er auf seinen Ratschlag verzichtet, obwohl Spalatin das Treffen mit Cajetan in die Wege geleitet hatte, und zwar in der Hoffnung, einen Kompromiss zu erzielen. In den Monaten vor Worms jedoch schrieb Luther mehrmals in der Woche an Spalatin, manchmal sogar täglich.

Mitte Januar 1521, zum offiziellen Beginn des Reichstags, waren Spalatin und der Kurfürst in Worms eingetroffen. Luther und Spalatin konnten sich nur brieflich beraten. Es dauerte nicht lange, da drehte sich alles um die Lutherische Sache. Am 13. Februar, dem Aschermittwoch, hielt der apostolische Nuntius Hieronymus Aleander eine dreistündige Rede auf Latein, in der er Luthers Häresien anprangerte und darauf bestand, dass er verurteilt werde.[12] Der Zeitpunkt, den er für seine Rede gewählt hatte, war höchst bedeutsam, denn Aschermittwoch war der Bußtag vor Ostern, und Buße war aufs Engste verknüpft mit der Notwendigkeit, gegen Häretiker vorzugehen. Aleander sandte an Spalatin eine Liste, die alle Aussagen aufführte, von denen er forderte, dass Luther sie zurücknehmen müsse, und von denen die meisten aus *Von der babylonischen Gefangenschaft der Kirche* stammten. Noch gab es Raum für einen Kompromiss: Der päpstliche Gesandte Miltiz war hoffnungsvoll.

Doch Luther war entschlossen, keine Kompromisse einzugehen. An Spalatin schrieb er, wenn der Kaiser ihn nur nach Worms lade, damit er widerrufe, würde er nicht kommen, doch wenn er bestellt würde, um als ein Feind des Reichs verurteilt und hingerichtet zu werden, werde er es auf sich nehmen und kommen – wobei die grammatikalische Form *(offeram me venturum)* mit Bedacht gewählt war, rückte sie ihn doch in die Nähe eines Märtyrers.[13] In einem anderen Brief (an einen unbekannten Adressaten) heißt es, er sorge sich nicht um sich selbst, sondern darum, dass der große Widersacher Christi, »der oberste Anstifter und Lehrer der Mörder«, alles tue, um Christus zu vernichten. »Mein Christus wird mir den Geist geben, daß ich diese Diener des Satans im Leben verachte und im Sterben überwinde«, fügte er noch hinzu. Im nächsten Atemzug kehrte er zu mehr weltlichen Themen zurück und erinnerte seinen Briefpartner daran, dass er einem Mitbruder Geld schuldete: »Du schickst deinem Bruder Peter kein Geld, wie er mir erzählt; sieh zu, daß du ihn versorgest.«[14]

Zwischendurch fand Luther noch Zeit, eine Anfrage des siebzehnjährigen Herzogs Johann Friedrich von Sachsen zu beantworten, ob Christus öfter zu schlafen pflege. Das Evangelium erzähle nicht alles, was Christus getan habe, erklärte Luther, aber der Mensch Christus habe alles getan, was natürlich sei, und er habe sicher öfter gebetet, gefastet, Stuhlgang gehabt, gepredigt und Wunder gewirkt, als im

Evangelium stehe. Diese natürlichen Verrichtungen gefielen Gottvater ebenso sehr wie die großen Wunder, schreibt er dem jungen Herzog: Der Mensch Christus war also ganz physisch, einschließlich des Stuhlgangs.[15]

Schließlich kam am 26. März, in der Osterwoche, die Vorladung in Wittenberg an, in der Luther befohlen wurde, in Worms zu erscheinen, »der Lehren und Bücher halber, die vor einiger Zeit von dir erschienen sind, um darüber eine Auskunft von dir zu erlangen«.[16] In der Vorladung stand nichts davon, dass er widerrufen müsse.[17] Luther, der eigentlich keine Briefe hamsterte, entschloss sich, dieses Dokument aufzubewahren. Es sollte in seiner Familie weitervererbt werden. Er wusste, dies war ein historischer Augenblick.[18]

\*

Am 2. April begab sich Luther mit einer Gruppe von Freunden und Unterstützern auf den Weg nach Worms. Wie es die Ordensregel forderte, begleitete ihn ein Mitbruder (die Wahl fiel auf Johannes Petzensteiner). Hinzu kamen Peter Suave, ein junger Adliger aus Pommern, wahrscheinlich Thomas Blarer, ein begeisterter Anhänger Luthers, der in Wittenberg studierte, Luthers alter Freund Nikolaus von Amsdorf und Caspar Sturm, der kaiserliche Herold, der nach Wittenberg gereist war, um Luther nach Worms vorzuladen – er wurde später ein bedeutender Unterstützer der Reformation. Bei dieser Reise verzichtete Luther darauf, zu Fuß zu gehen, sondern reiste in einer offenen Kutsche, die ihm der Wittenberger Goldschmied Christian Döring zur Verfügung stellte. Der Wittenberger Stadtrat steuerte 20 Gulden zur Reisekasse bei, und sein alter Freund Johannes Lang legte ebenfalls noch einen Gulden dazu, trotzdem waren die Mittel nahezu aufgebraucht, als sie Gotha erreichten, wie Luther Melanchthon anvertraute.[19]

Die kleine sächsische Reisegesellschaft muss unterwegs aufgefallen sein. Sturm und sein Diener ritten voraus, der Herold trug den kaiserlichen Adler auf seinem Ärmel, dahinter folgte die Kutsche mit ihrem prominenten Fahrgast und seinen Gefährten. Luther war jetzt eine Berühmtheit. Die Menschen drängten sich, um ihm zu begegnen, und wollten laut Myconius »den Wundermann sehen, der so kühn war und sich wider den Papst und alle Welt, die ihn [den Papst] Wider Christum [für] einen Gott gehalten«, gestellt habe. Beunruhigend war freilich, dass viele, die kamen, um den Mönch zu sehen, ihm ihre Überzeugung mitteilten, dass er als Häretiker verbrannt würde, wie Myconius berichtet.[20] Die Universität Erfurt bereitete Luther bei seiner Durchreise einen stürmischen Empfang: Sechzig Reiter und der Rektor ritten ihm entgegen. Es muss für Luther eine enorme persönliche Befriedigung gewesen sein, besonders nach den bitteren Streitigkeiten um seine Doktorwürde. Sogar in Leipzig, wo seine Durchfahrt weniger Interesse erregte, ehrte ihn zumindest der Stadtrat mit einem Glas Wein zum Empfang.[21] Die zehn Tage dauernde Reise war das Gegenteil der schmachvollen Wege, über die die päpstliche Bulle verbreitet wurde: Sie war ein Triumphzug.

Sie schuf auch ihre eigenen Mythen. In Erfurt war die Kirche bei Luthers Predigt so überfüllt, dass die Empore gefährlich knarrte und einige Anwesende bereits aus dem Fenster auf den Kirchhof springen wollten. Wie sich ein Zeuge erinnerte, beruhigte Luther sie mit der Aufforderung, »sie sollten still stehen, der Teufel treibe seinen Spuk, sie sollten nur still stehen, so würde nichts Übles geschehen, wie denn auch kein Unfall geschah«. Die Predigt, die ein Gemeindemitglied mitgeschrieben hatte, wurde sofort gedruckt.[22] Nachdem Luther im Augustinerkloster in Gotha ein weiteres Mal gepredigt hatte, »da riss der Teufel (…) etliche Steine von der Kirchen Giebel«, die »hätten über 200 Jahr allda fest gelegen (…) und sind bis auf diesen Tag nicht wieder erbauet«, wie Myconius in seiner Chronik von 1541 hinzufügte. Für Myconius war das der Beweis, dass der Teufel Luther mit all seiner Macht bekämpfte.[23]

Noch bevor sie Gotha erreicht hatten, erfuhr Luther allerdings von einem Buchhändler, der in der Gegenrichtung unterwegs war, dass bereits Boten ausschwärmten, um überall das kaiserliche Mandat anzuschlagen, das die Beschlagnahmung und Verbrennung seiner Bücher befahl.[24] Die Sorge über das sich ankündigende Verfahren forderte ihren Tribut. In Eisenach erkrankte Luther so schwer, dass seine Freunde um sein Leben bangten, und er erholte sich erst nach einem Aderlass und der Einnahme von etwas Branntwein. Er war überzeugt, dass der Teufel alles daransetzte, ihn an der Ankunft in Worms zu hindern. Aus seinen Tischreden wissen wir, dass er sich gut daran erinnerte: »Wie wir nun miteinander gen Weimar kommen (…), so kommt das Geschrei, Doktor Martinus sei bereits zu Worms und seine Bücher verdammt.«[25] Die 21 Tage sicheres Geleit, die der Kaiser gewährt hatte, liefen aus. Als die Reisegesellschaft Oppenheim erreichte, waren nur noch drei Tage übrig. Zu diesem Zeitpunkt, erzählte Luther später, versuchte der Erzbischof von Mainz, ihn durch eine List von der Reiseroute abzubringen, indem er Martin Bucer als Vermittler eines privaten Treffens vorschickte. Wenn Luther darauf eingegangen wäre, hätte er Zeit verloren und sich des Ungehorsams gegenüber einer kaiserlichen Vorladung schuldig gemacht. Seither hegte Luther Misstrauen gegenüber Bucer, und das sollte weitreichende Folgen haben.

Zwischenzeitlich wurde auf dem Reichstag darüber spekuliert, ob Luther erscheinen würde. Von einem Dominikaner ist überliefert, dass er aufgeregt fragte: »Aber wo bleibt er nur? Er kann nicht, er bleibt aus, er wird nicht kommen.«[26] Tatsächlich warnte ihn Spalatin davor, die Stadt zu betreten, denn es hatte den Anschein, als laufe alles auf eine Verurteilung hinaus.[27] Doch Luther war stur: »(…) wir werden in Worms einziehen, sollten sich auch alle Pforten der Hölle und die Gewaltigen, die in der Luft herrschen, dawider setzen«, schrieb er an Spalatin. Und ein Jahr später erinnerte er sich in einem Brief an den Kurfürsten, er habe in die Stadt hineingewollt, selbst »wenn so viel Teufel zu Worms wären, als Ziegel auf den Dächern«. Mit diesem ausdrucksstarken Bild, das auch Spalatin in seiner Geschichte der Reformation überliefert hat, zitierte er sich immer wieder gerne selbst bei seinen Tischgesprächen.[28] Im Rückblick genoss Luther diese Zielstrebigkeit. Myconius erinnerte sich, Luther habe seine Entschlossenheit, der Vorladung nachzukommen, mit den Worten erklärt: »Und wenn sie gleich ein Feuer machten, das zwischen Wittenberg und Worms bis an [den ]Himmel reicht; weil er erfordert wäre, so wollt er doch (…)

erscheinen, und dem Behemoth in sein Maul zwischen seine große Zähne treten.«[29]

Die Anspannung, die in der Luft lag, fand in einem satirischen Flugblatt zu Aschermittwoch ihren Ausdruck, das der ängstlichen Identifikation der Menschen mit Luther eine Stimme gab: Die auf Lateinisch verfasste *Litania Germanorum (Litanei der Deutschen)* fleht aus Anlass des Reichstags zu Christus, Maria, den heiligen Bischöfen (»derer sehr wenige waren«) und allen Heiligen, sie sollten »für die Deutschen« bitten und sie nicht nur vor Gewittern, Stürmen und Ähnlichem beschützen, sondern auch »vor des Pabstes Tyrannei« und »vor dem schrecklichen Dräuen, Bullen und Bannstrahl der Päbste«. Möge Gott, fährt der Verfasser fort, »Martin Luthern, die unumstößliche Säule des christlichen Glaubens, wenn er nun bald in Worms eintreffen wird, vor allem Venetianischen Gift schützen und erhalten« – eine Anspielung auf die Gerüchte über Verschwörungen zu seiner Ermordung.[30]

Luthers Reisegefährte Peter Suave verglich ihre Ankunft in Erfurt mit dem Palmsonntag, und Luther wunderte sich in einem Brief an Melanchthon, ob ihn Satan mit Gepränge habe versuchen wollen oder ob dieser Empfang ein Zeichen für seinen bevorstehenden Märtyrertod sei. In jedem Fall schloss er Suaves Beschreibung ein. Hier wird deutlich, dass Luther die Parallelisierung mit Christus bediente.[31] Im Gespräch mit seinen Tischgefährten staunte er Jahre später über seine damalige Gemütsverfassung: »Denn ich war unerschrocken, ich fürchtete mich nicht. Gott kann einen wohl so toll machen. Ich weiß nicht, ob ich jetzt noch so toll wäre.«[32]

Bei seiner Ankunft in Worms am 16. April säumten 2000 Schaulustige die Straße. Als Luther aus der Kutsche stieg, hielt der apostolische Nuntius Aleander fest, sei ein Mönch auf ihn zugegangen, habe ihn umarmt und anschließend seine Soutane dreimal berührt, als ob er ein Heiliger wäre.[33] Man quartierte Luther im Johanniterhof ein, wo die Ritter des Johanniterordens logierten und der Reichserbmarschall Ulrich von Pappenheim sowie die Ritter Friedrich von Thun und Philipp von Feilitzsch Quartier bezogen hatten.[34] Es war eine noble Unterkunft, die nahe bei der Halle lag, in welcher der Reichstag abgehalten wurde. Verglichen mit Augsburg hatte sich die Lage umgekehrt: Nun musste sich der apostolische Nuntius Aleander mit einem kleinen Zimmer ohne Heizung abfinden, so unpopulär war die Sache, für die er eintrat.[35]

Als am Nachmittag des 17. April für Luther die Zeit gekommen war, vor dem Reichstag zu erscheinen, war der Andrang von Menschen so groß, dass er sich durch den Garten seiner Herberge hinausstehlen und durch einen Seiteneingang in den Versammlungssaal hineingeschleust werden musste. »Viel stiegen auf die Dächer und Häuser, Doct. Martinum zu sehen«, berichtete ein Augenzeuge unter bewusster Bezugnahme auf den biblischen Bericht über die Menschenmassen, die Christus an Palmsonntag begrüßten.[36] Luther ging an den Reihen deutscher Fürsten vorbei, von denen ihm einige ermutigende Worte zuriefen. Die Prachtentfaltung beim Reichstag muss für den Mönch in seiner schlichten schwarzen Soutane sehr einschüchternd gewesen sein. Die im Saal versammelten Fürsten und Adeligen trugen ihre prunkvollen Staatsgewänder, goldene Ketten, Juwelen und schillernde Kopfbedeckungen, und dann war da noch der Kaiser selbst in seinen prachtvollen Gewändern. Luther dagegen trug ein einfaches, mit einem Strick gegürtetes Priestergewand. Laut einem Teilnehmer »wurde ein Mensch vorgeführt, den man Martin Luther nannte, im Alter von 40 Jahren, etwas darüber oder darunter, derb von Körperbau und Antlitz mit nicht besonders guten Augen, die Mienen beweglich, die er leichtfertig wechselte. Er trug als Kleidung ein Gewand des Augustinerordens mit einem Ledergürtel, die Tonsur groß und frisch geschoren, das Haupthaar verschnitten, und zwar weiter als das gewöhnliche Verhältnis ist.«[37]

Luther hatte vom Reichsmarschall nur eine knappe Einweisung erhalten: Er hatte ihm gesagt, was man ihn fragen werde, und ihn angewiesen, er solle einfach die Fragen beantworten. Die Fragen wurden erst auf Latein, dann auf Deutsch verlesen, damit nicht nur die Gelehrten, sondern auch die deutschen Fürsten und Adeligen in der Lage waren, die Anhörungen zu verfolgen. Auf einer Bank vor Luther lag ein Stapel der Basler Ausgaben seiner Schriften, die zu diesem Anlass einen besonderen Einband erhalten hatten. Der Sekretär des Bischofs von Trier fragte Luther, ob er seine Bücher erkenne und ob er widerrufen würde. Hier rief Hieronymus Schurff, Professor der Rechte an der Universität Wittenberg und Luthers Rechtsbeistand: »Man zeige die Bücher mit Namen an.« Daraufhin wurde die außergewöhnliche Liste der Titel, die zusammen eine wahre Drucksensation darstellten, vor den Reichsständen und dem Kaiser laut verlesen und die Versammelten daran erinnert, um welche Themen es ging. Nichts hätte besser demonstrieren können, wie tief und weitreichend Luthers Angriff auf das Papsttum und die etablierte Kirche war.[38]

Von Luther wurde erwartet, dass er auf die Fragen mit einem einfachen »Ja« oder »Nein« antwortete, das Verfahren sah nicht vor, dass er eine Rede hielt. Er ließ sich Zeit mit seiner Antwort, und seine Stimme war nach Aussagen von Zaungästen in dem großen Saal kaum vernehmbar. Ja, die Bücher stammten in der Tat von ihm, und er würde sie nie verleugnen, doch er könne auf Anhieb nicht sagen, ob er sie verteidigen oder widerrufen werde, »weil dies eine Frage vom Glauben und der Seelen Seligkeit ist, und Gottes Wort belangt, welches der höchste und größte Schatz im Himmel und auf Erden ist«. Es wäre »vermessen und gefährlich von mir gehandelt«, fuhr er fort, »etwas Unbedächtiges anzuzeigen«. Aus diesem Grund bitte er um eine Vertagung.[39]

Es muss eine große Enttäuschung für alle in dem überfüllten Saal gewesen sein. Aber es war auch eine gewiefte Taktik, denn seine Bitte nahm die Spannung aus seinem Auftritt und bremste den Ablauf, indem sie Luther zu einer zweiten Gelegenheit verhalf, vor der Versammlung zu sprechen. Wer ihn zum Schweigen verdammte, schürte stets seinen Zorn.[40] Seine Wut darüber, dass man ihm einen Maulkorb verpasste, war auch noch deutlich, als er unmittelbar danach (mit einer leichten Verdrehung der wahren Umstände) an Cranach schrieb, er habe eine richtige Anhörung erwartet und zumindest einen, wenn nicht gar 50 Doktoren der Theologie, die bereit wären, seine Auffassungen anzufechten. Stattdessen habe man ihn nur gefragt: »Sind die Bücher dein? Ja. Willst du sie widerrufen oder nicht? Nein«, und ihm dann mit einem »So heb dich!« zu gehen befohlen.[41]

Luther wurde Bedenkzeit gewährt und befohlen, am nächsten Tag wieder zu erscheinen. Wie seine Unterstützer berichten, ermahnten einige aus den versammelten Reichsständen ihn, er solle »männlich handeln, und sich vor denen nicht fürchten, so den Leib aber nicht die Seele tödten könnten«. Man habe ihn an einen Vers aus dem Evangelium des Lukas erinnert: »Wenn ihr werdet vor Königen und Fürsten stehen, so gedenkt nicht, was ihr reden sollet; denn es wird euch zur selben Stunde gegeben werden«, und ein Unbeteiligter habe gerufen: »Gesegnet sei der Bauch, der dich geboren hat!« – auch dies ein Zitat aus dem Evangelium, das Luthers Erscheinen in Worms einmal mehr mit Christi Passion in Verbindung brachte.[42] Luthers Strategie war es, darauf zu beharren, dass seine Argumente gehört würden, und es gelang ihm, die von kaiserlicher Seite verfolgte Absicht zu untergraben, dass er entweder widerrufen oder schweigen solle. Die Vorladung zum Reichstag hatte Luther die denkbar beste Bühne gegeben, um seine Ideen lautstark zu verkünden. Der apostolische Nuntius Aleander höchstpersönlich hatte von Anfang an vor dieser Gefahr gewarnt.[43]

Der Reichstag war noch mit anderen Angelegenheiten beschäftigt, Luther wurde erst am Spätnachmittag des 18. April wieder gerufen und musste selbst dann noch einmal zwei Stunden warten, bis man ihn anhörte. Dieses Mal führte man ihn in einen noch größeren Saal, der so überfüllt war, dass sogar einige Fürsten stehen mussten. In Luthers Erinnerung war es bei seinem Auftritt dunkel, nur brennende Fackeln erleuchteten den Raum. Der kaiserliche Orator wiederholte die Fragen, die er tags zuvor gestellt hatte. Wieder antwortete Luther mit zurückhaltender Stimme, erst auf Latein, dann auf Deutsch, wobei er sich selbst als einen Menschen stilisierte, der »nicht zu Hofe gewest, sondern im Kloster gesteckt« habe. Ausdrücklich an den Kaiser und die Kurfürsten gewandt, bat er um Verzeihung, sollte er jemanden nicht mit allen ihm gebührenden Titeln angesprochen haben – ein rhetorischer Verstoß gegen das Protokoll, der ihm die Möglichkeit eröffnete, auf mehreren Ebenen zu agieren. Er gab zu, die Bücher geschrieben zu haben, doch sie seien keineswegs alle von derselben

Art. In einigen habe er einfach und klar Gottes Wort gepredigt. In anderen habe er die falschen Lehren der römischen Kirche angegriffen. In wieder anderen habe er »wider etliche Privat- und einzelne Personen geschrieben, nämlich« – diesen Seitenhieb konnte Luther sich nicht verkneifen – »die sich unterstanden haben, römische Tyrannei zu schützen und zu vertheidigen«.[44]

Er könne keine Bücher widerrufen, argumentierte Luther laut dem Bericht seiner Unterstützer, »in welchen ich vom christlichen Glauben und guten Werken so schlecht, einfältig und christlich gelehrt habe, daß auch die Widersacher selbst müssen bekennen, sie seien nütze, unschädlich und würdig, daß sie von christlichen Herzen gelesen werden«. Und ebenso wenig könne er widerrufen, was er gegen die Idolatrie und Tyrannei des Papstes geschrieben habe, andernfalls würde er »anders nicht thun, denn daß ich ihre Tyrannei stärkte, und solcher Impietät und gottlosem Wesen nicht allein die Fenster, sondern Thür und Thor auftäte«, und er könne umso weniger widerrufen, als es dann hieße, »daß solches von mir aus Befehl eurer kaiserl[ichen] Majest[ät] und des ganzen römischen Reichs geschehen wäre«. Die dritte Sorte Bücher könne er nicht widerrufen, weil er darin Anwälte und Beschützer des Papsttums angreife, wenngleich er einräumte, er sei bei dieser Gelegenheit »etwas heftiger und schärfer gewest, denn es nach Gelegenheit der Religion und Profession sich gebührt, denn ich mache mich nicht zu einem Heiligen«.[45]

Er sei daher bereit, eines Besseren belehrt zu werden, sobald jemand imstande sei, ihm »mit prophetischen und apostolischen Schriften« zu beweisen, dass er sich »geirrt habe« – das war die Linie, die Friedrichs Unterhändler beim Kaiser verfolgt hatten. Sollte dies möglich sein – Luther vertraute freilich darauf, dass dies unmöglich war –, würde er als Erster seine Bücher in die Flammen werfen. Mit Blick auf »Noth und [Ge]Fahr, das Wesen und die Zwietracht, so durch Verursachung meiner Lehre soll erweckt sein«, griff er auf eine seiner 95 Thesen zurück, in der es hieß: »Valeant itaque omnes illi prophetae, qui dicunt populo Christi ›Pax, pax‹, et non est pax.« (»Mögen daher all jene Propheten verschwinden, die zum Volk Christi sagen: Friede, Friede!, und ist doch nicht Friede.«). Und er ergänzte jetzt: »Mir zwar ist's wahrlich die allergrößte Lust und Freude, zu sehen, daß um Gottes Worts Willen Zwietracht und Uneinigkeit entsteht. Denn dies ist Gottes Worts Art, Lauf und Glück, sintemal Christus der Herr selbst sagt: ›Ich bin nicht kommen, Frieden zu bringen, sondern das Schwert.‹«[46]

In einer Gesellschaft, die Eintracht, Friede und Brüderlichkeit zu den höchsten Werten zählte, war dies eine Aussage, die bestürzend war wie keine andere, und mindestens einen Zuhörer, Johannes Cochläus, versetzte der streitbereite Unterton in Alarmbereitschaft: Er warf Luther später vor, er habe den Geist der Revolte geweckt und die Bauernkriege ausgelöst.[47] Die Rede war freilich ein intellektuelles Meisterstück und entkräftete die Behauptungen der Gegenseite, ohne aus eigener Autorität argumentieren zu müssen.[48]

Der kaiserliche Orator erwiderte gereizt, Luther »hätte nicht zur Sache geantwortet«. Luther sollte »keine gehörnte Antwort« (»non cornutum responsum«) geben, sondern »eine einfältige, runde und richtige Antwort (...), ob er revociren und widerrufen wollte, oder nicht«.[49] Das war eine Spitze gegen Luthers Intellektualität, denn die Scholastiker wichen Argumenten gerne mit dem Hinweis auf die Zwickmühle der »Hörner« aus. Er wolle auf diese Frage jetzt eine Antwort geben, »so weder Hörner noch Zähne haben soll«, erwiderte Luther: »Es sei denn, daß ich mit Zeugnissen der Heiligen Schrift, oder mit öffentlichen klaren und hellen Gründen und Ursachen überwunden und überweiset werde (denn ich glaube weder dem Papst, noch den Concilien alleine nicht, weil es am Tage und offenbar ist, daß sie oft geirrt haben, und ihnen selbst widerwärtig gewest seien), und ich also mit den Sprüchen, die von mir angezogen und eingeführt sind, überzeugt, und mein Gewissen in Gottes Wort gefangen ist, so kann und will ich nichts widerrufen, weil weder sicher noch gerathen ist, etwas wider das Gewissen zu thun.« Im Gegensatz zur vorausgegangenen Rede war dies eine unvorbereitete, direkte Antwort. Laut dem offiziellen Protokoll der Sitzungen endete damit Luthers Antwort. Nach dem in Wittenberg veröffentlichten Bericht seiner Unterstützer jedoch schloss Luther mit den Worten: »Hie stehe ich, ich kann nicht anders, Got helff mir, Amen.« Auch wenn er das vielleicht nicht gesagt hat, der Satz sollte schnell berühmt werden. Er verkörperte zweifellos den Geist von Luthers Auftritt vor dem Reichstag.[50]

Nach Luthers Rede entspann sich eine Diskussion, doch da es inzwischen Nacht geworden war, wurde die Reichstagssitzung bald unterbrochen. Was darauf folgte, berichtete die *Acta et res gestae D. Martini Lutheri* wieder in bewusster Anspielung auf die Passion Christi: »Die Spanier aber verlachten und verachteten den Mann Gottes D. Martinum, da er von kais[erlicher] Maj[estät] aus dem Richthause in seine Herberge ging.« Angeblich hörte man sie rufen: »Ins Feuer mit ihm, ins Feuer!«[51]

＊

Was hatte Luther mit seinem Appell an das »Gewissen« gemeint? Es klingt modern, scheint auf die Freiheit des Denkens zu verweisen und auf das Recht jedes Einzelnen, für sich selbst zu entscheiden. Doch Luther meinte etwas anderes. Der deutsche Begriff »Gewissen«, den er häufig gebrauchte, ist eng verknüpft mit Wörtern wie »Wissen«, »Gewissheit«; im Lateinischen enthält *conscientia* – auch ein Wort, das er regelmäßig benutzt – in seiner Wurzel die Bedeutung »Mit-Wissen«. Mit Freuds Jahrhunderte später formuliertem Drei-Instanzen-Modell des Bewusstseins, in dem das Gewissen mit dem Über-Ich identifiziert wird, dem Teil des Bewusstseins, in dem soziale Normen und moralische Schranken verankert sind, hat Luthers Formel nichts zu tun. Ebenso wenig meinte er eine innere Stimme, in der sich das authentische Individuum zu Wort meldet. Für Luther war die Bedeutung von Gottes Wort vollkommen deutlich und klar, und das »Gewissen« war für ihn das innere Wissen des Individuums um diese objektive Bedeutung von Gottes Wort. Das drückte er beharrlich aus, wenn er äußerte, sein Gewissen sei »in Gottes Wort gefangen«.[52] Darüber hinaus war das Gewissen für Luther nicht einfach nur eine geistige Fähigkeit, sondern zudem noch eng verbunden mit einer komplexen Palette von Gefühlen. Ein Gewissen kann traurig, belastet, verwirrt, fröhlich, glücklich oder friedlich sein. Es kann schwach oder stark und sogar mutig sein. Es kann sich mit dem Herzen verbinden, dem anderen Sitz der Gefühle, und mit dem Glauben. Und es hat eine besondere Beziehung zu Gott, mit dem es unmittelbar in Verbindung steht.

Das »Gewissen« hat eine lange Geschichte bei Luther. Während seiner Jahre als unglücklicher Mönch lastete etwas auf seinem Gewissen, weshalb er extrem oft beichten ging. Es war diese Traurigkeit, von der Staupitz ihn befreien konnte, indem er ihm zeigte, dass Gott uns nicht wegen unserer guten Werke annimmt, sondern als Sünder. Staupitz' eigene Schriften zeugten von einer tiefen Bewusstheit darüber, welche Gefahr dem Gewissen eines einzelnen Menschen drohte, wenn ihm zu viel aufgebürdet wurde: Er empfahl daher, das Gewissen solle nur dann belastet werden, wenn man eine Todsünde begangen hatte. Wenn andere Sünden das Gewissen belasteten, die nicht gegen die Zehn Gebote verstießen, und wenn dies deutlich zu erkennen sei, solle man einfach sein »irrendes« Gewissen über Bord werfen, lehrte er, oder, wenn das nicht möglich sei, sich an seinen Beichtvater wenden, um sich zu erleichtern – eine Empfehlung, die wahrscheinlich aus dem Umgang mit dem übersensiblen Gewissen Luthers resultierte.[53] Doch obwohl Staupitz als Seelsorger so stark auf Luthers Gewissen eingewirkt hatte, war sein Verständnis von Gewissen ein anderes. Während nach Staupitz' Auffassung das Gewissen falsch verstanden und mit belanglosen Dingen belastet werden konnte, war es für Luther der Sitz von Gewissheit und konnte nie irren. Als Luther sagte, sein Gewissen sei »in Gottes Wort gefangen«, meinte er damit, dass sein Gewissen nicht zu bewegen oder zu verändern war, er »wusste« mit seinem ganzen Dasein – Geist und Gefühl –, was Gottes Wort war, und er konnte es nicht verleugnen.

*

Nichts von dem, was Luther zuvor geschrieben oder getan hatte, war von einer solchen Wirkung wie sein dramatischer Widerstand gegen den Kaiser und die gesamten versammelten Reichsstände. Wie Spalatin sich erinnerte, kehrte Luther getrost und fröhlich in seine Herberge zurück und sagte dort gegenüber den Anwesenden, »wenn er tausend

Köpfe hätte, wollte er sie sich eher alle abhauen lassen, als zu widerrufen«. Als er durch die Menschenmenge ging, bemerkte er den Augsburger Humanisten Konrad Peutinger. Dieser berichtete, Luther habe zu ihm gesagt: »Doktor Peutinger, seid Ihr auch hier? (...) Doktor, was machen Eure Frau und Eure Kinder? Ich habe ihn nicht anders angetroffen und gesehen als so, dass er guter Dinge war.« Zurück in der Herberge, äußerte sich auch Friedrich der Weise wohlwollend, doch zugleich bedenklich gegenüber Spalatin: »Gut hat der Pater, Doktor Martinus, vor dem Herrn Kaiser und allen Fürsten und Ständen des Reiches geredet (...). Er ist mir aber viel zu kühn.«[54]

Selbst für all jene, die sich nicht für die Feinheiten seiner Theologie interessierten, war Luthers Widerstand in Worms beeindruckend, weil er zeigte, dass es einem einfachen Mönch möglich war, sich mit den mächtigsten Männern der Zeit anzulegen. Indem sich die katholische Seite offen weigerte, eine Debatte mit Luther zu führen, verhalf sie ihm zu einem großen moralischen und intellektuellen Sieg, den er, ohne zu zögern, herausstrich.[55] Das war eine zutiefst schockierende Lektion für eine auf dem Ehrbegriff beruhende Ständegesellschaft. Es war in der Tat, als würde alles auf der Welt hinweggefegt, was vorher war, und die alte Ordnung umgestürzt.

Bald sollte es von der »Zwietracht und Uneinigkeit«, die Luther in seiner Rede vor dem Reichstag begrüßt hatte, mehr als genug geben. Der Humanist Ulrich von Hutten identifizierte sich so stark mit dem Ereignis, dass er seinem »amico sancto« (»heiligen Freund«) zwei Briefe schrieb, in denen er Luther ermahnte, tapfer und standhaft zu bleiben (»lasset euch nicht umwerfen«), ihn aber auch vor den »Hunden« warnte, als die er Luthers Gegner bezeichnete: »Ich sehe, daß Schwerter und Bogen, Pfeile und Büchsen vonnöthen sind.« Beide Briefe wurden rasch gedruckt und zusammen mit einer Flut von Flugblättern verbreitet, die Hutten verfasst hatte. In ihnen beklagte er das Verbrennen von Luthers Büchern und rief zu »mannhaftem« Widerstand gegen die »weibischen« Bischöfe auf.[56] Auch in Franz von Sickingen, der als Söldnerführer seinen Dienstherrn selbst wählte und Schutzgelder von den reichen Städten entlang des Rheins eintrieb, hatte Luther einen begeisterten Unterstützer. Überfälle auf Händler durch bewaffnete Ritter und Räuber, die eine günstige Gelegenheit nutzten, gab es häufig – und tatsächlich wurde nicht weit entfernt von Worms zu Beginn des Reichstags ein solcher Raubüberfall verübt.[57]

Hutten hatte Sickingen davon überzeugt, dass Luthers Sache richtig sei, und so bot Sickingen dem Mönch nun eine Zufluchtsstätte in seiner Burg Ebernburg an. Luther war freilich vorsichtig genug, um Abstand zu wahren. Die Ritter boten ihm nicht nur bewaffneten Schutz an, sie waren auch bereit, zu den Waffen zu greifen, um die Lehre des Evangeliums zu verteidigen. In der Hoffnung, dass sich die Bauern zu ihrer Unterstützung zusammenrotten würden, legten sie sich im Herbst 1522 mit dem Erzbischof von Trier an. Dieser hatte an der Spitze derjenigen gestanden, die auf dem Reichstag diverse Versuche unternommen hatten, auf dem Verhandlungsweg zu einer Einigung mit Luther zu gelangen. Doch die Bauern erhoben sich nicht, und innerhalb einer Woche wurde Sickingens Pulver knapp. Der Ritter war zum Rückzug gezwungen, erst auf die Ebernburg und dann auf seine Burg Nanstein bei Landstuhl, wo er im Mai 1523 von Landgraf Philipp von Hessen und dem pfälzischen Kurfürsten Ludwig V. belagert wurde. Er rechnete damit, vier Monate in seiner erst kurz zuvor verstärkten Burg ausharren zu können, doch die moderne Artillerie zertrümmerte die Wehranlage innerhalb kurzer Zeit, und Sickingen starb bald danach an einer Wunde, die er sich bei der Belagerung zugezogen hatte. Auch Hutten verstarb im selben Jahr. Ihr Aufstand war noch nicht das endgültig letzte Säbelrasseln der mächtigen Ritterschaft, die dagegen ankämpfte, an den Rand gedrängt zu werden von den Fürsten, die immer reicher und politisch einflussreicher wurden, und von den Städten, die gleichfalls immer reicher und stärker wurden: Ihre Fehden sollten während Luthers gesamter Lebenszeit fortdauern. Dennoch markierte Sickingens Niederlage 1523 das Ende eines Ideals des vereinten »christlichen Adels«, von dem Luther drei Jahre zuvor beim Verfassen seiner Schrift *An den christlichen Adel deutscher Nation* geträumt hatte.

\*

Am Abend des 18. April 1521 verfasste Kaiser Karl V. in Worms eigenhändig einen Bescheid zu Luther.[58] Er vermied es sorgfältig, so zu tun,
als wäre er kompetent, ein theologisches Urteil zu den Themen fällen,
die Luther aufgegriffen hatte, und erklärte einfach: »Unsere Vorfahren,
so auch christliche Fürsten gewest, sind der römischen Kirche, welche
D. Martinus jetzt anficht, nichtsdestoweniger gehorsam gewest.«[59]
Darüber hinaus sei es kaum wahrscheinlich, dass ein einzelner Mönch
recht habe und sich Zenturien gelehrter Theologen irrten. Er komme
daher zu dem Schluss, dass Luther und seine Anhänger exkommuniziert und »vertilgt« werden müssten. Das war eine klare Entscheidung
für Kirche und Tradition.

Aus kaiserlicher Sicht ging es um die Frage, wer die Autorität be-
saß, die Heilige Schrift auszulegen. Der kaiserliche Orator belehrte
Luther, er solle nicht behaupten, er sei der Einzige weit und breit, der
Kenntnisse der Bibel habe.[60] In der Diskussion mit Luther nach dem
Reichstag schlug der Kanzler des Markgrafen von Baden, Dr. Vehus,
in dieselbe Kerbe, doch er redete ihm auch ins Gewissen. Wie allen
Christen hätte Luthers Gewissen ihm dreierlei Dinge sagen müssen.
Zum Ersten, dass er sich nicht auf sein eigenes Verständnis verlassen
solle, denn »wenn er sein eigenes Gewissen befrage, könne er leicht
selbst herausfinden, ob es ihm nicht doch diene, wenn er aus Demut
in Sachen, die nicht wider die Gebote Gottes sind, eines anderen Urteil
zugebe«. Gelehrte könnten, »wenn sie nicht stets Demut und Gehorsam vor Augen hätten«, von ihrem »eigensinnigen Verstand und Hochmut verführt werden«. Zum Zweiten müsse sein Gewissen ihn davor
warnen, öffentliches Ärgernis hervorzurufen und eine Schandtat zu
begehen. Zum Dritten sollte ihm sein Gewissen sagen, dass er viele
gute Schriften verfasst und viele Missbräuche ans Licht gebracht habe,
er jedoch all die guten Dinge gefährde, die er vollbracht habe, wenn er
jetzt nicht widerrufe. Vehus war Jurist und Politiker, kein Theologe,
und seine Ermahnung gibt einen seltenen Einblick in die Auffassung,
die andere vom Gewissen hatten. Für Vehus war es eine innere Instanz, die das Verhalten kontrollierte, und er setzte voraus, dass sie für
jeden Christen dieselbe war. Der springende Punkt dabei war, dass

Luther sich, indem er seinem eigenen Verstand vertraute, der Sünde der Superbia, des Hochmuts, schuldig machte.[61]

Nichts von dem, was er sagte, hätte Luther oder seine Unterstützer überzeugen können. Luther konnte keine Demut in Dingen zeigen, von denen er glaubte, sie widersprächen Gottes Gebot: Das erlaubte ihm sein Gewissen nicht. Wie viele von Luthers Gegnern weigerte sich auch Vehus, auf die Argumente einzugehen, die Luther auf dem Reichstag vorgebracht hatte. Er beharrte, es sei unwahrscheinlich, dass Luther recht habe und die Kirchenväter nicht. Beim Gewissen gehe es um Gehorsam, nicht darum, wie ein einzelner Mann die Heilige Schrift auslege. Doch die ständige Ermahnung an Luther, er möge »Demut« zeigen, goss nur Öl ins Feuer. Dass man die Debatte in den Bereich der Moral verlagerte und auf Luthers Charakter abzielte, führte nur dazu, dass Luther noch mehr in den Mittelpunkt gerückt wurde.

Für den Humanisten Johannes Cochläus war der Angelpunkt weniger die Frage nach dem Gewissen als vielmehr die Frage, wem die Autorität zukomme, die Heilige Schrift auszulegen. Seine bemerkenswerten Erinnerungen[62] vermitteln etwas von der hektischen Atmosphäre in Luthers Unterkunft: Es herrschte ein ständiges Kommen und Gehen, und es wurde unablässig gestritten. Die Wache an der Tür versah ihren Dienst nachlässig, und Cochläus gelang es, sie zu beschwatzen, damit sie ihn in Luthers Unterkunft hineinließen. Er konnte sich sogar bei einer Mahlzeit einschleichen, bei der er dann zwischen Luther und einem Adeligen saß, den er für niemand anderen als den sächsischen Kurfürsten hielt. Während sie speisten, begannen die beiden, sich über die Transsubstantiation zu unterhalten. Cochläus forderte von Luther, auf sein sicheres Geleit zu verzichten, das ihm nicht erlaubte zu predigen oder zu schreiben, und mit ihm in der Öffentlichkeit von Mann zu Mann zu debattieren. Das war eine gefährliche Herausforderung, denn hätte Luther sich darauf eingelassen, hätte die katholische Seite ihn gefangen nehmen können. Luther hätte fast eingewilligt und musste von seinen Unterstützern zurückgehalten werden: Vielleicht glaubte er noch immer daran, dass eine öffentliche Debatte die Angelegenheit hätte regeln können, und ein Teil von ihm spielte mit dem Gedanken, dafür den Märtyrertod zu riskieren.

Cochläus heftete sich an Luthers Fersen und folgte ihm bis in sein privates Schlafquartier. Er wollte mit Luther alleine weiterstreiten und schlug seinen Mantel zurück, um zu zeigen, dass er unbewaffnet war. Luther war bereit, mit jedem überall und zu jeder Zeit sein Anliegen zu diskutieren, was von außerordentlich wagemutiger Tapferkeit zeugte – oder Naivität. Cochläus beschrieb sich später selbst als jemanden, dem es beinahe gelungen wäre, Luther zum Widerruf zu überreden. Für ihn lautete die Frage, die Luther beantworten sollte: Woher kannst du wissen, dass deine Auslegung der Heiligen Schrift die richtige ist? Eine Auslegung könne niemals eindeutig sein, aus diesem Grund müssten wir der kirchlichen Tradition vertrauen, argumentierte er. Cochläus berichtete, Luther seien die Tränen aus den Augen geflossen, als der Humanist ihn ermahnte, nicht die Tür zur Kirche hinter sich zu schließen und den jungen Melanchthon nicht zu verderben.

In dieser Sache, wie in vielen anderen, lag Cochläus nicht ganz falsch. Luther selbst wusste, dass er zu Zorn und Hochmut neigte, beides Todsünden. Doch für Luther war die Frage der Auslegung kein Streitpunkt, denn die Heilige Schrift war eindeutig. Diesen Standpunkt hatte er erstmals in seiner Debatte mit Cajetan entwickelt. Auf die Heilige Schrift musste man sich in der Auseinandersetzung mit Papisten und den Entscheidungen von Konzilen der Kirche berufen, und die Heilige Schrift zeigte offenkundig, dass der Papst der Antichrist war. Das bedeutete nicht, dass es nicht erforderlich war, Hebräisch und Griechisch zu lernen, um die Bibel zu verstehen, im Gegenteil, die Ausbildung des Klerus war gerade dafür sehr wichtig. Doch wenn man sich erst in die Heilige Schrift versenkt und sorgfältig über sie nachgedacht habe, meinte Luther, sei die Bedeutung von Gottes Wort klar. Es sollte freilich nicht lange dauern, bis unter seinen Anhängern Leute auftauchten, denen bei ihrer Lektüre der Bibel andere offenkundige Wahrheiten ins Auge sprangen als dem Reformer. So war es denn ein Leichtes für seine Gegenspieler, den Schluss zu ziehen, dass alles, was Luther als das klare Wort Gottes verkündete, nichts anderes war als seine Interpretation. Indem er alles dem Wort Gottes zuschrieb und bestritt, selbst irgendeine Autorität zu besitzen, entzog sich Luther offenbar der Auseinandersetzung über seinen eigenen Autoritarismus.

Luthers Unterstützer waren wütend über Cochläus' Versuch, Luther zu überlisten und ihn dazu zu bringen, sein sicheres Geleit aufzugeben. Cochläus, der laut seinem eigenen Bericht einst selbst mit Luthers Lehre sympathisiert hatte, wurde von den aufgebrachten Lutheranern mit heftigsten Schmähungen überzogen. Von sich selbst in der dritten Person schreibend, klagte er, sie hätten Lieder oder, genauer gesagt, Anschuldigungen und Verleumdungen veröffentlicht und sie so schnell in anderen Städten ausgestreut, dass diese Lieder Nürnberg und Wittenberg erreicht hätten, noch bevor er nach Frankfurt zurückgekehrt sei.[63] Als »Schneckenbrut« verspottet, war er für immer aus den gelehrten Kreisen ausgeschlossen, zu denen er sich einst so stolz gezählt hatte. So war er gezwungen, mit dem verhassten Eck Frieden zu schließen. Seine einstige leidenschaftliche Bewunderung Luthers schlug in Schmähungen um, Luther wurde zu seiner Obsession: Cochläus verbrachte den Rest seines Lebens damit, gegen die Schriften des Reformators ins Feld zu ziehen.[64] Luther entschied sich schnell dazu, auf seine Schriften nicht zu antworten, »so wird er viel zorniger werden; denn da ich ihm antworten würde, so würde er stolz«.[65]

Doch Cochläus' unnachgiebige Betrachtungen zu Luther waren nicht ohne Einsicht. Luthers innere Gewissheit hing von der Identifizierung seiner Anliegen mit denen Christi ab – wenn man Luthers Ansichten nicht teilte, gab es keine höhere Autorität mehr, die man anrufen konnte. Und nach Worms war Luther allgegenwärtig, ein Held, der auf Medaillen und Stichen verehrt wurde. Wir wissen, dass der Kurfürst dafür sorgte, dass Cranach Wittenbergs Mann wie einen bescheidenen, frommen Mönch aussehen ließ und der erste, dramatischere Stich abgeschwächt wurde. Cranachs Porträt wurde zur Inspiration für viele andere, auch für Künstler, die weniger vom sächsischen Hof gezügelt wurden. Sie schufen das Bild des frommen Mönchs, das jeder

35 Luther-Porträt von der Titelseite eines Berichts seiner Taten in Worms, *Acta et res gestae: D. Martini Lyther*, gedruckt im Mai oder Juni 1520 in Straßburg. Dieses oder ein ähnliches Bild könnte der Anlass für Aleanders Ärger gewesen sein. Es basiert eindeutig auf Cranachs Original (siehe S. 205), doch der Künstler Hans Baldung Grien versah Luther mit einem Lichtkranz, damit er wie ein Heiliger aussah, und fügte eine Taube hinzu, als Symbol dafür, dass Luther vom Heiligen Geist erfüllt war.

sofort erkannte und das ihn als eine heilige Erscheinung darstellte. Wie Aleander bitter beklagte, wurden in der Stadt Holzschnitte angeboten, auf denen Luther mit einer Taube dargestellt war, als ob er vom Heiligen Geist erfüllt wäre, oder auf denen er einen Nimbus hatte wie ein Heiliger.[66]

Nachdem die Grenzen zwischen den evangelischen und den konservativen Humanisten gezogen waren, begannen die Verteidiger der katholischen Kirche, Bündnisse zu bilden.[67] In Augsburg bemühte sich Bernhard Adelmann von Adelmannsfelden, dem in der Bulle *Exsurge Domine* die Exkommunizierung angedroht worden war, bei Eck um Absolution. Konrad Peutinger, der mächtige Ratssekretär von Augsburg, der 1518 zu Luthers Unterstützung aufgetreten war, achtete darauf, die abgebrochenen Brücken wiederaufzubauen: Er übernahm eine führende Rolle bei den Verhandlungen in Worms und nutzte die durch den Reichstag gebotene Möglichkeit zu Verhandlungen im

Hinterzimmer, um sich Pfründen für seinen minderjährigen Enkel zu sichern – damit war deutlich, auf welcher Seite er stand. Doch die katholische Seite hatte nicht viel erreicht. Aleander bemerkte mit spitzer Zunge, Luther sei, als er sich in Worms in der Öffentlichkeit gezeigt habe, bei der Bevölkerung bereits als Trunkenbold und Halunke bekannt gewesen und habe sich durch »viele Verstöße in Blick, Miene und Haltung, in Wort und Tat« selbst um alle Achtung gebracht. Doch er mochte noch so ausführlich beschreiben, wie Luther sich mit Speisen vollstopfte, zu denen ihn verschiedene Fürsten und Würdenträger vor ihrer Abreise einluden, und wie er das alles mit sehr viel Malvasier hinunterspülte: Solche Gerüchte konnten Luthers Image als Mann des Volkes kaum noch trüben.[68] Die katholische Seite hatte sich aber immerhin die Unterstützung des Kaisers gesichert. Aleanders Bericht über alles, was auf dem Reichstag durchsickerte, verrät seine Erleichterung darüber, dass Karl sich nicht von Luther an der Nase hatte herumführen lassen.

Doch was sollte mit Luther selbst geschehen? Einige der Anwesenden beharrten darauf, dass der Mönch als ein Häretiker kein sicheres Geleit verdiene. Mit derselben Begründung war auch die kaiserliche Zusicherung des freien Geleits für Jan Hus gebrochen worden, und hatte man ihn beim Konzil von Konstanz 1415 hingerichtet. Zum Glück für Luther beabsichtigte Karl V. nicht, diesem Vorbild zu folgen. Der Kaiser hielt sein Versprechen und gewährte Luther sicheres Geleit nach Hause.[69]

Der einfache Mönch, der Gottes Wort verkündet hatte, war zum Helden geworden. Eine Flugschrift, die kurze Zeit nach dem Reichstag auftauchte, parallelisiert den Auftritt Luthers in Worms mit der Leidensgeschichte Christi:

> »Doktor Martinus Luther ging aus Wittenberg mit seinen Jüngern über den Rhein. Und er kam in die Stadt Worms, wo der Kaiser Karl Reichstag hielt (...). Als es aber Abend wurde und Luther mit seinen Jüngern zu Tisch saß, und mit anderen guten Freunden, als sie nun aßen, sagte Luther: Wahrlich, ich sage Euch, viele sind in dieser Stadt, die mich verkaufen werden und verraten.«

Luther warnte sie, wie es in der Flugschrift weiter heißt, dass einer von ihnen ihn verraten werde, doch sie bestritten dies. Aber am nächsten Tag, verleugnete ihn Saxo,[70] der am heftigsten protestiert hatte, dreimal. Die Römischen brüllten nach Luthers Blut, am schlimmsten unter ihnen die Bischöfe von Mainz und Merseburg. Luther, der im Haus des Kaiphas war, blieb ruhig. Der Bischof von Trier überlegte, was zu tun wäre: »Ich finde keine Ursache, ihn zum Tode zu verurteilen. Ihr etwa? Ich will ihn laufen lassen.« Luther war ein frommer Christ. Doch die Priester schrien: »Du sollst ihn verbrennen!« Deshalb nahmen sie Luthers Schriften und legten sie auf einen Scheiterhaufen mit dem Bild seines Gesichts zuoberst. Zu seiner Linken legten sie Huttens Schriften und zu seiner Rechten die Schriften Karlstadts. Doch obwohl die Flammen die Bücher zu Asche verbrannten, ließ sich das Abbild Luthers nicht verbrennen.

Die Flugschrift trug den Titel *Passion Doctor Martins Luthers, oder seyn lydung durch Marcellum beschriben* und war von dem Humanisten Hermann Busche verfasst, der sich zu diesem Zweck das Pseudonym Marcellus gab, nach dem Mann, der den gemarterten Petrus begraben hatte.[71] Die Gleichsetzung von Christus und Luther scheint blasphemisch. Doch die Flugschrift, die großen Erfolg hatte, stimmte in vielem mit Luthers eigenem Verständnis seines Aufenthalts in Worms überein. Luther selbst sah ihn als Leidensweg und glaubte, er imitiere den Weg Christi. In seinem Bericht über die Ereignisse in Augsburg im Jahr 1518 hatte er sich mit Christus im Haus von Kaiphas verglichen; so war er darauf vorbereitet gewesen, seine Ankunft und Aufnahme in Erfurt auf der Reise nach Rom als seinen »Palmsonntag« anzusehen.

Diese Sicht stand in einer langen Tradition der Identifikation mit Christus als Ausdruck tiefer Frömmigkeit, die über die Mystiker bis zu den Heiligen zurückreichte und von frommen Laien ebenso praktiziert wurde wie von Klerikern. Gemälde, die die Kreuzigung oder die Heilige Familie darstellten, bildeten neben Christus regelmäßig auch die Betrachter ab, gekleidet in die kostbaren Seiden- und Samtgewänder der Epoche mit geschlitzten Hosen und extravagant geschnittenen

**Passion ✠ D ✠ Mar-**
**tins Luthers/ oder seyn lydung**
**durch Marcellum beschriben.**

*Karsthans.*
Zweyer bauren redt:
*Kegelhans.*

36 Hermann von dem Busches *Passion Doktor Martins Luthers, oder seyn lyding*, Straßburg 1521. Dem Werk ist ein ungewöhnlicher Holzschnitt von Luther vorangestellt. Er fand weder zeitgenössischen Nachahmer noch hatte er Anleihen bei Cranach genommen. Luther ist in voller Größe stehend dargestellt, ein monumentaler Held mit Tonsur und im Mönchsgewand, der eine riesige Bibel in den Armen hält und den Leser direkt ansieht.[72]

Ärmeln. Nicht, dass die Künstler nicht gewusst hätten, was die Menschen in biblischen Zeiten trugen, ihre Andachtsbilder importierten vielmehr die Gegenwart in die biblische Vergangenheit und erlaubten damit den Betrachtern, die historische Zeit hinter sich zu lassen, wenn sie sich in die religiöse Andacht versenkten und an den Geschichten der Passion Christi teilnahmen. 1500 hatte Albrecht Dürer ein Selbstporträt gemalt, bei dem er den Betrachter direkt anblickt. Er trägt darauf das Haar lang und lockig und hebt die Hand zum Gruß im Stil von Jesus – ein Bild, das alles andere war als eine Proklamation des göttlichen Status als Künstler. Denn für Dürer war es ein Akt der Frömmigkeit, bei dem er versuchte, sich selbst im Alter von 29 Jahren eine Gestalt zu geben, die so eng wie möglich an Christus angelegt war, von dem man glaubte, er habe in diesem Alter zu predigen begonnen. Luthers Beschreibung seiner Leiden als »Passion« war nicht seine einzige Erklärung für das, was um und mit ihm geschah – er hatte viel zu viel Sinn für Ironie, als dass er sich das alles selbst zugeschrieben hätte. Doch er verwendete häufig dramatische Bibelszenen, um seine Erfahrung aufzuzeigen. Auf dem Weg nach Worms interpretierte er für seine Reisebegleiter in der Kutsche das Buch Josua – eine interessante Textwahl, denn der biblische Josua war nach Moses' Tod der Anführer der Israeliten. Er hatte die Schlacht um Jericho geschlagen und die Juden im Exil angeführt, genau wie Luther nun die Mitglieder der wahren Kirche gegen die Kräfte Roms anführte.

Als Luther später darauf bestand, »das Wort hat alles bewirkt«, stimmte das insofern, als er sich zu einem Gefäß Christi gemacht und versucht hatte, sich selbst als Handelnden zurückzunehmen. Dadurch stärkte er sein Vermögen, zu handeln und den Gefahren ins Auge zu sehen.[73] Doch sein Erscheinen in Worms war mehr als eine fromme Tat, es war ein heiliges Drama, bei dem er neben Christus stand, während seine Feinde ihn in Versuchung führen wollten. Seine Sache mit der Christi zu identifizieren verlieh Luther große Sicherheit und außerordentlich viel Mut. Er konnte dadurch die Möglichkeit annehmen, zum Märtyrer zu werden, ohne sich jedoch in dieses Schicksal fügen zu müssen. Zugleich etablierte Luther damit ein Verständnis der Ereignisse, das keinen Widerspruch duldete. In Worms war Gottes Wort am Werk gewesen, eine Autorität, die alle Kaiser und Fürsten übertrumpfte.

Luther hatte an den Kaiser appelliert, ihn gegen den Papst zu unterstützen, und obwohl er dem Märtyrerlos entkommen war, hatte er nun beide Mächte gegen sich, die kaiserliche und die päpstliche. Am 26. Mai, einen Tag nach Ende des Reichstags, als Luther schon lange aus Worms abgereist war, unterzeichnete der Kaiser das Edikt von Worms, mit dem er Luther für vogelfrei erklärte. Es verbat jedem, ihn zu beherbergen oder mit ihm zu speisen, und verbot den Verkauf, die Lektüre, den Besitz und den Druck seiner Werke. Luther wusste, was ihm nun drohte, dennoch war er in ausgelassener Stimmung. In einem

Vergleich seiner Mühsal in Worms mit dem Leidensweg Christi und der Auferstehung hatte er am 28. April, zwei Tage nach seiner Abreise aus Worms, an Cranach geschrieben: »Es muß ein klein Zeit geschwiegen und gelitten sein. Ein wenig, so sehet ihr mich nicht, und aber ein wenig, so sehet ihr mich.«[74]

# Auf der Wartburg

Niemand sollte seinen Aufenthaltsort kennen. In Worms hatten die großen Fürsten des Reichs Schlange gestanden, um ihn zu sehen, war jedes einzelne seiner Wörter aufgeschrieben und in seiner Bedeutung abgewogen worden, hatten Unterstützer und Freunde ihn von morgens bis abends begleitet, Nach dieser Aufregung war Luther jetzt allein. Am 4. Mai, nachdem er auf dem Rückweg vom Reichstag seine Verwandten in Möhra besucht hatte, war er nahe der Burg Altenstein entführt und über Umwege zur Wartburg gebracht worden, die im Wald verborgen hoch über Eisenach thronte. Die Burg war in den Fels des Hügels gehauen und blickte nach drei Seiten übers Land. Für Luther war es, als befände er sich im Königreich der Vögel. Der Mönch, den im ganzen Reich nun jeder kannte, war dorthin zurückgekehrt, wo er als Schuljunge Erdbeeren in den Wäldern gesammelt hatte und wo die Familie seiner Mutter noch immer ansässig war.[1]

Der Kurfürst hatte es als Entführung arrangiert, aus Furcht, den Kaiser zu erzürnen, wenn er einem Mann Unterschlupf gewährte, der im Edikt von Worms zu einem »verstopten zertrenner und offenbarn ketzer«, also zu einem »verstockten Schismatiker und offenbaren Ketzer« erklärt worden war.[2] Luther musste sich daher auf der Wartburg tarnen. Er war als Ritter gekleidet, ließ seine Tonsur herauswachsen und rasierte sich nicht mehr. Die figurbetonte Garderobe mit Hosen, die gutgeformte Beine zur Geltung bringen sollten, dem feinen Leinenhemd, dem Wams und dem protzigen Hosenlatz muss ein Schock gewesen sein für einen Mönch, der es gewohnt war, eine formlose, in der Taille gegürtete Wollsoutane zu tragen. Als er sechs Monate später heimlich nach Wittenberg zurückkehrte, erkannten ihn seine Freunde zuerst nicht wieder: Mit seinem Waffenrock und einem »dicken Bart über Mund und Wangen« sah er aus wie ein Adeliger.[3]

Aus seinem Rittersein machte sich Luther allerdings nicht viel. Der Ritt von Altenstein zur Wartburg war ihm nicht leichtgefallen – er war es gewohnt, im Wagen zu reisen, das Reiten war wegen der dazu erforderlichen Körperbeherrschung nicht seine Sache. Auch das adelige Leben gefiel ihm nicht. Er versuchte es mit dem Jagen, doch es widerstrebte seinen Instinkten: Er wollte die Beute beschützen. Bei einem Jagdausflug ergriff er den Hasen und wickelte das verletzte Tier in seinen Ärmel, um es vor den Hunden zu schützen, doch diese bissen durch seinen Mantel, brachen dem Hasen das Bein und bissen ihn tot. Luther, stets Priester, wandte den Vorfall in ein theologisches Gleich-

37 Lucas Cranach der Ältere, *Luther als Junker Jörg*, 1522

253

nis. Der Hase war die christliche Seele, die von Papst und Satan angegriffen wurde. Im Himmel würde der Spieß umgedreht und die »Wild-
pretfresser am Hofe« würden zur Beute Christi werden. Dass er fest-
saß auf der Burg, wo er zehn Monate lang bleiben sollte, und ein
Opfer war, das sich nicht zur Wehr setzen konnte, behagte Luther
offenbar gar nicht. Trotz seines Widerwillens gegen die Jagd wäre er
lieber Jäger als Hase gewesen.[4]

Hans von Berlepsch, der Burghauptmann, behandelte ihn gut, doch
es war schwierig, das Geheimnis des mysteriösen Gastes zu wahren.
Die Frau eines im Dienst des Kurfürsten stehenden Notars hatte eine
Bemerkung zu Luthers Aufenthaltsort fallenlassen, und da das Gerücht vom Fürstenhof kam, war es glaubhaft. Ohnehin war Berlepsch
davon überzeugt, dass Luthers Aufenthaltsort bereits allgemein bekannt war. Nicht zum ersten Mal griff Luther daher zu einer List, um
seine Feinde zu täuschen – doch wie viele seiner Schliche, war auch
diese ein wenig zu eingängig. Mitte Juli 1521 schrieb er an Spalatin
und legte dem eigentlichen Brief einen zweiten von seiner Hand bei.
Darin täuschte er vor, er würde sich an einem Zufluchtsort in Böhmen
befinden und von dort schreiben. Diesen Brief sollte Spalatin »durch
vorsätzliche Sorglosigkeit« verlieren. Es heißt darin: »Ich höre, mein
lieber Spalatin, daß das Gerücht sich verbreite, Luther halte sich auf
in dem Schlosse Wartburg (…) bei Eisenach. (…) Es ist zu verwundern,
daß jetzt niemand an Böhmen gedenkt.« Am liebsten wäre ihm gewesen, wenn der fingierte Brief in die Hände »des Schweins von Dresden«
(gemeint war Herzog Georg) gelangen würde, wie Luther in seinem
Begleitschreiben erklärte. Doch es war offensichtlich, dass es in dem
fingierten Brief um nichts anderes ging als um den Ort, von dem er
angeblich abgeschickt wurde. Niemand hätte sich dadurch täuschen
lassen. Schlimmer noch, es hätte vielen bestätigt, dass er sich tatsächlich auf der Wartburg aufhielt, zumal er das »Gerücht« gleich in der
ersten Zeile beflissentlich bestritt.[5]

Der Brief enthüllte auch, dass Luther vor allem Friedrichs Cousin
Herzog Georg, unter dessen Schirmherrschaft die Leipziger Debatte
stattgefunden hatte, für die Probleme verantwortlich machte, denen

er und seine Unterstützer sich nun im Kaiserreich gegenübersahen. Direkt nach seinen Auftritten beim Reichstag, in der Freude darüber, dass es ihm gelungen war, lebend aus Worms zu entkommen, hatte Luther Cranach eine Nachricht zukommen lassen: Er wolle sich nun, obgleich er lieber »von den Tyrannen, sonderlich von des wütenden Herzog Georgen zu Sachsen Händen den Tod erlitten« hätte, an den Ratschlag halten, den andere ihm gaben.[6] Die Feindschaft bestand bis zu Georgs Tod 1539, kaum einen anderen hat Luther dermaßen böse und ausufernd beschimpft. Nicht zum letzten Mal reduzierte Luther eine komplexe politische Opposition gegenüber seiner Bewegung in Bausch und Bogen auf den einfachen Kampf gegen einen einzelnen Mann – »das Schwein von Dresden« –, den er fortan mit leidenschaftlichem Hass überschüttete.

Die Gefahr, entdeckt zu werden, machte Luther ganz und gar abhängig von Spalatin, der nun sein wichtigster Mittler für die Kommunikation mit der Außenwelt war. Die Einsamkeit verdross Luther bald, er klagte bei seinem Freund über seine erzwungene Untätigkeit und den »schweren Kopf«, also den Katzenjammer, den diese erzeuge.[7] Er richtete sich in dem kleinen Zimmer, das man ihm auf der Burg zugewiesen hatte, ein Studierzimmer ein und bat Spalatin um Bücher. Doch sein »müßiges Herumsitzen« verschaffte ihm auch Zeit zum Nachdenken, und seine Briefe aus dieser Zeit gehören zu den reichhaltigsten und aufschlussreichsten überhaupt. Sie erzählen nicht nur viel von seinen Freundschaften, sie zeigen auch, wie Luther begann, sein eigenes Leben und besonders seine Beziehung zu seinem Vater zu überdenken, während er sich allmählich daran gewöhnte, eine Person des öffentlichen Lebens zu sein.

Hoch oben in seinem Adlerhorst hatte Luther keine Möglichkeit mehr zu kontrollieren, was unten in der Welt vor sich ging. Er musste auf Neuigkeiten aus Wittenberg warten. Sein Briefwechsel aus jener Zeit verrät den schrumpfenden Horizont. Wir besitzen Briefe an seinen Freund Nikolaus Gerbel in Straßburg, doch bemerkenswerterweise ist kein einziger Brief nach Nürnberg, Augsburg oder Basel überliefert, und nichts deutet darauf hin, dass Luther im reichen Süden an Einfluss gewann.[8] Wir wissen nicht, ob der Grund dafür in der Schwierigkeit lag, Boten nach Süddeutschland zu senden, ohne den Aufenthaltsort zu verraten, oder ob die Nürnberger, die sich einst so enthusiastisch der Sodalität von Staupitz angeschlossen hatten und so erpicht darauf gewesen waren, Luthers Worte zu verbreiten, jetzt von ihm abrücken wollten. Zwei von ihnen, der Rechtsanwalt Willibald Pirckheimer und der Ratssekretär Lazarus Spengler, waren neben Luther in der Bulle *Exsurge Domine* genannt worden, doch Pirckheimer hatte demütig Abbitte geleistet und von Eck Absolution erhalten. Luthers Korrespondentennetz schrumpfte und konzentrierte sich auf Wittenberg, Sachsen und die Bergbauregion Mansfeld, und ebenso nahm seine politische Reichweite ab. Außerhalb dieser Region tauchten andere Reformatoren auf, die seine Reformation in andere Richtungen lenkten.

Unterdessen litt Luther auf der Wartburg an einer schweren Verstopfung, die schon in Worms aufgetreten war. »Der Herr hat mich am Hintern mit großen Schmerzen geschlagen«, schrieb er an Melanchthon. Der Herr suche ihn heim, klagte er Spalatin, damit er nicht »ohne Überreste des Kreuzes sei«.[9] Es vergingen vier, manchmal bis zu sechs Tage, ohne dass sein Darm sich rührte, und die Verhärtung war so stark, dass er beim Stuhlgang blutete: »Nun sitze ich in Schmerzen wie eine Kindbetterin, zerrissen, verwundet und blutig, und werde in dieser Nacht keine oder nur wenig Ruhe haben.«[10] So wie er von der Außenwelt abgeschnitten war, so schien auch sein Körper sich abzuschließen und seine Fähigkeit zum »Fluss« zu verlieren, den die medizinische Säftelehre damals als notwendig für die körperliche Gesundheit erachtete. Diese Beeinträchtigung währte bis in den Herbst und verstärkte Luthers Gefühl von körperlichem Unwohlsein, das durch die veränderte Ernährung, den sesshaften Lebensstil und die einengende Bekleidung hervorgerufen wurde. Doch vielleicht drückte sich in der Verstopfung auch seine eigene innere Einkehr aus, die auf die fieberhafte Stimmung und den Hochbetrieb in der Zeit bis zum Reichstag folgte. Die träge Verdauung war ein Symptom in einer Phase der Untätigkeit, die zwar notwendig, aber auch schwierig war und die Luther erdulden musste, bevor er wieder kreativ werden konnte.[11]

Er hatte auch gegen den Teufel zu kämpfen. Berühmt geworden ist die Geschichte, nach der Luther ein Tintenfass nach dem Teufel warf – an der Wand seines Burgzimmers kann man den Fleck noch heute sehen. Sie beruht höchstwahrscheinlich auf einem allzu wörtlichen Verständnis von Luthers Bemerkung, er bekämpfe den Teufel mit Tinte, also mit dem gedruckten Wort. Es stimmt jedoch, dass ihn der Teufel erneut in Nöte brachte, was zum Teil daran lag, dass seine innere Welt ohne seine Freunde und Kollegen als Gesprächspartner bedrohlichere Züge annahm: In seiner müßigen Einsamkeit sei er tausend Teufeln ausgesetzt (»sed mille credas me Satanibus objectum in hac otiosa solitudine«)[12]. Einerseits sei er jetzt zwar ein Mönch, da er allein sei, schrieb er an Spalatin, und doch sei er kein Mönch, da er eben nicht allein sei, »denn es sind bei mir viele und böse und listige Teufel, welche mir, wie man zu sagen pflegt, die Zeit vertreiben, aber in beschwerlicher Weise«.[13] Was hat es mit diesen Angriffen des Teufels auf sich?

Während seines Aufenthalts auf der Wartburg musste sich Luther auf neue Weise mit seinem Körper beschäftigen. An Melanchthon schrieb er: »Mich beschämt und peinigt deine so hohe Meinung von mir, da ich hie unempfindlich und verhärtet in Müßiggang sitze, leider! wenig bete, gar nicht seufze für die Kirche Gottes, vielmehr durch großes Feuer meines ungezähmten Fleisches brenne, kurz, da ich brünstig sein sollte im Geist, bin ich brünstig im Fleisch durch böse Lust, Faulheit, Müßiggang, Schläfrigkeit.«[14] Es war nicht nur seine Verstopfung, die ihn schmerzlich an das Fleisch erinnerte, so wenig wie es allein sexuelles Begehren war, das er beschrieb. Vielmehr wusste er, da immer mehr Mönche das Wittenberger Kloster verließen, dass er sich verändern und sein Leben als Mönch aufgeben musste. Damit ging alle Disziplin verloren, die Notwendigkeit, pünktlich den Pflichten nachzukommen, das gemeinsame Einnehmen der Mahlzeiten, die Unterbrechung der Schlafzeiten für die Stundengebete, die Struktur des Alltagslebens. Luther veränderte sich nicht nur physisch und emotional, der Wandel war auch ein theologischer.

In der Zwischenzeit hatte in Wittenberg eine rasende Entwicklung eingesetzt. Obwohl Melanchthon Luthers wichtigster Mitarbeiter und sein verlängerter Arm in der Stadt wurde, war die Beziehung zwischen den beiden Männern nicht ohne Schwierigkeiten. Melanchthon hatte mit der Arbeit an den *Loci communes rerum theologicarum* (*Allgemeine Grundbegriffe der Theologie*) begonnen, seinem großen systematischen Werk über die reformatorische Theologie, das zu einer Lehrsammlung für die neue Bewegung werden sollte. Luthers Hochachtung für den jungen Mann wurde noch größer, und als er Melanchthons Entwürfe auf der Wartburg las, beteuerte er wiederholt, Melanchthon sei verglichen mit ihm der größere Gelehrte. Doch sein Kollege war nicht einfach in der Spur zu halten. Weit davon entfernt, während Luthers Abwesenheit von Wittenberg in dessen Rolle zu schlüpfen, scheinen ihn die Predigten Gabriel Zwillings beeinflusst zu haben, eines Augustinermönchs, der von Zwickau ins Wittenberger Kloster gewechselt war und der eine radikale Reform predigte. Ein Zeitgenosse berichtete, Melanchthon habe keine seiner Predigten verpasst.[15] Luther machte aus seiner Verärgerung keinen Hehl. »Daß du (...), wie es denn deine Weise ist, allzu zart bist«, kritisierte er den jungen Mann und meckerte bei Spalatin darüber, »daß Philippus, der allzu sehr seinen Gemüthsbewegungen nachgibt, das Kreuz mit größerer Ungeduld trägt, als es sich für einen Jünger geziemt, geschweige denn für einen so großen Meister so großer Leute«.[16] Luther versuchte, Melanchthon in eine Anführerrolle zu drängen, und spielte mit dem Gedanken, Melanchthon solle predigen oder (da er nicht zum Priester geweiht war, wenngleich das für Luther kein Hindernis mehr darstellte) zumindest öffentliche Vorlesungen halten, damit seine Auslegung der biblischen Texte auch unter nichtakademischen Hörern bekannt würde.[17]

Was Karlstadt anging, Luthers Mitdisputant bei der Leipziger Debatte, so produzierte dieser eine Flut von Abhandlungen. Als Erstes griff er die Klostergelübde an, dann äußerte er sich über Sexualität und Ehe, bevor er die Darstellung religiöser Inhalte in Bildern verdammte, und schließlich bewegte er sich immer mehr auf eine Neuinterpretation der Messe und der Kommunion zu. Seine neuen theologischen Ansichten hatten auch Konsequenzen für sein Gesellschaftsbild, und er fing an, alle Arten von Hierarchien in Frage zu stellen. Luther las viele seiner Schriften und ließ sich von Karlstadts Argumenten zu vielen seiner eigenen Ansichten inspirieren. In seinem »Patmos« – wie er sein Studierzimmer auf der Wartburg nannte, nach der Insel, auf der Johannes seine Offenbarung niederschrieb – verlief seine intellektuelle Entwicklung zu dieser Zeit in vielerlei Hinsicht parallel zu der von Karlstadt. Doch während Karlstadt sich in Wittenberg immer wieder neuen Situationen gegenübersah und gezwungen war, auf den starken Druck von verschiedenen Seiten – seitens des Kurfürsten, der Bevölkerung, der Universität, der radikalen Augustiner – strategisch zu reagieren, war Luther allein mit dem Teufel.

In *An den christlichen Adel deutscher Nation* hatte er sich dafür eingesetzt, dass Priestern, die mit Konkubinen zusammenlebten, die Heirat erlaubt werden sollte. Im Frühjahr 1521 war Bartholomäus Bernhardi, inzwischen Rektor der Wittenberger Universität, der erste geweihte Priester, der öffentlich heiratete.[18] 1520 hatte Luther Mönche, und damit auch sich selbst, allerdings noch nicht in seine Überlegungen zur Eheschließung eingeschlossen, da sie das Keuschheitsgelübde aus freiem Willen abgelegt hatten. Jetzt trieb Karlstadt die Entwicklung in Wittenberg rasch voran mit Angriffen auf die Klostergelübde, zuerst in einer Reihe von Thesen zur Disputation, dann in längeren, sowohl auf Latein als auch auf Deutsch verfassten Schriften. Luther las diese Abhandlungen nicht nur, sondern diskutierte sie in Briefen mit Melanchthon.[19] Anfang September 1521 verfasste er selbst eine erste kurze Aufstellung von Thesen zur Diskussion in Wittenberg. Bald darauf erweiterte er diese Liste um neue Thesen, und alle zusammen wurden Anfang Oktober veröffentlicht, doch erst im November stellte Luther seine eigene Abhandlung über Mönchsgelübde fertig.[20] Wenn in der Frühphase der Reformation Karlstadt von Luther lernte, so gab jetzt Karlstadt das Tempo vor.

Für eine Schrift, die für die Eheschließung eintritt, geht Karlstadts Abhandlung merkwürdig wenig auf die Erotik, ja sogar wenig auf die Sexualität ein. Dennoch nimmt er in seinem lateinischen Text kein

Blatt vor den Mund: Mönche kommen mit der zölibatären Lebensweise nur zurecht, indem sie die Sünde Molochs begehen – masturbieren – und ihren Samen auf dem Boden oder auf ihrer Kleidung vergießen – das sei schlimmer als Unzucht oder Ehebruch, argumentierte Karlstadt. Seine Flugschrift beschwört das Grauen frustrierter Lust herauf und beschreibt für den Leser abstoßend die sexuellen Perversionen, die dadurch entstehen. Er benennt einige dieser tierischen Sünden: »Ich sage, dass etliche junge Nonnen und Mönche solche Sünden begehen (die ich ihrem Gewissen überantworte und über die ich der großen Schande wegen lieber schweige), die schlimmer sind als Unkeuschheit mit Tieren.« Hier endet die deutsche Ausgabe der Abhandlung plötzlich und überlässt es dem Leser, sich das Schlimmste vorzustellen.[21] Karlstadt war fasziniert von den Flüssigkeiten, die der Körper ausschied, vom Menstruationsblut ebenso wie vom »Samen« von Männern – und Frauen: Man glaubte damals, dass Männer und Frauen Samen ausstoßen müssten, damit eine Befruchtung stattfand. Da Karlstadt die Eheschließung als eine »Medizin« gegen die Übel der sexuellen Begierde ansah, kam er zu dem Schluss, dass Bischöfe alle Priester anhalten sollten, zu heiraten, denn dieses sei das Gegenmittel, das Gott gegen Lüsternheit geschaffen habe. Das Einzige, was sie von der Heirat abhalte, sei der Geiz – eine der sieben Todsünden und diejenige, für die die Gesellschaft des 16. Jahrhunderts besonders empfänglich war. Doch die Kosten, die es verursachte, eine verheiratete Priesterschaft zu haben, sollten tatsächlich zu einem Hauptthema für die neue Kirche werden.

Es ist nicht weiter erstaunlich, dass Karlstadts Abhandlung im katholischen Index verbotener Bücher aufgeführt wurde.[22] Als er die deutsche Ausgabe veröffentlichte und vieles in seiner Schmähschrift abschwächte, fügte Karlstadt zusätzlich Passagen über das gebührliche Verhalten von Frauen ein und legte darin besonderen Nachdruck auf ihre Pflicht zu gehorchen: »Darum hat Gott die Frauen (die doch sonst weich und zart sind) besonders duldsam und hart gemacht, dass sie ihren Männern zu dienen vermögen.«[23] Während Karlstadt für die Priesterehe eintrat, beruhte sein Abscheu gegen Sexualität und fleisch-

liche Begierden ironischerweise weitgehend auf der christlich-asketi-
schen Mönchstradition, der er entkommen wollte.

Das war starker Tobak. Als Luther die Schrift las, bewunderte er
die Belesenheit, doch Karlstadts enge und wörtliche Auffassung der
Passage über Moloch brachte ihn aus der Fassung, da er fürchtete,
ihre Gegner könnten sie dafür verspotten. Seine Sorge war, dass man
das Gewissen einer so großen Anzahl Unverheirateter noch mehr belasten würde, wenn man sie mit einem Bibelausschnitt, der Luthers
Meinung nach nicht auf Masturbation, sondern auf etwas so Harm-
loses wie den nächtlichen Samenausfluss verwies, in Aufregung versetzte. Da Karlstadt ein nicht zum Mönch geweihter Priester war,
konnte er radikaler sein als Luther, der sich noch immer den Kopf darüber zerbrach, ob Priester und Mönche hinsichtlich des Zölibats dieselbe Stellung einnahmen. Während er darüber nachgrübelte, scherzte
er gegenüber Spalatin, dass ihn gewiss niemand dazu bringen werde,
selbst eine Ehe einzugehen.[24] Sein Unbehagen entsprang auch der Tatsache, dass Karlstadt »Fleisch« wörtlicher und weniger metaphorisch
auffasste als Luther, der den Begriff umfassender verstand und auch
Sünden wie Neid und Zorn einschloss oder auch einfach das Sich-Ein-
lassen auf die körperliche Gegenwart anderer Menschen.

Einer der aufschlussreichsten Briefe, die Luther von der Wartburg
schrieb, datiert vom 9. September 1521. Er war an Melanchthon gerichtet und vermittelte den Eindruck, als würde Luther laut nachdenken über Textpassagen, die Melanchthon ihm als Entwürfe für seine
*Loci communes* zugesandt hatte. Melanchthon beschäftigte sich darin,
gleichfalls unter dem Eindruck von Karlstadts Schrift, mit dem Problem der Klostergelübde. Luthers Überlegungen deuten an, dass er
mit seiner eigenen Sexualität zu kämpfen hatte. Er begann den Brief
mit der Feststellung, er würde am liebsten mit Melanchthon unter vier
Augen über die Texte sprechen, damit deutlich würde, wo die Mei-
nungsverschiedenheiten zwischen ihnen eigentlich lagen. Unter der
Oberfläche der Fragen, die Luther in seinem Brief erörterte – Gelübde
und ihre Gültigkeit –, schien damals etwas in ihm gebohrt zu haben,
das offenbar mit der Vorstellung von »der Hitze der Begierde« zusam-

menhing, auf die er am Ende seines Briefs zu sprechen kam: Was meinte Paulus eigentlich, fragte sich Luther, mit dem »Brennen«, das beide, Karlstadt und Melanchthon, als böse sexuelle Begierde interpretierten? Und wie groß war diese Sünde?[25]

Entgegen seiner Art etwas sprunghaft, legte Luther zuerst dar, was er als Fehler in Melanchthons Argumentation ansah. Wenn, wie Melanchthon argumentierte, Gelübde gebrochen werden müssten, da anderenfalls noch schlimmere Sünden begangen werden müssten, gelte dies auch für Ehegelübde. Dann könnten die Menschen Ehen nach Belieben auflösen. Macht es denn keinen Unterschied, wenn es ein freier Christ ist, der sich durch ein Gelübde verpflichtet?, fragte Luther. Danach schlug er eine andere Argumentationsrichtung ein: Nahezu jeder, der ein Mönchsgelübde ablege, schrieb er, tue das im Glauben, dass seine Seele erlöst werde, denn Mönchsgelübde würden für gute Werke angesehen, die gottgefällig machten. Allein schon aus diesem Grund seien Gelübde ungültig, denn sie würden aus den falschen Gründen abgelegt. Mönchsgelübde schlössen, fügte Luther hinzu, überdies Armut und Gehorsam ein. »Diese beiden Dinge sind entweder erdichtet, oder einst [an]geordnet für Kinder« als eine Art erzieherisches Mittel. Ein Mann dagegen sollte ein solches Leben nicht anstreben: Mönche gelobten ja nicht nur, einem anderen zu gehorchen, sie seien auch aufs Betteln angewiesen, da sie ihren Lebensunterhalt nicht selbst verdienen dürften.[26] Offenbar begann Luther, das klösterliche Leben als einen Zustand der Unmündigkeit auf Lebenszeit abzulehnen.

Sehr viel persönlicher wurde Luthers Brief, als er von seinen eigenen Gelübden sprach. In der Erinnerung an das Versprechen, das er im Sturm gegeben hatte, schrieb er über sein Motiv, ins Kloster einzutreten: »Ich bin mehr dahingerissen als gezogen worden, Gott hat es so gewollt.«[27] Doch im selben Satz räumte er ein: »ich fürchte, daß ich ebenfalls in gottloser und gottesräuberischer Weise das Gelübde geleistet habe«. Aufschlussreich ist, dass er sich an die Reaktion seines Vaters erinnerte: »Wollte doch Gott, daß es nicht ein Blendwerk des Teufels wäre!« Und er fuhr fort: »Dies Wort hat in meinem Herzen so tiefe Wurzeln geschlagen, daß ich niemals irgendetwas aus seinem

Munde gehört habe, was mich zäher festgehalten hätte; es scheint mir, als habe Gott mich durch seinen Mund gleichsam von ferne angeredet.« Nun frappierten ihn die Worte seines Vaters erneut, aber auf andere Weise. Statt zu dem Schluss zu kommen, dass sein Vater recht gehabt hatte, die Heimsuchung also eine teuflische gewesen war, befürchtete Luther, dass an seiner Berufung vielleicht überhaupt nichts Wundersames war. Sollte er also nicht berufen worden sein, fragte er sich: »Bin denn etwa auch ich schon frei und nicht mehr Mönch?«[28]

Dann beendete Luther plötzlich das vertrauliche Geständnis und kehrte launig zum Thema der Eheschließung zurück. Vielleicht, so neckte er Melanchthon, wolle der ihm nur eine Frau verpassen, »um dich an mir dafür zu rächen, daß ich dir eine Frau gegeben habe«. Tatsächlich hatte Luther in seiner ständigen Sorge um den schmächtigen, kränklich aussehenden Melanchthon eine Frau für ihn gefunden. »Philipp heirathet die Katharina Krappe«, schrieb er im August 1520 an Johannes Lang, »und man schreit, daß dies auf meine Veranlassung geschehe.« »Ich thue dem Mann alles mögliche Gute und kümmere mich nicht um das Geschrei«, hatte er unbekümmert hinzugesetzt.[29] Katharina brachte nur eine kleine Mitgift in die Ehe und war keine Schönheit. Die ersten Ehejahre scheinen nicht glücklich gewesen zu sein, denn Melanchthon beschreibt seine Ehe als »Knechtschaft«.[30] Trotz seines ganzen Getöses, dass Sexualität kein Problem für ihn sei, und der Beharrlichkeit, mit der er »das Fleisch« als weiten Begriff verteidigte, spürt man wiederum bei Luther, dass er mit seinem eigenen »Fleisch« konfrontiert war. So ist es sicher kein Zufall, dass er auf der Wartburg den verheirateten Melanchthon zu seinem Vertrauten machte und nicht den Junggesellen Spalatin (dem er dagegen bemerkenswert freimütig von seinen Stuhlgangproblemen erzählte). Darüber hinaus begann Luther, sich mit seiner sexuellen Identität auseinanderzusetzen, indem er die Beziehung zu seinem Vater hinterfragte.

\*

Seine diesbezüglichen Überlegungen fanden Eingang in die Schrift *De votis monasticis Martini Lutheri iudicium* (Urteil Martin Luthers über die Klostergelübde), die Luther im November 1521 fertigstellte. Als Vorwort verfasste er einen »Brief« an seinen Vater, in dem er die Ideen ausführte, die er im Brief an Melanchthon entwickelt hatte und die er nun zum Teil wortwörtlich übernahm. Der fiktive Brief war auf Latein verfasst, sein Vater hätte ihn so wenig lesen können wie die ihm gewidmete Abhandlung. Es ist ein außergewöhnlich dichtes, emotionales und dramatisches Schriftstück, in dem Luther seinen Vater um Entschuldigung bittet. Er sei dessen Wünschen nicht gefolgt, gestand er und fuhr fort, er sei sich bewusst, dass sein Vater andere Pläne für ihn gehabt habe: »Du nahmst dir aber vor, mich durch eine ehrliche und reiche Heirat zu fesseln.« Er erzählte von seiner ersten Messe und erinnerte sich, dass sein Vater selbst danach, als sie ihren Frieden miteinander geschlossen hatten, seinem Ärger Luft machte: »Ei! Hast du auch nicht gehört, daß man den Eltern gehorchen muß?« Doch damals, schrieb Luther, »verschloß [ich] mein Herz, so viel ich vermochte, gegen dich und dein Wort« – eine aufschlussreiche Formulierung, die den Leser an Christus und das biblische Wort erinnerte. Jetzt habe er erkannt, dass der Sturm nicht von Gott gesandt sein konnte, da er sich gegen den Willen seines Vaters entschieden hatte, ins Kloster einzutreten. Doch während er einräumte, dass die Vision in der Tat ein Blendwerk des Teufels war, stellte er sie nach wie vor in einen größeren göttlichen Plan: Es sei einer jener Angriffe des Teufels gewesen, die bewiesen, dass er auserwählt sei. »Es scheint mir«, schrieb Luther, »daß Satanas in mir von meiner Kindheit an etwas von dem vorgesehen habe, das er jetzt leidet; deshalb hat er mit unglaublichen Anschlägen gewüthet, um mich umzubringen und zu verhindern, so daß ich mich oft verwundert habe (...), ob ich es nicht etwa allein wäre unter allen Menschen, dem er nachtrachtete.«

Er habe erkannt, dass dies alles mit Gottes Willen zusammenhing, dass er das Klosterleben und die Universitäten von innen kennenlernen musste, damit er mit Sachkenntnis gegen sie schreiben konnte. Deshalb sei er Mönch geworden und sei noch immer Mönch. »Was

denkst du also jetzt? Willst du mich jetzt noch [aus dem Mönchs-
leben] herausreißen?«[31]

Trotzdem könne sich sein Vater nicht rühmen, er habe seinen Sohn
vom Mönchstum befreit. Es sei Gottes Werk gewesen, der größere
Rechte an ihm habe als sein irdischer Vater, so wie sein Wort größer
sei als menschliche Weisheit: »Übrigens hat der, welcher mich heraus-
gezogen hat, ein größeres Recht an mir als dein Recht ist, der, wie du
siehst, mich nun nicht in den erdichteten Dienst der Möncherei, sondern in den rechten Dienst Gottes gestellt hat.« Luther beharrt darauf,
dass das wahre Wunder nicht seine Rettung im Sturm gewesen sei,
sondern seine Befreiung vom Kloster durch Christus. Weit entfernt,
seinem Vater Gehorsam zu versichern, zeigte Luther in diesem Brief
also seine völlige Unabhängigkeit. Er müsste, folge er seinem Gewissen, seinem Vater gehorchen, davon sei er inzwischen fest überzeugt,
aber in seinem Fall sei er (nach göttlichem Plan) über das Mönchsleben
zu seiner Berufung gekommen, dem Wort Gottes zu dienen. Christus
habe ihn »mit so großer Freiheit begnadet«, schließt er – ein mehrdeu-
tiger Begriff, der die Freiheit eines Christenmenschen und die »Freiheit«
von der väterlichen Gewalt umfasst, deren man sich als Erwachsener
bewusst wird.[32] Zum Schluss erinnert er seinen Vater an die Gefahr, in
der sich sein Sohn nun befinde. Während der Teufel versuchen könnte,
ihm das Genick zu brechen, sei es der Papst, der ihn wirklich verbrennen oder hängen könnte, wenn Gott ihn des Märtyrertums für würdig
ansähe.

Luther verhehlte nicht Wut und Ärger auf beiden Seiten – sein eigenes »verschlossenes« Herz, das den Fluss der Säfte hinderte, der für
den Körper so wichtig war, und die Unerbittlichkeit seines Vaters, dessen Unwille *(indignatio)* nicht zu besänftigen war. Dem Vorhaben
seines Vaters, ihn durch eine Ehe zu binden, hatte sich Luther entzogen, indem er Mönch wurde. Doch nun sei sein Gewissen befreit worden: »Also bin ich nun ein Mönch und doch nicht ein Mönch, eine
neue Kreatur, nicht des Papstes, sondern Christi.« Als einem »freien«
Mönch stehe es ihm nun frei, *nicht* zu heiraten. Luther beendete seinen »Brief« nicht mit einer Bitte um den Segen des Vaters, sondern

damit, dass er selbst seinen Vater segnete. Offenbar hatte er den ödipalen Kampf gewonnen und war erwachsen geworden, während es ihm zugleich gelang, nicht selbst zu einem verheirateten Mann und Vater zu werden. Er hatte sich auch das letzte Wort gesichert. Es war ein Brief, auf den sein Vater im wahrsten Sinne des Wortes nicht antworten konnte.[33]

Im Vorwort zu *De votis monasticis*, das aus dem Brief an Melanchthon entstanden war, spiegelt sich vielleicht auch die Veränderung in Luthers Beziehung zu seinen engsten Freunden wider, besonders zu Melanchthon und Karlstadt. Seine Freundschaft zu Karlstadt war nun deutlich abgekühlt, es ist bezeichnend, dass Karlstadt nicht zu denen gehörte, die Luther als seine Begleiter nach Worms ausgewählt hatte. Soweit wir wissen, schrieb Luther dem Mann, der in Leipzig Schulter an Schulter mit ihm gestritten hatte, keinen einzigen Brief von der Wartburg, und er bat in keinem Brief an die anderen Wittenberger darum, ihm Grüße zu übermitteln.[34]

Die Beziehung zwischen Luther und Karlstadt war immer eine Beziehung auf Augenhöhe gewesen. Luthers Freundschaft mit Melanchthon gründete im Gegensatz dazu in der Patronage des Älteren für den jungen Gelehrten, den Luther mit großem Aufwand nach Wittenberg gelockt hatte. Und dann hatte er für Melanchthon auch noch eine Frau gefunden, um ihn weiter in Wittenberg festzuhalten. Luther hatte Melanchthon in jeder Hinsicht so gebunden, wie Luthers Vater es mit ihm vorgehabt hatte. Obwohl seine Briefe an Melanchthon einen herzlichen und verbindlichen Ton haben, hielt Luther immer eine gewisse Distanz. Als er Melanchthon dazu drängte, mehr Verantwortung bei der Reformation in Wittenberg zu übernehmen, schmeichelte er ihm und drangsalierte ihn abwechselnd, indem er ihn mal wegen seiner intellektuellen Gaben bauchpinselte, sich um seine zarte Gesundheit sorgte und ihn ein andermal geißelte, er gebe seinen »Gemütsbewegungen« zu sehr nach, wo es doch darum gehe, »die Mauern und Thürme Jerusalems« zu befestigen.[35] Darin unterschied sich ihre Freundschaft stark von der mit Karlstadt, der sich nicht maßregeln ließ. Durch die Veröffentlichung dieses ungewöhnlichen Vorworts führte

Luther jedoch das Narrativ von seiner göttlichen Erwählung ein und stärkte damit seine Stellung als charismatischer Anführer der Reformationsbewegung.

Nach Freud sind ödipale Kämpfe universell, weil der Weg zur sexuellen Identität immer über die Erfahrung sowohl von mörderischem Hass als auch von leidenschaftlicher Liebe gegenüber unseren Eltern führt. Ob man dem zustimmt oder nicht, es ist bemerkenswert, wie Luther seine inneren Kämpfe – über die er sich ungewöhnlich bewusst war – für seine Theologie nutzte. Seine schonungslose Auseinandersetzung mit dem Drama seiner eigenen Vaterbeziehung vertiefte sein Verständnis von Gott ungemein. In seiner Theologie stellte Luther der Allmacht Gottes das kindliche Unvermögen der Menschen gegenüber, etwas für ihre Erlösung zu tun – ebenso wie die Frustration der Gläubigen über ihre kindliche Hilflosigkeit. Nach Luthers Verständnis war die väterliche Beziehung Gottes zu den Gläubigen das Muster für theologische Wahrheit. Er konnte zwar nicht so recht vermitteln, dass es eine väterliche Sorge Gottes für den Gläubigen gab, aber er machte den überwältigenden Abstand deutlich, der zwischen Gott und den Menschen liegt. Im Zentrum von Luthers Theologie steht eher die Entfernung als die persönliche Nähe zu Gott. Luther rühmte sich nicht, eine direkte Beziehung zu Jesus zu haben. Er war immer misstrauisch gegenüber Menschen, die behaupteten, Gott spreche zu ihnen, er sprach stattdessen von seinen Gesprächen mit dem Teufel.

Die Heftigkeit in der Auseinandersetzung mit seinem Vater bereitete Luther zweifellos darauf vor, den Papst mit solch gewaltiger Energie anzugreifen. Der Kampf mit dem Vater versetzte ihn auch in die Lage, so überzeugend von der Freiheit eines Christen zu schreiben – immerhin war seine eigene Unabhängigkeit bitter erkämpft und hatte große emotionale Opfer gefordert. Das erklärt vielleicht, warum Luther solch widersprüchliche Positionen hinsichtlich Freiheit und Autorität vereinen konnte. Er brachte es fertig, die Spannung auszuhalten zwischen der Überzeugung von der Freiheit eines Christen – und entsprechend vom ephemeren Charakter der Äußerlichkeiten, Zeremonien und Vorschriften – und dem Glauben, dass Menschen ganz und gar nicht frei sind in ihren Handlungen. Alles menschliche Handeln sei mit Sünde behaftet, und deshalb sei das Streben der Menschen Knechtschaft, argumentierte er später in seinem Streit mit Erasmus. Wir sind beides, frei und unfrei.

*

Im Oktober, als die Tage kürzer wurden und sich immer mehr abzeichnete, dass Luther nicht so schnell nach Wittenberg zurückkehren würde, beschloss er, sich in ein neues Projekt zu stürzen und das Neue Testament ins Deutsche zu übersetzen. Diese Arbeit beanspruchte bald seine ganze Energie, und von diesem Moment an scheint er nicht mehr unter Ungewissheit oder Langeweile gelitten zu haben; sogar seine Verstopfung hatte offenbar aufgehört, vielleicht aufgrund der Lösung, die er in der Beziehung zu seinem Vater gefunden hatte. In knapp elf Wochen übertrug er das gesamte Neue Testament aus dem griechischen Urtext, nicht aus der Vulgata, der lateinischen Übersetzung, die bis zu diesem Zeitpunkt die Hauptquelle für die Kirche war. Es war ein Geniestreich. Luthers Neues Testament prägte die deutsche Sprache, sein Deutsch wurde maßgeblich und trug zur Vereinheitlichung der Schriftsprache bei, die bis dahin durch eine Vielzahl lokaler Dialekte bestimmt wurde. Er war nicht der Erste, der die Bibel ins Deutsche übersetzte – im 15. Jahrhundert gab es zahlreiche deutschsprachige Bibeln, und im 16. Jahrhundert schufen weitere Reformatoren und Traditionalisten ihre eigenen Bibelübersetzungen –, doch Luthers Übersetzung ragte aufgrund seines Sinns für die Musikalität der Sprache heraus. Sein Stil ist klar und schmucklos, Alliterationen und Rhythmen aus der Alltagssprache geben der Sprache Profil. Zudem schreibt er in einem volkstümlichen Deutsch, nicht in latinisierender Prosa. Das macht seine Übersetzung so anders, verglichen etwa mit der King-James-Bibel, der einflussreichsten englischsprachigen Übersetzung der Bibel aus dem frühen 17. Jahrhundert, die in einem bewusst literarischen Stil übersetzt war. Luthers Übertragung ist bodenständiger, und seine Sätze sind kürzer. Seine Bibel war dazu geschaffen, laut gelesen und von einfachen Leuten gehört zu werden.

Sie war keineswegs frei von tendenziösen Einfärbungen. Luther gab in seiner Übersetzung sein eigenes theologisches Textverständnis wieder, so liegt zum Beispiel in seiner Übersetzung von Römer 1,17 – »Denn darin wird offenbart die Gerechtigkeit, die vor Gott gilt, welche kommt aus Glauben in Glauben; wie geschrieben steht (Habakuk 2,4): »Der Gerechte wird aus Glauben leben.«[36] – die Betonung auf dem Prozess der Rechtfertigung vor Gott. Dieser Textabschnitt war für Luther von zentraler Bedeutung gewesen, als er mit seinen schwersten Anfechtungen zu kämpfen hatte, die ihn wegen seines Hasses auf die Gerechtigkeit Gottes heimsuchten. Beim Rückblick auf seinen Lebensweg in der Vorrede zum ersten Teil seiner lateinischen Werke schrieb er 1545 dazu: »Da habe ich empfunden, daß ich ganz wiedergeboren sei und durch die offenen Thüren in das Paradies selbst eingegangen.«[37] Römer 3,28 übersetzte Luther wie folgt: »So halten wir nun dafür, daß der Mensch gerecht wird ohne des Gesetzes Werke, allein durch den Glauben.«[38] Das Wort »allein« hatte er hinzugefügt, es steht nicht im Urtext. Durch die Einfügung liegt die Betonung auf der Exklusivität des Glaubens – und in der Tat behauptete Luther, in diesem »allein« stecke der ganze Sinn des Abschnitts. Weil Luther selbst nie einen reinen Buchstabenglauben vertrat, versuchte er, die Kernaussage zu erfassen, und scheute sich nicht auszudrücken, worauf seiner Meinung nach die Betonung lag.[39] Luther stellte den Evangelien und jedem der Briefe auch jeweils ein kurzes didaktisches Vorwort voran, so dass der Leser dem Text mit Luthers Augen begegnet. Zur Einführung in den Römer-Brief heißt es dort: »Diese Epistel ist das rechte Hauptstück des Neuen Testaments (…), welche wohl würdig und wert ist, dass ein Christ sie nicht nur von Wort zu Wort auswendig weiß, sondern täglich damit umgeht wie mit einem täglichen Brot für die Seele.« Seine eigene Begegnung mit der Heiligen Schrift wurde so zum Prüfstein für alle Christen.[40] Stilistisch und typographisch waren diese Einleitungen nicht vom übrigen Text zu unterscheiden, so dass Luthers exegetische Einführungen beinahe dieselbe Textautorität ausstrahlten.

Für Luthers Glauben war die intellektuelle Auseinandersetzung, das

Nachdenken über die Bibel und ihre wesentlichen Aussagen grundlegend, er praktizierte es sein Leben lang. Auf diese Weise war er zu seinen reformatorischen Einsichten gelangt, und diese Haltung charakterisierte seine Herangehensweise sowohl in seinem Amt als Bibelprofessor an der Universität wie auch bei seiner Arbeit als Übersetzer. Die Zeit seiner Isolation auf der Wartburg, wo er auf seine Bibliothek und weitestgehend auf den Rat seiner Freunde verzichten musste, versetzte ihn in die Lage, sich mit seltener Direktheit unmittelbar auf das Neue Testament einzulassen. Das Ergebnis war eine zutiefst persönliche Übersetzung, die wirkt, als wäre sie in einem Atemzug geschrieben worden.

*

Inzwischen konnte in Wittenberg die Aufregung um die Vorfälle in Worms nicht einfach auf Eis gelegt werden. Luther hatte der Gefahr getrotzt, zum Märtyrer zu werden, jetzt wollten andere die Idee, die unverfälschte christliche Kirche wiederherzustellen, in die Tat umsetzen. Luthers zunehmend apokalyptischer werdende Rhetorik schien die Reform noch dringender zu machen. Im Mai 1521 hatten Melanchthon und Cranach ihre Flugschrift *Passional Christi vnd Antichristi* veröffentlicht, ein Satz von 13 Bildpaaren, die das Gepränge und den Größenwahn des Papstes mit der Demut Christi konfrontierten. Es war ein Gemeinschaftswerk: Die Bilder stammten von Cranach, Melanchthon stellte die Texte zusammen, kombiniert mit Zitaten aus dem kanonischen Recht, die der Wittenberger Jurist Johannes Schwertfeger beigesteuert hatte. Erst in einer lateinischen, dann in einer deutschsprachigen Fassung gedruckt, wandte sich die Schrift ebenso an das leseunkundige wie an das gebildete Publikum. Wer sie sah, dem brannten sich die bildlichen Gegenüberstellungen zusammen mit der Botschaft, der Papst sei der Antichrist, ins Gedächtnis ein. Das Pamphlet schloss mit einer kurzen ironischen Erklärung, es sei nicht verleumderisch, weil alles darin Abgedruckte im kanonischen Recht stehe. Es sei zum Nutzen der Christenheit herausgegeben worden, um eine handliche Zusammenfassung der Grundlagen des »geistlichen fleischlichen Rechts« zu geben. Die Schrift wurde zum Vermächtnis, das in der lutherischen Kunst über lange Zeit immer wiederaufgenommen wurde. »Antithetische« Gegenüberstellungen der Lutherischen Kirche und der römisch-katholischen Papstkirche tauchten an der Fassade der Kapelle von Torgau und an den Innenwänden der Schlosskapelle von Schmalkalden auf.[41] Mit ihrer Botschaft, der Tag des Jüngsten Gerichts rücke näher, nutzte die Propaganda die Verunglimpfung der katholischen Kirche, um die Reformation weiter voranzutreiben.

38 Melanchthon / Cranach, *Passional Christi vnd Antichristi*, 1521. Auf der linken Seite zeigt Cranach Christus, der die Geldverleiher aus dem Tempel jagt, während auf der rechten Seite der als »Antichrist« bezeichnete Papst im Kreis von Kardinälen und Bischöfen mit seinem Siegel Ablässe und Dispense bestätigt, für die er die Münzen erhalten hat, die auf dem Tisch zu seinen Füßen aufgehäuft sind.

Er hat funden im Tempel Verkaufer, Schaf, Ochsen und Tauben und Wechsler sitzen, und hat gleich ein Geißel gemacht von Stricken, alle Schaf, Ochsen, Tauben und Wechsler ausem Tempel trieben, das Geld verschütt, die Zahlbrett umbfahrt und zu den,[1] die Tauben verkauften, gesprochen: Hebt euch hin mit diesen, aus meins Vatern Haus sollt ihr nicht ein Kaufhaus machen, Joh. 2. (V. 14. 15. 16.) Ihr habts umbsunst, darumb gebts umbsunst, Matth. 10. (V. 8.) dein Geld sei mit dir in Vordammnuß. Act. 8. (V. 20.)

1 le.

Die sitzt der Antichrist im Tempel Gottes, und erzeigt sich als Gott, wie Paulus vorkundet 2. Thessal. 2. (V. 4), vorandert alle göttlich Ordnung, wie Daniel sagt, und unterdruckt die heilig Schrift, vorkauft Dispensation, Ablaß, Pallia, Bisthum, Lehen, erhebt die Schätz der Erden, löst uf die Ehe, beschwert die Gewissen mit seinen Gesetzen, macht Recht, und umb Geld zureißt er das. Erhebt heiligen, benedeiet und maledeiet ins vierte Geschlecht, und gebeut sein Stimm zu hören, gleich wie Gottes Stimm. c. sic omnis Dist. 19. und Niemands sall ihm einreden. 17. q. 4. c. Nemini.

Nun begann Gabriel Zwilling auf einen radikalen Wandel in Wittenberg zu drängen. Seine Forderung nach Abschaffung der Privatmessen wurde unterstützt von Nikolaus von Amsdorf und Justus Jonas, beide Angehörige der Stiftung »Allerheiligen« und Luthers schlagkräftige Verbündete. Wie es scheint, geschah dies mit Billigung Luthers, denn im November verfasste er die Schrift *De abroganda missa privata* (Über die Abschaffung der Privatmesse), in der er sich gegen die Vorstellung wandte, die Messe sei ein Opfer. Eine Messe sei kein Werk, das wir unternehmen, um Gott zu gefallen, argumentierte Luther, sie sei vielmehr ein Sakrament, in dem wir die Gnade Gottes empfingen. Diese Unterscheidung wirkt spitzfindig, doch ihre Auswirkungen rüttelten an kirchlichen Grundfesten. Wenn es nicht notwendig war, ständig Messen zu lesen, um Gott zu gefallen, dann gab es auch keinen Bedarf mehr für das riesige Proletariat aus Priestern, die an den zahl-

39 Die letzte Seite des *Passional* stellt Christi Himmelfahrt dem Sturz des Papstes gegenüber, der, begleitet von Teufeln mit phantastischen Schnauzen, Hörnern und Klauen, in die Höllenflammen fällt, in denen bereits ein feister Kleriker mit Tonsur schmort.

losen Altären gegen Bezahlung Seelenmessen für die Verstorbenen lasen, um deren Zeit im Fegefeuer abzukürzen.[42]

Gleichzeitig begannen Kleriker in Wittenberg, Luthers Ideen konsequent umzusetzen. Zwilling ermutigte die Augustinermönche, sich von ihrem Gelübde zu befreien und aus dem Kloster auszutreten. Ende Oktober hatten zwölf Mönche das Kloster verlassen, im November folgten weiter drei Mönche ihnen nach. Sie ließen sich das Haar wachsen, verbargen ihre einstige Tonsur und trugen Alltagskleidung. Ihren Lebensunterhalt verdienten sie in gewöhnlichen Berufen, einer wurde Bäcker, ein anderer Schuster, und noch ein anderer, der vielleicht aus einer reicheren Familie stammte, wurde Salzhändler. Der Rat der Stadt unterstützte offenbar ihren Entschluss, er verlieh einem ehemaligen Mönch, der Zimmermann geworden war, das Stadtbürgerrecht. Staupitz' Traum von einem einheitlichen, reformierten Augustinerorden begann sich unter der Wirkung von Luthers Ideen in Luft aufzulösen, das Mönchtum fiel nach und nach in sich zusammen. Eine Bewegung, die das europäische Christentum fast von Beginn an charakterisiert und über ganz Europa verteilt mächtige Einrichtungen hervorgebracht hatte, verlor an Glaubwürdigkeit.

Als Nächstes setzte sich Zwilling für die Einführung einer vollständig reformierten Messe ein, in der den Laien sowohl Wein als auch Brot gespendet wurde. Folgerichtig erhielt Melanchthon am 29. September in einer privaten Zeremonie zusammen mit seinen Studenten bei der Kommunion beide eucharistischen Gaben.[43] Zwilling muss ein eindrucksvoller Mensch und Prediger gewesen sein – ein Zeitgenosse beschreibt ihn als einen »zweiten Propheten«, den Gott geschickt habe, einen »anderen Martin«, der den ersten vielleicht sogar übertreffe. Ablehnende Berichte über seine späteren Predigten in Eilenburg kurz nach seinem Weggang aus Wittenberg um das Neujahr 1522 herum lassen etwas von seinem Predigtstil erahnen. Er sprach nicht nur die Einsetzungsworte bei der Wandlung auf Deutsch und teilte Brot und Wein bei der Kommunion aus, er trug dabei auch kein Messgewand mehr, sondern weltliche Kleidung. Er hatte offenbar seinen eigenen Prediger-Habit geschaffen, den später Luther und andere übernahmen. Statt einer Mönchskutte trug er einen schwarzen Talar wie ein Student (Luther und andere Priester trugen später einen Professorentalar), ein Hemd mit schwarzen Litzen und einen Hut aus Pelz.[44] Er hatte keine Tonsur, sondern kämmte sein Haar in die Stirn: Für den schockierten Beobachter sah er aus »als der tewfel«. Doch besonders der Hut brachte seine Zeitgenossen auf: Wer seinen Kopf bedeckte, zeigte sich respektlos vor dem Sakrament.[45] Pelz war ein modisches Material, und die schwarze Kleidung – der Farbstoff zur Erzielung von Schwarz war teuer – deutete auf Status hin. Zwilling versuchte also möglicherweise auszusehen wie eine angesehene Persönlichkeit. Sein Predigtstil scheint einfach und direkt gewesen zu sein und bot eine eher verkürzte Version von Luthers Lehre. Es gebe zwei Pfade, soll er zu seiner Gemeinde gesagt haben: Der eine führe in die Hölle, das sei der breite Pfad der guten Werke, der andere sei schmal und führe direkt in den Himmel.[46]

Zwillings Predigten richteten sich zuerst und vor allem an seine Mitbrüder im Augustinerorden, doch ihre Kirche war eine öffentliche, in der die Menschen zusammenströmten, um ihn zu hören. Angeblich soll er verkündet haben, »kein Mönch werde unter seiner Kappe selig«, und »man soll die Mönche, wo sie auf der Gasse gehen, zupfen und verspotten, so dass sie veranlasst werden, aus ihrem Kloster zu gehen«. Zudem sei die Messe »eine teuflische Sache, von einem heutigen Christenmenschen zu fliehen und zu meiden«.[47] Diese Berichte über seine Predigten waren parteiisch, doch er scheint die weitverbreiteten antiklerikalen Gefühle der damaligen Zeit ausgebeutet zu haben. Zwilling begann auch, in seinen Gottesdiensten alles zu entfernen, was den Gedanken nahelegen könnte, die Messe sei ein Opfer, ebenso schaffte er das Emporheben und die Verehrung der Hostie ab. Auch unter den Augustinern war man sich über Zwilling nicht einig, Prior Konrad Helt widersetzte sich diesen Veränderungen des Gottesdienstes und beklagte sich später darüber, dass er sich, weil er die Kommunion in zweierlei Gestalt verboten habe, aus Angst vor dem liederlichen Gesindel nicht mehr auf die Straße wagen könne.[48] In der Zwischenzeit war ein Komitee aus Angehörigen der Universität und des Stiftskapitels eingerichtet worden, das einen gangbaren Kurs finden sollte, der sowohl für die fest zur Reformierung entschlossenen Augustiner als auch für den Kurfürsten tragbar war, dessen Zustimmung man für jede Veränderung benötigte. Das handverlesene Gremium bestand vor allem aus Unterstützern der Reformation einschließlich Melanchthon, Karlstadt und dem Juristen Hieronymus Schurff, der Luther nach Worms begleitet hatte. Die Empfehlungen, die es aussprach, stützten die Reform: Privatmessen sollten abgeschafft und bei der Kommunion Brot und Wein gereicht werden. Trotzdem versuchte das Komitee auch, ein wenig auf die Bremse zu treten, und zwang Zwilling zu der Erklärung, er habe die Verehrung des Sakraments nie abgelehnt.[49] Doch die aufkeimende Bewegung sah sich schnell einer ernsthafteren Opposition aus Klerikern der Stiftung »Allerheiligen« gegenüber, die begann, direkt auf den Kurfürsten Einfluss zu nehmen. Zudem war sich das Komitee trotz seiner vorwiegend evangelischen Besetzung nicht einig, und als es so weit ging, sich für die Abschaffung von Privatmessen und für die Kommunion in beiderlei Gestalt auszusprechen, brachte eines seiner Mitglieder, Johann Dölsch, eine eigene Denkschrift ein. Er argumentierte darin, es genüge, das Sakrament auf eine Art zu spenden, da es spiritueller Natur sei.[50]

Zwilling war nicht auf sich allein gestellt, Studenten und Bewohner der Stadt fingen an, mit eigenen Maßnahmen den religiösen Wandel herbeizuführen, und ihre Ziele verrieten, wie sie Luthers Reformation verstanden. Es waren andere Ziele, als man vielleicht erwartet hätte. Ganz oben auf ihrer Agenda stand die Beseitigung der Bettelei, was für sich bereits Ausdruck ihrer antiklerikalen Haltung war. Während des Sommers kam es zu sporadischen Angriffen auf die Häuser von Priestern, und im Oktober, als traditionell der »Antoniusbote« umherging, mit einer Glocke läutete und um ein Almosen bat, wurde der Unglückselige verspottet, und die Studenten bewarfen ihn mit Mist, dem manchmal Steine beigemischt waren. »Ei, wie wohl tut dir das Klingeln, du musst lange klingeln, ehe ich dir einen Pfennig geben werde«, verhöhnten sie ihn.[51] Wie schon bei der Verbrennung der Bulle zu beobachten war, hatten auch hier die studentischen Übergriffe viel

mit Studentenritualen zu tun. Jetzt jedoch griffen die Studenten überdies eine Auffassung auf, die Luther bereits sehr früh formuliert hatte,
nämlich dass es schlecht sei zu betteln und man das Betteln verbieten
solle. »Es sollte hier niemand unter den Christen betteln gehen«, hatte
er in *An den christlichen Adel deutscher Nation* erklärt, »es könnte
hier eine jegliche Stadt die Ihren ernähren«. Bettelmönche, die um
milde Almosen baten, taten kein frommes Werk, sondern zweigten
Geld von denen ab, die es wirklich brauchten.[52] Ihm gefielen die Unruhen der Studenten nicht, schrieb Luther an Spalatin, »aber wer
kann allen an jedem Ort und zu jeder Zeit einen Zügel anlegen?«[53]

Die nächsten Ziele der Wittenberger Reformer waren der Marien-
kult – die Anbetung der Heiligen Jungfrau – und die Messe. Am 3.
und 4. Dezember hinderte eine Gruppe von Protestanten die Priester
in der Stadt- und Pfarrkirche daran, einen Mariengottesdienst abzuhalten. Sie drangen in die Kirche ein, vertrieben die Priester von den
Altären, nahmen ihnen ihre Messbücher weg und bewarfen sie mit
Steinen.[54] Im Bericht des Stadtrats an den Kurfürsten wurde behauptet, die Angreifer hätten Messer und Waffen getragen. Man folgerte
daraus, dass einige Bürger einen Aufstand anzetteln wollten. Im Franziskanerkloster zertrümmerten Studenten einen hölzernen Altar und
hängten Drohbriefe an die Klostertür. Unter anderem wurde darin der
Vorschlag gemacht, am nächsten Gründonnerstag sollten »Bademäd-
chen« – eine Bezeichnung für Prostituierte – angehalten werden, die
götzendienerischen Altäre mit scharfer Lauge abzuwaschen. Es sei
besser, wenn man die Altarsteine zu Galgen und Hinrichtungsblöcken
mache, sie würden dann mehr Gerechtigkeit bewirken: »(...) der Henker richtet in seinem Amt nicht so viel Schaden an wie die götzendienerischen Pfaffen.«[55] Das waren starke Worte, stand doch der Henker
in der Gesellschaft des 16. Jahrhunderts auf der untersten Stufe. Man
kann es als verbalen Bildersturm bezeichnen, bei dem die Studenten
den Altar mit den scheußlichsten Konnotationen besudelten, die sie
sich vorstellen konnten. Auch im Hinweis auf die Prostituierten steckte
mehr als eine beiläufige sexuelle Schmähung. Der Stadtrat bemühte
sich, in seinem Bericht an den Kurfürsten den Vorfall herunterzuspie-

len und herauszustellen, dass lediglich 14 Studenten daran beteiligt
gewesen waren, dazu einige Außenstehende, und dass sie alle bestraft
worden seien. Es braute sich so etwas zusammen wie eine Reformation von unten, doch ihre Dimensionen werden für uns nur in den
schockierten Kommentaren ihrer Gegner sichtbar, die allen Grund hatten, sie als gewalttätig und umstürzlerisch anzuprangern.[56] Eine Woche
darauf, in der Nacht zum 10. Dezember, wird von 40 gut bewaffneten
Studenten und Adeligen berichtet, die mit Flöten und Trommeln
durch die Straßen zogen und damit drohten, die Klöster zu stürmen
und alle Mönche umzubringen.[57] Dem Rat der Stadt gelang es, die
Lage zu beruhigen, in der Nähe des Franziskanerklosters wurde aber
eine Wache stationiert.

Wittenberg war nicht der einzige Ort, an dem die neuen evangelischen Ideen in die Praxis umgesetzt wurden. Kurz nach dem Reichstag zu Worms hatte es in Erfurt Anschläge auf die Häuser von Priestern gegeben. Luther war entsetzt über diese Unruhen und noch mehr
über die Tatsache, dass der Stadtrat offenbar die Handlungen billigte
und es ablehnte, die Übeltäter zu bestrafen. Johannes Lang, der jetzt
Prior des Klosters in Erfurt war, schwieg sich rätselhafterweise über
die Vorgänge aus.[58] Fernab von alldem fieberte Luther auf der Wartburg Nachrichten entgegen und bat seine Briefpartner, ihn über die
jüngsten Entwicklungen in Erfurt zu informieren. Luthers Erfahrung
mit städtischer Politik datierte zurück auf jene Tage, als durch die Erfurter Bürgerschaft ein solch tiefer Riss ging, dass die Bevölkerung
ihren eigenen Bürgermeister hängte; alles, was unter der Führung
eines Stadtrats nach einer Reformationsbewegung von unten ausgesehen hätte, wäre von Luther misstrauisch beäugt worden.

Ende 1521 hieß es, Erfurter Studenten seien in Wittenberg angekommen und hätten sich am 3. und 4. Dezember dem organisierten
Aufruhr oder »Pfaffenstürm« angeschlossen. Direkt nach diesen Vorfällen unternahm Luther eine heimliche Stippvisite in Wittenberg, wo
er entdeckte, dass Spalatin den Druck seiner drei jüngsten Werke – *De
abroganda missa privata*, seine Schrift »wider den Mainzer Tyrannen«
und seine Abhandlung über die Klostergelübde – zurückgehalten hatte.

Entrüstet schrieb er ihm den wütendsten Brief ihrer gesamten Korrespondenz. Er berichtet von seiner Zufriedenheit mit den Veränderungen in Wittenberg, die er gerade selbst in Augenschein genommen habe – »was ich sehe und höre, gefällt mir alles sehr wohl« –, hier waren Menschen am Werk, die, anders als Spalatin, das Rechte tun wollten. Doch er ging nicht auf bestimmte Unruhen ein, sondern erwähnte lediglich Gerüchte über »Übergriffe der Unserigen«.[59] Es ist unwahrscheinlich, dass er nichts von den Vorfällen an den Tagen zuvor gehört hatte, möglicherweise hatte er sie lediglich als eine Art Störung und Rummel erachtet, die üblichen Begleiterscheinungen bedeutsamer Ereignisse.

Unmittelbar nach seinem heimlichen Ausflug nach Wittenberg macht sich Luther an die Abfassung der Schrift *Eyn trew vormanung Martini Luther tzu allen Christen, sich tzu vorhuten fur auffruhr unnd emporung (Eine treue Ermahnung an alle Christen, sich vor Aufruhr und Empörung zu hüten),* die Anfang Januar 1522 gedruckt wurde.[60] Doch obwohl Luther Aufruhr als Teufelswerk darstellte, verdammte er den gewaltsamen Bildersturm nicht, der häufig die Unruhen auslöste. Im Gegenteil, er freute sich über die jüngsten Vorfälle: »Es ist offenbar geworden der Papisten Unwissenheit. Es ist offenbar geworden ihre Heuchelei. (...) Es ist offenbar geworden ihre falsche Tyrannei des Bannes. Kurzum, es ist alles aufgedeckt, womit sie bislang die Welt bezaubert, erschreckt und verführt haben.« Das klingt nicht wie ein Zurückrudern, sondern wie ein vollmundiges Eintreten für den Wandel.[61]

Unterdessen weiteten die Evangelischen in Wittenberg ihre Ziele aus. Am 10. Dezember wurde die Angelegenheit eindeutig politisch. Eine Gruppe von Bürgern, darunter einige »Vierziger«, wie man die Vertreter der vier Stadtteile nannte, drangen in eine Ratssitzung ein und forderten, dass die an den Unruhen vom 3./4. Dezember Beteiligten aus der Haft entlassen werden sollten. Eine Liste mit sechs Richtlinien, die sie in der Absicht formuliert hatten, die Reform voranzubringen, wurde verlesen.[62]

Die Unruhen im Volk setzten sich an Heiligabend fort, als eine

Gruppe Laien in die Pfarrkirche eindrang und drohte, den Altar mit Bleikugeln zu bewerfen. Sie zerstörten ein paar Messlichter und sangen unflätige Lieder, darunter »Oh, Braunschweiger Mumme« (so hieß ein Bier aus Braunschweig) und »Es hat ein Mädchen einen Schuh verloren« (das sich darauf bezieht, dass Mädchen, wenn sie unverheiratet ihre Jungfräulichkeit verloren, mit dem rituellen Verschenken eines Schuhs dafür bezahlen mussten). Anschließend zogen sie weiter zur Schlosskirche, wo sie heulten »wie die Hunde und Wölfe«, um den Gottesdienst zu stören, und schließlich die Kirchenempore belagerten, von der herab sie »allen Pfaffen die Pest und die Flammen der Hölle gewünscht«. Auch wenn es den Klerikern Angst eingejagt haben mochte, es war ein vergleichsweise harmloser Überfall und eine direkte Initiative, die sich ausschließlich gegen das Lesen von Privatmessen richtete. Dennoch war es eindeutig eine Provokation des Kurfürsten, dessen Schlosskirche die Protestierer belagerten.[63] Ende Dezember kamen vier Radikale in Wittenberg an, die als die Zwickauer Propheten bekannt wurden und von denen einer bei den Melanchthons wohnte. Sie begannen zu predigten und heizten mit ihrem religiösen Eifer die Atmosphäre noch weiter an.[64]

Mit der Einrichtung einer geordneten Armenhilfe wandte sich die Aufmerksamkeit wieder dem Betteln zu. Im Lauf des Jahres 1521 hatte der Rat der Stadt Wittenberg als erster Stadtrat in Deutschland eine Verordnung zur Armenhilfe erlassen, die »Wittenberger Beutelordnung«.[65] Das war eine logische Folge der Abschaffung der Messen. Wenn es nämlich sinnlos war, Messen für die Toten zu lesen, dann waren auch die Bruderschaften oder die Stiftungen zur Bezahlung der Priester überflüssig. Bruderschaften seien nur dazu gut, sich zu betrinken und zu viel zu essen, hatte Luther argumentiert. Statt sie zu bezahlen, sollte das Geld in eine Gemeinschaftskasse fließen und der Unterstützung der Armen dienen. Das war eine völlig neue Einstellung zur Armut. Statt Zeichen einer klösterlichen Lebensführung zu sein, wurde das Betteln jetzt als ein Problem der sozialen Gerechtigkeit begriffen. Der Wittenberger Rat ordnete an, dass die Gelder in einer Kasse mit drei Schlössern aufbewahrt werden sollten – vier Aufseher und deren drei Berater hatten die Schlüsselgewalt über zwei davon, das andere unterstand dem Bürgermeister. Die vier Aufseher sollten festhalten, wer bedürftig war, und besonders auf jene achten, die sich zu sehr schämten, um zu betteln. Luthers Kritik in *An den christlichen Adel deutscher Nation* folgend, sollte das Geld zur Unterstützung von Bedürftigen aus Wittenberg ausgegeben werden, nicht zur Unterstützung von Außenseitern und sicher nicht für Bettelmönche.

Es sah so aus, als sollte die Reformation in Wittenberg unter der Führung der Augustiner und des Rats der Stadt vollendet werden. Der Prior des Augustinerordens von Eisleben, Caspar Güttel, der das Ordenstreffen in Wittenberg im Januar 1522 besuchte, teilte einem Freund seine Überzeugung mit, dass er in einer außergewöhnlichen Zeit lebe. »Mir kommt die Sache so vor, als wolle Gott uns allen große Gnade und hohen Ernst bieten.« Diese Erregtheit kommt auch in einem Anfang Januar erschienenen Artikel zum Ausdruck: »Der Fürst kann es nicht länger aufhalten, andere Fürsten tun das Ihre hinzu. Was auch immer sie wollen, sie werden es nicht dämpfen noch unterdrücken: Wenn es von oder aus Gott kommt, wird man noch Wunder sehen. Es begeben sich rings umher in allen Städten seltsame Fälle und Geschichten. Gott gebe dazu seine Gnade, Amen.«[66] Der Autor berichtet weiter, wie ein Händler nach Wittenberg gekommen sei und nach dem Augustinerkloster gefragt habe. Als Ortsansässige ihm dieses zeigten, band er sein Pferd fest und ging hinein, aber er traf dort nur auf einen einzigen Mönch, alle anderen hatten das Kloster verlassen. Nachdem er sich bekreuzigt hatte, pries er Gott, dankte ihm, weinte aus ganzem Herzen und frohlockte, dass er den Boden der »heiligen Stadt« Wittenberg betreten durfte.[67]

# Karlstadt und die Christliche Stadt Wittenberg

Luthers Freundschaft mit Andreas Karlstadt wurde in den meisten Biographien des Reformators übergangen; das begann bereits bei Mathesius und Spangenberg im späten 16. Jahrhundert.[1] Karlstadt hatte Luther anfangs wie ein Idol verehrt und sich zu seiner rechten Hand gemacht, er war in Leipzig als Mitstreiter aufgetreten, hatte als Vorreiter einige der entscheidenden theologischen Themen aufgeworfen. Dennoch wird häufig vergessen, was Luther ihm verdankte.[2] In seinen Anfängen folgte Luther ihm in seinen Thesen gegen die Scholastik, und Karlstadt war es auch, der als Erster sowohl die propagandistische Kraft von Bildern erkannte als auch das Argument formulierte, das begründete, warum Klostergelübde hinfällig waren. Die Geschichte ihrer leidgeprüften Beziehung erklärt nicht nur einige zentrale psychologische und emotionale Muster in Luthers Leben, sie beleuchtet auch, warum Luthers Theologie, und mit ihr die Reformation als Ganzes, den bekannten Verlauf nahm.

Während Luthers Aufenthalt auf der Wartburg spielte Karlstadt eine Hauptrolle bei der Einführung der Reformation in Wittenberg. Anfangs war er keineswegs radikal. Bis Ende 1521 bremste er beständig gegenüber Melanchthons Enthusiasmus mit seiner Mahnung zu Vorsicht und distanzierte sich von allem, was nach Auflösung der Ordnung aussah. Im Oktober desselben Jahres hatte er bei der Disputation über die Messe sorgfältig darauf geachtet, dass alle Gesichtspunkte darin vertreten waren, und er selbst vertrat die Position, dass Privatmessen nicht einfach abgeschafft werden sollten. Mit seinem juristischen Wissen und seiner Erfahrung hatte er wahrscheinlich einen

40 Andreas Karlstadt,
um 1541/42

klareren Blick auf die gewaltigen rechtlichen und finanziellen Konsequenzen als andere, Änderungen konnten seiner Meinung nach nur im Einvernehmen mit der gesamten Stadtbevölkerung durchgeführt werden. Wäre es nach Melanchthon gegangen, hätte es dagegen auf der Stelle keine Privatmessen mehr gegeben.[3]

Im November 1521 veröffentlichte Karlstadt seine Abhandlung *Von anbettung und ererbietung der tzeychen des newen Testaments*, die er Albrecht Dürer in Nürnberg widmete und die er in der Absicht verfasst hatte, den Nürnbergern und der Öffentlichkeit zu zeigen, dass die Dinge in Wittenberg in maßvoller und geordneter Weise vorankamen.[4] Er arbeitete darin die Gründe heraus, warum die Hostie verehrt werden sollte, wobei er darauf beharrte, dass der wahre Leib Christi tatsächlich in Brot und Wein gegenwärtig sei. In diesem Punkt schien er mit Luther übereinzustimmen und Zwillings Position entschieden abzulehnen, der gegen das Emporheben und die Verehrung der Hostie predigte. Doch selbst zu diesem frühen Zeitpunkt setzte Karlstadt in seinem Pamphlet einen anderen Akzent, indem er die Auffassung vertrat, das Sakrament solle verehrt werden, weil es zusätzlich zum Brot die spirituelle Gegenwart Christi enthalte. Insofern er das Sakrament aufspaltete und zwischen der spirituellen und der physischen Komponente unterschied, führte Karlstadt eine Abgrenzung ein, die ihn später vielleicht zu der Auffassung gebracht hat, das Sakrament sei nur eine Gedenkhandlung, deren spirituelle Bedeutung über der physischen stehe.

Kurz vor Weihnachten 1521 kündigte Karlstadt an, der als Archidiakon der Stiftung »Allerheiligen« Wittenbergs Hauptprediger war, er werde an Neujahr die Kommunion in beiderlei Gestalt feiern. Das war ein gefährlicher Vorstoß, denn der Kurfürst hatte sich klipp und klar dagegen ausgesprochen. Es war ein Akt offenen Ungehorsams, der die Reformation in die Opposition zur säkularen Obrigkeit führte, während er zugleich ein Kräftemessen zwischen dem Rat von Wittenberg und dem sächsischen Herrscher mit sich brachte.

Warum unternahm ein Mann, der immer vorsichtig war, einen solch gefährlichen Schritt? Tatsächlich war es nicht das erste Mal, dass Karlstadt Friedrichs Macht herausforderte. 1515 war er in einen Streit über eine Pacht geraten, die er Friedrich schuldig geblieben war, und hatte im Gegenzug Heu gefordert, das man ihm angeblich schuldete. Die Wertdifferenz zwischen beiden Forderungen betrug einen armseligen halben Gulden, doch Karlstadt drohte zum Ärger des Kurfürsten damit, den Papst persönlich anzurufen. 1517 schließlich hatte er für die Pfründe in Orlamünde, die der Stiftung »Allerheiligen« direkt unterstellt war, eigenmächtig einen Priester ausgewählt und bestätigt. Friedrich hatte Anstoß daran genommen, weil Karlstadt nicht seine Erlaubnis eingeholt hatte. Der Kurfürst drohte sogar, er würde jemand anderen berufen und ihn von Karlstadts Einkommen bezahlen, wenn Karlstadt nicht zurückruderte. Nach diesem Vorfall war ihre Beziehung eine Zeitlang angespannt.[5]

Auch innerhalb der Stiftung »Allerheiligen« gab es Spannungen. Wenngleich Karlstadts Stellung als Archidiakon gut bezahlt war, hatte sie den Nachteil, dass er einen großen Teil seiner Zeit auf das Lesen von Messen und für Gottesdienste verwenden musste, was er als schwer vereinbar mit seinem akademischen Lehrauftrag empfand. Er hatte deshalb lange Zeit das Ziel verfolgt, in eines der bestbezahlten Ämter zu gelangen und Propst der Stiftung zu werden. Das dafür nötige Doktorat der Rechte erwarb er in den Jahren 1515 und 1516 durch ein Studium in Rom und Siena. Auch dabei hatte er den Kurfürsten vor den Kopf gestoßen, da er weit länger in Italien geblieben war als die vier Monate, die man ihm gewährt hatte, und es zudem versäumt hatte, einen Stellvertreter für die Schlosskirche Allerheiligen zu benennen. Erst als der Propst ihm mit Haft drohte, kehrte er zurück. Ständig verfolgten ihn Geldsorgen, und er hatte die makabere Angewohnheit, sich als Interessenvertreter bei der Verleihung der Pfründen kürzlich verstorbener Kleriker zu betätigen.[6] Bekannt ist auch seine Schwäche für erlesene Kleidung. Luther erinnerte sich, dass Karlstadt bei seiner Rückkehr aus Italien auffällig schöne Kleidung trug. Als Karlstadt Mitte 1521 auf eine Mission nach Dänemark gesandt werden sollte, bat er das Kapitel darum, ihm einen Umhang aus Damast mit einem guten Futter oder ihm sogar einen schwarzen oder purpurfarbenen Umhang zu beschaffen – damit er würdig vor den dänischen König treten könne.[7] Karlstadt war demzufolge in der nicht beneidenswerten Lage, finanziell vom Kurfürsten abhängig zu sein, während er sich auf Standpunkte festgelegt hatte, die er gegenüber der Autorität seines Herrschers behaupten musste.

Die Beziehung zu Luther war ebenfalls kompliziert. Karlstadt, drei Jahre jünger als Luther, war 1507 nach Wittenberg gekommen, und seine erste, noch im selben Jahr erschienene Schrift, das für den Universitätsunterricht verfasste Logiklehrbuch *De intentionibus*, war das erste Hauptwerk eines Mitglieds der Wittenberger Fakultät. Christoph Scheurl pries ihn in seiner Lobrede auf das Allerheiligenstift: »Hätten wir viele Karlstadts, wahrlich, wir würden es mit den Parisern aufnehmen können.« Der neue Star der Universität, damals noch überzeugter Thomist, wurde unter der Patronage ihres Rektors Martin Pollich von Mellerstadt bald Archidekan der Stiftskirche Allerheiligen. Dieses Amt schloss auch universitäre Verpflichtungen ein, in deren Ausübung Karlstadt rasch zum Dekan der theologischen Fakultät aufstieg. In dieser Position hatte er Luther 1512 den Doktoreid abgenommen und bei dessen Disputation den Vorsitz geführt. Er war zudem ein ehrgeiziger Humanist, den ein anderer Humanist bei einem Besuch in Wittenberg als einen sehr berühmten Philosophen, Redner, Dichter und Theologen rühmte. Zwischen 1517 und 1521 wurde Karlstadts Ruf allerdings fast vollständig von Luther in den Schatten gestellt.[8]

Die Freundschaft zwischen den beiden Männern begann, als Karlstadt mitten im Winter, am 13. Januar 1517, nach Leipzig eilte, um eine Ausgabe des Augustinus zu kaufen. Er wollte Luthers Thesen widerlegen, entdeckte dann aber bei der Lektüre, dass Luther die Scholastik zu Recht ablehnte. Ursprünglich scheint ihre Freundschaft auf beiden Seiten jede Menge Energie und Kreativität entfesselt zu haben. Karlstadt griff im April 1517 in einem Thesenpapier vehement die scholastische Philosophie an, indem er eine auf Augustinus basierende Theologie entwickelte und dabei den Rückgriff auf Aristoteles' Metaphysik kritisierte.[9] Luther seinerseits verfasste unter Karlstadts Einfluss seine eigenen Thesen gegen die scholastische Theologie, deren erste, aufrüttelnde Aussage für den versierten Leser deutlich erkennbar von Karlstadt übernommen war: »Zu sagen, dass Augustinus gegen die Irrlehrer übertreibend redet, heißt zu sagen, Augustinus habe fast überall gelogen.«[10] Im Gegenzug wurde Luther durch Karlstadts Unterstützung für seine Ideen deutlich ermutigt, besonders weil seine augustinischen Mitbrüder und Freunde, Linck und Lang, die Anfänge seiner neuen Theologie weitaus zögerlicher begleiteten. Tatsächlich sprach Luther ab Mitte 1517 von »unserer Theologie« und bald danach auch von »uns Wittenbergischen Theologen«.[11]

Anders als Luther bekämpfte allerdings Karlstadt anfangs den Ablasshandel nicht – vielleicht, wie bisweilen angeführt wurde, weil er erkannt hatte, dass mit dessen Abschaffung möglicherweise die Stiftung »Allerheiligen« einbrechen würde – und damit sein eigenes Einkommen. Andererseits nahm er lange vor Luther eine strenge Haltung gegen den Heiligenkult ein und wagte es, sich öffentlich dagegen auszusprechen, trotz der bedeutenden Rolle, die Friedrichs Reliquiensammlung für die Stadt spielte. Sie brachte schließlich Pilger in die Stadt, die mit ihrem Geld die Stiftungskasse füllten.[12] Zudem hatte sein Studium in Italien bei Karlstadt eine ausgeprägte Feindseligkeit gegenüber Rom erzeugt. So konnte er zum Beispiel dem Kurfürsten nicht schnell genug raten, unabhängig vom päpstlichen Stuhl Neuregelungen hinsichtlich von Pfründen in der Stiftung vorzunehmen, da sonst Rom und seine »Höflinge« die Kontrolle darüber bekämen. Seine extreme antirömische Haltung hat vielleicht auf Luther abgefärbt, dessen eigene Erfahrungen in Rom zwar ebenfalls ernüchternd, aber nicht ganz so schlecht gewesen waren.

Zur ersten Belastungsprobe ihrer Freundschaft kam es 1519 in Leipzig. Obwohl Eck mit seinen Angriffen ursprünglich auf Karlstadt zielte, zeigte sich in den endgültigen Thesen für die Disputation, dass der eigentliche Gegner Luther war. In den Verhandlungen darüber, wo und wie die Disputation stattfinden sollte, korrespondierten Luther und Eck direkt miteinander, und Luther machte nicht viel Aufhebens davon, dass sie die beiden waren, auf die es ankam. Zudem waren sich alle Beobachter einig, dass Karlstadt sich in der Debatte am wenigsten gut geschlagen hatte. Was Luthers und Karlstadts Theologie verband, war ihre Bewunderung für die *Theologia deutsch*[13] und den Mystiker Johannes Tauler. Wie wir gesehen haben, bestand einer der Punkte der Auseinandersetzung zwischen Luther und Eck im Vorgeplänkel der Leipziger Disputation tatsächlich darin, dass Eck den Rang der *Theologia deutsch* nicht anerkannte, weil sie nicht das Werk eines Kirchenvaters und zudem auf Deutsch verfasst war. Im Oktober 1520, zwei Wochen nachdem er von Ecks Bulle erfahren hatte – die Karlstadt schockierte, weil sie neben Luther auch ihn zusammen mit fünf anderen auflistete[14] –, verfasste Karlstadt eine Abhandlung über die Gelassenheit, das meditative Loslassen von menschlichen Bindungen, damit Gott den Menschen durchdringen konnte. In ihr zeigt sich, wie viel er dem mittelalterlichen Mystizismus verdankte. Es war eine sehr persönliche Schrift in Form eines Briefes an seine Mutter und seine Freunde.[15] Wie Luther manchmal, zog auch Karlstadt darin eine Parallele zwischen seiner Situation und der von Christus: »Ich leide Höllenängste, Todesschmerzen, höllische Anfechtungen. Ich bin mit Händen und Füßen an Dein Kreuz geschlagen.« Er sah sich an einer Weggabelung stehen: Rechts stand der Tod, der drohte, seinen Geist zu töten, und »auf der linken Seite steht der Tod und bedroht mein Fleisch«.[16]

Im Gegensatz dazu bezog sich Luther keineswegs auf die Theologie der Gelassenheit, als er sich darauf vorbereitete, zum Märtyrer zu werden. Während er in seinen Briefen regelmäßig die Möglichkeit seines eigenen Todes erwog, sorgte er sich darum, wie er andere schützen konnte. Bei der Ausarbeitung seiner Strategie für Worms erörterte er mit Spalatin auch die Sorge, dass *jeder* in Wittenberg gefährdet sei, sollte er kein Gehör bekommen. Sehr früh schon versuchte er daher, Karlstadt von weiteren Angriffen auf Eck abzuhalten, denn er sah darin eine Gefahr für seinen Kollegen. Außerdem stellte er in seinen Verhandlungen mit Hilfe von Spalatin sicher, dass er allein nach Worms bestellt wurde.

Karlstadt dagegen bezog aus der Gelassenheit die Kraft, sein eigenes Martyrium zu ertragen. Das Konzept war in seine emotionale Erfahrung, gerettet zu werden, eingebettet. Es war Teil der dunklen Angstzustände und Gefühle der Wertlosigkeit, die regelmäßig wiederkehrten und denen Karlstadt begegnete, indem er einen unnachgiebigen und heftigen Hass sowie einen bitteren Blick auf sich selbst entwickelte.[17] Daraus entstand die Loslösung, das Hinter-sich-Lassen aller Dinge und aller menschlichen Bindungen. Karlstadt griff 1523 dieses Thema noch einmal auf und veröffentlichte eine weit längere Meditation über die Bedeutung der Gelassenheit. Jetzt verband er Gelassenheit klar mit Asketentum. »Alle Lust ist Sünde«, schrieb er, »und es wäre uns nützlicher, wir besprengten Essen und Trinken mit Asche, als dass wir unsere Mahlzeit besingen lassen.« Der Gläubige müsse »ein schreckliches Grauen« vor sich selbst entwickeln, so dass er sich für seine »Gedanken, Begierden und Werke wie für ein grauenhaftes Laster schämt«, dem er normalerweise aus dem Weg gehe, wie man eine gelbe Eiterbeule meide. Karlstadt führt den Leser durch verschiedene Formen der Ablösung, darunter die »Gelassenhait der vernunfft« und schließlich sogar das Loslassen der Schrift (»Gelass der schrifft«): Es sei wichtiger, den Geist der Schrift zu verstehen, als die göttlichen Worte zu buchstabieren. Diesen Prozess der Ablösung bezeichnete er mit dem Ausdruck, man müsse »ain beschnitten hertz« haben, als ob wahre Gläubige einen eigenen Stamm bildeten.[18]

Für Luther war es die Überzeugung, dass alle unsere Werke sündhaft sind und dass wir allein durch Gottes Gnade gerettet werden, die ihn zu seinem Begriff von Freiheit brachte. Wenn alles, was wir tun, mit Sünde behaftet ist, bringt Askese einen nicht weiter, stattdessen sollten wir Gottes Schöpfung genießen. Luthers Standpunkt unterschied sich damit sowohl von dem des mittelalterlichen Katholizismus mit seiner hohen Wertschätzung der Askese als auch von der Haltung, die später Calvin einnehmen sollte und die von der Disziplinierung des Genusses besessen war. Für Karlstadt wiederum bestand das Ziel der Gelassenheit darin, zu einer völligen Hingabe des Selbst und einer Vereinigung mit Gott zu gelangen, so dass »der Gläubige in Gottes Willen so versunken sein soll, als ob ich mir wahrhaftig gestorben wär«. Gemeint ist ein Zustand mystischer Empfänglichkeit und Offenheit, in dem die Grenzen zwischen Mensch und Gott verschwinden – als kehrte jemand zurück in den Mutterbauch, wo es keine Trennung zwischen Mutter und Kind gibt. So gesehen kam Karlstadts Streben nach Gelassenheit – in seiner Schrift erläuterte er die verschiedenen Stadien zu ihrer Erlangung – dem Willen zum Erreichen eines Zustands der Vollkommenheit ziemlich nahe, den Luther als Irrweg ablehnte. Tatsächlich warf er Karlstadt später vor, er habe wie die Mönche »eine neue Art der Abtötung [mortificationis], das heißt: eine selbstgewählte Abtötung des Fleisches« gesucht.[19]

*

Das also war der Mann, der dem Kurfürsten kurz vor Weihnachten 1521 offen die Stirn bot und ankündigte, er werde an Neujahr die Kommunion in der Schlosskirche in beiderlei Gestalt austeilen. Eher zu Vorsicht und sogar Pingeligkeit veranlagt, und nicht leicht zu Veränderungen zu bewegen, entwickelte Karlstadt, wenn er erst einmal von etwas überzeugt war, die ganze Leidenschaft eines Konvertiten. Er glaubte, den Triumph des Evangeliums mitzuerleben, und verschrieb sich mit Haut und Haar dem, was er »die Christliche Stadt Wittenberg« nannte. Der Akademiker wurde zu einem kühnen Volksanfüh-rer. Während er das Predigen früher vermieden hatte, predigte er jetzt häufig und mit großer Leidenschaft. Auch die Wittenberger bemerkten die Verwandlung: »(...) alle Menschen sagten, es sei nicht mehr der Karlstadt, so herrliche Dinge predige er nun.«[20] Als deutlich wurde, dass der Kurfürst alle »Neuerungen« ablehnen würde, ignorierte Karl-stadt ihn und lud die Gläubigen, die das Abendmahl feiern wollten, zur Kommunion ein, ganz gleich ob sie gebeichtet hatten oder nicht. Gut tausend Menschen sollen daran teilgenommen haben, wird berichtet. Zum Entsetzen der Kanoniker des Allerheiligen-Stifts hatten viele, die die Kommunion empfingen, das obligatorische Fasten nicht eingehal-ten und zuvor gegessen und getrunken, einige hatten angeblich sogar Branntwein genossen. Gekleidet wie ein Laie, hielt Karlstadt in der Pfarrkirche die Messfeier, und als beim Abendmahl zweimal eine Oblate herunterfiel – eine auf den Mantel eines Mannes, die andere auf den Fußboden –, bat er die Anwesenden einfach, sie aufzuheben. Doch die Hostie zu berühren war sogar für überzeugte Evangelische noch ein unüberwindbares Tabu, Karlstadt musste sie selbst aufsam-meln. An Neujahr lud er erneut zum Abendmahl in beiderlei Gestalt ein, und auch dieses Mal besuchten tausend Menschen die Messe. Wittenberg erlebte eine evangelische Erweckung.[21]

Nur sechs Monate nachdem er seine Schrift gegen die Gelübde ver-fasst hatte,[22] handelte Karlstadt nach seinen Überzeugungen. Ein Rund-brief vom 5. Januar 1522, der möglicherweise nicht aus Karlstadts Feder stammte, informierte nicht nur über die Beschlüsse der Augus-tiner, die im Januar in Wittenberg eine Ordensversammlung abgehal-ten hatten, er enthielt auch eine Lobpreisung Luthers als eine Art Glau-bensbekenntnis in Gebetsform – »Wir sollten lieber dem ehrlichen Martin als dem ganzen Pöbel von Papisten glauben. Wir wissen, durch dich, Martin, dass Christus wahrhaft wiedergeboren wurde, du Gott, erhalte ihn uns«[23] – und die Ankündigung, dass Karlstadt heiraten werde. Am 26. Dezember 1521 waren Justus Jonas und Melanchthon nebst zwei Kutschen »gelehrter, tapferer Leute« in das Dorf Seegrehna gefahren, um Karlstadts Verlobung mit Anna von Mochau zu bezeugen.[24] Obwohl im Einklang mit seiner Schrift über Gelübde, hob sich Karlstadts Entschluss doch eigenartig ab von seinen Ermahnungen zu Gelassenheit, die ja beinhaltete, sich von allen menschlichen Bindungen zu lösen.

Mit Anna von Mochau hatte Karlstadt eine außerordentliche Brautwahl getroffen. Die Fünfzehnjährige war Tochter eines mittellosen Adeligen und weder aufgrund ihres Aussehens – sie war laut dem Zeugnis eines Zeitgenossen nicht besonders schön – noch aufgrund ihres Vermögens eine interessante Partie.[25] Interessanterweise traf Luther später eine ähnliche Wahl, indem er eine ehemalige Nonne heiratete, die nicht aus der Wittenberger Elite, sondern gleichfalls aus einer Familie des niederen Adels stammte. Status war Karlstadt eindeutig wichtig: Seine eigene Familie strebte die Erhebung in den Adelsstand an, und er benutzte ihr Wappen als sein »Firmenzeichen«. Indem er eine so junge Frau heiratete, folgte er gleichfalls den Konventionen des Adels. Städtische Frauen waren bei der Heirat in der Regel zehn Jahre älter als junge Frauen aus adeligen Kreisen. Trotzdem war der Altersunterschied auffällig: Karlstadt war 35, zwischen ihm und seiner Braut lag praktisch eine Generation. Man weiß nichts darüber, wie sie sich kennenlernten, doch wahrscheinlich hatte die Braut Verbindungen nach Wittenberg, denn Luther schrieb von der Wartburg in einem Brief, in dem er Amsdorf seine Freude über die Verlobung mitteilte, er kenne das Mädchen.[26] Auch ihre Wahl war kühn: Karlstadt war zwar kein Mönch, aber doch Priester. Schon die Vorstellung, die Ehefrau eines Priesters zu sein, war radikal neu, die Frauen, die mit Priestern zusammenlebten, mussten darauf gefasst sein, als Priesterhuren verschrien und aus der ehrbaren Gesellschaft ausgeschlossen zu werden, und darauf, dass man ihre Kinder als unehelich ansah. Und wirklich erhielten sie nicht nur Glückwünsche zur Hochzeit: In einer als Persiflage auf die »Hochzeitsmesse« verfassten Flugschrift wurde Karlstadt als »ein Fischer von Ehefrauen« bezeichnet, wo er doch, wie die Jünger Jesu, ein »Menschenfischer« sein sollte.[27]

Als ein Mann, der gerne glänzende Feste gab, ließ Karlstadt sich die Hochzeitsfeier, die am 19. Januar stattfand, 50 Gulden kosten und reiste sogar nach Leipzig, um besondere Gewürze einzukaufen: Er wollte aus dem Festessen eine Erklärung für die Öffentlichkeit machen. Die Gästeliste war lang und schloss den gesamten Rat der Stadt und der Universität ein, die Einladung an den Kurfürsten war sogar gedruckt worden. Unter den Gegnern der Reformation waren bald boshafte Geschichten im Umlauf. Cochläus erzählte, Karlstadt habe bei seinem Nachbarn teures Wildbret für das Hochzeitsmahl bestellt und dieser habe stattdessen den Esel des Müllers geschlachtet. Die Gäste hätten den Betrug erst entdeckt, als sie beim Essen auf die gespaltenen Hufe stießen.[28]

*

Die Reformation in Wittenberg nahm noch schneller Fahrt auf. Am 6. Januar 1522 tagte die Generalversammlung der Augustinerorden in der Stadt. Luther hatte als Beobachter im Hintergrund an Linck und Lang geschrieben und sie ermahnt, dem Evangelium zu folgen und die Reformen zu unterstützen. Das Treffen war nicht besonders gut besucht, doch es wurden radikale Beschlüsse gefällt: Das Kapitel legte fest, dass jeder, der den Orden verlassen wollte, dies tun könne und dass das Beten für die Toten und die Totenmessen abgeschafft werden sollte. Der Prior des Wittenberger Klosters, dessen Autorität von den charismatischen Predigten Zwillings untergraben wurde, erhielt im Orden keine Unterstützung für sein Anliegen, die Mönche zu bestrafen, die das Kloster verlassen hatten. Am 10. Januar gingen die verbliebenen Wittenberger Augustiner sogar noch weiter: Sie schlugen den steinernen Christus-, Marien- und Heiligenfiguren die Köpfe ab und zertrümmerten sämtliche Gemälde in der Kirche. Dann rissen sie, offenbar angeführt von Zwilling, die Holzaltäre in der Kirche ab und schleppten sie zusammen mit allen Gemälden und Statuen, Kruzifixen, Fahnen, Kerzen, Kerzenständern etc. in den Klosterhof, wo sie ein Feuer entfachten, in das sie alles warfen und verbrannten.[29]

Auch Karlstadt wandte sich nun den Bildern zu und schrieb eine Abhandlung über das Entfernen von Bildern und das Betteln – keine zufällige Kombination. Einerseits verwarf er in dieser Schrift, die Ende

Januar in Wittenberg erschien, auf der Grundlage von Bibelstellen alle Bildnisse: Das erste Gebot verbiete die Verehrung von Bildern. Die Abhandlung zog aber auch eine klare Trennlinie zwischen dem Fleisch und dem Geist, dem Inneren und dem Äußeren, ein Thema, das schon in seinen frühen Schriften über die Anbetung des Sakraments zu finden war. Bilder »verweisen auf nichts anderes als bloßes Fleisch, das zu nichts nutze ist«, argumentierte Karlstadt jetzt. Gottes Wort aber sei geistig. Sein Fleisch, sage Christus, sei nutzlos, aber der Geist vermöge viel und gebe Leben. Hinsichtlich der Bilder müsse man folglich eingestehen, »dass man nur fleischliches Leben und Leiden daraus lerne und dass sie nicht weiter führten als ins Fleisch«.[30]

Schon früher hatten ihn die Unbestimmtheit von Bildern und ihre Eigenschaft, Gefühle in Gang zu setzen, ebenso fasziniert wie verärgert. Dabei war Karlstadt der Erste, der die Bildpolemik in den Dienst der Reformation stellte, als er mit der illustrierten Flugschrift »Karlstadts Wagen« Eck lächerlich machte. Nun schrieb er leidenschaftlich und in einer von sexueller Rhetorik schillernden Sprache darüber, was Bilder verderblich mache: »Unsere Augen buhlen und umwerben die Bilder, und es ist wahr, dass diejenigen allesamt Huren und Ehebrecher sind, die die Bilder verehren oder um Hilfe ersuchen.« Er räumt ein, er sei selbst von ihnen verführt worden: »Mein Herz ist von Jugend auf in Ehrerbietung und Achtung der Bilder erzogen und aufgewachsen. Und es ist mir eine schlimme Furcht eingeimpft, der ich mich gerne entledigen wollte, kann es aber nicht. Also fürchte ich mich davor, einen Ölgötzen zu verbrennen.«[31] An diesen Zeilen fällt erneut auf, dass Karlstadt zum Körper und zu körperlichen Dingen ein ganz anderes Verhältnis hatte als Luther. Anders als dessen Äußerungen zeugen Karlstadts Aussagen von einem tiefen Misstrauen gegenüber den Sinnen, das schnell zu sexuellem Puritanismus führen konnte. In der Tat entstand im calvinistischen Protestantismus eine mächtige Strömung, die Bilder mit solchen Argumenten verdammte und in ganz Europa zur Zerstörung jahrhundertealter christlicher Kunstwerke in Kirchen führte.

Dieselbe Schrift enthielt auch einen Abschnitt über das Betteln, in dem Karlstadt erklärte, warum es unter Christen keine Bettler geben sollte. So wie Bilder bei frommen Menschen emotionale Identifikation mit den Leiden der Heiligen bewirkten und dadurch die Andacht verfälschten, so würden Bettler Mitleid erzeugen. Deshalb gäben die Mitleidigen das Geld nicht den Menschen, die es am meisten benötigten, sondern denjenigen, deren Misere die Sinne am meisten fesselte. Karlstadt sah deutlich die Folgen, die eine Abschaffung des Bettelns für die Wittenberger Universität haben würde, da es für Studenten üblich war, um das Geld für ihren Unterhalt und ihre Ausgaben zu betteln. Er zog radikale Schlüsse daraus. Welche Folgen hätte es, wenn ein Verbot des Bettelns dazu führte, dass Studenten nicht länger studieren konnten? Kindern frommer Eltern würde es dann besser ergehen, wenn man sie zu ihren Eltern zurückschickte und sie einen nützlichen Beruf erlernten, schrieb Karlstadt. »Es wäre viel besser, sie lernten das Handwerk ihrer Eltern, als dass sie nach Brot liefen. Sie dienen damit zu nichts anderem als zu papistischen, ungelehrten und verlogenen Pfaffen.« Das waren starke Worte in einer Stadt, die sehr auf ihre Universität angewiesen war. Karlstadt meinte es offenbar ernst.[32]

Doch Wittenberg und die Universität sahen sich noch anderen Problemen gegenüber. Luthers Bekanntheit hatte Heerscharen von Studenten angelockt, und die Universität war bis 1521 völlig überfüllt, so dass Luther sich sorgte, wie man sie alle unterbringen könne. Melanchthons Vorlesungen waren berühmt, die Studenten drängten sich in den Sälen, um sie zu hören. Doch die Kampfansage der Reformation an die scholastische Philosophie war auch ein Generalangriff auf die intellektuelle Ausbildung selbst, und sie bot wenig, um die traditionellen Methoden zu ersetzen. Da die Theologie die bedeutendste intellektuelle Disziplin zu jener Zeit war, läutete die Krise der Theologie eine Krise im intellektuellen Leben ein. Nach einer Predigt von Karlstadt wusste der Student Philipp Eberbach, der nach Wittenberg gekommen war, um den römischen Rhetor Quintilian zu studieren, nicht mehr, wozu sein Studium noch dienen sollte: »Ich verabschiedete mich von den Musen!«[33] Da nun sowohl die wichtigste Finanzierungsquelle, das Betteln, wie auch der intellektuelle Hintergrund des Studiums, die alte Theologie, in Frage gestellt waren, gingen die Studentenzahlen merklich zurück. Von vielen Studenten hieß es, sie hätten die Stadt verlassen, und sogar über Melanchthon kursierte das Gerücht, er plane, Wittenberg zu Ostern den Rücken zu kehren.[34] Die sinkende Zahl der Einschreibungen an der Universität machte dem Kurfürsten und Spalatin große Sorgen, doch das war nicht nur in Wittenberg ein Problem. Im ganzen Reich brachen die Studentenzahlen in den zwanziger Jahren des 16. Jahrhunderts ein, die Universität von Greifswald musste sogar eine Generation lang ihre Pforten schließen.

Auch der Klerus hatte sich unter dem Einfluss der evangelischen Botschaft verändert. Die unmittelbare Wirkung des Angriffs auf die Privatmessen bestand darin, dass mit einem Federstrich die ganze Stufenleiter des Aufstiegs in der Kirchenhierarchie zusammenfiel. Und wer hätte seine Söhne jetzt noch gerne im Klerus gesehen? Was Reformation auch immer sonst bedeutete, sie hatte einen erheblichen Rückgang der Anzahl von Klerikern zur Folge, da sie sowohl das Priesterproletariat, das bisher die Privatmessen gelesen hatte, als auch die höheren Kirchenränge mit ihren beträchtlichen Pfründen hinwegfegte.

Weder Priester noch Universitätsgelehrte hatten jetzt noch ein Monopol auf die religiöse Wahrheit. Jeder, sogar ein Ungebildeter, konnte die Bibel verstehen. Ende Dezember 1521 kam eine Gruppe von drei Propheten aus dem nahe gelegenen Zwickau nach Wittenberg. Sie behaupteten, Gott spreche direkt zu ihnen. Nikolaus Storch und Thomas Drechsel waren Tuchknappen (Schneidergesellen), der Dritte, Markus Thomas oder Stübner, hatte an der Universität Wittenberg studiert, war jedoch der Sohn eines Baders, dessen Name »Stübner« seine Herkunft verriet. Wegen des beruflich bedingten engen Kontakts mit dem Körper galt der Beruf des Baders als ehrlos, und sein sozialer Status war so gering, dass eine Vermählung mit dem Kind eines Baders gleichbedeutend war mit dem sozialen Tod. Storch nun hatte bereits für erhebliche Aufregung in seiner Heimatstadt gesorgt, wo er private religiöse Zusammenkünfte organisierte und die Bedeutung der direkten Offenbarung hervorhob. Stübner, der Melanchthon gut kannte, vertrat die Auffassung, dass die Kindstaufe nicht in der Heiligen

Schrift nachzuweisen sei. Die drei »Zwickauer Propheten« repräsentierten eine neue evangelische Bewegung, die der Universität wenig oder gar nichts verdankte. Der Geist Gottes, schien es, war über Laien ausgegossen worden, damit diese predigten und prophezeiten und dabei die traditionellen Autoritäten umgingen.[35] Das Gefühl, dass man in einer besonderen Zeit lebte, wurde durch den Ausbruch der Pest in Wittenberg noch verstärkt. Mit dem Tod konfrontiert, sorgten sich viele um ihr Seelenheil.

Melanchthon, der Luther während dessen Abwesenheit in der Stadt vertrat, verfiel in eine nervöse Unentschlossenheit. Er war unsicher, wie er mit der Behauptung der Propheten umgehen sollte, Gott spreche direkt zu ihnen, und verteidigte sie gegenüber den Studenten. Gleichzeitig versuchte er, Spalatin und den Kurfürsten Friedrich zu überreden, Luther die Rückkehr zu erlauben. Nur Luther könne diese Köpfe beurteilen, drängte er. Er bat Spalatin, das Gesuch dem Kurfürsten zu überreichen, und ließ den Brief geöffnet, damit Spalatin es lesen konnte.[36] Luther auf der Wartburg setzte sich über die Sorge wegen der Propheten jedoch unbeschwert hinweg und teilte Spalatin mit: »Ich komme freilich nicht wegen der Zwickauer Propheten, ändere mich auch nicht, denn sie haben keinen Einfluß auf mich.«[37] Von der fernen Wartburg aus war es für Luther leicht zu sehen, was diese Köpfe taugten, doch für alle, die inmitten der schnell aufeinanderfolgenden politischen und religiösen Reformen agieren mussten und die ständig unter Volldampf standen, war es weit schwieriger herauszufinden, wie der künftige Weg aussehen sollte.

*

Für Luther lag die politische Entscheidungsgewalt immer in der Hand des Herrschers, eine Auffassung, in der ihn sein Aufenthalt auf der Wartburg noch bestärkte, von wo er hauptsächlich über die rechte Hand des Kurfürsten, Spalatin, mit Wittenberg in Verbindung stand. Karlstadt dagegen schien der Ansicht gewesen zu sein, der Rat der Stadt solle ermächtigt werden, die Reformation einzuführen, und er glaubte fest an »die Christliche Stadt Wittenberg«, wie er sie in seinen

Flugschriften nannte. Das war der Weg, den er seit der Disputation über die Messe im Oktober 1521 verfolgte, in der er dafür gestritten hatte, dass die Bürgerschaft als Ganzes über die Einführung evangelischer Reformen entscheiden sollte. Karlstadts Heirat, der Weggang Zwillings – der als eine führende Figur für die Veränderung eingetreten war und der nun ganz aus dem Augustinerorden austrat, um in Eilenburg zu predigen –, dazu die Ankunft der charismatischen Zwickauer Propheten, all das mag bei der Radikalisierung Karlstadts eine Rolle gespielt haben.[38] Vielleicht lag es aber auch an einer gewissen Veranlagung, zum Zeloten zu werden, wenn er nach langer Anlaufzeit endlich von einer Sache überzeugt war.

Karlstadts Begeisterung für bürgerliche Ideale war möglicherweise auch getragen von seiner Erfahrung bei der engen Zusammenarbeit mit Laien und seiner Überzeugung, in der Stadt sei wahrhaftig der Aufbau einer christlichen Gemeinschaft im Gange. Seine Flugschriften unterzeichnete er jetzt mit »ain neüwer Lay«. Das Mandat des Rats vom 24. Januar 1522 zur Durchführung der Reformation in Wittenberg und der Erlass über die Neuordnung der Armenpflege in Übereinstimmung mit einer früheren Verordnung spiegeln einige von Karlstadts Ansichten wider. Teile davon hatte er vielleicht sogar selbst verfasst, doch insgesamt war die neue Stadtordnung das Ergebnis einer engen Zusammenarbeit zwischen evangelischen Priestern und der städtischen Elite: Eine Gruppe von etwa 30 Personen hatte sich täglich getroffen, um den Erlass auszuarbeiten. Zusätzlich zur Armenhilfe sollten die öffentlichen Gelder auch dazu benutzt werden, günstige Darlehen an frisch Verheiratete und an verdienstvolle Handwerker zu vergeben – eine beträchtliche Erweiterung der Gruppe, die von der Gemeindekasse (»dem gemainen kasten«) profitieren sollte. Alte Auffassungen von bürgerlichen Sitten verbanden sich mit neuen reformatorischen Ideen. So wetterte die neue Stadtordnung gegen jene, die »ohne Ehe« lebten, und verbot es unter Strafandrohung, sie zu beherbergen. Das Bordell der Stadt, unumgänglich in einer Universitätsstadt, sollte geschlossen werden.[39] Zur Form der Messe stellte die Stadtordnung schlicht fest: »Weiter sollen die Messen nicht anders gehalten werden als so, wie sie

Christus beim Abendmahl eingesetzt hat. (...) Es kann auch der Kommunikant die geweihten Hostien in die Hand nehmen und sich selbst in den Mund legen.«[40] Zuletzt wurde festgelegt, dass für die Stadt- und Pfarrkirche drei Altäre ausreichend seien und dass alle Bilder entfernt werden sollten, wenngleich kein Datum festgelegt wurde, bis wann dies zu erfolgen habe. Urheber dieser Stadtordnung war »die fürstliche Stadt Wittenberg«.[41]

Ohne die Mitwirkung von Wittenbergs führenden Lokalpolitikern und des sowohl aktuellen als auch künftigen Bürgermeisters, des kurfürstlichen Rates Christian Beyer, wäre es unmöglich gewesen, eine solche Stadtordnung zu erlassen. Was sie den alteingesessenen Konzepten bürgerlicher Sittlichkeit verdankte, etwa die Verbannung von Prostituierten und allen, die ohne Eheschließung zusammenlebten, zeugt von den Moralvorstellungen und der Sachkenntnis im Magistrat. Es verrät, dass es in Wittenberg eine starke Fraktion von Handwerkern gab und dass die Veränderungen auch von Vertretern mittlerer Stände und der städtischen Elite unterstützt wurden. Sie müssen gewusst haben, dass ihre Pläne beim Kurfürsten kaum auf Zustimmung stoßen würden, doch sie waren bereit, seinen Unmut auf sich zu ziehen, indem sie ihm die Erlasse in gedruckter Form vorlegten.[42]

Ende Januar und Anfang Februar 1522 berieten sich in Eilenburg unweit von Torgau der Vertreter des Kurfürsten, Hugo von Einsiedeln, und Christian Beyer.[43] Was diese kleine soziale Elite auszeichnete, lässt sich ermessen, wenn man sich vor Augen führt, dass Beyer, der im Februar seine Amtszeit als Bürgermeister antrat, zuvor als kurfürstlicher sächsischer Rat im Auftrag des Kurfürsten gehandelt hatte – jetzt musste er die Maßnahmen eines Magistrats verteidigen, den er früher in Schranken zu halten hatte. Inzwischen beurteilten Christian Döring und Lucas Cranach, die beide seit 1519 dem Magistrat angehörten und die dem kurfürstlichen Hof sehr nahestanden (zumal der Kurfürst Cranachs Hauptauftraggeber war), die Angelegenheiten wahrscheinlich eher aus der Sicht des Kurfürsten. Zu guter Letzt gelang es in einer Versammlung von Vertretern der Universität, der Stiftung »Allerheiligen«, dem Bürgermeister und den kurfürstlichen Räten, zu einer Übereinkunft über die in Wittenberg einzuführenden Reformen zu gelangen. Darin wurde festgelegt, dass die Einsetzungsworte bei der Wandlung auf Deutsch gesprochen, ein Teil des Messkanons weggelassen und das Emporheben der Hostie als Zeichen wieder eingeführt werden sollten. Außerdem sollte als obligatorische Erklärung hinzugefügt werden, dass die Messe kein Opfer sei. Der Priester sollte beim Abendmahl den Teilnehmern die Sakramente »nach jrem gefallen« erteilen, und die Erlasse der Armenordnung sollten weiterhin in Kraft bleiben. Es wurde nirgendwo gesagt, dass es Vorschrift sei, die Kommunion auf die eine oder die andere Art zu erteilen, und auch nicht verlangt, die bereits zerstörten Bildnisse zu ersetzen.[44] Um einen Kompromiss herbeizuführen, bot Karlstadt freiwillig an, nicht mehr zu predigen, so dass von seiner Seite aus die Einhaltung der Bestimmungen zugesichert war. Es hatte den Anschein, als wäre die Reformation in Wittenberg damit gewährleistet.[45]

Unterdessen war die katholische Seite freilich nicht untätig gewesen. Von den Vorgängen im sächsischen Kurfürstentum alarmiert, setzte sich Herzog Georg im Reichsrat, der in Nürnberg ansässigen Ständeversammlung des Heiligen Römischen Reichs, erfolgreich für entschiedenes Handeln ein. Am 20. Januar 1522 wurden die konservativen katholischen Bischöfe mit einer Rechtshoheit auf sächsischem Territorium – betroffen waren Mainz, Naumburg und Merseburg – durch ein kaiserliches Mandat ermächtigt, Visitationen durchzuführen und alle zu bestrafen, die sich der Einführung von Neuerungen schuldig machten. Der Kurfürst war tief besorgt und lehnte nun einseitig den Kompromiss von Eilenburg ab, denn er wusste, wenn er sich dem kaiserlichen Mandat nicht beugte, war seine Herrschaft in Gefahr.[46] Sein Herzogtum konnte samt Kurfürstenwürde mühelos auf seinen Vetter Georg übertragen werden – genau das geschah auch nach dem Schmalkaldischen Krieg 1546/47.[47]

Überraschenderweise machte Luther nun einen Rückzieher, entzog der Reformation in Wittenberg seine bisherige Unterstützung und kam dem Kurfürsten zu Hilfe. Nachdem er gehört hatte, was in der Stadt vor sich ging, schrieb er um den 22. Februar herum einen erstaunlichen Brief an den Kurfürsten, in dem er ihm zu seinem neuen »Heiligtum« gratulierte – »ein ganzes Kreuz mit Nägeln, Speeren und Geißeln«, das ihm Gott »ohne alle Kosten und Mühen« geschickt habe. Er bezog sich auf die religiösen Änderungen in Wittenberg: Satan sei nun »unter den Kindern Gottes«. »Strecke getrost die Arme aus und lasse die Nägeln tief hineinfahren, ja, danke und sei fröhlich!«, ermunterte er Friedrich. »(...) so muss und soll es gehen, wer Gottes Wort besitzen will.« Luther neckte den Kurfürsten wegen seines Appetits auf Reliquien, doch während er die Unruhen herunterspielte, versicherte er ihm, dass »vor großer Eile die Feder laufen muss«, er also schnell schreiben müsse, weil er keine Zeit habe: Er sei schon unterwegs nach Wittenberg.[48] Es ist nicht klar, welche Rolle Spalatin beim Ablauf der Ereignisse spielte, aber die meisten politischen Ratschläge auf der Wartburg dürfte Luther von der rechten Hand des Kurfürsten erhalten haben. Der Brief besagte eindeutig, auf welcher Seite Luther stand: Der Kurfürst wusste, dass er sich auf seine Unterstützung verlassen konnte, um die »Neuerungen« rückgängig zu machen, die das Nürnberger Mandat verdammte.

Sofort diktierte der Kurfürst einen langen Brief an seinen Amtmann in Eisenach, in welchem er ihm befahl, Luther abzufangen, und ihm mitteilte, was er Luther sagen sollte. Es war ein gewundenes Schreiben, in dem der Kurfürst Luther erst die Rückkehr untersagte, dann aber seinen Witz über das »ganze Kreuz« ernsthaft aufgriff und ihm die Rückkehr erlaubte, so dies denn das Kreuz sei, das der Kurfürst zu tragen habe. Wie Luther das alles überbracht wurde, wissen wir nicht, doch die Länge des Briefs verrät, wie viel Gewicht der Kurfürst dem Treffen beimaß. Die Zeit war knapp, deshalb spannte Friedrich seinen Amtmann vor Ort ein, statt Luther zu sich zu laden oder Spalatin anzuweisen, mit Luther zu sprechen.[49]

Luther kannte die politischen Vorgänge. Er versicherte dem Kurfürsten, er würde genauso nach Wittenberg kommen, wie er nach Leipzig ginge, »wenn es auch (Eure Kurfürstliche Gnaden verzeihe mir meine närrischen Reden) neun Tage eitel Herzog Georgen regnete und ein jeder neunmal wütender wäre als dieser«. Luther wusste, dass Herzog

Georg hinter dem kaiserlichen Mandat steckte und dass die Interessen des sächsischen Kurfürsten auf dem Spiel standen. Er warnte den Kurfürsten davor, ihn zu schützen: »(...) ich komme gen Wittenberg unter einem sehr viel höheren Schutz als dem des Kurfürsten. Ich habe auch nicht vor, von Eurer Kurfürstlichen Gnaden Schutz zu begehren. Ja ich denke, ich würde Eure Kurfürstliche Gnaden mehr schützen, als sie mich schützen könnte. Außerdem, wenn ich wüsste, dass mich Eure Kurfürstliche Gnaden schützen könnte und wollte, so würde ich nicht kommen. (...) Da ich nun spüre, dass Eure Kurfürstliche Gnaden noch sehr schwach ist im Glauben, kann ich Eure Kurfürstliche Gnaden in keiner Weise als einen Mann sehen, der mich schützen oder retten könnte.«[50] In einem Postskriptum bot er dem Kurfürsten an, jeden gewünschten Brief zu schreiben, damit deutlich werde, dass er aus eigenem Wunsch nach Wittenberg zurückkehrte.

Luther bemerkte später, dies sei der barscheste Brief gewesen, den er je einem Fürsten geschickt habe. Und doch ist er von der vollständigen Übernahme der Perspektive des Kurfürsten gekennzeichnet. Bis Mitte Januar 1522 schien Luther sehr zufrieden mit der Entwicklung der Reformation in Wittenberg. »Was ich sehe und höre, gefällt mir alles sehr wohl. Der Herr stärke den Geist derer, die uns wohl wollen«, hatte er Anfang Dezember noch an Spalatin geschrieben, obwohl er wusste, dass es am Tag vor seiner heimlichen Ankunft in Wittenberg Unruhen in der Stadtkirche gegeben hatte. Erst am 13. Januar beglückwünschte er Karlstadt zu seiner bevorstehenden Hochzeit.[51] Er hatte die Entfernung der Bilder, die Abschaffung der Privatmessen, die Einrichtung der Kommunion auf beiderlei Weise nicht verdammt, nicht einmal die Weigerung, die Hostie anzubeten. Und jetzt kehrte er nach Wittenberg zurück, um den Kurfürsten und Spalatin darin zu unterstützen, alle Neuerungen rückgängig zu machen und mit dem kaiserlichen Mandat in Einklang zu bringen.

Man könnte fast zu dem Schluss kommen, dass die »Unruhen« in Wittenberg, so wie sie sich ereigneten, einen nützlichen Vorwand für eine von Luther und dem kurfürstlichen Hof gemeinsam geführte Kampagne abgaben, die darauf ausgerichtet war, dass man sich den

Bestimmungen des kaiserlichen Mandats beugen werde. Das jedoch bedeutete, dass man katholischen Bischöfen erlaubte, gegen evangelische Geistliche vorzugehen und diese, wenn sie geheiratet hatten, aus ihren Pfarreien zu vertreiben, sie in Haft zu nehmen und ihnen Inquisitionsverfahren und den Märtyrertod anzudrohen. Dennoch war es für den Kurfürsten wichtig, dass seine Unterstützung für Luther nicht sichtbar wurde, und schon gar nicht, dass er ihm die Rückkehr erlaubt hatte. Zu diesem Zweck tat Luther, was er versprochen hatte, und schrieb einen zweiten Brief, den Spalatin entworfen hatte und in dem er mitteilte, dass er gegen den kurfürstlichen Willen zurückkehre. In Abstimmung mit dem Juristen Hieronymus Schurff benötigten sie mindestens zwei, möglicherweise sogar drei Entwürfe, bis sie einen tauglichen Text formuliert hatten. Er wurde sofort an den Bruder des Kurfürsten, Herzog Johann, geschickt, damit dieser Kopien davon anfertigte. Wieder kam es darauf an, schnell zu sein: Abschriften wurden rasch an einflussreiche Persönlichkeiten in Nürnberg gesandt – eine fiel dankenswerterweise in die Hände von Herzog Georg. Sie hatte die gewünschte Wirkung: Friedrich war frei von jedem Verdacht, Luther die Erlaubnis zur Rückkehr erteilt zu haben.[52]

Als er am 6. März in Wittenberg ankam, machte sich Luther sofort daran, das Rad zurückzudrehen.[53] Er traf sich mit Amsdorf, Jonas und Melanchthon und verbrachte die ersten beiden Tage damit, sich mit ihnen zu beratschlagen. Nachdem im Rat die Fraktion aufseiten des Kurfürsten jetzt in der Mehrzahl war, schlossen sich die Räte bald an, und mit unabsichtlicher Ironie schenkte der Rat dem zurückgekehrten Luther Stoff für eine neue Soutane: Der Ritter sollte wieder wie ein Mönch gekleidet sein.

Am 9. März begann Luther, in der Pfarrkirche – von der Kanzel herab, von der Karlstadt vertrieben worden war – eine Reihe von Predigten zu halten, die heute als Invokavitpredigten bekannt sind. Sein Predigtstil strahlte dabei eine neue Sicherheit und neues Vertrauen aus. Didaktisch durchschaubar, verband er in seinen Predigten Humor, Beschimpfung und biblische Exegese. Dabei verhehlte er nicht seinen Hohn über die Prediger – »Dr. Karlstadt, Gabriel und Michael« –, die

die Wittenberger von deren eigener Gottesfurcht überzeugt hätten. Jeder könne dem Volk richtige Sätze beibringen, behauptete Luther, »sogar ein Esel«, doch wahre Glaubenswerke seien Taten, keine Worte. Er bestand darauf, dass die Kraft in der Bibel stecke: Das Wort habe alles getan, »während ich hier mit meinem Philipp und Amsdorf Wittenbergisch Bier getrunken habe«.[54]

Von Anfang an erinnerte Luther die Gemeinde daran, dass er der erste Reformator war: »Darum, liebe Brüder, folgt mir (...). Ich bin auch der Erste gewesen, den Gott auf diesen Plan gesetzt hat (...). Ich bin auch der gewesen, dem es Gott als Erstem offenbart hat, diese seine Worte zu predigen.« Seine erste Predigt schloss er mit dem Gleichnis eines Anführers, der seine Männer aufs Schlachtfeld führt, dann aber feige fliehend die Betrogenen zurücklässt: »Wie wäre es, wenn ich den Haufen auf das Schlachtfeld brächte und dann ich (der ich der Erste gewesen bin, die Andern zum Kämpfen anzuhalten) den Tod fliehen wollte, statt ihn frohgemut zu erwarten: Wie sollte der arme Haufen damit verführt werden.« Diejenigen, die radikale Veränderungen in der Religion durchgeführt hätten, argumentierte er, hätten vergessen, dass man Kinder zuerst mit Milch, dann mit Brei, schließlich mit Eiern und weißer Kost großziehe. Und er mahnte mit Bezug auf die Radikalen: »(...) schneide ja nicht sogleich die Brustwarzen ab, sondern lass deinen Bruder ebenfalls saugen, wie du gesaugt hast.«[55]

Luther stützte seinen Führungsanspruch auf ein Paradox. Weil er mit dem Teufel gekämpft habe und weil diejenigen den stärksten Glauben hätten, die der Teufel ständig angreife, sei erwiesen, dass er auserwählt sei. Damit wurde von Luther eine Einsicht entwickelt, die ihm ursprünglich Staupitz vermittelt hatte, doch jetzt war die Heftigkeit seiner inneren Kämpfe mit dem Teufel zum überwältigenden Beweis für seine Erwählung geworden: »Denn ihr wisst noch nicht, welche Mühe es kostet, mit dem Teufel zu streiten und ihn zu überwinden. Ich weiß es genau, denn ich habe wohl schon ein gutes Maß Salz oder zwei mit ihm gegessen: Ich kenne ihn genau und er kennt mich auch genau.«[56] Andere Priester beschimpften vielleicht ihre Gegner als Geschöpfe Satans oder schmähten die katholische Messe als

Teufelswerk, doch etwas ganz anderes war es, der Gemeinde von den eigenen Begegnungen mit dem Teufel zu erzählen. Es war ein riskantes Unterfangen: Wer den Teufel traf, galt als besessen oder als Hexe. Cochläus, der nach ihrem Zusammentreffen in Worms zu einem der schärfsten Gegner Luthers geworden war, glaubte in der Tat, dass Luthers Begegnungen mit Satan der sicherste Beweis waren, dass er ein Häretiker sei. Kein anderer Reformator predigte etwas Vergleichbares – im Gegenteil, die drei Zwickauer Propheten hatten angeblich mit Gott gesprochen.

Die Ereignisse in Wittenberg zeigen, was ein Muster in Luthers Leben wurde: Sosehr er über die Obrigkeit schimpfte und obwohl er sie erstaunlich frech anging, letzten Endes stellte er sich immer auf ihre Seite. So übernahm Luther jetzt den Bericht, den als Erstes die katholische Seite verbreitet hatte – dass Zwilling und Karlstadt begonnen hätten, subversive Inhalte zu predigen, die zu bewaffnetem Aufruhr in der Stadt führten –, als offizielles Narrativ von den Ereignissen in Wittenberg. Es war eine Fiktion, mit der alle gut leben konnten, denn sie spielte herunter, in welchem Ausmaß sich der Magistrat, führende Reformatoren und andere an der Einführung der Reformation aktiv beteiligt hatten. Melanchthon etwa hatte bis Januar 1522 eine weitaus radikalere Linie vertreten als Karlstadt, doch jetzt, nachdem das kaiserliche Mandat dafür gesorgt hatte, dass der Kurfürst das Eilenburger Verhandlungsergebnis platzen ließ, brauchte man jemanden, dem man die Schuld in die Schuhe schieben konnte.

Luthers Beziehung zu Karlstadt war, wie wir bereits wissen, schon seit geraumer Zeit erkaltet. Auf der Wartburg suchte er bewusst keinen Briefkontakt zu ihm und erklärte, er wolle, dass Melanchthon die Bewegung in Wittenberg anführe, eine Brüskierung für den älteren Mann mit seinem Erfahrungsvorsprung. Tatsächlich entpuppte sich Melanchthon als weit weniger klar denkend und sprunghafter als Karlstadt und als leicht beeinflussbar.[57] Dennoch lassen sich bis zu Luthers Rückkehr von der Wartburg keine Anzeichen dafür finden, dass er Karlstadt für die Geschehnisse in Wittenberg verantwortlich machte. Danach freilich hat er die Entwicklungen ohne Zögern personalisiert: Zwilling und Karlstadt waren an allem schuld. Ihre eigensinnigen Predigen hätten bewirkt, dass die Bevölkerung aufrührerisch wurde, sie hätten damit die öffentliche Ordnung gefährdet. Das war dieselbe Stoßrichtung, in welche die reaktionären Kräfte – die konservativen Kanoniker vom Allerheiligen-Stift – eine Zeitlang argumentiert hatten, indem sie kleine Störungen des Gottesdienstes als bedrohliche Angriffe auf die öffentliche Ordnung darstellten. Als sich Luther daranmachte, diese Ordnung wiederherzustellen, wurde deutlich, wie sehr er den Kanonikern verpflichtet war. Er wiederholte ihre üble Nachrede, es gebe Kirchgänger, die das Sakrament bekämen, obwohl sie zuvor Branntwein getrunken hätten, dabei ließ Luther sie den Branntwein erst trinken, *nachdem* sie die Kommunion empfangen hatten. Luther griff auch die Geschichte von den Hostien auf, die auf den Boden gefallen waren, indem er sich entrüstete, wie respektlos das Sakrament behandelt würde, »dass es kein Wunder wäre, wenn euch Donner und Blitz in die Erde geschlagen hätten«. Die Hostie mit den Händen zu berühren mache keineswegs einen guten Christen – wenn man die Sache weiter auf diese Weise vorantreibe, wäre einmal eine Sau der perfekte Christ, »sie hätte ja einen so großen Rüssel, dass sie das Sakrament ohne Weiteres nehmen könnte«.[58]

Zwilling wechselte schon nach kurzer Zeit das Fahrwasser. Er entschuldigte sich und widerrief so umfassend, dass Luther ihn nach Altenburg auf eine Pfarrstelle empfahl, ihn also dorthin fortlobte, wo er nicht im Wege stand und nicht schaden konnte, in eine Stadt, über der ein Schloss von Friedrich thronte – Zwilling stand dort also unter der Aufsicht des Kurfürsten. So blieb nun Karlstadt allein zurück, mit dem Kopf in der Schlinge, wie er sich später ausdrückte.[59] Das Verbot zu predigen, dem Karlstadt bereits zugestimmt hatte, wurde noch strenger gefasst, und als er versuchte, Texte zu publizieren, erlaubte der Zensor der Universität nicht, dass seine Werke gedruckt wurden.[60]

Die Schlussfolgerung scheint unvermeidlich: Karlstadt war ein willkommener Sündenbock. Während Luther Zwilling bemerkenswert schnell verzieh, zeigte er sich bei Karlstadt, dem er viel nähergestanden hatte, weniger bereitwillig. In Luthers Erzählung wurden die Vorgänge in Wittenberg umgeformt zu einer Geschichte von zerbrochener Freundschaft und persönlichem Verrat durch Karlstadt. Er war der erste in einer später langen Liste ehemaliger Gefolgsmänner, die des Verrats an ihrem Anführer beschuldigt wurden. Der kompromisslose Hass Luthers hat etwas Eisiges. In den Invokavitpredigten hatte er davon abgesehen, Karlstadt direkt zu kritisieren, doch der sarkastische Unterton, mit dem er seinen früheren Kollegen »Dr. Karlstadt« nannte, war nicht zu überhören. Sehr schnell brachte Luther Karlstadt mit dem Teufel in Verbindung: Es sei Satan, der sich in Gestalt Karlstadts gegen Luther wende, um die Reformation zu zerschlagen. Karlstadt war ein »Engel«, der sich als »Engel des Lichts verstellet« hatte – das heißt, er war des Teufels.[61]

Ursprünglich hatte Luther viele der von Karlstadt eingeführten Änderungen – die Kommunion in beiderlei Gestalt, einen deutschsprachigen Gottesdienst – für gut befunden, doch als er 1523 eine neue Liturgie einführte, war sie lateinisch, und Laien erhielten bis 1523 beim Abendmahl nur das Brot. Die charakteristischen Merkmale der neuen Wittenberger Messe – Priester in weltlicher Kleidung und die Aufhebung des Verbots für Laien, die eucharistischen Gaben zu berühren, so dass man keinen Priester mehr brauchte, um sie auszuteilen – wurden abgeschafft. In anderer Hinsicht unterschied sich Luthers spätere deutsche Liturgie von 1526 kaum von der Karlstadts. Auch wenn Luther die Geschichte ihrer Auseinandersetzung später so darstellte, als hätte es sich bei ihrem Streit um einen doktrinären Bruch gehandelt, war Karlstadt doch keineswegs ein solcher Sakramentarier, wie Luther behauptete, im Gegenteil: Im Wesentlichen teilte er Luthers Haltung zur Eucharistie. Es wäre verlockend zu folgern, dass es bei ihrem Bruch im Grunde darum ging, wer die Führung der aufkommenden Reformationsbewegung übernahm.

Doch das wäre nur die halbe Wahrheit. Auf einer tieferen Ebene begriff Luther einen entscheidenden Unterschied zwischen sich und Karlstadt. Obwohl beide von derselben spirituellen Tradition, der *Theologia deutsch*, geprägt und von Staupitz beeinflusst waren, gingen sie unterschiedliche Wege, die sie nach und nach dazu führten, auch unterschiedliche Haltungen zum Sakrament einzunehmen. Zwei Jahre später vertrat Karlstadt die Auffassung, das Abendmahl sei nur ein Erinnerungsakt – die Gegenwart Christi in der Eucharistie sei eine spirituelle, aber keine reale Gegenwart im Brot. Luther hatte bereits früher Karlstadts feindselige Einstellung gegenüber dem Fleisch gewittert, als er dessen Schrift über Gelübde las. Nicht lange danach waren die theologischen Vorstellungen der beiden Männer unvereinbar geworden.

Luther war zurück, Zwilling wieder in der Spur, Karlstadt geknebelt, und die radikalen Verordnungen des Magistrats waren aufgehoben – es sah aus, als hätte die Wittenberger Reformation eine vollständige Niederlage erlitten. Und doch war nicht jede Spur ausgelöscht. Das Verbot zu betteln und der »gemeine Kasten« blieben erhalten. Die Mönche konnten nicht zurückgeholt und der beschädigte Ruf nicht wiederhergestellt werden. Am Ende wurden die meisten von Karlstadts Reformen wieder eingeführt – obwohl Luther ausdrücklich bis zu Karlstadts Tod 1541 wartete, ehe das Emporheben des Sakraments in Wittenberg abgeschafft wurde. Der Rat der Stadt mischte sich nicht mehr weiter in Religionsfragen ein, und fortan war die Wittenberger Reformation eine fürstliche und keine, die von einer breiten Bewegung in der Bevölkerung getragen wurde. Luther entschied darüber, wann die Schwachen im Glauben stark genug waren, dass man ihnen feste Nahrung zumuten konnte.[62] Die visionäre Erregung der Wittenberger Bewegung, die Ahnung von den großen Dingen, die mit den Geldern vollbracht werden könnten, wenn sie nicht mehr durch Messen und Klöster gebunden wären, das Gefühl der evangelischen Kraft, als Tausende in der Stadt die Kommunion mit Brot und Wein feierten – alles das gab es nicht mehr, weil Luther auf seiner Führungsrolle beharrte und jedes kollektive Handeln unterband.

Es ist unwahrscheinlich, dass eine kommunale Reformation der Gemeinde von Wittenberg jemals eine Chance gehabt hätte. Die Stadt war einfach zu klein, um sie zu stützen, und da die politische Elite, die mehrheitlich dem Hof nahestand, ihr Vertrauen immer in den Kurfürsten setzte, gab es keine Tradition der Unabhängigkeit. Schließlich fehlte es auch am Zunder ökonomischer und politischer Klagen seitens der Handwerker, die das Ganze hätten befeuern können. Die andere große Institution in der Stadt, die Universität, wollte ihren Gründer nicht gegen sich aufbringen, und die Studenten, die sich traditionell durchaus engagierten, waren Wittenberg nicht stark genug verbunden, besonders seit viele von ihnen anfingen, den Sinn eines Studium in Frage zu stellen. Sobald Herzog Georg das kaiserliche Mandat in seinen Händen hielt, das die katholischen Bischöfe ermächtigte, die Reformation zurückzudrehen, hatte der Kurfürst keine andere Wahl, als klein beizugeben – oder er lief Gefahr, Macht und Titel zu verlieren. Hätte Luther nicht, realistisch wie immer, die Reformen aus den Monaten Dezember und Januar rückgängig gemacht, wie es im Mandat gefordert wurde, hätte die Reformation in Wittenberg wahrscheinlich nicht überlebt.

Doch die Idee der Reformation in der Gemeinde, die vom Volk ausgeht, war nicht gestorben. Bürgerbewegungen trugen die Reformation in die Städte – Zwickau, Augsburg, Nördlingen, Nürnberg, Straßburg –, in einer Stadt nach der anderen griffen Menschenmengen Geistliche an, platzten mit ihren Anträgen in Ratssitzungen, und evangelische Priester ermöglichten ihren Zuhörern einen flüchtigen Eindruck davon, wie eine reformierte Gemeinde aussehen könnte. Sämtliche Ereignisse, die die Wittenberger Bevölkerung wachgerüttelt hatten, wiederholten sich überall im ganzen Kaiserreich, angefangen von evangelischen Störern bei Gebeten bis hin zur Zerstörung von Altarteilen, dem Zerreißen von Messbüchern, dem Urinieren in Messkelche oder der Verspottung von Geistlichen – und dabei bedienten sich die Menschen aus ebendem Fundus von karnevalesken Ritualen und Klamauk, den die Wittenberger Studenten entwickelt hatten.[63] Auch Karlstadt war nicht vergessen. In Riga und in Livland waren es seine, nicht Luthers Ideen, die aufgegriffen und durch lokale Reformbewegungen in die Praxis umgesetzt wurden. In Oldersum und anderen Teilen Ostfrieslands bezog man sich auf Karlstadts Sichtweise des Sakraments, während Luthers Auffassung für abergläubisch gehalten

*41* Der Holzschnitt zeigt Karlstadt und Luther zu beiden Seiten eines Wagens, in dem Christus sitzt. Sie befinden sich auf dem Weg zur Erlösung, während Ulrich von Hutten in voller Rüstung den in Ketten gelegten Klerus der alten Kirche führt, wobei Murner als Katze dargestellt ist. Luther und Karlstadt halten beide Palmzweige der Erlösung, doch Karlstadt ist fast prominenter dargestellt als Luther. Der Holzschnitt ist angelehnt an »Karlstadts Wagen«, die Flugschrift, die mit den Zeichnungen von Cranach illustriert wurde und die erste bildliche Propaganda für die Reformation war (siehe Seite 166/167). Auf dem mehrfach gefalzten Blatt ist zudem ein Pamphlet von Hermann von dem Busche abgedruckt, *Trivmphvs veritatis – Sick der warheyt* (»Sieg der Wahrheit«), ein Langgedicht zum Lobpreis der Reformation, das 1524 in Speyer veröffentlicht wurde.

wurde. Die Stadt Magdeburg übernahm Teile der Wittenberger Reformbewegung, und noch 1524 zeigte eine in Speyer veröffentlichte Flugschrift, wie Luther und Karlstadt gemeinsam die Reformation anführen.[64]

Dadurch, dass er sich gegen die Reformation in der Gemeinde wandte und sich auf die Seite der Mächtigen stellte, hatte sich Luther selbst von allem abgeschnitten, was sonst im Reich vor sich ging. Während seines Aufenthalts auf der Wartburg hatte er sein Netzwerk

jenseits von Sachsen und Mansfeld verloren. Anschließend hatte er große Schwierigkeiten, wieder Fuß zu fassen in den wichtigen Städten wie Augsburg, Straßburg und sogar Nürnberg, das nominell lutherisch war, doch Nürnbergs Stadtväter suchten keineswegs regelmäßig Rat bei ihm, sondern verließen sich auf ihre eigenen örtlichen Prediger. Die wichtigen Punkte, die im ganzen Kaiserreich die Reformation in den Städten in Gang hielten – die Kritik an der Tyrannei der Beichte, die Ablehnung der Bildnisse, die Forderung nach sofortiger Veränderung der Liturgie –, hatte Luther in Wittenberg alle wieder von der Tagesordnung genommen. Er verstand die städtischen Werte oder die Stadtpolitik einfach nicht, und Ideale der Brüderlichkeit und der Verständigung waren ihm fremd. Mit dem Teufel könne es keine Kompromisse geben, jeder müsse Tod und Teufel allein gegenübertreten, wiederholte er in seinen Invokavitpredigten. Er kehrte von der Wartburg zurück als ein Prediger, der kein Blatt vor den Mund nahm und der sich seiner Rolle als Hirte seiner Herde völlig sicher war. Sein gesteigertes Selbstvertrauen verdankte er sowohl seinem Auftritt in Worms als auch der Abgeschiedenheit auf der Wartburg. Allerdings ging damit auch ein gefährlich verengter Blick einher. Während er zu Beginn der Reformation für seine »lieben Deutschen« allen Reichsfürsten entgegengetreten war, schien jetzt der kleine Provinzflecken, in dem er lebte, die Welt zu sein, um die er sich am meisten kümmerte.

*Elftes Kapitel*

# Im Gasthof *Schwarzer Bär*

Am 22. August 1524 um 7 Uhr früh predigte Luther in der Hauptkirche von Jena. Es war eine denkwürdige Predigt, die anderthalb Stunden dauerte. Luther war kampflustig wie eh und je, er griff alle heftig an, die die reale Präsenz Christi in der Eucharistie in Frage stellten. Auch die Radikalen, die darauf bestanden, dass Bilder aus den Kirchen entfernt wurden, verschonte er nicht. Ein teuflischer Geist reite sie, sagte Luther, und obwohl es nur wenige seien, sei die Existenz solcher Sektierer ein Zeichen, dass der Teufel wüte.[1]

Jena war für Luther, der auf einer Inspektionsreise zu den sächsischen Kirchen war, kein Heimspiel. Karlstadt hatte jetzt seine eigene Pfarrgemeinde in der kleinen, nahe Leipzig gelegenen Stadt Orlamünde, wo er begonnen hatte, die Art von Reformation einzuführen, mit der er in Wittenberg gescheitert war. Sein Verbündeter Martin Reinhard war Prediger in Jena, wo ansässige Drucker auch Karlstadts Schriften veröffentlicht hatten. Tatsächlich hatte Karlstadt selbst – verkleidet als Bauer mit einem Filzhut – der Messe am Morgen beigewohnt. Er war überzeugt, dass Luthers Tirade gegen die »Schwärmer« auf ihn gemünzt war.

Nach der Predigt schrieb er schnell einen Brief und schlug Luther ein Treffen vor. Luther hatte nichts dagegen. Wenige Stunden später traf Karlstadt – begleitet von Reinhard und Karlstadts Schwager Dr. Gerhard Westerburg, der ebenfalls Priester war – im Gasthof *Schwarzer Bär* ein, in dem Luther mit seinem Gefolge sächsischer Hofbeamter abgestiegen war.[2] Als die Besucher in die Gaststube traten, bat Luther Karlstadt, sich auf einen Stuhl ihm gegenüber zu set-

Abfag brieff des Fürsten oyler
zvelt τΰ. wider Marti-
num Luttber.

42 Eine Flugschrift seiner Gegner von 1524 zeigt Luther, erkennbar an den Initialen, die über ihm angebracht sind, im Bund mit dem Teufel, der ihm ein kleines Buch überreicht. Der Hahnenfuß macht den Teufel in seiner Bauerntracht sofort erkennbar, und sein Filzhut trägt die Initiale »S« für Satan. Das Bild suggeriert, dass Luther ein unheiliges Bündnis mit den Bauern eingegangen ist.

zen, und bestand darauf, dass ihr Gespräch in der Öffentlichkeit stattfinden sollte.

Vor den versammelten Würdenträgern verwahrte sich Karlstadt zu Beginn des Gesprächs zuerst dagegen, dass Luther ihn in einem Atemzug mit »den aufrührerischen, mörderischen Geistern« nannte, die zur Gefolgschaft Thomas Müntzers zählten. Müntzer, dem wir später wiederbegegnen werden, war ursprünglich von Luthers Ideen inspiriert worden, hatte dann aber eine radikale Theologie entwickelt, die gleichermaßen einen sozialen wie einen religiösen Wandel forderte; kurze Zeit zuvor war er gezwungen worden, seine Wirkungsstätte Allstedt zu verlassen, weil er den sächsischen Herrschern lästig und ungeheuer geworden war. Luthers Vorwurf sei nicht gerechtfertigt, beharrte Karlstadt, denn obwohl er nicht dieselbe Auffassung vom Sakrament habe wie Luther, teile er Müntzers Vorstellungen nicht:

»Wer mich solchen mörderischen Geistern zuordnen und mir ihre Gesellschaft einbrocken will«, tue dies »ohne Wahrheit und nicht als ein
redlicher Mann«. Das war eine scharfe Zurechtweisung, denn in einer
Gesellschaft, in der die sozialen Beziehungen auf dem gegebenen Wort
beruhten, war der Vorwurf der Unredlichkeit ein Angriff auf den
Mann und seine Ehrenhaftigkeit. In Worten, die an die Auspeitschung
Christi erinnerten, klagte Karlstadt Luther weiter an, ihn am Predigen
zu hindern und die Veröffentlichung seiner Schriften zu unterbinden:
»Heißt das nicht gebunden und geschlagen, als Ihr allein gegen mich
geschrieben, gedruckt und gepredigt und dafür gesorgt habt, dass mir
meine Bücher aus der Druckerei geraubt wurden und mir Schreiben
und Predigen verboten wurde?«[3]

Die beiden Männer stritten lange miteinander, manchmal war das
Gespräch durch ausdauerndes Schweigen unterbrochen. Sie kannten
einander gut, und ihre gegenseitigen Vorwürfe trafen ins Schwarze.
»Dass Ihr stets hoch einherfahrt, auftrumpft und allein erhoben und
gesehen sein wollt«, warf Luther Karlstadt vor. »Aber Ihr müsst immer-
zu so reden, dass Ihr euern Ruhm erhaltet und gegen andere Leute
Hass erregt«, hielt Karlstadt ihm entgegen. Mitten in diesem erregten
Wortgefecht wandte sich Karlstadt an die Zuhörer und erklärte: »Liebe
Brüder, ich bitte euch, kehrt euch nicht an meine harte Rede, ich hab's
an der Complexion, dass ich so hart rede, aber das Herz ist deshalb
nicht arg oder zornig.«[4]

Luther verhöhnte Karlstadt mit dem Vorwurf, er wage es nicht, ihn
öffentlich anzugreifen. Karlstadt entgegnete, dass Luther es sei, der
ihn daran gehindert habe. Daraufhin holte Luther einen Gulden aus
der Tasche und verkündete: »Tut es nur, ich will Euch einen Gulden
dazu schenken.« Karlstadt nahm die Herausforderung an, griff den
Gulden, »zeigte ihn allen Anwesenden« und erklärte: »Liebe Brüder,
das ist ein Arrogo, ein Zeichen, dass ich die Macht habe, gegen Doktor Luther zu schreiben.« Er verbog den Gulden und steckte ihn in seinen Geldbeutel. Die beiden Männer gaben sich die Hand, und Luther
stieß mit Karlstadt an. Dann gingen sie auseinander.[5]

Es war ein folgenschweres Treffen. Indem er den Gulden verbog, zog Karlstadt ihn aus dem Geldverkehr und kennzeichnete ihn als Pfand. Das entsprach einer üblichen Praxis im 16. Jahrhundert: Verbindliche Eheversprechen wurden mit einem Münzpfand besiegelt, während man Geschäftsverträge, die nicht schriftlich niedergelegt wurden, durch Rituale wie den Handschlag und den gemeinsamen Trunk besiegelte. Allerdings ist die Bedeutung dieser Rituale nicht eindeutig. Luther sah die Annahme des Guldens als Erklärung der Feindschaft, als formale Eröffnung der Fehde an; für Karlstadt verbürgte die Münze sein Recht zu veröffentlichen. Eine Flugschrift von Martin Reinhard hielt ihre Zusammenkunft in Form eines Berichts fest – diesmal hatte Luther also keine Kontrolle über die Propaganda. Und er war wütend, als er Reinhards Bericht las, und meinte, er sei zu seiner »Schmach und zu Carlstadts Ehre« verfasst worden, obwohl Reinhard sich gewissenhaft um Neutralität bemüht hatte.[6] Doch keinem seiner Leser konnte entgangen sein, mit wie viel Geringschätzung Luther Karlstadt begegnet war, und das Geschenk der wertvollen (nichts weniger als goldenen) Münze setzte dem Ganzen dann die Krone auf. Jetzt gab es kein Zurück mehr: Luthers Versprechen an Karlstadt, ihm die Veröffentlichung seiner Schriften zu erlauben, war durch die Flugschrift öffentlich geworden.[7] Luther sorgte dafür, dass der Autor der Flugschrift nicht ungestraft davonkam. Kurz nach ihrem Druck wurde Reinhard gezwungen, seine Predigerstelle in Jena zu verlassen, und als er nach Nürnberg übersiedelte, wurde er auch von dort verjagt. Reinhard gab schnell klein bei und bat um Vergebung, doch Luther war nicht bereit, eine Lanze für ihn zu brechen.[8]

\*

Was hatte aus den einstigen Verbündeten Feinde gemacht? Die Antwort liegt im Aufblühen der reformatorischen Ideen in den zwei Jahren seit Luther von der Wartburg zurückgekehrt war, als die Bewegung sich in verschiedene Richtungen entwickelte, die seiner Kontrolle entglitten. Nach der Niederlage der Wittenberger Bewegung 1522 und nachdem man ihn mundtot gemacht hatte, nahm Karlstadt, der noch immer den Posten des Archidiakons bekleidete, zunächst wieder seine

Stelle an der Universität ein und hielt sich bedeckt. Doch er war isoliert und wurde von Melanchthon und den anderen geschnitten. Während er sich immer mehr radikalisierte, wuchs in ihm ein Groll auf das universitäre Leben, dem zufolge akademische Arbeiten und Abschlüsse nur Zwietracht und Prahlsucht hervorbrachten. »Was sucht man anderes in den Universitäten als Ehre vor den anderen. Deshalb wird der eine ein Magister, der andere ein Doktor, und noch dazu ein Doktor der heiligen Schrift«, stellte er fest. Die hervorstechende Eigenschaft von Universitätsgelehrten sei es, dass sie »doktorliche Ehre mit solchem Geiz und solcher Gefräßigkeit suchen, dass sie alle anderen Lehren gleicher Art neiden und verfolgen«. Deshalb führe die Universität weg vom Glauben: »Es kann nicht angehen, dass einer an Gott glaubt und ihm vertraut, wenn er auf Ehre aus ist.« Das war ein erstaunliches Urteil für jemanden, der immer Gefallen an Disputationen und am Widerstreit in Debatten gehabt hatte. Dagegen prangerte Karlstadt jetzt an, »dass wir wegen universitärer Glorien niederknien und Geld geben, um Autorität und Ansehen zu erlangen«, dass also die universitären Rituale letztlich nur dem Zuwachs an Einfluss und Reputation dienten.[9] Karlstadt zog die Konsequenzen und legte den Doktortitel ab – gleichwohl nannte ihn Luther, wenn er auf ihn zu sprechen kam, sein Leben lang spöttisch »Doctor Karlstadt«. Der Mann, der einst Wert auf seine adelige Herkunft gelegt hatte, wandte sich nun dem Landleben und der Feldarbeit zu. Er verbrachte immer mehr Zeit fernab von Wittenberg und erwarb in Wörlitz einen Bauernhof.

Mit seinem Wunsch nach einer bäuerlichen Existenz war Karlstadt nicht allein: Die Aufwertung des ländlichen Lebens war eine Zeitströmung. Man begann, die so häufig als dumpfe Rüpel geringgeschätzten Bauern wegen ihrer redlichen Schufterei und ihres biederen evangelischen Glaubens zu idealisieren. Der Mann, dessen bemerkenswerter Erfolg diese Stimmung am besten verkörperte, war Diepold Peringer, der sogenannte Bauer von Wöhrd. Peringer behauptete, er könne weder lesen noch schreiben, doch er war bekannt für seine begeisternden Predigten und veröffentlichte evangelische Abhandlungen. Seine Schriften wurden in ganz Deutschland gedruckt und in Umlauf gebracht, oft mit einem markanten Holzschnitt illustriert, auf dem ein kräftiger Bauer in plumpen Stiefeln mit einem Dreschflegel in der Hand zu sehen war, der mit der rechten Hand gestikulierte wie ein Prediger. Diese Bilder waren umso bemerkenswerter, als sie an die aufrührerischen Bauern der Bundschuh-Bewegung erinnerten, die sich im späten 15. Jahrhundert in Süddeutschland unter dem Zeichen eines bäuerlichen Schnürstiefels vereint und rebelliert hatten.

Bauern, schienen die Bilder zu sagen, sind fromme Evangelische, einfache Christen, die besser predigten als gebildete Kirchenmänner – als hätte Peringer mit seinen Predigten das einfache Volk mit dem Geist Gottes erfüllt. Sogar Spalatin, der ihn in Nürnberg hörte, war beeindruckt. Allerdings wurde Peringer 1524 als ehemaliger Kleriker entlarvt, der mit Sicherheit lesen und schreiben (und predigen) konnte – sehr zu Luthers Amüsement, der Spalatin dafür neckte, ihm auf den

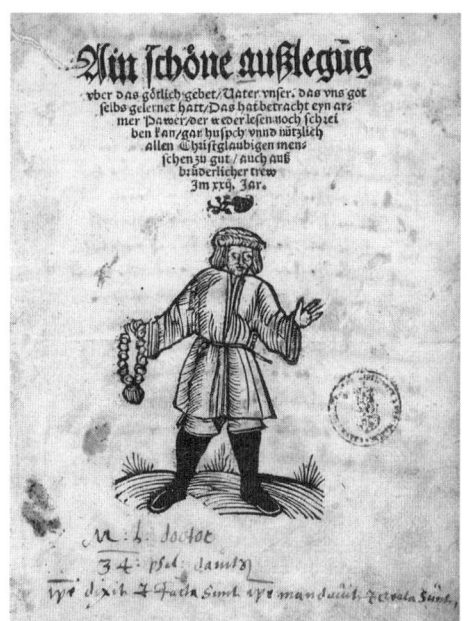

43 *und* 44 Zwei Illustrationen aus Diepold Peringers Schriften. Die erste zeigt den Bauern mit einem Rosenkranz und predigender Geste. Auf der zweiten Illustration ist der fromme Bauer in derben Stiefeln und mit einem Dreschflegel dargestellt.

Leim gegangen zu sein. Hätte es Peringer nicht gegeben, hätte man ihn wohl erfunden. Sein Gaunerstück verlieh der in Deutschland weitverbreiteten Bewunderung für das einfache Volk, besonders für die Bauern, und dem Argwohn gegenüber Intellektuellen eine Stimme.

Von diesem Zeitgeist getragen, spielte Karlstadt nun mit dem Gedanken, die Universität endgültig zu verlassen und Weinbauer – er stammte aus einer Weinanbauregion – oder einfacher Priester zu werden. Schließlich entschied er sich für Letzteres und zog in die Ortschaft Orlamünde, für deren Verwaltung er als Archidiakon verantwortlich war. Karlstadt war so vorsichtig, diesen Schritt mit den Obrigkeiten abzustimmen. Im Mai 1523 bat die Gemeinde den Kurfürsten offiziell,

ihn als Pastor zu benennen. Es war ein ziemlicher Abstieg, denn es bedeutete, eine schlechter bezahlte Arbeit zu übernehmen, für die er früher, als er noch nach der reichsten Pfründe von Wittenberg schielte, jemand anderen bezahlt hatte. Anstelle der vornehmen Kleidung, die er nach seiner Rückkehr aus Italien getragen hatte, kleidete sich der einstige Universitätsgelehrte jetzt wie die Bauern in grobes graues Tuch, und statt einer Professorenkappe trug er nun einen Filzhut.[10] Rückblickend stellte Karlstadt fest, »dass ich, Gottlob, ein Grauen vor einem Schmuck empfinde, der mich zeitweilig sehr angezogen und zum Sündigen gebracht hat«. Luther verspottete Karlstadt wegen des Filzhutes und seiner grauen Tracht, den sichtbaren Zeichen von Karlstadts Entschlossenheit, seine hohe soziale Stellung aufzugeben: »(...) einen grauen Rock und Filzhut tragen, nicht Doktor, sondern Bruder Andreas heißen wollen oder lieber Nachbar, wie jeder andere Bauer auch«.[11] Das Pfarrhaus in Orlamünde war baufällig, die Zäune waren verrottet, die Gehölze nicht gepflegt worden, und sein Vorgänger im Amt hatte den Mist, der für Karlstadts Weinberge reserviert gewesen war, zur Düngung der eigenen Felder benutzt und sich dann aus dem Staub gemacht. Doch so war das bäuerliche Leben, nach dem sich Karlstadt gesehnt hatte – wenngleich nicht geklärt ist, wie viel Feldarbeit er selbst verrichtete.[12]

Die Zeit nach 1522, in der Karlstadt in Wittenberg dazu verdammt war, sich ruhig zu verhalten, war zwar eine schwierige, aber auch eine sehr kreative Phase gewesen, die er genutzt hatte, um seine mystische Theologie voranzutreiben. Er durfte zwar noch immer nicht in Wittenberg veröffentlichen, doch Ende 1523 zog der Buchdrucker Michael Buchfurer von Erfurt nach Jena und begann, Karlstadts Werke zu drucken, ein Unternehmen, das vielleicht durch die finanzielle Unterstützung von dessen Schwager Gerhard Westerburg ermöglicht wurde, der ein wohlhabender Patrizier in Köln war. In Orlamünde setzte Karlstadt jetzt seine neue Theologie auf eine Weise in die Praxis um, die unter Luthers wachsamem Auge in Wittenberg nicht möglich gewesen wäre. Er hielt seinen Gottesdienst auf Deutsch und übersetzte Psalmen aus dem Hebräischen, damit seine Gemeinde sie singen konnte. Die Über-

setzungen seien erbärmlich und der Gesang schlaff, wusste ein feindseliger Beobachter zu berichten, doch es war ein Versuch, die Gemeinde durch Lieder in den Gottesdienst einzubeziehen und die spirituelle Nähe zu Gott hervorzuheben.[13] Er beschäftigte sich zunehmend
mit dem Alten Testament, und wenn ein Gemeindemitglied mit einem
Eheproblem zu ihm kam, empfahl er ihm wie die alttestamentarischen
Propheten, eine zweite Frau zu nehmen. Bald werden sie die Beschneidung einführen, spottete Luther, der über die Entwicklungen gut informiert war.[14] Karlstadt scheint außerdem Frauen ermutigt zu haben,
eine aktivere Rolle in der Gemeinde zu übernehmen, und er hielt
Bibel-Leseunterricht, damit seine Gemeindemitglieder Vertrauen in
ihre eigene Interpretation der Heiligen Schrift bekamen. Eigentlich sei
der Schlüsselbegriff seines theologischen Konzepts der Gelassenheit
ein bäuerliches sächsisches Wort, begann er zu argumentieren.[15] Alles
das war sehr verschieden von Luthers Wittenberg, wo man aus Respekt
für die »Schwachen« die meisten liturgischen Reformen wieder rückgängig gemacht hatte und der Gottesdienst wieder auf Latein gehalten
wurde.[16]

Luther und die Universität sahen Karlstadts Aktivitäten nicht taten-
los zu. Als sie entdeckten, dass es Karlstadt gelungen war, die Zensur
der Universität zu umgehen, indem er seine Schriften in Jena drucken
ließ, schrieb Luther an den sächsischen Kanzler, der Buchdrucker
müsse entweder zensiert oder sein Betrieb geschlossen werden. Im
April 1524 bestellte die Universität Karlstadt ein und stellte ihn vor
die Alternative, entweder sein Amt in Orlamünde aufzugeben und an
der Universität zu bleiben oder von seinem Archidiakonat und den damit verbundenen universitären Pflichten entbunden zu werden. Offenbar entschied sich Karlstadt dafür, Archidiakon zu bleiben, was bei
Luther Hohn hervorrief: »Wäre er nun gewiss gewesen, dass er zum
Pfarrer berufen wäre, würde er diese Pflichten nicht aufgegeben, sondern ihretwegen eher das Leben gelassen haben.«[17] Tatsächlich versuchte Karlstadt, beides unter einen Hut zu bringen. Er bat darum, den
Sommer in Orlamünde bleiben zu können, und erklärte sein Anliegen
mit der Notwendigkeit, seine Investitionen in den Hof und den Wein-

berg wiederzuerwirtschaften, und da die Gemeindemitglieder aus Orlamünde offenbar an ihrem Priester hingen, baten sie den Herzog in einer Petition, er möge Karlstadt erlauben zu bleiben.[18]

Daraus hätte leicht ein Konflikt werden können zwischen dem Recht einer Kirchengemeinde, ihren eigenen Pfarrer zu benennen (ein Recht, das Luther unterstützt hatte), und dem Recht des zivilen Schutzherren (in diesem Fall die Universität), den Amtsinhaber auszuwählen. Nur hat Karlstadt sich mit Bedacht durchgängig den Weisungen der Universität gefügt. Als Rechtsgelehrter stellte er zu diesem Zeitpunkt die Eigentumsrechte innerhalb der Kirche nicht in Frage, außerdem hatte ihn überhaupt erst seine Verantwortung als Archidiakon für Orlamünde zur Pfarrei gebracht. Die Universität berief nun ihrerseits ihren Rektor Kaspar Glatz auf den Vikarsposten in Orlamünde – einen verdächtig hochgestellten Mann für eine solche Aufgabe. In seinen Briefen an Luther, in denen er diesen über die Entwicklungen in Orlamünde informierte, spuckte der neue Vikar Gift und Galle und behauptete sogar, Karlstadt habe einen Kaplan beschäftigt, der vorgebe, ein Poltergeist zu sein, um den Menschen Angst einzujagen und sie an der Nase herumzuführen.[19]

Vom universitären Leben – und dem wachsamen Auge jedes Zensors – befreit, entfernte sich Karlstadt noch weiter von Luthers Theologie. Er vertiefte sein neues Verständnis von der Kommunion als einem spirituellen Sakrament und behauptete, Christus sei nicht tatsächlich in Brot und Wein gegenwärtig, denn diese seien fleischliche Dinge. Brot bekomme man, wie er sich ausdrückte, beim Bäcker: Es *ist nicht* Christus. Karlstadt gelangte immer mehr zu der Überzeugung, dass Bilder Abgötter seien und vollständig aus Kirchen entfernt gehörten. Zudem begann er einen Briefwechsel mit Thomas Müntzer.

*

Thomas Müntzer, der Luthers meistgehasster Gegenspieler werden sollte, war in Stolberg, nicht weit von Eisleben, geboren und stammte wahrscheinlich aus einer Familie von Goldschmieden oder Münzmeistern. Er hatte in Frankfurt an der Oder studiert und im Herbst 1517 einige Monate in Wittenberg verbracht, um die Vorlesungen des Humanisten Johannes Aesticampianus zu hören. In dieser Zeit lernte er auch Karlstadt kennen. Es war zweifellos eine aufregende Zeit in Wittenberg, allerdings lässt sich nicht wirklich feststellen, inwieweit Müntzer von Luther beeinflusst wurde oder (wie er behauptete) seine Positionen selbständig gefunden hat.[20] Nach einer Reihe schlechtbezahlter und unsicherer Stellen, unter anderem als Beichtvater von Nonnen, übernahm er in Zwickau eine zeitlich begrenzte Vertretung des evangelischen Predigers Johannes Egranus. Dort begann er, eine weit radikalere Auffassung von Reformation zu entwickeln.[21] Egranus hatte die Katholiken bekämpft und war selbst Zielscheibe ihrer Attacken geworden; Müntzer, der ein Talent zu predigen bei sich entdeckte, sollte noch viel weiter gehen.

Als Egranus zurückkehrte, wurde für den schwungvollen Prediger in Zwickau eine zweite Pfarrgemeinde in der Kirche St. Katharinen gegründet, wo viele arme Tuchmacher Mitglieder seiner Gemeinde waren, mit denen er schnell in engen Kontakt kam. Hier lernte er auch die späteren »Zwickauer Propheten« kennen. Obwohl ihre Theologie sich wahrscheinlich von seiner unterschied – Nikolaus Storch scheint der als ketzerisch verfolgten »Free Spirit«-Bewegung nahegestanden zu sein –, gab es zwischen ihnen Berührungspunkte und Einflüsse. Doch auch in Zwickau lief es für Müntzer nicht unproblematisch. Er wurde bald Zielscheibe offener Feindschaft. Die Fenster seiner Wohnräume wurden eingeworfen, und man richtete ein großformatiges Flugblatt mit Schmähungen und Drohungen an ihn. Über die vermeintlichen Ursachen spricht ein Brief von Luthers Unterstützer Johannes Agricola Bände. Agricola wollte Müntzer dazu bewegen, den Ton seiner Predigten zu mäßigen: »Es haben uns nämlich diejenigen, die Dein Bestes wollen, angezeigt, daß Du den Dienst des Wortes mißbrauchst, daß Du, während Du doch das Recht lehren müßtest, andere über den Anstand hinaus verfolgst und sogar mit Namen genannt hast«, und »sie versicherten«, fügte er in Großbuchstaben hinzu, »daß Du auf nichts anderes sinnst, als auf MORD UND BLUTVERGIESSEN«.[22] Müntzer begann, auch gegen Egranus zu predigen, dessen Theologie es seiner Meinung nach an Ernsthaftigkeit mangelte – Luther und Agricola hätten dem wohl zugestimmt –, und Egranus zahlte es ihm mit seiner Antwort in gleicher Münze heim. Zuletzt trennte sich der Rat der Stadt von beiden Predigern und berief stattdessen Nikolaus Hausmann, der ein enger Vertrauter Luthers und kein Hitzkopf war.

Im Juni 1521 beschloss Müntzer, nach Prag zu gehen. Zu diesem Zeitpunkt war er offenbar davon überzeugt, dass der Weltuntergang bevorstehe und er selbst zum Märtyrer auserkoren sei. Seine apokalyptische Stimmung wird deutlich in seinem *Prager Manifest*, einer Schmähschrift gegen den Klerus, die zugleich ein Bekenntnis zur mystischen Theologie war. Er schrieb eine Version davon auf einem Papier von der Größe eines Doppelbogens nieder, als wollte er seine eigene überdimensionale Version der 95 Thesen herausbringen.[23] Nachdem er im Dezember 1521 aus Prag zurückgekehrt war, trat er erneut eine Reihe zeitlich befristeter Stellen an, bis es ihm schließlich im April 1523 gelang, in Allstedt eine feste Stellung als Prediger zu bekommen. Hier machte er sich wie Karlstadt daran, das Pfarrwesen gründlich zu reformieren, und richtete sogar eine Druckpresse ein. Allstedt war ein kleiner Marktflecken 50 Kilometer nordöstlich von Erfurt in einer Enklave des kurfürstlichen Sachsen, die unter der Herrschaft von Herzog Johann stand, dem Bruder des Kurfürsten, und die vollständig von katholischem Gebiet umgeben war. Müntzers radikale Ansichten waren inzwischen bekannt genug, dass sich der Herzog und Spalatin für den neuen Priester interessierten. Ende 1523 besuchten sie die Stadt und wohnten zu diesem Zweck für kurze Zeit im Schloss. Doch die stets vorsichtige und langsam agierende sächsische Obrigkeit sah sich zu diesem Zeitpunkt noch zu keinen Maßnahmen veranlasst. Angesichts der Unterstützung, die Müntzer in der Gemeinde hatte, und weil er die Evangelisierung des Gottesdienstes nicht unterdrücken wollte, sträubte sich Herzog Johann zu diesem Zeitpunkt noch dagegen, Maßnahmen gegen Müntzer zu ergreifen.

Luther dagegen war bald überzeugt, dass Müntzer eine Gefahr darstellte, und ab dem Sommer waren seine Schriften gewürzt mit Hinweisen auf den »Geist von Allstedt«. Besorgt über die Untätigkeit der Obrigkeiten, veröffentlichte er Ende Juli 1524 seinen *Brief an die Fürsten zu Sachsen von dem aufrührerischen Geist.*[24] Darin erinnerte er die weltlichen Herrscher daran, dass Sekten und ihre Irrlehren immer das Christentum angegriffen hätten, und verband den Namen Müntzer mit Gewalt und Rebellion. Weiter verkündete er, dass alle, die Bilder zerstörten, nicht vom »geyst« getrieben seien, wie sie behaupteten, sondern vom Teufel – ein Argument, das indirekt Müntzer neben Karlstadt stellte. Luther nannte keine Namen, sondern sprach lediglich vom »geyst zu Allstedt«, doch der Ausdruck war so gewählt, dass er Karlstadts Theologie einschließen konnte. Immerhin priesen beide Männer die Gelassenheit, wenngleich bei Müntzer, der das unsichere Leben des Priesterproletariats aus eigener Erfahrung kannte, die Betonung sehr viel stärker auf dem Leiden als Teil des Prozesses lag, durch den der Gläubige zu Gott fand. Beide Männer hatten fromme Kirchengemeinden errichtet, die Bilder entfernt und die Liturgie reformiert – und sie hatten Briefe ausgetauscht. Auch Karlstadt hatte behauptet, dass der Buchstabe der Schrift ohne den Geist wertlos und die akademische Theologie nicht der wahre Weg sei. »Hier habe ich mehr über Gesichte und Träume gesprochen (…) als irgendeiner der Professoren«, hatte er Müntzer 1522 geschrieben.[25]

Diese Leute meinten, argumentierte Luther, sie seien anderen in geistlichen Dingen überlegen, dabei hätten sie nicht wie er die Konfrontation mit dem Papst gewagt. Und um diesen Punkt zu betonen, lieferte er in dem Brief einen kurzen biographischen Abriss, der die Leipziger Disputation und seine Auftritte in Augsburg und Worms einschloss, wobei er sich als den einzigen Helden der Reformation präsentierte und Karlstadt völlig unerwähnt ließ.[26] Die Allstedter würden von Luthers Siegen profitieren, die »sie doch nicht erstritten haben, und nicht ihr Blut war deswegen in Gefahr, vielmehr ich habe mit meinem Leib und Leben alles wagen und durchsetzen müssen«.[27]

In einer rhetorischen Meisterleistung erhob Luther hier seine eigene physische Existenz, seine Bereitschaft, »Leib und Leben« zu riskieren, zum Prüfstein für die Wahrheit. Er setzte die evangelische Bewegung mit der Erzählung seiner eigenen Taten, sogar mit seinem eigenen physischen Dasein gleich. Dies war bereits in den Worten deutlich erkennbar geworden, die man ihm in den Berichten aus Worms zugeschrieben hatte: »Hier stehe ich!« macht seinen Leib ohne Wenn und Aber zur Garantie für seine Wahrheit und sein Bekenntnis. Luther wusste genau, dass Karlstadt die Gefahr allenfalls gestreift hatte und dem Vergleich mit der Gefahr, der Luther sich ausgesetzt hatte, nicht standhalten konnte. Dabei war die »Märtyrerkrone« für beide Männer wichtig. Die Aussicht, zum Märtyrer zu werden, hatte dazu geführt, dass Karlstadt sein Verständnis der Gelassenheit weiter vertiefte und damit seine mystische Theologie entfalten konnte. Dennoch verstand Karlstadt unter »Geist« – dem zentralen Begriff für seine Auffassung, wie die Bibel gelesen werden sollte – nicht den Geist der Gewalt, sondern den Geist Gottes, mit dem sich die Seele durch die Gelassenheit und die Bereitschaft zum Märtyrertum vereinen sollte. Kein Wunder, dass Karlstadt beim Zusammentreffen mit Luther im Gasthof *Schwarzer Bär* so verärgert war.

*

Während Karlstadt seine Kirche in Orlamünde einrichtete, schritt die Reformation in Allstedt in Windeseile voran. Im März 1524 wurde eine nahe gelegene Pilgerkapelle niedergebrannt, und wenngleich Müntzer unbeteiligt war, hatte er doch aufgrund seiner Überzeugung, dass mit dem Pilgerwesen als einer Form gottloser Idolatrie Schluss gemacht werden müsse, nichts dagegen eingewandt. Im Juni suchten Dorfbewohner aus dem nahen Sangerhausen in Allstedt Zuflucht vor der Verfolgung durch die Katholiken. Die Empörung darüber, wie die Brandstifter bestraft werden sollten, ließ die Spannung in Allstedt anwachsen. Müntzer war jetzt fest davon überzeugt, dass der Weltuntergang bevorstand. Im Juli machten Herzog Johann und sein Sohn auf der Durchreise wieder Station im Allstedter Schloss, und Müntzer ergriff die Gelegenheit, in ihrer Gegenwart zu predigen. Er wählte dazu einen Predigttext aus dem zweiten Kapitel des Buchs Daniel, den er in dem Sinne auslegte, dass die weltlichen Fürsten die Gottlosen ausrotten sollten: »Gott ist euer Schirm und wird euch gegen seine Feinde streiten lehren. (...) Aber ihr werdet darüber ein großes Kreuz und eine große Anfechtung erleiden müssen, so dass euch die Furcht Gottes klar wird, was ohne Leiden nicht geschehen kann (...). Wenn sie [die Fürsten] das aber nicht tun, wird ihnen das Schwert genommen werden.«[28] Das war umstürzlerisch. Doch Müntzer beließ es nicht bei der Predigt im Schloss, er ließ die Predigt – erweitert um einen langen Zusatz über Träume – in Allstedt drucken. So war es nicht überraschend, dass er und einige seiner Unterstützer eine Vorladung nach Weimar erhielten, wo sie Ende Juli zu ihren Umtrieben verhört wurden.

In der zunehmend angespannten Lage forderte Müntzer die Einwohner von Allstedt am 24. Juli auf, sich zu einem Bund zusammenzuschließen, und drängte sie, einen förmlichen Eid zu leisten. Über 500 seiner Anhänger folgten dem Aufruf, darunter nicht nur Bürger von Allstedt, sondern auch Bauern aus der Umgebung und Bergarbeiter aus Luthers Heimatstadt Mansfeld. Ratsmitglieder und sogar Amtmänner des Herzogs wurden genötigt, einem »Bund des göttlichen Willens« beizutreten, der die Treuepflicht gegenüber den weltlichen Obrigkeiten ersetzte. Das war eine revolutionäre Umgestaltung der Verhältnisse und vereinte herzogliche Beamte, Stadtbewohner, Bergleute und Bauern in einer Gemeinschaft, die auf einem die Klassengegensätze überwindenden Zusammengehörigkeitsgefühl beruhte. Doch als Müntzer und die Repräsentanten der Stadt (unter denen er viele Verbündete hatte) in Weimar verhört wurden, knickten seine Unterstützer ein und gaben die Schuld für die Unruhen allein Müntzer. Auch der herzogliche Amtmann des Orts wechselte die Seite und wurde tätig: Er ordnete die Auflösung der Druckerei an, ferner sollte sich Müntzer verpflichten, auf brandstiftende Predigen zu verzichten und den Bund aufzulösen. Anfang August, nachdem man ihn wirksam mundtot gemacht hatte und er sich von seinen Unterstützern verraten fühlte, die sich als »Judasse« erwiesen hätten, kam Müntzer zu dem Schluss, dass die Sache in Allstedt verloren war. Er verschwand mitten in der Nacht aus Allstedt und ließ Frau und Kind zurück. Ge-

meinsam mit einem seiner Anhänger flüchtete er in die kleine Reichsstadt Mühlhausen.

Obwohl sie sich in ihrer apokalyptischen Weltsicht ähnelten, gingen
Karlstadts und Müntzers Vorstellungen bei der Frage nach dem Gebrauch von Gewalt auseinander. Müntzer glaubte, das Reich Gottes
solle mit dem Schwert herbeigeführt werden, während Karlstadt auf
Gewaltverzicht beharrte. Mit größter Vorsicht auf Distanzierung bedacht, gab Karlstadt seine Antwort auf Müntzers Einladung, dem
Bund beizutreten, in den Druck und sorgte dafür, dass auch ein Brief
seiner Orlamünder Gemeinde in Wittenberg gedruckt wurde, in dem
diese Müntzers Angebot ablehnte. Zur Zeit ihres Treffens im Gasthof
*Schwarzer Bär* glaubte Luther möglicherweise, Karlstadt werde einen
Mittelweg ansteuern, da Müntzer offensichtlich keine Gefahr mehr
darstellte, seit er aus seinem Bollwerk in Allstedt vertrieben war. Sollte
es so gewesen sein, dann war das eine grobe Fehleinschätzung Luthers.

\*

Dies waren die Ereignisse, die dem Gespräch im Gasthof *Schwarzer
Bär* am 22. August 1524 unmittelbar vorausgingen. Doch die Angelegenheit war damit nicht beendet. Am folgenden Tag predigte Luther
in der kleinen Stadt Kahla, deren Pfarrer ein Unterstützer Karlstadts
war. Als er die Kanzel betrat, fand Luther ein zertrümmertes Kruzifix
auf seinem Rednerpult. Bei seiner Ankunft in Orlamünde am folgenden Morgen – er hatte beschlossen, dass es zu gefährlich war, die
Nacht dort zu verbringen – war niemand im Dorf zugegen, um ihn zu
begrüßen; wie sich herausstellte, waren alle mit der Ernte beschäftigt.
Der ungeduldige Luther wurde schließlich vom Bürgermeister und anderen örtlichen Würdenträgern empfangen, doch er weigerte sich, wie
sie den Hut zu ziehen, und zeigte so seine Verachtung. Als der Bürgermeister ihn zu einem Gespräch einlud, erwiderte er, er müsse schon
bald den Rückweg antreten, doch man könne sich im Haus unterhalten.[29] Vermutlich hätten die Orlamünder gerne im Freien mit dem
Reformator debattiert, innerhalb der Gemeinde hatten offene Gespräche unter freiem Himmel eine lange Tradition.

Ein demokratischer Meinungsaustausch war allerdings das Letzte, was Luther beabsichtigte. Zuerst schulmeisterte er die Orlamünder Bürger für ein Schreiben, das sie ihm am 16. August gesandt hatten und in dem sie sich beklagten, dass er Karlstadt in seinem *Brief an die Fürsten zu Sachsen* als Häretiker bezeichnet hatte. Er wies voller Verachtung darauf hin, dass dieser Brief von Karlstadt verfasst worden sei, der das Orlamünder Siegel missbräuchlich verwendet habe.[30] Die Dorfbewohner blieben allerdings dabei, dass keine Zeile darin von Karlstadt stamme. Dann tauchte Luthers ehemaliger Mitstreiter persönlich auf, doch Luther wollte ihm nicht erlauben zu bleiben: »Ihr seid mein Feind, ich habe Euch einen Gulden darauf gegeben.«[31] Nachdem Karlstadt davongegangen war, griff Luther die Orlamünder wegen ihrer fehlenden theologischen Bildung an, doch statt kleinlautem Gehorsam begegneten ihm lebhafte Gegenargumente. Ein Schuster, der hervortrat, redete Luther mit dem formlosen »du« an, als beanspruche er soziale Ebenbürtigkeit mit dem Mann, der stets auf seinem Doktortitel beharrte. »Wenn du Mose nicht folgen willst, musst du dennoch das Evangelium annehmen«, wandte er sich an den Reformator, um ihm sogleich vorzuwerfen: »Du hast das Evangelium unter die Bank geworfen.« Als Luther entgegnete, wer die Bilder entfernen wolle, weil man Missbrauch mit ihnen treiben kann, könne mit demselben Argument fordern, man solle alle Frauen töten und allen Wein wegkippen. Ein anderer Dorfbewohner hielt dagegen, dass Frauen und Wein anders als Bilder zu Wohlergehen und Nutzen der Menschen geschaffen worden seien. Der Schuster dagegen suchte Hilfe bei einem Zitat, das er fälschlicherweise Jesus zuschrieb, und führte an, »dass die Braut das Hemd bis zur Nacktheit ausziehen muss, wenn sie bei ihrem Bräutigam schlafen will«. »Also muss man alle Bilder entfernen, damit wir die Kreatur los sind und rein werden«, folgerte er.[32] Es war leicht für Luther, sich über die ungebildeten Dorfbewohner lustig zu machen. In seiner Polemik gegen die Orlamünder *Wider die himmlischen Propheten*, die er 1524 veröffentlichte, nutzte er dies weidlich aus, als er über die Bauern spottete, »die der Braut zu Orlamünde das Hemd und dem Bräutigam zu Naschausen die Hosen ausziehen«.[33]

327

Karlstadt hatte als Prediger seinen Gemeindemitgliedern die Zuversicht vermittelt, dass auch sie in der Lage seien, die Heilige Schrift zu interpretieren und ihre Sichtweise zu äußern.[34] Die Wortwahl des Schusters und seine Verwendung des Bibelzitats zeigen, was die Dorfbewohner aus Karlstadts Predigten gelernt hatten, deuten aber möglicherweise auch auf eine schwierige Ambivalenz zwischen Sinnesfreuden und Askese hin. »Gott will, dass die Seele von allem Kreatürlichen entblößt, das heißt nackt und frei davon sein soll«, hatte ein anderes Dorfmitglied erklärt.[35] Luthers Einwände gegen Karlstadts Betonung des mosaischen Gesetzes könnten auch von seinem tiefsitzenden Antijudaismus herrühren – er bezeichnete Karlstadts Anhänger als »jüdische Heilige, die so strikt am Gesetz Moses hängen«.[36] Er spottete nicht nur darüber, dass Karlstadt sich auf das alttestamentarische Gesetz berief, sondern beharrte auch darauf, dass es in Kirchen Bilder geben *müsse* – ein Standpunkt, der sich deutlich von der ambivalenten Haltung unterschied, die er ursprünglich eingenommen hatte –, und stellte damit klar, dass seine Kirchen nichts mit den schmucklosen Wänden jüdischer Synagogen gemeinsam hatten.

Der Diskussion müde, empfahl Luther den Orlamündern schließlich, seine Bücher zu lesen, sprang mit seinen Begleitern in den Wagen und fuhr davon – unter den Verwünschungen der Dorfbewohner, wie Luther später berichtete.[37] Der sehr parteiische Kaspar Glatz schrieb Luther später in einem Brief, Karlstadt habe zwei oder drei Tage danach eine Stunde lang Sturm läuten lassen, damit auch aus der weiteren Umgebung alle in die Kirche kämen. In seiner Predigt habe er dann die Anschuldigung des Schusters wiederholt und gesagt, Luther habe »leider das Evangelium unter die Bank« gestoßen. Geendet habe er mit den Worten: »Ach, liebe Brüder und Schwestern, Bürger und Bürgerinnen Gottes! laßt euch nicht erschrecken, beharret bis ans Ende, so werdet ihr selig. Gott hat ihn dahin gegeben, nach seinem Gutdünken die Schrift zu verkehren.«[38]

\*

Karlstadt kämpfte für sein Recht zu veröffentlichen, zu predigen und gehört zu werden. Seiner Ansicht nach hatte er durch das Zusammentreffen mit Luther im *Schwarzen Bären* das Recht dazu erwirkt, jetzt machte er sich daran, Unterstützung zu suchen. Seine Briefe und Schriften unterzeichnete er fortan als Andreas Karlstadt, »der Wahrheit wegen nicht angehört«, oder als »Andreas Bodenstein, nicht angehört und nicht überwunden, sondern vertrieben durch Martin Luther«.[39] Luther kommentierte das in einem Brief an Amsdorf ironisch: »Du siehst, daß ich, der ich ein Märtyrer hätte werden sollen, dahin gelangt bin, daß ich selbst Märtyrer mache« – trotz der Ironie verrät der Satz auch Luthers Bewusstsein darüber, wie weit die Reformation inzwischen gekommen war.[40]

Im September 1524, einige Wochen nach dem Zusammentreffen in Jena, bestellte der Kurfürst Karlstadt nach Weimar, um ihn darüber zu informieren, dass er verbannt sei. Gezwungen, Sachsen zu verlassen, begann für ihn eine lange Wanderschaft durch Süddeutschland, die Luther mit eiskalter Präzision anhand der Briefe seiner verschiedenen Informanten verfolgte. Seine Stationen waren Rothenburg ob der Tauber, Basel und Straßburg, während sein Kollege und Schwager Gerhard Westerburg nach Zürich und anschließend nach Basel reiste, um sich dafür einzusetzen, dass Karlstadts Werke gedruckt wurden.[41] In Orlamünde gebar Karlstadts Frau inzwischen ein Kind, bevor auch sie gezwungen wurde wegzuziehen und dann ihren Mann auf seinen Reisen begleitete.

Natürlich nutzte Karlstadt seine Druckerlaubnis und veröffentlichte in Basel, wo Luthers Arm nicht hinreichte, sieben Schriften. Unter dem beruhigenden Schutz des Patriziers Westerburg gewannen Karlstadts Ideen eine neue Leserschaft. Unterdessen war sein Unterstützer Martin Reinhard nach Köln gereist, um Karlstadts Botschaft auch dort zu verkünden.[42] Es gab Gerüchte, Karlstadts Ansichten über das Sakrament seien ihm in geheimen Gesprächen direkt von Luther eingeflüstert worden, und Luther wage es noch nicht, öffentlich zu bestreiten, dass Christus wirklich in Brot und Wein gegenwärtig sei; er werde aber bald aus der Deckung kommen und Karlstadt unterstützen. In Straßburg lasen Wolfgang Capito und der Humanist Otto Brunfels Karlstadts Schriften und stimmten seinen Ansichten über das Sakrament zu. In Basel stellte sich der Reformator und Humanist Johannes Oekolampadius auf Karlstadts Seite, auch in Nürnberg fand Karlstadt Leser, und in Magdeburg, Königsberg und sogar in den Niederlanden schlossen sich viele seinen Ideen an, die Luther und seine Anhänger bald als den »Geist von Müntzer und Karlstadt« brandmarkten.[43] Luthers Mann in Straßburg, Nikolaus Gerbel, warnte, dass Karlstadt Exemplare seiner in Basel gedruckten Schriften verteile und Anhänger gewinne. Offenbar erzählte er jedem, er sei von Luther verbannt worden, weil dieser ihn nicht durch die Heilige Schrift widerlegen könne. Die Straßburger Prediger schrieben gemeinsam einen Brief an Luther, legten fünf Schriften Karlstadts bei und baten ihn um Rat. Der Brief, auf glänzende Weise so formuliert, als betonten sie ihre Loyalität gegenüber Luther, zeigte in Wirklichkeit, dass sie Karlstadt näher waren, da auch sie ihre Kirchen von Bildern reinigten und begannen, die reale Gegenwart Christi im Sakrament zu hinterfragen. Sie informierten Luther ohne Umschweife darüber, dass in Zürich, Basel und sogar in Straßburg die meisten an Bibelfragen interessierten Personen Karlstadts Ansichten teilten.[44]

Anscheinend fanden tatsächlich viele Karlstadts Erklärung des Sakraments und seinen Glauben an die spirituelle Gegenwart Christi überzeugender. Karlstadts reifende Theologie war deutlich geprägt von seinen Erfahrungen in Wittenberg, wo die kommunale Reformation seinen Enthusiasmus befeuert hatte. Diese Sichtweise war auch anderswo populär, besonders in Süddeutschland, denn sie verband soziale Reformen mit einer moralischen Erneuerung, organisierte die Armenhilfe und die Laienarbeit neu. Sie unterschied sich sehr von Luthers Ideal einer Reformation von oben. Manchen missfiel auch Luthers Versuch, seine Ansichten anderen aufzuzwingen, indem er an ihre persönliche Loyalität appellierte. »Ich bin ganz aufgebracht über die Meinungsverschiedenheit zwischen Karlstadt und Ihnen«, schrieb Otto Brunfels, »denn ich verehre Sie beide, und ich liebe Sie nicht so sehr, dass ich nicht auch Karlstadt aufrichtig in die Arme schließen könnte.«[45] Der Grammatiker Valentin Ickelsamer beklagte sich über Luthers Schriften: »Was sind die Büchlein anderes (…) denn eine subtile Bewegung und Aufhetzung des Fürsten gegen den guten Karlstadt?«[46] Außerhalb von Wittenberg wurde das Drama der beiden zerstrittenen Reformatoren als verheerend für das Bild der Reformation angesehen, aber während Karlstadt nach wie vor so vorsichtig war, sich mit Angriffen auf seinen früheren Kollegen zurückzuhalten, war Luther dazu übergegangen, Karlstadt öffentlich zu beschuldigen, vom Teufel besessen zu sein.[47] Doch Karlstadt hatte sich nie als Rivale Luthers aufgespielt. Hätte er es getan, wäre es durchaus möglich gewesen, dass die Reformation einen anderen Verlauf genommen hätte.

Luther schien sich im Klaren darüber gewesen zu sein, wie viel auf dem Spiel stand, und es ist ein Zeichen seiner Sorge, dass er auf den Brief der Straßburger Prediger nicht mit einem handschriftlichen Sendschreiben, sondern mit einer gedruckten Flugschrift antwortete, die er ihrem Boten mit auf den Rückweg gab.[48] Die durch den Druck verursachte Verzögerung seiner Antwort hatte weitreichende Folgen. Die Straßburger hatten zeitgleich auch einen Brief an Huldrych Zwingli in Zürich geschrieben, der nun ebenfalls die reale Gegenwart Christi im Sakrament bestritt. Seine handschriftliche Antwort kam früher in Straßburg an als Luthers gedruckte Erwiderung. Martin Bucer, der bisher zu Luthers Lehre neigte, war von Zwinglis Ansichten »mit Hand und Fuss« überzeugt, wie Capito hocherfreut berichtete.[49] In seiner Antwort grübelte Luther unklug nach: »Das bekenne ich, wenn Doktor Karlstadt oder jemand anderes mir vor fünf Jahren berichtet hätte, dass im Sakrament nichts als Brot und Wein wäre, der hätte mir einen großen Dienst erwiesen. Ich habe wohl so harte Anfechtungen dadurch erlitten und mit mir gerungen und mich gewunden, dass ich gerne aus diesen Sachen heraus gewesen wäre, weil ich wohl sah, dass ich damit dem Papsttum den größten Stoß hätte versetzen können.« Damit räumte er die Gerüchte, Karlstadt habe die Idee von Luther selbst, nicht aus, sondern machte sie im Gegenteil noch glaubhafter.[50]

In einem Brief an Spalatin vom Oktober 1524 bezieht sich Luther auf Karlstadt als seinen »Absalom«, jenen Mann, der den Israeliten die Herzen stahl. Die Bezeichnung wies aber auch auf die Tiefe seiner Gefühle für Karlstadt hin. Absalom war Davids schöner Sohn, dessen Rebellion dem Vater das Herz brach, weil sie ihn zwang, gegen das Kind vorzugehen, das er so sehr liebte.[51] Immer öfter nannte Luther Müntzer und Karlstadt in einem Atemzug, doch seine gehässigste Rhetorik blieb Karlstadt vorbehalten, das wird in seiner monumentalen Schrift *Wider die himmlischen Propheten* mehr als deutlich, deren erster Teil Ende 1524 veröffentlicht wurde. In dieser Abhandlung legt Luther dar, was er für den unauflöslichen Zusammenhang zwischen der Betonung des Geistes, der Verneinung der wahren Gegenwart Christi im Sakrament, dem Bildersturm und der Beteiligung an Aufruhr hielt. Er war entschlossen, seine Ansichten so dezidiert wie möglich gegen jede Form von Rebellion oder Gewalt abzugrenzen.

*

Für den Rest seines Lebens wurden die Bezeichnungen, mit denen Luther ursprünglich Karlstadt und Müntzer geschmäht hatte, zur feststehenden Formel seiner Rhetorik gegen seine Widersacher. Für ihn waren sie »Schwärmer« und »Enthusiasten«, die behaupteten, von Eingebungen des Geists geleitet zu werden. Er wolle für den höchsten Geist gehalten werden, »der den heiligen Geist mit Federn und allem anderen gefressen hat«, lautet Luthers berühmte satirische Charakteristik von Müntzer und dessen Theologie.[52] Immer wieder nahm Luther die aufgeladene Emotionalität der »Schwärmer« aufs Korn, indem er ihre hochfliegenden Behauptungen in derbe Begriffe aus der Natur übersetzte und die irdische Realität dazu benutzte, die Abstraktion zu verhöhnen.

Karlstadt wiederum wurde immer rigoroser in seiner Unterscheidung von Fleisch und Geist. Anfang 1525 schrieb er, die Gläubigen sollten Lust und Begierden ersticken durch das Leid und die Verfolgung, die ihnen widerfuhren: »Erwürgt die Lust und die Begierden durch die anfallende Trübsal und Verfolgung und durchs tägliche Leben in Gottes Willen.« Märtyrertum, zu dem man mit Gelassenheit gelangt war, und geistige Demut blieben die Schlüsselbegriffe seines Denkens. Während Luther bekannte, er ärgere den Teufel, indem er heirate, schrieb Karlstadt: »Und wir müssen im Leid durch die erkannte Wahrheit den Teufel überwinden und durch Leid unser ungefüges Fleisch einzäumen, brechen und unserm Geiste unterwerfen, um unserer Hoffnung zu helfen, den Glauben zu stärken, das Wort zu befestigen.« Luthers Sticheleien, Karlstadt trage neuerdings bäuerliches Grau, beantwortete dieser mit der Verhöhnung der Vorliebe des Reformators für »Scharlach, Atlas, Brokat, Kamelhaar, Samt, Gold« – eine schlau gewählte Spitze, denn Karlstadt wusste genau, wie sehr sich Luther 1519 bei der Leipziger Disputation geärgert hatte, dass die Leipziger Eck einen feinen Umhang aus Angora schenkten, den er sehr gerne selbst getragen hätte.[53]

Karlstadt, der ehemalige Propst von Allerheiligen, der einst hart darum gefeilscht hatte, wie viel ihm sein Kaplan von den Einkünften aus der Orlamünder Pfründe abzutreten hatte, schrieb jetzt: »Wollte Gott, dass ich ein rechter Bauer oder Handwerker wäre, dass ich mein Brot im Gehorsam zu Gott äße, das heißt: im Schweiße meines Angesichts. Ich habe aber der armen Leute Arbeit gegessen, denen ich dafür nichts getan habe, habe sie darüber hinaus nicht zu rechter Hand gehabt noch zu handhaben vermocht, jedoch trotzdem ihre Arbeit in mein Haus genommen. Könnte ich, wollte ich ihnen alles zurückgeben, was ich empfangen habe.«[54] 1524 idealisierte er nicht nur das bäuerliche Leben, er zog jetzt aus seiner Theologie auch die entsprechenden Konsequenzen hinsichtlich der sozialen Verhältnisse, da ihm bewusstgeworden war, wie sehr er als Priester ein Komplize bei der Ausbeutung der Armen gewesen war. Die Reformation wurde für ihn zu einer Befreiungsbewegung des einfachen Volks. Und er war mit dieser Auffassung nicht allein.

# Der Bauernkrieg

Im Herbst 1524 begann die größte soziale Erhebung in Deutschland vor dem Zeitalter der Französischen Revolution. Der Bauernkrieg nahm seinen Ausgang im Südwesten mit einer Reihe lokaler Erhebungen, die sich nach und nach miteinander verbanden, wobei die meisten aufständischen Regionen die »Zwölf Artikel der Bauernschaft« übernahmen, die ein Kürschner und ein lutherisch gesinnter Pfarrer in Memmingen aufgestellt hatten. Jede der Forderungen, ob die nach Abschaffung der Leibeigenschaft oder nach freiem Jagdrecht, wurde durch ein Bibelzitat gestützt. Eröffnet wurden die Artikel mit der stolzen evangelischen Forderung nach dem Recht jeder Gemeinde, ihren Pfarrer selbst zu berufen, damit er ihr das Evangelium predige. In den Zwölf Artikeln wurden die Schlüsselbegriffe der Reformation – Freiheit / nur Christus zählt / die Heilige Schrift als einzige Autorität – auf die Situation der Bauern übertragen, woraus unmittelbar ein Programm hervorging, das in ganz Deutschland Unterstützung fand. Der Buchdruck spielte dabei eine bedeutende Rolle: Die Artikel konnten schnell verbreitet werden und sie ermöglichten es den verschiedenen Bauernhaufen, sich zu vereinigen, wenngleich viele Regionen daneben ihre eigenen lokalen Forderungen aufstellten. Es war nicht nur Eigennutz, der die Bauern veranlasste, sich auf evangelische Ideen zu berufen: Zu den habgierigen Grundbesitzern gehörten viele Klöster und Kirchenstiftungen, die gewaltigen Zehntscheunen in so vielen Städten waren sichtbare Zeugen ihrer ökonomischen Macht in der Agrargesellschaft. Evangelische »Brüderschaft« und die Idee der Freiheit des Christenmenschen schwangen mit, als die Bauern auf der Notwendigkeit bestanden, die Beziehung zwischen Grundbesitzern und Bauern nicht durch Eigentumsrechte, sondern im Sinne christlicher Werte zu regeln.[1]

Im Artikel über die Leibeigenschaft heißt es entsprechend: »(...) ist der Brauch bisher gewesen, dass man uns für ihre Leibeigenen gehalten hat, was zum Erbarmen ist angesichts dessen, dass uns Christus alle mit seinem kostbaren Blut erlöst und freigekauft hat, den Hirten gleich als wohl den Höchsten, jedenfalls keiner ausgenommen. Darum findet sich in der Schrift, dass wir frei sind und sein wollen.«[2] Häufig wurde behauptet, die Bauern hätten Luthers Ideen missverstanden, die spirituellen Elemente seiner Botschaft mit ihren weltlichen Belangen verschmolzen. Doch Luthers Eintreten für die christliche Freiheit, seine Standhaftigkeit gegenüber Herrschern, mit denen er nicht übereinstimmte, und das Modell des Widerstands, zu dem sein selbstbewusster Auftritt in Worms das Vorbild lieferte, beflügelten andere. Luther konnte nicht kontrollieren, wie andere seine Lehre und seine Werke interpretierten. Als der Aufstand sich ausweitete, stellte sich heraus, dass Luther, der Enkel eines Bauern, immer weniger in der Lage war, den Standpunkt der Bauern zu verstehen, obgleich er für sie der wesentliche Bezugspunkt war, so sehr, dass sie ihn sogar einluden, ihren Fall zu beurteilen.

Luthers Antwort auf die Artikel der oberschwäbischen Bauern, seine *Vermahnung zum Frieden auf die zwölf Artikel der Bauerschaft in Schwaben*, begann mit der plumpen Ironie, dass er den zwölften und letzten Artikel als bei weitem den besten rühmte, da die Bauern darin anboten, sich belehren zu lassen. Obwohl er in der Einleitung seiner *Vermahnung* die Herren für ihr Versäumnis tadelte, die evangelische Lehre einzuführen, und die Revolte der Bauern als ein Gericht Gottes über ihre verstockte Hartherzigkeit beschrieb, wog diese rhetorische Strategie kaum die sich anschließende Standpauke auf, mit der er die Bauern unmissverständlich verurteilte. Luther stellte eine Art moralische Gleichung auf: Die Bauern mochten die Abgaben beanstanden, die zu zahlen man sie zwang, doch das sei ein läppischer Raub verglichen damit, dass den Herren *alles* geraubt werden solle:

ihre Herrschaft, ihr Besitz und ihre Rechte über die Bauern. Mit seinem Verfahren, zweierlei Unrecht gegeneinander aufzuwiegen, reduzierte Luther komplexe politische Argumente und den Protest auf eine schlichte Variante sündigen Verhaltens. Seine Argumentation beruhte zudem auf der Anerkennung der herrschenden Ordnung als rechtmäßig, die Leibeigenschaft eingeschlossen. Luther spottete darüber, wie die Bauern seine Lehre benutzten, um mit dem Argument »weil uns Christus hat alle befreit« zu begründen, dass kein Christ einen anderen in Leibeigenschaft besitzen dürfe. Er fiel sogar hinter seine eigene Forderung zurück, dass eine Gemeinde das Recht haben solle, ihren eigenen Priester zu berufen – zugleich die erste Forderung der Bauern. Stattdessen verteidigte er den Zehnt als ein Eigentumsrecht. Wenn der Zehnt der Gemeinde gehöre, könne sie nach Gutdünken damit verfahren, legte Luther dar, doch wenn sie ihn nicht besaß, dann sollten die Eigentumsrechte des Herren oder der Einrichtung respektiert werden, die den Zehnt besaßen und die den Priester bezahlten, und deshalb könnten diese einen Priester ihrer Wahl einsetzen. Sei die Gemeinde damit nicht zufrieden, könne sie selbst eine Abgabe erheben, um einen Vikar zu bezahlen – ein völlig unrealistischer Vorschlag, wie Luther genau wusste.[3]

Die Kirche im späten Mittelalter war eine Kirche des Besitzstands, an dem viele Einzelpersonen und Einrichtungen beteiligt waren. Der erste Artikel der Bauern stellte dies grundsätzlich in Frage. Das Thema des Zehnten war ein Lackmustest. Von den Bauern entrichtet, wurden damit die Geistlichen bezahlt. Aber der Zehnt wurde üblicherweise zunächst an eine Einzelperson oder Institution entrichtet, und diese eigneten sich stets einen Anteil dessen an, was eingesammelt wurde, denn der Zehnt gehörte ihnen. Karlstadt zum Beispiel hatte aus den Einkünften seines Archidiakonats einen einfachen Priester bezahlt, den Großteil der Einkünfte aber für sich selbst behalten. Die Frage des Zehnten war auch bei der Reformation in Zürich die hauptsächliche Trennlinie; dort waren diejenigen, die sich später der Täuferbewegung anschlossen, der Meinung, dass der Zehnt nicht weiter bezahlt werden sollte.

Die Wahrung der Eigentumsrechte beim Zehnt wog für Luther sogar schwerer als evangelisches Predigen. Er begriff so wenig von den Ideen der Bauern, dass er behauptete, »falsche Propheten« wie Karlstadt und Müntzer seien für die Unruhen verantwortlich. In Wirklichkeit war die Rolle, die Müntzer bei der Erhebung spielte, ungewöhnlich, die meisten Bauernführer waren keine Pastoren, sondern Laien. Es war offensichtlich, dass Luther besorgt war wegen der weitverbreiteten Schmähung, seine Lehren würden zum Zerfall der Ordnung und zum Sturz der Obrigkeiten führen. Er argumentierte daher, der Aufruhr werde von Leuten hervorgerufen, die nicht nur die Feinde der Fürsten und Herren, sondern vor allem seine Feinde seien. Deren Umtriebe habe man nun schon drei Jahre ignoriert, ohne einzuschreiten, er sei ihnen bisher allein entgegengetreten: »Dieser Aufruhr kann nicht von mir stammen, sondern die Mordpropheten, die mir ja so feind sind wie euch, sind unter diesen Pöbel gekommen. Damit sind sie nun länger als drei Jahre umhergegangen, und niemand war da, der sich so stark dagegen gewehrt und widerstanden hat wie ich allein.«[4] Indem er die Bauernaufstände zu einem Teil seines persönlichen Kampfes mit den »Mordpropheten« umdeutete, machte Luther die Sache zu einem Problem seiner Autorität und Lehre – was sicher nicht im Fokus der Bauern stand. Luther widmete acht Artikeln der Bauern lediglich einen Absatz in seiner Abhandlung und verweilte nur bei denen länger, die ihn interessierten. Inzwischen erlitten die Bauernhaufen vom Bodensee und aus dem Allgäu schwere Verluste und schlossen schließlich im April 1525 einen Friedensvertrag mit der Schwäbischen Liga, in dem sie versprachen, ihre Haufen aufzulösen und ihren Herren zu gehorchen. Sofort veröffentlichte Luther den Text des Abkommens mit einer Einführung und einem Schluss, die er eigens dafür verfasst hatte, und sein Tenor war kompromisslos: »Das kann niemand leugnen, dass unsere Bauern überhaupt keine rechte Sache verfolgen, sondern sich mit schlimmen, schweren Sünden beladen haben und Gottes schrecklichen und unerträglichen Zorn über sich erwecken damit, dass sie Treue, Huld, Eide und Pflicht, die sie ihrer Obrigkeit geschworen haben, brechen und in Ungehorsam fallen.« Wieder beharrte Luther darauf, dass Müntzer und Karlstadt dafür verantwortlich waren: »Oh, wehe und wiederum wehe über euch verdammte falsche Propheten, die ihr das arme einfältige Volk zu solchem Verderben ihrer Seelen und vielleicht auch zum Verlust von Leib und Gut verführt.«[5]

Die Wirklichkeit sah anders aus. Die Aufstände begannen häufig an einzelnen Orten, indem die Bauern schlichtweg die Arbeit verweigerten. Vom Läuten der Sturmglocke zusammengerufen, versammelte sich dann möglicherweise die Gemeinde, und die Familienoberhäupter berieten sich – häufig unter einem Baum wie bei dem Treffen, dem Luther in Orlamünde beiwohnte. Die Sache konnte eskalieren, wenn es zu einer Kundgebung kam, zu der auch Bauern aus der weiteren Umgebung stießen, so dass sich schließlich größere Gruppen bewaffneter Haufen bildeten, die sich untereinander durch Eide brüderlich verbanden.[6] Diese Bauernhaufen, die größtenteils mit Spießen und Schwertern bewaffnet waren, verbuchten bemerkenswerte Erfolge. Im Frühsommer 1525 kontrollierten sie weite Teile Süd- und Mitteldeutschlands, größtenteils weil es niemanden gab, der sie aufhalten konnte: Die kaiserlichen Truppen kämpften in Italien. Selbst nach dem Sieg des Kaisers in der Schlacht bei Pavia weigerten sich viele der zurückkehrenden Söldner, gegen Menschen zu kämpfen, deren Anliegen sie teilten und die vielleicht sogar ihre Verwandten waren. Geschickt schlossen die Bauern Bündnisse mit den Armen in den Städten und begannen, Frauen- und Männerklöster anzugreifen. In Memmingen zwangen sie den Rat der Stadt, ihnen und ihrem Anliegen Gefolgschaft zu schwören und ihre Artikel zu übernehmen. Dasselbe ereignete sich in vielen anderen Städten, darunter auch in Erfurt. Im Südwesten verteilten sich Bauernhaufen in ganz Schwaben, im Allgäu und rund um den Bodensee, im Mai 1525 nahmen sie Freiburg und Breisach ein, während die aufständischen Bauern in Württemberg, die Herzog Ulrich in seinem Kampf gegen die Habsburger Statthalterschaft unterstützten, die herzogliche Residenz des österreichischen Landesherrn in Stuttgart besetzten. Auch weite Teile des Elsass wurden von den Bauern besetzt, und Straßburg versuchte, einen Frieden auszuhandeln. Sogar in Oberösterreich und Tirol hatten sich die Bauern erhoben. In Franken verbreiteten sich die Aufstände besonders schnell. Der Repräsentant des Erzbischofs Albrecht von Mainz musste den Aufständischen Anfang Mai in Miltenberg das gesamte Gebiet übergeben. Das regionale Zentrum und Bistum Würzburg fiel als Nächstes in die Hände der Bauern: Nach einer Belagerung durch die Aufständischen wurde es am 8. Mai 1525 besetzt, allerdings gelang es den Bauern nicht, die Festung Marienberg einzunehmen, und im Juni wurden sie von der Schwäbischen Liga geschlagen. In Thüringen eroberten die Aufständischen eine Stadt nach der anderen; in Eisenach waren zwei städtische Würdenträger raffiniert genug, die Bauernführer in die Stadt einzuladen und sie dann gefangen zu nehmen.[7] Die Lage war so ernst, dass Friedrich der Weise am 4. Mai, einen Tag vor seinem Tod, in Betracht zog, ein Abkommen mit den Bauern zu schließen: Er schrieb an seinen Bruder Herzog Johann, er hoffe, dass »man in Güte jemanden, der bei ihnen ein Ansehen hat und an den sie glauben und zu dem sie Vertrauen haben, mit ihnen verhandeln lasse (…) und die Leute auf diese Weise zufriedengestellt würden«.[8]

In Mühlhausen hatte Müntzer inzwischen ein zweites Allstedt geschaffen, dieses Mal im größeren Rahmen und im Einzugsbereich einer Stadt von etwa 7500 Einwohnern. Als Reichsstadt unterstand Mühlhausen unmittelbar dem Kaiser und konnte eigene Gesetze erlassen. Nachdem Müntzer Ende 1524 aus Mühlhausen verbannt worden war, kehrte er im Februar 1525 mit Unterstützung der Einwohner in eine reformierte Stadt zurück, die unter dem Einfluss des radikalen Predigers Heinrich Pfeiffer stand. Es war eine von Grund auf erneuerte Welt, denn die Bevölkerung brannte für die Ideale einer christlichen Ordnung und Brüderlichkeit. Zusammen schufen Pfeiffer und Müntzer mit einer Gruppe von überzeugten Anhängern einen »ewigen Rat«, der den gewählten, oligarchischen Stadtrat ablöste und Bündnisse mit gleichgesinnten Städten schloss.

Müntzer bereitete sich auf die Apokalypse vor. »Lasst euer Schwert nicht kalt werden, wollet nicht erlahmen! Schmiedet Pinkepanke auf den Ambossen Nimrods, werft ihm den Turm zu Boden!«, schrieb er an die Allstedter und spornte sie an, sich dem Aufstand anzuschließen. »Dran, dran, dran!«, drängte er wiederholt in seinem Brief, und man ahnt, wie Müntzer die Gemüter durch seine Predigten mit einem berauschenden Gebräu aus visuellen Metaphern, rhythmischen Wiederholungen und einer gewalthaften Sprache elektrisierte.[9] Müntzer war besonders daran gelegen, die Bergleute auf seine Seite zu ziehen, und viele aus dem Mansfelder Revier, in dem Luther aufgewachsen war, schlossen sich seiner Bewegung an. Anfang Mai plünderte die vereinigte Mühlhäuser und Thüringer Bauerntruppe die Klöster und Schlösser und zwang die örtlichen Adeligen von Eichsfeld, sich einem christlichen Bündnis unter Müntzers Fahne anzuschließen, dem »Ewigen Bund Gottes«. Nur Herzog Ernst, seit der Zeit in Allstedt Müntzers Feind, weigerte sich standhaft. Anschließend spaltete sich jedoch die Bauerntruppe. Lediglich eine kleine Abteilung begab sich nach Frankenhausen, wo der Frankenhausener Haufen verzweifelt Verstärkung benötigte, während der Rest zurück nach Mühlhausen eilte. Müntzer versammelte nur 300 Männer um sich, die ihn nach Frankenhausen begleiteten. Als sie am 12. Mai dort ankamen, hatte der Aufstand an Schwung verloren. Die Bauernarmee steckte in der Stadt fest und war nicht in der Lage, ihren Marsch fortzusetzen.

Müntzer drängte auf eine Konfrontation mit den Landesherren. Er machte keine Angebote mehr wie zuvor an die Grafen Ernst und Albrecht von Mansfeld, und in seinen Briefen schlug sich zunehmend der Hass auf Luther und die Fürsten nieder. So schrieb er an Ernst von Mansfeld: »Sag an, du elender, unwerter Madensack, wer hat dich zu einem Fürsten des Volkes gemacht, welches Gott mit seinem teuren Blut erworben hat? Du musst und sollst beweisen, dass du ein Christ bist«, und am selben Tag stellte er in einem Brief an Albrecht von Mansfeld, Luthers Unterstützer, die zynische Frage, ob der Fürst in seiner »lutherischen Grütze« und »Wittenbergischen Suppe« sowie in seinem »Martinischen Bauerndreck« nicht die Weissagungen der Propheten habe finden können, »wie Gott allen Vögeln des Himmels befiehlt, dass sie sollen fressen das Fleisch der Fürsten und die unvernünftigen Tiere sollen saufen das Blut der großen Haufen«.[10] Müntzers Vision vom auserwählten Stamm eines neuen Reichs Gottes scheint den Rufen nach bäuerlicher Brüderlichkeit weit entrückt gewesen zu sein, doch in Mühlhausen und darüber hinaus waren Tausende bereit, ihr Leben dafür zu lassen.

Jetzt mündete Müntzers Gewaltrhetorik in tatsächliche Gewalt. Als man drei von Graf Ernsts Gefolgsleuten im Lager entdeckte, beschuldigte man sie, Spione zu sein, ließ den Bauernhaufen »göttliches Recht« über sie sprechen und sie mit Müntzers Zustimmung hinrichten.[11] Laut Johann Rühel, einem Rat aus Mansfeld, der Luther brieflich über die Vorgänge auf dem Laufenden hielt, ritt Müntzer am 15. Mai, dem Tag der Schlacht, durch das Lager und rief überall, die Bauern sollten auf Gottes Macht vertrauen, die Steine würden den Weg vor ihnen freigeben, und die Schüsse könnten sie nicht verletzen. Doch die Bauern waren umzingelt, und da die Haufen größtenteils aus Fußvolk bestanden, waren sie der Kavallerie aus Hessen und Braunschweig sowie den Truppen Herzog Georgs von Sachsen nicht gewachsen. Etwa 6000 Männer wurden niedergemetzelt, 600 gefangen genommen. Der größte Teil der Bevölkerung von Frankenhausen starb oder kam in Haft, und als die Frauen, wie Rühle berichtete, um die Freilassung ihrer Männer baten, wurde es ihnen unter der Bedingung zugesagt, dass sie zwei aufständische Priester bestraften, die sich noch in der Stadt befanden. Die Frauen verprügelten die beiden Priester auf dem Marktplatz gnadenlos, sie schlugen noch eine halbe Stunde lang auf die Männer ein, nachdem sie schon tot waren. »Welcher sich solches thuns nicht erbarmet, ist warlich kein Mensch«, kommentierte Rühel seinen Bericht.[12]

Müntzer floh vom Schlachtfeld, doch er wurde in seinem Versteck in einem Bett in Frankenhausen entdeckt. Der Mann, der zuvor Tausende mit seinen schaurigen Bibelzitaten begeistert hatte, rief nun: »Ey, ich bin ein kranck arm Mann.«[13] Der Inhalt seiner Taschen, in denen Briefe von Graf Albrecht gefunden wurden, verriet ihn, und er wurde gefangen genommen. Nun geschah etwas Erstaunliches, das enthüllt, wie gründlich der Bauernkrieg die gesellschaftlichen Hierarchien erschüttert hatte. Als man Müntzer den gräflichen Befehlshabern vorführte, setzte sich Graf Ernst zu ihm auf die Bank und fragte ihn, was ihn dazu gebracht habe, die drei Gefolgsleute des Grafen hinzurichten. Müntzer antwortete, die Männer seien nach göttlichem Recht, nicht von ihm gerichtet worden. Dass er dabei den Grafen mit »Bruder« anredete, hinderte Herzog Heinrich von Braunschweig und Graf Albrecht von Mansfeld nicht, ihn in ein Gespräch zu verwickeln, bei dem Graf Albrecht das Neue Testament anführte und Müntzer mit dem Alten Testament dagegenhielt. Ein letztes Mal saß der aufständische Müntzer von Angesicht zu Angesicht mit den Herrschenden, wandte sich an sie wie an seinesgleichen und führte ein Streitgespräch mit ihnen.[14]

Am 27. Mai 1525 wurden Thomas Müntzer und sein Kollege Heinrich Pfeiffer hingerichtet und ihre Köpfe und Körper auf Spießen ausgestellt. Müntzer hatte, wahrscheinlich unter der Folter, am 17. Mai widerrufen und war zum katholischen Glauben zurückgekehrt. Doch in seinem Abschiedsbrief an die Mühlhausener Bevölkerung, den er am selben Tag verfasste, widerrief er nichts. Stattdessen teilte er seinen Anhängern mit, er habe damit gerechnet, zum Märtyrer zu werden, und sehe seinen Tod als ein Zeichen an. Er sterbe, wie Gott es gewollt habe, und wahrhaft bekehrt. Er bereue den Missbrauch, den das Volk mit seinen Ideen getrieben habe, weil es ihn nicht richtig verstanden habe und nur eigennützig gehandelt habe, wodurch die göttliche Wahrheit untergegangen sei. Er selbst sei aber ganz zufrieden, dass er nicht nach Äußerlichkeit, sondern aufgrund der Wahrheit verurteilt werde. Sein Tod solle sie nicht ins Wanken bringen, denn er diene dem Wohl der Guten und der Begriffsstutzigen.[15] Luther wollte nicht glauben, dass Müntzer widerrufen hatte – angeblich hätten ihm die Männer, die ihn verhört und gefoltert hatten, die falschen Fragen gestellt, nörgelte er. Sein Glaubensbekenntnis sei »nichts anderes als eine teuflische, verhärtete Verstockung in seinem Benehmen« gewesen.[16]

\*

Krähen und Raben seien über die Dächer des Mansfelder Schlosses geflogen, wird berichtet, sie hätten einander mit lautem Gekreisch angegriffen. Viele seien tot zu Boden gestürzt – ein böses Omen, wie man später glaubte, das bereits auf die Bauernkriege hingedeutet habe.[17] Die Furcht, die Bergleute könnten sich erheben und ihre Arbeit niederlegen, veranlasste die Grafen von Mansfeld, Luther zu Hilfe zu rufen. Sie sorgten sich nicht grundlos. Die Bergleute von Heldrungen und Stolberg, wo Müntzer zuerst gepredigt hatte, stellten einige seiner leidenschaftlichsten Anhänger, und 1524 schienen die Energie und Gewalt seiner apokalyptischen Sprache bei ihnen auf fruchtbaren Boden gefallen zu sein, obwohl sie sich nicht den Bauern in Frankenhausen anschlossen. Mitte April und Anfang Mai 1525 unternahm Luther daher auf Einladung Graf Albrechts von Mansfeld kurze Predigtrundreisen. Zusammen mit Melanchthon reiste er über Bitterfeld und Seeburg nach Eisleben und predigte in Stolberg, Nordhausen und Wallhausen bei Allstedt.[18] Es war eine mutig gewählte Reiseroute, in der gesamten Region waren Bauern und Bergleute im Aufstand, Mühlhausen sparte man allerdings vorsichtshalber aus.

Den ersten Teil seiner Abhandlung über den Bauernkrieg, seiner *Vermahnung zum Frieden*, veröffentlicht am 19. April 1525, hatte Luther im idyllischen Garten des Mansfelder Kanzlers Johann Dürr in Eisleben verfasst.[19] Jetzt begegnete man ihm überall mit echter Feindseligkeit, er reiste, wie er schrieb, »mit Gefahr Leibes und Lebens«.[20] Über alles, was er gesehen hatte, berichtete er Johann Rühel in einem Brief, der die Grundlage bilden sollte für eine seiner besonders berüchtigten Schriften *Wider die räuberischen und mörderischen Rotten der Bauern*.[21] In dieser ganz und gar maßlosen Schrift, die im Mai erschien, nennt Luther die Bauern »rasende Hunde«, die nichts anders täten als »eitel Teufelswerk«, aufgestachelt vom »Erzteufel, der in Mühlhausen regiert und nichts als Raub, Mord, Blutvergießen anrichtet«. Da sie sich an einem Aufruhr beteiligt hätten, sei jeder aufgerufen, zugleich ihr Richter und Henker zu sein: »Darum soll hier zusammenschmeißen, würgen und stechen, heimlich oder öffentlich, wer nur kann, und daran denken, dass nichts Giftigeres, Schändlicheres, Teuflischeres sein kann als ein aufrührerischer Mensch, den man wie einen tollen Hund totschlagen muss, denn schlägst du ihn nicht, so schlägt er dich und ein ganzes Land mit dir.« Mit diesem drängenden Rhythmus und der Reihung von jeweils drei Verben und Adjektiven glich Luthers Text der Brandstifterrhetorik Müntzers.[22]

Als Luthers heftige Attacke aus der Druckerei kam, waren die Bauern schon besiegt. Wenngleich die Schrift zusammen mit der vorangehenden, gemäßigteren *Vermahnung zum Frieden* gedruckt wurde, war ihr blutrünstiger Ton nach dem Tod vieler tausend Bauern geschmacklos und wurde von vielen als äußerst anstößig empfunden. Sogar Johann Rühel, der Luther so ausführlich über Müntzers letzte Tage berichtet hatte, war erstaunt. Nikolaus von Amsdorf schrieb Luther, die Magdeburger Prediger würden ihn jetzt »Fürstenschmeichler« *(adolator Principum)* nennen, und Wenzeslaus Linck sah sich ebenfalls gezwungen, ihm mitzuteilen, wie schockiert die Leute seien.[23] Luther scheint sich die Reaktionen zu Herzen genommen zu haben, denn er verfasste einen Brief mit Erläuterungen an den Mansfelder Kanzler Caspar Müller, den er ebenfalls drucken ließ. Dieser Brief begann zwar milde, es änderte sich jedoch kaum etwas an der Botschaft, und er fiel schnell in den harten Tonfall zurück. »So schreibe ich noch: Der halsstarrigen, verstockten, verblendeten Bauern, die sich nichts sagen lassen, erbarme sich niemand, vielmehr haue, steche, würge, schlage drein wie unter die tollen Hunde, wer da kann und wie er kann.«[24] Offenbar hatte Luther die Brücken hinter sich niedergebrannt. Der Enkel eines Bauern, der gerne seine ländliche Herkunft ins Feld geführt hatte, hatte sich nun gegen die Bauern gewandt.

Für seinen Stand war das nicht überraschend, es hatte sich bereits im Konflikt mit Karlstadt abgezeichnet, als Luther beschloss, die Wittenberger Bewegung niederzuschlagen und den Kurfürsten bei seinen Bemühungen zu unterstützen, Frieden mit dem Reichstag zu schließen, indem er das Tempo der evangelischen Reformation drosselte. Luther hatte bereits die Reformation der Gemeinden abgelehnt, die von den Bewohnern stark vorangetrieben worden war, was Karlstadt ermutigt hatte. Gerade diese Reformation war auch bei den niederen städtischen Schichten in Allstedt, Mühlhausen und Frankenhausen populär, wo Müntzer die meisten seiner treuen und eifrigen Unterstützer hatte.[25] Doch auch reiche und gebildete Männer begeisterten sich für sie, wie

Christoph Meinhard, ein Bürger aus Eisleben, der vermutlich mit Johannes Agricola, einem engen Freund Luthers, verwandt war.[26] Die verschworenen Gemeinschaften der Kirchengemeinden, in denen sich die Leute kannten und durch Eide sowie gemeinsame Moralvorstellung einander verbunden fühlten, waren der Motor von Müntzers Reformation, und sie hatten auch Karlstadts Reformation vorangetrieben. Doch dies war nicht die Antriebsfeder der meisten Bauernproteste. Müntzer geriet wiederholt außer sich, weil nicht alle seinen biblischen Visionen folgten, und zuletzt schob er die Schuld für die Niederlage von Frankenhausen darauf, dass jeder mehr mit seinem eigenen Interesse beschäftigt gewesen sei, als dass er dafür gesorgt habe, dass Christenmenschen Gerechtigkeit widerfuhr.[27]

Müntzer bleibt ein Charakter, der schwierig einzuschätzen ist.[28] Unvermittelte göttliche Inspiration war ein sehr wichtiger Bestandteil seiner Theologie, in der biblische Texte lediglich unterstützende Funktion hatten. Vor allen Dingen war er ein radikaler Mystiker auf der Suche nach der Vereinigung mit Gott, nicht in erster Linie ein radikaler Sozialreformer. Seine Theologie legt eine unterschwellige Spannung offen zwischen seinem Mystizismus, der ihn alles zurückweisen ließ, was mit Fleischlichem zu tun hatte, und seinem revolutionären Radikalismus, der ihn dazu brachte, in die materielle Welt einzugreifen. Einige dieser Paradoxien werden zum Beispiel in seinen Ansichten über die Sexualität deutlich. Für Müntzer wie für Karlstadt war der Aufruf Christi an seine Jünger, Frau und Familie hinter sich zu lassen, ein Schlüsseltext, und seine Schriften durchzieht eine starke asketische Grundhaltung. Als Melanchthon die Ehe für Mönche verteidigte, geißelte Müntzer ihn: »Mit Euren Überredungen bewegt Ihr die Menschen zur Ehe, obwohl das Ehebett nicht mehr unbefleckt, sondern des Satans Hurenhaus ist, das der Kirche stärker schadet als das Priesteramt der verfluchten Salbung. Hindert etwa die Duldung jener Begierden nicht Eure Heiligung?«[29] Obwohl er sich für Jungfräulichkeit aussprach, heiratete Müntzer im Juni 1523, und wie Karlstadt nahm er eine Adelige zur Frau.[30] Offenbar hatte Müntzer sehr stark das Gefühl, in seinen Möglichkeiten beschnitten zu sein, und seine Überzeugung, dass man ihn als Außenseiter verfolgte, versetzte ihn in die Lage, die soziale Entfremdung zu artikulieren, die er über die Grenzen seiner Klasse hinaus mit anderen teilte. Als wortgewaltiger Redner wusste er, wie er eine Gruppe aus Bauern, Städtern und Dorfbewohnern, Frauen ebenso wie Männer, begeistern konnte. In seiner gesamten Laufbahn scheint er überall, in Zwickau, Allstedt oder Mühlhausen, dieselbe politische Strategie verfolgt zu haben. Ausgehend von seiner Ortsgemeinde schuf er eine Bewegung, für die er in apokalyptischen Begriffen eine Erklärung lieferte: Er vermittelte seinen Anhängern das Gefühl unmittelbar drohender Gefahr und versetzte sie in Aufregung, indem er ihre Feinde benannte und anprangerte. Dann suchte er Bündnisse und Koalitionen, erst auf lokaler Ebene und später in der weiteren Umgebung. Mit seiner Theologie konnte er große Menschengruppen begeistern und ihnen starke persönliche Verpflichtungen auferlegen, bis hin zu der Bereitschaft, ihr Leben zu riskieren. Er erfreute sich keines Netzwerks großer städtischer Druckereien, um seine Schriften herauszubringen, hinter ihm standen keine Universität und kein Landesherr, der ihn schützte. Sein Erfolg – wenngleich er nur kurzlebig war – weist darauf hin, dass die Bedeutung, die die Reformation für viele einfache Menschen in Sachsen und Thüringen hatte, sich sehr von der Bedeutung unterscheiden konnte, die sie für Luther hatte.

\*

Zwischenzeitlich war Karlstadt, nachdem man ihn aus Orlamünde und einer Reihe süddeutscher Städte vertrieben hatte, mehr als 400 Kilometer weiter südwestlich in Rothenburg ob der Tauber angelangt, wo er untertauchte. Die Stadt war von einem Bauernhaufen eingeschlossen, und als er eines Tages vor der Stadt unterwegs war, stieß er auf eine Gruppe ungebildeter Bauern, die ihm mit vorgehaltener Waffe befahlen: »Wenn Ihr ein Bruder seid, dann lest die Briefe des Boten. Seid Ihr kein Bruder, machen wir kurzen Prozess mit Euch.« Aus Angst um sein Leben willigte Karlstadt ein. Tatsächlich hätte ihn »ein Bäurischer gerne erstochen, ein anderer gerne durchrannt«, erinnerte sich

Karlstadt später.[31] Einige Wochen zog er von Ort zu Ort, auf welcher Seite der Frontlinie, ob bei den Bauern oder nicht, lässt sich nicht sagen. Wie sich herausstellte, wiesen ihn die Bauern ebenso ab wie die Fürsten: »(…) die geistlichen Herren jagten mich wie ein Wildbret, und die Bauern ergriffen mich und hätten mich gefressen, wenn ich von Gott unbehütet gewesen wäre.«[32]

Im Juni, als die Bauern besiegt waren, machte Karlstadt den demütigenden Schritt und ersuchte Luther brieflich um Hilfe. Nachdem er ihn als »Gevatter« angeredet hatte, bat er um Vergebung für »alles (…), was ich aus dem alten Adam bewegt wider Euch gesündigt«.[33] Erstaunlicherweise nahm ihn Luther für etwa acht Wochen bei sich auf und beherbergte ihn, zusammen mit seiner Frau und dem Kind, heimlich im Kloster von Wittenberg. In dieser Zeit verfasste Karlstadt seine *Entschuldigung*, die in Wittenberg zusammen mit einem Vorwort, das Luther selbst dafür geschrieben hatte, gedruckt wurde.[34] Darin erzählte er die Geschichte seiner Wanderschaft, und auch wenn er das Ausmaß seiner Verstrickung mit der Bauernschaft sicherlich herunterspielen wollte, so war er in seinem Beharren darauf, kein Bauernführer gewesen zu sein, zweifellos aufrichtig. Im Vorwort erklärte Luther, dass eine Aussöhnung mit Karlstadt für ihn undenkbar sei: »Doktor Karlstadt aber ist mein größter Feind der Lehre halber, und wir sind darüber so hart aneinander geraten, dass keine Hoffnung auf Einigung oder fernere Gemeinschaft geblieben ist.«[35] Luther forderte jetzt, vielleicht im Bewusstsein, dass seine frühere Gleichsetzung von Karlstadt und Müntzer in seiner Jenaer Predigt nicht gerechtfertigt gewesen war, es müsse Karlstadt erlaubt sein zu beweisen, dass er kein »Haupt und Anführer der Aufrührerischen gewesen« sei, und deshalb müsse man ihn anhören. Seine Fürsprache reichte wahrscheinlich aus, um Karlstadt das Leben zu retten. Hätte Luther ihn nicht in Schutz genommen oder hätte er gar darauf bestanden, dass man Karlstadt als »Aufrührerischen« verurteilte, wäre er wohl wie so viele andere Priester hingerichtet worden.[36]

Luther traute ihm freilich noch immer nicht. Während er unter Luthers Dach lebte, war Karlstadt gezwungen, einen vollständigen

347

Widerruf seiner Ansichten über das Abendmahl zu verfassen, der wiederum in Wittenberg und wieder mit einem Vorwort Luthers gedruckt wurde.[37] Luther räumte darin ein, dass Karlstadts Abhandlung aus Thesen bestanden habe, die nur als Diskussionsgrundlage gedacht waren und keinen Wahrheitsanspruch stellten. Doch wie viele andere Leser habe er, Luther, die Form vergessen, in der er sie vorgebracht hatte, und sie als Karlstadts tatsächliche Auffassung angesehen. Trotz dessen ungleich stärkerer Betonung des Geistes in seinen Aussagen zum Sakrament sei allerdings klar, dass seine Aussagen nicht »vom Geist« eingegeben seien, denn der Heilige Geist mache die Menschen getrost und mutig, dagegen hätten Karlstadt und seinesgleichen aus dem Wahn und der menschlichen Nacht heraus gesprochen, weshalb man jeden vor ihren Ansichten warnen müsse. Das war für Karlstadt bereits beschämend genug, übertroffen wurde es allerdings noch durch eine Bittschrift Karlstadts an Luther im September, die er mit »Deiner Ehrwürden Sklave« *(mancipium)* beendete. Darin entschuldigte er sich dafür, dass er Luthers »süßen Schlaf« *(dulci somno)* gestört habe, und bat ihn, sich beim Kurfürsten dafür einzusetzen, die Verbannung aufzuheben, damit er in Sachsen leben könne, am liebsten in Kemberg. Er wisse, kriecht er vor dem »ehrwürdigen Herrn« *(Reverendam Dominationem tuam)* zu Kreuze, dass es in Luthers Willen, um nicht zu sagen Macht stehe, eine Aufhebung der Verbannung zu erwirken.[38] Ordnungsgemäß schrieb Luther an den Kurfürsten, doch dieser gab – möglicherweise auf Spalatins Rat hin – Karlstadt nicht die Erlaubnis, nach Kemberg zu ziehen. Der Ort lag an der Straße nach Leipzig, weshalb »verdächtige« Personen hätten durchreisen und die Nachricht von Karlstadts Aufenthalt verbreiten können. Karlstadt erhielt die Erlaubnis, in Dörfern und Weilern im Umkreis von drei Meilen um Wittenberg zu leben, in verlorenen Winkeln fernab der Stadt und ihrer Universität, aber immer noch unter dem wachsamen Auge der Obrigkeit.[39] Karlstadt wurde von den Quellen seines intellektuellen Lebens – seinen Kollegen, einem Drucker und einer Kanzel – abgeschnitten. Er war anscheinend dazu verurteilt, als Bauer zu leben.

Danach war Karlstadt ein gebrochener Mann. Er hielt Wort und veröffentlichte so gut wie nichts mehr, nachdem er ins Wittenberger Umland zurückgekehrt war. Aber es gelang ihm noch, nach Kemberg umzuziehen, von wo aus er Reisen unternahm, um Menschen zu besuchen, die ihm zugetan waren, wie den Adeligen Caspar Schwenckfeld und Valentin Krautwald in Schlesien. Wenige Jahre später zog er nach Basel um, wo er ein ihm verwandteres geistiges Umfeld fand, doch er veröffentlichte weiterhin wenig. In seinen theologischen Arbeiten beschäftigte er sich damit, das Konzept der Gelassenheit weiter zu vertiefen, und er starb 1541 mitten in den Vorbereitungen zu einem großen synoptischen Werk über Theologie, in dem Gelassenheit eine zentrale Rolle spielen sollte. Es ist verwunderlich, dass er weder aus den Bauernkriegen noch aus der Unterstützung, die seine Lehre in den süddeutschen Städten erhielt, Vorteile ziehen konnte. Der Mann, der in aufrichtiger Mühsal wie ein Bauer wirken wollte, wurde von den Bauern angegriffen und gejagt, die in ihm, wie er erfahren musste, nichts als einen weiteren »großen Hans« sahen. Und anstatt sich nach den Bauernkriegen gen Süden zu wenden zu seinen Unterstützern in Basel, Zürich und Straßburg, kehrte er wie eine Motte zum Licht nach Sachsen zurück, in die Umklammerung durch seine Beziehung zu Luther, seinem ewigen Gegenspieler. Vielleicht war er auf einer psychologischen Ebene abhängig von Luthers Zustimmung, so dass sein sehnlichster Wunsch war, ihn zu überzeugen. Es ist bezeichnend, dass er in einer seiner letzten Flugschriften Anfang 1525 seine theologischen Ansichten in Form eines bauchrednerischen Dialogs mit dem Mann darlegte, der sich in Wittenberg geweigert hatte, eine richtige Debatte mit ihm zu führen.[40] Zumindest in gedruckter Form konnte er über Luther triumphieren und die Auseinandersetzung gewinnen. Für beide war das Zusammentreffen im Gasthof *Schwarzer Bär* der Kulminationspunkt einer persönlichen Auseinandersetzung gewesen, eines Kampfes zwischen ehemaligen Freunden und Verbündeten. Karlstadt und ebenso Luther waren durch diese Konfrontation wie hypnotisiert, und Karlstadt blieb in der Falle des mit einem Gulden besiegelten Versprechens gefangen: Er griff Luther immer weiter an – und war zeitlebens blind für die Quellen, aus denen er Unterstützung für seine Ideen hätte schöpfen können.

*

Im Juni 1525 waren die Bauern besiegt, doch in Sachsen sollte nichts mehr so sein wie früher. Friedrich der Weise, der Luther bei seinem Erscheinen vor dem Reichstag in Worms unterstützt und ihn hinterher geschützt hatte, war gestorben. Es hatte Vorzeichen gegeben: Im Winter hatten Melanchthon und Luther etwa 40 Kilometer von Wittenberg entfernt, wo es ein Schloss gab, das Friedrich nutzte, mitten in der Nacht einen Regenbogen gesehen; in Wittenberg wurde ein Kind ohne Kopf geboren, und ein anderes mit verkrümmten Beinen.[41] Der zuverlässige Spalatin hatte sich mit dem Gedanken getragen, aus dem kurfürstlichen Dienst auszuscheiden, und hatte Luther um Rat gefragt für einen »Freund«, der von sexuellen Gedanken heimgesucht wurde. Luther verstand die Botschaft und warnte Spalatin, es sei keine Zeit, an eine Hochzeit zu denken, er solle beim Kurfürsten bleiben und den Mann so nahe am Grab (»forte proximum sepulchro«) nicht verlassen, sonst würde es ihm ewig leidtun.[42]

Anfang Mai, auf dem Höhepunkt der Bauernkriege, befanden sich Spalatin und weitere Berater mit dem Kurfürsten in Lochau. Laut Spalatins Bericht in seiner Chronik war das Schloss völlig verlassen, Herzog Johann und alle Männer waren in den Kampf gegen die Bauern gezogen. Außer Spalatin waren nur der Hofmarschall, der Sekretär und der Arzt anwesend, als der Kurfürst auf seinem Sterbebett lag. Spalatin war an sein Sterbebett geeilt, nachdem er zuvor schon einen Trostbrief geschrieben hatte für den Fall, dass er nicht rechtzeitig bei ihm sein würde. Friedrich, der sich so viele Jahre von Spalatin die Post hatte vorlesen lassen, hatte nach seiner Brille gegriffen und den Brief selbst gelesen. Als Spalatin erschien, befahl der Kurfürst ihm, den Brief laut vorzulesen, bis Friedrich sagte: »Ich kann nimmer.« Nachdem er kurz gewartet hatte, fragte ihn Spalatin: »Mein gnädigster Herr, haben auch E. Chf. G. Beschwerung?«, worauf der Kurfürst antwortete: »Nichts denn die Schmerzen.« Er scheint im Schlaf gestorben zu sein, während Spalatin ihm aus dem Brief an die Hebräer vorlas.[43] Von den Fürsten auf dem Schlachtfeld kamen Boten, die verzweifelt um Verstärkung gegen die Bauern baten, doch ihre Rufe hallten durch das leere Schloss. Der Mann, der ein so mächtiger Fürst im Kaiserreich gewesen war, starb am 5. Mai und erfuhr nicht mehr, ob die Fürsten die Bauern besiegten. Doch Spalatin notierte, dass gerade in dem Augenblick, als Friedrich seinen letzten Atemzug tat, der erste Bauer durch Graf Albrecht von Mansfeld niedergemetzelt worden sei.[44] Nichts könnte die Unsicherheit und den Aufruhr des Bauernkriegs besser ausdrücken.

*Dreizehntes Kapitel*

# Hochzeit und Sinnesfreuden

Sowohl Müntzer als auch Luther stellten den Bauernkrieg und die damit verbundenen Ereignisse als ein geistliches Schauspiel dar und deuteten sie mit apokalyptischer Rhetorik: Satan habe gewütet und den Weltuntergang verkündet. Doch während Müntzer glaubte, der Weltuntergang stehe unmittelbar bevor und erfordere den Einsatz des Schwerts, um vollends in Gang gesetzt zu werden, sagte Luther nie ein bestimmtes Datum voraus. Seine apokalyptische Sprache war mehr rhetorische Verstärkung als wortwörtliche Prophezeiung. Er lud seine eigene Epoche mit Bedeutung auf, indem er den Papst mit dem Antichrist identifizierte, doch diese Sprache half paradoxerweise auch dabei, die Gegenwart weniger wichtig erscheinen und vor dem göttlichen Schauspiel des Weltuntergangs zurücktreten zu lassen. Die apokalyptische Perspektive führte bei Luther jedoch weder zu einem Rückzug aus der Gegenwart noch zu dem Versuch, die existierende Ordnung umzustoßen.[1]

In gleicher Weise unterschiedlich waren auch die Schlüsse, die beide Männer hinsichtlich ihrer persönlichen Lebensführung zogen: Während Müntzer offenbar zumindest anfänglich überzeugt war, dass der Ernst dieser besonderen Zeit sexuelle Abstinenz und eine vollständige Hingabe des Frommen an das Göttliche verlangte, zog Luther genau den gegenteiligen Schluss. Er beschloss, den Teufel zu ärgern, indem er eine besonders große Sünde beging: Er heiratete. Überdies fiel die Wahl seiner Gattin so provokant aus wie irgend möglich, um den Teufel – und die Katholiken – in Rage zu bringen: Er heiratete eine Nonne.

Seit 1523 kamen in Wittenberg Gruppen von Nonnen an, die von

der evangelischen Lehre überzeugt waren. Sie stellten das Klosterleben in Frage und verließen ihre Klöster. Luther oblag es nicht nur,
Unterkünfte für sie zu finden, sondern auch, ihnen neue Kleidung zu
beschaffen.[2] Er war in die Sache tiefer verstrickt, als er vorgab. Leonhard Koppe, ein Geschäftsmann und Bekannter seines Freundes Amsdorf, schmuggelte in jenem Jahr eine Gruppe von Nonnen, die er
zwischen Heringsfässern versteckte, aus dem im Herzogtum Sachsen
gelegenen Kloster Nimbschen nach Wittenberg.[3] Als Luther im Anschluss an die Flucht einen offenen Brief verfasste, in dem er Koppe zu
seiner Fluchthilfe gratulierte, verriet er, dass er in den Plan eingeweiht
war, der eine dreiste Brüskierung seines alten Feindes Herzog Georg
darstellte. Die Frauen stammten aus dem höheren Adel der Umgebung, ihre Angehörigen konnten sie jedoch nicht bei sich aufnehmen,
da sie fürchten mussten, den Unmut ihres katholischen Herrschers auf
sich zu ziehen, so zumindest argumentierte Luther. Eine der Nonnen
war Staupitz' Schwester.[4]

Um böswilligen Gerüchten zuvorzukommen, musste Luther die
Frauen so schnell wie möglich ehrbar verheiraten und sah sich daher
unerwartet in der Rolle eines Ehevermittlers. Infolgedessen war er gezwungen, sich Gedanken über das weibliche Begehren zu machen. Im
August 1524 schrieb er an einige Nonnen und informierte sie in aller
Aufrichtigkeit, dass Gott sie, obschon sie es sich vielleicht nicht eingestehen würden, mit einem mächtigen sexuellen Verlangen geschaffen
habe, das sie unter Gefährdung ihrer selbst ignoriert hätten. Wenngleich sie sich schämten, es zuzugeben, so sei doch durch die Heilige
Schrift und die Erfahrung erwiesen, dass es unter tausend Frauen
nicht eine gebe, die mit Gottes Gnaden keusch bleiben könne, »sondern ein Weib hat sich selber nicht in der Gewalt«, resümierte er.[5]
Möglicherweise beschäftigte ihn das Thema auch, weil er selbst unerwartet in Versuchung geriet.

Wie sich die Wandlung Luthers in dieser Hinsicht vollzog, lässt sich
anhand der Wortgeplänkel mit seinem alten Freund Spalatin nach-
vollziehen. Während seines Aufenthalts auf der Wartburg war die
Ehe mehr als einmal Thema in ihrem Briefwechsel, doch Luther hatte

immer bekräftigt, er habe keine sexuellen Begierden und eine Ehe sei nichts für ihn. Zwar hatten Karlstadt, Jonas und Melanchthon geheiratet, »aber mir werden sie keine Frau aufdringen!«, schrieb er 1521.[6] Bei seiner Rückkehr nach Wittenberg schlüpfte er wieder in sein altes Mönchsgewand, der Rat der Stadt schenkte ihm sogar einen neuen, extra für ihn angefertigten Habit.[7] Doch es gab keine Rückkehr mehr ins Klosterleben. Unter dem Einfluss von Zwillings feurigen Predigten hatten die meisten Mönche das Kloster verlassen, und nur der Prior und eine Handvoll alter Mönche waren zurückgeblieben. Das Kloster hatte den Betrieb eingestellt.

Mitte April 1525, nachdem er sich eifrig nach Ehepartnern für die Nonnen umgesehen hatte, konnte Luther Spalatin gegenüber noch Witze machen:

> »Übrigens, was du von meiner Ehe schreibst, so will ich nicht, daß du dich darüber wunderst, daß ich nicht heirathe, da ich ein so berüchtigter Liebhaber bin. Das ist mehr zu verwundern, daß ich, der ich so oft von der Ehe schreibe und so mit Weibern mich bemenge, nicht schon längst ein Weib geworden bin, um zu geschweigen, daß ich nicht irgendeine geheirathet habe. Doch, wenn du mein Exempel begehrst, siehe, so hast du ein sehr gewaltiges. Denn ich habe zugleich drei Frauen gehabt, und habe so stark geliebt, daß ich zwei verloren habe, welche andere Freier annehmen möchten. Die dritte, die mir ebenfalls vielleicht bald entrissen werden soll, halte ich kaum am linken Arme.«

Hier scherzte Luther über die Ehe, die er für die Nonnen in seiner Obhut arrangiert hatte. Wie Spalatin vermutlich wusste, war »die dritte«, die er kaum am linken Arm hielt, Katharina von Bora, die er nun verheiraten wollte. »Aber du träger Liebhaber wagst es nicht einmal, der Ehemann Einer zu werden«, neckte er Spalatin weiter: »Doch siehe zu, daß es nicht geschehe, daß ich, dessen Gemüth der Ehe ganz fern steht, euch ganz bereitwilligen Freiern einmal zuvorkomme.«[8]

Genau so kam es. Am 13. Juni heiratete Luther Katharina, am 27. Juni feierte er das Hochzeitsfest.[9] Wie sehr sich der eingefleischte Junggeselle verändert hatte, wurde deutlich, als Spalatin ihn kurz vor der Hochzeit um Rat fragte wegen eines Paares, das den öffentlichen Vollzug der Eheschließung eine Zeitlang hinausschieben wollte, obwohl sie ihrer sicher waren. Luther ahnte wohl, dass Spalatin über sich selbst sprach: Der junge Hofbeamte hatte sich verliebt, konnte jedoch erst heiraten, wenn sein Dienst beim Kurfürsten endete. In seiner Antwort sprudelte Luther eine wahre Flut von Bibelzitaten, Sprichwörtern und historischen Beispielen aufs Papier, die alle beweisen sollten, dass Eheschließungen niemals hinausgezögert werden sollten, und kam zu dem Schluss: »Wenn man das Ferkel beut (nhd. wenn einem das Ferkel angeboten wird), soll man den Sack herhalten« – eine ziemlich gewagte Metapher für die Eheschließung.[10]

Doch Luthers Heiratsabsicht hatte auch einen etwas düsteren Hintergrund. Der Entschluss reifte in dem Moment in ihm, als er in die Bauernkriege verwickelt wurde, die in seinen Augen der Triumph des Teufels waren. In einem Brief von Anfang Mai 1525 an Johann Rühel spielte er mit dem Gedanken, der Teufel könnte in der Tat die Auseinandersetzungen nur angeschoben haben, um ihn loszuwerden: »(...) dass ich fast glaube und es mir scheint, ich sei für den Teufel der Grund, dass er solches in der Welt anrichtet, womit Gott die Welt plagt«.[11] Seine Käthe zu heiraten, fährt Luther fort, sei daher eine Möglichkeit, dem Teufel zu trotzen: Es sei eine Bekräftigung seines Muts und seiner Freude, mithin seines Beharrens auf dem Leben inmitten des Todes.

Wie Karlstadt und Müntzer heiratete Luther eine Frau, die zwar aus dem Adel stammte, aber arm war. Seiner Darstellung nach ging die Initiative zur Ehe von ihr aus. Katharina hatte sich ursprünglich in Hieronymus Baumgartner verliebt, einen reichen Nürnberger Händler und Bürger, doch dessen Familie hatte andere Pläne für ihn als eine Eheschließung mit einer entlaufenen Nonne. Daraufhin hatte Luther ihr Kaspar Glatz vorgeschlagen, den Mann, der Karlstadt in Orlamünde ersetzte – der freilich mit seinem baufälligen Haus und Hof kein verlockendes Angebot darstellte. Und wirklich lehnte die sechsundzwanzigjährige Katharina eine Ehe mit dem »Geizhals« Glatz, wie sie ihn nannte, rundweg ab und informierte Luthers Freund Nikolaus von Amsdorf, sie würde entweder ihn oder Luther heiraten, sonst niemanden.[12] Dennoch steht dieser Bericht in einem scharfen Gegensatz zu Luthers Verhalten in allen anderen Lebenslagen, in denen immer er die Initiative ergriff. In dieser Sache scheint er froh darüber gewe-

**45** Lucas Cranach der Ältere, *Martin Luther und Katharina von Bora*, 1526. Dieses Doppelporträt zeigt Luther ohne Tonsur und mit den vertrauten äußeren Merkmalen: die durchdringenden Augen, die kleine Locke und die immer massiveren Kieferknochen. Er ist als kraftvolle Persönlichkeit dargestellt. Im Gegensatz dazu ist Katharina, wie alle Frauen Cranachs, mit ihrer unnatürlich schmalen Taille das idealisierte Abbild einer Frau. Ihre Kleidung – eng geschnürtes Mieder, Haarnetz und einfacher Ring – entspricht der einer ehrbaren Frau (wobei sie manchmal mit, manchmal ohne den Schleier dargestellt wird, den verheiratete Städterinnen trugen) – sie war schließlich eine Adelige, keine einfache Bürgersfrau. Nur die Breite ihrer Wangenknochen, die auf ein spitzes Kinn zulaufen, und ihre schräg liegenden, ein wenig katzenhaften Augen erzeugen ein etwas persönlicheres Bild, doch die Versionen ihres Porträts, die in Cranachs Werkstatt entstanden, sind so unterschiedlich, dass man meint, sie würden nicht alle dieselbe Frau zeigen.

sen zu sein, dass er der Verführte war, dass eine starke Frau ihren Willen durchsetzte. Wie er an Amsdorf schreibt: »(...) ich habe nicht fleischliche Liebe noch Brunst, sondern habe Gefallen an einem Eheweibe.«[13] Mit dieser Erzählung hielt er sich praktischerweise alle Anschuldigungen vom Hals, er habe aus Lüsternheit gehandelt.

Luther behauptete, er habe geheiratet, um seinem Vater angesichts von dessen »Hoffnung auf Nachkommenschaft« einen letzten Gefallen zu tun.[14] Die Braut passte freilich schlecht in Hans Luders Pläne für eine Familiendynastie, denn sie stammte aus keiner bedeutenden Bergbaufamilie. Luder hatte mit Bedacht alle seine Kinder im kleinen Kreis der Hüttenbesitzer und Hüttenmeister von Mansfeld verheiratet, um seine Position zu stärken; die Weigerung seines Sohnes, ihm nachzueifern, war einer der Gründe, warum er es ihm so übelgenommen hatte, dass er der Berufung zum Klosterleben gefolgt war. Katharina stammte auch nicht aus der mit Rechtsgelehrten gut bestückten städtischen Elite, wodurch er wenigstens Zugang zu rechtlicher Beratung bekommen hätte – ein Punkt, den Hans Luder bereits im Auge hatte, als er seinen Sohn zum Studium der Rechte bestimmte. Luther heiratete zwar in einen höheren Stand hinein, als er die arme Adelige zur Frau nahm, aber seine Familie würde davon nicht profitieren können. Doch immerhin war Katharina, wie überall berichtet wird, nicht nur hübsch, sondern auch resolut und leidenschaftlich.

Warum hatte es so lange gedauert, bis Luther heiratete, während so viele seiner Verbündeten bereits Jahre zuvor vor dem Traualtar gestanden hatten? Bartholomäus Bernhardi war im August 1521 die Ehe eingegangen. Aus Luthers engem Umfeld war Karlstadt später im selben Jahr dessen Beispiel gefolgt, Justus Jonas hatte im Februar 1522 geheiratet.[15] Johannes Bugenhagen, der noch nicht so lange in Wittenberg war, vermählte sich am 13. Oktober 1522, Wenzeslaus Linck, der Generalvikar des Augustinerordens, am 15. April 1523,[16] während Johannes Lang 1524 die Ehe einging. Mit Ausnahme von Spalatin und Amsdorf waren Luthers frühe Gefährten nun alle verheiratet. Offenbar stellte die auf das Ende des Bauernkriegs und den Tod Friedrichs des Weisen folgende Zeit eine Übergangsphase dar. Karlstadt und er waren jetzt chronische Feinde. Und dann starb Ende 1524 Luthers alter Beichtvater.

In seinen letzten Briefen hatte Johann von Staupitz von seiner Liebe für seinen ehemaligen Schützling gesprochen, »die auch größer ist denn Frauenliebe, immer ungebrochen«.[17] Da Mönche, Nonnen und Priester ihre Gelübde brachen, wenn sie heirateten, warf Staupitz Luther vor, dieser lasse es zu, dass sich unter dem Deckmantel des Evangeliums die fleischlichen Gelüste durchsetzten – unter Gelassenheit hatte er etwas anderes verstanden. Wenngleich er einen jungen Mönch zu Luther schickte, damit er diesen in den Lesarten des Evangeliums unterweise – ein Zeichen seines Vertrauens –, erkannte Staupitz klar, dass Luthers Lesart nicht mehr die seine war. Luther hingegen hatte Staupitz' Entscheidung, die Augustiner zu verlassen, um ausgerechnet als Benediktinerabt eine große Pfründe zu erhalten, noch immer nicht verdaut. Als die Nachricht von Staupitz' Tod ihn erreichte, kommentierte Luther mit bitterer Ironie, der alte Mann habe wenig Zeit gehabt, seine Traumstellung zu genießen. Es besteht kein Zweifel, dass Staupitz über Luthers Eheschließung, noch dazu mit einer Nonne – ein doppelter Bruch des Keuschheitsgelübdes –, entsetzt gewesen wäre. Mit Staupitz' Tod war Luther frei von dem Mann, der sein geistiger Vater gewesen war, und vielleicht fühlte er sich erst jetzt wirklich bereit, selbst Vater zu werden.[18]

Die Verzögerung gab auch Raum für tiefe seelische Veränderungen bei Luther selbst. Er hatte mehrere Jahre benötigt, um zu akzeptieren, dass auch er fleischliche Begierden hatte. Er hatte immer behauptet, Enthaltsamkeit sei nicht sein Problem als Mönch – bei den »rechten Knoten« gehe es um Fragen des Seelenheils. Auch als die ersten Priesterehen geschlossen wurden, hatte dies keine reine Freude bei ihm hervorgerufen, machte er sich doch Sorgen, Bernhardi, der erste evangelische Priester, der heiratete, könnte außer Landes gewiesen werden »und dann mit zwiefachem Leibe und so vielen Leibern, als noch daraus herkommen mögen, Mangel leiden«.[19] Tatsächlich hatte Luthers Überzeugung, alles im Leben sei von Sünde durchdrungen, bemerkenswert wenig mit sexueller Frustration zu tun. Obwohl er sich 1520 dafür ausgesprochen hatte, dass es Priestern erlaubt sein sollte zu heiraten, hatte er dabei zunächst nicht an Mönche gedacht, legten diese doch aus eigenem Willen Keuschheitsgelübde ab und konnten sie daher nicht brechen. Als der erste evangelische Pfarrer heiratete, verfasste Karlstadt, nicht Luther, zur Unterstützung eine Reihe von Thesen und eine Flugschrift, wobei er sogar vorschlug, dass nur verheiratete Männer das Priesteramt versehen sollten. Und Karlstadt war es auch, der anschließend die Ehe von Mönchen rechtfertigte, weil seiner Ansicht nach sexuelle Enthaltsamkeit nur ein weiterer vergeblicher Versuch war, die Seele durch gute Werke zu erlösen. Luther widersprach dieser Argumentation ursprünglich, bestätigte sie jedoch später und gebrauchte dabei nahezu dieselben Argumente wie Karlstadt.

Melanchthon schien gespürt zu haben, dass sich 1525 bei Luther etwas verändert hatte, und es gefiel ihm nicht: Der Asket wurde ein sinnlicher Mensch. Einen Monat nach Luthers Hochzeit berichtete Melanchthon einem Freund, die Nonnen hätten alle Mittel eingesetzt, um Luther auf ihre Seite zu bringen, so dass vielleicht der häufige Umgang mit den Nonnen bewirkt habe, dass er trotz seines edlen Charakters und seiner Seelengröße weich wurde und Feuer fing.[20] Doch Luther hatte anfänglich gemischte Gefühle. Am Vorabend seiner Hochzeit, im Juni 1525, veröffentlichte er einen provokativen Brief an Erzbischof Albrecht von Mainz, in dem er diesem empfahl, seine Konkubine zu ehelichen. Sollte Albrecht fragen, warum der Mann, der sich für die Ehe für jeden einsetze, selbst noch nicht verheiratet sei, schrieb Luther an Rühel, möge man ihm antworten, er habe bisher befürchtet, er »sei nicht tüchtig genug dazu«. Doch nun sei er entschlossen zu heiraten, bevor er sterbe, »und sollt's nichts weiter denn eine verlobte Josephsehe sein«, eine Ehe zwischen einem alten Mann und einer jungen Frau, die nicht durch den Beischlaf vollzogen wird.[21] Das klingt so gar nicht nach sexuellem Draufgängertum, das seine Briefe an Spalatin einzufärben begann, in denen Luther ihm im Spaß vorhielt, er sei ein »träger Liebhaber«, der es nicht einmal wage, zum Ehemann einer Frau zu werden. Vielleicht schlug er diesen Ton an, weil Spalatin im Gegensatz zu Rühel, an den er sich wegen Albrecht gewandt hatte,

Junggeselle war wie er selbst. Der nun einundvierzigjährige Luther fühlte sich von der Aussicht auf Geschlechtsverkehr möglicherweise eingeschüchtert, zumal Katharina 15 Jahre jünger war als er.

Eine Hochzeit war im 16. Jahrhundert nichts für Zartbesaitete. Die Hochzeitsfeier war eine deftige Angelegenheit, und das Brautpaar legte sich im Beisein aller Gäste gemeinsam in ein Bett, dann wurde eine Decke über dem Paar ausgebreitet; später brachten die Gäste für sie Brautständchen, während das Paar die Nacht zusammen verbrachte. Wie es in Sachsen Brauch war, fand das Beilager Luthers und Katharinas zwei bis drei Wochen vor dem Gottesdienst und der Heimführung der Braut – der Brautleite – in der ersten Junihälfte statt. War die Ehe während des Beilagers und der folgenden Tage nicht vollzogen worden oder ihr Vollzug unmöglich, konnte sie jetzt noch aufgelöst werden, da die Ehe nach mittelalterlicher Auffassung ein Sakrament war, das auf einem freien wechselseitigen Eheversprechen zwischen den Brautleuten einschließlich ihrer körperlichen Vereinigung beruhte. Durch den Geschlechtsverkehr wurde das Eheversprechen bindend, oder anders ausgedrückt, eine Verlobung wurde zu einer Eheschließung, wenn die Brautleute Sex miteinander hatten.

Mitte Juni änderte sich Luthers Ton in seinen Briefen merklich, als er gegenüber niemand anderem als Leonhard Koppe scherzte, dieser möge, wenn er zum Hochzeitsbankett komme, seiner Braut helfen, »gut Zeugnis [zu] geben, wie ich ein Mann sei«. Mit einer bemerkenswerten Metapher, die von der üblichen Prahlerei unter Männern über den Besitz einer Frau weit entfernt war, schrieb er im selben Brief, er sei in die Zöpfe seiner »Metze« eingeflochten.[22] Das war zugleich ein männlicher Witz über weibliche sexuelle Macht. In anderen Einladungen spricht er von Katharina als »seiner Gebieterin«.[23] Hochzeiten gaben Anlass zu reichlich Sticheleien um die Frage, wer in der Ehe die Hosen anhaben werde. Das Sprichwort besagte, eine Braut solle zum Hochzeitsgottesdienst Senf und Dill in ihren Schuhen verstecken, damit sie im Haus das Sagen habe: »Ich habe Senf und Dill / Mein Mann muß dun wie ich will.«[24] Es sollte diese Art von Scherzhaftigkeit sein, die Luther den Rest seines Lebens begleitete: 1542 erinnerte er sich, wie der frischvermählte Lucas Cranach der Ältere gar nicht mehr ohne seine Frau sein wollte und von einem guten Freund aufgezogen wurde: »Mein Lieber, stell dich nicht so an! Ehe ein halbes Jahr vergeht, wirst du von ihr völlig genug haben, und es wird keine Magd im Haus geben, die du nicht mehr lieben wirst als deine Frau.«[25]

Zur Hochzeitsfeier lud Luther seine Eltern, die Verwandtschaft und Bekannte aus Mansfeld ein, dazu die Wittenberger Theologen und einige seiner Freunde unter den Augustinern. Soweit wir wissen, war unter den Geladenen niemand von auswärts, aus Nürnberg oder Straßburg, und bei den Mansfelder Grafen war er sich nicht sicher, ob er sie einladen sollte. Luther machte viel Aufhebens um die Vorbereitungen zur Feier, lud Spalatin nicht weniger als dreimal ein und ersuchte mehrmals beim Kurfürsten um Wildbret für das Festmahl, denn nur dieser konnte es ihm liefern. Aus diesen wenigen Wochen sind mit Ausnahme der Einladungen auffällig wenig Briefe überliefert. Mitten im Bauernkrieg scheint Luther in der Tat ganz mit der neuen Phase seines Lebens beschäftigt gewesen zu sein.

Kurz nach Luthers Hochzeit, Ende November 1525, heiratete schließlich auch Spalatin, möglicherweise die junge Frau, auf die er seit 1524 ein Auge geworfen hatte.[26] Die Trauung fand Ende Dezember in Altenburg statt, doch Luther konnte nicht dabei sein. In einem Brief erklärte er, seine Frau halte ihn von der Reise ab, weil sie das Risiko fürchte, es könne ihm aufgelauert werden: Er hatte gerade wieder Nonnen aufgenommen, und deren wütende Eltern warteten angeblich nur auf eine Gelegenheit, ihn abzupassen. Aus welchen Gründen auch immer, Luther scheint keinen großen Wert darauf gelegt zu haben, an der Feier teilzunehmen: Der Brief enthält zu viele Erklärungen, um glaubwürdig zu sein, zudem beschrieb Luther noch Katharinas Tränen und sprach davon, wie sehr er mit seiner Antwort auf Erasmus' Schrift beschäftigt sei – eine Entschuldigung, die Spalatin sicher verletzt hat. Der einstige kurfürstliche Hofbeamte hatte gerade den Dienst quittiert und war dabei, als Prediger in Altenburg Fuß zu fassen, wo ihm die erbitterte Gegnerschaft der Katholiken entgegenschlug. Er könne zwar nicht kommen, meinte Luther, aber er denke an seinen Freund und werde ihm zu Ehren in der Nacht, in der dieser seiner Schätzung nach heiraten würde, »mit gleichem Werke« die seine »aufs höchste lieben«.[27] Doch während Luther zu diesem Zeitpunkt keine Angst mehr hatte, er könne seine Frau nicht »lieben«, blieb die Ehe Spalatins – der gezwungen war, in einem Haushalt mit seiner Schwiegermutter zu leben, mit der er nicht zurechtkam – in den ersten sechs Jahren nach der Heirat kinderlos: ein Makel, über den die Katholiken gerne spotteten.[28]

*

Von welcher Art war die Beziehung zwischen Luther und Katharina von Bora? Es liegt etwas ziemlich Frostiges in Luthers Beharren darauf, dass Katharina ihn immer als »Herr Doctor« ansprechen und ihn mit dem höflichen »Ihr« anreden musste. In seinem Gothaer Testament von 1537, das er schrieb, als seine Steinerkrankung ihn niederwarf und er den Tod schon vor Augen hatte, schrieb er über Katharina, sie habe ihm nicht allein als Hausfrau, sondern auch als »famula« gedient, was gewöhnlich mit »Dienstmagd« übersetzt wird. Da Luther jedoch den Begriff »famulus« auch für seine studierten Sekretäre benutzte, also für Männer, die am Anfang von großen Karrieren in der Kirche standen, wollte er damit möglicherweise seine Hochachtung für sie ausdrücken.[29] Gleichwohl sind der offensichtliche Abstand und das obsessive Festhalten an der Hierarchie symptomatisch für die widersprüchliche Mischung aus Wärme, scherzhaftem Umgang und einer gewissen Herablassung, ja mitunter sogar beinahe Grausamkeit in seiner Interaktion mit anderen.[30] Er konnte auch auf witzige Weise derb sein. Kurz nach seiner Hochzeit schrieb er mit einem launigen Wortspiel (Kethe statt Ketten und Bora statt Bahre) an Wenzeslaus Linck in Nürnberg: »Ich bin an Kethen gebunden und gefangen, und liege auf der Bora, nämlich der Welt abgestorben.«[31] Er mag zwar behauptet haben, ein zurückhaltender Bräutigam zu sein, doch offensichtlich hat er das Eheleben genossen, denn er bemerkte: »Das erste Jahr des Ehestands macht einem seltsame Gedanken. Wenn man am Tisch sitzt, denkt man: Vorhin warst du noch allein, nun bist du zu zweit. Im Bett, wenn man erwacht, sieht man ein Paar Zöpfe neben sich liegen, die man vorher nicht sah.«[32] Katharina wurde regelmäßig schwanger und gebar alle ein oder zwei Jahre ein Kind, was zeigt, dass das Paar ein reges Sexualleben hatte. Luther zeigte nichts von dem instinktiven Abscheu vor dem weiblichen Körper, der für so viele Mönche charakteristisch war, vielleicht weil er mit jüngeren Schwestern aufgewachsen war. Er machte häufig Witze über Sex, bemerkte sogar, dass selbst »der fromme Christus« dreimal Ehebruch begangen habe – einmal mit Maria Magdalena, einmal mit der Frau am Brunnen und einmal mit der Ehebrecherin, die er so leicht davonkommen ließ.[33] Das war eine außerordentliche Bemerkung, undenkbar bei Huldrych Zwingli oder Johannes Calvin. Doch Luther neckte besonders gerne diejenigen, die sich selbst für rechtschaffen hielten.

Wenn die Sprache auf die geschlechtsspezifischen Rollen von Mann und Frau kam, neigte Luther stets dazu, das Alte Testament heranzuziehen. Oft kommt er einem vor wie der Wortführer des Patriarchats, und es ist leicht, sein Werk für sexistische Aphorismen zu plündern. Seine Tischgespräche waren gepfeffert mit sexistischen Scherzen, die zur gewöhnlichen Geselligkeit bei Tisch gehörten, um den größtenteils Männer versammelt waren (wobei sich Katharina vielleicht in Sicht- oder in Rufweite befand). Diese Männer waren alle in den exklusiv männlichen Einrichtungen von Schule, Kloster und Universität sozialisiert. Während der Jahre, in denen Luthers Tischgespräche aufgeschrieben wurden, war Katharina meist schwanger oder kümmerte sich um Kleinkinder. »Lasst sie nur bis zum Tod tragen, sie sind darum da«, wird Luther häufig zitiert,[34] um zu zeigen, dass er Frauen nur als Gebärmaschinen ansah. Doch er beharrte auch darauf, dass die Geburtsschmerzen natürlich seien und Gott gefielen, und bekämpfte damit die weitverbreitete Auffassung, eine Gebärende stehe unter dem Einfluss des Teufels und könne nicht auf dem Friedhof begraben werden, wenn sie bei der Geburt starb, ohne die Aussegnung erhalten zu haben.

Luther lebte in einer Gesellschaft, in der Frauen Werkstätten im Haus führten, sich um die Lehrlinge und Gesellen kümmerten und sogar bei der Produktherstellung mitarbeiteten. Frauen konnten Schulden aufnehmen, Geld investieren und in manchen Gegenden auf eigene Rechnung Geschäfte führen. Dennoch gingen Luthers Kommentare von einer strikten Arbeitsteilung aus, die mit dem Leben der meisten Menschen im 16. Jahrhundert schlichtweg nicht übereinstimmte. Stattdessen spiegelten seine Äußerungen das Leben von Akademikern wider, bei denen die radikale Arbeitsteilung nach Geschlecht es einem Mann wie Luther ermöglichte, ungestört zu schreiben und zu lesen, während seine Frau den Haushalt besorgte, die Konten führte und die Untervermietung an Studenten organisierte, die ihre Haupteinnahmequelle war.[35] Katharina und die Bediensteten erledigten so die unsichtbare Arbeit, die es Luther erlaubte, sich seinen Studien zu widmen. In eigener Verantwortung erwarb Katharina in Zülsdorf bei Wittenberg Land, um darauf zusätzlich zum Garten, den die Familie vor den Stadtmauern in der Nähe des Schweinemarkts besaß und bestellte, Lebensmittel anzubauen. Sie war berühmt für ihre Braukunst, eine Notwendigkeit in einer Zeit, in der man durch den Genuss von Wasser schnell erkranken konnte.[36]

Luthers Heirat brachte seine Gegner vollends in Rage. Sie richteten ihre Angriffe bald gegen Katharina selbst, und 1528 verfassten zwei junge Magister der Universität Leipzig eine Reihe niederträchtiger Flugschriften. Der in Dialogform abgefasste Brief von Johann Hasenberg, gerichtet an »Martin Luther, Unruhestifter, Zerstörer des Friedens und Zersetzer des Glaubens« (»publicae et pacis et pietatis perturbatori«), rief ihn wiederholt auf, zu konvertieren und umzukehren. Er war gepaart mit einem Beitrag von Joachim von der Heyden, der Katharina dazu aufforderte, ihr »verdammenswertes und schändliches Leben« aufzugeben, sie als eine Nonne beschimpfte, die in weltliche Kleider geschlüpft und nach Wittenberg zur Universität getrippelt sei wie ein »Tanzmeidlein«. Sie habe andere Nonnen verleitet, ihrem Beispiel zu folgen, und »die wahre Freiheit« von Leib und Seele für die »fleischliche eigene Freiheit« aufgegeben, für die Luther in seinen »pestilenzischen Schriften« eintrete. Die Frauen würden ihr Dasein nicht in einem hübschen Kloster bei guter Verkostung beschließen, sondern in »unehrlichen gemeinen Häusern« enden, wo man sie schlagen, ihre Kleider verkaufen und sie selbst verpfänden würde wie gemeine Huren.[37]

Luther antwortete mit einem virtuosen Feuerwerk an Schmähungen, das die erbärmlichen Bemühungen der jungen Gelehrten weit in den Schatten stellte. Wie gewohnt griff er zur Fäkalsprache, um die Pornographie zu übertrumpfen. Die Briefe seien persönlich bei ihm zu Hause abgegeben worden, und man habe sie auf der Toilette mit Kot »illuminiert«, die Mitglieder des Haushalts hätten sich damit die Hintern abgewischt.[38] Hasenberg wagte tapfer einen zweiten Versuch, jetzt in Form von vier Dialogen, *Ludus ludentem luderum ludens*, von denen der erste ein Gespräch zwischen Luther und Katharina ist,

46 Johann Hasenberg,
*Ludus ludentem luderum ludens*,
Leipzig 1530

in dem Luther Katharina als seine Wonne (»delicium«), seine Venus, sein einziges Vergnügen (»unica voluptas«) bezeichnet.[39] Die Schrift hatte einen illustrierten Einband, doch sie verfehlte ihre Wirkung, denn sie war auf Latein verfasst, was den Kreis der Leserschaft einschränkte. Zudem waren die Illustrationen merkwürdig respektvoll: Luther ist gutgekleidet dargestellt, doch nichts deutet überflüssigen Luxus an, und auch der Bierkrug fehlt, während Katharina zwar gequält aussieht und herrisch gestikuliert, aber wie eine ehrbare Frau gekleidet ist. Anscheinend hatten die Katholiken die Kunst der volksnahen Polemik noch nicht begriffen.

Hinter den beiden Verfassern dieses Angriffs stand Luthers alter Gegenspieler Cochläus, der inzwischen in Leipzig als Kaplan Herzog Georgs wirkte. Er hob den Einfall, Luthers Heirat in einem Drama zu verspotten, auf eine ganz neue Ebene, indem er ein boshaftes satirisches Schauspiel über die Ehen der evangelischen Reformer verfasste. Darin erinnern sich deren Frauen, was für eine wundervolle Zeit sie erlebt hatten, als ihre Männer auf dem Reichstag waren. Luther taucht in dem Stück als ein Hengst auf, den alle Frauen gerne in ihrem Bett gehabt hätten. Spalatins schrecklich hochmütige Frau, Frau »Bischof von Altenburg«, beklagt sich, dass sie trotz allen »Küssens und Schmusens« nicht schwanger werde. Sie will Luther für die Nacht ausleihen – und befinde sich damit, wie Cochläus ohne Umschweife herausstellt, auf der Linie des Reformators, der selbst dazu geraten habe, dass eine Frau, deren Mann ihr kein Kind zeugen könne, mit einem anderen schlafen solle.[40] In der Schlussszene versucht Katharina, Luther dazu zu bringen, mit ihr ins Bett zu gehen, sie sei schließlich, wie Paulus sage, Besitzer seines Leibes, deshalb müsse er ihr gehorchen. Luther zeigt sich beeindruckt von ihren Bibelkenntnissen, fürchtet aber auch, sie könnte sich bei einem anderen Lehrer schadlos gehalten haben – womit Cochläus andeutet, sie sei keine Jungfrau gewesen, als sie die Ehe mit Luther einging.

*

Dass Luther frei war von Hemmungen bezüglich der Sexualität – und konsequenterweise auch bezüglich der Ehe –, war das Resultat seines radikalen Augustinismus. Wenn wir nichts Gutes hervorbringen können, da alles menschliche Handeln sündhaft ist, dann gilt das auch für den Geschlechtsverkehr, der nicht anders und daher auch nicht schlimmer ist als jede andere Sünde. Diese düstere Anthropologie machte Luther paradoxerweise frei, eine entspannte Haltung gegenüber der Sexualität einzunehmen. Lust war Teil der menschlichen Natur – so hatte Gott die Menschheit geschaffen. Zudem war Luther trotz der Jahrzehnte, die er nach Klosterregeln gelebt hatte, überzeugt davon, dass Keuschheit niemals erzwungen werden kann; wir hätten gewiss keinen freien Willen, sondern seien verknechtet, denn unser Leib gehöre dem Teufel. Das war der Punkt, an dem Luther sich von Karlstadts Ansichten löste. In der mystischen Glaubenslehre der *Theologia deutsch* verwurzelt, wollte Karlstadt seinen Willen mit dem göttlichen Willen in Einklang bringen, vom Fleisch loskommen, den Körper abschütteln und zu einer vergeistigten Ebene der Existenz vordringen. Luther entfernte sich von solchen Vorstellungen der Selbstperfektionierung, und über diese Zurückweisung und Luthers Leugnung eines freien Willens kam es zu seinem Streit mit Erasmus.[41]

Luther hatte schon seit Jahren auf eine Gelegenheit zum Streit mit dem großen Humanisten gewartet. 1522 hatte er sich in einem Brief abschätzig über Erasmus' Auffassung zur Vorsehung geäußert: Erasmus müsse man in dieser Sache nicht fürchten, »wie auch fast nicht in dem ganzen Inbegriff der christlichen Lehre. (…) Ich weiß, was in diesem Menschen ist, da wir ja auch wissen, was der Satan im Sinne hat.«[42] Der Brief wurde von Hand zu Hand weitergereicht, wie Luther wusste, und erreichte bald den Mann selbst, der durch ihn tief verletzt war. Ende 1524 biss Erasmus dann an und veröffentlichte seine Schrift *Eine Diatribe oder ein Gespräch über den freien Willen* (kurz: *Vom freien Willen*), die er offenbar in nur fünf Tagen verfasst hatte. In den Monaten nach Luthers Eheschließung nahm die Auseinandersetzung mit Erasmus Luther dann so sehr in Beschlag, dass er die Auseinandersetzung um das Sakrament, die sich entfacht hatte, nachdem er

Karlstadt in *Wider die himmlischen Propheten* angegriffen hatte, stark vernachlässigte, was seinen Straßburger Freund Nikolaus Gerbel zu der Klage veranlasste, Luther solle sich darauf konzentrieren, seine Kräfte gegen die Sakramentarier zu richten.[43]

Der Streit mit Erasmus zog die endgültige Trennlinie zwischen der Reformation und dem Humanismus. Erasmus hatte einst großen Einfluss auf Luther gehabt: Luthers Briefe waren gespickt mit Aphorismen aus Erasmus' *Adagia*, seiner kommentierten Sammlung von Sprichwörtern, Redewendungen und Redensarten; er muss sie auswendig gekonnt haben. Nun wurde der »Aal« Erasmus zur »Viper«.[44]

Wie Eck in der Leipziger Disputation von 1519, so beharrte auch Erasmus darauf, dass der Mensch mit einem Teil des Willens auch gute Werke vollbringen könne, und widersprach so der These vom Menschen als einem vollkommen verdorbenen Wesen. Er diskutierte eine Reihe sich widersprechender biblischer Passagen und leitete daraus ab, dass es schwierig sei zu erkennen, wer den »Geist« habe, das heißt, wessen Interpretation die richtige sei. In seiner Erwiderung *De servo arbitrio (Das der freie wille nichts sey)* argumentierte Luther mit Vehemenz und Leidenschaft, widersprach der Aussage, es sei notwendig, dass der Geist die Wahrheit eingebe, und beharrte wieder auf der alleinigen Autorität der Heiligen Schrift, die »ein geistliches Licht ist, weit heller als selbst die Sonne«, gegenüber der »verderbliche(n) Rede der Sophisten, die Schrift sei dunkel und zweifelhaft«.[45] Zugleich offenbarte er damit ein starkes Gespür für die radikale Andersheit Gottes und seines »unergründlichen Willens« – für die Vorstellung von einem »verborgenen Gott«, des »deus absconditus«, den menschliche Lebewesen nicht verstehen können und der von der menschlichen Rationalität nicht erfasst werden kann. Menschen werden immer zu Satan neigen, und sie werden niemals wirklich die Wahl haben, und wenn der Mensch nicht frei ist, kann nur Gottes Gnade ihn ermächtigen, etwas Gutes zu tun. Gegen Ende seiner Abhandlung gelangte er zu einer dramatischen kontrafaktischen Aussage:

Lucas Cranach der Ältere,
*Hans und Anna Luder*, 1527

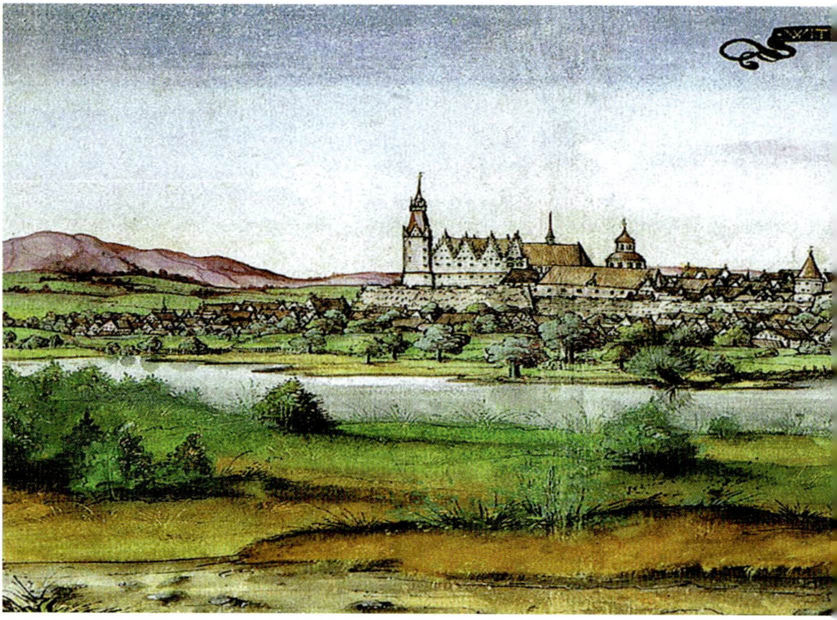

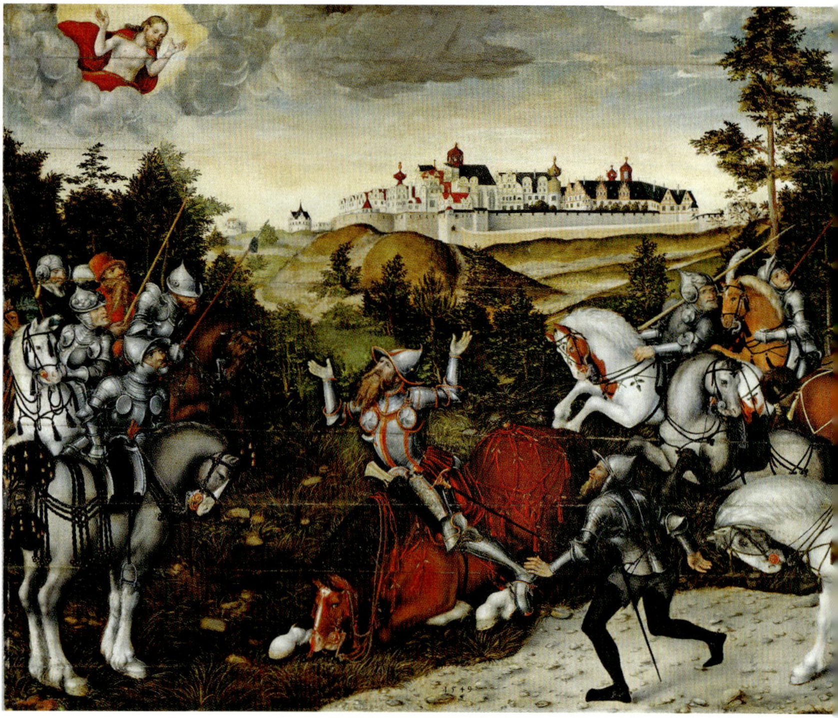

*Ansicht von Wittenberg*, 1536.
Links außen sieht man deutlich das kurfürstliche Schloss.
Die Doppeltürme in der Bildmitte sind die Türme
der Stadtkirche, rechts außen ist das Augustinerkloster
zu sehen.

Lucas Cranach der Jüngere, *Die Bekehrung des Saulus*, 1547.
Im Hintergrund sieht man die drei Schlösser von Mansfeld,
jedes in einer anderen Farbe.

*Johann von Staupitz.*
Das Porträt von 1522 zeigt
einen beleibten Mann mit
rundem Gesicht und
überzeugender körperlicher
Präsenz, die natürliche
Autorität und väterliche
Güte ausstrahlt. Luthers
späterer Gegenspieler
Cochläus beschrieb Staupitz
als einen Mann von
bemerkenswert ansprechender
Körperbildung.

Lucas Cranach
der Ältere,
*Georg Spalatin*, 1509

*Pilgerfahrt von Friedrich dem Weisen nach Jerusalem*, gemalt kurz nach der Reise 1493. Die Reliquien, die der Kurfürst bei dieser Gelegenheit erwarb, bildeten den Grundstock seiner Sammlung.

Lucas Cranach der Ältere,
*Martin Luther und Katharina von Bora*,
*ca.* 1529

*Gegenüberliegende Seite:*
Dieser Ausschnitt aus dem *Epitaph*
von Michael Meienburg nach
Lucas Cranach dem Jüngeren
zeigt die Reformatoren zusammen
mit Martin Luther
(von links, innerer Kreis):
Johannes Forster, Georg Spalatin,
Martin Luther, Johannes Bugenhagen,
Desiderius Erasmus, Justus Jonas,
Caspar Cruciger und
Philipp Melanchthon.
Interessanterweise befindet sich in
dieser Darstellung auch Erasmus unter
den Helden der Reformation.

NATVS ES ISLEBII DIVINE PROPHETA LVTHERE, IAPETI DE GENTE        PRIOR MAIORVE LVTHER:
RELIGIO FVLGET, TE DVCE PAPA IACET.        NEMO FVIT, TV PAR DOCTE MELANTHON ERAS

Lucas Cranach der Ältere, *Martin Luther und Philipp Melanchthon*, 1543

Albrecht Dürer, *Landaueraltar*, 1511

47 *Porträt des Erasmus* von
Hans Holbein dem Jüngeren, 1523.

»Ich bekenne wahrlich von mir, wenn es auch geschehen könnte, so wollte
ich doch nicht, daß mir ein freier Wille gegeben würde, oder daß irgend
etwas in meiner Hand gelassen würde, wodurch ich mich um die Seligkeit
bemühen könnte, nicht allein deshalb, weil ich in so vielen Widerwärtigkeiten und Gefahren, dann auch wieder so viele Anläufe der Teufel nicht bestehen könnte und es nicht zu behalten vermöchte, da Ein Teufel mächtiger ist
als alle Menschen und auch kein Mensch selig werden könnte, sondern weil
ich, auch wenn keine Gefahren, keine Widerwärtigkeiten, keine Teufel
wären, doch gezwungen wäre, beständig aufs Ungewisse mich abzumühen
und Luftstreiche zu thun, denn auch mein Gewissen, selbst wenn ich ewig
lebte und wirkte, würde nie gewiß und sicher werden, wie viel es thun müßte,
um Gotte genugzuthun. Denn bei einem jeglichen vollkommenen Werke
bliebe doch die Gewissensangst, ob es Gott gefiele, oder ob er noch etwas
darüber hinaus fordere, wie die Erfahrung aller Werktreiber beweist und ich
zu meinem großen Schaden in so vielen Jahren genugsam gelernt habe.«[46]

»(...) so wollte ich doch nicht, daß mir ein freier Wille gegeben würde«: Für heutige Ohren ist das eine bemerkenswerte Feststellung. Sie weist alles zurück, was wir mit der Wertschätzung des Individuums, dem menschlichen Streben nach Vervollkommnung, der Rolle der menschlichen Taten verbinden. Luther wollte nichts davon. Seine neuentdeckte Beziehung zu Gott erforderte es, dass es keinen freien Willen gab, weil »Gott meine Seligkeit aus meinem Willen genommen und in den seinigen gestellt hat, und verheißen hat, er wolle mich nicht durch mein Wirken und Laufen, sondern durch seine Gnade und Barmherzigkeit erhalten, so bin ich sicher und gewiß, daß er getreu ist und mir nicht lügen wird, dann auch so mächtig und groß, daß keine Teufel, keine Widerwärtigkeiten ihn überwältigen oder mich ihm entreißen können«.[47] Luther hatte einen scharfen Blick für psychologische Zusammenhänge. Wenn die Christen auch nur einen Rest von freiem Willen hätten, würden sie in eine drastische Ungewissheit über ihre Erlösung stürzen, da in dem Fall nicht klar wäre, wie viel dieser Rest zu ihrer Erlösung beitragen würde. Luther hatte diese Verzweiflung selbst erfahren, als er sich vergeblich bemühte, Gott durch Werke zu gefallen, und dabei unfähig war, Gott zu lieben.

Der persönliche Ton stellt diese intellektuellen Auseinandersetzungen in den Kontext seiner frühen Ehejahre. Er jubelte im Beisein von Katharina über Justus Jonas, früher Erasmus' Gefolgsmann, der seine Ansicht über den berühmten Gelehrten änderte, nachdem er dessen Antwort an Luther gelesen hatte. Nachdem er einen Teil von Jonas' Brief seiner Frau vorgelesen hatte, habe diese ausgerufen: »Ist nicht der theur Mann [Erasmus] zur Kröten worden? Siehe da!«[48] Später wob Luther Katharina immer wieder in seine Erinnerungen an die Auseinandersetzung mit dem berühmten Humanisten ein und deutete sogar an, sie habe ihn davon überzeugt, gegen Erasmus zu schreiben.[49]

Der direkte Ton, den Luther anschlug, hat seither viele abgestoßen, doch aggressive Rhetorik war wesentlicher Bestandteil der akademischen Debatte.[50] Erasmus' gelehrter Tonfall und seine ironische Distanz waren für Luther, für den es um seine tiefsten Überzeugungen ging, eine Provokation. Wie er sich später erinnerte, verflüchtigten sich die An-

fechtungen in den ersten Jahren seiner Ehe. Womöglich zu seiner eigenen Überraschung entdeckte Luther nun das körperliche Vergnügen
und fühlte sich dennoch geborgen in seiner Beziehung zu Gott – diese
persönliche Offenbarung scheint in seiner unerschütterlichen Überzeugung durch, dass der Mensch immer zum Bösen tendiere und Sklave
Satans sei. Hatte er Augustinus zunächst nur mit dem Verstand zugestimmt, so erfuhr er nun am eigenen Leib, dass es die Voraussetzung
für eine angemessene Beziehung zu Gott war, die radikale augustinische
Verneinung des freien Willens und die Überzeugung von der Sündhaftigkeit alles menschlichen Handelns anzunehmen.

Später zählte Luther den Angriff auf Erasmus zu seinen besten Schriften, und obwohl er mit ihr kein Neuland betrat, ist sie eine leidenschaftliche Erörterung der Konsequenzen seiner theologischen Positionen, getragen von einem tiefen Gefühl. Luther lehnte gute Werke
nicht ab: Sie waren für ihn von zentraler Bedeutung im christlichen
Leben. Aber sie entsprangen der Tatsache, dass der Mensch erlöst war.
Und sie konnten zur Erlösung nichts beitragen, da diese ein bedin-
gungsloses Geschenk Gottes war.

Auf Luthers Verständnis der menschlichen Psychologie und Motiva-
tion hatte diese Verneinung des freien Willens gewaltige Auswirkungen, und sie ist eine Doktrin, die zu akzeptieren man sich damals wie
heute schwertut. Seine Auffassung hat vieles gemeinsam mit philosophischen Positionen, die das menschliche Handeln als ein von sozialen, ökonomischen und unbewussten Kräften bestimmtes Handeln
betrachten und die unseren Eindruck, wir würden in unserem Handeln
»wählen«, in gewisser Weise als Illusion ansehen. Für das Verständnis
am hilfreichsten ist es vielleicht, wenn man einen Blick auf die Konsequenzen für die praktische Theologie wirft. Wenn alles menschliche
Handeln sündig ist und wenn bei allem, was wir tun, immer auch
Egoismus ein Antrieb ist, dann müssen wir unsere Kräfte nicht für die
spirituelle Ausforschung der Seele bündeln, sondern können uns vielmehr auf Gottes erlösende Liebe konzentrieren.

Mit Kalkül gab Luther seinen Angriff auf Erasmus kurz vor der
Frankfurter Frühjahrsbuchmesse 1526 in Druck: Erasmus würde so

bis zur Herbstmesse warten müssen, bevor seine Erwiderung in den Handel käme. Doch er unterschätzte den großen Humanisten und sein Netzwerk. Erasmus schrieb seine Erwiderung in nur zehn Tagen und gab sie bei seinem alten Freund Johann Froben in Basel in den Druck, der sie, auf sechs Druckpressen gleichzeitig arbeitend, pünktlich zur Frankfurter Buchmesse vorlegte.[51] Erasmus beschwerte sich auch beim Kurfürsten über Luthers Angriff, was Luther sicher Ärger eingebracht hat. Nach der Veröffentlichung schrieb er einen Brief an Erasmus, mit dem er sich offenbar für seinen »leidenschaftlichen« Ton entschuldigte. Er habe aber bestimmt kein Blatt vor den Mund genommen. »(...) du verlässest dich darauf, daß du mit deinen leeren, hochtrabenden Worten (bullis verborum) die ganze Welt leiten könnest, wohin du willst, und führst sie doch nirgends hin, da du durchaus nichts sagst, als bloße Widersprüche in allen Dingen und überall, so daß der sehr richtig geredet hat, der dich einen rechten Proteus oder Vertumnus genannt hat«, so hatte er Erasmus in *De servo arbitrio* noch verhöhnt.[52] Doch es waren nicht so sehr die Beschimpfungen, mit denen er seinen »lieben Erasmus« überzog, wie er ihn fortan nannte, die den schlimmsten Angriff ausmachten, sondern vielmehr die Art und Weise, wie Luther es fertiggebracht hatte, den großen Gelehrten als einen unaufrichtigen Wortklauber darzustellen, als jemanden, dem es am wahren Glauben mangelte und der hohle akademische Errungenschaften über die biblische Wahrheit stellte.

»Es möchte mich wohl jemand auslachen, daß ich so grob disputire und gleichsam das, was man den Kindern, die das ABC noch nicht können, vorkaut, so großen Männern vorlege, und sie lehre, die Silben aneinanderzufügen. Was soll ich thun? Da ich sehe, daß man in so hellem Lichte Finsternis sucht, und diejenigen geflissentlich blind sein wollen, welche uns eine so lange Reihe von Jahrhunderten aufzählen, so viele kluge Köpfe, so viele Heilige, so viele Märtyrer, so viele Lehrer und mit so großem Ansehen diesen Spruch Mosis aufwerfen und sich doch nicht dazu herbeilassen, die Silben recht anzusehen oder ihre Gedanken nur soweit zu beherrschen, daß sie über die Stelle, welche sie doch rühmen, nur einmal nachdächten.«[53]

Dem Kurfürsten, der ihn um Rat fragte, wie er mit Erasmus' Brief verfahren solle, schrieb Luther klipp und klar zurück, er solle sich nicht, wie es die »Viper« fordere, in diese Angelegenheit einmischen, wenn er aber antworten müsse, solle er Erasmus wissen lassen, dass in dieser Angelegenheit wohl ein größerer Richter herangezogen werden müsse als ein Fürst.[54] Luther hatte nicht die Absicht, Erasmus über den Graben hinweg die Hand zu reichen.

*

Zur selben Zeit führte Luther seine erbitterte Auseinandersetzung mit Karlstadt weiter, der nun in Luthers Haus lebte. Kreiste der Streit zunächst um das Tempo der Reformation und den Führungsanspruch, weitete er sich bald auf die Eucharistiefeier aus, das Ritual im Zentrum des Christentums. Dabei ging es um viel mehr als lediglich um eine Klärung innerhalb der Glaubenslehre: Die Auffassung von der Eucharistie war entscheidend für das Selbstverständnis einer christlichen Gemeinde und für ihr Verständnis von der Welt, angefangen von der Politik über die moralischen Werte bis hin zu ihrer Vorstellung von der Wirklichkeit.

Luthers Standpunkt zum Sakrament war vielschichtig. Einerseits lehnte er die katholische Vorstellung von der Transsubstantiation in der Eucharistie ab, wonach die »Akzidentien« der eucharistischen Gaben Brot und Wein – Geschmack, Geruch, Erscheinungsbild – gleich blieben, während ihre »Substanz« sich in den Leib und das Blut Christi verwandelte.[55] Für Luther war das keine biblische, sondern eine menschliche Doktrin, die auf der aristotelischen Philosophie und ihrer Tradierung in der Scholastik beruhte, die er ablehnte. Als geschultem Anhänger Ockhams war ihm die Lehre von den »Essentia« (der »Substanz«) und den »Akzidentien« ein Dorn im Auge, da sie seiner Meinung nach aus dem Glauben eine Verstandeshandlung machte.

Luther zog keine klare Trennlinie zwischen Fleisch und Geist, wie Karlstadt es tat. Seine Einstellung zur materiellen Welt war sehr viel positiver, dadurch war er viel weniger geneigt, eine Substanz und ihre

Eigenschaften zu trennen oder anzunehmen, spirituelle und materielle Dinge stellten zwei radikal getrennte Bereiche dar. Für Luther war die reale Präsenz Christi in der Messe nichts, das erklärt werden konnte. Christus war nicht »in« oder »unter« den eucharistischen Gaben Brot und Wein, obwohl er diese Sichtweise billigte, solange sichergestellt war, dass die Gemeindemitglieder wirklich an die Realpräsenz Christi glaubten. Im Verlauf des Streits um die Form des Sakraments wurde deutlich, dass das Festhalten an der Realpräsenz einen fundamentalen Bestandteil von Luthers Theologie darstellte. Es war nicht lediglich ein klärungsbedürftiger Punkt seiner Lehre: Die Verteidigung dieses Standpunkts beanspruchte Luthers tiefste psychologische Triebkräfte.

Die Diskussion um die Kommunion reichte zurück in die Zeit der Wittenberger Unruhen von 1521/22, als zuerst der radikale Mönch Gabriel Zwilling und anschließend Karlstadt einen neuen deutschsprachigen Gottesdienst einführten. Karlstadt hatte versucht, die Menschen zu ermutigen, das Sakrament mit den eigenen Händen entgegenzunehmen, anstatt es von einem Priester gespendet zu bekommen. Er wollte, dass seine Gemeinde am eigenen Leib erfuhr, was die Aussage bedeutete, dass jeder Christ ein Priester sei. Karlstadt, der den Gottesdienst in weltlicher Kleidung feierte, nicht im Priestergewand, hatte auch die Elevation abgeschafft, jenen Teil der Eucharistiefeier, bei dem die Hostie in die Höhe gehoben wird, damit alle Zeuge der Wandlung werden und sehen, wie das Brot auf wunderbare Weise zum Leib Christi wird. Jeder empfing die Kommunion in beiderlei Gestalt, erhielt sowohl Brot als auch Wein. Wie wir gesehen haben, machte Luther bei seiner Rückkehr nach Wittenberg alle diese Reformen rückgängig, und als er 1523 eine neue Messe einführte, wurde sie auf Latein gehalten und die Elevation beibehalten. Karlstadt hatte für dieses scheinbare Mitgefühl mit den »Schwachen« (im Glauben), den Menschen also, die noch nicht für die Reformation bereit waren, nur Verachtung übrig, denn in seinen Augen war es nur ein Feigenblatt für einen politischen Kompromiss, der dazu diente, die Reformation angesichts des kaiserlichen Mandats zu schützen. In Orlamünde nahm er den Faden dort wieder auf, wo er ihn in Wittenberg hatte liegenlassen: Er führte die Kommunion in beiderlei Gestalt ein, ließ Psalmen auf Deutsch singen, Bilder entfernen und betonte die Priesterschaft aller Gläubigen ebenso, wie er seine Gemeindemitglieder ermutigte, die Bibel selbst auszulegen.[56]

War es zunächst eine Reihe praktischer Probleme, an denen sich der Streit um die Eucharistie entzündete, so dauerte es nicht lange, bis dieser tiefgreifend und grundsätzlich wurde. Während Karlstadt anfangs Klagen aus Nürnberg, die Wittenberger würden die Realpräsenz Christi im Sakrament leugnen, ärgerlich zurückgewiesen hatte, begann er jetzt, nach und nach eine Theologie zu entwickeln, in der die Kommunion als ein »in der Tiefe des Herzens« stattfindender Erinnerungsakt aufgefasst wurde. 1524 argumentierte er sehr deutlich, die Aussage »Dies ist mein Leib« könne nicht als Beweis dafür verwendet werden, dass Christus körperlich gegenwärtig sei, weil »dies« eben nicht das Brot bezeichne, sondern den Leib Christi. Bei der Kommunion gehe es darum, die Gefühlsverbindung des Gläubigen zu Christus und seinem Kreuzestod wiederherzustellen.[57] Ungefähr zur selben Zeit entwickelte in Zürich der führende Schweizer Reformator Huldrych Zwingli, der einen überwältigend großen Einfluss auf die Reformation im Süden des Kaiserreichs haben sollte, eine ähnliche Sichtweise, allerdings ausgehend von einer etwas anderen Argumentation. Während Karlstadt argumentierte, Christus habe nur seinen physischen Körper bezeichnet, als er sagte »Dies ist mein Leib«, fragte sich Zwingli, was mit »ist« gemeint sei, und behauptete, »ist« meine »bedeutet«.

Karlstadts Weg zu diesem Standpunkt hing unmittelbar zusammen mit seiner totemistischen Betonung des Leidens – durch das man alle »Begierden« aufgeben würde und durch das sich der Mensch leere, um Platz für Gott zu machen, und zur Gelassenheit gelange.[58] Als Christ, schrieb er in *Von Mannigfaltigkeit des einfältigen eigenen willen Gottes, was Sünde sei*, musst du »in deinem Leben, Werken, Arbeiten und Ruhen ein Kreuz spüren, wenn du in Christus stehen willst, und musst deinen Willen aufgeben«. Obwohl er nun verheiratet war, verrieten seine Schriften, dass Sexualität ihn weiterhin in Ver-

legenheit brachte, denn er verteidigte die Eheschließung noch immer
abwehrend als etwas, gegen das nichts einzuwenden sei, sofern keine
»Begierde« im Spiel sei. Er schrieb darüber, wie das Fleisch »an uns
nagt mit seinen Begierden«, und warnte: »Gewinnt der Mensch Lust
und Liebe zu seinem eigenen Fleisch und Begierden, schließt er Freundschaft mit seiner Natur: Dann ist ihm sein feindliches Fleisch eine
Zaunlatte in seinen Augen.« Dieser verschachtelte Standpunkt ergab
sich aus seiner radikalen Trennung von Fleisch und Geist, aus dem
Dualismus, der sein gesamtes theologisches Schaffen kennzeichnete
und der seine Lehre von der Eucharistie bestimmte. Karlstadt unterschied zwischen der »inneren« Aufnahme des Sakraments und seiner
»äußeren« Aufnahme in der materiellen Gestalt des Brotes, und weil
er nachdrücklich dafür eintrat, dass es nur auf die spirituelle Dimension ankam, bot sich die Argumentation an, das Göttliche könne
materiellen Objekten nicht innewohnen.[59]

Karlstadts Auffassung von der Eucharistie beeinflusste auch seine
Ansichten über Moral, Geschlecht und Politik. Von der Reformation
in der Gemeinde überzeugt, schaffte er alles ab, was den Beigeschmack
von priesterlicher Tyrannei hatte – das Hochheben der Hostie, das
Austeilen von Brot allein an die Laien bei der Kommunion, die Beichte
vor der Kommunion, das priesterliche Privileg, die Hostie zu berühren
und sie den Gemeindemitgliedern in den Mund zu legen –, während
seine Bewunderung für die Mystik, die Prophezeiung und die Macht
des Geistes ihn aufgeschlossen dafür machte, dass Frauen eine Rolle
in der Kirche übernahmen.[60] Im Bemühen, seine intellektuelle Bildung
hinter sich zu lassen und Zugang zu einer rein vom Gefühl geleiteten
Mystik zu bekommen, fiel es ihm schwer, seine theologische Sichtweise im Rahmen einer nach traditionellem Muster verfassten und
argumentierenden Streitschrift darzulegen – in der Form also, mit der
Luther glänzte. Er probierte verschiedene literarische einschließlich
dialogischer Formen aus, in denen er seinen Gegnern Sätze in den
Mund legte, damit er sie widerlegen konnte. Da er jedoch Bilder ablehnte und weder Dichter noch Musiker war, fand er keine geeignete
Ausdrucksmöglichkeit. Während Luthers Rhetorik immer klarer und

zugleich immer abstoßender wurde, trieb Karlstadt das Format der Streitschrift an seine Grenzen, indem er auf einen klaren, geradlinigen Gedankengang verzichtete. Das Ergebnis waren Formulierungen, die unfertig und undurchsichtig schienen. So schrieb er zum Beispiel in *Was gesagt ist*: »Jedoch dass in diesem Verhalten die Ichheit oder Sichheit ernstlich verurteilt und aufgegeben werde, darauf musst du unablässig achten, denn der Teufel wartet auf den Ungelass der Ungelassenheit wie ein Fuchs auf die Hühner, die er fressen will.«[61] Hier bemühte sich Karlstadt ebenso deutlich um emotionale Aufrichtigkeit wie um eine bildliche Sprache, die in Erinnerung bleibt, doch er erreichte dies nur auf Kosten der Klarheit.

Das Leid und die Ablehnung, die Karlstadt erfuhr – durch Luther habe er »Gram, Neid, Hass, Ungnade« erlebt –, versetzten ihn erst in die Lage, Gelassenheit zu erlangen.[62] In *Anzeyg etlicher Hauptartickeln Christlicher leere: In wölchem Doct. Luther den Andresen Carolstadt durch falsche zusag vnd nachred verdechtig macht* (1525), einem Dialog, in dem er sich Zeile für Zeile mit Luthers *Wider die Himmlischen Propheten* auseinandersetzte, formulierte er es so: »(...) und durch Leid unser ungefüges Fleisch einzäumen, brechen und unserm Geiste unterwerfen, um unserer Hoffnung zu helfen, den Glauben zu stärken, das Wort zu befestigen. Denn Trübsal bringt Geduld, die Geduld bringt sichere Erkenntnis oder Erfahrung, die Erfahrung bringt Hoffnung, die Hoffnung lässt nichts zuschanden werden.« Diese Erfahrung, so beharrte er, habe nichts zu tun mit der von Mönchen praktizierten Selbstkasteiung und Askese, jenem »Werk der Liebe«, das Luther seinen Ideen unterstellt hatte.[63] Ihre Gemeinsamkeit bestand jedoch darin, dass sich sowohl Luther als auch Karlstadt auf ihre Erfahrung beriefen. Für Luther war die Geschichte seiner heroischen Haltung in Worms der Beweis dafür, dass er allein der Prüfstein der Wahrheit war, während Karlstadt die eigene Verfolgung und sein daraus resultierendes Leiden als einzigartig ansah: Genau das konnte Luther auf seinem sicheren Professorenposten in Wittenberg nie verstehen. So war die Auseinandersetzung zwischen Luther und Karlstadt ebenso eine persönliche wie eine intellektuelle und spiegelte das Verständnis wider, das beide von ihrer je individuellen Geschichte und ihrem Schicksal hatten.[64]

Luthers Theologie vom Sakrament bestimmte nicht seine Moraltheologie, aber beide Lehren waren aus demselben Holz. Parallel zur strittigen Behandlung des Sakraments wurde in der Auseinandersetzung mit Karlstadt auch klar, dass sie unterschiedliche Linien hinsichtlich Eheschließung und Morallehre verfolgten – es sollte nicht lange dauern, bis sich in dieser Frage ein großer Riss durch die Reformationsbewegung zog. Luthers evangelische Gegner, die scharf zwischen Fleisch und Geist trennten, teilten sich im Wesentlichen in zwei deutliche Lager. Einige konnten wie Karlstadt das Eheleben nie ganz mit der Gelassenheit versöhnen und behielten eine ambivalente Haltung zur Eheschließung bei, nicht nur weil diese körperliche Freuden mit sich brachte, sondern auch weil aus ihr eine emotionale Bindung an Frau und Kinder erwuchs.[65] Auch Müntzer wies bisweilen darauf hin, dass es besser sei, keusch zu bleiben. (Tatsächlich war Müntzer laut dem boshaften Bericht des Lutheraners Johannes Agricola so »spirituell«, dass er keine Anzeichen von Freude zeigte, als ihm am Ostertag 1524 die Nachricht von der Geburt seines Sohnes überbracht wurde.)[66] Dieses Unbehagen am »Fleischlichen« teilten die verschiedensten spiritualistischen Denker und die Anhänger der Täuferbewegung (sie lehnten die Kindstaufe ab) – viele von ihnen waren direkt von Karlstadt oder Müntzer beeinflusst. Geprägt von ihrer katholischen Vergangenheit, vom Ekel vor Sex als unrein, konnten sich viele nicht vorstellen, dass eine sexuelle Verbindung Gott gefalle. Manche erhoben den Geschlechtsverkehr zu einem sakralen Akt, da die Ehe ein Sakrament sei, zu dem die körperliche Vereinigung wesentlich dazugehöre: Sie verließen ihre angetraute Frau und nahmen eine »eheliche Schwester«, weil sie glaubten, Gott habe sie dazu aufgerufen. Eine Gruppe innerhalb der Täufer, die als die Thüringer »Blutsfreunde« bekannt ist, vertrat sogar die Auffassung, dass Geschlechtsverkehr »Christierung« sei, das wahre Sakrament, das die Eucharistie ersetzen sollte. Ihrer Meinung nach musste das Sakrament mit dem Fleisch selbst erfahren und Sex, der Inbegriff des »Fleischlichen«, spiritualisiert werden.[67]

Der andere Denkansatz von Vertretern einer radikalen Trennung von Körper und Geist war die Regulierung von Ehe und Sexualität zur Schaffung einer frommen Gemeinde. Viele evangelische Gemeinden richteten unter dem Einfluss der Lehre Zwinglis sogenannte Konsistorien zur Aufsicht über die Ehe und die guten Sitten ein. Diese Gerichte bestanden manchmal nur aus Laien, manchmal unterlagen sie der Kontrolle der lokalen Kirche mit Beteiligung von Klerikern oder Gemeindeältesten. In Zürich selbst wurde ein »Sittenmandat« erlassen und ein besonderes Gericht eingesetzt, das entsprechende Verstöße wie übermäßigen Alkoholkonsum, Glücksspiel, uneheliche Liebesbeziehungen oder Ehebruch bestrafte.[68] Vorbild für diese Gerichte waren ähnliche vorreformatorische Einrichtungen: Seit langem überwachten Zünfte das sittliche Verhalten ihrer Mitglieder, und Stadträte bestraften Bigamisten und selbständige Prostituierte, die ihrem Geschäft nicht in den städtischen Bordellen nachgingen. Doch die Schärfe, mit der Eheverstöße jetzt verfolgt wurden, war ebenso neu wie der religiöse Wert, den man nun der Ehe beimaß, um eine fromme Gemeinschaft zu bilden. Seine stärkste Ausprägung sollte dieses Denken im calvinistischen Genf finden.

Luther dagegen, der an die reale Gegenwart Christi in der Eucharistie glaubte und es ablehnte, eine scharfe Trennlinie zwischen Fleisch und Geist zu ziehen, widmete seine Energie anderen Dingen. Tatsächlich lasteten Täufer aus dem Hessischen ihm an, er kümmere sich nicht genügend um sie.[69] In gewisser Weise hatten sie recht. Luther predigte zweifellos gegen die Sünde, doch er setzte sich weiter für die individuelle Beichte ein und wollte die Möglichkeit, sich in vertraulichem Rahmen mit der Überschreitung auseinanderzusetzen, nicht durch die kollektive Beichte und den Schuldenerlass für die gesamte Gemeinde ersetzen.

Luthers Theologie der Ehe unterschied sich folglich von der Karlstadts. In seiner ersten Predigt zu diesem Thema im Jahr 1519 handelte er die Ehe nach dem konventionellen Muster ab. Er lobte jene, die über die Gabe der Keuschheit verfügten, und präsentierte die Ehe als ein Mittel gegen die Sünde. Doch sein zweiter wesentlicher Beitrag zur Theologie der Ehe, eine Predigt von 1522, begann stattdessen beim Alten Testament und dem Schöpfungsbericht. Gott habe den Menschen als Mann und Frau geschaffen, legte Luther dar: »Deshalb gilt: Sowenig es in meiner Macht steht, kein Mann zu sein, so wenig steht es auch bei mir, dass ich ohne Frau sein kann. Weiter: Sowenig es in deiner Macht steht, keine Frau zu sein, so wenig steht es bei dir, dass du ohne Mann bleibst. Denn es ist nicht bloße Willkür oder Ratschluss, sondern eine nötige natürliche Sache, dass alles, was ein Mann ist, eine Frau haben muss, und was eine Frau ist, einen Mann haben muss.« Deshalb müssten Menschen heiraten, folgerte er. Und mehr noch: »›Wachset und mehret euch‹ ist nicht ein Gebot, sondern mehr als ein Gebot, nämlich ein göttliches Werk, von dem es nicht bei uns steht, es zu verhindern oder zuzulassen, sondern es ist genauso nötig, wie dass ich ein Mann bin, ja nötiger als essen und trinken, fegen und auswerfen, schlafen und wachen. Es ist eine uns eingepflanzte Natur und Art, ebenso wohl wie die Gliedmaßen, die dazugehören.«[70] Sex sei eine natürliche Körperfunktion, argumentierte Luther. Mit dieser Erklärung wies er eine jahrhundertealte Tradition zurück, die den Geschlechtsverkehr verdammte. Indem er den Geschlechtsverkehr mit dem Stuhlgang verglich, wollte er ihn keineswegs als schmutzig abwerten – der Stuhlgang war für Luther eher ein vergnügliches, humorvolles und spielerisches Thema. Kein Nachfahre eines Bauern konnte Exkremente anders als positiv bewerten, denn sie waren eine Quelle der Fruchtbarkeit.

Obwohl ein Fundament der Gesellschaft, war die Ehe von der säkularen Obrigkeit erstaunlich wenig reguliert. Als Sakrament fiel die Eheschließung in die Zuständigkeit der Kirche, die darüber entschied, welche Verbindungen als zulässig und welche als inzestuös anzusehen waren und daher ausdrücklich genehmigt werden mussten. Patenschaften erweiterten das Geflecht aus Verwandtschaftsbeziehungen und erhöhten damit die Menge potentiell inzestuöser Verbindungen, was die Sache noch komplizierter machte: Die Kirche entschied auch über die Annullierung einer Ehe oder die Scheidung »von Tisch und Bett«, die keine Wiederverheiratung erlaubte. Zugleich wurde von den säkularen Obrigkeiten sexuelles Fehlverhalten bestraft – Ehebruch, Gewalt in der Ehe, Bigamie und Sodomie.

Die meiste Zeit beschäftigten sich die Kirchengerichte mit heimlich geschlossenen Ehen. Da die Ehe ein Sakrament war, das aus nichts anderem bestand als aus dem Eheversprechen, das die Partner einander gaben, und ihrer körperlichen Vereinigung, erforderte ihr Vollzug keinen Priester: Der Geistliche war nur Zeuge des Eheschwurs. Das bedeutete, dass bindende Eheversprechen unmittelbar vor dem Geschlechtsverkehr in Schlafzimmern und selbst in Scheunen und auf dem Feld gegeben werden konnten. Hatte der Geschlechtsverkehr stattgefunden, war die Ehe rechtmäßig, obwohl keine Institution davon Kenntnis hatte. Ein Paar, das eine sexuelle Beziehung hatte, konnte folglich nicht sicher sein, ob es ihnen erlaubt war, jemand anderen zu heiraten. Aus demselben Grund war es sehr wahrscheinlich, dass eine Frau, die schwanger geworden war und beim Kirchengericht einen Ausgleich für ihre verlorene Jungfräulichkeit und den Kindesunterhalt einklagte, zur Rettung ihrer Ehre behauptete, ihr Sexualpartner habe ihr die Ehe versprochen. Ihre Chancen auf eine Heirat waren freilich gering. Wenn der Beklagte das Eheversprechen abstritt, benötigte sie zwei Zeugen, die ihre Aussage stützten. Angesichts der Umstände, unter denen solche Eheversprechen oft gegeben wurden, und der absehbaren Zerrüttung sozialer Hierarchien durch leichtsinnig geschlossene Ehen waren normalerweise keine zwei Zeugen aufzutreiben. Deshalb wurde es bei den Kirchengerichten zur Routine, beide Seiten zu hören und »mangels Beweisen« einfach beiden Parteien die Erlaubnis zu erteilen, jemand anderen zu heiraten. Für die Frau stellte diese Lösung einen finanziellen Ausgleich dar, zugleich aber war ihre Ehre »verloren«, und sie hatte keine Möglichkeit, ihren Verführer in den Ehestand zu zwingen.

Luther wird oft zugutegehalten, er habe eine moderne, partnerschaftliche Ehe geschaffen, nachdem das Eheleben in Klosterschriften jahrhundertelang als spirituell minderwertige Option dargestellt worden war. Doch was er unter einer Ehe verstand, ist von heute aus gesehen häufig überraschend und fremdartig. Als er 1520 in *Von der babylonischen Gefangenschaft der Kirche* feststellte, dass die Ehe kein Sakrament sei, setzte er eine gewaltige Umwandlung der Institution Kirche in Gang, um die herum die ökonomischen, politischen und sozialen Beziehungen der Gesellschaft organisiert waren. Es bedeutete vor allem, dass Kirchengerichte und Kurie keine Autorität über die Ehe hatten und dass das kanonische Recht nicht ihren rechtlichen Rahmen liefern sollte. Bei seinem Versuch, reinen Tisch zu machen, ging Luther sogar noch weiter und bestimmte den Inhalt der Gesetze zum Inzest neu. Anstelle der aufwendigen Berechnung von Verwandtschaftsgraden und dem verwickelten System von Dispensen, die der Papst erteilt hatte, forderte Luther, dass das biblische Recht Anwendung finden sollte: Alle Verbindungen außer denen, die in Levitikus ausdrücklich verboten waren, sollten erlaubt sein. Seine Ehe sei vollkommen rechtsgültig, schrieb Luther an den Pfarrer Marquard Schuldorp in Magdeburg, der seine Nichte geheiratet hatte, denn was Gott nicht verboten habe, sei erlaubt. Er solle die Rufe, das sei Unrecht, einfach ignorieren, denn sie kämen von Leuten, die wie rasende Hunde ihre Beute vor sich hertrieben: Gott habe es nicht verboten, sondern freigestellt, dass Geschwisterkinder einander oder die Tochter ihres Bruders oder ihrer Schwester heirateten.[71] Allerdings verstießen solche Ehen gegen kaiserliches Recht, und Anwälte machten bald kurzen Prozess mit Luthers Überlegungen, indem sie die Anerkennung von Ehen zwischen Onkeln und Nichten verweigerten. Luther selbst nahm später einen weitaus konservativeren Standpunkt ein.[72]

Nachwuchs zu zeugen sei ein menschliches Bedürfnis, glaubte er und ging in seiner Schrift von 1520 so weit vorzuschlagen, eine Frau, die von ihrem Ehemann keine Kinder bekommen könne, solle mit Einwilligung des Gatten eine »geheime Ehe« mit einem anderen, etwa dem Bruder des Ehemanns, eingehen und die Nachkommen dem sogenannten vermeintlichen Vater zuschreiben; ihre Ehe sei, da nicht vollzogen, eine Scheinehe, sie habe ein Recht auf Nachkommenschaft, der Ehemann müsse »ihrem Recht ein Zugeständnis machen« – ein

Standpunkt, den sogar Zeitgenossen schockierend fanden.[73] Auf die Frage, ob Bigamie statthaft sei, antwortete Luther, Heiden könnten tun, was sie wollten, doch die christliche Freiheit solle von Liebe und dem Dienst am Nächsten bestimmt sein, wo »es ohn Not und Fehler des Glaubens und Gewissens geschehen« könne; wenngleich »die Alten viel Weiber gehabt, ist's doch Christen nicht zu thun nach solchem Exempel, weil da keine Noth (…), noch sonderlich Gottes Wort ist, das solches befiehlet, und so groß Aergerniß und Unruh daraus kommen möcht« – fast möchte man dieses Plädoyer für die Monogamie zaghaft nennen.[74] Luther war überzeugt, dass zwischen Sexualität als einer Körperfunktion und der Gesundheit ein Zusammenhang bestand, er erwähnte sogar das Beispiel einer ihm bekannten Frau, die aus Mangel an Geschlechtsverkehr verstorben sei.[75] Und schon einen guten Monat nach dem Tod von Justus Jonas' Frau im Dezember 1542 schrieb Luther, dass die anfängliche Trauer seines Freundes nun vorüber sei und er bald ein gutes Weib begehren werde. Gott werde seine Wunde heilen, fügte er hinzu. In der Tat, nur fünf Monate später heiratete Jonas wieder.[76] Sex erschien Luther so wichtig für das menschliche Wohlbefinden, dass er die Auffassung vertrat, bei Ehebruch solle eine Ehe nicht nur aufgelöst, sondern dem unschuldigen Ehepartner auch die Wiederverheiratung erlaubt werden. Hinsichtlich des sexuellen Begehrens war er Realist. Es gebe zweierlei Ehebruch: »Der erste ist geistlich, für Gott, da einer des andern Weib oder Mann begehret, Matthäus 5. Dem entläuft niemand.«[77] Doch der physische, reale Ehebruch war eine ganz andere Sache. Luther hielt an einem strengen ethischen Ideal der Ehe fest, aber seine oft widersprüchlichen und nicht miteinander zu vereinbarenden Überzeugungen sorgten dafür, dass er in den vielen Ehefragen, mit denen er sich jetzt beschäftigen musste, etliche unorthodoxe Ratschläge gab.

Da die Ehe nicht mehr zu den Sakramenten gezählt wurde, die Prinzipien des weltlichen Eherechts jedoch erst noch ausgearbeitet werden mussten, wandten sich die Menschen jetzt an Luther selbst als der höchsten Autorität in ehelichen Auseinandersetzungen – so wie zuvor an den Papst. Nachdem die alten päpstlichen Ehegerichte aufgelöst worden waren, fragte man immer häufiger Luther um seinen Rat. Seine Antworten konnten bisweilen willkürlich sein, und nicht immer nahm er sich genügend Zeit. So sagte er zum Beispiel zu Josef Levin Metzsch aus Wittenberg, es sei in Ordnung, ohne bischöfliche oder päpstliche Zustimmung eine Frau zu heiraten, mit der er dritten Grades verwandt war, doch als Metzsch Luthers Rat folgte, stand er vor dem Problem, dass die Kinder dieser Ehe von den Anwälten als unehelich eingestuft wurden.[78] Oftmals fiel es ihm zudem leichter, den Standpunkt des Ehegatten einzunehmen. Einmal ermahnten er und sein Kollege Johannes Bugenhagen Stefan Roth, er solle seine männliche Autorität in der Ehe nutzen und seine kranke Frau zwingen, Wittenberg zu verlassen und ihm nach Zwickau zu folgen, da ihre Widerspenstigkeit nicht von ihrer Krankheit herrühre, sondern von ihrer Bosheit. »Darum siehe zu, daß du ein Mann seiest«, forderte Luther ihn auf, Roth solle nicht zulassen, »daß die Gewalt des Ehemannes, welches Gottes Ehre ist, wie Paulus lehrt, von ihr verachtet und mit Füßen getreten« werde. Er müsse sich eingestehen, »daß der Esel vom Futter muthwillig wurde«, seine Nachgiebigkeit und »Willfertigkeit« mache die Frau »unbändig« – eine Wortwahl, die zu verstehen gab, dass sie auch sexuell außer Kontrolle war.[79]

Den Fall von Wolf Hornung, einem niederen Adeligen, verfolgte Luther mit leidenschaftlicher Besessenheit. Hornungs Frau, Katharina Blankenfeld, hatte das Interesse keines Geringeren geweckt als des Kurfürsten Joachim von Brandenburg, des Bruders von Luthers altem Gegenspieler Albrecht, Erzbischof von Mainz. Joachim zwang sie, seine Mätresse zu werden, und als Hornung den Ehebruch seiner Frau entdeckte, wurde er handgreiflich und verwundete sie mit einem Messer. Daraufhin ließ Kurfürst Joachim den Ehemann inhaftieren und demütigte ihn: Unter anderem musste er das Land verlassen und alle Ansprüche auf sein Hab und Gut aufgeben. Luther griff seinen Fall auf, schrieb wiederholt an die verführte Ehefrau, ihre Mutter, an den Kurfürsten, und er setzte wahrscheinlich auch das Schreiben zu Hornungs Verteidigung auf. Als das alles nichts half, griff er zu der Taktik, die er seit Anfang der Reformation immer wieder genutzt hatte: Er wandte sich an die Öffentlichkeit. Luther verfasste und veröffentlichte mahnende Briefe nicht nur an Katharina Blankenfeld und den Kurfürsten, sondern auch an die Bischöfe der Region und die Ritter von Brandenburg, in denen er sie aufforderte, ihren Landesherrn an seine Pflichten zu erinnern. Obwohl er in seinen Briefen an den Kurfürsten sorgsam betonte, dass er weder eine Fehde auslösen noch einen Schmähbrief verfassen wolle, kann man sich kaum eine Kampagne vorstellen, die mit größerer Unnachgiebigkeit auf Rufschädigung abzielte. Für Luther ging es hier um die männliche Ehre. Ein »Raub« war begangen worden, wie er es ausdrückte, und eine Frau ihrem rechtmäßigen Ehemann von einem ungerechten und übermächtigen Herrscher entrissen worden.[80]

Luther sah den Fall zweifellos durch die Linse der alttestamentarischen Geschichte von Davids Raub der Bathsheba, der Frau des Hethiters Urija. Selbstverständlich musste er zugeben, dass Hornung seine Frau tätlich angegriffen hatte, indem er sie mit »einem stumpfen Messer ein wenig gestochen hatte«, was, wie er einräumte »aus ehelicher Eifersucht« geschehen sei.[81] In ihrer Antwort vergalt Katharina Blankenfeld – oder vielleicht ihr Verführer Joachim – Gleiches mit Gleichem und führte an, der »Bischoff zu Wittenberg« – gemeint war Luther – »sollte sich selbst vor Augen führen, welch gute Ehe und Glauben er seiner entlaufenen Nonne hielt«, und über das eigene Verhalten nachgrübeln, wenn er nachts mit der Laute durch Wittenbergs Straßen ziehe. Man beschimpfte ihn also als Ständchen bringenden Schürzenjäger. Versehen mit einer Vorrede und Randglossen, in denen er sie als hochnäsig und dreist verspottete, veröffentlichte Luther ihren Brief umgehend. Gott möge jeden vor dieser Frau Katharina Blankenfeld schützen, schrieb er, bis ein guter »Sauheiler« (ein Beschneider) sie sich schnappe und mit einem scharfen Messer kastriere.[82] Die Affäre war jedoch noch nicht zu Ende. War Luther anfangs überzeugt gewesen, dass Katharina gegen ihren Willen entführt worden war, so dämonisierte er sie bald als zänkisches Biest. Seine leidenschaftliche Einmischung wurde noch schillernder durch die Tatsache, dass Kurfürst Joachims Ehefrau, eine Anhängerin Luthers, 1528 aus Brandenburg nach Wittenberg floh. Nicht zum

ersten Mal hatte Luther einem katholischen Granden anscheinend die
Frau abspenstig gemacht und ihm eine Nase gedreht.

Seine Ansichten über die Ehe können einem gelegentlich anmaßend
vorkommen. Sein parteiisches Festhalten an Hornungs Ehe zum Beispiel steht im Widerspruch zur gleichermaßen leidenschaftlichen
Beharrlichkeit, mit der er in anderen Fällen dafür eintrat, dass Männer, die von ihren Frauen verlassen worden waren, wieder heiraten
durften. Ursula Topler, die den Priester und ehemaligen Dominikaner
Jodokus Kern heiratete, hatte ihr Kloster verlassen, weil sie von
Luthers Lehre überzeugt war, wollte aber eine Ehe ohne sexuelle Beziehung führen, doch zu ihrem Unglück teilte ihr Mann dieses Ideal
nicht. Als er sie daraufhin grob behandelte, suchte sie Zuflucht beim
katholischen Grafen Ernst II. von Mansfeld, woraufhin ihr Gatte vor
Gericht zog, um sie zurückzubekommen. Kern war Seelsorger in Allstedt, wohin ihn Luther Ende 1524 gesandt hatte, um Müntzers Ein-
fluss etwas entgegenzusetzen. Luther empfahl, die Frau nicht in den
Händen von Graf Ernst und seiner Gattin zu belassen, die ihre »Ohren,
Augen und alle Sinne samt Herz« mit falschen Vorstellungen fütterten.
Zumal sie »ein Weib ist, welches wegen ihrer natürlichen weiblichen
Schwäche auch die Anfechtungen beider, von Teufel und Menschen,
gegen sich hat, sodass es ein großes Wunder wäre, wenn sie bestehen
könnte«. Seiner Meinung nach wäre es das Beste, man schickte sie zu
Verwandten nach Nürnberg, die ihr den Kopf zurechtrücken könnten.
Wenn sie nicht einlenke, »so lasse man sie fahren und nach ihrem Willen leben, den Pfarrer dagegen frei sein, als wäre sie gestorben, sodass
er tue, was er will«. Bezeichnenderweise rät er nicht dazu, sie zur
Rückkehr zu ihrem Gatten zu zwingen. Das war zu viel für den Kurfürsten, dessen Berater sich wegen des Skandals sorgten, den so viel
Freiheit in Allstedt hervorrufen würde. Als Kern sich einfach wieder
verheiratete, musste er sich nach der Kircheninspektion von 1533
wegen Bigamie verantworten.[83]

Viele der frischvermählten evangelischen Pfarrer fanden sich schwer
in der Ehe zurecht, nachdem sie von Jugend an in rein männlicher Gesellschaft sozialisiert worden waren und gelernt hatten, Frauen als

Verführerinnen und befleckte Aufnahmegefäße für die männliche Lust anzusehen. Soweit wir wissen, sah Luther zum Beispiel in seiner Zeit als Mönch sogar im Beichtstuhl nur selten eine Frau, er hatte keine weiblichen Freunde, bis er die Wittenberger Führungsschicht, besonders die Familien Cranach und Krapp, näher kennenlernte. Luther scheute sich nicht, seinen frauenfeindlichen Humor Frauen ebenso wie Männern gegenüber anzubringen: Als Justus Jonas' Frau schwanger war, schrieb er ihr, das Kind nehme so viel Platz in ihrem Bauch ein, dass es ein Mädchen sein müsse, denn »die führen sich seltsam auf, sperren sich und ihnen ist auch ein großes Haus zu eng; gleich wie die Mütter es tun, die einem armen Mann auch die Welt zu eng machen«.[84] Beim Tod von Johannes Langs Frau schrieb Luther ihm, er wisse nicht, ob er ihm gratulieren oder ihn bedauern solle.[85] Sie war reich und verwitwet gewesen, als Lang sie heiratete, was Thomas Müntzer zu der giftigen Bemerkung veranlasst hatte: »(...) die frommen Herren, ihre Pfaffen, die ihnen das Evangelium predigen, freien alte Frauen mit großen Reichtümern, denn sie sorgen sich, sie müssten zuletzt um Brot betteln.«[86]

Eine Eheschließung wegen ökonomischer Vorteile war jedoch keineswegs unüblich. Die meisten Handwerksbetriebe wurden von einem Ehepaar geführt, und gewöhnlich heiratete die Witwe eines Handwerksmeisters einen Gesellen aus ihrer Werkstatt, um das Geschäft weiterzubetreiben. Auch in bäuerlichen Haushalten war die Arbeit von Mann und Frau unabdingbar, um den Hof zu betreiben, und eine Ehe verlieh den ökonomischen Beziehungen von Unterordnung und Gehorsam eine scheinbar natürliche Basis. Durch Eheschließungen wurden Eigentum und Sozialstatus übertragen, Beziehungen gefestigt, politische Dynastien gegründet und das Erbe gesichert. Davon war auch der neue Berufsstand der verheirateten Priesterschaft betroffen. Immer praktisch denkend, empfahl Luther 1528 Michael Stifel, die nach dem Tod von Luthers ehemaligem Studenten Franz Günter vakante Pfarrstelle in Lochau zu übernehmen – einschließlich Günters Witwe, und auch ihre beiden Kinder sollten Bestandteil des Handels sein. Brav heiratete Stifel die Witwe und kam so zu einem Haus und einer Familie, während Luther wusste, dass die Witwe versorgt und die Nachfolge in einer weiteren lutherischen Pfarrei gesichert war.[87]

Luthers eigener Haushalt war keine kleine Sache, denn er und Katharina wohnten ausgerechnet im ehemaligen Kloster von Wittenberg, und es füllte sich schnell mit Familienangehörigen. Zusammen mit dem letzten Prior, Eberhard Brisger, hatte Luther die Schlüssel des nun fast verlassenen Gebäudes einige Monate vor seiner Heirat offiziell dem Kurfürsten übergeben und den Klosterbesitz dem Land Sachsen übertragen, obwohl die Frischvermählten weiterhin darin lebten. Sieben Jahre später schenkte Kurfürst Johann, Friedrichs Bruder und Nachfolger, das gesamte Anwesen offiziell Luther und seinen Nachkommen.[88] Es war in jener Zeit eines der größten Gebäude in der Stadt, und Katharina drückte ihm ihren Stempel auf, als sie 1540 ihrem Mann zum Geburtstag das »Luther-Portal« schenkte, ein steinernes Eingangstor im Stil der Renaissance, in das sie auf der einen Seite Luthers Porträt und auf der anderen Seite seine Siegelrose hatte meißeln lassen und das am Haus angebracht wurde.[89]

In seinem Anwesen schlug Luther eine Brücke zwischen einer Klostergemeinschaft und einem säkularen Haushalt. Es war nicht nur sehr groß – gewiss weitaus geräumiger als das Mansfelder Haus, in dem er aufgewachsen war –, es beherbergte auch bald eine bunte Mischung aus Gästen und Untermietern. Durch eine merkwürdige Ironie gehörte Familie Karlstadt zu den Ersten, die hier unterkamen. Wie viele Professoren in Wittenberg vermietete auch Luther Zimmer an Studenten, ihre Verköstigung und Unterbringung sorgten für einen zusätzlichen Verdienst. Stets fanden sich Zuhörer bei Tisch, vor denen er seine Ansichten weitschweifig ausbreitete und die er mit Witzen und Anekdoten unterhielt.[90] Genau wie in einem Kloster wurde Besuchern aller Art Gastfreundschaft gewährt. Luther schätzte die Geselligkeit als ein Mittel gegen die Melancholie, mit der er während seiner Zeit als Mönch Bekanntschaft gemacht hatte. Wenn du Frieden und Stille suchst, warnte man Prinz Georg von Anhalt 1542, quartiere dich nicht bei den Luthers ein.[91] Außer den Studenten[92] wohnten noch die Bediensteten im Haus, einschließlich Luthers langjährigem Hausdiener Wolf Sieberger, für den der Reformator ein Heldengedicht über seine Liebe zur Vogeljagd verfasste, und einer Reihe von Mägden, darunter die bizarre Rosina von Truchsess, die anfangs behauptete, sie sei eine adelige Nonne, dann jedoch zugab, dass sie die Tochter eines Bauern war, den man in den Bauernkriegen geköpft hatte. Als sie schwanger wurde, forderte sie eine der anderen Mägde auf, sie solle »ihr auf den Leib springen«, damit sie das Kind verliere, danach war sie für Luther nur noch die »Erzhure, ein hoffnungsloser Balg und Lügensack«. Er verdächtigte sie, eine Spionin der Papisten zu sein, und sie wurde – wie bei schwangeren unverheirateten Mägden üblich – aus ihrer Stellung gejagt und musste die Stadt verlassen: Die Großzügigkeit, für die Luthers Haushalt berühmt war, hatte Grenzen.[93]

Luthers Offenheit für andere war dennoch legendär. Ganze Familien zogen in das ehemalige Kloster ein. Simon Haferitz, ein ehemaliger Anhänger Müntzers, der in Leipzig in Streitereien verwickelt war, kam 1531 mit seiner ganzen Familie an. »Ich weiß nicht, in welches Nest ich ihn setzen soll«, seufzte Luther, »aber Luther hat ein breites Kreuz und wird auch diese Last tragen können.«[94] 1536 schlüpfte Johannes Agricola, der sich Hoffnung auf eine Berufung an die Universität Wittenberg machte, mit seiner zehnköpfigen Familie bei Luther unter, und 1545 beherbergte Luther erneut Agricolas Frau und ihre Tochter.[95] 1539 nahm er die vier Waisen von Dr. Sebald Münsterer bei sich auf, der zusammen mit seiner Frau an der Pest gestorben war, und zog damit den Unmut der Wittenberger auf sich, die Luther beschuldigten, er würde die Pest verbreiten.[96] Dazu kam die bunt zusammengewürfelte Mischung aus Verwandten und Freunden, einschließlich Katharinas Tante Muhme Lena und des vierzehnjährigen Sohns eines böhmischen Grafen.[97] Man arrangierte sich mit den Gästen, doch Spannungen blieben nicht aus. 1542 schrieb Luther an den Schulmeister in Torgau und wies ihn an, er solle seinen Neffen Florian drei Tage lang jeweils einmal verprügeln, bis es blute: Der Junge hatte Luthers Sohn Paul auf dem Weg zur Schule das Messer weggenommen. Am ersten Tag müsse er dafür geschlagen werden, dass er das Messer genommen habe, am zweiten Tag dafür, dass er gelogen und gesagt habe, Luther habe ihm das Messer gegeben, und am dritten Tag dafür, dass er Luther bestohlen habe, denn es sei sein Messer. »Wäre der Arschlecker noch hier, ich wollte ihn lügen und stehlen lehren«, schrieb Luther wütend.[98]

\*

Aus dem dünnen, ernsthaften Mönch, über den man gespottet hatte, weil er auf dem Marktplatz in Leipzig an einem Blumensträußchen schnupperte, war ein massiver, gesetzter Patriarch geworden, der anderen seine Gastfreundschaft gewährte. Um 1530 merkten einige seiner Gäste an, dass Luther an Leibesfülle zugenommen hatte. Er war in der Tat richtig dick: Er werde »den Maden einen feisten Doktor zu essen geben«, bemerkte er ironisch wenige Tage vor seinem Tod.[99] Aus der körperlichen Verwandlung erwuchs der evangelischen Bewegung freilich ein Imageproblem, denn heilige Männer waren in der

IN SILENTIO FORTITVDO — ET SPE ERIT VESTRA.

48 Lucas Cranach der Ältere, *Martin Luther*, 1532

Regel knochige Asketen und immun gegen die Verlockungen des Fleischs. Welche Schwierigkeiten Luthers Anhänger mit seinem Erscheinungsbild hatten, zeigt sich in Melanchthons Luther-Biographie, der großen Wert darauf legte festzuhalten, dass Luther über weite Strecken gefastet und tagelang nichts gegessen habe.[100] Doch Luther ähnelte kaum dem abgemagerten Eremiten und beflissenen Gelehrten, als den Melanchthon ihn präsentieren wollte. In der Tat hatte sich in dieser Zeit eine neue Ikonographie entwickelt, die einen monumentalen, vor Kraft strotzenden Luther mit riesigen Stiefeln und winzigen Händen zeigte, der mit beiden Beinen fest auf dem Boden stand und eine Bibel in Händen hielt. Einige Drucke zeigten einen feisten Luther und einen massigen sächsischen Kurfürsten zu beiden Seiten eines Kreuzes kniend wie zwei riesige Gewichte auf einer Waage: Es hätte keine deutlichere Veranschaulichung der Nähe zwischen Luthers Reformation und dem sächsischen Herrscherhaus geben können. Der Holzschnitt fand als Titelblatt der Luther-Bibel und von Luthers Ge-

49 Lucas Cranach der Ältere, *Bildnis des Martin Luther*, 1546. In den frühen 1530er Jahren war Luther beleibter geworden, und die Gedenkbilder des Reformators, die in seinem Todesjahr geschaffen wurden, zeigen einen feisten, vermögenden Mann, der eine Autorität darstellt. Nichts erinnert mehr an den dünnen jungen Mönch mit dem Hang zur Askese.

sammelten Schriften Verwendung – die Darstellung wurde quasi zum offiziellen Emblem der Reformation.[101]

In den frühen 1530er Jahren war Luther, nachdem seine Eltern beide gestorben waren, der »Älteste in meiner Familie« und selbst Vater einer Horde von Kindern. Er war sowohl intellektuell als auch körperlich weniger beweglich als früher, machte es sich in seinem Arbeitszimmer gemütlich und hielt Hof bei Tisch. Jetzt war er vermögend, sein Eheleben hatte seine Theologie verändert. Er hatte die

*50* Lucas Cranach der Ältere, *Luther und der Kurfürst von Sachsen vor einem Kruzifix.* Der Holzschnitt, in zahlreichen Variationen aufgegriffen, war außerordentlich einflussreich. Hans Lufft verwendete ihn zur Titeleinfassung in der 1546 von ihm gedruckten Ausgabe von Luthers *Neuem Testament* sowie in mehreren Bänden von *Luthers Gesammelten Schriften.* Die Darstellung betont die Bedeutung des Kreuzes in Luthers Gebeten, die Karlstadt zurückwies.

Askese über Bord geworfen zugunsten einer bemerkenswert positiven Konzeption der menschlichen Physis und einer flexiblen, seelsorgerischen Haltung gegenüber den Eheproblemen seiner Gemeindemitglieder. Diese Sichtweise trennte ihn nicht nur von der alten Kirche, sondern auch vom moralischen Rigorismus derer, die unter dem Einfluss der Schweizer Reformatoren und ihrer Erben, der Calvinisten, die Gemeindevorschriften über das Individuum setzten.

*Vierzehntes Kapitel*

# Zusammenbruch

Das erste Zeichen von Uneinigkeit zwischen Luther und Karlstadt war ihre Auseinandersetzung über die Rolle der Bilder gewesen. Während Karlstadt verlangte, Bilder aus Gotteshäusern zu entfernen, weil sie unbiblisch seien, hielt Luther ihre vollständige Verbannung nicht für notwendig. Außerdem bestand er darauf, dass allein die anerkannten Autoritäten sie entfernen durften. Diese unterschiedlichen Auffassungen führten zu einer entscheidenden Spaltung in der Reformationsbewegung. Denn während die Anhänger Luthers in ihrer Propaganda ebenso wie in ihren Kirchen reichlich Bilder benutzten, bildeten Zwingli-Anhänger – und später Calvinisten – mit ihren schlichten, kahlen Kirchen einen Gegensatz dazu, der nicht größer hätte sein können.

Ende 1524 konzentrierten sich die Spannungen auf unterschiedliche Haltungen zur Eucharistie. Die Lagerbildung hatte nicht nur mit persönlichen Feindseligkeiten zu tun: Viele Evangelische waren von Luthers Lehre der Realpräsenz nicht überzeugt. In Zürich hatte Huldrych Zwingli die Eingebung – im Traum, wie er behauptete –, dass das Wort »ist« in »Das ist mein Leib« nichts anderes meint als »bedeutet«. Als Priester am Züricher Großmünsterstift konnte Zwingli mit dem Rückhalt im Rat der Stadt eine durchgreifende Reformation durchführen, die sich von Luthers Ideen weitestgehend löste. Sie sollte in vielen Städten in Süddeutschland und in der Schweiz zum reformatorischen Vorbild werden und großen Einfluss auf den französischen Reformator Johannes Calvin haben, der in Genf wirkte.[1] Johannes Oekolampadius, ein hochangesehener Humanist in Basel, nahm einen ähnlichen Standpunkt ein (auch er vertrat die Ansicht, dass der »Leib«

in »Das ist mein Leib« das Brot sei, als Symbol für den Leib Christi, der »Leib« sei also nicht der reale Leib Christi). Der Ruf, den Oekolampadius genoss, machte es für die Wittenberger unumgänglich, sich mit seinen Ansichten auseinanderzusetzen. Für ihn und andere ergab sich aus der Ablehnung der Realpräsenz Christi zudem eine andere Rolle der Kleriker bei der Eucharistie. Sie wiesen die Vorstellung zurück, ein Priester könne das Wunder der Verwandlung von Brot und Wein in den Leib und das Blut Christi vollziehen. Damit trafen sie den Nerv eines weitverbreiteten Antiklerikalismus. Viele Laien kritisierten vor allem die Heuchelei eines amoralischen Klerus. Sie fragten, mit welchem Recht Männer, die mit Konkubinen in Sünde lebten, das Kirchenvolk durch die Tyrannei der Beichte drangsalierten. Auch die Frage, ob das Sakrament überhaupt gültig war, wenn der Priester, der das Brot und den Wein konsekrierte, ein bekannter Sünder war, wurde aufgeworfen.

Wie Karlstadt wollte Zwingli die Trennung zwischen Klerikern und Laien aufheben. Die Evangelischen in der Schweiz und in Süddeutschland waren zutiefst empört über den Missbrauch der Beichte und der Absolution durch die katholische Geistlichkeit. Ihre Kritik richtete sich vor allem gegen die individuelle Beichte, die sie folglich durch eine »allgemeine« Beichte der versammelten Gemeinde ersetzten. Zwingli sah die Gemeinschaft und ihre Werte als besonders wichtig an. Als er Züricher Bürger wurde, akzeptierte er die Bürde des Militärdienstes, denn ein Mann musste bereit sein, seine Stadt unter Einsatz seines Lebens zu verteidigen. Auch die Eucharistiefeier war für Zwingli eine kollektive Angelegenheit. Die ganze Stadt war in die Erlangung des Seelenheils eingebunden, und deshalb war es entscheidend, dass sie insgesamt moralische Reinheit erlangte, sonst würde Gottes Urteil die ganze Gemeinde verderben. Folglich machte sich die Züricher Obrigkeit daran, alle zu bestrafen, die sich der Hurerei, des Ehebruchs und der Spielsucht schuldig machten, und bezahlte Bürger sogar dafür, die Sünden ihrer Nachbarn auszuspionieren.[2] Es scheint, als hätte der städtische Kommunalismus spezifische und unvorhergesehene Formen der Tyrannei hervorgebracht.

*

Mittlerweile stand Karlstadt selbst unter Überwachung und lebte teils bei der Familie seiner Frau in Seegrehna, teils in Kemberg, wo der örtliche Prediger und die kurfürstlichen Amtmänner über seine Aktivitäten berichteten. 1526 bat er die Wittenberger – Justus Jonas, Johannes Bugenhagen und Luthers Frau Katharina –, Taufpaten seines Sohnes zu sein. Daraufhin stattete eine Abordnung von Wittenberger Würdenträgern, darunter Luther, Seegrehna einen Besuch ab. Der bereits zwei Jahre alte, nach seinem Vater benannte Andreas wurde ungewöhnlich spät getauft. Zur Zeit seiner Geburt war Karlstadt aus Sachsen verbannt gewesen, und seine Mutter, die zurückgeblieben war, hatte ihn nicht taufen lassen – vielleicht weil Karlstadt damals die Kindstaufe in Frage stellte, vielleicht weil sie selbst mit den Vorstellungen der Wiedertäufer sympathisierte, die sich nach den Bauernkriegen ausbreiteten. Demnach sollten nur erwachsene Gläubige getauft werden. Luther genoss die Ironie, die in Karlstadts Sinneswandel lag, und bemerkte: »Wer hätte im vorigen Jahre gedacht, daß es so kommen könne, daß die, welche die Taufe ein Hundsbad nannten, dieselbe jetzt selbst von ihren Feinden erbitten sollten!«[3]

Die Feier in Seegrehna war ein Versöhnungsversuch zwischen den beiden Männern, die durch die Patenschaft nun erneut aneinander gebunden waren. Und offenbar hat Karlstadts Familie die Taufe genutzt, so gut es ging. Wenige Tage danach verwandte sich Luther beim Kurfürsten für den Onkel von Karlstadts Frau, den Müller von Seegrehna, während eine Frau aus ihrer Verwandtschaft einige Monate in Luthers Haus Aufnahme fand, um sich von der Pest zu erholen. Im November schrieb Karlstadt selbst aus Berkwitz an Luther und teilte ihm mit, er habe sieben Pferde verloren und müsse die wenigen verbliebenen Tiere verkaufen: Ob Luther den Kurfürsten darum bitten könne, dass dieser ihn nach Kemberg umziehen lasse? Luther wandte sich häufig in fremden Angelegenheiten an den Kurfürsten, doch der förmliche Nachdruck, mit dem er Karlstadts Bitte Folge leistete – wiederholt ersuchte er den Kurfürsten um die Erlaubnis für Karlstadt, nach Kemberg zu ziehen, und setzte sich für die Interessen seiner Verwandten ein –, hat einen sonderbaren Beigeschmack, als wollte er durch seine ostentative Zuwendung von einer heimlichen Antipathie ablenken.[4]

Auf Karlstadt konnte Luther ein Auge haben, doch was außerhalb des Dunstkreises von Wittenberg geschah, entzog sich seiner Kontrolle. Einer nach dem anderen übernahmen seine früheren Unterstützer den Standpunkt der Sakramentarier und bestritten die Realpräsenz Christi in der Eucharistie. Der Verlust von Oekolampadius war für Luther bereits schwer zu verkraften gewesen, doch dann meldete Nikolaus Gerbel, Luthers loyaler Stellvertreter in Straßburg, dass auch Martin Bucer eine Spielart der Schweizer Position übernommen habe. Bucer und die Straßburger Priesterschaft bemühten sich um den Schulterschluss mit Luther und schickten, als sie merkten, dass briefliche Diskussionen wahrscheinlich nicht zu einer Einigung führen würden, einen Abgesandten zu ihm, der lange mit ihm diskutierte. Es gelang ihnen trotzdem nicht, mit Luther übereinzukommen, und Gerbel gelangte zu dem Schluss, dass nicht die Anhänger des Papstes, sondern die Sakramentarier jetzt der Hauptfeind seien.[5] Da Gerbel wenig Neigung hatte, sich auf diesen Kampf einzulassen, widmete er sich lieber seiner akademischen Arbeit.[6]

Auch der führende Priester in Augsburg, Urbanus Rhegius, einst ein Anhänger Luthers, schien einigen von Karlstadts Argumenten gegenüber aufgeschlossen.[7] Augsburg war eine der führenden Reichsstädte mit einer breiten evangelischen Bewegung in der Bürgerschaft, ihre theologische Ausrichtung war von großer Bedeutung. Doch im Sommer 1526 waren nur noch Stefan Agricola, Caspar Huber und Luthers alter Freund Johannes Frosch, in dessen Kloster Luther während der Gespräche mit Cajetan in Augsburg gewohnt hatte, von Luthers Position überzeugt. In der evangelischen Bewegung Augsburgs hatten Männer wie Michael Keller, Johann Landsperger und Urbanus Rhegius die Führung übernommen, die ein mehr kommunalistisches Modell der Reformation predigten. Luther wusste, wie gefährlich diese Verschiebung war. Im Herbst schrieb er, anscheinend nach vielen Jahren zum ersten Mal wieder, an seinen Freund Frosch und mahnte ihn: »Du sei stark und stütze dein kleines Häuflein.«[8]

In Nördlingen hatte sich Luther auf seinen standfesten Verbündeten Theobald Billican verlassen, doch jetzt sympathisierte auch Billican in mancher Hinsicht mit den Schweizern,[9] während in Ulm Conrad Sam auf die Position der Sakramentarier eingeschwenkt war. Wenigstens Johannes Brenz in Schwäbisch Hall blieb loyal, und auch die Nürnberger hielten noch an Luthers Linie fest. Dennoch wurde Luther mit dem Verlust der Reichsstädte Augsburg, Ulm, Basel, Zürich und Straßburg, die alle bedeutende Zentren des Buchdrucks waren, von den Entwicklungen im Süden zunehmend abgeschnitten. Als in Straßburg Otto Brunfels, der Humanist und Freund des Ritters Ulrich von Hutten, einen Brief an Luther veröffentlichte, in dem er sein Bedauern über den Bruch mit Karlstadt ausdrückte, sprach er für viele: Er bewundere beide und könne Luther nicht lieben, ohne auch Karlstadt einzuschließen.[10]

Die Abweichler waren nicht nur auf den Süden beschränkt. In Liegnitz musste Konrad Cordatus nachdrücklich befohlen werden, die »Gegner Christi« zu verlassen,[11] in anderen Teilen Schlesiens traten die Adeligen Caspar Schwenckfeld und Valentin Krautwald für die Auffassung ein, dass es keine körperliche Gegenwart in der Eucharistie gebe. Schwenckfeld reiste im Dezember 1525 nach Wittenberg, um diese Frage persönlich mit Luther zu diskutieren, doch obwohl sie sich drei Tage lang darüber auseinandersetzten, überzeugte keiner den anderen.[12] Im Frühjahr 1526 sandte Luther Schwenckfeld einen bitteren Brief, in dem er ihm befahl, seine Irrlehren fallenzulassen: »Wills aber nicht sein, wohlan, so geschehe Gottes Wille, und ist mir doch von Herzen leid, aber rein bin ich von Euerm Blute und aller, die Ihr damit verführet. Gott bekehre Euch, Amen.«[13]

Auch Nichttheologen griffen die Vorstellungen der Sakramentarier auf, da diese mit einer tiefverwurzelten, von gesundem Menschenverstand getragenen Kirchenfeindlichkeit übereinstimmten. Eines der wenigen überlieferten Zeugnisse dafür stammt von Hans Mohr, dem Hauptmann der Fußsoldaten der Veste Coburg im Kurfürstentum Sachsen. Ihm zufolge war es Unrecht, »dass man aus der Creatur in des Herrn Brot und Wein das machen wolle, dass [es] der Schöpfer selbst sei«. Das einfache Volk werde erbärmlich getäuscht, glaubte er, und obwohl er froh sei, darüber zu schweigen, würde er seine Meinung sagen, falls ihn jemand bei Tisch oder in der Wirtschaft frage, was er darüber denke. Nachdem er mehrmals wegen seines Glaubens verhört worden war, wurde Mohr später von seinem Posten entfernt.[14]

Die Priester, die sich um Luther scharten, argumentierten alle in der gleichen Weise, während die Sakramentarier auf ganz verschiedenen Wegen zu ihren Schlüssen gelangten. Luther zeigte das lediglich, dass es nicht eine einzige »Ketzerei«, sondern fünf oder sechs verschiedene Sekten gab, was für ihn der Beweis war, dass diese »alsbald untergehen«.[15] Es war jedoch keineswegs klar, dass die Lutheraner gewinnen würden. Sie veröffentlichten in größerem Umfang, und ihre Bücher erschienen an mehr Orten. Dazu hatten sie die Zensur auf ihrer Seite. In Leipzig und Erfurt wurde fast nichts veröffentlicht, was von Luthers Linie abwich, in Nürnberg und Basel waren Karlstadts Werke über das Sakrament verboten, in Nürnberg durften zudem Zwinglis Werke aus gutem Grund nicht gedruckt und verkauft werden. Trotzdem hörte Luther von allen Seiten, dass sich die Flugschriften der Sakramentarier besser verkauften und die intellektuelle Agenda vorgaben. Die verbliebenen loyalen Anhänger – Amsdorf, Bugenhagen und Luthers Nürnberger Freund Andreas Osiander – waren Luther persönlich verbunden, daher war er hocherfreut, als die »sehr gelehrten Männer Schwabens« in den Ring traten, ohne dass man sie darum gebeten hatte, und sich mit der gemeinsamen Schrift *Syngramma Suevicus* »vortrefflich« gegen Zwingli und Oekolampadius wandten.[16] Indes befanden sich Luther und seine Unterstützer erstmals in der Defensive, und Luther war nicht länger der Erste, der neue und intellektuell anregende Positionen entwickelte.

Aufgrund dieser Entwicklung wurde seine Stimmung zunehmend apokalyptischer, seine Briefe klangen immer schärfer. Anfang Januar 1527 befürchtete er, dass sogar sein alter Freund Nikolaus Hausmann zu den Sakramentariern übergelaufen sein könnte. Als Hausmann ihn beruhigte, antwortete Luther, er habe den Gerüchten keinen Glauben geschenkt, »denn bei mir habe ich von dir immer so geglaubt«, und er schloss die Bitte an, der Freund möge für ihn beten, auf dass seine Feder durch Christus gegen Satan gelenkt werde.[17] Allein das Gerücht, der Rat der Stadt Memmingen habe beschlossen, die Kommunion als verpflichtendes Sakrament abzuschaffen, genügte schon, damit Luther zur Feder griff und die Räte einschüchterte: »Oh, liebe Herren, handelt nur, ehe es noch ärger kommt! Der Teufel, einmal so weit hineingelassen, wird nicht ruhen, bis er es noch schlimmer treibt. Seid gewarnt, seht Euch vor, liebe Freunde! Es ist Zeit, es herrscht Not.«[18] Es ist offensichtlich, wie erleichtert Luther war, als sich schließlich herausstellte, dass Michael Stifel in Tollet, seit langer Zeit einer seiner Briefpartner, im Glauben »beständig und lauter« geblieben war. Es müsse »Gottes Zorn« sein, schrieb Luther, dass so viele sich durch »so kindische und ungereimte Gründe« verführen ließen von jenen, die behaupteten, weil Christus zur Rechten des Vaters sitze, sei er nicht im Sakrament.[19] In einem Brief an Johann Hess in Schlesien beklagte er 1526 den Verlust von Krautwald und Schwenckfeld an die »Teufel« und warnte, der Kampf mit dem apokalyptischen Drachen stehe unmittelbar bevor.[20] In einem anderen Brief ermahnte Luther Thomas Neuenhagen in Eisenach, den er kaum kannte, nicht dem Eisenacher Prediger Jacob Strauss zu folgen: »Du sollst Christo dienen; er hat dem Satan gedient.«[21] Kurz darauf schrieb er an Nikolaus Hausmann, die »wüthenden Ketzereien« seien Satans Rache: »(...) kurz, die ganze Welt stürzt und bricht zusammen, nämlich zu einem großen Zeichen, daß der jüngste Tag vor der Thür sein werde«. Es tue ihm leid um Oekolampadius, »einen so großen Mann, der durch so untaugliche und nichtige Beweisgründe« in der Ketzerei gefangen sei.[22]

Immer wieder tauchen in seinen Briefen dieselben Wendungen auf: Satan »wütet«, Luthers Gegner leiden an der »furia« und »rasen« gegen ihn, das Weltende steht bevor. Die Briefe sind voller reißerischer Warnungen vor den Abtrünnigen, Ermahnungen, standhaft zu bleiben, inniger Bitten, der Empfänger möge für Luther in seinem Kampf gegen Satan beten, und häufig findet sich abschließend die selbstsichere Erklärung, dass er, Luther, an der Seite Christi stehe. »Jetzt erst verstehe ich, was es heiße, daß die Welt im Argen liege und daß der Satan der Fürst der Welt sei. Bisher meinte ich, dies seien nur Worte, aber jetzt sehe ich, daß es eine Thatsache ist, und daß der Teufel wirklich in der Welt herrsche«, schrieb er im Mai 1527 an Michael Stifel.[23]

Am 6. Juli 1527 erlitt Luther dann einen vollständigen körperlichen und geistigen Zusammenbruch, er war einer solch ernsten Anfechtung ausgesetzt, dass er stürzte und das Bewusstsein verlor. Es sei wie ein »Brausen« in den Ohren gewesen, beschrieb er es später, doch nicht im Kopf, sondern außerhalb des Kopfes. Es habe sich angefühlt, als ob Satan ihn mit seinen Fäusten schlagen würde, ein Eindruck, der ihn an Paulus' Worte in den Korintherbriefen erinnerte. Alle Farbe war aus seinem Gesicht gewichen, und er lag da wie tot. Als er das Bewusstsein wiedererlangte, sorgte er sich – so wie 1521 in Worms –, in seinen Polemiken zu hart gewesen zu sein, auch angesichts seines Plans, über die Taufe und gegen Zwingli zu schreiben, was Gott offenbar nicht gewollt habe. Anschließend wandte er sich unter bitterem Schluchzen an Jonas und Bugenhagen und sprach von seinen Befürchtungen wegen der Sakramentarier und über die vielen Sekten, die überall entstanden waren, um Gottes Wort zu verdrehen.

Bugenhagen und Jonas verfassten 1546 einen vollständigen Bericht der Geschehnisse, der auf Notizen aus der damaligen Zeit beruhte.[24] Das Dokument ist höchst bemerkenswert, ebenso wie die Tatsache, dass es überhaupt geschrieben wurde. Beide Männer müssen gewusst haben, dass Luthers Feinde einen solchen Vorfall höchstwahrscheinlich als Besessenheit auslegen würden: In der Tat sollte Luthers Gegner Cochläus später behaupten, Luther sei sein Leben lang vom Teufel besessen gewesen. Bugenhagen und Jonas jedoch reagierten auf den Vorfall nicht damit, dass sie ihn unterdrückten, im Gegenteil, sie schilderten ihn möglichst ausführlich. Der Bericht wurde in deutscher Sprache in der allerersten Ausgabe von Luthers Werken veröffentlicht: in selbstbewusster Missachtung dessen, was die Gegner der Reformation daraus machen würden.[25]

Luther selbst wusste, dass der Vorfall bedeutungsvoll war. »Ich muss mir den Tag merken«, hält er fest, »bin gestern zur Schule gewesen.«[26] Er glaubte, der Zusammenbruch habe in seinem »Herzen« stattgefunden. Seine Auswirkungen waren ein extremes Kältegefühl und ein Klingeln in den Ohren, die seine Ärzte damit behandelten, dass sie ihm angewärmte Tücher und Kissen auflegten. Luther unterschied zwischen der körperlichen Erkrankung, die seine Freunde für bedrohlich hielten, und den Anfechtungen des Teufels, die danach noch lange andauerten. Zweifellos rechnete er damit, zu sterben, und ließ Frau und Sohn an sein Bett rufen. Er besitze nichts als die Münzen, die sie zur Hochzeit bekommen hatten, sagte er ihnen und befahl sie Gott, dem »Richter der Witwen«. Die Beichte hatte er bereits früh am selben Tag bei Bugenhagen abgelegt, denn er plante, am nächsten Tag die Kommunion zu erhalten. Seiner religiösen Überzeugung treu, fragte er nicht nach der Letzten Ölung.

Es lässt sich kaum sagen, worin genau diese »Angriffe des Teufels« bestanden. Luther sprach von der Angst, seinen Glauben zu verlieren, doch alle seine Briefe strahlen große Gewissheit aus sowie die Überzeugung, dass diejenigen, die einen anderen Weg eingeschlagen hatten, vom Teufel geleitet seien. Er betete die sieben Bußpsalmen. Sich der eigenen Sündhaftigkeit stets bewusst, sorgte er sich dieses Mal darum, dass er in seinen Polemiken zu hart gewesen sei und bisweilen »leichtfertige« Worte gebraucht habe – keine besonders schwerwiegenden Sünden.[27] Er wusste, wie harsch er sein konnte, und er hatte seinen Ton, wenngleich er sich in Worms 1521 für diesen Fehler entschuldigt hatte, nicht ernsthaft geändert.

Ebenso bemerkenswert ist, was Luther nicht bereute. Weder beunruhigte ihn sein Angriff auf das Papsttum, noch belastete seine Heirat sein Gewissen, und auch hinsichtlich seines Konflikts mit Karlstadt zeigte er keine Bedenken. Eher schien ihn tatsächlich die Angst ergriffen zu haben, er könnte seinen Glauben verlieren. Dementsprechend waren diese Anfechtungen wohl ebenso schlimm wie die Qualen, die er als Mönch gelitten hatte, als er Staupitz' Vergewisserung bedurfte; tatsächlich gab er später an, sie seien das Schlimmste gewesen, was er je erlebt habe. Er hatte geglaubt, wenn er die ersten Jahre unbehelligt überstand, würden die Versuchungen für immer verschwunden sein. Dies war eindeutig nicht der Fall.

Als Luther einige Tage später, am 10. Juli, an Spalatin schrieb, spielte er den Anfall herunter. Spalatin war ebenfalls krank gewesen, weshalb Luther mit tröstenden Worten begann, bevor er auf seine eigene Erkrankung zu sprechen kam. Er habe geglaubt, er würde sterben, schrieb Luther, doch Gott habe ihn schnell wieder genesen lassen.[28] Tatsächlich brauchte er Monate, bevor es ihm wieder gutging. Noch Ende November beklagte er sich, er könne aufgrund seiner Krankheit und der Angriffe des Teufels nicht schreiben und arbeiten wie gewöhnlich (wenngleich er weiter stetig an der Übersetzung des Alten Testaments saß).[29] Die Erkrankung von 1527 war mehr als ein Ohnmachtsanfall, es handelte sich um einen größeren Zusammenbruch, und ihm folgte eine Zeit extremer Erschöpfung. Doch was war die Ursache?

Vielleicht war es kein Zufall, dass der Abschnitt aus der Bibel, den er am Tag seines Zusammenbruchs für die Predigt gewählt hatte, die Parabel vom verlorenen Sohn aus dem Lukas-Evangelium war.[30] Luther, der selbst seinem Vater nicht gehorcht hatte, wurde ebenfalls zweimal wieder in den Kreis seiner Familie aufgenommen: als junger Mönch, nachdem er seine erste Messe gelesen hatte, und später nach seiner Heirat. Die Textstelle könnte also einen besonderen persönlichen Widerhall in ihm gefunden haben.[31] Vielleicht fürchtete er auch unbewusst, dass die Angriffe, die er gegen Vaterfiguren geführt hatte, nun ihm bevorstanden.[32] Er bezog sich häufig auf die biblische Geschichte von David und dessen Sohn Absalom, um sowohl seinen Zorn als auch seine Liebe und seine Trauer über seine einstigen Anhänger auszudrücken, die er jetzt verloren hatte.[33] Bei einem Mann, der anscheinend von allen seinen innig geliebten Absaloms für immer verlassen worden war, könnte die Parabel eine starke Reaktion ausgelöst haben. Luther war einst der verlorene Sohn gewesen, jetzt war er der Vater, dessen eigensinnige Söhne keine Anstalten machten, zu ihm zurückzukehren.

Nach der Erregung und dem Eifer der ersten Reformationsjahre war Luther zunehmend unbeweglicher geworden. Er war nicht länger einfach Ankläger, sondern wurde nun selbst angegriffen und bedrängt.

Die Jahre des Kampfes, erst gegen den Papst, dann gegen die katholische Polemik und schließlich gegen die Bauern, gegen Erasmus und gegen seine eigenen früheren Anhänger, hatten ihn zutiefst ermüdet und erschöpft.[34] Zorn war die treibende Kraft hinter seinen Angriffen gewesen und hatte ihn dazu gebracht, seine tiefsten theologischen Gedanken zu formulieren. Nur wenige Monate zuvor, im Mai 1527, hatte er die Schrift *Daß diese Worte Christi »Das ist mein Leib« noch fest stehen wider die Schwärmgeister* veröffentlicht, der Rundumschlag gegen die Argumente der Sakramentarier, zu dem ihn seine Anhänger schon so lange gedrängt hatten.[35] Luther packte darin die Ansichten seiner Gegner geschickt in die Aussage »Fleisch ist kein Nutze« und stellte dieser wiederholt die klare Feststellung »Das ist mein Leib« aus dem Evangelium gegenüber. Der Ton, den er zum Abschluss anschlug, lässt einem das Blut in den Adern gefrieren. Er wandte sich direkt an die Ratsherren von Basel, Straßburg »und alle diejenigen, die ihr solche Rotten von Sakramentariern bei euch habt«, und warnte sie, »dass ihr die Augen nicht in den Beutel steckt, sondern auf das Spiel wohl Acht habt. Der Müntzer ist tot, aber sein Geist noch nicht ausgerottet. (...) Der Teufel schläft nicht (...). Ich warne, ich rate: Hüte dich, sieh dich vor, Satan ist unter die Kinder Gottes gekommen.«[36]

Zorn verlieh Luther offenbar stets die Energie, Traditionen über den Haufen zu werfen und sich selbst neuen religiösen Wahrheiten zu öffnen. Der Zorn verlieh ihm auch die psychologische Stärke, großem Druck standzuhalten – und niemals zu widerrufen. Doch dieselben Qualitäten erschwerten es ihm zugleich, die Blickwinkel anderer zu verstehen oder zu erkennen, dass nicht jeder theologische Streit ein Kampf für Christus war. Wer von dem Standpunkt abwich, den er als theologisch richtig erachtete, wurde sofort zur Rechenschaft gezogen – Luther forderte vollständige intellektuelle und spirituelle Unterordnung. Als Folge davon war er umgeben von Jasagern. Der Mann, der so intensiv für das Gewissen und die Freiheit und gegen die geistige Tyrannei gekämpft hatte, lief Gefahr, eine Kirche zu schaffen, die in mancherlei Hinsicht weniger tolerant war als die, die er bekämpft hatte.

Es gab noch andere Dinge, die ihn belasteten. Auf dem Höhepunkt seines Zusammenbruchs und in Erwartung seines Todes hatte Luther immer wieder zu Christus gebetet mit der Formel »fudisti sanguinem pro nobis« (»du hast dein Blut für uns vergossen«) und sich mit den Worten an Gott gewandt: »Du weißt, Herr, daß ihrer viel, denen du es gegeben hast, um Bekenntnis willen deines Evangelii ihr Blut vergossen haben. Ich hoffte, es würde auch dazu kommen, daß ich auch mein Blut um deines heiligen Namens willen hätte sollen vergießen, aber ich bins nicht werth; dein Wille geschehe!«[37] Diese Bemerkung verrät, dass Luther sich fortwährend aufs Neue mit der Frage des Märtyrertums beschäftigte.[38] Knapp sechs Wochen zuvor, am 23. April, war Georg Winkler aus Halle, ein evangelischer Pfarrer, der zuvor ein enger Berater des Erzbischofs Albrecht von Mainz gewesen war, auf seinem Rückweg bei einem Verhör ermordet worden, das Männer des Erzbischofs durchgeführt hatten.[39] Luther hatte eine Woche vor seinem Zusammenbruch von dessen Tod erfahren und gemutmaßt, der Mord an Winkler könne im Auftrag Albrechts erfolgt sein. Noch ein anderer Fall bekümmerte ihn. Leonhard Kaiser, ein ehemals katholischer Geistlicher, der in Bayern begonnen hatte, Luthers Lehre zu predigen, war nach Haft und Freilassung 1525 zum Studium nach Wittenberg gekommen, wo er mit Luther und Melanchthon näher bekannt geworden war. Als sein Vater schwer erkrankte, kehrte Kaiser nach einem achtzehnmonatigen Aufenthalt in Wittenberg gerade noch rechtzeitig nach Bayern zurück, bevor sein Vater wenige Stunden darauf verstarb. Da er dort unklugerweise wieder zu predigen angefangen hatte, wurde Kaiser wenig später von den Amtmännern des bayerischen Herzogs als rückfälliger Ketzer verhaftet und erneut eingekerkert. Luther und Melanchthon, aber auch der sächsische Kurfürst, sprachen ihm in Briefen geistlichen Trost zu.

Die Nachricht von Kaisers Verhaftung und drohendem Martyrium lastete schwer auf Luther. Im Dezember 1524 war »Bruder Henrico« – ein niederländischer Lutheraner, der ebenfalls in Wittenberg studiert hatte und Anhänger Karlstadts gewesen war – von der feindseligen Landbevölkerung in Dithmarschen ermordet worden. Luther hatte eine Flugschrift über sein Martyrium verfasst, die zugleich einer der ersten von vielen Märtyrerberichten der Reformation war.[40] Seine Reaktion auf Kaisers Verhaftung war sehr viel emotionaler und von starken Vorahnungen durchdrungen. Am 20. Mai, anderthalb Monate vor seinem Zusammenbruch, schrieb er an Kaiser, wobei er keinen Zweifel hatte, welches Schicksal Kaiser erwartete.[41] Im Oktober, noch immer unter den Folgen seines Zusammenbruchs leidend, griff Luther Kaisers Schicksal erneut auf und bemerkte, wie ungleich und unwürdig (»impar«) er sich gegenüber Kaiser fühle, er selbst sei nichts als ein »wortreicher Prediger« (»verbosus praedicator«), wohingegen »Leo« ein gewaltiger Mann der Tat sei, ein »Löwe« und »Kaiser« getreu seinem Namen.[42]

Es überrascht nicht, dass Luther sich mit Kaiser identifizierte. Die Entwicklung des Falls sollte sogar noch mehr überraschende Parallelen an den Tag bringen. Entkräftet von seiner Haft, wurde Kaiser am 17. Juli gezwungen, an einer Disputation mit Johannes Eck teilzunehmen, Luthers Gegner in Leipzig, der bis nach Rom gegangen war, um die Bulle gegen ihn zu bewirken. Es ist nicht sicher, ob Luther vor seinem Zusammenbruch erfahren hat, dass Eck an Kaisers Fall beteiligt war. Luther war in Leipzig die Zielscheibe von Ecks krudem Humor gewesen, jetzt verhöhnte Eck Kaiser als einen Mann, dessen Waren noch schlechter seien als sein Geschick, sie zu verkaufen.[43] Nachdem er Luther nicht auf den Scheiterhaufen hatte bringen können, nahm Eck nun also Kaiser ins Visier.

Unter dem Schutz von Kurfürst Friedrich und dessen Nachfolger Johann war Luther selbst in Sicherheit. Jetzt war er derjenige, der auf der Seite der Obrigkeiten stand, wie er nach seinem Treffen mit Karlstadt im Gasthaus *Schwarzer Bär* in einem Brief an Amsdorf ironisch festhielt: »Du siehst, daß ich, der ich ein Märtyrer hätte werden sollen, dahin gelangt bin, daß ich selbst Märtyrer mache.«[44] Die Auseinandersetzung mit Karlstadt trieb ihn ebenfalls um, dazu hatte sich bei ihm kurz vor seinem Zusammenbruch die Gewissheit eingestellt, dass er Karlstadt nie mehr für seine Herde würde zurückgewinnen können. Auf dem Höhepunkt seiner Krise sorgte er sich, entweder der

Tod oder der Angriff des Teufels werde ihn hindern, gegen die Sakramentarier zu schreiben, und er fühlte die Last und die Einsamkeit an der Spitze der Bewegung: »Oh, was für ein Geschrei werden die Schwärmer anstimmen nach meinem Tod!«[45]

Kaisers Martyrium setzte sich kurz nach Luthers Zusammenbruch fort. Am 18. Juli brachte man ihn nach Passau und gab ihm erneut Gelegenheit zum Widerruf. Als er dies ablehnte, wurde er vor einer großen Menschenmenge, in der sich auch Eck befand, in einer Zeremonie entkleidet. Stück für Stück zog ihm der Bischof von Passau die Priestergewänder aus, dann wurde ihm der Kopf geschoren. Anschließend streifte man ihm einen Kittel über und setzte ihm einen geschlitzten Hut auf, womit man ihn zum Laien machte und der weltlichen Justiz übergab. Die rituelle Entkleidung war nicht das Ende seiner Demütigung. Kaiser wurde noch einen Monat lang im Kerker der Burg eingesperrt und dann in Ketten durch die Stadt geführt, bevor man ihn in seine Heimatstadt Schärding transportierte, wo er am 16. August hingerichtet wurde.

Kaiser hielt auch im Tod an seinem lutherischen Glauben fest. Der ursprünglich anonyme Bericht von seiner Hinrichtung behauptete, sein Körper habe wunderbarerweise den Flammen widerstanden, doch Luther wies diese Wundererzählung zurück.[46] Stattdessen verfasste er im Dezember eine Schrift, die den vollständigen Bericht des Verfahrens, verschiedene Briefe, Kaisers Testament und einen genauen Bericht über die Hinrichtung enthielt, die ihm sein Freund Michael Stifel gesandt hatte: »So wurde das Feuer angezündet, so schrie er vielmals laut: Jesus, ich bin dein, mach mich selig. Danach sind ihm Hände, Füße und der Kopf verbrannt. Als das Feuer weniger ward, hat der Henker eine Stange genommen, den Körper herausgewälzt und danach mehr Holz aufs Feuer gelegt. Dann hat der Henker in den Körper ein Loch gehauen, mit dem Schwert hineingestochen, danach eine Stange hineingesteckt und den Körper an der Stange wieder auf den Rost gehoben, dass er weiter verbrenne etc.«[47] Luther schreckte nicht davor zurück, die Dokumente mit allen grauenhaften Einzelheiten zu veröffentlichen, als sei er entschlossen gewesen, dem Martyrium ins Auge zu sehen. Zudem stellte er in seiner Nachschrift zu den Dokumenten eine sehr persönliche Überlegung ans Ende: »Ach, Herr Gott, dass ich eines solchen Bekenntnisses und Todes würdig gewesen wäre oder noch sein werde. Was bin ich? Was tue ich? Wie schäme ich mich, wenn ich diese Geschichte lese, dass ich nicht auf gleiche Weise längst (...) auch zu leiden würdig geworden bin. Wohlan, mein Gott, wenn es so sein soll, so sei es so, dein Wille geschehe.«[48]

Im August wurde Wittenberg von der Pest heimgesucht, und Jonas und Melanchthon verließen mit ihren Familien die Stadt. Doch statt mit den übrigen Universitätsangehörigen nach Jena auszuweichen, wie es ihm der Kurfürst befohlen hatte, und obwohl Luther an einer Verstimmung litt, die wir heute Depression nennen würden und die viele Monate anhalten sollte, beschloss er zu bleiben und sich um die

51 *Von herr Lenhard Keiser in Beyern vmb des Euangelij willen verbrant ein selige geschicht,* Nürnberg, 1528. Titelblatt der Schrift Luthers über das Martyrium Leonhard Kaisers 1527

Kranken zu kümmern. Das Kloster wurde eine Art Hospital. Anfangs spielte Luther die Lage herunter: Die Pest sei nicht so schlimm, wie die Leute erzählten, behauptete er. Das erste Todesopfer war die Frau des Bürgermeisters Tilo Dehne: Fast in seinen Armen sei sie gestorben, informierte Luther Spalatin. Dann erlitt Georg Rörers schwangere Frau unter entsetzlichen Schmerzen eine Totgeburt. Erschöpft von der Entbindung und zudem »durch das Gift der Pest auf das äußerste vergiftet«, wie Luther Jonas berichtet, starb auch sie wenig später.[49] Monate vergingen, und die Pest forderte immer noch Opfer. Nur Bugenhagen und er seien zurückgeblieben, schrieb Luther an Hausmann, tatsächlich harrten darüber hinaus zwei weitere Geistliche, Johannes Mantel und Georg Rörer, sowie Luthers Frau und Sohn in Wittenberg aus.[50] Luthers Entscheidung, in Wittenberg zu bleiben, war mutig, doch sie zeigt auch seine rücksichtslose Hintanstellung der eigenen Sicherheit und der seiner Familie. Es könnte ein Residuum seines Wunsches nach einem Märtyrertod gewesen sein oder ein neuerliches Beispiel für seinen bemerkenswerten Mut, der ihn hinderte, sich seiner seelsorgerischen Verantwortung für seine Herde zu entziehen.

Wir werden wohl nie alle Gründe für Luthers Zusammenbruch kennen, doch die jahrelange Auseinandersetzung über die Eucharistie war für ihn ein Prüfstand seiner Glaubensgrundsätze und seines Verhältnisses zu Christus gewesen. Die Entschiedenheit, mit der er sich gegen Karlstadt und die Sakramentarier stemmte, hatte ihn an seine Grenze geführt.[51] Letzten Endes war sein Standpunkt in der Eucharistie-Frage nicht rational: Die Realpräsenz Christi konnte nicht durch die Vernunft erklärt werden, sondern man musste einfach an sie glauben; hier gab es keine Argumente mehr. Diese Position erlaubte ihm, mit den Argumenten seiner Gegner kurzen Prozess zu machen, denn es bestand keine Notwendigkeit, sich tiefer mit ihren theologischen Aussagen auseinanderzusetzen. Stattdessen zog er sich auf eine Verteidigungshaltung zurück, bei der er sicher sein konnte, dass er »mit Christus« gegen das Böse antrat. Doch damit setzte er sich auch der schlimmsten Anfechtung aus, der Angst, den Glauben ganz zu verlieren, und dem Schrecken, seine Gewissheit, dass Christus auf seiner Seite war, könne schwinden. Wenn Christus ihn verlassen hatte, dann war sein Standpunkt zur Eucharistie falsch. Und wenn er sich irrte, dann waren es nicht seine Feinde, sondern er, der auf Satans Seite stand. Luther hatte nur die Alternative zwischen dem Glauben oder dessen Verlust, und der Zweifel – an dem er immer wieder litt – stürzte ihn in tiefe Depressionen. Der Graben zwischen ihm und Karlstadt konnte nicht mehr überbrückt werden, und was noch schlimmer war, Karlstadt beschuldigte ihn, er würde den Katholiken immer ähnlicher und selbst Märtyrer erzeugen. Um ihn herum starben Menschen für das Evangelium, und er selbst war des Martyriums »unwürdig«. Zwei Themen in Luthers Gebet auf dem vermeintlichen Sterbebett fallen auf: das Märtyrerblut und die Notwendigkeit, die Sakramentarier anzugreifen. In Wittenberg war Luther sicher und würde nicht zum Märtyrer werden, doch konnte er während der kommenden Monate zumindest für seine Gemeindemitglieder gegen die Pest kämpfen.

*

Die Pest ging vorüber, Luther erholte sich von seinem Zusammenbruch, und seine Zweifel ließen nach: Er wurde sich gewisser denn je, dass sein Standpunkt zur Eucharistie der richtige sei. Er begann, eine neue Kirche aufzubauen, und brachte die sächsische Visitation aller Pfarrgemeinden des Fürstentums auf den Weg, mit einem festgelegten Katalog an Kriterien für die Inspektoren, der kurfürstlich bestätigten sächsischen Visitationsinstruktion, die im März 1528 in Druck ging.[52] Luther erkannte nun selbst, wie wenig christliche Bildung viele Sachsen besaßen und wie umfangreich die Probleme waren, vor denen die frischgebackenen evangelischen Geistlichen standen. In den folgenden Jahren widmete sich Luther mit aller Energie der Schaffung eines neuen Katechismus, der Institutionalisierung der neuen Kirche in Partnerschaft mit dem Kurfürsten und seinen Amtmännern und der Fortsetzung seines Kampfes gegen die Sakramentarier.[53]

Die Glaubensauseinandersetzungen erreichten ihren Höhepunkt 1529, als Luther und die Schweizer bei einem von Philipp von Hessen organisierten Kolloquium in Marburg zusammentrafen, bei dem es jedoch nicht gelang, die Ansichten auszusöhnen.[54] Luther schrieb mit Kreide »Das ist mein Leib« auf den Tisch, an dem die Diskussionsteilnehmer saßen, und bedeckte den Satz mit dem samtenen Tischtuch – als würde er eine Reliquie schützen –, um ihn während der Debatte auf dramatische Weise zu enthüllen und damit auf die Wichtigkeit des biblischen Wortes hinzuweisen. Darauf beharrend, dass die Worte »Das ist mein Leib« genau das bedeuteten, was sie aussagten, fügte er hinzu: »(…) genau so steht es in unserer Schrift. Die habt Ihr uns noch nicht abgedrungen, wie Ihr Euch erboten habt. Wir bedürfen keiner anderen.«[55] Während Oekolampadius und Zwingli mit dem Hinweis auf Kapitel 6 des Johannesevangeliums die »spirituelle Essenz« betonten und wiederholt ihren Standardsatz »das Fleisch ist zu nichts nutze« in den Ring warfen,[56] hielt Luther ihnen entgegen, dass auch der physische Vorgang des Essens essentiell sei. »Meine allerliebsten Herren, weil der Text meines Herrn Jesus Christus so lautet: *Hoc est corpus meum*, so kann ich wahrlich nicht daran vorbei, sondern muss bekennen und glauben, dass der Leib Christi da ist«, brachte er gegen Zwingli vor und fiel dabei aus dem Latein, in dem die Debatte geführt wurde, ins Deutsche (wenngleich er die Einsetzungsworte noch auf Lateinisch sprach).[57] Auf Zwinglis Vorwurf (der zu Luthers großem Ärger die Debatte häufig auf Griechisch führte), er stelle sogar das Messopfer wieder her, blieb Luther wie in Worms dabei, er sei an Gottes Wort gebunden und darin gefangen (»sese teneri intricatum ac captum hisce domini uerbis«).[58] Als deutlich wurde, dass die beiden Seiten sich nicht einigen konnten, verabschiedete Luther seine Kritiker aus seiner Herde und überließ sie Gottes Gericht mit den Worten: »(…) der wird wohl herausfinden, wer Recht hat«, woraufhin Zwingli in Tränen ausbrach.[59] Zum Abschluss des Treffens wollten Oekolampadius und Zwingli, die sich darüber gefreut hatten, dass sie nun einmal alle persönlich zusammengetroffen waren, ihre Gegner als Brüder umarmen und alle zu einer gemeinsamen Kommunion zulassen, Luther jedoch lehnte dies erbittert ab.[60] Die Debatte hatte seine Kräfte aufgezehrt, und »der Engel des Satans, oder wer auch immer der Teufel des Todes ist«, hatte ihm so zugesetzt, wie er an Amsdorf schrieb, dass er

– so seine Worte in einem anderen Brief an Linck – »daran verzweifelte, daß ich lebendig und wohlbehalten die Meinigen sehen würde«.[61] Luthers Kompromisslosigkeit gegenüber seinen Gegnern und das Tribut, das die Auseinandersetzung von ihm forderte, hatten sich zu einem ebenso düsteren wie unbeugsamen Muster verfestigt. Obwohl die Kräfte des frühen evangelischen Aufbruchs sich nun auf den Aufbau einer institutionalisierten Kirche richteten, drohte das, was einst eine breite evangelische Bewegung gewesen war, zu zersplittern, da jeder der Anführer sein eigenes theologisches Hoheitsgebiet verteidigte.

# Augsburg

Obwohl Luther überzeugt war, dass er die Sakramentarier niemals würde bekehren können, wurde mit der Zeit deutlich, dass die verschiedenen Flügel der Reformation eine gemeinsame politische Strategie gegenüber Kaiser Karl V. mit seiner unerbittlichen Feindseligkeit entwickeln mussten. Beide Richtungen mussten einen Weg finden, sich mit der politischen Macht auseinanderzusetzen und mit der Frage, wann und wie Widerstand geleistet werden sollte. Karl herrschte über ein riesiges Reich, das sich von seinem Kernland in Spanien über Italien bis in die Neue Welt erstreckte. Das Heilige Römische Reich war nur ein Teil davon. Karl hatte mit dem Sieg in der Schlacht bei Pavia den Krieg gegen Franz I. für sich entschieden und konnte sich jetzt wieder der Lage in Deutschland zuwenden – und der Bekämpfung der Reformation.

Nach Luthers politischen Vorstellungen, die er schon 1523 in seiner Schrift *Von weltlicher Obrigkeit, wie weit man ihr Gehorsam schuldig sei* dargelegt hatte, gibt es zwei Reiche: das Reich Gottes und das irdische Reich. Auf Erden sind Christen verpflichtet, den weltlichen Obrigkeiten zu gehorchen, die über ihnen stehen; sie dürfen sich diesen nicht widersetzen, selbst wenn jene ungerecht handeln.[1] In Gottes Reich hingegen herrscht das Spirituelle, und ein Gewissen kann dort zu nichts gezwungen werden.[2] In den Bauernkriegen war diese Unterscheidung für Luther nützlich gewesen, folgte aus ihr doch, dass der Aufstand gegen die bestehenden Autoritäten niemals gutgeheißen werden konnte, selbst wenn die Bauern mit ihren Klagen im Recht waren. Seine Position hatte es Luther erlaubt, eine prophetische Haltung einzunehmen, und er ermahnte die Herrscher wegen ihrer Behandlung der Bauern, während er die Bauern wegen ihres Aufstands verurteilte. Sein Standpunkt hatte für den Charakter des Luthertums Konsequenzen, die bis in die Gegenwart reichen, denn seine Bereitschaft zum Kompromiss mit politischen Autoritäten selbst dann, wenn deren Handlungen unchristlich waren, lieferte die theologische Untermauerung dafür, dass sich Jahrhunderte später viele Lutheraner mit dem Naziregime arrangierten. Doch zum damaligen Zeitpunkt musste Luthers Reformation in Schutz genommen werden, und das warf die Frage auf, wann – wenn überhaupt – ein Christ sich der rechtmäßigen Obrigkeit widersetzen durfte, um die religiöse Wahrheit zu verteidigen.

Für Philipp von Hessen – einen gewieften politischen Akteur mit einem kreativen Gespür für das Machbare, der zu einem immer wichtigeren Anführer der Evangelischen wurde – war es offensichtlich, dass sich die Unterstützer von Zwingli und Luther vereinigen und für ihre Selbstverteidigung wappnen mussten. Bei seinem Versuch, die beiden Seiten 1529 in Marburg zusammenzubringen, hatte Philipp richtig erkannt, dass sie keine Chance hatten, ihre religiöse Unabhängigkeit zu verteidigen, wenn sie nicht gemeinsam handelten und darauf vorbereitet waren, sich dem Kaiser zu widersetzen.[3] Nachdem es ihm in Marburg nicht gelungen war, die von ihm angestrebte doktrinäre Einigung zu erlangen, schlug Philipp den Evangelischen vor, sie sollten sich wenigstens darin einig zeigen, die Pläne des Kaisers für einen Krieg gegen die Türken abzulehnen – die immer weiter nach Osteuropa vorstießen und im Herbst 1529 Wien belagerten –, es sei denn, er lasse die Reformation zu. Dieses Druckmittel hatte den großen Vorteil, dass es keinen bewaffneten Widerstand gegen das Kaiserreich nach sich zog. Doch Luther war ein solcher Zynismus ein Gräuel. Da die Türken aus seiner Sicht Mörder und Lügner waren und zudem die Ehe entweihten, lag es für Luther nahe, dass man sie bekämpfen musste. Dennoch wandte er sich ausdrücklich gegen jede Art von Kreuzzug: Die Türken sollten nicht aus Glaubensgründen angegriffen werden.

Viele Sakramentarier in Süddeutschland waren darauf vorbereitet, im Falle religiöser Verfolgung einen bewaffneten Widerstand in Erwägung zu ziehen. Dort blickten die mächtigen städtischen Gemeinden auf eine lange Tradition der Verteidigung ihrer Unabhängigkeit zurück: Jeder männliche Bürger bezahlte Wachtgeld, eine Sondersteuer zum Unterhalt der städtischen Wachmannschaften, und musste seine Wehrfähigkeit durch den Besitz eigener Waffen beweisen, die in regelmäßigen Abständen nach militärischem Vorbild inspiziert wurden. Jährlich verpflichtete sich die gesamte männliche Bürgerschaft durch einen feierlichen Schwur zum Gehorsam gegenüber dem Bürgermeister und den städtischen Amtspersonen. Bürgerschaft bedeutete, für die politische Verantwortung mit Waffen einzustehen, was einer der Gründe dafür war, dass Frauen kein volles politisches Bürgerrecht erhielten.[4]

Für Luther dagegen bedeutete politische Verantwortung zuallererst Gehorsam: »Gebt dem Kaiser, was des Kaisers ist.«[5] Der Kaiser stand über den Fürsten und musste wie alle Obrigkeiten respektiert werden. Doch 1530 begann Luther seine Meinung zu revidieren, ein Prozess, der in den kommenden Jahren viele Windungen und Wendungen nehmen sollte. Luthers sächsischem Landesherrn und dessen Beratern war klargeworden, dass der Fortbestand der evangelischen Bewegung gefährdet war, wenn sie dem Kaiser gegenüber weiterhin passiv blieben und Gehorsam leisteten. Ende Dezember 1529 erklärte Luther Kurfürst Johann, es sei zu früh, um Widerstand gegen Karl ins Auge zu fassen – eine Formulierung, die nicht auszuschließen schien, dass irgendwann, wenn alle Umstände zusammenpassten, der Zeitpunkt für eine Konfrontation kommen könnte. Doch man dürfe sich nicht auf eine solche Möglichkeit vorbereiten, indem man sich mit dem Gedanken anfreunde und bewaffne, beharrte Luther – und pochte offenbar auf das Prinzip, ohne nach der Zweckmäßigkeit zu fragen. Wahrscheinlich lag Luther aber nicht falsch mit der Vermutung, dass Karl, hätte er von solchen Vorbereitungen etwas mitbekommen, sofort gegen Sachsen vorgegangen wäre.[6] Die sächsische Politik blieb weiterhin überschattet vom Machtkampf zwischen dem herzoglichen und dem kurfürstlichen Sachsen und der Furcht Kurfürst Johanns, der

Kaiser könne einfach alles – Land und Kurfürstentitel – seinem katholischen Rivalen Georg zusprechen. Diese Sorge musste Philipp von Hessen in seiner weit sichereren Position nicht kümmern. Luthers mangelnde Bereitschaft zum Widerstand machte er in einem Gutachten für den Kurfürsten am 6. März 1530 deutlich.[7] Sich dem Kaiser entgegenzustellen war – und hier war sein Standpunkt noch entschiedener als im Vorjahr – unvorstellbar. Es wäre, schrieb Luther, als würde der Bürgermeister von Torgau beschließen, seine Bürger gegen die rechtmäßige Autorität des Kurfürsten in Schutz zu nehmen.[8] Der Vergleich konnte das stolze Stadtbürgertum kaum überzeugen, denn für die Bürger gehörten das Sprichwort »Stadtluft macht frei« und die Verteidigung ihrer Rechte gegen habgierige Fürsten und Adelige schon lange zum Alltag.[9] Loyalität gegenüber dem Kaiser dagegen, der diese Stadtrechte so häufig schützte, lag den Bürgern im Blut: In Nürnberg wurden die Reichskleinodien aufbewahrt, Augsburg war finanziell eng mit dem Kaiserhaus verbunden, und wenn prächtige Reichstage abgehalten wurden, sonnten sich die gastgebenden Reichsstädte in deren Glanz.

*

Für 1530 war ein Reichstag in Augsburg anberaumt, zu dem der Kaiser selbst kommen würde. In einem letzten Versuch, die religiöse Einheit im Reich wiederherzustellen und eine gemeinsame Front gegen die Bedrohung durch die Türken zu errichten, wollte Karl V. hier den Evangelischen erlauben, ihre Position in einem Glaubensbekenntnis darzulegen. In Torgau fanden Beratungen zwischen Luther, Jonas, Melanchthon und Bugenhagen über die sächsische Strategie statt, Melanchthon als dem großen Systematiker wurde die Aufgabe anvertraut, das Glaubensbekenntnis auszuarbeiten.[10] Um eine Provokation zu vermeiden, beschloss man, dass Luther nicht zum Reichstag, sondern nur bis Coburg reisen sollte, das noch im sächsischen Herrschaftsgebiet lag. Es hätte keinen größeren Kontrast zu seinem heroischen Auftritt beim Reichstag in Worms neun Jahre zuvor geben können, und Luther ärgerte sich über die Aussicht, in dieser Form verbannt zu werden. In einem Brief betonte er, wie gerne er vor Ort gewesen wäre, an der Seite von Melanchthon, Spalatin, Jonas und Johannes Agricola, die die sächsische Delegation bildeten. Doch einem alten Chorsänger gleich höre er nur: »Sei still, du hast eine schlechte Stimme!«[11]

In Augsburg angekommen, schrieb die Wittenberger Abordnung zunächst regelmäßig an Luther, der von allem abgeschnitten gut 200 Kilometer nördlich von Augsburg in der Veste Coburg zurückgeblieben war. Hier habe er seinen eigenen Reichstag, scherzte Luther, ein Parlament aus Vögeln: »Ihr geht freilich nach Augsburg, aber ungewiß, wann ihr den Anfang eures Reichstages sehen werdet; wir sind hier mitten in den Reichstag hineingekommen. (…) Alle sind gleicherweise ganz schwarz, alle haben dunkelfarbige Augen (…). Ihren Kaiser hab ich noch nicht gesehen noch gehört.« Stets unterzeichnete er seine Briefe mit »Aus dem Reiche der geflügelten Dohlen« (»E volucrum Monedularum regno«).[12] Luther war nicht der Einzige, der über Vögel sprach. Nicht lange darauf bekam er Post von Agricola aus Augsburg, der einen Traum Melanchthons beschrieb: Darin war ein Adler aufgetaucht, der sich wie durch einen Zauber in eine Katze verwandelte. Die Katze wurde sofort in einen Sack gesteckt. Doch dann sei Luther erschienen und habe verlangt, dass man die schreiende Katze herauslasse, und die Katze wurde befreit. Die evangelische Abordnung war gespannt auf die möglichen Interpretationen. Eines ihrer Mitglieder hieß Caspar Aquila (dt. Adler), deshalb mutmaßte man, der Traum kündige möglicherweise ein Unglück in seiner Familie an. Andere waren überzeugt, der Adler stelle den Kaiser dar, die Zauberei deute auf die bösen Machenschaften der gottlosen Sophisten und Kardinäle, die den Kaiser hinderten, die Wahrheit zu verstehen. Nur Luthers Erscheinen könne »die Katze aus dem Sack lassen« und Karl V. ermöglichen, die Wahrheit des Evangeliums zu vernehmen.[13]

Luther nutzte die erzwungene Einsamkeit, um die Bücher der Propheten des Alten Testaments zu übersetzen und eigene Schriften zu verfassen. Zuerst schrieb er seine *Vermahnung an die Geistlichen, versammelt auf dem Reichstag zu Augsburg*, von der 500 Exemplare in Wittenberg gedruckt und nach Augsburg gesandt wurden, wo sie schnell ausverkauft waren. Das schonungslose Pamphlet begann damit, dass Luther sich klein machte und Bescheidenheit heuchelte: »Wer braucht dich? Wer hat deine Ermahnungen oder Schriften je begehrt?«, sollten die Leute fragen, denn: »Es gibt hier viel Gelehrtere und Frommere, die in diesen Dingen besser zu raten wissen als du Narr.« Doch dann listete er all die Errungenschaften der evangelischen Bewegung auf, die Missbräuche, mit denen sie Schluss gemacht habe, wie den Ablasshandel, den lächerlichen Heiligenkult, Pilgerfahrten, das Mönchswesen selbst – das seien Leistungen, die die Bischöfe in vielen Jahren nicht zuwege gebracht hätten, doch er, Luther, habe es geschafft. Obwohl es ihm nicht möglich sei, persönlich anwesend zu sein, werde er im Geiste dort sein, »auch schriftlich und mit dieser meiner stummen und schwachen Botschaft«.[14]

Obwohl sein Versteck als geheim galt, gab es dort einen stetigen Besucherstrom, und auch Hans Reinicke, sein Freund aus den Mansfelder Kindertagen, fand nach Coburg. Sein Besuch muss viele Erinnerungen geweckt haben. Nur wenige Tage nach Reinickes Abreise Ende Mai erhielt Luther einen Brief von seinem Freund, in dem dieser ihm mitteilte, dass sein Vater Hans gestorben war; Reinicke hatte die Nachricht sogar noch vor seiner Ankunft in Mansfeld erhalten.[15] Als man Luther im Februar zum ersten Mal die Nachricht gesandt hatte, dass sein Vater erkrankt sei, hatte er geschrieben, er könne ihn nicht besuchen, »denn Ihr wisst ja, welche Gunst mir Herrn und Bauern bezeigen«. Sollte er reisen, gab es keine Sicherheit für ihn, und der alte Vater war zu schwach, um die Reise nach Wittenberg anzutreten. Es war ein Abschiedsbrief: Luther scheint geahnt zu haben, dass er seinen Vater nicht wiedersehen würde. Bestrebt, seinen Vater zu trösten, entschuldigte er sich für die Mühen, die dieser für ihn hatte auf sich nehmen müssen, verlieh ihnen jedoch eine spirituelle Bedeutung: Gott habe den wahren Glauben und die wahre Lehre bereits in ihm »versiegelt und mit Merkzeichen« bestätigt, »um meines Namens willen«.[16] Es war nicht das erste Mal, dass sich Luther mit Christus verglich, doch die Identifikation war nun tiefer und abstrakter als bei seinem Aufbruch nach Worms 1521. Die Genesung von seinem Zusammenbruch 1527 hatte die Identifikation verstärkt, denn er hatte, wie er meinte, viele Angriffe des Teufels überstanden, und dies war ihm der Beweis, dass er Gottes Werk vollbrachte. Diese Überzeugung war nun das Fundament seines gesamten Denkens.

Der Reichstag war für Luther von seiner Erschütterung und Trauer überschattet. Als ihn die Nachricht vom Tod seines Vaters erreichte, griff er sich ein Exemplar der Psalmen, eilte in sein Zimmer und weinte den ganzen Tag; am nächsten Tag litt er unter lähmendem Kopfschmerz. Zuvor schon hatte er geträumt, ein großer Zahn falle ihm aus, und nun war er überzeugt, dass dies den Tod seines Vaters angekündigt habe.[17] Er trauere um »solchen Vater (…), von dem mich der Vater der Barmherzigkeit empfangen und durch dessen Schweiß ernährt und gebildet hat, wie ich auch immer bin«, schrieb er am 5. Juni an Melanchthon.[18] Zuvor hatte er seinem schwerkranken Vater tröstend geschrieben, Gott habe diesem »bis hierher einen festen, harten Leib gegeben und erhalten«.[19] Wenige Jahre vor seinem Tod war das Bergbauunternehmen von Luthers Vater bankrottgegangen, so dass er es aufgeben musste. Seitdem hatte er als angestellter Hüttenmeister in einem anderen Bergbauunternehmen für gerade einmal 50 Gulden im Jahr gearbeitet – der Hälfte des Grundgehalts seines Sohns.[20] Trotz der Auseinandersetzungen mit Hans Luder in früheren Jahren erinnerte Luther sich jetzt an dessen Liebe und war sich sehr bewusst, wie ähnlich sie einander waren. Viel von seinem Temperament verdanke er seinem Vater, durch den Gottvater ihn zu dem geformt oder zugeschnitten habe – was die Bedeutung des lateinischen »finxit« besser wiedergibt als das oben zitierte Wort »gebildet« –, der er nun sei: »wie ich auch immer bin«. Der Verlust seines Vaters war, wie er genau wusste, ein Anzeichen dafür, dass er alt wurde: Er war nun, bemerkte er, »fast der älteste Luther (…) in meiner Familie«.[21]

*

Zwischenzeitlich schien sich die Bewegung, die Luther angestoßen hatte, von ihrem Gründer gelöst zu haben. In Augsburg zog sich das Warten auf den Kaiser hin. Der sächsische Kurfürst traf Anfang Mai als erster Fürst in der Stadt ein, wo Gerüchte umgingen, der Kaiser würde nicht vor Juni zum Reichstag erscheinen. Unter den nächsten Fürsten, die ankamen, befand sich auch Philipp von Hessen. Er schien zwischen den Lutheranern und Zwingli zu schwanken, und der mögliche Verlust eines solch bedeutenden, dynamischen Politikers war eine ernsthafte Bedrohung.[22] Luther betonte, seine Anhänger müssten gegenüber der Abordnung von Zwinglis Anhängern und Sakramentariern, »die das Sakrament mit Füßen getreten hatten«, unbeugsam bleiben; er riet dem Kurfürsten, er solle öffentlichkeitswirksam die katholische Messe besuchen, damit die Sakramentarier sich nicht damit brüsten konnten, dass er auf ihrer Seite stehe.[23] Dieser Schachzug isolierte die Lutheraner allerdings noch mehr von der lokalen Bevölkerung. Dadurch wuchs zugleich deren Kampfbereitschaft, denn während sie auf den Kaiser warteten, wurden sie gewahr, wie groß der Einfluss der Sakramentarier auf die Bevölkerung von Augsburg war. Der ansässige lutherische Prediger Urbanus Rhegius predigte vor gerade einmal 200 Zuhörern, während Michael Keller, ein Anhänger Zwinglis, den Jonas für ebenso ungebildet wie geschwätzig hielt, regelmäßig bis zu 6000 Kirchgänger zu seinen stürmischen Predigten in die riesige Kirche St. Ulrich und Afra lockte. Als Agricola es wagte, energisch gegen die Lehre Zwinglis und seiner Vertreter zu predigen, stach er in ein »Wespennest« und erntete den Unwillen der Bevölkerung.[24]

Kaiser Karl zog endlich am 15. Juni, rechtzeitig zu Fronleichnam, mit einem atemberaubenden Festzug in Augsburg ein, was die Erwartungen nach all den Wochen des Wartens nochmals aufs äußerste steigerte. Die Prozession dauerte bis acht Uhr abends, und Jonas beschrieb sie Luther mit großer Detailverliebtheit, obwohl er wusste, dass Luther »an diesen Dingen nicht viel liegt«. Erst wenige Monate zuvor in Bologna vom Papst gekrönt, war der Kaiser in Gold gekleidet, er trug ein goldenes Schwert und ritt unter einem goldenen Baldachin auf einem mit Edelsteinen geschmückten weißen Pferd. Der Kurfürst von Sachsen ritt an seiner Seite, Karls Bruder, König Ferdinand, folgte dicht hinter ihm. Der päpstliche Gesandte, Kardinal Campeggio, ritt dem Kaiser zumindest nicht voran, notierte Jonas schadenfroh, son-

dern wie König Ferdinand unmittelbar hinter ihm.[25] Den Lutheranern
muss diese prachtvolle Inszenierung das Kräfteverhältnis vor Augen
geführt haben, sie zeigte deutlich die Macht, die sich vor ihnen aufbaute. Karl war viele Jahre mit dem Krieg in Italien beschäftigt gewesen, so hatte man tatsächlich beinahe vergessen können, wie groß die
kaiserliche Macht war: Jetzt zeigte sie sich für alle sichtbar wieder auf
der Bühne.

Doch das Schauspiel, das dazu bestimmt war, die Großartigkeit des
Kaiserreichs zu demonstrieren, ließ auch die Risse sichtbar werden,
die das Reich durchzogen. Sofort nach seiner Ankunft rief Karl die
Katholiken und die Lutheraner zu getrennten Unterredungen zu sich:
Er verlor keine Zeit und warnte die Evangelischen, er werde es nicht
hinnehmen, dass sie predigten.[26] Am Tag nach seinem offiziellen Einzug feierte er Fronleichnam und nahm an der Prozession in der Stadt
teil, bei der die Hostie gezeigt wurde. Karl hatte seine Ankunft absichtlich so geplant, dass sie mit Fronleichnam zusammenfiel, und das
Ritual der Verehrung von Christi Leib sollte die Einheit des Reichs feiern, da Fürsten, Kardinäle und Bischöfe gemeinsam bei der Prozession mitgingen und so Eintracht unter den weltlichen und religiösen
Herrschern demonstrierten. Doch die evangelischen Fürsten und ein
Großteil der Stadtbevölkerung lehnten es ostentativ ab, an dem Umzug
teilzunehmen; was als Demonstration der Einheit und der Versöhnung
geplant war, hob stattdessen die Existenz verschiedener Fraktionen
hervor, und während die Katholiken unter den finster dreinblickenden
Augsburger Zuschauern paradierten, zogen sich die Evangelischen geradewegs in ihre Unterkünfte zurück.[27]

Das zeigte den Evangelischen allerdings auch, wie schwach und
zahlenmäßig unterlegen sie waren. Melanchthon schrieb in Panik, es
gebe am Hof des Kaisers nichts Milderes als den Kaiser selbst: »Alle
Übrigen hassen uns auf das grausamste.« Justus Jonas sorgte sich: »Es
sind sechs Cardinäle hier, auch viel Theologen und spanische Bischöfe (…), die sind alle täglich in des Kaisers Palast, und außer diesen ist ein ganzer Schwarm Pfaffen, welche um ihre Maj. wie die Bie-
nen herumstehen und täglich von einem neuen Haß gegen uns und

euch eingenommen werden, und nicht anders brennen, als das Feuer in den Dornen.«[28] Über der Beobachtung der Papisten und der Sorge, was ihnen wohl bevorstehen mochte, vergaßen die Evangelischen eine Zeitlang das Geplänkel mit den Anhängern Zwinglis. Und tatsächlich, kaum war der Kaiser angekommen, begann auch schon die Auseinandersetzung um die Religion. Am nächsten Tag verkündeten Trompeter in Augsburgs Straßen, dass nur noch vom Kaiser zugelassene Priester predigen dürften, und erst durch Verhandlungen erreichten die Lutheraner, dass dieses Predigtverbot auch für radikale Katholiken galt. Das Pauschalverbot zu predigen hatte für die Lutheraner freilich auch einen positiven Nebeneffekt, denn es bedeutete, dass die Anhänger Zwinglis ebenfalls ihre Plattform verloren. Mochte Jonas auch über die offiziellen Prediger spotten, die mit wenig mehr als Bibellesungen und »kindischer« homiletischer Unterrichtung ohne Textauslegung die Messen bestritten, sie hetzten die Bevölkerung zumindest nicht auf.[29]

Luther hatte kein Problem damit, sich mit den Katholiken darin zu treffen, dass Sakramentarier Ketzer waren und als solche bestraft werden sollten. Weil sie sich von den Lutheranern losgesagt hatten, schrieb er, habe man keine Bedenken, sie abzuschneiden. Obwohl er es nicht aussprach, schien er bereit, sie der Gefahr auszusetzen, dass man sie nach Rom verfrachtete und für ihren Glauben verbrannte. Auch Melanchthon vertrat nun die Ansicht, dass Täufer als öffentliche Gotteslästerer die Todesstrafe verdienten.[30] In der gedruckten Version des Augsburger Bekenntnisses werden die Täufer für ihre Weigerung, die Kindstaufe zuzulassen, in nicht weniger als fünf Artikeln verdammt.[31] Melanchthon vertrat die Überzeugung, dass man Sakramentarier auf dem Reichstag weder tolerieren noch mit ihnen verhandeln sollte. Nach dieser Richtlinie weigerte er sich zunächst, Wolfgang Capito oder auch Martin Bucer zu treffen, als diese zum Reichstag anreisten. Während Zwingli die Schrift *Fidei ratio* drucken ließ, in der er seine Glaubenssätze darlegte und die er unabhängig dem Kaiser vorlegen wollte, versuchte Bucer nun, mit den Lutheranern gemeinsam zu handeln. Er traf sich mit einigen, unter anderen mit Johannes Brenz, als dieser am 27. Juni eintraf, und auf Betreiben Philipp von Hessens kam es Mitte Juli auch zu einem Treffen mit Melanchthon, bei dem dieser sich bereit erklärte, den Kompromissvorschlag durchzusehen, den Bucer Luther zusenden wollte. Bei dieser Gelegenheit erklärte Bucer, da sie beide daran festhielten, dass Christus in der Kommunion leibhaftig anwesend sei und verspeist werde, gebe es keinen wirklichen Unterschied zwischen ihren Positionen.[32]

Das war ein solch außerordentliches Entgegenkommen, dass Melanchthon an Bucers Aufrichtigkeit zweifelte, und Luther tobte: »Dem Martin Bucer antworte ich nichts. Du weißt, daß ich ihr Würfelspiel und ihre Verschlagenheit hasse; sie gefallen mir nicht. So haben sie bisher nicht gelehrt, wollen es aber dennoch nicht anerkennen noch Buße thun, vielmehr fahren sie fort zu behaupten, es sei keine Uneinigkeit unter uns gewesen, nämlich damit wir bekennen sollen, sie hätten recht gelehrt, wir aber hätten fälschlich wider sie gestritten, oder vielmehr, wir seien unsinnig gewesen.«[33] Mit seiner Antwort ließ er die Chance auf einen Kompromiss ungenutzt, der die evangelische Position möglicherweise sehr gestärkt hätte.

*

Allein in der abgelegenen Veste, beklagte Luther sich bitterlich, dass ihm niemand schrieb. Er übertrieb zwar, doch es war durchaus so, dass der Briefwechsel spärlicher wurde, wenn wichtige Verhandlungen die Wittenberger beanspruchten. Zu allem Unglück litt Luther seit dem Tod seines Vaters unter Kopfschmerzen, einem Aufruhr oder Getöse im Kopf (»capitis ille tumultus«), das sich anfühlte wie Donnerschläge und das ihn fast ohnmächtig werden ließ. Der Kopfschmerz war so stark, dass er während einer Attacke tagelang nicht lesen oder schreiben konnte. Zu allem Übel bekam er auch noch Zahnschmerzen.[34] In Coburg – oder Grobuk, wie Luther, der immer mit Anagrammen spielte, es gerne nannte – gestrandet, hatte er reichlich Zeit, über seine körperlichen Gebrechen nachzusinnen. Kaum ein Brief wurde abgeschickt, in dem er sie nicht erwähnte, und Mitteilungen über Krankheiten wurden zur gängigen Münze im Briefwechsel zwischen Melanchthon und Luther, wenn Luther sich wegen Melanchthons Schlaflosigkeit sorgte und Melanchthon Luther schalt, er arbeite zu hart und achte zu wenig auf seine Gesundheit.

Für Luther hatten diese Krankheiten eine spirituelle Bedeutung, und er verwies erneut mit dem Paulus-Wort auf Satans Faustschläge, wie er es seit 1527 immer wieder tat, um jenes Klopfen und Flattern um den Kopf zu beschreiben, mit dem der Teufel ihm zusetzte. Damals hatte er an Hämorrhoiden gelitten und 1528 einem Leidensgenossen eine außergewöhnliche Beschreibung der Krankheit gegeben: »Mit meiner Krankheit stand es so, daß beim Stuhlgang der geschwollene Rand des Afters zugleich im ganzen Umkreis ungefähr in der Größe einer Wallnuß hervortrat, auf welchem eine ganz kleine wunde Stelle war, in der Größe eines Hanfkorns; diese war freilich sehr klein. Je weicher der Stuhlgang war, desto mehr schmerzte es; je härter, desto weniger peinigte es mich. Wenn es aber gemischt mit Blut abging, dann war Erleichterung da und sogar eine Art Annehmlichkeit und Wohllust beim Stuhlgange. Und je mehr Blut, desto mehr Wohllust, so daß das Ergötzen mich den Tag über öfters zur Entleerung reizte, und wenn es mit dem Finger angerührt wurde, juckte es ganz angenehm und das Blut floß.« Dann gibt er seinem Freund den Rat: »Daher sollte, nach meinem Dafürhalten, dies abgehende Blut durchaus nicht zum Stillstand gebracht oder gehemmt werden, denn man sagt, es sei die goldene Ader, und sie ist in der That golden. Denn man sagt, daß durch dieses Blut alles das ausfließe, was da Böses im ganzen Leibe ist, gleichsam als durch eine Mistpforte für alle Krankheiten, und daß solche Leute am längsten zu leben pflegen.«[35]

Wie unerquicklich das dem modernen Leser auch vorkommen mag, die Worte spiegeln die zeitgenössische Auffassung der medizinischen Säftelehre wider, nach der die Welt und der Körper miteinander verbunden waren. Was »floss«, war immer gut für den Körper und sollte nie gestoppt werden: Menstruationsblut, Eiter und Urin transportierten schlechte Substanzen aus dem Leib und waren daher gesund. Luther sah Krankheit als eine Störung des grundlegenden Austauschs zwischen dem Körper und der Welt an, seine eigenen körperlichen Gebrechen hingen seiner Meinung nach mit seinem Gefühlszustand zusammen. Wie hätte er sich zu einer Zeit, in der Gefühle und Charakter als eine Folge der Mischung von Säften im Körper angesehen wurden, seine Gebrechen auch anders erklären können? Ungewöhnlich war bei Luther freilich, dass er zugleich versuchte, spirituelle Gewissheit aus seinen Körpererfahrungen zu ziehen, und zwar immer mehr, je älter und kränker er wurde. Während seines Aufenthalts in der Veste machte ihm vor allem sein Kopf Beschwerden. Dafür bot sich ihm eine rasche, natürliche Erklärung, nämlich dass seine Kopfschmerzen mit seinem Weingenuss zusammenhingen. Doch zugleich lieferte er eine spirituelle Erklärung: Da ihn die Kopfschmerzen von der Übersetzung des Alten Testaments abhielten und somit Gottes Werk behinderten, mussten sie folglich teuflischer Natur sein. So wurde für Luther sein Körper zum Schlachtfeld für den kosmischen Kampf zwischen Gott und Teufel. Wie er an Melanchthon schrieb, hatte der Teufel es aufgegeben, ihn geistig zu bedrängen, und sich auf Angriffe auf seine Gesundheit verlegt. »Wohlan, frisst er mich, so soll er (wenn Gott will) sich eine Purgation anfressen, die ihm Bauch und Arsch zu eng machen soll.«[36]

*

Etwa einen Monat lang, vom 22. Mai bis Mitte Juni, war Luther ohne Nachrichten von der Wittenberger Abordnung in Augsburg. Er wusste, dass es ein entscheidender Zeitraum war, da Melanchthon gerade das Glaubensbekenntnis zur Präsentation vor dem Kaiser fertigstellte.[37] Wurde ihm etwas verheimlicht?[38] Nur halb im Scherz beschrieb er Spalatin das ängstliche Warten auf Post: Den ersten Boten, der ankam, habe man gefragt: »Bringst du keine Briefe? Antwort: Nein. Wie geht es den Herren? Antwort: Gut.« Dasselbe wiederholte sich beim zweiten, dritten und vierten Boten, jedes Mal dieselbe Frage, jedes Mal dieselbe Antwort: »Wie geht es den Herren? Gut.«[39]

Am 25. Juni, zehn Tage nach Kaiser Karls Ankunft, wurde ihm das Glaubensbekenntnis offiziell überreicht. Die Evangelischen wollten es ursprünglich während der Sitzung des Reichstags vollständig verlesen, doch dann überbrachten Boten die Nachricht, die Türken würden einen erneuten Angriff auf Wien planen, wo sie 1529 zurückgeschlagen worden waren. Daraufhin erreichte Ferdinand, der Bruder des Kaisers, dass das Religionsproblem zurückgestellt wurde, um diese wichtige Angelegenheit während der Reichstagssitzung zu diskutieren. Stattdessen wurde die *Confessio Augustana* den katholischen Fürsten und dem Kaiser später in der Kapelle des Bischofspalasts vorgestellt. Für Spalatin war die umfassende und systematische Darstellung von Luthers Lehre – bei jedem Glaubensartikel wurde aufgeführt, wie er sich in der Lehre, in der Predigt und im Denken widerspiegelte – eine der größten Errungenschaften, die es je auf der Erde gegeben hatte.[40]

Geplant war, das Glaubensbekenntnis in Latein und in Deutsch zu verlesen, doch als es zum Vortrag kam, wurde es nur auf Deutsch vorgestellt, und selbst dafür benötigten die Wittenberger zwei volle Stunden.[41] Jonas berichtete, der Kaiser habe aufmerksam zugehört, obwohl er, wie Jonas wusste, kein Wort Deutsch verstand. Karl zu zwingen, dem sächsischen Kanzler Christian Beyer beim Vortrag eines schwierigen theologischen Textes zuzuhören, dessen Sprache er nicht verstand, war politisch nicht gerade weise, doch für Luther war es der Höhepunkt des Reichstags. Er pries die Möglichkeit, dass die evangelischen Fürsten »frei vor der kaiserlichen Majestät und dem ganzen Reich unter ihrer Nase predigen können, sodass sie es anhören müssen und nichts dagegen einwenden dürfen«.[42] Es stand in positivem Gegensatz zu seinem eigenen Auftritt in Worms, wo Luther nicht erlaubt worden war, seine Theologie vollständig und umfassend darzulegen.

Luther bekam das Glaubensbekenntnis allerdings erst in die Hand, nachdem es dem Kaiser vorgetragen worden war, und er beklagte sich, dass er, hätte er es geschrieben, nicht so viele Zugeständnisse gemacht hätte. Er entwarf schnell einen Brief, in dem er Melanchthon zuerst zu dem Bekenntnis beglückwünschte, dann jedoch einwendete, Melanchthon schreibe gegen die Heilige Schrift, weil Christus der Stein sei, den die Bauleute verworfen hätten, er möge also damit rechnen, dass man ihn schmähe und verwerfe.[43] Sehr viel mehr konnte er nicht tun.

Er sah sich selbst als verkannten Kriegshelden an, wie die Kriegsherren in Wien im Jahr zuvor, die keine Anerkennung für die Vertreibung der Türken bekommen hätten. »Doch es gefällt mir und tröstet mich«, schrieb er an Jonas, »daß unterdessen mein Wien von andern vertheidigt worden ist.«[44]

Die Lesung des Glaubensbekenntnisses war jedoch nur ein Anfang, da Karl sofort eine Widerlegung von den katholischen Theologen anforderte. Ihr Anführer war Johannes Eck, Luthers alter Gegner in Leipzig und verantwortlich für das Martyrium von Leonhard Kaiser. Die *Confutatio* wurde während einer ganzen Sitzung am 3. August auf dem Reichstag verlesen, doch nur in Gegenwart der weltlichen Stände. Zudem erhielten die Evangelischen keine Abschrift. Die kaiserliche Seite versuchte um jeden Preis, eine theologische Auseinandersetzung zu vermeiden, die Luther möglicherweise hätte gewinnen können, deshalb gaben sie den evangelischen Vertretern nur unter der Bedingung Einsicht in den Text, dass sie versprachen, ihn weder zu drucken noch abzuschreiben, ein Angebot, das sie klugerweise ablehnten. Nach dem zu schließen, was sie hörten, konnte die *Confutatio* sie nicht einschüchtern. Jonas äußerte sich höhnisch über den »Mischmasch«, und die Wittenberger Abordnung war überzeugt, dass sie in der Debatte keineswegs geschlagen waren.[45]

Als die Verhandlungen zwischen den Lutheranern und den Katholiken so weit gediehen waren, dass man nach Möglichkeiten einer religiösen Einigung zu suchen begann, sandte Melanchthon in rascher Folge Briefe an Luther und erbat dringend Rat, wo die Wittenberger Kompromisse eingehen könnten. Bei den Treffen von Luther und seinen Gefährten in Torgau war zwar alles im Vorfeld diskutiert worden, wie Melanchthon einräumte, doch die tatsächlichen Zusammenkünfte waren immer unvorhersehbar. Was war fundamental, was konnte verhandelt werden? Gekränkt über seine vermeintliche wochenlange Missachtung, zeigte Luther sich halsstarrig. Er teilte kurz mit, er sei verärgert über die Wittenberger Abordnung, und weigerte sich im Übrigen zu antworten.[46] Melanchthon war im höchsten Maße beunruhigt und schickte einen Brief nach dem anderen ab.[47] Wie war es möglich, dass

Luther sie zu einem solch kritischen Zeitpunkt im Stich ließ? Sie brauchten seinen Rat. Melanchthon schilderte die schreckliche Lage, in der sich die evangelische Abordnung befand, die dem katholischen Lager zahlenmäßig weit unterlegen war. »Die Sophisten und Mönche laufen alle Tage zu, und bemühen sich, daß sie den Kaiser gegen uns aufbringen. (…) Die vorhin auf unserer Seite gewesen, sind nun nicht da, und wir schweben ganz verlassen und verachtet in unendlicher Gefahr. Ich bitte euch demnach, daß ihr (…) unsere Briefe lesen und beantworten möget (…)«, flehte er. Die meiste Zeit würden sie weinen, nichts sei schlimmer, als wenn er sie jetzt verließe: »Deshalb bitte ich euch um der Ehre des Evangelii willen, ihr wollet euch unser annehmen schon um des gemeinen Besten willen, welches, wenn ihr nicht am Steuer sitzet, sehr schwere Stürme zu erleiden scheint.«[48] Jonas' Briefe hatten denselben Tenor: Melanchthon mache seine Sache gut, aber er leide an Traurigkeit (»tristitia«).[49]

Luther reagierte stets ungehalten auf Versuche, ihm Schuldgefühle zu machen: Seine Rolle war es, Märtyrer zu sein. Als die Briefe nach einer vorausgegangenen postalischen Lücke schließlich am 29. Juni bei ihm eintrafen, brachte er, während der Bote noch wartete, in aller Eile einen Brief zu Papier, in dem er Gift und Galle spuckte: »Heute sind mir eure letzten Briefe überliefert worden, in denen ihr mich eurer Arbeiten, Gefahren und Thränen in solcher Weise erinnert, daß ich scheine, unbilliger Weise durch mein Schweigen euch Leid über Leid zuzufügen, als ob ich dies nicht wüßte, oder ich hier unter Rosen säße und mit euch nichts von den Sorgen trüge. Und wollte doch Gott, daß meine Sachen solche wären, welche es zuließen, daß Thränen flössen.«[50] Melanchthon solle auf Gott vertrauen und sich nicht mit Gedanken um den Ausgang der Sache quälen. Außerdem missfalle ihm, dass der Jüngere schreibe, er sei stets Luthers Führung (»autoritas«) gefolgt: Es sei genauso ihre Sache wie seine, die ihnen auferlegt sei.[51] Doch bereits am nächsten Tag widersprach sich Luther, als er schrieb: »Denn es ist auch meine Sache, und sogar mehr die meine als euer aller.«[52] Die Abhängigkeit vom jüngeren Melanchthon war ebenso frustrierend wie ärgerlich: »Was ich vornehmlich an dich schreiben soll (…), weiß ich ganz und gar nicht, so fechten mich die Gedanken über deine überaus bösen und ganz nichtigen Sorgen an, da ich weiß, daß ich einem Tauben eine Geschichte erzähle.« Er beschuldigt ihn, nur sich selbst zu glauben, nicht aber anderen: »Ich bin in größeren Ängsten gewesen, als du, wie ich hoffe, jemals sein wirst«, weist er ihn zurecht: »Weshalb hörst denn auch du wiederum nicht auch uns, die wir sicherlich nichts nach dem Fleisch oder der Welt, sondern nach Gott ohne Zweifel durch den Heiligen Geist reden?«[53] Hatte er sich zuvor noch geweigert zu antworten, startete Luther jetzt praktisch eine Briefkampagne. Er teilte Jonas mit, Melanchthons Problem sei es, dass er immer zu sehr auf die Philosophie vertraut habe, und Johannes Brenz schrieb er, Melanchthon solle aufhören, den Märtyrer zu spielen.[54] Er warf ihm sogar vor, es fehle ihm an männlichem Mut: »Ich wenigstens, wenn ich todt oder von den Papisten getödtet sein werde, werde unsere Nachkommen tapfer vertheidigen, und mich an diesen grausamen Bestien rechtschaffen und mehr, als ich wollte, rächen.«[55] Brenz schrieb zurück, Melanchthon sei kein Feigling, seine Tränen trieben ihn nur dazu an zu beten, und wie könne man richtig beten, wenn man nicht mit dem Gewissen und von ganzem Herzen dabei sei?[56]

Hier wird deutlich, dass Luther versuchte, die Kontrolle über die Bewegung wiederzuerlangen, von der er befürchtete, dass sie ihm entglitt. Indem Luther zuerst seine Anweisungen zurückhielt und schließlich Melanchthon an seinem wunden Punkt angriff, machte er ihn von seiner pastoralen Richtung abhängig. In Wirklichkeit hatte Melanchthon rund um die Uhr gearbeitet, hatte die Verteidigungsschrift, die 1531 gedruckte endgültige Fassung des Bekenntnisses, ausgearbeitet und gleichzeitig nach allen Seiten hin Verhandlungen geführt. Er, nicht Luther, zeichnete für die Endfassung des bedeutenden und endgültigen Bekenntnistextes verantwortlich, der Luthers Lehre zusammenfasste, und dann auch noch für dessen Verteidigung. Das ermüdende Gezänk mit Melanchthon konfrontierte Luther mit der eigenen Sterblichkeit, und hier hatte sich zweifellos der Tod seines Vaters ausgewirkt. »(…) da ich aus Verdruß an meinem Alter und meiner Gesundheit, und richtiger aus Lebensüberdruß vermute, daß ich diese verfluchte Welt nicht lange mehr werde sehen und tragen müssen«, schrieb er an Melanchthon.[57] Sein Tod würde die Frage der Nachfolge aufwerfen, das wusste Luther. Sie könnten Bugenhagen nicht fortgehen lassen, grübelte er im Brief an Melanchthon im Anschluss an Bugenhagens Versetzung nach Lübeck, er werde in der Kirche und in der Lehre gebraucht, in Wittenberg müssten andere nach Luther den Stab übernehmen.[58] Bugenhagen war etwa in Luthers Alter, der 15 Jahre jüngere Melanchthon würde offensichtlich sein Nachfolger werden. Doch konnte man ihm trauen?

Die fieberhaften Verhandlungen wurden während der nächsten zehn Wochen fortgesetzt.[59] Wir kennen die verbitterten Berichte des Nürnberger Lutheraners Hieronymus Baumgartner, der meinte, soweit er es beurteilen könne, sei der gesamte Prozess von Anfang an Augenwischerei gewesen: Sobald die katholischen Fürsten ein Angebot gemacht hätten, habe sich Melanchthon beeilt, auf der Grundlage der Vorschläge neue Artikel mit neuen Glossen zu schreiben und dafür Zustimmung von den Evangelischen einzuholen. Sei das getan gewesen, hätten die Papisten es abgelehnt und andere Begriffe ins Spiel gebracht, und das Ganze habe wieder von vorn begonnen. Baumgartner sah auf katholischer Seite keinerlei ernsthafte Absicht, eine Einigung zu erzielen.[60]

Melanchthon jedoch musste unbedingt den Frieden erhalten und löcherte Luther mit Bitten um Rat. Was konnte er zugestehen? War er zu weit gegangen? Er schrieb auch an Veit Dietrich, Luthers Sekretär in Coburg, um sicherzustellen, dass Luther antwortete. Luther dagegen zog es vor, an Jonas zu schreiben, dem er offensichtlich mehr vertraute: »Seid nur stark und stehet männlich fest.«[61] In seinen Briefen an Melanchthon ließ er diesen weiter seine Verärgerung spüren. Er habe die Frage am Vortag bereits beantwortet, donnerte er. Melanchthon solle sich einfach ans Evangelium halten und sich sein schönes Bekenntnis nicht zerlegen lassen. »Ich bitte dich, ist dort nicht alles Trug und Tücke?«, fragte er. »Du hast jetzt den Campegius [Kardinal Lorenzo Campeggio, der päpstliche Legat, ein verhasster Italiener], du hast den Salzburger [Erzbischof Matthäus Lang, Staupitz' letzter Landesherr], du hast klärlich die vermummten Mönche, die zu Speier über den Rhein gefahren sind.«[62] Mit den Letztgenannten spielte Luther auf eine Geschichte an, die während des Reichstags die Runde machte. Anscheinend hatte ein Fährmann in Speyer sich einverstanden erklärt, eines Abends einen Mönch über den Rhein überzusetzen, damit dieser nach Augsburg weiterreisen konnte. Doch als er zur Anlegestelle kam, fand er dort eine ganze Gruppe von Mönchen vor. Er setzte sie über, aber als er zurückkehrte, stand wieder eine Gruppe Mönche an der Anlegestelle. Der erschrockene Fährmann fiel zu Boden und erlitt eine Lähmung an allen Gliedmaßen. Am nächsten Tag sprach eine ähnliche Gruppe Mönche, deren Kutten die Farben aller Orden hatten – weiß, grau, schwarz und braun – einen anderen Fährmann an. Da dieser wusste, was seinem Kollegen widerfahren war, verlangte er, als er fast übergesetzt hatte, eine Bezahlung. Zur Antwort versetzte ihm ein Mönch mit einem Stock einen Schlag auf die Rippen und sagte: »Heutzutage macht niemand etwas unentgeltlich für Mönche.« Der Fährmann wurde gezwungen weiterzufahren, doch als er anlegte, war sein Gesicht ganz und gar zerkratzt. Beide Fährleute waren vom Rat der Stadt Speyer verhört worden und hatten an ihrer Geschichte festgehalten. Bald tauchten Flugblätter mit der Geschichte auf.

Evangelische Autoren deuteten die Geschichte dahingehend, dass die nach Augsburg fahrenden Mönche böse Geister waren; ihre Interpretation zeugte zweifellos vom populären Hass auf Mönche. Papisten hätten die umgekehrte Botschaft herauslesen können, dass hier Gottes Gericht über all diejenigen gezeigt wurde, die das Mönchstum nicht respektierten. Es gab noch andere böse Vorzeichen. Melanchthon erzählte von einem missgebildeten Maultierfohlen, das in Rom mit Füßen unterschiedlicher Art zur Welt gekommen sei, was auf eine Spaltung in der Papstkirche hindeute. Damit rief er Erinnerungen an die Anfangsjahre der Reformation wach, als er und andere das Mönchskalb und den Papstesel zum Gegenstand von Flugschriften gegen den Papst gemacht hatte.[63] Luther konnte es sich leisten, über die »mönchischen Geister von Speyer« zu lachen, doch die Mitglieder der

52 Suredabus Cancrinus' Flugschrift *Ein new wunderbarlich mönchsschiffung* von 1531 liefert eine evangelische Interpretation der Speyrer Geschichte. Der Mönch auf der rechten Seite hat Klauen an den Füßen. Die langen oder gebogenen Nasen seiner Begleiter weisen sie als teuflische Wesen, sexuell ausschweifend oder als Juden aus.

53 Der Papstesel

54 Das Mönchskalb

Delegation in Augsburg, die die Verantwortung dafür trugen, dass das Evangelium geschützt wurde, versuchten, diese Vorzeichen zu ergründen, und sorgten sich darum, was sie bedeuteten.

Auf der Suche nach einem Einvernehmen setzte man auf dem Reichstag ein Komitee nach dem anderen ein, und im Gegensatz zu Baumgartners Überzeugung sah es ganz so aus, als wollte der Kaiser wirklich zu einer Übereinkunft gelangen. Bisweilen freilich türmten die Evangelischen ebenso viele Hindernisse auf wie ihre Gegner. Anfangs drehten sich die Debatten um Glaubenspraktiken wie das Fasten und die Fastentage. Hier lief Melanchthons Argumentation darauf hinaus, dass viele dieser Praktiken nicht durch die Heilige Schrift geboten waren. Zwar seien sie nicht ausschlaggebend für die Erlösung, aber sie seien ihr auch nicht abträglich – das war ein Standpunkt, mit dem Luther sachlich übereinzustimmen schien, wenngleich er darauf bestand, dass diese Regeln niemandem aufgezwungen werden durften.[64] In Hinblick auf die Fastenregeln gab er sich verächtlich: »Weil sie selbst, die Päpste und Geistlichen, die Fasten vorhin nicht gehalten und noch nicht achten, so wissen wir nicht, was man damit machen soll.« Sein Standpunkt, man könne solche Regelungen der weltlichen Obrigkeit überlassen, hätte eine konfessionelle Koexistenz jedoch ermöglicht.[65] Allerdings richtete sich Luthers Unnachgiebigkeit häufig nicht auf die einzelnen Inhalte, sondern auf den Ton darunter.[66] Wie es scheint, wurmte ihn die Leipziger Niederlage gegen Eck noch immer, und er hatte seinem alten Widersacher den Tod von Leonhard Kaiser nicht vergeben. Er mahnte Melanchthon wiederholt, dass es hier nicht nur um Worte gehe, sondern um Leben und Tod: Diese katholischen Theologen hatten bereits Menschen wegen ihrer standhaften Unterstützung der Reformation ermordet. Die Papisten seien »den Teufeln übergeben«, hatte er im Juni an Agricola geschrieben: »Denn es drückt sie, daß sie nicht leben können, wenn sie nicht Blut getrunken haben.«[67] Nun ermahnte er den schmächtigen und körperlich schwachen Melanchthon, standhaft zu bleiben, ein Mann zu sein und männlich zu handeln.[68]

Als man in der Diskussion auf das Sakrament zu sprechen kam, schien die katholische Abordnung erstaunliche Bereitschaft zu zeigen, den Lutheranern zuzugestehen, dass auch Laien den Kelch bekommen könnten. Sie stellten jedoch die Bedingung, dass die Lutheraner ebenfalls lehrten, die alleinige Gabe von Brot, wie sie die Katholiken praktizierten, reiche für die Erlösung aus. Wieder schien eine Übereinkunft in Reichweite, zumindest bis zum nächsten Kirchenkonzil, entsprach das Angebot doch der Linie Luthers bei seiner Rückkehr von der Wartburg, als er versucht hatte, Karlstadts Reformen abzuschwächen. Überraschend unproblematisch schien auch die Frage der Eheschließung von Geistlichen zu sein: Wieder waren die Katholiken bereit, diese Ehen »bis zum Konzil« zu tolerieren, wenn sie bereits geschlossen worden waren. Und sogar in Grundsatzfragen der Reformation waren die Katholiken offenbar bereit einzulenken und einzuräumen, dass Erlösung durch Glaube und Gnade stattfand, nicht durch gute Werke – ein scheinbarer Sieg der augustinischen Theologie.[69]

Trotzdem beschuldigte Luther die Katholiken, ihr Zugeständnis zur Bedeutung des Glaubens sei ein Lippenbekenntnis, da sie weiterhin für Ablässe und Werke predigten, und er bestand darauf, dass die Kommunion in beiderlei Gestalt ausgeteilt werden müsse. Während die Katholiken anboten, ihre Form des Gottesdienst zwar weiter zu praktizieren – zum Beispiel Totenmessen abzuhalten –, zugleich jedoch den lutherischen Gottesdienst zu tolerieren, hatte Luther Einwände grundsätzlicher Art: Dies würde die Vorstellung von der Messe als einem Opfer, durch das persönliche Verdienste erworben werden könnten, wieder einführen. Es störe ihn nicht, die obligatorische Beichte vor der Messe wieder einzuführen, solange die Menschen nicht gezwungen würden, jegliche Sünde zu beichten, da dies nur ihr Gewissen belaste.[70] Für die Anhänger Zwinglis und die Süddeutschen, die sich gegen die Beichte als eine Belastung des Gewissens aussprachen, war das ein schmerzhafter Punkt. Doch Luther, der durch die Beichte stets großen spirituellen Trost gefunden hatte, wollte sie erhalten. Als man auf die Bischöfe zu sprechen kam, zeigte Luther überraschende Bereitschaft zum Kompromiss. Ihre Funktionen und ihre Rechtsprechung könnten sicher wiederhergestellt werden, stimmte er zu, nachdem Melanchthon die biblischen Präzedenzfälle herausgearbeitet hatte, die die Vergabe von höheren Positionen in der Kirche an einige Priester rechtfertigten.[71] Darüber regten sich nicht nur die Sakramentarier auf, deren Antikatholizismus von ihrem Hass auf die alte klerikale Hierarchie geprägt war, sondern auch viele von Luthers Anhängern, besonders die Nürnberger.[72] Viele Evangelische waren der Ansicht, wenn man den Bischöfen ihre Macht zurückgäbe, erlaube man ihnen wieder, über die Lutheraner zu herrschen und diese über kurz oder lang als Ketzer zu verbrennen. Zwar ruderte Luther bald zurück und ließ wissen, er habe mit »Bischöfen« etwas anderes gemeint, die Rechtsprechung der Bischöfe solle eingeschränkt bleiben, doch der Schaden war angerichtet.[73]

Für Melanchthon war es zwingend erforderlich, jede Möglichkeit ins Auge zu fassen, denn er war überzeugt, wenn keine Übereinkunft zustande käme, wäre das Ergebnis letztlich Krieg. Im September fürchtete er ständig die bevorstehende Katastrophe, denn er war sich bewusst, wie klein die Zahl der Fürsten und Städte war, die die Wittenberger unterstützten, wenngleich er die Angst der katholischen Fürsten vor einem Machtzuwachs des bereits übermächtigen Kaisers unterschätzte.[74] Die evangelische Seite hatte nur eine Handvoll Herrscher hinter sich: Lediglich die Herzoge von Lüneburg und Brandenburg, der Fürst von Anhalt, der Kurfürst von Sachsen, Philipp von Hessen und die Städte Nürnberg und Reutlingen hatten das Glaubensbekenntnis unterzeichnet, nicht aber die Sakramentarier.[75] Zudem konnte sich Philipp von Hessen jederzeit Zwingli zuwenden, und bei den Nürnbergern schien es unwahrscheinlich, dass sie es riskierten, sich dem Kaiser zu widersetzen. In vielerlei Hinsicht begriff Melanchthon, was dem isolierten Luther unbegreiflich war: Wie verzweifelt die Lage der Evangelischen politisch und militärisch sein würde, wenn es zu keinem Abkommen käme.

Für Luther jedoch kam ein Kompromiss nun nicht mehr in Frage. Briefe, die er unmittelbar vor Ende des Reichstags verfasste, machen deutlich, wie sehr sich die Beziehung zu Melanchthon inzwischen verschlechtert hatte.[76] Am 20. September unterrichtete Luther Melanchthon davon, dass ihn Beschwerden über dessen Verhandlungsführung erreicht hätten, und verlangte weitere Einzelheiten zu den Verhandlungen: »Mache dich daher daran, damit ich etwas habe, womit ich jenen den Mund stopfen kann.«[77] Am selben Tag schrieb er an Jonas, ohne hinter dem Berg zu halten, er und Melanchthon seien damit betraut worden, das Evangelium zu verteidigen: »Aber siehe! Inzwischen sind von etlichen der Unsern, großen und vielen Leuten, Donner und Blitze an mich gelangt, daß ihr die Sache verrathen hättet, und um Friedens willen Mehreres zugestehen würdet. (…) so haben sie mich zu diesen Worten getrieben: ›Ist's denn also, so hat der Teufel ein hübsch Trennen unter uns selbst angerichtet.‹«[78] Luther wusste, dass Melanchthon und die anderen Wittenberger seinen Brief wahrscheinlich lesen würden. Beide Briefe gab er dem Nürnberger Lazarus Spengler mit auf den Weg, doch der Reichstag ging zu Ende, bevor dieser sie aushändigen konnte. Spengler sandte sie umgehend an Luther zurück, als er sah, dass Melanchthon keine Möglichkeit mehr hatte, die schädlichen Zugeständnisse zu machen, die Luther befürchtet hatte.[79]

Luther hatte bereits begonnen, seine Einstellung zum Reichstag zu überdenken. Nach der Warnung Baumgartners und der Nürnberger, in den Verhandlungen mit den Katholiken laufe man Gefahr, »daß wir Gottes Huld verspielen, und des Kaisers nicht erlangen«, zog er den Schluss, dass er Melanchthon zuviel Spielraum gelassen hatte.[80] Gegen Ende des Reichstags behauptete er plötzlich, es sei völlig falsch gewesen, sich auf Verhandlungen einzulassen, und in den Monaten nach ihrem Scheitern rückte er immer mehr Melanchthon als den Mann ins Bild, der Frieden mit den Katholiken hatte schließen wollen, wobei er geflissentlich vergaß, wie weit er selbst diesen Weg mitgegangen war.[81] Melanchthons Rolle in Augsburg zementierte die Doppelspitze in der Reformation, doch sie unterstrich auch die Unterschiede zwischen beiden Männern. In den folgenden Jahren kamen Doppelporträts der beiden auf den Markt, um die Gerüchte über eine Spaltung zu kitten, doch sie hinterlassen einen seltsamen visuellen Eindruck. Sie zeigen keine strahlende Eintracht und Harmonie, vielmehr nimmt der feiste Luther den Großteil des Bildes ein, und die Komposition erinnert auf seltsame Weise an das Hochzeitsporträt mit Katharina von Bora, nur dass Melanchthon den Platz auf der weiblichen Seite einnahm.

*

Nach Monaten hektischen Feilschens scheiterten die Verhandlungen, und der Kaiser beendete den Reichstag am 23. September. Beide Seiten hatten Bereitschaft zum Kompromiss gezeigt, und am Ende schienen die Gegensätze zwischen ihnen nicht so unüberbrückbar, als dass sie das Schisma gerechtfertigt hätten, das aus dem Scheitern resultierte. Was die beiden Seiten letztendlich davon abhielt, sich zu einigen, war das fehlende Vertrauen – hinsichtlich der Ehe, der Sakramente und anderer Fragen glaubten die Evangelischen einfach nicht, dass die Katholiken meinten, was sie sagten, oder dass sie Wort halten würden. Sie fürchteten, wenn ein Kirchenkonzil außerhalb Deutschlands abgehalten würde, das sich zum Ziel setzte, sie zu bekämpfen, würden die

55 Lucas Cranach der Ältere, *Martin Luther und Philipp Melanchthon*, 1546

Zugeständnisse ihnen den Hals brechen.[82] Das Ergebnis war nicht unvermeidlich, sondern eher eine knapp verfehlte Gelegenheit, die Spaltung der katholischen Kirche zu verhindern. Das war auch der Grund, weshalb sich die Verhandlungen so lange hinzogen, ein Komitee das andere ablöste und Kaiser Karl bereit gewesen war, immer wieder neue Versuche zuzulassen, um eine Einigung zu erreichen. Wäre es Melanchthon überlassen gewesen – ein Ireniker, kein Konservativer wie Luther –, wäre man möglicherweise zu einer Übereinkunft gelangt.

Ende Oktober 1530 kehrte Luther schließlich nach Wittenberg zurück, nachdem er ein halbes Jahr, umgeben vom Krächzen der Dohlen, in der »Wüste« von Coburg verbracht hatte. Er sehnte sich danach, seine Freunde wiederzusehen: »Immer wieder heim, immer heim«, hatte er Mitte Juli an die Augsburger Abordnung geschrieben.[83] Er fegte Gerüchte über Erkrankungen vom Tisch und rügte Katharina: »Du siehest ja die Bücher vor Augen, die ich schreibe.«[84]

Luther war in der Tat während seines Exils bei den Vögeln bemerkenswert produktiv gewesen; er hatte die Übersetzung des Alten Testaments abgeschlossen, an der er zwölf lange Jahre gearbeitet hatte. Doch seine Kreativität wurde in vielem von Wut und Hass befördert. Während Melanchthon versuchte, Frieden zu stiften, brachte Luther einen *Widerruf vom Fegefeuer* – ironisch selbstverständlich – zu Papier, außerdem den *Brief an den Kardinal Erzbischof zu Mainz* und die *Artikel wider die ganze Satansschule und alle Pforten der Hölle*, die alle die katholische Theologie angriffen und ihm, als sie in Augsburg verkauft wurden, auf dem Reichstag eine Stimme verliehen.[85] In der Schrift *Warnung an meine lieben Deutschen*, mit der er im Oktober fertig geworden war, die aber erst 1531 in den Druck ging, griff er seinen alten Gegner, »das unverschämte Maul und den blutdurstigen Sophisten Doktor Eck« an und ließ die Verschwendungssucht und das Gepränge des Reichstags funkeln, mit dem sich selbst Junker Neidhart und Meister Lügenhard nicht hätten messen können.[86] Die Eleganz, die Luthers Feder auszeichnete, rührte von der Leichtigkeit her, mit der er die übliche Rhetorik einsetzte. Er wiederholte Meinungen, die er zehn Jahre zuvor bereits ausgesprochen hatte, doch nun kleidete er sie in bittere Polemik. Er sprach immer mehr zu den bereits Konvertierten, nicht zu denen, die mit Zweifeln kämpften.

Tatsächlich bestand für ihn die Gefahr, zu einem Provinzdenker zu werden. Von Anfang an hatte er sich an seine »lieben Deutschen« gewandt und nicht an die verhassten »Welschen« (Italiener) oder Lateiner, was ihn daran hinderte, die Kirche als ein Ganzes zu denken.[87] Das war freilich eine Stärke gewesen, denn die Winkelzüge des Kurfürsten hatten Zwingli und die Sakramentarier vollständig vom Reichstag ausgeschlossen und damit Luthers Anhängern ermöglicht, während der Verhandlungen deren Meinungen außer Acht zu lassen. Doch langfristig zeigte sich darin ein verhängnisvoller Mangel an Weitsicht, denn der Ausschluss der Sakramentarier von den Verhandlungen beim Augsburger Reichstag von 1555 – wie bereits beim Reichstag 1530 –, nachdem Johannes Calvin sich ihrer Sache angenommen hatte, sorgte für die Wirkungslosigkeit des Augsburger Friedens und trug schließlich zum Ausbruch des Dreißigjährigen Kriegs bei.

*Sechzehntes Kapitel*

# »Eine feste Burg«

Der Reichstag in Augsburg schien in eine politische Sackgasse geführt zu haben. Aber die Anstrengungen, den Protestantismus zu verteidigen, Krieg zu vermeiden und einen Weg aus dem Dilemma zu finden, wurden in den darauffolgenden Jahren fortgesetzt. Im Februar 1531 bildeten die Lutheraner unter Führung des Kurfürstentums Sachsen und Hessens ein Verteidigungsbündnis, das unter der Bezeichnung Schmalkaldischer Bund bekannt wurde. Diesem Zusammenschluss traten in den folgenden Jahren immer mehr Gebiete bei, so dass er sich rasch vergrößerte und bald eine bedeutende politische Kraft war. Auch mit den Katholiken führte man weiterhin Verhandlungen – jetzt von einer viel stärkeren Ausgangsposition aus –, und im Juli 1532 gelang es, sich mit dem Frieden von Nürnberg (unterzeichnet von neun Fürsten und 24 Städten) einer gegenseitigen, informellen Tolerierung zu versichern. Die Besitzstände jeder Seite sollten bis auf weiteres geschützt und das Thema bei einem künftigen Kirchenkonzil entschieden werden. Das kam einer Aufhebung des Edikts von Worms und seiner bedrohlichen Verfügungen gleich – und war praktisch die Anerkennung, dass keine der beiden Seiten einen vollständigen Sieg erringen konnte, zumindest nicht zu jenem Zeitpunkt. Die Politik begann, die Religion zu lenken, und der Prozess, durch den das Reich später ein Schachbrett verschiedener Glaubensrichtungen werden sollte, war in Gang gesetzt.

In den wenigen Jahren danach verabschiedete sich Luther mit einer Reihe von Polemiken, Pamphleten, Briefen, Kontroversen und Verhandlungen mit seinen Gegnern stillschweigend von dem Vorhaben, *die* Kirche zu reformieren. Stattdessen begann er, seine eigene Kirche zu schaffen. Auf Grundlage seiner Idee, die Fürsten könnten als Notbischöfe auftreten, wie er es 1520 in *An den christlichen Adel deutscher Nation* vorgeschlagen hatte, machte er sich mit der Unterstützung des Kurfürsten 1527 daran, die Kirche von Sachsen zu reformieren. Jeder Pfarrbezirk sollte inspiziert werden, eine Überprüfung, die mehrere Jahre beanspruchte und deren Durchführung dem Kurfürsten gemeinsam mit der Kirche oblag, nicht den Bischöfen. Anstelle liturgischer Experimente, die die Reformation in ihrer Frühzeit geprägt hatten, legte Luther schrittweise reformierte Liturgien für Wittenberg fest, die weit über die Stadt hinaus wirkten. Und da er in einem stetigen Strom von Anfragen um Rat gebeten wurde, musste er eine praktische Theologie ausarbeiten – über die praktische Ausgestaltung von Taufe, Ehe, Scheidung und Tod –, die für die Entstehung einer neuen Kirche von grundlegender Bedeutung war. Der Mann, der 1520 davon überzeugt gewesen war, dass alle Gläubigen gleichermaßen Priester seien, musste nun über Fragen von Autorität und Struktur innerhalb der Kirche entscheiden. Sollte es Bischöfe geben, wie er 1530 scheinbar eingeräumt hatte? Grimmige Auseinandersetzungen mit Sakramentariern, in denen es angeblich darum ging, Gemeinsamkeiten zu finden, festigten in Wahrheit den klaren und unüberbrückbaren Gegensatz zu ihnen sowohl in Glaubensfragen als auch in der Glaubenspraxis. Luther lag offenbar mehr daran, sie zu seinem Standpunkt zu bekehren, als ihnen Gehör zu schenken. Auch von der einstigen Erklärung, dass Glaubensfragen niemals mit Gewalt entschieden werden sollten, entfernte er sich, obwohl es für ihn immer eine heikle Sache blieb, Häretiker zu bestrafen. Zur selben Zeit näherte er sich langsam dem Gedanken, unter bestimmten Umständen könne es rechtens sein, sich dem Kaiser zu widersetzen.

Kurz nach dem Ende des Reichstags hatte Luther in seiner *Warnung an seine lieben Deutschen* die Auffassung vertreten, dass Lutheraner dem Kaiser nicht gehorchen dürften, wenn er ihnen befähle, die Waffen gegen ihre Nächsten zu erheben, und dass ein verfolgter Lutheraner, der sich dem Tod widersetzte, anstatt als guter Christ zu leiden, nicht als rebellisch angesehen werden sollte.[1] Damit propagierte er noch keinen Widerstand gegen den Kaiser, doch diese Position ging weiter als die vom 6. März 1530. Im Oktober desselben Jahres gelangte er zu der Ansicht, dass Rechtsexperten, nicht Theologen entscheiden sollten, ob Widerstand gegenüber dem Kaiser je rechtmäßig sei. Diese Haltung erlaubte es ihm, den Schmalkaldischen Bund und dessen militärische Ziele zu unterstützen, ohne eine politische Theologie zu entwickeln, die Widerstand generell guthieß.[2]

Trotz der politischen Notwendigkeit für die Evangelischen, sich zu verbünden, taten sich die Theologen weiterhin schwer, Frieden miteinander zu schließen. Aus Schweizer und süddeutscher Perspektive war es zwingend erforderlich, eine Vereinbarung zu treffen. Hatten die Anhänger Luthers in Augsburg schwach und isoliert gewirkt, traf dies auf die Sakramentarier in noch viel größerem Maße zu. Zwingli hatte zwar seine eigenen Glaubensartikel verfasst, doch keine Möglichkeit bekommen, sie vorzutragen; die Oberdeutschen hatten ein separates Glaubensbekenntnis formuliert, das Luthers Lehre weit entgegenkam, doch nur vier Städte unterstützten diesen Kompromiss; die Schweizer weigerten sich, das Schriftstück zu unterzeichnen, das als *Confessio Tetrapolitana* bekannt wurde.[3] Ihnen wurde der Beitritt zum Schmalkaldischen Bund verweigert.

Zwingli und die Schweizer waren sich der drohenden Gefahr der politischen Isolation stets bewusst gewesen und hatten nach Verbündeten Ausschau gehalten, seit sich die katholischen Schweizer Kantone 1524 gegen die Evangelischen zusammengeschlossen hatten. Zwingli hatte seine Hoffnung auf einen Zusammenschluss mit Philipp von Hessen gerichtet und sogar mit dem Gedanken gespielt, ein Bündnis mit Frankreich einzugehen. 1529 vereinigten die katholischen Kantone ihre Streitkräfte mit denen Österreichs unter der Führung von Kaiser Karls Bruder Ferdinand und schufen dadurch eine weit schlagkräftigere Koalition. 1531 brach schließlich der Krieg aus.

Schon 1527 hatte Luthers Nürnberger Freund Andreas Osiander vorausgesagt, Zwingli würde innerhalb von drei Jahren zuschanden

werden.⁴ Er irrte sich um ein Jahr. Im Oktober 1531, kaum vier Jahre
später, wurden die Züricher mit ihrem Geschütz, ihrem eindrucksvollen Tross und ihren stolzen Waffen in Kappel von den Kräften der
katholischen Kantone besiegt. Auf dem Höhepunkt dieses Gefechts
hatte ein wütender Züricher Soldat Zwingli zugerufen, er habe ihnen
gesagt, »sie würden uns keinen Widerstand leisten können, und ihre
Büchsen würden sich umkehren und in sie selbst schiessen (...). Ihr
habt uns den Brei gekocht und uns diese Rüben daraufgetan, ihr müsst
uns jetzt helfen essen!«⁵

Zwingli selbst wurde verwundet und kurz darauf unter Hohn und
Spott von einem einfachen Hellebardier getötet. Sein Leichnam wurde
geviertelt, von einem Henker aus Luzern verbrannt, seine Asche mit
Mist vermischt.⁶ Als Kleriker, der zu den Waffen gegriffen und sein
Priestergewand geschändet hatte, war er schlimmer angesehen als ein
Ketzer. Die Weise, wie er zu Tode kam, war zutiefst schockierend.
Zwingli starb als Züricher Bürger im Kampf an der Seite seiner Gemeindemitglieder und in Erfüllung des Schwurs, den er wie alle Züricher Bürger geleistet hatte, ihre Freiheiten zu verteidigen. Mit ihm
starben 20 weitere Geistliche in der Schlacht bei Kappel.⁷ Nichts
hätte den Unterschied zwischen den Lutheranern und den Süddeutschen besser zusammenfassen können. Luther sah den Klerus noch
immer als eine besondere, durch Berufung von der übrigen Gesellschaft getrennte Gruppe an, zu deren Rolle es gehörte, niemals zu
kämpfen. Luther, der Sohn eines Mannes, der seine Ehre mit den
Fäusten zu verteidigen wusste, blieb Theologe und Pastor, während
Zwingli als Bürger und Mann der Tat starb. Luthers Epitaph für
Zwingli und seine Anhänger kann man in einem Brief an seinen Freund
Amsdorf lesen: »Aber das ist das Ende des Ruhmes, den sie durch Lästerungen wider das Abendmahl Christi suchten.« Jetzt reklamierte
Luther Osianders Prophezeiung für sich: »Ich bin ein Prophet gewe-
sen, da ich gesagt habe: Gott werde diese rasenden und wüthenden
Lästereien nicht lange leiden.« Er zitierte Jesus beim Abendmahl mit
seinen Jüngern: »Wer das Schwert nimmt, der kommt durchs Schwert
um.«⁸ Doch bei allem, was ihn vielleicht über Zwinglis Untergang

frohlocken ließ, die Sache der Lutheraner selbst sah ebenfalls trost-
los aus.

\*

Luther fühlte sich umgeben von Feinden des Evangeliums, und nun
zählte er auch die Täufer dazu, die man damals »Wiedertäufer« oder
»Anabaptisten« nannte. Er hatte die Täufer stets als neue Anhänger
von Müntzer und Karlstadt angesehen und sie mit diesen über einen
Kamm geschoren: Sie waren Schwärmer, Enthusiasten wie die, die er
1524 in *Wider die himmlischen Propheten* der Irrlehre bezichtigt hatte.
Wiedertäufer war ein Schimpfwort, mit dem ihre Gegner die Täufer
belegt hatten, tatsächlich hatte ihr Glaube nichts mit einer Wiederholung des Sakraments zu tun. Die meisten Täufer betrachteten die
Kindstaufe als ungültig und sprachen sich für eine Taufe von erwach-
senen Gläubigen nach dem Vorbild des Evangeliums aus; einige ver-
warfen die Taufe ganz. Manche hatten sich damals an den Bauernkriegen beteiligt und waren inspiriert durch Müntzers Vorstellungen
von millenaristischer Gewalt; andere waren Pazifisten, die sich weigerten, Schwüre zu leisten. Die meisten waren kleine, isolierte Haufen
von Gläubigen, denen es gelang, über weite Entfernungen hinweg den
Kontakt zueinander zu halten. Sie lebten als Außenseiter innerhalb
ihrer Gemeinden und gingen Konflikten mit den Obrigkeiten aus dem
Weg.[9]

Für Reformatoren wie Luther, die auf Gottes Wort als der alleinigen
Autorität in Glaubensfragen bestanden, war es nicht einfach, Glaubenslehren anzufechten, die sich so eng an den Buchstaben der Heiligen Schrift hielten. Luthers Behauptung, dass Paten an Kindesstelle
das Glaubensbekenntnis ablegen konnten, hatte keine Grundlage im
Evangelium und beruhte stattdessen auf der kirchlichen Tradition –
dabei hatte Luther in Worms jedes Argument zurückgewiesen, das
nicht auf der Bibel beruhte. Im Ganzen verwendete Luther aber nicht
viel Tinte darauf, die Täuferbewegung zu widerlegen, vielleicht weil
seine Behauptung ihm selbst nicht recht behagte, vielleicht weil sein
Hauptanliegen die Bekämpfung der Sakramentarier war. 1528 ver-

fasste er eine Schrift in Form von zwei Briefen an zwei Pfarrer, die ihn gebeten hatten, ihnen zu helfen die Lehre der Täufer zu entkräften: Die schnell aufgesetzte Beweisführung in diesen Texten ist widersprüchlich und beschränkt sich in erster Linie auf die Behauptung, die Täufer hätten eine spirituelle Auffassung von der Taufe. Die maßgebliche lutherische Abhandlung zum Täuferglauben wurde 1530 von Justus Menius verfasst, zu der Luther lediglich ein zustimmendes Vorwort beisteuerte.[10]

Dennoch ist die Konfrontation mit der Täuferbewegung wichtig, wirft sie doch ein Licht auf Luthers Auffassung über die Rolle der Taufe und die Natur der Kirche zu einer Zeit, als er sich anschickte, ein geordnetes Kirchenwesen für Sachsen auf die Beine zu stellen. Aus dem Sakrament der Taufe ergab sich die grundlegende Frage, wer zur Kirche gehörte, ob jeder in der Gemeinde oder eine Minderheit, nämlich jene, die erlöst worden waren. Luther wollte eine Kirche mit allgemeiner Kindstaufe, die alle einschloss, doch in seinen düsteren Momenten dachte er auch, dass die wahre Kirche echter Christen unsichtbar war und ihr nur eine Handvoll Seelen angehörten. Die Kindstaufe festigte die Universalität der Kirche und machte aus der Gemeinschaft eine Gemeinde: Jeder, der getauft war, gehörte automatisch dazu. Taufe und Eucharistie waren die beiden einzigen der sieben katholischen Sakramente, die Luther als biblisch ansah, wobei er unsicher war, ob er auch die Beichte dazuzählen sollte. Als Konservativer änderte er wenig am Ritus, und seine Auffassung des Taufakts deckte sich in vielem mit der katholischen. Er glaubte fest daran, dass der Kampf gegen den Teufel um die Seele mit der Taufe begann, und es ist auffällig, wie häufig Luther auf die Taufe verwies, wenn er über Satan schrieb. Die Taufe ist das Versprechen, das Gott uns gibt, und es bedarf keines Glaubens, um dieses Versprechen zu verdienen: Das war der tiefere Grund, warum Luther das Täufertum ablehnte. Seine Theologie hatte noch nichts von der späteren protestantischen Begeisterung für die Erfahrung, »erlöst zu werden«, die so häufig mit seinem Beharren auf dem Grundsatz »allein der Glaube« verwechselt wird. Durch die Taufe wurde zudem den weltlichen Autoritäten die Möglichkeit eingeräumt, den äußeren Rahmen der Kirche mitzugestalten, was das Bündnis zwischen der kirchlichen und der politischen Obrigkeit unterstrich. Eine Ablehnung der Kindstaufe hätte eine Destabilisierung der Kirche und ein Abrücken von dieser Zusammenarbeit mit dem Staat bedeutet; diese aufzugeben, hätte Luther niemals in Betracht gezogen.

Luther bestand nicht nur auf der Kindstaufe, er behielt auch den starken Exorzismus bei, der immer Teil des Ritus war, anfangs sogar einschließlich der apotropäischen Handlung, bei der der Priester im wörtlichen Sinn den Teufel aus dem Kind »blies« – ein weiteres Element des »päpstlichen Hokuspokus«, das andere Reformatoren unbedingt abschaffen wollten.[11] Luther erzählte dazu die Geschichte eines Arztes, dem die Worte, die bei der Taufe eines Kindes gesprochen wurden, sehr gefallen hatten und der ausrief: »Wenn ich wüßte, daß ich mit diesen Worten gleich als dies Kindlein getauft wäre, so wollt ich den Teufel nicht mehr fürchten!« Die Paten versicherten ihm, dass es dieselben Worte waren, die man bei seiner eigenen Taufe gesprochen hatte. Kurze Zeit darauf erschien der Teufel in Form einer Ziege bei dem Arzt. Dieser packte die Ziege bei den Hörnern, da verschwand der Teufel und ließ den Arzt mit den Hörnern als Trophäe zurück.[12]

Luther erwies sich auch als Traditionalist, wenn es um die Patenschaft ging, und er machte klugen Gebrauch von ihr, indem er die Paten seiner Kinder sorgfältig danach aussuchte, ob sie seinen freundschaftlichen Umgang mit dem sächsischen Adel und die Beziehungen zu anderen Reformern und Freunden wie Cranach festigten. Die lutherischen Reformatoren wählten regelmäßig Paten aus ihrem kleinen Kreis, was die innige Verbundenheit untereinander betonte.[13] Diese Gepflogenheit trug dazu bei, dass sich unter den evangelischen Pfarrhaushalten eine zunehmende Tendenz herausbildete, eine vom Rest der Gesellschaft abgesonderte, untereinander eng verbundene, eigene gesellschaftliche Gruppe zu bilden, deren Angehörige untereinander heirateten und in der Nachfolger aus den eigenen Kreisen rekrutiert wurden. Der katholische Klerus konnte nie eine Gruppe in diesem Sinn bilden, weil seine Angehörigen ledig bleiben mussten.

Obwohl die Taufe also im Mittelpunkt seiner Theologie stand und er eine konservative Haltung gegenüber dem Ritus einnahm, war Luther unsicher, wie er mit den Täufern umgehen sollte. Während der Augsburger Verhandlungen hatte er bereitwillig zugegeben, dass Täufer wie Sakramentarier als Ketzer behandelt werden sollten, doch bis zu diesem Zeitpunkt hatte er ebenso unverrückbar daran festgehalten, dass niemand für seinen Glauben hingerichtet werden sollte. Häretiker würden in der Hölle leiden, und nur wenn sie sich des Aufruhrs schuldig machten und sich gegen die weltliche Herrschaft empörten, mussten sie bestraft werden.[14] Melanchthon jedoch begann in Übereinstimmung mit dem kaiserlichen Mandat, gegen die Täufer von 1528 die Ansicht zu vertreten, dass Täufer sich des Verbrechens der Aufwiegelung schuldig machten und die weltliche Obrigkeit sie anstatt mit Geldbußen »am Körper« strafen sollte. Während Luther 1528 noch dafür eintrat, dass Täufer nicht hingerichtet werden sollten – »Doch ist es nicht recht und tut mir sehr leid, dass man diese armen Leute so jämmerlich ermordet, verbrennt und gräulich umbringt« –, sprach sich Melanchthon ab Februar 1528 für deren Hinrichtung aus, und schon im folgenden Jahr pflichtete Luther ihm bei, »obwohl es scheußlich anzusehen, dass man sie mit dem Schwert bestraft, so ist es noch scheußlicher, dass sie die Verkündigung mit dem Wort schädigen und keine gewisse Lehre vertreten, dafür die richtige Lehre unterdrücken und noch dazu die Reiche der Welt [regna mundi] zerstören wollen«.[15]

Auch wenn Luther nicht wohl bei dem Gedanken war, erhob er keine Einwände gegen eine harte Bestrafung. Als sich Fritz Erbe aus dem Dorf Herda bei Eisenach 1531 weigerte, seinen Sohn taufen zu lassen, wurde er eingekerkert. Nachdem er 1533 ein zweites Mal eingesperrt worden war, verbreitete sich sein Ruf, und er erlangte so etwas wie Berühmtheit in der Stadt, weshalb man ihn auf die Wartburg verlegte. Dort wurde er von 1540 bis zu seinem Tod 1548 in einem Kerker im Keller in Einzelhaft gehalten. Erbes Geschichte und sein trauriges Schicksal waren Luther sicher nicht unbekannt.[16]

1534 übernahm in Münster eine Gruppe von Täufern die Herrschaft im Rat der Stadt mit Konsequenzen, die die Zeitgenossen entsetzten. Anfangs war die Reformation dort in recht unauffälligen Bahnen verlaufen. Wie in vielen Städten im Reich war auch in Münster die Zahl der Anhänger Luthers gestiegen, und sie wurden zunehmend in den Stadtrat gewählt. Doch was als eine politisch konservative, lutherische Reformation begonnen hatte, schlug plötzlich um, als der Münsteraner Hauptprediger Bernhard Rothmann unter dem Einfluss der Sakramentarier begann, einen radikalen Populismus zu vertreten. Münster wurde nun zum Zielpunkt millenaristischer Hoffnungen, und aus ganz Norddeutschland und den Niederlanden strömten Täufer herbei, die den Prophezeiungen des Straßburger Predigers Melchior Hoffman folgten. Er begeisterte die Menschen mit der Idee, in Münster solle das Neue Jerusalem errichtet werden. Bald bildeten sie eine starke Gruppe innerhalb der einheimischen Bevölkerung von ungefähr 9000 Einwohnern.[17] Bis dahin glich die Reformation in Münster eher der radikalen Phase der Wittenberger Reformation, bei der Stadtrat und Prediger gemeinsam am Umbau zu einer frommen Gemeinschaft arbeiteten. Im September 1534 jedoch übernahm der charismatische Jan van Leiden die Führung, errichtete eine Theokratie, setzte sich an ihre Spitze und bestellte den ehemaligen Bürgermeister Bernhard Knipperdolling zu seinem »Schwertträger«, eine Führungsposition innerhalb der neuen Ordnung, welche die Funktionen des Statthalters und Scharfrichters vereinte.[18]

Militärisch und finanziell unterstützt von einer Koalition, an der sich neben dem Erzbischof von Köln und dem katholischen Herzog von Kleve auch der Lutheraner Philipp von Hessen beteiligte, belagerte der Bischof von Münster die Stadt. Jan van Leiden sandte »Apostel« aus, die aus anderen Täufergemeinden Verstärkung herbeiholen sollten, doch Münster war isoliert und eingekesselt; nur wenigen gelang es, den Belagerungsring zu durchbrechen. Alle Männer der Stadt wurden zu ihrer Verteidigung rekrutiert, dennoch scheiterte der Versuch, die Streitkräfte des Bischofs zurückzudrängen, und viele verloren bei den Kämpfen ihr Leben. Jetzt wurden die apokalyptischen Phrasen van Leidens zur Wirklichkeit, er übernahm die Rolle sowohl des Richters als auch des Henkers, enthauptete eigenhändig einen angeblichen Spion und führte die Polygamie ein, um die Täufer in die Lage zu versetzen, die zwölf Stämme Israels wieder zu zeugen.[19]

Im Juni 1535, nach über einjähriger Belagerung, fiel die Stadt. Jan van Leiden und zwei andere Anführer wurden grausam gefoltert und im Januar 1536 hingerichtet, ihre Leichen wurden in eisernen Käfigen am Glockenturm der St. Lamberti-Kirche aufgehängt, wo die Käfige heute noch zu sehen sind. Es lässt sich schwer sagen, was genau sich in Münster zutrug, da die überlieferten Berichte von den Siegern und Gegnern der Täufer stammen und die städtischen Dokumente größtenteils vernichtet wurden. Die Ereignisse werden in der Regel als eine Abirrung in der Geschichte der Reformation behandelt, und sicherlich hat Luther sie ebenso gesehen. Am meisten schockierte die Zeitgenossen die Einführung der Polygamie. Doch obwohl Luther die Täufer

56 Heinrich Aldegrever, *Jan van Leiden, Ein König der Wiedertäufer*, 1536. Führende Künstler fertigten bald Stiche von van Leiden und seiner Frau, Königin Divara, an: Aus dem gemeinen Volk stammend, hatten sie sich selbst für königlich erklärt und waren damit der Inbegriff der Gefahren, die von der Täuferbewegung ausgingen. Zeitgenossen berichteten, van Leiden habe zwei goldenen Kronen besessen sowie Reichsapfel und Zepter getragen, wenn er zu Pferde saß, sein Gefolge sei in Blau und Grün gewandet gewesen, und zwei Jünglinge seien hinter ihm geritten, von denen einer eine Bibel und eine Krone trug, der andere ein blankes Schwert mit der Aufschrift »Gottes Macht ist meine Kraft«.

verurteilte für ihre Anmaßung und ihren Anspruch, die wahre theologische Lehre zu vertreten, und obwohl er sie als »Epikureer« brandmarkte,[20] verwies er im Zusammenhang mit dem Polygamievorwurf stets darauf, dass die Patriarchen des Alten Testaments in Polygamie gelebt hatten, eine Haltung, die später bedeutende Folgen haben sollte.

\*

Unterdessen hatte Martin Bucer den Versuch nicht aufgegeben, zu einer Einigung mit den Wittenbergern zu gelangen. Ende September 1530 hatte er auf seinem Rückweg vom Reichstag in Augsburg den mürrischen Luther auf der Veste Coburg besucht und ihn schließlich davon überzeugt, Verhandlungen mit den Sakramentariern aufzunehmen.[21] Luther schrieb Anfang 1531 an Bucer, er habe erkannt, »wie nothwendig uns die Gemeinschaft mit euch ist (...), so daß ich gewiß bin, daß alle Pforten der Hölle, das ganze Pabstthum, der ganze Türke, die ganze Welt, das ganze Fleisch und alles, was es nur an Übeln gibt, dem Evangelio nicht das Mindeste hätten schaden können, wenn wir einträchtig wären«.[22] Damit schlug er einen Ton an, der anders klang als seine sonst übliche Drohgebärde mit der Beteuerung, seine isolierte Stellung im Kampf gegen Satans Mächte beweise, dass Christus auf seiner Seite stehe. Doch der Sinneswandel war nicht von Dauer.[23] Luther blieb weiterhin misstrauisch gegenüber Bucer, der unermüdlich in der Schweiz und zwischen den oberdeutschen Städten umherreiste, um eine Formel zu finden, der alle Parteien zustimmen könnten. Fast vier Jahre verwendete er auf diese Bemühungen, doch als er endlich eine gemeinsame Erklärung zustande gebracht hatte, die Luthers Zustimmung fand, wurde sie von den Schweizern verworfen.

Letztendlich wurde 1536 eine Begegnung zwischen den Lutheranern und den oberdeutschen Sakramentariern vereinbart, die in Eisenach stattfinden sollte.[24] Tatsächlich fand das Treffen in Wittenberg statt, da Luther zu krank zum Reisen war, so dass man die Diskussion in sein Haus verlegte. Die beiden Straßburger Bucer und Wolfgang Capito waren anfangs die Einzigen, die zu den Gesprächen zugelassen wurden, in denen die Wittenberger entsprechend weit in der Überzahl waren. Aus Luthers Sicht ging es bei dieser Begegnung weniger darum, einen Kompromiss zu erzielen, er wartete vielmehr auf ein Zeichen der Zustimmung zur lutherischen Linie: Bucer und Capito sollten anerkennen, dass Christus im Sakrament leibhaftig gegenwärtig sei. Die Übereinkunft scheiterte aber fast daran, dass Luther eine weitschweifige Schmährede hielt, in der er Zwingli und Oekolampadius beschuldigte, sie hätten schreibend »gottlose, greuliche falsche Lehre« verkündet, die Menschen irregeleitet und Aufruhr unterstützt. Deshalb sei es besser, meinte Luther »man ließe die Sache im vorigen Stande, darinnen sie jetzt sei, beruhen und bleiben, denn dass man durch eine gedichtete, gefärbte Concordiam den Handel, der zwar arg und böse, hundertmal ärger machte«. Aus Myconius' Bericht wissen wir, dass Bucer sichtlich bestürzt war über Luthers unverhohlene Ablehnung eines Vertrags, für dessen Zustandekommen er so hart gearbeitet hatte. Luther beharrte »mit großem Ernst [darauf], dass entweder eine rechte Einigkeit, oder gar keine geschehe«.[25]

Als sich die beiden Parteien am folgenden 23. Mai erneut trafen, fragte Luther die Gesandten aus Süddeutschland, »ob sie wollten widerrufen ein jeder, was er wider des Herrn Christi, der Schrift, und der Kirchen Lehre und Meinung, gelehrt und ausgesprengt«, und künftig »beständiglich und einmüthiglich lehren wollten«, dass der Leib Christi gegenwärtig ist in oder mit dem Brot des Abendmahls. Bucer und Capito waren gezwungen, dieses erniedrigende Eingeständnis eines Irrtums abzulegen, woraufhin Luther und seine Anhänger den Raum verließen, um sich über die nächsten Schritte zu beratschlagen. Als sie zurückkehrten, forderten die Wittenberger die Sakramentarier dazu auf, einzuräumen, dass auch die »Unwürdigen«, nicht nur die Gläubigen, den wahren Leib und das Blut Christi bei der Kommunion empfingen, was nichts anderes bedeutete, als ihnen das Bekenntnis abzuverlangen, Christus sei im Sakrament leiblich anwesend und nicht nur dann »gegenwärtig«, wenn der Empfangende daran glaubte und den Grundsatz anerkannte.[26]

Luther erhielt den Widerruf, auf den er so lange gewartet hatte. Dann demütigte er die Besucher noch einmal, indem er jeden einzeln aufforderte, sein Glaubensbekenntnis abzulegen und die Aussage einzuschließen, dass das Sakrament auch den »Unwürdigen« zuteilwerde. Schließlich war das langersehnte Übereinkommen erreicht, und Bucer und Capito weinten, als die Theologen es mit Handdruck besiegelten. Luther riet ihnen, die neue Lehre schrittweise in ihren Kirchengemeinden einzuführen, so dass die Gemeindemitglieder die Veränderung nicht bemerkten – ein zynischer Ratschlag, der von einer großen Geringschätzung des Kirchenvolks und seiner Anteilnahme an theologischen Themen zeugt. Am nächsten Tag, Christi Himmelfahrt, predigte Luther über Markus 16,15: »Gehet hin in alle Welt und predigt das Evangelium aller Kreatur.« Der Chronist Myconius, der die Predigt hörte, notierte: »Ich habe Lutherum zwar oftmals hören predigen, aber dazumal war mir nicht anders zu Sinne, denn als redete er nicht allein, sondern donnert aus dem Himmel selbst im Namen Christi.«[27]

Es sah aus, als hätte Luther einen vollständigen Sieg errungen, doch es war ein Pyrrhussieg. Bucer hatte die oberdeutschen Städte dazu gebracht, der *Confessio Augustana* zuzustimmen, ein bedeutender diplomatischer Erfolg, der die Reformation im Reich stärken und schützen sollte. Er versuchte daraufhin, die Schweizer zu überzeugen, die Wittenberger Konkordie anzunehmen, wobei er sogar durchblicken ließ, Karlstadt wolle sich mit den Wittenbergern einverstanden erklären, da er die ganze Diskussion satthabe. Luther jedoch war unversöhnlich. Als die Schweizer ihm schließlich im Januar 1537 ein Versöhnungsschreiben sandten, ließ er sich mit seiner Antwort bis Dezember Zeit und servierte sie darin unwirsch ab: Seine Krankheit habe ihn aufgehalten, erklärte er, »denn in meinem Kopf stecken täglich viele Händel, geschweige Gedanken, so dass ich nicht alles so behandeln und so reden kann, wie wenn ich es nur mit einem oder zweien zu tun hätte«.[28] Er wolle eine eindeutige Zustimmung zu seinem Standpunkt, fuhr er in seinem Brief fort – mit dem Ergebnis, dass die Priesterschaft von Zürich, Basel und Bern im Herbst 1538 beschloss, das Projekt, eine Einigung mit den Wittenbergern zu erzielen, für gescheitert zu erklären. Auch andere Städte sprangen ab: In Augsburg, dessen Festhalten an der Wittenberger Konkordie auf der

Kippe stand, wurde auf Luthers Empfehlung hin Johann Forster als Prediger berufen, doch er überspannte den Bogen, als er den Prediger Michael Keller, der früher Anhänger Zwinglis gewesen war, und andere so vehement beschuldigte, von der Übereinkunft abzuweichen, dass er sich den Rat zum Feind machte, der ihn schließlich entließ und Ambrosius Blarer, einen Sakramentarier, auf die frei gewordene Stelle berief.[29] Selbst an seiner Wirkungsstätte in Straßburg gelang es Bucer nicht, Linientreue zur Wittenberger Konkordie durchzusetzen. Matthäus Zell, einer der wichtigsten Straßburger Reformatoren, predigte weiterhin die Lehre der Sakramentarier, und die Geistlichkeit in der Stadt war tief gespalten.

Da die Wittenberger Übereinkunft keine Versöhnung und auch keinen Kompromiss darstellte, sondern eher den Zweck erfüllte, die Glaubenslehren der Sakramentarier als ketzerisch zu brandmarken, war es für Luther dringend geboten, die Wahrheit gegen die Kräfte des Satans zu behaupten. Obwohl beide Seiten sich darauf verständigt hatten, einander nicht in Flugschriften anzugreifen, gab er 1539 die Abhandlung *Von den Konziliis und Kirchen* in den Druck, in der er darlegte, dass sich jedes künftige Kirchenkonzil an die Heilige Schrift zu halten habe, und schließlich die Grundlegung seiner eigenen Kirche absteckte. In dieser Schrift bezichtigte er auch Zwingli der nestorianischen Häresie.[30] Da dies eine Karikatur von Zwinglis tatsächlichem Glauben war, überrascht es nicht, dass die Schweizer mit Zorn reagierten. Die Züricher Pastoren wiesen die Verunglimpfung in ihren Schriften nachdrücklich zurück.[31]

Die Nestorianer leugneten die menschliche Natur Christi und teilten seine Natur in eine spirituelle und eine irdische Seite. Ausgangspunkt der Sakramentarier war, dass Fleisch und Geist verschiedenen Welten angehören, daher waren sie der Ansicht, dass der Leib Christi nicht zugleich im Himmel und in der Hostie sein könne; doch darauf zu beharren, dass das Sakrament ein spirituelles Geschehen war, bedeutete nicht, die menschliche Natur Christi zu bestreiten. Dennoch hatte Luther sich entschlossen, diese Anschuldigung zu erheben, denn zum damaligen Zeitpunkt schien es ihm, als würde eine zu strenge

453

Unterscheidung zwischen Fleisch und Geist die Realpräsenz untergraben, eine Doktrin, die allmählich zu einer totemistischen Wahrheit wurde. In seiner Schrift *Vermahnung zum Gebet wider den Türken* von 1541 ging er noch weiter und nannte die Anhänger Müntzers und Zwinglis ebenso wie die Täufer in einem Atemzug mit den Türken »verfluchte böse Sekten und Ketzereien«.[32] 1544 legte er in der Schrift *Kurzes Bekenntnis vom heiligen Sakrament* schließlich jede Hemmung ab und bezeichnete Zwingli als einen »Heiden«, an dessen Erlösung der Seele man zweifeln müsse, wenn er in dem Glauben gestorben sei, von dem sein letztes Büchlein zeuge.[33] Das Werk hob damit an, dass Luther seinen eigenen näher rückenden Tod erwähnte – »denn ich, der ich nun auf die Grube zugehe« –, und es schließt seine schimpfliche Behandlung Zwinglis in seine Lehre ein wie ein Testament. Die Anhänger Zwinglis publizierten Luthers *Bekenntnis* zusammen mit ihrem eigenen Glaubensbekenntnis, und so begann ein weiterer unsäglicher Krieg der Flugschriften zwischen Sakramentariern und Lutheranern.[34] Als Luther 1546 starb, sah es aus, als wären die Protestanten hoffnungslos gespalten und ihre Antagonismen bitterer denn je.[35]

\*

Obwohl die Unterstützung der Sakramentarier politisch notwendig gewesen wäre, hörte Luther nicht auf, ihre Position anzugreifen, weil sie das Zentrum einer Theologie betraf, die langsam zu einer Kirche zusammenwuchs. Er war offenbar nicht länger daran interessiert, die ganze Christenheit zu reformieren, sondern fasste nunmehr lokale Ziele ins Auge. Daraus ergab sich, dass er immer weniger für Kompromisse zugänglich und dafür umso entschlossener war, die Reinheit der Lehre in Übereinstimmung mit seinen eigenen Glaubensgrundsätzen zu schützen. Er und Melanchthon waren stark daran beteiligt gewesen, die evangelische Kirche im Kurfürstentum Sachsen mit kurfürstlicher Unterstützung aufzubauen, und Luther konzentrierte sich jetzt stärker darauf, die Reinheit seiner eigenen Lehre zu schützen.[36]

Die Betonung der Menschwerdung Gottes (Inkarnation) und der Materialität der Religion, die zunehmend ins Zentrum seiner Lehre rückten, hatte zur Folge, dass er es in gewisser Hinsicht leichter fand, sich mit den katholischen Traditionen zu verbünden als mit jenen zusammenzuarbeiten, die zur evangelischen Bewegung gehörten. Er behielt das Hochheben der Hostie bei und schaffte es erst ab, als Karlstadt 1541 starb.[37] Als 1543 während einer Kommunion ein wenig Wein auf die Jacke einer Frau und auf die Lehne ihrer Kirchenbank verschüttet wurde, versuchten er und Bugenhagen nicht nur, den Wein von deren Mantel abzulecken, sondern sie gingen so weit, Stücke, die sie nicht sauber bekamen, aus der Jacke herauszuschneiden und die Teile der Kirchenbank abzuhobeln, über die Wein geflossen war, um das Ganze anschließend zu verbrennen. Der Leib und das Blut Christi mussten mit dem allergrößten Respekt behandelt werden.[38] Gerade dieses Beharren auf der wörtlichen Inkraftsetzung des Sakraments ließ Luther so unnachgiebig darauf pochen, dass es in beiderlei Gestalt ausgeteilt werde.

Kaum hatten die Gespräche mit Bucer begonnen, verlangte Luther von ihm in einem Brief, er solle zugeben, dass in der Eucharistie Christus wirklich mit dem Mund empfangen und mit den Zähnen gegessen werde, oder bekennen, wie er im Januar 1531 schrieb, »dass er auch dem Munde, oder dem Leib, oder dem Brot gegenwärtig sei und dem Munde dargereicht werde«.[39] In Wittenberg betonte Luther 1536, dass es zu nichts führe, wenn man sich über die »geistige Rezeption« Christi und das geistige Essen weiter den Kopf zerbreche, da sie sich darin alle einig seien. Die Idee jedoch, dass außer dem gemeinsamen Gedenken an Gott nichts hinter der Feier stecke und dass Gott nur in der leeren Vorstellung gegenwärtig sei, war ihm ein Dorn im Auge. Die abstrakte Feststellung, dass Christus im Fleisch gegenwärtig sei, genügte ihm nicht, Christi Gegenwart musste als physische Realität verstanden werden. Sein Beharren, dass diejenigen, die nicht fromm waren, das Sakrament und Christi Leib ebenso wahrhaftig empfingen wie die Frommen, entsprang demselben Glauben: Wenn die Gegenwart Christi im Sakrament eine physikalische Realität war, dann war er gegenwärtig, unabhängig davon, ob derjenige, der das Sakrament empfing, daran glaubte oder nicht.

Die Sakramentarier verspotteten die Lutheraner als »Kannibalen«, die Christi Fleisch äßen und die Messe mit dem »gebackenen« Gott feierten. In den Augen seiner Gegner hielt Luther noch an dem »päpstlichen Hokuspokus« fest – nämlich an der Vorstellung, der Priester vollbringe durch die Einsetzungsworte bei der Eucharistiefeier ein Wunder. Anscheinend war er tatsächlich auf lächerliche Art besessen von der Vorstellung, man packe Christus mit den Zähnen und kaue seinen Leib: eine grausige, wörtliche Auffassung, an der angeblich sogar Melanchthon schwer schluckte.[40] Luther sorgte sich nicht darum, dass er damit vielleicht das einfache Volk zu dem Gedanken verleiten könnte, der Leib Christi könne verdaut werden. Er war der Überzeugung, dass der Trost, den es dem Gläubigen spendete, wenn er den Leib Christi empfing, weit wichtiger war als die Sorge darüber, ob die Verdauung Christus entwürdige.

Obwohl es ihm auf einer Ebene anscheinend nicht gelang, mit der mittelalterlichen Tradition zu brechen, war sein Denken auf einer anderen Ebene radikaler als das der Sakramentarier, etwa wenn er im Zusammenhang mit seiner Weigerung, das Körperliche und das Geistige zu trennen, den in der christlichen Tradition stark verwurzelten Hang zur Askese ablehnte. In diesem Punkt war Luther, wie wir bereits feststellten, nicht mehr der dünne Mönch mit dem forschenden Blick, und seine legendäre Liebe zu deutschem Bier und Wein, seine Freude am Essen und sein gesetzter Lebensstil hatten ihren Tribut gefordert. Zudem hatte er durch die Eheschließung das Vergnügen des Sexuallebens kennengelernt und zudem die Freude erlebt, seine Kinder heranwachsen zu sehen. Auch dabei zog er Vergnügen aus den körperlichen Seiten des Lebens. Jonas berichtete er darüber, wie viel Spaß es ihm bereitet habe, als sein Sohn »Hänschen« lernte, selbständig mit gebeugten Knien seinen Stuhlgang zu erledigen: »Ja, er hat in der That mit außerordentlicher Geschäftigkeit in jeden Winkel gekackt«, schrieb Luther.[41]

Anders als bei den meisten christlichen Denkern war Luthers Theologie tief im Körperlichen verankert. Er schlug nicht den Weg ein, den im folgenden Jahrhundert Descartes ging, für den die Trennung zwischen Geist und Körper eine grundsätzliche war und der die körperliche Existenz als untergeordnet betrachtete. Natürlich trennte auch Luther, wie alle Theologen seiner Zeit, zwischen Fleisch und Geist, doch sein Schwerpunkt lag immer auf der Vereinbarung, nicht auf der Trennung der beiden. Er war sich bewusst, dass seine Lehre keine philosophische oder rationale Alternative zur aristotelischen Erklärung der Transsubstantiation in den Begriffen »Akzidenz« und »Essenz« bot, für ihn war es eine Frage des Glaubens, der über den Verstand hinausging.

Folgt man der Logik von Luthers Verneinung des freien Willens und seinem Beharren auf der Gnade, dann muss man schließen, dass es Gottes Entscheidung ist, wer erlöst ist. Denjenigen, die sich besorgt die Frage stellten, ob sie unter den Auserwählten seien oder nicht, antwortete Luther – anders als der systematischere Johannes Calvin –, sie sollten einfach nicht an Dinge denken, die außerhalb unserer Reichweite lägen. Eine ähnliche Denkbewegung färbte seine Beantwortung der Frage, was nach dem Tod komme, und prägte die Art, wie die Kirche, die er eingerichtet hatte, mit dem Tod umging. Da er das Sakrament der Letzten Ölung ablehnte, entwickelte er einen mehr seelsorgerischen Umgang mit dem Tod, der von seiner Wertschätzung für Aufrichtigkeit herrührte: Wenn er einen Sterbenden tröstete, betonte er gerne die erlösende Liebe Christi.[42] Über den Himmel solle man nicht nachdenken, er lasse sich sicher auf keiner Landkarte finden. Wenn er mit leichtem Herzen beim Abendessen mit Freunden darüber sprach, stellte er sich vor: »Dort wird es eine solche Freude geben, dass uns essen und trinken, schlafen und alles, was wir hier zur Notdurft des Leibes haben müssen, ganz und gar vergehen wird. Es wird ein ganz anderes Leben sein (...). Dort werden wir Taler und Gulden anspeien.«[43]

Im Mai 1531 schrieb Luther einen letzten Brief an seine Mutter Margarethe, die im Sterben lag. Er streifte das Leben nach dem Tod nur und sagte nicht, sie würde ihren verstorbenen Ehemann oder ihre Kinder wiedersehen, er erinnerte sie vielmehr daran, dass ihr augenblickliches Leiden nichts sei verglichen mit dem, was die Gottlosen zu leiden hätten, »da einer geköpft, der ander verbrannt, der dritte ertränkt« werde. Ihre Krankheit habe Gott in seiner Gnade gesandt, und sie stehe in keinem Verhältnis zu dem, was Christus für uns gelitten habe. Für moderne Leser, denen die Konfrontation mit dem Tod häufig schwerfällt, ist es erstaunlich, wie freimütig Luther den Trost verweigert, dass alles gut werde, und wie hemmungslos er in diesem Augenblick auf grausame Hinrichtungen zu sprechen kommt. Immerhin brüstete er sich damit, wie gut er Sterbende trösten konnte.[44]

Luthers Umgang mit Tod und Trauer war ebenso weise wie praktisch. Als Cranachs künstlerisch begabter und geliebter Sohn Hans in Italien starb, versuchte Luther, seinen Eltern die Schuldgefühle zu nehmen, indem er ihnen sagte, »wenn das richtig wäre, so hätte ich die gleiche Schuld wie ihr, denn ich habe ihm und euch treulich geraten«, nach Italien zu gehen. Er sagte seinem alten Freund, er möge ruhig bleiben: »Gott will euern Willen brechen, denn er greift einen gern dort an, wo es einem am meisten weh tut, zur Abtötung unseres Selbst.« Hans sei bis zu seinem Tod ein guter Junge gewesen, der gestorben sei, bevor das Böse auf der Welt ihn erreicht habe. Auch hier war sein Zuspruch so gestaltet, dass er sich vorsichtig steigerte, indem er sich erst auf die Schuldgefühle der Eltern bezog, dann ihr Leid direkt ansprach und schließlich den Blick zu Gott wendete. Er endete mit dem Rat an Cranach und dessen Frau, nicht zu sehr zu trauern und zu weinen, sondern zu essen und zu trinken und auf sich selbst zu achten, damit sie anderen dienen könnten: »Trauer und Kummer lassen die Beine vertrocknen.«[45] Und als seine geliebte Tochter Magdalena sterbenskrank wurde, sandte er einen Brief an die Schule seines Sohnes Hans, damit dieser nach Hause komme, weil die Kinder einander sehr liebhatten. Luther war tief erschüttert über den Tod seiner Tochter, doch zwei Monate später befahl er Hans, er solle seine Trauer männlich überwinden. Zugleich erlaubte er ihm nicht, nach Hause zu kommen, vielleicht weil er fühlte, dass er selbst schwermütig würde, wenn Hans seinem Kummer freien Lauf ließe.[46]

*

Als Luther im Dezember 1520 vor dem Elster-Tor in Wittenberg bei seiner legendären Aktion die päpstliche Bulle und die Bücher des kanonischen Rechts verbrannte, warf er alle Vorschriften, die bis dahin Ehe und Sexualität geregelt hatten, über den Haufen. Von Beginn an war daher die neue Kirche mit all den persönlichen Konflikten konfrontiert, die aus der Möglichkeit der Ehescheidung, der Neubestimmung der Inzestregeln und dem Verständnis der Ehe als einer säkularen Einrichtung statt eines Sakraments resultierten. Die Bibel sollte an die Stelle des kanonischen Rechts treten, doch Luthers Haltung gegenüber den Täufern zeigte, dass er dennoch nicht bereit war, sich allein darauf zu stützen. Stattdessen verließ er sich auf den Glauben, der zwar ein ergiebiger Quell für einen Pfarrer, doch ein wackeliges Fundament für eine Kirche ist.

Aufgrund seines fortwährenden Misstrauens gegenüber Vorschriften riet Luther den Fürsten stets, nicht dem Buchstaben des Gesetzes zu folgen, sondern ein Urteil »aus freier Vernunft« zu fällen. Er verwies auf die Geschichte eines Edelmanns, der einen Mann gefangen genommen und sich dessen Frau gefügig gemacht hatte, indem er ihr versprach, ihren Ehemann freizulassen, wenn sie bereit wäre, mit ihm zu schlafen. Am nächsten Tag jedoch ließ er ihr den abgeschlagenen Kopf ihres Mannes bringen. Der Richter verurteilte in diesem Fall den Edelmann dazu, die Witwe zu heiraten, damit sie ihn beerben konnte, und ließ den Edelmann am Tag nach der Hochzeit hinrichten. Kein Gesetz hätte eine solche Strafe vorschreiben können, doch diese Strafe war nach Luthers Auffassung so beschaffen, »dass es jeder billigen muss und es in seinem eigenen Herzen geschrieben findet, dass es so recht sei«.[47]

Wie der Fürst, der über Rechtsfälle entschied, so musste der Pfarrer, der mit Eheproblemen zu tun hatte, die Angelegenheit mit Umsicht betrachten und zu einem Urteil gelangen, das alle Umstände berücksichtigte und zugleich den biblischen Grundsätzen genügte. Das konnte ein Freibrief für moralisches Chaos sein, und die neue Kirche beging einige haarsträubende Fehler. Vor allem die Zustimmung zu Philipp von Hessens Bigamie schadete der evangelischen Sache ernsthaft und schwächte ihre politische Position. Doch ihr tieferes und beständiges Erbe war es, die priesterliche Autorität mit der Eheberatung zu verbinden, so dass es eine der Hauptaufgaben der Geistlichen wurde, Menschen zu helfen, einen Weg durch das Schlachtfeld der Ehe zu finden.

Als Heinrich VIII. die Scheidung wünschte, beharrte Luther darauf, dass die Ehe mit Katharina von Aragon Gültigkeit besaß, weil das Alte Testament empfahl, dass ein Mann die Witwe seines Bruders heiraten sollte: Das päpstliche Recht allerdings verurteilte diese Eheschließung unter Berufung auf die Blutsverwandtschaft. Luther legte dar, dass man der Bibel, nicht den Erfindungen von Menschen folgen solle, auf alle Fälle lagen seine Sympathien bei Katharina von Aragon, der Tante des Kaisers.[48] Politisch war das keine vorteilhafte Linie, denn sie vergiftete die Beziehungen zwischen England und Sachsen. Luthers Misstrauen gegenüber Heinrich VIII. erwies sich später in den Diskussionen über Englands Beitritt zum Schmalkaldischen Bund, der die Liga ebenso wie die Evangelischen in England gestärkt hätte, als nachteilig. Melanchthon war zwar nachgiebiger, konnte aber aufgrund von Luthers strammem Widerstand der königlichen Scheidung nicht zustimmen. Er scheint in Betracht gezogen zu haben, dass Heinrich in Bigamie leben könnte, indem er Anne Boleyn heiratete, Katharina aber nicht verstieß. Dies hätte zudem den Vorteil gehabt, dass Katharinas Tochter Mary nicht enterbt worden wäre.[49]

Heinrich und England waren weit weg, doch Philipp von Hessen, dem führenden lutherischen Fürsten, konnte man nicht aus dem Weg gehen, als er 1539 wegen seiner eigenen unglücklichen Ehe um Rat fragte. Der syphilitische Landgraf, der sich nicht weiter in »Sünde und Hurerei« durchs Leben schleppen wollte, hatte ein Auge auf die siebzehnjährige Margarethe von der Saale geworfen, deren Mutter einer Verbindung nur unter der Bedingung zustimmen wollte, dass er sie heiratete.[50] Als der Fall Luther vorgelegt wurde, war Philipp, geplagt von seinem schlechten Gewissen und getrieben von seinen sexuellen Begierden, nicht würdig, die Kommunion zu empfangen, und wollte wissen, wie er seine Lage so gestalten könne, dass er vor Gott Gnade finde. »Weil ich von Natur aus [von Complexion] so geschaffen bin, wie die Ärzte wissen, und es oft vorkommt, dass ich auf Bundes-, Reichs- und anderen Tagen lange außerhalb bin, wo man gut lebt, den Leib pflegt usw. Wie ich da ohne Frau auskommen soll, wo ich nicht immer das ganze Frauenzimmer mitführen kann, ist hinlänglich zu bedenken und zu beurteilen«, erklärte er seine Notlage.[51] Philipps Frau war ihm allerdings treu, so dass eine Scheidung nicht in Frage kam. Sie hatte sogar um eine Scheidung ersucht – und ein lutherisches Ehegericht hätte die Scheidung sicherlich erlaubt angesichts des offenkundigen Ehebruchs ihres Mannes, wobei Philipp als dem Schuldigen dann (wie Heinrich VIII.) die Wiederverheiratung verboten worden wäre.

Im Streit mit den Sakramentariern hatte der Landgraf immer eine vermittelnde Rolle eingenommen, und obwohl er offiziell auf Luthers Seite stand, hatte er Zwingli und seine Anhänger nie abgelehnt. In Augsburg war er sogar vorsichtig auf Distanz zu Luther gegangen, er hatte die Süddeutschen nie der Ketzerei bezichtigt, sondern auf deren Schutz bestanden. Als er 1538 für Hessen eine Kirchenordnung aus-arbeiten ließ, wandte er sich zuerst an Bucer, nicht an Luther.[52] Das bedeutete für die Wittenberger, dass sie es sich nicht leisten konnten, Philipp zu ihrem Feind zu haben, und Philipp war sich dessen voll-kommen bewusst. In dem Brief, in dem er um Rat bat, führte er geris-sen aus, er könne sogar gezwungen sein, um einen päpstlichen Dispens zu ersuchen, wenn ihm die Reformatoren nicht helfen wollten.[53] Nachdem sie den Fall in allen Einzelheiten abgewogen und Bucer als Vermittler hinzugezogen hatten, unterzeichneten Melanchthon und Luther am 10. Dezember 1539 ein Schreiben, in dem sie dem Landgra-fen empfahlen, seine Konkubine heimlich zu heiraten, für die Öffent-lichkeit jedoch weiterhin mit seiner Frau verheiratet zu bleiben. Die Lösung folgte dem Beispiel der polygamen Patriarchen des Alten Tes-taments; Luther selbst hätte die eheliche Lebensgemeinschaft lieber ganz aufgelöst, obwohl die alten Kirchengerichte unter den gegebenen Umständen sicher nicht einmal eine Trennung von Tisch und Bett (also eine Trennung ohne das Recht zur Wiederverheiratung) gewährt hätten. Luthers Hauptanliegen in Eheangelegenheiten war seelsorgerischer Natur, und folglich tendierte er dazu, für diejenigen Partei zu ergreifen, mit deren Dilemma er sich identifizieren konnte. Dabei versuchte er eine Lösung zu finden, die das Gewissen beschwichtigte.

Philipp trieb die Sache voran und feierte am 4. Mai 1540 Hochzeit, unter den Gästen waren etliche Würdenträger. Melanchthon, der in dieser Zeit den Landgrafen begleitete, ließ sich überreden, anwesend zu sein, Bucer ebenso, und der glückliche Landgraf schickte Luther ein Fuder Wein mit einem Brief, in dem er seine Freude darüber bekundete, dass seine neue Frau eine Verwandte von Katharina von Bora sei, er und Luther also jetzt Verwandte seien.[54] Die skandalöse Nachricht kam schnell ans Licht und trübte den Ruf der Reformatoren, die nun in den Verdacht gerieten, hinter der Doppelehe zu stecken. Luther bestritt alles. Er hatte jedoch doppeltes Pech: Herzog Heinrich von Sachsen, der Bruder von Philipps Schwiegervater Georg, dessen Nachfolge er 1539 angetreten hatte, entführte die Mutter der Braut und zwang sie, ihm eine Abschrift des Ehevertrags auszuhändigen. Der Landgraf seinerseits besaß natürlich eine unterschriebene Kopie der Empfehlung aus Wittenberg und zögerte nicht, Luther daran zu erinnern.[55]

Luther argumentierte nun, er habe der Doppelehe nur unter der Bedingung zugestimmt, dass sie streng geheim gehalten werde, was allerdings nicht nach standfesten Prinzipien aussah. Inzwischen hatten die Prediger des Landgrafen nicht nur die Doppelehe anerkannt, sondern einer von ihnen, Johannes Lening aus Melsungen, hatte zudem eine Flugschrift veröffentlicht, in der er die Bigamie verteidigte – womit er die evangelische Bewegung in große Verlegenheit brachte, insbesondere als Philipp die Schrift verbreitete und 80 Exemplare an einflussreiche Persönlichkeiten sandte.[56] Für die Propaganda der Katholiken war der Skandal ein Geschenk, und er schadete den Evangelischen im politischen Kräftemessen schwer, denn er rechtfertigte kaiserliche Maßnahmen zu Landgraf Philipps Absetzung.

Luthers Rat in der Bigamie-Affäre sieht aus wie ein Triumph der Zweckmäßigkeit über die Weisheit. Tatsächlich waren seine Empfehlung und sein Beharren auf Geheimhaltung weit mehr als eine Notlösung. Er hatte immer einen starken Glauben an die Kraft der Beichte behalten und auf der Geheimhaltung des Beichtrates bestanden – und er hätte wohl schweigen können, wenn Philipps Abschrift des Gutachtens nicht dem neuen Herzog von Sachsen in die Hände gefallen wäre. Zwar war Heinrich, anders als sein Bruder Georg, Lutheraner, doch er setzte sich ebenso engagiert für die Interessen seines Landes ein, und im Zusammenhang mit dem seit langem angespannten Verhältnis zwischen den Hessen und den Sachsen war der Skandal politisch Gold wert. Die kurfürstlichen Sachsen, die viel dazugewonnen hätten, wenn der Landgraf ohne Erben gestorben wäre, waren entschlossen, keines der Kinder aus bigamer Ehe anzuerkennen, und hofften zugleich, dass seine beiden legitimen Kinder das Erwachsenenalter nicht erreichen würden.[57]

Doch Luthers Unterschrift unter das Gutachten für den Landgrafen stand völlig im Einklang mit seinen schon lange feststehenden Ansichten über die Ehe und die Körperlichkeit. Gott hatte die Menschen als sexuelle Wesen geschaffen, glaubte Luther, und nur wenigen gelang es, sexuell enthaltsam zu sein. Diese Haltung gehörte auch zu seinem ganzheitlichen Verständnis von Gesundheit, das mit der Auffassung verbunden war, die Ausscheidung sexueller Flüssigkeiten trage wesentlich zum Gleichgewicht der Säfte und damit zur Gesundheit bei. Zwar war Sex außerhalb der Ehe eine Sünde, doch durch die Eheschließung wurden sexuelle Beziehungen »rein«. Deshalb hatte Luther Mönche und Nonnen zur Eheschließung angehalten und 1519 geraten, dass Frauen, die mit ihren Männern keine Kinder bekommen konnten, heimlich mit dem Bruder des Mannes verkehren sollten, ein Rat, den er 1522 in seiner Predigt über die Ehe wiederholt hatte – und an den der Landgraf ihn jetzt schadenfroh erinnerte.[58] Am Ende bot Philipp allen unverfroren die Stirn und zeugte Kinder mit beiden Frauen, Luther dagegen gestand seinen Fehler im Privaten ein, bestritt aber in der Öffentlichkeit unbeirrt weiter, zur Doppelehe geraten zu haben.

\*

Als schließlich die Vorbereitungen für das Kirchenkonzil begannen, das Karl V. versprochen hatte, wies Luther jede Hoffnung darauf, dass ein Konzil den Missbrauch in der Kirche beenden könne, entschieden zurück. Seine Schrift *Von den Konziliis und Kirchen* von 1539 markiert seinen endgültigen Bruch mit der mittelalterlichen Tradition des Konziliarismus. Dieser hatte für die Idee gestanden, dass ein Kirchenkonzil über dem Papst stehe und dadurch vom Papst zu-

57 Porträts des Kurfürsten Friedrich III. von Sachsen und der Anna Kasper Dornle. Luther wusste, dass der Junggeselle Friedrich der Weise viele Jahre mit einer Geliebten verbunden war, die er, wie Gerüchte besagten, angeblich heimlich geheiratet hatte.[59] In seinem Todesjahr 1525 ließ der Kurfürst zwei neun Zoll große Holzdosen schnitzen. Auf den unteren Innenseiten der Dosen befanden sich Reliefbildnisse, in der einen Dose das des Kurfürsten, in der anderen ein Bildnis mit dem Titel »Anna Kasper Dornles Stieftochter«. Die Ausführung ist von höchster Qualität. Mit diesen Porträts, nur sichtbar, wenn die Dosen geöffnet sind, setzte er seiner heimlichen Liebe ein Denkmal. Über Anna Kaspars zurückgebundenem Haar liegt ein Netz, wie es zur Kleidung einer ehrbaren Frau gehört. Geschnitzt nach dem Vorbild der Doppelporträts, die im frühen 16. Jahrhundert so populär waren, erinnerten die Bildnisse an eine Partnerschaft, die weder flüchtig noch ehrlos war. Die Welt wurde in diesem Jahrhundert neu geordnet, und es erstaunt nicht, dass die Reformatoren anstrebten, eheähnliche Verbindungen dieser Art zu legitimieren.[60]

gelassene Missstände in der Kirche beseitigt werden könnten. Von den Gesprächen mit Kardinal Contarini anlässlich des Reichstags in Regensburg 1541, bei denen der Kaiser noch einmal versuchte, eine Einheit zwischen Katholiken und Lutheranern herzustellen, war Luther wieder ausgeschlossen. Stattdessen gehörte Melanchthon zur protestantischen Delegation. Während man sich bei der Rechtfertigungslehre einigen konnte, blieb man hinsichtlich der Stellung des Papstes und der Eucharistie uneins. Luther donnerte von außen dazwischen und erinnerte zur Warnung an seinen Grundsatz, dass »der Mensch gerecht wird durch den Glauben, ohne die Werke des Gesetzes. (…) Dagegen mögen der Teufel, Eck, Meintz und Heintz anstürmen, und wer immer es nicht lassen kann. Wir werden sehen, was sie damit erreichen.«[61] In seinem geringen Interesse am Fortgang der Verhandlungen in Regensburg spiegelte sich sein zunehmend auf die Pfarrgemeinde konzentriertes Verständnis einer Kirche wider, die er mehr und mehr als eine vor Ort wirkende Einrichtung begriff.

Bei den Zusammenkünften, aus denen die Wittenberger Konkordie hervorgegangen war, hatte Luther die Rolle als »Vater« der Bewegung voll ausgekostet, ein Titel, den ihm sogar die Sakramentarier gewährten.[62] Größtenteils hatte jedoch schon seit langem Melanchthon die Führung der Reformation übernommen. Als Vertreter des englischen Königs Heinrich VIII. nach Sachsen kamen, um eine Vereinbarung zu treffen, und als die französischen Gesandten Franz' I. zu Verhandlungen anreisten, wollten sie nicht mit Luther, sondern mit Melanchthon sprechen.[63] Luthers schlechter Gesundheitszustand setzte jetzt die Bewegung unter Druck, da wegen seiner Unpässlichkeiten Verhandlungen immer wieder abgebrochen oder verschoben werden mussten. Ärger hatte ihn stets zu besonderer Kreativität angespornt, doch jetzt belastete ihn sein Jähzorn in seiner Rolle als Führer der Reformation.

*Siebzehntes Kapitel*

# Freunde und Feinde

In Wittenberg hatte Luther keine direkte institutionelle Macht, er übte lediglich das Amt eines Stadtpfarrers und das eines Professors an der Theologischen Fakultät aus. Doch er hatte direkten Zugang zum Kurfürsten und zu anderen Mitgliedern der Herrscherfamilie,[1] und es gab den Kreis seiner treuen, nahen Freunde, die er »die Wittenberger« nannte: Justus Jonas, Johannes Bugenhagen, Philipp Melanchthon, Veit Dietrich, Georg Rörer, den jungen Theologen Caspar Cruciger.[2] Spalatin in Altenburg und Johannes Agricola in Eisleben waren nahe genug, um ebenfalls zu dieser Gruppe zu zählen. Wenzeslaus Linck in Nürnberg war ein Freund aus Kindertagen, von dem Luther sagte, er sei »wohl meiner liebsten Freund einer auf Erden«.[3] Jonas, der anfangs Erasmus verehrt hatte, übertrug seine ganze Zuneigung auf Luther, den er stets respektvoll mit »Vater« ansprach; ihre enge Verbundenheit rührte zum Teil von ihrem gemeinsamen Hang zur Melancholie her.[4] Jonas war Trauer nicht fremd: Sieben seiner dreizehn Kinder aus seiner ersten Ehe waren gestorben, 1541 ertrank sein dreizehnjähriger Sohn in der Saale, und im folgenden Jahr starb seine Frau im Kindbett zusammen mit dem Neugeborenen.

Luther, der in seinen späten Lebensjahren Wittenberg selten verließ, lebte geschützt in diesem Kreis von Freunden und Verbündeten, so wie seine sächsische Kirche im geschützten Raum des Kurfürstentums bestand. In den Freundschaften vermischten sich privater Umgang und ein alles überlagerndes Pflichtgefühl gegenüber der neuen Kirche in Wittenberg und darüber hinaus. In der Stadt, unter all den Studenten und Menschen, die aus dem gesamten Reich kamen, um bei Luther

58 Das Titelblatt des Frankfurter Raubdrucks von Luthers *Tischreden* aus dem Jahr 1569 zeigt um einen Tisch versammelt den engeren Freundeskreis, mit Luther auf der rechten Seite und, zusätzlich zur ursprünglichen »Mannschaft«, Johann Forster und Paul Eber.

und Melanchthon zu studieren, vergaß man leicht, wie gefährdet die Reformation außerhalb von Wittenberg noch immer war und wie chaotisch sich die Lage nach Luthers Angriff auf die althergebrachten Sitten, Glaubenssätze und Glaubenspraktiken des Katholizismus noch immer darstellte. Nicht allen, die einst katholische Priester und Mönche gewesen waren, gelang die Wandlung zu vorbildlichen evangelischen Priestern. Der Pfarrer von Sausedlitz lief mit einer Büchse durch die Gegend, mit der er gern im Dorf drauflosfeuerte. Er lungerte im Wirtshaus herum, schlug seine Ehefrau und unterhielt eine anrüchige Beziehung zu einer ansässigen Witwe.[5] Diejenigen, die Luther nachahmten und die Verfehlungen der lokalen Eliten von der Kanzel herab geißelten, waren schnell isoliert: Nicht weniger als 15 Personen, einschließlich des Bürgermeisters, zeugten bereitwillig gegen den Pfarrer von Werdau, der die Räte als »Herodes« und »Kaiphas« beschimpft hatte.[6] Johannes Heine, der Pfarrer von Elssnig bei Torgau, ging einem Nebenerwerb als Heiler nach und behauptete, seine pflanzlichen und magischen Arzneien heilten nicht durch Zauber, sondern »durch Gottes Gnade, die ihm gegeben wäre«. Sein unwürdiges Verhalten wurde bei der Kirchenvisitation beanstandet, und man nahm ihn in Haft.[7] Selbst treue Lutheraner waren nicht immun gegen quasimagische Praktiken. Luther musste einen langen Brief an Jonas' Frau schreiben, in dem er mahnte, dass es zwar ein guter Einfall sein mochte, einen Abschnitt aus dem Evangelium zur Heilung zu lesen, doch die Tatsache, dass dies an einem bestimmten Ort und zu einer bestimmten Zeit geschehen solle, lege nahe, dass es sich nicht um eine fromme, sondern um eine abergläubische Praxis handele. Ein Pfarrer weigerte sich, bei der Taufe warmes Wasser zuzulassen, und behauptete, es sei eine Mischung aus den Elementen Feuer und Wasser und daher kein reines Wasser – eine Auffassung, mit der Luther kurzen Prozess machte, indem er ihm sagte, er solle dazu jene befragen, die sich in ihrem Fach auskennten.[8] Die neuen Pfarrer sollten theologisch geschult sein, doch es gab ihrer nicht genug, und im ländlichen Sachsen lösten sich die lokalen Traditionen und der Aberglaube angesichts universitärer Gelehrtheit keineswegs einfach auf.

Luthers Einfluss wuchs durch seine persönlichen Verbindungen, war aber auch durch sie begrenzt. Sie sind daher außerordentlich wichtig, will man verstehen, was er geleistet hat. Doch nicht nur Freundschaften, auch viele bittere Kämpfe sowohl mit Verbündeten als auch mit Feinden prägten das Wesen und die Entwicklung der Reformationsbewegung. Ein gutes Beispiel dafür ist Georg Witzel, ein ehemaliger Gefolgsmann, der sich gegen Luther wandte und 1532 einen beißenden Angriff auf ihn veröffentlichte, in welchem er versuchte, den Stil seines ehemaligen Mentors zu überbieten. Luther, schrieb er, ziehe sich alles allein »aus seinem Hirn«, er schaffe und zerstöre, drehe und wende, sage und lüge, bestimme alles allein »nach seiner Lust und Gefallen«. Die Anwürfe gipfeln in dem Vorwurf, ihn trieben sein wütender, stürmischer, unbeständiger Kopf und sein blutrünstiges Herz.[9]

Luthers Welt konzentrierte sich in erster Linie auf die Universität. Er war Teil der Wittenberger Gesellschaft, und doch hielt er sich selbst nicht für einen gewöhnlichen Bürger, wie es zum Beispiel Zwingli in Zürich getan hatte. Seine Freistellung von der Türkensteuer 1542, eine Abgabe, die jeder Bewohner des Reichs zu leisten hatte, um den Krieg gegen die Türken zu finanzieren, war ein sinnfälliges Beispiel dafür.[10] Jeder andere Geistliche in Wittenberg zahlte widerspruchslos, doch Luther war es erlaubt, den Wert seines Besitzes selbst zu schätzen, und der Kurfürst zahlte für Luther die Steuer, die dieser schuldete. Es ist bezeichnend, dass Luther sich in seinen Briefen aus Coburg vorstellte, wie sein Sohn mit Melanchthons oder Jonas' Söhnen oder mit den anderen Kindern im Kloster spielte, doch nicht mit denen der Wittenberger Bürger.[11] Sein Milieu bestand aus den Menschen, die bei ihm wohnten, seinen Gefolgsmännern, ihren Angehörigen und den Gästen, die er zum Abendessen einlud. Er nannte die Mitglieder seines Haushalts – der zeitweise zwischen 40 und 50 Personen umfasste, Bedienstete, Untermieter und Gäste eingeschlossen – seine »Quirites«, der klassische lateinische Ausdruck für römische Bürger.[12] Das war eine Spitze gegen den »römischen« Papst, denn die Bezeichnung verwies darauf, dass trotz der patriarchalischen Struktur, die er tatsächlich geschaffen hatte, seine Gemeinschaft im Gegensatz zum päpstlichen Hof eine Gemeinschaft von Gleichen war.[13]

Trotzdem hatte er einige gute Bekannte unter den Bürgern. Seine enge Freundschaft mit Lucas Cranach reichte zurück bis in seine ersten Tage in Wittenberg. Der Buchdrucker Hans Lufft arbeitete für ihn und übernahm gelegentlich die Rolle eines Geschäftsbeauftragten beim Stadtgericht, wenngleich Luther ihn 1538 scharf kritisierte, weil er für seine Tochter eine Hochzeitsfeier ausrichtete, die wegen ihres Pomps zum Stadtgespräch wurde, obwohl Lufft in finanziellen Schwierigkeiten steckte.[14] Ein anderer langjähriger Freund war der Barbier und Chirurg Peter Beskendorf, für dessen Enkel Luther die Patenschaft übernahm. Ihm widmete er auch eine kurze Abhandlung über das Gebet. »Genauso muss ein guter, fleißiger Barbier seine Gedanken, Sinn und Augen ganz genau auf das Schermesser und auf die Haare richten und darf nicht vergessen, wo er sich beim Strich oder Schnitt befindet. Will er aber zugleich viel plaudern oder an anderes denken oder umhergucken, wird er einem wohl Mund und Nase, ja noch dazu die Kehle durchschneiden.«[15] Als Beskendorf nur wenige Monate später im betrunkenen Zustand seinen Schwiegersohn beim Abendessen erstach, hielt Luther zu ihm und verwendete sich für ihn. Beskendorf wurde schließlich wegen Totschlags verurteilt und des Landes verwiesen.[16] Unter den Stadträten war Luther mit der Krapp-Familie bekannt, und er war mit Tilo Dehne befreundet, dessen Frau während der Pest in Luthers Armen gestorben war. Ambrosius Reuter heiratete die Nichte von Luthers bestem Freund Hans Reinicke und

59 Lucas Cranach der Ältere,
*Johannes Bugenhagen*, 1532

sorgte damit für eine Klammer zwischen Wittenberg und Mansfeld.[17] Als die Universität größer und die Stadt reicher wurde, übernahmen zusehends mehr Akademiker ein Amt als Ratsherr und verflochten damit die akademischen und die politischen Eliten noch enger. Die Universität, die durch Luthers Ruhm so enormen Zulauf hatte, beherrschte nun das Stadtbild.

Luther, der sein Leben lang Seelenkämpfe ausfocht, scheint ein besonderes Talent gehabt zu haben, Menschen anzuziehen, die trauerten oder an einem Seelenschmerz litten, den wir heute Depression nennen, was ein immer wiederkehrendes Gesprächsthema bei Tisch war.[18] So war er sehr eng bekannt mit den Brüdern Peter und Hieronymus Weller, beide ehemalige Wittenberger Studenten, die ihn häufig besuchten und bei ihm wohnten, als er während des Reichstags von Augsburg 1530 auf der Veste Coburg war. Hieronymus und seine Schwester Barbara litten an Schwermut und Anfechtungen, und einige der bewegendsten Trostbriefe schrieb er an sie. »Denn ich kenne die Krankheit gut und habe bis auf den ewigen Tod damit im Spital gelegen«, schrieb er an Barbara. Als sie begann, sich darüber zu sorgen, ob sie zu den Erwählten gehörte oder nicht, riet er ihr, diese Gedanken auszublenden, »gleich wie einer flugs ausspeien würde, wenn ihm Kot in den Mund fiele«.[19] Seiner Auffassung nach hatten Leidende die Pflicht, schwermütige Gedanken wegzuschieben – »Du kannst nicht wehren, daß die Vögel über dein Haupt hinfliegen, aber du kannst wehren, daß sie in deinen Haaren nicht nisten.«[20]

Schwermut war auch ein Thema in seiner Freundschaft mit Bugenhagen – oder, wie Luther ihn gerne nannte, »Dr. Pommer« –, einem ehemaligen Lehrer und Priester, der seit 1523 (mit Unterbrechungen) Pfarrer in Wittenberg und bis zum Tod des Reformators dessen Beichtvater war. Der Sohn eines Ratsherrn war einer der wenigen Gefolgsmänner Luthers, die aus einer Region stammten, in der Niederdeutsch (Norddeutsch) gesprochen wurde. Deshalb sandte man ihn nach Pommern und Braunschweig, Hamburg, Lübeck und sogar nach Dänemark, um dort die Reformation durch eine Kirchenordnung institutionell einzuführen.[21] Mit seinem Trost leistete er Luther bei dessen Zusammenbruch 1527 wichtigen Beistand, wie er ihn auch wiederholt in Phasen von Schwermut durch jenen seelsorgerischen Zuspruch aufrichtete, den Luther einst von Staupitz erhalten hatte.[22]

Ein anderer enger Freund, dem Luther vertraute, war Amsdorf, der dieselbe intellektuelle Schule durchlaufen hatte. Er war adeliger Herkunft und Staupitz' Neffe, und sein Vater war ein Hofbeamter Friedrichs des Weisen. In Wittenberg hatte Staupitz ihm eine Stelle verschafft, und so unterrichtete Amsdorf die Philosophie von Duns Scotus, Staupitz' Lieblingsphilosophen.[23] Er und Luther waren sich zum ersten Mal 1508 begegnet, doch ausschlaggebend war Amsdorfs Begeisterung für Luthers Thesen, die sein Student Bartholomäus Bernhardi 1516 verteidigte; von da ab war er ein beherzter und entschlossener Unterstützer der Reformation, der seine gesamte Energie darauf verwendete, Luthers Botschaft zu verbreiten.[24] Er blieb offenbar ledig, obwohl Katharina von Bora angeblich darauf bestanden hatte, entweder Luther oder ihn zu heiraten.[25]

Weder Amsdorf noch Bugenhagen, beide in Luthers Alter, konnten intellektuell mit ihm mithalten, auch sonst fiel es ihm anscheinend leichter, enge Freundschaften mit Männern zu unterhalten, die jünger waren als er und schon deshalb nicht beanspruchen konnten, auf einer Höhe mit ihm zu sein. Johannes Agricola, Jonas und Melanchthon zum Beispiel waren rund ein Jahrzehnt jünger. Luther wusste, wie man junge Menschen anzog, in seiner Zeit als Mönch hatte er gelernt, Assistenten zu beschäftigen, an die er Arbeit delegieren konnte. Sein Sekretär Veit Dietrich (der während des Aufenthalts auf der Veste Coburg zu seinem Vertrauten wurde) und Georg Rörer spielten nach seinem Tod beide eine zentrale Rolle bei der Verbreitung des Lutherkults zu seinem Andenken. Von der nachwachsenden Generation galt sein Vertrauen Caspar Cruciger, den er verschiedentlich als herausragenden Theologen rühmte und 1539 zu seinem Nachfolger bestimmte: »Weil Doktor Caspar in Schriften zur Theologie eine Kapazität ist, auf die ich nach meinem Tod gesetzt habe.«[26]

*

Solches Lob und solche Unterstützung konnten allerdings urplötzlich abbrechen, wenn Luther etwas missfiel, und seine Gegner spotteten über die bitteren Zerwürfnisse, die aus seiner Neigung entstanden, Freunde zu Feinden zu machen. Eine lange Reihe öffentlich vollzogener und schmerzhafter Brüche markierte die 30er und 40er Jahre, und die Konzentration der Bewegung auf Luther machte diese Feindschaften zu einem Wesenszug der Reformation.[27]

1537 zum Beispiel war Johannes Agricola an der Reihe, einer von Luthers engsten und langjährigsten Gefolgsmännern. Agricola stammte aus der Harzregion und unterhielt enge Beziehungen zu Luthers Freunden und Verwandten in Mansfeld. Luther titulierte ihn als »Herr Eisleben«, nach der Pfarrgemeinde, in der beide Männer geboren waren. Seite an Seite hatten sie die frühen Kämpfe der Reformation durchgefochten, bei der Leipziger Debatte war Agricola Luthers Sekretär gewesen. Möglicherweise war er es gewesen, der das berühmte Feuer am Elster-Tor entzündet hatte, in dem die Bulle verbrannte. Obwohl Luther zehn Jahre älter war als er, heiratete Agricola bereits 1520, fünf Jahre vor Luther, später gehörte er zu den Ersten, denen Luther die Geburt seines Sohnes Hans mitteilte.[28] Ihre Kinder waren etwa gleich alt, und über viele Jahre diskutierten sie in ihrem Briefwechsel die Schwangerschaften ihrer Frauen und die Kinderbetreuung.[29] Als Agricolas Frau erkrankte, kam sie nach Wittenberg, um bei Katharina zu bleiben, während Agricola Luther anvertraute, sie sei krank im Geist, nicht am Körper, eine Arznei könne ihr nicht helfen.[30]

Doch 1528, auf dem Höhepunkt der Auseinandersetzung mit Karlstadt, kam Luther zu Ohren, Agricola predige die Irrlehre, dass der Glaube ohne gute Werke bestehen könne. Sofort schrieb er ihm, um ihn »ernstlich zu warnen« wegen eines solchen Unsinns »mit vielem Aufwande rednerischer Kunstgriffe und Streiten mit griechischen Wörtern«. Sieh zu, schrieb er weiter, »dass du auf den Satan und dein Fleisch Acht habest«.[31] Ein Jahr später, als Agricola Schwierigkeiten mit seiner Sammlung deutscher Sprichwörter hatte, an der er den Rest seines Lebens arbeitete, griff Luther ihm wieder unter die Arme. In dieser anscheinend harmlosen Schrift verbargen sich einige abschätzige Bemerkungen über Herzog Ulrich von Württemberg, der vom Schwäbischen Bund und den Habsburgern ausgeschlossen und ein Anhänger der Reformation geworden war. Ludwig von Passavant, einem Adeligen aus Ulrichs Gefolgschaft, fielen diese Bemerkungen auf, und er griff daraufhin Agricola öffentlich an.[32] Der unglückliche Agricola musste feststellen, dass er nicht nur Ulrich von Württemberg, sondern auch Albrecht von Mansfeld und Philipp von Hessen, die führenden evangelischen Fürsten, gegen sich aufgebracht hatte. Luthers Antwort war resolut: Er riet dem jungen Mann, nicht nachzugeben, und schimpfte ihn dafür aus, dass er so zaghaft war und bei Philipp von Hessen Abbitte geleistet hatte: »Ich höre, daß du dem Fürsten von Hessen eine allzudemüthige Antwort gegeben und völlig widerrufen hast, was mir leid ist; aber damit du auch diesen Widerruf wiederum widerrufest, scheint es gerathen, daß du im Eingange oder Anfange der Antwort an den Grafen einfließen lassest, du habest zwar zuvor gar demüthig Frieden gesucht, aber weil sie so toben und den Frieden nicht wollen, so werdest auch du gezwungen, nicht mehr demüthig, sondern geradezu und nach der Gerechtigkeit die Sache zu betreiben, und es thue dir deine Demuth leid, die vereitelt worden sei etc.«[33] Seine Fehleinschätzung verfolgte Agricola noch jahrelang. Als 1537 in Schmalkalden über die Annahme der *Schmalkaldischen Artikel* verhandelt wurde, musste Agricola ferngehalten werden, um eine gemeinsame Front unter den evangelischen Theologen zustande zu bringen. Man befürchtete, seine Anwesenheit könnte Herzog Ulrich verärgern, der sein Herzogtum gerade wieder zurückerobert hatte.

1530 war Agricola jedoch unter den wenigen, die für die Wittenberger Delegation zum Reichstag in Augsburg ausgewählt wurden. Bevor der Reichstag eröffnet worden war, hatte er gepredigt und vier Tage lang vor feindseligen Augsburger Kirchengemeinden die Sakramentarier gegeißelt. Doch er haderte auch damit, in eine »Bergstadt« wie Eisleben verbannt worden zu sein, und sehnte sich nach einer größeren Bühne für seine theologischen Talente.[34] Als Luther 1536 erwähnte, dass es vielleicht eine offene Stelle für ihn an der theologischen Fakultät von Wittenberg gebe, packte Agricola die Gelegenheit beim Schopf, machte sich mit Kind und Kegel auf nach Wittenberg, noch bevor überhaupt die Stelle geschaffen war, und wohnte bald mit seiner Frau und den neun Kindern in Luthers Haus.[35] Die beiden Männer pflegten einen so vertraulichen Umgang, dass Luther bei seiner Abreise zu den Beratungen in Schmalkalden seine Glaubenslehre, sein Katheder, Kirche, Frau, Kinder und Haus – seine »Heimlichkeit« – Agricola anvertraute und ihm erlaubte, in der Wittenberger Kirche an seiner Stelle zu predigen und Vorlesungen zu halten.[36]

Die Kombination aus Ehrgeiz und persönlicher Nähe führte aber auch zu Spannungen. Nachdem er Eisleben und der Provinz entkommen war, wollte Agricola eine eigene theologische Position entwickeln, mit eigener Stimme sprechen. Als er im März 1537 vor einigen Würdenträgern in Zeitz eine Predigt hielt, wartete er mit einer ungewöhnlichen Interpretation von Römer 1,18 auf, wo Paulus beschreibt, wie Gott den Menschen ihre Schlechtigkeit und Gottlosigkeit vergilt. Agricola führte an, dass wir durch das Evangelium Kenntnis über das Gesetz erhalten hätten und dass das Gesetz des Alten Testaments, das in früheren Zeiten Gottes Zorn gezeigt habe, jetzt durch das Kreuz Christi ersetzt worden sei. Diese Überzeugung, führt Agricola aus, gründe auf eigener Erfahrung: »Allein ich habe von Jugend auf ein ganz und gar verzagtes und erschrockenes Herz und Gewissen gehabt, weshalb ich in jungen Jahren, als ich noch zur Schule gegangen bin, in die Klöster und Kartausen gelaufen bin und mir dort Trost holen wollte.«[37] Das Gefühl von überwältigender Schuld und die Erfahrung der Befreiung davon durch das Evangelium waren seine Prüfsteine, der Christ war deshalb für ihn ein Mensch, der sich auf einer emotionalen Glaubensreise befindet: »Die Predigt vom Tode unseres Herrn Jesus Christus verschreckt und bedrückt Sinne und Gewissen der Menschen, das bedeutet: Sie lehrt die Buße. Hingegen: Die Predigt von der Auferstehung Christi richtet die durch den Tod Christi verschreckten Gewissen und bedrückten Sinne und Gewissen wieder auf, das bedeutet: Sie lehrt Vergebung der Sünden.«[38]

Man könnte meinen, die Predigt folge der konventionellen Lehre

Luthers, doch der Verweis auf die »verschreckten Gewissen« war neu und führte emotionale Begriffe ein, die von der zwischenzeitlich etablierten Wittenberger Terminologie abwichen. Darüber hinaus stellte Agricola die Kreuzigung an die Stelle des Gesetzes, genauer Gottes Gesetz, durch das wir unsere Sünden erkennen. Nach Luthers Überzeugung schob er damit das alttestamentarische Gesetz, das »Gesetz des Zorns«, zu schnell beiseite, als ob Christen nicht zuerst ihre Sünde erkennen müssten, die darin bestand, dass es ihnen nicht gelang, Gottes Gebote zu erfüllen. Erst dann könnten sie den Erlösertod Christi als solchen anerkennen und dankbar dafür sein. Nachdem Luther im vorangegangenen Jahrzehnt so viel Energie darauf verwendet hatte, feste Aussagen des evangelischen Glaubens zu entwickeln, nahm er mehr und mehr eine Abwehrhaltung an und war nicht bereit, die kleinste Abweichung oder Neuerung zu tolerieren. Agricola stellte die subjektive Gefühlswelt des Gläubigen ins Zentrum der Erlösung – was Luther ablehnte –, und seine Theologie, für die die Sorge um das belastete Gewissen zentral war, richtete sich zu stark auf das Ziel der Sündenvergebung und die Linderung der individuellen Not aus.

Die Reaktion war scharf: Als Agricola 1537 drei Predigten bei Luthers Buchdrucker Hans Lufft drucken ließ, wurden die Schriften beschlagnahmt und der unglückselige Drucker in Haft genommen.[39] Als Nächstes ließ Luther – was Agricola zutiefst beunruhigte – ein Flugblatt mit Agricolas Thesen über das Gesetz drucken (die bis dahin nur heimlich zirkuliert hatten und von denen man munkelte, sie richteten sich gegen Melanchthon). Ausdrücklich widmete Luther seine Widerlegung dieser Thesen Caspar Güttel, einem Prediger, der nach Eisleben zurückgekehrt war, und ebenso seine Schrift *Wider die Antinomer*, die er 1539 veröffentlichte und mit der er Agricola angriff und diejenigen anprangerte, die das Gesetz ablehnten, weil es angeblich für Christen nicht bindend sei.[40]

Die Auseinandersetzung zog sich über mehrere Jahre hin, mit leidenschaftlichen Versöhnungen, gefolgt von ebenso leidenschaftlichen Angriffen. Schließlich suchte Agricola Luther sogar in der Kirche auf und bat um Vergebung. Seinen Tischgefährten vertraute Luther an, wie er das Zerwürfnis empfand: »Gott ist mein Zeuge, dass ich dich lieb gehabt und noch immer liebe.« Agricola aber hielt daran fest, dass er Luther »immerfort für meinen Vater an Gottes Statt gehalten habe, durch den ich auch ein Christ und Kind Gottes geworden bin«. Doch in den letzten drei Jahren habe Luther ihn ignoriert und schikaniert, während er, Agricola, ihm nachgekrochen sei »wie ein armes Hündlein«.[41]

Agricolas Problem war seine fortwährende Abhängigkeit von Luther – ohne dessen Wohlwollen hatte er keine Chance auf eine dauerhafte Beschäftigung, nicht einmal darauf, vom Kurfürsten sein Gehalt ausbezahlt zu bekommen.[42] 1538 entzog Luther Agricola die Erlaubnis, Vorlesungen an der Universität zu halten, und teilte ihm mit, man habe ihm diese zuvor nur erteilt, damit er nicht müßig sei und anderen Verdruss bereite.[43] Dann änderte Luther wieder seine Meinung und schloss Frieden mit ihm, erwirkte beim Kurfürsten erneut eine Erlaubnis, für ihn zu predigen, und sprach Agricolas Berufung an die Universität aus.

Diese Versöhnung hielt allerdings nur kurze Zeit, und Agricola wandte sich schließlich mit einer Klageschrift offiziell an die Universität und an Bugenhagen, dann an die Geistlichen von Mansfeld, die Stadt Eisleben und alle ihre Bewohner und zuletzt an den Kurfürsten selbst und drohte, er werde öffentlich machen, wie ungerecht er behandelt worden sei. Im Gegenzug denunzierte Luther 1540 Agricola bei Gregor Brück, dem Rektor der Universität, als jemanden, der vorhabe, eine neue Sekte zu gründen. »Und alles in allem ist Eisleben unser Feind und hat unsere Lehre geschmäht, unsere Theologen geschändet.« Und schlimmer noch, er bezeichnete ihn als jemanden, der persönlich unzuverlässig sei: Agricola habe vorgegeben, sein Freund zu sein, er habe mit ihm gelacht und gegessen, doch hinterrücks sei er ein Feind geblieben: »Er sei auf unserer Seite, arbeite mit uns am Evangelium und vereinige sich mit uns, küsste und herzte mich von vorn aufs allerfeinste, ist jedoch nach hinten unser Feind, zerstört unsere Arbeit, zerstreut unsere Einheit« – das war die Neuauflage der

Wut und der Verletzung, die er empfunden hatte, als Eck erst seine Freundschaft gesucht und sich dann gegen ihn gewandt hatte.[44]

Ob Agricola tatsächlich ein »Antinomer«, also ein Gesetzesstürmer war, der glaubte, dass gerettete Christen »vollkommen« und vom Gesetz befreit seien, ist nicht klar, doch sicher wollte er keine neue »Sekte« gründen und blieb sein ganzes Leben ein treuer Lutheraner. Zuletzt floh er nach Berlin, wo er 1540 eine Stelle als Hofprediger annahm.[45] Er blieb und war dort ein einflussreicher und respektierter evangelischer Theologe. Ende 1540 wurde der Streit durch Vermittlung Melanchthons beigelegt, allerdings musste Agricola seine Klage zurückziehen und eine beschämende schriftliche Abbitte leisten.[46]

*

Diese Streitereien waren weithin bekannt bei Freund und Feind. Eines der boshaftesten Propagandastücke gegen Luther war eine 1538 von Cochläus verfasste Farce, die ein Theaterstück von Agricola aufgriff, das am kurfürstlich-sächsischen Hof zur Aufführung gelangt war und das von Jan Hus' Märtyrertum handelte. Agricolas schmeichlerische Vorrede hatte Luther als »schneeweißen Schwan« gerühmt, die Inkarnation von Jan Hus.[47] Das war Wasser auf Cochläus' Mühlen: In seiner Satire erscheint Agricola auf der Bühne und ist außer sich darüber, dass sein Stück den Reformator verletzt hat. Im verzweifelten Bemühen, Luthers Gunst wiederzuerlangen, überzeugt er seine Frau, zusammen mit Katharina von Bora, die als einzige Person Luther zu bewegen vermag, seine Ansicht zu ändern, zwischen ihnen zu vermitteln. Cochläus zeichnet Agricola als einen Trunkenbold und Tyrannen, dessen Frau vergeblich versucht, ihn im Zaum zu halten. Wahrscheinlich war daran mehr als nur ein Körnchen Wahrheit, in Eisleben hatte es Klagen gegeben, dass Agricola zu viel trank.

Simon Lemnius, einer der begabtesten Studenten Melanchthons, war der Nächste, der Luthers Zorn auf sich zog, wodurch die Freundschaft zwischen Luther und Melanchthon stark unter Druck geriet. Lemnius trieb einen Studentenstreich zu weit, als er einen Band lateinischer Epigramme veröffentlichte, deren Spott viele prominente Wittenberger traf.[48] Alles, was in der Stadt gedruckt wurde, unterlag der Zensur, der Drucker, Nikolaus Schirlentz, war jedoch arglos und glaubte, er habe es mit einem harmlosen Gedichtband zu tun. Entweder hatte er Lemnius' Versicherung, Melanchthon habe seine Zustimmung gegeben, ungeprüft hingenommen, oder sein Latein reichte nicht aus, um die Inhalte zu verstehen. Melanchthon war als damaliger Rektor der Universität verantwortlich für die Zensur, und als Lemnius fluchtartig die Stadt verließ, munkelte man, Melanchthon oder seine Familie hätten geholfen, dass der Beste seiner Studenten entkommen konnte.[49]

Einige argumentierten, die Verse seien verhältnismäßig harmlos, schließlich hätten Luther und Melanchthon das Verfassen von neckischen Gedichten auf Latein oder Griechisch häufig geduldet. Luther jedoch war wütend; er ließ ein Plakat drucken und an die Kirchentüren anschlagen, ein Medium, das häufig benutzt wurde, um Kopfgeld für die Ergreifung von Verbrechern auszusetzen. Auf dem Anschlag hieß es ohne Umschweife, der junge Mann habe für seine Tat die Todesstrafe verdient.[50] Das war nicht ganz dasselbe, wie die Todesstrafe für ihn zu fordern, doch laut Lemnius hatte Luther öffentlich angedroht, er werde nicht in der Stadt predigen, bis Lemnius hingerichtet sei. Lemnius wurde in Abwesenheit von der Universität überprüft und für immer verbannt, seine Bücher wurden verbrannt.

Das war zweifellos eine Überreaktion, die vielleicht von Luthers Wut über ein in der Sammlung enthaltenes Gedicht ausgelöst wurde, das den Erzbischof von Mainz pries. Dieses Lob für den »Scheißbischof«, wie Luther ihn nannte, kostete den jungen Mann die Protektion: »Und es ist bekannt, dass ich es nicht dulde, dass man den durch sich selbst verdammten, heillosen Pfaffen, der uns alle gerne tot hätte, hier zu Wittenberg lobe«, donnerte Luther. Nachdem er heil in Halle angelangt war, machte sich Lemnius an die Veröffentlichung einer noch sehr viel verleumderischen Schrift, die Luther als einen Wüstling porträtierte, einen Mann, der eine Nonne geheiratet hatte, einen Herrschsüchtigen, der sich selbst zum Papst und Bischof erhoben und die Macht über Wittenberg ergriffen habe, einen Rüpel ohne Respekt

vor der Dichtung und den Künsten.[51] Wie Cochläus vor ihm geißelte
er Luther mit dem Vorwurf, er würde zur Rebellion aufhetzen, und
beschuldigte den Reformator in einer langen Erwiderung auf Luthers
Anschlag, er dulde stillschweigend Morde, wie am Fall Beskendorf zu
sehen sei, der es Luthers Intervention zu verdanken habe, dass er den
Mord an seinem Schwiegersohn nicht mit der gehörigen Strenge süh-
nen müsse. Im Gegensatz dazu lobte Lemnius Melanchthon immer
wieder als den einzigen ernsthaften Gelehrten in Wittenberg, ein Licht
für ganz Deutschland – ein Loblied, das gewiss nicht dazu angetan
war, den Riss zwischen den beiden Männern zu kitten. Eines der Ge-
dichte goss zudem reine Galle über Luther aus:

> »Du leidest selber an Dysenterie und schreist beim Kacken, und sie, die du
> anderen wünschst, widerfährt nun dir.
> Während du andere laut Scheißer nennst, bist du doch wohl selbst zum
> Scheißer geworden und mit deiner Scheiße reich gesegnet.
> Früher hatte dir die Wut deinen schiefen Mund gelöst, jetzt aber löst dir
> dein Arsch die Ladung deines Bauches.
> Deine Wut wollte nicht immer nur aus der Kehle kommen: jetzt fließt sie
> aus deinem Hintern.«[52]

Das ist sicher keine große Dichtung, doch Lemnius lag nicht falsch
mit der Feststellung, wie sehr Luthers letzte Lebensjahre von seinem
Groll verdunkelt waren. Luther antwortete in selbstverfassten lateinischen Versen, der *Dysenteria Martini Lutheri* (»Martin Luthers
Durchfall«), in der er Albrecht von Magdeburg wegen der abscheu-
lichen gedichteten Geschenke bemitleidete, die er von Lemnius erhalte,
und den Dichter als jemanden verspottete, der an Verstopfung litt:
»Mit deinem Magen presst du deine Scheiße heraus, und du würdest
gerne einen großen Klumpen kacken, aber, Scheiß-Dichter, du kriegst
gar nichts hin!«[53]

Lemnius hielt sein Versprechen und tischte Wittenberg seinen Dreck
auf. 1539 verfasste er die *Monachopornomachia* (dt. *Der Krieg der
Mönchshuren*), ein Stück, das starke Anleihen bei Cochläus' Satire
*Heimlich gsprech von der Tragedia Johannis Hussen* (1538) macht,

doch bei weitem roher ist und weniger psychologischen Witz enthält.[54] Mit Schülerhumor wird Luther darin verhöhnt, er habe Katharina von Bora heiraten müssen, von der jeder wisse, dass sie eine Hure sei. Doch Luther, der an Gicht und Steinen leide, könne nicht reisen, deshalb habe er sie ständig im Auge, und sie finde nicht genügend Zeit für ihren jungen Liebhaber. Ihre Freundinnen, die Frauen von Spalatin und Jonas, erzählen von den wunderbaren sexuellen Abenteuern, die sie hatten, als ihre Männer in Augsburg beim Reichstag waren. Mal wird Luther als von Manneskraft strotzender, närrischer Sklave seiner Begierden dargestellt, in einer anderen Szene wiederum bittet er Katharina, sein Glied zu streicheln, damit es sich aufrichtet. Spalatins Frau erklärt, wie es ihr gelingt, ihren Ehemann zugleich mit ihrem Liebhaber zu befriedigen, obwohl sie keine zwei Vaginen hat: Sie streckt ihrem Liebhaber ihren Hintern hin.

Lemnius und Cochläus tobten sich mit ihrer Phantasie am Privatleben Luthers und anderer Reformatoren aus, und ihre Manie entsprang dem, was an Luthers Lehre noch immer schockierte: seiner Ehe mit einer Nonne und seiner überraschend positiven Einstellung zur Sexualität. Für Lemnius war das unerträglich. In seinen Augen herrschte über Wittenberg ein Komplott alter, kranker und impotenter Männer mit ihren sexbesessenen Frauen, und niemand schätzte sein Talent. Doch aus seinen Schriften entsteht auch ein Bild der Studentenstadt Wittenberg, die vollgestopft war mit Mädchen, die unbedingt einen Studenten erobern wollten, eine Stadt, die ihre eigenen Bordelle hatte, obwohl diese eigentlich 1522 Karlstadts moralischer Reformation zum Opfer gefallen und geschlossen worden waren.[55] Lemnius beschrieb seine adeligen Kommilitonen, die ihre Zeit in Clubs wie den »Zyklopen« verbrachten und sich nur allzu leicht in Streitigkeiten und Duelle verwickelten. Ihr Wert wurde daran gemessen, ob es ihnen gelang, in den richtigen Kreisen zu verkehren, Waffen zu tragen, mit Mädchen herumzustolzieren und Witze zu reißen. Das war eine neue Generation, und ihre Werte unterschieden sich sehr von denen der Reformatoren. Die Welt des deutschen Humanismus war für immer verschwunden, Lemnius trauerte um diesen Verlust.

Wenn ich meine lincke Hand stemme an seinen rechten Schenckel/so stellt
er widerumb seine rechte Hand an meinen lincken Schenckel/So
muß ich mit meiner lincken Hand/jm seine rechte Hand aus
reissen/Und im ausreissen/trete ich hinein/so kom
ich zu den vorigen stücken/die da zu dem
Nedlin vnd dem ausschlagen/dienen.

C    Ist der

60 1539 erschien in Wittenberg eine
Neuausgabe der *Ringer kunst* von Fabian
von Auerswald (VD 16 A 4051), einer
klassischen Abhandlung zum Ringkampf,
illustriert mit Holzschnitten von Cranach.
Diese zeigen einen gewieften alten Lehrer in
schlichter Kleidung, der seinem vornehmen,
modisch herausgeputzten Schüler Wurf-
techniken demonstriert. Die Schrift wurde
für die studentische Leserschaft gedruckt,
der vielleicht mehr daran gelegen war,
Kampfkünste zu erlernen, als Theologie
zu studieren.[56]

Der Generationenwechsel, den Lemnius repräsentierte, bedeutete
auch, dass die Lutherverehrung nachließ, sogar in Wittenberg. In den
1530er Jahren hatte er es größtenteils mit schwanzwedelnder Schmeichelei zu tun gehabt, 1536 schrieb ihm der Bürgermeister von Basel, er
behandle den Brief, den er von Luther erhalten hatte, wie ein »köst-
lich Kleinod«.[57] Menschen sammelten seine Unterschrift, und immer
wieder musste er Exemplare seiner Bibelübersetzung signieren oder
mit einer Widmung versehen. 1542 jedoch griff ihn eine wütende
Menge an, die unter Flüchen und Lästerungen in sein Haus eingedrun-
gen war. Es ist nicht klar, was diese Menschen aufgebracht hatte, doch
ihr Eindringen in Luthers Haus zeugt von schwindender Achtung.[58] In
Wittenberg und darüber hinaus hatte Luther sich Feinde gemacht, die

nun behaupteten, er besitze zu viel Macht. Er sei der »Elbpapst«, beklagte sich Lemnius. Eine Beleidigung, die saß.[59]

\*

Ab 1543, drei Jahre vor seinem Tod, begann sich Luthers Gemütsverfassung ebenso wie seine Gesundheit zu verschlechtern. Er klagte
jetzt über dauernde Kopfschmerzen, die ihn vom Arbeiten abhielten.
Die Kopfschmerzen hatten während seines Aufenthalts auf der Veste
Coburg 1530 begonnen, doch nun war er nicht mehr in der Lage, länger zu arbeiten, ohne etwas zu trinken; er war unsicher, ob dies auf ein
natürliches Gebrechen oder auf weitere Faustschläge des Satans zurückzuführen war.[60] Seine Briefe verraten seine Ungeduld: Zur Linderung seiner Kopfschmerzen hielt er nun eine Vene am Bein ständig
offen, um das Säftegleichgewicht zu erhalten – sehr zur Sorge der Gräfin von Mansfeld, die ihn davon in Kenntnis setzte, dass er damit nur
einen weiteren Schwachpunkt in seinem Körper schuf.[61] Die Wunde
an seinem Bein machte ihm das Gehen so schwer, dass er einen kleinen Wagen benutzte, um zur Universität und zur Kirche zu gelangen,
Vorlesungen zu halten oder zu predigen, obwohl die Gebäude um die
Ecke lagen. »Ich bin zu müde zum Schreiben« wurde zum ständigen
Refrain in seinen Briefen. Er war 60 Jahre alt, litt unter Nierenstei-
nen, Gicht, Verstopfung, Harnverhaltung und Kälte. Man glaubte,
der Körper verliere an Wärme, wenn er alterte, und Luther begegnete
seinen Krankheiten häufig damit, dass er sich frottieren ließ und sich
wärmte. Er war überzeugt, dass der Tod nahte. »Ich bin kraftlos,
müde, kalt, will heißen alt und nutzlos«, schrieb er, »ich habe meine
Bahn durchlaufen, es ist Zeit für mich, meine Väter zu sehen, und Zeit
für die Verwesung und dass die Würmer dabei ihren Teil abbekom-
men.«[62]

Auch seine entscheidende Freundschaft mit Melanchthon, welche
einst die Reformation gestärkt hatte, war weiteren Belastungen ausgesetzt, wenngleich die persönliche Beziehung zwischen den beiden
Männern stärker war denn je.[63] Sie waren beide fest davon überzeugt,
einander das Leben gerettet zu haben. Als Luther in Schmalkalden

1537 unter Harnverhaltung litt, hatte Melanchthon darauf bestanden, dass er mit der Abreise nach Gotha bis zum nächsten Tag wartete, da die astrologischen Zeichen nicht günstig stünden. Luther hatte über seinen Aberglauben gelacht, doch das Rumpeln der Kutsche hatte seinen Stein gelockert, so dass er große Mengen Urin ausscheiden konnte, was lebensrettend war.[64] Als Melanchthon 1540 von einer fieberhaften Melancholie befallen wurde und nach dem Debakel um die Doppelehe Philipps von Hessen das Essen verweigerte, reiste Luther unverzüglich nach Weimar, um mit ihm zu sprechen. Er drohte Melanchthon, sollte er nicht essen, würde er ihn exkommunizieren. Luther war überzeugt, dass Melanchthons Melancholie eine Variante der bekannten Anfechtung war und dass sein Freund durch sein Gebet gerettet wurde.[65]

Luther äußerte sich selten anders als lobend über seinen jüngeren Freund, und er gab freimütig zu, dass dessen Verstand systematischer sei als seiner und Melanchthon das Griechische und Hebräische besser beherrsche als er. In zunehmendem Maße spannte Luther dennoch Melanchthon für sich ein, indem er begann, schwierigere Post und Anfragen an ihn abzugeben, damit er, wie es hieß, einen Blick darauf werfe. Melanchthon und Kanzler Brück kontrollierten immer mehr den Zustrom von Briefen; sie entschieden zum Beispiel, ob man dem jähzornigen Reformator Briefe von Bucer vorlegen könne, die seine Gemütsverfassung noch weiter verdunkeln könnten. Wo einst Luther Melanchthon ermutigt, ihm die Richtung gezeigt und ihn unterstützt hatte, organisierte nun der Jüngere die Arbeit des Älteren und versuchte dabei, die schlimmsten Temperamentsausbrüche Luthers zu verhindern.[66]

Luther machte es ihm jedoch nicht leicht, und der Versuch, ihn zu entlasten, hatte seinen Preis, weckte es doch sein Misstrauen sogar Melanchthon gegenüber. Als Hermann von der Wied 1544 der ehemaligen katholischen Hochburg Köln eine reformierte Kirchenordnung gab, las Luther den Entwurf zuerst nicht, sondern überließ dies Melanchthon. Nachdem Amsdorf Luther auf einen darin zu erkennenden Mangel an Rückgrat bei der Frage der Realpräsenz aufmerksam machte, war Luther empört und überzeugt, Melanchthon wolle hinter seinem Rücken eine Verwässerung seines zentralen Grundgedankens einsickern lassen.[67]

Im selben Jahr wandten sich die Geistlichen aus Eperies in Ungarn an ihn, sie hätten gehört, die Wittenberger schickten sich an, ihren Standpunkt zur Realpräsenz moderater zu fassen, da sie die Elevation der Hostie abgeschafft hätten. Luther hatte diesen Brauch lange beibehalten, weil er die reale Gegenwart Christi in der Eucharistie betonte, ihn jedoch nach Karlstadts Tod 1541 als »Papistenbrauch« abgeschafft. Er schickte eine scharfe Antwort nach Ungarn. In Wittenberg, behauptete er, gebe es keine Lockerung: »Wir kämpfen hier beständig gegen dieselbe, öffentlich und sonderlich, und es ist bei uns kein Verdacht oder auch nur die geringste Spur dieses Greuels, es sei denn, daß der Teufel in irgendeinem verborgenen Winkel murmele.« Er schließt seinen Brief mit einer dunklen Bemerkung über seinen Stellvertreter: Er hege absolut keinen Verdacht gegen »M. Philippus« oder irgendeinen anderen Wittenberger, denn »öffentlich wagt der Satan nicht einmal zu mucken«.[68] Was er mit diesen geheimnisvollen Worten meinte, wurde nur wenige Wochen darauf allzu deutlich, als Luther begann, energisch gegen die Sakramentarier in ihrer Mitte zu predigen, und dabei offenbar an Melanchthon dachte.[69] Von der Predigt aufgerüttelt, begann Melanchthon darüber nachzudenken, Wittenberg zu verlassen. Luther sei »wieder ganz und gar entrüstet und entzündet worden« und predige gegen ihn und Bucer.[70]

Im Sommer 1545 machte sich Luther auf den Weg, um einen seit langem geplanten, immer wieder aufgrund anderer Zwänge verschobenen Besuch bei seinem alten Freund Amsdorf zu machen. Kaum war er in Zeitz angekommen, schrieb er an Katharina, sie solle alles verkaufen und das Kloster dem Kurfürsten zurückgeben. Sie sollten aus Wittenberg fortgehen und nach Zülsdorf ziehen, wo Katharina einen Bauernhof besaß, schrieb er: »Darum würde es besser noch zu meinen Lebzeiten geschehen, was denn zu tun ist«, nachdem er gestorben sei. Warum wollte der alte, kranke Mann plötzlich Wittenberg verlassen? Er schrieb Katharina, er habe jetzt, wo er aus der Stadt herausgekommen sei, Schlechtes über Wittenberg gehört, und prangerte besonders die Vorliebe der Wittenberger für schamlose Tänze an, bei denen die Kittel der Frauen hochflögen und ihre intimen Körperteile »hinten und vorn« entblößen würden. »Mein Herz ist erkaltet«, schrieb Luther.[71]

Melanchthon brach sofort auf, um Luther zu treffen, während der Kurfürst Luthers Hausarzt Matthäus Ratzeberger freistellte, damit dieser ihn zur Rückkehr überredete.[72] Auch die Universität wurde hinzugezogen, und der Kurfürst schrieb persönlich an Luther und Amsdorf und drängte Letzteren, den alten Mann dazu zu bewegen, nach Hause zurückzukehren. Melanchthon hielt es zuletzt für klüger, einem Streit aus dem Weg zu gehen, und kehrte um. Luthers alter Partner im Ring, der sächsische Kanzler Gregor Brück, durchschaute die beiden Männer: Er war sich sicher, wenn Luther »auf seinem Kopf sitzen« und sein Leben umstülpen wollte, dann würde auch Philipp Wittenberg den Rücken kehren. Er sagte voraus, dass Luther bleiben würde, denn es war keineswegs einfach, den gesamten Besitz zu verkaufen: ein riesiges Kloster, mehrere Gärten und darüber hinaus noch andere Häuser.[73]

Der Kurfürst und die Universität sorgten sich, dass Melanchthon mit Luther aus Wittenberg fortgehen würde. Das hätte das Ende für die Universität bedeutet. Was auch immer Luther in seinem fortgeschrittenen Alter zu dem Entschluss brachte, alles umzuwerfen und nicht nur die Zukunft der Universität, sondern der gesamten Reformation aufs Spiel zu setzen, es hatte wahrscheinlich etwas mit den Spannungen in seiner Beziehung zu Melanchthon zu tun. Trotz allem, was sie gemeinsam erreicht und zusammen durchgemacht hatten, war Luther offenbar in einem Augenblick bitterer Schwermut bereit, alles aufs Spiel zu setzen. Es macht einen Teil seiner Anziehungskraft aus, dass der gealterte Luther es griesgrämig ablehnte, den zahmen Patriarchen zu spielen und kleinlaut die Macht an die nächste Generation abzugeben – und es war die Tragödie der Reformation, dass Luther die Beziehungen zu so vielen zerstört hatte, die in seine Fußstapfen hätten treten können.

*Achtzehntes Kapitel*

# Hasstiraden

Obwohl Luther in seinen letzten Lebensjahren viel Zeit damit zubrachte, Freunde und Verbündete anzugreifen, vergaß er nie seine wahren Feinde, vor allem nicht seinen ersten und größten Feind, den

61  Martin Luther, *Ratschlag von der Kirchen, eins ausschus etlicher Cardinel, Bapst Paulo des namens dem dritten, auff seinen Befelh geschrieben vnd vberantwortet Mit einer vorrede D. Mart. Luth.*, Wittenberg 1538

487

Papst. 1538 gab er, versehen mit einem beißenden Kommentar, eine Denkschrift mit Reformvorschlägen einiger römischer Kardinäle in Druck, die ursprünglich als Diskussionsvorlage für das kommende Kirchenkonzil gedacht, aber schon zuvor durchgesickert war. Der Holzschnitt auf dem Titel zeigt zwei Kardinäle, die mit Fuchsschwänzen eine Kirche ausfegen, deren Altar ein Bild des Papstes schmückt. Fuchsschwänze standen für Schmeichelei und Betrug, die Botschaft war deutlich: Das vorgeschlagene Konzil sei nur eine Finte, und die Kirche verehre nicht Christus, sondern den Papst.[1] Als Nächstes gab Luther persönlich ein satirisches Papstwappen in Auftrag: »Er hat mich verbannt und verbrannt und dem Teufel in den Hintern gesteckt; so will ich ihn an seinem eigenen Schlüssel aufhängen.«[2]

Als die Vorbereitungen für einen erneuten Versuch zur Versöhnung von Katholiken und Protestanten auf dem Regensburger Reichstag begannen, gab Luther vollends jede Bereitschaft zum Kompromiss auf, und seine Polemik kannte keine Grenzen mehr. 1545 verfasste er eine giftige, weitschweifige Schrift *Wider das Papstum zu Rom vom*

62 Das Papstwappen 1538. Es zeigt die zerbrochenen gekreuzten Schlüssel der Kirche, die deren Macht über die Seelen verkörpern, das Thema, das Luthers 95 Thesen angefacht hatte. Links sieht man den erhängten Judas, rechts den Papst. Prallgefüllte Münzbeutel zieren den päpstlichen Schild. Die Botschaft lautet: Der Papst hat wie Judas die Christenheit für Geld verraten.[3]

*Teuffel Gestifft.*[4] In der Abhandlung drosch er auf Papst Paul III. ein, den er als Sodomiten und Transvestiten, als die »heilige Jungfrau Sancta Paula III. Frau Päpstin« bezeichnete. Er beschuldigte alle bisherigen Päpste, dass sie »voll sind mit allen schlimmsten Teufeln in der Hölle, voll, voll und so voll, dass sie nichts als nur Teufel ausspeien, schmeißen und schnäuzen können«. In einer rhetorischen Gegenüberstellung, die bereits Melanchthons und Cranachs *Passional Christi und Antichristi* von 1521 kennzeichnete, stellte Luther Jesu Zurückweisung des Teufels, der ihm alle Königreiche der Welt anbietet, den Machtgelüsten des Papstes gegenüber. »›Komm her, Satan‹«, lässt er den Papst sprechen, »und hättest du noch mehr Welten als diese, wollte ich sie alle annehmen und dich nicht nur anbeten, sondern auch im Hintern lecken.« Zum Schluss räumt Luther ironisch über seine Schrift ein: »Es ist aber alles mit Teufelsdreck versiegelt und mit Fürzen des Papstesels geschrieben.« Diese wenigen Ausschnitte vermitteln nur einen sehr schwachen Eindruck des

63 *Die Geburt des Papsttums.* Die Drucke konnten einzeln oder als Serie gekauft werden, und es gab die Möglichkeit, sie kolorieren zu lassen. Mit lateinischen Versen dekoriert und voller klassischer Anspielungen, waren sie für ein gebildetes Publikum bestimmt. Die Abbildung zeigt den Papst umgeben von Furien mit Schlangenhaar, während er von einer Hexe gestillt wird.

Wober die München kommen sein.

64 Lucas Cranach der Ältere,
*Der Ursprung der Mönche*: Ein auf
einem Galgen sitzender weiblicher
Dämon gebiert kahlköpfige Mönche
durch den After – sie werden aus-
geschissen.

gesamten Werks, noch extremer war jedoch die Serie von zehn Holzschnitten, die diese Anti-Papst-Posse illustrieren sollten und die nach
Luthers persönlichen Entwürfen in Cranachs Werkstatt hergestellt
wurden.[5]

Solche Werke waren an die bereits Konvertierten gerichtet, kein
Katholik hätte durch derart grobe Worte und Bilder je bekehrt werden können. Luther benutzte hier jede Waffe, die er finden konnte:
Fäkalausdrücke und -bilder, Dämonen- und Hexendarstellungen,
sexuelle Verunglimpfung und Tiergestalten. Text und Bild waren so
konzipiert, dass sie eine Art Wir-Gefühl beim evangelischen Publikum erzeugten, das im Hass auf den Feind vereint war. Doch sie sollten auch Gelächter hervorrufen: Lachen zerstörte die Aura der Heiligkeit, die den Papst umgab, deshalb griff Luther gern zu grobem
Humor.

65 Lucas Cranach der Ältere, *Der Ursprung des Antichrist*. Teufel versuchen hier, die fette Leiche des Papstes wiederzubeleben. Die entblößten Genitalien des nackten, lediglich an der Tiara auf dem Kopf zu erkennenden Papstes erschienen selbst Luther als ein zu anstößiger Anblick für Frauen, er beauftragte deshalb den »ungehobelten Maler« Cranach, die Drastik der Darstellung ein wenig zurückzunehmen.

Er ging sogar so weit, seine Arbeit als sein »Testament« zu bezeichnen, und nach seinem Tod zeugte das Schlagwort »Lebend war ich deine Plage, sterbend bin ich dein Tod, Papst!«, das so häufig die Darstellungen des Reformators begleitete, von seinem unerbittlichen Hass.[6] Luthers Prophezeiung erfüllte sich, die obszönen Bilder wurden zu einem wichtigen Teil seines Vermächtnisses. Sie wurden in den folgenden hundert Jahren und darüber hinaus vielfach aufgegriffen und neugedruckt. Der zu Bildern geronnene Hass und das Unverständnis auf beiden Seiten vergifteten die konfessionellen Beziehungen in den kommenden Jahrhunderten und erschwerten jeden Versuch, religiösen Frieden zu schaffen.

\*

Luther hasste mit großer Leidenschaft, doch focht er seine Feindschaften auf unterschiedliche Weise aus. Seine Haltung gegenüber den Türken zum Beispiel war erstaunlich differenziert, obwohl die Bedrohung durch das Osmanische Reich sogar größer wurde, nachdem es Teile von Ungarn erobert hatte und Wien belagerte. Sein ganzes Leben lang lehnte Luther die Idee des Kreuzzugs ab und blieb bei seiner Überzeugung, dass die Türken nicht wegen ihres Glaubens angegriffen werden durften.[7] In der Frühzeit der Reformation scheint ihn dieses Thema wenig interessiert zu haben. Christen sollten ihr eigenes Leben verbessern, argumentierte er, und lieber den Papst bekämpfen als die Türken angreifen. Er weigerte sich, den Antichrist als Türken zu identifizieren, wie es damals üblich war, sondern reservierte diesen Titel für den Papst und spielte damit die türkische Bedrohung herunter. Das blieb nicht unbemerkt: Wie Luther sich später erinnerte, verdammte ihn die Bannbulle von 1520 auch für den Standpunkt, den er gegenüber den Türken einnahm. Die Gründe für seine Haltung waren wahrscheinlich einfach: Wie viele seiner Zeitgenossen scheint Luther Aufrufe zum Kreuzzug als Versuche des Papsttums betrachtet zu haben, den Kaiser und die Fürsten zu manipulieren. Der sächsische Kurfürst zum Beispiel folgte den päpstlichen Aufrufen nicht.

Doch 1529 hatten die Türken weite Teile Ungarns besetzt, und Luther war wie viele seiner Zeitgenossen gezwungen, sich mit dem Islam intellektuell auseinanderzusetzen. Nachdem sich die Europäer mit dem expansiven Osmanischen Reich arrangiert hatten, kamen »Türkische Bücher« in Mode, die ihre Leser mit Informationen über die Osmanen und ihre Sitten versorgten.[8] Luther steuerte die Schrift *Vom kriege widder die Türcken* (1529) bei, in der er seine politische Theorie der zwei Reiche und drei Stände – der säkularen Ordnung, der Geistlichkeit und des Haushalts – auf die türkische Frage anwendete.[9] Getreu seiner Ablehnung eines Kreuzzugs rechtfertigte er vorsichtig den Krieg mit der Begründung, die Türken stürzten die drei Stände: Sie bedrohten die säkulare Obrigkeit mit »Mord«, indem sie die Christen militärisch angriffen, sie seien »Lügner«, die die Schrift falsch auslegten, und sie achteten die »Hauszucht« nicht, indem sie zehn oder zwanzig Frauen hätten. Das waren gängige antiislamische Vorwürfe, die das Töten von Türken rechtfertigten – Luther benutzte sie als rationale Argumente für einen Krieg, der kein Glaubenskrieg war.

Apokalyptische Rhetorik kam erst in Luthers zweiter Abhandlung hinzu, der *Heerpredigt wider den Türcken*, die er 1529 verfasste, als das osmanische Heer vor den Toren Wiens stand.[10] Jetzt identifizierte er die Türken mit dem »vierten Horn« der Apokalypse. Doch obwohl die Weltuntergangsrhetorik die Dringlichkeit erhöhte, blieb Luther dabei, die Rolle des Antichrist dem Papst allein zuzuschreiben, in den Türken sah er lediglich eine Geißel, die gesandt war, um Christen für ihre Sünden zu strafen, sie waren für ihn nicht der Hauptfeind.[11] Diese Haltung führte ihn zu einer überraschenden Ermahnung gegenüber jenen, die in Gefangenschaft gerieten. Christen sollten gegen die Türken kämpfen aus Gehorsam gegenüber ihren weltlichen Herrschern, legte Luther dar, doch jene, die gefangen und unter den Osmanen versklavt worden waren, sollten nicht rebellieren oder gar fliehen, sondern ihren Obrigkeiten gehorchen, »denn du raubst und stiehlst damit deinem Herrn deinen Leib, welchen er gekauft oder auf eine andere Weise an sich gebracht hat, sodass er in Zukunft nicht dein, sondern sein Gut ist wie ein Vieh oder seine andere Habe«. Trotzdem, »wenn [und nur *wenn*] er dich aber zwingen wollte, gegen die Christen zu kämpfen, sollst du nicht gehorsam sein, sondern lieber alles erdulden, was er dir antun kann, ja viel lieber sterben«.[12] Diese Achtung bestehender Herrschafts- und Besitzverhältnisse, sogar bei Versklavung, stand im Einklang mit der Argumentation, die er 1523 in *Von weltlicher Obrigkeit* vorgelegt hatte. Wieder wollte Luther keinen Widerstand zulassen, außer im Falle einer individuellen Zwangslage, ansonsten war jeder gehalten, das Martyrium auf sich zu nehmen. Revolte war nicht vorgesehen. Die Predigt verrät auch eine nicht geringe Bewunderung für die Leistungsfähigkeit der türkischen Regierungsform. Er flocht zudem Einzelheiten über türkische Gebräuche ein, die er der Schrift des Gregorius von Ungarn über die Osmanen entnommen hatte. Er veröffentlichte diese Schrift, versehen mit einem dreiseitigen Vorwort, als Ergänzung zu seiner Abhandlung.[13]

Seine Beschreibung des Charakters der Türken bot Gelegenheit, den Blick ebenfalls auf den Charakter der Deutschen zu richten. Während »wir Deutschen« im Übermaß essen und trinken, fallen die Türken durch Mäßigung auf; wo die Deutschen luxuriöse Bekleidung lieben, praktizieren die Türken Bescheidenheit; sie schwören nicht und bauen keine extravaganten Gebäude. In dieser Hinsicht erschienen Luther ihre Sitten besser als die der Deutschen. Luther bewunderte, wie die türkischen Patriarchen ihre Frauen an der langen Leine hielten: »Und obwohl solche Ehe nicht eine Ehe vor Gott, sondern mehr ein Schein ist denn eine Ehe, halten sie damit ihre Frauen in einem solchen Zwang und schönen Gebärden, sodass bei ihnen nicht solcher Vorwitz, Üppigkeit, Leichtfertigkeit und anderer überflüssiger Schmuck, Kost und Pracht bei den Frauen herrscht wie bei uns.«[14] Dennoch wandte er ein, dass sie die Ehe nicht achteten, da sie allzu schnell Scheidungen zuließen, dass sie in Vielweiberei lebten und dass ihre Hochzeiten so keusch waren wie die Beziehung eines Soldaten zu einer Prostituierten. Schlimmer noch, angeblich trieben sie »solche französische und sodomitische Unkeuschheit (...), wie es vor anständigen Leuten nicht zu sagen ist« – dabei pfefferte er selbst seine Ausfälle gegen den Papst und dessen Hof inzwischen ungebremst. Die alten Zwangsvorstellungen Luthers – Sex, Sodomie und Ausschweifung – finden sich in seinem Porträt der Türken versammelt, dennoch war er durchaus aufrichtig an den Sitten und den sozialen Strukturen dieser fremden Welt interessiert. Als 1541 erneute Gefahr durch die Türken drohte, veröffentlichte er eine *Vermahnung zum Gebet wider den Türken*, doch rief er darin mehr zur Buße auf als zu aggressiven Gebeten.[15]

Luther blieb neugierig auf die Türken, und als er 1542 eine lateinische Übersetzung des Korans in die Hände bekam, begann er sofort zu lesen. Er war fest davon überzeugt, dass der Koran veröffentlicht werden sollte, und protestierte zusammen mit einigen Straßburger Geistlichen gegen den Beschluss der Stadt Basel, die Veröffentlichung durch den führenden Buchdrucker Oporinus zu verbieten.[16] Es sei wichtig, argumentierte Luther, dass Christen wissen, was im Koran steht. Wie könnten sie ihn sonst anfechten? In der Kontroverse zeigte sich Luther von seiner besten Seite: neugierig auf andere Religionen und voller Vertrauen darauf, dass sein Glaube stark genug sei, ihnen zu widerstehen. Das bedeutete trotzdem nicht, dass er den Koran selbst respektiert hätte, der für ihn ein »verfluchtes, schändliches, fürchterliches Buch« war, doch es war besser, ein solch »heimliches Gift« ans Licht zu holen, denn »man muss den Schaden und die Wunden öffnen, will man sie heilen«.[17] Als die Übersetzung 1543 schließlich erschien, hatten Luther und Melanchthon beide eine jeweils kurze und überraschend milde Einführung dazu geschrieben. Ein Zeitgenosse notierte zu ihrer Verteidigung, die Vorworte würden »mehr den Leser vor dem Buch warnen, als dass sie ihn ermahnten, es zu lesen«, während Bucer Luther zu bedenken gab, ob er nicht »noch eine weitere und kraftvollere Warnung mit gründlicherer Anzeige der wüsten Gräuel im Koran« schreiben wolle.[18]

Trotz seiner Ablehnung des Korans und obwohl Luther teilweise vernichtende Kritik an den osmanischen Sitten und Bräuchen übte, entfaltete er gegen die Muslime nie die brandstiftende Rhetorik tiefer Feindschaft, die er bereitwillig über andere ergoss. Das erlaubte ihm, in einer geteilten Welt ein Modell der Koexistenz zu entwickeln, nach dem zwar die Christen die Wahrheit besaßen und kämpfen mussten, um sich zu verteidigen, der Islam jedoch als ein eigener, wenngleich falscher Glaube betrachtet wurde. Als schließlich die unmittelbare Gefahr durch die Osmanen vorüber war, verlor Luther das Interesse. Stattdessen richtete er das ganze Arsenal seines Hasses gegen den Papst und gegen die Juden.

*

Luthers gehässiger Antisemitismus ist eines der schwierigsten Themen in der Geschichte des Luthertums, denn nach dem Holocaust fiel es den Gelehrten schwer, die Natur und das Ausmaß von Luthers Judenhass zu erkennen und zu akzeptieren. Luther war nicht immer so feindselig gewesen. 1523 hatte er die Abhandlung *Dass Jesus Christus ein geborener Jude sei* veröffentlicht, ein bemerkenswerter Text, der zum Verhältnis von Christen zu Juden feststellt: »Denn sie haben die Juden behandelt, als wären sie Hunde und nicht Menschen, haben nichts geäußert, als sie zu schelten und ihnen ihr Gut zu nehmen, nachdem man sie taufte. Man hat ihnen keine christliche Lehre noch Leben bezeugt, sondern sie nur der Päpsterei und Möncherei unterworfen.«[19] Gemessen an den Standards seiner Zeit war dies eine beachtlich tolerante Aussage, die oft als Beweis dafür angesehen wurde, dass der junge Luther kein Antisemit war: Sein Antisemitismus, wird in diesem Sinne argumentiert, sei ein Produkt seiner späteren, verbitterten Jahre, als ihm klargeworden sei, dass Juden niemals zum Christentum übertreten würden – dabei spricht wenig dafür, dass Luther je versucht hatte, Juden zu bekehren.[20] Der letzte Abschnitt der Abhandlung von 1523 macht denn auch deutlich, dass seine Tolerierung von Juden letztlich von seiner Annahme bestimmt war, das Judentum werde sich durch Assimilation auflösen: »Wenn es aber die Juden ärgert, dass wir unsern Jesus als einen Menschen und doch wahren Gott bekennen, wollen wir es mit der Zeit kraftvoll aus der Schrift bezeugen. Aber es ist am Anfang zu hart, man lasse sie zuvor Milch saugen und fürs Erste diesen Menschen Jesus als den rechten Messias erkennen. Danach sollen sie Wein trinken und auch lernen, dass er wahrhaftig Gott ist.«[21]

Antisemitismus war keineswegs nur das Ergebnis seiner letzten Lebensjahre, sondern taucht in seinem Werk immer wieder auf. Alle drei Ausgaben von *Kleiner Sermon von dem Wucher* zeigten als Titelbilder Juden, und Luther muss dies stillschweigend gutgeheißen haben; in den Vorlesungen von 1513 bis 1515 ging er nicht auf die Psalmen ein, in denen König David Gott anruft und seine Verfolger verdammt, sondern beschäftigte sich vielmehr mit den Prophezeiungen Jesu und seiner Verfolgung durch die Juden. Das Alte Testament im Licht des Neuen Testaments zu lesen war eine akzeptierte Technik der Auslegung, doch in diesem Fall verkehrte es ein Werk, in dem es um die Verfolgung der Juden geht, zu einem Werk über die Verfolgung durch sie.[22]

Eine solche Interpretation war sogar implizit in der Abhandlung von 1523 enthalten, die einigermaßen verwirrend mit einer Diskussion des Status von Maria beginnt. Luther war vorgeworfen worden, er leugne wie die Juden die Jungfrauengeburt und die besondere Stellung der Mutter Gottes. Durch die gesamte christliche Geschichte hindurch sind Marienverehrung und Antisemitismus oft Hand in Hand aufgetreten (Marienkapellen wurden häufig auf einer zerstörten Synagoge errichtet). Denn wer bestritt, dass Christus der Messias war, stellte auch die besondere Stellung Marias in Frage. Oft kommt es einem vor, als hätten die Menschen im ausgehenden Mittelalter sich nicht so sehr an der Weigerung der Juden gestört, Jesus anzuerkennen, als an ihrer Ablehnung der Sonderstellung Marias. Wer sich darauf festlegte, dass Maria tatsächlich eine Jungfrau und die Mutter Gottes war, verteidigte eine Argumentation, mit der einige der brutalsten Übergriffe gegen Juden eingeleitet wurden.

Während der 1530er Jahre waren beiläufige antisemitische Geschichten und Bemerkungen feste Bestandteile in Luthers Tischgesprächen. Auch seine Gäste beschwerten sich beispielsweise darüber, dass es in Torgau mehr als 30 Juden gebe oder Frankfurt voll von ihnen sei. 1531 schrieb Luther an Amsdorf, dass es nichts bringe, Juden zu taufen: »(...) es sind Schalke«, stellte er fest, »Schlitzohren«.[23] Man diskutierte auch den Fall einer Wittenbergerin adeliger Abstammung, die einen Juden heiratete, der bereits verheiratet war und vier Kinder hatte. Mit Erlaubnis des Kurfürsten übte ihre Familie Selbstjustiz und erstach den Mann. Luther übernahm die Patenschaft für das Kind, das sie mit ihrem jüdischen Ehemann gezeugt hatte. Er hielt sie für eine ehrbare Frau, die hintergangen worden war, Bedenken hinsichtlich der Art, wie man die Angelegenheit bereinigt hatte, äußerte er allerdings an keiner Stelle.[24]

Josel von Rosheim, der Erste, der für alle Juden im Heiligen Römischen Reich sprach, bat Luther 1537, sich beim Kurfürsten dafür einzusetzen, dass den Juden in Sachsen die Freizügigkeit gewährt werde. Luther weigerte sich jedoch, ihn zu empfangen. Stattdessen schrieb er einen Brief, in dem er behauptete, er habe sich für eine gute Behandlung von Juden nur in dem Sinne eingesetzt, »dass Gott sie einst gnädig ansehe und sie zu ihrem Messias bringe« und nicht damit sie

»durch meine Gunst und Forderung in ihrem Irrtum gestärkt und ärger werden«. Er wies sie weiter an: »Lest, wie Ihr mit Eurem König David umgegangen seid, und mit allen frommen Königen, ja, mit allen heiligen Propheten und Leuten, und haltet uns Heiden nicht so gar für Hunde!«[25] Damit stellte er die Juden als die Feinde der alttestamentarischen christlichen Helden dar. Zugleich wies er wiederholt darauf hin, Jesus sei der Messias gewesen, den die Juden gekreuzigt hätten.

Im folgenden Jahr legte er mit einer kurzen Abhandlung unter dem Titel *Wider die Sabbather: An einen guten Freund* nach. Die Abhandlung entstand unter dem Eindruck von Gerüchten, dass Juden in Mähren anfingen, Konvertiten zu gewinnen. Sie sei, wie sich Luther ausdrückte, »unter der Hand gewachsen, sodass ich es wahrhaftig selbst nicht geglaubt habe, dass die Feder so laufen würde«.[26] Die politische Aufteilung in Mähren ermöglichte es, dass viele verschiedene Glaubensrichtungen toleriert wurden. So gehörte die Gegend auch zu den wenigen, in denen Täufer Zuflucht gefunden hatten. Luther behauptete in *Wider die Sabbather*, die Juden seien ein Volk, das seit 1500 Jahren, seit der Zerstörung des Tempels, von Gott bestraft werde, weil sie Jesus nicht als den Messias anerkannten.

Gleichwohl schlug Luther in den 1530er Jahren verhältnismäßig besonnene Töne an; 1543 jedoch sollte sich das auffällig ändern. Einem gewissen Graf Wolf Schlick von Falkenau war eine jüdische Erwiderung auf Luthers *Wider die Sabbather* in die Hände gefallen. Deshalb wandte er sich mit der Bitte um eine Erwiderung an Luther, der daraufhin *Von den Juden und ihren Lügen* verfasste.[27] Drei »gelehrte Juden«, schrieb er, seien zu ihm gekommen in der Hoffnung, »sie würden einen neuen Juden an mir finden«, weil er das Studium des Hebräischen an der Universität eingeführt habe. Nach dieser Einleitung erweist sich die Schrift jedoch als eine einzige Schmährede gegen die rabbinische Schriftauslegung und die Juden.[28] Viel Raum wird dem Vorwurf an die jüdische Rasse gewidmet, arrogant und hochmütig zu sein. Luther beschwor Abscheu gegenüber der Beschneidung herauf, indem er beschrieb, wie der Rabbi die Vorhaut mit seinem Finger-

66 Martin Luther, *Eyn Sermon von dem Wucher*, Wittenberg 1520. Diese Ausgabe von Luthers *Sermon* enthält die Darstellung eines Juden als Wucherer. Er spricht die Worte: »Bezahle oder gib mir Zinsen, denn ich begehre einen Gewinn.«

nagel abtrennt, und sich vorstellte, wie der Vater mitleidet, wenn der Säugling weint.²⁹ Luther beschimpfte weiter Jüdinnen als beschmutzte Bräute und die übelste Art von Huren, die nichts von Gottes Propheten wüssten.

Dann fuhr er fort, die rabbinische Interpretation anzugreifen, beschuldigte die Juden, sie spalteten Wort und Zeichen und würden zu »Werkgerechtigkeit« tendieren, da sie auf ihren Gehorsam vor dem Gesetz bauten. Anschließend stellte er einen Zusammenhang her zwischen denen, die wie die Juden auf ihre Werke vertrauten, und einer Sau, die »nach der Schwemme wieder im Kot wälzt«.³⁰ Juden würden nach der biblischen Wahrheit suchen, »die sich bei der Sau unter dem Schwanz befindet«, polemisierte Luther. Er meinte damit, dass ihre Art der Schriftauslegung dem Blick in den Anus eines Schweines gleiche; sie würden Christen unsinnigerweise als dumm beschimpfen und verhielten sich damit schlimmer als eine Sau, »die sich doch mit Kot unten und oben besudeln lässt, und auch nicht viel Reineres frisst«. Juden diffamierten den christlichen Glauben und seien vom Teufel getrieben, »aber nun fallen sie ein in des Teufels Namen wie die unflätigen Säue in den Trog, lästern und schänden, was sie nicht wissen noch verstehen wollen«. Und wenn Christen einen Juden sähen, sollten sie »mit Saudreck auf ihn werfen (…) und ihn von sich jagen«.[31]

Luther rief in seiner Schrift die weltlichen Herrscher auf, sie sollten alle Synagogen und Schulen niederbrennen und das, »was nicht verbrennen will, mit Erde überhäufen und zuschütten, auf dass kein Mensch einen Stein oder Schlacke davon sehe in Ewigkeit«. Die jüdischen Häuser sollten abgerissen werden, die Juden sollten wie die Zigeuner alle unter einem Dach leben müssen. Talmud und Gebetbücher sollten ebenso vernichtet werden, jüdische Lehrer solle man verbannen. Die Obrigkeit solle den Juden verbieten, die Straßen zu benutzen, ihnen ebenso den Geldverleih untersagen und sie stattdessen zu körperlicher Arbeit zwingen. Vermögen aus dem Geldverleih solle konfisziert und zur Unterstützung von konvertierten Juden verwendet werden. Das war ein Programm für die vollständige Auslöschung einer Kultur.[32] Und nicht anders wollte Luther es verstanden wissen. Als Melanchthon Philipp von Hessen ein Exemplar der Schrift zusandte, teilte er ihm mit, dass es »wahrhaft viel nützliche Lehre« beinhalte. Ein kursächsisches Mandat von 1543 berief sich auf Luthers »neuestes« Buch, als es jedem Sachsen befahl, wenn er Juden treffe, solle er sie und alle ihre Waren ergreifen und sie der Obrigkeit überbringen, als Belohnung erhalte er die Hälfte der konfiszierten Waren.[33]

Tatsächlich war Luthers Gewaltandrohung selbst für einige Zeitgenossen zu viel. Nur wenige Wochen nach *Von den Juden und ihren Lügen* verfasste Luther die Schrift *Vom schem hamphoras und vom Geschlecht Christi*.[34] Der Schweizer Theologe Heinrich Bullinger verurteilte die Schrift scharf, während Andreas Osiander in Nürnberg in einem privaten Brief an einen jüdischen Freund in Wien seinen tiefen Abscheu über das Machwerk ausdrückte. Von den Lutheranern allerdings wurde es keineswegs verworfen, sondern 1577 nachgedruckt, zusammen mit einem Vorwort von Nikolaus Selnecker, einem frühen Biographen Luthers. Dieses enthielt verleumderische Geschichten wie z.B. die von den Juden von Magdeburg, die sich an einem Sabbat angeblich geweigert hatten, einem Glaubensgenossen zu Hilfe zu kommen, der in einen Abtritt gefallen war. *Vom schem hamphoras* wurde 1617 zur Hundertjahrfeier der Reformation wiederaufgelegt, zusammen mit *Von den Juden und ihren Lügen*, dem Spitzenreiter in diesem bösartigen Potpourri.[35]

*Vom schem hamphoras* war der entfesselte Luther, und der Text liest sich wie die Offenbarung seiner innersten Phantasien. Wieder machte sich Luther über die rabbinische Tradition der Schriftauslegung her und behauptete, die Juden würden vom Teufel angeführt, der hinter jeder magischen Beschwörung stecke. Was wie eine abstruse Beschuldigung aussieht, betraf Dinge, die einen wunden Punkt berührten. 1514 hatte Luther für den Hebraisten Johannes Reuchlin, einen Verwandten Melanchthons, Partei ergriffen, als dieser sich einem Versuch katholischer Konservativer widersetzte, alle jüdischen Bücher verbrennen zu lassen. Reuchlins Interesse am Hebräischen hing zum Teil mit seinem Interesse für die geheimnisvollen Kräfte der Kabbala zusammen, sie waren für ihn der Grund, warum Christen sie studieren sollten. Luther wusste möglicherweise nichts von Reuchlins Schriften über das wundertätige Wort, aber er war entschlossen, den evangelischen Gebrauch der Worte vom magischen Gebrauch der Worte durch die Juden zu unterscheiden.[36] Nachdem ihm klargeworden war, wie ähnlich das Wort in beiden Religionen verstanden wird, drängte es ihn vielleicht zu erklären, was genau die Lutherischen machten, wenn sie das Taufsakrament spendeten oder die Einsegnungsworte über dem Brot und dem Wein sprachen. Luther verwendete seine ganze Kraft auf dieses Thema, denn für ihn entsprach die Gleichsetzung der Beschuldigung, die die Sakramentarier gegen seine Lehre erhoben hatten: Die Lutheraner würden so tun, als könnten sie durch den Gebrauch magischer Worte Gottes Fleisch hervorbringen. Nachdem Luther sich daher vom magischen Wortgebrauch abgegrenzt hatte, brach er seinen Gedankengang plötzlich ab und begann, den »Schem Hamphoras« zu beschreiben, eine Skulptur hoch oben an der Außenfassade der Pfarrkirche von Wittenberg (Abbildung 13 auf S. 108). Sie zeigt eine Sau, an deren Zitzen einige Juden trinken, während ein Rabbiner ihren Schwanz hebt und in ihren After blickt. In seinem Kommentar griff Luther zu einem seiner üblichen Wortspiele, verdrehte das wunderwirkende Wort zu »Schamhaperes«, indem er die Wortbestandteile auf spöttisch-abstruse Weise aus dem Hebräischen herleitete. Der Rabbi, meinte er, schaue in den »Scham Haperes« bzw. »Schamhaperes«, und das bedeute nicht Gott, sondern Satan; Juden seien deshalb Zauberer, die im Mist herumwühlten und nur den Teufel verehrten. Indem er den Juden vorwarf, dass sie das Hebräische in magische Formeln verwandelten, konnte er die Rabbiner als Interpreten der Heiligen Schrift ablehnen und stattdessen die Lutheraner zum auserwählten Volk erklären, das für die Schriftauslegung bestimmt war.[37]

Luthers Antisemitismus steigerte sich schließlich bis zu einem Crescendo körperlichen Ekels. Er stellte sich Juden beim Küssen und Anbeten der Exkremente des Teufels vor: »Der Teufel hat in die Hosen geschissen und den Bauch abermals geleert. Das ist ein rechtes Heiligtum, das die Juden, und wer immer Jude sein will, küssen, fressen, saufen und anbeten sollen.« In einer Art Umkehrung des Tauf-Exorzismus füllt der Teufel Mund, Nase und Ohren der Juden mit Kot: »Da schmeißt und spritzt er sie so voll, dass der Teufelsdreck an allen Orten von ihnen ausdünstet und ausschwemmt, ja der schmeckt ihrem Herzen, da schmatzen sie wie die Säue.« Sich in eine Art Rausch schreibend, berief Luther sich auf Judas, den ewigen Juden: »Als Judas Ischariot sich erhängt hatte, dass ihm die Därme zerrissen und, wie es bei den Erhängten geschieht, die Blase geborsten, da haben die Juden vielleicht ihre Diener mit goldenen Kannen und silbernen Schüsseln dabei gehabt, die Judaspisse (wie man das nennt) samt dem anderen Heiligtum aufgefangen, danach miteinander die Scheiße gefressen und gesoffen, wovon sie so scharfsichtige Augen bekamen, dass sie solche und dergleichen Glossen in der Schrift sehen, die weder Matthäus noch Isaias selbst noch alle Engel, geschweige wir verfluchten Gojim sehen können. Oder sie haben ihrem Gott, dem Sched [Teufel], in den Hintern geguckt und in demselben Rauchloch solches geschrieben gefunden.«[38]

Was auch immer Luther auf diese Weise ausdrücken wollte – er kehrte damit seine innersten Impulse hervor. Das ist keine rationale Gedankenführung mehr – er glaubte nicht ernsthaft, dass Juden scharfe Augen hätten, weil sie Kot aßen. Vielmehr spielte er mit Wörtern, verdichtete unzusammenhängende Einfälle zu einem Bild und sprang von einer Idee zur nächsten, als ob er sich in einem phantastischen Albtraum befände. Eine solche Rhetorik hält das Denken an, sie überschüttet es mit einem Strom gewaltvoller Bilder. Luther verstand sich darauf, diese Art von Ängsten in Witz zu verwandeln, und er hat diese Kunst mit umwerfender Wirkung in seinem Kampf gegen das Papsttum angewandt. Doch nun ging es nicht mehr darum, den Leser zum Lachen zu bringen, sondern körperlichen Ekel zu erzeugen.

*Vom schem hamphoras* ist eine irrsinnige Phantasie, mit der die scheinbar rationale Schrift *Von den Juden* gestützt werden sollte. Darin hatte Luther geschrieben: »Wenn mir Gott keinen anderen Messias geben wollte, als ihn die Juden begehren und erhoffen, so wollte ich viel, viel lieber eine Sau als ein Mensch sein«, denn der jüdische Messias könne den Tod nicht überwinden.[39] Die Sau, die sich im Mist wälzt, hat keine Sorgen und fürchtet sich nicht vor dem Tod: Wenn der Metzger kommt, ist sie von einem Augenblick auf den anderen tot. Der volkstümliche Humor jedoch kann den Stachel nicht verbergen: Juden, die keinen Messias haben, seien nicht besser als Schweine. Trotz seines Hasses gab es aber einige Aspekte in Luthers Theologie, die dem Judaismus sehr nahe waren, und vielleicht war es gerade diese Nähe, die diese Gewalt in seinen Angriffen entfesselte: Über ein Leben nach dem Tod hatte Luther vergleichsweise wenig zu sagen; seine Religiosität stellte die Bedeutung des Wortes und die Exegese der hebräischen und griechischen Texte in den Mittelpunkt; er stufte Maria herab und marginalisierte die weibliche göttliche Gestalt im Christentum; seine beachtlich positive Einstellung zur Körperlichkeit zeigte eine große Nähe zum jüdischen Glauben, in dem die Fruchtbarkeit viel stärker betont wird als die Jungfräulichkeit. Die Türken konnte er hingegen ziemlich gelassen sehen, da sie so anders und weit entfernt waren. Zu den Juden gab es eine weit größere soziale Nähe, sie lebten mitten in der Gesellschaft, die er reformieren wollte. Die Minderheit – nicht die weitaus gefährlicheren Osmanen – bekam die ganze Wucht seines Hasses zu spüren.

Sein Antisemitismus wurde von vielen seiner Unterstützer verbreitet, doch seine Auswirkungen reichten viel weiter, als die meisten sich vorstellen konnten. In seinem Freundeskreis übersetzte Justus Jonas die Schriften ins Lateinische und sorgte so dafür, dass sie in der ganzen Christenheit gelesen werden konnten. Sogar Martin Bucer, der davon überzeugt war, dass Juden vor allen anderen Ungläubigen am meisten geliebt werden sollten, schlug vor, man solle sie Abtritte reinigen lassen, damit sie Demut lernten, als er 1539 die »Judenordnung« für Philipp von Hessen verfasste.[40] Doch während Bucer nur den Bau neuer Synagogen verbieten wollte, sprach Luther sich auch dafür aus, die bestehenden dem Erdboden gleichzumachen. Beim Reichstag in Frankfurt 1539 hatte Melanchthon dafür plädiert, dass die Brandenburger Juden wieder nach Brandenburg zurückkehren sollten, von wo sie 1530 vertrieben worden waren. Der Lutheraner Urbanus Rhegius, dessen Frau ebenfalls Hebräisch gelernt hatte, nahm dauerhaft eine weitgehend tolerante Haltung gegenüber Juden ein. Er verwandte sich für einen Rabbi und bat 1540 die Geistlichen von Braunschweig, sich der Vertreibung der Juden aus der Stadt zu widersetzen. Derweil war Andreas Osiander aus Nürnberg so mutig, eine Flugschrift drucken zu lassen – wenn auch anonym –, in der er die Blutanklage wegen eines angeblichen Ritualmords in der Nähe von Sappenfeld als falsch zurückwies.[41] Luthers alter Gegner Johannes Eck hatte zwar mit einer nahezu 200 Seiten umfassenden Schrift gegen die Juden nachgezogen, in der er die alten Beschuldigungen von Brunnenvergiftung und Ritualmord aufwärmte. Doch sogar Eck vertrat den Standpunkt, dass Juden toleriert werden sollten, dass man ihnen erlauben sollte, bestehende Synagogen zu renovieren, und dass man sie nicht töten oder vertreiben, sondern unversehrt lassen sollte.[42] So verleumderisch Ecks Schmähschrift auch war, er sprach sich weder für eine Vernichtung der Juden und der jüdischen Kultur aus wie Luther in *Von den Juden und ihren Lügen*, noch entfaltete er eine ähnlich albtraumhafte, exzessiv körperbezogene Bilderwelt wie Luther in *Vom schem hamphoras*.

Luther wiederholte in seinen Schmähungen nicht einfach nur alte Klischees. Bei allem Antisemitismus im Mittelalter gab es doch häufig Ansätze zu einer beschränkten Duldung von Juden. Luthers Antisemitismus war keine Übernahme mittelalterlicher Relikte, sondern deren Weiterentwicklung. Noch bestürzender ist, dass sein Judenhass kein beiläufiges oder zufälliges Element seiner Theologie war, kein bedauerlicherweise aufgenommenes Vorurteil, das aus zeitgenössischen Haltungen resultierte. Vielmehr war Antisemitismus ein wesentlicher Bestandteil seines Denkens: Seine unerschütterliche Überzeugung, dass die wahren Christen – womit er die evangelischen Christen meinte – das auserwählte Volk seien und die Juden in dieser Hinsicht abgelöst hätten, wurde ein fundamentaler Inhalt protestantischer Identität. Auf dieser zentralen Überzeugung fußte das Verständnis der Lutheraner von der Rolle, die in der Geschichte für sie vorgesehen war, und um sie zu sichern, mussten die Juden beiseitegeschoben, verächtlich gemacht und, wenn nötig, aus dem Weg geräumt werden. Die Evangelischen seien die besseren Juden, fasst Luther in *Von den Juden und ihren Lügen* seine Überzeugung zusammen, »wir tollen Heiden, die nicht Gottes Volk gewesen, nun aber Gottes Volk sind. Das macht die Juden toll und töricht, und sie sind darüber nicht Gottes Volk geworden, die doch Gottes Volk gewesen und rechtmäßig sein sollten«.[43] Die Lutheraner verstünden das Alte Testament besser, und ihre Exegese sei der rabbinischen überlegen, behauptete er. Die Juden hätten ihre Stellung als auserwähltes Volk verloren, sie seien keine echten »Juden« mehr. Da sich die Verheißung nicht an ihnen erfülle, müsse man davon ausgehen, dass sie »ein ganz und gar anderes Volk wurden und nichts vom früheren geblieben ist als eine faule Bande von zugelaufenen, fremden Spitzbuben oder Zigeunern, die sich beschneiden und so tun, als wären sie Juden«.[44]

*Neunzehntes Kapitel*

# Der Wagenlenker Israels

Im tiefsten Winter 1546 machte sich Luther auf seine letzte Reise nach Eisleben, seiner Geburtsstadt. Er war 62 Jahre alt, krank und schwach. Er wusste, dass er mit dieser Reise sein Leben riskierte, doch er war entschlossen, sie anzutreten, weil die Grafen von Mansfeld seine Hilfe brauchten, um ihren Streit beizulegen: Albrecht hatte sich mit seinem Bruder Gebhard überworfen, und die Grafen Ernst und Johann Georg stritten sich mit ihm über die Verwaltung der Hütten. Zwar hatte sich Luther nicht in die Pläne gefügt, die sein Vater für ihn gehabt hatte, doch seiner Verpflichtung, das Familienunternehmen zu schützen, war er immer nachgekommen.[1]

Der einst so blühende Abbau der Kupfer- und Silbervorkommen, »von Gott gegeben, wie man desgleichen in Deutschland nicht findet«, befand sich in einem chaotischen Niedergang.[2] Mansfeld war eine aufstrebende Stadt gewesen, doch der Großteil der sagenhaften Reichtümer war in die drei Renaissance-Schlösser geflossen, die auf dem Hügel thronten. Die fünf Grafen hatten die Verantwortung für die Grafschaft unter sich aufgeteilt, und es ist nicht erstaunlich, dass dies zu bitteren Streitigkeiten geführt hatte. Albrecht und Gebhard waren beherzte Unterstützer Luthers, ebenso die nächste Grafengeneration, Philipp und Johann Georg, doch die alten Grafen Hoyer, Günter und Ernst waren katholisch geblieben, weshalb die von beiden Konfessionen benutzte Schlosskapelle zwei Eingänge hatte, einen für die lutherischen und einen anderen für die katholischen Grafen. Der alte Graf Ernst II. von Mansfeld-Vorderort hatte in Wahrnehmung seines Kirchenpatronats Luthers erbitterten Gegner Georg Witzel in der Eislebener St. Andreas-Kirche als Pfarrer eingesetzt, während Albrecht Caspar Güttel zum Prediger berufen hatte, einen der ältesten Weggefährten Luthers – man fragt sich, wie die Gemeinde mit dieser Situation umgegangen sein mag.[3]

Bis 1536 hatten die Grafen die Bergwerke gemeinschaftlich verwaltet, dann hatte Albrecht sie dazu überredet, sie untereinander aufzuteilen. Jahrelang hatten sie darüber gebrütet, wie sie ihre Einnahmen verbessern konnten, da ihre eigenen Einkünfte sanken, während es schien, als würden die Hüttenbesitzer und die Kapitalgeber aus Nürnberg große Reichtümer anhäufen. Aus »Geiz«, wie Luthers Leibarzt und späterer Biograph es formulierte, hatten sie 1542 alle zeitlich begrenzten Pachtverträge widerrufen, von denen auch Luthers Vater einen besessen hatte. Fortan wollten die Grafen die Bergwerke selbst betreiben, die Hüttenmeister sollten ihre Angestellten werden.[4] Der Lutheraner Albrecht hatte sich diese Strategie einfallen lassen, aber Luther war entschlossen, die Rechte der Hüttenmeister zu schützen, er versuchte sogar, den Lehnsherren des Grafen einzuschalten und Herzog Moritz von Sachsen zum Einschreiten zu bewegen. Die Ursache für Albrechts Handeln sei Neid, legte Luther in seinem Brief an die Grafen Philipp und Georg zu Mansfeld dar, »denn wer etwas besitzt, der hat seine Neider und davon viele«. Wieder nahm er die Vorgänge persönlich: Dahinter stecke der Teufel, meinte er, seine Gegner wollten das ganze Land in Armut versinken sehen, damit sie sich brüsten könnten: »Seht nur, wie Gott alle diejenigen verflucht und verderben lässt, die am Evangelium hängen, als Wahrzeichen ist sein eigenes Vaterland (…) zugrunde gerichtet worden.«[5] Daher reiste Luther trotz seines schlechten Gesundheitszustands im Oktober 1545 nach Mansfeld mit dem Ziel, diesen Machenschaften ein Ende zu bereiten.[6] Es gelang ihm nicht, doch am Ende zeigte sich, dass er recht gehabt hatte: Das Experiment der Grafen, die Hütten selbst zu betreiben, scheiterte kläglich. 1560 waren sie bankrott, und der sagenhafte Reichtum aus den Mansfelder Bergwerken war verschwunden. Die Stadt wurde zu einem Provinznest.

Zu Beginn des Jahres 1546 allerdings fühlte sich Luther verpflichtet, einen Versuch zu unternehmen, die Grafen miteinander auszusöhnen. Vielleicht ahnte er, dass es keine gewöhnliche Reise war, jedenfalls nahm er seine drei Söhne mit – Hans, der fast 20 war, den knapp fünfzehnjährigen Martin und den dreizehnjährigen Paul. Es herrschte ein furchtbares Wetter, der Fluss bei Halle war so angeschwollen, dass es die Reisegesellschaft nicht wagte, ihn zu überqueren. In einem Brief an seine Frau macht Luther daraus einen Witz: »Denn es begegnete uns eine große Wiedertäuferin mit Wasserwogen und großen Eisschollen und drohte uns mit der Wiedertaufe.« Sie seien dem Rat gefolgt, den – wie er wisse – Katharina in diesem Fall gegeben hätte, und hätten Gott nicht durch ein Übersetzen versucht, schrieb Luther an Katharina: »Denn der Teufel ist uns gram und wohnt im Wasser.«[7] Als sie endlich weiterreisen konnten, litt er an Schwindelgefühlen: »Aber wenn du da gewesen wärest, hättest du gesagt, es wäre der Juden oder ihres Gottes Schuld gewesen. Denn wir mussten durch ein Dorf kurz vor Eisleben, wo viele Juden wohnen – vielleicht haben die mich so stark angeblasen.«[8] In seinen Briefen entschuldigte er sich bei ihr dafür, dass sie im Augenblick seiner Liebe entbehren müsse: »Du sollst Magister Philipp diesen Brief zu lesen geben, denn ich hatte nicht die Zeit, ihm zu schreiben, womit du getrost sein sollst, dass ich dich sehr liebkosen würde, wenn ich nur könnte, wie du weißt, und er es gegenüber seiner Frau vielleicht auch tut und deshalb alles gut verstehen wird.« Er zog sie liebevoll mit ihrem landwirtschaftlichen Betrieb auf, indem er sie zärtlich »Zülsdorferin, Saumarkterin und was sie mehr sein kann« nannte.[9] Luthers Briefe waren bemerkenswert hinsichtlich der Zärtlichkeit, der Freimütigkeit und der Tiefe der Erfahrungen, die er mit Katharina teilte.

Doch diese letzten Briefe zeigen auch seine Neigung zu Gehässigkeit und Trübsinn. Im selben Atemzug, in dem er seine Angst vor dem schädlichen »Hauch« bekundet, der ihm bei der Fahrt durch ein von Juden bewohntes Dorf entgegengeschlagen sei, erwähnt er, er wolle sich als Nächstes der Judenfrage widmen: »Wenn die Hauptpunkte geschlichtet sind«, schrieb er, »muss ich mich darauf verlegen, die Juden zu vertreiben.«[10] Graf Albrecht möge die Juden auch nicht, schrieb er, doch er unternehme nichts gegen sie. In den vier letzten Predigten, die er im Januar und Februar 1546 in Eisleben hielt, machte er sich noch daran, Graf Albrecht von der Kanzel aus »zu helfen«, wie er sagte, indem er seiner letzten Predigt eine *Vermahnung wider die Juden* anhängte. Wie die Menschen »im Welschland«, also im römisch-katholischen Südeuropa, verstünden sich die Juden darauf, andere so zu vergiften, dass der Betroffene entweder sofort oder erst einen Monat, ein Jahr, vielleicht gar erst zehn oder 20 Jahre später sterbe. Sie seien schlechte Menschen, die nicht aufhören wollten, gegen Gott zu lästern, und jene, die sie beschützten, teilten ihre Sünden. Als er sich dem Tod näherte, war Luther stärker denn je überzeugt, dass man etwas gegen die Juden unternehmen müsse.[11]

Kurz bevor die Reisegesellschaft Eisleben erreichte, wurde Luther sehr krank und brach im Wagen zusammen. Er hielt es wieder einmal für das Werk des Teufels, von dem er meinte, dass er ihn immer an-greife, wenn er etwas Wichtiges zu erledigen habe. Man rieb den kranken Luther mit warmen Tüchern ab, und er kam wieder zu sich. In Eisleben wohnte er im Haus von Dr. Drachstedt, einer bedeutenden Persönlichkeit im Bergbau mit weit zurückreichenden Beziehungen zu Luthers Familie.[12] Die Zusammenkünfte zur Schlichtung mussten je nach dem Befinden des alten Mannes organisiert werden, doch selbst angesichts seines lebensbedrohlichen Gesundheitszustands konnte keine Einigung erzielt werden. Die Verhandlungen schleppten sich drei Wochen lang hin und hielten Luther davon ab, nach Hause zu-rückzukehren.

Unterdessen richtete er sich einen festen Tagesablauf ein. Wie in Wittenberg, wo gemeinsame Mahlzeiten mit allen Hausbewohnern ein Lebensmittelpunkt waren, unterhielt er auch in Eisleben einen offenen Tisch, zu dem Gäste geladen wurden. Die Mahlzeiten hatten den Charakter frommer Zusammenkünfte wie schon im Kloster. Gegen acht Uhr abends erhob er sich, verließ das große Wohnzimmer und ging auf sein Zimmer, wo er sich ans Fenster stellte und betete – »so ernst und emsig, dass wir (...) (die wir uns ganz still verhielten) öfter seine Worte hörten und uns wunderten«, berichteten seine Tischgefährten. Danach wandte er sich froh vom Fenster ab, »als hätte er aber eine Last abgelegt«, und kehrte noch einmal zurück, um sich eine Viertelstunde zu unterhalten, dann ging er zu Bett. Luther wusste, dass er dem Tod nah war. »Wir Alten müssen deshalb so lange leben, dass wir dem Teufel in den Hintern sehen und all die Bosheit, Untreue, Elend in der Welt erfahren.« Auch die Frage, ob die Toten einander wiedererkennen würden, diskutierte man nach dem Abendessen, und es war eine der sehr seltenen Gelegenheiten, bei denen Luther über das Jenseits spekulierte. Er war sich sicher, sie würden sich wiedererkennen – so wie Adam wusste, als er Eva begegnete, dass sie Fleisch von seinem Fleisch war.[13]

Am Abend des 17. Februar, als er mit seinen beiden jüngeren Söhnen auf sein Zimmer ging, um zu beten, kehrten die Schmerzen in der Brust plötzlich zurück, und Kälte überkam ihn. Jonas und der Mansfelder Pfarrer Michael Coelius eilten sofort auf sein Zimmer und veranlassten, dass man ihn wieder mit heißen Tüchern abrieb. Man rief nach Gräfin Anna von Mansfeld, damit sie Einhornpulver – tatsächlich handelte es sich um Pulver aus dem Stoßzahn eines Narwals – schickte, das als kräftiges Stärkungsmittel galt, und Graf Albrecht rieb eigenhändig etwas davon in ein Glas Wein. Zunächst nahm Conrad von Wolfframsdorf, einer von Albrechts Ratgebern, einen Löffel davon ein – vielleicht weil Luther fürchtete, es könnte vergiftet sein, vielleicht weil er solcher Medizin misstraute.[14] Gegen 21 Uhr legte sich Luther kurz hin und schlief eine Stunde lang friedlich. Als er wieder wach wurde, fragte er die bei ihm Gebliebenen: »Sieh da, sitzt ihr noch hier?« und schlug ihnen vor, sie sollten zu Bett gehen. Dann ging er ins Nebenzimmer, wahrscheinlich die Toilette, und sprach beim Überschreiten der Schwelle die Worte: »In manus tuas commendo spiritum meum, redemisti me Domine Deus veritatus« (»In deine Hände befehle ich meinen Geist, du hast mich erlöst, Herr, du treuer Gott«). Dann kehrte er in sein Bett zurück, gab jedem die Hand und wünschte allen eine gute Nacht, sie sollten zu Gott und für sein Evangelium beten, »denn das Concilium zu Trent« – das lang erwartete Konzil der römisch-katholischen Kirche, das die Gegenreformation einleiten sollte, hatte im Dezember 1545 in Trient begonnen – »und der leidige Papst zürnt sehr mit ihm«.[15]

Jonas, seine beiden Söhne Martin und Paul, sein Diener Ambrosius und andere Bedienstete wachten an seinem Bett. Gegen ein Uhr früh schlug er die Augen auf und klagte erneut über Kälte und Herzschmerzen. »Ich denke, ich werde hier in Eisleben, wo ich geboren und getauft bin, bleiben«, meinte er mit seinem typischen verdrehten Humor zu Jonas. Dann ging er wieder ohne Hilfe zur Toilette und wiederholte dieselben Worte wie zuvor.[16] Johann Aurifaber, Coelius, zwei Ärzte, der Besitzer des Hauses und eine Handvoll lokaler Würdenträger mit ihren Frauen waren hinzugekommen, man rieb ihn von neuem ab und wärmte ihn mit Kissen.[17] Er empfing keine Letzte Ölung, seiner Überzeugung nach war sie kein Sakrament, stattdessen vertraute er auf seine Taufe. Luther sprach sein letztes Gebet, dankte Gott dafür – ohne seine katholischen Feinde zu vergessen –, dass er sich ihm in Christus offenbart habe, »den ich gepredigt und bekannt habe, den ich geliebt und gelobt habe, den der leidige Papst und alle Gottlosen schänden, verfolgen und lästern«. Noch mit seinen letzten Atemzügen wog Luther Liebe gegen Ärger ab.[18]

Nachdem man ein weiteres wertvolles Medikament ausprobiert hatte, sagte Luther: »Ich fahr dahin.« Wieder betete er sehr schnell dreimal hintereinander »In manus tuas commendo spiritum meum, redemisti me Domine Deus veritatus«, dann fiel er in Schweigen. Jetzt fragten Jonas und Coelius, ob er treu zu Christus und der Lehre, die er stets gepredigt habe, sterben wolle. Luther antwortete so deutlich, dass alle es hören konnten: »Ja.« Dann fiel er wieder in Schlaf und starb eine Viertelstunde später »mit Stille und großer Geduld«. Jonas und Coelius, die den Bericht verfassten, vergaßen auch nicht zu notieren, wie Luther gestorben war: »Und niemand konnte (das bezeugen wir vor Gott nach unserm Gewissen) irgendeine unruhige Qual des Leibes oder Schmerzen des Todes beobachten.«[19]

Luther starb, wie er gelebt hatte: in der Öffentlichkeit. Der Grund, warum man seine letzten Momente genau beobachtete und in allen Einzelheiten festhielt, war ein mittelalterlicher Glaube: Ein ruhiger

Tod sei, besonders wenn er ohne Schmerzen eintrat, ein sicheres Zeichen dafür, dass ein Mensch rechtschaffen gelebt habe und in den Himmel komme, während ein schwerer Tod angeblich darauf hindeutete, dass der Tote ein Häretiker war. Luthers Sterben war deshalb der letzte Beweis; wäre er in seinen letzten Stunden in eine Agonie oder in Verzweiflung gefallen, hätte die protestantische Bewegung selbst auf dem Prüfstand gestanden. Jeder fürchtete einen plötzlichen, unerwarteten Tod, der dem Sterbenden die Möglichkeit raubte, die Letzte Ölung zu erhalten. In Luthers Lehre gab es kein Sterbesakrament und keinen rituellen Rahmen für das Sterben, und so wurde der Tod selbst zu seinem Vermächtnis.

Vertreter des lutherischen Glaubens hatten in der Vergangenheit selbst häufig Kapital aus dem gewaltsamen oder schweren Tod ihrer Gegner gezogen.[20] Zwinglis Tod auf dem Schlachtfeld bei Kappel war zutiefst schockierend gewesen und für Luther ein Beweis für Gottes Gericht nicht nur über Zwingli, sondern über die Bewegung der Sakramentarier als Ganzes. Als 1536 sein alter Feind Erasmus in Basel ohne Priester und ohne Beichte starb, äußerte Luther die Überzeugung, Erasmus sei direkt zur Hölle gefahren. Zwar würde berichtet, Erasmus habe in seiner letzten Stunde Christus gebeten, sich seiner zu erbarmen, doch das halte er für eine Erfindung, fügte er gehässig hinzu. Für sich selbst hoffte Luther, dass ihm in seiner Todesstunde ein Kirchendiener zur Seite stehen möge.[21]

1542 gehörte Luthers alter Feind Eck zu jenen Glücklichen (oder Unglücklichen), die ihren eigenen Nekrolog lesen konnten. Im Glauben, ihr Gegenspieler sei gestorben, hatte Bucer eine Schrift gegen ihn verfasst, und Eck donnerte mit einem Gegenschlag zurück, auf dessen Titelblatt stolz prangte: »Eck lebt!« Doch nur wenige Tage nach Erscheinen seiner Erwiderung bekam Eck Fieber, das sich schnell bis zum Delirium steigerte. Während er darauf beharrte, es sei noch zu früh, einen Priester zu rufen, wurde er zunehmend verwirrter, und als der Priester endlich kam, konnte Eck den Worten des Ritus nicht mehr folgen. Er starb schließlich an einem Schlaganfall. Die Lutheraner behaupteten, das sei die Strafe, »welche sich auch bei Weinsäufern und

67 *Luther auf dem Totenbett*, aus der Werkstatt von Lucas Cranach dem Älteren. Das Bild wurde vielfach kopiert.

unzüchtigen Leuten findet und so hat er zugleich mit dem Blute auch die Seele ausgespieen«. Die schrecklichen Umstände seines Todes waren der endgültige Beweis, dass Eck sich mit seinem Angriff auf die Reformation geirrt hatte.[22]

Am meisten schlugen die Lutheraner Kapital aus Karlstadts Tod, indem sie die heimtückische Geschichte in Umlauf brachten, er habe kurz vor seinem Tod während einer Predigt in Basel einen großen Mann in einem leeren Chorstuhl stehen sehen. Der Mann sei dann zu Karlstadt nach Hause gegangen, wo er den kleinen Sohn alleine spielend vorgefunden habe. Er habe den Jungen hochgehoben und vorgetäuscht, er schleudere ihn zu Boden, ihn dann aber unverletzt abgesetzt. Er habe dem Kind gesagt, es solle seinem Vater ausrichten, dass er in drei Tagen wiederkommen werde. Drei Tage später starb Karlstadt. Es ging das Gerücht um, der Fremde sei der Teufel gewesen und Karlstadt sei nicht an der Pest gestorben, wie die Familie behauptete, sondern vor Angst. Sogar nach dem Begräbnis habe man den bösen

Geist in Karlstadts Haus lärmen hören. Die Geschichte verbreitete sich in Windeseile in Luthers Lager, und es sah so aus, als hätte Luther den Streit schließlich gewonnen.[23] Laut Luther hatte Karlstadt den Tod schon immer sehr gefürchtet (»Misere enim mortem horrere solebat«), so habe er 1520 Angst vor dem Martyrium gehabt, wohingegen er, Luther, sich mutig der Todesgefahr ausgesetzt habe.[24] Auch weil die Lutheraner also in Karlstadts Fall die Karte des »schlimmen Todes« gespielt und voll ausgereizt hatten, war ihnen bewusst, dass sie bei der Darstellung von Luthers Tod äußerst sorgfältig sein mussten.

Eine Schwierigkeit resultierte daraus, dass die Todesursache rätselhaft war. Luther war nicht bei sich zu Hause gestorben, seine Hausärzte hatten ihm nicht helfen können. Die beiden Ärzte, die in Eisleben hinzugezogen wurden, kannten seine Krankengeschichte nicht. Auch bei der Diagnose waren sie sich nicht einig, der eine mutmaßte einen Schlaganfall, der andere, ältere, eine Herzschwäche. Sein Wittenberger Hausarzt Matthäus Ratzeberger vermutete, sein Tod sei die Folge eines Verschlusses der Beinwunde gewesen, wodurch die Feuchtigkeiten, die dort normalerweise abgeleitet werden konnten, in seine Brust aufgestiegen seien und das Herz eingeschnürt hätten. Tatsächlich hatte Luther vergessen, das Ätzmittel, das die Wunde offen hielt, auf die Reise nach Eisleben mitzunehmen.[25] Melanchthon blieb eisern dabei, dass nichts davon die Ursache von Luthers Tod gewesen sei. Er hielt daran fest, dass Luther in seinen letzten Stunden bei vollem Bewusstsein gewesen und daher eines friedvollen Todes gestorben sei.[26]

Luthers katholische Gegner allerdings legten sich ins Zeug, um die Gerüchte auszubeuten, eine seiner Körperhälften sei schwarz geworden und der Mund verzerrt gewesen, was auf einen Schlaganfall hindeutete. Cochläus schloss in seine Biographie, die er 1549 fertigstellte, einen ausführlichen Bericht über Luthers letzte Tage ein, in denen er sich angeblich auf einem Sofa gefläzt und unmäßig gegessen und getrunken habe. Er behauptete, er habe die Informationen von einem Apotheker in Eisleben bekommen, der einen Bericht an den Pfarrer und Luthergegner Georg Witzel geschrieben habe.[27] Unmittelbar vor

Luthers Tod habe man den Apotheker gebeten, ihm ein Klistier zu ver-
abreichen. Aufgrund der vielen Speisen und Getränke, die er zu sich
genommen habe, sei die Blase angeschwollen. Er sei an einem Schlaganfall gestorben, beharrten die Katholiken, und der schlagartige Tod
sei Gottes Strafe für schlechte Menschen.[28] Für Katholiken wie für
Lutheraner war es Luthers Körper, an dem sich die Wahrheit seiner
Botschaft zeigte – oder nicht.[29]

Am 18. Februar machten von 4 Uhr früh bis 9 Uhr früh »viele ehrliche Bürger« Luthers Leichnam ihre Aufwartung und beweinten ihn
mit »heißen Tränen«. Dann wurde er, bekleidet mit einem weißen
Totenhemd (»Schwebisch kittel«), in einen Zinnsarg gelegt. Hunderte
kamen, um den Aufgebahrten zu sehen, darunter »viele aus dem Adel,
die ihn zum größten Teil gekannt hatten, von Männern und Frauen
etliche hundert, und eine sehr große Anzahl aus dem einfachen Volk«.
Am nächsten Tag wurde der Leichnam in die St. Andreas-Kirche gebracht, wo er im Chor aufgebahrt wurde und Justus Jonas eine Predigt
hielt. Der Leichnam blieb über Nacht, bewacht von zehn Bürgern, in
der Kirche, eine reformierte Version der unter den Katholiken üblichen
Totenwache durch Klageweiber, die dafür bezahlt wurden, für die
Toten zu beten.[30]

Der sächsische Kurfürst bestand darauf, dass Luthers Leichnam
nach Wittenberg zurückgebracht wurde, und so setzte sich ein langer
Trauerzug in Marsch. Nach seinem Tod wurde Luther wie ein Kaiser
behandelt, die Zeremonien entsprachen denen, die einem bedeutenden Fürsten gewährt wurden. Es gab noch eine Predigt, dann wurde
der Sarg durch die Stadttore getragen und nach Halle gebracht, wobei
in jedem Dorf, das der Sarg passierte, die Glocken geläutet wurden.
Als sich der Trauerzug der Stadt näherte, kamen ihm die Pfarrer und
die Ratsherren zur Begrüßung entgegen, und die Menschenmenge, die
die Straße säumte, war so groß, dass es Stunden brauchte, um zur Kirche zu gelangen. Am nächsten Tag setzte der Zug mit dem Sarg seine
Reise fort und gelangte schließlich über Bitterfeld und Kemberg am
22. Februar nach Wittenberg. Hier trug man den Sarg in einer Prozession von einem Ende der Stadt zur anderen – an der Universität und

dem alten Kloster vorbei zur Schlosskirche. Angeführt wurde sie von den kurfürstlichen Beamten, zwei Mansfelder Grafen und 45 Berittenen. Hinter dem Sarg fuhren Katharina von Bora und eine Gruppe von Frauen in einem Wagen, danach Luthers drei Söhne, seine Brüder, Neffen und andere Verwandte. Der Familie folgten der Rektor der Universität, die jungen Fürsten, die dort studierten, die meisten Professoren, Doktoren und die Ratsherren. Studenten und Bürger, einschließlich der Frauen und Mädchen, schlossen sich der Prozession an. Es war ein Trauerzug, wie man »dergleich zu Wittenberg nicht gesehen«.[31]

Die Predigten in Wittenberg waren die abschließende Feier von Luthers Leben. Bugenhagen predigte, und Melanchthon steuerte eine lateinische Rede bei, die mit einem kurzen Lebensabriss im Anhang sofort gedruckt wurde. Es war ein Meisterwerk an Besonnenheit und Gefühlskontrolle: Melanchthon erinnerte die Zuhörer an Luthers Schwächen, verhehlte den alten Vorwurf nicht, er sei »zu hart und grausam beim Schreiben gewesen«, und präsentierte ihn als einen Mann, der sich vor allem seinen Studien widmete und selten etwas aß.[32] Der Wagen und der Wagenlenker Israels sind nicht mehr, schloss er seine Rede mit einem biblischen Ausspruch, in dem Elischas Verzweiflung bei der Entrückung Elijas in den Himmel widerhallte. Luther sei ein Prophet gewesen, der zweite Elija, der sein Volk geführt habe.

Die bildliche Darstellung Luthers wurde ein wesentlicher Teil seines Andenkens. Nach seinem Tod hatte man zwei Künstler damit beauftragt, seinen Leichnam zu malen, einer davon war Lukas Furtenagel aus Augsburg. Es wurden Gipsabdrücke von seinen Händen und seinem Gesicht genommen – von den Händen, die so viele herrliche Bücher geschrieben hatten, wie Johann Albrecht es ausdrückte. Heute werden die Abdrücke in der Kirche von Halle aufbewahrt, was nicht einer gewissen Ironie entbehrt, hatte Erzbischof Albrecht von Mainz dort doch einst eine der größten und prächtigsten Reliquiensammlungen untergebracht.[33] Die Beerdigungsfeier selbst wurde zum »Medienereignis«. Einblattdrucke und Flugblätter mit seinem Bildnis, wie es seit Jahren durch die Porträts aus Cranachs Werkstatt bekannt war,

68 Dieses Porträt ist auf der Rückseite eines vollständigen Berichts über Luthers Tod abgebildet, den Justus Jonas 1546 veröffentlichte. Es zeigt Luther mit den drei Elementen, die zu seinen Erkennungszeichen geworden waren: seinem Doktorhut, der berühmten Locke sowie dem Talar mit Kragen.

wurden in Massen veröffentlicht und beschworen auf ergreifende Weise noch einmal Luthers Gegenwart herauf. Körperlichkeit, die in Luthers Religiosität eine so bedeutende Rolle gespielt hatte, spiegelte sich in der Weise, wie die Lutheraner trauerten: Luthers Leib stand im Mittelpunkt aller Trauerfeierlichkeiten. Die Flugblätter schreckten nicht davor zurück, Luthers Tod in allen Einzelheiten zu berichten, sie ließen nicht einmal seinen Gang zur Toilette aus.

\*

Kurze Zeit nach Luthers Tod griffen die evangelischen Fürsten und Städte, die sich im Schmalkaldischen Bund zusammengeschlossen hatten, zu den Waffen. Die Protestanten unterlagen dem Kaiser, der im Bündnis mit Herzog Georgs Neffen Herzog Moritz von Sachsen stand, der zwar ebenfalls Lutheraner, aber schlau genug gewesen war, sich der kaiserlichen Macht nicht zu widersetzen. Während der entscheidenden Schlacht bei Mühlberg 1547 wurden Philipp von Hessen und Luthers Herrscher, Kurfürst Johann Friedrich, gefangen genommen. Der Krieg endete mit einer Kapitulation zu demütigenden Konditionen: Der Kurfürst musste seinen Titel an Herzog Moritz abtreten. Der

**69** Martin Luthers Totenmaske, die noch immer in der Marktkirche zu Halle ausgestellt ist. Mit dem Auftrag zu einem Gipsabdruck meldete die Stadt ihren Anspruch darauf an, eine Pilgerstadt für Lutheraner zu werden.

Albertinische Zweig übernahm nun fast das gesamte kurfürstliche Gebiet einschließlich Wittenbergs und seiner Universität, während die andere Linie sich mit dem Weimarer Hof begnügen musste.

Die Folgen der protestantischen Niederlage prägten die deutschen Lande noch lange, denn Karl V. strafte sie streng für ihren Ungehorsam. Das städtische Bürgerregiment der stolzen Reichsstädte wie Augsburg wurde reformiert, man richtete ein neues System der politischen Selbstverwaltung ein, in dem kleine, von Katholiken dominierte Gruppen die städtische Politik bestimmten, während die Zünfte ihr politisches Mitspracherecht ganz verloren. Für eine Volksbewegung, die auf religiöser Überzeugung basierte, wurde es dadurch schwieriger, in den Städten wieder an Boden zu gewinnen. Die Niederlage des Schmalkaldischen Bundes markierte das Ende der verschiedenen lokalen Ausprägungen, die die Reformation in Augsburg, Ulm, Straßburg und vielen anderen Städten charakterisiert hatte, bedeutete jedoch nicht die fortdauernde Auslöschung von Alternativen zum lutherischen Modell. In Genf entwickelte Calvin seine theokratische Vision einer reformierten Gemeinde, die eine neue Generation inspirierte.

Den Reichsständen hatte Karl V. am 15. Mai 1548 das Augsburger

70 Flachrelief-Darstellung Luthers in derselben Kirche. Die Medaille befindet sich in der Mitte des Seitenbalkons und hebt sich von einem manieristischen Hintergrund aus Blättern, Früchten und Mustern ab. Die Fassung trägt die Inschrift *Pestis eram vivus moriens ero mors tua papa!* (»Lebend war ich dir eine Pest, sterbend werde ich dein Tod sein, Papst!«).

Interim auferlegt, eine Verordnung, die von lutherischen Priestern verlangte, zahlreiche katholische Glaubensgrundsätze und -praktiken einschließlich der sieben Sakramente zu akzeptieren. Es erlaubte jedoch weiterhin die Ehe von Geistlichen und die Kommunion in beiderlei Gestalt. Es spaltete die Evangelische Bewegung in diejenigen, die zum Kompromiss bereit waren, und jene, die ihn ablehnten: Viele Prediger gingen ins Exil. Auch unter den Führungspersönlichkeiten der lutherischen Lehre traten die seit langem bestehenden Differenzen deutlich hervor. Während Melanchthon bereit war, sich zu einigen, lehnte Amsdorf wütend jede Abweichung von Luthers Erbe ab, wie er es verstand. Die Spannungen, die lange von dem Bündnis zwischen Luther und Melanchthon überdeckt waren, wurden nun in der Öffentlichkeit ausgetragen. Ohne Luther gab es keine Instanz mehr, die als Schiedsrichter wirken oder den Richtungsstreit ausbalancieren konnte, und Melanchthon fehlte es ebenso an Autorität wie an persönlichem Charisma, um die Führungsrolle zu übernehmen. Die Bewegung begann zu zersplittern.

Auch das gehörte zu Luthers Erbe, der es aus Widerstand gegen die Hierarchie der Papstkirche versäumt hatte, eine institutionelle Struktur zu schaffen, die jene ersetzt hätte. In seiner Abhandlung *Von den*

71 Lucas Cranach der Ältere, *Martin Luther*, 1548. Mit der Betonung des massigen Körperbaus in diesem nach Luthers Tod entstandenen Holzschnitt sollen Autorität und Beistand ausgedrückt werden.

*Konziliis und Kirchen* von 1539 hatte er den Konziliarismus zwar in Bausch und Bogen verworfen, jedoch nirgendwo ausgeführt, wie seine neue Kirche funktionieren sollte oder wie die Verbindung zwischen der einzelnen Kirchengemeinde und der Kirche als Ganzes gestaltet werden könnte. Keine alles überspannende Organisation verband die willkürlich eingesetzten »Superintendenten«, die nach Luthers Verständnis im Grunde Bischöfe waren, ohne so genannt zu werden. Lutherische Pfarrer, die den weltlichen Obrigkeiten unterstanden, von denen sie ihr Gehalt bezogen, mussten nun ihren eigenen Kurs zwischen den doktrinären Streitigkeiten und den Wünschen der lokalen politischen Kräfte finden. Nahmen sie Luthers prophetischen Gestus zum Vorbild für ihr Verhalten, mussten sie häufig feststellen, dass Charisma in der Auseinandersetzung mit lokalen Obrigkeiten nicht viel nutzte. Durch

72 Lucas Cranach der Jüngere,
*Martin Luther*, 1553

die Beweihräucherung Luthers bürdete sich die evangelische Bewegung zugleich ein Modell priesterlicher Autorität auf, das jeden Ge-
meindepfarrer ermutigte, gegen alles vorzugehen, was er als Abweichung von der Lehre ansah, als würde dadurch dem Teufel Tür und
Tor geöffnet – herbe öffentliche Streitigkeiten waren damit vorprogrammiert.

Luthers persönliches Netzwerk hatte es ihm ermöglicht, »seine«
Männer in Pfarrgemeinden in ganz Nord- und Mitteldeutschland und
sogar in Dänemark, Böhmen und Polen zu platzieren, und es hatte
ihm Gehör bei vielen Herrschern und Fürsten verschafft. Doch dieses
Netzwerk starb mit der Autorität, die es hervorgebracht hatte. Die
nächste Generation erlebte eine Kirche, die in Fraktionen zersplittert
war: Gnesiolutheraner (sogenannte genuine Lutherschüler, auch »Fla-
cianer« genannt nach Matthias Flacius, ihrem prominentesten Theologen) und Philippisten (Anhänger Melanchthons und Unterstützer
eines moderaten Luthertums) stritten sich um die Deutungshoheit, und

jede Richtung beanspruchte Luther für sich. Doch das Luthertum überlebte selbst diese Spaltungen, bei denen es für die Betroffenen, die in die Auseinandersetzungen verwickelt waren, um Leben und Tod ging. Die scharfe Polemik konnte die gemeinsame Sache, der sie alle anhingen, nicht zu Fall bringen. Ohnehin waren die Feinheiten, mit denen man um die reine Lehre stritt, belanglos für alle, die keine Geistlichen waren.

Trotz der katastrophalen Niederlage des Schmalkaldischen Bundes überlebte das Luthertum, auch wenn es in Unordnung geriet. Als der Kaiser später versuchte, in den lutherischen Gebieten den Katholizismus wiedereinzuführen, wandte sich Moritz von Sachsen gegen ihn und verbündete sich mit Frankreich. Der Sachse war mit seinen Feldzügen so erfolgreich, dass der überraschte Kaiser die Flucht ergriff. Im Friedensvertrag von Passau 1552 erwirkte Moritz vom Kaiser die Anerkennung der Lutheraner und zudem die Freilassung des ehemaligen Kurfürsten Johann Friedrich und des Landgrafen Philipp von Hessen aus der Gefangenschaft. Schließlich akzeptierte der Kaiser 1555 im Augsburger Reichs- und Religionsfrieden durch ein Reichsgesetz das Nebeneinander beider Konfessionen in seinem Reich und verlieh den Reichsständen Religionsfreiheit, so dass diese über die Konfession ihrer Untertanen nun frei bestimmen konnten. Ausgenommen aus den Bestimmungen waren jedoch die Sakramentarier, und dieser Ausschluss der neuen Bewegung, die zum Calvinismus wurde, führte dazu, dass sich der Friede von Augsburg letztlich als ungeeignet erwies, die religiöse Vielfalt zu sichern: 1618 brach der Dreißigjährige Krieg aus und verwüstete die deutschen Lande.

*

Die alte Wittenberger Welt endete mit Luther. Mitten im Schmalkaldischen Krieg musste Katharina von Bora aus Wittenberg fliehen, um nicht das Los zu erleiden, das ihr Mann immer für sie befürchtet hatte. Danach kehrte sie zurück und begann, ihren vom Krieg beschädigten Besitz wiederaufzubauen und Studenten bei sich einzumieten. Doch die Zeiten waren schwer, und sie starb 1552 an Verletzungen, die sie sich durch einen Sturz von einem Wagen zugezogen hatte, der sie erneut aus der Stadt bringen sollte, in der die Pest ausgebrochen war. Sie war 53 Jahre alt. Welchen Tribut die Familie im Schatten von Luthers überwältigender Persönlichkeit bezahlen musste, lässt sich am Schicksal seiner Kinder ablesen. Hans, der Älteste, der nach Luthers Vater benannt war, sollte Theologe werden. Im Alter von sieben Jahren wurde er an der Universität von Wittenberg eingeschrieben, wo er sechs Jahre später 1539 den Baccalaureus erwarb. Der junge Mann konnte den Erwartungen nicht gerecht werden, und der Druck, der auf ihm lastete, muss unerträglich gewesen sein. Er nahm die umgekehrte Laufbahn seines Vaters und landete schließlich bei den Juristen. Später wurde er Berater in der Weimarer Hofkanzlei, eine Position, die er mehr wegen des Respekts für seinen Vater als aus eigenem Verdienst erlangte. Dagegen wandte sich Martin, der für eine Juristenlaufbahn vorgesehen gewesen war, der Theologie zu, doch es gelang ihm nie, eine Stelle als Prediger zu bekommen.[34] Paul, der Jüngste, der beim Tod seines Vaters gerade 13 Jahre alt war, kam in den Genuss einer erfüllenden und erfolgreichen Karriere als Leibarzt bei Hofe, ließ sich schließlich in Leipzig nieder und wurde Vater von sechs Kindern. Luthers jüngste Tochter Margarethe machte eine gute Partie, indem sie einen preußischen Adeligen heiratete, der in Wittenberg studiert hatte; sie wurde Mutter von mehreren Kindern, bevor sie 1570 mit nur 36 Jahren starb.[35] 1564 wurde das große Kloster verkauft, das der Familie dauerhaft überschrieben worden war.

Bucer – der schlaue »Fuchs«, wie ihn seine lutherischen Gegner getauft hatten – ging nach dem Interim ins Exil nach England und arbeitete dort mit Thomas Cranmer an der Revision des *Book of Common Prayer*, der Agenda der anglikanischen Kirche. Er verbrachte den Rest seines Lebens im feuchtkalten Cambridge und sehnte sich zurück zu seinem warmen Kachelofen in Straßburg.[36] Obgleich es ihm nicht gelungen war, die Einheit zwischen Lutheranern und Sakramentariern herzustellen, für die er so hart gearbeitet hatte, hinterließ er ein bleibendes Vermächtnis durch seine Mitgestaltung der anglikanischen Kirche.

Auch Luthers alten Gegners Karlstadt gedachte keine Kirche, und sein Bild ist nur in einem einzigen groben Holzschnitt überliefert. Doch er beeinflusste weiterhin sowohl die Schweizer Sakramentarier als auch die Täufer, die sich von seiner Übernahme und Weiterentwicklung der alten mystischen Haltung der Gelassenheit nicht nur zu einer eigenwilligen Haltung gegenüber der weltlichen Macht inspirieren ließen, sondern auch zu einer abweichlerischen Tradition des Gottesdienstes und zu einem Bekenntnis zum Märtyrertum. In der Tat regten sich in der ersten Hälfte des 17. Jahrhunderts neue religiöse Strömungen, aus denen später der Pietismus hervorging, die religiöse Elemente bargen, die in Luthers Lehre im Laufe der Zeit verlorengegangen waren. Es gab eine neue Begeisterung für die *Theologia deutsch* und die mystischen Werke Johannes Taulers, und 1605 wurden Staupitz' Abhandlungen über die Liebe Gottes von einem der führenden Pietisten, Johann Arndt, neu gedruckt.[37] Die spirituelle Tradition, die Luther mit seiner Mutter geteilt hatte und die für Karlstadt so wichtig gewesen war, wurde wiederentdeckt und von neuem zu einem Bestandteil des lutherischen Andachtslebens, auch wenn Karlstadt selbst nie rehabilitiert wurde.

\*

Im Jahr nach Luthers Tod kristallisierte sich allmählich eine lutherische Kultur heraus. Da man in Predigten und Schriften seiner immer wieder gedachte, blieben die bildlichen Darstellungen des Reformators ebenso wichtig wie zu seinen Lebzeiten. Lutherische Gesangsbücher wurden mit einem Ganzkörperporträt auf dem Titel gedruckt, das wie ein Fels für Wahrheit stand. Cranachs Werkstatt produzierte lebens- und sogar überlebensgroße Lutherbilder und schuf eine neue Ikonographie eines Individuums, das kein Heiliger war, dessen körperliche Präsenz jedoch durch diese realistischen Bilder heraufbeschworen wurde. Sie wurden auch preisgünstig als Holzschnitte angeboten, die aus elf Blättern zu einem lebensgroßen »Poster« zusammengesetzt werden konnten, das komplett von einem gedruckten Rahmen umgeben war. Jede lutherische Kirche musste nun ihr Lutherporträt besitzen: Einige waren gepaart mit dem Porträt des lokalen evangelischen Kirchenerneuerers und bestätigten so dessen Übereinstimmung mit der »Marke Luther«. Die Bände mit Luthers Werken, die jetzt aus den Druckerpressen kamen, zeigten auf dem Titelblatt ein Bild des Kurfürsten auf der einen und ein Bild Luthers auf der anderen Seite eines Kruzifixes; damit grenzten sie den Reformer von der Bilderfeindlichkeit ab, die Karlstadt und die Anhänger Zwinglis kennzeichnete. Zugleich wurde mit dieser Darstellung die Wahrheit des lutherischen Bekenntnisses mit der politischen Identität Sachsens verknüpft: Der Kult um den Mann, der eine Reform des ganzen Christentums gefordert hatte, war eine wichtige Quelle des sächsischen Lokalpatriotismus.

Cranach, der mehr Graphiker als Künstler war, schuf einen bleibenden visuellen Stil für die lutherische Kirchenkunst, die das Innere der Kirchen für immer veränderte. Seine Altargemälde popularisierten

73 Lucas Cranach der Ältere, *Christus segnet die Kinder*, 1538

eine neue Ikonographie, an die Stelle von Heiligenbildern traten Szenen wie jene, in der Jesus Kinder segnet, oder Bilder, die theologische Grundsätze versinnbildlichten, etwa zum Thema Gesetz und Evangelium. Außerdem entwickelte er einen didaktischen Stil, der Schrift und Bild kombinierte. Aus alldem entstand eine ganze Kultur von lutherischen Objekten, von Luther-Münzen bis zu irdenen Bierkrügen, auf denen der Papst als Antichrist dargestellt war oder mit Bildern fettleibiger Mönche Spott getrieben wurde. Luthers apokalyptische Rhetorik wurde ein Merkmal begehrter Objekte des Konsums, mit denen sich eine wohlhabende lutherische Mittelklasse umgab.[38]

Luther war ein brillanter Autor von Kirchenliedern gewesen. Er band die Lieder in die Liturgie ein und machte damit die ganze Gemeinde – Männer, Frauen und Kinder – zu aktiven Teilnehmern im religiösen Ritus. Das veränderte den Stellenwert der Musik im Gottesdienst. Die Melodien von Kirchenliedern wurden Teil der deutschen Musikkultur und fanden besonders starken Widerhall in den Kompositionen von Johann Sebastian Bach. Bachs Choräle legten die tanz-

74 Lucas Cranach der Ältere, *Gesetz und Evangelium*, 1529

liedartigen Rhythmen ab und entwickelten einen gemessenen und nüchternen Stil. Luthers Kirchenlieder waren alles andere als Trauergesänge.[39] Bach dagegen dramatisierte in der Johannes- und der Matthäuspassion, die stark auf die Tradition des evangelischen Kirchenlieds zurückgreifen, das Leiden Christi auf hochemotionale Weise. In der Matthäuspassion erspart die kantige Melodieführung dem Hörer nichts von der Gehässigkeit, mit der die Juden »Lass ihn kreuzigen« rufen, um daran eine innige Meditation über das Leiden Christi anzuschließen – es fällt einem schwer, den impliziten Antisemitismus dieser herrlichen Musik hinzunehmen. Bachs Erbe durchdrang die deutsche Musik für Jahrhunderte, und Musiker wie Mozart, Beethoven und Mendelssohn wandten sich diesen tief im Luthertum verwurzelten Kompositionen zu und ließen sich davon inspirieren.

Das Luthertum gehört auch zum Hintergrund, vor dem das größte literarische Werk des 16. Jahrhunderts entstand, die Geschichte des Dr. Faustus. Sie beruht auf einer Volkssage, die in ganz Deutschland im Umlauf war, doch in der Druckversion von 1587 spielt die Geschichte von dem Gelehrten, der seine Seele dem Teufel verkaufte, in Wittenberg – und es gibt in der Tat Parallelen zu realen Ereignissen. Nachdem Valerius Glockner, ein missratener Wittenberger Student, Luther 1538 gebeichtet hatte, er habe einen Pakt mit dem Teufel geschlossen, überzeugte ihn Luther davon, Satan abzuschwören, und rettete ihn damit vor einem säkularen Verfahren, bei dem ihm das Todesurteil gedroht hätte.[40] Der fiktive Faust entkam dem Teufel nicht, und das Werk enthält eine Reihe von Hieben gegen den Papst und die katholische Geistlichkeit: Es illustriert die Kombination von Angriffen gegen den Papst und inniger Frömmigkeit, die das Markenzeichen von Luthers Vermächtnis wurde. In England griff Marlowe die Geschichte auf und verarbeitete sie nur zwei Jahre nach Erscheinen des deutschen Faustbuchs zu einer brillanten Tragödie. Unter Goethes Hand wurde daraus das klassische deutsche Theaterstück, das die konfessionellen Ursprünge dieses Kampfes transzendierte, eine Metapher für den Kampf der Aufklärung. Es ist unmöglich, die deutsche Kultur zu verstehen, wenn man das Luthertum ausblendet, das noch heute in künstlerischen Produktionen aller Art seinen Widerhall findet.

*

Luthers Botschaft erreichte Menschen aus allen Gesellschaftsschichten und veränderte ihr Leben für immer. Die folgenden drei Beispiele geben eine Ahnung davon, wie er die verschiedensten Menschen anregte. Obwohl Albrecht Dürer, der führende zeitgenössische Künstler, Luther nie begegnete, wünschte er sich, den »christlichen Mann« einmal zu malen. Als Luther nach dem Reichstag in Worms aus der Öffentlichkeit verschwunden war, verfolgte Dürer ängstlich jedes Gerücht und war überzeugt, dass er von Lakaien des Papstes ermordet worden sei.[41] Welchen Einfluss hatte Luther nun auf Dürers Glauben?

1500 malte Dürer ein außerordentliches Selbstporträt. Darin sah er den Betrachter direkt an, seine schönen Locken füllten das Blickfeld. Er war 28, in dem Alter, in dem man angeblich am vollkommensten ist, als er sich in einer christusähnlichen Pose porträtierte, nur sein Pelz wies darauf hin, dass es sich um eine Person aus dem 16. Jahrhundert handelte. Dieses Bild erinnerte stark an eine Religiosität, die alles dem Ideal der Nachahmung (Imitatio) Christi schuldete, der Spiritualität, von der Staupitz' Predigten und die Sodalität (Bruderschaft) seiner Nürnberger Anhänger erfüllt waren.

Elf Jahre später malte sich Dürer in einem anderen wegweisenden Gemälde, dem Allerheiligenbild des Landaueraltars in der gleichnamigen Kapelle in Nürnberg. Es ist ein Gemälde, das sich bisher einer definitiven Interpretation entzogen hat. Man sieht darauf die Heiligen, angeführt von St. Augustinus, während unter ihnen eine andere himmlische Gruppe aus Vertretern aller sozialen Schichten von Herrschern bis zu Bauern schwebt. Dürer malte in dem Bild sich selbst als kleine Gestalt auf einer Rasenfläche auf der Erde darunter – die Figur hält eine Kartusche, die zeigt, dass sie der Maler ist. Er steht allein da, beobachtet das Himmlische Jerusalem und die himmlischen Heerscharen, mit denen die christliche Gemeinde durch ihr Gebet verbunden ist. Das Altarbild versinnbildlicht das Andachtsleben der alten

Kirche – der Kirche der Ablässe, des gemeinsamen Gebets und der Werke –, und es war für eine Kapelle gemalt, in der ständig Totenmessen gelesen wurden. Das war die Frömmigkeit, die Luthers Reformation beseitigen sollte.

Dürers Gemälde der vier Apostel, das er in seinem Todesjahr 1528 fertigstellte, verströmen eine vollkommen andere Spiritualität. Johannes und Paulus sind Farbblöcke, ihre Solidität drückt die Autorität der Heiligen Schrift aus. Dürer fügte in die Gemälde Zitate aus der Lutherbibel von 1522 ein. Zudem bildete er nicht die üblichen vier Evangelisten ab, sondern ersetzte Matthäus und Lukas durch Petrus, der die Kirche verkörpert, und Paulus, dessen Schriften der Schlüssel zu Luthers Lehre sind. Das war die Religion der lutherischen Bibel. Die Gemälde wurden nicht in der Kirche aufgehängt, sondern Dürer schenkte sie dem Nürnberger Stadtrat als Würdigung der Stadt, die als eine der ersten 1524 die Reformation einführte.

Wie die Bauern des Bauernkriegs fasste Dürer Luthers Botschaft unter dem Begriff »Freiheit« zusammen. Er hoffte für die Zukunft, »daß aus unsern guten Werken alle Ungläubigen, als Türken, Heiden, Calacuten, zu uns selbst begehren und christlichen Glauben annehmen«. In Luther sah er einen Mann, dessen »Lehr so klar durchsichtig ist, so er das heilig Evangelium lehrt«, und der den Menschen dabei half, freie Christen zu werden. Doch Dürer scheint sich nicht viel um das dazugehörige Konzept der Sündhaftigkeit des Menschen gekümmert zu haben. Wo Luther nach innen schaute und seine deutschen Gefolgsleute im Vergleich zu den verhassten Italienern über alles rühmte, war Dürer ein Nürnberger Bürger, offen für weltweiten Handel und Austausch, der wusste, wie viel er während seiner Wanderjahre als Geselle in Italien gelernt hatte. Aus seinen Notizen wissen wir, dass er Gegenstände von überall auf der Welt sammelte – Federn, Waffen, indische Kokosnüsse, Korallen, Kuriositäten aller Art –, die Eingang in seine Kunstwerke fanden.[42] Im Gegensatz dazu erwähnte Luther so gut wie nie Afrika, Indien oder die Neue Welt, weder in seinen Schriften noch in seinen Tischgesprächen. Während für ihn die Reformation der Kampf der wahren Christen gegen den Papst und den Teufel war, bedeutete sie für Dürer die Hoffnung auf eine Zukunft, in der die Religionen zusammenkommen und die Menschen friedvoll zusammenleben würden.

Für Johann Eberlin von Günzburg, einen Franziskanermönch in Süddeutschland, war Luthers wichtigste Botschaft sein Angriff auf das Mönchswesen. Seine Helden waren Erasmus, Luther und Karlstadt, das Trio, das die Mönche und Priester bekämpfte. Überzeugt davon, dass mit der evangelischen Freiheit die soziale Befreiung einhergehe, schilderte er das fiktive Land Wolfaria, in dem es soziale Gerechtigkeit gab und Hilfe für alle, die sie benötigten. Er verfasste eine Reihe von Flugschriften zur Unterstützung der Reformation, darunter auch die berühmten *15 Bundsgenossen*, 15 einzelne Flugblätter, die in schneller Abfolge erschienen und in denen 15 Charaktere aus verschiedenen sozialen Ständen erklären, warum sie Luther unterstützen. Wenn es um Klöster ging, schrieb Günzburg mit außerordentlicher Kenntnis ihres Innenlebens: Wahrscheinlich hat er als Beichtvater in einem Nonnenkloster gewirkt. Sein Werk ging weit über Luthers schlichte Feststellung hinaus, dass Nonnen sexuelle Wesen mit sexuellen Begierden seien. Er diagnostizierte das, was er dort sah, als eine Folge ihres elenden Lebens und ihrer pervertierten Spiritualität. Es sei die Unsicherheit der Mönche, legte Günzburg dar, die die intellektuellen und spirituellen Fähigkeiten der Nonnen zerrüttete. In den Klöstern gebe es unerfahrene, unverständige Mönche, die es schwer verkraften könnten, wenn Nonnen mehr wüssten als sie, und die deshalb keine tolerierten, die belesener waren als sie selbst. Die Mönche rechtfertigten ihr Verhalten mit der Behauptung, das Studium passe nicht zu Nonnen, Bildung sei nur ein Hindernis auf ihrem Weg zu Demut und Frömmigkeit. Wie Luther war Günzburg überzeugt davon, dass in Klöstern die Wünsche und die Entwicklung junger Frauen deformiert würden. Er verstand auch die Bitterkeit von Beziehungen in diesen abgeschlossenen Einrichtungen: Wenn eine Nonne eine gehässige Äbtissin oder Priorin habe oder sie eine Mitschwester gegen sich aufbringe, die bei der Oberin in besonderer Gunst stehe, werde sie niemals Ruhe oder Frieden finden.[43]

Vom radikalen Potential der Reformation begeistert, wurde Günzburg für eine Weile ein Anhänger Karlstadts, ohne jedoch seine ursprüngliche Bewunderung für Luther aufzugeben. Das zog ihn 1522 bis 1523 nach Wittenberg, wo er letztlich wieder in Luthers Herde zurückkehrte. Später bekam er eine Stelle beim Herzog von Wertheim und predigte erst in dem kleinen Dorf Remlingen und danach in Wertheim selbst. Als der Herzog 1530 starb, verlor er diese Stelle, und die weiteren Jahre waren schwer für ihn. Mit zerrütteter Gesundheit und in Streitigkeiten verwickelt, verbrachte er die letzten Lebensjahre in der kleinen Pfarrgemeinde von Leutershausen, wo er 1533 starb.

Als ein Mann, der darauf vorbereitet war, sein Leben in einem Kloster zu verbringen, wo für alles Lebensnotwendige gesorgt war, wurde Günzburg schließlich zu einem Autor, Reisenden, Vater und überzeugten Evangelischen. Für ihn bedeutete Reformation die Befreiung der Mönche, die Rettung der Nonnen vor Tyrannei und pervertierter Sexualität und die Aussicht auf eine Welt, in der soziale Gerechtigkeit herrscht. Luther war ein Held, dessen Leben ihm Ansporn war, sein eigenes Leben zu verändern.

Argula von Grumbach, eine junge Adelige aus Ingolstadt, war nicht ins Kloster gegangen, sondern hatte einen Ritter geheiratet und war Mutter von vier Kindern. Auch ihr Leben nahm durch Luthers Botschaft eine bedeutende Wendung. In den frühen 1520er Jahren verschlang sie seine Schriften und las seine Übersetzung des Neuen Testaments. Als die Universität Ingolstadt 1523 gegen einen lutherischen Studenten ein Verfahren einleitete, beschloss sie aus Empörung, sich seiner Sache anzunehmen. Sie verfasste ein Unterstützungsschreiben und gab es in den Druck.[44] Ihre Flugschrift war ein riesiger Erfolg, in nur zwei Monaten musste sie vierzehnmal neu aufgelegt werden; sie machte die Verfasserin berühmt. Ihre Überzeugung verlieh Argula von Grumbach den Mut, alle Erwartungen ihrer Zeitgenossen an eine Frau und deren Verhalten über den Haufen zu werfen. Sie korrespondierte direkt mit Luther und traf ihn sogar 1530 auf der Veste Coburg.

Zweifellos war es ihr sozialer Status als Angehörige der adeligen

Familie der Staufer, der es ihr ermöglichte, mit Luther näher Bekanntschaft zu schließen – sie gehörte zu einer sozialen Gruppe, zu der Luther stets besonders intensive Kontakte gepflegt hatte. Doch die Welt der intellektuellen Gleichheit zwischen Männern und Frauen, in die sie sich vorgewagt hatte, gab es noch nicht. An der Universität wurde sie verhöhnt und von Männern verspottet, die ihr Engagement und ihr Verhalten als unweiblich betrachteten. Man setzte ihren Ehemann unter Druck, damit er sie an die Kandare nehme. 1524 hörte Grumbach auf, Flugschriften zu drucken. Ihre letzte war ein Gedicht, das ihr Ansehen als Frau und Mutter gegen ein beleidigendes Gedicht eines ihrer Gegenspieler verteidigte, der sie beschuldigt hatte, sie handele »ohne Scham und habe allen weiblichen Anstand vergessen«. Paulus selbst habe gesagt, behauptete der Kritiker, »dass ihr nicht disputieren sollt, sondern zu Hause das Heim regieren und in der Kirche still schweigen. Seht nur, meine liebe Sibylle, welch ein freches und wildes Tier Ihr seid und wie Ihr Euch für so gescheit haltet, dass ihr die Heilige Schrift ausdeuten wollt.«[45] Auch wenn sie sich nicht leicht einschüchtern ließ, gab es doch in dem nach der Niederlage der Bauern 1525 zunehmend konservativeren Umfeld für Frauen wie sie keine Rückendeckung. Sie blieb eine fromme Lutheranerin, Ehefrau und Mutter, aber die Möglichkeit, als Pfarrerin, Autorin oder religiöse Autorität zu wirken, war auch in der neuen Religion für sie nicht vorgesehen.

Albrecht Dürer, Johann Eberlin von Günzburg und Argula von Grumbach stehen für viele tausend Männer und Frauen, deren Leben durch Luthers Ideen eine neue Wendung nahm. Was jeder Einzelne als seine Botschaft verstand, war verschieden. Für Dürer war es die Vision eines weltweiten Zusammenwachsens der Religionen, für Günzburg ging es um eine neue soziale Ordnung, für Argula von Grumbach um Gerechtigkeit und Fairness – Luthers Genie bestand darin, dass er sie alle mit seiner Lehre erreichte und dass jeder etwas anderes aus seinen Worten ziehen konnte. Bei allen hatten die evangelischen Ideen und Luther als Person einen so starken Eindruck hinterlassen, dass sie Dinge taten, an die sie sonst im Traum nicht gedacht hätten, und die althergebrachten Vorstellungen umstürzten, in deren Geist man sie erzogen hatte.

*

Als Luther starb, hatte er die Kirche endgültig gespalten. In engem Bündnis mit den weltlichen Obrigkeiten hatte er eine neue Kirche eingerichtet, in der Klöster abgeschafft waren. Eine neue, verheiratete Priesterschaft brachte Generationen von protestantischen Kirchenmännern hervor, die in der intellektuellen Kultur Deutschlands über Jahrhunderte den Ton angaben. Der scheue Mönch hatte sich gegen die Kräfte des Papstes, der Kirche und des Kaiserreichs behauptet und anderen Mut zur »Freiheit« gemacht, sogar den Bauern, die alles aufs Spiel setzten, als sie sich gegen ihre Feudalherren erhoben.

Luthers politisches Vermächtnis war zweischneidig. In seiner politischen Theorie, die er 1523 in seiner Abhandlung *Von weltlicher Obrigkeit* entwickelt hatte, unterschied er zwischen dem weltlichen Reich und dem Reich Gottes. Dadurch war es ihm möglich gewesen, gegen den Papst das Argument anzuführen, er dürfe keine weltliche Macht besitzen. Da die Macht in dieser Welt aber den Fürsten gehöre, sollten Christen ihnen gehorchen, während es Aufgabe des Herrschers sei, die Gottlosen daran zu hindern, ihre Mitmenschen anzugreifen. An diesem klaren Nebeneinander hielt Luther sein Leben lang fest. Damit verzichtete er jedoch auch auf eine positive Beschreibung dessen, was der Staat leisten und wie er seinen Bürgern helfen könnte, und er zog nicht in Betracht, dass ein Christ oder ein christlicher Herrscher in die Lage kommen könnte, sich einer übergeordneten Macht widersetzen zu müssen. Schließlich zwang ihn die Bildung des Schmalkaldischen Bundes, darüber nachzudenken, ob man sich möglicherweise gegen den Kaiser zur Wehr setzen musste. Luther entzog sich der Verantwortung und überließ es Juristen, eine Entscheidung zu treffen. Schließlich nahm er einen Standpunkt ein, der die Argumente für den Widerstand stillschweigend akzeptierte.[46] Zugleich war er beständig respektlos gegenüber Fürsten, stellte sie in eine Linie mit Bütteln und Henkern und überzog diejenigen, die er nicht mochte, mit köstlichem Spott, wann immer sich die Gelegenheit dazu bot. Der Mann, der über Aufruhr fluchte und darauf beharrte, dass man Fürsten gehorchen müsse, glaubte an seine eigene Autorität als Prophet und donnerte nebenbei gegen die Herrscher.

Von allen bedeutenden Leistungen Luthers ist vielleicht seine Bibelübersetzung diejenige, die am längsten fortwirkt. Nach der fieberhaften Übertragung des Neuen Testaments ins Deutsche 1522 arbeitete er zusammen mit Kollegen an einer vollständigen Ausgabe der Bibel auf Deutsch, die 1534 mit beeindruckenden Illustrationen Cranachs in den Druck ging.[47] Seine Prosa war prägend für die deutsche Sprache und schuf die moderne Umgangssprache, wie wir sie heute kennen.[48] Aber das war nicht alles. Er hatte auch jedem Buch der Bibel ein kurzes und auf wunderbare Weise klares exegetisches Vorwort vorangestellt, so dass dem Leser der Text durch Luthers Interpretation vermittelt wurde. Und weil die Autorenschaft nicht deutlich angegeben war, waren seine Erläuterungen vom Bibeltext selbst nicht zu unterscheiden. Luther behauptete stets, Gottes Wort sei vollkommen eindeutig und bedürfe keiner Interpretation. So ging er der Frage aus dem Weg, die seine ersten Gegner erhoben hatten: Wie soll man zwischen Textvarianten entscheiden, wenn rivalisierende Interpretationen zu einer Bibelstelle vorliegen, und sollte man nicht die kirchliche Auslegungstradition zur Orientierung hinzuziehen? Seine Überzeugung, Gottes Wort sei eindeutig, brachte jahrhundertelang Menschen ohne theologische Vorbildung dazu, die Bibel selbst zu lesen – auch wenn er nicht immer damit einverstanden gewesen wäre, was sie aus der Lektüre zogen. Gleichzeitig half die Beharrlichkeit, mit der er auf seiner Autorität bezüglich Gottes Wort bestand, dabei, eine Kirche von Pfarrern aufzubauen, die theologisch geschulte Akademiker waren und deren Autorität auf ihrem intellektuellen Vermögen beruhte, die Religion zu interpretieren und anzuwenden – eine Fähigkeit, die sie in ihren Predigten unter Beweis stellten.

Im Zentrum von Luthers Theologie stand der Grundsatz, dass Christus in Brot und Wein in der Eucharistie wirklich gegenwärtig war. Dies ist ein Aspekt seines Denkens, der heute schwierig zu verstehen ist und in dem die Kluft, die unsere säkulare Welt von der seinen trennt, am größten erscheint. In diesem Buch habe ich versucht zu zeigen, warum es für die Geschichte der Reformation auf diesen Grundsatz ankam.

Luthers theologisches Erbe war eine Sicht auf die menschliche Natur, der jene Trennung zwischen Fleisch und Geist fremd war, die die Geschichte des Christentums so hartnäckig begleitet und ein tiefes Misstrauen gegenüber der Sexualität hervorgebracht hat, verbunden mit unnachgiebigem Moralisieren. Nichts davon findet man bei Luther: Was auch immer er war, er war kein Spaßverderber. Sexualität war in seinen Augen sündig, doch nicht mehr, als alle unsere Handlungen sündig sind, und dieser Blickwinkel machte ihn so frei, dass er dem Körper und körperlicher Erfahrung bemerkenswert positiv gegenüberstand.

Trotzdem war seine Frömmigkeit kein Zuckerwerk. Seine Beziehung zu Gott war nicht die eines Gläubigen, der fröhlich darauf vertraute, »erlöst« zu sein: Sie war seinen Anfechtungen abgerungen und beanspruchte seine gesamte intellektuelle und emotionale Kraft. Er betete stundenlang und sprach mit Gott, doch dies verlieh ihm niemals glückliche Gewissheit: Luthers Glaube war immer von Zweifel begleitet. Melanchthon beschrieb, wie Luther einmal bei einer Debatte plötzlich unsicher wurde, ob er recht hatte, aus dem Zimmer stürzte, sich auf sein Bett fallen ließ und betete.[49] Bei einem Universitätsprofessor hätte man so etwas nicht erwartet: Das Thema der Diskussion bewegte ihn so sehr, dass ihn der Gedanke erschütterte, er könne etwas missverstanden haben. Luthers außerordentliche Freimütigkeit, seine aufrichtige Bereitschaft, alles zu riskieren, und seine Fähigkeit, Gottes Gnade als ein Geschenk anzunehmen, das er nicht verdiente, sind die anziehendsten Merkmale seiner Persönlichkeit.

Luther ist trotzdem ein schwieriger Held. Seine Schriften strotzen mitunter vor Hass, und seine Vorliebe für Fäkalrhetorik und derben Humor entspricht so gar nicht dem modernen Geschmack. Er konnte herrisch sein, rüpelhaft, bisweilen vermessen; seine tyrannische Ader überschattete das Leben seiner Kinder und machte ihm viele seiner

Anhänger zu Feinden. Seine Unversöhnlichkeit und die Neigung, seine Gegner zu dämonisieren, war mehr als eine psychologische Schlagseite. Sie führte dazu, dass sich der Protestantismus sehr früh spaltete, was nicht nur ihn auf die Dauer schwächte, sondern jahrhundertelange Kriege zur Folge hatte. Luthers Antisemitismus war ärger als der seiner meisten Zeitgenossen, und er war zudem ein immanenter Bestandteil seiner Religiosität und seines Verständnisses vom Verhältnis des Alten zum Neuen Testament: Er kann keinesfalls mit dem Hinweis auf die damals üblichen Vorurteile entschuldigt werden. Seine größte intellektuelle Gabe war seine Fähigkeit zu vereinfachen, zum Kern der Sache zu kommen – doch sie erschwerte es ihm auch, Kompromisse zu schließen oder feine Unterschiede wahrzunehmen. Und doch konnte wohl nur jemand, der völlig unfähig war, den Standpunkt eines anderen einzunehmen, den Mut aufbringen, das Papsttum anzugreifen und wie ein Pferd mit Scheuklappen nicht nach rechts oder links zu sehen, sondern schonungslos und ungeachtet aller Konsequenzen vorzupreschen. Und nur jemand mit einem ausgeprägten Sinn für Humor und einem störrischen Realitätssinn war fähig, sich die treueste Unterstützung anderer zu sichern, und konnte das drohende Schicksal abwenden, als Märtyrer zu enden.

Die Reformation wird oft als Vorbote der Moderne gepriesen, der Freiheit des Individuums oder auch des Entstehens einer konfessionellen Welt, die religiöse und politische Identität verband. Ich wollte dagegen zeigen, dass keine dieser Auffassungen Luther oder der Bewegung, die er in Gang setzte, gerecht wird. Luther war nicht »modern«, und wenn wir sein Denken – das uns heute fremdartig und in unangenehmen Begriffen formuliert erscheint – nicht um seiner selbst willen schätzen, sehen wir nicht, was es uns heute noch bieten könnte. Was Luther unter »Freiheit« und »Gewissen« verstand, entspricht nicht dem, was wir heute unter diesen Wörtern verstehen. Es hatte nichts damit zu tun, Menschen zu erlauben, ihrem Gewissen zu folgen. Er verstand darunter vielmehr unsere Fähigkeit, *mit* Gott zu wissen, ein Wissen, von dem er glaubte, dass es eine objektive Wahrheit sei. Luther spaltete die Kirche und leitete die konfessionelle Ära ein, doch er war immer ein eigenbrötlerischer Denker, der nicht daran glaubte, dass es helfe, Regeln zu befolgen oder Gerichte zu bemühen, um moralisches Handeln zu erzwingen. Er war ein Mann, der sich ein gesundes Misstrauen in »die Hure« Vernunft bewahrte.

# Anhang

# Anmerkungen

## Einleitung

1 Melanchthon, Vita Lutheri, fol. 26(r).

2 Er trank darauf am 1. November 1527, eine Tatsache, auf die sich mindestens ein Gelehrter beruft, wenn er argumentiert, dass die Thesen an Allerheiligen, nicht an Allerseelen angeschlagen wurden. Volz, *Martin Luthers Thesenanschlag*, S. 38 f.; WB 4, Nr. 1164, 1 Nov. 1527.

3 Iserloh, *Luthers Thesenanschlag*; ders., *Luther zwischen Reform und Reformation*. Anlässlich der Wiederentdeckung einer handschriftlichen Notiz von Luthers Sekretär Georg Rörer 2007 in den Randspalten der von Luther benutzten Bibel, die in der Universitätsbibliothek von Jena aufbewahrt wird, nahm Martin Treu die Debatte wieder auf. In der Notiz heißt es, Doktor Martin Luther habe am Vorabend der Feier von Allerheiligen Thesen zu Ablassbriefen an die Türen der Wittenberger Kirchen genagelt. Der Fund war bedeutsam, weil sonst die einzige zeitgenössische Erwähnung über das Annageln der Thesen von Melanchthon stammte; der hielt sich damals jedoch nicht in Wittenberg auf und konnte somit nicht Zeuge des Vorfalls gewesen sein. Eine ausgezeichnete Zusammenfassung dieser Debatte findet sich bei Ott/Treu (Hrsg.), *Luthers Thesenanschlag*.

4 Obgleich Rörers Notiz Melanchthons Behauptung bekräftigt, beweist sie noch nicht schlüssig, dass die Thesen angeschlagen wurden, denn auch er war nicht in Wittenberg und machte seine Notiz Jahre nach dem Ereignis. Dennoch haben wir guten Grund zu der Annahme, dass die Thesen in der Tat sowohl an die Kirchentüren angeschlagen als auch versandt wurden. Melanchthon erwähnt es nicht nur in seinem Vorwort zum zweiten Band von Luthers Werken, sondern beschreibt das Ereignis detailliert in einer Predigt, die er 1557 gehalten hat. In seiner 1565 veröffentlichten Biographie Martin Luthers schreibt auch Johannes Mathesius, die Thesen seien am 31. Oktober an der Schlosskirche ausgehängt worden, und er ergänzt, sie seien gedruckt gewesen: Mathesius, *Historien*, S. 28. In vielerlei Hinsicht ist die Debatte ein interessantes Beispiel zum radikalen Skeptizismus

gegenüber Ereignissen, von denen wir fraglos annehmen, sie hätten stattgefunden.

5 Jütte, »Schwang Luther 1517 wirklich den Hammer?«; anstelle von Klebstoff könnte er Wachs verwendet haben.

6 »Ne forte aliquis tandem exurgat, qui editis libellis & illos et libellum illum confutet, ad vituperium summum illustrissime tue sublimitatis.« WB 1, Nr. 48, 31. Okt. 1517, S. 112:57 f., auf Deutsch übers. v. Vinzenz Pfnür: »auf diese Sache ein Auge väterlicher Sorge zu werfen (...), damit nicht vielleicht am Ende einer auftritt, der mit veröffentlichten Schriften sowohl jene als auch jenes Büchlein widerlegt zu höchstem Schimpf für Eure durchlauchtigste Hoheit«, siehe: http://ivv7srv15.unimuenster.de/mnkg/pfnuer/Luther-Albrecht.html.

7 »verdreckten Häusern ...«, zit. n. Scheel, *Martin Luther*, Bd. 2, S. 155 (der Kommentar stammt von Johannes Cochläus); WT 2, 2800b: »Wittenbergenses sunt in termino civilitatis; si paulo longius progressi fuissent, in mediam barbariam venissent.«

8 Rhau-Grunenberg, bei dem Luther gewöhnlich drucken ließ, befand sich in Wittenberg um die Ecke, doch möglicherweise war die Werkstatt zu diesem Zeitpunkt in Schwierigkeiten und Luther auf eine andere Druckwerkstatt, vielleicht in Leipzig, ausgewichen. Siehe dazu auch Volz, *Martin Luthers Thesenanschlag*.

9 Zu den drei vorhandenen Druckfassungen aus Leipzig, Nürnberg und Basel siehe Volz, *Martin Luthers Thesenanschlag*. Bei einer hatte man sich verzählt und endete bei Nummer 87, die andere nummerierte lediglich in 25er-Schritten. Nur die Fassung aus Basel, ein Oktavheft, hat die Form einer Flugschrift und verwendet römische Ziffern zur Nummerierung der Thesen. Wenn diese überkommenen Fassungen die einzigen sind, die gedruckt wurden, ist es schwierig zu erklären, warum Luthers Text als die »95 Thesen« berühmt wurde.

10 Die Übersetzung der ersten These stammt von der Website http://www.luther.de/leben/anschlag/95thesen.html. Im Original: »Dominus et magister noster Iesus Christus dicendo ›Penitentiam agite etc.‹ omnem vitam fidelium penitentiam esse voluit«, WS 1, S. 233:10–11.

11 Myconius, *Geschichte der Reformation*, S. 20 f.; Volz, *Martin Luthers Thesenanschlag*, S. 72, Anm. 33. (Diese Geschichte hat etwas von Legendenbildung, denn ein Mönch wie Luther wäre zweifellos nicht der Hauptverantwortliche für das Seelenheil in Wittenberg gewesen.)

12 Myconius, *Geschichte der Reformation*, S. 15.

13 Hartmann, »Albrecht von Brandenburg«, S. 10–13; Jürgensmeier, »Kardinal Albrecht von Brandenburg«, S. 22–41.

14 WS 15, S. 214:24–5.

15 WB 3, Nr. 860, 4. (5.?) Mai 1525, S. 482:81–82. (»Und kann ichs schicken, ihm

zum Trotz, will ich meine Käte doch zur Ehe nehmen, ehe denn ich sterbe«, heißt es in dem Brief an den Mansfeldischen Rat Johann Rühel.)

16 Erikson, *Der junge Mann Luther*; Fromm, *Die Furcht vor der Freiheit*.

17 Kein Geringerer als Lucien Febvre, der berühmte Vertreter der französischen Annales-Schule, verfasste eine Passage, in der er über das Unterfangen spottet: »Ein freudianischer Luther: Man ahnt schon im Voraus, wie er aussehen wird, und falls ein unerschrockener Luther-Forscher uns dieses Bild tatsächlich vor Augen führt, verspürt man keinerlei Neugier, es genauer kennenzulernen.« Febvre, *Martin Luther*, S. 46.

18 Melanchthon, *Vita Lutheri*, fol. 17(r)–(v). Melanchthon zitiert hier absichtlich die alten Griechen.

19 Schilling, *Martin Luther*.

20 Eine interessante Ausnahme bildet das lutherische Nürnberg, über das es ein beträchtliches amerikanisches Schrifttum gibt.

21 Eschenhagen, »Sozial- und Wirtschaftsgeschichte der Stadt Wittenberg«.

22 Kaufmann, »Theologisch-philosophische Rationalität«.


## Mansfeld und der Bergbau

1 WT 5, Nr. 6250: »Ego sum rustici filius; proavus, avus meus, pater sein rechte pauern gewest.« Dem fügt er hinzu: »Darnach ist mein vater gegen Mansfelt gezogen vnd doselbes ein bergkheuer geworden.«

2 Der Chronist Cyriakus Spangenberg lieferte eine detaillierte Beschreibung der Umgebung und hält darin fest, dass viele Felder rund um Mansfeld durch den Bergbau zerstört worden seien. Er erwähnte die großen Mengen Holz und Kohle, die in den Minen benötigt wurden: Spangenberg, *Mansfeldische Chronica*, Teil 4, Buch 1, S. 25 u. 27. Stievermann, »Sozialer Aufstieg um 1500«, in: Knape (Hrsg.), *Martin Luther und der Bergbau*, S. 49. Einen Brief an die Grafen Philipp und Johann Georg von Mansfeld unterschreibt Luther mit »E. G. williges Landkind Martinus Luder D«, WB 11, Nr. 4157, S. 189, 7. Okt. 1545.

3 Obwohl Luthers Biograph Johannes Mathesius Mansfeld und den Bergbau erwähnt und ein Schlusskapitel verfasst hat, das ursprünglich eine »Bergbau-Predigt« war, die Luthers Verbindungen zum Bergbau feierte (Mathesius, *Historien*), werden Mansfeld oder der Bergbau in Nikolaus Selneckers einflussreichen biographischen Schriften aus dem 17. Jahrhundert, um nur ein Beispiel zu nennen, nicht einmal erwähnt: Wartenberg, »Martin Luthers Kindheit«, in: Knape (Hrsg.), *Martin Luther und Eisleben*, S. 152 f.

4 Daniel Meissner, *Thesaurus Philo-Politicus. Das ist politisches Schatzkästlein gutter Herzen und bestendiger Freund*, Augsburg 1625.

5 Über den Bergbau und Luthers Hintergrund siehe Fessner, »Die Familie Luder«, und Stahl, »Luthers Elternhaus«, beide in: Knape (Hrsg.), *Martin Luther und Eisleben*; Treu (Hrsg.), »... *von daher bin ich.*«; Jankowski (Hrsg.), *Zur Geschichte des Mansfelder Kupferschieferbergbaus*; Kramm, *Studien über die Oberschichten*, S. 109–133; Freydank, »Vater Luther der Hüttenmeister«; ders., *Luther und der Bergbau*; Westermann, *Das Eislebener Garkupfer*; Mück, *Mansfelder Kupferschieferbergbau*; Möllenberg, *Urkundenbuch zur Geschichte des Mansfeldischen Saigerhandels*.

6 Kramm, *Studien über die Oberschichten*, Bd. 1, über Kupfer: S. 111; Wartenberg, »Martin Luthers Kindheit«; Fessner, »Das Montanwesen in der Grafschaft Mansfeld«, in: Westermann (Hrsg.), *Montanregion als Sozialregion*, S. 293; Ende des 15. Jahrhunderts förderte man in Schwaz in Tirol, in Neusohl im Königreich Ungarn (heute: Banská Bystrica in der Slowakei) und in Mansfeld zusammen 80 bis 90 % des europäischen Kupfers.

7 WT 5, Nr. 5362, S. 95:4. Wie Andreas Stahl hervorhebt, war der Biograph Johannes Mathesius einer der wenigen, die richtig lagen, als er in seiner *Sarepta* von 1558 schrieb, Luther sei im Haushalt eines Minenbesitzers als »eines Hüttenherrns Son ... erzogen«. Mathesius, *Sarepta oder Bergpostill*; Stahl, »Erkenntnisse zu Luthers Elternhaus«, in: Knape (Hrsg.), *Martin Luther und Eisleben*, S. 356. Mathesius beschreibt den Reformator in seiner Biographie als Sohn eines zu Vermögen gekommenen Bergmanns (»ehrlichen Bergmann oder Schieferhauer«); Mathesius, *Historien*, S. 5 f. Melanchthon spielte den Reichtum der Familie ebenfalls herunter und betonte dafür ihre Frömmigkeit und die Charaktergüte der Familienmitglieder; Melanchthon, *Vita Lutheri*, S. 9 f.; während Luther selbst zu dem Mythos beitrug, indem er berichtete, seine Mutter habe Holz auf ihrem Rücken nach Hause getragen, und er sich an seinen Vater als einen Bergmann erinnerte. Wartenberg, »Martin Luthers Kindheit«, in: Knape (Hrsg.), *Luther und Eisleben*.

8 Slotta / Müller, »Zum Bergbau auf Kupferschiefer«, in: Knape (Hrsg.), *Luther und der Bergbau*, S. 13.

9 Fessner, »Die Familie Luder in Möhra und Mansfeld«, in: Meller (Hrsg.), *Fundsache Luther*.

10 Fessner, »Die Familie Luder und das Bergwerks- und Hüttenwesen«, in: Knape (Hrsg.), *Martin Luther und Eisleben*; dazu bieten Stahl, »Erkenntnisse zu Luthers Elternhaus«, ebd., und Fessner, »Die Familie Luder in Möhra und Mansfeld«, in: Meller (Hrsg.), *Fundsache Luther*, die besten Darstellungen von Luthers familiärem Hintergrund.

11 Fessner, »Die Familie Luder in Möhra und Mansfeld«, in: Knape (Hrsg.), *Martin Luther und Eisleben*, S. 20. Als solcher steht er auf einer zufällig gefundenen Urkunde von 1491 und wird 1502 auf einer Liste geführt, die Einträge sind jedoch

unvollständig. Er hatte den Posten vermutlich schon einige Zeit zuvor regulär bekleidet.

12 Spangenberg, *Mansfeldische Chronica*, S. 68–71.

13 Stahl, »Die Grafschaft und die Stadt Mansfeld in der Lutherzeit«, in: Meller (Hrsg.), *Luther in Mansfeld*, S. 14; Spangenberg, *Mansfeldische Chronica*, S. 94: der Brand ereignete sich 1496 oder 1498.

14 Biering, *Historische Beschreibung des … Manssfeldischen Berg-Wercks …*, S. 147 und S. 150 f.

15 Spangenberg, *Mansfeldische Chronica*, Buch 4, Teil 1, S. 68–71; Historische Commission für die Provinz Sachsen und das Herzogtum Anhalt, *Bau- und Kunst-Denkmäler der Provinz Sachsen*, S. 147–164; Stahl, »Erkenntnisse zu Luthers Elternhaus in Mansfeld«, in: Knape (Hrsg.), *Martin Luther und Eisleben*, S. 368; Bräuer, »Die Stadt Mansfeld«, in: Knape, *Martin Luther und Eisleben*; Scheel, *Martin Luther*, Bd. 1, S. 4 f.

16 Spangenberg, *Mansfeldische Chronica*, Buch 4, Teil 1, S. 68–71. Das Original enthält einen skizzierten Plan von Mansfeld um 1560, auf dem mit Nummern die Namen vieler Hausbesitzer angegeben ist; siehe Andreas Stahl, »Historische Bauforschung an Luthers Elternhaus. Archivalische Voruntersuchungen und erste Baubeobachtungen«, in: Mellers (Hrsg.), *Luther in Mansfeld*, S. 123; Stahl, »Erkenntnisse zu Luthers Elternhaus«, in: Knape (Hrsg.), *Martin Luther und Eisleben*, S. 369 f.

17 Unser Wissen über das Haus wurde durch jüngste archäologische Arbeiten auf dem Grundstück verändert. Siehe dazu besonders Meller (Hrsg.), *Luther in Mansfeld*, und ders., *Fundsache Luther*, und die Ausstellung in Halle von 2008/2009.

18 Günther Wartenberg, »Die Mansfelder Grafen und der Bergbau«, in: Knape (Hrsg.), *Martin Luther und der Bergbau*, S. 34; Günter Jankoski, *Mansfeld. Gebiet – Geschlecht – Geschichte. Zur Familiengeschichte der Grafen von Mansfeld*, Jahrbuch der Association Luxembourgoise de Généalogie et d'Héraldique, Luxembourg, Bd. 2004/05. Im 16. Jahrhundert wohnten vier der Grafen auf Schloss Mansfeld, während Graf Ernst auf Schloss Heldrungen residierte, Krumhaar, *Versuch einer Geschichte von Schloss und Stadt Mansfeld*, Mansfeld 1869, S. 6; Günther Wartenberg, »Martin Luthers Kindheit, Jugend und erste Schulzeit in frühen biografischen Darstellungen des Reformators«, in: Knape (Hrsg.), *Martin Luther und Eisleben*, Eisleben 2007.

19 Spangenberg, *Mansfeldische Chronica*, 394(r): Das war der einzige von vier Bänden, der im 16. Jahrhundert gedruckt wurde; Spangenberg, *Mansfeldische Chronica*, Buch 4, Teil 1, S. 35. Siehe auch Krumhaar, *Versuch einer Geschichte*, S. 5 f.

20 Treu, »*… von daher bin ich*« S. 33; Historische Commission für die Provinz Sachsen und das Herzogtum Anhalt, *Beschreibende Darstellung der älteren Bau- und*

*Kunstdenkmäler*, Bd. 18, S. 116–147, 141. Graf Albrecht IV. und Gebhard VII. wurden frühe Unterstützer von Luthers Reformation und der Altar stammte wahrscheinlich aus dem Umfeld von Cranach, vielleicht von Christian Döring; der Dieb zur Rechten Christi ist der gerettete.

21 Döhle, »Schwein, Geflügel und Fisch – bei Luthers zu Tisch«, in: Meller (Hrsg.), *Luther in Mansfeld*. Sechzig Prozent der in Luthers Haus gefundenen Knochen stammen vom Schwein, während nur zehn Prozent der Knochenfunde vom Rind kommen. Die ungewöhnliche Verteilung deutet laut Döhle darauf hin, dass die Familie sich darauf verlegte, zu essen, was gerade das Fleisch der Bessergestellten wurde, während in ärmeren Schichten vor allem Rindfleischprodukte verzehrt wurden. Die Familie könnte von Zeit zu Zeit Schweine gehalten haben. Ebenso fanden sich auch Knochen von Hausgans und Hausgeflügel, und etwa ein Drittel dieser Knochen stammt von Jungvögeln, was darauf hinweist, dass die Familie gutes, zartes Geflügel aß. Siehe auch Fessner, »Luthers Speisezettel«, in: Meller (Hrsg.), *Fundsache Luther*.

22 Stephan, »Keramische Funde aus Luthers Elternhaus«, in: Meller (Hrsg.), *Luther in Mansfeld*. Die Tonwaren kamen hauptsächlich aus Eisleben, wo es mindestens eine große Töpferei gab, und sie datieren von etwa 1500. Die Scherbenfunde stammen von mindestens 200, vielleicht sogar mehr als 300 tönernen Gegenständen, eine Vielfalt von Küchengeräten inbegriffen. Es sind schlichte, spärlich dekorierte Objekte, die in Stil und Farbe noch nicht den Renaissance-Stil verkörpern. Doch ebenso wenig herrscht die für die Mitte des 15. Jahrhunderts typische graue, irdene Ware vor, woraus man folgern kann, dass es sich um eine Familie handelte, die Neuware kaufte. Siehe auch Schlenker, »Archäologie am Elternhaus Martin Luthers«, in: Meller (Hrsg.), *Luther in Mansfeld*.

23 LW 54, S. 5; WT 1, Nr. 55.

24 LHASA, MD, Rep. F 4, Ch Nr. 19, Lambrecht Kegel und Hans Reinicke, 1516–18: siehe z. B. fols. 11–15.

25 Dies sind nicht die einzigen Bilder, die Frauen zeigen. Siehe Agricola, *De re metallica Libri XII*.

26 LHASA MD Rep. F4 Ak. Nr. 1, Berg- und Handelsbuch, 1507–9, fol. 54v listet 40 Hüttenmeister auf, darunter Hans Luder; Günter Vogler, »Eisleben und Nürnberg zur Zeit Martin Luthers. Beziehungen zwischen zwei Wirtschaftspartnern«, in: Knape (Hrsg.), *Martin Luther und Eisleben*, S. 61: Im Jahr 1536 hatte sich die Zahl auf 21 Hüttenmeister halbiert.

27 LHASA MD Rep. F4 Ak. Nr. 1, Berg- und Handelsbuch, 1507–09, fols. 18r–19v; 20v; 21r; 39v–40r; 58r. Siehe auch LHASA, MD, Rep. F 4 Bc Nr. 1, Beschwerden der Berg- und Hüttenleute wegen des Lohns, 1536, die an die Grafen gerichtet waren.

28 Mück, *Mansfelder Kupferschieferbergbau*, Bd. 2 (Beilage 37) S. 41, 115, 117–18, 120, 128, 130; und in diesem Jahr gab es Klagen vom Hüttenmeister, dass Bergleute weiterbeschäftigt und bezahlt würden, sich jedoch davonmachten und sich von einem anderen Hüttenmeister anstellen ließen.

29 Siehe z.B. LHASA, MD, Rep. F4, Db Nr. 1, Gerichtsbuch Hettstedt, *Beilagen*, 1, fol. 63r (1514).

30 LHASA, MD Rep. F4 Ak. Nr. 1 Berg- und Handelsbuch, 1507–9, fol. 8v; 25v; 64v.

31 Ebd. fol. 57r-v: Per Dekret wurde bestimmt, dass niemand, der sich des Mordes schuldig gemacht hatte, angestellt werden sollte.

32 Spangenberg, *Mansfeldische Chronica*, Buch 4, Teil 1, S. 74 f.

33 Biering, *Historische Beschreibung des … Manssfeldischen Berg-Wercks*, S. 10.

34 1517 wurden in den Bezirken Eisleben und Mansfeld zusammen mit Seeburg und Bornstedt 2196 Fässer Bier ausgeschenkt: Spangenberg, *Mansfeldische Chronica*, Buch 4, Teil 1, 409v. In den Hofbüchern schält sich ein Muster für die Auseinandersetzungen heraus, so schlitzten Mansfelder einander mit Messern auf, ein Mann zog die zwei Messer seiner Frau aus ihrem Futteral, um seinen Gegner auf den Pelz zu rücken, ein anderer griff zum Brotmesser, während der Bader versuchte, einen glücklosen Kunden mit seiner Schere zu erstechen: LHASA MD, Rep. Cop., Nr. 427e, Gerichtsbuch Thalmansfeld 1498–1513, fols. 132v, 129v, 40v.

35 Fessner, »Die Familie Luder in Moehra und Mansfeld«, in: Meller (Hrsg.), *Fundsache Luther*, S. 21; Klein [Clein] Hans Luther war zwischen 1505 und 1512 in mindestens zwölf Rauereien verwickelt. Siehe dazu LHASA, MD, Rep. Cop., Nr. 247e, (Gerichtsbuch Thalmansfeld 1498–1513).

36 LHASA, MD, Rep. Cop., Nr. 427e, (Gerichtsbuch Thalmansfeld 1498–1513), fol. 126r.

37 Ebd., fol. 125v; 65v: Diese Bemerkung ist mit einer Kritzelei versehen, die so etwas wie einen Penis vor einem Galgen zeigt; 127v-128v.

38 Siehe LHASA, MD, Rep. Cop., Nr. 427e (Gerichtsbuch Thalmansfeld 1498–1513), fol. 135v (1513). Man spricht von ihm als Hans Luder. Es ist denkbar, dass dieser Eintrag sich auf Klein Hans bezieht, dessen Name regelmäßig im Gerichtsbuch auftaucht. Doch unser Hans Luder taucht ebenfalls in dem Buch auf, und Klein Hans wird als solcher bezeichnet. Der Eintrag ist ausgestrichen, vielleicht ein Hinweis darauf, dass der Streit beigelegt wurde.

39 LHASA MD Rep. F4 Ak. Nr. 1, Berg- und Handelsbuch, 1507–9, 83r-85v; 87r.

40 Siehe z.B. ebd. *passim*.

41 So z.B. Hans Luders erster und lange mit ihm verbundener Partner Hans Lüttich, der aus einer etablierten Bergbau-Familie stammte, dennoch tat er sich 1507 mit Dr. Drachstedt zusammen, um drei »Rennfeuer« zu kaufen. Er betrieb zudem

Schächte zusammen mit Wilhelm Reinicke; Freydanck, »Vater Luther der Hüttenmeister«, S. 67–70: Aus ihrer Partnerschaft ist uns ein Geschäftsbuch überliefert, das einen Zeitraum von etwa drei Monaten im Jahr 1519 abdeckt und das Freydank zusammenfassend referiert. Offenbar ist dieses Geschäftsbuch inzwischen verschollen, obwohl es bei einer Ausstellung 1936 gezeigt wurde. LHSAS Rep. F 4 Ch Nr. 19, Rechnungen Lamprecht Kegel und Hans Reinicke, 1516–18. Ein »Hüttenfeuer« (dem verschiedene Minen zugeordnet waren) war Teil von Margaretes Mitgift, als sie im Spätjahr 1511 oder Frühjahr 1512 Hentze Kaufmann heiratete, WB 11, Nr. 192, Anm. 28; die beiden genannten Männer arbeiteten zusammen.

42  Westermann, »Der wirtschaftliche Konzentrationsprozess im Mansfelder Revier«, in: Knape (Hrsg.), *Luther und der Bergbau*, S. 70. Westermann schätzt die Zahl der Beschäftigten auf 30 Arbeiter pro »Feuer«, nicht mitgezählt die Schmiede, Zimmerleute, Köhler, Fuhrleute usw.; Fessner schätzt die Beschäftigtenzahl auf rund 3000 in früheren Zeiten und weit darüber im Jahr 1525. Fessner, »Das Montanwesen in der Grafschaft Mansfeld«, in: Westermann (Hrsg.), *Montanregion als Sozialregion*, S. 301.

43  Stahl, »Historische Bauforschung an Luthers Elternhaus«, in: Meller (Hrsg.), *Luther in Mansfeld*, S. 368: Luder hatte mit Drachstedt zusammengearbeitet. Siehe auch: Vogler, »Eisleben und Nürnberg zur Zeit Martin Luthers. Beziehungen zwischen zwei Wirtschaftspartnern«, in: Knape (Hrsg.), *Martin Luther und Eisleben*. Ende 1520 geriet sogar Drachstedt in finanzielle Schwierigkeiten. Über Drachstedt siehe: Kramm, *Studien über die Oberschichten*, Bd. 1, S. 113. Er war nicht der Einzige mit einer Ausbildung im Rechtswesen: Dr. Johann Rühel, ein anderer Hüttenmeister, war ebenfalls Doktor der Rechte.

44  Stahl, »Baugeschichtliche Erkenntnisse zu Luthers Elternhaus«, in: Knape (Hrsg.), *Martin Luther und Eisleben*, S. 372.

45  LHASA, MD, Rep. F 4 Ch Nr. 16 (Wernigerode), Rechnung Hüttenzins 1506–31. Die Zahl von Luders »Feuern« schwankte. 1515 betrieb er 3 und ein halbes allein, aber zusätzlich 3 und ein halbes als Teilhaber, 1519 hatte er alle sieben ›Feuer‹. Diese wurden 1522 aufgeteilt, so dass er zwei mit seinem Schwiegersohn als Teilhaber betrieb und sein Sohn Jakuff die anderen, gleichfalls als Teilhaber, weiterführte. Vielleicht markierte das einen grundlegenderen Generationswechsel: Der Schreiber beginnt eine neue Seite, überschreibt diese mit der unüblich ausgeschmückten Jahreszahl 1523 und schreibt das Datum in Spiegelschrift (fol. 117r).

46  Westermann, »Der wirtschaftliche Konzentrationsprozess im Mansfelder Revier«, in: Knape (Hrsg.), *Martin Luther und der Bergbau*, S. 67.

47  Mück, *Mansfelder Kupferschieferbergbau*, Bd. 1, S. 62–64; Bd. 2, S. 88–92, besonders S. 91 wegen einer Textstelle im Verlauf der Verhandlungen zwischen den Gra-

fen, in welcher auf Luders Schwierigkeiten Bezug genommen wird; Fessner, »Die Familie Luder in Möhra und Mansfeld«, in: Meller (Hrsg.), *Fundsache Luther*, S. 23.

48 Das Gesamterbe belief sich auf 1250 fl, und es wurde in fünf Teile zwischen den überlebenden Kindern oder deren Nachkommen aufgeteilt. Die Teilung war rein formal, denn Jakob erhielt den Besitz und musste jeden der anderen Erben auszahlen. Damit dies finanziell möglich wurde, musste er zuerst einen Anspruchsberechtigten auszahlen und dann nach und nach die anderen, wobei Luther seinen Anteil als Letzter erhielt. Zum von Luther aufgesetzten Vertrag: WB 7, Nr. 2127 S. 88:9, 10. Juli 1534. Siehe auch Fessner, »Die Familie Luder in Möhra und Mansfeld«, in Meller (Hrsg.), *Fundsache Luther*, S. 24, der herausstellt, dass es Luder möglich war, unabhängig von seinen Schulden aus dem Bergbau seinen Privatbesitz einschließlich etwas Land zu erhalten.

49 Es handelte sich um einen Konzentrationsprozess ökonomischer Macht bei einer geringeren Anzahl von Menschen, doch es bedeutete auch Niedergang: Westermann, »Rechtliche und soziale Folgen«, in: Jankowski (Hrsg.), *Zur Geschichte des Mansfelder Kupferschieferbergbaus*; Westermann, »Der wirtschaftliche Konzentrationsprozess«, in: Knape (Hrsg.), *Martin Luther und der Bergbau*, S. 65.

50 Fessner, »Die Familie Luder und das Bergwerks- und Hüttenwesen«, in: Knape (Hrsg.), *Martin Luther und Eisleben*, S. 28.

51 Ulrich Rülein von Calw, *Ein nützlich Bergbüchlein von allen Meta/len/als Golt/Silber/Zcyn/Kupferertz Eisen stein/Bleyertz/vnd vom Qecksilber*, Erfurt, Johann Loersfelt, 1527, [VD 16 R 35050], fol. Cv(v).

52 WT 1, Nr. 705, S. 341:25–27; »Im Bergwerk verwirrt und (...)«, WT 4, Nr. 4617, S. 404:11–13; »Ich weiß, das«, ibid., 7–9 und 19–20: »Denn der Satan gönnt mir diese Gabe Gottes nicht.« Schon frühzeitig verdammte Luther den Gebrauch von Wünschelruten zur Suche nach verborgenen Schätzen, obwohl solche Wünschelruten (manchmal mit einem Zauberspruch versehen) im Bergbau häufig eingesetzt wurden. Siehe Dym, *Divining Science*, S. 62: Luther formuliert seine Kritik 1518 in *Decem Praecepta Wittenbergensi praedicata populo*, 1521. Bergwerke konnten dennoch Gottes Wahrheit offenbaren: 1538 war Luther beeindruckt vom Fund eines fossilen Abdrucks in den Stollen von Mansfeld, der die Umrisse eines Papstes in einer Soutane mit der dreifachen Tiara hatte. Für Luther war es ein weiterer Beweis dafür, dass der Papst der Antichrist war: Freydank, *Luther und der Bergbau*, S. 64–66; Biering, *Historische Beschreibung des ... Manssfeldischen Berg-Wercks*, S. 128–134; WT 4, Nr. 4961.

53 Siehe insbesondere *(Kleiner) Sermon von dem Wucher* (1519), WS S. 6, 1–8; *(Grosser) Sermon von dem Wucher* (1520), WS 6, S. 33–60; *Von Kaufshandlung und Wucher* (1524), WS 15, S. 293–322; *An die Pfarrherrn wider den Wucher zu*

*predigen, Vermahnung* (1540), WS 51, S. 331–424: ab 1540 war seine Rhetorik extremer, und er verband Wucherer direkter mit dem Teufel, indem er einen Wucherer mit einem »Beer wolff« (Werwolf) verglich: WS 51, S. 399.

54 Ulrich Wenner, »Fundgrubner, Berckhauer und Schlacktreiber: Montanwortschatz bei Martin Luther«, in: Knape (Hrsg.), *Luther und der Bergbau*, S. 214, Anm. 18 und 19, WT 5, Nr. 6374, S. 630: 3–4; siehe auch WT 3, Nr. 3471 vom Herbst 1536 sowie WT 5, Nr. 5675: »Ich will kein kucks haben! Es ist spielgelt, vnd es will nicht wudelln, dasselbige gelt.« Nach Luthers Schilderung sind Aktien betrügerisch.

55 Myconius, *Geschichte der Reformation*, S. 15. Über die Verehrung von St. Anna unter den Mansfelder Bergleuten siehe Hornemann, »Zeugnisse der spätmittelalterlichen Annenverehrung«, in: Knape (Hrsg.), *Luther und der Bergbau*. Über den Kult um die heilige Anna, den Luther als eine neue Erscheinung ansah, die in seiner Kindheit eingeführt wurde, siehe Welsh, *Anna Mater Matronarum*, Kapitel 4 ff. (Ich danke der Autorin für die Erlaubnis, das Zitat zu verwenden.)

56 Spangenberg, *Mansfeldische Chronica* Buch 4, Teil 1, S. 94; Stahl, »Erkenntnisse zu Luthers Elternhaus«, in: Knape (Hrsg.), *Martin Luther und Eisleben*, S. 366 f; Schlenker, »Archäologie am Elternhaus Martin Luthers«, in: Meller (Hrsg.), *Luther in Mansfeld*, S. 96–99.

57 In seinem Brief an Spalatin, in dem er die Behauptung empört zurückweist, seine Eltern seien Zigeuner, führt Luther 1520 in der Tat nur die Verwandten seiner Mutter in Eisenach auf, nicht die seines Vaters in Möhra. Er hat wahrscheinlich die große Sippe seines Vaters erst 1521 kennengelernt, als er ihnen nach dem Wormser Reichstag einen Besuch abstattete. WB 1, Nr. 238, 10. Jan. 1520; Nr. 239, 14. Jan. 1520.

58 Einigen Berichten ist zu entnehmen, dass zwei von Hans und Margarethes Kindern bei einem Pestausbruch 1506 oder 1507 starben, und es ist denkbar, dass es ältere Zwillinge waren. Barbara, eine jüngere Schwester, starb 1520: Siggins, *Martin Luther and his Mother*, S. 14. In WT 1, Nr. 1108 gibt Luther einen recht unklaren Hinweis. Nachdem er erklärt, seine Eltern seien mit einem Sohn nach Mansfeld gezogen, erwähnt er anschließend seine eigene Geburt. Luther wurde jedoch in Eisleben geboren, nicht in Mansfeld, es wäre also möglich, den Bericht als eine verdrehte Version zu lesen mit ihm als Kind, mit dem sie Eisleben verließen. Daraus auf das Vorhandensein eines älteren Bruders zu schließen ist nicht zwingend.

59 Johannes Schneidewein (Rektor der Universität Wittenberg), in: *Scriptorum publice propositorum a gvbernatoribus studiorum in Academia Wittenbergensi*, Bd. 3, Wittenberg 1559, [VD 16 W 3761] 190v-191v: Siggins, *Martin Luther and his Mother*, S. 14.

60 »Es ist schwer, zwen gest zu erneren, einen im haus, den andern fur der thur.«

WT 1, Nr. 1016. Offenbar war Katharina schwanger mit Paul, als sie den Sohn Martin stillte.

61 WT 3, Nr. 2963a, 2963b. Luther hatte einen älteren Sohn namens Hans, doch hier verdrängt der Neugeborene Paul seinen älteren Bruder Martin, der Luthers Namen trug, von seinem Platz an der Brust.

62 Stahl, »Erkenntnisse zu Luthers Elternhaus«, in: Knape (Hrsg.), *Luther und Eisleben*, S. 366; Mathesius, *Historien*, S. 537. Zu Luthers Bergwerk-Metaphorik siehe Ulrich Wenner, »Fundgrubner, Berckhauer und Schlacktreiber«, in: Knape (Hrsg.), *Luther und der Bergbau*. Angesichts der Tatsache, dass einige Metaphern unvermeidlich waren, da sie in der Bibel vorkommen, ist es erstaunlich, wie selten Luther Metaphern aus dem Bergbau benutzt. Bestimmt verstand er die Metaphern, die er gebrauchte. In seinen frühen Bibelübersetzungen bis Mitte 1520 gebrauchte er das Wort »durchfewern« (durchfeuern), während er später den Vokabeln »durchleutern« oder »leutern« *(läutern)* den Vorzug gab, vielleicht eine Wegbewegung von einer früheren Verwurzelung im technischen Fachwissen über den Verhüttungsprozess.

63 So erhielt Luther zum Beispiel 1529 Besuch von seinem Vater, seinem Bruder, der Frau seines Bruders und dem Mann seiner Schwester. Sein Bruder Jakob besuchte ihn kurz nach dem Tod seines Vaters in Coburg und, wie wir wissen, noch einmal 1538 und 1540. 1536 beklagte sich Luther darüber, dass ihm Jakob nicht geschrieben habe, was nahelegt, dass es sonst einen Briefwechsel zwischen ihnen gab, WB 5, Nr. 1410, 19. April 1529, siehe auch Anm. 4; WB 7, Nr. 2287, 19. Januar 1536. Als Luther im Sterben lag, wurden seine drei Söhne, die sich noch im Kindesalter befanden und ihn begleitet hatten, nach Mansfeld gebracht, wo Jakob sich um sie kümmerte, WB 11, Nr. 4207, S. 300: 16 f.

64 WB 7, Nr. 2127, S. 88, 9. oder 10. Juli 1534.

65 WT 5, Nr. 6424: Luther verriet die Geringschätzung seines sozialen Umfelds für sie mit einer zwanglosen Bemerkung in einem Gespräch über die mögliche Heirat einer weiblichen Verwandten: Wenn sich die Frau nicht betrage, wolle er sie nicht mit einem Akademiker verheiraten, sondern mit einem Bergmann, damit man keinen frommen gebildeten Mann mit ihr betrüge.

66 Nicht weniger als 18 Mansfelder hatten sich zwischen 1530 und 1538 an der Universität Wittenberg eingeschrieben: Scheel, *Martin Luther*, Bd. 1, S. 53.

## Der Student

1 WB 2, Nr. 510, 15. Juni 1522, S. 563: 5; Moßhauer war es gelungen, durch Bildung sozial aufzusteigen: Dieter Stievermann, »Sozialer Aufstieg um 1500«, in: Knape (Hrsg.), *Luther und der Bergbau*, S. 48.

2 In der Liste der Hüttenmeister taucht er als »der jüngere Hans mit zwei Hütten auf der Wiese« auf, LHASA, MD, Rep. Cop., Nr. 425 b, fol. 121r, 1516. Ein Jahr darauf kaufte er das Haus bei der Silberhütte in Tal Mansfeld, fol. 126r, 1517; und nach dem Tod seines Vaters 1519 übernahm er das Haus der Familie in Tal Mansfeld, das zwischen dem Friedhof und dem Haus von Nickell Lebestock – 174r – lag; 1519 kaufte er ein anderes Anwesen in Eissberg und übernahm 1526 – 175v – eine Reihe von Liegenschaften, die zuvor Steffan Schmid gehört hatten. Er und Jakob Luder werden 1534 als Hüttenmeister aufgeführt: LHASA, MD, Rep. F4 Ak Nr. 8; Reinicke ist 1536 zusammen mit anderen Investoren aus Leipzig und Stolberg in einem Vertrag mit den Grafen aufgeführt, Möllenberg, *Urkundenbuch zur Geschichte des Mansfeldischen Saigerhandels*, S. 194.

3 Westermann, »Der wirtschaftliche Konzentrationsprozess im Mansfelder Revier«, in: Knape (Hrsg.), *Luther und der Bergbau*, S. 67.

4 Kramm, *Studien über die Oberschichten*, Bd. 1, S. 114.

5 WB 5, Nr. 1595 19. Juni 1530, *Beilage*: Brief von Veit Dietrich an Katharina von Bora, S. 379: 16 f.; Melanchthon berichtet in seiner Luther-Biographie, Reinickes Tugend sei später so herausragend gewesen, dass er in diesen Gegenden große Autorität besaß, Vandiver / Keen / Frazel (Hrsg. u. Übers.), *Luther's Lives*, S. 15; Melanchthon, *Vita Lutheri*, fol. 10v; WB 8, Nr. 3255, 1. September 1538, S. 280: 4 f.; Mathesius erwähnt ihn kurz in *Historien*, S. 6; Adam, *The life and death of Dr. Martin Luther*, S. 2 (die Übersetzung stammt aus seiner Sammlung von 546 Biographien von Reformatoren, *Vitae Germanorum Theologorum*, Frankfurt am Main 1620).

6 WS 15, S. 51: 13–16.

7 WT 3, Nr. 3566A und 3566B – die letzte Aussage stammt von 1543, die davor von 1537, doch Aurifaber, der Herausgeber der Erstausgabe der Tischreden, kompilierte sie.

8 Kramm, *Studien über die Oberschichten*, Bd. 1, S. 36 beziffert die Einwohnerzahl im Jahr 1557 auf 748. 1635 ereignete sich in Eisenach eine verheerende Brandkatastrophe, weshalb über die frühere Stadtgeschichte wenig bekannt ist und man sich auf die Chronisten verlassen muss. Gemäß den Eisenacher Verordnungen waren ›große‹ Grundherren solche, die »zwo huffen Landes und Wiesen«, sechs Milchkühe und »vier Geldeviehe« besaßen – was darauf hinweist, dass die Landwirtschaft für die meisten Bewohner Eisenachs weiterhin große Bedeutung hatte. Anfang des 16. Jahrhunderts besaß die Hälfte der Stadtbewohner Gärten, Ackerland, Weinberge oder Hopfenfelder. 1466 warnte der städtische Notar Johannes Biermast, »wan das regiment wirt swach, die handwerkgsleute regiren«, was auf soziale und politische Spannungen hindeutet, Kramm, *Studien über die Oberschichten*, Bd. 1, S. 187, Bd. 2, S. 683 Anm. 4; Bd. 1, S. 253, von Strenge, Devrient,

*Die Stadtrechte*, Nr. 34, S. 70 f., Nr. 43, S. 85. Die Stadt listete Mitte des 16. Jahrhunderts nur fünf große Händler auf – so viel wie Weimar, dessen Einwohnerzahl geringer war, Kramm, *Studien über die Oberschichten*, Bd. 1, S. 166, Bd. 2, S. 670, Anm. 112: Auf der Grundlage des Steuerregisters von 1542 wurde die Bevölkerung auf 3030 geschätzt. Siehe auch Gerd Bergmann, *Kommunalbewegung und innerstädtische Kämpfe*: Zeitgenossen waren sich des Niedergangs deutlich bewusst. Bis zur zweiten Hälfte des 15. Jahrhunderts häuften sich die Klagen über die wirtschaftliche Stagnation, und bei einer Ratsuntersuchung 1509 wurden die Kritiken wiederholt. Siehe auch im Staatsarchiv Weimar die 1509 erstellte Liste von Gründen, warum die Stadt einen Niedergang erfuhr, in der unter anderem angeführt wird, die Stadtmauer umschließe ein zu großes Gebiet, die Bürger feierten und schlemmten zu viel, und es fehle ihnen ein Monopol zum Bierbrauen, Staatsarchiv Weimar, 389 Eisenach, 14, fol. 102.

9 Siggins, *Luther and his Mother*, S. 46. Sogar der Mädchenname der Mutter war eine Zeitlang nicht gesichert, da die ältere Literatur ihn in Verwechslung mit dem Namen ihres Großvaters als »Ziegler« angibt. Wolfgang Liebehenschel vertritt die Meinung, sie stamme aus dem 80 Kilometer von Eisenach entfernten Bad Neustadt und ihr Vater sei ein »Ziegler« gewesen, der eine Ziegelei besaß. Liebehenschel, »CURRICULUM VITAE der Mutter Martin Luthers«, in: Knape (Hrsg.), *Martin Luther und der Bergbau*; siehe auch: Löcher, »Martin Luthers Eltern« – Ein Bildnispaar Lucas Cranachs von 1527 auf der Wartburg«, in: Knape (Hrsg.), *Luther und der Bergbau*. Melanchthon meinte, Luther sei nach Eisenach geschickt worden, »da seine Mutter daselbst herumb von eynem alten ehrlichen geschlecht geboren war« und weil die Unterrichtsmethode in Eisenach besser gewesen sei, Vandiver/Keen/Franzel (Hrsg.), *Luther's Lives*, S. 15; Melanchthon, *Vita Lutheri*, S. 10 f.; Adam, *The life and death of Dr. Martin Luther*, S. 3 wiederholt 1620 diese Aussage in seiner Luther-Biographie, als er erklärt, Luther habe den Schulort gewechselt, weil seine Mutter von dort aus einer mütterlicher- und väterlicherseits ehrbaren und alten Familie stammte. Auch Mathesius sagt in seiner ersten Predigt, Luther sei nach Eisenach gezogen, »da er seiner Mutter Freundschafft hatte«; Mathesius, *Historien*, S. 7. Und Luthers Arzt Ratzeberger überliefert, er sei »gegen Eisenach zu seinen gefreundten« gesandt worden, in: Neudecker (Hrsg.), *Die handschriftliche Geschichte Ratzeberger's*, S. 43. Siehe auch: Richter, *Genealogia Lutherorum*, S. 13–23. Richter identifiziert sie hier richtig als eine geborene Lindemann.

10 WT, 3, Nr. 2888, S. 51:9–10.

11 WT 3, Nr. 2888, S. 51:9–10. Ein glänzendes Porträt ihres Verhältnisses gibt Siggins, *Luther and his Mother*.

12 Posset, *The Front-runner of the Catholic Reformation*, S. 20.

13 Mathesius, *Historien*, S. 8

14 Siggins, *Luther and his Mother*, S. 52; über Luther als Prophet siehe Kasten, »Was ist Luther?«, in: Bok, Shaw (Hrsg.), *Magister et amicus*, S. 899–931; Kolb, *Martin Luther as Prophet*, S. 75–101.

15 Es ist nicht klar, wo genau die erste Begegnung mit der Bibel stattfand; einige Gelehrte behaupten, es sei in Eisenach gewesen, andere in Erfurt entweder vor oder nach seinem Eintritt ins Kloster: WT 5, Ernst Kroker, *Einleitungen*, S. XV–XVII. Siehe WT 1, Nr. 116 und WT 5, Nr. 5346, wo die Geschichte Samuels diejenige ist, die er bei seiner ersten Begegnung mit der Bibel liest; WT 3, Nr. 3767 zieht keine Verbindung zu Samuel. Wie Samuel musste Luther für seine eigene prophetische Mission den vorgezeichneten Weg verlassen.

16 Johannes Cochläus (»Georg Sachsen«), *Herzog Georgens zu Sachssen Ehrlich vnd grundtliche entschuldigung, wider Martin Luthers Auffruerisch vn[d] verlogenne brieff vnd Verantwortung*, Dresden 1533, [VD 16 C 4323], fol. B iii(v). Diese anonyme Schmähschrift erschien unter dem Namen des Herzogs Georg von Sachsen, war aber tatsächlich von Luthers langjährigem Feind Cochläus verfasst. Er nimmt sie wieder auf in der brieflichen Vorrede zu seiner Luther-Biographie, die 1549 erschien und eine größere Leserschaft erreichte. Dieselbe Beschuldigung war auch von Georg Witzel und Petrus Sylvius, *Die Letzten zwey beschilisslich und aller krefftigest büchleyn M. Petri Sylvii, so das Lutherisch thun an seiner person (...)*, Leipzig 1534, erhoben worden; Siggins, »Luther's Mother Margarethe«, in: *Harvard Theological Review*, S. 125–50, 132.

17 Siggins, »Luther's Mother Margarethe«, S. 133: Luther bezieht sich 1543 in *Von den Juden und ihren Lügen* noch einmal darauf; siehe auch WT 3, Nr. 3838: 1538 erinnerte er sich daran, wie Herzog Georg seine Mutter eine Bademagd und ihn einen »Wechselbalg« genannt habe, und verweist auf das von Cochläus unter dem Namen Herzog Georg verfasste Pamphlet von 1533.

18 Zit. n. Luther, *Luther deutsch*, hrsg. v. Kurt Aland, S. 71, im Orig.: »Isenacum enim paene totam parentelam meam habet, et illic ab eis sum agnitus et hodie notus (...) nec ulla civitas me notiorem sibi habet.« WB 1, Nr. 239, 14. Jan. 1520, S. 610:20–23.

19 Topp, *Historie der Stadt Eisenach*, S. 8: Natürlich gab es auch andere Versionen dieser Geschichte.

20 Topp, *Historie der Stadt Eisenach*, S. 6–32; Bergmann, Kommunalbewegung und innerstädtische Kämpfe, S. 11–15, S. 33–37.

21 Stadtarchiv Eisenach, *Bestand Chroniken*, 40.1/9.1, *Chronik Joh. Michael Koch*.

22 Topp, *Historie der Stadt Eisenach*, S. 10–13.

23 Helmbold, *Chronik Eisenachs*, S. 27–40; Kremer, *Beiträge zur Geschichte*.

24 WB 1, Nr. 157, 24. Febr. 1519, S. 353:29–30; WT 3, Nr. 3626 und 3653.

25 Topp, *Historie der Stadt Eisenach*, S. 15.

26 Topp schildert die Geschichte der Madonnenstatue mit Kind im Franziskanerkloster St. Paul. Wenn jemand davor betete, drehte das Jesuskind ihm den Rücken zu, als würde es den Sünder zurückweisen. Versprach der Betende jedoch eine Stiftung für das Kloster, wandte das Jesuskind ihm das Gesicht zu, und wenn jemand noch mehr Geld spendete, segnete es angeblich den Betenden: Topp, *Historie der Stadt Eisenach*, S. 15.

27 WS 6, S. 438: 18–22; WB 2, Nr. 262, 29. Februar 1520. Sein Unbehagen gegenüber dem Betteln blieb lange bestehen: Luther erinnerte sich später daran, wie er, zurück in Mansfeld, an Karneval mit einem Schulkameraden um Wurst bettelte, wie es der Brauch war. Doch als ein Bürger sie neckte, suchten sie das Weite, und der Mann musste ihnen mit der Wurst hinterherrennen: WT 1, Nr. 137. Luther gebraucht diese Geschichte als ein Gleichnis für die Beziehung des Gläubigen zu Gott und verbindet sie interessanterweise mit der Geschichte seiner Angst vor der Hostie, als Staupitz diese bei einer Prozession durch Eisleben trug. Paullini, *Historia Isenacensis*, S. 125 f; Drescher, *De festis diebus …*, S. 190 f (Narratio I) [VD 16 D 2723].

28 Brecht, *Martin Luther*, Bd. 1, S. 18.

29 Die Familie machte dem Kloster so viele Schenkungen, dass dieses kleine Kloster in Eisenach auch »Collegium Schalbense« genannt wurde. Siehe Kremer, *Beiträge zur Geschichte*, insbesondere S. 69 und S. 89.

30 Scherf, *Bau- und Kunstdenkmale*, S. 9.

31 Neudecker (Hrsg.), *Die handschriftliche Geschichte Ratzeberger's*, S. 43 ff.; Ratzeberger, der keine verlässliche Quelle darstellt, bezieht sich auf Joannes Trebonius, doch es ist unbekannt, ob ein Mann dieses Namens existierte oder ob die Anekdote nicht vielmehr Bezug nimmt auf den Eisenacher Humanisten Trebelius, der kein Lehrer Luthers war, oder auf einen anderen Lehrer der Schule; siehe Brecht, *Martin Luther*, Bd. 1, S. 19. Die Geschichte wird wiederholt in Paullini, *Historia Isenacensis*, S. 126 f.

32 WT 1, Nr. 256.

33 WB 1, Nr. 3, 22. April 1507; Nr. 4, 28. April 1507.

34 WB 1, Nr. 5, 17. März 1509, S. 16: 10–11; S. 17: 38. Der Brief enthält, dass Braun dem jungen Martin weiterhin geschrieben, Luther jedoch nicht geantwortet hatte. Er enthält drei Absätze mit maßlosen Beteuerungen seiner Zuneigung, bevor Luther zur Sache kommt, nämlich dass er nach Wittenberg gegangen sei. Weiter entschuldigt er sich dafür, ihn weder besucht noch ihm von seinem bevorstehenden Umzug erzählt zu haben. WB 1, Nr. 5, 17. März 1509, S. 16: 10 f.; S. 17: 38. Luther sandte ihm 1505 noch eine Abschrift seiner Messe in Gotha (siehe unten), doch zu seiner Doktorfeier lud er ihn nicht ein.

35   Paullini, *Historia Isenacensis*, S. 122–124, darin auch ein Bericht über seinen 1669 erneuerten Grabstein, »non cultus, sed memoriae causa«, der ein wuchtiges antikatholisches Denkmal ist – die »falsche« Jahreszahl 1516 wurde zu 1517 berichtigt. Siehe Engel, *Kurzer / Jedoch gewisser vnd gruendtlicher Bericht / von Johan Hilten*, ebd. fol. A 11r-v: Engel erinnert sich, während seiner Schulzeit in Strausberg Hiltens Prophezeiungen aus dem Deutschen ins Lateinische übertragen zu haben. Mathesius wartet mit der Geschichte über Hilten als der dritten Prophezeiung über Luther auf: Ein alter Priester sagte dem kranken Studenten Luther, Gott werde einen »großen Mann« aus ihm machen; die zweite war die Prophezeiung von Jan Hus, der ankündigte, nach der »Gans« (Hus) werde ein »Schwan« kommen. Die Prophezeiungen folgen direkt auf seinen Bericht darüber, wie Luther die Bibel entdeckte: Mathesius, *Historien*, S. 8 f. Siehe auch Topp, *Historie der Stadt Eisenach*, S. 16–18; und zu Luthers Überzeugung, dass die Prophezeiung auf ihn vorausweise: WT 3, Nr. 3795. In seiner Geschichte der Reformation bezieht sich Myconius nicht direkt auf Hilten, verweist aber indirekt auf ihn in einem Bericht (aus zweiter Hand) über einen seiner Träume, siehe: Lehmann, *Historischer Schauplatz*, S. 799, wo Myconius' eigenes Schicksal unter den grausamen Mönchen beschrieben wird als eines, das dem Hiltens gleicht.

36   WB 5, Nr. 1480, 17. Oktober 1529; sowie Nr. 1491, 7. November 1529; Myconius' vollständige Antwort, WB 5, Nr. 1501, 2. Dezember 1529. Siehe auch WB 5, Nr. 1501, S. 194: Durch Myconius' Nachforschungen wusste Luther von einem Augenzeugen, Hilten habe auf dem Sterbebett in üblicher Weise die Sterbesakramente erhalten; dieser Bericht sagte nichts davon, dass er verhungert sei. Luther wusste von Myconius auch, dass es in der Prophezeiung um das Jahr 1514 ging: WB 5, S. 191.

37   *Bekenntnisschriften der evangelisch-lutherischen Kirche*, S. 378. Hilten sagte voraus, der Angriff auf das Papsttum werde 30 Jahre dauern – so konnten lutherische Hagiographen diese Aussage genau mit Luthers Tod im Jahre 1546 zusammenbringen. Auf diese Weise bekam Hilten seinen Platz als ein bedeutender Vorgänger Luthers, als ein Johannes der Täufer, der die Ankunft eines neuen Propheten verkündigte. Im 17. Jahrhundert ließ der lutherische Theologe und Superintendent von Eisenach Nikolaus Rebhan Hilten sogar in seiner Zelle ohne Sakrament sterben, da er sich geweigert habe, das Sakrament nur auf eine Weise zu empfangen, wie sie die Anhänger von Hus kannten, WB 5, Nr. 1501, Beilage II, S. 195.

38   Rabus, *Historien der Heyligen Außerwölten Gottes-Zeügen, Bekennern und Martyrern* (das Zitat stammt aus dem Titel); die Luther-Biographie ist in Band 4 der Historien enthalten.

39   Siehe WS 30/3, S. 481 ff.; Luthers Randbemerkungen zur Confessio Augustana, 1531, ebd. S. 489.

40 In einem Brief, den er nach seinem Eintritt ins Kloster an Braun schrieb, nahm Luther interessanterweise an, dass Ältere – wie er – das Theologiestudium dem Philosophiestudium vorziehen würden, und legt nahe, dass dieses Interesse an religiösen Fragen auf seine Schulzeit zurückgeht.

41 Paullini, *Historia Isenacensis*, S. 125 f.; Mathesius, *Historien*, S. 7; Cotta war offenbar eine Angehörige der Familie Schalbe, die Geschichte erzählt daher, wie es dazu kam, dass er bei ihnen wohnte; bei Drescher, *De festis diebus …*, S. 190 f. (Narratio I) [VD 16 D 2723], liegt die Betonung auf dem Mitleid, das eine »Mutter« ihm bezeugt, als es ihm nicht gelingt, Brot zu erbetteln, Ratzeberger in: Neudecker (Hrsg.), *Die handschriftliche Geschichte Ratzeberger's*, S. 41 f.; Luther behauptete, das Wasser habe das Fieber geheilt.

42 WT 2, Nr. 2719 a, S. 613:28 f.; WT 2, Nr. 2719b. Siehe Brecht, *Martin Luther*, Bd. 1, S. 20; und WT 2, Nr. 2788b; 2894b.

43 »Animus tamen meus semper tuus mansit.« Scheel, *Dokumente zu Luthers Entwicklung*, S. 15 f.; siehe auch Brecht, *Martin Luther*, Bd. 1, S. 40, S. 163; und Scribner, »Die Eigentümlichkeit der Erfurter Reformation«, in: Weiß (Hrsg.), *Erfurt 742–1992*, S. 241–274.

44 Brecht, *Martin Luther*, Bd. 1, S. 33.

45 WB 1, Nr. 5; am 17. März 1509 äußert Luther, er würde lieber Theologie als Philosophie studieren.

46 WT 5, Nr. 6419, S. 653: 24–28.

47 Siehe Oberman, *Werden und Wertung der Reformation [Masters of the Reformation]*.

48 WT 2, Nr. 2788b, S. 660:24–26.

49 WS 49, S. 322:12–3 (Predigt vom 20. Januar 1544: »Da ich noch ein Muench ward, wolt mein vater tol und toricht, schreibt mir ein boesen brief und hies mich ›Du‹, prius ›vos‹.«)

50 Vandiver, Keen, Frazel (Hrsg. u. Übers.), *Luther's lives*, S. 16; Melanchthon, *Vita Lutheri*, S. 13; WT 1, Nr. 119, S. 46:23 f.: »O Maria, hilff! Da wer ich, inquit, auff Mariam dahin gestorben!«

51 WT 4, Nr. 4707, 16. Juli 1539. Da er die Geschichte am von ihm selbst angegebenen Jahrestag seines Eintritts ins Kloster erzählte, war es sicher ein Datum, das wichtig für ihn blieb.

52 Oder er trug die Lehrbücher zum Buchhändler zurück und behielt nur Vergil und Plautus, wie Luther später sagte: WT 1, Nr. 116.

53 WT 4, Nr. 4707, S. 440:14–15. Siehe auch die Version von Justus Jonas von 1538, nach der Luther während des Fests Laute spielte: Scheel, *Dokumente zu Luthers Entwicklung*, S. 151, Anm. 413.

54 Die Geschichte wurde zum Modell für andere – Myconius zum Beispiel beschrieb

eine ähnliche Abschiedsfeier, als er ins Kloster eintrat. Siehe Lehmann, *Historischer Schauplatz*, S. 799.

55 WT 2, Nr. 1558 (Mai 1532); WT 4, Nr. 4174; WT 5, Nr. 5357 (Sommer 1540) – in beiden Fällen beendet Luther die Erzählung damit, dass er sich selbst dann noch unwohl gefühlt habe, und dankt Gott, ihn vor der Flucht bewahrt zu haben. Siehe WT 4, Nr. 4574.

56 WT 4, Nr. 4574, S. 384:24 f., WS 49, S. 322:32–34 (Predigt vom 20. Januar 1544); siehe auch den Bericht von Bavarus, *Rapodiae et Dicta quedam*, Bd. 2, S. 752–754, in: Scheel, *Dokumente zu Luthers Entwicklung*, S. 184 f.; WS 44, S. 711 ff; WT 1, Nr. 623; WT 1, Nr. 881; WT 2, Nr. 1558; WT 3, Nr. 3556 A. Siehe auch Ratzeberger, *Luther*, S. 48 f.: In diesem Bericht machte der Vater Luther Vorwürfe, dass er seine Eltern im Alter nicht unterstütze und stattdessen Mönch werde. Er präsentiert Hans Luder auch als Gegner von Mönchen und Mönchstum, indem er Luthers spätere Haltung nachträglich in die Geschichte hineinliest. Zugleich übergeht der Bericht die Frage des Vaters, ob die Erscheinung nicht eine teuflische Illusion gewesen sein könnte.

57 »Quod verbum sic egit radices in cor meum, ut nihil ex ore eius unquam audierim, quod tenacius servaverim.« WB 2, Nr. 428, 9. September 1521, S. 385: 3 f.; [LW Letters I, S. 301]. Ähnliches bemerkte er auch am 21. November 1521 in der Widmung von *De Votis monasticis* an seinen Vater, WS 8, S. 573. Siehe auch WT 1, Nr. 872, erste Hälfte der 1530er Jahre.

58 Nas, *Quinta Centuria*, S. 70v–71r. Schadenfroh und zu Recht weist er darauf hin, dass Melanchthon so vorsichtig war und das Gewitter nicht als prophetisches Zeichen darstellte. S. 73(r) ff. fährt Nas damit fort, sich über die Prophezeiungen Luthers einschließlich der von Hilten lustig zu machen. 490 bringt eine »irrequiem«-Messe für Luther und enthält ein spöttisches Glaubensbekenntnis (493r): Ich glaube an Luther, geboren von der Jungfrau Bademagd, empfangen durch einen »heillosen Geist«.

59 Erikson, *Der junge Mann Luther*, S. 97 f., 160 ff. u. 224 f.

## Das Kloster

1 Lindner, »Martin Luther im Erfurter Augustinerkloster 1505–1511«, in: Schmelz / Ludscheidt (Hrsg.), *Luthers Erfurter Kloster*, S. 62. Siehe auch Scheel, Martin Luther, Bd. 2, S. 1–28 u. 61. Einige von Luthers älteren Kommilitonen und Lehrern scheinen dennoch überzeugt gewesen zu sein, dass Hus zu Unrecht verurteilt worden war, so dass Luther möglicherweise nicht so erstaunt war, wie es den Anschein hatte.

2 Schleiff / Sussmann, »Baugeschichte des Erfurter Augustinerklosters«, in: Schmelz / Ludscheidt, *Luthers Erfurter Kloster*, S. 28, nennt als Zeit für den Bau des Kloster-

gebäudes zwischen 1502 und 1511. 1488 lebten in der Erfurter Brudergemeinde der Augustiner 53 Brüder, 1508 waren es 52 Brüder, siehe Pilvousek / Springer, »Die Erfurter Augustiner-Eremiten«, in: Schmelz / Ludscheidt, *Luthers Erfurter Kloster*, S. 53.

3 Im Orig.: »in refecter eszen vuff einem langen tische als in clostern reformirten geborlich ist; item ab sie mit sweigen esszen; item ab sie usz der czeit gemeynin molczeit sunderlich esszen ader trincken«, zit. n. Scheel, *Martin Luther*, Bd. 2, S. 249.

4 *Constitutiones Fratrum Heremitarum sancti Augustini ad apostolicorum privilegiorum forman p[ro] Reformatione Alemanie*, Nürnberg 1504 [VD 16 A 4142].

5 WT 3, Nr. 3517; siehe auch WT 3, Nr. 2494a und b, wo es seiner Schätzung nach 18 000 oder 16 000 sind.

6 WT 2, Nr. 2494b.

7 WB 3, Nr. 427, Anm. 1.

8 Oehmig, »Zur Getreide- und Brotversorgung der Stadt Erfurt«, in: Weiß (Hrsg.), *Erfurt 742–1992*, S. 203–223.

9 Willicks, »Die Konflikte zwischen Erfurt und dem Erzbischof von Mainz«, in: Weiß (Hrsg.), *Erfurt 742–1992*, S. 225–240; Scribner, »Civic Unity and the Reformation in Erfurt«, in: ders., *Popular Culture and Popular Movements*, S. 185–216.

10 Weiß, *Die frommen Bürger von Erfurt*, S. 95.

11 Die Reichsacht wurde 1512 tatsächlich ausgesprochen, doch sie hatte keine praktischen Folgen für die Stadt: Ludolphy, *Friedrich der Weise*, S. 255.

12 Weiß, *Die frommen Bürger von Erfurt*.

13 Erfurt war keine Reichsstadt, wollte aber immer eine sein; siehe dazu Scribner, »Civic Unity and the Reformation in Erfurt«, in: ders. (Hrsg.), *Popular Culture and Popular Movements*, S. 185–216.

14 Zweifellos hatte sich der schmachvolle Tod Kelners bei ihm eingeprägt, ruft er sich dessen Umstände doch mehrfach in Erinnerung: WT 1, Nr. 487; WT 2, Nr. 2494a und b; 2709b. Er tadelte Erfurt dafür, dass es zu stolz gewesen sei und sowohl Mainz als auch Sachsen verachtet habe.

15 Interessanterweise war der Wittenberger Professor Henning Goede als Vermittler für Sachsen maßgeblich an den Verhandlungen beteiligt, die schließlich zur Wiedererlangung von Sachsens Führungsrolle in Erfurt führten. Luther kannte diese Entwicklungen also wahrscheinlich aus sächsischer Sicht. Ludolphy, *Friedrich der Weise*, S. 257 f.

16 WT 5, Nr. 5375, Mathesius, *Historien*, S. 11 f. heißt es, die Mönche hätten die Bibel konfisziert, die sie ihm geschenkt hatten. Laut Ratzeberger, in: Neudecker (Hrsg.), *Die handschriftliche Geschichte Ratzeberger's*, S. 46 ff., hatte Luther die Arbeit eines »Hausknechts« zu verrichten; statt zu studieren, musste er Böden wischen und putzen.

17  WT 5. Nr. 5375

18  WS 41, S. 447:16, (Predigt 1535) WS 17.1, S. 309. Luther lehnte insbesondere die vegetarische Ernährungsform der Kartäuser ab und erachtete sie für ungesund: WS 42, S. 504 (Vorlesungen über Mose, 1535–45).

19  WS 10.1, 2. Abt., S. 436.

20  Brecht, *Martin Luther*, Bd. 1, S. 64; WS 11, S. 202:11 ff.; WS 46, S. 24:34; WT 1, Nr. 708; WT 5, Nr. 5428.

21  WS 17.1, S. 309:31–34.

22  WS 32, 327:21–2.

23  »Imo tantum iudicem Christum putavimus, sedentem in celis, non curantem res nostras, sed bene agentibus hic post mortem dare vitam, sola vero mater reconciliaret eum nobis (…) es wer schir so gut das Ave maria gar nider legt propter abusum.« WS 11, S. 60:20–22.

24  WS 33, S. 83:31–36; S. 84:1–5.

25  WT 2, Nr. 1746, S. 203:43–45. Seine Hochachtung, schreibt er weiter, habe Aristoteles und Bonaventura gegolten.

26  WS 38, S. 148:6–8; er bezeichnet es mit dem lateinischen Begriff *tentatio*.

27  WT 1, Nr. 518.

28  WS 45, S. 152:8 u. 36 f.; WT 1, Nr. 137, S. 59:27–32; WT 2, Nr. 2318a.

29  WT 1, Nr. 122, S. 50:28; und siehe zum Beispiel WT 2, Nr. 1492; WS 21, S. 358:17, WS 31.1, S. 148 b:3. u. WS 40.2, S. 91 f.

30  »so gute Tage«, WT 1, Nr. 141, 14. Dez. 1531, S. 61:32; »(…) aber so viel ich verstehe«, S. 65:13–14.

31  »(…) an sit fatigatio vel Satanae tentatio, nescio«, in: WB 5, Nr. 1377, 31. Jan. 1529, S. 14:14–15.

32  »(…) qui me sic colaphisat«, in: WB 5, Nr. 1671, 1. (Aug.) 1530, S. 521:6.

33  »(…) aut largius bibe, aut iocare, nugare«, in: WB 5, Nr. 1670, Juli(?) 1530, S. 518–20; er schlug sogar vor, eine kleine Sünde zu begehen.

34  »Sum concionator conventualis, ecclesiastes mensae, desideror quotidie et parochialis praedicator, sum regens studii, sum vicarius, id est, undecies prior, sum terminarius piscium in Litzkau, actor causarum Herzbergensium in Torgau, lector Pauli, collector Psalterii, et illud, quod iam dixi maiorem partem occupare temporis mei, epistolarum scribendarum negotium.« WB 1, Nr. 28, 26. Okt. 1516, S. 72:6–10, 10–11, des weiteren: »praeter proprias tentationes cum carne, mundo et Diabolo. Vide, quam sim otiosus homo.« WB 1, Nr. 28, 26. Okt. 1516, S. 72: 12–13.

35  WB 1, Nr. 18, 30. Juni 1516 Und Nr. 13, 1. Mai 1516. Er beklagte sich auch über einen anderen Mönch, von dem er meinte, er habe stets Schande über den Konvent von Eisleben gebracht.

36 Brecht, *Martin Luther*, Bd. 1, S. 98–105.

37 »Ego, ait, mirabili consilio veni Romam, ut caput scelerum et sedem Diaboli viderem.« In: WT 5, Nr. 5344, S. 75:2, Sommer 1540.

38 Obwohl sein späteres Ich, als er sich daran erinnert, sofort hinzufügt: »(...) und der Teufel hat dem Papst seinen Dank darauf geschissen«, als ob der auf ihrer Heiligkeit gründende Ruf der Stadt noch immer prophylaktisch mit Schlamm beworfen werden musste: WT 5, Nr. 6059, S. 467:16.

39 WT 3, Nr. 3781.

40 WT 3, Nr. 3479a.

41 WT 4, Nr. 4104, S. 136:6. Er erinnerte sich dennoch an das Pantheon, das mit Bildern aller Gottheiten bemalt war, WT 1, Nr. 507; WT 5, Nr. 5515. Und er bemerkte, dass es keine Fenster gab, sondern das zarte Licht durch ein rundes Loch an der Decke des Bauwerks hereinfiel.

42 *Ablas Buchlein der Stationes der Stat Rom vnnd der kirchē mit irem ablas durch das gantz Jar. / Babst Julius der Zehendt (= Leo X.)*, Nürnberg: Gutknecht, Jobst, 1515 [VD 16 K 259].

43 WS 41, S. 198:12–14 (Predigten, 1535).

44 WT 3, Nr. 3428, S. 313:5; Mathesius, *Historien*, S. 6f., wo die (weiter oben verwendeten) Zitate wiedergegeben sind, und S. 14. Siehe auch WT 5, Nr. 5484. In der Tischrede Nr. 5347 (ebd.) führt Luther in einer sehr kurzen, handschriftlichen Liste der wichtigsten Daten seines Lebens die Rom-Reise auf, »ubi est sedes Diaboli«: Sie hat darin denselben Stellenwert wie seine Heirat, der Ablass-Streit und die Leipziger Disputation.

45 Zu Paul Luthers Bericht siehe Scheel, *Dokumente zur Luthers Entwicklung*, S. 210. WS 51, S. 89 (1545); siehe auch WS 17.1, S. 353.

46 WS 31.1, S. 226. Er erinnerte sich auch darin, die Lateranbasilika besucht zu haben, wo fromme Pilger Sündenerlass für ihre Mutter erhalten konnten, wenn sie eine Messe lasen – es sei ihm jedoch nicht gelungen, sich einen Weg durch die Menschenmenge zu bahnen: WS 31.1, S. 226.

47 »Traun nein!«, WT 4, Nr. 4925, S. 583:3; WT 6, Nr. 7005; Roth, »Die geistliche Betrügerin Anna Laminit«, in: *Zeitschrift für Kirchengeschichte* 43/2, NRF 6, 1924, S. 335–417; *Chroniken der deutschen Städte* Nr. 23, S. 116f.; Nr. 25, S. 11–20; S. 85 f.; Roper, *Das fromme Haus*, S. 224 ff.

48 Das Geburtsdatum von Staupitz ist unbekannt. Zumkeller hält 1468 für wahrscheinlich, andere 1465 oder früher. Zumkeller, *Johannes von Staupitz*, S. 1. Zu Staupitz siehe Wriedt, *Gnade und Erwählung*.

49 Franz Posset, *The Front-runner of the Catholic Reformation*, S. 33–35 u. S. 79–89 (zu seiner Nachfolge auf Andreas Proles als Oberhaupt der sächsisch-thüringischen Reformkongregation). Von 1509 bis 1512 war Staupitz sowohl Generalvikar

der reformierten Augustinerorden Deutschlands als auch Provinzial der nicht reformierten Augustiner in Sachsen, ebd. S. 128.

50 Zit. n. Zumkeller, *Johannes von Staupitz*, S. 7: »der rechtschaffene Christ (...) vergleicht sein Gemüt und sein Wesen jedesmal mit dem, was die Zeit, die Umstände und die Personen erfordern, in der Kirche ist er dann andächtig, verhalten tapfer und vorsichtig, bei Tisch und bei ehrbaren Personen angenehm und fröhlich.« Zumkeller bemerkt scharfsinnig, dass diese Beschreibung auf Staupitz selbst passen würde.

51 WT 5, Nr. 5989, S. 417: 11–2. Staupitz fügte offenbar hinzu, dass ihn das trotzdem nicht hindere, junge Männer zu protegieren. Luther, der dies wahrscheinlich 1544 erzählte, zog Parallelen zu seinen eigenen Erfahrungen mit Veit Amerbach und Georg Agricola, die er für undankbar hielt.

52 WT 2, Nr. 2255.

53 WB 1, Nr. 6, 22. September 1512, S. 18: 10–12: »Ne etiam ex humilitate superbiam aut laudem quaerere videar« und »Deus scit, scit et conscientia mea, quam dignus et quam gratus ad hoc ostentum gloriae et honoris sim.«

54 WT 2, Nr. 2255a, S. 379: 10, Nr. 2255b u. Nr. 1531: Luther selbst interpretierte Staupitz' Aussage als Hinweis auf sein künftiges Interesse an der Frage der Buße und Ablässe. Formell hatte Luther 1512 mit dem Doktorat begonnen und es später im selben Jahr abgeschlossen.

55 »velut nomine omnium vestrum«, WB 1, Nr. 8, 16. Juni 1514, S. 25: 8 und *passim*. 1518 schlossen sie offenbar schließlich Frieden, als Luther Lang bat, Nathin freundliche Grüße zu überbringen. WB 1, Nr. 64, 21. März 1518.

56 Posset, *The Front-runner of the Catholic Reformation*, S. 280, weist darauf hin, dass Nathin einer der sechs Augustinerbrüder war, die 1523, als es den verbliebenen Mitgliedern des reformierten Augustinerordens nicht gelang, einen neuen Vikar zu wählen, eine Erklärung unterzeichneten, dass sie keine Anhänger der seltsamen »Martinianischen« Lehre seien.

57 WT 1, Nr. 173, 1532, S. 80: 6–7.

58 Zum Gespräch mit Staupitz über die wahre Buße: WS 1, S. 525: 12 f.; das ganze Begleitschreiben in WS 1, S. 525–552; »dass er als Erster«, in: Härle / Schilling / Wartenberg (Hrsg.), *Martin Luther. Lateinisch-Deutsche Studienausgabe*, Bd. 2, S. 17–23. WB 11, Nr. 4088, 27. März 1545, S. 67: 7–8; 6–7. Luther hält das in einem Unterstützungsschreiben für eine Petition der Witwe Margaretha von Staupitz fest, die sich an Luther gewandt hatte, weil »Jr sso guth eins seyth gewesen mit Doctor Staupitz vnd mith meinem Juncker« (ebd., Nr. 4087, S. 61: 26–7). Sie hatte einen ehemaligen Augustiner geheiratet.

59 Interessanterweise führte von Staupitz in der 1523er-Ausgabe von *Ein buchlein von der nachfolgung* die Quellen in der Bibel an, aber nicht die Stellen, die er den Kirchenvätern entnommen hat. Siehe dazu Posset, *The Front-runner of the Catho-*

*lic Reformation*, S. 157. Über Staupitz' intellektuelle Entwicklung und seine besondere Augustinus-Auslegung siehe Obermann, *Werden und Wertung der Reformation*, S. 97–118.

60 Staupitz, *Ein nutzbarliches büchlein*, fols. D iv(v) Eii(v); Posset, *The Front-runner of the Catholic Reformation*, S. 167–171.

61 Schneide-Lastin (Hrsg.), *Johann Staupitz*, S. 69: »Sieh, wie die Hunde ihn anspien mit all dem Unflat, den sie hatten.« Die Beschimpfung als »Hund« verweist auf einen Psalm, es ist allerdings unklar, ob die Zuhörer den Verweis verstanden oder nur die Beschimpfung hörten. Dennoch behauptet Posset in *The Front-runner of the Catholic Reformation*, Staupitz sei kein Antisemit gewesen.

62 Zit. n. Schneide-Lastin (Hrsg.), *Johann von Staupitz*, S. 79 u. 85 f. Die Zitate stammen aus den Predigten 6, 7, 8 und 9.

63 Siehe Steinmetz, *Luther and Staupitz*, der behauptet, Luther habe bei Staupitz in erster Linie das Pastorale, nicht das Theologische gelernt.

64 Graf zu Dohna / Wetze l (Hrsg.), *Johann von Staupitz, Sämtliche Schriften*, Bd. 2, 1979, S. 193. Siehe auch Kolb, *Martin Luther, Confessor of the Faith*, S. 27–30; Hamm, *Frömmigkeitstheologie am Anfang des 16. Jahrhunderts*, S. 234–247; Wriedt, *Gnade und Erwählung*.

65 Staupitz, *Ein nutzbarliches büchlein*, D ii r-v. Zum vierten Stadium heißt es bei Staupitz: »nun felt er sie an vnnd kust sie / nun schleft er nackent bey der nackenden vnd beweisst yr der gleichen allerley worzeichen seiner lieb«, ebd.

66 Schneide-Lastin (Hrsg.), *Johann Staupitz*, S. 108.

67 »(...) »die schuld der vnreinikeit besteet nit in antastung des leibs / sunder in verkerung der ordnung / darumb das die zeitlichen wollust fuergesetzt werden den ewigen«, Staupitz, *Ein nutzbarlichs büchlein*, fol. D I(r); Wriedt, *Gnade und Erwählung*, S. 63–67; Posset, *The Front-runner of the Catholic Reformation*, S. 171.

68 Über die Nonnen des Sankt Peter-Stifts siehe Posset, *The Front-Runner of the Catholic Reformation*, S. 135. Staupitz' Werke wurde von dem Spiritualisten Caspar Schenckfeld neu aufgelegt und im 17. Jahrhundert von Pietisten wie Johann Arndt wiederentdeckt und nachgedruckt. Gottfried Arnold beschrieb ihn 1699 als einen Repräsentanten des »antischolastischen Mystizismus«, siehe Wriedt, *Gnade und Erwählung*, S. 15.

69 Staupitz, *Ein seligs newes Jar*, [VD 16 S 8708], fol. D ii(r); dort auch: »Um der Frauen willen (...) geben wir Ehre, Leib und Gut, Tugend und Vernunft preis, werden in der Liebe zu ihnen gefangen, dumm und wahnsinnig.«

70 *Consitutiones Fratrum Eremitarum Sancti Augustini ad apostolicorum privilegiorum formam pro Reformatione Alemaniae*. Nürnberg 1504–1505 [VD 16 A 4142], fol. A iv v, Kap. 21. Siehe auch Scheel, *Martin Luther*, Bd. 2, S. 121: »Die für die

Bedürfnisse des Hauses über Land geschickten Brüder durften, wenn sie während des Einsammelns des Almosens getrennt durch die Dörfer gingen, der eine ohne den anderen mit Frauen sprechen. Ein langes Geschwätz war aber untersagt. Kein Bruder durfte mit einer Frau allein sein oder sprechen. Nur dem Beichtiger war eine Ausnahme von der Regel gestattet. Aber auch er mußte einen Bruder als Augenzeugen mitnehmen. Nur wenn der Beichtraum so eng war, daß das Geheimnis der Ohrenbeichte durch die Gegenwart des Genossen gefährdet wurde, durften Beichtvater und Beichtkind allein sein. In solchen Fällen mußte aber der Bruder hinter der Türe stehen.«

71  *Ein buchlein von der nachfolgung des willigen sterbens Christi*, Leipzig 1515 [VD 16 S 8697], war der Gräfin Agnes von Mansfeld gewidmet. Die 2. Auflage von 1523 *Von der liebe Gottes* war der Witwe des Herzogs von Bayern gewidmet. Siehe Posset, *The Front-runner*, S. 167. Zu Luthers Argwohn gegenüber erotischem Mystizismus siehe Steinmetz, *Luther and Staupitz*, S. 127. Posset, *The Frontrunner of the Catholic Reformation*, S. 157. Interessanterweise war die Augsburger Ausgabe von Staupitz' *Von der liebe Gottes* aus dem Jahr 1520 laut Ankündigung auf dem Titel »bewert und approbiert« durch Luther [VD 16 8707].

72  Der Humanist Konrad Mutian, der davon hörte, fragte Lang, wer der »scharfe« Prediger (»de acri illo oratore«) gewesen sei. Siehe WB 1, Nr. 14, 29. Mai 1516, Anm. 2, zum Briefwechsel zwischen Lang und Mutian im Jahr zuvor.

73  WS 1, S. 44–52. Dazu finden sich in einem Brief Luthers an Spalatin von 1514 einige Bemerkungen über den Neid, ein Hinweis, dass er mit dem Abfassen der Predigt beschäftigt war: »(W)ie völlig recht haben alle, die den Neid verdammen (…), den Neid, der das Sinnloseste von allem ist: er ist so schrecklich erpicht darauf zu schaden und doch nicht dazu imstande. Seine Zügellosigkeit kennt keine Angst; seine Unfähigkeit zu beschädigen ist voller Schmerz und Unruhe.« (Übers. aus dem Lateinischen.)

74  »Sicut enim verbum Dei est semen sanctum, quod concipit anima sine violatione, immo ad conservationem virginitatis suae, sicut diva virgo Maria filium Dei, ita verbum detractoris est semen Diaboli spurium et adulterinum, corrumpens animan virginem in auditore.«, in: WS 1, S. 45:7–11. Luther war nicht der Einzige, der eine besondere Metapher bis ins Einzelne ausarbeitete. Eine überlieferte Predigt von Luthers Freund und Gefährten Wenzeslaus Linck von 1518, die »Esels-Predigt«, trieb die Metapher des Esels bis an ihre Grenze und vielleicht noch darüber hinaus. Reindell (Hrsg.), *Wenzel Lincks Werke*, Bd. 1, S. 4–10.

75  »(…) incantant et subvertunt aures audientium«, in: WS 1, S. 46:12.

76  »Sehet wie hat sich der beschissen. Cui optime respondendum est: das frissestu.« In: WS 1, S. 50:19 u. 24 f. Luther greift hier zur deutschen Sprache, um die Vulgarität der Worte und den Schock, den sie auslösen, zu steigern.

77 »Phui, phui quam horrendum monstrum est detractor!« In: WS 1, S. 51:15 f.

78 »(...) quae quia non consideramus, sed solam tecturam et pellem externae conver-
sationis, qua ignoti sumus hominibus quid intus simus, ideo maculamus nos oletis
aliorum)«, WS 1, S. 50:36–38.

## Wittenberg

1 Bellmann / Harksen / Werner, *Denkmale*, S. 107–117. Siehe auch StadtA Witt, 9
[Bb6], fols. 16–43; StadtA Witt 345, »Bau des Rathauses«.

2 Junghans, *Wittenberg als Lutherstadt*. Siehe auch Straube, »Soziale Struktur und
Besitzverhältnisse«, S. 145–188. Straube schätzt die Bevölkerungszahl für 1530 auf
4500 Einwohner.

3 Myconius, *Geschichte der Reformation*, S. 25.

4 Auf der Elbe wurden von der ansässigen Bevölkerung auch Bootsausflüge unternommen. Bei einer dieser Bootsfahrten ertrank Georg Neesen, ein vielversprechen-
der Student. Unter den Zeugen des Unglücks, bei dem sie hilflos zusehen mussten,
war auch Melanchthon: WB 3, Nr. 757, 6. Juli 1524; Nr. 760, 10. Juli 1524.

5 Scheel, *Martin Luther*, Bd. 2, S. 159.

6 WT 4, Nr. 4997, S. 606:6 u. 14–16.

7 Shachar, *Judensau*, S. 30. Siehe auch Bellmann / Harksen / Werner, *Denkmale*, S. 160.
Mit dem Hinweis auf die Zeit, in der der Ostgiebel gebaut worden war, in den das
Relief integriert ist, datiert Bellmann das Relief auf einen früheren Zeitpunkt als
Shachar. Für Beispiele zur Darstellung der »Judensau« siehe Shachar: Solche Darstellungen fanden in Kirchen bis ins 16. Jahrhundert Verwendung und waren im
16. und 17. Jahrhundert beliebte Motive für Holzschnitte. Ein Flugblatt aus dem
17. Jahrhundert zeigt die Wittenberger »Judensau« als Holzschnitt.

8 Shachar, *Judensau*, S. 31. Nach ihrer Vertreibung 1304 war es Juden zeitweise erlaubt, wieder zurückzukehren, bis sie erneut vertrieben wurden.

9 WB 11, Nr. 4159, 1. Februar 1546.

10 Creasman, »The Virgin Mary against the Jews«, in: *The Sixteeth Century Journal*,
Vol. 33, Nr. 2, S. 963–980. Siehe auch Hsia, *The Myth of Ritual*; Rubin, *Mother of
God*, und Rubin, *Gentile Tales*.

11 Zu Wittenberg siehe Junghans, *Wittenberg als Lutherstadt*, Berlin 1979; Eschenhagen, »Sozial- und Wirtschaftsgeschichte der Stadt Wittenberg«; Straube, »Soziale
Struktur und Besitzverhältnisse«.

12 Kalkoff, *Ablass und Reliquienverehrung*, S. 6–7.

13 Das war eine beträchtliche Vermehrung gegenüber den 5005 Reliquien, die Meinhardi 1509 anführte: Laube, *Von der Reliquie zum Ding*, S. 141–196; Meinhardi,
Über die Lage, S. 12.

14  So gibt zum Beispiel WB 1, Nr. 30, 14. Dezember 1516, einen Eindruck davon, in welcher Weise sich Spalatin und Luther an der Sicherung von Reliquien für Friedrich den Weisen beteiligten.

15  Paul Kalkoff, *Ablass und Reliquienverehrung*, S. 24–36

16  Ebd., S. 9.

17  Walch, Bd. 15, S. 58–63.

18  Cranach, *Dye Zaigung*; Cardenas, *Friedrich der Weise*; Nickel (Hrsg.), *Das Hallesche Heiltumbuch*; Ozment, *The Serpent and the Lamb*. Zu den Reliquien siehe Laube, *Von der Reliquie zum Ding*.

19  Junghans, *Wittenberg als Lutherstadt*; Straube, »Soziale Struktur und Besitzverhältnisse«.

20  Meinhardi, *Über die Lage*, S. 226.

21  Die Werkstatt war ein großer Betrieb, der Gesellen, Lehrjungen, Lohnknaben und Knechte beschäftigte. Allein zwei Dutzend sind namentlich bekannt, doch es müssen bedeutend mehr gewesen sein: Die Lehrzeit dauerte in der Regel etwa drei Jahre, und Cranach hatte zu jeder Zeit mindestens zwei oder drei Lehrlinge; Heydenreich, *Lucas Cranach the Elder*, S. 267–322. Er verkaufte seine ursprünglichen Häuser am Markt, um 1518 das Anwesen zu erwerben, führte aber die Apotheke als Geschäft weiter. Zur verwickelten Geschichte der Gebäude siehe Cranach-Stiftung (Hrsg.): *Lucas Cranach, d. Ä. und die Cranachhöfe in Wittenberg*, Halle 1998. Cranach erhielt 1520 das Apothekenprivileg, welches ihm zudem ermöglichte, den Weinhandel, den er bereits seit vielen Jahren betrieb, zu erweitern.

22  WB 1, Nr. 41, 18. Mai 1517; in seinem Brief an Lang lässt Luther Grüße von Döring ausrichten, der offenbar mit ihm unterwegs war. Über die Beziehung zwischen Cranach und Luther siehe Ozment, *The Serpent and the Lamb*.

23  »Tota enim vel potior causa turbationis vestrae est, quod cum capite et Priore discordatis; quae est nocentior, quam si Frater cum Fratre discordet. Quare autoritate officii tibi Fratri Michaeli Dressel praecipio, ut officium et sigillum resignes.« WB 1, Nr. 22, 25. Sept. 1516, S. 22: 23–26 (»Denn die ganze oder die vornehmste Ursache eurer Verwirrung ist, daß ihr mit eurem Haupte und Prior uneinig seid, und dies ist schädlicher, als wenn ein Bruder mit dem andern uneinig ist. Daher gebiete ich, aus Gewalt meines Amtes, dir, Bruder Michael Dressel, daß du Amt und Siegel aufgebest.« Walch, 21.1, Nr. 21, Sp. 39 f.), weiter Nr. 24, 5. Okt. 1516; Nr. 28, 26. Okt. 1516; Nr. 29, 29. Okt. 1516 und Nr. 40, 17. Mai 1517: In diesem Brief weist Luther das Kloster an, einen entlaufenen Mönch mit voller Härte entsprechend den Klosterstatuten zu bestrafen, solange sie nicht lebenslange Haft oder Todesstrafe bedeuteten. Es ist beeindruckend, wie ernst Luther seine Aufgaben nahm, wie häufig er dafür auf Reisen war.

24  WB 1, Nr. 14, 29. Mai 1516, Anm. 6 (bei Walch 21.1, Nr. 14, Sp. 26 ff., Anm. 6).

25 Walch, Bd. 21.1, Nr. 14, Sp. 28. Das lat. Original lautet: »Tali enim modo (...) videbis, an conventus sit plus monasterium, quam taberna vel hospitale.« WB 1, Nr. 15, 29. Mai 1516, S. 42:26 u. 22 f.

26 WB 1, Nr. 7, Febr. 1514; Junghans, »Luthers Einfluss«, in: Dingel/Wartenberg (Hrsg.), *Die Theologische Fakultät Wittenberg 1502 bis 1602*; Spalatin, *Annales Reformationis*.

27 Dass er etwas Latein gelernt hatte, war für einen Herrscher in dieser Gegend zu jener Zeit ungewöhnlich. In seiner Chronik über das Leben Friedrichs des Weisen schreibt Spalatin ausdrücklich: »Und wiewohl seine Kurfürstlichen Gnaden nicht gerne Latein sprachen, haben seine Kurfürstlichen Gnaden Latein sehr wohl verstanden, zuweilen auch Latein geredet.« Auch Französisch hatte er gelernt, Staatsarchiv Weimar, EGA Reg. O, 25, fol. 3; Ludolphy, *Friedrich der Weise*, S. 45–47.

28 Zur Geschichte der Universitätsgründung, die in Leipzig akademische Gräben auftat, siehe Grohmann (Hrsg.), *Annalen der Universität zu Wittenberg*, Bd. 1, S. 7 f.; Rummel, *Confessionalization of Humanism*, S. 18–22.

29 Meinhardi, *Über die Lage*, S. 165–197; S. 187: »Hans ist ein Beanus. Wer, wie beschaffen und von welchem Umfang ist sein Anus?« Meinhardis Schilderung beruht wahrscheinlich auf einer witzig gemeinten Version dieses Ritus, die um 1480 verfasst und viele Male im 16. Jahrhundert neu verlegt wurde; siehe Best (Hrsg.), *Eccius dedolatus*, Einführung, S. 21.

30 Johannes Dinckel, *De origine, cavsis, typo, et ceremoniis illivs ritvs ...*, Erfurt 1578 [VD 16 D 1745].

31 Kruse, *Universitätstheologie und Kirchenreform*, S. 42–52; Kusukawa, *The Transformation of natural philosophy*, S. 27–74.

32 WB 1, Nr. 52, 11. Nov. 1517.

33 Köpf, »Luthers Beitrag zur Universitätsreform«, in: *Lutherjahrbuch* Nr. 80, 2013, S. 31–59.

34 Brecht, *Martin Luther*, Bd. 1, S. 129–131; zum Druck und den handschriftlichen Notizen der Vorlesung über den Römerbrief (1515/16), über den Galaterbrief (1516/17) und den Hebräerbrief (1517/1518) siehe auch WS 57; eine andere Zusammensetzung studentischer Mitschriften über den Galaterbrief in WS 59, S. 359–384. Das Originalmanuskript von Luthers Vorlesungen über den Römerbrief wurde ursprünglich in der Familie weitergereicht, dann jedoch verkauft und ging irgendwann verloren, bis es im 19. Jahrhundert wiederentdeckt wurde. Ironischerweise landete eine Kopie des Manuskripts von Johann Aurifaber in der Vatikanischen Bibliothek. Die Vorlesungen sind unterteilt in »Glossen«, die am Text selbst vermerkt werden sollten, und »Scholien«, die Kommentare zu besonderen Abschnitten darstellten.

35  Euling (Hrsg.), *Chronik des Johan Oldecop*, S. 45 f., 47 f.; Oldecops Chronik ist in Niederdeutsch verfasst. Anfangs zählte er zu den Unterstützern Luthers, der sein Beichtvater war.

36  Walch, Bd. 14, Sp. 446 f.; lat. Original in WS 54, S. 179–187, S. 185: 14–20.

37  »Iustitia enim Dei est causa salutis. Et hic iterum ›Iustitia Dei‹ non ea debet accipi, qua ipse Iustus est in seipso, Sed qua nos ex ipso Iustificamur, quod fit per fidem euangelii.« WS 56, S. 171 f., S. 172: 3–5; WS 57, S. 133 f.: Die studentischen Mitschriften entsprechen Luthers Manuskript, und nichts deutet darauf hin, dass er an dieser Stelle deutsch geredet oder dieser Stelle besondere Aufmerksamkeit geschenkt hätte. Die Interpretation wird als die von Augustinus präsentiert.

38  WS 54, S. 185 f.

39  Luther hatte 1516 eine Einführung in eine unvollständige Ausgabe der *Theologia deutsch* veröffentlicht mit Randnotizen, die vermutlich von ihm stammen, siehe WS 59, S. 1–21; außerdem zuvor im selben Jahr eine kurze Schrift *Tractatulus de his, qui ad ecclesias confugiunt*; siehe Benzig, *Lutherbibliographie*, Bd. 1, S. 14.

40  WB 1, Nr. 35, 1. März 1517; WB 1, Nr. 38, 6. Mai 1517, S. 93:7.

41  WB 1, Nr. 26, Mitte Okt. 1516; Nr. 28, 26. Okt. 1516: 22 »*sacerdotes*« und 12 »*iuvenes*«, insgesamt 41 Brüder; Brecht, *Martin Luther*, Bd. 1, S. 121.

42  Grohmann (Hrsg.), *Annalen der Universität zu Wittenberg*, Bd. 1, S. 114–116; Treu, »Die Leucorea«; Oehmig (Hrsg.), *700 Jahre Wittenberg*; Treu / Speler / Schellenberger (Hrsg.), *Leucorea*.

43  Barge, *Andreas Bodenstein von Karlstadt*, Bd. 1, S. 70–75: Karlstadt berichtete von dieser Episode in einem Vorwort zu Augustinus' *De spiritu et litera*, das er niemand anderem als Johann von Staupitz widmete; Bubenheimer, »Gelassenheit und Ablösung«, in: *Zeitschrift für Kirchengeschichte* 92, 1981, S. 264.

44  Kruse, *Unabhängigkeitstheologie und Kirchenreform*, S. 50–52; Hagen, »An addition to the Letters of John Lang«, in: *ARG* 60, 1969, S. 27–32.

45  WB 1, Nr. 7, Febr. 1514, S. 23: 31 f. Spalatin fragte Luther nicht direkt, sondern über Johannes Lang. Er bat auch Karlstadt um seine Meinung. Luther verteidigte Reuchlin noch einmal stark in einem nachfolgenden Brief, ebenfalls an Spalatin, indem er den Neid beklagt, der der Schlüssel für die Angriffe auf Reuchlin sei: WB 1, Nr. 9, 5. Aug. 1514.

46  Brecht, *Martin Luther*, Bd. 1, S. 173; WB 1, Nr. 45, 4. Sept. 1517.

47  Durch den Zufallsfund einer großformatigen Kopie 1983 in der Bibliothek von Wolfenbüttel wissen wir heute, dass eine Anzahl von Exemplaren bei Rhau-Grunenberg gedruckt worden waren; Bagchi, *Luther's earliest opponents*, S. 33. Siehe auch Brecht, *Martin Luther*, Bd. 1, S. 172–174. Und zum Text: WS 1, S. 224–228; zu einer kritischen Ausgabe und Übersetzung der Thesen ins Deutsche siehe Härle / Schilling / Wartenberg (Hrsg.), *Martin Luther – Lateinisch-Deutsche Studienausgabe*,

Bd. 1, S. 19–34. Die Schriften waren auch in einer späteren, um 1521 gedruckten Sammlung von Disputationsthesen aus Wittenberg von Karlstadt, Melanchthon u. a. enthalten; ein einziges Exemplar davon, in Paris gedruckt, ist noch vorhanden: *Insignium theologorum domini Martini Lutheri, domini Andree Barolostaadii* (sic!), *Philippi melanchthonis & aliorum conclusiones variae*, Paris (1521).

48 Oder »contra Gab« – womit er Gabriel Biel meinte, einen der berühmtesten Theologen, WS 1, S. 221–228. Siehe dazu Oberman, »›Iustitia Christi‹ and ›Iustitia Die‹«, Nr. 1, S. 1–26.

49 WS 1, S. 226: 16 (These 44); bei Walch 18, Sp. 23.

50 Walch, 18, Sp. 21; im lat. Original: »Non potest homo naturaliter velle deum esse deum, Immo vellet se esse deum et deum non esse deum.« WS 1, S. 225: 1–2 (These 17). Dazu erklärt Heiko Oberman: »Als charakteristisch für Luthers Doktrin der Rechtfertigung kann daher die Wiedervereinigung der Rechtschaffenheit Christi und der göttlichen Gerechtigkeit gelten, durch die der Sünder »coram deo« gerechtfertigt ist, was eine stabile Grundlage und nicht ein unsicheres Ziel für ein Leben in Heiligkeit, für das wahre Christenleben bildet.« (Oberman, »›Iustitia Christi‹ and ›Iustitia Die‹«, S. 25.) Das heißt, Christi Rechtschaffenheit und Gottes Gerechtigkeit sind ein und dasselbe, und deshalb weist Luther die Vorstellung zurück, dass wir erst durch die Gnade Christi in die Lage versetzt werden, gute Taten zu vollbringen, die uns letztlich auf den Weg führen, der Gerechtigkeit Gottes zu genügen.

51 WB 1, S. 225: 5 (These Nr. 19): Scotus' Gegenbeispiel zu der Ansicht, dass der Mensch, weil er verdorben ist, nur Dinge lieben könne, aber nicht Gott, nämlich dass ein rechtschaffener Mann sein Land über alles lieben könne, weist Luther zurück.

52 »Extra gratiam dei adeo impossibile est non irasci, non concupiscere …«; WS 1, S. 227: 19 (These Nr. 65); bei Walch 18, Sp. 24: »Außerhalb der Gnade Gottes ist es so unmöglich, keinen Zorn und keine böse Lust zu haben (…).« »Nulla est virtus moralis sine vel superbia vel tristicia, id est, peccato«, WS 1, S. 226 (These Nr. 38); bei Walch 18, Sp. 22–23: »Es gibt keine sittliche Tugend, die entweder ohne Stolz oder ohne Traurigkeit, d. h. ohne Sünde wäre.« Interessanterweise zeigen Luthers geistliche Trostbriefe aus jener Zeit, dass er sich mit der Frage nach der Gerechtigkeit Gottes und dem Bösen beim Menschen auseinandersetzt, obwohl er in ihnen sehr konventionell und formelhaft argumentiert, etwa wenn er schreibt, *prudentia sensus nostri* (WB 1, Nr. 12, S. 37: 12) sei die Wurzel unserer Unruhe, das Auge sei der größte Schelm und habe auch ihm große Probleme geschaffen und schaffe sie noch immer: WB 1, Nr., 11, 8. Apr. 1516; Nr. 12, 15. Apr. 1516.

53 WB 1, Nr. 5, 17. März 1509; Adam, *Life and death of Dr. Martin Luther*; siehe auch Melanchthon, *Vita Lutheri*, 13v–16r.

54 Johannes Agricola, damals noch Student, berichtet von einem Druck auf einem halben Bogen: Volz, *Martin Luthers Thesenanschlag*, S. 100, Anm. 135 (siehe auch das Faksimile). Insofern die Thesen zur Disputation gegen die scholastische Theologie bei Rhau-Grunenberg gedruckt wurden, was übliche Praxis in Wittenberg war, kann man annehmen, dass auch die Thesen in Wittenberg gedruckt wurden, es sei denn – was durchaus möglich ist –, es gab zu jener Zeit besondere Probleme mit Rhau-Grunenbergs Druckerei. Siehe Ott / Treu (Hrsg.), *Luthers Thesenanschlag*. Die beiden noch erhaltenen Plakate stammen aus der Nürnberger Ausgabe von Hieronymus Höltzel, der sie in Gruppen nummerierte, und der Ausgabe von Jakob Thanner, die mit »87« endet, siehe Groß / Kobuch / Müller (Hrsg.), *Martin Luther 1483–1546*, S. 38. Nur die als Broschüre, nicht als Plakat gedruckte Baseler Ausgabe war richtig durchnummeriert.

55 WB 1, Nr. 62, 5. März 1518; am 5. Januar hatte Christoph Scheurl seinen Druck von Ulrich von Dinstet erhalten; von Soden / Knaake (Hrsg.), *Christoph Scheurls Briefbuch*, Bd. 2, S. 42.

56 Treu argumentiert überzeugend, dass geplant war, die Thesen an allen Kirchentüren anzuschlagen, wodurch es unabdingbar war, sie zu drucken. Martin Treu, »Urkunde und Reflexion. Wiederentdeckung eines Belegs von Luthers Thesenanschlag«, in: Ott / Treu (Hrsg.), *Luthers Thesenanschlag*, S. 59–67; siehe auch Pettegree, *Brand Luther*, S. 71–74.

57 WB 1, Nr. 52, 11. Nov. 1517.

58 Volz, *Martin Luthers Thesenanschlag*, S. 140 f.; von Soden / Knaake (Hrsg.), *Christoph Scheurls Briefbuch*, Bd. 2, Nr. 158, S. 42; WS 51, S. 540:26 f.; *Wider Hans Worst*, 1541, Myconius, *Geschichte der Reformation*, S. 22, schmückt Luthers Bemerkung durch den Zusatz aus »aber ehe 14 Tage vergingen, hatten diese *propositiones* das ganze Deutschland und in vier Wochen schier die ganze Christenheit durchlaufen, als wären Engel selbst Botenläufer und trügen's vor aller Menschen Augen.«

59 WB 1, Nr. 58, 13. Febr. 1518. Das Gleiche äußerte er gegenüber Scheurl, siehe Volz, *Martin Luthers Thesenanschlag*, S. 82 f., Anm. 64; WB 1, Nr. 63, 11. März 1518. Siehe auch das Vorwort zu Luthers gesammelten lateinischen Schriften, in dem Luther erklärt, er habe sowohl an Albrecht von Mainz als auch an den Bischof von Brandenburg geschrieben, WS 54, S. 179–87.

60 Vgl.; WT 1, Nr. 1206, S. 601:18 f.; »wollte er (...) mit mir«, ebd.

61 These 26 zit. n. Härle / Schilling / Wartenberg (Hrsg.), *Martin Luther. Lateinisch-Deutsche Studienausgabe*, Bd 2.

62 WT 3, Nr. 3722, S. 564:16–17.

63 von Soden / Knaake (Hrsg.), *Christoph Scheurls Briefbuch*, Brief Nr. 176, 2. November 1518. Scheurl führte die Gemeinschaft an, der auch Albrecht Dürer angehörte.

Scheurl sandte auch eine Abschrift an den wichtigen Stadtschreiber von Augsburg, Konrad Peutinger: König, *Konrad Peutingers Briefwechsel*, S. 299, 5. Januar 1518.

64 Walch, Bd. 21.1, Nr. 31, Sp. 61, 27. Jan. 1517. Im Orig.: »Nolo te fieri amicum meum, non enim ad gloriam, sed ad periculum tuum cedet tibi mea amicitia, si modo verum est proverbium: ›Amicorum omnia communia‹. Quodsi mea tua per amicitiam istam fiant, nulla re locupletior fies quam peccatis, insipientia pariter et ignominia.« WB 1, Nr. 33, S. 86:4 u. 11–15.

65 WB 1, Nr. 64, 21. März 1518, S. 155:40 f. Wie Luther richtig vermutete, waren diese Thesen in Wirklichkeit von Conrad Wimpina verfasst, damit Tetzel sie verteidigte. (Deutsche Übersetzung siehe Walch 15, Sp. 2381, Anh. Nr. 3.)

66 Siehe Leppin, *Martin Luther*, S. 117–126. Es gibt eine Reihe interessanter Variationen von Luthers Namen: In einem Brief von 1507 nennt er sich Luder, in einem anderen aus demselben Jahr stilisiert er sich zu Lutherus (WB 1, Nr. 4 und 5; doch handelt es sich hierbei um keine Originalbriefe; der älteste original erhaltene Brief Luthers (Nr. 9) nennt keinen Familiennamen. Einen Brief von 1514 zeichnet er mit Luder, einen von 1516 mit Luter, und bis November 1517 wechseln Luther/Lutherus mit Luder (Briefe Nr. 17, 19, 21, 22, 27, 30, 33, 37, 38, 46, 51). Im Frühjahr 1517 (Nr. 32) wandte sich Scheurl brieflich an Luder. Wie Leppin gezeigt hat, begann Luther ungefähr in der Zeit, in der er die 95 Thesen verfasste, in Briefen an enge Freunde – Lang, Spalatin, Staupitz – sich als Eleutherius zu bezeichnen. Ab Herbst 1517 gebrauchte er fast nie mehr »Luder«, nicht einmal in Briefen an seine Eltern. Er spielte auch mit der Unterschrift, stilisierte sich manchmal zu Martinus Lutherus, dann wieder zu Martinus Luther, gewöhnlich mit einem »F«, das für »Frater« (Bruder) stand. Manchmal, aber nicht immer schloss er in die Unterschrift einen »Doctor« oder ein »D« ein; und sein Leben lang schrieb er häufig, aber nicht immer, den letzten Buchstaben als ein emphatisches großes »R«. Ganz am Ende seines Lebens zeichnete er erstaunlicherweise mit »Luder« aus zwei ungewöhnlichen Anlässen: einmal in einem Brief an die Grafen von Mansfeld (WB 11, Nr. 4157, 7. Okt. 1545) und einmal in einem seiner letzten Briefe an seine Frau, in dem er sie im Spaß als »Katherin Ludherin, Doctorin, Sewmarckterin« (WB 11, Nr. 4201, 7. Febr. 1546) anredete. Mitglieder seiner Herkunftsfamilie nannte er dennoch stets »Luder«.

67 WT 2, Nr. 1681; Eine brillante Interpretation gibt Heiko A. Oberman in Oberman, *Luther – Mensch zwischen Gott und Teufel* , S. 163 f. In jüngster Zeit wurde der »cloaca«-Turm identifiziert, siehe Laube, »Klosett oder Klosterzelle«, in FAZ, 4. April 2015, S. 13.

68 Übersetzung bei Walch 14, Sp 447 f.; im Orig. WS 54, S. 179–187; S. 186:3–16: »Donec miserente Deo meditabundus dies et noctes connexionem verborum attenderem, nempe: Iustitia Dei revelatur in illo, sicut scriptum est: Iustus ex fide

vivit, ibi iustitiam Dei coepi intelligere eam, qua iustus dono Dei vivit, nempe ex fide, et esse hanc sententiam, revelari per euangelium iustitiam Dei, scilicet passivam, qua nos Deus misericors iustificat per fidem, sicut scriptum est: Iustus ex fide vivit. Hic me prorsus renatum esse sensi, et apertis portis in ipsam paradisum intrasse. Ibi continuo alia mihi facies totius scripturae apparuit. Discurrebam deinde per scripturas, ut habebat memoria, et colligebam etiam in aliis vocabulis analogiam, ut opus Dei, id est, quod operatur in nobis Deus, virtus Dei, qua nos potentes facit, sapientia Dei, qua nos sapientes facit, fortitudo Dei, salus Dei, gloria Dei. Iam quanto odio vocabulum ›iustitia Dei‹ oderam ante, tanto amore dulcissimum mihi vocabulum extollebam, ita mihi iste locus Pauli fuit vere porta paradisi.«

69 Das Material zu den Römerbriefen folgt auf die Diskussion seines Treffens mit dem päpstlichen Gesandten Miltitz 1519 und fällt nach seiner Darstellung mit der zweiten Vorlesungsreihe über die Psalmen zusammen, also vor Einberufung des Reichstags in Worms ein Jahr später. Folglich muss das Treffen etwa 1519 stattgefunden haben, zwei Jahre nach den 95 Thesen. Entweder hat sich also Luther in der Erinnerung geirrt, oder aber der Prozess der reformatorischen Erkenntnis vollzog sich über mehrere Jahre.

70 Interessanterweise datiert Melanchthon selbst Luthers reformatorische Erkenntnis weit vor seine Niederschrift der 95 Thesen in die Zeit in Erfurt; Melanchthon, *Vita Lutheri*, S. 13v-15r; verantwortlich für Luthers Durchbruch waren nach seiner Darstellung die Gespräche Luthers mit einem alten Mönch in Erfurt, dem er sich anvertraute.

71 Luther, *Eyn geystlich edles Buchleynn* und *Eyn deutsch Theologia*.

72 Möglicherweise hat er sich 1520 erneut mit der *Theologia* beschäftigt, falls die deutschen Anmerkungen in der Ausgabe von 1520 tatsächlich von Luther stammten: WS 59, S. 1–21.

## Reisen und Disputationen

1 WB 1, Nr. 72, 15. April 1518.

2 »quia pedester viam cepi (...) non eget remissione indulgentiarum«, WB 1, Nr. 72, 15. April 1518, S. 166:21, 23.

3 WB 1, Nr. 73, 19. April 1518.

4 Im August 1518 wurden seine *Resolutiones disputationum de indulgentiarum virtute*, die ausführlichen Erläuterungen der 95 Thesen, mit einem Brief an Staupitz als Vorwort und einer Widmung an den Papst gedruckt – was die Situation nur noch weiter anheizte. WS 1, S. 522, S. 628.

5 Bucer, der anwesend war, schrieb einen wichtigen Bericht über sie; siehe Kaufmann,

»Argumentative Impressionen, Bucers Bericht«, in: Kaufmann (Hrsg.), *Der Anfang der Reformation*: Kaufmann argumentiert, Bucers Bericht sei verlässlich, er habe die Abschnitte über das Kreuz und das Leiden nicht einfach weggelassen, vielmehr sei es in der Heidelberger Debatte um Gnade und Werke gegangen. Ein Text mit sorgfältigen Ausarbeitungen der Thesen 1–12 findet sich in WS 59, S. 409–426; eine vollständige, moderne kritische Edition und Übersetzung ins Deutsche geben Härle/Schilling/Wartenberg (Hrsg.), *Martin Luther*, Bd. 1, S. 35–70. Die Ausarbeitung der Positionen in den philosophischen Thesen wurde in der ersten Ausgabe von Luthers Werken abgedruckt, allerdings nicht für die ersten zwölf Thesen; außerdem ist es unklar, ob die Thesen gedruckt waren und ob die Ausarbeitung nach oder vor der Disputation formuliert wurde.

6  Kaufmann, »Theologisch-philosophische Rationalität«, in: Kaufmann (Hrsg.), *Der Anfang der Reformation*.

7  These 21 in: WS 1, S. 354, Nr. 21; Walch, 18, 21. These, Sp. 51; Erklärung zu These 21 in WS 1, S. 362:31–33: »Impossibile est enim, ut non infletur operibus suis bonis, qui non prius exinanitus et destructus est passionibus et malis, donec sciat seipsum esse nihil et opera non sua sed Dei esse«; bei Walch 18, Sp. 51. Zu *Deus absconditus* siehe Lohse, *Luthers Theologie*, S. 216–218; siehe auch Westhelle, »Luther's Theologia Crucis«, in: Kolb/Dingel (Hrsg.), *Oxford Handbook of Martin Luther's Theology*, S. 156–164. Das Konzept des »im Leiden verborgenen Gottes« wurde auch von Karlstadt entwickelt und bildlich umgesetzt von Cranach in der Flugschrift *Himmelswagen und Höllenwagen des Andreas Bodenstein von Karlstadt von 1519 oder Fuhrwagen des Andreas Karlstadt* vom Frühjahr 1519 in der oberen Reihe links außen, wo Christus hinter dem Kreuz verborgen ist (siehe Kapitel 6).

8  »Wenn die Bauern …«, Walch, Bd. 15, Anh. Nr. 7, Sp. 2393, u. »wahnerfüllte Greise«, ebd., Sp. 2394, im Orig.: »Si rustici h[a]ec audirent, certe lapidibus vos obruerent & interficerent«, WB 1, Nr. 75, 18. Mai 1518, S. 173:28 f. und S. 174:45 f.

9  WB 1, Nr. 34, 8. Febr. 1517: Er hatte dem Brief an Lang einen Brief an Trutfetter beigelegt, in dem angibt, er und Usingen würden das Studium des Aristoteles, des Porphyry und der Kommentare Peter Lombards aufgeben.

10  WB 1, Nr. 75, 18. Mai 1518, S. 173, Anm. 12: Wahrscheinlich hat Luther Trutfetter doch am 10. Mai getroffen.

11  Walch 15, Nr. 131, Sp. 410 u. 411, im Orig.: »ut te literis mordacibus et ignominiosis confundere velim«, WB 1, Nr. 74, 9. Mai 1518, 169:13 f.; »(…) ego simpliciter credo, quod impossibile sit ecclesiam reformari, nisi funditus canones, decretales, scholastica theologia, philosophia, logica, ut nunc habentur, eradicentur«, ebd. 169:33–38; Brief an Lang: WB 1, Nr. 64, 21. März 1518.

12 Egranus hatte auch Zweifel an den Legenden um die drei Marien gesät und war in die Auseinandersetzungen mit Wimpina und Dungersheim verwickelt. Luthers Brief im Vorwort zu Egranus' Flugschrift erschien Ende März oder Anfang April 1518, WS 1, S. 315 f. u. WB 1, Nr. 55, 20. Dez. 1517 (an Spalatin).

13 Walch 15, Nr. 131, Sp. 410, im Orig.: »imo securus evome«, WB 1, Nr. 74, 9. Mai 1518, S. 170:44 f., außerdem S. 171:78–80, 81, 87 u. 85.

14 Tatsächlich starb Trutfetter ein Jahr später. Luther vermerkte lakonisch in einem Brief an Lang: »Wir haben gehört, dass Dr. Jodocus von Eisenach aus dem Leben geschieden ist. Der Herr möge seine Seele annehmen und ihm alle seine Sünden vergeben, auch uns.« Walch 15, Nr. 45, 6. Juni 1519, Sp. 2474; WB 1, Nr. 184, 6. Juni 1519.

15 WB 1, Nr. 75, 18. Mai 1518.

16 Vandiver / Keen / Franzel (Hrsg. u. Übers.), Luther's Lives, S. 155.

17 Walch 15, Nr. 181, Sp. 411, im Orig.: WB 1, S. 74, 9. Mai 1518: In der ganzen Universität, behauptete Luther, gebe es nur einen Gelehrten, der ihn nicht unterstütze, und dieser habe noch keinen Doktortitel.

18 Kaufmann, »Argumentative Impressionen. Bucers Bericht«, in: Kaufmann (Hrsg.), Der Anfang der Reformation; Brecht, Martin Luther, Bd. 1, S. 216.

19 Greschat, Martin Bucer, S. 31–49. Ebenso wie Frecht, Billican und Brenz war wahrscheinlich auch Eberhard Schnepf in Heidelberg.

20 WB 1, Nr. 83, 10. Juli 1518, S. 186:51.

21 Luther ließ Eck das Manuskript der Asterisci durch Wenzeslaus Linck in Nürnberg zukommen, von dem er Ecks Schrift erhalten hatte. Kein anderer habe seine Antwort gesehen, behauptete er in seinem Begleitbrief.

22 Walch 21.1, Nr. 75a, 19. Mai 1518, Sp. 99, im Orig.: »Quae enim meretrix paululum irata non eadem maledicta et detractiones evomere potest, quae tu in me evomuisti?« WB 1, Nr. 77, 19. Mai 1518, S. 178:28–30.

23 Ursprünglich umfasste Karlstadts Erwiderung 380 Thesen, doch gemäß seiner Neigung, immer zu viel des Guten zu tun, fügte er im Satz noch welche hinzu; WB 1, Nr. 82, 15. Juni 1518.

24 Bagchi, Luther's earliest opponents, S. 20–22.

25 Wicks, Cajetan.

26 WB 1, S. 83, 10. Juli 1518. Luther spielte es herunter, indem er sagte, man werde ihn entweder aufhängen oder zu Tode taufen.

27 Walch 15, Nr. 147, 21. Aug. 1518, Sp. 430, im Orig.: »Ego tamen, ut scias, mi Spalatine, in his omnibus nihil timeo; quod si etiam obtinuerit eorum vel adulatio vel potentia, ut omnibus me odiosum faciant, id mihi reliquum est & cordis & conscientię, quod omnia, quę habeo quęque ipsi impugnant, ex Deo me habere cognoscam & confitear, cui & eaipsa libens & sponte refero & offero. Si aufert, sint ablata, Si

servat, sint servata, & nomen eius sanctum & benedictum in sęcula, Amen.« WB 1, Nr. 87, 28. Aug. 1518, 190: 10–16.

28 WB 1, ebd.; WB 1, Nr. 92, 5. Sept. 1518 (Spalatin an Luther). Luther hatte Spalatin direkt gebeten, ihm die Unterstützung des Kurfürsten zu sichern, da es ebenso die Ehre der Universität betraf wie Luther, WB 1, Nr. 85, 8. Aug. 1518; während Staupitz dringend an Spalatin schrieb und ihn bat, dem Kurfürsten zu raten, hart zu bleiben, da es nicht nur eine Angelegenheit des Ordens sei. Walch 15, 7. Sept. 1518, Sp. 551 (Staupitz an Spalatin).

29 »Daher kam ich …«, Walch 14, Sp. 441; im Orig.: »Veni igitur pedester et pauper Augustam«, WS 54, S. 181: 13; WT 2, Nr. 2668a und b (1532); Mathesius, *Historien*, S. 33 (Soutane); »O lieber Herr Doctor! …«, Myconius, *Geschichte der Reformation*, S. 28 (Scholastiker reizen ihn): Er könnte damit auch gemeint haben, dass es nicht sofort zur Verbrennung kommt.

30 Cochläus, *Brevis Germanie Descriptio*, S. 77.

31 Walch 15, Anhang Nr. 16 (Brief an Spalatin über die Ankunft in Augsburg), Sp. 2412, im Orig.: WB 1, Nr. 97, 10. Okt. 1518.

32 Zorn, *Augsburg*, S. 161–169; Häberlein, *Die Fugger*; Trauchburg, *Häuser und Gärten*, S. 32–39; Die Fresken wurden 1517 fertiggestellt.

33 Die Kirchen St. Georg und Heilig Kreuz waren Gründungen von Augustiner-Chorherren, doch diese waren Priester, keine Mönche. Zu St. Anna und der sozialen Struktur der religiösen Institutionen siehe: Kießling, *Bürgerliche Gesellschaft*, S. 251–287.

34 Ich schulde meinen Dank Johannes Wilhelm, der mir als Erster den Fronleichnamsaltar zeigte, und den Vorlesungen über die Fuggerkapelle von Bruno Bushart in Augsburg 1978. Zur Geschichte der Kapelle siehe Bushart, *Die Fuggerkapelle*, S. 15–31; zum Altar ebd., S. 199–230. Der Altar wurde 1581 von seinem ursprünglichen Platz entfernt und die Skulptur in die Markuskirche der Fuggerei transloziert. Ironischerweise hat man die Fuggerkapelle zur 400-Jahr-Feier des Thesenanschlags »erneuert« und dabei viele ihrer ursprünglichen Gestaltungselemente zerstört. Geschaffen wurde die Figurengruppe möglicherweise von dem Bildhauer Hans Daucher, doch es gibt keinen sicheren Nachweis. Thomas Eser argumentiert überzeugend, die Skulptur stamme aus der Region Ulm-Augsburg und sei Ausdruck eines spätmittelalterlichen Mystizismus: Eser, *Hans Daucher*, S. 251–262.

35 WB 1, 97, 10. Okt. 1518; WB 1, 100, 14. Okt. 1518; Bild hatte den Kontakt zu Luther über Spalatin kurz vor dessen Ankunft in Augsburg gesucht: WB 1, 95, 21. Sept. 1518.

36 Walch 15, Anhang Nr. 16, 10. Okt. 1518, Sp. 2414, im Orig.: »Vultis … hastiludia facere?«, WB 1, Nr. 97, 10. Okt. 1518, S. 209: 31 f. und 37 f.; siehe auch WT 5,

5349. Luther erinnerte sich, dass seine Freunde ihm gesagt hatten, er müsse sich vor dem Kardinal niederwerfen, sich dann auf die Knie erheben, und erst dann dürfe er aufstehen.

37 Walch 15, Nr. 203, 14. Oktober 1518, Sp. 571–585, Zitat aus: Sp. 584, im Orig.: »Et stantibus his auctoritatibus aliud facere non possum, nisi quod obediendum esse deo magis quam hominibus scio (...) solum ne quid contra conscientiae meae sensum tentare cogar«, WS 2, S. 16: 11–12, 19.

38 Sie wird unter den »Extravagantes communes« aufgeführt, bei Walch 15, Anhang Nr. 17, Anm. 2, Sp. 2417; siehe auch LW Letters I, 84, Anm. 6.

39 Walch 15, Anhang Nr. 17, 14. Okt. 1518, Sp. 2416 f u. Sp. 2417, im Orig.: »Revoca, agnosce errorem, sic vult papa, et non aliter«; WB 1, 99, 14. Okt. 1518, S. 214: 13–14; »Si potest ostendi, quod Extravagans illa dictet Merita Christi esse Thesaurum Indulgentiarum, revocabo, ut voles«, ebd. S. 214: 25–27; »Si Christus per merita sua acquisivit thesurum, Ergo merita non sunt Thesaurus, Sed id, quod merita meruerunt, id est Claves Ecclesie; ergo conclusio vera«, ebd. S. 214: 30–33. Luther benutzt hier eine Argumentationstechnik, die er während seines Philosophiestudiums und in den Jahren seiner Disputationen geübt hatte. Doch ein Streit der Argumente ist genau das Gegenteil dessen, was Cajetan wollte. Wie Luther zu Beginn des Briefs hervorhebt, wolle Cajetan ausdrücklich keine öffentliche Disputation führen und auch nicht unter vier Augen mit Luther disputieren.

40 WT 2, Nr. 2250.

41 »reliquit me solum Augustae«, WT 2, Nr. 2250, S. 376: 10 (Aug.–Sept. 1531); »Cum ... Augustam abirem, valde metuebam, quia eram solus«, WT 1, Nr. 509, S. 233 (Frühjahr 1533).

42 »Hochwürdigster in Gott Vater!«, Walch 15, Nr. 210, 18. Okt. 1518, Sp. 592, im Orig.: »Vidit Reverendissima Paternitas Tua, Reverendissime in Christo pater, vidit, inquam, et satis cognovit meam oboedientiam, qua per tantum iter ac per tot pericula imbecillis corpore et pauperimus sumptu huc me contuli et ad mandatum Sanctissimi Domini nostri Leonis X. coram Reverendiss. P. T. comparui et me obtuli«, WB 1, Nr. 104, 18. Okt. 1518, S. 222: 4–7; »Ich gedenke derhalben«, Walch, ebd. Sp. 593, »frustra hic tempus terere nolo neque possum«; WB, ebd. S. 223: 126; »weil mir eure väterliche Liebe«, Walch, ebd., Sp. 593 (Übersetzung Walch: *mit lebendiger Stimme* wurde hier korrigiert zu *mündlich*), «mihi viva voce mandarit, ut si nollem revocare, non redirem in conspectum Reverendissimae paternitatis tuae«, WB, ebd. S. 223: 14–16, »Eurer hochwürdigsten«, Walch, ebd., Sp. 594, »Reverendissimae Paternitatis tuae deditus filius«, WB, ebd., S. 223: 35.

43 Walch 15, Nr. 210, Sp. 592, im Orig.: »male informato ad melius informandum«, WB 1, Nr. 104, 18. Okt. 1518 (an Cajetan), S. 233: 20, bei; *Appellatio M. Lutheri a*

*Caietano ad Papam*, 1518, WS 2, S. 27–33, S. 33 : 5, »mellus informati«, WB 1, Nr. 104, 18. Okt. 1518, 223 : 20; siehe dazu auch seinen Brief an Spalatin, in dem er denselben Ausdruck benutzt, WB 1, Nr. 105, 31. Okt. 1518, S. 224 : 3 f.

44 Froben veröffentlichte es mit Luthers Hauptschriften und Prierias' Erwiderung, so dass den Intellektuellen ein handliches Buch vorlag, das es ihnen ermöglichte, sich über die »Sache Luther« eine Meinung zu bilden: *Ad Leonem X. Pontif. Maxim. Resolutiones disputationum de virtute indulgentiarum ...*, Basel 1518 [VD 16 L 3407].

45 WB 1, Nr. 100, 14. Okt. 1518; der Brief ist gleichlautend mit dem, den er am selben Tag an Spalatin abschickte. Viele der Briefe an Karlstadt sind verlorengegangen: Dieser ist nur in der Übersetzung ins Deutsche überliefert. Da Luther in einem wenige Tage zuvor verfassten Brief Melanchthon mitteilte, dass Karlstadt nähere Informationen über die bisher stattgefundenen Gespräche habe, muss es mindestens einen früheren Brief gegeben haben.

46 WB 1, Nr. 99, 14. Okt. 1518; WB 1, Nr. 102, kurz nach dem 14. Okt. 1518; WB 1, Nr. 104, 18. Okt. 1518. Die Briefe haben einen antiitalienischen Unterton, den Luther benutzt, um beim Kurfürsten das Gefühl zu stärken, es gehe um eine gemeinsame Sache. Zu Cajetans Vermittler Serralonga merkt er an: »Er ist Italiener und bleibt Italiener«, und dann amüsiert er sich über dessen schöne Prosa, die kaum Substanz habe.

47 WB 1, Nr. 110, 25. Okt. 1518, Cajetan an den Kurfürsten, der den Brief am 19. Nov. erhält; ebd., Nr. 110, 21. Nov. 1518. Obwohl er dem Kurfürsten gewöhnlich auf Deutsch schrieb, war Luthers Erwiderung in Latein verfasst, damit Friedrich sie einfach an Cajetan weitersenden konnte.

48 WS 2, S. 1–5 (Einleitung); S. 6–26; zur geschwärzten Passage siehe ebd., S. 25; Brecht, *Luther*, Bd. 1, S. 208 f.; über den *Sermon von Ablass und Gnade*, WB 1, Nr. 67, zweite Märzhälfte 1518: Sogar ein Unterstützer Luthers wie Capito meinte, dass die Predigt etwas zu weit gehe, Spalatins Warnung war also nicht übertrieben.

49 *Acta Augustana*, WS 2, S. 6–26. WB 1, Nr. 124, 20. Dez. 1518 bzw. Walch 15, Anhang Nr. 25, 20. Dez. 1518, Sp. 2432: Luther erklärte Spalatin, er habe die Exemplare der *Acta Augustana* unter die Leute bringen wollen, sobald ihn das römische Urteil erreicht und er sich in Sicherheit gebracht habe. Doch der Buchdrucker sei noch nicht bezahlt worden. Dies wäre überzeugender gewesen, wenn er nicht auch noch erklärt hätte, warum er Spalatins Rat, die *Acta* nicht zu drucken, nicht befolgt hatte, von dem er behauptete, er habe ihn zu spät erreicht – einen Monat zuvor hatte er Langenmantel erzählt, er werde die Veröffentlichung nun nicht mehr zurückhalten: WB 1, Nr. 113, 25. Nov. 1518 (an Christoph Langenmantel); bei Walch 21.1, Nr. 112, 25. Nov. 1518, Sp. 119.

50 »(...) aber dies muß eilends geschehen«, Walch 15, Nr. 147, 8. Aug. 1518, Sp. 430, im Orig.: »Haec autem festine fieri oportet. Tempus mihi angustum praescipserunt«, WB 1, Nr. 85, 8. Aug. 1518, 188:12 f.; »Aber hier ist baldiges Handeln«, Walch 15, Nr. 148, 21. Aug. 1518, Sp. 433, im Orig.: »At hic mature facto opus est. Accelerant dies, & dies praefixus propinquat«, WB 1, Nr. 87, 28. Aug. 1518, S. 190:30 f.

51 Härle / Schilling / Wartberg (Hrsg.), *Martin Luther*, Bd. 2, S. 17–23; es war nicht das erste und nicht das letzte Mal, dass Luther Staupitz gegenüber seine körperliche Erschöpfung erwähnt. Staupitz seinerseits sorgte sich um Luthers Gesundheit. Auch auf die Wahrscheinlichkeit, zum Märtyrer zu werden, kommt Luther immer wieder und lebhaft zurück.

52 Walch 15, Nr. 189, 11. Okt. 1518, Sp. 554 f., im Orig.: »omnes cupiunt videre hominem tanti incendii Herostratum«, WB 1, Nr. 98, 11. Okt. 1518, S. 213:8–10; »Ego pro vobis et illis vado immolari, si Domino placet. Malo perire et, quod unum mihi gravissimum est, etiam vestra conversatione dulcissima carere inaeternum, quam ut revocem«, ebd. S. 213:11–14.

53 »Me autem per vim oppresso, aperta est ianua contra D. Andream Carlstadium et totam theologiae professionem«, WB 1, Nr. 102, bald nach dem 14. Okt. 1518.

54 Walch 21.1, Nr. 93, 3. oder 4. Okt. 1518, Sp. 113, im Orig.: »Vivat Christus, moriatur Martinus et omnis peccator, sicut scriptum est, exaltetur autem Deus salutis meae«, WB 1, Nr. 96, 3. oder 4. Okt. 1518, S. 208:2 f. u. 4 f.

55 »Atque usque hodie sunt in domo Caiphe scripta mea, ubi quaeruntur adversus me falsa testimonia, nec adhuc inventa sunt«, *Acta Augustana*, WS 2, S. 7:10–11. Er vergleicht sich auch mit Athanasius, als dieser den häretischen Arianern allein gegenüberstand.

56 Walch 15, Anhang Nr. 9, 2. Sept. 1518, Sp. 2397 f., im Orig.: «nolo in hac re principem nostrum innocentiss[imum] quicquam facere, quod propositiones meas defendat, Sed offerri & obiici omnibus, quicunque contra me vel agere vel Scribere voluerunt. Sicut spero facturum esse, Nisi forte id comode praestare posset, ne vis mihi irrogaretur. Quod si nec hoc poterit, etiam sic volo meum esse periculum totum. Spero me pulchre defensurum ea, quę defendenda suscepi, invitis (ut Christo duce glorier) omnibus opinionibus Thomistarum. Violentię autem locum dare necesse erit, Veritate tamen salva.« WB 1, Nr. 90, 2. Sept. 1518, S. 195:8 bis 196:15.

57 Walch 15, Nr. 148, 21. Aug. 1518, Sp. 432, im Orig.: »Ego tamen, ut scias, mi Spalatine, in his omnibus nihil timeo«, WB 1, Nr. 87, 28. Aug. 1518, S. 190:10 f.

58 Siehe WB 1, Nr. 140, 2. Febr. 1519, bei Walch 15, Anhang Nr. 30, 2. Febr. 1519 (an Egranus), Sp. 2441. Der Kuss erlangte Berühmtheit und wurde 14 Tage später von Scheurl in seinem Brief an Eck erwähnt, siehe von Soden / Knaake (Hrsg.), *Chris-*

*toph Scheurls Briefbuch*, 18. Febr. 1519; und an Staupitz: WB 1, Nr. 152, 20. Febr. 1519. Die Gespräche fanden interessanterweise in Spalatins Privathaus in Altenburg statt.

## Die Leipziger Debatte

1 Iserloh, *Johannes Eck*, S. 7, 19.

2 Iserloh, *Johannes Eck*, S. 12 f. Eck war auch Lehrer des Humanisten Balthasar Hubmaier, der sich der Täuferbewegung anschloss. Urbanus Rhegius wurde später ein berühmter Lutheraner.

3 Eck, *Epistola Iohan*, fol. B(r).

4 Vandiver / Keen / Franzel (Hrsg. u. Übers.), *Luther's Lives*, S. 67.

5 Karlstadt, *Auszlegung & Lewterung etzlicher heyligenn geschrifften*; siehe auch: Kruse, *Universitätstheologie und Kirchenreform*, S. 195–200; Spinks / Roper, »Karlstadt's Wagon« (Veröffentlichung erfolgt in Kürze).

6 Barge, *Andreas Bodenstein von Karlstadt*, Bd. 1, S. 133.

7 Der Austragungsort blieb ein Zankapfel: Eck beharrte darauf, Luther habe ihn zuerst gebeten, man möge sich in Leipzig treffen, danach jedoch seine Ansicht geändert. Jahre später behauptete Eck noch immer, er sei im Besitz einer handschriftlichen Notiz des »verlogenen« Luther, in der dieser die Wahl bestätige; Eck, *Epistola*, fol. A 4(r).

8 Iserloh, *Johannnes Eck*, S. 20.

9 »Fui cum meo in Christo patre Erasmo Roterdamo, quoties dictum tibi vis, fui, fui, cum Erasmo«, in: Kawerau (Hrsg.), *Der Briefwechsel des Justus Jonas*, Bd. 1, S. 24: 24. Juni 1519 (Jonas in Aachen); zu Jonas' Entrüstung über Ecks Angriffe auf Erasmus siehe seine Briefe an Lang und Mosellanuns vom Juli und August 1519, ebd., S. 27–29.

10 Iserloh, *Johannnes Eck*, S. 19 f. In einem Brief an Spalatin hatte Luther Erasmus einer ähnlichen Kritik unterzogen, WB 1, Nr. 27, 19. Okt. 1516, und Spalatin aufgefordert, Erasmus davon zu berichten, doch dieser antwortete offenbar nicht.

11 WB 2, Nr. 490, 15. Mai 1522, S. 527: 25.

12 Oberman, *Werden und Wertung der Reformation* , S. 161–184.

13 Iserloh, *Jonannes Eck*, S. 11. Mathis Miechowa, *Tractat von baiden Sarmatien und andern anstossenden landen, in Asia und Europa, von sitten vnd gepraeuchen der voelcker so darinnen wonen*, Augsburg 1518. Der Verfasser war ein Pole. Sein Werk zeigt ein erhebliches Interesse an der Haltung dieses Volkes gegenüber Pferden (B iii v). Interessanterweise wird darin erklärt, die Tartaren seien durch die Sarazenen zum Islam gekommen, welche das Christentum aufgrund seiner Bilderver-

ehrung verdammten, ein Kommentar, der darauf hindeutet, wie aktuell die Frage des Bilderverbots sogar schon in dieser frühen Zeit war (B iii r).

14 Einen guten Bericht über den Verlauf der Verhandlungen bietet Brecht, *Martin Luther*, Bd. 1, S. 299–209.

15 Iserloh, *Johannes Eck*, S. 71–74.

16 Myconius, *Geschichte der Reformation*, S. 31; Kohnle, »Die Leipziger Disputation«, in: Hein/Kohnle (Hrsg.), *Die Leipziger Disputation*, S. 20.

17 Walch 15, Nr. 392 (Bericht Fröschel), Sp. 1204 ff.; Fröschels Bericht stammt frühestens von 1566; der Bericht des kurfürstlichen sächsischen Kanzlers Pfeiffer, ebd., Nr. 393, Sp. 1208 ff., wurde ebenfalls erst später geschrieben. Beide Berichte sind nach Luthers Bruch mit Karlstadt verfasst, man könnte das Geschehen also auch für eine Erfindung halten, doch Rubius erwähnt den Vorfall in einem zeitgenössischen Gedicht.

18 Lotter hatte einige von Luthers Schriften gedruckt, schließlich eröffnete sein Sohn sehr zur Freude Luthers eine Zweitwerkstatt in Wittenberg. Doch 1525 gab Lotter nach einer Auseinandersetzung mit Cranach sein Geschäft auf. Sein Bruder, der ihm nach Wittenberg gefolgt war, zog drei Jahre später nach Magdeburg; siehe Pettegree, *Brand Luther*, S. 110–114, S. 185–192, S. 195 f.

19 Walch 15, Nr. 386 (Bericht von Amsdorf an Spalatin), Sp. 1184–1187; ebd., Nr. 389 (Aurifaber an Spalatin), Sp. 1189–1191; ebd., Nr. 390 (Mosellanus an Pirckheimer), Sp. 1191–1194; ebd., Nr. 391 (Mosellanus an Pflug), Sp. 1194–1204; ebd., Nr. 392 (Bericht Fröschel), Sp. 1204–1208; ebd., Nr. 394 (Bericht Pfeiffer), Sp. 1208–1217; ebd., Nr. 394 (Bericht Melanchthon), Sp. 1127–1224; ebd., Nr. 395 (Brief von Eck), Sp. 1224–1232; ebd., Nr. 397 (Cellarius an Capitus), Sp. 1232–1239; ebd., Nr. 398 (Rubius), Sp. 1239–1259; Barge, *Andreas Bodenstein von Karlstadt*, Bd. 1, S. 133–180; Hein/Kohnle (Hrsg), *Die Leipziger Disputation*; Rummel, *Confessionalisation of Humanism*, S. 19–22.

20 Weier, »Die Rede des Mosellanus«, in: *Trierer Theologische Zeitschrift* Nr. 83 (1974), S. 232–245: Die Rede wurde während der Disputation gedruckt, aber nicht vernünftig ausgeliefert und verfehlte daher ihre Wirkung; über die gesungene Messe siehe Walch 15, Sp. 1206 (Bericht Fröschel).

21 WS 2, S. 241; Predigttext: ebd., S. 241–249.

22 Walch 15, Nr. 391, 6. Dez. 1519 (Mosellanus an Pflug), Sp. 1201; ebd. Nr. 390, 3. Aug. 1519 (Mosellanus an Pirckheimer), Sp. 1192; ebd., Nr. 398, 13. Aug.1519 (Bericht Rubius), Sp. 1241 (Löwe, Herkules).

23 Rubius, *Eyn neu buchlein* (A iii v); zu Eck: ebd. (A ii v); Walch 15, Sp. 1200 f. (Mosellanus); Sider, *Andreas Bodenstein von Karlstadt*, S. 13. Laut Mosellanus besaß Eck einen »vierschrötigen« Leib und eine »volle Stimme«, »die von einer sehr starken Brust unterstützt« wurde, »so daß er nicht nur zu einem Tragödien-

spieler, sondern auch zu einem Herold taugte«, Walch 15, Nr. 391, 6. Dez. 1519 Sp. 1201.

24 Walch 15, Sp. 1207. Zu den Protokollen der Debatte siehe WS 2, und zum Protokoll auf Grundlage der notariellen Mitschrift, das in Paris gedruckt und von Otto Seitz wiederentdeckt wurde, siehe WS 59, S. 427–605. Darin nicht enthalten sind die Diskussionen zwischen Eck und Karlstadt; siehe Seitz (Hrsg.), *Der authentische Text der Leipziger Disputation*. Zur Geschichte des Protokolls siehe Winter, »Die Protokolle der Leipziger Disputation«, in: Hein, Kohnle (Hrsg.), *Die Leipziger Disputation*. Es gab auch Randveranstaltungen: Zur Unterhaltung der Zuhörer hielten Luther und Eck eine scherzhafte Disputation über die Frage ab, ob der einäugige Hofnarr des Herzogs die Erlaubnis bekommen sollte, eine Frau zu heiraten, wobei Eck die Argumentation gegen die Heirat übernahm. Wenn der beleidigte Hofnarr ihn finster anblickte, äffte ihn der Theologe zum großen Ärger des Hofnarren und zur Freude des Publikums nach, indem er eine Hand über sein Auge hielt. Es war der übliche Humor am Hof, doch zugleich war es grausam: Zwei Männer, die das Zölibat geschworen hatten, verspotteten den sehnlichen Wunsch eines entstellten Narren.

25 WS 59, S. 467: Platina habe, behauptete Luther, wie Hus argumentiert, dass die Päpste ihre Macht von den Kaisern bekommen hätten.

26 Kaufmann (Hrsg.), *Der Anfang der Reformation*, S. 37–50.

27 Walch 15, 21. Juli 1519 (Melanchthon an Oekolampadius), Sp. 1221.

28 Ebd., Nr. 392, Sp. 1207.

29 Ebd., Nr. 395, 24. Juli 1519 (Eck an Hoogstraten), Sp. 1224–1232, hier Sp. 1225.

30 Ebd., Von der Leipziger Disputation, 15. Juli, Sp. 1122 f.

31 WB 1, Nr. 196, 3. Sept. 1519

32 Walch 15, Nr. 391. 6. Dez. 1519 (Mosellanus an Pflug), Sp. 1201; ebd., Nr. 386, 1. Aug. 1519 (Amsdorf an Spalatin), Sp. 1186 f.

33 Rummel, *Confessionalisation of Humanism*, S. 20; Walch 15, Nr. 395, 24. Juli 1519 (Eck an Hoogstraten), Sp. 1226: Einer der Lizentiaten der Theologie, die Luther unterstützten, sei der Neffe des berühmten Reuchlin gewesen, womit Melanchthon gemeint war.

34 WB 1, Nr. 187, 20. Juli 1519, S. 423:107. Obwohl Luther sich offenbar nichts aus Kleidern machte, ist Bekleidung und ihre Beschaffung ein wiederkehrendes Thema in seinem Briefwechsel. Zum Beispiel dankte Luther dem Beichtvater des Kurfürsten, dass er vom Kurfürsten Kleidung für ihn besorgt habe: WB 1, Nr. 30, 14. Dez. 1516; und noch einmal bedankt er sich beim Kurfürsten für Kleidungsstücke: WB 1, Nr. 55, 20. Dez. 1517. Er vermerkt die Lieferung von Tuch an Cranachs Betrieb: WB 2, Nr. 287, 13. Mai 1520. Er erinnerte sich aber auch daran, dass seine alte Soutane so löchrig gewesen sei, dass Dr. Hieronymus Schurf ihm Geld für eine

neue gab. Es fiel ihm schwer, sein Mönchsgewand ganz abzulegen. Als Friedrich Luthers *De votis monasticis* las, erinnerte dieser ihn daran, dass er ihm ein schönes Tuch unter der Bedingung geschickt habe, dass er sich daraus eine neue Kutte oder einen Umhang schneidern lasse, und zwar möglichst im spanischen Stil, d. h. nach der neuesten Mode: WT 5, Nr. 6430, WT 4, Nr. 4414, WT 4, Nr. 5034.

35 Eck habe Ruhm und die Gunst des Papstes erlangen wollen, wie er 1545 schrieb, er habe darin eine Gelegenheit erblickt, Luther »mit Haß und Schmach zu überschütten«, Walch 14, Sp. 444; WS 54, S. 179–187, 183:16 (»tum odio et invidia me obruendi«).

36 Eck, *Epistola Johan.*

37 Vandiver / Keen / Franzel (Hrsg. und Übers.), *Luther's Lives*, S. 68 f.

38 Walch 15, Nr. 391 (Mosellanus an Pflug), Sp. 1200; Rubius ist auch der Verfasser der *Solutiones*, eines längeren Pamphlets, das als Bericht von der Disputation für den Bischof von Würzburg gedacht war, siehe Rummel, *Confessionalisation of Humanism*, S. 20.

39 WS 59, 429; Brecht, *Martin Luther*, Bd. 1, S. 337 f.: Luther schrieb einen Drohbrief nach Erfurt, als ihm das Gerücht zu Ohren kam, die Entscheidung falle gegen ihn aus, und Lang setzte offenbar alle Hebel in Bewegung, die Universität dazu zu bringen, kein Urteil zu fällen.

40 WS 2, S. 241–249; S. 246:17 f; S. 244:29 f.

41 WS 2, S. 253; WS 2, S. 388–435: *Resolutiones Lutheriae super propositionibus suis Lipsiae disputatis.*

42 Eine Zusammenfassung dieses Teils der Debatte gibt Rummel, *Confessionalisation of Humanism*, S. 19–22.

43 Eck, *Doctor Martin ludders Underricht.*

44 *Eckius dedolatus* (Pirckheimer zugeschrieben), S. 25–45: Die Szene, bei der die Hexe Candida auf ihrer Ziege nach Leipzig fliegt, ist eine Reminiszenz an Dürers *Rückwärts reitende Hexe auf einem Ziegenbock* von 1500.

45 Ebd., S. 85. Eck wird rasiert wie eine Hexe vor der Folter, um, wie es heißt, die »Sophismen, Syllogismen, größere und kleinere Propositionen, Corollarien, Porismata und andere derartige Flausen«, also das ganze technische Werkzeug der scholastischen Argumentation und Beweisführung zu entfernen, die wie Läuse unter den Haaren wimmeln, und nachdem ihm eine Mixtur verabreicht worden ist, erbricht er seine Kommentare zu Aristoteles' Werken. Dann kommt es zur Ausscheidung von Münzen, eine Anspielung auf seine Tätigkeit für Jakob Fugger, dem er seine Zunge vermietet habe, um den Wucher zu verteidigen. Als sich herausstellt, dass die Zunge schwarz und gespalten ist (wie die des Teufels), schneidet der Chirurg sie entzwei, bevor er Ecks »Karbunkel« der »Prahlerei«, das »Karzinom« des »Intrigantentums« und etliche weitere »Knoten« und »Geschwulste« entfernt (ebd., S. 73–85).

46  Pirckheimer wusste sicher von der Satire und hatte daran mitgearbeitet. Außerdem gibt es eine Fortsetzung von seiner Hand (wenngleich sie nicht an das Original heranreicht). Wer auch immer der Autor war, er kannte Nürnberg gut, denn die Satire macht sich über Ecks Tanz bei Christoph Scheurls Hochzeit lustig – siehe *Eckius dedolatus* (Pirckheimer zugeschrieben), S. 19, und Best (Hrsg.), *Eccius dedolatus*, Introduction, S. 22–25 – und erwähnt ein Pamphlet von Lazarus Spengler, das Eck »öffentlich dem Vulcanus zu weihen« gedachte, also öffentlich verbrennen wollte (ebd. S. 69).

47  WS 2, S. 739 ff., »Eyn Sermon von dem Hochwirdigen Sacrament, des heyligen waren Leychnamß Christi, Vnd von den Bruderschafften Für die Leyen«, Wittenberg 1519 [VD 16 L 6387]. Es war die dritte Predigt einer Trilogie über die Sakramente, die Buße, die Taufen und die Kommunion.

48  WS 2, S. 742:24–26.

49  WS 2, S. 738 f.

50  WS 2, S. 742:26.

51  WS 2, S. 754:35 – S. 755:1.

52  Edwards Jr., *Printing, propaganda*; S. 1 f.: Zwischen 1518 und 1530 kam auf fünf seiner muttersprachlichen Veröffentlichungen eine seiner katholischen Gegner. Edwards Jr., »Luther as Media Virtuoso and Media Persona«, in: Medick / Schmidt (Hrsg.), *Luther zwischen den Kulturen*, S. 102–118.

53  Das Ausmaß des Wandels wird deutlich an der Zahl der gedruckten Werke, die uns als in Wittenberg erschienen überliefert sind (es ist freilich eine unvollständige Statistik, denn viele gedruckte Werke sind verlorengegangen). Von 1517 kennen wir fünf Werke, die in Wittenberg verlegt wurden. 1518 erschienen dort mindestens 29, im folgenden Jahr 48 gedruckte Werke. 1520 kam dann der Sprung mit nicht weniger als 109 Bücher und Flugschriften, die in Wittenberg erschienen. Zum Vergleich: Aus demselben Jahr sind uns 199 Druckwerke aus Augsburg überliefert, aus Basel 107, aus Nürnberg 109. Die Zahlen stammen aus dem VD 16. Über das Wachstum Wittenbergs als Zentrum des Buchdrucks siehe Pettegree, *Book in the Renaissance*, S. 91–106; und ders., *Brand Luther*.

54  Der Verfasser des *Eccius dedolatus* täuschte sich nicht: Reuchlin verhinderte, dass Eck in Ingolstadt eine öffentliche Verbrennung der Flugschriften von Oekolampadius und Spengler durchführte; siehe Best (Hrsg.), *Eccius dedolatus*, Einführung, S. 18.

55  »Jst sy gerecht vnd goetlich / so wirt sy niendert billicher dann bey denen / den sy allenthalbn zu gutem kommen mag offenlich / vnd it allain in den schulen / oder warlicher zu redden in der Juden sunagogen (...) ausgeschrien vnd verkindt«, Spengler, *Schützred*, B iii(v).

56  *Ein Sermon gepredigt tzu Leipßgk / vffm Schloß am tag Petri vñ pau / li im xviiij.*

*Jar, durch den wirdigen vater Doctorem / Martinū Luther augustiner zu Wittenburgk*, Leipzig 1519.

57  Ebd., A iv(v), B ii(r], B iii(r), B iii(r).

## Die Freiheit eines Christenmenschen

1  Luther zählte sie gewöhnlich an den Fingern jeder Hand herunter: WT 5, Nr. 5428, S. 137. Wer studierte, war teilweise befreit, wer in der Lehre tätig war, war von drei der sieben Stundengebete ganz freigestellt. Siehe auch WT 5, Nr. 5375.

2  WT 2, Nr. 1253, S. 11, vor dem 14. Dez. 1531.

3  WT 5, Nr. 4528, zwischen 11. April und 4. Juni 1542. Luther erzählte es, als man in der Tischrunde begann, sich mit Geschichten über Erlebnisse bei den Stundengebeten zu überbieten. Siehe auch WT 3, Nr. 3651; WT 4, Nr. 4082; WS 17.1, S. 112 ff. (Predigten 1525); WT 4, Nr. 4919, Nr. 5094; WT 5, Nr. 6077.

4  Junghans, *Die Reformation*, S. 87; Zitate aus der Bulle: Walch 15, Nr. 444, Sp. 1427.

5  WB 2, Nr. 278, 16. April 1520 (an Spalatin), S. 83.

6  Zu der lateinischen Ausgabe von 1516 liegen handschriftliche Anmerkungen vor, zu der deutschen Ausgabe von 1520 in Deutsch gedruckte Anmerkungen, die möglicherweise von Luther selbst stammten, was darauf schließen lässt, dass er 1520 noch mit der Schrift beschäftigt war. Siehe dazu: WS 59, S. XV–XXI.

7  WS 38, S. 372: 26–31, S. 373: 10. Siehe auch sein Gebetsbuch *Betbüchlein* von 1522 sowie *Spalatins Betbüchlein*, WS 10.2, S. 331–501. Das *Betbüchlein* stellt eine Kompilation zum privaten Gebrauch dar und schließt das Vaterunser sowie interessanterweise auch das Ave-Maria ein. Es enthält auch eine Passionsgeschichte, die in der Ausgabe von 1529 mit 50 Holzschnitten illustriert war, die die biblische Geschichte erzählten (alles laut Vorrede zum *Betbüchlein*, WS 38, S. 341).

8  »in Schwelgerei, Sodomiterei …«, Walch 21.1, Nr. 15, 8. Juni 1516, Sp. 30, im Orig.: »id est pergraecari, sodomitari, romanari«, »id est, avaritiae infernum insaturabilem«; »(…) tu ne fide iubebis data occasione, imo pellente (…) necessitate hominem non involutum iri turbidinibus et tempestatibus istis fragosissimis Curiarum Episcopalium?«, WB 1, Nr. 16, 8. Juni 1516, S. 45: 25; »(…) willst du denn Bürge sein …«, Walch, 21.1, Nr. 15, 8. Juni 1516, Sp. 31; im Orig.: »Et quamquam homo iste sit alienissimus a vitiis istis: tu ne fide jubebis, data occasione, imo pellente (…) necessitate hominem non involutum iri turbidinibus et tempestatibus istis fragosissimis Curiarum Episcopalium?«, WB 1, Nr. 16, 8. Juni 1516, S. 45: 41–42. Der Brief ist erstaunlich lang. Luther gibt zudem an, er wisse, dass Staupitz' Freundin, die Äbtissin von Frauenwörth am Chiemsee, Staupitz gerne in Bischofswürden sähe. Es

war also ein sorgsam entwickelter Plan, der zu Staupitz' adeliger Herkunft passte und von dem zweifelsohne auch der Kurfürst profitiert hätte.

9 Walch 15, Anhang. Sp. 2450–2454, Nr. 36, 3. Okt. 1519, Sp. 2453, im Orig.: »nimis me derelinquis«, »sicut ablactatus super matre sua«, »et fide vacuus sum, aliis donis plenus, quae scit Christus quam non desiderem, nisi ei serviam« WB 1, Nr. 202, 3. Okt. 1519, S. 514:49–51, 51–53; »in dieser Nacht ...«, Walch 15, Anhang, Nr. 36, 3. Okt. 1519, Sp. 2454, im Orig.: »hac nocte somnium de te habui, tanquam recessuro a me, amarissime me flente et dolente, verum te manu mota mihi dicente, quiescerem, te reversurum esse ad me; hoc certe verum factum est hoc ipso die.« WB 1, Nr. 202, 3. Okt. 1519, S. 514:75–77. Im zitierten Psalm ist die Situation interessanterweise genau umgekehrt: Das Kind entwöhnt sich von der Mutter und ist froh darüber, während Luther »tristissimus« ist.

10 Walch 15, Anhang Nr. 31, 20. Febr. 1519, Sp. 2443, »rapior in medios tumultus«, WB 1, Nr. 152, 20. Febr. 1519, S. 344:9.

11 WB 1, S. 515, Anm. 1.

12 Walch 15, Nr. 20, 14. Jan. 1521, Sp. 2422, im Orig.: »Memor esto, frater, te ista in nomine Domini nostri Ihesu Christi incepisse«, WB 2, Nr. 366, 14. Jan. 1521, S. 245:3 f.

13 Walch 15, Anhang Nr. 21, Sp. 2425 u. Sp. 2426, im Orig.: »Non enim hic tempus timendi, sed clamandi«, »(...) quantum tu me ad humilitatem exhortaris, tantum ego te ad superbiam exhortor. Tibi adest nimia humilitas, sicut mihi nimia superbia«, WB 2, Nr. 376, 9. Febr. 1521, S. 263:23–25; und: »Vere nonnihil me contristavit ista tua submissio, et alium quendam mihi exhibuit, quam Staupitium illum gratiae et crucis praeconem. Quod si ante bullae istius notitiam et Christi ignominiam sic fecisses, nihil contristasses«, ebd., S. 264:47–50.

14 »(...) altero, proh dolor, destitutus, cuius nec vocem audio neque apicem video«, siehe WB 2, Nr. 512, 27. Juni 1522, S. 566 (Hinweis auf den Brief von Staupitz an Linck vom 16. Okt. 1521).

15 Walch 15, Nr. 2412, 14. Sept. 1518; im Orig.: »Placet mihi, ut Wittembergam ad tempus deseras meque accedas, ut simul vivamus moriamurque.« WB 1, Nr. 119, Anfang oder Mitte Dez. 1518, S. 267:9–10; das Datum ist nicht ganz sicher, und wohin er Luther eingeladen hat, ist umstritten.

16 Posset, *The Front-runner of the Catholic Reformation*, S. 210; von Soden/Knaake (Hrsg.), *Christoph Scheurls Briefbuch*, Bd. 1, S. 139 f., 22. April 1514.

17 Luther erinnerte sich um 1544 an die Worte seines Beichtvaters: »Jch hab vil bruder tzu diaconis, ebten, prioribus gemacht, vnd wenn sie nun auffs hochste het gehoben, so schißen sie mir durch die hend auff den kopff.« WT 5, Nr. 5989, S. 417:11 f.

18 Walch 15, Nr. 222, 27. Juni 1522, Sp. 607 ff., im Orig.: »mea iactari ab iis, qui lupanaria colunt, et multa scandala ex recentioribus scriptis meis orta«, WB 2, Nr. 512,

27. Juni 1522, S. 567:13 f.; Walch ebd., Sp. 608, im Orig.: »nos hic egimus et agimus, ut sine tumultu purum verbum publicemus«, WB ebd.; Walch, ebd., Sp. 609, im Orig.: »Destruendum est mihi, mi Pater, regnum illud abominationis et perditionis Papae, cum toto corpore suo«, WB, ebd., S. 567:19 f. Der Brief erwähnt weiter den mutmaßlichen Märtyrertod des Priors des Augustinerklosters von Antwerpen, der (anders als Staupitz) seinen Widerruf zurückgenommen und dann weiter evangelisch gepredigt hatte, und endet mit der Überlegung, ob auch er möglicherweise den Märtyrertod sterben werde.

19 »ehemaligen Gefangenen Eures Klosters«, Walch 15, Nr. 223, 17. Sept. 1523, Sp. 611, im Orig.: »de plenitudine opimi monasterii«, WB 3, Nr. 659, 17. Sept. 1523, S. 156:23 u. 26 f.; Beginn des Briefs: Walch, ebd. Sp. 610, im Orig.: »Sed nos certe etiamsi desivimus tibi grati ac placiti esse, tamen tui non decet esse immemores et ingratos, per quem primum coepit euangelii lux tenebris splendescere in cordibus nostris«, WB, ebd., S. 155:5–8; »berüchtigten Unthier«, Walch, ebd. Sp. 612, »monstro illo famoso«, WB, ebd., S. 156:12; »Ich werde gewiß nicht ablassen«, Walch, ebd. Sp. 612, »Ego plane non desinam optare et orare, quam ut alienus a Cardinale tuo et papatu fias, sicut ego sum, imo sicut et tu fuisti.« WB, ebd., S. 156:36–38. Auch andere kommentierten, was Staupitz' Schachzug bedeutete, und Thomas Müntzer spottete, Luther sei in Augsburg sicher gewesen, weil er sich auf Staupitz habe stützen können, »aber jetzt ist er von dir abgewichen und ein Abt geworden«. Müntzer, *Hoch verursachte Schutzrede*, fols. E (r–v); siehe auch Posset, *Front-runner of the Catholic Reformation*, S. 296 f., siehe auch Matheson (Hrsg.), *Works of Thomas Müntzer*, S. 347, Anm. 233.

20 Walch 21.1, Nr. 809, Sp. 683, im Orig.: »Staupitius excessit e vivis brevi functus potentatu«, WB 3, Nr. 821, 23. Jan. 1525, S. 428:5.

21 Walch 21.1, Nr. 820, 7. Febr. 1525, Sp. 717, im Orig.: »Remitto Staupitium; frigidulus est, sicut semper fuit, et parum vehemens. Fac, quod libet; indignus non est luce et publico libellus, cum tot monstra quotidie prodeant et vendantur.« WB 3, Nr. 827, 7. Febr. 1525, S. 437:8–10.

22 WT 1, Nr. 173 (1532), S. 80:6 f.

23 Evangelisches Predigerseminar Wittenberg (Hrsg.), »*Vom Christlichen abschied …*«, fol. A iii (r–v).

24 Bagchi, *Luther's earliest opponents*.

25 WB 2, Nr. 283, 5. Mai 1520; WB 2, Nr. 287, 13. Mai 1520; WB 2, Nr. 291; 31. Mai 1520; zu Alveld, der im Auftrag des Bischofs von Merseburg mit seinen Schriften die päpstliche Autorität verteidigte, siehe Bagchi, *Luther's earliest opponents*, S. 50–52.

26 Walch 18, Nr. 43, Alveld an Luther, Sp. 1002, im Orig.: »se tuentur muliercule«, WB 2, 276, (7. April 1520), S. 79:6 f.

27 Walch 19, Anhang Nr. 4, 14, Januar 1520, Sp. 1776, im Orig.: »si patrem et matrem Boemos et alios, quam apud eos nati sunt, scissent«, WB 1, Nr. 239, 14. Jan. 1520, S. 610: 25 f.

28 WS 6; *Antwort auf die Zettel, so unter des Officials zu Stolpen Siegel ausgegangen*, S. 137–141; Miltiz lacht über die Erwiderung, ebd., S. 135: 6; »ketzschperg«, ebd., S. 138: 20 f.; »fastnacht«, ebd. ,S. 139: 31 f.; »Sacrament«, ebd., S. 140: 17–19.

29 Ich habe dir zuvor geschrieben …«, Walch 19, Nr. 90 (zw. 12. u. 18. Febr. 1520) Sp. 482 u. 484, im Orig.: »Scripsi tibi et antea, ne praesumeres rem istam tuo, meo, aut ullius hominum iudicio coeptam aut gestam; si ex Deo est, longe contra, extra, supra, infra tuum et meum captum finietur (…). Obsecro te, si de euangelio recte sentis, noli putare, rem eius posse sine tumultu, scandalo, seditione agi. Tu ex gladio non facies plumam, nec ex bello pacem: verbum Dei gladius est …«, WB 2, Nr. 255, [c. 16. Febr. 1520], S. 43: 3–6 u. S. 43: 35–37; »da mein Büchlein …«, Walch, ebd., Sp. 487, im Orig.: »iam paene absolutis libellis«, WB ebd., S. 45: 91. Im nächsten Brief zügelte Luther seinen Ton und versprach Spalatin, in seiner lateinischen Erwiderung an den Bischof von Meißen weniger scharf zu sein und sie Spalatin vor der Veröffentlichung vorzulegen. Doch er fügte hinzu, je mehr sein Gegner mit seinem Unrat um sich schleudere, umso weiter und stärker werde es stinken: WB 2, Nr. 256, 18. Febr. 1520.

30 Er war nicht der Einzige, der sie so nannte: Capito vergleicht die Theologen aus Löwen und Köln in einem Brief vom 17. März 1520 mit Midassen (»Levanienses et Colonienses Midae«), also Richtern mit Eselsohren, die sich eindeutig falsch entschieden hätten, WB 2, Nr. 267, S. 70: 7.

31 Johannes Agricola, *Eyn kurtz anred zu allen missgunstigen Doctor Luthters* [sic] *vnd der Christenlichen freyheit* (1522).

32 Thomas Murner, *Von dem grossen Lutherischen Narren*, 1522 [VD 16 M 7089].

33 Martin Luther, »Resolutio Lutheriana super propositione decima tertia de potestate Papae. Per autorem locupletata«, in: Beyer / Härle / Schilling / Wartenberg (Hrsg.), *Martin Luther, Studienausgabe*, Bd. 3, S. 170–171; im Orig.: »Omnis sacerdos in articulo mortis et necessitatis est Episcopus, est Papa, habens plenissimam plenitudinem potestatis super confidentem«, ebd., S. 171.

34 WS 7, S. 27: 19–23.

35 »Lieber (Leser) wie reymet sich doch …«, WS 6, S. 436: 13 f.; »Nun sich [heute: sieh], wie Christlich …«, ebd., S. 409: 11–15; »szo solt mann auch vorhyndern …«, ebd., S. 409: 15–22.

36 Zu Cranachs Luther-Porträt siehe Warnke, *Cranachs Luther*.

37 Martin Luther, *Vñe wat sake vnde stucke des Pawestes vnde siner yunger boke van Doctore Martino Luther vorbrant syn* [VD 16 L 7375].

38 Zumkeller, *Johannes von Staupitz*, S. 7, 15. März 1520.

39 Walch 15, Nr. 498, Sp. 1638, »atrox et ferox«, WB 2, Nr. 327, 18. Aug. 1520, S. 167: 5.

40 WS 6, S. 426: 1 f.

41 »Gravamina und Reformation«, in: Batori (Hrsg.), *Städtische Gesellschaft und Reformation.*

42 *An den christlichen Adel deutscher Nation,* WS 6, S. 442: 10–15.

43 Ebd., S. 442: 33 ff.

44 Brady, *German Histories,* S. 152.

45 Ebd., S. 151 f., S. 260–264.

46 Luther begann beispielsweise, anfangs zögerlich, sich immer wieder bei Spalatin zu erkundigen, ob er dem Kürfürsten schreiben und ihn über die Probleme aufgrund der Inflation informieren solle; interessanterweise erklärte er, es gehe um Hilfe für »unser Gemeinwesen«: »pro re publica iuuanda«, WB 2, Nr. 291, 31. Mai 1520, S. 111: 14, ebenso WB 2, Nr. 297, (7.? Juni 1520), S. 120: 17: »scribo illust[rissimo] principi pro re publica iuuanda« [Walch 21,1, Nr. 298, (7.? Juni 1520), Sp. 266: »Ich schreibe an unseren durchlauchtigsten Fürsten wegen Unterstützung unseres Gemeinwesens«]. Dann engagierte er sich predigend und vermittelnd – zu Spalatins Entrüstung – in der bewaffneten Auseinandersetzung zwischen den Studenten und Cranachs Gesellen, WB 2, Nr. 312, 14. Juli 1520; WB 2, Nr. 315, 22. Juli 1520.

47 WS 6, S. 497–573; deutscher Titel nach der modernen Übersetzung in: Delius / Junghans (Hrsg.), *Studienausgabe,* Bd. 3, S. 173–376.

48 DRTA, Jüngere Reihe, Bd. 2, Gotha 1896, S. 478. Der Beichtvater fand dennoch, *Von der Freiheit eines Christenmenschen* sei ein gutes Buch.

49 Walch 19, Sp. 7, »PAPATVS EST ROBVSTA VENATIO ROMANI EPISCOPI«, WS 6, S. 498: 9; Textgestaltung in der Originalausgabe in: Luther, *De captivitate babylonica ecclesiae praeludium,* fol. A. ii (r). Auf derselben Seite darüber steht in Großbuchstaben ein anderer Satz: »INDVLGENTIAE SVNT ADVLATORVM ROMANORVM NEQVICIAE« (»Der Ablass ist ein Bubenstück der römischen Schmeichler«, Walch ebd.). Die visuelle Wirkung der Seite zielte also darauf ab, den Leser an die Botschaft der 95 Thesen zu erinnern. Dann wird diese Erinnerung radikalisiert und in den Kontext eines weit umfangreicheren Angriffs auf das Papsttum gestellt, ebd. fol. A ii(r) siehe auch LW 36, S. 12. Luther benutzte explizit die Bezeichnung »Antichrist« (Nimrod entgegengesetzt), WS 6, S. 537: 25. Etwa zur selben Zeit, im Oktober 1520, verdammte er die päpstliche Bulle in *Wider die Bulle des Endchrists* als die Bulle des Antichrist, WS 6, S. 614: 29.

50 Walch 19, Sp. 11 u. 12, im Orig.: »huius graveolentissimae cloacae«, WS 6, S. 500: 19, »impios«, ebd., S. 501: 12, «hominem hunc angelo Satanae agitatum«, ebd., S. 500: 33.

51 Über das Sakrament der Taufe: WS 6, S. 527–536, Walch 19, Sp. 54–71; »die Sakramente werden …«, Walch 19, Sp. 64, im Orig.: »at sacramenta non implentur, dum fiunt, sed dum creduntur«, WS 6, S. 533 : 12 f.; »von dem wahren Tode …« Walch ebd., Sp. 65, im Orig.: »sed de vera morte et resurrectione«, WS ebd., S. 534 : 11. Wenn wir anfangen zu glauben, fangen wir an zu sterben, argumentiert Luther, deshalb ist das Sterben des Fleischs mit der Taufe verbunden, nicht mit den Werken. Auf diese Weise verbindet er Märtyrertum mit Taufe und Glaube.

52 Walch 19, Sp. 26; im Orig.: »Dicant et hic, carnem illam virginis interim fuisse annihilatam seu, ut aptius dici volunt, transsubstantiatam, ut Christus, in accidentibus eius involutus, tandem per accidentia prodiret.«, WS 5, S. 510 : 9–13.

53 WS 6, S. 510 : 4–8.

54 Zum Verstand als Hure siehe Thomas Kaufmann, »Theologisch-philosophische Rationalität«, in: Kaufmann (Hrsg.), *Der Anfang der Reformation.*

55 Luther, *Von der freyheyt eynes Christenmenschen*, WS 7, S. 20–38.

56 Ebd., S. 21 : 1–3.

57 »welches die Größte Ehre«, WS 6, S. 25 : 7 f.; »böse Begierde«, ebd., S. 24 : 1.

58 WS 7, S. 37 : 16–18. Die Häufigkeit, mit der das Wort »alle« im Text erscheint, ist auffällig und trägt zu seinem autoritativen, keinen Widerspruch duldenden Ton bei.

59 WS 7, S. 184 : 9 (Bericht eines unbekannten Studenten), im Orig.: »Quia tu conturbasti sanctum Dei, ideoque te conturbet iguis aeternus.«

60 Einen ausführlichen Bericht, der Luthers Rolle als treibende Kraft dabei herunterspielt und die Rolle von Melanchthon und Agricola betont, gibt Krentz, *Ritualwandel und Deutungshoheit*, S. 131–136. Wer auch immer dahinitersteckte, es ging um Luther, und es war mit Spalatin abgesprochen. Vieles, was im Vorfeld dazu organisiert wurde, wird mündlich geschehen sein und keine schriftlichen Zeugnisse hinterlassen haben. Die katholische Seite verstand das Verbrennen der Bulle im Dezember als Vergeltungstat für das Verbrennen seiner Schriften; siehe den Brief von Andrea Rosso, Sekretär des venezianischen Botschafters Cornaro, Worms, 30. Dez. 1520; siehe auch den Brief von Cuthbert Tunstal an Wolsey, 29. Jan. 1521, in dem eine Verbindung zu Luthers Überzeugung gezogen wird, dass er kein faires Verhör erhalten würde, siehe Kalkhoff, *Briefe, Depeschen und Berichte*, S. 26 u. 32.

61 WB 2, Nr. 361, 10. Dez. 1520 (Luther an Spalatin) S. 235, Anm. 1.

62 Walch 15, Anh. Nr. 20, Sp. 2423, im Orig.: »Exussi libros papae et bullam, primum trepidus et orans, sed nunc laetior, quam ullo alio totius vitae meae facto; pestilentiores enim sunt, quam credebam«, WB 2, Nr. 366, 14. Jan 1521, S. 245 : 17–19.

63 Auf Latein verfasste Versionen der anonymen Beschreibung wurden gedruckt, dazu gab es eine deutsche Übersetzung als einseitig bedrucktes Flugblatt, das per-

fekt war, um es an Wänden anzuschlagen. Siehe dazu auch Kaufmann (Hrsg.), *Der Anfang der Reformation*, S. 185–200.

64 WB 2, Anmerkungen 18n u. 19 zu Nr. 377, 17. Febr. 1521, S. 268 f. Am Neujahrstag 1521 hängten adelige Studenten einen lateinischen Spott- und Fehdebrief an die Kanzel der Thomaskirche. 1500 Exemplare waren davon gedruckt worden. Der Drucker und seine Gesellen wurden in Haft genommen, auf Fürsprache Emsers jedoch wieder entlassen, sie bekamen milde Strafen.

65 Walch 15, Nr. 549, Sp. 1792–1796; *Bulla Cene domini: das ist: die bulla vom Abent-fressen des allerheyligsten hern des Bapsts: vordeutscht durch Martin Luth*; Wittenberg 1522 [VD 16 K 267].

66 WB 2, Nr. 382 (Luther an Lang), 6. März 1521, S. 177:9 f.

67 Siehe Paisey / Bartrum, »Hans Holbein and Miles Coverdale«, in: *Print Quarterly* 26 (2009) 3, S. 227–253, zu einer Darstellung von Luther im Kampf mit dem Papst, die auf dem Herkules-Holzschnitt beruht und in einer englischen Ausgabe von 1539 erschienen ist. Die Autoren weisen überzeugend nach, dass man auch diesen Holzschnitt Holbein zuschreiben kann.

68 Bericht von Karl von Miltitz, in: Junghans, *Die Reformation*, S. 91 f.

69 Brecht, *Luther*, Bd. 1, S. 426–429. Aleander publizierte die Bannbulle gegen Luther tatsächlich erst im Oktober 1521.

70 WB 2, Nr. 384, 7. März 1521, S. 282:12–16; siehe auch WB 2, Nr. 377, 17. Febr. 1521; u. Nr. 385, 7. März 1521.

71 Junghans, *Die Reformation*, S. 94; zu den Bücherverbrennungen siehe auch WB 2, Nr. 378, 27. Febr. 1521 u. Nr. 382, 6. März 1521.

## Der Reichstag von Worms

1 RTA 2, 466, 8. Nov. 1520; ebd., 468–470, 17. Dez. 1520. Friedrich der Weise sollte Luther nur nach Worms bringen, wenn er zum Widerruf bereit war.

2 Ebd., 2, 471.

3 WB 2, Nr. 382, 6. März 1521. Luther erhielt das Schreiben am 26. März.

4 Deutschländer, »Spalatin als Prinzenerzieher«, in: Kohnle / Meckelnborg / Schirmer (Hrsg.), *Georg Spalatin*.

5 Friedrichs Haltung zur Reformation blieb weitaus zwiespältiger. Es widerstrebte ihm, seine Reliquiensammlung aufzugeben, auch wenn er es schließlich tat. Siehe dazu Ludolphy, *Friedrich der Weise*; Höss, *Georg Spalatin, 1484–1545*. Für die jungen Herzöge von Braunschweig-Lüneburg schlüpfte Spalatin in der Zeit, in der sie in Wittenberg studierten, in die Rolle des Mentors, und er könnte auch an der Erziehung von Johann Friedrichs jüngerem Bruder beteiligt gewesen sein.

6 Zum Beispiel WB 2, Nr. 347, 30 Okt. 1520 (Luther bedankt sich für die Fürsprache

Johann Friedrichs beim Kurfürsten nach Erhalt der Bulle); WB 2, Nr. 393, 31. März 1521 (s. u.); WB 2, Nr. 461, 18. März 1522; WB 3, Nr. 753, 18. Juni 1524. 1521 widmete er ihm sein Magnificat (WS 7, S. 538–604) und seine deutsche Übersetzung des Buchs Daniel (1529–1530), WDB 11, II, Daniel bis Maleachi, Anhang, S. 376–87.

7 WB 2, Nr. 330, 24. Aug. 1520.

8 Walch 15, Sp. 1891.

9 Alkohol spielte in ihrer Freundschaft gewiss auch eine Rolle. Luthers Gegner Aleander beschrieb Luther später als einen Trunkenbold, der ebenso durch sein Benehmen und Auftreten wie durch seine Werke allen Respekt verloren habe.

10 Fünf seiner Briefe an Luther bis Ende 1525 sind erhalten geblieben, wobei einer an beide, Luther und Melanchthon, adressiert war – gegenüber Hunderten von Briefen, die Luther ihm schrieb. Weide, *Spalatins Briefwechsel*.

11 Zum ersten Mal spricht er den Gedanken in einem Brief an Linck an (WB 1, Nr. 121, 18. Dez. 1518), dann entwickelt er ihn in seinem Brief an Spalatin (WB 1, Nr. 161, 13. März 1519, S. 359: 29 f.). Nach Erhalt von Lorenzo Vallas Widerlegung der Konstantinischen Schenkung, in der diese als Fälschung entlarvt wird, sieht er sich in seiner Überzeugung noch mehr bestätigt (WB 2, Nr. 257, 24. Febr. 1520, S. 48: 26–28) und kündigt Spalatin an, er wolle ihm bei einem Treffen mehr dazu berichten. Im August 1520, als Luther an Johannes Lang schrieb (der über den Ton in Luthers Schrift *An den christlichen Adel deutscher Nation* schockiert war), kann er feststellen, dass »wir« nun sicher sind, dass das Papsttum der Thron des Antichrist sei und man dem Papst keinen Gehorsam schulde (WB 2, Nr. 327, 18. Aug. 1520, S. 167: 13 f.); am 11. Oktober, als er über den Inhalt der Bulle Bescheid wusste, schrieb er an Spalatin, dass er jetzt ganz gewiss sei, dass der Papst der Antichrist ist (WB 2, Nr. 341, 11. Okt. 1520), und Ende Oktober verfasste er die Schrift *Wider die Bulle des Endchrists*, WS 6, S. 614: 29.

12 Siehe dazu den Bericht des sächsischen Kanzlers Brück über die Rede in: RTA 2, 494–507. Laut Brück beendete Aleander seine Rede mit der Behauptung, Luther und andere hätten ihn als »geborner Jude« bezeichnet. Er hielt dagegen, er stamme aus armem Elternhaus, doch wäre er bestimmt nicht als Kanoniker in Lüttich angenommen worden, wenn er Jude wäre. Selbst wenn er ein getaufter Jude sei, sei das kein Grund, ihn zu verachten, da Christus selbst als Jude geboren war.

13 »Cęterum, si me ad occidendum deinceps vocare velit & haec responsione imperii hostem me habuerit, offeram me venturum.« WB 2, Nr. 389, 19. März 1521, S. 289: 11 f. Er wolle, schrieb er weiter, dass allein die Papisten für seinen Tod verantwortlich seien.

14 »der oberste Anstifter«, Walch 21.1, Sp. 345, im Orig.: »generalissimus homicidarum auctor et magister«, WB 2, Nr. 391, 24. März 1521, S. 292: 7 f. (Brief an

einen unbekannten Adressaten, möglicherweise in Basel); »Mein Christus wird«, Walch, ebd., im Orig.: »Dabit mihi Christus meus spiritum, ut hos Satanae ministros et contemnam vivens et vincam moriens«, WB 2, ebd. S. 292:9 f.; »Du schickst«, Walch, ebd., im Orig.: »fratri tuo Petro non mittis pecuniam, sicuti mihi narrat; tu vide, ut cures eum«, WB 2, ebd. S. 293:10 f.

15 »Er hat wohl mehr mal gepett, gefast, gangen, prediget, wunderzeichen than, den Jm Euangelio steht«, WB 2, Nr. 393, 31. März 1521, S. 295:7–9.

16 RTA 2, 526 f., 6. März 1521, Vorladung Luthers nach Worms durch Kaiser Karl V.; ebd., 529–533: Am 10. März erging ein kaiserlicher Erlass, der Luther befahl zu widerrufen. In der Zwischenzeit sollten alle seine Bücher den Obrigkeiten übergeben werden, sie durften nicht länger gedruckt, gekauft oder verkauft werden; »der Lehren und Bücher halber«, WB 2, Nr. 383, S. 280:4–6.

17 RTA 2, 526.

18 WB 2, Nr. 383, 6. März 1521, S. 280 Einleitung: Die Vorladung und der Geleitbrief befanden sich in Besitz von Luthers Schwiegersohn Georg von Kunheim. Nach Luthers Tod erbten seine Söhne die Bibliothek, während seine Tochter Margarethe frei aus den Haushaltsgegenständen auswählen konnte. Wahrscheinlich wählte sie die Truhe, die diese Dokumente enthielt. Wir wissen, dass Luther sie 1532 seinen Tischgenossen zeigte und sie dazu aus der Truhe holte, in der er sie zusammen mit einigen wichtigen Briefen aufbewahrte. WT 2, Nr. 2783c, S. 658:11 f. Cranach bewahrte in seinem *Stammbuch* ebenfalls eine originalgetreue Abschrift davon auf.

19 WB 2, Nr. 395, 7. April 1521; S. 296; siehe auch ebd. S. 297 Anm. 9; WB 2, Nr. 392, 29. März 1521 (an Lang), S. 293.

20 Myconius, *Geschichte der Reformation*, S. 34. Auch Justus Jonas schloss sich der Reisegesellschaft an.

21 Walch 15, Sp. 1836, Veit Warbecks Beschreibung für Herzog Johann von Sachsen vom 16. April 1521.

22 WS 7, S. 803–818. Der spätere Superintendent von Dresden, Daniel Greser, beschrieb den Vorfall. Luther selbst war es nicht erlaubt zu predigen, er setzte folglich vorsätzlich Gottes Autorität über die des Kaisers. Dennoch verletzte er die Sperre nicht, denn er veröffentlichte die Predigt nicht selbst, und trotz des Verbots gab es bald viele Ausgaben davon in Erfurt, Wittenberg und Augsburg. Siehe dazu ebd. S. 803.

23 Myconius, *Geschichte der Reformation*, S. 34; Laut Myconius war das Kloster in der Zwischenzeit zur Pfarrkirche und Schule umgewandelt worden, so dass der Teufel in der Tat besiegt worden war.

24 WB 2, S. 395, 7. April 1521, S. 296 (an Melanchthon). Luther erinnert sich in seinen Tischgesprächen: WT 5, Nr. 5342a, S. 65; WT 3, Nr. 3357a, S. 282.

25 WB 2, Nr. 396, 14. April 1521 (an Spalatin), S. 298 f.; »wie wir nun ...«, siehe
   Walch 15, Nr. 550, Sp. 1825

26 RTA 2, S. 537.

27 Siehe RTA 2, 534–537: Am 6. März hatte der Kaiser Luther nach Worms vorge-
   laden, doch schon am 10. März mit dem Sequestrationsmandat die Beschlagnahmung von Luthers Büchern angeordnet; es sah folglich nicht nach einer fairen
   Anhörung aus. Spalatin hatte den Hinweis bekommen, es gebe die Auffassung,
   Luther habe sicheres Geleit nur für den Fall zugesagt bekommen, dass er in Worms
   widerrief. Sollte er dies nicht tun, sei er ein Häretiker, und das sichere Geleit würde
   ihm entzogen werden. Das ließ Schlimmes ahnen. Aber es gab auch die Gegenmei-
   nung, die Zusicherung des freien Geleits dürfe nicht gebrochen werden aufgrund
   des Reputationsverlusts bei einer Missachtung. Zudem würde er, wenn er nicht
   käme, den Papisten in die Hände spielen.

28 »und wir werden in Worms einziehen ...«, Walch 15, Nr. 553, 14. April 1521,
   Sp. 1828, im Orig.: »intrabimus Vormaciam inuitis omnibus portis inferi & potes-
   tatibus aeris«, WB 2, Nr. 396, 14. April 1521, S. 298:9 f.; »wenn so viel Teufel ...«,
   Walch 15, Nr. 555, Aus *Spalatins Annalen*, Sp. 1828 f.; siehe auch: WB 2, Nr. 455,
   5. März 1522.

29 Diesen ungewöhnlichen Satz soll Luther laut Myconius' Bericht über seine Reise
   nach Worms gesagt haben, Myconius, *Geschichte der Reformation*, S. 34. Wie
   der Herausgeber hervorhebt, könnte der Satz einem sehr viel später, nämlich
   1540 verfassten Brief Luthers an Lang entnommen sein, den Myconius gekannt
   haben könnte und der sich auf die bevorstehenden Verhandlungen bezog. Der
   Ausspruch ist also entweder eine genaue mündliche Überlieferung, oder er stammt
   aus der Mythenküche der Reformation, siehe auch WB 9, Nr. 3510, 2. Juli
   1540.

30 Walch 15, Nr. 556, Sp. 1829–1835; im Orig.: »a terrificis pontificum bombis, bullis, ac fulminibus«, *Litaneia Germanorvm* Augsburg März/April 1521, VD 16
   ZV 25246, fol. A iv(r), und: »Vt Martinum Lutherum Christianae fideri columnam
   indeiicibilem, breui Wormaciam uenturum, ab omni ueneno, & offis Venetianis,
   custodire & conseruare digneris«, ebd., fol. B i.

31 WB 2, Nr. 395, 7. April 1521, S. 296.

32 WT 5, Nr. 5342a, S. 65; siehe auch WT 3, Nr. 3357 von 1533 und WT 5, Nr. 5342b
   von 1540.

33 Kalkoff, *Die Depeschen des Nuntius Aleander*, S. 133. Aleander, der Luthers »dämo-
   nischen Blick« bemerkte, war überzeugt, die Leute würden bald sagen, er vollbringe Wunder.

34 Siehe Walch 15, Nr. 558, Sp. 1838 (Aus *Spalatins Annalen*, S. 39) sowie den Bericht
   von Veit Warbeck, Walch 15, Nr. 557, Sp. 1836 f.; siehe auch RTA 2, 859.

35 Kalkoff, *Die Depeschen des Nuntius Aleander*, S. 23 f. Aleander beklagte sich über
    ständige Angriffe und Beschimpfungen durch Luthers Anhänger und erwähnte von
    neuem die Verunglimpfung, er sei jüdischer Abstammung, siehe dazu Kalkoff, *Briefe,
    Depeschen und Berichte*, S. 40–45, Brief vom 17. Febr. 1521. Mit Bedauern erklärte
    er, »dass nicht nur alle Menschen, sondern Holz und Steine den Namen Luthers
    verkünden«. Ebd., S. 42.

36 Walch 15, Nr. 592, *Ausführliche Beschreibung der Handlung D. Martin Luthers
    vor Kaiserlicher Majestät und den Ständen des Heiligen römischen Reichs auf dem
    Reichstage zu Worms 1521*, Sp. 1916–1935, hier zit. Sp. 1918; im Orig.: »plaerique
    casulas conscenderunt studio visendi«, WS 7, *Acta et res gestae D. Martini Lvtheri*,
    S. 825–857, Zitat S. 827: 11 f. Es herrscht Unklarheit darüber, wer den Bericht ge-
    schrieben hat, doch offensichtlich stammte er von einem Anhänger Luthers. Spala-
    tin fertigte eine Übersetzung der Schrift ins Deutsche an.

37 Kalkoff, *Briefe, Depeschen und Berichte*, S. 49 f.

38 Walch 15, Nr. 592, Sp. 1919, im Orig.: »(...) exclamavit: intitulentur libri«, WS 7,
    S. 828: 8. Dahinter stand auch die Absicht auszuschließen, dass Luther wegen
    fremder Schriften angeklagt wurde, denn einige der Schriften, die unter Luthers
    Namen verlegt wurden, stammten nicht von ihm. So war zum Beispiel 1518 eine
    zugespitzte Zusammenfassung einer Predigt über den Kirchenbann im Umlauf, die
    er in Wittenberg gehalten hatte und die möglicherweise bis zu Kaiser Maximilian
    gelangt war und diesen davon überzeugt hatte, dass Luther ein Häretiker sei, den
    es aufzuhalten galt. Siehe dazu WS 1, S. 635.

39 Walch 15, Nr. 592, Sp. 1919 f., im Orig.: »(...) quia de fide est quaestio et anima-
    rum salute, et quia divinum verbum concernit, quo nihil maius est tam in coelo
    quam in terra (...), temerarium ac iuxta periculosum fuerit, me quicquam incogi-
    tatum proferre«, WS 7, S. 829: 8–12.

40 Auch in seinem Brief an Johannes Cuspinianus, den er am Abend nach der ersten
    Anhörung schrieb, erklärte er seine Bitte um Vertagung damit, dass man ihm leider
    weder Zeit noch Raum gegeben habe, um seine Ansicht darzulegen. Siehe WB 2,
    Nr. 397, 17. April 1521, S. 299–301. Aleander war sich sicher, dass Luthers Auftritt
    keineswegs überzeugend gewesen sei: Luther habe zu lächeln begonnen und in An-
    wesenheit des Kaisers lebhaft den Kopf geschüttelt, sei dann allerdings bei seinem
    Abgang deutlich düsterer gestimmt gewesen. Nach Aleanders Überzeugung hatte er
    den Ruf, der ihm vorauseilte, damit ruiniert; siehe Kalkoff, *Die Depeschen des
    Nuntius Aleander*, S. 138.

41 WB 2, Nr. 400, 28. April 1521, S. 305: 13 f.

42 »männlich handeln ...«, Walch 15, Nr. 592, Sp. 1920, im Orig.: »ut viriliter ageret,
    ne timeret eos qui corpus tantum possint occidere, animam non possent«, WS 7,
    S. 830: 8 f.; »Wenn ihr werdet vor Königen ...«, Walch 15, Nr. 592, Sp. 1920, im

Orig.: »Cum steteritis ante Reges, nolite cogitare quid loquamini, dabitur enim vobis in illa hora« und »Beatus venter, qui te portavit!«, WS 7, S. 830: 11 f.

43 Kalkoff, *Depeschen des Nuntius Aleander*, S. 70 f.

44 »Ich erscheine ...«, Walch 15, Nr. 592, Sp. 1921, im Orig.: »homini non in aulis sed in angulis monochorum versato«, WS 7, S. 832: 8; »wider etliche Privat- und einzelne Personen ...«, Walch, ebd., Sp. 1923; im Orig.: »Tertium genus eorum est, quos in aliquot privatos et singulares (ut vocant) personas scripsi, eos scilicet, qui et tyrannidem Romanam tueri et pietatem a me doctam labefactare moliti sunt.« WS 7, ebd., S. 834: 3–5; siehe auch: RTA 2, S. 569–586, dort S. 575.

45 »in welchen ich ...«, Walch 15, Nr. 592, Sp. 1922, im Orig.: »in quibus pietatem fidei et morum adeo simpliciter et euangelice tractavi, ut ipsimet adversarii cogantur eos confiteri utiles, innoxios et plane dignos lectione Christiana«, WS 7, S. 833: 1–4; »anders nicht thun, denn daß ich ihre Tyrannei stärkte ...«, Walch, ebd., Sp. 1923, im Orig.: »ut tyrannidi robur adiecero et tantae impietati iam non fenestras sed valvas aperuero grassaturae lacius et liberius quam hactenus unquam ausa fuerit«, WS 7, S. 833: 18–20; »daß solches von mir aus ...«, Walch ebd., im Orig.: »praesertim si iactatum fuerit, ed a me factum auctoritate S. Maiestatis vestrae serenissimae totiusque Romani imperii«, WS 7, S. 833: 23 bis S. 834: 1; »etwas heftiger und schärfer gewest ...«, Walch ebd., im Orig.: »In hos confiteor me fuisse acerbiorem quam pro religione aut professione: Neque enim me sanctum aliquem facio«, WS 7, S. 834: 5–7.

46 »mit prophetischen und ...«, Walch, ebd., Sp. 1924, im Orig.: »convincat errores, superet scripturis prophetici et Euangelicis«, WS 7, S. 834: 21; »Not und [Ge]fahr ...«, Walch, ebd., im Orig.: »pericula seu studia et dissensiones meae doctrinae occasione in orbe«, WS 7, S. 834: 25 f.; »Mir zwar ist's wahrlich ...«, Walch, ebd., im Orig.: »mihi plane omnium iucundissima facies ista in rebus est videre, ob verbum dei studia et dissensiones fieri. Is enim est verbi dei cursus, casus et eventus, sicut dicit: ›Non veni pacem mittere, sed gladium‹«, WS 7, S. 835: 1–5.

47 Luthers Unterstützer hielten diese Passage in ihrem Augenzeugenbericht der Vorgänge in Worms bemerkenswerterweise fest. Vierzig Jahre später jedoch, als der Lutheraner Johannes Mathesius seine biographischen Predigten über Luther verfasste, strich er sie. Bei ihm schließt Luther seine Rede im prophetischen Ton mit der Warnung, Gott möge dem Römischen Reich und der deutschen Nation nicht zürnen. Siehe Mathesius, *Historien*, S. 59–64. Zu Cochläus' Reaktion siehe Vandiver / Keen / Frazel (Hrsg. u. Übers.), *Luther's Lives*, S. 105.

48 Sogar dem Katholiken Girolamo de' Medici wurde berichtet, es sei eine sehr belesene Rede gewesen, siehe Kalkoff, *Briefe, Depeschen und Berichte*, S. 48.

49 »hätten nicht zur Sache (...) eine einfältige, runde und richtige Antwort ...«, Walch 15, Nr. 592, Sp. 1926, im Orig.: »me non ad rem respondisse«, WS 7, S. 835: 20

bis S. 836:1, »non cornutum responsum, an velim revocare vel non«, WS 7, S. 837:1–2.

50 Alle Zitate Walch 15, Nr. 592, Sp. 1926; im Orig.: Nisi convictus fuero testimoniis scripturarum aut ratione evidente (nam neque Papae neque conciliis solis credo, cum constet eos et errasse sepius et sibiipsis contradixisse), victus sum scripturis a me adductis et capta conscientia in verbis dei, revocare neque possum nec volo quicquam, cum contra conscientiam agere neque tutum neque integrum sit.« WS 7, S. 838:3–8; »Ich kann nicht anders ...«, ebd., S. 838:9. Melanchthon zum Beispiel greift diesen Satz in seiner Luther-Biographie *Vita Lutheri*, S. 58v auf, und im lateinischen Text der *Acta et res gestae D. Martini Lvtheri* von 1521 wird der Spruch auf Deutsch überliefert.

51 Walch 15, Nr. 592, Sp. 1927; siehe auch Kalkoff, *Briefe, Depeschen und Berichte*, S. 55. Aleander berichtete, Luther habe beim Verlassen des Saals seinen Arm zum Zeichen des Sieges in die Höhe gereckt wie ein Landsknecht, Kalkoff, *Depeschen des Nuntius Aleander*, S. 143.

52 Das »Gewissen« und seine lateinischen Äquivalente *conscientz* und *conscientia* sind Begriffe, die Luther lebenslang sehr häufig gebrauchte, besonders häufig jedoch 1521. In diesem einzigen Jahr taucht der Begriff »Gewissen« häufiger in seinen Schriften auf als in allen Schriften zusammen, die er bis dahin verfasst hatte, wohingegen er bis zum Reichstag eher den Begriff *conscientia* regelmäßig gebrauchte.

53 Staupitz war besonders verständnisvoll gegenüber dem Beichtverhalten und den Problemen der Gläubigen, die Listen mit all ihren Sünden erstellten in der Hoffnung, eine vollkommene Beichte abzulegen und auf diese Weise ein Werk zu vollbringen. Er nahm denjenigen gegenüber, die Nonnen ausnutzten, kein Blatt vor den Mund und schickte sie auf Pilgerschaft oder verordnete ihnen zusätzliche Gebete, da ihr Gewissen schuldbeladen sei: Solche »Berater«, schrieb er, häuften »Unrat« auf »Unrat«; in: Knaake (Hrsg.), *Johann von Staupitzens sämtliche Werke*, Bd. 1, S. 41.

54 Walch 15, Nr. 571 (*Aus Spalatins Annalen*, S. 41), Sp. 1880; Peutingers Bericht über die Begegnung mit Luther in Worms zit. n. Kolde (Hrsg.), *Analecta Lutherana*, S. 31; »Gut hat der Pater«, Walch 15, Nr. 577 (*Spalatins Annalen*, S. 48), Sp. 1891.

55 Er betonte dies in seinem späteren, auf Latein verfassten Brief an den Kaiser und in seinem auf Deutsch verfassten Brief an die Kurfürsten und Reichsstände des Reichstags, der schnell in zahlreichen Ausgaben gedruckt wurde. Brief an Kaiser Karl V., WB 2, Nr. 401, 28. April 1521; Brief an die Kurfürsten und Reichsstände, ebd. Nr. 402, 28. April 1521. In Letzterem heißt es: »(...) und es mangelte schon allein daran, dass man die irrigen Aussagen, die in meinen Büchern sein sollen,

nicht mit den göttlichen Schriften hat belegen wollen, noch diese Belege vorzulegen gestatten oder zu bewilligen oder mich zu vertrösten und die Zusage zu geben, dass die Ergebnisse und Erkenntnisse meiner Bücher auf der Grundlage des heiligen Wortes Gottes stehen und ergehen«, ebd. S. 316:94 bis S. 317:99.

56  »Zwietracht und Uneinigkeit«, Walch 15, Nr. 592, Sp. 1924; WS 7, S. 835:1; Huttens Briefe, Brief vom 17. April 1521 in WB 2, Nr. 398, S. 301 f.; Brief vom 20. April 1521, ebd., Nr. 399, S. 303 f. »amico sancto«, ebd. S. 301:1 u. S. 303:1; «lasset euch nicht umwerfen«, Walch 15, Nr. 564b, 20. April 1521, Sp. 1847; »Ich sehe, daß Schwerter ...«, ebd.; »Hunde«, ebd., Nr. 564a, 17. April 1521, Sp. 1846; zu Huttens Flugblättern siehe z. B. Hutten, *Ulrichs von Hutten verteütscht clag*.

57  Siehe Lutz, *Conrad Peutinger*, S. 171 f. Unter den Opfern des Überfalls befanden sich auch Augsburger Kaufleute.

58  RTA 2, 594; 869. Der Bescheid wurde auf Französisch und Deutsch verlesen; Girolamo de' Medici behauptete, er habe den Originalbrief in der Hand des Kaisers gesehen, siehe sein Bericht in: Kalkoff, *Briefe, Depeschen und Berichte*, S. 49.

59  RTA 2, 558; »maiores nostri et ipsi christiani Principes, fuerunt nihilominus ecclesiae Romanae audientes, Quam nunc Doctor Martinus impugnat«, D. Martini Lvtheri, *Acta et res gestae*, Straßburg 1521.

60  Der kaiserliche Orator verlas die Stellungnahme des Kaisers. Siehe Johannes Ecks Mitschriften des Verfahrens gegen Luther vor dem Reichstag in Worms in: LW 32, S. 129.

61  Aus dem einige Wochen nach dem Reichstag am 6. Juni verfassten Bericht von Vehus an den Markgrafen von Baden, in: RTA 2, 616–624, S. 616. Vehus gibt aus der Erinnerung die Rede wieder, mit der er seine Verhandlungen mit Luther einleitete.

62  Cochläus, *Colloqvivm Cochlaei cvm Lvthero*. Und: Greving (Hrsg.), *Colloquium Cochlaei*, Bd. 4, Teil 3, S. 179–218.

63  Vandiver/Keen/Frazel (Hrsg. und Übers.), *Luther's Lives*, S. 92. Bei Walch 15, Nr. 563, Sp. 1844, ist ein Beispiel für diese erbarmungslosen Reime abgedruckt, in denen Luthers Name – er bedeutet wörtlich »klein« oder »Löffel« – für Wortspiele benutzt wurde.

64  Als Cochläus jedoch seine eigene Luther-Biographie verfasste, plagiierte er weite Teile der Flugschrift von Luthers Anhängern über seinen Auftritt in Worms, obwohl er überzeugt war, dass Luther die Schrift selbst verfasst hatte. Siehe dazu RTA 2, 542, Anm. 1.

65  WT 3, Nr. 3367, S. 294:23 f. Siehe auch Roper, »The Seven Headed Monster«, in: Alexander/Taylor (Hrsg.), *History and Psyche*, S. 228.

66  In seiner Rede auf dem Reichstag im Februar hatte er sich auch darüber beklagt, dass die Lutheraner ihn als Juden beschimpften und dass in Straßburg das Buch

*Von der babylonischen Gefangenschaft der Kirche* wiederaufgelegt worden sei mit einer Illustration, die zwei beißende Hunde zeigte zum Zeichen, wie Pfaffen Laien bissen. Er führte aus, dass Luther in *Von der Freiheit eines Christenmenschen* die wirkliche Gegenwart von Christus im Sakrament leugne, und unterstellte Luther, er habe den klassischen Autor Lukian in Wittenberg drucken lassen. Und genau wie Lukian alle heidnischen Zeremonien verächtlich gemacht habe, so spotteten die Lutheraner über alle christlichen. Siehe Walch 15, Nr. 528, Sp. 1711–14.

67  Es dauerte eine Zeitlang, bis deutlich wurde, wie sich die Humanisten aufteilten. 1522 waren die Gruppierungen noch nicht in Gänze sichtbar. Siehe dazu Rummel, *Confessionalization of Humanism*, S. 22–28.

68  Lutz, *Conrad Peutinger*, S. 164–166; Kalkhoff, *Depeschen des Nuntius Aleander*, S. 155 u. 158.

69  RTA 2, S. 610. Dies wurde formlos in den Gesprächen mit Luther vereinbart.

70  Der Autor setzt hier »Saxo« mit Petrus gleich, der Christus dreimal verleugnete. Aurifaber (Hrsg.), *Epistolae*, Bd. 2.2, Ausg. 1594, 12(v), meint, der Autor verweise damit auf die Zaghaftigkeit des Kurfürsten Friedrich. Das wäre ein deutlicher Hinweis, dass der Text nicht aus Sachsen und nicht aus dem Kreis um Luther stammte.

71  Siehe Sammel, »The *Passio Lutheri*«, in: *Journal of English and Germanic Philology* 95, Nr. 2, 1996, S. 157–174. Die ursprünglich auf Latein gedruckte Schrift wurde schnell ins Deutsche übersetzt und in drei Ausgaben in Wien, Augsburg, München und Colmar gedruckt. 1550 gab es sogar noch einen Druck aus Regensburg. Die ersten Drucke waren irgendwann vor Ende September 1521 im Umlauf, denn Cochläus erwähnte die Schrift gegenüber Aleander am 27. September.

72  In der Straßburger Ausgabe schließt sich an den Text ein gereimter Dialog zwischen Karsthans und Kegelhans an, zwei Bauern, die sich über die Kirche, den gierigen Klerus, seine Fastenvorschriften und seinen Mangel an Frömmigkeit beklagen. Diese Koppelung ist ein Indiz dafür, wie schnell sich soziale Unzufriedenheit mit der Verherrlichung der Luther'schen Reformation verbinden konnte. Der Autor griff zudem Peutinger als Judas an, der Luther für ein wenig Schmiergeld verraten habe. Die Schrift hatte ein merkwürdiges Fortleben, denn sie wurde in Aurifabers Sammlung von Luthers Briefen aufgenommen, die nach seinem Tod publiziert wurden, und stand dort wieder neben Karsthans' Dialog, von dem man meinen könnte, es wäre den Lutheranern lieber gewesen, man hätte ihn 1565 bereits vergessen gehabt.

73  »Ich hab nichts gethan, das wort hatt es alles gehandelt und außgericht«, WS 10.3, Predigt vom 10. März 1522 (2. Invokativ-Predigt), S. 19:2 f. Trotz der emphatischen Formulierung scherzte er in seiner Predigt darüber, das Wort habe alles getan, während er mit Philipp und Amsdorf Wittenberger Bier getrunken habe, ebd. S. 18:16.

74  WB 2, Nr. 400, 28. April 1521, S. 305:17–22. In diesem Brief setzt er seine Feinde mit Juden gleich.

## Auf der Wartburg

1  WT 5, Nr. 5353, S. 82.

2  RTA 2, 654. Allerdings bat der Kurfürst den Kaiser um Entschuldigung dafür, dass er dem Auftrag zur Verhaftung Luthers nicht nachkam, was der Kaiser offenbar duldete.

3  Zit. n. Müller, *Die Wittenberger Bewegung*, S. 159.

4  Walch 15, Anh. Nr. 73, Sp. 2525, im Orig.: »vt scias vos aulicos feriuoraces fore etiam feras in paradiso«, WB 2, Nr. 427, 15. Aug. 1521, S. 381:75 f. u. S. 381:70 f.

5  »durch vorsätzliche Sorglosigkeit«, Walch 21.1, Nr. 417, Sp. 356; im Orig.: »studiosa incuria sic amitti«, WB 2, Nr. 421, S. 366: 8; »Ich höre, lieber Spalatin …«, Walch 21.1., Nr. 418, Sp. 357, »Audio rumorem spargi, mi Spalatine, Lutherum agere in arce Wartberg apud Isenacum (…) Mirum, quod Boëmiam nemo nunc cogitat«, WB 2, Nr. 422, S. 367:4–8; »des Schweins …«, Walch 21.1, Nr. 417, Sp. 356, »in manus porci Dresdensis veniat«, WB 2, Nr. 421, S. 366: 10. Sein Aufenthaltsort wurde in Wirklichkeit von vielen erfolgreich geheim gehalten. Als Cochläus 1549 seine Luther-Biographie verfasste, kannte er den wahren Ort noch immer nicht und glaubte, man habe Luther in Altenstaig versteckt gehalten. Agricola erzählt, wie die Leute versuchten, Luthers Versteck herauszufinden, indem sie den Teufel anriefen. Kawerau, *Johann Agricola*, S. 32. Über das vom Hof stammende Gerücht siehe WB 2, Nr. 420, 15. Juli 1521, S. 364 f.; zu dem fingierten Brief WB 2, Nr. 421 u. 422, kurz nach dem 15. Juli 1521, S. 366 u. S. 367.

6  WB 2, Nr. 400, 28. April 1521, S. 305:6 f. In Wirklichkeit hätte Luther mit seiner Vermutung nicht falscher liegen können. Herzog Georg hatte zu denjenigen gehört, die sich dafür aussprachen, das kaiserliche Freie Geleit auszuweiten, da es eine Ehrensache sei, Luther zu beschützen – obwohl andere Herrscher der Auffassung waren, dass Häretiker keinen Schutz erhalten könnten und das Freie Geleit daher ungültig sei.

7  »Ich sitze hier den ganzen Tag müßig und schweren Kopfes«, Walch 15, Anh. Nr. 68, Sp. 2511, im Orig.: »Ego otiosus hic et crapulosus sedeo tota die«, WB 2, Nr. 410, 14. Mai 1521, S. 337:32 f.

8  Es gibt einen interessanten Briefwechsel mit Wolfgang Capito und dessen Arbeitgeber, dem Erzbischof von Mainz, WB 2, Nr. 433, Ende Sept./Anf. Okt. 1521, Capito an Luther, S. 393 f., ebd. Nr. 442, 1. Dez. 1521, Luther an Albrecht, Erzbischof von Mainz, S. 405–409. Darüber hinaus erhielt Luther Post von Egranus aus Joachimstal, ebd. Nr. 412, 18. Mai 1521, S. 344–346.

9  »Der Herr hat …«, Walch 15, Anh. Nr. 69, 12. Mai 1521, Sp. 2515, im Orig.: »Dominus percussit me in posteriora gravi dolore«, W B 2, Nr. 407 (an Melanchthon),
   12. Mai 1521, S. 333 : 34 f.; »ohne Überreste …«, Walch 15, Anh. Nr. 74, 10. Juni
   1521, Sp. 2527, »crucis reliquiis«, W B 2, Nr. 417 (an Spalatin), 10. Juni 1521,
   S. 354 : 27.

10 Walch 15, Anh. Nr. 76, 9. Sept. 1521, Sp. 2535, im Orig.: »Nunc sedeo dolens sicut
   puerpera lacer & saucius & cruentus, hac nocte non habiturus aut modicam quie-
   tem«, W B 2, Nr. 429, 9. Sept. 1521, S. 388 : 29 f.

11 Siehe Roper, »To his host Learned and Dearest Friend«, *German History* 28, 2010,
   S. 283–295.

12 W B 2, Nr. 435, 1 Nov. 1521, S. 397 : 17.

13 »sed mille credas …«, W B 2, Nr. 435, 1. Nov 1521, S. 397 : 17; »denn es sind bei
   mir …«, Walch 21.1, Nr. 422, 1. Nov. 1521, Sp. 364, im Orig.: »nunc demum vere
   & proprie Monacho. Non tamen sum monachus, assunt enim multi & mali & astuti
   demones, qui mihi tempus, quod aiunt, eludunt, sed moleste«, W B 2, Nr. 436,
   1. Nov. 1521, S. 399 : 7 f.

14 Walch 15, Anh. Nr. 75, 13. Juli 1521, Sp. 2529, im Orig.: »ego hic insensatus et
   induratus sedeam in otio, proh dolor, parum orans, nihil gemens pro ecclesia Dei,
   quin carnis meae indomitae uror magnis ignibus; summa: qui fervere spiritu debeo,
   ferveo carne, libidine, pigritia, otio, somnolentia«, W B 2, Nr. 418, 13. Juli 1521,
   S. 356 : 7–10.

15 Müller, *Wittenberger Bewegung*, S. 16 (Brief von Sebastian Helmann an Johann
   Hess vom 8. Okt. 1521), S. 135 u. S. 136. Siehe auch ebd. S. 137–145. Einer der drei
   »Zwickauer Propheten«, Markus Stübner, wohnte in Melanchthons Haus. In ihren
   Gesprächen wurde u. a. die Frage nach der Kindstaufe aufgeworfen.

16 »Daß du …«, Walch 15, Anh. Nr. 75, 13. Juli 1521, Sp. 2529, im Orig.: »impatientius te ferre crucem«, W B 2, Nr. 418, 13. Juli 1521 (an Spalatin), S. 356 : 1–3; »daß
   Philippus …«, Walch 15, Anh. Nr. 77, Sp. 2539, »nisi quod Philippus nimio indul-
   gens affectibus crucem impatientius fert, quam deceat vel discipulum, nedum tantum tantorum Magistrum«, W B 2, Nr. 420, 15. Juli 1521, S. 364 : 11–13.

17 W B 2, Nr. 429, 9. Sept. 1521, S. 389 : 64 f.: Spalatin sollte Cranach und Döring
   dafür gewinnen, im Wittenberger Stadtrat darauf hinzuwirken, dass Melanchthon
   die Erlaubnis dazu erhielt; W B 2, Nr. 430, 9. Sept. 1521, Luther an Amsdorf,
   S. 390 : 16–18.

18 Plummer, *From Priest's Whore*, S. 51 f. Luther wusste von der Eheschließung, als er
   am 26. Mai 1521 an Melanchthon schrieb, siehe W B 2, Nr. 413, 26. Mai 1521,
   S. 347. Die Hochzeitsfeier fand erst später statt.

19 Am 1. August 1521 äußerte sich Luther zu Karlstadts Thesen zum Zölibat vom
   Juni 1520/21, am 3. August kommentierte er die ersten gedruckten Bögen von

Karlstadts *De coelibatu*, siehe WB 2, Nr. 425, S. 373 f., 3. Aug. 1521, ebd., Nr. 424, 1. Aug. 1521 u. Nr. 426, 6. Aug. 1521. Diese beiden Schriften Karlstadts wurden etwa zur selben Zeit verfasst wie die sieben Thesen zum Zölibat, die am 21. Juni und noch einmal am 19. Juli zu Disputation standen. In ihnen vertrat Karlstadt die Auffassung, Priester *sollten* heiraten, und sogar Mönche sollten die Möglichkeit zur Eheschließung haben, wenn sie unter ihrem sexuellen Begehren litten, denn obwohl sie dann ihr Gelübde brachen und damit sündigten, sei es eine größere Sünde, der Lust als zölibatärer Mönch zu frönen. Siehe dazu Barge, *Karlstadt*, Bd. 1, S. 265 u. S. 290; WB 2, Einführung zu Nr. 424, S. 370. Das Vorwort zu Karlstadts lateinischer Schrift *Super Coelibatu, Monachatu et Viuitate* ist auf den 29. Juni 1521 datiert, obwohl es bereits zuvor in der deutschsprachigen Abhandlung abgedruckt war. Die deutsche Version *Von Gelübden Unterrichtung* erschien erst im Oktober oder November, doch sein gedrucktes Vorwort ist auf den Johannistag (24. Juni) 1521 datiert, Barge, *Karlstadt*, Bd. 1, S. 266 f. und S. 275. Siehe dazu auch Furcha (Hrsg. u. Übers.), *Carlstadt*, S. 51. Zur Diskussion der Argumentation in beiden Schriften siehe Barge, *Karlstadt*, Bd. 1, S. 265–281. Interessanterweise bezieht sich Karlstadt in seiner Argumentation sehr viel mehr auf das Alte Testament als auf das Neue Testament.

20  WB 2, Nr. 428, 9. Sept. 1521. Die erste Ausgabe von Luthers *Themata de Votis* erschien am 8. Oktober 1521, siehe WS 8, S. 317. Die Thesen lösten starke Erwiderungen aus, darunter eine Gegenschrift von Cochläus, siehe WS 8, S. 318 f. Die frühen Ausgaben enthielten nur die erste Thesenreihe: WS 8, S. 323–329 für den lateinischen Text; Luther begann mit der Abfassung seiner vollständigen Abhandlung *De votis monasticis Martini Lutheri iudicium* nicht vor dem 11. November, dennoch war bereits am 21. November 1521 die Widmung geschrieben, siehe WS 8, S. 564 f. Spalatin hielt die Schrift jedoch zurück, und sie erschien erst um den 25. Februar 1522, siehe WS 8, S. 566. Luthers schrieb wütende Briefe an Spalatin, als er entdeckte, dass dieser den Druck verzögert hatte, siehe WB 2, Nr. 443, um den 5. Dez. 1521.

21  Furcha (Hrsg. u. Übers.), *Carlstadt*, S. 80; Karlstadt, *Von gelubden vnterrichtung*, fol. E iv(r). Die lateinische Ausgabe ist expliziter, besonders hinsichtlich der Gefahren der Masturbation, siehe dazu Furcha, *Carlstadt*, S. 51; Barge, *Karlstadt*, Bd. I, S. 276.

22  Bubenheimer, »Gelassenheit und Ablösung«, in: *Zeitschrift für Kirchengeschichte* 92, 1981, S. 258.

23  Furcha, *Carlstadt*, S. 98; Karlstadt, *Von gelubden vnterrichtung*, fol. H iii(v). Karlstadt war noch Junggeselle, als er die Abhandlung verfasste. Er widmete die deutsche Version Jörg Reich, einem Bürger und Händler aus Leipzig, der anscheinend Probleme mit seiner Frau hatte. Zumindest aber scheint er ein möglicher

Adressat gewesen zu sein für das Thema der männlichen Autorität, dem sich die deutsche Version u. a. widmet. Siehe ebd., fol. H iii(r). Der erste Abschnitt über die weibliche Unterordnung ist unterstrichen, wie man anhand der Kopie in VD 16 B 6245 sehen kann. Vgl. Karlstadt, *De coelibatv,* Basel 1521 [VD 16 B 6123].

24 »tantam turbam prouocare caelibum ad nuptias«, W B 2, Nr. 427, 15. Aug. 1521, S. 380: 34; W B 2, Nr. 426, 6. Aug. 1521.

25 Walch 19, Nr. 18, 9. Sept. 1521, Sp. 1801, im Orig.: »Uri vero«, W B 2, Nr. 428, 9. Sept. 1521, S. 385: 134.

26 Walch, 19, Nr. 18, 9. Sept. 1521, Sp. 1800, im Orig.: »quae duae res aut fictae sunt, aut solum pro pueris«, W B 2, Nr. 428, 9. Sept. 1521, S. 385: 123. Luthers Angriff auf das Betteln, gleich ob von Studenten oder Mönchen, war schon früh Bestandteil seiner Glaubenslehre – es erklärt auch, warum das Armenrecht ins Zentrum der Wittenberger Reformation rückte. Warum das Thema Betteln ihn auf der Wartburg so sehr beschäftigte, könnte damit zusammenhängen, dass Luther nicht genau wusste, wer für seinen Aufenthalt auf der Wartburg aufkam. Er hoffe, hatte er zuvor einmal an Spalatin geschrieben, dass es nicht Berlepsch sei, der so viel Geld kaum hätte aufbringen können. Er vermutete, dass der Kurfürst für seinen Unterhalt aufkam, doch er konnte sich dessen nicht sicher sein, W B 2, Nr. 427, 15. Aug. 1521.

27 Walch 19, Nr. 18, 9. Sept. 1521, Sp. 1798, im Orig.: »Magis fui raptus, quam tractus«, W B 2, Nr. 428, 9. Sept. 1521, S. 384: 80. Die stabgereimte Gegenübersetzung von »raptus« und »tractus« unterstreicht das »Wunder« von Luthers Eintritt ins Kloster.

28 »ich fürchtete, daß ich«, Walch 19, Nr. 18, 9. Sept. 1521, Sp. 1788, im Orig.: »Timeo, quod et ipse impie et sacrilege voverim«, W B 2, Nr. 428, 9. Sept. 1521, S. 384: 80 f.; »Wollte doch Gott, daß es nicht«, Walch ebd., Sp. 1799, »Quod verbum sic egit radices in cor meum, ut nihil ex ore eius unquam audierim, quod tenacius servaverim. Videtur mihi per os eius Deus velut a longe me allocutus«, W B 2, ebd., S. 385: 98 f.; »Bin denn etwa«, Walch 19, ebd., Sp. 1800, »Sumne et ipse iam liber et non monachus?«, W B 2, ebd., S. 385: 128.

29 »um dich an mir«, Walch, 19, Nr. 18, 9. Sept. 1521, Sp. 100 f., im Orig.: »«ut vindices te in me, qui tibi uxorem dederim«, W B 2, Nr. 428, 9. Sept. 1521, S. 385: 130; »Philipp heirathet«, Walch 15, Nr. 498, 18. Aug. 1520, Sp. 1639, »Philippo ducitur Catharina Krappin, quod me autore agi clamant, ego homini, si qua sunt, optima facio, nihil moratus universorum clamorem«, W B 2, Nr. 327, S. 167: 18–20: siehe auch W B 2, Nr. 249, 5. Febr. 1520, wo Luther die Meinung äußert, Melanchthon brauche eine Frau. Katharina war die verwaiste Tochter von Hans Krapp, der Bürgermeister von Wittenberg gewesen war. Sie war wohlhabend und

daher eine gute Partie. Die rasche Vermählung sorgte in Wittenberg für einigen Klatsch.

30 Rhein, »Philipp Melanchthon und Eobanus Hessus«, in: Weiß (Hrsg.), *Erfurt, Geschichte und Gegenwart*, S. 283–295. Thomas Blaurer schrieb an seinen Bruder Ambrosius, Philipp würde eine Frau mit geringer Mitgift und »forma mediocri« heiraten, die aber »charam et honestam et probam« sei, zit. n. Kolde (Hrsg.), Analecta Luthernana, Nr. 25, 4. Dez. 1520.

31 »Du nahmst dir aber«, Walch 19, Nr. 174, Sp. 1501, im Orig.: »Destinabas vero me vincire honesto et opulento coniugio«, WS 8, S. 573:24; »Ei! hast du«, Walch 19, ebd., Sp. 1502, »Et non etiam (dicebas) audisti tu parentibus esse obediendum?«, WS 8, S. 574:7f.; »verschloß ich«, Walch 19, ebd., »sed obfirmabam ego cor, quantum potui, adversus te et verbum tuum«, WS 8, S. 574:3f.; »Es scheint mir«, Walch 19, ebd., Sp. 1503, »Videtur mihi Satanas a pueritia mea aliquid in me praevidisse eorum, quae nunc patitur, ideo ad perdendum ad impediendumque me insanivit incredibilibus machinis, ut saepius fuerim admiratus, egone solus essem inter mortales, quem peteret«, WS 8, S. 574:22ff.; »Was denkst du«, Walch 19, ebd., »Quid igituir nunc cogitas? An adhuc me extrahes?«, WS 8, S. 574:32.

32 »Übrigens hat der«, Walch 19, Nr. 174, Sp.1505, im Orig.: »Caeterum is, qui me extraxit, ius habet in me maius iure tuo, a quo me vides positum iam non in fictitio illo monasticorum, sed vero cultu die«, WS 8, S. 575:35f.; Luthers Argument für die Lösung aus der väterlichen Autorität: »Itaque sub conscientiae meae periculo tibi non obedire non possem (ita sum modo persuasissimus), ubi ministerium verbi ultra monachatum non accessisset«, WS 8, S. 576:4–6, bei Walch übersetzt mit: »Daher müßte ich dir gehorsam sein, oder ich würde mein Gewissen verletzen (davon bin ich jetzt ganz fest überzeugt), wenn nicht der Dienst des Wortes dazu gekommen wäre über (ultra) das Mönchsleben«, ebd., Sp.1506; »mit so großer Freiheit begnadet«, ebd., »et tanta libertate me donarit«, WS 8, S. 576:15. Die Hinweise auf Gottes Ruf in diesem Brief erinnern an die biblische Geschichte der Berufung Samuels. Luthers Mutter Margarethe wurde auch »Hannah« gerufen, was der Name der Mutter Samuels war, und der Brief endet mit einem Gruß an sie.

33 »indignatio tua in me aliquandiu implacabilis«, WS 8, S. 573:25; »Also bin ich nun«, Walch 19, Nr. 174, Sp. 1501, im Orig.: »Itaque iam sum monachus et non monachus, nova creatura, non Papae, sed Christi«, WS 8, S. 574:5; über die selbstgewählte Keuschheit siehe WS 8, S. 575:28ff. In der deutschen Übersetzung der Schrift durch Luthers engen Mitstreiter Justus Jonas verwendet Luther das persönliche »du«, wenn er sich an seinen Vater wendet. Das ist keineswegs nebensächlich, denn Luthers Vater war nach Luthers Universitätsdiplom in der Anrede seines

Sohnes vom familiären »du« in die Höflichkeitsform »Ihr« gewechselt, hatte diese Anredeform bei Luthers Eintritt ins Kloster aber zurückgenommen. In seinem letzten Brief an seinen Vater von 1530 gebrauchte Luther wieder die höfliche Anredeform »Ihr«.

34 Es ist möglich, dass er ihm schrieb und keiner der Briefe erhalten blieb, doch anders als sonst erwähnt Luther in keinem Brief an einen anderen Adressaten, dass er Karlstadt geschrieben habe. Cranach, Döring und anderen lässt er regelmäßig Grüße ausrichten, nicht Karlstadt. Dennoch weiß man es nicht sicher, da Karlstadt offenbar entweder viele Briefe von Luther vernichtet oder keine Verbindung zu den Kreisen hatte, in denen Luthers Briefe später abgeschrieben wurden.

35 »daß du (...) allzusehr deinen Gemütsbewegungen nachgibst«, Walch 15, Anh. Nr. 75, 13. Juli 1531, Sp. 2529, »nimiumque indulges affectibus«, WB 2, Nr. 418, 13. Juli 1521, S. 356:4; »befestige die Mauern und Thürme Jerusalems«, Walch 15, Anh. Nr. 69, 12. Mai 1521, Sp. 2511, »muros et turres Hierusalem«, WB 2, Nr. 407, 12. Mai 1521, S. 33:18.

36 Zit. n. *Die Bibel in der Übersetzung Martin Luthers*, hrsg. v. der Evangelischen Kirche in Deutschland, Deutsche Bibelgesellschaft, Stuttgart 1999, S. 179. Im Original Lutherdeutsch: »Syntemal drynnen offinbart wirt die gerechtickeyt die fur got gilt, wilche kompt auß glawben ynn glawben, wie denn geschrieben stehet, Der gerechte wirt leben aus seynem glawben«, Römer 1.17, zit. n. Cranach/Luther, *Das Newe Testament Deutzsch*, S. 235 f.

37 Walch 14, Vorrede über den ersten Teil seiner lateinischen Bücher, Sp. 447, im Orig.: »Hic me prorsus renatum esse sensi, et apertis portis in ipsam paradisum intrasse«, WS 54, S. 186:8 f. Interessanterweise sagt Luther hier auch, »daß die Gerechtigkeit Gottes die sei, durch welche der Gerechte durch die Gabe Gottes lebt«, Walch 14, ebd. und WS 54, S. 185:18 f. In der King-James-Bibel sucht man an dieser Stelle Luthers Betonung vergeblich, dort heißt es: »For therein is the righteousness of God (also »*Gottes Gerechtigkeit*«) revealed from faith to faith as it is written, The just shall live by faith«.

38 *Die Bibel in der Übersetzung Martin Luthers*, S. 179. Im Original Lutherdeutsch: »So halten wyrs nu, das der mensch gerechtfertiget werde, on zu thun der werck des gesetzs, alleyn durch den glawben«, Römer 3,28, zit. n. Cranach/Luther *Das Newe Testament Deutzsch*, S. 239.

39 Im Gegensatz dazu übersetzt die King-James-Bibel: »Therefor we conclude that a man is justified by faith without the deeds of the law.«

40 Cranach/Luther, *Das Newe Testament Deutzsch*, Wittenberg 1522 [VD 16 B 4318], fol. CVII(r). *Das Newe Testament Deutzsch* war zudem mit Holzschnitten von Lucas Cranach illustriert, zumeist Initialen in der Art mittelalterlicher Handschriften zu Beginn eines jedes neuen Buchs. Umfangreichere, ganzseitige Illustrationen

fanden sich in der Offenbarung, und die 1534 erschienene Gesamtausgabe der Bibel enthält einen Holzschnitt mit der Hure Babylon, die eine Tiara auf dem Kopf trägt. Das »Tier« ist mit einer dreifachen Krone auf dem Kopf dargestellt.

41  Stiftung Luthergedenkstätten in Sachsen-Anhalt, *Passional Christi und Antichrist*, Faks. d. dt. Ausg. Wittenberg 1521, hrsg. v. Johann Rhau-Grunenberg mit einem Begleitheft von Volkmar Joestel, Berlin o. D., fol. C vi(v); Wimböck, »Setting the Scene …«, in: Höfele / Laqué / Ruge / Schmidt (Hrsg.), *Representing Religious Pluralization*, S. 270 f.

42  Martin Luther, *De abroganda missa privata*, in: WS 8, S. 398–410.

43  Müller, *Die Wittenberger Bewegung*, S. 17.

44  Wörtlich: »(…) ein langen schwarczen studentem Roeck vnd eyn hemde mith schwarczen börtleyn an gehat vnd eyn madern bereth mit zewen vff schlegenn vnd eyn kolbe gehat«, zit. n. Seidenmann, *Erläuterungen zur Reformationsgeschichte*, S. 37.

45  Seidenmann, ebd.: Zwilling könnte den Hut später abgelegt haben, denn derselbe Mann notierte, dass Zwilling beim Austeilen der Kommunion keine Kutte getragen und die Einsetzungsworte auf Deutsch gesprochen habe.

46  Seidenmann, ebd., S. 36–42. Bei Seidenmann findet man drei verschiedene Berichte über die Vorfälle in Eilenburg, die sich alle gegen Zwilling richteten, siehe ebd. S. 37 f.

47  Zit. bei Müller, *Die Wittenberger Bewegung*, S. 68 u. S. 59.

48  Müller, *Die Wittenberger Bewegung*, S. 58–66. Helt ist so vorsichtig, nur auf die Predigten einzugehen, ohne Zwilling direkt zu nennen, siehe ebd., S. 69.

49  Ebd., S. 35–41.

50  Ebd. S. 42–46. Kurfürst Friedrich blieb wegen der fehlenden Einstimmigkeit unbeeindruckt und verwarf die Vorschläge.

51  Ebd., S. 20.

52  WS 6, S. 450:23–25. Luthers Ablehnung des Bettelns war auch ein Thema bei der Leipziger Disputation gewesen.

53  Walch 15, Anh. Nr. 80, 11. Nov. 1521, Sp. 2549, im Orig.: »sed quis omnibus omni loco & tempore frenum iniiciat?«,WB 2, Nr. 438, 11. Nov. 1521, S. 402:21 f.

54  Müller, *Die Wittenberger Bewegung*, S. 73–75; Oehmig, »Die Wittenberger Bewegung 1521/22«, in: Oehmig (Hrsg.), *700 Jahre Wittenberg*, S. 104–107: Krentz, *Ritualwandel und Deutungshoheit*, S. 149 f.

55  Zit. n. Müller, *Die Wittenberger Bewegung*, S. 151–164 (Ambrosius Wilken, Wittenberger Zeitung). Es ist allerdings gut möglich, dass es sich hierbei um eine Überlieferung handelt, die bereits zur Mythologisierung des Vorfalls gehört. Krentz vertritt die Ansicht, dass es nachträglich geschrieben wurde, siehe *Ritualwandel und Deutungshoheit*, S. 155 f.

56 Oehmig, »Die Wittenberger Bewegung 1521/1522«, in: Oehmig (Hrsg.), *700 Jahre Wittenberg*, S. 105, dazu auch ebd., S. 117–123; Müller, *Wittenberger Bewegung*, S. 118 u. S. 120.

57 Oehmig, »Die Wittenberger Bewegung 1521/1522«, in Oehmig (Hrsg.), *700 Jahre Wittenberg*, S. 105; siehe auch Krentz, *Ritualwandel und Deutungshoheit*, S. 148–154.

58 WB 2, Nr. 406 (um den 8. Mai 1521), S. 331 f.; ebd., Nr. 410, 14. Mai 1521, S. 336–341.

59 »wider den Mainzer Tyrannen«, Walch 19, Nr. 105 (zwischen 5. und 8. Dez. 1521), Sp. 560, im Orig.: »in Moguntinum tyrannum«, WB 2, Nr. 443 (um den 5. Dez. 1521), S. 409:4; »was ich sehe«, Walch 19, ebd., Sp. 562, »Omnia vehementer placent«, WB 2, ebd., S. 410:18; »quamquam per viam vexatus rumore vario de nostrorum quorundam importunitate praestituerim«, WB 2, S. 410:19–20 u. Anm. 5: Die Herausgeber wenden ein, dies könne nicht auf die Wittenberger Unruhen bezogen werden.

60 WS 8, S. 676–684.

61 WS 8, S. 670–687, Zitat S. 684:17–21.

62 Müller, *Die Wittenberger Bewegung*, S. 161–163; S. 117–119; Oehmig, »Die Wittenberger Bewegung 1521/1522«, in: Oehmig (Hrsg.), *700 Jahre Wittenberg*, S. 106–111.

63 Müller, *Die Wittenberger Bewegung*, S. 133 f.; siehe auch Kaufmann (Hrsg.), *Der Anfang der Reformation*, S. 218–220.

64 Müller, *Die Wittenberger Bewegung*, S. 129 f.; Krentz, *Ritualwandel und Deutungshoheit*, S. 205 f., spielt ihre Bedeutung herunter.

65 Zur »Wittenberge Beutelordnung« siehe Lorentzen, *Johannes Bugenhagen als Reformator*, S. 19. Die Datierung des Dokuments ist umstritten. Zu einer früheren Datierung dieses Textes oder eines Vorläufers davon auf der Grundlage textueller Ähnlichkeiten mit einer Verordnung von Jakob Seidler für Glashütte vom Frühjahr 1521 siehe: Oehmig, »Die Wittenberger Bewegung 1521/1522«, in: Oehmig (Hrsg.), *700 Jahre Wittenberg*, S. 101–103. Dennoch bleibt festzuhalten, dass Ulcensius in einem Brief vom 30. Nov. 1521 die Einführung einer städtischen Armenhilfe beschreibt und feststellt, dass sie auf Luthers Betreiben zustande kam. Allerdings es schwer zu erkennen, warum man diese Armenhilfe für notwendig erachtet hatte, solange die Einnahmen aus Privatmessen, Pfründen und Klöstern noch nicht verfügbar waren wie im Frühjahr 1521. Ebenso seltsam ist, dass es in Luthers Korrespondenz keinen Hinweis auf Seidlers Armenkasse gibt. Barge, *Karlstadt*, Bd. 1, S. 378–386, unterstellt, dass die Armenhilfe zeitgleich mit der Verordnung vom 24. Januar 1522 eingerichtet wurde, und verbindet sie so mit Karlstadt, doch diese Datierung ist wahrscheinlich zu spät.

66 Müller, *Die Wittenberger Bewegung*, S. 163.

67 Ebd., S. 167 (8. Jan. 1522), S. 163 f.

## Karlstadt und die Christliche Stadt Wittenberg

1 Melanchthon beispielsweise äußerte sich auf indirekte Weise kritisch über Karlstadt: »Jch wil aber nicht melden / wer zum ersten das Nachtmal inn beyderley gestalt gereycht habe / wer die winckelmessen hab vnderlassen / wo man hab angefangen auss den Clöstern zuweichen ...«, Melanchthon, *Vita Lutheri*, fol. 22v.

2 Nicht so Bubenheimer, »Gelassenheit und Ablösung«.

3 Bubenheimer, »Scandalum et ius divinum«, S. 323 f.; Kruse, *Universitätstheologie*, S. 323 f.

4 Andreas Karlstadt, *Von anbettung und ererbietung der tzeychen des newen Testaments*, Wittenberg 1521 [VD 16 B 6218]. Die Schrift wurde in Wittenberg, Augsburg und Straßburg gedruckt. In dem kurzen Widmungsschreiben, das die Stelle des Vorworts einnimmt, spricht er von »hass vnd neyd«, der sich aktuell gegen die Wittenberger richtet.

5 Barge, *Karlstadt*, Bd. 1, S. 49 f., S. 59–64.

6 Ebd., S. 55; S. 42–66; Bubenheimer, *Consonantia Theologiae et Iurisprudentiae*, S. 26–33. Sider, *Andreas Bodenstein von Karlstadt*, S. 8 f.: Karlstadt bezog das zweithöchste Einkommen unter den 64 Klerikern in Wittenberg. Er verdiente 127 Gulden im Jahr, siehe Barge, *Karlstadt*, Bd. 2, S. 530. Er drängte bei Spalatin auf eine reiche Pfründe, die absehbar vakant wurde, und versuchte seinem Anliegen sogar mit einer Petition von seinen Studenten nachzuhelfen, ebd., Bd. 1, S. 88 f. Als Hennig Göde starb, setzte sich Luther bei Spalatin dafür ein, Karlstadt in Gödes Nachfolge zum Propst zu ernennen, WB 2, Nr. 370, 22. Jan. 1521, zog seinen »thörichten« Vorschlag aber schon eine Woche später wieder zurück, WB 2, Nr. 372, 29. Jan. 1521, siehe auch Walch 21.1, Nr. 367, Sp. 329. Karlstadt bat daraufhin Spalatin am 2. Februar mit größerer Bescheidenheit um eine der vakanten Pfründe Gödes, damit er einen Sekretär beschäftigen konnte.

7 Er möchte »eyn damsatk mit eynem zimlichen futer aussgenumen«, zit. n. Barge, *Karlstadt*, Bd. 1, S. 57; Sider, *Andreas Bodenstein von Karlstadt*, S. 14.

8 »Hätten wir viele«, zit. n. Barge, *Karlstadt*, Bd. 1, S. 28; Christoph Scheurl, *Oratio doctoris Scheurli attingens litterarum prestantiam, necnon laudem Ecclesie Collegiate Vittenburgensis*, Leipzig 1509, siehe Sider, *Andreas Bodenstein von Karlstadt*, S. 8–10; Barge, *Karlstadt*, Bd. 1, S. 9–31; Bubenheimer, »Gelassenheit und Ablösung«, S. 258.

9 Barge, *Karlstadt*, Bd. 1, S. 72–85.

10 »Disputation gegen die scholastische Theologie«, in: Martin Luther, *Lateinisch-*

*Deutsche Studienausgabe*, Wilfried Härle (Hrsg. u. Übers.), S. 21; »Dicere, quod Augustinus contra haereticos excessive loquatur est dicere, Augustinum fere ubique mentitum esse«, WS 1, S. 224; im Vergleich dazu Karlstadts These 60: »Corruit hoc quod Augustinus contra hereticos loquitur excessive«, zit. n. Barge, *Karlstadt*, Bd. 1, S. 87, Nr. 56.

11 »unsere Theologie und St. Augustinus«, Walch Bd. 18, Anh. Nr. 1, 18. Mai, 1517, Sp. 1969, im Orig.: »Theologia nostra et S. Augustinus«, W B 1, 18. Mai 1517, S. 99:8; ebenso am 4. Sept. 1517 an Lang, und »studium nostrum«, »iniuria homini a nostris illata« (unter Einschluss der Studenten), ebd. S. 155:35; WB 1, Nr. 74, 9. Mai 1518, bes. S. 170:20–29. Im Brief vom 11. Nov. 1517 an Lang kehrt er zu »meiner« zurück, siehe WB 1, Nr. 52 u. 64, 21. März 1518; dann wieder »uns Wittenbergischen Theologen«, in der Vorrede zur vollständigen Ausgabe der *Deutschen Theologie* 1518, WS 1, S. 378:24.

12 Barge, *Karlstadt*, Bd. I, S. 75; S. 105–107.

13 Eine weitere Gemeinsamkeit war ihre Verbundenheit mit Staupitz. 1519 hatte Karlstadt seine Schrift über Augustinus' *De spiritu et littera* Luthers Mentor gewidmet [VD 16 A 4237], während Luther deutlich machte, was er Karlstadt verdankte, als er Anfang 1519 seine Schrift *In epistolam Pauli ad Galatas* Petrus Lupinus und Karlstadt widmete, WS 2, S. 437.

14 Sie wandte sich weiter gegen Johann Dölsch (Wittenberg), Bernhard Adelmann von Adelmannsfelden (Augsburg), Willibald Pirckheimer, Lazarus Spengler (Nürnberg) und Johannes Egranus (Zwickau), s. Bubenheimer, *Consonantia Theologiae et Iurisprudentiae*, S. 186. Eck hatte die Erlaubnis erhalten, Namen auf der Bulle zu ergänzen, er fügte die Namen einiger derer hinzu, die er für seine Gegner hielt.

15 »Meiner lieben muetter vnd allen meynen freuenden«, Andreas Bodenstein von Karlstadt, *Missiue von der aller hochsten tugent gelassenheit*, [Augsburg] [1520], [VD 16 B 6170] fol. A i(v). Mit »freuenden« konnten im damaligen Deutsch auch Verwandte gemeint sein. Das Vorwort beginnt damit, dass er ihnen Friede, Freude und einen starken Glauben wünscht – eine sehr persönliche Eröffnung von einem Mann, der sonst in seinen Widmungen zweckgerichtet war.

16 Karlstadt, *Missiue von der aller hochsten tugent gelassenheit*, [VD 16 B 6170], fols. Ai(v), Aii(v), Aiii(v).

17 »Jch sol ein hörten / ernstlichen / vnd gestrengen hass / vnd neyd wider mich selbst haben.« Karlstadt, ebd., fol. B iii (v).

18 Karlstadt, *Was gesagt ist*, fols. B (r), A iv (r–v), C ii(r), D iii(r).

19 »der Gläubige soll«, Karlstadt, ebd., fol. A [iv](r). Luthers Vorwurf findet sich in *Wider die himmlischen Propheten, von den Bildern und Sakrament*, WS 18, 63: 32 f.; siehe auch Furcha, *The Essential Carlstadt*, S. 155; Sider, *Andreas Bodenstein von Karlstadt*, S. 216. Ein Jahr vor seinem Tod 1540 verfasste Karlstadt eine Reihe

von Thesen über die Gelassenheit, die er unter dem Begriff *abnegatio* zusammen-
fasste und die den ersten Eintrag in ein unvollendet gebliebenes enzyklopädisches
Werk bilden sollten, siehe Sider, *Andreas Bodenstein von Karlstadt*, S. 220–223.
Sider vertritt die Auffassung, Karlstadt habe sich nicht der Selbstgerechtigkeit der
Werke schuldig gemacht, wie Luther ihm vorwarf, sondern lediglich die Betonung
auf die Abtötung des Fleisches gelegt.

20 Müller, *Die Wittenberger Bewegung*, S. 153 f. (Zeitung aus Wittenberg); Krentz,
*Ritualwandel und Deutungshoheit*, zweifelt an der Verlässlichkeit der Quelle, doch
sie vermittelt die evangelische Aufbruchsstimmung.

21 Müller, *Wittenberger Bewegung*, S. 135, S. 163, S. 170; Preus, *Carlstadt's Ordinaciones*, S. 28 und Anm. 62; Krentz, *Ritualwandel und Deutungshoheit*, S. 154–169.

22 Barge, *Karlstadt*, Bd. I, S. 266; die Vorrede, *Von Gelübden. Unterrichtung*, ist auf
den Johannistag (24. Juni) 1521 datiert.

23 Im Orig.: »Credendum est magis soli Martino veraci quam papistarum turbe fal-
laci // Scimus Christum revixisse per Martinum vere tu nobis illum deus tuere«, zit.
n. Furcha (Hrsg. u. Übers.), *Carlstadt*, S. 132; siehe auch ebd. S. 407, Anm. 7. Das
Gebet sollte von Lutheranern zu Ehren der Auferstehung gesprochen werden.

24 Müller, *Wittenberger Bewegung*, S. 155 f. (Zeitung aus Wittenberg); siehe auch
Barge, *Karlstadt*, Bd. 1, S. 364;

25 Müller, *Wittenberger Bewegung*, S. 170 (Thomas von der Heyde, Neue Zeitung);
Kolde (Hrsg.) *Analecta Lutherana*, Nr. 25, 4. Dez. 1520 (Brief von Thomas Blaurer
an Ambrosius Blaurer).

26 Er kenne das Mädchen: »novi puellam«, WB 2, Nr. 449, 13. Jan. 1522, S. 423:45.

27 »Er ist zu ersten worden ain fischer der eeweyber«, Flugschrift *Die Messe. Von der
Hochzeyt D. Andre Carolstadt. Vnnd der Priestern / so sich Eelich verheyrratten*,
Augsburg 1522 [VD 16 M 5492], fol. Aii(v).

28 Müller, *Wittenberger Bewegung*, S. 155–159 (Zeitung aus Wittenberg); Barge,
*Karlstadt*, Bd. 1, S. 366 Anm. 125.

29 »… hat er [Zwilling] mit etzlichen monchen ein fewer ins Augustiner closter hof
gemacht, ist in die kirche mit inen gangen, hat die holtzern altaria zu grund abgebrochen, dieselbigen mit iren und sonst allen anderen tafeln, gemalten und
geschnitzten bildern, Crucifixen, fannen, kerzen, leuchtern etc allezumal dem fewer
zu getragen, dorein geworfen und vorbrandt, der steinen Christi Marie und anderen bilden die haubter helfen abschlagen und all gemel in der kirchen helfen vor-
wusten«, Bubenheimer, »*Scandalum et ius divinum*«, S. 266, Nr. 6 (Johann Pfau an
Hermann Mühlpfort, Bürgermeister von Zwickau), ca. 15. Jan. 1522; Spalatin berichtet, die Mönche hätten sogar das Öl für die Letzte Ölung verbrannt, siehe Müller, *Wittenberger Bewegung*, S. 169; dort auch den Bericht von Albert Burer, der
die Ereignisse auf den 11. Januar datiert, ebd., S. 212.

30 Karlstadt, *Von abtuhung der Bylder / Vnd das keyn Betdler vnther den Christen seyn sollen*, Wittenberg 1522 s. Anm. 27 u. 39 [VD 16 B 6215], fol. B. (r–v). Interessanterweise ist der Titel der Schrift in einen üppig ausgeschmückten Holzschnitt eingesetzt, der einen nackten Adam und eine nackte Eva zeigt, die eine dekorative Ziergiebel und eine Kuppel stützen und zu deren Füßen eine bäuerliche Szene abgebildet ist, die Ernte und Aussaat zeigte. Höchstwahrscheinlich wurden die Bilder nicht für diese Schrift angefertigt. Barge, *Wittenberger Bewegung*, Bd. 1, S. 389.

31 Karlstadt, *Von abtuhung der Bylder*, fols. C iii(v) u. C iv(v).

32 Karlstadt, ebd., fol. D iv(r).

33 »Ego valefeci musis!«, Barge, *Karlstadt*, Bd. I, S. 422.

34 Müller, *Die Wittenberger Bewegung*, S. 173 (Ulcensius an Capito); Kaufmann, *Der Anfang der Reformation*, S. 221, zeigt auf, dass die Zahl der Immatrikulationen zwischen 1521 und 1522 nicht sank – obwohl verglichen mit dem Höhepunkt der Studentenzahlen 1519 und 1520 nur ein Bruchteil davon eingeschrieben war; Barge, *Karlstadt*, Bd. I, S. 418–420.

35 Krentz, *Ritualwandel und Deutungshoheit*, S. 205 f., spielt die Rolle der Zwickauer Propheten herunter. Kruse, *Universitätstheologie und Kirchenreform*, S. 360–362, betont ihren entscheidenden Anteil am Aufkommen der Frage nach der Zulässigkeit der Kindstaufe; siehe auch Sider, *Andreas Bodenstein von Karlstadt*, S. 161–161.

36 Dass es Melanchthons Wunsch war, Luther möge möglichst schnell zurückkommen, war deshalb allgemein bekannt, siehe z. B. Ulcensius an Capito, in: Müller, *Die Wittenberger Bewegung*, 160 (Zeitung aus Wittenberg), S. 129, S. 130, S. 135.

37 Walch 15, Anh. Nr. 104, 17. Jan. 1522, Sp. 2606; im Orig.: »propter prophetas quidem Cygneos non venio neque mutor, neque enim me mouent«, WB 2, Nr. 452, 17. Jan. 1522, S. 443:2 f.

38 Es ist unbekannt, wann genau Zwilling Wittenberg verließ. Preus, *Carlstadt's Ordinaciones*, S. 41, legt den Zeitpunkt in den Februar, Barge, *Andreas Bodenstein von Karlstadt*, Bd. 1, S. 362, spricht von Dezember. Sein Fortgang schuf eine Art Vakuum in der Führung derer, die sich für die Reformation engagierten.

39 Zitate aus: *Ain löbliche ordnung der fürstlichen stat Wittenberg im Jahre 1522 auffgericht*, Augsburg 1522 [VD 16 W 3697]. Zu Karlstadts politischer Position siehe Bubenheimer, *Scandalum et ius divinum*, S. 324; zur neuen Armenpflege siehe Krentz, *Ritualwandel und Deutungshoheit*, S. 186–200, Oehmig, »Die Wittenberger Bewegung 1521/22«, Bubenheimer, »Luthers Stellung zum Aufruhr in Wittenberg«; Eschenhagen, »Sozial- und Wirtschaftsgeschichte der Stadt Wittenberg«; Barge, *Karlstadt*, Bd. 1, S. 380–386; Kruse, *Universitätstheologie und Kirchenreform*, S. 362–366. In der neuen städtischen Ordnung wurde die ursprüngliche, unter Luthers Einfluss ergangene Verordnung zur Armenpflege von 1520/21 überarbeitet, die als Manuskript mit Kommentaren von Luthers Hand erhalten geblieben

ist, siehe Kruse, *Universitätstheologie und Kirchenreform*, S. 273–277, und WS 59, S. 63–5. Die neue Stadtordnung umfasste Bestimmungen über die Gestaltung des Gottesdienstes, die Armenhilfe und die Beseitigung von Bildnissen, alle drei waren Teil desselben Projekts, und die »gemeinsame Kasse« sollte nicht nur aus Spenden finanziert werden, sondern auch aus den Einkommen der Klöster, aus religiösen Stiftungen, Bruderschaften usw., siehe: *Verordnung über das Frauen oder Muhmen Hauss*, StA Wittenberg 9 [Bb 6] fol. 89. Die letzte Nennung des Bordellbetreibers Frauenwirt stammt von 1522. Die Bestimmungen über Darlehen für mittellose verheiratete Handwerker könnten auch geschaffen worden sein, um jüdischen Geldverleihern die Geschäftsbasis zu entziehen. Sie haben viel gemeinsam mit dem italienischen *monte di pietà*, das darauf abzielte, Laien davon zu überzeugen, kein Geld von Juden zu borgen.

40 Kruse, *Universitätstheologie und Kirchenreform*, S. 362–366; Oehmig, »Wittenberger Bewegung«; siehe dazu auch ein erhaltenes städtisches Rechnungsbuch aus dem Jahr 1545, StadtA Witt, 360 [Bp 5]. Darin heißt es, dass viele, die Geld aus der Kasse erhielten, Frauen waren, einschließlich einer Frau »in einem blauen Mantel« – wahrscheinlich war ihr Name unbekannt. Man hatte Nahrungsmittel an die Armen verteilt und dem früheren Pfarrer von Dabrun ein Darlehen gegeben, man hatte also den ursprünglichen Plan beibehalten, wenn auch nicht auf den Kreis der Handwerker ausgeweitet, siehe dazu ebd., 16 [Bc 4].

41 *Ain löbliche ordnung der fürstlichen stat*, fol. iii(r); ein anderer Druck derselben, *Newe ordnung der Stat Wittenberg, MDXXII jar*, Bamberg 1522 [VD 16 W 3698], ist zusammen gedruckt mit einem Dialog zwischen den Bischöfen von Lochau und Meißen, siehe Barge, *Karlstadt*, Bd. I, S. 378–82. Im Unterschied dazu tituliert sich Karlstadt auf der Titelseite seiner Schrift *Von abtuhung der Bylder* selbst als »Carolstatt in der Christlichen statt Wittenberg«.

42 Krentz, *Ritualwandel und Deutungshoheit*, S. 170 ff., weist auch auf das gespannte Verhältnis zwischen dem Magistrat und dem Kurfürsten hin.

43 Müller, *Wittenberger Bewegung*, S. 172 Anm. 4, S. 173–179, S. 186, S. 190.

44 Zit. n. Müller, ebd., S. 202 f.; siehe auch ebd. S. 184–206. Im ersten Entwurf der Vereinbarung wird ausdrücklich erwähnt, dass die Kommunion an die Laien sowohl lediglich in Form von Brot als auch in beiderlei Gestalt ausgeteilt werden könne, in der Endfassung entfiel diese genaue Ausführungsanweisung. Zum ersten Entwurf siehe ebd. S. 201.

45 Kruse, *Universitätstheologie und Kirchenreform*, S. 371–375; Preus, *Carlstadt's Ordinaciones*, S. 40–50; Krentz, *Ritualwandel und Deutungshoheit*, S. 206–210, vertritt die Auffassung, die Unterredungen in Eilenburg hätten nicht unter dem Druck einer Bürgerbewegung stattgefunden.

46 Barge, *Karlstadt*, Bd. 1, S. 408. Ein anderer Grund für seine Ablehnung könnte ge-

wesen sein, dass es so aussah, als räume der Entwurf dem Magistrat das Recht ein, Religionspolitik zu betreiben, siehe dazu Preus, *Carlstadt's Ordinaciones*, S. 47.

47 Daher kam auch 1522 vom Kurfürsten der Vorschlag, die Reliquien an Ostern in der Kirche auszustellen, aber vor der Kirchengemeinde nicht über die Ablässe zu sprechen, die gewährt wurden. Auf diese Weise konnte er dem kaiserlichen Mandat vorauseilend Gehorsam demonstrieren und weiterhin behaupten, es habe keine Änderungen in der Religion gegeben. Kalkoff, *Ablass und Reliquienverehrung*, S. 84 f.

48 WB 2, Nr. 454, 24. Febr. 1522, S. 448:6–8, 10 ff., 13 u. S. 449:22 f.

49 Ebd., S. 449–453. Brief des Kurfürsten Friedrich an den Amtmann Johann Oßwald.

50 WB 2, Nr. 455, 5. März 1522, »wenn es auch«, S. 455:63–65, »(…) ich komme gen Wittenberg«, S. 455:76–80 u. S. 456:83–85.

51 Walch 19, Nr. 105, zw. 5. u. 8. Dez. 1521, Sp. 562, im Orig.: »Omnia vehementer placent, quę video & audio. Dominus confortet spiritum eorum, qui bene volunt«, WB 2, Nr. 443, ca. 5. Dez. 1521, S. 410:18 f.; zu Karlstadts bevorstehender Eheschließung siehe WB 2, Nr. 449, 13. Jan. 1522.

52 WB 2, Nr. 456 und Nr. 457, S. 459–470.

53 Zu Berichten über seine Predigten siehe WS 10.3, Einleitungen zu den einzelnen Predigten 1–8, S. XLVI–LV.

54 WS 10.3, S. 1–64; »es kann sogar«, ebd., S. 4:5 f.; »wenn ich«, ebd. S. 18:16. Eine hervorragende Zusammenfassung der Invokavitpredigten gibt Krentz, *Ritualwandel und Deutungshoheit*, S. 218–242. Wie sie herausarbeitet, stammt die erhaltene Druckausgabe aus Straßburg und wurde 1523, also ein Jahr später, gedruckt, und sie unterscheidet sich von der Manuskriptversion, die ebenfalls im Umlauf war. Krentz vertritt die Auffassung, der immer größer werdende Bruch zwischen Luther und Karlstadt habe nachträglich auf die Druckausgabe abgefärbt.

55 WS 10.3, S. 8:5–9, S. 12:4–7, S. 6:6; S. 7:6 f.

56 Ebd., S. 64:12–15, siehe auch S. 53:9 f.

57 Nicht nur Melanchthon, auch Johannes Agricola scheint in dieser Zeit von Karlstadt beeinflusst gewesen zu sein und sich auch für die Anabaptisten und ihre Vorstellungen interessiert zu haben: Kawerau, *Johann Agricola*, S. 33 f.

58 WS 10.3, S. 42:8 f.; S. 46:12–14.

59 Sider (Hrsg. u. Übers.), *Karlstadt's Battle*, S. 43; WS 15, *Ein bericht der handlung zwischen Doktor Martino Luthero und Doktor Andreas Bodenstein von Karlstat …*, S. 337:16–18 (Acta Ienensia, 1524, siehe Kap. 11): Karlstadt behauptete, er habe bei dem Bildersturm nicht allein gehandelt, »sondern die drey rethe und ewer gesellen etliche, die beschlossen es, darnach zugen sy die Köpf uß der schlingen und lyssen mich allein stehen«. Mit »rethe« sind hier wohl »Ratgeber« oder »Ratsmitglieder« gemeint. In seiner Geschichte der Reformation meinte Spalatin später, der Teufel habe seine Hand im Spiel gehabt, und beschuldigt damit die Zwickauer Pro-

pheten sowie Karlstadt und andere, siehe Spalatin, *Annales Reformationis*, S. 52 f. Er widmete den Wittenberger Unruhen nur zwei Absätze und berichtete trotz der wichtigen Rolle, die Luther zu jener Zeit spielte, nur wenig über Luthers Aufenthalt auf der Wartburg.

60 Karlstadt hatte versucht, eine Schrift zu veröffentlichen, die sich vordergründig gegen Ochsenfart wandte, der nun für die Wiedereinrichtung der katholischen Kulthandlungen im Sinne des kaiserlichen Dekrets zuständig war, doch die Schrift war offenkundig ebenso gegen Luthers Wandel gerichtet und wurde vom Senat der Universität verboten. Siehe dazu Preus, *Carlstadt's Ordinaciones*, S. 74–77. Über Zensur im damaligen Wittenberg siehe Hasse, »Bücherzensur an der Universität«, in: Oehmig, *700 Jahre Wittenberg.*

61 »(...) hilf [mir] diesen Satan unter die Füße zu treten, der sich zu Wittenberg wider das Evangelium unter dem Namen des Evangelii aufgeworfen hat; wir kämpfen jetzt mit einem Engel, der sich zu einem Engel des Lichts verstellet«, Walch 15, Nr. 651, 13. März 1522 (an Spalatin), Sp. 2004; im Orig.: »... cum angelo in angelum lucis verso«, WB 2, Nr. 458, 13. März 1522, S. 471:21. Die Übersetzung von Walch folgt hier dem 2. Brief an die Korinther 11,16 in der Luther-Übersetzung: »[...] denn er selbst, der Satan, verstellet sich als Engel des Lichts«.

62 In Anlehnung an den Brief des Paulus an die Römer, 14,1–3.

63 Siehe Scribner (Hrsg.), *Popular Culture.*

64 In Riga waren zwei der bedeutendsten Geistlichen Anhänger von Karlstadt, siehe Williams, *Radical Reformation*, S. 620; Barge, *Karlstadt*, Bd. II, S. 400–418, 188–190 u. 194–195. In Kitzingen predigte ein ehemaliger Student Karlstadts, Christoph Hofmann, dessen Botschaft. Barge schreibt Karlstadt, wenngleich nicht sehr überzeugend, Einfluss auf Radikale in Nürnberg zu. 1529 ging Karlstadt selbst nach Oldersum in Ostfriesland, in der Hoffnung, dort die Reformation einzuführen. In einer Disputation mit den Lutheranern hatten die Sakramentarier die Oberhand gewonnen, und in der Kirche von Emden ertönten Rufe, die forderten »Schlagt die Fleischfresser tot!« – ein Hinweis auf ihre Haltung zur tatsächlichen Anwesenheit Christi beim Sakrament (ebd., S. 409). Karlstadt musste Ostfriesland schließlich wieder verlassen.

## Im Gasthof *Schwarzer Bär*

1 *Wes sich Doctor Andreas Bodenstein von Karlstadt mit Doctor Martino Luther beredt zu Jena ... (Acta Ienensia)* WS 15, S. 23–47; ebd., S. 334.

2 Nach Reinhard waren zudem kaiserliche Herolde und viele Jenaer Bürger zugegen.

3 Sider, *Karlstadt's Battle*, S. 40, S. 41, S. 44; WS 15, S. 355:22, S. 355:26 f.; S. 377:30–338:1.

4  Sider, *Karlstadt's Battle*, S. 46; WS 15, S. 339:11 f.; ebd.,19 f., S. 339:6–8. Der Begriff Complexion bedeutete so viel wie seelische Verfassung, man könnte also auch übersetzen »ich hab's an der Seele« oder »am Gemüt«.

5  Sider, *Karlstadt's Battle*, S. 47 f.; WS 15. S. 340:6, S. 339:31–340:1; S. 340:7 f.

6  Walch 15, Anh. Nr. 117, 27. Okt. 1524 (an Amsdorf), Sp. 2624, im Orig.: »in meam ignominiam et Carlstadii gloriam«, WB 3, Nr. 785, 27. Okt. 1524, S. 361:9.

7  Von Luthers Unbehagen über das Gespräch im Gasthof zeugt das Schreiben an den Weimarer Hofprediger Wolfgang Stein, den er hinsichtlich der Frage beriet, was dieser auf ein Gesuch Karlstadts antworten solle. Er möge ihn darauf hinweisen, dass der Gulden keine Bedeutung habe: Karlstadt habe immer getan, was ihm gefiel, warum wollte er jetzt eine fürstliche Zusage? Falls er behaupten sollte, man halte ihn davon ab, zu disputieren, solle man ihn fragen, warum er nicht zum Disputieren nach Wittenberg gekommen sei und seine universitären Pflichten erfüllt habe. Luther war anscheinend entschlossen, den Eindruck auszumerzen, Karlstadt habe die Erlaubnis erhalten zu veröffentlichen, siehe WB 3, 774, Anfang Sept. 1524. Stattdessen blieb er bei seiner Ansicht, das Gespräch habe ihre Feindschaft besiegelt, als er Anfang Dezember 1524 im ersten Teil von *Wider die himmlischen Propheten, von den Bildern und Sakrament* schrieb: »Doktor Andreas Karlstadt ist von uns abgefallen und noch dazu unser ärgster Feind geworden«, WS 18, S. 62:6 f.

8  Reinhard wurde befohlen, Jena zu verlassen, WB 3, Nr. 785, 27. Okt. 1524. Luther schreibt Amsdorf, er habe weinend in der Kirche um Geld gebettelt, WB 3, Nr. 811, 29. Dez. 1524. Luther, der Reinhard nicht traute, wollte, dass die Stadt Nürnberg ihn vor die Tore setzte.

9  Karlstadt, *Was gesagt ist*, fol. F(r).

10  Sider, *Andreas Bodenstein von Karlstadt*, S. 174–97. Die Rechtmäßigkeit von Karlstadts Gesuch wurde von Luther erbittert in Frage gestellt. Siehe dazu auch Barge, *Karlstadt*, Bd. 2, S. 95–143.

11  Furcha (Hrsg. u. Übers.), *The Essential Carlstadt*, S. 369–70; Karlstadt, *Anzeyg*, fol. F(r); WS 18, S. 100:27–29.

12  Barge, *Karlstadt*, Bd. 2, S. 97; Sider, *Andreas Bodenstein von Karlstadt*, S. 183. Bekannt ist, dass er zur Weinlese Leute beschäftigte und andere bezahlte, die Heu für ihn machten.

13  WB 3, Nr. 818, 18. Jan. 1525.

14  WB 3, Nr. 702, 13. Jan. 1524. Er wiederholt den Spott in einem Brief vom 14. März 1524 (an Spalatin), ebd., Nr. 720.

15  Karlstadt, *Was gesagt ist*, fol. A ii(r).

16  In seiner lateinischen Liturgie für die Messe 1523 führte Luther jedoch die Kommunion mit Brot und Wein für Laien wieder ein, WS 12, S. 197–220, ebd., S. 217.

Diese wurde sehr eng an das Format der Messe gebunden, behielt das Emporheben der Hostie bei, beließ die Einsetzungsworte auf Latein und bezog viele gesungene Teile ein, einschließlich des Evangeliums. Während der Lesung des Evangeliums war der Gebrauch von Weihrauch und Kerzenlicht erlaubt. Die Deutsche Messe führte Luther erst 1526 ein.

17  WS 18, S. 99:20f.

18  Obwohl Luther Karlstadt weiter dafür angriff, dass er eine Pfarrgemeinde übernahm, ohne berufen worden zu sein. Doch Karlstadt war in Wirklichkeit so umsichtig gewesen, die Zustimmung des Herzogs einzuholen, und die Kirchengemeinde hatte ihn auch offiziell berufen.

19  WB 3, Nr. 818, 18. Jan. 1525 (Glatz an Luther).

20  Es wurde sogar verbreitet, die Köchin des (Orlamünder) Vikars Konrad Glitsch, eine fromme Frau, die in Leipzig Anhänger um sich geschart hatte, habe ihn mit Taulers *Theologia deutsch* bekannt gemacht. Ob das Gerücht wahr ist oder nicht, es zeigt, welchen Ruf die *Theologia deutsch* hatte und wie anziehend die deutsche Mystik für das einfache Volk war. Siehe dazu Bubenheimer, *Thomas Müntzer*, S. 181 f. Der Nürnberger lutherische Pastor Martin Glaser, der diese Geschichte im Jahr 1529 in einem Exemplar von Taulers Buch, das ihm Luther geschenkt hatte, an den Rand schrieb, meinte, Müntzer und Karlstadt seien durch Tauler verleitet worden und hätten ihren Irrglauben in Orlamünde verbreitet – ein interessanter Versuch eines Lutheraners, die Radikalisierung Müntzers und Karlstadts darauf zurückzuführen, dass sie sich die deutsche Mystik angeeignet hätten.

21  Siehe Scott, *Thomas Müntzer*, S. 1–45. Zu den Zwickauer Propheten siehe Wappler, *Thomas Müntzer in Zwickau*. Über die Ähnlichkeit des sozialen Hintergrunds von Müntzer und Luther – auch Müntzers Familie stammte aus einem wohlhabenden bürgerlichen Milieu – siehe Bubenheimer, *Thomas Müntzer*, S. 38–40.

22  Müntzer, *Briefwechsel*, Nr. 30, Ende Jan./Anf. Febr. 1521 (Agricola an Müntzer, im Original auf Latein geschrieben, übers. v. Wilfried Millitzsch u. Max Steinmetz), S. 72–76, Zitat S. 74.

23  Scott, *Thomas Müntzer*, S. 31–33; siehe auch Matheson (Hrsg. u. Übers.), *The collected works of Thomas Müntzer*, S. 354, S. 352–379. Eine Fotografie der lateinischen Version des *Prager Manifests* findet sich im Internet unter http://archive. thulb.uni-jena.de/ufb/rsc/viewer/ufb_derivate_00002917/Chart-A-00379a_0001. tif (Stand 6. Dez. 2015).

24  »*Eyn brieff an die Fürsten zu Sachsen von dem auffrurischen geyst*«, WS 15, S. 199–221.

25  Müntzer, *Briefwechsel*, Nr. 54, 21. Dez. 1522 (Karlstadt an Müntzer, im Original auf Latein geschrieben, übers. v. Wilfried Millitzsch u. Max Steinmetz), S. 150–154, Zitat S. 153 f. – ein merkwürdig feindseliger und doch verschwörerischer Brief.

26 WS 15, S. 214:20. Ebd. S. 214:23–27: »So schwach und arm ich da war, so stand es um mein Herz zu der Zeit so: Wenn ich gewusst hätte, dass so viele Teufel hinter mir her waren, wie es Ziegel gab auf den Dächern zu Worms, wäre ich dennoch eingeritten. Dabei hatte ich noch nichts von einer himmlischen Stimme und Gottes Pfunden und Werken noch vom Allstedter Geist jemals etwas gehört.«

27 WS 15, S. 215:26–28.

28 Scott, *Thomas Müntzer*, S. 74 f.; Müntzer, *Auszlegung des andern vnterschyds Danielis desz propheten gepredigt auffm schlos zu Alstet vor den tetigen thewren Herzogen ...*, fols. D ii(r), D iii(r).

29 Barge, *Karlstadt*, Bd. 2, S. 130–132; WS 15, S. 343–347.

30 Den Inhalt dieses Briefs hatte Martin Reinhard in seiner Flugschrift behandelt, siehe WS 15, S. 343.

31 WS 15, S. 344: 16 f. Über den Kleinkrieg berichtete nur Reinhard, er ist in *Wider die himmlischen Propheten* ausgeklammert.

32 Der Schuster im Wortlaut: »Hörst du? Ich kann wohl du zu dir sagen, denn du bist ein Christ«, *Wider die himmlischen Propheten*, WS 18, S. 84:3 f. Die weiteren Zitate ebd., S. 84:7–14. Luther versucht hier, den Dialekt der Bauern nachzuahmen. Zu Reinhards Fassung dieses Gesprächs siehe WS 15, S. 346: Der Schuster und die anderen Gemeindemitglieder debattieren weiter mit Luther, und als dieser einen Unterschied zwischen »abgöttischen« und anderen Bildern macht, halten sie ihm entgegen, dass das biblische Bilderverbot »abgöttische« Bilder nicht gesondert erwähne. Luthers Vergleich des Bildersturms mit der Vernichtung von Frauen und Wein fehlt in *Wider die himmlischen Propheten*, er ist nur in Reinhards Bericht überliefert: WS 15, S. 345. Interessanterweise nimmt der Bauer mit seiner Aussage, Luther habe das Evangelium unter die Bank gestoßen, einen Satz von Luther im Vorwort zur *Theologia deutsch* von 1518 auf: Das heilige Wort Gottes habe nicht einfach unter der Bank gelegen, sondern sei von Staub und Motten verdorben worden, *Eyn deutsch Theologia*, fol. A ii(r).

33 *Wider die himmlischen Propheten*, WS 18, S. 93:15 f.

34 *Ein bericht der handlung zwischen Doctor Martino Luthero unnd Doctor Andreas Bodenstein von Karlstat ...*, WS 15, S. 346:24 f.

35 Ebd., S. 346:9 f.

36 *Wider die himmlischen Propheten*, WS 18, S. 70:37.

37 »Aber sie eilten allesamt zum Wagen und fuhren davon«, *Ein bericht der handlung zwischen Doctor Martino Luthero und Doctor Andreas Bodenstein von Karlstat*, WS 15, S. 347:21. Luther erzählte, man habe ihm nachgerufen: »Fahr hin in tausend Teufels Namen, daß du den Hals brächst, ehe du zur Stadt hinaus kommst«, zit. n. Barge, *Karlstadt*, Bd. 2, S. 134.

38 WB 3, Nr. 818, 18. Jan. 1525 (Glatz an Luther), S. 424:22–25; zu Glatz und dessen

Wahl zum Pastor in Orlamünde sowie zu den Folgen der Visitation Luthers für Karlstadt siehe Barge, *Karlstadt*, Bd. 2, S. 134–136.

39  Karlstadt, *Anzeyg etlicher Hauptartickeln Christlicher leere*, fol. A iii(r); W B 3, Nr. 785, 27. Okt. 1524, S. 361:12 f.: Luther wusste, dass Karlstadt seinen Brief an die Gemeinde in Orlamünde in der Weise unterschrieb. Siehe auch Furcha (Hrsg. u. Übers.), *The essential Carlstadt*, S. 364; Am Ende seiner Exegese griff Karlstadt den Satz noch einmal auf und wandte ihn gegen Luther, siehe Burnett, *Karlstadt and the Origins*, S. 68; Karlstadt, *Auszlegung dieser wort Christi: Das ist meyn leyb …* Der Satz ist ein Echo auf Luthers beharrliche Behauptung in der Zeit vor Worms, er sei nicht gehört worden und niemand habe ihn mit der Heiligen Schrift widerlegt.

40  Walch 15, Anh. Nr. 117, 27. Okt. 1524, Sp. 2625; im Orig.: »quod ego, qui martyr debui fieri, eo perveni, ut martyres ipse faciam«, W B 3, Nr. 785, 27. Okt. 1524, S. 361:13 f.

41  Burnett, *Karlstadt and the Origins*, S. 68, S. 143–147; Martin Reinhard gab Karlstadts Werke in Nürnberg in den Druck, wurde von dort aber vertrieben. Die Ausgabe seines *Dyalogus, oder eyn Gesprech büchlein: Von dem grewlichen abgöttischen mißprauch, des hochwirdigsten Sacraments Jesus Christi* wurde schließlich 1524 in Bamberg fertiggestellt.

42  Barge, *Karlstadt*, Bd. 2, S. 18; Gerhard Westerburg, *Vom Fegefewer vnd Standt der verscheyden selen eyn Christliche Meynung*, Cologne 1523 [V D 16 W 2215]. Die Schrift beginnt mit einem Widmungsbrief an den Bürgermeister und den Rat von Köln. In Köln zu publizieren war sehr wichtig, denn es war das Tor zu den Niederlanden: 3000 Exemplare wurden angeblich dorthin gesandt. Auch in Augsburg erschien die Schrift anlässlich einer Gastpredigt, siehe Barge, *Karlstadt*, Bd. 2, S. 20 f.

43  W B 3, Nr. 887, 11. Juni 1525 (Paul Speratus an Luther), S. 527:2, Speratus beschreibt die Ankunft von Martin Cellarius in Königsberg. Siehe auch W B 3, Nr. 756, 4. Juli 1524. Cornelius Hoen in den Niederlanden und Franz Kolb in Wertheim hatten Luther bereits geschrieben und ähnliche Standpunkte zum Sakrament eingenommen (WS 15, S. 384); Luther beklagt sich Ende 1524 in seinen Briefen über die große Anzahl von Menschen, die über Karlstadts Position diskutierten; W B 3, Nr. 793, 17. Nov. 1524 sowie ebd., Nr. 802, 2. Dez. 1524 und Nr. 817, 13. Jan. 1525. Siehe dazu Barge, *Karlstadt*, Bd. II, S. 144–296.

44  W B 3, Nr. 796, 22. Nov. 1524; ebd., Nr. 797, 23. Nov. 1524; Gerbel berichtete, Karlstadt habe in Salzburg Luther für seine Ausweisung verantwortlich gemacht und beklagt, dass man ihn zuvor weder angehört noch gewarnt habe.

45  »Dissidium inter Carolostadium et te vehementer dolet mihi, nam utrique faveo, neque sic diligo te, quin non sincerissime complectar etiam Carolostadium.« W B 3, Nr. 858, Straßburg, im April(?) 1525, S. 477:29–31.

46 Ickelsamer, *Clag ettlicher Brieder, an alle Christen* ..., Augsburg 1525 [VD 16 I 32]. Ickelsamer war ein Unterstützer Karlstadts.

47 WS 18, S. 194. In *Wider die himmlischen Propheten* beschuldigt Luther Karlstadt des Neids und des Ehrgeizes sowie der Missgunst und klagt ihn in einem langen Abschnitt an, er diene unterwürfig »Frau Hulda« oder der Vernunft, einer unberechenbaren elfenhaften Märchengestalt. Die natürliche Vernunft, argumentierte Luther, sei eine Hure des Teufels, und er verurteilte Karlstadt als einen Sophisten, der die schlichte Botschaft der Heiligen Schrift nicht erkenne, die da heiße »Dies ist mein Leib«. Karlstadt wiederum klagte Luther an, es bereite ihm die reinste Freude, alles zu tun, damit Karlstadt »Gram, Neid, Hass, Ungnade« empfinde, Karlstadt, *Anzeyg etlicher Hauptartickeln Christlicher leere*, fol. E [iv] (v).

48 *Ein Brief an die Christen zu Straßburg wider den Schwärmergeist*, WS 15, S. 391–397, 14.–15. Dez. 1525.

49 Capito an Zwingli am 31. Dez. 1524, zit. n. WS 15, S. 384.

50 *Ein Brief an die Christen zu Straßburg wider den Schwärmergeist*, WS 15, S. 394: 12–17. Auf für ihn typische Weise argumentierte Luther, je mehr Karlstadt für die Idee schwärme (»schwermet«), dass es keine wirkliche Gegenwart Christi gebe, umso stärker werde seine (Luthers) Überzeugung, dass Karlstadt sich irre, ebd., S. 394: 24.

51 WB 3, Nr. 779, 3. Okt. 1524, S. 354: 15. Als er in Jahr später über Herzog Georg schrieb und dabei seine alte Sprache wieder nachhallte, verglich er ihn mit Karlstadt, den er zusammen mit den Sakramentariern als »Söhne meines Bauchs« *(filios vteri mei)* bezeichnet hat, WB 4, Nr. 973, 20. Jan. 1526, 18: 7 – in der Tat eine saftige Sprache.

52 *Wider die himmlischen Propheten*, WS 18, S. 66: 19 f.

53 Karlstadt, *Anzeyg etlicher Hauptartickeln Christlicher leere*, Augsburg 1525, fols. E ii(v)–iii(r–v), fol. F i(r); siehe auch Furcha (Hrsg. u. Übers.), *The essential Carlstadt*, S. 366–369.

54 Karlstadt, *Anzeyg etlicher Hauptartickeln Christlicher leere*, Augsburg 1525, F i(v).

## Der Bauernkrieg

1 Die Literatur zum Bauernkrieg ist umfangreich, angefangen bei Engels, *Der deutsche Bauernkrieg*. Siehe besonders: Blickle, *Die Revolution von 1525*; Scribner / Benecke (Hrsg.), *German Peasant War*; Sreenivasan, *The Peasants of Ottobeuren*; und die Sammlung von Dokumenten bei Franz, *Der deutsche Bauernkrieg*.

2 Zit. n. www.stadtarchiv.memmingen.de/918.html. »Ist der Brauch bisher gewesen, dass man uns für Eigenleute (Leibeigene) gehalten hat, welches zu Erbarmen ist, angesehen dass uns Christus alle mit seinem kostbaren Blutvergießen erlöst und er-

kauft hat, den Hirten gleich wie den Höchsten, keinen ausgenommen. Darum findet sich mit der Schrift, dass wir frei sind und sein wollen.«

3 *Ermahnung zum Frieden auf die zwölf Artikel der Bauernschaft in Schwaben*, WS 18, S. 279–334; dort S. 326 u. S. 325.

4 »falsche Propheten«, WS 18, S. 296:24 f. u. S. 308:32; »Dieser Aufruhr«, ebd., S. 296:20–23.

5 *Vertrag zwischen dem löblichen Bund zu Schwaben und den zwei Haufen der Bauern vom Bodensee und Allgäu. Mit Vorrede und Vermahnung*, WS 18, S. 342:28–32 u. S. 343:7–9.

6 Scott/Scriber, *German Peasants' War*, S. 14–19.

7 Ebd., besonders S. 1–64.

8 WB 3, Nr. 874, 23. Mai 1525. Luther wusste, dass Friedrich mit diesen Worten an Herzog Johann geschrieben hatte, siehe ebd., S. 508:26 f. u. S. 508 f., Anm. 7.

9 Müntzer, *An die Allerstedter. Manifest an die Mansfeldischen Bergknappen*, Brief vom 26./27. April 1525, in: Müntzer, *Briefwechsel*, S. 403–415; Zitat aus Brief Nr. 114 (Müntzer an die Mitglieder des Allstedter Bundes,) S. 414 f. »Pinkepanke« steht hier lautmalerisch für das Hämmern beim Schmieden. – Luther, der wahrscheinlich am 3. Mai bei seinem Aufenthalt in Weimar eine Kopie des Briefes erhielt, veröffentlichte ihn mit einigen anderen und einem Kommentar unter dem Titel *Eyn Schrecklich geschichte vnd gericht gottes vber Thomas Müntzer*, Wittenberg 1525. Dies wurde schnell in verschiedenen Städten nachgedruckt. Wo Müntzer in seinem Brief dazu ermahnte »Lasset euer Schwert nicht kalt werden, lasset es nicht erlahmen!«, setzte Luther »Lasst euer Schwert nicht kalt werden von Blut«. WS 18, S. 369:11.

10 Müntzer, *Briefwechsel*, Nr. 145, S. 465–473, Zitat S. 468–470 u. Nr. 145, S. 461–465, Zitat S. 465; diese Briefe sind auch von Luther veröffentlicht worden WS 18, S. 371 f., 12. Mai 1525; Müntzer hat sich hier von der Stelle in Ezechiel 37 inspirieren lassen, wo Gott in einem Tal von Knochen eine Armee von Menschen erschafft, während Ezechiel zu den Knochen predigt. In Ezechiel 39,18 verspricht Gott: »Fleisch der Starken sollt ihr fressen, und Blut der Fürsten auf Erden sollt ihr saufen, der Widder und Lämmer, der Böcke und Stiere«, WDB 2, S. 152.

11 Scott, *Thomas Müntzer. Theology and Revolution*, S. 164 f.

12 WB 3, Nr. 873, 21. Mai 1525, S. 505:28 f.; Scott, *Thomas Müntzer*, S. 165–169.

13 WB 3, Nr. 875, 26. Mai 1525, S. 511:42.

14 Ebd. So berichtete Johann Rühle, der als Berater des Grafen von Mansfeld tätig und folglich dessen Parteigänger war. Doch sein sorgsam ausgewogener Bericht lässt auch einige Sympathien für die Bauern erkennen.

15 Müntzer, *Briefwechsel*, Nr. 152, 17. Mai 1525, S. 491–506: »Nachdem es Gott also wohl gefällt, dass ich von hier scheiden werde in wahrhaftiger Erkenntnis und Er-

stattung etlichen Missbrauchs vonseiten des Volkes, das mich nicht recht verstanden, sondern nur aus Eigennutz gehandelt hat, der zum Untergang göttlicher
Wahrheit führte, bin ich herzlich zufrieden, dass nicht nach äußerlichem Ansehen,
sondern nach der Wahrheit geurteilt wird (...). Darum sollt ihr euch über meinen
Tod nicht ärgern, welcher zur Förderung der Guten und der Unverständigen geschehen ist.« Ebd., S. 496 f.

16  WB 3, Nr. 877, 30. Mai 1525, S. 515 f.:29 f. Siehe dazu auch Scott, *Thomas Müntzer.*
*Theology and Revolution*, S. 166–169.

17  Spangenberg, Mansfeldische Chronica Buch 4, Teil 1, S. 47.

18  Scott, *Thomas Müntzer*, S. 151 f.

19  WS 18, S. 281.

20  Ebd., S. 344.

21  WB 3, Nr. 877, 30. Mai 1525. U. a. schreibt er an Rühel: »(...) wie hohe Zeit ists,
daß sie erwürget werden, wie die tollen Hunde«, ebd., S. 516:37.

22  Alle Zitate aus *Wider die räuberischen und mörderischen Rotten der Bauern*, WS 18,
S. 344–361; »rasende Hunde«, »eitel Teufelswerk«, »Erzteufel«, S. 357:9–14; »Darum soll hier«, ebd., S. 358:14–18.

23  WB 3, Nr. 877, 30. Mai 1525; ebd., Nr. 878, 30. Mai 1525, S. 517:2; ebd., Nr. 890,
15. Juni 1525 (an Rühel, Johannes Thür und Caspar Müller); ebd., Nr. 896, 20. Juni
1525. Bezeichnend ist, dass man in der gesamten Gedenkkultur zu Luther versucht,
sich an Luthers ursprüngliche Haltung zu klammern, dass die Verfehlungen auf
beiden Seiten lägen, sowohl bei den Herren als auch bei den Bauern. Siehe z. B.
Spangenberg, *Mansfeldische Chronica*, S. 419.

24  Vermutlich beschloss Luther, diesen Brief an Müller als *Ein Sendbrief von dem harten Büchlein wider die Bauern*, WS 18, S. 384–401, zu veröffentlichen, nachdem er
bei seiner Hochzeit am 27. Juni mit seinen Mansfelder Freunden gesprochen hatte:
WB 3, Nr. 902, erste Hälfte Juli 1525 u. WS 18, S. 392:22–25.

25  Scott, *Thomas Müntzer. Theology and Revolution*, S. 175.

26  WB 3, Nr. 874, Anm. 10. Luther setzte sich für Meinhard ein, was diesem wahrscheinlich das Leben rettete. Meinhard gab ihm als Pfand seiner Dankbarkeit einen
Silberbecher.

27  Müntzer, *Briefwechsel*, Nr. 152, S. 491–506, siehe auch hier Anm. 15 u. 16.

28  Müntzer, nicht Luther, wurde zum großen Protagonisten der marxistischen Reformationsgeschichte, beginnend mit Friedrich Engels. Zu Luthers 500. Geburtstag
1983 besann sich auch die ostdeutsche Wissenschaft darauf, die Reformation als
ein religiöses Ereignis zu interpretieren und sie durch Luthers Augen zu betrachten, zum Teil auch, weil sie die Feierlichkeiten zu Luther – dessen Reformation im
ostdeutschen Sachsen stattgefunden hatte – nicht allein der BRD überlassen
wollte.

29 Müntzer, *Briefwechsel*, Nr. 47, 29. März 1522 (Müntzer an Melanchthon, im Original auf Latein geschrieben, übers. v. Wilfried Millitzsch u. Max Steinmetz), S. 127–139, Zitat S. 133. Der Brief wurde von Johannes Agricola 1525 als Teil einer Polemik gegen Müntzer veröffentlicht.

30 Müntzer, *Briefwechsel*, S. 505, Anm. 1: Ottilie von Gersen war eine ehemalige Nonne und stammte wahrscheinlich aus dem Adelsgeschlecht von Görschen aus der Gegend bei Merseburg. Es ist nicht bekannt, welches Frauenkloster sie verlassen hat.

31 »Wenn Ihr ein Bruder seid«, Karlstadt, *Endschuldigung D. Andrea Carlstadt des falschen namens der auffrür, so yhm ist mit vnrecht auffgelegt*, fol. B i(v). »Die geistlichen Herren«, ebd., B ii(r) u. Furcha (Hrsg. u. Übers.), *The Essential Carlstadt*, S. 383. – Die *Endschuldigung D. Andrea Carlstadt des falschen namens der auffrür, so yhm ist mit vnrecht auffgelegt. Mit eyner vorrhede Doct.Martini Luthers*, so der vollständige Titel, erschien als Flugschrift wahrscheinlich im Juli, es gab auch einen Augsburger Druck davon. Siehe Zorzin, *Karlstadt als Flugschriftenautor*, S. 104. Darin schreibt er weiter: »dass auch ich unter den Bauern gewesen bin wie ein Hase unter den Rüden« (ebd.). Er gibt mehrere Beispiele dafür, was ihm die Bauern androhten, doch er gibt auch zu: »Dass ich bei Bauern Herberge gefunden, gegessen und getrunken habe, eine Zeit mit ihnen war, die Unbilligkeit habe loben helfen oder die Sünde zu viel und zu sehr gestraft, das kann ich nicht verleugnen. Ich musste essen und trinken und war nicht schuldig, wenn ich mein Leben, meines Weibs und meines Kindes Leben in Gefahr brachte. Ich wäre immer ein Narr gewesen, wenn ich mich gegen die Bauern aufgelehnt hätte, von welchen ich eines Wortes wegen in Stücke gehackt worden wäre.« (Ebd.)

32 Karlstadt, *Endschuldigung D. Andrea Carlstadt*, fol. B i(v) u. Furcha (Hrsg. u. Über.), *The Essential Carlstadt*, S. 386.

33 WB 3, Nr. 889, 12. Juni 1525, S. 529:2 f. Das Original war wahrscheinlich auf Latein verfasst und wurde durch Spalatin übersetzt.

34 Karlstadt, *Endschuldigung D. Andrea Carlstadt*. Im September verfasste er die Schrift *Erklärung wie Karlstadt seine Lehre vom hochwürdigen Sakrament und andere geachtet haben will*, die in Wittenberg erschien und viermal, in Nürnberg, Erfurt und Straßburg, nachgedruckt wurde, während Simprecht Ruff in Augsburg eine Ausgabe druckte, in der beide Schriften Karlstadts zusammen veröffentlicht wurden. Eine spätere Ausgabe davon enthält ein langes Vorwort, in dem sowohl auf Luthers als auch auf Karlstadts Ansichten eingegangen wird. Diese Ausgabe wurde von Capito nachgedruckt unter dem Titel *Frohlockung eines christlichen Bruders von wegen der Vereinigung [die sich] zwischen D. M. Luther und D. Andres Carolstat begeben [hat]*. Der Titel verrät, wie sehr die Feindschaft zwischen den beiden Männern ihre Zeitgenossen beschäftigte. Zorzin, *Karlstadt als Flugschriftenautor*, S. 104; siehe auch Kaufmann, »Zwei unerkannte Schriften«.

35  WS 18, S. 431–445, Zitat S. 436:18–20. Luther verfasste auch ein Vorwort zu Karlstadts *Erklärung*, ebd., S. 446–466.

36  WS 18 S. 436:6 u. S. 437:18.

37  WS 18, S. 446–466: *Erklärung wie Karlstadt seine Lehre von dem hochwürdigen Sakrament und andere achtet und geachtet haben will.*

38  Walch 21.1, Nr. 905, vor dem 12. Sept. 1525, Sp. 777 f.; WB 3, Nr. 915, Anfang Sept. 1525, S. 566 f. Spalatin hat den auf Latein verfassten Brief für den Kurfürsten übersetzt.

39  WB 3, Nr. 920, 12. Sept. 1525, sowie die »Nachgeschichte«, ebd., S. 574:39 u. S. 574:35.

40  Karlstadt, *Anzeyg etlicher Hauptartickeln Christlicher leere.*

41  WB 3, Nr. 874, 23. Mai 1525. Luther erläuterte, es seien Steine in Friedrichs Lunge und drei Steine in seiner Gallenblase gefunden worden, die so dick wie ein kleiner Finger waren und die Größe eines Pfennigs hatten. Obwohl er an Steinen gestorben sei, habe man keinen in der Blase gefunden. Dem medizinischen Bericht zufolge hatte man jedoch Steine in der Harnröhre gefunden. Erstaunlicherweise hatte man eine Autopsie und Sektion durchgeführt. Siehe dazu Neudecker / Preller (Hrsg.), *Georg Spalatins historischer Nachlass*, S. 68 f.

42  WB 3, Nr. 803, 12. Dez. 1524.

43  Neudecker / Preller (Hrsg.), *Georg Spalatins Nachlass*, S. 66–68. Die Abkürzung steht für »Eure kurfürstlichen Gnaden«.

44  WB 3, Nr. 860, 4. oder 5. Mai 1525: Graf Albrechts Männer brannten das Dorf Osterhausen nieder. Das Begräbnis des Kurfürsten warf Fragen danach auf, welche Zeremonien in der reformierten Kirche Anwendung finden sollten. Luther und Melanchthon ordneten an, dass keine Vigilen gesungen werden sollten, die Messe sollte von keinem Bischof oder großen Prälaten gelesen werden, Priester und Altar nicht ganz in Schwarz gekleidet sein. Als »ridiculum« und folglich unerwünscht bezeichneten sie das Führen von Hengsten um den Altar, die Opferung eines Schildes und das Zerbrechen eines Spießes. Siehe auch Walch 16, Nr. 796, Sp. 178 f.

## Hochzeit und Sinnesfreuden

1  Zu Luthers apokalyptischer Sprache und Sicht siehe Soergel, *Miracles and the Protestant Imagination*, S. 33–66.

2  WB 9, Nr. 3699, 6. Jan. 1542, Beilage IV, *Luthers Hausrechnung*, S. 581: Darin hielt Luther schriftlich fest, was mit den Gütern des Klosters geschah, Kirchenschmuck und Ornate eingeschlossen, die er für 50 Gulden verkaufte, um davon die Nonnen und Mönche einzukleiden. Spalatin sollte bei Hof und sogar beim Kurfürsten selbst um Beiträge dafür bitten, Luther versprach, über alle kurfürstlichen

Beiträge Stillschweigen zu wahren, WB 3, Nr. 600, 10. April 1523 und ebd., Nr. 609, 22. April 1523.

3 So die Legende – tatsächlich könnte er ihnen auch lediglich in dem Wagen, mit dem er das Kloster mit Fisch belieferte, zur Flucht verholfen haben, siehe Treu, *Katharina von Bora*, S. 16. Treu stellt die überzeugende These auf, dass sie bei den Cranachs lebte, bevor sie Luther heiratete.

4 WS 11, S. 387–400, gedruckt als Flugschrift mit dem Titel *Ursach und Antwort, dass Jungfrauen Klöster göttlich verlassen mögen*. Es erschienen auch mehrere Versionen in Niederdeutsch. Luther betonte in seiner Schrift vor allem die sexuelle Dimension des Klostergelübdes: Junge, unerfahrene Frauen wurden zum Eintritt ins Kloster gezwungen, wo sie sich mit dem Problem der Keuschheit herumschlagen mussten: »Denn eine Frau ist nicht dazu geschaffen, Jungfrau zu bleiben, sondern Kinder zu bekommen« (ebd., S. 398:4). Am Ende der Schrift nennt Luther die Namen aller Frauen, die aus dem Kloster entkommen waren, angefangen bei Staupitz' Schwester – was für Staupitz ziemlich beschämend gewesen sein dürfte. Siehe dazu auch Posset, *The Front-runner of the Catholic Reformation*, S. 341. 1524 veröffentlichte Luther den Bericht einer lutherischen Nonne aus Mansfeld zusammen mit einem von ihm als Brief verfassten Vorwort: WS 15, S. 79–94. Sie schreibt, sie sei eingesperrt worden, weil sie an Luther geschrieben hatte, und in der Haft habe man sie gezwungen, bei den Mahlzeiten auf dem Boden zu sitzen und einen Strohkranz auf dem Kopf zu tragen, was ein Zeichen für den Verlust der Jungfräulichkeit und daher sehr beschämend war. 1525 wurde Luther abermals aktiv, indem er eine Gruppe von Nonnen aus Seußlitz in Sachsen aufnahm, und in einem weiteren Fall wandte er sich an Koppe, um Nonnen zur Flucht zu verhelfen, wahrscheinlich aus Grimma; WB 3, Nr. 894, 17. Juni 1525.

5 WB 3, Nr. 766, 6. Aug. 1524, S. 327:21–24.

6 Walch 21.2, Nr. 422, Sp. 359, im Orig.: »At mihi non obtrudent vxorem«, WB 2, Nr. 426, 6. Aug. 1521, S. 377:4 f. Für wie unwahrscheinlich Luther es hielt, dass er je heiraten werde, daran erinnerte er sich noch 1532 bei einem Tischgespräch: Wenn ihm jemand beim Reichstag zu Worms gesagt hätte, dass er fünf Jahre später ein Ehemann mit Frau und Kind sein würde, hätte er ihn ausgelacht, WT 3, Nr. 3177.

7 StadtA Witt, Kämmereirechnungen 1524, 144: Der Rat zahlte die Rechnung für »Rock, hosen vnd Wammes' aus 6 Ellen Barchent«.

8 Walch 21.1, Nr. 846, 16. April 1525, Sp. 737 f., im Orig.: »caeterum quod de meo coniugio scribis, nolo hoc mireris, me non ducere, qui sic famosus sum amator. Hoc magis mirum, quod, qui toties de coniugio scribe & sic misceor feminis, quod non iamdudum femina factus sum, vt taceam, quod non duxerim aliquam. Quamquam si exemplum meum petis, habes ecce potentissimum. Nam tres simul uxores

habui, & tam fortiter amaui, vt duas amiserim, quae alios sponsos accaepturae sint. Tertiam vix sinistro brachio teneo, & ipsam mox forte mihi praeripiendam. Tu vero segnis ille amator, ne vnius quidem audes maritus fieri. Quamquam vide, ne fiat, vt ego alienissimo animo a coniugio anteuortam aliquando vos praesentissimos sponsos«, WB 3, Nr. 857, 16. April 1525, S. 475: 14–23. Eine Frau zur linken Hand war eine Frau in morganatischer Ehe, eine nicht standesgemäße Verbindung, bei der die Kinder nicht den sozialen Stand des Vaters erbten. Auch der männliche Ehepartner konnte in der morganatischen Ehe von niederem Stand sein, wie es bei Luther und Katharina von Bora der Fall war. Es war kein besonders feinfühliger Witz. Ursprünglich war für Katharina 1524 eine Verheiratung mit dem aus einer bedeutenden Nürnberger Patrizierfamilie stammenden Hieronymus Baumgartner vorgesehen. Da dessen Familie vermutlich einer Ehe mit einer ehemaligen Nonne nicht zustimmte, war die Verbindung nicht zustande gekommen (Baumgartner wartete, bis Katharina verheiratet war, bevor er eine andere heiratete, siehe Stjerna, *Women and the Reformation*, S. 55). Knapp drei Wochen nach diesem Brief informierte Luther Johann Rühel, er habe die Absicht, »meine Käthe« zu heiraten, WB 3, Nr. 860, 4. oder 5. Mai 1525, S. 482: 81.

9  »Aber du träger Liebhaber ...« u. »Doch siehe zu ...«, Walch 21.1., Nr. 846, 16. April 1525, Sp. 738, im Orig.: »Tu vero seguis ille amator, ne vuius quidem audes maritus fieri. Quamquam vide, ne fiat, vt ego alienissimo animo a coniugio antenortam aliquando vos praesentissimos sponsos«, WB 3, Nr. 857, 16. April 1525, S. 475. Die Eheschließung fand in Gegenwart von Bugenhagen, Cranach und Johannes Apel statt. Siehe *Melanchthons Briefwechsel – Regesten on line*, Nr. 408, 16. Juni 1525.

10  WB 3, Nr. 886, 10. Juni 1525, S. 525 f.:14.

11  WB 3, Nr. 860, 4. (5.?) Mai 1525, S. 481:64–66.

12  Glatz' Bereitschaft, den vergifteten Becher des Pfarrpostens in Orlamünde anzunehmen, war vielleicht nicht ganz selbstlos. In seinen Briefen entpuppt er sich zumindest als Klatschbase: Er reichte jedes garstige Gerücht über Karlstadt an Luther weiter und verließ sich darauf, dass Luther eingriff und die Dinge klärte.

13  Walch 15, Anh. Nr. 127, 21. Juni 1525, Sp. 2640, im Orig.: »Ego enim nec amo nec aestuo, sed diligo uxorem«, WB 3, Nr. 900, 21. Juni 1525, S. 541:14. Dieser Brief wird häufig als ein Beweis zitiert, dass Luther Katharina anfangs nicht ›liebte‹. Entscheidend ist jedoch, dass der Brief an Amsdorf gerichtet war, den anderen Mann, den zu heiraten Katharina sich bereit erklärt hatte, nachdem die Verbindung mit Hieronymus Baumgartner nicht zustande gekommen war. Amsdorf blieb Junggeselle, möglicherweise hat Luther seine Gefühle so ausgedrückt, damit sie seinen Freund nicht irritierten. Bezeichnend ist auch, dass Luther nichts davon in seinem vorausgegangenen Brief vom 12. Juni hatte verlauten lassen und nun vermutete,

seinen Freund habe das Gerücht bereits erreicht. Als Luther 1537 meinte, er liege im Sterben, empfahl er seiner Frau, sich in Amsdorfs Obhut zu begeben; WT 3, Nr. 3523 A.

14 Walch 15, Anh. Nr. 127, 21. Juni 1525, Sp. 2639, im Orig.: »spe prolis«, WB 3, Nr. 900, 21. Juni 1525, S. 541:6; siehe auch WB 3, Nr. 890, 15. Juni 1525. Wie wir wissen, hatte er Wenzeslaus Linck, Georg Spalatin, Amsdorf, Hans von Dolzig, den sächsischen Marschall Gabriel Zwilling (der während Luthers Abwesenheit von Wittenberg so radikale Predigten hielt und dem man vergeben hatte), seine Eltern, Leonhard Koppe (der die Nonnen nach Wittenberg gebracht hatte) sowie Rühel, Thuer und Müller aus der Mansfelder Verwaltung eingeladen. Er zögerte, ob er die Grafen von Mansfeld, Gebhard und Albrecht, einladen sollte, und holte sich Rat bei den Mansfelder Hofbeamten. Die Einladung an die Mansfelder machte durch den Gebrauch der Vergangenheitsform deutlich, dass die Eheschließung bereits erfolgt war und die Ehegatten miteinander geschlafen hatten (»mit Eile beigelegen«). Zur Frage der Männlichkeit in jener Epoche siehe Hendrix / Karant-Nunn (Hrsg.), *Masculinity in the Reformation Era*, sowie Puff, *Sodomy in Reformation*.

15 Jonas heiratete die aus einer Wittenberger Familie stammende Katharina Falk, siehe dazu Kawerau (Hrsg.), *Der Briefwechsel des Justus Jonas*, Bd. 2, S. XVII.

16 Reindell (Hrsg.), *Doktor Wenzeslaus Linck*, S. 190.

17 Walch 12.1, Nr. 723, 1. April 1524, Sp. 606, im Orig.: »supra amorem mulierum«, WB 3, Nr. 726, 1. April 1524, S. 263:8 f. Staupitz zitiert damit Samuel 1,26.

18 So gerne er auch früher geheiratet hätte, Spalatin musste warten, bis der Kurfürst starb. Dessen Tod könnte auch für Luther die Situation erleichtert haben. Die Heirat von Kirchenmännern war in Sachsen noch nicht wirklich legal.

19 Walch 15, Anh. Nr. 79, 26. Mai 1521, Sp. 2547, im Orig.: »metuo, ne expellatur, atque tunc duplo egeat ventre, et quotquot inde ventres processerint«, WB 2, 26. Mai 1521, S. 349:85 f.

20 Siehe: Jesse, *Leben und Wirken des Philipp Melanchthon*, S. 47. Im selben, auf Griechisch verfassten Brief vom 16. Juni 1525 an Camerarius (in: *Melanchthons Briefwechsel – Regesten online*, Nr. 408) wies Melanchthon das Gerücht zurück, Katharina habe vor der Heirat ihre Unschuld verloren; er unterstützte allgemein die Auffassung, dass eine Ehe das richtige Mittel gegen Lüsternheit sei. Zudem äußerte er die Erwartung, dass die Ehe Luther besänftigen werde.

21 WB 3, Nr. 888, 3. Juni 1525, S. 522:12 f. und ebd., S. 522:17 f. Die ungewöhnliche Energie und Munterkeit seines Briefs an Spalatin vom 10. Juni 1525, in dem er vom Aufschub bei der Eheschließung abrät, legt nahe, dass das Paar den Beischlaf zu diesem Zeitpunkt vollzogen hatte.

22 WB 3, Nr. 894, 17. Juni 1525, S. 536:6 f. und S. 536:9 f.

23 »Dominae meae«, WB 3, Nr. 896, 20. Juni 1525, S. 537:12.

24 Zit. n. Roper, *Das fromme Haus*, S. 127. Schuhe waren symbolisch eng mit Sex verknüpft – eine Jungfrau, die ihre Unschuld verloren hatte, konnte von ihrem Verführer ein Paar Schuhe verlangen. Bei der Hochzeit von Cranachs Tochter konnte sich Luther einen kleinen Scherz nicht verkneifen und sagte zum Bräutigam: »Er solle es bei dem gemeinen Lauf und Gebrauch lassen und Herr im Hause sein, wenn die Frau nicht daheim ist« – und zog ihm zum Zeichen einen Schuh aus »und legt ihn aufs Himmelbett, damit er die Herrschaft und das Regiment behalte«(WT 3, S. 593:22). Siehe dazu Karant-Nunn, »The Masculinity of Martin Luther«, in: Hendrix/Karant-Nunn (Hrsg.), *Masculinity in the Reformation Era*, S. 179.

25 WT 1, Nr. 814, S. 394:14 f.

26 Schulz, »Spalatin als Pfarrer und Superintendent in Altenburg«, in: Kohnle/Meckelborg/Schirmer (Hrsg.), *Georg Spalatin*, S. 70 f. Seine Frau, die Tochter eines Bürgers aus Altenburg, hieß ebenfalls Katharina. Das streng katholische Altenburger Domkapitel setzte alle Hebel in Bewegung, um die Eheschließung zu verhindern, siehe Schmalz, *Georg Spalatin und sein Wirken*, S. 17 u. S. 22 f.

27 Walch 21.1, Nr. 935, 6. Dez. 1525, Sp. 814 f., im Orig.: »mox ea nocte simili opera meam amabo in tui memoriam & tibi par pari referam«, WB 3, Nr. 952, 6. Dez. 1525, S. 635:26–28.

28 Spalatin plante, die Hochzeit im Schloss zu feiern, und hätte dort Luther und Dr. Brück an den Tisch des Kurfürsten gesetzt, Staatsarchiv Weimar, EGA Reg O 57, fol. 11. Zum Spott über Spalatins kinderlose Ehe siehe Cochläus, »Ein heimlich Gespräch von der Tragedia Johannis Hussen«, in: Holstein (Hrsg.), *Flugschriften*.

29 »Ipsa servivit mihi non solum ut uxor, sed etiam ut famula«, WB 8, Nr. 3141, Überleitung, S. 55:7 f. Es scheint unter Kirchenmännern üblich gewesen zu sein, dass ihre Ehefrauen sie als »Herr Doctor« ansprachen und im Gespräch die Höflichkeitsform verwandten, siehe z. B. WB 10, Nr. 3829, 26. Dez. 1542, Einleitung, die letzten Worte von Justus Jonas' Frau; siehe auch Johann Vogelsang (Cochläus), »Ein Heimlich Gespräch«, in: Holstein (Hrsg.), *Flugschriften*, wo die Frauen ihre Ehemänner und sich untereinander mit der Position des Ehemanns ansprechen als Frau Probst, Frau Bischof usw.

30 Mit Sicherheit drang er in die Sphäre des weiblichen Wissens ein und zeigte bald, was er über die Schwangerschaft wusste, als er in einem Brief auf die Sorge seines Kollegen Brisger in Altenburg einging, weil das Kind, mit dem dessen Frau schwanger war, sich nicht bewegte: Wie sich später herausstellte, war es eine Totgeburt, WB 4, Nr. 980, 12. Febr. 1526 (an Brisger in Altenburg); ebd., Nr. 1019, 17. Juni 1526.

31 Walch 21.1, Nr. 894, 22. Juli 1525, Sp. 768, in WB 3, Nr. 906, 22. Juli 1525, S. 548:10–12 heißt es am Ende: »scilicet mortuus mundo«. Kurze Zeit darauf bestellte er in Torgau ein neues Bett, das eine Sonderanfertigung nach von ihm festgelegten Maßen war, WB 4, Nr. 961, 2. Jan. 1526.

32 »Primus annus coniugii macht eim seltzame gedancken. Sedens enin in mensa cogitat: Ante solus eram, nu bin ich selbs ander; in lecto expergiscens sihet er ein par zopffe neben yhm liegen, quas prius non vidit«, WT 3, Nr. 3178 a, S. 211.

33 WT 2, Nr. 1472, S. 107.

34 Im Original heißt es: »Ob sie aber auch müde und tzu letzt todt tragen, das schadt nicht, laß nur tod tragen, sie sind drumb da«, WS 10.2, *Vom ehelichen Leben* (1522), S. 301:43 f.

35 Über die geschlechtsspezifische Arbeitsteilung im Akademikerhaushalt siehe Algazi, »Habitus, familis und forma vitae. Die Lebensweisen mittelalterlicher Gelehrter«, in: Rexroth (Hrsg.), *Beiträge zur Kulturgeschichte*, und Ross, *Daum's Boys*.

36 Luther idealisierte die Ehe nicht und sprach davon, wie schwierig es für Männer sei, treu zu bleiben, wie häufig es zu Streit kommen konnte und wie viel Arbeit eine Ehe machte, z. B. in WT 3, Nr. 3508, 3509 u. 3510. Zu Katharina von Bora siehe Stjerna, *Women and the Reformation*; Smith, »Katherina von Bora through five centuries«, in: *Sixteenth Century Journal* 30/3 (1999), S. 745–774; Treu, *Katharina von Bora*; Kuen, *Lucifer Wittenbergensis*; Mayer, *Des unsterblichen Gottes-Gelehrten Herrn D. Johann Friedrich Mayers*; Walch, *Wahrhaftige Geschichte der seligen Frau Catharina von Bora*. Einen hilfreichen Überblick zu Luthers Hauptschriften über die Ehe gibt Strohl, »Luther's new view on marriage, sexuality and family«, in: *Lutherjahrbuch* 76 (2009), S. 159–192.

37 WB 4, Nr. 1305 und *Beilage*, 10. Aug. 1528. Weiter heißt es dort, Katharina solle in ihr Kloster zurückkehren wie eine rechte Magdalena, und nicht einmal die Kinder sollten sie davon abhalten, da ihre Ehe nicht bindend sei, da sie nicht in Gottes, sondern in des Teufels Namen vereint worden seien.

38 WS 6, *Neue Zeitung von Leipzig*, S. 550:31; siehe auch ebd., S. 540:16–19. Luther fügt ihr ein Akrostichon bei auf die »asini«, die Esel, und einen Holzschnitt, der einen Affenkönig zeigt. Schließlich hängte er eine Fabel im Stil Äsops an, eines seiner Lieblingsautoren, in der ein Esel den König der Löwen überlistet. Die Fabel stellt die Ordnung der Welt auf den Kopf, da der Esel, nicht der König, die Krone erlangt, genau wie Christus die Weisheit des Weisen umkehrt. So funkelnd die Eröffnung ist, der weitere Text des Pamphlets ist eher eine Fingerübung.

39 Johann Hasenberg, *Lvdvs lvdentem lvdervm lvdens*, 1530 [VD 16 H 714].

40 Das Schauspiel wurde veröffentlicht unter dem Pseudonym Johann Vogelsang, »*Ein Heimlich Gespräch von der Tragedia Johannis Hussen*«, in: Holstein (Hrsg.), *Flugschriften*. Zum Stück siehe Haberkern, »After Me There Will Come Braver Men«, in: *German History* 27/2 (2009), S. 177–195, dem ich den ersten Hinweis darauf verdanke.

41 Scharfsinnig wie immer hatte Erasmus erkannt, dass Karlstadts Position zum Willen nicht dieselbe war wie Luthers, und dass Luther die Auffassung vertrat, »daß

allein die Gnade ein gutes Werk an uns tun könne – nicht vermittels des freien Willens, auch nicht in Gemeinschaft mit dem freien Willen, sondern am freien Willen«, Erasmus, *Vom freien Willen*, S. 33.

42 Walch 18, Anh. Nr. 6, 28. Mai 1522, Sp. 1980 f., im Orig.: »Non est Erasmus in hac re formidabilis, sicut neque in summa ferme tota rerum Christianarum ... Ego novi, quid sit in hoc homine, quandoquidem et Satanae cogitationes noverimus«, W B 2, Nr. 499, 28. Mai 1522, S. 544: 11 f.; S. 545: 26–28. Wer der Adressat des Briefes war, ist nicht ganz sicher, möglicherweise der Leipziger Professor Caspar Börner, doch bestimmt ein Universitätsgelehrter in Leipzig. Auch früher hatte sich Luther schon kritisch über Erasmus geäußert, z. B. W B 1, Nr. 27, 19. Okt. 1516. Noch negativer äußerte er sich über Erasmus in einem Brief vom 1. März 1517 an Lang, wobei er die Bitte anschloss, seine Meinung geheim zu halten. Ebenso in einem Brief an Spalatin vom 18. Jan. 1518. 1522 war er schließlich bereit, seine Ablehnung nicht nur gegenüber Erasmus' Theologie offen zu äußern, sondern auch gegenüber allen, die »Erasmus' Lehre nachfolgen« wie Mosellanus (auf der den o. g. Brief zielte).

43 W B 4, Nr. 1028, 5. u. 10. Juli 1526 (Gerbel an Luther).

44 In einem Brief an Spalatin, W B 4, Nr. 989, 27. März 1526, S. 42: 28, nannte er ihn »vipera illa«. Als »vipera« bezeichnete er ihn auch in Brief Nr. 1002, 23. April 1526 (an Kurfürst Johann), ebd., S. 62: 8. Einen »Aal« nannte er ihn 1525 in *De servo arbitrio* (dt. *Vom unfreien Willen*), W S 18, S. 716, sowie in den *Tischgesprächen* von 1531, wo er Erasmus erneut mit einem Aal verglich: »Erasmus est anguilla. Niemand kann yhn ergreiffen denn Christus allein«, W T 1, Nr. 131, S. 55.

45 Walch 18, *Daß der freie Wille nichts sei*, Sp. 1742. Die erste Übersetzung ins Deutsche stammte von niemand anderem als Justus Jonas und erschien unter dem Titel *Das der freie wille nichts sey*, Wittenberg 1526 [VD 16 L 6674]. Er widmete seine Übersetzung Graf Albrecht von Mansfeld, dem Herrscher über das Gebiet, in dem Luther aufwuchs. In seiner Einleitung bezeichnete er Erasmus als »unseren lieben Freund«, der »ansonsten ein teurer, hochgestellter Mann« sei, dessen Schriften über den freien Willen allerdings »ärgerlich und gegen das Evangelium« seien, fol. A i(v).

46 Walch 18, *Daß der freie Wille nichts sei*, Sp. 1961 f., im Orig.: »Ego sane de me confiteor, Si qua fieri posset, nollem mihi dari liberum arbitrium, aut quippiam in manu mea relinqui, quo ad salutem conari possem, non solum ideo, quod in tot adversitatibus et periculis, Deinde tot impugnantibus daemonibus subsistere et retinere illud non valerem, cum unus daemon potentior sit omnibus hominibus neque ullus hominum salvaretur, Sed, quod etiam si nulla pericula, nullae adversitates, nulli daemones essent, cogerer tamen perpetuo in incertum laborare et aerem pugnis verberare; neque enim conscientia mea, si in aeternum viverem et operarer, unquam certa et secura fieret, quantum facere deberet, quo satis Deo fieret. Quocunque enim opere perfecto reliquus esset scrupulus, an id Deo placeret, vel an ali-

quid ultra requireret, sicut probat experientia omnium iustitiariorum et ego meo magno malo tot annis satis didici.« (WS 18, S. 783: 17–28)

47 Ebd., Sp. 1962, im Orig.: »At nunc cum Deus salutem meam extra meum arbitrium tollens in suum receperit, et non meo opere aut cursu, sed sua gratia et misericordia promiserit me servare, securus et certus sum, quod ille fidelis sit et mihi non mentietur, tum potens et magnus, ut nulli daemones, nullae adversitates eum frangere aut me illi rapere poterunt.« (WS 18, S. 783: 31–33)

48 Walch 21.1, Nr. 1134, 19. Okt. 1527, Sp. 1024; WB 4, Nr. 1160, 19. Okt. 1527, S. 269: 6 f.

49 WT 4, Nr. 5069. Camerarius soll bei Katharina darauf gedrängt haben, und um ihr zu gefallen, habe er zur Feder gegriffen, erzählte Luther im Juni 1540 die Geschichte, als er bei Tisch das Buch hervorholte.

50 Richard Marius zum Beispiel schrieb, Luther sei »beleidigend, heftig, auf monströse Weise unfair und völlig kompromisslos« gewesen in seiner Antwort auf einen Mann, der »freundlich« auf ihn zugegangen sei, siehe Marius, *Martin Luther. The Christian between God and Death*, S. 456.

51 WB 4, Nr. 989, S. 43, Anm. 10. Erasmus antwortete auf einen verlorengegangenen Brief Luthers, in dem dieser sich für den Ton seines Angriffs entschuldigte; WB 4, Nr. 992, 11. April 1526. Der zweite Teil von Erasmus' Abhandlung wurde 1527 gedruckt.

52 Walch 18, *Daß der freie Wille nichts sei*, Sp. 1734, im Orig.: »Quo facile intelligimus, nec ex animo te ista nobis consuluisse, nec quicquam serio te scribere, sed inanibus bullis verborum tuorum confidis te orbem posse duci quocunque vis. Et tamen nusquam ducis, cum nihil prorsus dicas nisi meras contradictiones per omnia et ubique, ut rectissime dixerit, qui te ipsissimum Protheon aut Vertumnum appellavit.« (WS 18, S. 648: 13–18)

53 Walch 18, *Daß der freie Wille nichts sei*, Sp. 1798; »Rideat me quispiam tam crasse disputantem ac velut analphabetis pueris praemansum tantis viris porrigentem ac syllabas nectendas docentem. Quid faciam? cum in tam clara luce videam quaeri tenebras ac studio velle eos caecos esse, qui tot soeculorum seriem nobis numerant, tot ingenia, tot sanctos, tot martyres, tot doctores, tantaque authoritate hunc locum Mosi iactant, nec dignentur tamen syllabas inspicere aut cogitationibus suis tantum imperare, ut locum semel considerent, quem iactant.« (WS 18, S. 687: 27–34)

54 »Vipera«, WB 4, Nr. 1002, 23. April 1526 (an den Kurfürsten Friedrich), S. 62: 7; »dass wohl ein größerer Richter dazu gehört als ein Fürst«, ebd., S. 62: 13–14. Erasmus' Brief an Luther in: WB 4, Nr. 992, 11. April 1526.

55 Nur gelegentlich konnten die Akzidentien sich ebenfalls verwandeln. Es gab zum Beispiel wundertätige Hostien, die tatsächlich bluteten wie echtes Fleisch, und es

gab viele populäre Pilgerfahrten zu wundertätigen Hostien, so in das nahe gelegene Wilsnack, wo sich Pilger versammelten, um Zeuge des Beweises zu werden, dass das Messwunder wirklich stattfand.

56 Barge, *Karlstadt*, Bd. 2, S. 100. Es ist nicht bekannt, welche Reformen er im Einzelnen einführte, doch es ist wahrscheinlich, dass er den Gottesdienst in deutscher Sprache hielt und die Elevation abschaffte. Kaspar Glatz behauptete gegenüber Spalatin, Karlstadt habe auch die Kindstaufe abgeschafft, siehe dazu Burnett, *Karlstadt and the Origins*, S. 58–60.

57 Wie sich Karlstadts Verständnis von der Eucharistie entwickelt hat, beschreibt Burnett, *Karlstadt and the Origins*, S. 54–74, basierend auf Karlstadts Schrift *Auslegung dieser wort Christi. Das ist meyn leyb welcher für euch gegeben würt. Das ist mein bluoth welches für euch vergossen würt*, Basel 1524 [VD 16 B 6111]. Von Burnett stammt die Übersetzung des o. g. Textes, auf die ich mich hier beziehe: Burnett (Hrsg. u. Übers.), *The Eucharistic Pamphlets*.

58 Furcha (Hrsg. u. Übers.), *The Essential Carlstadt*, S. 139; Karlstadt, *Was gesagt ist*, fol. B(r).

59 Andreas Bodenstein von Karlstadt, *Uon manigfeltigkeit des eynfeltigen eynigen willen gottes. was sundt sey*, Köln 1523 [VD 16 B 6251], fol. C iii(r); D I(v) – D ii(r); Furcha (Hrsg. u. Übers.), *The Essential Carlstadt*, S. 198 u. S. 201. Manchmal verweist er auf die »Gelassenheit« unter Eheleuten als Beispiel dafür, wie wir uns unseres eigenen Willens entäußern können, doch er sagt auch, dass es leichter sei, sich an eine Frau zu halten als an den Schöpfer: »Es fällt unserer Natur viel leichter, einer geschaffenen Ehefrau anzuhängen, als dass sie [unsere Natur] ihrem Schöpfer anhängt. (…) Aber wir sollten in Gelassenheit die Eheleute lehren, dass wir uns aller Dinge um Gottes willen entschlagen und ihm nacheifern sollten«, Karlstadt, *Was gesagt ist*, fol. A iii(v).

60 Zum Beispiel WB 3, Nr. 787, 30. Okt. 1524, wo Luther schreibt, er habe gehört, Karlstadt habe nicht nur den männlichen Gemeindemitgliedern geschrieben, sondern sich in einem separaten Schreiben ausdrücklich an die Frauen in der Gemeinde gewandt, um sie von seiner Vertreibung zu informieren.

61 Karlstadt, *Was gesagt ist*, fol. E(v).

62 Karlstadt, *Anzeyg etlicher Hauptartickeln Christlicher Leere*, fol. E iv(v).

63 Ebd., fols. E iii(r–v) u. E iii(v).

64 Anscheinend hatte Luther anfangs nicht erkannt, wie verschieden Karlstadts Standpunkt in der Frage der Eucharistie von seinem war, und geglaubt, es ginge hauptsächlich um Äußerlichkeiten. Als er den ersten Teil von *Wider die himmlischen Propheten* verfasste, wo er die Position der Sakramentalisten zurückwies, die die wirkliche Gegenwart Gottes in der Eucharistie abstritten, kannte Luther noch nicht alle Schriften Karlstadts, und als Straßburger Priester ihm einen Teil der

inzwischen entstandenen Schriften zusandten, nahm er den auf Deutsch verfassten Dialog ins Visier und zielte damit auf eine breite Öffentlichkeit. Siehe dazu Burnett, *Karlstadt and the Origins*, S. 71.

65 Karlstadt selbst praktizierte die von ihm vertretene scharfe Trennung nicht: Er war unter den Ersten, die dafür eingetreten waren, dass es Mönchen und Nonnen möglich sein sollte, ihr Gelübde zu brechen, und er hatte mit Anna von Mochau mindestens fünf Kinder.

66 Matheson (Hrsg. u. Übers.), *The collected works of Thomas Müntzer*, S. 459 f., und ebd., Anm. 1.

67 Siehe Reinholdt, *Ein Leib in Christo werden*, S. 79, »Christierung«: ebd., Anm. 130; Roper, »Sexualutopien der deutschen Reformation«, in: dies., *Ödipus und der Teufel*, S. 78–106; »eheliche Schwester«, ebd., S. 89.

68 Siehe Köhler, *Züricher Ehegericht*.

69 Oyer, *Lutheran reformers*, S. 59

70 *Vom ehelichen Leben*, WS 10.2, S. 276: 14–20 u. 21–26. Luther hat die Predigt nach seiner Rückkehr nach Wittenberg verfasst, wahrscheinlich im September 1522. Siehe dazu WS 10.2, S. 267, Einführung.

71 »Es is nicht recht, es is nich recht! Wie die dullen rasenden hunde ofte rytende derte ym wolde«, und: »dat got nicht vorbaden, sunder frye gelaten heft, dat sick susterkynder myt eyn ander voreheliken«, WB 4, Nr. 966, 5. Jan. 1526.

72 Als im Januar 1528 die Anweisungen für die Inspektoren formuliert werden mussten, wurde auch über die Inzestregelungen diskutiert, siehe dazu WB 4, Nr. 1200, 3. Jan. 1528. Luther schlug vor, sie nicht schriftlich festzulegen, und strich die entsprechende Passage aus Spalatins Konzept, dass es nicht erlaubt sein sollte, Nichten und Neffen miteinander zu verheiraten, siehe ebd. S. 327, S. 331 f. u. S. 336. 1530 bestand Luther darauf, dass ein Mann, der die Witwe seines Onkels geheiratet hatte, sich von ihr trennte, obwohl das Paar seit Jahren zusammen war und vier Kinder hatte. Jonas, Brenz und Amsdorf waren der Auffassung, man sollte ihnen erlauben zusammenzubleiben, siehe WB 5, Nr. 1531, 26. Febr. 1530. Im Fall eines Mannes, der mit der Schwester seiner verstorbenen Frau geschlafen hatte und diese zu heiraten wünschte, schrieben Jonas, Luther und Melanchthon 1535 an Leonhard Beyer in Zwickau: Eine Ehe sei vollkommen ausgeschlossen, denn die beiden seien Verwandte ersten Grades, und das Reichsgesetz verbiete sie. Das Beispiel Jakobs könne nicht herangezogen werden, denn Moses habe es übergangen, und die Liste bei Moses, wer wen heiraten dürfe, sage nicht deutlich, ob man die Schwester einer verstorbenen Ehefrau heiraten dürfe oder nicht, WB 7, Nr. 2171, 18. Jan. 1535.

73 *Von der babylonischen Gefangenschaft der Kirche*, WS 6, S. 558: 20–32, hier 25–28, in der Übersetzung bei Walch 19, Sp. 104 f. heißt es: »(…) wenn eine Frau, die an

einen unvermögenden Mann verheirathet ist, entweder nicht im Stande, oder vielleicht auch nicht willens ist, mit so viel Zeugnissen und Lärm, wie die Rechte erfordern auf dem Wege Rechtens das Unvermögen des Mannes zu beweisen, aber doch gern Nachkommenschaft haben möchte, oder sich nicht enthalten könnte, (…) sodann würde ich ferner den Rath geben, daß sie mit Einwilligung des Mannes (da er schon nicht mehr ein Ehemann, sondern einzig und allein ein solcher ist, der bei ihr wohnt) sich mit einem anderen begebe, etwa dem Bruder des Ehegemahls, jedoch in geheimer Ehe, und die Nachkommenschaft dem vermeintlichen *(putativo)* Vater (wie man ihn nennt) zugerechnet werde.« Mit noch mehr Emphase wiederholte Luther diese Argumentation 1522 in *Vom ehelichen Leben*. Dort heißt es im Rückgriff auf die oben angeführte Textstelle: »Ich habe also gesagt: Wenn eine tüchtige Frau einen untüchtigen Mann zur Ehe bekommt und konnte keinen anderen öffentlich annehmen und wollte auch nicht gerne gegen die Ehre verfahren (…), soll sie zu ihrem Mann sagen: Sieh nur, lieber Mann, du kannst mir nicht genügen und hast mich um meinen jungen Leib betrogen, dazu meine Ehre und Seligkeit der Seele gefährdet. Es besteht vor Gott keine Ehe zwischen uns beiden. Erlaube mir deshalb, dass ich mit deinem Bruder oder nächsten Freund eine heimliche Ehe führe. (…) Ich habe weiter gesagt, dass der Mann verpflichtet ist, solches zu bewilligen und ihr die eheliche Pflicht und Kinder zu verschaffen. Will er das nicht tun, soll sie heimlich von ihm in ein anderes Land fliehen und dort freien.« WS 10.2, S. 278: 19–31. So habe er geraten, als er noch »scheu« war, jetzt würde er schärfer mit einem Mann ins Gericht gehen, der seine Frau zum Narren gehalten habe. Nach demselben Prinzip würde er auch im umgekehrten Falle verfahren, wenngleich es seltener vorkomme. Luthers Fazit: »Es gilt nicht, seinen Nächsten in so großen und hohen Dingen, die Leib, Gut, Ehre und Seligkeit betreffen, so leichtfertig an der Nase herumzuführen. Man müsste es ihn denn redlich bezahlen lassen«, ebd., S. 279: 3–6.

74 Walch 21.1, Nr. 1039, 9. Dez. 1526, Sp. 901 f. u. WB 4, Nr. 1057, 9. Dez. 1526, S. 141: 7–8. Luther antwortete direkt auf Joseph Levin Metzschs Anfrage nach der Zulässigkeit der Bigamie. Am 28. November 1526 hatte Luther dieselbe Frage beantwortet, diesmal gestellt von Landgraf Philipp von Hessen, der nun sorgfältig alle Bemerkungen Luthers zu diesem Thema festhielt. Luther erwiderte, Menschen, und besonders Christen, sollten nicht mehr als eine Frau haben, es sei denn, »es wäre denn die hohe Not da«. Seine Beispiele von »hoher Not« waren die Lepraerkrankung der Ehefrau oder ihre Entfernung aus anderen zwingenden Gründen, doch es gab Ausnahmen, und sie konnten von Philipp benutzt werden, um Bigamie unter besonderen Umständen zu rechtfertigen. Ein Teil des Briefes befindet sich im Archiv von Marburg, die Einleitung fehlt. Er gehörte zu einer Sammlung von Dokumenten, die Philipp angelegt und später benutzt hatte, um nachzuweisen, dass Luther Bigamie unter besonderen Umständen für legitim gehalten habe und dass

seine Stellung seit langem bestanden und sich nicht geändert habe, siehe WB 4, Nr. 1056, 28. Nov. 1526, S. 140: 15 f.

75 Es handelte sich um die Frau von Claus Bildhauer, der mit bürgerlichem Namen Heffner hieß. An Amsdorf schrieb Luther: »Ich glaube, daß du weißt, daß vor einem Monat die Frau des Cl[aus] Bild[enhauer] gestorben ist, wie man glaubt, an Mangel der ehelichen Pflicht«, Walch 21.1, Nr. 1360, 28. Febr. 1529, Sp. 1265, im Orig.: »Nosse te credo, ante mensem defunctam uxorem Cl. Bild, defectu, uti creditor, maritalis ofoficii«, WB 5, Nr. 1383, 28. Febr. 1529, S. 22: 1 f. Heffner gehörte zum Rat der Stadt, er war mindestens einmal Gast zu Tisch in Luthers Haus, siehe WT 4, Nr. 4506 u. Nr. 4508, 18. April 1539, S. 352 f. Bei dieser Gelegenheit beklagte sich Heffner darüber, dass er sein ganzes Geld dafür ausgegeben habe, seinen Kindern einen Platz in der Gesellschaft zu verschaffen, und nun würden sie sich nicht um ihn kümmern. Luther zeigte kein Mitgefühl mit ihm und zitierte eine Geschichte, die mit dem Merkspruch endet: »Welcher Vater das Seine gibt aus der Gewalt, den soll man bald mit der Keule totschlagen« (ebd., S. 353: 8 f.).

76 »sanabit & hoc tuum vulnus«, WB 10, Nr. 3842, 26. Jan. 1543, S. 252: 8. Als Jonas' Frau am 22. Dezember 1542 starb, erwartete sie ein Kind. Mindestens dreizehnmal war sie schwanger geworden. Jonas berichtete Melanchthon von ihren letzten Worten: »Herr Doctor, ich brächte Euch gern eine Frucht. Ich weiß, Ihr habt Kinder lieb« (WB 10, Nr. 3829, 26. Dez. 1542). Luther riet Jonas, mit der Wiederverheiratung einige Zeit zu warten, doch wenn er sich stark genug fühle, den Klatsch zu ertragen, solle er zur Tat schreiten. Jonas' zweite Frau war 22 Jahre alt (WB 10, Nr. 3872, 4. Mai 1543). Seine Wiederverheiratung wirbelte in der Tat viel Staub auf (WS 10, Nr. 3886, 18. Juni 1543). Luther gratulierte ihm zur Eheschließung, fügte aber hinzu, dass sie in Wittenberg mehr für ihn gegen böse Zungen kämpfen würden, als er es vielleicht selbst tue. Er tröstete ihn mit dem Hinweis auf die Sünder, die nicht über andere richten sollen, und schloss den ziemlich taktlosen Vergleich an, dass man sich über zehn Huren, die die Studenten mit Läusen verdarben, weniger den Mund zerreißen würde. Der Brief endet mit Glückwünschen und einer Entschuldigung wegen des kleinen Geschenks. Er habe so viele Schulden, und es gebe so viele Hochzeiten. Luther zeigte deutlich, dass er nicht begeistert war, blieb aber unerschütterlich bei seiner Meinung, dass Jonas heiraten sollte, wenn es ihm ein Bedürfnis sei.

77 WT 3, Nr. 3510, S. 368 f.

78 WB 4, Nr. 1250, 9. April 1528; ebd., Nr. 1364, 6. Dez. 1528. Metzsch wollte Luther dazu bewegen, etwas zu seinem Fall zu schreiben.

79 Walch 21.1, Nr. 1229, 12. April 1528, Sp. 1131, »proinde vide, ut vir sis«, WB 4, Nr. 1253, 12. April 1528, S. 443: 12., »ne permitteres maritalem autoritatem, quae gloria Dei est... ab ipsa contemni et conculcari«, ebd., S. 442: 8–10; »asinum

pabulo lascivire«, ebd., S. 442:7. Roths Frau war die Schwägerin des Wittenberger Buchdruckers Georg Rhau. Siehe auch WB 6, Nr. 1815, 10. Mai 1531. Zu einigen Fällen in Wittenberg, bei denen Luther als Berater hinzugezogen wurde, siehe StadtA Witt, 35 [Bc24], »Privat Protocoll von Hofgerichtsurtheilen …« (Notar Thomas Heyllinger).

80  Siehe z. B. WB 4, Nr. 1179, Nr. 1205, Nr. 1304 und *Beilage*, Nr. 1309.

81  WB 5, Nr. 1523, 1. Febr. 1530, S. 226:23–25.

82  »Sie heisst fraw Katherina Blanckenfelt, und hatte doch Luther an Katherina Hornung geschrieben. Aber es gehet villeicht hie der spruch Mosi (…) ›die zwey sind ein leib‹, wiewol Moses hart verboten hat, Ein man solle nicht weibskleider tragen. Und Gott behüte eim iglichen die seine fur dieser fraw Katherina Blanckefelden, es were denn zuvor ein guter sewheyler uber sie komen mit einem scharffen Gneiff und hette einen borgel draus gemacht«, WB 5, Nr. 1526, *Beilage*, S. 232:20[16]–23. Zum ganzen Text siehe ebd., 1. Febr. 1530, Brief und Beilage, S. 230–236.

83  WB 4, Nr. 972, 17. Jan. 1526 (an Kurfürst Friedrich) und ebd., WB 4, Nr. 975, 25. Jan. 1526 (an Kurfürst Friedrich), S. 22. Toplers Heirat war von ihren Verwandten arrangiert und in Nürnberg gefeiert worden. Die Ehe wurde wahrscheinlich gegen ihren Willen vollzogen. Bei der Befragung durch den Allstedter Amtsmann (Schösser) gab sie an, ihre Schwester und ihre Verwandten hätten ihr Bücher ins Kloster geschickt, denen sie entnommen habe, dass ihr Aufenthalt dort verflucht sei und sie das Kloster verlassen müsse. Sie habe Kontakt zu Kern gesucht, damit er ihr sage, was sie tun solle, und dann das Kloster verlassen. Siehe dazu Clemen, »Die Leidensgeschichte der Ursula Toplerin«, in: *Zeitschrift für bayerische Kirchengeschichte* 7 (1932), S. 161–170: »Aber ihm die eheliche Pflicht zu leisten, ist nie ihr Herz gewesen«, gab sie an (ebd., S. 162). Gott habe ihr jetzt eingegeben, »sie könne nicht selig werden ohne ihr vorheriges Klostergelübde« (ebd., S. 163). Als Kern versucht habe, sie zur Rückkehr nach Allstedt zu bewegen, habe sie sich geweigert, mit ihm zu schlafen. Ihre Verwandten (Sigmund Fürer und Leo Schürstab) hätten eine Rute für ihn gemacht und zu ihm gesagt: »Magister, sie hat einen Teufel bei sich, wollt Ihr den austreiben, so schlagt sie so lange, bis wir Euch befehlen aufzuhören!« (Ebd., S. 164) Das habe er getan und sie oft geschlagen und mit dem Messer bedroht. Ursula Topler war mit den führenden Nürnberger Familien Tucher, Nützel und Pömer verwandt. Es ist nicht klar, ob Topler ins Kloster zurückkehren wollte – ihre Äbtissin setzte sich dafür ein –, sie dürfte aber nicht die einzige ehemalige Nonne gewesen sein, die eine Rückkehr erwog. Ottilie von Gersen, Müntzers mittellose Witwe, schrieb nach dessen Hinrichtung an Herzog Georg von Sachsen, ihr sei zu Ohren gekommen, der Herzog spreche sich dafür aus, dass sie ins Kloster zurückkehre, wozu sie bereit sei, wenn er dieses befürworte; Müntzer, *Briefwechsel*, S. 506.

84  WB 5, Nr. 1433, 23. April 1530 (an Katharina Jonas). Tatsächlich erwies sich

Luthers Vorhersage als falsch, und Katharina gebar noch einen weiteren Sohn, was Luther veranlasste, Jonas als den Schöpfer von fünf Söhnen zu beglückwünschen. Das Kind starb allerdings kurz nach der Geburt, und Luther tat sein Bestes, um Jonas zu trösten.

85  »nescio an gratuler an compatiar«, WB 4, Nr. 1257, 1. Mai 1528, S. 447:1 f.

86  Plummer, *From Priest's Whore to Pastor's Wife*, S. 218; Müntzer, *Außgetrückte emplössung des falschen Glaubens*, [VD 16 M 6745] fol. E ii(r).

87  WB 4, Nr. 1315, 3. Sept. 1528.

88  WB 6, Nr. 1902, 4. Febr. 1532. Das Kloster wurde schließlich 1564 von Luthers drei Söhnen für 3700 Gulden an den Kurfürsten verkauft, siehe StadtA Witt, 9 [Bb6], 2, 201–205. Karlstadt und seine Familie lebten ab Ende Juni 1525 für acht Wochen mit Luthers unter einem Dach, WB 3, Nr. 911, S. 556, Anm. 4.

89  Laube, »Das Lutherhaus – eine Museumsgeschichte«, S. 50 f.; Neser, *Luthers Wohnhaus in Wittenberg*, S. 48; Heling, *Zu Haus bei Martin Luther*, S. 13.

90  Er fand nichts dabei, während des Essens bei Tisch Briefe zu schreiben. An den ehemaligen Abt Friedrich Pistorius, der kurz vor der Verheiratung stand, verfasste er einen holpernden Brief zum Lob der Ehe und zeichnete ihn mit der Bitte, er möge ihm die Weitschweifigkeit eines Mannes verzeihen, der gerade seine Mahlzeit genieße, aber weder angeheitert noch betrunken sei, WB 6, Nr. 1994, 17. Jan. 1533(?). Katharina, die ohne Mutter aufgewachsen war und ins Kloster gegeben wurde, als ihr Vater wieder heiratete, war an große Haushalte gewohnt.

91  Treu, *Katharina von Bora*, S. 54.

92  Johann Schneidewein lebte fast zehn Jahre lang zur Untermiete bei den Luthers und ließ sich erst hinauskomplimentieren, als er eine Tochter des Goldschmieds und zeitweiligen Geschäftspartners Christian Döring heiratete, WB 8, Nr. 3344, 4. Juni 1539. In einem späteren Brief, WB 8, Nr. 3401, 7. Nov. 1539, wird ein weiterer Tischgänger erwähnt, Wolfgang Schiefer. Zudem wohnten wahrscheinlich etwa zehn Bedienstete im Haus, siehe Treu, *Katharina von Bora*, S. 45–54.

93  WB 10, Nr. 3963, 29. Jan. 1544, S. 520:21 f. Als Luther hörte, dass sich Rosina in Leipzig aufhielt, schrieb er an den Richter dort und warnte ihn: Wäre es tatsächlich Rosina, sollte sie vertrieben werden, ebd. S. 520:16 f. In einem früheren Brief an Anton Lauterbach, WB 10, Nr. 3807, 10. Nov. 1542, verdammte er sie dafür, dass sie sich »gleich einer Unsinnigen« der Geburt eines Kindes rühmte. Die Sorge der Wöchnerin – Taufgaben, Geschenke, Ratschläge – war ›ehrbaren‹ Frauen vorbehalten. Für eine ledige Magd mit Kind gab es kaum Möglichkeiten, ein Auskommen zu finden. Rosina scheint eine Vagantin geworden zu sein. Luther fragte sich nicht, wer der Vater gewesen sein könnte – es war Rosinas Schuld.

94  »Nescius adhuc, in quo nido sim eam avem locaturus«, und »Sed Lutherus habet crassum dorsum, feret etiam hoc onus«, WB 6, Nr. 1862, 4. Sept. 1531 (an Ams-

dorf). Zur Vorgeschichte siehe W B 6, Nr. 1836, Juni 1531 und ebd., Nr. 1860, 26. Aug. 1531. Luther versuchte, vom Rat eine Abfindung für Haferitz zu erwirken, so dass er wenigstens nicht für dessen Unterhalt aufkommen musste. Unermüdlich schrieb er im November Briefe und drängte Hausmann, zu ihm zu kommen: Er habe wieder ein Zimmer frei, und es sei keine Last, sondern ein Vergnügen, ihn zu beherbergen, W B 6, Nr. 1885, 22. Nov. 1531.

95 W B 6, Nr. 3102, 13. Nov. 1536; Nr. 3103, 13. Nov. 1536; Nr. 3117, 14. Dez. 1536. Nach seinem Streit mit Agricola und nachdem dieser Wittenberg heimlich verlassen hatte, hegte Luther einen unversöhnlichen Groll gegen ihn – deshalb verbat er sich im Mai 1545 eine persönliche Begegnung mit ihm, W B 11, Nr. 4098, Nr. 4100, Nr. 4101 (alle 2. Mai 1545). In dem genannten Brief an Buchholzer beklagte er sich zudem über Agricolas Tochter, die »mehr, als sich für eine Jungfrau geziemte, dreist und geschwätzig« sei; Walch 21.2., Nr. 3213, 2. Mai 1545, Sp. 3087.

96 W B 8, Nr. 3398, 26. Oktober 1539. Er beherbergte die Kinder nur kurze Zeit.

97 W B 6, Nr. 1869, 20. Sept. 1531.

98 W B 10, Nr. 3785, 28. Aug. 1542, S. 137: 15.

99 W T 6, Nr. 6975, 302: 13–4.

100 Melanchthon, *Vita Lutheri*, fol. 12(v); zu Melanchthon siehe Vandiver / Keen / Frazel (Hrsg. u. Übers.), *Luther's Lives*, S. 16.

101 Siehe Roper, *Der feiste Doktor* bzw. dies., »Martin Luther's Body«, in: *American Historical Review* 115/2 (2010), S. 351–384. Siehe auch Christensen, *Princes and Propaganda*, S. 47: Christensen verbindet den Gebrauch dieses Bildes mit Druckprivilegien für Hans Luffts Druckereibetrieb.

## Zusammenbruch

1 Zu Zwingli siehe Potter, *Zwingli*, S. 287–315. Zu Zwinglis Traum siehe *Zwinglis Werke / Zuinglii Opera*, Bd. 3, Abt. 1, S. 341, »De Eucharistia, Subsidium sive coronis de Eucharistia«. Siehe dazu auch Wandel, *The Eucharist in the Reformation*.

2 Siehe Köhler, *Züricher Ehegericht*, Bd. 1 u. 2.

3 Walch 21.1, Nr. 967, 28. Febr. (?) 1526 (an Amsdorf), Sp. 843, im Orig.: »Quis ita futurum cogitasset anno superiore, fore ut hi, qui baptisma balneum caninum vocabant, nunc peterent ab ipsis hostibus?«, W B 4, Nr. 984, 9. März 1526 (oder kurz davor), S. 36: 9 f. Andreas war Anfang 1525 geboren und wahrscheinlich Karlstadts zweiter Sohn. In einem Brief an Müntzer vom 19. Juli 1524 fragte Karlstadt Müntzer, warum dieser den Namen Abraham für Karlstadts Sohn anstelle von Andreas bevorzugte. Es ist daher wahrscheinlich, dass Karlstadts erster, zwischen 1523 und 1524 geborener Sohn, der ebenfalls Andreas hieß, 1524 oder 1525 gestorben war. Es war nicht unüblich, einem nachgeborenen Kind den Namen

zu geben, den ein verstorbenes älteres Kind getragen hatte, siehe dazu Müntzer, *Briefwechsel*, S. 291 u. Anm. 24. Wenn das 1525 geborene Kind tatsächlich Karlstadts zweiter Sohn war, ist es gut möglich, dass Luther Pate des ersten Sohnes gewesen war, womit sich erklären ließe, warum Karlstadt Luther als »Gevatter« anspricht und Luthers Frau, nicht Luther selbst, 1526 die Patenschaft für den zweiten Andreas übernahm, siehe auch Barge, *Karlstadt*, Bd. 2, S. 117, Anm. 63; S. 219; S. 518 f. Barge bringt als Name des ältesten Sohnes »Johannes« ins Spiel, was allerdings den eigenen Aussagen S. 117, Anm. 63 widerspricht.

4 WB 4, Nr. 985, 9. März 1526; WB 4, Nr. 1051, 17. Nov. 1526 (Brief von Karlstadt), dazu Luthers umgehende Petition an den Kurfürsten, ebd., Nr. 1052, 22. Nov. 1526. Siehe dazu auch Barge, *Karlstadt*, Bd. II, S. 369–376.

5 WB 4, Nr. 959, Anfang 1526; ebd., Nr. 1004, 26. April 1526.

6 Gerbel war damals Domsekretär am Straßburger Münster. Wäre er nicht verheiratet, schrieb er, würde er gerne nach Frankfurt ziehen, WB 4, Nr. 1030, Anfang Aug. 1526. Siehe auch WB 4, Nr. 1933, 2. April 1527.

7 Welchen Standpunkt Rhegius einnahm, ist weiterhin umstritten, siehe Burnett, *Karlstadt and the Origins*, S. 14. 1528 meinten die Lutheraner, Rhegius würde, was die Eucharistie anbelangte, in den Schoß ihrer Gemeinschaft zurückkehren, siehe Brecht, *Martin Luther*, Bd. 2, S. 323 f.

8 Walch 21.1, Nr. 1026, 28. Okt. 1526, Sp. 888, im Orig.: WB 4, Nr. 1044, 28. Okt. 1526.

9 WB 4, Nr. 982, 18. Febr. 1526. Billican hatte anfangs gegen Zwingli geschrieben, doch ab Sommer 1526 änderte er seine Meinung, WB 4, Nr. 1044, 28. Okt. 1526.

10 »nam utrique faveo, neque sic diligo te, quin non sincerissime co plectar etiam Carolstadium«, WB 3, Nr. 858, (April?) 1525, S. 477:29–31. 1522 hatte Johann Eberlin von Günzburg seinen Besuch in Wittenberg bei den drei Helden Luther, Melanchthon und Karlstadt beschrieben. Luther trage eine Kutte und faste noch immer, bemerkte er, und Karlstadt tue seiner Überzeugung nach dasselbe, denn er sei »so ein erberer [ehrbarer] gut hertziger man«, Günzburg, *Vo[m] misbrauch Christlicher freyheyt*, Grimma 1522 [VD 16 E 149], fol. B iii(v).

11 »Christi adversarios«, WB 4, Nr. 1076, 29. Jan. 1526, S. 163:2.

12 WB 3, Nr. 951, [2. Dez. 1525].

13 WB 4, Nr. 995, 14. April 1526, S. 52:13–16. Siehe Burnett, *Karlstadt and the Origins*, S. 129–134. An Valentin Krautwald schrieb er dasselbe auf Latein, siehe WB 4, Nr. 996.

14 WB 4, Nr. 1208, vor dem 16. Jan. 1528 (Kurfürst Johann an Luther), S. 347 f., und ebd. Nr. 1209. Er wurde schließlich 1529 entlassen, siehe ebd., S. 350.

15 Walch 21.1, Nr. 965, 18. Febr. 1526, Sp. 841, im Orig.: »ideo peribunt statim«, WB 4, Nr. 982, 18. Febr. 1526, S. 33:11; siehe auch ebd., Nr. 989, 27. März 1526.

16 Walch 21.1, Nr. 965, 18. Febr. 1526, Sp. 841; WB 4, Nr. 982, 18. Febr. 1526. Über die Verbreitung der Flugschriften siehe Burnett, *Karlstadt and the Origins*, S. 115–121.

17 Walch 21.1, Nr. 1053, 10. Jan. 1527, Sp. 916, im Orig.: »nam apud me semper ita de te credidi«, WB 4, Nr. 1072, 10. Jan 1527, S. 159:13.

18 WB 5, Nr. 1422, 21. Mai 1529, S. 74:23–26.

19 Walch 17, Nr. 8, 25. Okt. 1526, Sp. 1546, »constantis et integrae fidei tuae«, WB 4, Nr. 1043, 25. Okt. 1526, S. 123:1, »ineptis et puerilibus«, ebd., S. 123:6.

20 WB 4, Nr. 1001, 22. April 1526 (an Johann Hess in Breslau), S. 61:9. Im Januar hatte er den einst loyalen Konrad Cordatus in Liegnitz (wo Krautwald predigte) aufgefordert, sich von diesen »Feinden Christi« (»Christi adversarios«) zu entfernen.

21 Walch 19, Nr. 132, Sp. 1019, im Orig.: »Tu servito Christo, ille Satanae serviit«, WB 4, Nr. 1036, 3. Sept. 1526? (an Thomas Neuenhagen in Eisenach). Der Brief wurde durch Neuenhagens Seelsorger persönlich ausgehändigt. Wahrscheinlich wurde Neuenhagen später im Zusammenhang mit der Inspektion von 1533 (ebd., S. 117, Anm. 1) entlassen; 1535 verwendete sich Luther für ihn bei Justus Menius (7. Juni 1535) und erklärte, er wisse nicht, warum man ihn aus dem Priesteramt entfernt habe (WB 7, Nr. 2196).

22 »Kurz, die ganze Welt«, »einen so großen Mann«, Walch 17 (ohne Briefnr.), 13. Sept. 1526, Sp. 1545, Im Orig.: »Breuiter orbis ruit & corruit nimirum ostento magno, affore diem illum extremum in januis«, »tantum virum, captum tam friuolis & nihili argumentis«, WB 4, Nr. 1037, 13. Sept. 1526, S. 117:8 f.; ebd., S. 117:11 f. Er wiederholt dasselbe fast wörtlich in einem anderen Brief an Hausmann, in dem er darlegt, Oekolampadius sei »mit so lächerlichen und nichtigen Gedanken in diesen Abgrund gefallen (…), aus Antrieb des Satans«, Walch 21.1, Nr. 1059, 10. Jan. 1527, Sp. 916; WB 4, Nr. 1072, 10. Jan. 1527.

23 Walch 21.1, Nr. 1080, ca. 4. Mai 1527, Sp. 937 im Orig.: »nunc demum intelligo, quid sit, mundum esse in maligno positum, et Satanam esse principem mundi. Hactenus putabam haec tantum esse verba, sed nunc video rem esse, et vere Diabolum in mundo regnare«, WB 4, Nr. 1101, ca. 4. Mai 1527, S. 199:11–14.

24 Jonas zeigte Bugenhagen den Bericht sechs Tage vor Luthers Tod. Beide wussten damals, am 12. Februar 1546, wie krank er war, weshalb der Zusammenbruch von 1527 ihnen sehr deutlich vor Augen stand, als sie über Luthers Leben und sein Vermächtnis nachzudenken begannen. Jonas' Bericht bildete mit großer Sicherheit die Grundlage für das von Cordatus festgehaltene Tischgespräch, das dieser unter dem Januar 1533 einordnete. Das lässt vermuten, dass der ursprünglich zeitgenössische Bericht von Jonas eine Zeitlang unter Luthers Tischgenossen herumgereicht wurde; WT 3, Nr. 2922 a und b, siehe besonders Nr. 2922 a, S. 80, Anm. 3. Über die Schwierigkeit, die Tischreden als Quelle zu nutzen, siehe Bärenfänger/Leppin/Michels (Hrsg.), *Luthers Tischreden*.

25  WT 3, Nr. 2922, S. 80–90; Walch 21.1, Nr. 1100, Bericht des D. Bugenhagen und des D. Justus Jonas über Luthers hohe geistliche und leibliche Anfechtungen am 6. Juli 1527, Sp. 985–996. Er wurde auf Deutsch in die Jenaer und in die Wittenberger Ausgaben übernommen [*Der Neundte Teil der Buecher des Ehrwirdigen Herrn D. Martini Lutheri*, Hans Lufft, Wittenberg 1558, fols. 239(v)–243(r),] und auf Latein in Aurifabers Briefsammlung.

26  WT 3, Nr. 2292b, S. 90:22 f. »Schule« war die Bezeichnung für eine Pferdekrankheit; zugleich deutet Luther mit der Formulierung an, dass er eine Lektion erhalten habe. Siehe weiterhin z. B. WT 3, Nr. 3511, S. 369, wo Luther höchstwahrscheinlich in Anspielung auf die Ereignisse vom 6. Juli 1527 aus Anlass eines Wetterleuchtens bemerkt: »Es ist 10 Jahre her gewesen, dass ich beim Tod in der Grube gewesen.«

27  Von »leichtfertig wort« schreibt er in WT 3, Nr. 2922a, S. 81; »leichtfertig mitt Worten gewest«: ebd., Nr. 2922b, S. 89 f.

28  WB 4, Nr. 1121, 10. Juli 1527.

29  An Melanchthon schrieb er, er sei über eine Woche »im Tode und in der Hölle umhergeschleudert worden«, Walch 21.1, Nr. 1104, 4. Aug. 1527, Sp. 999 (WB 4, Nr. 1126, 2. Aug. 1527). Er bat Menius, für ihn zu beten, denn er habe mehr geistige körperliche Qualen gelitten (ebd., Nr. 1128). Agricola sprach ihm Mut zu, und Luther dankte ihm (ebd., Nr. 1132, 21. Aug. 1527). An Rühle schrieb er, er habe seine Kräfte noch nicht vollständig wiedererlangt (ebd., Nr. 1136, 26. Aug. 1527), an Michael Stifel, er sei drei Monate lang körperlich krank gewesen: »non tam corpore quam animo, ita ut nihil aut parum scripserim; sic me Satan cribravit«, WB 4, Nr. 1156, S. 263:9 f., und Amsdorf ließ er im November wissen, er würde gerne eine Erwiderung auf die Sakramentarier verfassen, doch sei er im Augenblick »am Geist« zu schwach: »sed nisi fortiori fiam animo, nihil possum«, WB 4, Nr. 1164, 1. Nov. 1527.

30  WS 23, S. 665–675; siehe S. 672, Anm. 1.

31  Bei Luthers erster Messe zahlte sein Vater die Feier (wie Luther sich stets erinnerte). Luthers Hochzeitsfest wurde teils von Luther, teils von Kurfürst Johann, dem Bruder Friedrichs des Weisen, bezahlt, der das Wildbret für die Feier spendierte und der in gewisser Hinsicht eine Vaterfigur darstellte.

32  WB 4, Nr. 973, 20. Jan. 1526, S. 19:1–3.

33  WB 3, Nr. 779, 2. Okt. 1524, S. 354:15; siehe auch Kap. 11.

34  WB 4, Nr. 1164, 1. Nov. 1527. In diesem aufschlussreichen Brief an Amsdorf bat Luther seinen Freund, ihn zu trösten und mit ihm zusammen dafür zu beten, dass Gott ihn nicht zum Feind all dessen mache, was er bisher mit solcher Kraft gepredigt habe. Er scheint zu diesem Zeitpunkt ausgesprochen nachdenklich hinsichtlich des Fortschritts der Reformation gewesen zu sein und datierte seinen Brief mit »Allerheiligen, im zehnten Jahre nachdem der Ablaß zu Boden getreten ist«

(Walch 21.1, Nr. 1137, 1. Nov. 1527, Sp. 1029). Interessanterweise datiert er den Jahrestag des Thesenanschlags in diesem Brief auf den 1. November, nicht auf den 31. Oktober.

35 WB 4, Nr. 1101. Am 4. Mai 1527 war die Schrift unter dem Titel *Das diese worte Christi (Das Jst mein leib usw.) noch fest stehen wider die Schwermgeister* erhältlich. In der Zwischenzeit waren Ende 1526 auf Veranlassung seiner Unterstützer einige seiner Predigten gegen die Sakramentarier als Druck erschienen, da es dringend geboten schien, Luthers Standpunkt zur Eucharistie zu erläutern, und Luther selbst dies noch immer nicht getan hatte, WS 19, S. 482–523.

36 WS 23, S. 197:14 u. 18; WS 23, S. 283:1–18.

37 Walch 21.1, Nr. 1100, Sp. 993 (Jonas), im Orig.: »Tu nosti multos esse, quibus dedisti, ut pro euangelio fuderint sanguinem suum; putabam fore, ut ego pro tuo nomine sanguinem funderem, *aber ich bins nicht werdt*. Fiat voluntas tua«, WT 3, Nr. 2922b, S. 88:15–19 (Jonas); ebd., S. 83:13–17 (Bugenhagen). Siehe auch Cordatus' Bericht auf der Grundlage von Jonas, WT 3, Nr. 2922a. Laut Bugenhagen fuhr Luther fort: »Aber diese Ehre ist auch St. Johannes dem Evangelisten nicht widerfahren, der doch ein viel ärger Buch (...) wider das Pabstthum (...) geschrieben hat«, Walch 21.1, Sp. 987 f., im Orig.: »sed iste honor negatus fuit dilecto Christi discipulo Ioanni Euangelistae, qui tamen multo peiorem librum scripsit contra papatum, quam ego unquam scribere potui«, WT 3, Nr. 2922 b, S. 83:15–17. Bugenhagen war so überrascht über diese Bemerkung, dass er in Klammern dazusetzte, dies seien wirklich Luthers Worte gewesen. Das »Buch« Johannis war die Offenbarung, die Luther als Entlarvung des Papstes als Antichrist interpretiert hatte. Es war eine feste Grundaussage seiner theologischen Auffassung geworden und fand besonders lebhaften Niederschlag in der Holzschnittserie mit Kommentaren *Passional Christi und Antichristi*, die Cranach, der Goldschmied Christian Döring und Melanchthon 1521 zusammen geschaffen hatten. In Luthers Augen war die Offenbarung eine antipäpstliche Schrift, die sein Werk ankündigte.

38 Im Januar 1527 hatte er an Hausmann geschrieben »Der Papst wird überall heimgesucht (...), wiewohl überall Verfolgung wüthet und viele verbrannt werden.« Walch 12.1, Nr. 1053, 10. Jan. 1527, Sp. 917, siehe auch WB 4, Nr. 1072. Am 31. Mai 1527 (Himmelfahrt) hatte er in der Schlosskirche ausführlich über Christi Tod und die Höllenfahrt gepredigt und auf die »Rottegeister«, die »Schwärmer« hingewiesen, denen nicht zu helfen sei, WS 23, *Ein Sermon Von der Krafft der Hymelfart Christi...*, S. 696–725, S. 700:7.

39 WS 23, *Tröstung an die Christen zu Halle über Herr Georgen ihres Predigers Tod*, S. 390–434. Winkler hatte am 20. März eine Predigt Luthers besucht, Luther erfuhr am 31. Mai von seinem Tod. Er verfasste die Schrift zu einem unbekannten Zeitpunkt nach dem 17. September. Ebenso verwies er häufig auf den Selbstmord

Krauses, der für Erzbischof Albrecht von Mainz gearbeitet hatte und verdächtigt wurde, den Mord an Georg Winkler begangen zu haben: Er hatte sein gesamtes Geld vor sich aufgestapelt und sich dann erstochen. Siehe dazu auch die langatmige Beschreibung in WB 4, Nr. 1180, 10. Dez. 1527 (an Justus Jonas).

40  WS 18, *Von Bruder Henrico in Ditmar verbrannt...*, S. 224–240. Luther führte darin auch den Märtyrertod zweier Augustinermönche in Brüssel 1523 an und bemerkte dazu, dass sie zusammen mit Bruder Henrico die ersten Märtyrer in jener Region gewesen seien; siehe dazu WB 3, Nr. 635, 22. oder 23. Juli 1523. Dagegen schrieb er in seinen Briefen wenig über das Martyrium des Laien Caspar Tauber, der am 17. September 1524 in Wien als Ketzer hingerichtet worden war, obwohl ihn dessen Tapferkeit beeindruckte. In Magdeburg erschien eine Flugschrift zu Tauber (*Ein erbermlich geschicht So an dem frommen christlichen man Tauber von Wien ... gescheen ist*, Magdeburg 1524 [VD 16 ZV 5338]) neben anderen in Straßburg, Breslau, Nürnberg und Augsburg [VD 16 H 5770; VD 16 W 293; VD 16 ZV 24131; VD 16 W 295; VD 16 ZV 29583; VD 16 W 294]. Tauber gehörte nicht zu Luthers Kreis, und er hatte in der Schrift, die zu seiner Verhaftung geführt hatte, wie die Sakramentarier die Realpräsenz Christi in der Eucharistie bestritten.

41  WB 4, Nr. 1107, 20. Mai 1527.

42  Walch 21.1, Nr. 1135, 22. Okt. 1527 (an Stifel), Sp. 1026; WB 4, Nr. 1161, 22. Okt. 1527, S. 270:5–15. Er fährt fort und fragt: »Wer wird mich würdig machen, daß ich nicht mit zwiefachem Geiste, sondern nur mit der Hälfte seines Geistes den Satan überwinde und aus diesem Leben scheide?« (Walch, ebd., im Orig.: »Quis me dignum faciet, ut non duplo, sed dimidio eius spiritu Satanam vincam et hac vita cedam?«, WB 4, ebd.)

43  »(...) er pracht geringe war als er ein schwerer kawffman ist«, WS 23, S. 463:40.

44  Walch 15, Anh. Nr. 117, 27. Okt. 1524, Sp. 2625, im Orig.: »Vides, quod ego, qui martyr debui fieri, eo perveni, ut martyres ipse faciam«, WB 3, Nr. 785, 27. Okt. 1524, S. 361:13 f.

45  WT 3, Nr. 2922a, S. 81:3 f.

46  Eck ließ eine Gegenschrift zu der Flugschrift drucken, die von dem Wunder berichtet hatte, Luther musste folglich Missverständnisse aus dem Weg räumen.

47  Martin Luther, *Von herr Lenhard Keiser in Beyern vmb des Euangelij willen verbrant, ein selige geschicht*, Nürnberg 1528, [VD 16 L 7268]; WS 23, S. 443–476. Ende Dezember 1527 war die Schrift fertig gedruckt. »So wurde das Feuer angezündet«, ebd., S. 468:16–22.

48  WS 23, *Von Herrn Lenhard Keiser in Baiern, um des Evangelii willen verbrannt*, 1527, S. 474:15–17.

49  WB 4, Nr. 1130, 19. Aug. 1527 (an Spalatin), Walch 21.1, Nr. 1107, 19. Aug. 1527, Sp. 1001 f.; »durch das Gift«, Walch 21.1, Nr. 1138, 4. Nov. 1527 (an Justus Jonas),

Sp. 1029, im Orig.:»veneno pestis intoxicatior«, WB 4, Nr. 1165, 4. Nov. 1527, S. 276:6.

50 Siehe WB 4, Nr. 1130, Nr. 1131 sowie Nr. 1165.

51 Das hatte ihn auch zu den heftigen rhetorischen Ausfällen gegen Erasmus in seiner Abhandlung *De servo arbitrio* verleitet, als er behauptete, die Tradition der Schriftauslegung und die Autorität der Kirche zählten nichts gegenüber der Heiligen Schrift und was die Bibel sage, sei eindeutig, während Erasmus' Argumentation genau dieser Behauptung widersprach.

52 Zur Visitation in Sachsen und dem Zustand der dortigen Pfarrgemeinden siehe Karant Nunn, *Luther's Pastors.*

53 WS 30.1, S. 123–425. Dem Druck des *Großen Katechismus* und des *Kleinen Katechismus* 1529 ging 1528 eine Reihe von Predigten über die Grundfragen des Glaubens voraus. Beide wurden Grundlagenwerke der evangelischen Glaubenslehre.

54 Auf Luthers Beharren hin und gegen Zwinglis Wunsch wurde die Debatte nicht öffentlich geführt, sondern lediglich in Gegenwart Philipps von Hessen sowie einiger Ritter und Gelehrter, und es gab kein offizielles Protokoll. Siehe Stumpf, *Beschreibung des Abendmahlstreites*, S. 47; WS 30.3, S. 98 f. Zwingli trug angeblich eine schwarze Tunika, Schwert und eine Felltasche, er war bewaffnet wie ein Bürger (Brecht, *Martin Luther*, Bd. 2, S. 328). Sollte dies zutreffend sein, wäre die Aufmachung für Luther ein Gräuel gewesen, der davon überzeugt war, dass Geistliche niemals Waffen tragen sollten. Zu Varianten des Berichts über das Marburger Kolloquium siehe WS 30.3, S. 92–109 u. S. 110–159; Stumpf, *Beschreibung des Abendmahlstreites*, S. 46–50 (aus der Sicht der Anhänger Zwinglis); Myconius, *Geschichte der Reformation*, S. 74–76; LW 38, S. 3–89.

55 WS 30, III, S. 147:17 f. (Osiander).

56 WS 30.III, S. 145 (Osiander).

57 Ebd., S. 137b:10–13 (anonym); Schirrmacher (Hrsg.), *Briefe und Akten zum Marburger Religionsgespräch*, S. 15 vertritt die Auffassung, dass der hier zitierte, erstmals 1575 gedruckte anonyme Bericht, von einem Unterstützer Luthers stammt (WS 30.3, S. 99).

58 WS 30.3, S. 140b:18 f. (anonym); Schirrmacher, *Briefe und Akten zum Marburger Religionsgespräch*, S. 17.

59 WS 30.3, S. 149:22 (Osiander).

60 Ebd., S. 150–151 (Osiander). Es sei noch darauf verwiesen, dass Zwingli laut Hedios Bericht auf dem Höhepunkt der Diskussion über Fleisch und Geist gebeten hatte, man möge ihm keine Böswilligkeit unterstellen, er suche ihre Freundschaft und sei nicht verbittert. Er freue sich, Luther und Philipp zu sehen:»Rogat, ut non aegre ferant, cupit amicitiam, non acerbo animo, libenter vidit faciem Lutheri et Philippi.« WS 30.3, S. 118a:13 f. (Hedio). Siehe auch Stumpf, *Beschreibung des*

*Abendmahlstreites*, S. 46–50. Stumpfs Bericht ist knapp und gibt fast keine Hinweise zur Atmosphäre der Disputation. Er legt besonderes Augenmerk auf die Beziehung zwischen Luther und Zwingli. Nach Stumpf trennten sich die beiden sehr freundlich (»gar früntlich«), obwohl er später die Bemerkung strich, Luther habe Zwinglis Hand geküsst. Allerdings fügte er hinzu: »Die Worte klangen gut, aber wie es mit dem Herzen stand, wird man gleich danach bemerken«, ebd., S. 50. Stumpf behauptet, Oekolampadius und Zwingli hätten ihr Versprechen gehalten und nichts gegen Luther publiziert, Luther habe sich jedoch nicht daran gehalten.

61 »der Engel des Satans«, Walch 17, Abschn. 3, Nr. 30 (Luther an Amsdorf), 19. Okt. 1529, Sp. 1957, im Orig.: »Angelus Satanae, vel quisquis est diabolus mortis«, WB 5, Nr. 1481, 19. Okt. 1529, S. 163:4; »daran verzweifelte«, Walch ebd., Nr. 31 (Luther an Linck), 28. Okt. 1529, Sp. 1957; im Orig.: »ut desperarim me vivum et salvum visurum meos«, WB 5, Nr. 1487, 28. Okt. 1529, S. 170:14 f.

## Augsburg

1 *Von welltlicher Uberkeytt, wie weytt man yhr gehorsam schuldig ist*, WS 11, S. 245–281.

2 Siehe ebd., S. 229–281.

3 Philipp von Hessen hatte sich bei der berüchtigten »Packschen Händel« in die Karten sehen lassen: Otto von Pack hatte Dokumente gefälscht, die angeblich zeigten, dass Erzherzog Ferdinand I. von Österreich und eine Gruppe anderer Fürsten planten, Ungarn anzugreifen und anschließend die Protestanten zu bekriegen. Ob Philipp an der Fälschung beteiligt war, wie einige behaupteten, oder nicht – er war jedenfalls bereit gewesen, dem Kaiser entgegenzutreten, eine Liga zu bilden und sich zu bewaffnen.

4 Witwen bildeten eine Ausnahme. Sie bezahlten als Haushaltsvorstand Wachtgeld, durften aber nicht wählen.

5 Dieses Argument hatte er in *Von weltlicher Obrigkeit* benutzt, WS 11, S. 266:15.

6 WB 5, Nr. 1511, 24. Dez. 1529.

7 Das nach Aufforderung durch den Kurfürsten vom 27. Januar 1530 erstellte Gutachten, von Luther gemeinsam mit Jonas, Melanchthon und Bugenhagen ausgearbeitet und dem Kurfürsten in einem persönlichen Schreiben Luthers präsentiert, wurde streng geheim gehalten. Trotzdem gelangte Luthers Gegenspieler Cochläus irgendwie an eine Abschrift und veröffentlichte diese 1531; WB 5, Nr. 1536, S. 251 f. Siehe auch WB 6, Nr. 1781, 15. Febr. 1531 (an Spengler): Spengler hatte gefragt, ob die Auskunft der kurfürstlichen Repräsentanten vom 22. Dezember 1530 zutreffend sei, Melanchthon und Luther stimmten darin überein, dass es unter den aktuellen Umständen zulässig sei, sich gegen die kaiserlichen Maßnahmen zur Wehr zu

setzen. Luther antwortete, sie nähmen die im vorausgegangenen Gutachten geäußerte Auffassung nicht zurück, allerdings hätten die Juristen darauf bestanden, dass das kaiserliche Recht die Gegenwehr gegen notorisch ungerechtfertigten Gebrauch von Gewalt erlaube.

8  WB 5, Nr. 1536, 6. März 1530 (Antwort auf das am 27. Jan. 1530 angeforderte Gutachten), S. 259: 52–53. Ironischerweise spiegelte das Torgau-Beispiel später die Position wider, die die Calvinisten in ihrer politischen Theorie des Widerstands einnahmen, nach der eine rechtmäßig bestehende politische Autorität, z. B. ein Stadtrat, zu Widerstand berechtigt sei, wenn der über sie herrschende Fürst gegen das Evangelium verstoße. WB 5, Nr. 1536, 6. März 1530.

9  Der Kaiser garantierte die Freiheit der Reichsstädte, weshalb es für einige von ihnen schwierig war, sich gegen ihn zu stellen und dem Schmalkaldischen Bund beizutreten; im Schmalkaldischen Krieg blieb Nürnberg loyal, während Augsburg sich dem Bund anschloss und zu den Waffen griff.

10  Am 3. April trafen Luther, Bugenhagen und Melanchthon in Torgau die kurfürstlichen Räte zur Schlussredaktion und Absegnung dieses ersten Entwurfs eines Glaubensbekenntnisses, das als »Torgauer Artikel« bekannt wurde.

11  »fuissem ego libens quinta, sed erat, qui diceret mihi: tace, tu habes malam vocem«, WB 5, Nr. 1550, 23. April 1530, S. 283: 6. Er und Melanchthon seien einer Meinung, schrieb er im selben Brief an Eobanus Hessus. Dass er dies extra erwähnen musste, lässt allerdings vermuten, dass es untergründige Spannungen zwischen ihnen gab. Es ging bereits das Gerücht um, dass sie beide nicht immer völlig übereinstimmten. Nur wenige Wochen zuvor hatte Luther einen Brief von Nikolaus Gerbel, seinem gesprächigen, schlechtgelaunten Briefpartner in Straßburg, erhalten, in dem dieser von dem Gerücht berichtete, Melanchthon sei gestorben und habe Schriften hinterlassen, die von Luthers Standpunkt abwichen, WB 5, Nr. 1533, Ende Februar 1530.

12  Walch 17, Nr. 1167, 23. April 1530 (an Spalatin), Sp. 1755, im Orig.: »Vos itis sane ad Augustam, incerti, quando visuri auspitia vestra; Nos hic in ipsa media Comitia venimus. (...) & equalitate vestiti, omnes pariter nigerrimi, omnes cerüleis oculi (...). Cesarem eorum nondum vidi nec audiui«, WB 5, Nr. 1554, 24. April 1530 (an Spalatin, mit der ausführlichsten Beschreibung des Reichstags der Vögel), S. 291: 8–10, 18 f. u. 20; siehe auch ebd., Nr. 1552, 24. April 1530 (an Melanchthon) u. Nr. 1553, 24. April 1530 (an Jonas). Später untersuchte Luther die Nester und füllte mit dem Vergleich zwischen ihnen und dem Pomp des Reichstags einen ganzen Brief an Peter Weller: WB 5, Nr. 1594.

13  WB 5, Nr. 1559, [4. Mai 1530] (Agricola an Luther), S. 299 f. Andere bezogen den Traum auf den Kurfürsten und die Gefahren, die ihm auf dem Reichstag drohten und von denen Luther ihn befreien würde. Agricola war ein begeisterter Sammler von Sprichwörtern und veröffentlichte Sammlungen; wahrscheinlich spielte er mit

dem Traum auf den Kauf »einer Katze im Sack« an, die sich als etwas anderes erweisen würde. Zu Luthers Coburger Briefwechsel siehe Leppin, »Text, Kontext und Subtext«, in: Korsch/Leppin (Hrsg.), *Martin Luther – Biographie*.

14  WS 30.2, S. 237–356, S. 270a:5–7; u. S. 268a:11; Pettegree, *Brand Luther*, S. 271 f.

15  WB 5, Nr. 1584, 5. Juni 1530.

16  »denn Ihr wisst ja«, WB 5, Nr. 1529, 15. Febr. 1530, S. 239:12 f., »versiegelt und«, ebd., S. 240:32 f., »um meines Namens willen«, ebd., S. 33 f.

17  Veit Dietrich, Luthers Vertrauter und Hausgenosse, der mit ihm auf der Veste Coburg ausharrte, schrieb an Luthers Frau, WB 5, Nr. 379, 19. Juni 1530, Coburg, *Beilage* zu 1595. Die Quelle zu diesem Brief ist eine Schrift aus dem späten 17. Jahrhundert über Katharina Luther, Mayer, *De Catharina Lutheri*, S. 52 f. Dort heißt es, der Brief sei zwischen ähnlichen Schriften aufgefunden worden, doch die Herausgeber der Weimarer Ausgabe zweifeln nicht an seiner Echtheit, ebenso wenig wie die der Erlanger und der Ausgabe von Walch.

18  Walch 21.1, Nr. 1566, 5. Juni 1530, Sp. 1468; »talem parentem, ex quo suscepit me pater misericordiae et per eius sudores aluit et finxit, qualisqualis sum«, WB 5, Nr. 1584, 5. Juni 1530, S. 315:34–36. Nach Luthers Formulierung hat Gott ihn durch seines Vaters Schweiß geformt, so dass er nicht direkt seinem Vater etwas schuldete, sondern Gottvater durch seinen Vater.

19  WB 5, Nr. 1529, 15. Febr. 1530, S. 239:7 f.

20  Im März 1530 hatte Luther voller Anteilnahme geschrieben, Kinder seien für die Schulden ihrer Eltern verantwortlich – ein Thema, das ihn sicherlich aufgrund der finanziellen Schwierigkeiten seines Vaters beschäftigte. Kinder seien ein von Gott geschicktes Kreuz, WB 5, Nr. 1537, 12. März 1530 (an Joseph Levin Metzsch).

21  »gebildet«, Walch 21.1, Nr. 1566, 5. Juni 1530, Sp. 1468, im Orig.: »(…) ut senior sim fere Lutherus in mea familia«, WB 5, Nr. 1584, 5. Juni 1530, S. 315:29 f.

22  Die Wittenberger Abordnung versuchte vorsichtig herauszubekommen, welche Positionen Philipp von Hessen vertrat, siehe dazu WB 5, Nr. 1587, 12. Juni 1530. Jonas berichtete, Philipp weigere sich, Agricolas Predigten zu besuchen, denn dieser habe gegen die christliche Liebe gesündigt, indem er seine Sprichwörtersammlung veröffentlichte (die einen verhüllten Angriff auf Herzog Ulrich von Württemberg enthielt). Jonas hielt das für einen Vorwand. Die Wittenberger taten, was sie konnten, um sich Philipp gewogen zu machen, da sie sich um seine Haltung sorgten: siehe auch WB 5, Nr. 1574, 20. Mai 1530. Luther, der aus der Unterhaltung Melanchthons mit Philipp von Hessens Prediger Schnepf wusste, dass der Landgraf die Anhänger Zwinglis ins Boot holen wollte, ließ dem Landgrafen durch Schnepf einen Brief zukommen.

23  WB 5, Nr. 1564, Mai 1530, *Beilage*, S. 313:22 f.

24  Ebd., Nr. 1587, 12. Juni 1530 (Jonas an Luther).

25 »an diesen Dingen«, Walch 21.1, Nr. 1572, 18. Juni 1530, Sp. 1482, im Orig.:
»quamquam seiam te istas res non valde morari«, WB 5, Nr. 1590, S. 367:9. Eine
Beschreibung des Festzugs gibt Jonas in seinem Brief an Luther, WB 5, Nr. 1590,
18. Juni 1530, S. 367–369; siehe dazu auch *Kayserlicher maiestat Einreyttung ...*
[Nürnberg 1530]. Der sächsische Kurfürst trug das blanke Reichsschwert; Brady,
*German Histories*, S. 217–219.

26 WB 5, Nr. 1598, 21. Juni 1530; *Kayserlicher maiestat Einreyttung.* Der Nürnberger
Prediger Andreas Osiander berichtete, »daß der Markgraf Georg«, nachdem der
Kaiser evangelische Predigten verboten habe, »vor dem Kaiser mit großer Freimütigkeit gesagt habe, er wolle lieber sein graues Haupt verlieren, als (...) Gottes
Wort (...) beraubt werden. Der Kaiser habe geantwortet: ›Nicht Kopf abhauen,
nicht Kopf abhauen!‹«, Walch 21.1,. 21. Juni 5030 (Osiander an Luther), Sp. 1495,
im Orig.: »se malle canum suum caput amittere, quam verbum die aut negare aut
eo priuari. (...) Cesarem respondisse: nicht kopf abhauen, nicht kopf abhauen!«,
WB 5, Nr. 1598, 21. Juni 1530, S. 383: 15–17.

27 WB 5, Nr. 1590, 18. Juni 1530 (Jonas an Luther); *Kayserlicher maiestat Einreyttung.* Zum Ritual des Reichstags siehe Stollberg-Rilinger, *Des Kaisers alte Kleider*,
S. 93–136.

28 »Alle übrigen hassen«, Walch 21.1, Nr. 1585, 25. Juni 1530, Sp. 1498, im Orig.:
»Reliqui omnes crudelissime nos oderunt«, WB 5, Nr. 1600, 25. Juni 1530 (Melanchthon an Luther), S. 386:9; » Es sind sechs Kardinäle«, Walch 16, Nr. 957, Sp. 819,
im Orig.: »Hi quotidie sunt in palatio Caesaris, et alias examen sacerdotum circum-
dedit eum ut apes, et exardescunt et inflammantur quotidie novo odio et invidia
adversum te et nos, ut ignis in spinis«, WB 5, Nr. 1602, 25. Juni 1530 (Jonas an
Luther), S. 392:37–40; ebd., Nr. 1601, 25. Juni 1530. Jonas nimmt hier absichtlich
Psalm 118 wieder auf und vergleicht die Priester mit den Ungläubigen. Ich danke
Floris Verhaart, der mich darauf aufmerksam gemacht hat.

29 Für die nächsten drei Monate war Augsburg ohne evangelische Pfarrer, die alle
fortgeschickt worden waren. Fürsten war es allerdings erlaubt, Privatmessen von
ihren persönlichen Geistlichen abhalten zu lassen.

30 WB 5, Nr. 1618, *Beilage*, S. 433, Art. 9. Im Frühjahr 1530 hatte Luther, der zuvor
stets die Ansicht vertrat, dass niemand wegen eines Irrglaubens bestraft werden
sollte, an Menius und Myconius geschrieben, »da sie nicht allein Gotteslästerer
sind, sondern völlig aufrührerisch, so lasset das Schwert an ihnen sein Recht gebrauchen«, Walch 21.1, Nr. 1516 (Anf. März 1530), Sp. 1419, im Orig.: »quando
sunt non solum blasphemi, sed seditiosissimi, sinite gladium in eos iure suo uti«,
WB 5, Nr. 1532, Ende Febr. 1530, S. 244:4 f.

31 *Confessio Augustana*, Artikel 9 (Von der Taufe), S. 63. Artikel 10 (Vom Heiligen
Abendmahl), S. 64, enthält einen direkten Angriff auf die Sakramentarier: er verwirft

die Lehre derer, die bestreiten, dass »wahrer Leib und Blut Christi wahrhaftiglich unter der Gestalt des Brots und Weins im Abendmahl gegenwärtig sei«; Artikel 12, S. 66 f., verwirft die Lehre des Täufers und Schweizer Reformators Hans Denck, dass alle, die einmal zum Glauben gekommen sind, nicht wieder in Sünden fallen können. Artikel 16, S. 70, verurteilt die Täufer, die eine gewaltfreie Lebensordnung predigen, sowie jene, die Frau und Kind usw. verlassen, um der Lehre der Täufer zu folgen. Artikel 17, S. 72 verdammt alle, die bestreiten, dass der Teufel und die verdammten Seelen ewige Qualen erleiden werden. Siehe dazu auch Mullet, *Luther*, S. 204.

32 WB 5, Nr. 1696, 25. Aug. (Bucer an Luther). Siehe dazu die *Vorgeschichte*, ebd., S. 566–568: Auf Drängen Philipps von Hessen überzeugte der sächsische Kanzler Brück Melanchthon von einem Treffen mit Bucer.

33 Walch 16, Nr. 1103, 11. Sept. 1530 (an Melanchthon), Sp. 1515, im Orig.: »Martino Bucero nihil respondeo; nosti … Sic non docuerunt hactenus, nec tamen agnoscere aut poenitere volunt, quin pergunt asserere, non fuisse inter nos dissensionem, scilicet ut nos confiteamur, eos recte docuisse, nos vero falso pugnasse vel potius insaniisse«, WB 5, Nr. 1716, 11. Sept. 1530, S. 617: 15–18.

34 WB 5, Nr. 1566, 12. Mai 1530, S. 316: 13 f. u. 19. Dazu kommen »Phlegma« und eine wunde Stelle am Hals, ebd., Nr. 1693, 24. Aug. 1530, und der Zahnschmerz, ebd., Nr. 1686, 20. Aug. 1530.

35 Walch 21.1, Nr. 1179, 6. Jan 1528 (an Justus Jonas), Sp. 1080 f., im Orig.: »Meus morbus talis erat, ut egestione simul prodiret ani labium tumens in modum fere iuglandis in circuitu toto, in quo erat scabies minutula, quantum est granum cannabis, quae parvula scilicet, quo laxior esset egestio, hoc plus dolebat, quo durior, hoc minus cruciabat. Si autem cruor mixtus ibat, tum erat salus atque adeo suavitas et voluptas quaedam in egerendo. Atque quo plus cruoris, hoc plus voluptatis, ita ut delectatio provocaret me per diem saepius, ad cacandum, et si digito tangeretur, suavissime pruriebat et fluebat cruor. Proinde, me iudice, minime omnium sistendus aut cohibendus est iste cruor egestionis, dicunt enim, auream esse venam, et vere aurea est. Nam eo cruore effluere dicunt, quicquid est mali in toto corpore, velut per sterquilinii portam omnium morborum, solereque hos homines diutissime vivere, ut qui hoc loco et apothecam et omnes doctores medicinae habeant inclusos«, WB 4, Nr. 1202, 6. Jan. 1528.

36 WB 5, Nr. 1609, 29. Juni 1530, S. 407: 35–37. Der Brief ist auf Latein verfasst, doch Luther fällt hier wie an etlichen anderen Stellen im Brief ins Deutsche.

37 Melanchthon schrieb am 22. Mai an Luther (WB 5, Nr. 1576), dann erst wieder drei Wochen später, am 13. Juni (WB 5, Nr. 1589). In den folgenden Wochen schrieben er und Jonas mehrmals, nämlich am 19. und 25. Juni (WB 5, Nr. 1596 u. 1600), am 12., 13. und 18. Juni (ebd., Nr. 1587, 1588 u. 1590;) sowie zweimal am 25. Juni (Nr. 1601 u. 1602).

38 Luther beklagte sich bei Gabriel Zwilling, dass ihm seit einem Monat niemand geschrieben habe: WB 5, Nr. 1597, 19. Juni 1530. Doch einige Briefe benötigten lediglich länger, um ihn zu erreichen, ebd., Nr. 1610, 29. Juni 1530 u. Nr. 1612 sowie Nr. 1605, 27. Juni 1530 (Bugenhagen an Luther).

39 WB 5, Nr. 1612, 30. Juni 1530.

40 »(…) erstens gestanden sie alle Artikel zu, die den Glauben betreffen, daneben auch das, was gelehrt, gepredigt und gehalten wird«, Spalatin, *Annales Reformationis*, S. 134 f., »der aller grosten werck eins gescheen, das ie auf erden gescheen«, ebd.

41 WB 5, Nr. 1602, 25. Juni 1530 (Jonas); ebd., Nr. 1603, 25. Juni 1530 (Kurfürst Johann); ebd., Nr. 1618, 30.(?) Juni 1530 (Jonas), S. 427: 12 f., »Satis attentus erat Caesar.«

42 WB 5, Nr. 1633, 9. Juli 1530, S. 453: 15–17. Luther genoss die Ironie, dass die Fürsten, nicht die Prediger predigten.

43 WB 5, Nr. 1621, 3. Juli 1530.

44 Walch 16, Nr. 991, 9. Juli 1530, Sp. 928, im Orig.: »Nisi quod invideo vobis hanc gratiam, me scilicet non adesse in hac pulchra confessione, contigitque mihi plane eadem fortuna, quae summis illis belli imperatoribus ante annum ante Viennam, ut eis in resistendo et defendendo a Turcis urbem ulla opera aut victoria imputari possit«, WB 5, Nr. 1635, 9. Juli 1530, S. 458: 15–18.

45 WB 5, Nr. 1676, 6. Aug. 1530.

46 WB 5, Nr. 1604, 26. Juni 1530, dazu der diesem Brief beigefügte Brief an Veit Dietrich, ebd., S. 396. Weitere Briefe von Melanchthon und den anderen erhielt Luther um den 29. Juli herum (ebd., Nr. 1610, 29.(?) Juni 1530). Die Spannungen zwischen den beiden Männern haben vielleicht nicht nur mit dem Versäumnis der Wittenberger Abordnung zu tun, ihn über die Fortschritte bei der Arbeit am Glaubensbekenntnis auf dem Laufenden zu halten. Am 5. Juni 1530 teilte Luther Melanchthon im letzten Absatz seines Briefes mit, dass sein Vater gestorben sei (ebd., Nr. 1584). Zwei Tage später schrieb er erneut und legte einen Brief des Mansfelder Schlosspredigers Michael Coelius über den Tod seines Vater bei (ebd., Nr. 1586). Doch Melanchthon schrieb zwischen dem 22. Mai und dem 13. Juni 1530 (ebd., Nr. 1589) nicht zurück und griff weder in diesem noch in den Briefen vom 19. und 25. Juni (ebd., Nr. 1596 u. 1600) den Tod von Luthers Vater auf, während Jonas ihn erwähnte (ebd., Nr. 1588, 13. Juni 1530). Luther ging auf Melanchthons Versäumnis, ihm sein Beileid auszudrücken, nicht ein. Man könnte daraus schließen, dass er es als Privatangelegenheit betrachtete (doch warum hatte er ihm dann Coelius' Brief mitgeschickt?) oder dass sie sich auf irgendeinem anderen Weg darüber austauschten (da einige Briefe fehlen). Vielleicht jedoch schmerzte Luther dieses Versäumnis auch, das könnte eine Erklärung für seine Verärgerung sein.

47 Am 26. Juni bat Melanchthon ihn in einem Brief, er möge ihnen wieder schreiben:

Veit Dietrich habe ihm gesagt, Luther sei entschlossen, nicht mehr zu schreiben. Man kann davon ausgehen, dass es schwierig war, Boten für den Transport der Briefe zu bekommen, und dass diese Post teuer war: Einmal musste Jonas den Dienst mit vier Gulden bezahlen (WB 5, Nr. 1601, 25. Juni 1530). Melanchthon, dessen Nerven blank lagen, suchte sogar Zuflucht darin, eigene Boten zu schicken (ebd., Nr. 1604, 26. Juni 1530, S. 397: 19 f.), und er schrieb extra einen Brief, den er seinem Freund Wolf Hornung mitgab, um keine Möglichkeit auszulassen, dass ein Brief nach Coburg gelangte (ebd., Nr. 1607, 27. Juni 1530).

48 »Ich bitt euch«, Walch 16, Nr. 975, 26. Juni 1530, Sp. 897, im Orig.: »Quotidie confluunt huc sophistae et monachi, ut accendant odium Caesaris adversus nos. (…) Amici, si qui antea fuerunt, nunc absunt. Nos hic soli ac deserti infinitis coeflictamur periculis. Oro igitur te, (…) et non recuses legere nostras literas et respondere«, WB 5, Nr. 1604, 26. Juni 1530, S. 397: 8–13; »Nun ist uns«, Walch 16, Nr. 977, 27. Juni 1530, Sp. 898, im Orig.: »Itaque te oro propter gloriam euangelii, ut nos resicias, vel propter rempublicam, quae, nisi te gubernante, gravissimas tempestates subitura videtur«, WB 5, Nr. 1607, 27. Juni 1530, S. 403: 9–12 u. 16 f.

49 WB 5, Nr. 1602, 25. Juni 1530, S. 392: 44.

50 Walch 16, Nr. 980, 29. Juni 1530 (an Melanchthon), Sp. 902; »in quibus sic me commonefacitis vestrorum laborum, periculorum, lachrymarum, ut indignis modis videar vobis addere meo silentio dolorem super dolorem quasi ista ignorem ego, aut ego hic inter rosas sedeam et nihil curarum feram vobiscum. Atque utinam meae causae essent tales, quae lachrymas sinerent fluere«, WB 5, Nr. 1609, 29. Juni 1530, S. 405: 3–9.

51 WB 5, Nr. 1609, 29. Juni 1530.

52 Walch 16, Nr. 981, 30. Juni 1530 (an Melanchthon), Sp. 906, im Orig.: »Nam et mea causa, atque adeo plus mea quam omnium vestrum«, WB 5, Nr. 1611, 30. Juni 1530, S. 412: 30 f.

53 Ebd., Sp. 905 f., im Orig.: »Quid ad te potissimum scribam, (…) plane ignoro, ita me reverberant cogitationes de tuis pessimis vanissimisque curis, ut qui sciam surdo fabulam narrari. Hoc facit, quod tibi soli credis, mihi et aliis non credis, magno tuo malo. Ego verum fatebor: fui in maioribus angustiis, quam tu unquam futurus sis, spero optoque nulli hominum, etiam ne istis quidem, qui iam ita saeviunt in nos, quantumvis sint scelerati et nefarii, ut mihi similes fiant. (…) Quare ergo et tu vicissim non etiam nos audis, aui certe nihil secundum carnem aut mundum, sed secundum Deum absque dubio per spiritum sanctum loquimur?«, WB 5, Nr. 1611, 30. Juni 1530, S. 411: 1–12.

54 WB 5, Nr. 1610, 29. (?) Juni 1530; ebd., Nr. 1614, 30. Juni 1530. Siehe auch ebd., Nr. 1613, 30. Juni 1530 (an Agricola).

55 Walch 16, Nr. 983, 30. Juni 1530, Sp. 911, im Orig.: »Ego sane si mortuus vel occisus

a papistis fuero, defendam nostros posteros fortiter et istas bestias feroces probe et nimis, quam vellem, ulciscar«, WB 5, Nr. 1614, 30. Juni1530, S. 418: 16–18.

56 WB 5, Nr. 1561, 8. Juli 1530.

57 Walch 16, Nr. 1103, 11. Sept. 1530, sp. 1515, im Orig.: »cum ego taedio senectutis et valetudinis ac verius vitae praesumam, me hoc maledictum saeculum non diu visurum et laturum esse«, WB 5, Nr. 1716, 11. Sept. 1530, S. 618: 25–27. Er begann, einige von Staupitz' Sprüchen zu zitieren: »Wen Gott blenden will, dem tut er zuvor die Augen zu«, WB 5, Nr. 1659, 27. Juli 1530, 498: 3 f., und er benutzte denselben Ausdruck, den er »meus Staupitz« verdankte, in einem Brief an Agricola, ebd., Nr. 1662, 27. Juli 1530 u. Nr. 1670, (?) Juli 1530. Er erinnerte daran, dass Staupitz einst gesagt habe, Luthers Anfälle von Melancholie seien notwendige Prüfungen Gottes, die ihn zum Kirchendienst bestimmten: Luther verstand das nun als prophetische Aussage.

58 WB 5, Nr. 1716, 11. Sept. 1530.

59 Zum Unglück der Lutheraner erkrankte einer der katholischen Verhandlungspartner und wurde durch Herzog Georg von Sachsen ersetzt, der für Luther ein rotes Tuch war, WB 5, Nr. 1695, S. 565.

60 Walch 16, Nr. 1483 f., Hieronymus Baumgartner an Lazarus Spengler, 13. Sept. 1530.

61 Walch 21.1, Nr. 1631, 15. Juli 1530, Sp. 1522, im Orig.: »tantum fortes estote et state viriliter«, WB 5, Nr. 1652, 15. (?) Juli 1530, S. 486: 16.

62 Walch 16, Nr. 1058, 26. Aug. 1530, Sp. 1403, im Orig.: »Obsecro, qui ibi non est insidiarum et doli? Habes nunc Campegium, habes Salzburgium, habes plane larvatos istos monachos Spirae«, WB 5, Nr. 1699, 26. Aug. 1530, S. 577: 3 f.. Zu Luthers Unlust, Melanchthon zu schreiben: »Du plagst auch mich mit deiner vergeblichen Sorge, daß es mich fast verdrießt, an dich zu schreiben, da ich sehe, daß ich mit meinen Worten nichts ausrichte«, Walch 16, Nr. 1009, 21. Juli 1530, Sp. 1018, im Orig.: »Etiam me fatigas ista sollicitudine tua frustranea, ut me paene taedeat ad te scribere, videntem, quod nihil efficiam meis verbis«, WB 5, Nr. 1653, 16. (15.?) Juli 1530, S. 494 f.

63 WB 5, Nr. 1600, 25. Juni 1530. Maultiere waren freilich verrufen wegen ihrer Unfruchtbarkeit. Der Papstesel war angeblich 1496 tot am Tiberufer entdeckt worden, während das Mönchskalb, das in Sachsen entdeckt worden war, zuerst von den Katholischen benutzt wurde, um Luther zu schmähen. Später drehten die Anhänger Luthers die Geschichte mit Hilfe von Cranach um und behaupteten, diese Missgestalt stelle die Mönche und den Papst dar.

64 Siehe dazu Luthers Briefe vom 1., 3. und 4. August, in denen er sich mit dem Problem religiösen Brauchtums beschäftigte und dabei Melanchthons Meinung scharf zurückwies, nur eine Möglichkeit offenzulassen, nämlich die Regeln des heiligen

Bernhard (auf denen die Zisterzienser-Regel beruhte) zu dulden, wenn niemand gezwungen würde, dasselbe zu tun, und wenn andere Werke, wie etwa die Ehe usw., als gottgefälliger dargestellt würden (WB 5, Nr. 161, 1. Aug. 1530; Nr. 1673, 3. Aug. 1530; Nr. 1674, 4. Aug. 1530). In einem Brief an den Kurfürsten legt er weiter dar, dass Fasten, Fastentage, religiöse Kleidung und alle Arten äußerlicher Glaubenspraktiken Gegenstand der weltlichen Ordnung seien und aus diesem Grund die weltliche Herrschaft darüber bestimmen könne, nicht aber die Kirche (WB 5, Nr. 1697, 26. Aug. 1530) – eine Formulierung, die es der weltlichen Herrschaft anheimstellte, Regelungen zu treffen, solange diese nicht das Gewissen belasteten (siehe WB 5, Nr. 1707, *Beilage*, S. 595:191). Luther beharrte darauf, dass die Kommunion nur in beiderlei Gestalt ausgegeben werden könne und dass er in dieser Sache zu keinem Kompromiss bereit sei, gab allerdings auch zu, dass die sächsische Kirchenvisitation die Genehmigung zur Austeilung des Sakraments in nur einer Gestalt an die »Schwachen« erteilt habe, aber man solle dies »doch nicht billigen als recht« (ebd., S. 591:41).

65  WB 5. Nr. 1618, Beilage, S. 433:107 f. Luthers Autorenschaft des achten Artikels der *Beilage* ist nahezu gesichert; das Erstellungsdatum dürfte Anfang Juli gewesen sein, siehe auch ebd., Nr. 1707, *Beilage*, S. 595. In einem anderen Brief (WB 5, Nr. 1691, 22. Aug. 1530) berichtete Melanchthon, Eck habe Luthers Hinzufügung des Wortes »sola« (»allein«) moniert, jedoch eingestanden, dass die Evangelischen den Glauben in den Mittelpunkt stellten. Er habe weiterhin auf der Bedeutung der »Werke« für die Erlösung bestanden, doch ihnen lediglich eine kleine Rolle dabei eingeräumt. Siehe dazu Spalatins weniger optimistischen Bericht über Ecks Standpunkt vom 16. Aug. 1530, in: Förstemann, *Neues Urkundenbuch*, Bd. 2, S. 225–227.

66  Zugleich gaben die Verzögerungen, mit der Luthers Antworten eintrafen, den Verhandlungspartnern in Augsburg Spielraum für Manöver. So bat Spalatin z. B. in einem verzweifelten Brief dringend darum, Luther möge klare Anweisungen zur Reaktion auf die katholischen Vorschläge geben, da er fürchte, Melanchthon könne ihnen zu sehr entgegenkommen, WB 5, Nr. 1692, 23. Aug. 1530, dort auch die *Beilage*. Dann, nachdem er – wahrscheinlich zwischen dem 8. und dem 22. August – keine Nachrichten von Melanchthon hatte, musste Luther zu seinem Ärger feststellen, dass Melanchthon zusammen mit dem von Luther gehassten Eck als Verhandlungspartner einer neuen Kommission angehörte. Sofort schrieb er mit brillanter Ironie an Melanchthon, um ihm »diese Nachricht aus Augsburg« mitzuteilen (WB 5, Nr. 1693, 24. Aug. 1530). Ende August wurde Luther noch misstrauischer. Trotzdem schrieb er am 11. September an Melanchthon, er solle sich nicht um diejenigen bekümmern, die glaubten, er sei den Papisten zu sehr entgegengekommen (WB 5, Nr. 1716).

67 Walch 16, Nr. 945, 30. Juni 1530, Sp. 251, im Orig.: »nisi sanguinem biberint, vivere non possint«, WB 5, Nr. 1613, 30. Juni 1530, S. 416:21.

68 »Handelt männlich!« heißt es in einem Brief, Walch 16, Nr. 1075, 28. Aug. 1530, Sp. 1457, »viriliter« in einem anderen, WB 5, Nr. 1709, 29. Aug. 1530. Auch Philipp von Hessen war der Auffassung, Melanchthon gebe zu viel nach. Er bedauerte seine »Kleinmutigkeit« (ebd., S. 600:6). Um ihn zu beruhigen, antwortete Luther ihm am 11. Sept. 1530 und erklärte, es habe keine Zugeständnisse gegeben und die Verhandlungen seien unterbrochen worden (ebd., Nr. 1717). Auch Linck schrieb an Luther und beklagte Melanchthons Unwillen zum Kompromiss (siehe ebd., Nr. 1720, 20. Sept. 1530).

69 Walch 16, Nr. 1379, Sp. 1382 (Spalatins Bericht über Ecks Standpunkt); ebd., Nr. 1383 u. 1384, WB 5, Nr. 1708, 29. Aug. 1530.

70 Siehe WB 5, Nr. 1618, S. 433, Artikel 7; Spalatin, *Annales*, S. 264 f.

71 Dieses Zugeständnis entsprach auch der Linie, die er in seiner *Vermahnung an die Geistlichen* eingeschlagen hatte (WS 30.2, S. 340–345).

72 Siehe WB 5, Nr. 1708, 29. Aug. 1530, sowie ebd., Nr. 1710, 1. Sept. 1530.

73 Siehe WB 5, Nr. 1708, 29. Aug. 1530 (Melanchthon an Luther). Hinsichtlich der Eucharistie bestand die lutherische Seite darauf, dass es niemals gerecht sei, die Kommunion nur in einer Gestalt zu spenden, und dass diejenigen sündigten, die dies taten. Die Laien dagegen, die die Kommunion nur in einer Gestalt empfingen, sündigten nicht. Die lutherische Seite war also nicht bereit, die Kommunion in nur einer Gestalt bei der übrigen Kirche zu akzeptieren. Sie lehnte auch weiterhin Privatmessen oder Messpriester ab, die die Messe als Opfer feierten. Mönche und Nonnen, die in Klöstern lebten, könnten jedoch weiter dort leben, räumte Luther den Katholischen ein, und in Klöster, die verlassen waren, könnten neue Brüder und Schwestern aufgenommen werden, sie sollten jedoch keinen Ordensregeln oder Klosterordnungen folgen müssen – auch diese Lösung hätte vielleicht einen Kompromiss ermöglicht. Das Fasten sollte nicht mehr eine Frage des Gewissens sein, weltliche Obrigkeiten könnten jedoch Regelungen zum Fasten treffen. Siehe dazu Philipp von Hessens Darstellung der Verhandlungsangebote in WS 5, Nr. 1709, 29. Aug. 1530. Der Landgraf war besonders besorgt wegen der Zugeständnisse beim Fasten und beunruhigt über die Bereitschaft, den Bischöfen ihre Macht zurückzugeben. Schnepf, sein Priester, hielt es für sehr gefährlich, die Bischöfe wieder in ihre alte Machtposition zu bringen, obwohl er in anderen Belangen mit Melanchthon übereinstimmte. Das Modell der friedlichen Koexistenz, das Schnepf vorschwebte, entsprach dem Modell des Zusammenlebens mit den Juden (Förstemann, *Neues Urkundenbuch*, Bd. 2, S. 311 f., Ende August). Dieses Modell lehnten die Lutheraner in der Folge allerdings strikt ab.

74 Außerdem befürchtete Melanchthon, die bisherigen Verbündeten der Lutheraner

könnten sich den Schweizern zuwenden, es war daher umso wichtiger, rasch einen Frieden herbeizuführen, WB 5, Nr. 1711, 4. Sept. 1530.

75 Später erhielten sie noch die Unterstützung von Heilbronn, Kempten, Windsheim, Weißenburg und Frankfurt.

76 WB 5, Nr. 1720, 20. Sept. 1530, S. 624 f., Einführung zum Brief. Siehe auch den ersten Brief von Hieronymus Baumgartner an Lazarus Spengler, Walch 16, Nr. 1083, 13. Sept. 1530, Sp. 1482–1484, in dem Baumgartner sich beklagt, Philippus sei »kindischer denn ein Kind geworden« (Sp. 1482), sowie ebd., Nr. 1108, ·15. Sept. 1530, Sp. 1523–1525, wo er Melanchthon vorwirft, mit seinem Fluchen, Schelten und dem vermessenen Beharren auf der eigenen Autorität den Verhandlungen zu schaden (Sp. 1524). Baumgartner bat Spengler, mit Luther darüber zu sprechen, was dieser persönlich tat. So wurde er zum Boten, der Briefe an Jonas und Melanchthon nach Augsburg brachte. Die Klagen zogen sich über drei Wochen hin: Luther hatte am 28. August (WB 5, Nr. 1707) an Spengler geschrieben und dabei Melanchthon verteidigt. Kurze Zeit später hatte sich Melanchthon bei Luther beschwert: Baumgartner, der wegen ihrer Zugeständnisse hinsichtlich der Bischöfe wütend sei, habe ihm geschrieben, dass die Anhänger des römischen Papsttums sehr viel Bestechungsgeld hätten bezahlen müssen, um die Papstherrschaft auf einem noch besseren Weg wiederherzustellen (WB 5, Nr. 1710, 1. Sept. 1530).

77 Walch 21.1, Nr. 1702, 20. Sept. 1530, Sp. 1571, im Orig.: »fac ergo, ut habeam, quo illis os obstruam«, WB 5, Nr. 1721, 20. Sept. 1530, S. 628:23.

78 Walch 16, Nr. 1082, 20. Sept. 1530, Sp. 1479, Sp. 1480, im Orig.: »Sed ecce interim tonitrua eg fulgura ad me feruntur a quibusdam nostrorum magnis et multis, vos causam prodidisse et propter pacem plura concessuros esse ... impulerunt me in haec verba: Jsts denn also, so hat der Teufel ein hubsch Trennen unter uns selbs angericht«, WB 5, Nr. 1722, 20. Sept. 1530, S. 628:4 f. Dagegen verteidigt Luther am selben Tag in seinem Brief an Linck Melanchthon gegen den Vorwurf, er habe zu viele Zugeständnisse gemacht.

79 WB 5, Nr. 1726, 28. Sept. 1530. Spengler wusste, dass diese Briefe die Bewegung nur sinnlos spalten würden.

80 Walch 16, Nr. 1083, 13. Sept. 1530 (Baumgartner an Sprengler), Sp. 1483.

81 Zur Darstellung dieses Problems in der Geschichtsschreibung von Luthers Zeitgenossen siehe Kolb, »Augsburg 1530: German Lutheran Interpretations«, in: *Sixteenth Century Journal* 11, 1980, S. 47–61. Im Rückblick zog Spalatin den Schluss, es sei Gottes bestes Werk auf dem Reichstag gewesen, dass er nicht zugelassen habe, dass »solche Lügen« (gemeint waren die Angebote der Papisten) als gut oder rechtens durchgingen, Spalatin, *Annales*, S. 289.

82 Siehe dazu Spalatins Einschätzung der Verhandlungen für den Kurfürsten in

Walch 16, Nr. 1104, 14. Sept. 1530, Sp. 1516–1518, und Luthers pessimistischen Bericht WB 5, Nr. 1723, 23. Sept. 1530.

83  WB 5, Nr. 1648, 15. Juli 1530, S. 480: 21 f.

84  WB 5, Nr. 1713, 8. Sept. 1530, S. 608: 20 f. Im August plagten ihn zusätzlich Zahnschmerzen. Im selben Monat weihte er Melanchthon ein, er habe ein neues Gebrechen, wolle aber nur persönlich mit ihm darüber sprechen, WB 5, Nr. 1690, 21. Aug. 1530.

85  Während seines Aufenthalts entstand auch die Schrift *Von den Schlüsseln* (WS 30.2, S. 465–507), die jedoch bei Auflösung des Reichstags noch nicht vollständig fertiggestellt war, eine *Vermahnung an die Geistlichen versammelt auf dem Reichstag zu Augsburg Anno 1530* (WS 30.2, S. 238 ff.), die in zahlreichen Ausgaben einschließlich in Niederdeutsch, Dänisch und Niederländisch erschien, sowie die Schrift *Brief an den Kardinal Erzbischof zu Mainz* (WS 30.2, S. 393 ff.), vorgeblich ein Versöhnungsschreiben, in dem Luther donnerte: »Lasst euch ja nicht einfallen, dass ihr mit Menschen zu tun habt, wenn ihr mit dem Papst und den seinen zu tun habt, vielmehr nur mit Teufeln« und an das »unschuldige Blut« von Leonhard Kaiser erinnerte, und schließlich die *Propositiones adversus totam synagogam Sathanae* (WS 30.2, S. 420 ff.), die in vielfachen deutschen Übersetzungen gedruckt wurden.

86  »das unverschämte Maul«, WS 30.3, *Warnung an seine lieben Deutschen* (1531), S. 286: 23; »(...) das Jungher Neydhard, vnd Meister lügenhard, ynn yhren neyden vnd liegen zu schanden worden sind«, ebd., S. 293: 8 f.

87  So hatte er z. B. in der *Vermahnung* darüber nachgedacht, die Katholiken einfach ihrer Wege gehen zu lassen und den katholischen Bischöfen zu sagen, sie sollten bleiben, wo sie sind, denn sie handelten nicht gerecht, und dann »wohlan, darüber werden nicht wir, sondern ihr Rechenschaft ablegen müssen. Aber bewahrt Frieden und verfolgt uns nicht.« WS 30.2, s. 314a:8–16. Wenn sie Bischof bleiben und all ihren Besitz behalten könnten, dann würde er etwas tun, wie er ironisch meinte, wozu die Sakramentarier (sowie die Hussiten und die Anhänger Müntzers) nicht bereit seien.

## »Eine feste Burg«

1  WS 30.3, S. 249–320.

2  Thompson, *Studies in the Reformation*, S. 3–41. Im Vorfeld der Beratungen in Schmalkalden fand in Torgau ein Treffen zwischen den Wittenberger Theologen und den kursächsischen Räten statt, über das Luther eine gewundene Notiz verfasste, siehe WB 5, Nr. 1740, 28. Okt. 1530, *Beilage*, S. 662–664.

3  Straßburg, Memmingen, Konstanz und Lindau.

4  WB 5, Nr. 1487, 28. Okt. 1529 (Luther an Linck), S. 170: 6 f.

5  Junghans, *Die Reformation in Augenzeugenberichten*, S. 417

6 Potter, *Zwingli*, S. 413.

7 Ebd., S. 414; Zwingli beteiligte sich aktiv am Kampf; ob das auch für alle anderen gilt, wissen wir nicht.

8 »Aber das ist das Ende«, Walch 21.1, Nr. 1859, 28. Dez. 1531 (an Amsdorf), Sp. 1717, im Orig.: »Sed iste est finis gloriae, quam quaerebant blasphemiis in coenam Christi«, WB 6, Nr. 1890, 28 Dec. 1531, S. 236: 4 f.; »Ich bin ein Prophet«, Walch 21.1, Nr. 1865, 3. Jan. 1532 (an Wenzeslaus Linck), S. 1720, im Orig.: »Propheta fui, qui dixi, Deum non laturum diu istas rabidas et furiosas blasphemias«, ebd., Nr. 1895, 3 Jan. 1532, S. 246: 17–20; »Wer das Schwert ...«, ebd., Nr. 1894, 3 Jan. [1532]; WT 1, Nr. 220, S. 94: 21; u. WT 2, Nr. 1451.

9 Siehe Hill, *Baptism, Brotherhood and Belief*. Zu den Wiedertäufern siehe auch Clasen, *Anabaptism. A Social History*; Williams, *The Radical Reformation*; Goetz, *The Anabaptists*; Kobelt-Groch, *Aufsässige Töchter Gottes*; Stayer, *Anabaptists and the Sword*; Stayer, *The German peasants' war*.

10 *Von der Wiedertaufe an zwei Pfarrherrn*, WS 26, S. 144–174; *Vorrede* zu Menius, *Der Wiedertäufer Lehre* (1530), in: WS 30.2, S. 211–214; siehe auch Oyer, *Lutheran reformers against the Anabaptists*. Menius spezialisierte sich auf die Widerlegung der Täufer und verfasste vier verschiedene Werke gegen sie.

11 WS 12, S. 42–48, 1523; die apotropäische Handlung war zwar kein Bestandteil der überarbeiteten Taufliturgie von 1526, doch die Exorzismen blieben erhalten (WS 19, S. 539–541), und Luther beharrte in dem Brief, den er vorausschickte, explizit darauf, dass das Kind vom Teufel besessen sei (ebd., S. 537). Die Liturgie wurde nicht in das Konkordienbuch aufgenommen, weil man annahm, dass die Exorzismen in der Taufhandlung die Süddeutschen gegen die Lutheraner aufbringen würde (ebd., S. 532, Einführung).

12 WT 6, Nr. 6815, S. 208: 32–34. Luther gab der simplen Geschichte noch einen Dreh: Ein Augenzeuge meinte, er könne dasselbe, da auch er getauft sei. Doch als er den Teufel traf und beherzt nach seinen Hörnern griff, verdrehte der Teufel den Nacken. Der springende Punkt lag offenbar darin, dass man sich nicht übernehmen durfte: Nicht jeder besitzt echten Glauben und kann Dämonen vertreiben.

13 So übernahm Luther die Patenschaft für die Kinder von Konrad Cordatus. Cordatus ließ die übliche Taufmünze, die der Pate Luther geschickt hatte, bei einem Goldschmied umarbeiten und sandte das Schmuckstück an Luther zurück (WS 5, Nr. 1528, 10. Febr. 1530). Jakob Probst in Bremen war der Pate von Luthers Tochter Margarethe (WB 10, Nr. 3983, ca. 17. April 1544). Für seinen Sohn Martin wählte Luther 1531 seinen alten Freund in der Mansfelder Verwaltung, Johann Rühel, sowie Johann Riedesel, ein hochrangiges Mitglied der kursächsischen Verwaltung, zum Paten (WB 6, Nr. 1880, 30 Okt. 1531). Unglücklicherweise verlor dieser bald darauf seine Stellung, als der alte Kurfürst starb, und Luther schrieb einen Trost-

brief an ihn (WB 6, Nr. 1955, 7. Sept. 1532). 1533 wählte Luther politisch bedeutende Männer als Paten für seinen Sohn Paul, den kurfürstlichen Erbmarschall Hans von Löser und Herzog Johann Ernst, den jüngeren Bruder des Kurfürsten, sowie Jonas, Melanchthon und Caspar Lindemanns Frau (WB 6, Nr. 1997, 29. Jan. 1533). Die Tauffeier fand am Tag nach der Geburt im Schloss statt.

14 So rät er z. B. 1525 Sprengler in Nürnberg, dass die »drei gottlosen Maler«, führende Nürnberger Künstler, die Interesse an mystischen Vorstellungen entwickelt hatten, nicht als Häretiker bestraft, sondern wie »die Türken oder verleugnete Christen« behandelt werden sollten. Falls sie jedoch die weltliche Obrigkeit nicht anerkennen und nicht gehorchen würden, könnten sie bestraft werden (WB 3, Nr. 824, 4. Febr. 1525, S. 432: 13–14); siehe auch Oyer, *Lutheran reformers against the Anabaptists*, S. 114–139.

15 »Doch ist es nicht recht«, WS 26, *Von der Wiedertaufe*, S. 145: 22–23; »Obwohl es scheußlich anzusehen«, WB 6, Nr. 1881, Ende Okt. 1531, S. 222 f. Melanchthon riet dazu, nicht nur die Anführer, sondern auch gewöhnliche Wiedertäufer hinzurichten, soweit sie nicht nur in Unwissenheit handelten. Das war eine weitaus härtere Haltung, als man in Hessen zur selben Zeit zeigte. Luther stimmte dem Gutachten zu und fügte eigenhändig die Anmerkungen hinzu, ebd., S. 223: 1–3; zur Entwicklung von Melanchthons Ansicht siehe Oyer, *Lutheran reformers against the Anabaptists*, S. 140–178, und Kusukawa, *Transformation of natural philosophy*, S. 78 f., der Melanchthons Härte auf dessen Identitätskrise während der Wittenberger Unruhen zurückführt.

16 Jahrhunderte später entdeckte man bei Renovierungsarbeiten, dass Erbe seinen Namen in die Mauer des Turms geritzt hatte, in dem er gefangen gehalten wurde, siehe Hill, *Baptism, Brotherhood and Belief*, S. 81 f. Luther kannte auch den Fall von Georg Karg, der wegen seiner von wiedertäuferischem Gedankengut beeinflussten Einstellung im Wittenberger Schloss in dem Raum inhaftiert wurde, in dem der Kurfürst Fechten gelernt hatte; WB 8, *Vor- und Nachgeschichte zu Nr. 3206*, 3. Jan. 1537, S. 179–183. Luther hatte sich darum bemüht, dass Karg Hausarrest bekäme, doch die kurfürstliche Regierung verweigerte dies. Karg war eine spirituelle Verbindung mit der Frau des Spiritualisten und Radikalen Sebastian Franck eingegangen. Luther belehrte ihn, und Karg nahm die Belehrung an: Mitte Februar wurde er freigelassen.

17 Zu Beginn des 16. Jahrhunderts belief sich die Einwohnerzahl auf 8000 bis 9000, siehe van Dülmen, *Reformation als Revolution*, S. 238; dann kamen geschätzte 2500 Täufer in der Stadt an, ebd., S. 275.

18 Er übernahm das Amt des Jan Matthys, der als Prophet gegolten hatte. Er hatte in der Stadt eine Gütergemeinschaft eingerichtet, siehe Dülmen, *Reformation als Revolution*, S. 208–336, Kerssenbrock, *Anabaptist Madness*.

19 Siehe *Newe zeytung von den Wydertaufferen zu Münster*, Nürnberg 1535 [VD 16
N 876] mit einem Vorwort von Luther und Melanchthons Vorschlägen zum Umgang mit den Täufern; siehe auch Hsia, »Münster and the Anabaptists«.

20 WT 5, Nr. 6041. Ein zusätzlicher Aspekt könnte auch gewesen sein, dass die Ver-
luste an Männern in der Bevölkerung es notwendig machten, die zurückbleibenden
Frauen in Haushalten mit männlichem Oberhaupt unterzubringen, siehe Hsia,
»Münster and the Anabaptists«.

21 Greschat, *Martin Bucer*, S. 96.

22 Walch 21.1, Nr. 1825, 3. Jan. 1532, Sp. 1721, im Orig.: »quia vidi, quam sit neces-
saria nobis vestra societas, ( …) ita ut certus sim, ones portas inferi, totum papatum, totum Turcam, totum mundum, totam carnem, et quicquid malorum est, non
potuisse tantum nocere euangelio, si concordes essemus«, WB 6, 22. Jan. 1531,
S. 24 f.: 40–44.

23 Luther kamen bald Gerüchte zu Ohren, dass Michael Keller und seine Unterstützer
in Augsburg verbreiteten, die Wittenberger hätten Zwinglis Auffassung vom Sakrament übernommen, WB 6, Nr. 1799, 28. März 1531. In Augsburg kam es zu
wiederholten und sehr bitteren Auseinandersetzungen zwischen Befürwortern von
Bucers Initiative und lutherischen Priestern. Frosch und Johannes Agricola weigerten sich, ihre neuen Kollegen aus Straßburg, Bonifacius Wolfhart und Wolfgang
Musculus, zu treffen. Im folgenden Jahr warnte Luther die Augsburger, ihnen
drohe dasselbe Schicksal wie Müntzer und Zwingli, WB 6, Nr. 1893, 3. Jan. 1532
(an Caspar Huber), S. 244: 3–5. »Siehe dich vor, Augsburg!«, ruft er in einem Brief
an Linck vom 3. Januar 1532, in: Walch 21.1, Nr. 1825, 3. Jan. 1532, Sp. 1721. Im
Januar 1533 veröffentlichte er eine Warnung an die Stadt Frankfurt, sich nicht von
Sakramentariern hinters Licht führen zu lassen, die behaupteten, sie lehrten wie
die Wittenberger, dass Christus in Brot und Wein wirklich gegenwärtig sei, tatsächlich aber meinten, er sei nur spirituell, nicht körperlich gegenwärtig. Für Luther
betrieben sie ein Wortspiel: *Ein brieff an die zu Franckfort am Meyn*, Nürnberg
1533 [VD 16 L 4164].

24 Kolde (Hrsg.), *Analecta Lutherana*, S. 216–230 (Musculus) und S. 214–216
(Briefwechsel); Myconius, *EPISTOLA SCRIPTA AD D. Vitum Theodorum …
DE CONCORDIA inita Witebergae inter D. D. Martinum Lutherum, & Bucerum anno 36*, Leipzig 1581; Walch 17, Abschn. 4, *Wittenbergische Concordie*,
Nr. 89 (Bericht von Myconius), Sp. 2090–2099. Vertreter aus Augsburg, Memmingen, Ulm, Reutlingen, Esslingen, Fürfeld und Frankfurt warteten gleichfalls,
wurden jedoch nicht zu der entscheidenden vertraulichen Gesprächsrunde zugelassen.

25 Ebd. (Bericht von Myconius), Sp. 2096.

26 Ebd. (Bericht von Myconius), Sp. 2093, 2094. Ob Christus bei Ungläubigen anwe-

657

send war oder ob sie nur Brot und Wein erhielten, blieb unentschieden. Siehe auch Greschat, *Martin Bucer*, S. 132–139.

27 Die Bibel, nach der Übersetzung Martin Luthers, hrsg. v. der Evangelischen Kirche in Deutschland, rev. Fassung, Stuttgart 1999, Markus 16,15, NT S. 67; »Ich habe Lutherum«, Walch 17, Abschn. 4, *Wittenbergische Concordie*, Nr. 89 (Bericht Myconius), Sp. 2098 f., im Orig.: »Audiui antea Lutherum persaepe, sed nunc mihi ex ipso coelo non loqui, sed tonare nomine Christi videbatur«, Myconius, EPIS-TOLA SCRIPTA, folg. B 2 (v).

28 WB 8, Nr. 3191, 1. Dez. 1537 (Antwort auf das am 12 Jan. 1537 erhaltene Schreiben); Bucer hatte ihn angeschrieben und gebeten, er möge bitte antworten; WB 8, Nr. 3192, 3 Dez. 1537.

29 Der Mann, den Luther empfohlen hatte, war nach Ansicht des Augsburger Rats nicht zu halten: Johann Forster griff die anderen Pfarrer an, soff und hetzte Gemeindemitglieder gegeneinander auf, WB 8, Nr. 3250, 19. Aug. 1538, Nr. 3251 u. 29. Aug. 1538; WB 8, Nr. 3418, 1. Dez. 1539. Blarer war später gleichfalls gezwungen, die Stelle aufzugeben, siehe Köhler, *Zürcher Ehegericht*, Bd. 2, S. 318 f.

30 WS 50, S. 509–653, *Von den Konziliis und Kirchen*. Darin legt Luther ausführlich seine Ansicht dar, dass Frauen in der Kirche vom Priestertum ausgeschlossen sein müssten, ebd., S. 633.

31 In einem Brief, WB 8, Nr. 3383, 30. Aug. 1539, erinnerten sie Luther an den Frieden, dem er zugestimmt habe.

32 WS 51, S. 587.

33 Luther beteuerte, dass Zwingli ein »Heide« geworden wäre, hätte er wirklich geglaubt, was er in *Christianae fidei expositio* geschrieben habe, die nach seinem Tod gedruckt wurde, nämlich dass er »[auch noch] an der Seligkeit seiner Seele verzweifeln musste, falls er mit dieser Überzeugung gestorben ist«, WS 54, S. 143:11 f.

34 Bullinger, *Warhaffte Bekanntnuss der Dieneren der Kirchen zuo Zürych* [VD 16 B 9770]; Stumpf, *Beschreibung des Abendmahlstreites*, S. 137 f. u. S. 141. Wie der Zwingli-Anhänger Johann Stumpf mit klugem Humor notierte, behandelten die Lutheraner, die behaupteten, Reliquien wegzuwerfen, Luthers *Kurzes Bekenntnis vom heiligen Sakrament* in Wirklichkeit wie ein »Heiligtum«, eine Reliquie (ebd., S. 141).

35 1543 bekam Luther ein Exemplar der Züricher lateinischen Bibel von dem Maler Christoph Froschauer geschenkt, doch er bat darum, dass man ihm nichts mehr schicke, denn: »Ich will an der verdammten und lästerlichen Lehre keinen Anteil mehr haben, sondern in Unschuld bleiben, gegen sie beten und lehren bis an mein Ende«, ihnen stehe dasselbe Schicksal wie Zwingli bevor, in: WB 10, Nr. 3908, 31. Aug. 1543.

36 Siehe Karant-Nunn, *Luther's Pastors*.

37 WB 10, Nr. 3762, 26. Juni 1542: In einem Schreiben an Fürst Georg von Anhalt er-

klärte Luther, das Hochheben der Hostie sei eine Frage des Geschmacks, es gehöre zu jenen Adiaphora, die keine wesentlichen Bestandteile der frommen Praxis seien. Er selbst habe das Hochheben der Hostie beibehalten, Bugenhagen dagegen habe es abgeschafft. Damit bagatellisierte er die Bedeutung, die die Sache für ihn persönlich hatte: Tatsächlich hatte er das Hochheben der Hostie ursprünglich beibehalten, um den Teufel zu ärgern, weil Karlstadt der Auffassung war, die Elevation des Sakraments stelle eine erneute Kreuzigung Christi dar, siehe WB 10, Nr. 3806, 1. Nov. 1542 (an Leonhard Beyer) sowie Anm. 3; siehe auch WS 54, *Kurzes Bekenntnis vom heiligen Sakrament*, 1544, S. 165:25 f., wo Luther ausdrücklich erklärt, dass das Hochheben der Hostie von nun an in der Wittenberger Kirche abgeschafft sei, die Wittenberger es früher jedoch beibehalten hätten, obwohl es in den meisten Kirchen abgeschafft war und auch er es lieber weglassen würde.

38  WB 10, Nr. 3888, 4. Juli 1543. Zu den Gefühlen in der lutherischen Frömmigkeit siehe Karant-Nunn, *The Reformation of Feeling*.

39  WB 6, Nr. 1773 (16. Jan. 1531), S. 21:26–28, Gutachten für Kurfürst Johann, siehe auch die Einführung; WB 6, Nr. 1776, 22. Jan. 1531. In seinem Brief an Bucer beharrte Luther schroff auf der Anerkennung, dass auch die ungläubige Seele den wahren Leib Christi empfange, sonst könne man nicht übereinkommen, WB 6, Nr. 1779, 9.(?) Febr. 1531. Gleichwohl setzte er sich nicht dafür ein, eine Übereinkunft zu finden, sondern schrieb an Katharina Zell in Straßburg, der er schon lange einen Brief schuldete, und bat sie: »Betet, betet, betet« für die Sache (WB 6, Nr. 1777, 24. Jan. 1531, S. 26:16). Katharina Zell war die Frau des Straßburger Predigers Matthäus Zell und eine der wenigen Frauen, die Flugschriften zur Unterstützung der Reformation verfassten. Sie hatte einen bedeutenden Einfluss in der Straßburger Priesterschaft. Es war ein Zeichen der Anerkennung ihrer Stellung, dass es Luther klug erschien, ihr zu schreiben.

40  Siehe Walch 17. Sp. 2099 zu dem Bericht, den der Frankfurter Priester Bernardi zusammenstellte und an dessen Abfassung wahrscheinlich Bucer und Capito beteiligt waren. Im Bericht wurde festgehalten, keine Seite glaube tatsächlich, dass der »Mund« den »Leib« Christi berühre: »Aber weil bei uns etliche immer etwas Groeberes aus diesen Reden verstehen wollen, den sein selbst, des Luthers, oder auch der alten Vaeter Verstand waere, brauchten wir diese Rede nicht, sonder sagten, dass allda mit dem Brod und Wein der Leib des Herrn wahrhaftiglich dargereicht werde, auf eine goettliche und himmlische, aber doch wahre und wesentliche Weise.« Wie Ratzeberger schreibt, legte Melanchthon dies Georg Öhmler dar, und Luther schrieb über diese Dinge »nimis crasse« (außerordentlich derb). – »Dann meinst du, sagt er, dass sich Christus mit den Zähnen zerreißen und durch den Leib anschließend verdauen lasse«, wandten Zwinglis Anhänger gegenüber Luther ein. Neudecker (Hrsg.), *Die handschriftliche Geschichte Ratzeberger's*, S. 93 f.

41  Walch 21.1, Nr. 1134, 19. Okt. 1527, Sp. 1025, im Orig.: »qui hodie didicit flexis poplitibus solus in omnem angulum cacare, imo cacavit vere in omnem angulum miro negotio«, WB 4, Nr. 1160, 19. Okt. 1527, S. 369:26 ff.

42  Diese Denkbewegung wird sehr gut dargestellt bei Kolb, *Martin Luther, Confessor of the Faith*, S. 114, der sie auf das Erbe Ockhams bei Luther zurückführt.

43  WT 3, Nr. 3484. In einem Brief, den Luther in Coburg an seinen Sohn Hans schrieb, stellte er sich einen Ort vor, wo »gute« Kinder spielen, Kirschen essen und auf kleinen Pferden reiten. Hans war damals vier Jahre alt, und dass Luther ihm diese Geschichte erzählte, zeigt, wie verbreitet die Erfahrung eines Todesfalls war. Eine wörtlich zu verstehende Beschreibung des Himmels hat Luther hier jedoch eindeutig nicht beabsichtigt (WB 5, Nr. 1595, ca. 19. Juni 1530).

44  WB 6, Nr. 1820, 20. Mai 1531, S. 103:3–6 u. 17. Der Brief wurde unter den Lutheranern bekannt. Nur ein Jahr später bat Lazarus Spengler aus Nürnberg Luther um eine Abschrift, und Luthers Sekretär Veit Dietrich schickte sie ihm, zusammen mit Luthers letztem Brief, an seinen Vater. Beide Briefe waren also bereits zu Luthers Lebzeiten im Umlauf. Sie wurden 1545, ein Jahr vor Luthers Tod, in Caspar Crucigers Sammlung von Luthers Predigten und Trostschriften *(Etliche Trostschrifften und Predigten des Ehrwird. Herrn Doct. Mart. Luth. …)* veröffentlicht, eingangs einer Sammlung von Briefen und Auszügen aus Luthers Werken mit dem Thema Melancholie, die für den seelsorgerischen Gebrauch bestimmt waren.

45  WT 4, Nr. 4787, S. 505–507.

46  WB 10, Nr. 3792, 16. (? )Sept. 1542, S. 147:5; ebd., Nr. 3830, 26. Dez. 1542; ebd., Nr. 3831, 27. Dez. 1542. Der Schule teilte er mit, man solle nicht zulassen, dass er dieser weichen Ader oder dieser weiblichen Art freien Lauf lasse; und er schrieb seinem Sohn, dass seine Mutter nicht in der Lage sei, ihm zu schreiben, aber allem zustimme. Als sie gesagt habe, dass er zurückkommen könne, wenn es ihm nicht gutgehe, habe sie ernsthafte Krankheiten gemeint, von denen sie ihn sofort in Kenntnis setzen solle.

47  *Von weltlicher Obrigkeit*, WS 11, S. 245–280: »aus freier Vernunft«, ebd., S. 280:14; »dass es jedermann«, ebd., S. 280:14 f.

48  WB 6, Nr. 1861a u. b, 3. Sept. 1531 sowie S. 175–177; in einer Version des vorgelegten Gutachtens, von der der Herausgeber sagt, sie sei das zeitgenössische Gutachten. Luther erwog eher die Möglichkeit, dass die Königin dem König erlauben könnte, eine zweite Frau zu nehmen, statt sie zu verstoßen; eine Möglichkeit, die er ausdrücklich nicht in die Abschrift des Gutachtens aufnahm, das er später an Philipp von Hessen sandte.

49  WB 7, Nr. 2282, 9. Jan. 1536; ebd., Nr. 2283, 11. Jan. 1536; siehe auch ebd., Nr. 2287, 19. Jan. 1536: Luther beharrte auf seiner bereits früher geäußerten Einschätzung.

50 »Denn ich begehre es mit Gott und meinem guten Gewissen, weil (ich) mich ohne ein solches Mittel und Arznei schlimmer Unzucht nicht enthalten kann«, meinte der Landgraf in seiner Hochzeitsrede, Rockwell, *Die Doppelehe des Landgrafen Philipp*, S. 43.

51 WB 8, Nr. 3423, Dez. 1539, S. 631:31–35. Der Landgraf machte sein Temperament für seine Triebhaftigkeit verantwortlich, die nach der medizinischen Säftelehre seiner Zeit durch die Zusammensetzung seiner Körpersäfte verursacht worden sei. Reichhaltiges Essen verstärke die Triebhaftigkeit noch. Der Brief stellt ein außergewöhnliches Dokument dar, denn es handelt sich um eine ausgearbeitete Argumentation für ein Leben in Bigamie, die zudem in der ersten Person Singular verfasst ist – bemerkenswert für einen Herrscher, der sonst von sich in der ersten Person Plural zu schreiben und zu sprechen pflegte. Er enthält von Philipp eigenhändig eingefügte Kommentare. Philipp muss die Möglichkeit der Bigamie schon Jahre zuvor mit Luther besprochen haben, denn es existiert ein Brief Luthers vom 28. November 1526 in den Marburger Archiven, in dem dieser darauf besteht, dass Bigamie nicht erlaubt sei (WB 4, Nr. 1056), es sei denn »es wäre denn die hohe Not da«. Diese Formulierung könnte Philipps Hoffnungen geweckt haben, wenngleich die Ausnahmen, die Luther anführte und die zeigten, woran er bei »hoher Not« dachte, eine lepröse Ehefrau oder eine auf andere Weise von ihrem Ehemann entfernte Frau waren (vgl. Kap. 13 in diesem Buch). Karlstadt dagegen hatte 1524 einem Mann geraten, eine Zweitfrau zu heiraten (WB 3, Nr. 702, 13. Jan. 1524). Luther hatte damals herausgestellt, dass nichts dagegen einzuwenden sei, denn angesichts des Beispiels der Propheten im Alten Testament könne er es nicht verbieten, er wünsche sich aber die Polygamie nicht als übliche Sitte unter Christen. Er vermutete eine spitzbübische Absicht hinter Karlstadts Anfrage und konnte sich die Bemerkung nicht verkneifen, dass die Orlamünder noch völlig »mosaisch« würden und die Beschneidung einführten.

52 WB 5, Nr. 1709, 29. Aug. 1530; Greschat, *Martin Bucer*, S. 153–1566: Bucer war es gelungen, eine Gruppe von Täufern in Hessen zur Konversion zu bewegen, indem er ihre Bedenken hinsichtlich des Mangels an Disziplin in der Kirche ernst nahm. Anschließend entwarf er die Ziegenhainer Kirchenzuchtordnung, die zusammen mit der Kirchenordnung für Hessen Anfang 1539 gedruckt vorlag.

53 WB 8, Nr. 3423, Dez. 1539: Die Argumentation ist interessant, da Philipp erklärte, er benötige, um die Zustimmung des Kaisers zu erlangen, möglicherweise den päpstlichen Dispens, obwohl dieser für ihn keinerlei Bedeutung habe (›Ich nun vffs Pabsts Dispens[a]tion gar nichts achte‹), doch wenngleich er sich sicher sei, den Dispens zu bekommen, wenn er genug bezahlen würde, könne ihm immer noch der Kaiser die Hände binden.

54 WB 9, Nr. 3458, 5. April 1540. Luther verbrannte den Brief, bei dem uns überliefer-

ten Exemplar handelt es sich um einen Entwurf, siehe WB 9, Nr. 3464, 12. April 1540; siehe auch ebd., Nr. 3484, 24. Mai 1540.

55 WB 9, Nr. 3491, 9. Juni 1540; siehe auch ebd., Nr. 3502 (handschriftlich von Philipp von Hessen) und ebd., Nr. 3503, 20. und 21. Juni 1540.

56 Lening, *Dialogus das ist ein freundtlich Gesprech Zweyer personen* [VD 16 L 1174]. Zu Bucers großer Verlegenheit glaubten einige, die Schrift stamme aus seiner Feder (Rockwell, *Die Doppelehe des Landgrafen Philipp*, S. 121–130). 1542 verfasste Luther eine Erwiderung, in der er darlegte, dass Polygamie zwar im Alten Testament erlaubt sei, die Einstellung zu Frauen sich aber damals von der jetzigen unterschied (WS 53, *Antwort auf den Dialogum Hulrichi Neobulonis*, S. 185–201). Luthers Schrift erwähnt Philipp nicht und schimpft dafür Neobulus einen Narren.

57 Rockwell, *Die Doppelehe des Landgrafen Philipp*, S. 65.

58 WB 9, Nr. 3515, 18. Juli 1540. In einer Tischrunde erinnerte sich Luther 1540 daran, wie Philipp ihn sogar beim Reichstag in Worms darauf ansprach, er habe gehört, dieser lehre, wenn ein Mann nicht mehr potent sei, solle seine Frau einen zweiten Gatten nehmen. Es ist unbekannt, wann genau Luther 1540 davon erzählte, doch es liegt nahe, dass er sich fragte, ob der Landgraf die Evangelischen nur aus Eigennutz unterstützte; WT 5, Nr. 5342 b, S. 73:9–19.

59 Rockwell, *Die Doppelehe des Landgrafen Philipp*, S. 152 f.

60 Ludolphy, *Friedrich der Weise*, S. 47–50, identifiziert Friedrichs Geliebte als Anna Weller von Molsdorf und weist darauf hin, dass Luther sie »die Watzlerin« oder »die Wantzlerin« nannte; dennoch vertritt sie die Auffassung, bei dem Porträt in der Holzdose handele es sich keineswegs um das Bildnis von Friedrichs Geliebter. Man kann sich schwer vorstellen, wen das Bildnis sonst zeigen soll. Siehe auch Ritschel, »Friedrich der Weise und seine Gefährtin«, in: Tacke (Hrsg.), »... *wir wollen der Liebe Raum geben*«, S. 336–341, sowie Haag / Lange / Metzger / Schütz (Hrsg.), *Dürer, Cranach, Holbein*, S. 207–209, zu einer Reproduktion des Gemäldes und der Identifikation der Dargestellten als Anna Kasper Dornle. Auf dem Deckel der Dose befindet sich ein Relief, das eine geflügelte Sirene mit einem Schlangenkörper und Vogelfüßen zeigt, eine Verkörperung der Idee von weiblicher Verführungskraft und Sinnlichkeit, während auf der Dose mit Friedrichs Porträt ein Kentaur abgebildet ist.

61 WB 9, Nr. 3616, 10. oder 11. Mai 1541, S. 407:36–9. Der Brief war von Luther aufgesetzt und zusätzlich von Bugenhagen unterschrieben. Mit »Heintz« bezeichnete Luther Heinrich von Braunschweig, mit »Meintz« Albrecht von Brandenburg, den Mainzer Erzbischof. Luther hatte stets seinen Spaß daran, wenn er die Namen seiner Gegner reimen konnte, siehe z. B. WB 9, Nr. 3670, 10. Nov. 1541.

62 *Synodus Witebergensis ... von M. Johann Bernardi ... Von den oberländischen*

*Predigern gemeinsam verfasst zu Frankfurt, 2010,* »unserm Herrn und Vater, D. Martin Luther«, Walch 17, Sp. 2099–2100.

63 Zu den französischen Offerten von 1535 siehe Brecht, *Martin Luther,* Bd. 2, S. 59 f. Die Engländer wollten mit Melanchthon verhandeln, siehe WB 7, Nr. 2282, 9. Jan. 1536, ebd., Nr. 2283, 11. Jan. 1536 u. Nr. 2287, 19. Jan. 1536.

## Freunde und Feinde

1 Er kannte den Wert dieses Privilegs und achtete darauf, es nicht übermäßig zu beanspruchen. Als ihn zum Beispiel im Dezember 1544 seine Verwandten baten, sich mit einer Petition an den Kurfürsten für einen Vetter zu verwenden, der wegen Münzfälscherei zum Tode verurteilt worden war, schrieb er nicht an den Kurfürsten, sondern an dessen Kanzler Gregor Brück und erklärte, er sei der Auffassung, dass Übeltäter bestraft werden müssten. Er wandte sich also lieber ans Kanzleramt als an den Kurfürsten selbst. WB 10, Nr. 4048, zweite Hälfte Dez. 1544.

2 Auf den Titelseiten einiger Flugschriften erschien in einer besonderen Gestaltung eine Wittenberger »Vierer-Gruppe«, die wie die vier Evangelisten durch Vignetten mit Monogramm und Initialen gekennzeichnet ist: Luther, Melanchthon, Jonas und Bugenhagen. Siehe z. B. Martin Luther, *Zwo Hochzeit Predigten,* Wittenberg 1536 [VD 16 L 4929].

3 WB 8, Nr. 3331, nach 9. Mai 1539 (?), S. 425 f. Linck bittet Luther, ihn nicht von der Liste seiner Freunde zu streichen. Dies könnte ebenso gut ein Versuch gewesen sein, Luther in die Pflicht zu nehmen, ihm einen Brief zu schreiben, vielleicht hatte es auch noch ernsthaftere Gründe dafür gegeben.

4 Mager, »das war viel ein andrer Mann«, in: Freybe (Hrsg.), *Luther und seine Freunde,* S. 24, Anm. 12.

5 WB 8, Nr. 3248, 16. Aug. 1538 und *Beilage.*

6 WB 8, Nr. 3334, 20. Mai 1539, Einführung; mit solchen Klagen hatte Luther keine Geduld, die Gemeinde handelte sich eine umgehende Zurechtweisung ein.

7 WB 8, Nr. 3209, 6. Jan. 1538, S. 187, Einführung; Luther setzte sich dafür ein, dass er aus dem Gefängnis entlassen wurde.

8 WB 10, Nr. 3752, 15. Mai 1542; Nr. 3767, 13. Juli 1542.

9 Hier das Originalzitat: »(...) erhelt / furdert / vnd treybet er sie auch allein / vnd das nach seinem hirn / Macht vnd zurbricht / keret vnd verkeret / sagt vnd leucket / setzet auff vnd abe alles allein nach seinem lust vnd gefallen«. Witzel, *Apologia: das ist: ein vertedigs rede,* fol. A ii(v).

10 WB 10, Nr. 3727, 26. März 1542: Die Gehälter der Universitätsprofessoren wurden nicht besteuert, doch ihre Vermögenswerte schon. In seinem Brief an den Kurfürs-

ten bestand Luther darauf, dass er unbedingt seinen Beitrag zum Krieg gegen die Türken leisten wolle, auch weil dann »die argwöhnischen Augen nicht zu neidisch wären, sofern Doktor Martinus auch seinen Teil leisten müsse« (ebd., S. 20: 40–42). Überraschenderweise bekundete er auch, dass er sich wünschte, wäre er nicht so alt und schwach, persönlich im Heer gegen die Türken dabei zu sein.

11 WB 5, Nr. 1595, 19. Juni 1530. Philipp Melanchthons Sohn (Lippus) war ebenso wie Justus Jonas' Sohn Jost 1525 geboren.

12 Neudecker (Hrsg.), *Die handschriftliche Geschichte Ratzeberger's*, S. 130.

13 Luther bediente sich des Wortes auch für antipäpstliche Witze, z. B. in seinem Brief an Peter Weller, WB 5, Nr. 1594, 19. Juni 1530, wo er die Papisten in Augsburg als »Quiritisantes« bezeichnete, eine Verballhornung des lat. *quiritantes* (Leidende) und *quirites* (Römer). Siehe ebd., Anm. 3.

14 1544 war er als Luthers Anwalt tätig, als dieser seinem Testament einige Klauseln hinzufügte, StadtA Witt, 109 [Bc 97], fol. 330(v); Fabiny, *Martin Luther's Last Will and Testament*, S. 34; WT 4, Nr. 4016: Er beklagte, dass die Leute ihre Hochzeiten nicht mit Predigten und Gottesfurcht begannen, und führte dabei die Hochzeiten der Töchter von Lufft, Cranach und Melanchthon an. Wir wissen aus den Spottversen von Lemnius, dass Lufft eine besonders extravagante Hochzeit ausrichten ließ, mit der er vor der ganzen Stadt prahlte, siehe Mundt, *Lemnius und Luther*, Bd. II, 39.

15 *Wie man beten sol, fur Meister Peter Balbirer*, WS 38, S. 364: 7–11.

16 WS 38, S. 350; Luther kannte ihn mindestens seit 1517. Siehe Brecht, *Martin Luther*, Bd. 3, S. 15 f.

17 WB 6, Nr. 1880, 30. Okt. 1531, S. 221, Anm. 4.

18 Als Jonas von Stockhausen, der Stadthauptmann von Nordhausen, Selbstmordgedanken hegte, schrieb Luther nicht nur ihm einen tröstenden Brief, sondern ebenso dessen Frau, die er warnte, sie möge Jonas unter keinen Umständen allein lassen, WB 6, Nr. 1974 u. 1975, 27. Nov. 1532. Wenngleich er ihn als »Freund« anredete, wird er nirgendwo sonst in Luthers Briefen oder den Tischreden erwähnt. Jonas war also kein Mann, den er gut kannte.

19 WB 6, Nr. 1811, 30. April 1530, S. 86: 5 ff.; ebd., S. 87: 55 f.

20 Walch 21.1, Nr. 1575, 19. Juni 1530, Sp. 1489, im Orig.: »Cavere non potes, quin aves volitent supra caput tuum, sed cavere potes, ne nidificent in capillis tuis«, WB 5, Nr. 1593, 19. Juni 1530, S. 374: 37 ff. Wie alles in Zusammenhang mit dem nun öffentlich vorgelebten Leben wurden diese Briefe gedruckt und waren in der Sammlung *Etliche Trostschrifften vnd predigten / fur die so in tods vnd ander not vnd anfechtung sind* zugänglich, die 1545 von einem seiner engen Mitarbeiter, Caspar Cruciger, herausgegeben wurde. Schwermut war auch ein wichtiges Element in der Beziehung zu Joachim von Anhalt (WB 7, Nr. 2113, 23. Mai 1532). Luther

stellte die These auf, die Schwermut liege in der Familie, und erinnerte an die Geschichte von Fürst Wilhelm von Anhalt-Zerbst, der Franziskaner wurde und bettelnd durch Magdeburg zog. Er riet Joachim in aller Offenheit, jagen zu gehen, zu reiten und die Gesellschaft von Menschen zu suchen – »Freude und guter Mut (...) ist die beste Arznei (...). Ich, der ich mein Leben mit Trauern und Versauern zugebracht habe, suche jetzt Freude und nehme sie an, wo ich kann« (ebd., S. 66:18–21).

21 Markert, Menschen um Luther, S. 319–29.

22 Wie diese Beziehung funktionierte, wird durch eine Geschichte deutlich, in der Luther erzählte, wie einmal der Teufel mit ihm gestritten habe, als er mit der Interpretation eines Bibelabschnitts rang, WT 2, Nr. 1263, S. 14:25–34: Der Teufel gewann und hätte ihn »fast erwürgt, sodass mir das Herz im Leib zerschmelzen wollte« (ebd., S. 14:26). Er bat Bugenhagen, denselben Text zu lesen, der aber nicht wusste, dass Luther ihm die Interpretation des Teufels vorlegte und so tat, als wäre er damit einverstanden. Der Reformator verbrachte eine Nacht »mit schwerem Herzen« (ebd., S. 14:32) und wurde erst am nächsten Tag von seiner Qual befreit, als ein zorniger Bugenhagen erschien, um ihm zu sagen, seine abstruse Interpretation der Textabschnitts sei »ridiculum« (»lachhaft«). Auf einer Ebene wusste Luther natürlich, dass die Interpretation falsch war, doch er brauchte Bugenhagens seelsorgerische Autorität, um das zu glauben.

23 Posset, *The Front-runner of the Catholic Reformation*, S. 101.

24 Kolb, *Nikolaus von Amsdorf*, S. 16, S. 27–30.

25 Luther hatte 1531 versucht, Amsdorf zu überreden, ihn im Kloster zu besuchen, und hatte ihm ein neues Zimmer angeboten, WB 6, Nr. 1885, 22. Nov. 1531. Nikolaus Hausmann, ein anderer Freund aus Luthers Generation, war ebenso lebenslang unverheiratet, und sein Tod 1538 aufgrund eines Schlaganfalls, den er während seiner ersten Predigt als Superintendent in Freiberg erlitt, war für Luther ein herber Schlag.

26 WB 8, Nr. 3400, 6. Nov. 1539 (an Kurfürst Johann Friedrich), S. 586:23–24.

27 Die Situation wurde noch komplizierter durch die Spannungen zwischen Luther und Melanchthon und die Notwendigkeit für die anderen, sich beiden gegenüber als loyal zu erweisen und nicht einseitig Partei zu ergreifen. So war zum Beispiel Veit Amerbach gezwungen, 1543 nach einem Streit mit Melanchthon Wittenberg zu verlassen; WB 10, Nr. 3838, 13. Jan. 1543; ebd., Nr. 3943, 3. Dez. 1543; ebd., Nr. 3967, 9. Febr. 1544.

28 WB 4, Nr. 1017, 8. Juni 1526. Er bat Johann Rühel, Agricola zu unterrichten, mit dem Zusatz: »denn er soll genau um diese Zeit des Jahres bedenken, was es bedeutet, Söhne zu haben«; (ebd., S. 87:10–11). Zu Agricola siehe Kawerau, Johann Agricola.

29 Siehe z. B. WB 4, Nr. 1009, 11. Mai 1526.

30  WB 4, Nr. 1111, (10. Juni 1527); ebd., Nr. 1119, (Anfang Juli 1527).

31  WB 4, Nr. 1325, zweite Hälfte Sept. 1528; WB 5, Nr. 1378, 1. Febr. 1529; »daß du auf den Satan«, Walch 21.1., Nr. 1300, 11. Sept. 1528, Sp. 1206, im Orig.: »serio te moneam, quo Satanam et carnem tuam observes«, WB 4, Nr. 1322, 11. Sept. 1528, S. 558: 10–11.

32  WB 5, Nr. 1473, 9. Sept. 1529 (an Graf Albrecht von Mansfeld); ebd., Nr. 1474, 9. Sept. 1529 (an Agricola); Kawerau, *Johann Agricola*, S. 110–115: Passavant widmete seinen Angriff den Grafen zu Mansfeld.

33  Walch 21.1, Nr. 1454, 9. Sept. 1529, Sp. 1361 f., im Orig.: »Audio te nimis humilem Principi Hassie responsionem ac plane palinodiam cantasse, Quod doleo; Sed vt hanc quoque rursus reuoces, consultum videtur, Vt in vestibulo seu initio responsionis ad Comitem interseras, Te quidem ante satis humiliter tentasse pacem, Verum quando ita tumultuantur nec pacem volunt, te quoque cogi, iam non humiliter, sed plane & iuste rem gerere, teque penitere frustrate humilitatis etc.« (WB 5, Nr. 1474, 9. Sept. 1529, S. 151: 12–18).

34  Ratzeberger, *Luther und seine Zeit*, S. 97

35  Kawerau, *Johann Agricola*, S. 168–171. Er hinterließ Graf Albrecht von Mansfeld, dem er seine Stellung verdankte, einen Brief, in dem er seine ganze Enttäuschung über sein »niederes« Gehalt ausbreitete. Der Graf antwortete freundlich, wies ihn aber sowohl auf seine regelmäßige Betrunkenheit und die mangelhafte Erfüllung seiner Unterrichtspflichten hin als auch darauf, dass er mehr gegen seine Kollegen als gegen die Papisten gepredigt habe.

36  Kawerau, *Johann Agricola*, S. 172 f.; siehe WT 4, Nr. 4043 (1538). Später bezog er das Haus von Melanchthons Schwiegermutter.

37  Zit. n. Förstemann, *Neues Urkundenbuch* I, S. 298; siehe auch Koch, »Deutschlands Prophet, Seher und Vater«, in: Freybe (Hrsg.), *Luther und seine Freunde*, S. 63.

38  Zit. n. der Übersetzung von Koch in: Koch, »Deutschlands Prophet, Seher und Vater«, in: Freybe (Hrsg.), *Luther und seine Freunde*, S. 66; im Orig.: »concio de morte Domini nostri Iesu Christi perterrefaciat et deprimat mentes et conscientias hominum, hoc est, doceat poenitentiam; rursum quod concio de resurrectione Christi erigat iterum et conscientias morte Christi perterrefactas et depressas mentes atque conscientias, hoc est, doceat remissionem peccatorum«, WB 8, Nr. 3175, 2. Sept. 1537, S. 122: 6–11.

39  WB 8, Nr. 3254, Aug. 1538, S. 279: 20. Agricola behauptete in seinem Brief, es gebe in Luthers Schriften zweierlei Lehren über Sünde und Vergebung. Später notierte er auf seine Abschrift des Briefs, der Brief, »den ich in aller Einfalt geschrieben«, habe »den Rhein entbrannt«. Was dann folgte, war ein Kniefall Agricolas vor Luther, dem er einen Brief schrieb, in dem er feierlich versprach, nie wieder auch nur im kleinsten Detail von Luthers Lehre abzuweichen, WB 8, Nr. 3284, 26. Dez.

1538 (?), S. 342 f., über den Versöhnungsversuch in der Kirche, ebd., S. 342. Koch vertritt die Auffassung, dass Agricolas Standpunkt mehr an Luthers frühe Ansichten anknüpfte und dass Luthers Betonung des Gesetzes nun Melanchthons Auffassung folgte. Ein Teil von dem, worum es bei der Auseinandersetzung ging, betraf deshalb die Beziehung zwischen Melanchthon und Luther.

40 Siehe Kawerau, *Johann Agricola*, S. 174–179; WS 39, 1, *Die Thesen zu den Disputationen gegen die Antinomer*, S. 334–358; WS 50, *Wider die Antinomer*, 1539, S. 461–477.

41 WT 6, Nr. 6880, S. 248:33 f. (Ende Jan. 1539), unmittelbar vor der Disputation von Agricolas Thesen; siehe Förstemann, *Neues Urkundenbuch*, I, S. 319.

42 Er musste demütigst an Georg von Dolzig schreiben und diesen bitten, mit Rücksicht auf seine kranke Frau und seine neun Kinder sein Gehalt nicht zurückzuhalten, WB 8, Nr. 3284, 22. Dez. 1538, Einführung und Brief; Kawerau, *Johann Agricola*, S. 196 u. S. 342.

43 WB 8, Nr. 3208, 6. Jan. 1538.

44 WS 51, *Bericht auff die Klage M. Johannis Eissleben* (1540), S. 429–443, »Und alles in allem ist Eisleben …«, ebd., S. 431 b:5 f.; »Er sei auf unserer Seite …«, ebd., S. 436 b:6–9; siehe auch WS 50, *Wider die Antinomer* (1539), S. 461 ff.

45 Siehe WB 9, Nr. 3460, 7. April 1540; WB 9, Nr. 3533, 3. Sept. 1540 (Luther berichtete Güttel darüber).

46 Kawerau, *Johann Agricola*, S. 211–215; Melanchthon hatte 1539 einen Widerruf skizziert; nun warnte er Agricola vor Luthers Wut. Luther war in der Tat unerbittlich: Bei Tisch sagte er, Agricola müsse schwören: »Ich bekenne, dass ich ein Narr war und denen in Wittenberg unrecht getan habe, denn sie lehren das Richtige, ich aber habe sie ungerechtfertigt angegriffen« (WT 5, Nr. 5311, S. 54:21 f., Okt.–Nov. 1540) – das Wort »Narr« ist besonders hart. Der Widerruf erfolgte schließlich im Dezember 1540. 1545 unternahm Agricola einen letzten Versuch zur Wiederversöhnung, doch obwohl Luther Agricolas Frau und Tochter empfing und ihnen Unterkunft bei sich gewährte, weigerte er sich geradeheraus, Agricola selbst zu treffen, WB 11, Nr. 4098, 2. Mai 1545, ebd., Nr. 4100, 2. Mai 1545.

47 Kawerau, *Johann Agricola*, S. 121; das Stück wurde 1538 gedruckt.

48 Simon Lemnius, *M. Simonis Lemnii Epigrammaton Libri III*, [s.l], 1538 [VD 16 L 1133]; eine moderne Ausgabe und Übersetzung findet sich bei Mundt, *Lemnius und Luther*.

49 Georg Sabinus, Melanchthons Schwiegersohn, war ebenfalls in die Sache verwickelt, siehe WB 8, Nr. 3258, S. 287 ff.

50 WB 8, Nr. 3244, 24. Juli 1538; WS 50, *Erklärung gegen Simon Lemnius*, 16. Juni 1538, S. 350:9: »dadurch er nach allen rechten (…) billich den Kopf verloren hätte«. (Ebd., S. 350:20–22)

51 WS 50, S. 351:11 u. 351:19–21. Es erschienen noch zwei weitere Bände der *Epigramme*, in denen er sich noch viel schärfer über Luther und andere Wittenberger Persönlichkeiten hermachte, siehe dazu Mundt, *Lemnius und Luther*, Bd. 2, und den sehr hilfreichen Kommentar ebd., Bd. 1, S. 205–264.

52 Mundt, ebd., Bd. 2, S. 150 f.

53 Mundt, ebd., Bd. 2, S. 363 f., im Orig.: »Ventre urges merdam vellesque cacare libenter / Ingentem, facis at, merdipoeta, nihil. / At meritis si digna tuis te poena sequatur, / Tu miserum corvis merda cadaver eris.« Siehe dazu C. P. E. Springer, »Luther's Latin Poetry«, in: *Lutheran Quarterly* 23 (2009), 4, S. 373–387.

54 Der Titel ist ein Wortspiel mit dem Titel eines Gedichts, das damals Homer zugeschrieben wurde, die *Batrachomyomachia* (Der Froschmäusekrieg), eine Parodie auf die Illias. Ich danke Floris Verhaart für diesen Hinweis.

55 StadtA Witt, 9 [Bb6]: die Kämmereirechnungen weisen bis 1522 Posten zur Bezahlung kleinerer Reparaturen im städtischen Bordell aus, ab 1525 wurde es für andere Zwecke genutzt.

56 1546 musste die Obrigkeit den Studenten das Werfen von Feuerwerkskörpern und den Gebrauch von Schießpulver verbieten, Staatsarchiv Weimar, Reg O 468. 1545 berichtete der Stadtrat über seine Anordnungen zu einem Verbot des Tanzens und nächtlichen Alkoholgenusses; Staatsarchiv Weimar, EGA (Witt), fol. 529.

57 WB 7, Nr. 3088, 7. Okt. 1536, S. 556:3.

58 Ein Mann namens Georg Meyssner und andere sprachen von »unnützen verdrießlichen bösen Worten« und führten in Luthers Haus lästerliche Reden. Meyssner kam dafür für acht Tage ins Gefängnis und wurde anschließend für sechs Monate aus Wittenberg verbannt, StadtA Witt, 114 [Bc 102], fol. 240.

59 Mundt, *Lemnius und Luther*, Bd. 2, S. 143.

60 WB 10, Nr. 3846, 9. Febr. 1543, S. 259:4. An Caspar Zeuner schrieb er, er leide »so an mancherlei Krankheit und Schwachheit des Hauptes, daß ich nichts weder schreiben noch lesen kann, besonders, wenn ich noch nicht gegessen habe, wenn ich auch wollte«, Walch, 21.2, Nr. 2991, 9. Febr. 1543, Sp. 2840 f. In seinem Brief an Amsdorf vom August 1543 heißt es: »Dies habe ich nach dem Abendessen geschrieben, denn nüchtern sehe ich nicht ohne Gefahr Bücher an, so daß ich mich wundere, was für eine Krankheit dies sein mag, ob ein Faustschlag des Satans oder eine Schwäche der Natur selbst«, ebd., Nr. 3036, 18. Aug. 1543, Sp. 2892; WB 10, Nr. 3903, 18. Aug. 1543, S. 371:38. Walch übersetzt »jejuno« (nüchtern, trocken) im Sinne von »ohne etwas gegessen zu haben«, es könnte aber auch der Genuss von Alkohol gemeint sein, der beim Essen getrunken wurde.

61 WB 10, Nr. 3905, 26. Aug. 1543, S. 373. Siehe auch Rankin, *Panaceia's Daughters*, S. 99 f.

62 »Sane piger, fessus, frigidus, id es, Senex et inutilis sum. Cursum meum consum-

mavi, reliquum, est, ut congreget me Dominus ad patres meos ac putredini ac vermibus tradatur portio sua«, WB 10, Nr. 3983, ca. 17. April 1544, S. 554: 2–5.

63 Die Auseinandersetzungen mit Agricola und Lemnius waren nicht die einzigen, die Luthers Freundschaft mit Melanchthon strapazierten. 1536 hatte sich Conrad Cordatus auf einen Streit zuerst mit Cruciger und dann mit Melanchthon über die Rolle der »Werke« bei der Erlösung eingelassen. Luther hatte Melanchthon ausdrücklich unterstützt, obwohl seine Sichtweise der von Cordatus näher war. Bald empfahl Luther ihn für eine Stelle in Eisleben, ein gutes Stück weiter entfernt von Wittenberg als Niemegk, wo er sich regelmäßig aufhielt, WB 8, Nr. 3153, 21. Mai 1537.

64 WB 8, Nr. 3136, 3137, 3138 u. 3139. Dort (»Vorgeschichte«, S. 46–48) wird dieser starke Abgang eines Steins beschrieben. Luther konnte zehn oder elf Tage lang kein Wasser lassen und durchlebte in dieser Zeit eine euphorische Phase, bevor er sterbensmüde wurde. An seine Frau schrieb er am 27. Februar, Gott habe in dieser Nacht Wunder an ihm vollbracht, und er verdanke seine Genesung allen, die für ihn gebetet hätten, WB 8, Nr. 3140, 27. Febr. 1537, S. 51: 20–22. Doch die Beschwerden kehrten zurück, und er war weiterhin sehr krank, berichtete er Bugenhagen, und erwartete zu sterben.

65 WB 9, Nr. 3509, 2. Juli 1540; Brecht, *Martin Luther*, Bd. 3, S. 209 f.; WT 5, Nr. 5407 u. 5565: Drei Menschen waren durch Gebete wieder ins Leben zurückgeholt worden: Katharina von Bora, Luther selbst in Schmalkalden und Melanchthon in Weimar. Auch Myconius behauptete, durch Luthers Gebet vor dem Tod gerettet worden zu sein; WB 9, Nr. 3566, 9. Jan. 1541.

66 WB 10, Nr. 4028, 9. Sept. 1544, und *Beilage*.

67 WB 10, Nr. 4007, 23. Juni 1544; ebd., Nr. 4014, Anfang Aug. 1544; siehe auch WS 54, S. 123 ff., Vorwort des Herausgebers zu *Kurzes Bekenntnis vom heiligen Sakrament*, 1544. Als Luther seine Lehrmeinung niederschrieb, die sich vordergründig gegen die Anhänger Zwinglis und nicht gegen Bucer oder Melanchthon richtete, wie diese befürchtet hatten, nahm er seine bedeutendsten Werke gegen die Sakramentarier zur Hand: *Wider die himmlischen Propheten, Sermon vom Sakrament, Dass diese Worte Christi ›Das ist mein Leib‹ noch feste stehn* sowie *Grosses Bekenntnis*, das auch unter dem Titel *Vom Abendmahl Christi, Bekenntnis* bekannt ist. Er kehrte absichtlich zu diesen alten Werken und Formulierungen zurück, die er und nicht Melanchthon geschaffen hatte. Diese Werke, insbesondere das *Grosse Bekenntnis,* wurden von ultraloyalen Lutheranern nach Luthers Tod für nicht verhandelbar angesehen, da in ihnen der Kern ihrer Position enthalten sei: WS 26, S. 249.

68 Walch 21.2., Nr. 3109, 21. April 1544, Sp. 2970 f., im Orig.: »Nos hic constanter contra eam pugnamus publice et privatim, nec ulla suspicio aut tenuis odor est

apud nos de ista abominatione, nisi Diabolus in occulto aliquot angulo susurret«, WB 10, Nr. 3984, 21. April 1544, S. 556:14–16, »in publico ne mutire quidem audet Satan«, ebd., S. 556: 34.

69 WS 59, »Predigten 1544« (3. Aug. 1544), S. 529 ff.: In dieser Predigt verdammt Luther eine fromme Lebensführung, Keuschheit usw. als rein fleischliches Denken und behauptet, die Sakramentarier wirkten zwar spirituell, seien in Wirklichkeit jedoch dem Fleisch verhaftet.

70 WB 10, Nr. 4014, Anfang Aug. 1544, S. 616 (Einführung des Herausgebers). In seinem Brief vom 8. Aug. 1544 an Veit Dietrich erwähnt Melanchthon auch Amsdorfs Kritik an seinem Entwurf der Kölner Kirchenordnung, die Luther als für zu lax befunden habe, weshalb er befürchte, dass ein neuer Streit entstehe; *Melanchthons Briefwechsel – Regesten online*, Nr. 3646, (8. Aug. 1544). Siehe auch den Brief Nr. 3648 (8. Aug. 1544), in dem er sanfte Predigten rühmt und von sich selbst sagt, er befinde sich in Gefahr aufgrund seiner maßvollen Ansichten. In seinen Briefen an Camerarius und Dietrich erwähnte Melanchthon Amsdorfs harsche Kritik erneut und wiederholte, Luther habe es »mild« gemeint. Luther, schrieb er, habe in seinen Predigten über Korinther 1 den Krieg eröffnet, und er (Melanchthon) fürchte, dass eine ganz neue Auseinandersetzung darüber beginne. Es könne sein, dass er Wittenberg verlassen müsse. Luther, sorgte er sich, sei dabei, eine neue Schrift über das Sakrament zu schreiben, in der er Melanchthon und Bucer angreife. Bucer, dem Melanchthon ebenfalls schrieb, erstattete Landgraf Philipp von Hessen Bericht über all dies und versuchte, die Wogen dadurch zu glätten, dass er Philipp bewog, mit dem Kurfürsten darüber zu sprechen, *Melanchthons Briefwechsel – Regesten online*, Nr. 3652 u. 3653 (11. Aug. 1544), Nr. 3658 (12. Aug. 1544), Nr. 3667 (28. Aug. 1544) u. Nr. 3669, (28. Aug. 1544).

71 WB 11, Nr. 4139, 28. Juli 1545, S. 149:15 f., S. 149:19 u. S. 149:8. Es war nicht das erste Mal, dass er genug hatte von den Wittenbergern: Im Spätherbst 1529 hatte er einfach für mehrere Monate aufgehört zu predigen und war erst Ende März auf die Kanzel zurückgekehrt; WB 5, Nr. 1521, 18. Jan. 1530.

72 WB 11, Nr. 4143, 5. Aug. 1545, bes. S. 163 ff.

73 Walch, 21.2, Nr. 3248, Sp. 3131 f. Obwohl er an schweren Steinattacken litt, besuchte Luther auch seine alten Freunde Jonas und Camerarius und reiste von Zeitz nach Merseburg, Eisleben, Leipzig und Torgau, WB 11, Nr. 4143, 5. Aug. 1545, 165.

## Hasstiraden

1 *Ratschlag eines Ausschusses etlicher Kardinäle, Papst Paulo III. auf seinen Befehl geschrieben und überantwortet, mit Luthers Vorrede*, WS 50, S. 284–308. Luthers Vorrede weist auf die Fuchsschwänze hin, mit denen die Bischöfe die Kirche säu-

bern wollten, er muss folglich auch bei der Herstellung des Titelbildes beteiligt gewesen sein. Siehe auch Brecht, *Martin Luther*, Bd. 3, S. 191.

2   WS 54, S. 346.

3   Ebd.; Cochläus nannte diese und andere in Wittenberg gedruckte Holzschnitte »obscoenas figuras«, siehe Grisar/Heege, *Luthers Kampfbilder*, Bd. 3, S. 4.

4   *Wider das Papstum zu Rom vom Teuffel Gestifft*, WS 54, S. 206–299.

5   WS 54, S. 214:30; S. 218:19–21, S. 265:11–13 u. S. 16 f.

6   WT 3, Nr. 3543 A u. B. Als Luther 1537 in Schmalkalden in Todesgefahr schwebte, äußerte er auch, dass sein Epithaph, hier auf Latein formuliert, wahr bleiben solle: *Pestis eram vivens, moriens ero mors tua, papa*; WT 3, Nr. 3543A, S. 390:17. Auch Cochläus wies darauf hin; Vandiver/Keen/Frazel (Hrsg. u. Übers.), *Luther's Lives*, S. 349. Zu den Spuren dieser Bilder in späteren Flugblättern und Druckerzeugnissen siehe Paas, *The German Political Broadsheet*, Bde. 1 u. 2.

7   Francisco, *Luther and Islam*; Ehmann, *Luther, Türken und Islam*.

8   Siehe Thomas Kaufmann, *»Türckenbüchlein«. Zur christlichen Wahrnehmung »türkischer Religion«*.

9   *Vom Kriege wider die Türken*, WS 30.2, S. 107–148. Hier ebd., S. 127.

10   *Eine Heerpredigt wider den Türken*, WS 30.2, S. 160–197.

11   Siehe WS 30.2, S. 106:8–22: »So mus das daraus folgen, das der Türck ym Römischen keiserthum sein wird und ym vierden thier mus begriffen sein. (…) Weil aber zu dem Türcke dennoch so gros und mechtig ist und ym Römischen reich sitzen sol, mussen wir yhn ynn dem selbigen suchen und unter den hörnern des vierden thiers finden.« Noch 1543 rief er die Wittenberger zum Gebet auf, da die Türken als Strafe für die Christen gesandt worden seien, StadtA Witt, 17 [Bc], *Vermanung an de Pfarrher inn der Superattendentz der Kirchen zu Wittemberg*, 1543, die unter Luthers und Bugenhagens Name veröffentlicht wurde.

12   »denn du raubest«, WS 30.2, S. 193:3–5, »wenn er dich aber«, WS 30.2, S. 196a:22–24.

13   Siehe dazu *Vorrede zu Libellus de ritu et moribus Turcorum*, 1530, WS 30.2, S. 198–208 (Einführung des Herausgebers und *Vorrede*).

14   WS 30.2, S. 190a:13 f., siehe auch ebd., S. 189a–190a.

15   WS 30.2, S. 191a:26 f. *Vermahnung zum Gebet wider den Türken*, WS 51, S. 577–625. 1542 unternahm Luther auch eine Übersetzung und Neuauflage einer mittelalterlichen Streitschrift gegen den Koran, der *Confutatio Alcorani* des Dominikaners Ricoldus de Montecrucis, von deren Richtigkeit er überzeugt war, nachdem er eine erbärmliche lateinische Übersetzung des Korans gesehen hatte, *Verlegung des Alcoran Bruder Richardi*, WS 53, S. 273–388.

16   WS 53, S. 561 (Einführung); siehe dazu: Francisco, *Luther and Islam*, S. 211–217.

17   WB 10, Nr. 3802, 27. Okt. 1542, S. 162:35 f. u. 163:78 f. *Vorrede zu Biblianders*

*Koranausgabe* (1543), WS 53, S. 561–772. Der Baseler Theologe, Orientalist und Sprachwissenschaftler Theodor Bibliander bereitete auf der Grundlage der lateinischen Übersetzung des Korans durch Robert of Ketton die erste, von Johannes Oporinus gedruckte Ausgabe des Korans vor. Siehe auch Clark, »The Publication of the Quran in Latin«, in: *Sixteenth Century Journal* 15 (1984),1, S. 3–12; Hartmut Bobzins, »Aber itzt ... hab ich den Alcoran gesehen Latinisch«, in: Medick/Schmidt (Hrsg.), *Luther zwischen den Kulturen*.

18  WS 53, S. 566 (Einführung). Luthers letzte Schrift gegen den Islam war eine Predigt, die er am 31. Januar 1546 hielt, kurz vor seinem Tod, und in der er gegen den Papst, die Juden und den Islam wetterte (WS 51, S. 148–163). Bei dieser Gelegenheit führte er an, dass der Islam einfach keinen Gott akzeptiere, der auch menschlich und ein Vater war, der uns seinen Sohn gab, ebd. S. 152: 18. Wieder einmal war das zentrale Thema für Luther die Inkarnation, der Gott, der Fleisch wurde.

19  *Daß Jesus Christus ein geborner Jude sei,* WS 11, S. 315:3 f. Zu Luthers Schriften gegen die Juden siehe Kaufmann, *Luthers ›Judenschriften‹*; Kaufmann, *Luthers Juden;* Nirenberg, *Anti-Judaismus,* S. 253–273; Oberman, *Wurzeln des Antisemitismus*; von der Osten-Sacken, *Martin Luther und die Juden.*

20  Über Luthers persönliche Kontakte zu Juden, die recht spärlich waren, siehe Kaufmann, *Luthers Juden,* S. 32–47. Über die Abhandlung *Daß Jesus Christus ein ...,* siehe Prien, *Luthers Wirtschaftsethik,* S. 69.

21  WS 11, S. 336:14–19.

22  Nirenberg, *Anti-Judaismus,* S. 262–269. Nirenberg macht in einer brillanten Analyse darauf aufmerksam, dass es eine gängige Tradition der Exegese war, das Alte Testament allegorisch als Präfiguration des Neuen Testaments zu deuten, doch indem Luther dieses Verfahren auf die Ebene des Wortwörtlichen verlagerte, verschärfte er den Zusammenhang noch und macht ihn ausschließlicher (ebd., S. 253). Siehe z. B. WS 3, S. 88–91, S. 313–316 u. S. 441 f.

23  WT 3, Nr. 3512. So zum Beispiel in WB 6, Nr. 1998, S. 427:1, vor dem 9. Febr. 1531; der Brief ist auf Latein verfasst, fällt aber hier ins Deutsche. 1544 beschwerte er sich über die Macht der Juden in der Mark Brandenburg: »Die schändlichen Juden herrschen in der Mark bei dem Markgrafen um des Geldes willen. (...) Das ist die Frucht der Centauren, welche (...) die letzten Feinde der Kirche sein werden, und zugleich die allerschädlichsten, die geiziger sind als der Geiz selbst, und unersättlicher als die Hölle selbst.« Walch 21.2, Nr. 3094, 9. Febr. 1544, Sp. 2955 (WB 10, Nr. 3967, 9. Febr. 1544).

24  Sie war die Schwester von Hartmut von Cronenberg; WB 7, Nr. 2220, 8. Aug. 1535; ebd., Nr. 2227, 24. Aug. 1535, Nr. 2228, 24. Aug. 1535 u. Nr. 2235, 6. Sept. 1535.

25  WB 8, Nr. 3157, 11. Juni 1537, S. 90:12 f.; S. 90:42–44. Darin forderte er die Juden

auf, Christen nicht wie »Narren und Gänse« zu behandeln, ebd., S. 90:29. Es war Capito, der Luther geschrieben und ihn gebeten hatte, Josel zu empfangen und beim Kurfürsten vorzusprechen, WB 8, Nr. 3152, 26. April 1537. Ab 1536 wurden den Juden, die nach Wittenberg kamen, um Hebräisch zu unterrichten, Restriktionen auferlegt mit der Begründung, sie hätten die Absicht, Christen zu Juden zu bekehren: StadtA Witt, Bc 38 [49] fol. 86, 1536. Schließlich wurde es den Juden 1539 auf Ersuchen Josels von Rosenheim immerhin erlaubt, mit ihren Waren durch Sachsen zu reisen, unter der Bedingung, dass sie keinen Handel trieben, sich nicht dort niederließen und keinen Versuch unternahmen, andere zu ihrem Glauben zu bekehren (ebd., fol. 85).

26 WS 50, S. 337:3 f., *Ein Brief D. Mart. Luther. Wider die Sabbather an einen guten Freund* (ebd., S. 309–337).

27 Siehe dagegen Kaufmann, *Luthers Judenschriften*, S. 90–96.

28 WS 53, S. 461:28 f.

29 WS 53, S. 430. Dieser Abschnitt von Luthers Schrift ist Anton Margaritha geschuldet, der das Beschneidungsritual in blutigen Details beschreibt: Anton Margaritha, *Der gantz Jüdisch glaub mit sampt eyner gründtlichenn vnd warhafftigen anzeygunge, aller satzungen, Ceremonien, gebetten, heymliche vnd öffentliche gebreüch, deren sich die Juden halten, durch das gantz Jar mit schönen vnnd gegründten Argumenten wider jren glauben*, [Augsburg] 1531, fol. J ii(r) ff.

30 WS 53, S. 438:8.

31 »die sich bei der Sau unter dem Schwanz befindet«, WS 53, S. 478:32; »die sich doch mit Kot«, ebd., S. 517:23; »aber nun fallen sie ein«, ebd., S. 541:1 ff.; »mit Saudreck«, ebd., S. 537:15 f.

32 WS 53, S. 541:30–33; zum Weiteren siehe ebd., S. 523–526.

33 WB 10, Nr. 3845, 27. Jan. 1543, S. 258; *Melanchthons Briefwechsel Regesten online* Nr. 3147, 17. Jan. 1543; *Melanchthons Briefwechsel*, Texte 12, 17. Jan. 1543. StadtA Witt, Bc 38 [49], fol. 100. In einem Brief an Georg Buchholzer vom 1. September 1543 lobte Luther diesen dafür, dass er so energisch gegen die Juden predige, und behauptete, es sei nicht möglich, dass Agricola die Juden in Schutz genommen habe, wie man sich erzähle. Doch sollte er tatsächlich etwas zu ihrem Schutz gesagt haben, dann würde er nicht der Pfarrer des Kurfürsten sein, »sondern ein rechter Teufel, der diese seine Sprüche so schändlich missbrauche zur Verdammnis all derer, die mit Juden umgehen«. Diese Juden seien keine Juden, sondern »leibhaftige Teufel«, fügte er hinzu, WB 10, Nr. 3909, Nr. 389:24 ff.

34 *Von den Juden* erschien im Januar 1543, *Vom schem hamphoras* im März desselben Jahres und kurz danach eine dritte Schrift gegen die Juden, *Von den letzten Worten Davids*. Alle Schriften waren auf Deutsch verfasst und richteten sich an ein breites Publikum. Siehe Kaufmann, *Luthers Juden*, S. 136.

35  Luther, *Von den Jüden vnd jren Lügen. Vom Schem Hamphoras*, Leipzig 1577 [VD 16 L 7155]; Luther, *Drey Christliche / In Gottes Wort wolgegründte Tractat Der Erste Von dem hohen vermeynten Jüdischen Geheymnuß / dem Schem-Hamphoras ...*, Frankfurt 1617 [VD 17 3:306053V].

36  WB 1, Nr. 7, (Febr. 1514); siehe dagegen WB 1, Nr. 61, 22. Febr. 1518; siehe dazu Zika, *Reuchlin und die okkulte Tradition*, und Zika, »Reuchlin's De Verbo Mirifico«.

37  WS 53, S. 600 ff., siehe auch Sheehan, »Sacred and Profane«. Das Stadtarchiv von Wittenberg besitzt einen groben Einblatt-Holzschnitt aus dem 17. Jahrhundert von dem Relief »Rabini Schemhamphoras«, in den ein Gedicht eingefügt ist: StadtA Witt, 9 [Bb 6].

38  »Der Teufel hat in«, WS 53, S. 587:2 ff.; »Da schmeißt und spritzt er«, ebd., S. 587:21 ff.; »Als Judas Ischariot sich«, ebd., S. 636:33–637:5.

39  WS 53, S. 542:5–7.

40  Kaufmann, *Luthers Juden*, S. 109–111, 119 u. 136. Luther diskutierte auch den Fortschritt seiner Schriften in Briefen mit Jonas, siehe Greschat, *Martin Bucer*, S. 156–158.

41  Hendrix, »Toleration of the Jews«, in: Hendrix, *Tradition and Authority*, S. 193–201. Osiander gegen die Behauptung, Juden begingen Ritualmorde, in: Osiander, *Ob es war un[d] glablich sey*, Nürnberg 1530. Der Theologe Osiander, ein herausragender Kenner des Hebräischen, distanzierte sich in einem auf Hebräisch verfassten Brief an Elias Levita sofort nach ihrem Erscheinen von Luthers Schmähschrift *Vom Schem Hamphoras*. Melanchthon versuchte aus Furcht vor Luthers Reaktion zu verhindern, dass dieser davon erfuhr; Kaufmann, *Luthers Juden*, S. 138; Nirenberg, *Anti-Judaismus*, S. 267.

42  Eck, *Ains Juden büechlins verlegung*, Ingolstadt 1541. Wie Luther bezog er sich auf die Schrift des vom Judentum zum Christentum konvertierten Anton Margaritha, *Der gantz Jüdisch glaub*, Augsburg 1530. Die Schrift war eine der Hauptquellen für Luthers *Von den Juden und ihren Lügen*.

43  *Von den Juden und ihren Lügen*, WS 53, S. 483:34 f.

44  *Vom Schem Hamphoras*, WS 53, S. 614:31 f.; und Luthers weitere Argumente ebd., S, 615:1 ff.

## Der Wagenlenker Israels

1  So reisten 1538 z. B. Luthers Bruder Jacob und der Mansfelder Pfarrer Michael Coelius zu Luther, um sich über Albrechts neue Pachtverträge für die Hüttenbesitzer zu beschweren, WT 4, Nr. 3948, (1538). 1540 richtete Luther für seinen Schwager eine Petition an Graf Albrecht, in der er darum bat, diesem weiterhin die Erb-

pachtverträge für seine Hütten zu gewähren, die Albrecht in zeitlich begrenzte Verträge umzuwandeln beabsichtigte (WB 9, Nr. 3481, 24. Mai 1540); 1542 leistete er Albrecht in einem Brief geistlichen Beistand, wobei er dessen Probleme in Zusammenhang mit seiner Gier hinsichtlich des Bergbaus brachte (WB 9, Nr. 3716, 23. Febr. 1542) – Albrecht geriet vor Wut außer sich und trampelte auf dem Brief herum. 1542 bat Luther den neuen lutherischen Herrscher des Herzogtums Sachsen, Herzog Moritz, sich bei Graf Albrecht für Bartholome Drachstedt einzusetzen, einen Angehörigen einer der alten Hüttenfamilien, mit denen sein Vater zusammengearbeitet hatte (WB 10, Nr. 3723, 13. März (?) 1542), zudem schrieb er an die Grafen Philipp und Johann Georg von Mansfeld mit der Bitte, bei ihrem Mitregenten Albrecht zu vermitteln (WB 10, Nr. 3724, 14. März 1542), siehe auch WB 10, Nr. 3755, 23. Mai 1542.

2 Neudecker (Hrsg.), *Die handschriftliche Geschichte Ratzeberger's*, S. 126. Luthers Leibarzt und Biograph Ratzeberger beschrieb darin, welchen Segen die Kupfer- und Silbervorkommen einst über Mansfeld gebracht hatten.

3 WB 10, Nr. 3760, 15. Juni 1542, siehe Einführung. Witzel gab die Stelle 1538 auf, und Hoyer konnte keinen katholischen Priester finden, um ihn zu ersetzen. Als Hoyer 1540 starb, traten seine Neffen Philipp und Johann Georg sein Erbe an.

4 Neudecker (Hrsg.), *Die handschriftliche Geschichte Ratzeberger's*, S. 126. Ratzeberger gibt Luthers Ansicht wieder; seine Darstellung der Wirtschaftskrise ist interessant, weil Ratzeberger dafür moralische Begriffe verwendet: Albrecht, den der Geiz überkommen habe, verfolge seine Politik weiter und setze sich über die Pachtverträge hinweg, er übernehme die Hütten ungeachtet der Investitionen, die die Pächter zu ihrem Ausbau und Erhalt über Generationen getätigt hatten, »wodurch die guten Leute große Not (...) erlitten«, während die Grafen in »überschwänglicher Pracht« lebten, ebd. S. 127.

5 WB 10, Nr. 3724, 14. März 1542 (an die Grafen Philipp und Georg zu Mansfeld), S. 10:22 f. u. 26–29. Er sandte einen Trostbrief an Hans Kegel (das Oberhaupt einer Hüttenpächter-Familie aus dem Mansfelder Revier), nachdem dessen Sohn Andreas ihn darum gebeten hatte, seinem Vater in seiner Trauer über das enteignete Hüttenwerk beizustehen; WB 10, Nr. 3755, 23. Mai 1542.

6 WB 11, Nr. 4157, 7. Okt. 1545. Bei diesem Besuch setzte er sich auch für seinen Bruder Jakob und seinen Schwager Henze Kaufmann ein.

7 Ebd., Nr. 4191, 25. Jan. 1546, S. 269:5–8 u. 13 f.

8 Ebd., Nr. 4195, 1. Febr. 1546, S. 275:5–8.

9 Ebd., Nr. 4201, 7. Febr. 1546, 34–37. Mit Kosenamen redet er sie auch in seinem Brief vom 1. Febr. 1546 an, Walch 21.2, Nr. 3302, 1. Febr. 1546, Sp. 3191. Im selben Brief teilte er ihr auf ironische Weise mit, dass seine Schwindelattacken verschwunden seien: »(...) aber jetzt bin ich Gott Lob wohl geschickt, ausgenommen, daß die

schönen Frauen mich so hart anfechten, daß ich weder Sorge noch Furcht habe vor aller Unkeuschheit«, ebd., Sp. 3303; WB 11, Nr. 4195, S. 275.

10   Ebd., S. 276:16f.

11   Siehe *Vermahnung an die Juden* 1546 am Ende der vier letzten Predigten in Eisleben, die Hans Lufft in Wittenberg druckte [VD 16 L 6963]; in: WS 51, S. 148–195 u. S. 195 f.; siehe auch WB 11, Nr. 4201, 7. Febr. 1546.

12   Kurz nach Luthers Tod erwarb Johann Albrecht das Haus und bewahrte die Liege, auf der Luther gestorben war, und die Tasse, aus der er getrunken hatte, wie Reliquien auf, siehe Schubart, *Die Berichte über Luthers Tod*, S. 86 f.

13   Jonas / Coelius, *Vom Christlichen abschied*, hrsg. v. Freybe / Bräuer, fols. A iii(v)–A iv(v).

14   Es hatte bereits verschiedene Versuche gegeben, Luther zu ermorden; Ratzeberger berichtet von einigen der späteren; siehe Neudecker (Hrsg.), *Die handschriftliche Geschichte Ratzeberger's*, S. 69–72.

15   »In deine Hände befehle«, Luther-Bibel, Psalmen 31,6; Jonas / Coelius, *Vom Christlichen abschied*, hrsg. v. Freybe / Bräuer, fol. B ii(r–v).

16   Ebd., fol. B ii(v)–B iii(r).

17   Nur Rankin, *Panaceia's Daughters*, S. 8, erwähnt die Rolle, die Frauen bei der Versorgung Luthers in seinen letzten Lebenstagen übernahmen.

18   Jonas / Coelius, *Vom Christlichen abschied*, hrsg. v. Freybe / Bräuer, fol. B iv(r), dort ist das Gebet (Psalmen 31,6) in Großbuchstaben abgedruckt. Sein Leben lang hatte Luther gegen seine Feinde gebetet, einschließlich Herzog Georgs von Sachsen, des Papstes und Bischof Albrechts von Mainz, siehe Wartenberg, »Martin Luthers Beten«, *Lutherjahrbuch* 75 (2008).

19   Jonas / Coelius, *Vom Christlichen abschied*, hrsg. v. Freybe / Bräuer, fol. C(r)–C(v). Luthers Anhänger hatten sich ständig um seinen bevorstehenden Tod gesorgt, und er hatte bereits mehrmals zuvor am Rande des Todes gestanden. So z.B. 1537 in Schmalkalden, als er sich bereits von ihnen verabschiedet und dieselben Verwünschungen gegen den Papst ausgesprochen hatte wie kurz vor seinem Tod 1546; siehe WT 3, Nr. 3543 A, S. 389:11 f.

20   Und sie machten sich große Sorgen über den Tod ihrer Glaubensbrüder. Als der Lutheraner Nikolaus Hausmann einen tödlichen Schlaganfall erlitt, schrieb Luther an einen Freund unter Hinweis auf Psalm 116,15, dass dieser Tod zwar schrecklich gewesen sei, von Gott aber trotzdem wertgeschätzt werde, da Hausmann ein gerechter Mann gewesen sei, WB 8, Nr. 3286, 30. Dez. 1538; WT 4, Nr. 4084 (Nov. 1538).

21   Wenn er keinen frommen Diener der Kirche zum Beistand haben könne, fuhr er fort, dann wolle er einen »frommen Christen«, der ihn mit Gottes Wort trösten könne. Tatsächlich wusste Luther von Bucer und Capito, dass Erasmus nicht allein

gestorben war, sondern dass ihm der Theologe Simon Grynaeus zur Seite gestanden hatte, WB 7, Nr. 3048, 20. Juli 1536 (Capito an Luther); ebd., Nr. 3050, 22. Juli 1536 (Bucer an Luther); WT 4, Nr. 3963.

22 Bucer, *De vera ecclesiarvm...*, Straßburg 1542 [VD 16 B 8929]; Und Ecks Erwiderung: Eck, *Replica Ioan...*, Ingolstadt 1543, [VD 16 E 416]. Ecks Tod schildert Veit Dietrich in einem Brief an Luther, siehe: WB 10, S. 262 f.; »welche sich auch«, Walch 21.2, Nr. 2993, Sp. 2843, im Orig.: »qui etiam vinosorum et libidinosorum est poena (...) cum sanguine vitam euomuit«, WB 10, Nr. 3848, 16. Febr. 1543, S. 263:21 f.

23 WB 10, Nr. 3725, 17. März 1542: Es hieß, Karlstadt sei lebendig vom Teufel ergriffen worden oder wegen seiner großen Irrtümer an der Erlösung verzweifelt, oder er habe veranlasst, dass man ihn exorziere. Seine Freunde hätten ihn angeblich als einen zweiten Antonius beschrieben, der von Teufelserscheinungen gequält worden sei. Luther schrieb an Jakob Propst in Bremen, Karlstadt sei an der Pest gestorben, »der selbst eine Pest war für die Kirche zu Basel«, wie ihm die Bischöfe seiner Kirche geschrieben hätten, WB 10, Nr. 3728, 26. März 1542, S. 24:30 f., Walch 21.2., Nr. 2898, 26. März 1542, Sp. 2737. Zudem erwähnte er noch das Gerücht über die Poltergeister in Karlstadts Haus. Die Geschichte mit dem großen Fremden in seinem Haus berichtet Veit Dietrich aus Nürnberg in einem Brieffragment an Luther, WB 10, Nr. 3730, Ende März 1542.

24 WB 10, Nr. 3732, 7. April 1542. Luther erzählte Amsdorf die Geschichte, die er von Dietrich gehört hatte, und fügte den Hinweis auf Karlstadts Todesangst hinzu. In seinem darauffolgenden Brief kam er noch einmal darauf zurück (WB 10, Nr. 3741, 13. April 1542) und bekräftigte die Richtigkeit des Berichts: Karlstadts Tod sei die göttliche Vergeltung für seinen Hochmut und seinen Starrsinn gewesen. In einem Brief an Jonas vom 20. April 1542 (WB 10, Nr. 3745) erzählte Luther, er habe von Karlstadts Witwe einen Brief bekommen, in dem diese sich bei ihm über die schlechte Behandlung durch ihren Mann beklage, der ihr fünf Kinder, Schulden und Elend hinterlassen habe. Karlstadt sei »geradewegs zur Hölle getanzt«, er habe »sich selbst köpflings hineingestürzt«, nur könne man über den Toten nicht richten. Er und Melanchthon legten beim Rat von Basel Fürbitte für sie ein (WB 10, Nr. 3756, 29. Mai 1542), vermieden es jedoch ausdrücklich, Karlstadts Rolle als Priester zu preisen, sondern sagten nur: »gleichwohl er war unter uns ein Diener der Kirche«.

25 Neudecker (Hrsg.), *Die handschriftliche Geschichte Ratzeberger's*, S. 135–141.

26 Schubart, *Die Berichte über Luthers Tod*, S. 24 (Melanchthon an Amsdorf, 19. Febr. 1546); siehe auch ebd., S. 50, 58 u. 82.

27 Ebd., S. 74; Vandiver/Keen/Frazel (Hrsg. u. Übers.), *Luther's Lives*, S. 347–349 (Cochläus).

28 Ebd., S. 77–79 u. 110–113. Diese ehrenrührige Version war noch in der zweiten
Hälfte des 17. Jahrhunderts im Umlauf und wurde von dem katholischen Theo-
logen Johannes Nas in seinen *Centurien* wieder aufgelegt, Nas, *Quinta Centuria*,
Ingolstadt 1570, S. 476 ff.

29 Coelius erwähnte in seiner Leichenrede in Eisleben ein Gerücht über Leute, die
vom Teufel angestiftet seien, wonach Luther tot in seinem Bett aufgefunden worden sei, siehe Schubart, *Die Berichte über Luthers Tod*, S. 30–32.

30 Jonas / Coelius, *Vom Christlichen abschied*, hrsg. v. Freybe / Bräuer, fol. C ii(v)–iii(r).

31 Ebd., fol. D ii(r); Schubart, *Die Berichte über Luthers Tod*, S. 81.

32 *Oratio* (übersetzt von Caspar Cruciger), in: Justus Jonas/Michael Coelius, *Vom
Christlichen abschied* (hrsg. Freybe / Bräuer), fol. B [iv](r). Melanchthon gibt freimütig zu, dass Luther »von Natur hitzig und zornig war«, und erinnert an seine
fehlende Milde in seiner Auseinandersetzung mit Erasmus, siehe Vandiver/Keen/
Frazel (Hrsg.), *Luther's Lives*, S. 16; S. 21; S. 38 f.; Philipp Melanchthon, *Vita Lutheri*, fol. 24(v).

33 Rublack, »Grapho-Relics: Lutheranism and the Materialization of the Word«.

34 Luther war vielleicht zu hart zu Hans: Einmal weigerte er sich drei Tage lang, ihn
zu sehen, und beharrte darauf, dass Hans in schriftlicher Form demütig darum
bitte, vor seine Augen treten zu dürfen, und sich dazu erniedrige, ein Entschuldi-
gungsschreiben aufzusetzen. Katharina von Bora, Jonas, Cruciger und Melanchthon drängten ihn, nicht darauf zu bestehen, aber Luther blieb stur und sagte, er
hätte lieber einen toten Sohn als einen schlecht erzogenen (WT 5, Nr. 6102). Luthers
Hass auf Juristen ist legendär. Als der junge Martin kaum sechs Monate alt war,
sagte er zu ihm: »Wenn du ein Jurist werden solltest, so werde ich dich an einen
Galgen hängen« (WT 2, Nr. 1422). Man fragt sich, was Martins Bruder Hans,
damals kaum sechs Jahre alt, der für das Priesteramt vorgesehen war, aber später
Jurist wurde, daraus für Schlüsse zog.

35 Schwiebert, *Luther and his Times*, S. 594–602; Brecht, *Luther*, Bd. III, S. 235–244.

36 Greschat, *Martin Bucer*, S. 245–249. Die evangelische Propaganda entdeckte auch
den Kachelofen als Medium, und die Kacheln wurden mit antipäpstlichen Karikaturen verziert.

37 Staupitz / Arndt, *Zwey alte geistreiche Büchlein* [VD 17 1:072800G].

38 Reinitzer, *Gesetz und Evangelium*; Roper, *Der feiste Doktor*; Roper, »Luther
Relics«.

39 Siehe Brown, *Singing the Gospel*, S. 1–25; Oettinger, *Music as Propaganda*; Veit,
*Das Kirchenlied*. Die ersten Gesangsbücher wurden 1524 gedruckt, Luther selbst
schrieb etwa vierzig Kirchenlieder.

40 WT 3, Nr. 3739.

41 Im Januar oder Februar 1520 bedankte sich Dürer bei Spalatin für eine Schrift von

Luther und wünschte sich: »Und hilf mir Gott, dass ich zu Doktor Martin Luther komme, dann will ich ihn mit Fleiß abmalen und in Kupfer stechen.« Weiter bezeichnete er Luther als einen »christlichen Mann«. Der Brief ist abgedruckt in: *Dürers schriftlicher Nachlass auf Grund der Originalhandschriften und theilweise neu entdeckter alter Abschriften*, hrsg. v. Dr. K. Lange u. Dr. F. Fuhse, Halle 1893, S. 66 f. In Dürers Tagebuch (ebd., S. 161 ff.) sticht die gefühlvolle Textpassage so stark aus dem sachlichen Stil heraus, in dem der Rest des Tagebuchs verfasst ist, dass ihre Authentizität bezweifelt wurde; siehe Schauerte, *Dürer. Das ferne Genie*, S. 235. Zu Dürers Selbstporträt siehe Koerner, *The Moment of Self-Portraiture*.

42  *Dürers schriftlicher Nachlass …*, hrsg. v. Lange / Fuhse, S. 163 u. S. 164.

43  Siehe von Günzburg, *15 Bundsgenossen, Der III. bundtgenoß: Ein vermanung aller christen …*: »Denn man gibt ungehobelte, ungelehrte, unverständige Mönche in die Klöster, denen es leid tut, dass die Nonnen mehr als sie wissen, wobei eine der andern nicht gönnt, dass sie mehr versteht als sie. Und sie bedecken es mit diesem Mantel, solches Studieren gehöre sich nicht für die Nonnen, es hindere sie an Demut, an Andacht etc.« – »Wenn es eine aufsässige Äbtissin oder Priorin gibt oder wenn sie eine erzürnt, die der Obrigkeit besonders lieb ist, kann es weder Rast noch Ruhe geben.« Von Günzburg, *Ein vermanung aller christen*, fol. I iii(r) u. ii(v) und im Nachdruck, *15 Bundsgenossen*, S. 18 u. 20. Außerdem ermahnt er die Mutter, die ihre Tochter für das Kloster bestimmt, sie solle sich erinnern, dass auch sie Lust zur Liebe empfunden habe: »Oh, du hartherzige, steinerne Mutter, wie ungerecht bist du zu deinem Kind. Glaubst du, es sei aus Holz oder Eisen, so dass es keine hitzige Leibeslust empfindet, wie du selbst sie empfunden hast?« Von Günzburg, *Ein vermanung*, ii(r) und im Nachdruck *15 Bundsgenossen*, S. 18.

44  Von Grumbach, »Wie eyn Christliche fraw …«, in: Matheson (Hrsg.), *Argula von Grumbach, Schriften*, S. 36–75. Der Brief war auch in handschriftlicher Form im Umlauf.

45  Von Grumbach, *Eyn Antwort in gedichtsweyß*, fol. D ii(r) u. D ii(v).

46  Skinner, *The foundations of modern political thought*, Bd. 2, S. 3–19; Brady, *German Histories*, S. 221; Cargill Thompson, *Studies in the Reformation*, S. 3–41; siehe dagegen auch Kolb, *Martin Luther. Confessor of the Faith*, S. 194 f. Zögernd nahm Luther später den juristischen Standpunkt ein, die Kurfürsten und der Kaiser seien gleichgestellt und daher könne sich ein Kurfürst gegen einen Kaiser wenden. Er fing auch an, den Kaiser als einen Agenten des Papstes zu betrachten.

47  Wie groß und prägend die Wirkung von Cranachs Illustrationen war, kann man noch heute an den Wandgemälden in der lutherischen Kirche von Pirna sehen, wo Luther und Melanchthon auf einem Deckenfresko als Evangelisten dargestellt sind.

48  Luthers Mitarbeiter Johannes Bugenhagen schuf darüber hinaus noch eine Bibel in

niederdeutschem Dialekt, zuerst das Neue Testament *Dat Nye Testament,* Witten-
berg 1524, (VD 16 B 4501), und schließlich 1533 bis 1534 die gesamte Bibel (VD 16
B 2840) – die Vereinheitlichung der deutschen Sprache ist also nicht genuin in der
Lutherbibel angelegt. Ich danke Edmund Wareham für diesen Hinweis.

49  Melanchthon, *Vita Lutheri,* fol. 13(r).

# Dank

Für ein Buch, an dem über ein Jahrzehnt geschrieben wurde, ist die Autorin vielen anderen Gelehrten, Institutionen und Freunden zu Dank verpflichtet. Dieses Buch ist gewiss nicht nur mein Werk, und als Erstes stehe ich in der Schuld all jener Studenten, die sich über viele Jahre hinweg am »Luther Special Subject« in Oxford beteiligt und Luthers Schriften so scharfsinnig kommentiert haben. Auch der informelle Workshop zur Frühen Neuzeit in Oxford war eine große intellektuelle Unterstützung und half mir immer wieder, meine These zu formulieren.

Zahlreiche Einrichtungen haben mich bei meinen Forschungen und beim Verfassen dieses Buches unterstützt. Eine Verlängerung des Alexander von Humboldt Fellowship 2006/07 ermöglichte mir Forschungsaufenthalte in Archiven und Bibliotheken, und dank der Unterstützung von Gisela Bock, Jürgen Kocka und Claudia Ulbrich war ich Gaststipendiatin an der Freien Universität Berlin. Eine Freistellung von meinen Lehrverpflichtungen an der Universität Oxford verschaffte mir die Zeit für die notwendigen Recherchen und den Abschluss des Buches, daher danke ich meinen Kollegen am Balliol College, Lesley Abrams, Martin Conway und Simon Skinner, die es mir ermöglichten, unterwegs zu sein. Ein Research Development Award der British Academy gab mir die Möglichkeit, mich ganz auf mein Buch zu konzentrieren. Ohne diese Auszeichnung hätte ich es nicht schreiben können. Dank der Stipendien vom Fell Fund Oxford konnte ich eine Hilfskraft finanzieren. Die einladende und stimulierende Atmosphäre machten das Oriel College und die historische Fakultät zum idealen Ort, um das Buch fertigzustellen. 2014 hatte ich die Möglichkeit, die Wiles Lectures an der Queen's University von Belfast zu halten, und die einmalige Gelegenheit, drei kostbare, intensive Tage lang meine Ideen mit bemerkenswerten Wissenschaftlerinnen und Wissenschaftlern zu diskutieren: Ich danke den Wiles Trustees und insbesondere Gadi Algazi, Scott Dixon, Renate Dürr, Peter Gray, Joel Harrington, Bridget Heal, Kat Hill, Colin Kidd, Charlotte Methuen, Jenny Spinks, Steve Smith, Ulrike Strasser und Alex Walsham sowie dem Publikum in Belfast.

Ohne die unermüdliche und freundliche Unterstützung durch die Mitarbeiter zahlreicher Archive, Museen, Kunstgalerien und Bibliotheken wäre dieses Buch nicht zustande gekommen. Als Erstes möchte ich den Mitarbeitern der Bodleian Library Oxford und Isabel Holowaty, Fachbibliothekarin für Geschichte, danken, weiter der British Library, dem Wittenberger Stadtarchiv, seinem Direktor Andreas Wurda und dessen Kollegen Edda Graf und Andreas Richter, besonders überdies Hans-Jochen Seidel, der mir Wittenberg zeigte, dann der Lutherhalle Wittenberg und insbesondere Jutta Strehle, die mich in die Bildersammlung einweihte, sowie Gabi Protzmann und Petra Wittig, weiter dem Evangelischen Predigerseminar Wittenberg und seiner Bibliothek, dem Thüringischen Hauptstaatsarchiv Weimar, der Staatsbibliothek Preußischer Kulturbesitz in Berlin, dem Landesdenkmalamt Halle und Andreas Stahl, der Marienbibliothek Halle, dem Stadtarchiv Eisleben, dem Stadtarchiv Eisenach, Frau Günzel und Frau Kaiser von Schloss Mansfeld, dem Landesarchiv Sachsen-Anhalt, Abteilung Magdeburg, Standort Magdeburg, dem Landesarchiv Sachsen-Anhalt, Standort Wernigerode, insbesondere Susan Schulze, der Landesbibliothek Coburg, der Forschungsbibliothek Gotha und der Herzog-August-Bibliothek Wolfenbüttel. Kein Wissenschaftler, der mit deutschen Quellen aus dem 16. Jahrhundert arbeitet, kann ohne die herausragende wissenschaftliche Erschließung der Druckwerke »VD 16« und die Hilfe der Bayerischen Staatsbibliothek München auskommen.

Juliane Kerkhecker beriet mich großzügig bei Luthers lateinischen Texten, und viele ihrer Einsichten finden sich in diesem Buch. Die Hilfe von Christian Preusse, Melinda Letts, Edmund Wareham, Martin Christ, Mikey Pears und Raquel Candelas war von unschätzbarem Wert; mit viel Fingerspitzengefühl sorgte Candice Saunders dafür, dass alles nach Plan lief und klappte. Nadja Pentzlin bewies, dass sie einen Riecher für Bilder und ein segensreiches Organisationstalent besitzt.

Großer Dank geht an die vielen Zuhörer, die mir halfen, damit meine Ideen Gestalt annahmen, insbesondere Mette Ahlefeldt-Laurvig, Charlotte Appel, Wolfgang Behringer, Paul Betts, Sue Bottigheimer, Patrick Cane, Charles Colville, Natalie Zemon Davis, Martin Donnelly, Michael Drolet, Liz Fidlon, Etienne François, Laura Gowing, Rebekka Habermas, Adalbert Hepp, Michael Hunter, Susan Karant-Nunn, Thomas Kaufmann, Simone Laqua, Volker Leppin, Peter Macardle, Jan Machielsen, Hans Medick, Erik Midelfort, Hannah Murphy, Johannes Paulmann, Glyn Redworth, Miri Rubin, Tom Robisheaux, Alisa Roper, Cath Roper, Alex Shepard, Philip Soergel, Hubert Stadler, Andreas Stahl, Willibald Steinmetz, Barbara Taylor, Bernd Weisbrod, Chris Wickham, Merry Wiesner, Tim Wilson, Karin Woerdemann, Sylvie Zannier und Charles Zika. Ihre Einsichten haben alle ihren Weg in mein Buch gefunden.

Zahlreiche Freunde lasen ganze Entwürfe, einige sogar als sich das Buch noch in einem sehr frühen Stadium befand, und sie steuerten in Diskussionen großzügig ihre Ideen und Vorschläge bei. Dafür bedanke ich mich besonders bei Alison Light, die so viele wertvolle Stunden mit mir über Luther diskutierte, Daniel Pick, dessen Hinweise mir halfen, einen psychoanalytischen Blick auf Luthers Charakter zu werfen, Kat Hill, die die Entstehung des Buches von Anfang an begleitete, Alex Walsham, der mich ermutigte, wenn ich das Vertrauen in mein Vorhaben verlor, Barbara Taylor, die mir bei der Einleitung tapfer »Geburtshilfe« leistete, und Gadi Algazi, von dem ich so viel lernen durfte. Allesamt lasen und kommentierten sie das Buch ausgiebig und steuerten wertvolle Korrekturen bei, wie Simon Ponsonby, der mir viele Anstöße dazu gab, meine Interpretationen noch einmal zu überdenken; Rosi Bartlett, die mich anregte, auf eine neue Art darüber nachzudenken, *wo* die Dinge passierten; mein Bruder Mike Roper, der einen Blick dafür hatte, was an dem Buch noch getan werden musste, und mich ermutigte; und Ulinka Rublack, deren Arbeit so viele Jahre für mich ein Vorbild war und noch immer ist. Die meisten Anregungen aus den Gesprächen mit Freunden sind in mein Buch eingeflossen, aber natürlich tragen sie keine Schuld an meinen Fehlern. Mein Vater, dem dieses Buch gewidmet ist, verstarb kurz bevor es erschien; doch wusste er immer, wie viel es ihm verdankt.

Jörg Hensgen war ein phantastischer Lektor, der unermüdlich jeden schwachen Punkt im Buch entdeckte und »die Beulen glättete«, wie er es nannte. Was meine Gespräche mit ihm über meine Interpretation angeht: Ich hätte kein größeres Glück haben können als einen Lektor, der in der Luther'schen Theologie bewandert ist. David Milner las das Manuskript vor dem Druck mit Adleraugen und hat mich vor vielen Schnitzern bewahrt. Clare Alexander ist weit mehr als eine Agentin: sie unterstützte mich, schützte mich und stellte sicher, dass das Buch zu einem guten Ende fand. Mein Dank geht auch an Sally Riley, die weit mehr managt als die Auslandsrechte. Für die deutsche Ausgabe ermutigte mich von Beginn an Peter Sillem, ihm und Nina Sillem gilt mein Dank ebenso wie Tanja Hommen, meiner wundervollen Lektorin. Carla Roth übernahm es, die Satzfahnen in knapp bemessener Zeit Korrektur zu lesen, was sehr hilfreich war. Karl-Heinz Göttert war so freundlich, das Deutsch des 16. Jahrhunderts von Luther und anderen in eine Sprache zu übertragen, die für heutige Leser verständlich ist – dafür gebührt ihm großer Dank. Besonders gefreut habe ich mich über die Zusammenarbeit mit zwei so talentierten und perfektionistischen Übersetzern wie Holger Fock und Sabine Müller, die bei der Übersetzung Herausragendes geleistet haben.

Nick Stargardt war der Erste, der mich auf den Gedanken zu diesem Buch brachte und mir den Mut gab, es anzupacken; er las eine frühe Version und sorgte in vielen Gesprächen dafür, dass meine Gedanken immer mehr Form annahmen. Iain Pears hat das ganze Manuskript Satz für Satz lektoriert, und zwar nicht nur ein-, sondern zweimal, und er las und unterstützte mich, wann immer ich es brauchte. Ruth Harris las die allererste Fassung und war von Anfang an voller Vertrauen in mein Vorhaben. Sie las jede Fassung und unterstützte mich besonders in der schwierigen letzten Phase. Ich bin froh, eine solche Freundin zu haben, und ohne sie hätte ich es nicht geschafft. Meinem Stiefsohn Anand Narsey verdanke ich, dass ich verstanden habe, warum es wichtig ist, religiöse Traditionen zu begreifen, und mein Sohn Sam lehrte mich, worauf es im Leben ankommt.

683

# Abkürzungen

| | |
|---|---|
| ARG | Archiv für Reformationsgeschichte |
| EGA | Ernestinisches Gesamtarchiv |
| HSA Weimar | Thüringisches Hauptstaatsarchiv Weimar |
| LHASA | Landeshauptarchiv Sachsen-Anhalt |
| RTA | Deutsche Reichstagakten |
| StadtA Witt | Stadtarchiv Wittenberg |
| | |
| LW | Luther's Works, Philadelphia 1957 ff. |
| VD 16 | Verzeichnis der im deutschen Sprachbereich erschienenen Drucke des 16. u. 17. Jahrhunderts |
| Walch | Johann Georg Walch, *Dr. Martin Luthers Sämtliche Schriften*, St. Louis, 1880–1910 (Durchgesehene Neuausgabe der 24-bändigen Werkausgabe Halle 1734–1753) |
| WA | *D. Martin Luthers Werke: Kritische Gesamtausgabe*, Weimar 1903 ff. [1883–1973] (Weimarer Ausgabe), unterteilt in: |
| WS | WA, Schriften (73 Bde.) |
| WB | WA, Briefe (11 Bde.) |
| WDB | WA, Deutsche Bibel (12 Bde.) |
| WT | WA, Tischreden (6 Bde.) |

Anmerkung: Nach dem Wikipedia-Artikel zur Weimarer Ausgabe von Luthers Werken lauten die Abkürzungen (Stand 2016) WA für die Schriften, WA TR für die Tischreden, WA DB für die Deutsche Bibel und WA BR für Luthers Briefe. Ich folge allerdings den Kürzeln in Heinz Schillings jüngster Biographie, Martin Luther, *Rebell in einer Zeit des Umbruchs*, München 2012 – mit einer Ausnahme, da mir WS für die Schriften logischer erscheint als WW (für Werke).

# Zum Umgang mit Zitaten

Für die deutsche Übersetzung haben wir für einen Großteil der von Luther in Latein oder Frühneuhochdeutsch verfassten Texte auf die Ausgabe von Walch zurückgegriffen. Mitunter wurden auch andere Übersetzungen aus der Sekundärliteratur verwendet. Sofern keine Übersetzung von Walch oder anderen vorliegt bzw. greifbar war, wurden die Zitate in Abstimmung mit der Autorin aus dem Frühneuhochdeutschen in ein der heutigen Sprache angepasstes Deutsch übertragen.

# Bibliographie

## Archive und Bibliotheken

Stadtarchiv Wittenberg
Lutherhalle Wittenberg
Bibliothek des Evangelischen Predigerseminars Wittenberg
Thüringisches Hauptstaatsarchiv Weimar
Landesarchiv Sachsen-Anhalt, Abteilung Magdeburg, Standort Magdeburg
Landesarchiv Sachsen-Anhalt, Standort Wernigerode
Stadtarchiv Eisleben
Stadtarchiv Eisenach
Landesdenkmalamt Halle
Marienbibliothek Halle
Landesbibliothek Coburg
Forschungsbibliothek Gotha
Staatsbibliothek zu Berlin – Preußischer Kulturbesitz
Herzog-August-Bibliothek Wolfenbüttel.

## Primärliteratur

Adam, Melchior: *The life and death of Dr. Martin Luther the passages whereof have bin taken out of his owne and other Godly and most learned, mens writings, who lived in his time*, London 1643.

Agricola, Georg: *De re metallica Libri XII*, Basel 1556 (Nachdr. Wiesbaden 2006). *Ain löbliche ordnung der fürstlichen stat Wittemberg: Jm tausent fünfhundert vnd zway vnd zwaintzigsten jar auffgericht*, Augsburg 1522 [VD 16 W 3697].

Auerswald, Fabian von: *Ringer kunst*, Wittenberg 1539 [VD 16 A 4051].

Aurifaber, Johannes (Hrsg.): *Epistolae: continens scriptas ab anno Millesimo quingentesimo vigesimo usq[ue] ad annum vigesimum octauum*, Bd. 2, 1594.

Baylor, Michael (Hrsg. u. Übers.): *Revelation and revolution: Basic Writings of Thomas Müntzer*, Bethlehem, PA 1993.

*Die Bekenntnisschriften der evangelisch-lutherischen Kirche (Confessio Augustana)*, 7. Aufl., Göttingen 1976.

Best, Thomas W. (Hrsg.): *Eccius dedolatus: A Reformation Satire*, Lexington, KY 1971.

*Die Bibel in der Übersetzung Martin Luthers*, hrsg. v. der Evangelischen Kirche in Deutschland, Deutsche Bibelgesellschaft, Stuttgart 1999.

Beyer, Michael / Härle, Wilfried / Schilling, Johannes / Wartenberg, Günther (Hrsg.): *Martin Luther – Lateinisch-deutsche Studienausgabe*, 3 Bde., Leipzig 2006–2009.

Biering, Johann [Albert]: *Historische Beschreibung Des sehr alten und löblichen Mannßfeldischen Berg-Wercks Nach seinen Anfang, Fortgang, Fatis, Berg-Grentzen, Lehn-Briefen, Privilegiis, Zusammens*, Leipzig und Eisleben 1734.

Bullinger, Heinrich: *Warhaffte Bekanntnuß der Dieneren der Kirchen zuo Zürych, was sy uss Gottes Wort mit der heiligen allgemeinen christenlichen Kirchen gloubind und leerind, in Sonderheit aber von dem Nachtmal unsers Herren Jesu Christi: ... mit zuogethoner kurtzer Bekenntniß D. Mart. Luthers vom heiligen Sacrament*, Zürich 1545 [VD 16 B 9770].

Burnett, Amy Nelson (Hrsg. u. Übers.): *The Eucharistic Pamphlets of Andreas Bodenstein von Karlstadt*, Kirksville 2011.

Büsser, Fritz (Hrsg.): *Beschreibung des Abendmahlsstreites von Johann Stumpf. Auf Grund einer unbekannt gebliebenen Handschrift*, Zürich 1960.

Calw, Ulrich Rülein von: *Ein nützlich Bergbüchlein von allen Metallen / als Golt / Silber / Zyne / Kupferertz Eisen stein / Bleyertz / vnd vom Qecksilber*, Erfurt, Johann Loersfelt, 1527, [VD 16 R 35050], fol. Cv(v).

Capito, Wolfgang: *Frohlockung eines christlichen Bruders von wegen der Vereinigung zwischen D. M. Luther und D. Andres Carolstat sich begeben*, Speyer 1526 [VD 16 F 3099].

Cochläus, Johannes: *Colloqvivm Cochlaei cvm Lvthero, Vuormatiae olim habitum, Anno Domini M. D. XXI*, Mainz 1540 [VD 16 C 4277].

Ders.: *Hertzog Georgens zu Sachssen Ehrlich vnd grundtliche entschuldigung, wider Martin Luthers Auffruerisch vn[d] verlogenne brieff vnd Verantwortung*, Dresden 1533 [VD 16 C 4323].

Ders.: »Ein Heimlich Gespräch von der Tragedia Johannis Hussen, 1538«, in: Holstein (Hrsg.), *Flugschriften*.

Ders.: *Brevis Germanie Descriptio* (1512), Rudolf Buchner (Hrsg.), Darmstadt 1976.

*Constitutiones Fratrum Heremitarum sancti Augustini ad apostolicorum privilegiorum forman p[ro] Reformatione Alemanie*, Nürnberg 1504 [VD 16 A 4142].

Cranach, Lucas: *Dye Zaigung des hochlobwirdigen Hailigthumbs der Stifft-Kirchen aller Hailigen zu Wittenberg*, Wittenberg 1509 [VD 16 Z 250].

Ders./Luther, Martin: *Das Newe Testament Deutzsch*, Wittenberg 1522 [VD 16 B 4318].

Cruciger, Caspar: *Etliche Trostschrifften vnd predigten/fur die so in tods vnd ander not vnd anfechtung sind*, Wittenberg 1545 [VD 16 L 3463].

Dohna, Lothar Graf zu/Wetzel, Richard (Hrsg.): *Johann von Staupitz, Sämtliche Schriften: Abhandlungen, Predigten, Zeugnisse*, 2 Bde., Berlin, New York 1979, 1987.

Dresser, Mathaeus: *De festis diebus Christianorum, Judaeorum et ethnicorum liber*, Leipzig 1588, [VD 16 D 2707].

*Dürers schriftlicher Nachlass auf Grund der Originalhandschriften und theilweise neu entdeckter alter Abschriften*, hrsg. v. Dr. K. Lange u. Dr. F. Fuhse, Halle 1893.

Eck, Johannes: *Epistola Iohan. Eckii Theologi, de ratione studiorum suorum*, Ingolstadt 1543 [VD 16 E 364].

Ders.: *Ains Juden büechlins verlegung darin ain Christ, gantzer Christenhait zu schmach, will es geschehe den Juden vnrecht in bezichtigung der Christen kinder mordt ... ; hierin findst auch vil histori, was übels vnd bücherey die Juden in allem teütschen Land, vnd ändern Künigreichen gestift haben*, Ingolstadt 1541 [VD 16 E 383].

Ders.: *Doctor Martin ludders Underricht an Kurfursten von Sachssen. disputation zu Leypszig belangent : vnnd D. Eckius briue. von der selbigen Autor*, Augsburg 1520 [VD 16 L 6831].

*Eckius dedolatus – Der entdeckte Eck* (Willibald Pirckheimer zugeschrieben), lateinisch/deutsch, hrsg. u. übers. v. Niklas Holzberg, Stuttgart 1983.

Engel, Andreas: *Kurzer/ Jedoch gewisser vnd gründtlicher Bericht/ von Johan Hilten/ vnd seinen Weissagungen*, Frankfurt an der Oder 1597 [VD 16 ZV 5013].

Erasmus, Desiderius: *Vom freien Willen*, übers. v. Otto Schumacher, Göttingen 1988.

Euling, Karl (Hrsg.): *Chronik des Johan Oldecop*, Stuttgart 1891.

Evangelisches Predigerseminar Wittenberg (Hrsg.), »*Vom Christlichen abschied aus diesem tödlichen leben des Ehrwirdigen Herrn D Martini Lutheri«. Drei zeitgenössische Texte zum Tode D Martin Luthers*, Stuttgart 1996.

*Eyn erbermliches geschicht. So an dem frommen christlichen man Tauber von Wien ... gescheen ist*, Magdeburg 1524 [VD 16 ZV 5338].

Fabiny, Tibor: *Martin Luther's Last Will and Testament. A facsimile of the original document*, Dublin 1982.

Förstemann, Carl Eduard (Hrsg.): *Neues Urkundenbuch zur Geschichte der evangelischen Kirchenreformation*, Hamburg 1842.

Freybe, Peter (Hrsg.): *Vom Christlichen Abschied aus diesem tödlichen Leben des Ehrwirdigen Herrn D. Martini Lutheri: Drei zeitgenössische Texte zum Tode D. Martin Luthers*, Stuttgart 1996.

Furcha, Edward J. (Hrsg. u. Übers.), *The Essential Carlstadt*, Waterloo, Ontario 1995.

Greving, Joseph: »Colloquium Cochlaei cum Luthero Wormatiae olim habitum«, in:

Clemen, Otto (Hrsg.): *Flugschriften aus den ersten Jahren der Reformation*, Bdl. 4, Halle 1911, Nachdr. Nieuwkoop 1967.

Grohmann, Johann Christian August (Hrsg.): *Annalen der Universität zu Wittenberg*, 3 Bde., Meissen 1801–02 (Nachdr. Osnabrück 1969).

Grumbach, Argula von: *Eyn Antwort in gedichtsweyß, ainem aus der hohen Schul zu Ingolstadt, auff ainen spruch, newlich von jm außgangen*, Nürnberg 1524 [VD 16 G 3660].

Dies.: »Wie eyn Christliche fraw des adels …«, in Peter Matheson (Hrsg.), *Argula von Grumbach, Schriften*, Gütersloh 2010.

Günzburg, Johann Eberlin von: *15 Bundsgenossen* (Erstdruck Basel 1521), nach d. Ausg. Halle 1896–1902 (hrsg. v. Ludwig Enders), durchges., bearb. und neu eingerichtet v. Michael Holzinger, Berlin 2013.

Ders.: *Ein vermanung aller christen das sie sich erbarmen uber die klosterfrawen: Thuo kein Tochter in ein kloster du lassest dann diss büchlein vor: Der III. bundtgnosz*, Basel 1521 [VD 16 E 100].

Ders.: *Vo[m] misbrauch Christlicher freyheyt*, Grimma 1522 [VD 16 E 149].

Hagen, Kenneth: »An addition to the Letters of John Lang. Introduction and Translation«, *Archiv für Reformationsgeschichte* 60, 1969, S. 27–32.

Hasenberg, Johann: *Ludus ludentem luderum ludens …*, Landshut 1531 [VD 16 H 715].

Helmbold, Hermann (Hrsg.): *Chronik Eisenachs bis 1409*, Eisenach 1914.

Holstein, Hugo (Hrsg.): *Flugschriften aus der Reformationszeit 17*, Halle 1900.

Hutten, Ulrich von: *Ulrichs von Hutten verteütscht clag/an Hertzog Friderich zu Sachsen. Des hayligen Römischen Reichs Ertzmarschalck vn Churfürsten Landgrauen in Türingen/vnd Marckgrauen zu Meißen*, Augsburg 1521 [VD 16 H 6251].

Ickelsamer, Valentin: *Clag ettlicher Brieder, an alle Christen, von der großen Ungerechtigkeyt und Tyranney, so Endressen Bodenstein … vom Luther … geschicht*, Augsburg 1525 [VD 16 I 32].

Jonas, Justus: *Das der freie wille nichts sey*, Wittenberg 1526 [VD 16 L 6674].

Karlstadt, Andreas: *Anzeyg etlicher Hauptartickeln Christlicher leere Jn wölchen Doct. Luther den Andresen Carolstat durch falsche zusag vnd nachred verdechtig macht*, Augsburg 1525 [VD 16 B 6099].

Ders.: *Endschuldigung D. Andres Carlstadt des falschen namens der auffrür, so yhm ist mit vnrecht auffgelegt. Mit eyner vorrhede Doct.Martini Luthers*, Wittenberg 1525 [VD 16 B 6152].

Ders.: *Erklärung wie Karlstadt seine Lehre vom hochwürdigen Sakrament und andere geachtet haben will*, Straßburg 1525 [VD 16 B 6162].

Ders.: *Auslegung dieser wort Christi. Das ist meyn leyb/ welcher für euch gegeben würt. Das ist mein bluoth/ welches für euch vergossen würt*, Basel 1524 [VD 16 B 6111].

Ders.: *Was gesagt ist Sich gelassen vnd was das wort gelassenhait bedeüt vnd wa[s] es in hailiger geschrifft begriffen*, Augsburg 1523 [VD 16 B 6256].

Ders.: *De Coelibatv, Monachatv, et Vidvitate*, Basel 1521 [VD 16 B 6123].

Ders.: *Von abtuhung der Bylder/ Vnd das keyn Betdler vnther den Christen seyn sollen*, Wittenberg 1522, [VD 16 B 6215].

Ders.: *Von anbettung und ererbietung der tzeychen des newen Testaments*, Wittenberg 1521 [VD 16 B 6218].

Ders.: *Von gelubden vnterrichtung Andres Bo. von Carolstadt Doctor Außlegung, des xxx. capitel Numeri, wilches von gelubden redet*, Wittenberg 1521 [VD 16 B 6245].

Ders.: *Missiue von der aller hochsten tugent gelassenhait*, Augsburg 1520 [VD 16 B 6170].

Ders.: *Auszlegung vnnd Lewterung etzlicher heyligenn geschrifften / So dem menschen dienstlich vnd erschieszlich seint zu Christlichem lebē. kurtzlich berurth vnd angetzeichēt in den figurn vnd schrifften der wagen*, Leipzig 1519 [VD 16 B 6113].

Kawerau, Gustav (Hrsg.): *Der Briefwechsel des Justus Jonas*, 2 Bde., Halle 1884–1885.

*Kayserlicher maiestat Einreyttung zu Augspurg, den X. tag Junij. Im M. CCCCC. vnd XXX. Jar ...*, Nürnberg 1530 [VD 16 K 37].

Kerssenbrock, Hermann von: *Narrative of the Anabaptist Madness. The Overthrow of Münster, the famous Metropolis of Westphalia*, hrsg. u. übers. v. Christopher Mackay, Leiden 2007.

Knaake, Joachim K. F. (Hrsg.): *Johann von Staupitzens sämtliche Werke*, 2 Bde., Potsdam 1867.

Kolde, Theodor (Hrsg.): *Analecta Lutherana. Briefe und Actenstücke zur Geschichte Luthers. Zugleich ein Suppl. zu den bisherigen Sammlungen seines Briefwechsels*, Gotha 1883.

König, Erich: *Konrad Peutingers Briefwechsel*, München 1923.

Königliche Bayerische Akadamie der Wissenschaften, Historische Kommission (Hrsg.), *Die Chroniken der schwäbischen Städte. Augsburg*, 9 Bde., Leipzig 1865–96.

Kuen, Michael: *Lucifer Wittenbergensis*, Landsberg 1747.

Lehmann, Christian: *Historischer Schauplatz derer natürlichen Merckwürdigkeiten in dem Meißnischen Ober-Ertzgebirge*, Leipzig 1699 [VD 17 3:302104H].

Lemnius, Simon: *M. Simonis Lemnii Epigrammaton Libri III*, 1538 [VD 16 L 1133].

Lening, Johannes: *Dialogus das ist ein freundtlich Gesprech Zweyer personen, davon, Ob es Göttlichem, Natürlichem, Keyserlichem, und Geystlichem Rechte gemessen oder entgegen sei, mehr denn eyn Eeweib zugleich zu haben. Vnnd wo yemant zu diser zeit solchs fürnehme ob er als eyn vnchrist zuuerwerffen vnd zuuerdammen sei oder nit*, Marburg 1541 [VD 16 L 1174].

*Litaneia Germanorvm*, Augsburg 1521 [VD 16 ZV 25246].

Luther, Martin: *Studienausgabe*, 6 Bde., hrsg. v. Hans-Ulrich Delius u. Mitarbeit v.

Helmar Junghans, Joachim Rogge u. Günther Wartenberg (Hrsg.), Berlin, Leipzig 1979–1999.

Ders.: *Lateinisch-Deutsche Studienausgabe*, 3 Bde., hrsg. u. übers. v. Wilfried Härle, Johannes Schilling, Günter Wartenberg u. Michael Beyer, Leipzig 2006–2009.

Ders.: *Luther deutsch: die Werke Martin Luthers in neuer Auswahl für die Gegenwart*, 10 Bde., hrsg. von Kurt Aland, Göttingen 1991.

Margaritha, Anton: *Der gantz jüdisch Glaub: mit sampt einer gründlichen vnd warhafftigen anzaygunge, aller Satzungen, Ceremonien, Gebetten ...*, Augsburg 1530 [VD 16 M 972].

Mathesius, Johannes: *Historien von dem Leben und den Schicksalen des grossen Reformators Doctor Martin Luther Im Jahre 1565 in 17 Predigten beschrieben*, 1566, Repr. Leipzig 1806.

Ders.: *Sarepta oder Bergpostill*, Nürnberg 1562 [VD 16 M 1439].

Matheson, Peter (Hrsg. u. Übers.), *The collected works of Thomas Müntzer*, Edinburgh 1988.

Mayer, Johann Friedrich: *De Catharina Lutheri coniuge dissertatio*, Hamburg 1699 [VD 17 3:019103C].

Ders.: *Des unsterblichen Gottes-Gelehrten Herrn D. Johann Friedrich Mayers Unsterbliches Ehren-Gedächtnis Frauen Catharinen Lutherin einer gebohrnen von Bora ...*, Frankfurt and Leipzig 1724.

Meinhardi, Andreas: Über die Lage, die Schönheit und den Ruhm der hochberühmten, herrlichen Stadt Albioris, gemeinhin Wittenberg genannt, Leipzig 1508, Martin Treu (Übers.), Leipzig 1986.

Melanchthon, Philipp: *Vita Lutheri*, Frankfurt am Main 1555 [VD 16 M 3428].

*Melanchthons Briefwechsel. Kritische und kommentierte Gesamtausgabe*, hrsg. v. Heinz Scheible u. Christine Mundhenk. Stuttgart-Bad Cannstatt, 1977 ff.

*Philipp Melanchthons Briefwechsel – Regesten online*, Heidelberger Akademie der Wissenschaften.

*Die Messe. Von der Hochzeyt D. Andre Carolstadt. Vnnd der Priestern / so sich Eelich verheyrratten* Augsburg 1522 [VD 16 M 5492].

Miechowa, Mathis: *Tractat von baiden Sarmatien vnd andern anstossenden landen, in Asia vnd Europa, von sitten vnd gepraeuchen der voelcker so darinnen wonen*, Augsburg 1518 [VD 16 M 5189].

Miller Clarence H. (Hrsg.): *Erasmus and Luther. The Battle over Free Will*, übers. v. Clarence H. Miller und Peter Macardle, mit einer Einführung v. James D. Tracy, Indianapolis 2012.

Möllenberg, Walter Hrsg.): *Urkundenbuch zur Geschichte des Mansfeldischen Saigerhandels im 16. Jahrhundert*, Halle 1915.

Mundt, Lothar: *Lemnius und Luther*, 2 Bde., Bern und Frankfurt am Main 1983.

Müntzer, Thomas: *Außgetrückte emplössung des falschen Glaubens der vngetrewen welt*, Nürnberg 1524 [VD 16 M 6745].

Ders.: *Auszlegung des andern vnterschyds Danielis*, Allstedt 1524 [VD 16 M 6746].

Ders.: *Briefwechsel* (Thomas-Müntzer-Ausgabe Bd. 2), hrsg. v. Siegfried Bräuer, Helmar Junghans u. Manfred Kobuch, Leipzig 2010.

Ders.: *Hoch verursachte Schutzrede und antwort wider das Gaistloße Sanfft lebende fleysch zu Wittenberg*, [Nürnberg] 1524 [VD 16 M 6747].

Ders.: *Prager Manifest*, hrsg. v. Friedrich de Boor mit einer Einführung v. Hans-Joachim Rockar, Leipzig 1975.

Ders.: *Quellen zu Thomas Müntzer*, Wieland Held, Siegfried Hoyer (Hrsg.), Leipzig 2004.

Myconius, Friedrich: *Geschichte der Reformation*, hrsg. v. Otto Clemen, Leipzig 1914, Nachdr. Gotha 1990.

Ders.: *EPISTOLA SCRIPTA AD D. Vitum Theodorum ... DE CONCORDIA inita VVitebergae inter D. D. Martinum Lutherum, & Bucerum anno 36*, Leipzig 1581 [VD 16 M 7350].

Nas, Johannes: *Quinta Centvria, Das ist Das fuenfft Hundert der Euangelischen warheit*, Ingolstadt 1570 [VD 16 N 105].

Neudecker, Christian Gotthold (Hrsg.): *Die handschriftliche Geschichte Ratzeberger's über Luther und seine Zeit*, Jena 1850.

Ders./Ludwig Preller (Hrsg.): *Georg Spalatins historischer Nachlass und Briefe*, Jena 1851.

*Newe ordnung der Stat Wittenberg, MDXXII. jar*, Bamberg 1522 [VD 16 W 3698].

*Newe zeytung von den Wydertaufferen zu Münster*, Nürnberg 1535 [VD 16 N 876].

Nickel, Heinrich L. (Hrsg.): *Das Hallesche Heiltumbuch von 1520*, Halle 2001.

Osiander, Andreas: *Ob es war vn[d] glaublich sey, daß die Juden der Christen kinder heymlich erwürgen, vnd jr blut gebrauchen : ein treffenliche schrifft, auff eines yeden vrteyl gestelt*, Nuremberg 1530 [VD 16 O 1079].

Paullini, Christian Franz: *Historia Isenacensis*, Frankfurt 1698 [VD 17 3:300044V].

Rabus, Ludwig: *Historien der Heyligen Außerwölten Gottes-Zeügen, Bekennern und Martyrern, so in Angehender ersten Kirchen, Altes und Neüwes Testaments, zuo jeder zeyt gewesen seind : Auß H. Göttlicher, vnd der Alten Lehrer Glaubwürdigen Schrifften, Zuo gemeyner Auffbauwung vnnd Besserung der Angefochtenen Kirchen Teütscher Nation, warhafftig beschryben*, 7 Bde., Straßburg 1552–1557.

Reindell Wilhelm (Hrsg.): *Wenzel Lincks Wercke*, Bd. 1, Marburg 1894.

Ders. (Hrsg.): *Doktor Wenzeslaus Linck aus Colditz*, Bd. 1, Marburg 1892.

Richter, David: *Genealogia Lutherorum; oder historische Erzehlung von D. Mart. Lutheri ... heutigen Anverwandten; ... Hochzeits-Tag, und seines ... Gemahls Familie; ... jetziger Posterität ... also verfertiget, dass die teutschen Opera Lutheri ...*

*ergäntzet und ... continuiret, auch mit ... Kupfern gezieret worden*, Berlin und Leipzig 1733.

Rubius, Johannes: *Eyn neu buchlein von d'loblichen disputation offentlich gehalten vor fursten vnd vor hern vor hochgelarten vnd vngelarten yn der warden hochgepreusten stat Leyptzick inn reymen weisz*, Leipzig 1519 [VD 16 R 3409].

Schirrmacher, Friedrich Wilhelm (Hrsg.): *Briefe und Akten zum Marburger Religionsgespräch (1529) und zum Augsburger Reichstag (1530)*, Gotha, 1876, Nachdr. Bonn 2003.

Schneide-Lastin, Wolfram (Hrsg.): *Johann von Staupitz. Salzburger Predigten 1512. Eine textkritische Edition*, Tübingen 1990.

*Scriptorum publice propositorum a gvbernatoribus studiorum in Academia Wittenbergensi*, Bd. 3, Wittenberg 1559 [VD 16 W 3761].

Seitz, Otto (Hrsg.): *Der authentische Text der Leipziger Disputation (1519) aus bisher unbenutzten Quellen*, Berlin 1903.

Sider, Ronald J. (Hrsg. u. Übers.): *Karlstadt's Battle with Luther. Documents in a Liberal-Radical Debate*, Eugene, Oregon, 2001.

Soden, Franz von / Knaake, J. R. F. (Hrsg.): *Christoph Scheurls Briefbuch. Ein Beitrag zur Geschichte der Reformation und ihrer Zeit*, 2 Bde., Potsdam 1867, 1872 (Nachdr. Aalen 1962).

Spalatin, Georg: *Annales Reformationis Oder Jahr-Bücher von der Reformation Lvtheri*, hrsg. v. Ernst Salomon Cyprian, Leipzig 1718.

Spangenberg, Cyriakus: *Mansfeldische Chronik*, Buch 4, Teil 1, Naumburg 1912, 2007.

Ders.: *Mansfeldische Chronica. Der Erste Theil*, Eisleben 1572 [VD 16 S 7635].

Staupitz, Johann/Arndt, Johann: *Zwey alte geistreiche Büchlein/Doctoris Johannis von Staupitz/Das Erste. Von der holdseligen Liebe Gottes. Das Ander. Von unserm H. Christlichen Glauben; Zu erweckung der Liebe Gottes ... in allen Gottseligen Hertzen*, Magdeburg 1605 [VD 17 1:072800G].

Staupitz, Johann: *Ein seligs newes Jar/ von der lieb gottes*, Leipzig 1518 [VD 16 S 8708].

Ders.: *Ein nutzbarliches büchlein von der entlichen volziehung ewiger fuersehung*, Nürnberg 1517 [VD 16 S 8703].

Ders.: *Ein buchlein von der nachfolgung des willigen sterbens*, Leipzig 1515 [VD 16 S 8697].

Stiftung Luthergedenkstätten in Sachsen-Anhalt (Hrsg.), *Passional Christi und Antichristi*, Wittenberg 1998.

Stumpf, Johann: *Beschreibung des Abendmahlsstreites*, hrsg. v. Fritz Büsser, Zürich 1960.

Sylvius, Petrus: *Die Letzten zwey beschlisslich und aller krefftigest büchleyn M. Petri Sylvii, so das Lutherisch thun an seiner person ...*, Leipzig 1534 [VD 16 P 1296].

Topp, Andreas: *Historie der Stadt Eisenach* (1660) *(= Junckers Chronik 1710 Teil 2, Historie der Stadt Eisenach)*, Beiträge zur Geschichte der Stadt Eisenach 25, 1916.

Vandiver, Elizabeth / Keen, Ralph / Frazel, Thomas D. (Hrsg. u. Übers.): *Luther's Lives. Two contemporary accounts of Martin Luther*, Manchester 2002.

*Vitae Germanorum Theologorum*, Frankfurt 1620 [VD 17 1:001326M].

Walch, Christian: *Wahrhaftige Geschichte der seligen Frau Catharina von Bora, D. Mart. Luthers Ehegattin*, Halle 1751–1754.

Wartenberg, Günther: »Martin Luthers Beten für Freunde und gegen Feinde«, *Lutherjahrbuch* 75, 2008, 113–24.

Westerburg, Gerhard: *Vom Fegefewer vnd Standt der verscheyden selen eyn Christliche Meynung*, Köln 1523 [VD 16 W 2215].

Witzel, Georg: *Apologia: das ist: ein vertedigs rede Georgij Wicelij widder seine auffterreder die Luteristen ...*, Leipzig 1533 [VD 16 H 3842].

Wrede, Adolf (Hrsg.): *Deutsche Reichstagsakten, Jüngere Reihe*, Bd. 2, Gotha 1896.

Zwingli, Huldrych: *Huldreich Zwinglis Werke / Huldrici Zuinglii Opera*, 8 Bde., hrsg. v. Johann Melchior Schuler u. Johannes Schulthess, Zürich 1828–1842.

## Sekundärliteratur

Alexander, Sally/Taylor, Barbara (Hrsg.): *History and Psyche. Culture, Psychoanalysis and the Past*, London 2012.

Algazi, Gadi: »Habitus, familia und forma vitae: Die Lebensweisen mittelalterlicher Gelehrter in muslimischen, jüdischen und christlichen Gemeinden – vergleichend betrachtet«, in: Rexroth (Hrsg.), *Beiträge zur Kulturgeschichte der Gelehrten*.

Bagchi, David: *Luther's earliest opponents. Catholic controversialists, 1518–1525*, Minneapolis 1991.

Bak, Janos (Hrsg.): *The German Peasant War of 1525*, London 1976.

Bärenfänger, Katharina / Leppin, Volker / Michel, Stefan (Hrsg.): *Martin Luthers Tischreden*, Tübingen 2013.

Barge, Hermann: *Andreas Bodenstein von Karlstadt*, 2 Bde., Leipzig 1980 (Nachdr. Leipzig 2007).

Bátori, Ingrid (Hrsg.): *Städtische Gesellschaft und Reformation*, Stuttgart 1980, 2007².

Bellmann, Fritz / Harksen, Marie-Luise / Werner, Roland (Hrsg.): *Die Denkmäler der Lutherstadt Wittenberg*, Weimar 1979.

Benzing, Josef: *Lutherbibliographie. Verzeichnis der gedruckten Schriften Martin Luthers bis zu dessen Tod*, 3 Bde., Baden-Baden 1965/66.

Bergmann, Gerd: *Kommunalbewegung und innerstädtische Kämpfe im mittelalterlichen Eisenach*, Eisenach 1987.

Blickle, Peter: *Die Revolution von 1525*, München und Wien 1975, erw. u. durchg. Ausg., München 2004.

Bobzins, Hartmut: »›Aber itzt … hab ich den Alcoran gesehen Latinisch …‹ Gedanken Martin Luthers zum Islam«, in: Medick, Schmidt (Hrsg.), *Luther zwischen den Kulturen.*

Bok, Vaclav / Shaw, Frank (Hrsg.): *Magister et amicus. Festschrift für Kurt Gärtner zum 65. Geburtstag*, Wien 2003.

Brady, Thomas: *German Histories in the Age of Reformations, 1400–1650*, Cambridge 2009.

Bräuer, Siegfried: »Die Stadt Mansfeld in der Chronik des Cyriakus Spangenberg«, in: Knape (Hrsg.): *Martin Luther und Eisleben.*

Brecht, Martin: *Martin Luther*, 3 Bde., Stuttgart 1981–87.

Brown, Christopher Boyd: *Singing the Gospel. Lutheran Hymns and the Success of the Reformation*, Cambridge, Mass. 2005.

Bubenheimer, Ulrich: *Thomas Müntzer. Herkunft und Bildung*, Leiden 1989.

Ders.: »Luthers Stellung zum Aufruhr in Wittenberg 1520–22 und die frühreformatorischen Wurzeln des landesherrlichen Kirchenregiments«, in: *Zeitschrift der Savigny-Stiftung für Rechtsgeschichte, Kanonistische Abteilung* 102, 1985, S. 147–214.

Ders.: »Gelassenheit und Ablösung. Eine psychohistorische Studie über Andreas Bodenstein von Karlstadt und seinen Konflikt mit Martin Luther«, in: *Zeitschrift für Kirchengeschichte* 92, 1981, S. 250–68.

Ders.: *Consonantia Theologiae et Iurisprudentiae. Andreas von Karlstadt als Theologe und Jurist zwischen Scholastik und Reformation*, Tübingen 1977.

Ders.: »Scandalum et ius divinum. Theologische und rechtstheologische Probleme der ersten reformatorischen Innovationen in Wittenberg 1521/22«, in: *Zeitschrift der Savigny-Stiftung für Rechtsgeschichte, Kanonistische Abteilung* 90, 1973, S. 263–342.

Burnett, Amy Nelson: *Karlstadt and the Origins of the Eucharistic Controversy. A Study in the Circulation of Ideas*, Oxford 2011.

Bushart, Bruno: *Die Fuggerkapelle bei St. Anna in Augsburg*, München 1994.

Cardenas, Livia: *Friedrich der Weise und das Wittenberger Heiltumsbuch. Mediale Repräsentation zwischen Mittelalter und Neuzeit*, Berlin 2002.

Christensen, Carl: *Princes and Propaganda: Electoral Saxon Art of the Reformation*, Kirksville 1992.

Clark, Harry: »The Publication of the Koran in Latin: A Reformation Dilemma«, in: *The Sixteenth Century Journal*, 15/1, 1984, S. 3–12.

Clasen, Claus Peter: *Anabaptism: a social history, 1525–1618: Switzerland, Austria, Moravia, South and Central Germany*, Ithaca 1972.

Clemen, Otto: »Die Leidensgeschichte der Ursula Toplerin«, in: *Zeitschrift für bayerische Kirchengeschichte* 7, 1932, S. 161–170.

Cranach-Stiftung (Hrsg.): *Lucas Cranach d. Ä. und die Cranachhöfe in Wittenberg*, Halle 1998.

Creasman, Allyson F.: »The Virgin Mary against the Jews: Anti-Jewish Polemic in the Pilgrimage to the Schöne Maria of Regensburg, 1519–25«, in: *The Sixteenth Century Journal*, 33/4, 2002, S. 963–980.

Deutschländer, Gerrit: »Spalatin als Prinzenerzieher«, in: Kohnle, Meckelnborg, Schirmer (Hrsg.), *Georg Spalatin*.

Dingel, Irene / Wartenberg, Günther (Hrsg.): *Die Theologische Fakultät Wittenberg 1502 bis 1602. Beiträge zur 500. Wiederkehr des Gründungsjahres der Leucorea*, Leipzig 2002.

Döhle, Hans-Jürgen: »Schwein, Geflügel und Fisch – bei Luthers zu Tisch«, in: Meller (Hrsg.), *Luther in Mansfeld*.

Dülmen, Richard van: *Reformation als Revolution. Soziale Bewegung und religiöser Radikalismus in der deutschen Reformation*, München 1977, Frankfurt am Main 1987.

Dym, Warren Alexander: *Divining Science. Treasure Hunting and Earth Science in Early Modern Germany*, Leiden und Boston 2011.

Edwards jr., Mark U.: »Luther as Media Virtuoso and Media Persona«, in: Medick, Schmidt (Hrsg.), *Luther zwischen den Kulturen*.

Ders.: *Printing, Propaganda, and Martin Luther*, Los Angeles und London 1994.

Ehmann, Johannes: *Luther, Türken und Islam*, Göttingen 2008.

Engels, Friedrich: *Der deutsche Bauernkrieg*, Hamburg 1850, Berlin 1987.

Erikson, Erik H.: *Der junge Mann Luther. Eine psychoanalytische und historische Studie*, übers. von Johanna Schiche, München 1964.

Eschenhagen, Edith: »Beiträge zur Sozial- und Wirtschaftsgeschichte der Stadt Wittenberg in der Reformationszeit«, *Lutherjahrbuch* 9, 1927, S. 9–118.

Eser, Thomas: *Hans Daucher*, München, Berlin 1996.

Etzrodt, Hermann / Kronenberg, Kurt (Hrsg.): *Das Eisleber Lutherbuch 1933*, Eisleben 1933.

Febvre, Lucien: *Martin Luther*, hrsg. u. übers. v. Peter Schöttler, Frankfurt am Main 1996 (Orig.: *Un destin: Martin Luther*, Paris 1928).

Fessner, Michael: »Das Montanwesen in der Grafschaft Mansfeld vom ausgehenden 15. bis zur zweiten Hälfte des 16. Jahrhunderts«, in: Westermann (Hrsg.), *Montanregion als Sozialregion*.

Ders.: »Die Familie Luder in Möhra und Mansfeld«, in: Meller (Hrsg.), *Fundsache Luther*.

Ders.: »Die Familie Luder und das Bergwerks- und Hüttenwesen in der Grafschaft Mansfeld und im Herzogtum Braunschweig-Wolfenbüttel«, in: Knape (Hrsg.), *Martin Luther und Eisleben*.

Ders.: »Luthers Speisezettel. Die Versorgung der Grafschaft Mansfeld mit Lebensmitteln, Gütern und Waren«, in: Meller (Hrsg.), *Luther in Mansfeld*.

Francisco, Adam S.: *Martin Luther and Islam. A Study in Sixteenth-Century Polemics and Apologetics*, Leiden und Boston 2007.

Franz, Günther: *Der deutsche Bauernkrieg*, Berlin 1933 und Darmstadt 1956.

Freybe, Peter (Hrsg.): *Luther und seine Freunde:* »*... damit ich nicht allein wäre*«*; Justus Jonas, Lucas Cranach d. Ä., Johann Agricola, Johannes Brenz, Johannes Bugenhagen, Johannes von Staupitz; mit einem Anhang zur Geschichte des Predigerseminars*, Wittenberg 1998.

Freydank, Hanns: *Martin Luther und der Bergbau*, Eisleben 1939.

Ders.: »Vater Luther der Hüttenmeister«, in: Etzrodt, Kronenberg (Hrsg.), *Das Eisleber Lutherbuch*.

Fromm, Erich: *Die Furcht vor der Freiheit*, übers. von Liselotte u. Ernst Mickel, Frankfurt am Main 1988.

Goertz, Hans-Jürgen: *Die Täufer. Geschichte und Bedeutung*, München 1980.

Greschat, Martin: *Martin Bucer. Ein Reformator und seine Zeit*, München 1990.

Haag, Sabine / Lange, Christiane / Metzger, Christof / Schütz, Karl (Hrsg.): *Dürer, Cranach, Holbein. Die Entdeckung des Menschen: Das deutsche Porträt um 1500*, München 2011.

Haberkern, Philip: »›After Me There Will Come Braver Men‹: Jan Hus and Reformation Polemics in the 1530s«, *German History*, 27/2, 2009, S. 177–195.

Häberlein, Mark: *Die Fugger. Geschichte einer Augsburger Familie (1357–1650)*, Stuttgart 2006.

Hamm, Berndt: *Frömmigkeitstheologie am Anfang des 16. Jahrhunderts. Studien zu Johannes von Paltz und seinem Umkreis*, Tübingen 1982.

Grisar, Hartmann / Heege, Franz: *Luthers Kampfbilder*, 4 Bde., Freiburg im Breisgau 1923.

Hartmann, Peter Claus: »Albrecht von Brandenburg. Erzbischof und Kurfürst von Mainz, Erzbischof von Magdeburg und Administrator des Bistums Halberstadt«, in: Tacke (Hrsg.), *Der Kardinal Albrecht von Brandenburg*.

Hasse, Hans-Peter: »Bücherzensur an der Universität Wittenberg im 16. Jahrhundert«, in: Oehmig (Hrsg.), *700 Jahre Wittenberg*.

Hein, Markus / Kohnle, Armin (Hrsg.): *Die Leipziger Disputation 1519*, Leipzig 2011.

Heling, Antje: *Zu Haus bei Martin Luther. Ein alltagsgeschichtlicher Rundgang*, Wittenberg 2003.

Hendrix, Scott / Karant-Nunn, Susan (Hrsg.): *Masculinity in the Reformation Era*, Kirksville, MO 2008.

Hendrix, Scott: »Toleration of the Jews in the German Reformation: Urbanus Rhegius and Braunschweig 1535–1540«, in: ders. (Hrsg.), *Tradition and Authority in the Reformation*, Aldershot 1996.

Heydenreich, Gunnar: *Lucas Cranach the Elder. Painting Materials, Techniques and Workshop Practice*, Amsterdam 2007.

Hill, Kat: *Baptism, Brotherhood, and Belief in Reformation Germany. Anabaptism and Lutheranism, 1525–1585*, Oxford 2015.

Historische Commission für die Provinz Sachsen und das Herzogtum Anhalt, *Bau- und Kunst-Denkmäler der Provinz Sachsen*, Bd. 18, *Der Mansfelder Gebirgskreis*, Halle 1893 (Nachdr. Naumburg 2001).

Höfele, Andreas/Laqué, Stephan/Ruge, Enno/Schmidt, Gabriela (Hrsg.): *Representing Religious Pluralization in Early Modern Europe*, Berlin 2007.

Hornemann, Andreas: »Zeugnisse der spätmittelalterlichen Annenverehrung im Mansfelder Land«, in: Knape (Hrsg.): *Luther und der Bergbau.*

Höss, Irmgard: *Georg Spalatin, 1484–1545. Ein Leben in der Zeit des Humanismus und der Reformation*, Weimar 1956, 1989.

Hsia, Ronnie Po-Chia (Hrsg.): *The German People and the Reformation*, Ithaca, London 1988.

Ders.: »Münster and the Anabaptists«, in: ders. (Hrsg.), *The German People and the Reformation.*

Ders.: »*The Myth of Ritual Murder. Jews and Magic in Reformation Germany*, New Haven, London 1988.

Iserloh, Erwin: *Johannes Eck (1486–1543). Scholastiker, Humanist, Kontroverstheologe*, Münster 1981.

Ders.: *Luther zwischen Reform und Reformation. Der Thesenanschlag fand nicht statt*, Münster 1966.

Ders.: *Luthers Thesenanschlag: Tatsache oder Legende?*, Wiesbaden 1962.

Jankowski, Günter (Hrsg.): *Zur Geschichte des Mansfelder Kupferschieferbergbaus*, Clausthal-Zellerfeld 1995.

Ders.: *Mansfeld: Gebiet – Geschlecht – Geschichte. Zur Familiengeschichte der Grafen von Mansfeld*, Luxemburg 2005.

Jesse, Horst: *Leben und Wirken des Philipp Melanchthon. Dr. Martin Luthers theologischer Weggefährte*, München 2005.

Jürgensmeier, Friedhelm: »Kardinal Albrecht von Brandenburg (1490–1545). Kurfürst, Erzbischof von Mainz und Magdeburg, Administrator von Halberstadt«, in: Reber (Hrsg.), *Albrecht von Brandenburg.*

Jütte, Daniel: »Schwang Luther 1517 tatsächlich den Hammer? Die berühmtesten und folgenreichsten Thesen der neueren Weltgeschichte – handwerklich gesehen«, *Frankfurter Allgemeine Zeitung*, 18. Juni 2014.

Junghans, Helmar: *Die Reformation in Augenzeugenberichten*, München 1973 (Düsseldorf 1967).

Ders.: *Wittenberg als Lutherstadt*, Berlin 1979, 1982.

Ders.: »Luthers Einfluss auf die Wittenberger Universitätsreform«, in: Dingel, Wartenberg (Hrsg.), *Die Theologische Fakultät Wittenberg 1502 bis 1602.*

Kalkoff, Paul: *Ablass und Reliquienverehrung an der Schlosskirche zu Wittenberg unter Friedrich dem Weisen*, Gotha 1907.

Ders.: *Briefe, Depeschen und Berichte über Luther vom Wormser Reichstage 1521*, Halle 1898.

Ders.: *Die Depeschen des Nuntius Aleander vom Wormser Reichstage 1521*, Halle 1886, 1897.

Karant-Nunn, Susan: *The Reformation of Feeling. Shaping the Religious Emotions in Early Modern Germany*, Oxford 2010.

Dies.: »The Masculinity of Martin Luther«, in: Hendrix/dies. (Hrsg.), *Masculinity in the Reformation Era*.

Dies.: *Luther's Pastors. The Reformation in the Ernestine Countryside*, Philadelphia 1979.

Ingrid Kasten, »›Was ist Luther? Ist doch die lere nitt meyn‹: Die Anfänge des Luther-Mythos im 16. Jahrhundert«, in: Bok, Shaw (Hrsg.), *Magister et amicus*.

Kaufmann, Thomas (Hrsg.): *Der Anfang der Reformation. Studien zur Kontextualität der Theologie, Publizistik und Inszenierung Luthers und der reformatorischen Bewegung*, Tübingen 2012.

Ders.: »Argumentative Impressionen: Bucers Bericht von der Heidelberger Disputation«, in: ders. (Hrsg.), *Der Anfang der Reformation*.

Ders.: »Theologisch-philosophische Rationalität: Die Ehre der Hure. Zum vernünftigen Gottesgedanken in der Reformation«, in: ders. (Hrsg.), *Der Anfang der Reformation*.

Ders.: *Luthers Juden*, Stuttgart 2014.

Ders.: *Luthers »Judenschriften«*, Tübingen 2011.

Ders.: »*Türckenbüchlein«. Zur christlichen Wahrnehmung »türkischer Religion« in Spätmittelalter und Reformation*, Göttingen 2008.

Ders.: »Zwei unerkannte Schriften Bucers und Capitos zur Abendmahlsfrage aus dem Herbst 1525«, *Archiv für Reformationsgeschichte* 81, 1990, S. 158–88.

Kawerau, Gustav: *Johann Agricola von Eisleben. Ein Beitrag zur Reformationsgeschichte*, Berlin 1881.

Kießling, Rolf: *Bürgerliche Gesellschaft und Kirche in Augsburg im Spätmittelalter. Ein Beitrag zur Strukturanalyse der oberdeutschen Reichsstadt*, Augsburg 1971.

Knape, Rosemarie (Hrsg.): *Martin Luther und Eisleben*, Leipzig 2007.

Dies. (Hrsg.): *Martin Luther und der Bergbau im Mansfelder Land*, Eisleben 2000.

Kobelt-Groch, Marion: *Aufsässige Töchter Gottes. Frauen im Bauernkrieg und in den Täuferbewegungen*, Frankfurt am Main 1993.

Koch, Ernst: »Deutschlands Prophet, Seher und Vater. Johann Agricola und Martin Luther. Von den Enttäuschungen einer Freundschaft«, in: Freybe (Hrsg.): *Luther und seine Freunde*.

Köhler, Walter: *Zürcher Ehegericht und Genfer Konsistorium*, 2 Bde., Leipzig 1932, 1942.

Koerner, Joseph Leo: *The Moment of Self-Portraiture in German Renaissance Art*, Chicago und London 1993.

Kohnle, Armin / Meckelnborg, Christina / Schirmer, Uwe (Hrsg.): *Georg Spalatin. Steuermann der Reformation*, Halle 2014.

Kohnle, Armin: »Die Leipziger Disputation und ihre Bedeutung für die Reformation«, in: Hein/Kohnle (Hrsg.), *Die Leipziger Disputation*.

Kolb, Robert: *Martin Luther. Confessor of the Faith*, Oxford 2009.

Ders.: *Martin Luther as Prophet, Teacher, and Hero: Images of the Reformer, 1520–1620*, Grand Rapids, Michigan 1999.

Ders.: »Augsburg 1530: German Lutheran Interpretations of the Diet of Augsburg to 1577«, in: *Sixteenth Century Journal*, 11, 1980, S. 47–61.

Ders.: *Nikolaus von Amsdorf (1483–1565). Popular Polemics in the Preservation of Luther's Legacy*, Nieuwkoop 1978.

Ders./Dingel, Irene (Hrsg.): *The Oxford Handbook of Martin Luther's Theology*, Oxford 2014.

Kolde, Theodor (Hrsg.): *Analecta Lutherana*, Gotha 1883.

Köpf, Ulrich: »Martin Luthers Beitrag zur Universitätsreform«, in: *Lutherjahrbuch* 80, 2013, S. 31–59.

Korsch, Dietrich / Leppin, Volker (Hrsg.): *Martin Luther – Biographie und Theologie*, Tübingen 2010.

Kramm, Heinrich: *Studien über die Oberschichten der mitteldeutschen Städte im 16. Jahrhundert: Sachsen, Thüringen, Anhalt*, 2 Bde., Köln 1981.

Kremer, Josef: *Beiträge zur Geschichte der klösterlichen Niederlassungen Eisenachs im Mittelalter*, Fulda 1905.

Krentz, Natalie: *Ritualwandel und Deutungshoheit. Die frühe Reformation in der Residenzstadt Wittenberg (1500–1533)*, Tübingen 2014.

Krumhaar, Karl: *Versuch einer Geschichte von Schloß und Stadt Mansfeld*, Mansfeld 1869.

Kruse, Jens-Martin: *Universitätstheologie und Kirchenreform. Die Anfänge der Reformation in Wittenberg 1516–1522*, Mainz 2002.

Kusukawa, Sachiko: *The Transformation of Natural Philosophy. The Case of Philipp Melanchthon*, Cambridge 1995.

Laube, Stefan: *Von der Reliquie zum Ding. Heiliger Ort – Wunderkammer – Museum*, Berlin 2011.

Ders.: »Klosett oder Klosterzelle?«, in: *Frankfurter Allgemeiner Zeitung* 4. April 2015, Feuilleton.

Ders.: »Das Lutherhaus – eine Museumsgeschichte«, Fassung 1. Okt. 2015 in: http://www.stefanlaube.homepage.t-online.de/StudieTOTAL.pdf.

Leppin, Volker: »Text, Kontext und Subtext. Eine Lektüre von Luthers Coburgbriefen«, in: Korsch, Leppin (Hrsg.), *Martin Luther – Biographie.*

Ders.: *Martin Luther. Gestalten des Mittelalters und der Renaissance*, Darmstadt 2006.

Liebehenschel, Wolfgang: »CURRICULUM VITAE der Mutter Martin Luthers. Die Herkunft der Mutter Martin Luthers«, in: Knape (Hrsg.), *Martin Luther und der Bergbau.*

Lindberg, Carter: *The European Reformations*, Oxford 1996.

Lindner, Andreas: »Martin Luther im Erfurter Augustinerkloster 1505–1511,« in: Schmelz, Ludscheidt (Hrsg.), *Luthers Erfurter Kloster.*

Löcher, Kurt: »Martin Luthers Eltern – Ein Bildnispaar Lucas Cranachs von 1527 auf der Wartburg«, in: Knape (Hrsg.), *Luther und der Bergbau.*

Lohse, Bernhard: *Luthers Theologie in ihrer historischen Entwicklung und in ihrem systematischen Zusammenhang*, Göttingen 1995.

Lorentzen, Tim: *Johannes Bugenhagen als Reformator der öffentlichen Fürsorge*, Tübingen 2008.

Ludolphy, Ingetraut: *Friedrich der Weise. Kurfürst von Sachsen 1463–1525*, Göttingen 1984 (Nachdr. Leipzig 2006).

Lueck, Heiner (Hrsg.): *Martin Luther und seine Universität*, Köln 1998.

Lutz, Heinrich: *Conrad Peutinger*, Augsburg 1958.

Mager, Inge: »›das war viel ein andrer Mann‹: Justas Jonas – ein Leben mit und für Luther«, in: Freybe (Hrsg.), *Luther und seine Freunde.*

Marius, Richard: *Martin Luther: The Christian between God and Death*, Cambridge, Mass. 1999, 2004.

Markert, Gerhard: *Menschen um Luther. Eine Geschichte der Reformation in Lebensbildern*, Augsburg 2008.

Medick, Hans/Schmidt, Peer (Hrsg.): *Luther zwischen den Kulturen. Zeitgenossenschaft – Weltwirkung*, Göttingen 2004.

Meller, Harald (Hrsg.): *Fundsache Luther. Archäologen auf den Spuren des Reformators*, Stuttgart 2008.

Ders. (Hrsg.): *Luther in Mansfeld. Forschungen am Elternhaus des Reformators*, Halle 2007.

Mück, Walter: *Der Mansfelder Kupferschieferbergbau in seiner rechtsgeschichtlichen Entwicklung*, 2 Bde., Eisleben 1910.

Müller, Nikolaus: *Die Wittenberger Bewegung 1521 und 1522. Die Vorgänge in und um Wittenberg während Luthers Wartburgaufenthalt. Briefe, Akten u. dgl. und Personalien*, Leipzig 1911.

Mullett, Michael: *Luther*, London, New York 2004.

Mundt, Lothar: *Lemnius und Luther. Studien und Texte zur Geschichte und Nachwir-*

kung ihres Konflikts (1538–1539), 2 Bde., Bern, Frankfurt am Main und New York 1983.

Neser, Anne-Marie: *Luthers Wohnhaus in Wittenberg. Denkmalpolitik im Spiegel der Quellen*, Leipzig 2005.

Nirenberg, David: *Anti-Judaismus. Eine andere Geschichte des westlichen Denkens*, übers. v. Martin Richter, München 2015.

Oberman, Heiko A.: *Luther. Mensch zwischen Gott und Teufel*, Berlin 1982.

Ders.: *Wurzeln des Antisemitismus: Christenangst und Judenplage im Zeitalter von Humanismus und Reformation*, Berlin 1981.

Ders.: Werden und Wertung der Reformation, Tübingen 1977.

Ders.: »›Iustitia Christi‹ and ›iustitia Dei‹. Luther and the Scholastic Doctrines of Justification«, in: *Harvard Theological Review* 59/1, 1966, S. 1–26.

Oehmig, Stefan (Hrsg.): *700 Jahre Wittenberg. Stadt, Universität, Reformation*, Weimar 1995.

Ders.: »Die Wittenberger Bewegung 1521/22 und ihre Folgen im Lichte alter und neuer Fragestellungen. Ein Beitrag zum Thema (Territorial-)Stadt und Reformation«, in: ders. (Hrsg.), *700 Jahre Wittenberg*.

Ders.: »Zur Getreide- und Brotversorgung der Stadt Erfurt«, in: Weiß (Hrsg.), *Erfurt 742–1992*.

Oettinger, Rebecca Wagner: *Music as Propaganda in the German Reformation*, Aldershot 2001.

Osten-Sacken, Peter von der: *Martin Luther und die Juden. Neu untersucht anhand von Anton Margarithas »der gantz Jüdisch glaub« (1530/31)*, Stuttgart 2002.

Ott, Joachim / Treu, Martin (Hrsg.): *Luthers Thesenanschlag – Faktum oder Fiktion*, Leipzig 2008.

Oyer, John S.: *Lutheran reformers against the Anabaptists. Luther, Melanchthon and Menius, and the Anabaptists of Central Germany*, Den Haag 1964.

Ozment, Steven: *The Serpent and the Lamb. Cranach, Luther and the Making of the Reformation*, New Haven und London 2011.

Paas, John Roger: *The German Political Broadsheet, 1600–1700*, 12 Bde., Wiesbaden 1985–2014.

Paisey, David / Bartrum, Giulia: »Hans Holbein and Miles Coverdale: A New Woodcut«, in: *Print Quarterly* 26/3, 2009, S. 227–53.

Pettegree, Andrew: *The Book in the Renaissance*, New Haven und London, 2010.

Ders.: *Brand Luther. 1517, Printing, and the Making of the Reformation*, London und New York 2015.

Pilvousek, Josef / Springer, Klaus-Bernward: »Die Erfurter Augustiner-Eremiten: eine evangelische ›Brüdergemeinde‹ vor und mit Luther (1266–1560)«, in: Schmelz/Ludscheidt (Hrsg.), *Luthers Erfurter Kloster*.

Plummer, Marjorie Elizabeth: *From Priest's Whore to Pastor's Wife. Clerical Marriage and the Process of Reform in the Early German Reformation*, Farnham 2012.

Posset, Franz: *The Front-Runner of the Catholic Reformation. The Life and Works of Johann von Staupitz*, Aldershot 2003.

Potter, George Richard: *Zwingli*, Cambridge 1976.

Preus, Samuel: *Carlstadt's Ordinaciones and Luther's Liberty. A Study of the Wittenberg Movement, 1521–22*, Cambridge, Mass. 1974.

Prien, Hans-Jürgen: *Luthers Wirtschaftsethik*, Göttingen 1992.

Puff, Helmut: *Sodomy in Reformation Germany and Switzerland 1400–1600*, Chicago 2003.

Rankin, Alisha: *Panaceia's Daughters. Noblewomen as Healers in Early Modern Germany*, Chicago u. London 2013.

Ratzeberger, Matthäus: *Luther und seine Zeit*, Jena 1850.

Reber, Horst (Hrsg.): *Albrecht von Brandenburg. Kurfürst – Erzkanzler – Kardinal. 1490–1545. Zum 500. Geburtstag eines deutschen Renaissancefürsten*, Mainz 1990.

Reinholdt, Katharina: *Ein Leib in Christo werden. Ehe und Sexualität im Täufertum der frühen Neuzeit*, Göttingen 2012.

Reinitzer, Heimo: *Gesetz und Evangelium. Über ein reformatorisches Bildthema, seine Tradition, Funktion und Wirkungsgeschichte*, 2 Bde., Hamburg 2006.

Rexroth, Frank (Hrsg.): *Beiträge zur Kulturgeschichte der Gelehrten im späten Mittelalter*, Ostfildern 2010.

Rhein, Stefan: »Philipp Melanchthon und Eobanus Hessus. Wittenberger Reformation und Erfurter ›Poetenburg‹«, in: Weiß (Hrsg.), *Erfurt. Geschichte und Gegenwart*.

Ritschel, Iris: »Friedrich der Weise und seine Gefährtin«, in: Tacke (Hrsg.), »*... wir wollen der Liebe Raum geben*«.

Rockwell, William Walker: *Die Doppelehe des Landgrafen Philipp von Hessen*, Marburg 1904.

Rössner, Philipp Robinson (Hrsg. u. Übers.): *Martin Luther. On Commerce and Usury (1524)*, London 2015.

Roper, Lyndal: »Luther Relics«, in: Spinks/Eichberger (Hrsg.): *Religion, the Supernatural and Visual Culture*.

Dies.: *Der feiste Doktor*, übers. v. Karin Wördemann, Göttingen 2012.

Dies.: *Ödipus und der Teufel. Körper und Psyche in der frühen Neuzeit*, übers. v. Peter Sillem, Frankfurt am Main 1995.

Dies.: »The SevenHeaded Monster: Luther and Psychology«, in Alexander, Taylor (Hrsg.), *History and Psyche*.

Dies.: »To his most Learned and Dearest Friend«, in: »Reading Luther's Letters«, *German History* 28, 2010, S. 283–295.

Dies.: *Das fromme Haus. Frauen und Moral in der Reformation*, übers. v. Wolfgang Kaiser, Frankfurt am Main 1999.

Ross, Alan: *Daum's Boys. Schools and the Republic of Letters in Early Modern Germany*, Manchester 2015.

Roth, Friedrich: »Die geistliche Betrügerin Anna Laminit von Augsburg (c. 1480–1518)«. in: *Zeitschrift für Kirchengeschichte* 43/2, NRF 6, 1924, S. 335–417.

Rubin, Miri: *Gentile Tales. The Narrative Assault on late medieval Jews*, New Haven und London 1999.

Dies.: *Mother of God. A History of the Virgin Mary*, London 2009.

Rublack, Hans-Christoph: »Gravamina und Reformation«, in: Batori (Hrsg.), *Städtische Gesellschaft und Reformation*.

Rublack, Ulinka: »Grapho-Relics: Lutheranism and the Materialization of the Word«, in: *Past and Present,* Supplement 5, 2010, S. 144–166.

Rummel, Erika: *The Confessionalization of Humanism in Reformation Germany*, Oxford 2000.

Sammel, Rebecca: »The *Passio Lutheri*: Parody as Hagiography«, in: *Journal of English and Germanic Philology* 95/2, 1996, S. 157–174.

Schauerte, Thomas: *Dürer. Das ferne Genie. Eine Biographie*, Stuttgart 2012.

Scheel, Otto: *Dokumente zu Luthers Entwicklung*, Tübingen 1929.

Ders.: *Martin Luther. Vom Katholizismus zur Reformation*, 2 Bde., Tübingen 1917.

Scherf, Helmut: *Bau- und Kunstdenkmale in Stadt und Kreis Eisenach* (Eisenacher Schriften zur Heimatkunde, Heft 15), Eisenach 1981.

Schilling, Heinz: *Martin Luther. Rebell in einer Zeit des Umbruchs*, München 2012.

Schleiff, Heinrich/Sussmann, Michael: »Baugeschichte des Erfurter Augustinerklosters – aus der Vergangenheit in die Zukunft«, in: Schmelz/Ludscheidt (Hrsg.), *Luthers Erfurter Kloster*.

Schlenker, Björn: »Archäologie am Elternhaus Martin Luthers«, in: Meller (Hrsg.), *Luther in Mansfeld*.

Schmalz, Björn: *Georg Spalatin und sein Wirken in Altenburg (1525–1545)*, Beucha 2009.

Schmelz, Lothar/Ludscheidt, Michael (Hrsg.): *Luthers Erfurter Kloster. Das Augustinerkloster im Spannungsfeld von monastischer Tradition und protestantischem Geist*, Erfurt 2005.

Schubart, Christoph: *Die Berichte über Luthers Tod und Begräbnis. Texte und Untersuchungen*, Weimar 1917.

Schulz, Christiane: »Spalatin als Pfarrer und Superintendent in Altenburg«, in: Kohnle/Meckelnborg/Schirmer (Hrsg.), *Georg Spalatin*.

Schwiebert, Ernest: *Luther and his Times. The Reformation from a New Perspective*, Saint Louis 1950.

Scott, Tom: *Thomas Müntzer. Theology and Revolution in the German Reformation*, Basingstoke 1989.

Scribner, Robert W.: »Die Eigentümlichkeit der Erfurter Reformation«, in: Weiss (Hrsg.), *Erfurt 742–1992*.

Robert W. Scribner, »Civic Unity and the Reformation in Erfurt«, in: ders. (Hrsg.), *Popular Culture and Popular Movements*.

Ders.: *Popular Culture and Popular Movements in Reformation Germany*, London 1987.

Ders./Benecke, Gerhard (Hrsg.): *The German Peasant War of 1525. New Viewpoints*, London 1979.

Seidemann, Johann Karl: *Erläuterungen zur Reformationsgeschichte*, Dresden 1844.

Shachar, Isaiah: *The Judensau. A Medieval Anti-Jewish Motif and its History*, London 1974.

Sheehan, Jonathan: »Sacred and Profane: Idolatry, Antiquarianism and the Polemics of Distinctions in the Seventeenth Century«, in: *Past and Present* 192, 2006, S. 35–66.

Sider, Ronald J.: *Andreas Bodenstein von Karlstadt. The Development of his Thought 1517–25*, Leiden 1974.

Siggins, Ian: *Luther and his Mother*, Philadelphia 1981.

Ders.: »Luther's Mother Margarethe«, in: *Harvard Theological Review* 71, 1978, S. 125–50.

Skinner, Quentin: *The Foundations of Modern Political Thought*, 2 Bde., Cambridge 1978.

Slotta, Rainer / Müller, Siegfried: »Zum Bergbau auf Kupferschiefer im Mansfelder Land«, in: Knape (Hrsg.), *Martin Luther und der Bergbau im Mansfelder Land*.

Smith, Jeannette C.: »Katharina von Bora through five centuries: a historiography«, in: *Sixteenth Century Journal* 30/3, 1999, S. 745–774.

Soergel, Philip M.: *Miracles and the Protestant Imagination. The Evangelical Wonder Book in Reformation Germany*, Oxford 2010.

Spinks, Jennifer / Eichberger, Dagmar (Hrsg.): *Religion, the Supernatural and Visual Culture in Early Modern Europe*, Leiden 2015.

Spinks, Jennifer / Roper, Lyndal: »Karlstadt's Wagon« (Veröffentlichung erfolgt in Kürze), in: *Art History*, 2017.

Springer, Carl P. E.: »Luther's Latin Poetry and Scatology«, in: *Lutheran Quarterly* 23/4, 2009, S. 373–387.

Sreenivasan, Govind P.: *The Peasants of Ottobeuren, 1487–1726. A Rural Society in Early Modern Europe*, Cambridge 2004.

Stahl, Andreas: »Baugeschichtliche Erkenntnisse zu Luthers Elternhaus in Mansfeld«, in: Knape (Hrsg.), *Martin Luther und Eisleben*.

Ders.: »Die Grafschaft und die Stadt Mansfeld in der Lutherzeit«, in: Meller (Hrsg.), *Luther in Mansfeld.*

Ders.: »Historische Bauforschung an Luthers Elternhaus. Archivalische Voruntersuchungen und erste Baubeobachtungen«, in: Meller (Hrsg.), *Luther in Mansfeld.*

Stayer, James: *The German Peasants' War and Anabaptist Community of Goods,* Montreal 1991.

Ders.: *Anabaptists and the Sword,* Lawrence 1972.

Stephan, Hans-Georg: »Keramische Funde aus Luthers Elternhaus«, in: Meller (Hrsg.), *Luther in Mansfeld.*

Steinmetz, David C.: *Luther and Staupitz. An Essay in the Intellectual Origins of the Protestant Reformation,* Durham, NC 1980.

Stievermann, Dieter: »Sozialer Aufstieg um 1500: Hüttenmeister Hans Luther und sein Sohn Dr. Martin Luther«, in: Knape (Hrsg.), *Martin Luther und der Bergbau im Mansfelder Land.*

Stjerna, Kirsi: *Women and the Reformation,* Oxford 2009.

Stollberg-Rilinger, Barbara: *Des Kaisers alte Kleider. Verfassungsgeschichte und Symbolsprache des Alten Reiches,* München 2008.

Straube, Manfred: »Soziale Struktur und Besitzverhältnisse in Wittenberg zur Lutherzeit«, in: *Jahrbuch für Geschichte des Feudalismus* 9, 1985, S. 145–88.

Strenge, Karl Friedrich von / Devrient, Ernst (Hrsg.): *Die Stadtrechte von Eisenach, Gotha und Waltershausen,* Gotha 1909.

Strohl, Jane: »Luther's new view on marriage, sexuality and the family«, in: *Lutherjahrbuch* 76, 2009, S. 159–92.

Tacke, Andreas (Hrsg.): *Der Kardinal Albrecht von Brandenburg. Renaissancefürst und Mäzen,* 2 Bde., Regensburg 2006.

Ders. (Hrsg.): »... wir wollen der Liebe Raum geben«. Konkubinate geistlicher und weltlicher Fürsten um 1500, Göttingen 2006.

Thompson, W. D. J. Cargill: *Studies in the Reformation,* in: C. W. Dugmore (Hrsg.), *Luther to Hooker,* London 1980.

Trauchburg, Gabriele von: *Häuser und Gärten Augsburger Patrizier,* München und Berlin 2001.

Treu, Martin: »... von daher bin ich«. Martin Luther und der Bergbau im Mansfelder Land, Rundgang durch die Ausstellung, Eisleben 2000.

Ders. / Speler, Rolf-Torsten / Schellenberger, Alfred (Hrsg.): *Leucorea. Bilder zur Geschichte der Universität,* Wittenberg 1999.

Treu, Martin: »Die Leucorea zwischen Tradition und Erneuerung – Erwägungen zur frühen Geschichte der Universität Wittenberg«, in: Lueck (Hrsg.), *Martin Luther und seine Universität.*

Ders.: *Katharina von Bora,* Wittenberg 1995.

Ders.: »Urkunde und Reflexion. Wiederentdeckung eines Belegs von Luthers Thesenanschlag«, in: Ott, Treu (Hrsg.), *Luthers Thesenanschlag*, S. 59–67.

Veit, Patrice: *Das Kirchenlied in der Reformation Martin Luthers. Eine thematische und semantische Untersuchung*, Wiesbaden 1986.

Vogler, Günter: »Eisleben und Nürnberg zur Zeit Martin Luthers. Beziehungen zwischen zwei Wirtschaftspartnern«, in: Knape (Hrsg.), *Luther und Eisleben*.

Volz, Hans: *Martin Luthers Thesenanschlag und dessen Vorgeschichte*, Weimar 1959.

Wandel, Lee Palmer: *The Eucharist in the Reformation: Incarnation and Liturgy*, Cambridge, New York 2006.

Wappler, Paul: *Thomas Müntzer in Zwickau und die »Zwickauer Propheten«*, Gütersloh 1966.

Warnke, Martin: *Cranachs Luther. Entwürfe für ein Image*, Frankfurt 1984.

Wartenberg, Günther: »Martin Luthers Beten für Freunde und gegen Feinde«, in: *Lutherjahrbuch* 75, Göttingen 2008, S. 113–124.

Ders.: »Martin Luthers Kindheit, Jugend und erste Schulzeit in frühen biographischen Darstellungen des Reformators«, in: Knape (Hrsg.), *Luther und Eisleben*.

Ders.: »Die Mansfelder Grafen und der Bergbau«, in: Knape (Hrsg.), *Luther und der Bergbau*.

Weide, Christine: *Georg Spalatins Briefwechsel. Studien zu Überlieferung und Bestand (1505–1525)*, Leipzig 2014.

Weier, Reinhold: »Die Rede des Mosellanus ›Über die rechte Weise, theologisch zu disputieren‹«, in: *Trierer Theologische Zeitschrift* 83, 1974, S. 232–245.

Weiß, Ulman: *Die frommen Bürger von Erfurt. Die Stadt und ihre Kirche im Spätmittelalter und in der Reformationszeit*, Weimar 1988.

Ders. (Hrsg.): *Erfurt 742–1992*, Weimar 1992.

Ders. (Hrsg.): *Erfurt. Geschichte und Gegenwart*, Weimar 1995.

Welsh, Jennifer: *Anna Mater Matronarum: The Cult of St. Anne in Medieval and Early Modern Europe*, Farnham 2016 (im Erscheinen).

Wenner, Ulrich: »Fundgrubner, Berckhauer und Schlacktreiber: Montanwortschatz bei Martin Luther«, in: Knape (Hrsg.), *Luther und der Bergbau*.

Westermann, Angelika (Hrsg.): *Montanregion als Sozialregion. Zur gesellschaftlichen Dimension von »Region« in der Montanwirtschaft*, Husum 2012.

Westermann, Ekkehard: *Das Eislebener Garkupfer und seine Bedeutung für den europäischen Kupfermarkt 1460–1560*, Köln und Wien 1971.

Ders.: »Rechtliche und soziale Folgen wirtschaftlicher Konzentrationsprozesse im Mansfelder Revier in der ersten Hälfte des 16. Jahrhunderts«, in: Jankowski (Hrsg.), *Zur Geschichte des Mansfelder Kupferschieferbergbaus*.

Ders.: »Der wirtschaftliche Konzentrationsprozess im Mansfelder Revier«, in: Knape (Hrsg.), *Luther und der Bergbau*.

Westhelle, Vitor: »Luther's Theologia Crucis«, in: Kolb, Dingel (Hrsg.), *Oxford Handbook of Martin Luther's Theology*.

Wicks, Jared: *Cajetan und die Anfänge der Reformation*, Münster 1983.

Williams, George Huntston: *The Radical Reformation*, Kirksville, MO 1992 (London 1962).

Willicks, Peter: »Die Konflikte zwischen Erfurt und dem Erzbischof von Mainz am Ende des 15. Jahrhunderts«, in: Weiß (Hrsg.), *Erfurt 742–1992*.

Wimböck, Gabriele: »Setting the Scene: Pictorial Representations of Religious Pluralization«, in: Höfele/Laqué/Ruge/Schmidt (Hrsg.), *Representing Religious Pluralization*.

Winter, Christian: »Die Protokolle der Leipziger Disputation«, in: Hein/Kohnle (Hrsg.), *Die Leipziger Disputation*.

Wriedt, Markus: *Gnade und Erwählung: Eine Untersuchung zu Johann von Staupitz und Martin Luther*, Mainz 1991.

Zika, Charles: »Reuchlin's De Verbo Mirifico and the Magic Debate of the late fifteenth century«, in: *Journal of the Warburg and Courtauld Institutes* 39, 1976, S. 104–138.

Ders.: *Reuchlin und die okkulte Tradition der Renaissance*, Sigmaringen 1998.

Zorn, Wolfgang: *Augsburg. Geschichte einer deutschen Stadt*, Augsburg 1972.

Zorzin, Alejandro: *Karlstadt als Flugschriftenautor*, Göttingen 1990.

Zumkeller, Adolar: *Johannes von Staupitz und seine christliche Heilslehre*, Würzburg 1994.

# Abbildungsnachweis

22      Lucas Cranach der Ältere, *Karlstadts Wagen*, Holzschnitt, 1519 (Bridgeman Art Library).

23–24   Martin Luther, *Eyn Sermon von dem Hochwirdigen Sacrament*, Wittenberg 1519 (VD 16 L 6358, Bayerische Staatsbibliothek München, Res/4 Th. u. 104, VII, 31).

25      Martin Luther, *Ein Sermon geprediget tzu Leipßgk vffm Schloß am tag Petri vn˜ pau li im xviiij. Jar, durch den wirdigen vater Doctorem Martinu˜ Luther augustiner zu Wittenburgk*, Leipzig, 1519 (Herzog August Bibliothek Wolfenbüttel, VD 16 L 6193).

26      Johannes Agricola, *Eyn kurtz anred zu allen missgunstigen Doctor Luthters* [sic] *vnd der Christenlichen freyheit*, 1522 (VD 16 A 1009, Bayerische Staatsbibliothek München).

27      Thomas Murner, *Von dem grossen Lutherischen Narren*, 1522 (VD 16 M 7089, Universitätsbibliothek Leipzig).

28      Lucas Cranach der Ältere, *Martin Luther*, 1520 (Getty Images).

29      Martin Luther, *Vme wat sake vnde stucke des Pawestes vnde siner yunger boke van Doctore Martino Luther vorbrant syn*, Lübeck 1520 (VD 16 L 7375, Herzog August Bibliothek Wolfenbüttel).

30      Luther, *De Captivitate Babylonica Ecclesiae* (Herzog August Bibliothek Wolfenbüttel).

31      Albrecht Dürer, *Avarice* (Kunsthistorisches Museum Wien/Getty Images).

32      Martin Luther, *Von der freyheyt eynes Christenmenschen*, Wittenberg 1520 (Universitäts- und Landesbibliothek Sachsen Anhalt in Halle/Saale, Sign. Ib 4187a).

33      Hans Holbein der Jüngere, *Luther als der deutsche Herkules*, 1519 (Getty Images).

34      Lucas Cranach der Ältere, *Georg Spalatin in Anbetung des Kreuzes*, 1515 (Kupferstichkabinett Berlin).

35      Martin Luther von Hans Baldung Grien, in *Acta et res gestae, D. Martini Lvtheri*, Straßburg 1521 (VD 16 ZV 61, Staatsbibliothek Preußischer Kulturbesitz Berlin).

36      Hermann von dem Busche, *Passion D Martins Luthers, oder seyn lydung*, Straßburg 1521 (VD 16 B 9935, Bayerische Staatsbibliothek München).

37      Lucas Cranach der Ältere, *Luther als Junker Jörg*, 1522 (Getty Images).

38–39   Melanchthon, Cranach u. a., *Passional Christi und Antichristi*, Wittenberg 1521 (Getty Images).

40      Andreas Karlstadt, unbekannter Künstler, 1541/2? (Universitätsbibliothek Bern).

41      *Trivmphvs veritatis. Sick der warheyt*, Speyer 1524 (VD 16 ZV 6175, Bayerische Staatsbibliothek München).

42 Erasmus Alberus, *Absag brieff des Fürsten dyser welt [et]c. wider Martinum Lutther*, Saltzpurg (i.e. Nürnberg), 1524 (VD 16 A 1472, Bayerische Staatsbibliothek München).

43 Diepold Peringer, *Ain schöne außlegung vber das götlich gebet*, Erfurt 1522 (VD 16 P 1395, Universitäts- und Landesbibliothek Sachsen Anhalt in Halle, Saale).

44 Diepold Peringer, *Eyn Sermon gepredigt vom Pawren zu Werdt bey Nürnberg am Sontag vor Faßnacht, von dem freyen willen des Mennschen*, Nürnberg 1524 (VD 16 P 1410, Bayerische Staatsbibliothek München).

45 Lucas Cranach der Ältere, *Martin Luther und Katharina von Bora*, 1526 (Bridgeman Art Library).

46 Johann Hasenberg, *Ludus ludentem luderum ludens*, Leipzig 1530 (VD 16 H 714, Bayerische Staatsbibliothek München).

47 Hans Holbein der Jüngere, *Erasmus*, 1523 (Bridgeman Art Library).

48 Lucas Cranach der Ältere, *Martin Luther*, 1532 (Bridgeman Art Library).

49 Lucas Cranach der Ältere, *Bildnis des Martin Luther*, 1546 (Albertina Wien).

50 Lucas Cranach der Ältere, *Luther und der Kurfürst von Sachsen* (Bridgeman Art Library).

51 Martin Luther, *Von herr Lenhard Keiser in Beyern vmb des Euangelij willen verbrant, ein selige geschicht*, Nuremberg 1528 (VD 16 L 7268, Bayerische Staatsbibliothek München).

52 Suredabus Cancrinus, *Ein new wunderbarlich mönchs schiffung*, Straßburg 1531 (Staatsbibliothek Preußischer Kulturbesitz Berlin).

53 Aus Philipp Melanchthon, *Deuttung der Czwo Grewlichen Figuren ...*, Wittenberg 1523 (Bridgeman Art Library).

54 Aus Philipp Melanchthon, *Deuttung der Czwo Grewlichen Figuren ...*, Wittenberg 1523 (Bayerische Staatsbibliothek München).

55 Lucas Cranach der Ältere, *Martin Luther und Philipp Melanchthon*, 1543 (Bridgeman Art Library).

56 Heinrich Aldegrever, *Jan van Leyden*, Kupferstich, 1536 (Bridgeman Art Library).

57 Hans Daucher?, *Porträts des Kurfürsten Friedrich III. und der Anna Kasper Dornle*, 1525 (Kunsthistorisches Museum Wien, KHM-Museumsverband, KK 3879 bzw. KK 3893).

58 Martin Luther, Anton Lauterbach, Johann Aurifaber, *Colloqvia Oder Tischreden Dr Martini Lutheri*, Frankfurt am Main 1569 (VD 16 L 6756, Bayerische Staatsbibliothek München).

59 Lucas Cranach der Ältere, *Johannes Bugenhagen*, 1532 (Landeskirchliches Archiv Kiel, 91.3, Landeskirche Hamburg – Gemeindliche Fotosammlung, Nr. 841).

60      Fabian von Auerswald, *Ringer kunst*, Wittenberg 1539 (VD 16 A 4051, Herzog
        August Bibliothek Wolfenbüttel).

61      Martin Luther, *Ratschlag von der Kirchen, eins ausschus etlicher Cardinel,
        Bapst Paulo des namens dem dritten, auff seinen Befelh geschrieben vnd
        vberantwortet. Mit einer vorrede D. Mart. Luth.*, Wittenberg 1538 (VD 16
        C 4931, Bayerische Staatsbibliothek München).

62      Das Papstwappen 1538 (Foto: Nadja Pentzlin).

63      *Die Geburt des Papsttums* 1545 (British Library).

64      Lucas Cranach der Ältere, *Der Ursprung der Mönche* (British Library).

65      Lucas Cranach der Ältere, *Der Ursprung des Antichrist* (British Library).

66      Martin Luther, *Eyn Sermon von dem Wucher*, Wittenberg 1520 (VD 16 L 6447,
        Universitäts- und Landesbibliothek Sachsen-Anhalt in Halle, Saale).

67      Lucas Cranach der Ältere, Werkstatt, *Luther auf dem Totenbett* (Landes-
        museum Hannover – ARTOTHEK).

68      Justus Jonas, *Vom Christlichen abschied aus diesem tödlichen leben …
        D. Mart. Lutheri Bericht*, Wittenberg 1546 (VD 16 J 905, Bayerische Staats-
        bibliothek München).

69      Martin Luthers Totenmaske, Marktkirche Halle (Getty Images).

70      Flachrelief-Darstellung Luthers, Marktkirche Halle.

71      Lucas Cranach der Ältere, *Martin Luther*, 1548 (Stiftung Schloss Friedenstein
        Gotha, Inv.-Nr. G 43, 72b).

72      Lucas Cranach der Jüngere, *Martin Luther*, 1553 (Germanisches National-
        museum Nürnberg, Graphische Sammlung, Inv.-Nr. H 6777).

73      Lucas Cranach der Ältere, *Christus segnet die Kinder*, 1538 (Bridgeman Art
        Library).

74      Lucas Cranach der Ältere, *Gesetz und Gnade*, 1529 (Bridgeman Art Library).

## Farbiger Bildteil

Lucas Cranach der Ältere, Hans und Anna Luder, 1527 (Bridgeman Art Library).

Ansicht von Wittenberg, 1536 (*Universitätsbibliothek Würzburg*).

Lucas Cranach der Jüngere, *Die Bekehrung des Saulus*, 1547 (Bridgeman Art Library).

Johann von Staupitz, 1522 (Imagno/Getty Images).

Lucas Cranach der Ältere, *Georg Spalatin*, 1509 (Museum der bildenden Künste Leipzig).

*Die Pilgerfahrt Friedrichs des Weisen nach Jerusalem* (Stiftung Schloss Friedenstein
Gotha).

Lucas Cranach der Ältere, *Martin Luther und Katharina von Bora*, ca. 1529 (Bridgeman Art Library).

Lucas Cranach der Ältere, *Martin Luther und Philipp Melanchthon*, 1543 (Bridgeman Art Library).

Ausschnitt aus dem *Epitaph* von Michael Meienburg nach Lucas Cranach dem Jüngeren, Kopie, 1558 (Bridgeman Art Library).

Albrecht Dürer, 1511 (Bridgeman Art Library).

# Register

Mary Beard
**SPQR**
Die tausendjährige Geschichte Roms
Aus dem Englischen von Ulrike Bischoff
656 Seiten. Gebunden

Unkonventionell, scharfsinnig und zugleich akademisch versiert – dies trifft nicht nur auf die hochrenommierte Althistorikerin Mary Beard selbst zu, sondern auch auf ihre neue große Geschichte des Römischen Reichs und seiner Bewohner. Begeistert erzählt sie die Geschichte eines Weltreichs, lässt uns Kriege, Exzesse, Intrigen miterleben, aber auch den römischen Alltag – wie Ärger in den Mietshäusern und Ciceros Scheidung. Sie lässt uns hinter die Legenden und Mythen blicken, hinterfragt sicher Geglaubtes und kommt durch ihre Fragen zu überraschenden Einsichten. So erscheint Rom ganz nah – in seinen Debatten über Integration und Migration – und dann doch auch faszinierend fern, wenn es etwa um Sklaverei geht.

»Selbst wer schon mehr als eine
römische Geschichte kennt, sollte diese
hier unbedingt lesen.«
*Peter Körte, Frankfurter Allgemeine Sonntagszeitung*

»Originell ausgebreitet und fesselnd
geschrieben […] wunderbarer Schmökerstoff.«
*Berthold Seewald, Die Welt/Literarische Welt*

Das gesamte Programm gibt es unter
www.fischerverlage.de

fi 1-002230 / 1

Achim Landwehr
## Die Geburt der Gegenwart
Eine Geschichte der Zeit im 17. Jahrhundert
448 Seiten. Gebunden

Ein Leben ohne Termine ist heute kaum vorstellbar. Zeit ist ein kostbares Gut, das verwaltet und genutzt sein will. Doch die Zeit ist vor allem eine Idee. Der renommierte Historiker Achim Landwehr erzählt, wie sich im 17. Jahrhundert das Verständnis der Menschen von der Zeit, von Gegenwart, Zukunft und Vergangenheit, verändert hat.
Die überraschende Geschichte von der Geburt eines neuen Zeitwissens, durch das sich die Welt ebenso grundlegend wandelte wie durch die großen Entdeckungen von Galilei bis Newton.

»Landwehrs Buch erweitert unseren Blick
auf die tiefgreifenden Umwälzungen der frühen Neuzeit«
*Hans-Jörg Modlmayr, Deutschlandradio Kultur*

Das gesamte Programm gibt es unter
www.fischerverlage.de

fi 1-044818 / 1

Rüdiger Barth / Hauke Friederichs
**Die Totengräber**
Der letzte Winter der Weimarer Republik

Der Winter 1932/33: Es schlägt die Stunde der Strippenzie-
her, der Glücksritter, Extremisten und Volksverführer. Ein
skrupelloser Kampf um die Macht entbrennt.
Mitreißend schildern die Historiker Rüdiger Barth und
Hauke Friederichs die dramatischen Ereignisse in Berlin bis
zur Ernennung Hitlers zum Reichskanzler. Das farbige Porträt einer Zeit, die uns irritierend aktuell erscheint und deren
Weg in den Abgrund nicht zwangsläufig war.

»Eine spannende Reportage über die letzten Wochen
der Weimarer Republik.« – Andreas Wirsching,
        Direktor des Instituts für Zeitgeschichte

416 Seiten, gebunden

Weitere Informationen finden Sie auf
*www.fischerverlage.de*

AZ 10-397325/1

## Das Buch

*Es ist ein offenes Geheimnis, dass die in der DDR Lebenden mehr über die Bundesrepublik wussten als Westdeutsche über den Osten. Daran hat sich wenig geändert.*
*Die aktuelle Statistik vermerkt, dass jeder dritte Westdeutsche noch nie im Osten war. Und von jenen, die mit Touristengruppen in den sogenannten »neuen Ländern« unterwegs sind, kommen auch nur alte Sprüche. Mancher besucht Ostdeutschland allein deshalb, um seine Vorurteile, die meist aus der Zeit des Kalten Krieges rühren, bestätigt zu finden. Und andere wollen sehen, ob »ihr Geld« gut angelegt wurde – als würden nur sie »den Soli« zahlen.*
*Robert Allertz hat mit Reiseführern im Osten gesprochen und sich erzählen lassen, was ihnen mitunter um die Ohren gehauen wird.*

## Der Autor

*Robert Allertz, Jahrgang 1951, Spezialglasfacharbeiter, Diplomjournalist, Oberleutnant zur See d. R., Autor verschiedener Publikationen. In der edition ost erschienen in mehreren Auflagen »Im Visier die DDR« und »Sänger und Souffleur«, bei spotless »Schlachtfeld Geschichte« und »Spuren des Unrechts«.*

Robert Allertz

# Macht euch von unserem Acker

Westdeutsche auf Reisen im Osten

ISBN 978-3-360-02047-5

© 2011 spotless im Verlag Das Neue Berlin, Berlin
Umschlaggestaltung/Satz: edition ost
Cover-Foto sowie alle übrigen 58 Aufnahmen: © Robert Allertz
Druck und Bindung: Salzland Druck, Staßfurt

Ein Verlagsverzeichnis schicken wir Ihnen gern:
Das Neue Berlin Verlagsgesellschaft mbH
Neue Grünstr. 18, 10179 Berlin
Fax 01805/35 35 42
Tel. 01805/30 99 99 (0,14 Euro/Min., Mobil max. 0,42 Euro/Min.)

Die Bücher von spotless und des Verlages Das Neue Berlin
erscheinen in der Eulenspiegel Verlagsgruppe.

*www.edition-ost.de*

# Inhalt

*Gesundheit ist nicht alles.*
*Auf der* Titanic *waren die meisten gesund.*

Wilhelmine Schirmer-Pröscher (1889–1992),
Ehrenbürgerin Berlins seit ihrem 100. Geburtstag.
1990 trat die LDPD-Politikerin der FDP bei.
Der Berliner Senat entzog ihr nach dem Tod
die Ehrenbürgerschaft

# Was wollen sie hier?

Fremdenführer ist ein schönes Wort. Damit bezeichnet man Leute, die ortskundig sind und bezüglich der Stadthistorie mehr wissen als der Rest. Heute heißen diese Leute hierzulande Stadtbilderklärer. So meidet man den »Führer«, was politisch korrekt ist. Political Correctness hin oder her: Dieser Begriff ist jedoch allemal treffender als die Kopfgeburt »Stadtbilderklärer«, denn die Leute erklären ja nicht nur das Stadtbild, sondern auch die Stadtgeschichte und dergleichen. Und außerdem sind sie nicht nur in Städten unterwegs.

Fremdenführer führen Touristen durch die Fremde und versuchen, jenen die Gegend, welche ihnen fremd, näherzubringen, sie ihnen vertraut zu machen.

Im anderen Sinne kann man auch sagen: Die, welche besuchsweise in eine Gegend kommen, sind dort »die Fremden« und müssen, wie etwa ein Blinder, an die Hand genommen werden, damit sie nicht irren.

So oder so: Der Vorgang findet hierzulande täglich und an nahezu jedem Ort statt. Touristen und Ausflügler lassen sich von ortskundigen Profis zeigen und erklären, was sehenswert und vorzeigbar ist. Sie kommen meist mit Reisebussen tief aus dem Westen unseres Vaterlandes, um den Osten, der ja bis 1990 vermauert und ihnen nicht zugänglich war, zu entdecken. Nun, zwar scheint die Statistik dem zu widersprechen, denn jährlich besuchten in den 80er Jahren rund drei Millionen Bundesbürger die DDR, dazu noch zwei Millionen Tagesbesucher aus Westberlin. Aber das alles ist Geschichte und Schnee von gestern und nicht mehr wahr.

Seit das Reisen weniger beschwerlich ist, sind die Zahlen dramatisch rückläufig. Jeder zweite Wessi, korrekt: 49 Prozent der Westdeutschen, räumte 2010 offen ein, »nur selten bis sehr selten« in den Osten zu reisen, und jeder dritte war überhaupt noch nie dort. Gründe gaben sie keine an, man kann sie aber ahnen. Es ist jedenfalls nicht nur das Desinteresse, das die Agenturen, die solche Untersuchungen anstellen, beschönigend wie entschuldigend anführen.

Interessiert hingegen – aber das ist ein anderes Thema – waren allenfalls jene Westdeutschen, die, mit Buschzulage und Karriereschub gelockt oder von eigener krimineller Energie getrieben, ihren Wohnsitz zeitweise oder für immer in den Osten verlegten. Exemplarisch mag die Bemerkung von Brandenburgs Ministerpräsident gelten, die er beiläufig am 17. Mai 2011 machte. Der Landtag hechelte mal wieder das Thema »Stasi in Brandenburg« durch, die Opposition hatte – 21 Jahre nach dem Ende der DDR! – die neuerliche Überprüfung von öffentlich Bediensteten gefordert, insbesondere die von etwa 800 Richtern. Der Ministerpräsident erklärte in der Debatte, dass mit solchen abstrusen Forderungen der Eindruck vermittelt werde, als seien die »Hebel der Macht alle in Stasi-Händen«. Tatsächlich wären diese Stellen »zu 90 Prozent« von Personen mit westdeutscher Herkunft besetzt.

Man stelle sich mal vor, in irgendeinem westdeutschen Bundesland wären alle wichtigen Ämter »zu 90 Prozent« von Ostdeutschen besetzt …

Aber wir wollen hier nur über die zeitweilig und nicht über die dauerhaft Einreisenden reden, also über die westdeutschen Touristen. Die besichtigen das Neuland, über das sie gelegentlich in ihrer Zeitung lesen oder worüber sie etwas im Fernsehen erfahren. Warum man eigentlich »rüber« fährt, steht dahin, die Neugier auf Land und Leute jedenfalls ist es in der Regel nicht. Wenn man nach Ägypten fährt, erwartet man, dass die Pyramiden so aussehen, wie man sie von Bildern kennt. Fliegt man in die

Karibik, müssen die Strände weiß und lang sein, wie es die Werbung verspricht. Und wenn man in den Osten reist, soll es dort so sein, wie man es vom medialen Stammtisch kennt: verschlampt und alles Stasi. Die Ossis müssen so verhunzt und verzwergt daherkommen, wie Prof. Arnulf Baring sie beschrieb, dankbar für ihre Befreiung und glücklich über die Segnungen des Westens, die mit dem Füllhorn des Kapitalismus über ihnen ausgeschüttet wurden. Man möchte sehen, ob »unser Geld« gut angelegt oder eben verschleudert wurde, wie man es regelmäßig nach der Klage des Bundesrechnungshofes in der *Bild* liest. Mal so und eben mal so. Kurz, man möchte das, was man ohnehin schon weiß, in Augenschein nehmen und die eigene Überzeugung bestätigt bekommen.

Dafür nimmt man schon bestimmte Erschwernisse auf sich, etwa eine Tagesreise in einem klimatisierten Bus mit versperrter Toilette. Man buckelt gefüllte Picknickkörbe hinüber, um nicht Restaurants aufsuchen zu müssen, und benutzt Friedhofsmauern als Abtritt, um das Geld fürs öffentliche Klo zu sparen. Es ist mehr als peinlich, was ostdeutsche Reiseführer täglich erleben und zu berichten wissen. Nicht jeder tut dies, denn Opportunisten gibt es in jeder Zunft, vor allem im Dienstleistungsgewerbe, zu dem ja auch diese Tätigkeit zählt. Wer in seinen Erklärungen die billigen Klischees und Erwartungen bedient, merkt es am Trinkgeld. Wer widerspricht und sich an die historische Wahrheit hält, auch. Als »Betonkopf« oder »Ewiggestriger« geht er meist leer aus.

Ich habe mit Fremdenführern über ihre Erfahrungen gesprochen, die sie mit unseren westdeutschen Landsleuten gesammelt haben. Natürlich ist das nicht repräsentativ. Erstens haben jene, die mir berichteten, nicht alle Touristen aus Wessiland kennengelernt, darunter gab und gibt es gewiss auch sehr aufgeschlossene, interessierte, vorurteilsfreie Zeitgenossen. Zweitens stellen diese Ausflügler, wie schon festgestellt, auch nur eine Minderheit der westdeutschen Bevölkerung dar: Die Mehrheit kommt bekanntlich erst gar nicht. Insofern ist alles nachfolgend Berichtete selbstverständlich sehr einseitig, sehr überzogen, sehr polemisch. Und damit natürlich weder massentauglich noch unangreifbar. Das aber ist auch nicht beabsichtigt.

Diese Texte verstehen sich ausdrücklich als eine Kampfansage an die Oberflächlichkeit, als Kritik an der Verbreitung von Vorurteilen durch die Massenmedien, als ein Appell gegen die fortschreitende Verblödung, die die Folge von Banalisierung und Boulevardisierung der Widerspiegelung unserer Wirklichkeit ist.

Moralische Appelle bewirken nichts. Das wissen wir. Aber vielleicht schaffen wir neben der durchaus beabsichtigten Unterhaltung mit durchweg authentischen Geschichten bei diesem oder jenem ein Moment des Innehaltens, der Besinnung, des Nachdenkens. Das setzt natürlich voraus, dass die, die gemeint sind, das Buch auch lesen. Aber ob das passiert …?

*Robert Allertz*
*im Frühjahr 2011*

# »Ihnen muss es ja gut gehen«

Der Bus fährt vor, die Luftdruckbremse ist zu vernehmen. Das Schiff schwankt sanft. Die bunten Schriftzüge an den Seiten verraten die Herkunft. Die Touristen kommen aus NRW. Die meisten Reisegruppen kommen aus dem bevölkerungsreichsten Bundesland, das so viele Einwohner zählt wie die DDR in ihren besten Tagen. So an die siebzehn Millionen.

Die zweitgrößte Besuchergruppe in Meckpomm sind laut Statistik die Bayern, was vielleicht überrascht. Die nächsten Plätze belegen Hessen und Niedersachsen. Das war's aber auch schon. Die anderen Bundesländer kann man vernachlässigen. Dafür kommen mehr Österreicher, Holländer und Schweizer. Die Auswärtigen sind bei den meisten Fremdenführern stets willkommen: Sie sind aufgeschlossener und neugieriger als die Westdeutschen, und vor allem: frei von Vorurteilen. Sie genießen Landschaft wie Essen und bestätigen die alte Volksweisweit auf überzeugende Weise in ihrer positiven Umkehr: Wer nicht genießen kann, ist nicht zu genießen. Die Stimmung an Bord sei immer prächtig, sagen die Reiseleiter. Wenn man von Station zu Station fährt, wird gefragt, gescherzt, gelacht, manchmal sogar gesungen.

Das trifft auch auf die Schweden zu. Die begnügen sich in der Regel aber mit der Insel Rügen. Morgens macht die Fähre in Sassnitz fest, dann folgt ein straffes Inselprogramm und abends geht es zurück ins Schwedenreich. Selten bleiben Gruppen über Nacht, und manche kommen auch nur zum Saufen. In Schweden sind die Alkoholpreise wegen einer Sondersteuer überdurchschnittlich hoch. Ein halber Liter Bier kostet im Supermarkt nicht unter zwei Euro, eine Flasche Whisky so um die fünfzig. Wobei Alkoholika nur in speziellen Läden gehandelt werden, und der Verkauf erfolgt dort, wie wir es einst in sowjetischen Geschäften kannten: Man nannte sein Begehr am Tresen, sodann suchte die Verkäuferin im hinteren Teil des *Magasin* die Ware zusammen und reichte sie herüber, sobald bezahlt war. Das ist nicht die einzige Analogie zu Russland: Auch in Schweden, vor allem auf dem Lande, wird selbst gebrannt. Deshalb sollte man bei einer Feier nie den Gastgeber fragen, in welchem Laden er den Fusel gekauft habe. Gleichwohl gilt eine Fete erst als gelungen, wenn alle besinnungslos am Boden liegen und anderntags mindestens einen halben Tag im Bett, weil die Birne so dröhnt. Quartalssäufer nutzen die Fährenfahrt über die Ostsee, um sich zuzuschütten. Sie gelten nur für die Statistik als Touristen, nicht aber für die Fremdenführer.

Der Bus aus NRW hält also auf dem Markt in Wismar. Der Himmel wölbt sich strahlend blau über der Hafen- und Hansestadt, die Sonne schickt ihre Strahlen auf die geschwungenen und eckigen Giebel von Backstein und farbigem Putz hernieder. Der Platz ist mit einem Hektar einer der größten in Norddeutschland, gesäumt von wunderschönen, sorgsam und aufwendig restaurierten alten Gebäuden, dem Rathaus und am Rand die Wasserkunst aus dem späten 16. Jahrhundert mit grünem Kupferdach, fast wie ein kleines Kirchlein. Die Türme der großen Kirchen lugen über die Dächer, St. Nikolai und St. Georgen, und auch der Turm der Marienkirche, die während des Krieges schwer gelitten hatte und fünfzehn Jahre später abgeräumt wurde. Der 80 Meter hohe Turm jedoch blieb stehen und ist unverändert Wismars Wahrzeichen.

»Schön«, sagen die Gäste, die aus dem Bus steigen und vorsichtig ihre Füße auf das historische Kopfsteinpflaster setzen. Ein kleiner Schritt für den Menschen, aber ein großer für die Menschheit … »Schön.«

In dieser Feststellung schwingen unterschwellig sowohl Anerkennung als auch Vorhaltung mit. »So schön haben wir es nicht«, sagt einer, womit gemeint ist: Mit welchem Recht sieht es hier so aus, während bei uns daheim der Putz bröckelt?

Marianne kennt das. Das gehört zum Repertoire jeder westdeutschen Gruppe. Anfänglich hatte sie noch logisch argumentiert: Das hat die Geschichte eben so gefügt, dass hier schon im 13. Jahrhundert an der Via Regia, dem wendischen Ost-West-Handelsweg, die Stadt gegründet wurde. Kaufleute, Händler, Seefahrer, Fischer, Salzer, Böttcher, Bauleute kamen, auch Störtebeker war da, Handel und Schifffahrt ließen Wismar über die Jahrhunderte wachsen und blühen … »Bis die Kommunisten kamen«, ertönt es dann gelegentlich von hinten, was Marianne stets überhört. Seit 2002 gehört die Altstadt zum Weltkulturerbe und steht auf einer Liste mit den ägyptischen Pyramiden, dem indischen Tadj Mahal und

*Markt auf dem Markt von Wismar, mit 10.000 Quadratmetern einer der größten in Norddeutschland*

*St. Nikolai: Das Mittelschiff ist 37 Meter hoch und damit das vierthöchste in ganz Deutschland. Der Turm misst 120 Meter, nur der Kölner Dom ist höher*

dem Grand Canyon in den USA, argumentiert sie weiter, worauf der nächste Zwischenruf erfolgt: Ja, nachdem mit unserem Geld die Ruinen wieder aufgebaut worden sind.

Nein, pflegte Marianne anfangs dagegenzuhalten, denn wenn die Denkmalpflege zu DDR-Zeiten untätig gewesen wäre, hätte man nach 1990 manches kaum retten können. »Was, ihr hattet eine Denkmalpflege, da lachen ja die Hühner.« Und in Ermangelung des Federviehs keckert der Besserwisser aus der letzten Reihe. Spätestens hier kapituliert Marianne, weil es sinnlos ist. Wer mit Logik und sachlichen Argumenten gegen die Blödheit anrennt, ficht auf verlorenem Posten. Don Quijote war da im Kampf gegen die Windmühlenflügel erfolgreicher, auch wenn dort nichts anderes als hier bewegt wurde: warme Luft.

Während die Touris im Hotel einchecken, sitzt Marianne draußen unterm Sonnenschirm und wartet. Sie lässt sich einen Espresso bringen und reckt die Nase in die Sonne. Es dauert auch nicht lange, bis der Erste aus der Reisegruppe erscheint und auf ihren Tisch zusteuert.

»Darf ich?«

»Bitte.«

Der Mann, um die 70, Typ Gymnasiallehrer mit einer Pension um die 3.000 Euro und Eigenheim – Marianne hat inzwischen dafür einen Blick – schaut auf ihr Tässchen und dann in die Karte, die auf dem Tisch liegt.

*Historische Giebel in Wismar*

Sie vernimmt ein entrüstetes Pfeifen.

»Was gibt es?«

»1,30 Euro für einen Espresso!«

Marianne weiß bereits, was jetzt kommt. Sie soll sich nicht getäuscht haben.

»Das ist ganz schön teuer. Zu teuer!«

»Finden Sie? Was zahlen Sie denn in Düsseldorf für einen Espresso?«

»Ich bitte Sie: Das hier ist nicht Düsseldorf. Das ist Osten.« Pause. Dann: »Ihnen muss es aber gutgehen, wenn Sie sich das leisten können.«

Marianne, die manchmal nicht weiß, ob sie im nächsten Monat die Miete mit ihrem Gelegenheitsjob zusammenbekommen wird, blinzelt über den Rand der Sonnenbrille. »Hm. Darf ich Sie einladen?«

»Gern«, sagt der sportive Pensionär aus dem Westen.

# »Das haben alles wir mit unserem Geld bezahlt«

»So, jetzt steigen wir aus und gehen zu Fuß durch die Kröpeliner Straße.«

Der Reisebus hält. Nacheinander klettern die Touristen aus dem Westen die Stufen hinunter und sammeln sich auf dem Bürgersteig. Der Blick geht die Lange Straße hinunter, an deren Ende sich die Marienkirche in den Himmel wuchtet. Die breite Magistrale wird von Backsteinbauten jüngeren Datums gesäumt.

Anerkennend entfährt es einem: »Und das ist alles mit unserem Solibeitrag gezahlt. Da sieht man, dass unser Geld gut angelegt ist. Nicht wahr, Kurt?«

Kurt ist der gebuchte Ortskundige, der ihnen Rostock zeigen soll. Sechs Stunden sind im Reiseprogramm dafür vorgesehen. Kurt war im früheren Leben mal Seemann, als Rentner verdient er sich damit ein Zubrot.

Nee, sagt Kurt, das habt nicht ihr, sondern das haben wir bezahlt.

Es ist üblich, dass man sich gleich duzt. Damit wird weniger auf das Alter rekuriert, welches man teilt – was man an den weißen Haaren leicht sehen kann –, sondern Vertraulichkeit hergestellt à la »Wir sind ein Volk«. Die Initiative geht stets von der Reisegruppe aus, und das ein wenig nassforsch, was den Eindruck entstehen lässt, dass es dabei weniger um das Herausstellen von Gemeinsamkeit, sondern von Unterschieden geht. Das hat etwas von Safari an sich. Kurt ist der Neger, sie sind die Weißen.

Nein, wiederholt Kurt, da steckt kein Westgeld drin. Die Straße wurde in den 50er Jahren im Nationalen Aufbauwerk, im NAW, errichtet, und Walter Ulbricht hat

*Lange Straße in Rostock: »Alles nach 1990 mit unserem
Geld aufgebaut«, erklärte ein Wessi seinen Landsleuten*

dazu am 30. Januar 1953 den Grundstein gelegt. Er macht
eine Pause in der Annahme, dass wenigstens einem unter
den Silberlocken bei diesem Datum ein Licht aufginge.
Natürlich ist die Hoffnung ohne Fundament.

»Am 30. Januar 1933 bekamen die Nazis die Macht
übertragen.« Sagt jetzt Kurt wieder.

Nichts. Keine Frage, etwa: Was haben Hitlers Amtsantritt und die Grundsteinlegung miteinander zu tun?

»Rostocks Innenstadt wurde in vier Bombennächten im
April 1942 zum größten Teil vernichtet.«

»Die Russen«, sagt einer.

Kurt schüttelt den Kopf. »Royal Air Force.«

»Und das will die DDR allein aufgebaut haben? Das
glaube ich nicht.«

»Doch, da vorn hängt die Gedenktafel. Und schaut
euch die Türen an mit den Tieren auf den Simsen, die
Rosetten und Fialen. Da wurden Elemente der norddeutschen Backsteingotik aufgenommen und fortgeführt. Dort

*18*

drüben, das war einst das Haus der Schifffahrt. Heute schreibt man das zwar mit drei F, aber eben nicht mehr über dem Eingang.«

Die ironische Anspielung versteht keiner. Ironie kommt ohnehin nicht bei unseren Landsleuten an.

Kurt lotst die Truppe über den breiten Fahrdamm hinüber zur Kröpeliner. Der Boulevard von 1968, der erste übrigens in der DDR, läuft parallel zur Langen Straße. Das Leben pulsiert in der Geschäftsstraße mit den restaurierten Giebelhäusern. Wo sie sich weitet, sprudelt Wasser um und aus dicken Bronzeleibern. »Der Brunnen der Lebensfreude von Jo Jastram«, sagt Kurt und merkt: Kunst ist auch nicht ihr Ding. Allerdings hat eine Frau das etwas zurückgesetzte Standbild entdeckt.

»Wer ist das?«

»Blücher.«

»Kenn ich nicht.«

*Reisegruppe in der Kröpeliner Straße, im Vordergrund der*
*»Brunnen der Lebensfreude« von Jo Jastram*

*»Marschall Vorwärts« in der Rostocker Innenstadt, dessen Denkmal »die Kommunisten« vergessen hatten zu schleifen, wie man meint*

»Feldmarschall Gebhard Leberecht von Blücher. Hier geboren, erster Ehrenbürger Rostocks, ein wichtiger Mann in den Napoleonischen Befreiungskriegen«, doziert Kurt. »Marschall Vorwärts.«

»Und warum steht er so abseits? Der Adlige hat bestimmt der DDR nicht in den Kram gepasst.«

»Nee, das Denkmal von 1819 wurde bereits 1938 bei der Neugestaltung des Hopfenmarktes verrückt und dann eingemauert, um es vor Luftangriffen zu schützen.«

»Und der soll in der DDR-Zeit hier gestanden haben? Kann ich mir nicht vorstellen. Der Blücher war doch ein Vonundzu.«

»Aber ein fortschrittlicher.«

Kopfschütteln ist die Antwort.

Kurt legt noch einen nach. Die DDR habe 1965 sogar einen Blücher-Orden gestiftet, der für »Tapferkeit im Kriege« verliehen werden sollte. »Da die NVA nie an Kriegshandlungen beteiligt war, wurde der bereits in großer Stückzahl geprägte Orden nie verliehen.«

»Hör doch auf mit dieser Propaganda«, ruft einer.

»Ich mach doch keine Propaganda«, sagt Kurt, und kurzzeitig wird er rot unter seinem weißen Haarschopf. »Ich bringe nur Fakten.«

Die Gruppe läuft die Kröpeliner hinunter Richtung Marktplatz mit dem Rathaus. Geschickt umschifft man einen Bettler, der seine Kappe in den Strom der Flaneure hält. Man tut beschäftigt und mustert kritisch die Fassaden und die Schaufensterauslagen. Der Fremdenführer erläutert dieses und jenes und lenkt dann den Trupp in eine Gasse, die zur Marienkirche führt. »Ein Hauptwerk der norddeutschen Backsteingotik«, sagt Kurt. »Als einzige der vier Stadtkirchen hat sie den Krieg überstanden.« Heute leide sie auch unter den Touristen, fügt er an, über 200.000 besichtigten sie jährlich. Denn: Im Innenraum gebe es einige bedeutende historische Kunstwerke zu sehen. Etwa ein Astronomische Uhr aus dem Jahr 1379,

*Bettler in der Kröpeliner*

weltweit die älteste ihrer Art. Oder eine Bronzefünte von 1290, ein gotisches Taufbecken, das Ähnlichkeiten mit dem Taufbecken im Hildesheimer Dom aufweist. Kurt schreitet voran zum Kirchenportal und öffnet die Tür. Überall sind Baugerüste zu sehen, seit 1992 wird saniert, Mauerwerk gesichert, das Dach gedichtet.

»Wird ja auch Zeit«, sagt eine aus der Gruppe. »Die haben ja nichts gemacht.« Wer mit »die« gemeint ist, weiß Kurt. Er schweigt tapfer.

Dann stehen sie vor der Fünte, ein fast drei Meter großes Trumm, verziert mit Allegorien und Figuren, Schriftbändern und Reliefs. Auf der Spitze des Kessels breitet ein Adler seine Flügel.

»Das«, sagt Kurt voller Stolz, »ist sie. Das älteste und wertvollste Stück in der Kirche.«

Er blickt in staunende und auch leere Gesichter. Nur einer bewegt heftig seinen Kopf und meldet Widerspruch an. »Nein, nein«, sagt er vernehmlich.

»Wie meinen?«

»Nein, das kann nicht so wertvoll sein wie du behauptest, Kurt.«

»Wieso nicht?«

»Wenn das Stück so kostbar ist, wie du sagst, dann hätten es die Russen ganz bestimmt 1994 bei ihrem Abzug mitgenommen.«

*Bronzefünte in der Rostocker Marienkirche*

# »Preise wie auf Sylt. Eine Unverschämtheit!«

»Du nimmst die Reisegruppe aus Hessen?«

Katharina ist sauer über die Zuteilung, doch ihr Widerstand mäßig. Meckern ist schlecht fürs Geschäft. Beim nächsten Mal bekäme sie nicht mal mehr Hessen zugeteilt.

Touristen aus Hessen stehen auf der Beliebtheitsskala ganz unten. Sie gelten mehrheitlich als geizig, anmaßend und auf Krawall gebürstet. Selten, dass Ärger ausbleibt, wenn man mit ihnen unterwegs ist. Es gibt Klagen von Einheimischen, Dienstleistern und Kooperationspartnern des Reiseunternehmens. Nimmt man die Häufigkeit ihres Widerspruchs zu den Ausführungen des Reiseführers als Kriterium, gehören die Hessen zu den klügsten Deutschen überhaupt. Nichts, was sie nicht besser wüssten. Natürlich haben die Russen damals Deutschland überfallen, einen Teil des Landes besetzt und den Kommunisten in der Sowjetzone die Macht übertragen. Danach haben sie die Ostdeutschen eingemauert, die Oppositionellen ins Gefängnis geworfen, und jene, die nicht einsaßen, hat die Stasi bespitzelt. Auf Druck des Westens und Gorbatschows mussten die Kommunisten 1989 aber die Mauer öffnen, und danach hat Kohl die deutsche Einheit hergestellt. Dann wurde viel Geld in den Osten gepumpt, welches jetzt im Westen fehlt. Doch statt dankbar zu sein, wählten die Ossis wieder die Kommunisten, die doch gerade erst aus ihren Ämtern vertrieben worden waren. Verstehe das, wer will …

Ja, sie wussten alles ganz genau, konnten alles erklären, nur eben das nicht: Warum wählten die Zonendödels PDS? Aber bekanntlich folgt der Wahnsinn keinen Regeln.

Die Ossis waren eben unvernünftig und verhielten sich irrational, basta. Sie verursachten nur Kopfschütteln bei den Hessen. Und deshalb: keinen zusätzlichen Cent für dieses Irrenhaus und deren Insassen.

Katharina weiß, was sie erwartet, wenn sie mit einer Hessen-Gruppe unterwegs ist.

Als sie zusteigt und den Blick über die Reihen gleiten lässt, findet sie optisch ihre Erwartungen bestätigt. Durchschnittsalter um die 70, keiner der Reisenden unter 50. Vielen stehen Ablehnung und Desinteresse ins Gesicht geschrieben, die Mundwinkel hängen wie bei Frau Merkel tief nach unten. Warum, fragt sich Katharina, verreisen solche Menschen überhaupt? Was veranlasst die älteren Herrschaften, im Reisebüro eine mehrtägige Reise nach Meckpomm zu buchen? Der Erholung wegen wohl kaum: Busreisen mit Programm sind anstrengend, insbesondere in diesem Alter. Ist es menschliche Neugier? Aber worauf? Auffällig interessiert ist selten einer. Ist es eine Art Erinnerungstourismus? Sie haben den Kalten Krieg erlebt, sucht man nach dessen Spuren im Osten? In den 50er Jahren haben sie Kerzen ins Fenster gestellt, um den »Brüdern und Schwestern in der Zone« zu zeigen, dass sie nicht vergessen sind. Sie haben in den 60er Jahren Pakete mit Puddingpulver und Trockenerbsen »nach drüben« geschickt und alles von der Steuer abgesetzt. In den 70ern besuchten sie die Verwandten, um deren bewundernde Blicke für das chromblitzende Auto – egal, ob es gemietet oder gekauft war – selbstgefällig zu registrieren. Und in den 80er Jahren heuchelten sie Mitgefühl für die »unabhängige Friedensbewegung« in der DDR, die Schwerter zu Pflugscharen schmiedete, obgleich es gewiss ausreichend Gründe gegeben hätte, dies auch im Westen zu tun.

Wollten sie nun sehen, was vom Kalten Krieg und ihrem Einsatz damals geblieben ist?

Katharina trägt das Tagesprogramm vor: Ahrenshoop, Prerow, Zingst – die Halbinsel Fischland-Darß. Sie rühmt die weiten Strände und das Naturschutzgebiet im Hinterland. In Prerow werde man Mittagspause machen und danach noch einen Abstecher in den Nationalpark Vorpommersche Boddenlandschaft.

Das Fahrzeug setzt sich in Bewegung. Der Bus gleitet über glatten Asphalt und durch saubere Dörfer sanft dahin. Die weißen Streifen strahlen in der Sonne, Leitplanken schützen die Alleebäume. Viele Neubauten säumen die Straßen oder sind in der Ferne zu erkennen. Katharina weiß, dass es schon wenige Kilometer jenseits der Uferzone ganz anders ausschaut. Da herrschen Leerstand und Niedergang, manche Dörfer sehen noch so aus wie vor zwanzig Jahren, das heißt: noch schlimmer als zu DDR-Zeiten, denn damals existierten noch eine funktionierende Infrastruktur und die LPG, welche den meisten Arbeit gab. Jetzt aber stirbt jeder für sich allein. Wer kann, geht weg.

An der Uferzone hingegen geht es sichtbar aufwärts. Das ist Urlauberland, da fließt Geld. Es wird investiert, gebaut, renoviert und restauriert. Darüber freuen sich nicht nur die Einheimischen. Aber die Freude ist eben räumlich begrenzt.

Katharina sieht die Blicke der Hessen. Da mischen sich Bewunderung, Anerkennung und, ja, Neid.

»Ihr wollt wohl Sylt Konkurrenz machen«, lässt einer fallen, und Katharina vermag nicht zu beurteilen, ob das positiv oder kritisch gemeint ist.

Sie lächelt diplomatisch. »Ich glaube, dass hier niemand mit anderen Regionen konkurriert. Die Leute von der Küste genügen sich selbst und haben ihren eigenen Maßstab. Aber Sie haben insofern recht: Wir haben seit der Jahrtausendwende als einziges Bundesland zweistellige Zuwachsraten im Tourismus.«

»Und was ist der Grund? Die Anschubfinanzierung aus dem Westen gewiss.«

»Nicht unbedingt. Erstens haben die Ostdeutschen die Ostsee wieder entdeckt, nachdem sie in den 90er Jahren in der Welt unterwegs waren. Bedenken Sie: Zu DDR-Zeiten hatten wir alljährlich vier Millionen Urlauber im Bezirk Rostock …«

Katharina trifft ein vorwurfsvoller Blick. »Das glaube ich nicht. Urlaub an der Ostsee war nur was für Bonzen, Stasi und verdiente DDR-Bürger.«

»Nee, hier konnte jeder Urlaub machen, sofern er ein Bett oder ein Zelt hatte. Zugegeben, die Quartiere reichten damals nicht hin, aber wer Urlaub an der Ostsee machen wollte, hat es auch geschafft. Es gab unzählige Betriebsferienheime und FDGB-Einrichtungen, wo man für hundert Mark, Ost-Mark wohlgemerkt, zwei Wochen Urlaub mit Vollpension machen konnte.«

»Das ist Propaganda.« Der Hesse wird langsam wütend. Katharina lenkt ein. Es ist sinnlos, mit ihm zu streiten.

»Inzwischen hat sich die Zahl der Betten mehr als verdreifacht, so an die 200.000, und es kommen um die sieben Millionen Besucher im Jahr nach Meckpomm. Für kurz oder für länger.«

*Strand von Ahrenshoop im Winter. Er ist zu allen Jahreszeiten eine Reise wert*

Wustrow und Ahrenshoop liegt hinter ihnen. Der Bus rollt durch dichten Urwald, es ist schon erstaunlich, wie sich trotz des touristischen Ansturms die Landschaft renaturierte und ihre Ursprünglichkeit zurückgewann. Wenn eine Schneise den Blick freigibt, sieht man zur Linken, auf der Krone des Deichs, Radler fahren. Wohl wahr: eine Gegend, die zum Urlaub geradezu einlädt. Man riecht das Meer trotz Klimaanlage.

Die Bäderstraße schwingt sich im Bogen an Prerow vorbei Richtung Zingst. Der Bus biegt nach links und passiert das Ortsschild. Prerow ist ein ruhiges, gepflegtes Feriendorf, die meisten Häuser tragen Reet. Ein Fischrestaurant folgt dem nächsten. Auf dem Bürgersteig flanieren Urlauber, Hunde zerren an den Leinen und Kinder schlecken Eis. Es gibt Galerien, Museen, Ausstellungen und die Shops mit den bekannten Markenartikeln, die man überall auf der Welt findet. Ab und an kreischen Möwen am Himmel, die Küste ist nah, reicht aber nicht an den Ortsrand wie etwa in Ahrenshoop, das man kurz zuvor besich-

*Das Darß-Museum in Prerow*

tigt hatte. Der Bus hielt gleich hinter der Düne. Man konnte, so man denn wollte – aber viele wollten nicht – durch den tiefen Sand ans Wasser staksen, um dort ein paar Schritte an der Wasserlinie zu machen. Die Hessen waren ja nicht auf Urlaub, sondern auf Durch- und Besichtigungsreise. Ein Schnupperkurs war's aber ganz gewiss nicht, denn die Wahrscheinlichkeit, dass auch nur einer oder eine für mehrere Tage wiederkäme, ist vermutlich äußerst gering. Katharina weiß, dass es sinnlos ist, in dieser Hinsicht die Werbetrommel zu rühren.

Der Bus stoppt auf einem größeren Parkplatz, der von Bänken gesäumt wird.

»Brotzeit«, ruft einer ins Businnere, und greift nach seiner Tasche.

Katharina sagt, sie habe dort und dort ein paar Tische reservieren lassen, prophylaktisch natürlich. Es ist, wie es scheint, ein Angebot, das ohne Aussicht auf Annahme unterbreitet wird. Sie kennt ihre Pappenheimer.

»Nein«, sagt jener, der die Brotzeit ausgerufen hat. »Wir haben unser Essen dabei. Wir geben doch unser gutes Geld hier nicht in Restaurants aus.«

Die Betonung liegt unüberhörbar auf »hier«.

Der Trupp besetzt die freien Plätze auf den Parkbänken. Dann packt jeder seine harten Würste und belegten Brote aus, die man sich gestern daheim geschmiert hat. Die Butter hat sich bereits aufgelöst und ist in der Brotkrume versickert. Die Apfelstückchen sind nach 24 Stunden braun und sehen reichlich unappetitlich aus. Schon rieseln die ersten Eierschalen zu Boden, Kaffee schwappt aus der Thermoskanne.

»Schau mal, der dampft sogar noch«, freut sich die eine und fragt ihre Nachbarin, ob sie eine Tasse abhaben möchte. Die schüttelt den Kopf, im Mund steckt eine Banane, deren Schale im hohen Bogen in Richtung Papierkorb fliegt und sein Ziel, wenn auch knapp, verfehlt. Doch vorbei ist vorbei. Die Werferin macht keine Anstalten, ihr breites Gesäß zu lüpfen, um die Bananenschale aufzuheben.

Sie mapfen und schlürfen und stören sich nicht an den Blicken der Vorübergehenden. Gut, Ostrenter hatten auch ihr Reiseproviant dabei, wenn sie seinerzeit in den Westen fuhren, daran kann sich Katharina durchaus noch erinnern. Das hatte einen Grund: Wegen des akuten Devisenmangels gab die DDR jedem pro Jahr nur 15 DM mit auf den Weg. Dafür bekam man im Speisewagen (die es damals noch gab) eine Tasse Kaffee, eine Bockwurst und ein Banane – und schon war man blank. Hier und heute aber zahlte man überall in gleicher Münze, und die Rente der Reisenden lag nicht unbedingt unterm Existenzminimum.

Katharina beobachtet eine Frau, die zur Gruppe zurückkehrt. Die Weißhaarige in der sehr gepflegten Kleidung, die garantiert nicht von KiK oder C&A stammt, wirkt ziemlich erregt. Sie war in auffälliger Eile aus dem Restaurant nebenan gekommen.

*Im Prerower Darß-Museum*

»Unverschämtheit«, schimpft sie laut und vernehmlich. »Die verlangen auf der Toilette von der Laufkundschaft 50 Cent für die Benutzung. Eine D-Mark fürs Pinkeln. Nicht mit mir!« Sie lässt den Blick schweifen. Unweit vom Parkplatz zieht sich eine Mauer dahin. Dort, wo sie einen Knick macht, beginnt der Wald.

Sie steuert zielsicher diesen Punkt an, kein Blick folgt ihr. Nur Katharina, die das, was sie vermutet, nicht glauben möchte, behält sie im Auge. Und tatsächlich: Sobald der weiße Haarschopf die Mauerkante passiert hat, taucht er auch ab. Nach drei, vier Minuten erscheint er wieder über der Mauerkrone. Das darf doch nicht wahr sein, denkt Katharina. Ihr Gallepegel steigt fühlbar.

Die Dame schreitet auf den Parkplatz zu, streift mit den Händen einige Male ihren Rock glatt und setzt sich, als sei nichts geschehen, auf ihren Platz auf der Bank.

Dann verschwindet die Nächste in die gleiche Richtung.

Der Busfahrer, der sich inzwischen zu Katharina gesellt und mitbekommen hat, wohin deren ungläubiger Blick schweift, grient merklich.

»Die gehen selbst hinter den Bus, wenn für die Toilettenbenutzung auf Autobahnraststätten im Osten kassiert wird.«

# »Baden unmöglich«

Rügen, Deutschlands größte Insel, wird gern angesteuert. Zum Programm gehören meist Kap Arkona und Sassnitz, besonders aber die Kreidefelsen von Stubbenkammer. Der Bildungsbürger kennt sie, weil er Bilder von Caspar David Friedrich kennt, der Boulevardzeitungs-Leser von den Katastrophenmeldungen der letzte Jahre: Wiederholt waren an der dreizehn Kilometer langen Steilküste Teile abgebrochen und in die Tiefe gestürzt. 2005 erwischte es auch die berühmten Wissower Klinken. Nachdem etwa 50.000 Kubikmeter Kreide und Mergel hinabgedonnert waren, blieben von Friedrichs Motiv nur noch die Stümpfe. Regen, Frost, Tauwetter waren die Ursachen für den Abgang, oder wie die Fachleute beruhigend erklärten: Es handele sich um normale küstendynamische Prozesse.

Erkläre das mal den etwa anderthalb Millionen Touristen, die Jahr um Jahr nach Rügen kommen, um die Kreidefelsen zu besichtigen und genau das vorzufinden hoffen, was sie von Bildern und Postkarten kennen. Wer nach Paris fährt, erwartet den Eiffelturm und keinen Schrotthaufen und die Erklärung: Pardon, es handelt sich um einen normalen chemodynamischen Prozess, Eisen rostet und zerfällt irgendwann.

Jochen betreut eine Reisegruppe aus Bayern. Die meisten sind, wenngleich schwer zu verstehen, freundlich und friedlich. Unter ihnen befinden sich, wie meist, zwei oder drei Wichtigtuer und Klugscheißer, die stets was zu meckern haben. Aber das lässt sich verkraften.

Der Bus steuert Binz* an. Es ist nicht viel Zeit, um die einzigartige Bäderarchitektur der Ostseegemeinde zu besichtigten. Das Jagdschloss Granitz steht noch auf dem

Programm, ebenso ein Abstecher nach Prora, wo einst die Nazis einen viereinhalb Kilometer langen Blauklotz an die Küste setzten. In dem KdF-Bau sollten etwa 20.000 Menschen gleichzeitig Urlaub machen. Als der Krieg begann, wurden die Bauarbeiten eingestellt. In der DDR-Zeit befanden sich dort die Militärtechnische Unteroffiziersschule »Erich Habersaath« der NVA und die Offiziershochschule für ausländische Militärkader »Otto Winzer«. 1990 zog die Bundeswehr ein und bald wieder aus. Seither steht das Objekt unter Denkmalschutz und zu großen Teilen leer. Trotz Vandalismus und Verfall ist der Gebäuderiegel noch immer ein imposantes Bauwerk, das gern Touristen im Vorüberfahren gezeigt wird.

Jochen drückt aufs Tempo. Für Binz ist nur eine Stunde vorgesehen. Beim Flanieren über die Strandpromenade und im Angesicht des unendlich langen Sandstrandes ruft einer von den Bayern, er müsse jetzt unbedingt ins Wasser. Das sei so schön hier, er wolle baden.

*Irgendetwas fehlt immer*

Jochen sagt mit Blick auf die Uhr, dass dafür eigentlich keine Zeit sei, sie müssten weiter.

Der Endsechziger winkt ab. Papperlapapp, er fände allein zum Bus zurück, sie könnten ja weiterlaufen.

Gut, antwortet der Reiseführer, 14 Uhr erwarten wir dich auf dem Parkplatz, und keine Minute später. Wenn du nicht pünktlich bist, fahren wir ohne dich.

Natürlich ist das eine billige Drohung, die noch nie eingelöst wurde. Sie hat wohl auch deshalb bisher nie gefruchtet. Denn jeder weiß, dass kein zahlender Tourist in der ostdeutschen Ödnis jemals allein zurückgelassen wurde.

Der Mann verlässt die Promenade und entschwindet Jochens Blicken. Die Gruppe flaniert weiter. Jochen berichtet von der Entwicklung des Ostseebades, von der SDAG Wismut, die Binz 1950 zum Bad für ihre Kumpel machte, welche in Sachsen und Thüringen untertage Uranerz für die Sowjetunion brachen. Er erzählt, dass 1956 das erste FDGB-Ferienheim in Binz öffnete, und wie sich das Ferienwesen entwickelte. Die Bayern hören aufmerksam zu und stellen kaum Fragen.

So, sagt Jochen nach einiger Zeit. »Jetzt drehen wir um, laufen auf der Promenade zurück zum Bus. Oder wollt ihr noch in den Ort, um Schaufenster zu besichtigen?«

Nein, das will keiner. Man möchte sich den frischen Ostseewind um die Nase wehen und den Blick über den langen Strand schweifen lassen. Nach einigen hundert Metern kommt ihnen der Schwimmer entgegengeeilt. Er sieht so aus wie vorher, das Haar ist trocken. Klarer Fall: Der war nicht im Wasser. Der Bayer atmet schwer vom Laufen und wegen der erkennbaren Erregung.

»Was ist passiert?«, erkundigt sich Jochen teilnahmsvoll. Schließlich trägt er die Verantwortung für alle in der Reisegruppe. An ihm bleibt es hängen, wenn was in die Hose geht.

»So was habe ich noch nicht erlebt«, bricht es wütend aus dem Mann heraus.

34

»Was?«, erkundigen sich nun auch die Mitreisenden.

»Da kann man gar nicht baden gehen.«

»Warum nicht?«, fragt Jochen. »Wasser, Strand, Sonne – alles da«, sagt er mit der grenzenlosen Naivität, die den Ostdeutschen mitunter eigen ist.

»Nein, es geht nicht. Ich bin empört! Wozu zahlen wir hier für den ganzen Bühnenzauber. Frechheit.«

Die Entrüstung wurzelt tief und ist keineswegs gespielt. Jochen merkt das. »Und warum geht es nicht?«

»Es gibt am ganzen Strand keine Umkleidekabinen und keine Duschen!«

*\* Der Vergleich zur Nordsee-Insel Sylt, die in den Augen der meisten Westdeutschen das Urlaubsparadies der Prominenten, Reichen und Schönen der Republik schlechthin ist, wird regelmäßig von Touristen aus dem Westen gezogen, wenn sie Ostseebäder in Mecklenburg-Vorpommern, insbesondere aber Rügen besuchen. Dabei heben sie meist auf die Preise in der Gastronomie ab, aber auch auf Ausstattung und Ambiente. Aus dem Westen kamen und kommen jedoch nicht nur mäkelnde Touristen, sondern auch »Investoren«. In Binz ließ sich im Herbst 2010 an der vier Kilometer langen Strandpromenade ein im Westen sehr bekannter Delikatessen-Verkäufer und Restaurantbetreiber nieder. »Gosch Sylt« kann man seither am restaurierten »Strandschloss« gleich neben der Binzer Seebrücke lesen.*

*Das Lokalblatt wollte einen Aufkleber »Rügen scheißt auf Sylt« entdeckt haben, was im Westen des Vaterlandes für helles Entsetzen sorgte. Diese üble Hetze im 20. Jahr der deutschen Einheit! Wie die* Frankfurter Allgemeine Sonntagszeitung *am 29. Mai 2011 aber berichtete, gebe es zwar ein Foto eines solchen Aufklebers, der Binzer Bauhof, der, »aufgeschreckt von der Zeitungsmeldung, ausrückte, um die Anti-Gosch-Aufkleber rasch wieder abzukratzen«, fand jedoch keine. Und »selbst bei der* Ostsee-Zeitung *habe man keinen in der Hand gehabt«, ist zu erfahren.*

# »Euch haben sie doch mit der Muttermilch infiziert«

Dass Ahlbeck, Heringsdorf und Bansin die drei »Kaiserbä-der« genannt werden, ist unschwer an den Namen abzule-sen, die die weißen Häuser an der Promenade tragen. Die sind oft sehr deutschtümelnd und teutonisch. Das reicht von Villa Auguste Viktoria, der letzten Kaiserin, bis hin zum Hotel Kaiser Wilhelm in Bansin. Nun ja, es gibt Ärgerlicheres.

Beim Spaziergang über die Promenade parallel zum breiten Sandstrand erklärt Jutta der Reisegruppe, weshalb Usedom zum Beginn des Jahrhunderts die »Badewanne Berlins« hieß und warum selbst der Kaiser gelegentlich vor-beischaute. Dann endet der Pflasterweg am Ende von Ban-sin. Wenn man die Düne über einen Steg passieren will, muss man an einer Säule vorbei, die denen gleicht, welche man an Parkplätzen findet.

»Was is'n das?«, fragt einer der Niedersachsen, der sich den Sinn dieses Zahlautomaten nicht selbst erklären kann.

»Hier beginnt der FKK-Strand«, sagt Jutta.

»Das sehe ich auch«, sagt eine Dame pikiert und wen-det mit einem leichten Anflug von Abscheu ihren Kopf. »Das beantwortet aber nicht die Frage: Was soll diese Park-uhr hier?«

»Das Ordnungsamt erhebt pro Mann und Maus eine Gebühr von drei Euro pro Tag.«

»Für die Strandbenutzung?«

Jutta nickt. »Ist so eine Art Kurtaxe.« Und sie zeigt auf einen dicken Mann in der Ferne, der zwischen den Nack-ten seine Runden dreht. Er stapft vom Wasser zur Düne und wieder zurück, zückt bei jedem seinen Ausweis und blickt dann in die Ferne, um den Nackten nicht bei der Suche nach dem Ticket auf den entblößten Hintern schauen zu müssen. Wer nicht den Obolus entrichtet hat, muss nachzahlen. Hier kann man doch einem nackten Manne in die Tasche greifen.

»Drei Euro für Sand, Wasser und Sonne? Ist das nicht ein wenig unverschämt?«

Jutta ist weit entfernt, diese Abzocke zu verteidigen, und sie weiß auch nicht, wer die Verantwortlichen hier auf diese Idee gebracht hat. Mitte der 90er Jahre haben sie in Binz damit begonnen, 4,50 DM pro Tag zu kassieren. Andere Badeorte folgten, aber eben nicht alle. Natürlich brauchen die Kommunen Geld, um die Infrastruktur zu erhalten. Der Strand muss gesäubert und die Seebrücke erhalten werden. Und wenn die Promenade nicht picobello oder die Papierkörbe nicht geleert sind, ist das Geschrei groß, insbesondere bei den Gästen aus dem westlichen Teil unseres

*Demnächst: »Grandhotel Kaiserstrand« in Bansin*

Vaterlandes, die meinen, genug bezahlt und darum Anspruch auf höchste Urlaubsqualität zu haben. Selbst auf bestes Wetter und immer Sonnenschein. Was also liegt näher, als das Geld bei denen zu holen, die den Strand und alles andere nutzen? Jutta befindet sich im Zwiespalt. Kassiert werden kann nur an Sonnentagen – und das sind statistisch gesehen nur 40 bis 45 Tage im Jahr. Die meiste Zeit also werden die Automaten objektiv nicht gefüttert. Die Verpflichtung zur Landschaftspflege aber besteht an 365 Tagen. Ach, das ist schon eine vertrackte Sache …

Sie wechselt darum das Thema und die Richtung. »So, wir laufen jetzt wieder die Promenade nach Heringsdorf zum Bus zurück. Oder schafft jemand die anderthalb Kilometer nicht mehr?«

*Uferpromenade Bansin*

Sie weiß, dass mit dieser Suggestivfrage jeder Wunsch nach einem Taxi erlischt. Die Eitelkeit verhindert, dass man Schwäche zeigt. Niemand wird sich melden und zugeben, dass er zu alt und folglich schlecht zu Fuß sei. Das widerspräche dem Zeitgeist, wonach alle gesund und fit zu sein haben. Niemand hat Arthrose oder eine andere Altersschwäche.

Sie schlendern den Weg parallel zur Düne entlang. Der Blick geht aufs Wasser, wo die Fähren, Passagierdampfer und Frachter am Horizont kreuzen, welche vermutlich nach Swinemünde oder Stettin unterwegs sind oder von dort kommen. In der Sonne blinken weiße Segel, die Möwen kreischen, es weht ein leichtes Lüftchen.

Die Promenade ist gesäumt von Bänken, die oft besetzt sind. Die meisten der Ruhenden und Schauenden sind vorgerückten Alters. Senioren, wie man heute sagt, das klingt nicht so hart wie »Rentner«.

Das ist auch der Status, den die Reisenden in Juttas Gefolge haben. In der Gruppe ist niemand unter 60. Die

*Wenig kaisertreu: Schwarzrotgold weht im Gebüsch*

Touristen mustern die auf den Bänken Sitzenden mit offener Neugier und verstecktem Argwohn und unterstellen offenkundig, dass es sich ausnahmslos um Einheimische, mindestens um Ostdeutsche handele. Denn welcher ältere und normale Mensch aus dem Westen, so vermutlich der Gedanke, käme auf die Idee, für länger auf die Insel tief im Osten, an der polnischen Grenze, zu fahren? Sie selbst machen ja auch nur einen Ausflug, eine Stippvisite sozusagen. Schauen – und dann schnell wieder weg und ab nach Hause, in die Zivilisation.

Das alles geht manchem durch den Kopf, ehe sich einer an Jutta wendet: »Das sind gewiss alles Rentner hier?«

Jutta versteht die Frage nicht.

»Na, die hier auf den Bänken sitzen.«

»Ach so. Ja, sicher, das Alter kommt wohl hin.«

»Und hier im Osten kriegt jeder Rente?«

»So wie im Westen auch.«

»Wir haben dafür arbeiten müssen.«

»Die Ostdeutschen auch.«

Pause.

Nach ein paar Schritten meldet sich der Frager wieder. »Mag sein, dass mancher hier auch gearbeitet hat. Aber keiner von denen hat so hart gearbeitet wie wir im Westen. Deshalb finde ich es auch nicht in Ordnung, dass hier jeder Rente bekommt wie wir. Und dann auch noch so eine unverschämt hohe.«

Jutta stockt nicht nur der Schritt, sondern auch der Atem. Sie hat sich schon viel dummes Zeug anhören müssen, aber so etwas noch nicht. Sie zwingt sich zur Ruhe.

»Woher wollen Sie wissen«, Jutta meidet bewusst das gängige Du, »dass die Renten im Osten hoch seien?«

»Das liest man doch täglich in den Zeitungen.«

»Wenn man 40, 45 Jahre in Lohn und Brot gestanden hat, so will es nun mal das Gesetz, vor dem bekanntlich alle gleich sind, bekommt man nun einmal auch eine höhere Rente, als wenn man nur für die Familie gesorgt hat. Das betrifft insbesondere die Frauen. Im Osten waren die meisten berufstätig.«

»Naja, aber wir haben im Westen härter arbeiten müssen«, kommt es wieder.

»Wo? In den vielen Behörden, Ämtern und Verwaltungseinrichtungen, die sich selbst genügen und eigentlich nur Selbstzweck sind?« Ohne es zu wollen, bekommt Juttas Rede unterschwellig Schärfe.

Der Mann neben ihr versteht die Anspielung kaum. »Die meisten Ostdeutschen haben doch nur für die Partei oder die Stasi gearbeitet, der Rest war bei der Polizei, bei der Armee oder an der Grenze. Alles unproduktive Tätigkeiten, wofür wir nun Rente bezahlen müssen.«

Jutta kocht inzwischen innerlich. »Also die Rente bezahlen erstens nicht Sie. Die ist, wie es offiziell heißt, umlagefinanziert. Womit gesagt ist, dass die heute Tätigen – auch die im Osten – mit ihren Abgaben die laufenden Renten und Pensionen finanzieren. Daher auch das akute Problem der Rentenkasse: Wenn immer weniger Arbeit haben, kommt auch weniger in den Rententopf.

Zum Zweiten: Ich weiß nicht, wie viele Angestellte die SED hatte. Aber wissen Sie, dass die im Bundestag vertretenen Parteien mittlerweile zu den größten Arbeitgebern gehören? Jede Fraktion hat einen beachtlichen Mitarbeiterstamm, hinzu kommen die Mitarbeiter vor Ort, die die Abgeordnetenbüros führen. Dann die vielen Einrichtungen, Berater- und Studiengruppen, die mit der Untersuchung bestimmter Themen zu üppigen Honoraren beauftragt werden. Und nicht zu vergessen die parteinahen Stiftungen usw. Das Ganze wiederholt sich sechzehnmal auf Länderebene. Diese Personen und Gremien werden zu großen Teilen mit unseren Steuergeldern finanziert – oder glauben Sie etwa mit den Mitgliedsbeiträgen der Parteien?«

Jutta ist so richtig in Fahrt. Nein, das will sie dem Klugscheißer nicht durchgehen lassen. »Und drittens schließlich: Die ostdeutschen Senioren werden – egal, wie hoch

*Uferpromenade Heringsdorf. Überall lümmeln Rentner*

deren Rente in Ihren Augen auch sein mag – prinzipiell betrogen, weil unterbezahlt. Dafür hat die Bundesregierung schon mit ihren Rentengesetzen gesorgt. Ein Arbeitsjahr in der DDR wird grundsätzlich niedriger bewertet als ein Arbeitsjahr in der Bundesrepublik. Das bekommen selbst noch jene Ostdeutschen zu spüren, die 2030 in Rente gehen werden. Danach, das ist biologisch bedingt, haben wir es nur noch mit Rentnern zu tun, die 1990 angefangen haben zu arbeiten. Aber die werden in der Mehrheit weniger als die heutigen Rentner bekommen: nach Jahren der Arbeitslosigkeit, nach ›Praktika‹, schlecht oder unterbezahlten Tätigkeiten …«

Der Mann an ihrer Seite stutzt. »Das habe ich dir doch gesagt: Wir haben härter gearbeitet als die Ostdeutschen. Deshalb halte ich es auch für unangemessen, wenn denen eine so hohe Rente gezahlt wird.«

Jutta schüttelt energisch den Kopf. »Entweder sind alle vor dem Gesetz gleich – oder sie sind es nicht. Und genau diese Gleichheit herrscht hierzulande nicht. Oder haben Sie eine Erklärung dafür, warum bei der Rentenberechnung ein Arbeitsjahr im Nazireich – egal, ob der Betreffende nun ›staatsnah‹ war oder nicht – höher bewertet wurde als ein Arbeitsjahr in der DDR? Drei Arbeitsjahre hier waren so viel wert wie ein Arbeitsjahr im Dritten Reich. Und bei den ›Staatsnahen‹ aus der DDR war das Verhältnis sogar eins zu fünf.«

»Ach, hör doch auf«, wütet der Niedersachse an Juttas Seite. »Das ist doch billige Agitation!«

Sie kennt das: Mit Widerspruch kommen Wessis selten klar. Sie sind davon überzeugt, stets recht zu haben.

»Du hast doch noch immer dein Parteibuch in der Tasche.«

»Ich bin 28.«

»Na und?«

Rechnen kann er also auch nicht.

»Das heißt, ich war acht Jahre alt, als die DDR unterging. Soweit ich weiß, konnte man auch in die SED erst mit 18 eintreten«, hilft Jutta nach.

»Das war doch nur eine Formfrage. Euch haben sie doch schon mit der Muttermilch infiziert!«

# »Zeig uns das Elend«

Der Bus passiert Karlshagen. Jochen ist mit einer Reisegruppe aus NRW unterwegs. Am Fenster fliegen Bäume, Straßenlaternen und hübsche Häuser vorbei.

»Die sind doch alle neu, das sieht man doch«, bemerkt der Mann mit der Glatze, der sich neben Jochen gesetzt hatte, als der Bus losfuhr.

»Bestimmt«, antwortet Jochen, »manche sind mit Krediten nach 1990 gebaut, und einige sind bei den Banken auch schon abgezahlt.«

Der Glatzkopf schweigt. Dann bricht es aus ihm raus. »Und wem haben die Häuser, die schon vor 1990 standen, gehört?«

Jochen stutzt. Er weiß nicht, worauf die Frage zielt. »Na denen, die darin wohnten.«

»Es gab in der DDR keine Privatimmobilien.« Das ist keine Frage, sondern eine Feststellung, welche keinen Widerspruch duldet.

Da täusche er sich, antwortet Jochen amüsiert. Auch zu DDR-Zeiten hätten Ostdeutsche Häuser besessen. »Zwar nicht als Kapitalanlage, wie das heute so üblich ist: Bauen und Vermieten, um dann, wenn der Kredit getilgt ist, von den Mieterlösen zu leben. Sondern man hat das Eigenheim geerbt oder käuflich erworben. Die meisten haben selbst gebaut, wobei ein Großteil der Arbeiten sogenannte Eigenleistungen waren. Notgedrungen. Kapazitäten waren knapp, die meisten Bauarbeiter und Handwerker mussten in die Hauptstadt oder nach Rostock.«

Wieder schweigt der Glatzkopf. Hinter seiner Stirn arbeitet es merklich. »Verstehe ich nicht. Das war doch alles Staats- und Parteieigentum. Häuser inklusive.«

»Wer sagt das?«

»Das weiß man doch.«

»Aha.« Dagegen kommt Jochen schwer an. Er kennt das. Gleich wird die Frage nach dem Elend und den Dreckecken kommen. Denn die Wahrnehmung von vermeintlichem Glück und Zufriedenheit – so jedenfalls wird die leuchtende ostdeutsche Fassade gesehen – provoziert sowohl Unmut (»Warum die und nicht wir?«) als auch den nachhaltigen Wunsch, ein Haar in der Suppe zu finden. Denn wenn man etwas entdeckt, was den Erwartungen vom verlotterten Osten entspricht, kann man beruhigt wieder nach Hause fahren. Man hat Sibirien gesehen und den Untermenschen ins slawisch-heimtückische Gesicht geschaut, und alles war so wie befürchtet …

Die Straße führt jetzt durch dichten Mischwald. Die Räder surren über glatten Asphalt.

»Neue Straße?«, meldet sich der Glatzkopf erneut.

»Nein, nur neuer Belag. Die Straße haben vermutlich die Nazis ausgebaut. In Peenemünde war seit 1936 die Heeresversuchsanstalt und die Erprobungsstelle der Luftwaffe …«

»Ja, ich weiß, hier hat Wernher von Braun* die V1 und die V2 gebaut.«

Jochen schweigt dazu, denn die Erklärung werden sie nachher im Museum hören. Stattdessen sagt er: »Nach dem Krieg waren erst die Russen hier, in den 50er Jahren wurde es der Marinestützpunkt der Seestreitkräfte der DDR. Die haben hinter Karlshagen alles dichtgemacht. Der ganze Nordzipfel von Usedom war Sperrgebiet. Im Hafen lag die 1. Flottille der Volksmarine, dahinter das Jagdfliegergeschwader 9. 1990 übernahm die Bundeswehr den Standort, nach drei Jahren gab sie ihn auf.«

Der Bus passiert das Ortsschild. Neben der Straße stehen Wohnblöcke. Insbesondere die Eingänge verraten, dass sie in den 30er Jahren errichtet worden sein müssen. Sie sehen aus wie die meisten Armeebauten aus jener Zeit. Viele Scheiben sind eingeschlagen, manche Tür ist verna-

*Eingang zum Technikmuseum in Peenemünde*

gelt. Leerstand und Verfall sind nicht zu übersehen, hier haben die Vandalen gehaust. Der Rückzug der Armee in den 90er Jahren hat Peenemünde sichtlich entvölkert. Hier herrscht tote Hose. Das Dorf zählt aktuell wenig mehr als dreihundert Menschen und trägt sichtbar schwer an seinem Erbe. Land und Bund, auch die EU, haben einiges Geld hineingepumpt, um ein großes Technikmuseum zu gestalten, das mit zwiespältigen Feststellungen beworben wird: »Die Heeresversuchsanstalt Peenemünde war zwischen 1936 und 1945 eines der modernsten Technologiezentren der Welt. Im Oktober 1942 gelang von hier aus der weltweit erste Start einer Rakete ins All. In der benachbarten Erprobungsstelle der Luftwaffe wurden Flugkörper mit revolutionärer Technik getestet.«

Im Umfeld der Einrichtung wiederum sind einige kleine Einrichtungen entstanden, die hier eigentlich nichts zu suchen haben, etwa ein Spielzeugmuseum oder eine »interaktive Ausstellung zum Mitmachen und Ausprobieren«, in der Alltagsphänomene der Physik demonstriert werden. Die Exposition nennt sich »Phänomenta« und

*V2 und Abschussrampe V1*

wird damit legitimiert, dass es solche Ausstellungen auch in Flensburg, Wolfsburg, Bremerhaven und Lüdenscheid gebe. Welch überzeugendes Argument.

Der Bus biegt von der Straße auf den großen, neu angelegten Parkplatz neben dem einstigen Kraftwerksgelände. Im riesigen Klinkerbau befindet sich die Ausstellung, die die Touris gleich besichtigen werden. Davor ragt eine V2 in Schwarzweiß in den Himmel, dahinter sieht man durch den Maschendrahtzaun die Abschussrampe einer V1.

Die Gruppe formiert sich und folgt Jochen, der voranmarschiert. In seinem Rücken tauscht man sich aus. »Hast du die Ruinen und die leerstehenden Gebäude mit den Schmierereien gesehen? Schrecklich.«

Dabei klingt das »schrecklich« keineswegs so, wie man vermuten könnte. Das schmettert mit Fanfarenklang Befriedigung in die Landschaft: Ha, wussten wir's doch, alles haben sie doch noch nicht hinter Tünche verstecken können. Hier zeigt sich das wahre Gesicht des Ostens.

Natürlich ist das Blödsinn, denn als der Osten noch DDR hieß, gab es hier zwar kein Museum, aber eben auch keinen Leerstand. Zugegeben, wer als NVA-Soldat in Peenemünde stationiert war, hatte die Arschkarte gezogen, zumindest wenn er wegwollte. Im Sommer war alles bestens, da hatte man einen wunderbaren Sandstrand ganz für sich allein. In die Wälder hingegen setzte man zum Pilze- und Beerensammeln besser nicht seinen Fuß. Während des Krieges war dieser Teil der Insel wiederholt von den Alliierten bombardiert worden, noch immer lagen Blindgänger herum. (Im Übrigen: Bis auf den heutigen Tag warnen Schilder an der Straße vorm Betreten des Waldes.) Aber wenn man auf Urlaub wollte, dauerte die Fahrt ewig: Erst ging es mit Bus oder der einspurigen Schmalspurbahn, von der Dampflok gezogen, bis Zinnowitz, dort stieg man um und fuhr weiter bis Wolgaster Fähre. Von dort ging es zu Fuß mit Gepäck über die Peenebrücke zum Bahnhof Wolgast Hafen. Da bestieg man eine Bahn, die einen bis Züssow brachte. In dem zugigen, ungemütlichen Bahnhof dort wartete man auf den Zug aus Stralsund, der einen nach Berlin oder, nach neuerlichem Umsteigen, noch weiter brachte. Da war bereits der erste Urlaubstag im Eimer.

Jochen weiß das genau, er war seinerzeit einige Monate im Peenemünder Hafen stationiert. Dort dümpeln noch einige ausgemusterte Schiffe der Volksmarine und ein russisches U-Boot, das man für sechs Euro Eintritt besichtigen kann. An der Pier finden sich die üblichen Buden, in denen man Postkarten und Devotionalien erwerben kann, die den Daheimgebliebenen zeigen, wo man gewesen ist.

Die Gruppe wird durch den Bunker geschleust, der am Eingang zum größten technischen Denkmal Mecklenburg-Vorpommerns steht. Hinter meterdickem Beton gibt es Eintrittskarten, Bücher und Videos, die jenen Grusel verstärken, den man ohnehin an solchen Orten empfindet.

Nachdem die Tickets erworben und verteilt sind, passiert jeder das Drehkreuz. Jochen schlägt vor, zunächst die wirklich sehenswerte Ausstellung im einstigen Kraftwerk zu besichtigen. Vor allem möchte er schon jetzt die Aufmerksamkeit auf einen Raum lenken, der mit Spinden vollgestellt ist. An deren Türen stehen die Namen von Persönlichkeiten, die hier gearbeitet haben. »Einige werdet ihr möglicherweise kennen. Und wenn ihr die Tür öffnet, kann man drinnen die Biografie lesen und etwas über die Funktion, die der Betreffende hier hatte.«

»Wer war denn zum Beispiel hier, den wir kennen könnten«, ruft einer.

»Heinrich Lübke«, sagt Jochen.

»Sie meinen nicht unseren Bundespräsidenten?«

»Doch, den meine ich. Lübke hat von 1940 bis Februar 1945 Peenemünde wiederholt aufgesucht. Er war Bauleiter hier.«

Der Aufschrei lässt auf sich warten.

»Lübkes Unterschrift findet sich auch unter Bauzeichnungen von Konzentrationslagern.«

»Lüge! Das hat die Stasi verbreitet. Sie hat auch die Unterschriften gefälscht.«

Jochen hat mit dem Protest gerechnet. Er greift in seine Brusttasche und holt ein Blatt hervor. Langsam trägt er vor:

*Ein Raum in der Ausstellung im ehemaligen Kraftwerk*

»KZ-Häftlinge in Peenemünde – das ist ein Thema, das von den deutschen Raketenpionieren um Wernher von Braun stets totgeschwiegen oder geleugnet wurde.

Dabei ist die Beweislage erdrückend: Es sind nicht nur zahlreiche Überstellungslisten aus dem Konzentrationslager Buchenwald erhalten geblieben, sondern es gelang ost- und westdeutschen Behörden in den 60er Jahren auch, mehrere Dutzend KZ-Überlebende aus dem In- und Ausland ausfindig zu machen, die detailliert über die Haft in Peenemünde berichten konnten.«

Jochen macht eine Pause. Die Gruppe schweigt. »Die durchschnittlich tausend Häftlinge waren in Baracken untergebracht, die sich rund fünfhundert Meter östlich der Gemeinde Peenemünde auf dem Gelände der Luftwaffenerprobungsstelle befanden. Die meisten Männer leisteten auf Baustellen Zwangsarbeit, denn trotz des Luftangriffs von 1943 wurde Peenemünde bis Ende 1944 noch weiter ausgebaut.«

Er lässt den Blick über die Touristen aus dem Bundesland schweifen, aus dem auch Lübke kam. »Der Bauleiter in Peenemünde aber sollte noch eine beachtliche Karriere machen, wenn auch nicht als Architekt oder Ingenieur. Er hieß Heinrich Lübke und wurde am 1. Juli 1959 zum zweiten Präsidenten der Bundesrepublik Deutschland gewählt.«

Die meisten in der Gruppe werden zunehmend unruhig und scharren mit den Füßen.

»Außer der Aufgabe in Peenemünde übernahmen Lübke und seine Leute auch die Bauleitung für ein Industrieverlagerungsvorhaben in den stillgelegten Kalischächten von Plömnitz bei Bernburg im heutigen Sachsen-Anhalt. Unter dem Decknamen ›Leopard‹ wurden hier bis zu 2.000 Häftlinge aus einem Außenlager des KZ Buchenwald zu auszehrenden Betonierungs- und Transportarbeiten gezwungen. Ein Teil der Häftlinge war monatelang in einem Schacht in 420 Metern Tiefe untergebracht, etliche kamen darin um. Die Überlebenden wurden später in ein oberirdisches Barackenlager umquartiert.«

»Das hast du aus dem *Neuen Deutschland*«, ruft einer wütend, der den Vortrag unerträglich findet, wie er sagt. »Die Unterschrift, ich wiederhole mich, hat die Stasi gefälscht, und das, was du vorgelesen hast, ist SED-Propaganda aus dem Kalten Krieg.«

Jochen schüttelt den Kopf und faltet das Blatt zusammen.

»Das stand in der Hamburger *Zeit* am 19. Juli 2007. Da gab's keine Stasi mehr. Wohl aber unverändert die Beweise über den Dreck, den Lübke am Stecken hatte …«

*\* Wie* Die Welt *am 9. Mai 2011 und andere Medien meldeten, seien Dokumente gefunden worden, die Zweifel wecken, »dass die Nazi-Rakete V2 tatsächlich vom legendären Raumfahrtpionier Wernher von Braun entwickelt wurde«. »Denn von Braun, so jedenfalls legen es die Forschungen der Historikerin Uta Mense vom Lehrstuhl für Denkmalpflege der Brandenburgischen Technischen Universität Cottbus nahe, war an der Entwicklung des ›Aggregat 4‹, der später als V2 bekannten ersten einsatzreifen ballistischen Rakete, nach mehreren Misserfolgen gar nicht mehr beteiligt.« Und auch seine Doktortitel verdanke er allein den guten Beziehungen seiner Frau. Die Dissertation, so urteilte ein Zeitgenosse, wie ebenfalls jetzt publik wurde, entspräche dem »Niveau eines Studenten im zweiten Semester«. Man habe dem Aspiranten dafür den Doktor der Philosophie verliehen, nicht den für Naturwissenschaften, was eigentlich zu vermuten gewesen wäre.*
*Und schon wieder hat jemand aus dem Osten ein Denkmal des Westens gestürzt, schwingt als Botschaft mit.*

# »Gut Wetter machen«

Das Wetter ist wichtig. Wenn es regnerisch und trübe, ist es auch die Stimmung an Bord. Vielleicht ist das der Grund, weshalb nach Neujahr und bis Ostern kaum Reisegruppen unterwegs sind. Ab Ostern läuft der Reiseverkehr an, im trüben Herbst lässt er wieder nach. Zum Jahresende folgt die Weihnachtsspitze. Das weiß auch Karla. Sie hat darauf ihre persönliche Jahresplanung abgestellt. Wenn jedoch der Sommer verregnet ist, herrscht Ebbe in ihrer Haushaltskasse. Reiseleiter ist nun mal ein Saisongeschäft mit vielen Unwägbarkeiten. Allerdings ist ihres, im Unterschied zu anderen Gewerben, vergleichsweise krisenfest. Die meisten Westtouristen sind vorgerückten Alters. Ob die Wirtschaft boomt oder lahmt, ist denen im Prinzip egal: Die Rente ist sicher.

Natürlich leiden auch die Rentner unter der Inflation, die die seltenen »Anpassungen« aufzehrt. Doch bei bestimmten Sachen wird nicht gespart. Und man muss beispielsweise bei Busreisen ja auch nicht sparen, denn die Anbieter überschlagen sich mit Schnäppchenangeboten. Die Preissenkungen gehen zwar schon längst ans Eingemachte. Doch der gnadenlose Preiskampf geht weiter in der Hoffnung, die Konkurrenz – freundlich wie fälschlich als »Mitbewerber« bezeichnet – ließe sich auf diese Weise wegbeißen. Das nennt der Kapitalist Kannibalisierung. Allerdings nur hinter vorgehaltener Hand.

Karla hat Glück. Über Meckpomm lacht die Sonne. Die Insassen sind kregel und lärmen, als sie am Morgen in den Bus steigen. Wunderbar, denkt sie, da werden sich die üblichen Quengeleien in Grenzen halten. Sie wünscht einen Guten Tag, wirft ihre roten Haare über die Schulter und stellt sich vor. Sodann folgt das Programm. Das ist den

Ausflüglern bekannt, gleichwohl sind die Reiseleiter gehalten, es noch einmal mündlich zur Kenntnis zu geben. Es könnte ja sein, dass einer oder eine partout nicht nach Neubrandenburg will, weil die Fahrt zu lang oder zu überflüssig erscheint.

Schon nach wenigen Minuten erreicht der Reisebus die Autobahn. Auf dieser geht es direkt in die Stadt der vier Tore, die einmal Bezirksstadt war und über 90.000 Einwohner zählte. Fast jeder Dritte ist inzwischen weggezogen, Neubrandenburg schrumpft seit Jahren. Dennoch ist die Stadt unverändert die drittgrößte im Bundesland nach Rostock und Schwerin. Sie bietet eine Reihe von Sehenswürdigkeiten, etwa die nahezu vollständig erhaltene Stadtmauer mit den Toren. Allein diese mittelalterliche Wehranlage mit den Wiekhäusern, so zwischen dem 13. und 15. Jahrhundert errichtet, lohnt einen Abstecher. Doch es gibt noch viel mehr in Neubrandenburg zu sehen, was man den westdeutschen Touristen (und nicht nur diesen) gern zeigt.

Der Bus rollt, der Fahrer spielt leise Musik über die Bordanlage ein. Alle sind glücklich und zufrieden.

Von hinten beugt sich nach einer Weile eine Silberlocke nach vorn.

»Was ich dich fragen wollte …«

Karla dreht sich auf ihrem Sitz um.

»Wieso ›wollte‹? Frag doch einfach.«

»Die Arbeitslosigkeit ist doch hier ziemlich hoch in Mecklenburg-Vorpommern.«

»Das ist doch keine Frage, allenfalls eine Feststellung. Die im Übrigen zutrifft. Offiziell wird gegenwärtig elf Prozent angegeben, das sei eine Halbierung und so wenig wie seit 1990 nicht, heißt es, doch ich trau diesen Zahlen nicht. Denn jeder, der einen Niedriglohnjob hat, von dem er nicht leben kann …«

»Sogenannte Aufstocker. Gibt es bei uns auch.«

»Genau, die Umschüler, die Angestellten bei Zeitarbeitsfirmen, die vielen Praktikanten, Kurzarbeiter, Sai-

*»Arbeitslose« beim Konzert auf der Strandpromenade.
Dürfen die das?*

sonkräfte und so weiter werden in der Arbeitslosenstatistik nicht geführt. Pro forma haben sie ja eine Beschäftigung, aber de facto nicht, denn dieser Job ernährt sie nicht, sie können davon weder leben noch sterben.«

»Siehst du, und das ist mein Problem.«

Karla blickt fragend. Sie weiß nicht, was nun kommt.

»Ich habe mir das heute mal angeschaut, weil meine Freundin mich darauf aufmerksam machte. Der ist das nämlich aufgefallen, als sie im Osten war. Und die hat recht, wie ich merkte.«

Karla grübelt und versteht immer noch Bahnhof.

»Bei euch sind schon vormittags die Cafés voll. Wie ist das möglich, wenn alle arbeitslos sind? Bei uns jedenfalls wird geschafft, und die Arbeitslosen können sich den Besuch im Café nicht leisten. Die sieht man dort nicht.«

Aha, von dort weht also der Wind.

»Meinst du, dass die Leute, die du gesehen hast, erstens Arbeitslose waren, und zweitens, dass sie zu viel Stütze bekommen, weil sie im Café sitzen?«

»Genau das meine ich. Du hast ja selbst zugegeben, dass es eine hohe, zudem verschleierte Arbeitslosigkeit gibt.« Karla spürt, dass nicht nur Sozialneid aus der Frau in ihrem Rücken spricht. Da ist auch eine gehörige Portion Unverständnis, gepaart mit Vorwürfen, im Schwange. Nämlich: Wer arbeitslos ist, hat gefälligst dem Leben zu entsagen. Diese Art von Anstand ist den Ossis fremd. Die leben auf unsere Kosten – wir zahlen für ihre Stütze mit dem Solidaritätszuschlag, und die gehen damit ins Kaffeehaus und schlecken Schwarzwälder Kirsch von unseren Kröten. Unverschämt!

»Naja, ich glaube nicht, dass es sich bei den Café-Gästen um Arbeitslose gehandelt hat. Die haben dafür wirklich kein Geld.«

»Die sahen aber wie Arbeitslose aus.«

»Wie sehen Arbeitslose denn aus?«

»Die Klamotten waren meist abgetragen, nicht unbedingt modisch und der letzte Schrei.«

Karla lacht auf. »Entschuldige …«

»Warum lachst du?«

»Bei uns legt nicht jeder unbedingt Wert auf das, was man ihm als als Mode suggeriert. Die meisten Ossis kennen keinen Dresscode, ihnen ist es egal, welche Marke gerade ›in‹ oder ›out‹ ist. Sie sind souverän und selbstbewusst genug, um sich über solche Konventionen hinwegzusetzen, verstehst du?«

Die Silberlocken bewegen sich in raschem Wechsel von links nach rechts und von rechts nach links.

»Ich glaube nicht, dass du in den Cafés am Morgen Arbeitslose gesehen hast. Das werden Studenten, Singles oder andere Menschen gewesen sein, die nicht mehr zu Hause frühstücken. Die Lebensgewohnheiten haben sich in der letzten Zeit doch sehr verändert.«

»Keine Arbeitslosen?«

»Ganz bestimmt nicht. Die haben dafür wirklich keinen Cent übrig.«

»Na schön.« Die Silberlocke lehnt sich zurück. Karla bezweifelt, sie überzeugt zu haben.

Sie hat nicht lange Ruhe. Ein älterer Herr schwingt sich auf den freien Platz neben ihr.

»Gestatten?«

»Du sitzt ja bereits.«

»Ich heiße Heinz, komme aus Remscheid. Habe in Solingen geschafft, bei Zwilling. Scheren, Messer und so. Weißte Bescheid.«

»Schön. Was hast du auf dem Herzen? Womit kann ich dir helfen.«

»Ich verfolge das schon die ganze Zeit.«

»Was?«

»Die Türme da.«

Karla folgt seinem Finger, der nach draußen aufs Feld weist. Die Verlängerung des Fingers trifft auf einen Funkmast der Telekom oder eines anderen Telefonanbieters. »In regelmäßigen Abständen stehen die neben der Straße.«

»Das sind Antennenmasten«, erklärt Karla. »Die Gegend ist nun mal ziemlich dünn besiedelt. Weit und breit kein Kirchturm oder ein anderes hohes Gebäude, an dem sich Funkantennen für Mobiltelefone und Ähnliches anbringen ließen. Da hilft man sich auf diese Weise.«

»Nee«, sagt Heinz energisch, das glaube er nicht.

»Was soll es denn sein?« erkundigt sich Karla amüsiert.

»Ganz klar: Das sind Türme von der Stasi zur elektronischen Überwachung der Autobahn! Da bin ich mir absolut sicher.«

Karla prustet los.

»Da brauchst du gar nicht zu kichern. Das sind Stasi-Türme. Weißte Bescheid.«

»Hm. Die A 20, auf der wir uns gerade befinden, wurde erst in den 90er Jahren gebaut.«

»Was hat das denn damit zu tun?«

»Die Stasi gibt es seit 1989 nicht mehr. Sie hat zwar manches gewusst, aber eines bestimmt nicht: den Verlauf der Bundesautobahn A 20, die erst seit 1992 gebaut werden sollte.«

Heinz hebt das Gesäß. »Du kannst mir viel erzählen. Ich bleibe dabei. Weißte Bescheid.«

Karla lächelt ihm hinterher. Unter solchen Umständen fällt es ihr wirklich schwer, gut Wetter zu machen.

# »Hier bröckelt Putz.
# Da fehlt noch Farbe«

Gemeinhin heißt es, das Reisen bilde. Vor allem weltanschaulich. Wer sich nämlich die Welt anschaue, der gewönne Einsichten und Erkenntnisse, die sich zu einer Haltung verdichteten. Eben zu einer Weltanschauung. Sagt man. Nicht so beim Westdeutschen. Das wissen wir eigentlich seit langem. Denn im Unterschied zu den Ostdeutschen reisten sie schon immer auf dem Globus nur so umher. Seit Jahren schmückt sich Deutschland mit dem Titel »Reiseweltmeister«. »Mit 64,8 Millionen Reisen stand Deutschland 2010 noch ungeschlagen an der Spitze«, meldete *Die Welt* am 30. März 2011.

Doch die Erkundung der Erde blieb ohne feststellbare Wirkung aufs Bewusstsein. Denn wer jemals mit wachem Verstand ein Land in der Dritten Welt besuchte, Kindern zusah, die Teppiche knüpften, Menschen beobachtete, die auf Müllkippen nach Essbarem suchten, Slums oder Favelas in Südamerika betrat und darüber nachdachte, warum das so war, der musste zwangsläufig zu Schlüssen kommen.

Und selbst wenn man nicht einmal dort war, konnte man die Ungerechtigkeit der Welt begreifen, wenn man nur die richtigen Bücher und nicht nur *Bild* las. »Reicher Mann und armer Mann / standen da und sahn sich an. / Und der Arme sagte bleich: / ›Wär ich nicht arm, wärst du nicht reich.‹« Aber diese Art zu Reisen und Schlussfolgerungen zu ziehen war die Sache unserer Landsleute nie.

Im Prinzip verlagern sie lediglich ihren Wohnsitz für zwei, drei Wochen nach auswärts. Dort muss es genau so wie daheim sein, Essen inklusive. Jede Abweichung von der erwarteten Norm wird kritisch beim Veranstalter vermeldet. Bis hin zur Rückgabe des Geldes. Oder man geht es prophylaktisch an: »Wir suchen einen Hotelkoch, der ein zünftiges Grünkohlessen zubereiten kann. Wurst und Fleisch würden wir zur Not mitbringen. Welches Hotel können Sie empfehlen?«, erkundigte sich laut *Brigitte* ein Kegelverein, der eine Reise nach Mallorca plante.

Daraufhin meldete sich eine Leserin am 5. Januar 2010, die mit ihren Erfahrungen als Reiseleiterin aufwartete. »In Portugal stürmte ein großer, wuchtiger Herr mit rotem Gesicht auf mich zu und fuchtelte mit einem Fieberthermometer vor meinem Gesicht herum. Ich dachte an einen ärztlichen Notfall, doch er schrie mich an, dass er gerade im Meer war. Die Temperatur würde mit der Durchschnittstemperatur im Katalog nicht übereinstimmen.«

Und ein Reiseunternehmen erhielt folgenden Brief: »Als Erstes möchte ich mich bei Ihnen für den wunderschönen Österreich-Urlaub bedanken. Aber wieso musste ich vor Ort Kurtaxe zahlen, obwohl ich keine Taxe in Anspruch genommen habe?«

Ausschreibung im Katalog: »Haustiere auf Anfrage.«

Darauf der Kunde, der sich für diese Reise interessiert: »Welche Haustiere bieten Sie denn an?«

Oder: »Wohnt die Mannschaft des Kreuzfahrtschiffes auch auf dem Schiff?«

Eine Reiseleiterin berichtete aus Griechenland, dass sich eine ostdeutsche Touristin beklagt habe, weil sie zum Frühstück keine Bananen bekam. Daraufhin habe ein Gast aus dem Westen, was die Reiseleiterin auch noch mit Dankbarkeit quittierte, wie sie sagte, der Zonentussi mitgeteilt, sie habe schließlich 40 Jahre auf Bananen verzichtet, da könne sie doch ruhig noch ein paar Tage anhängen …

Die Liste der vom Deutschen Reiseverband (DRV) dokumentierten Blödheiten ist lang. Und sie sind meist von dieser Art: »Ich habe ein Doppelzimmer gebucht, habe aber nur ein Zimmer bekommen.« Gleichwohl sind eben

*Restaurierte Straße in Wismar*

jene Reisenden, die in den Osten fahren, von etwas anderer Natur. Natürlich wollen sie einerseits, dass es so ist wie bei ihnen zu Hause. Und sie geizen nicht mit Kritik, sollte es anders sein. (Eine Frau beschwerte sich beim Reiseleiter wegen des FKK-Strandes vor ihrem Hotel: Das müsste verboten werden. Ihr Mann habe den ganzen Tag damit zugebracht, mit dem Fernglas vom Balkon die nackten Frauen am Strand zu beobachten.)

Zugleich aber muss es anders sein, um mitgebrachte Vorurteile bestätigt zu bekommen. Sie interessieren sich nicht für Romanik, Gotik, Barock oder andere Baustile, sondern nur für den Putz, der bröckelt. Sie sind überglücklich, wenn sie einen Haarriss in der Fassade finden. Und wenn ein ganzes Gebäude marode ist, kriegen sie sich vor Begeisterung nicht ein: »Die Kommunisten haben eben einfach alles verkommen lassen.«

Jochen berichtet, dass in jeder Reisegruppe mindestens einer dabei ist, der vorgibt, »gleich nach der Wende« in der DDR gewesen zu sein (nie war einer oder eine vorher dort). Man habe damals mit Entsetzen gesehen, wie alles »verkommen und verfallen, alles grau in grau« gewesen sei. Das, was man jetzt mit großer Begeisterung und innerer Bewegung sehe – und dieser Standardsatz zielte auf die Mitreisenden –, sei alles erst nach 1990 entstanden, mit »unserem Geld«. Insofern nahm man jedes heruntergekommene Gebäude als Beweis für die Behauptung, »alles« sei von »den Kommunisten« runtergewirtschaft worden. Das wären die Rudimente.

»Sag mal, Jochen«, kommt dann gelegentlich die Frage: »Wie konnte man denn in der DDR überhaupt leben? Warum bist du nicht abgehauen?«

»Warum sollte ich?«

»Na, bevormundet, bespitzelt, ständig Schlange stehen, 15 Jahre auf den Trabant warten, kein Telefon, und wenn man eins hatte, wurde es auch noch abgehört, die Kinder durften nicht studieren …«

»Ach, meine Kinder haben alle studiert und bekamen sogar ein Stipendium. Nur meine Enkel werden wohl nicht studieren, das können sich die Eltern einfach nicht leisten. Nicht nur wegen der Studiengebühren, die zu zahlen sind.«

Darauf gehen die Touris nie ein. Stattdessen drehen sie wieder die tibetanische Gebetsmühle von Unfreiheit und fehlender Demokratie, von Mauer, Schießbefehl und Stacheldraht.

»Ich war glücklich und zufrieden«, sagt Jochen. »Ich empfand den Mangel nicht als Mangel, und außerdem ist es doch zunehmend besser geworden. In den 80er Jahren war ich ein paarmal bei meinen Verwandten im Westen, und da habe ich gesehen, die kochen auch nur mit Wasser und lebten bescheiden wie wir. Nur in einem Punkt unterschieden wir uns.«

»Worin?«

»Sie hatten Angst vor der Zukunft. Wir nicht. Existenzielle Ängste kannten wir nicht.«

An dieser Stelle wird umgehend das Thema gewechselt. Und Jochen ist klug genug, dem zu folgen. Man redet über Essen und Wetter, Gesundheit und Verdauung, notfalls über Landschaft und Quartier. Eben über das, was Wessis seit den 50er Jahren bei Reisen im Wesentlichen interessiert.

# »Honecker hat uns vertrieben«

Katharina hat wiederholt mit Ranschmeißern zu tun. Das sind solche, die sich mit dem ostdeutschen Reiseleiter gemein machen wollen. Sie erwarten keine Vorteile davon, vielleicht nur Aufmerksamkeit und Zuwendung, vermutlich weil sie sonst keine bekommen. Alles ist eben nicht käuflich.

Die sind, sagt Katharina, auf andere Art nervig.

»Sie kam nach einem längeren Disput über die Dämlichkeit ostdeutscher Autofahrer zu mir. Vielleicht meinte sie, mir solidarisch zur Seite springen zu müssen, denn ich hatte die ganze Gruppe plötzlich gegen mich.

Wir kehrten auf den Parkplatz zu unserem Bus zurück und waren gezwungen, kurz zu warten, weil sich vor uns ein Mann mühte, rückwärts in eine enge Lücke zu stoßen. Vor und zurück, vor und zurück. Man kennt das ja, wenn es um Zentimeter geht.

Plötzlich krähte einer von der Gruppe: ›Nun fahren die schon so lange *unsere* Autos und können noch immer nicht damit einparken!‹

Seine Landsleute brüllten über diese abfällige Bemerkung, und einer glaubte, noch einen draufsetzen zu müssen, indem er ergänzte: ›Früher brauchten sie ja auch keine Parkplätze. Die stellten ihren Trabbi einfach dorthin, wo es ihnen gerade passte.‹

Das Gelächter schwoll noch an.

Mir schwoll der Kamm, und ich kachelte zurück: ›Auch in der DDR hatten wir eine Straßenverkehrsordnung!‹

Das schien die aufgeblasenen Affen zu amüsieren.

›Wofür eine Verkehrsordnung? Für die Rennpappen in Himmelblau und Gletscherweiß?‹

*Vertrieben: vormals Kulturhaus in Heringsdorf, jetzt Spielbank. Das Haus wurde 1948 von sowjetischen Soldaten erbaut, woran noch das Relief über dem Portal erinnert*

Ich habe mich selten so unbeherrscht erlebt, denn gegen Arroganz und Blödheit ist man machtlos.

Und da kam wenig später diese Frau.

›Ich bin eigentlich eine von euch‹, begann sie und legte ihren Arm um meine Schulter. ›Ich bin 1960 mit meiner Familie in den Westen gegangen.‹

›Soso‹, sagte ich und ahnte Schlimmes.

›Ja, wir sind von Stendal rübergemacht. Wir kamen aber aus Schlesien. Von dort hat uns Stalin in die Sowjetzone vertrieben.‹

›Stalin?‹, fragte ich scheinbar naiv. ›Lag's nicht am Krieg, den Hitler am 1. September 1939 begonnen hatte?‹

Sie machte eine wegwerfende Handbewegung. ›Zweimal bin ich vertrieben worden. Einmal von Stalin, ein andermal von Honecker.‹

›Honecker?‹

›Ja, natürlich. Der hat uns aus Stendal verjagt.‹

›Irrtum ausgeschlossen?‹

›Selbstverständlich. Ich weiß das ganz genau. In solchen Dingen irre ich mich nie.‹

›Ich war da zwar noch nicht geboren, aber soviel ich weiß, ist Honecker erst 1971 Parteichef geworden …‹

›Na und? Honecker hat uns vertrieben. Da muss man nicht um Zahlen feilschen.‹«

# »Darf man den Diktator schon wieder aushängen?«

Südöstlich von Berlin, bereits im Brandenburgischen, liegt Beeskow. Die Kleinstadt mit reichlich achttausend Einwohnern ist Kreisstadt, die Fahrzeuge tragen das Kennzeichen LOS, was Landkreis Oder-Spree heißt. Beide Flüsse passieren die landschaftlich reizvolle Gegend. Der Ort gehört, wie sehr viele Siedlungen in Brandenburg, zur Arbeitsgemeinschaft »Städte mit historischen Stadtkernen«. Das ist zwar sprachlich ein wenig holprig, aber trotzdem eine glatte Sache: Seit 1990 sind nahezu alle geschichtsträchtigen Orte mit enormem Aufwand restauriert worden.

Ohne die Gelder, die aus dem Westen kamen, wäre das in diesem Umfang kaum möglich gewesen. Die DDR war damit überfordert wie aktuell die Bundesrepublik, denn machen wir uns nichts vor: Müssten heute dafür Mittel lockergemacht werden, blieben diese gewiss aus. Es war ein historisch günstiger Moment, der genutzt wurde. Nachfolgende Generationen werden sich seiner dankbar erinnern, und die meisten Brandenburger tun dies auch.

Im dialektischen Sinne muss aber auch der DDR gedankt werden, denn weil ihr die Mittel fehlten, wurden die vielen reizvollen Städte nicht entsprechend dem Zeitgeist umgestaltet, wie dies im Westen in den 50er und 60er Jahren geschah, als mit der Abrissbirne mehr historische Bausubstanz vernichtet wurde als mit den Bomben im Kriege. Dort wurde normiert und standardisiert, in jedem Kaff gab es eine Einkaufspassage mit Kugelleuchten, Gitterbänken und Springbrunnen. Egal, ob man in

Fulda, Flensburg oder Castrop-Rauxel durch die Innenstadt flanierte: Diese sahen überall gleich aus.

Die »Modernisierung« hatte im Westen flächendeckend irreparable Schäden angerichtet, die mangels Mittel im Osten notgedrungen unterblieben, weshalb nach 1990 – inzwischen waren Städteplaner und Kommunalpolitiker hinsichtlich der historischen Substanz ausreichend sensibilisiert – in den neuen Ländern im großen Stil restauriert und saniert werden konnte. Diesen Umstand einzugestehen, scheute man sich, die Propaganda benutzte lieber die Schlagworte »marode«, »abgewirtschaftet« und »runtergekommen« für den angetroffenen Zustand. Und um nicht über die eigenen kapitalen Bausünden in der Vergangenheit reden zu müssen, fokussierte man den erzeugten öffentlichen Unmut auf den Abriss von Ruinen wie die des Berliner Stadtschlosses, die Potsdamer Garnisonskirche oder die Leipziger Universitätskirche St. Pauli. Das aber ist ein anderes Thema, welches hier allenfalls angerissen, keineswegs abschließend erörtert werden soll.

Beeskow ist uralt, es wurde im 13. Jahrhundert von Rittern gegründet und entwickelte sich als klassische Ackerbürgerstadt, wie es sie im Brandenburgischen reichlich gibt. Mit Stadtmauer und den Befestigungsanlagen, einer mittelalterlichen Burg und der Kirche St. Marien, eine der größten Gotteshäuser der Backsteingotik in der Mark. Das älteste Haus wurde zehn Jahre, bevor Kolumbus Amerika entdeckte, errichtet und kann besichtigt werden. Die Liste der Baudenkmale umfasst 33 Positionen.

Kurz, es gibt viele Gründe, weshalb sich ein Besuch Beeskows lohnt, und Reisegruppen aus dem Westen machen von diesem Angebot gelegentlich Gebrauch. Im Programm, so Reiseleiter Jürgen, ist dann auch die Besichtigung der Burg. Dort befindet sich auch das Kunstarchiv, das nach 1990 vom letzten DDR-Kultur-

*Beeskow, die Kirche St. Marien*

minister ins Leben gerufen worden war. Dieser hatte in
der Phase der Bilderstürmerei Gemälde, Grafiken, Plastiken und andere Kunstwerke zusammengetragen. Seither
werden diese in thematischen Expositionen der Öffentlichkeit zugänglich gemacht. Und wenn sich kunst- und
kulturinteressierte Touristen einfinden, besucht die Reisegruppe die Einrichtung.

Das Publikum ist jedoch meist aus dem gleichen
Holze wie die Touristen im Norden.

Auf der Hinfahrt wetzt man die Mäuler über die
Autofahrer, die auf kurvenreicher Strecke langsamer als
der Bus fahren und diesen darum bremsen.

»Eh, die Trabbi-Zeit ist lange vorüber«, ruft der Fahrer
und fuchtelt mich der rechten Hand. »Gib Gas, du
Träne.«

*Das älteste Haus der Stadt zwischen Markt und Marien-
kirche, erbaut 1482*

Der Fahrer sei keine dreißig, wirft Jürgen ein, der habe
die Trabbi-Zeit nicht mehr erlebt.

Eine wegwerfende Bewegung ist die Reaktion. Grundsätzlich ist jeder ostdeutsche Autofahrer nach Wahrnehmung der Busfahrer von drüben »trabbigeschädigt«, will
heißen: zum Autofahren zu blöd.

Nachdem Beeskow erreicht ist, dirigiert Jürgen den
Fahrer auf einen Platz, wo er sein Gefährt abstellen kann
und die Wege in die Innenstadt kurz sind. Von dort
gelangt man auch auf die Burg jenseits der Spree. Der
Rückweg zum Bus ist dann nicht mehr so lang.

Der Reiseleiter merkt, dass dem Fahrer etwas nicht
passt. Er spricht zwar nicht, aber ihm scheint eine Laus
über seine westdeutsche Leber gelaufen zu sein.

»Gibt es ein Problem?«, erkundigt sich Jürgen vorsichtig. Er kennt diese Typen. Jede Tour ist denen eine Zumutung, egel, wo es hingeht. Der Job wird lustlos verrichtet, ohne dass man diese Stimmung unterdrückt. Alles ist anstrengend und belastend. Einladungen zu Besichtigungen werden grundsätzlich nicht angenommen, lieber bleibt man schnarchend im Bus zurück. Allenfalls Restaurantbesuche nimmt man mit, die helfen sparen, wenn man sich deshalb nicht auf eigene Rechnung eine Bockwurst oder einen Döner holen muss.

Jürgens Frage wird mit einem unverständlichen Knurren beantwortet. Er habe nicht verstanden, sagt er freundlich und bittet um Wiederholung.

»Scheiß Parkplatz«, kommt es zurück.

»Wieso?« Jürgen blickt durch die große Scheibe, die im oberen Teil getönt ist. Vor ihnen liegt eine ebene Fläche. Es ist viel Platz.

»Das ist gestampfter Lehmboden wie in einem Neger-Kraal«.

»Hm«, sagt Jürgen, dem das nicht aufgefallen ist.

*St. Marien innen im Bau: der Boden aus Sand und Lehm*

»Nicht mal eine anständige Betonplatte kriegen die hin«, brubbelt der Fahrer weiter. »Und hierher soll man denen nun Gäste bringen.« Dabei dehnt er *denen*, als meine er damit die Bewohner eben eines Kraals.

Als Jürgen mit der Bemerkung reagiert, der Platz sei doch trocken und eben und so gut wie eine Betonplatte, trifft ihn ein Blick, als hätte er dem Fahrer ein unsittliches Angebot unterbreitet.

Als der Bus endlich die Position hat, die der Pilot für ihn vorgesehen hat, erstirbt der Motor. Der Fahrer dreht sich zu Jürgen um. »Damit das klar ist: Zum Essen komme ich nicht mit.«

»Dein Platz ist reserviert, und bezahlt ist auch schon.«

»Hast du mich nicht verstanden? Unter Wilden speise ich nicht.«

»Ist das dein letztes Wort?«

»Natürlich. Wenn die nicht einmal eine ordentliche Betonplatte hinkriegen, können sie auch nicht kochen.«

»Das eine hat doch nichts mit dem anderen zu tun.« Jürgen unternimmt einen letzten Versuch, den Fahrer umzustimmen. Er beißt jedoch auf jenen Granit, den der am liebsten unter seinen Rädern hätte. Warum, das weiß vermutlich nicht einmal er selbst.

Jürgen verstünde die demonstrative Absage vielleicht noch, wenn es metertiefe und mit Wasser gefüllte Löcher auf dem Parkplatz geben würde. Aber dergleichen findet sich hier nicht. Der einzige Grund kann nur die übliche Arroganz und Basta-Mentalität sein. Von dem Dickbäuchigen hinterm Lenkrad aber lässt er sich keine Schuldgefühle machen, sagte sich Jürgen, und steigt aus.

Die Reisegruppe folgt ihm. Doch schon bald spürt er, dass es der Fahrer vermocht hat, die Stimmung zu verpesten. Diesem oder jenem wird er beim Aussteigen seinen Unmut gesteckt haben. Das überträgt sich rasch.

Als Erstes besichtigen sie St. Marien. Die vierschiffige Kirche ragt in den märkischen Himmel. Das Dach ist neu

*Burg Beeskow, der Burgfried. Im Vordergrund der 1945
zerstörte Ostflügel, der jetzt wieder aufgebaut wird.
Unten: Ausstellungsraum in der Burg*

und dicht, doch drinnen wird noch gebaut. Der Boden ist
blanke Erde, die Wände sind unverputzt, doch Altar und
Stühle zeigen, dass das Gotteshaus bereits genutzt wird.

»Vierzig Jahre haben die Kommunisten die Kirche verfallen lassen, es jammert einen Hund«, sagt eine Weiß-

*Blick vom Burgfried auf die Altstadt von Beeskow*

haarige und stößt wütend ihren Stock auf die geweihte Erde.

Das wäre nicht ganz richtig, sagt Jürgen. Die Kirche sei während des Krieges sehr schwer zerstört worden, nur die Außenmauern und der Turmstumpf wären stehen geblieben. Faktisch handelte es sich um einen Neubau. »1990

*Brecht in Beeskow*

hat man damit begonnen. Sie sehen, wie weit man in zwanzig Jahren gekommen ist. Wenn ich daran erinnern darf: Das ist das halbe Leben der DDR – und man ist noch immer nicht fertig. In der Jahren nach dem Kriege war der Bau von Wohnungen und Betrieben eben vordringlich.«

»Papperlapapp«, sagt die Frau mit dem Stock. »In einer gottlosen Gesellschaft hat man zu keiner Zeit und nirgends Geld für Gotteshäuser übrig. Verteidigen Sie doch nicht noch diese Haltung. Das ist doch unerträglich.«

Einige pflichten ihr bei, indem sie die Häupter bedächtig wiegen. Die meisten schweigen und legen den Kopf in den Nacken, um an die Decke zu starren.

Jürgen spürt, dass er verloren hat. Die Tour ist gelaufen, und nur deshalb, weil dieser Idiot von Fahrer auf einer Betonplatte beharrte. Unlängst war er mit einer Gruppe in Wiesenburg. Dort hatte der Fahrer gejubelt. »Ich war schon mal 1991 hier«, sagte er. Da sei alles nur Dreck und Schlamm gewesen. Jetzt aber ist der Parkplatz betoniert. Wunderbar. Da sehe man doch gleich, dass »wir« vernünftig investiert haben.

*Zwiesprache zu dritt*

Es passiert häufig, dass Westtouristen für sich reklamieren, »gleich nach der Wende« hier gewesen zu sehen. Damit wollen sie ihre Kompetenz beim Urteil über die zwischenzeitlich erfolgten Veränderungen herausstellen. Wer »damals« hier war, weiß ganz genau, was sich seither alles verändert hat, »mit unserem Geld«.

Beim leichten Anstieg zur Burg schnaufen etliche bereits. An der Burganlage wird gebaut; der 1945 bei Angriffen ausgebrannte Ostflügel entsteht von Grund auf neu. Das Kreisparlament, erklärt Jürgen, habe bereits 1991 beschlossen, die gesamte Burganlage zu einem Kultur- und Bildungszentrum aus- und umzubauen. Das Depot beherberge etwa 23.000 Kunstwerke, die in der DDR entstanden sind. Derzeit zeige man eine Ausstellung von etwa fünfzig bekannten Porträts und Kleinplastiken.

»Ich würde vorschlagen, dass wir dort mal reinschauen. Und wer nicht möchte, kann sich ja den Folterkeller drüben unterm Burgfried anschauen.«

»Mit einem Wort: Wir haben nur die Wahl zwischen der geistigen und der physischen Folter«, kommt es aus der Runde. Das ist, wie an der Tonlage zu spüren ist, keineswegs ironisch gemeint.

»Wer weder das eine noch das andere möchte, kann sich im Erdgeschoss auch eine andere Ausstellung mit zeitgenössischer Kunst anschauen. Oder den Burgfried besteigen. Das ist allerdings mit einiger Anstrengung verbunden, aber man hat einen großartigen Blick auf die Stadt und auf die Spree. In dreißig Minuten treffen wir uns wieder auf dem Burghof«, lächelt Jürgen.

Die Gruppe, die ihm ins Obergeschoss nachsteigt, ist nicht sonderlich groß. Das kennt er. Kunstausstellungen

*Der Anlass öffentlicher Entrüstung*

sind bei den Touristen dieser Provenienz nicht gefragt. Die betreten auch daheim keine Galerie.

Durch die Tür geht es in den ersten Raum. Die Fenster sind abgedunkelt, an den Wänden hängen großformatige Bilder, in der Mitte des Raumes, im hinteren Teil, stehen Plastiken und Büsten auf Podesten. Die Frauen und wenigen Männern verteilen sich. Plötzlich ein spitzer Schrei.

Er kommt aus der Kehle einer Frau, die sich entsetzt die Hand vor den Mund hält. Der Schreck ist offenkundig nicht die Ursache ihres Ausbruchs, sondern dessen Folge. Jürgen eilt hinüber, um den Grund zu erfahren.

Der hängt an der Wand.

»Da, der Spitzbart«, ruft die Frau und zeigt mit ausgestrecktem Arm auf das Gemälde. Sie schüttelt sich, als habe sie in den Abgrund geblickt und dort die Apokalypse gesehen.

»Ja, und?« Jürgen versteht die Aufregung nicht. Nach einem Blick auf das Schildchen neben dem Rahmen sagt er lakonisch: »Ist von 1966 und von Wilhelm Rudolph. Den kenne ich nicht.«

»Das ist eine Unverschämtheit.«

»Was? Das Bild? Ich finde es eher mittelmäßig.«

»Das ist eine Unverschämtheit«, wiederholt die Dame erregt. »Ist es hier schon wieder so weit, dass man den Diktator öffentlich aushängen darf? Ich werde das zu Hause juristisch prüfen lassen.«

# »Schön schaut dös nich aus«

»Wir fahren im Augenblick unter der Glienicker Brücke hindurch.« In der Regel löst diese Mitteilung bei den Touristen Reaktionen aus. Die Schwaben schweigen. Rosi wiederholt ihre Ansage und fügt hinzu: »Hier wurden während des Kalten Krieges Agenten ausgetauscht.«

»Was für Agenten?«, fragt einer, der in der Nähe der Reiseleiterin sitzt.

»Spione aus dem Osten und aus dem Westen.«

»Mir hatte keine Spione«, sagt die Frau an seiner Seite apodiktisch. »Der Oschten hat bei uns spioniert. Mir net.«

Rosi lächelt. Ihr ist der im Westen verbreitete Kinderglauben nicht fremd.

»Auf der Brücke verlief praktisch die Grenze zwischen dem Ostblock und der NATO. Von Westberlin aus wurden die im Westen inhaftierten Ostagenten über diese Brücke geschickt. Was meinen Sie, wer ihnen entgegenkam?«

»Was weiß ich«, sagte der Schwabe. »Vermutlich Personen, die der Westen haben wollte. Mann gegen Mann.«

»Richtig.« Rosi ist glücklich, dass sich wenigstens einer auf das Thema einlässt.

»Und könnten Sie sich auch noch vorstellen, um was für Personen es sich dabei handelte?«

Schulterzucken.

»Natürlich um Westagenten, die im Osten aufgeflogen waren.«

»Mir hatte keine Spione«, kräht erneut die Frau an seiner Seite. »Der Oschten hat bei uns spioniert. Mir net.«

»Doch, auch der Westen hat spioniert. Und das nicht zu knapp.«

Rosi fährt fort. »1962 tauschten erstmals Russen und Amerikaner zwei Personen aus: Oberst Abel, Topagent der Sowjets in den USA, gegen Powers, einen Piloten. Der war mit seinem Flugzeug über der Sowjetunion abgeschossen worden.«

»Wie können Sie da behaupten, dass er ein Spion gewesen sei? Das war doch offenkundig ein Terroranschlag der Russen.«

»Gary Powers flog für die CIA. Diese schickte regelmäßig Flugzeuge vom Typ U 2 über das Territorium der Sowjetunion, um aus großer Höhe militärische Anlagen zu fotografieren.«

»Das hat man mit Satelliten gemacht«, meldet sich ein Dritter zu Wort, der das Gespräch bisher stumm verfolgt hat.

»Ja, später«, sagt Rosi. »Powers' Flugzeug wurde 1960 bei Swerdlowsk mit einer Rakete abgeschossen.«

»Angenommen, dass es sich so verhalten hat: Woher wollen Sie wissen, dass er ein Spion war?«

*Die Glienicker Brücke zwischen Berlin und Potsdam*

»Wenn ein Ami von Pakistan nach Norwegen unangemeldet quer durch den sowjetischen Luftraum fliegt, beim Abschuss entgegen der Instruktion nicht den Selbstzerstörungsmechanismus der Maschine bedient und auch nicht die Giftkapsel schluckt, wird es sich wohl kaum – wie anschließend von US-Behörden behauptet – um den Piloten eines harmlosen NASA-Flugzeuges zur Wetterbeobachtung gehandelt haben.«

Rosi fährt nicht zum ersten Mal durch oder über die Glienicker Brücke, die die Havel überspannt und Berlin mit Potsdam verbindet. Und sie hat sich nicht nur wegen ihres Berufes mit deren Geschichte beschäftigt. Da steht sie im Stoff. Selbst sehr konkrete Fragen bringen sie nicht aus der Ruhe.

»Wie viel Jahre hat Powers gekriegt?«

»Drei Jahre Gefängnis, sieben Jahre Zwangsarbeit.«

»Und Abel?«

»Dreißig Jahre.«

»Wofür?«

»Der KGB-Oberst hat seit 1950 Kernwaffenprojekte der USA ausgespäht.«

»Und das billigen Sie?«

»Woraus schließen Sie das?« Rosi versteht die unterschwellige Vorhaltung durchaus. »Ich gebe lediglich zu bedenken, dass der Kalte Krieg vor allem ein Krieg der Geheimdienste war. Jede Seite hat der anderen in die Karte zu schauen versucht. Und wenn die Agenten aufflogen, wurden sie verhaftet, verurteilt und ausgetauscht.«

»Oder auch erschossen«, meldete sich der Dritte wieder von hinten.

»Oder auch erschossen«, bestätigt Rosi. »In den 50er Jahren war man auf beiden Seiten nicht sehr zimperlich.«

»Und das mit dem Austausch lief einfach so ab?«

»Keineswegs. FBI-Chef Hoover war dagegen. Dreißig Jahre gegen zehn – das wären zwei verschiedene Ligen. Kennedy hingegen, dem an einer Verbesserung der Bezie-

80

hungen zur Sowjetunion gelegen war, war dafür und setzte sich als Präsident durch. Sein Vorgänger Eisenhower hatte, wie er einräumte, auch diesen Flug genehmigt – wie alle anderen zuvor. Seit 1956 nämlich fanden solche Spionageflüge statt.«

Der Dampfer nähert sich der Anlegestelle, wo sie bereits der Bus erwartet. Die erste Station ist Schloss Cecilienhof, wo im August 1945 die Alliierten zusammenkamen, um die europäische Nachkriegsordnung zu beschließen.

»Der Austausch Abels gegen Powers auf der Glienicker Brücke gehört zur Vorgeschichte des Mauerbaus«, nimmt Rosi den Gesprächsfaden nach dem Umstieg wieder auf.

»Die Mauer hat Ulbricht gebaut, weil ihm die Leute weggerannt sind«, raunt es von hinten.

»Das war nicht der eigentliche Grund.«

»Sondern?«

»Noch einmal zurück zu den beiden Agenten. Der CIA-Spionageflug von Powers führte dazu, dass die Pariser Gipfelkonferenz der Siegermächte im Mai 1960 platzte. Ein Jahr darauf, im Juni 1961, trafen sich Kennedy und Chruschtschow in Wien. Die Begegnung war ziemlich frostig. Monate zuvor war die von der CIA gesteuerte Invasion auf Kuba gescheitert, die Sowjetunion hatte erstmals einen Menschen ins All geschossen und damit den Amerikanern gezeigt, dass sie nunmehr jeden Punkt der Erde mit Atomsprengköpfen bepflastern könnten. Auch in den USA. Und es gab das Problem der offenen Grenze in Berlin, weil man sich seit 1945 noch nicht auf eine vernünftige Friedensregelung verständigt hatte.«

»Gab es nicht ein Vierseitiges Abkommen zu Berlin?« Der Dritte bietet sein Halbwissen preis.

»Das kam erst zehn Jahre später«, korrigiert ihn Rosi. »Im Frühsommer 1961 war noch alles offen.« In Wien hätten die beiden Staatschefs keine Lösung gefunden, sie seien auch ziemlich wütend auseinandergegangen. Daheim in Washington habe der US-Präsident seine Experten gefragt, wie viele Amerikaner in einem Atomkrieg sterben würden. Etwa siebzig Millionen, wurde ihm geantwortet. Das muss offensichtlich zu der Einsicht ge-

*Schloss Cecilienhof*

führt haben, dass ein Krieg, zumal ein atomarer, zwischen den beiden Großmächten unbedingt verhindert werden muss. »Kennedy schickte im Juli seinen Sonderberater für Abrüstungsfragen nach Moskau. McCloy verhandelte dort und auf der Krim, wo Chruschtschow Urlaub machte, zwanzig Tage mit den Sowjets. Offenkundig ist dort verabredet worden, was dann im Auftrag der Sowjets am 13. August 1961 in und um Berlin geschah. Kennedy soll danach gesagt haben, die Mauer sei ›keine sehr schöne Lösung, aber tausendmal besser als Krieg‹. Historiker sind sich inzwischen einig: Die Entscheidung zum Bau der Mauer traf Chruschtschow, nicht Ulbricht.«

Der Bus hält vor der weitläufigen Parkanlage, in der Schloss Cecilienhof liegt. Der Kaiser ließ es während des Ersten Weltkrieges für seinen ältesten Sohn errichten, im Sommer 1945 trafen sich dort die Hauptmächte der Antihitlerkoalition. Die zweiwöchige Zusammenkunft ging als die Potsdamer Konferenz in die Geschichte ein.

Nach einem kurzen Spaziergang durch den Neuen Garten mit Umrundung des letzten Hohenzollernschlosses wird der museale Teil besichtigt. Den übergroßen Rest füllt ein Hotel mit Restaurant. Warum auch nicht.

Die Besichtigung des Konferenzraumes stößt eher auf mäßiges Interesse. Der von Stalins Stuhl abgesäbelte Span berührt die meisten mehr als die wortreichen Erklärungen der Verhandlungen der Alliierten. Allenfalls der Hinweis, dass US-Präsident Truman hier auch die Anweisung zum Abwurf der Atombomben auf Hiroshima und Nagasaki erteilte, sorgt für Aufmerksamkeit. Die Sensibilität für dieses Thema ist in den letzten Jahren merklich gewachsen.

Und schon geht es weiter nach Sanssouci.

Die Reisebusse stauen sich hinterm Lustschloss. Die Gruppe überquert die stark befahrene Straße, der Strom der Fahrzeuge reißt kaum ab. Der einstige Sommersitz von Preußenkönig Friedrich II. wird nicht nur deshalb

*Schloss Sanssouci*

überdurchschnittlich frequentiert, weil er das Hauptwerk des Rokoko in Deutschland ist. Mit den davor befindlichen Weinterrassen und dem Park sowie den umliegenden Bauwerken existiert ein harmonisches Ensemble, das einzigartig ist. 1990 wurde es in die Liste des Weltkultur- und Naturerbes der Menschheit aufgenommen.

Eine Million Menschen besuchen jährlich Schloss und Park. Zwar kommt man damit nicht an den Eiffelturm in Paris heran, den erklimmen etwa sechs Mal so viele Touristen, zum Kollosseum in Rom pilgern pro Jahr fünf Millionen. Doch die Menschenmengen, die Sanssouci sehen wollen, sind belastend genug.

Rosi spürt den objektiven Konflikt, den niemand zu lösen vermag. Auf der einen Seite hat jeder Mensch das legitime Recht, die Welt zu bereisen und die Schätze der Menschheit mit eigenen Augen zu sehen. Auf der anderen Seite stellt das eine vielseitige ökologische Belastung der Erde da. Angefangen vom Kohlendioxid, das Flieger und Autos beim Reisen produzieren, nicht endend bei den Verkehrsstaus vor Ort. Und nicht ganz unwesentlich: So

*Am Grab vom Alten Fritz*

viele Filzlatschen, Überwachungskameras, Aufpasser und Absperrungen gibt es überhaupt nicht, um jedes Malheur zu verhindern. Selbst der Atem aus Millionen Lungen hinterlässt Spuren in den historischen Räumen, an Bildern und Tapeten. Das heißt: Je mehr Menschen kommen, desto größer der Schaden.

»So, alles gesehen?«, fragt Rosi, nachdem sich die Gruppe draußen zur vereinbarten Zeit auf der Terrasse vor dem Schloss versammelt hat.

Vielstimmiges Gemurmel ist die Antwort.

»Waren Sie auch drüben am Grab vom Alten Fritz?« Rosi weist mit dem Finger ans Ende der Terrasse.

Einige nicken. Die meisten schweigen.

Rosi erzählt, dass Friedrich, als er 1786 starb, entgegen seinem Willen nicht hier, sondern in der Gruft der Potsdamer Garnisonskirche beigesetzt worden war merklich neben seinem ungeliebten Vater Friedrich Wilhelm. 1945 habe man die beiden Sarkophage nach Marburg verbracht und 1952 zur Burg Hohenzollern überführt. Nach Herstellung der deutschen Einheit – Rosi hebt die

Stimme, sie weiß, dass solche Einschübe bei westdeutschen Touristen immer gut ankommen – sei der Sarg von Friedrich nach Potsdam zurückgekommen und beigesetzt worden. »Und wieder ist Friedrichs letzter Wille missachtet worden. Er wollte nachts, beim Schein einer Laterne und im Kreis von wenigen Vertrauten, bestattet werden. Aber was am 17. August 1991 geschah, glich eher einem Staatsbegräbnis.«

»War das ein Problem?«

»Kein Problem. Aber wenn man ehrlich mit der Geschichte umgeht, sollte man sich nicht immer über jeden Wunsch unserer Altvorderen hinwegsetzen«, sagt Rosi. »Wer die Grabplatte noch nicht gesehen hat – wir gehen noch einmal gemeinsam hinüber.«

Die unauffällige Platte aus Sandstein ist neben anderen im Gras eingebettet. Es liegt ein Strauß darauf und am Rand – Kartoffeln.

»Dös is e Unverschämtheit«, bricht es aus einer Frau heraus. »A Frechheit.«

»Was meinen Sie?«, erkundigt sich Rosi, die den Anlass der Unmutsbekundung nicht erkennt.

»Na, die Erdäpple da. Sehens die nicht?«

»Sie meinen die Kartoffeln?«

»Ja, genau. Das ist entweder die Rache der Kommunisten, die schon immer was gegen die Adligen, insbesondere gegen die Preußen, hatten. Oder es waren kulturlose Ossis. Die haben mal gesehen, dass man auf jüdische Gräber Steine legt. Statt eines Kiesels haben sie Kartoffeln zurückgelassen. Die haben wirklich von nichts eine Ahnung.«

Rosi brüllt innerlich. Und sagt ruhig: »Friedrich hat die Kartoffel in Preußen eingeführt.«

»Na und?«

»Seine Propagandafeldzüge für die Kartoffel sind mindestens so berühmt wie seine Kriegsfeldzüge. Er erließ sogar einen Kartoffelbefehl: ›Wo nur ein leerer Platz zu finden ist, soll die Kartoffel angebaut werden, da diese Frucht nicht allein sehr nützlich zu gebrauchen, sondern auch dergestalt ergiebig ist, dass die darauf verwendete Mühe sehr gut belohnt wird.‹ Mit der Kartoffel wollte er den Hunger seiner Untertanen bekämpfen. Er ließ vor den Rathäusern kostenlos Saatgut verteilen, Ratsdiener,

*Das Lustschloss vom großen Friedrich. Das sieht »schön« aus*

Feldwächter und Soldaten kontrollierten Aussaat und Ernte. Er war wirklich ein kluger König und gewiss ein großer.«

»Und darum liegen Kartoffeln auf dem Grab?«

»Genau aus diesem Grunde.«

»Na, ich weiß net«, sagt die, welche sich noch soeben über die Kartoffeln auf Friedrichs Grab erregt hat. »Schön schaut dös aber nich aus. Meinen Sie nich?«

# »Keine Werbung? Hier regieren die Kommunisten«

Tanger liegt nicht nur in Marokko, sondern auch in der Altmark. Das eine ist eine Großstadt, das andere ein Flüsschen, welches in die Elbe mündet. Dort ließen sich vor tausend Jahren Menschen nieder und gaben der Siedlung den entsprechenden Namen: Tangermünde.

Im 14. Jahrhundert war Tangermünde der Zweitsitz von Karl IV., jenem Kaiser, dem die Deutschen die Goldene Bulle verdankten, das Grundgesetz des Reiches, welches bis zu dessen Untergang 1806 – das ging auf Napoleons Kappe – über Jahrhunderte in Deutschland galt. Kaiser Karl war nach Ansicht der Historiker zu seiner Zeit der bedeutendste Herrscher in Europa.

Das sieht man Tangermünde auch an. Burg- und Festungsanlagen, die schon aus der Ferne zu erkennen sind, wirken reichlich überdimensioniert angesichts der niedrigen Häuser, die sich in ihrem Schatten ducken. In der Kleinstadt wohnen heute wenig mehr als 11.000 Menschen, der Landkreis wird von Stendal aus regiert.

Das kennt man. Im Osten Deutschlands, und vermutlich auch in anderen Gegenden, gibt es Orte, die aus der Zeit gefallen sind. Irgendwann residierte ein Herrscher dort. Der Hof wuchs, die Bauleute hatten viel zu tun, errichteten Kirchen und repräsentative Gebäude für eine glänzende Zukunft. Doch die Dynastie erlosch oder der Potentat verlegte seine Residenz. Der Hof und seine Schranzen folgten ihm nach an den neuen Ort. Zurück blieben die Bauwerke und die kleinen Leute. Ein paar Kilometer weiter flussaufwärts von Tangermünde liegt beispielsweise Torgau, die »Amme der Reformation«.

*Tangermünde mit Befestigung, Stadttor und St. Stephans-
kirche und alles aus rotem Backstein*

Nach der Reformation verlegten die Wettiner ihre Residenz nach Dresden. Dem Wechsel verdankt Deutschland
eine geschlossene Renaissancestadt, denn in der Folgezeit
hatte in Torgau niemand das Geld, um Häuser und
Straßen von Grund auf zu verändern. Dresden hingegen
profitierte durch den Umzug im Barock: Was dem einen
sin Uhl, ist dem anderen sin Nachtigall.

Und so erging es einst auch Tangermünde. Der helle
Schein der Kaiserpfalz leuchtete nicht lang, Karl segnete
bald das Zeitliche. Als Hansestadt glühte sie noch eine
Weile nach. In 15. Jahrhundert entstanden Stadttore und
das Rathaus, alles im Stil norddeutscher Backsteingotik,
St. Stephan wurde umgebaut. Doch als der brandenbur-
gische Kurfürst der Stadt seine Gunst entzog, weil 1488
die Einführung einer Biersteuer mit einer Rebellion beantwortet wurde, ging alles den Bach oder die Elbe hinunter. Nach dem Dreißigjährigen Krieg war der Han-
delsplatz Tangermünde endgültig erledigt, das Schicksal
der Stadt vorgezeichnet.

Doch die sorgfältige Stadtsanierung nach 1990 polierte den alten Glanz auf, weshalb Reisegruppen den Ort auf Elbschiffen oder mit Straßenkreuzern inzwischen gern ansteuern. Rita führt Touristengruppen, die aus Madgeburg mit Bussen oder auf dem Wasser nach Tangermünde kommen.

»Was ist mit Grete Minde?«, lautet meist die erste Frage, sobald man den Fuß auf Tangermünder Kopfsteinpflaster setzt.

Worauf Rita antwortet: »Die ist seit 1619 tot.«

Dann lachen alle, auch jene, die Theodor Fontane nicht einmal kennen, geschweige denn seine Novelle gelesen haben. Er hat die Geschichte der ums Erbe betrogenen Waise aufgeschrieben und damit die Frau berühmt gemacht, die sich gegen die ihr widerfahrene Ungerechtigkeit auflehnte, indem sie die ganze Stadt in Schutt und Asche legte. Die Brandstifterin wurde zum Tode verur-

*Fachwerkhäuser aus dem 17. Jahrhundert*

teilt, im Stadtarchiv ist das Prozedere nachzulesen: Grete Minde wurden »fünff finger an der Rechten Hand einer nach dem andern mit glühenden Zangen abgezwacket, nachmalen ihr Leib mitt vier glühenden Zangen, nemlich in der Brust und Arm, gegriffen, Folglich mitt eisernen Ketten uff einem erhabenen Pfahle angeschmiedet, lebendig geschmochet und allso vom leben zum tode verrichtet«. Forscher haben später herausgefunden, dass Grete Minde unschuldig war. Sie wurde Opfer von Verleumdung und Intrigen sowie einer eilfertigen Justiz, die dem Geraune auf der Straße mehr Bedeutung beimaß als den Fakten. Man sieht, so etwas hat hierzulande eine lange Tradition.

Als Ostdeutsche ein wenig auf Dialektik trainiert, oder wie der Volksmund vereinfachend sagt: Jedes Ding hat seine zwei Seiten, fügt Rita dann hinzu: »Nach dem Stadtbrand von 1617 entstanden viele prächtige Fachwerkhäuser. Sie wären nie gebaut worden, wenn die anderen nicht Opfer der Flammen geworden wären. Die meisten Häuser

*Der Markt mit historischem Rathaus von hinten. Darinnen befindet sich das Museum mit Hinweisen auf Grete Minde*

stehen noch. Einige besonders wertvolle haben aber die Amerikaner 1945 mit ihrer Artillerie zerschossen ...«

Sofort geht einer dazwischen. »Wenn die Russen bis hierher gekommen wären, hätten sie Tangermünde völlig eingeebnet.«

*Eine attraktive Altstadt wie aus einem Bilderbuch*

»Woher wollen Sie das wissen? Mir ist kein solcher Fall bekannt.«

»Was ist mit Königsberg, was mit Breslau?«

»Moment. Die Nazis haben sie zuvor zu Festungen erklärt und erbittert verteidigt.«

»Sollten wir uns vielleicht kampflos ergeben und unsere Frauen den Russen freiwillig ausliefern?«

»Na, nun bleiben Sie mal auf dem Teppich, Sie waren ja nicht dabei«, sagt Rita und denkt verärgert: Da habe ich mal wieder einen ganz schlimmen Finger in der Gruppe. »Um auf Tangermünde zurückzukommen: Den Krieg hat die Stadt gut überstanden. Die erst 1933 fertiggestellte Elbbrücke wurde im April 1945 zerstört. Vermutlich haben deutsche Durchhaltekrieger sie in die Luft gejagt. Sonst aber blieb alles heil.«

Die Gruppe passiert den Markt mit dem historischen Rathaus. Rita verweist auf die Fassade »Sie gilt als Paradestück deutscher Baukunst der Backsteingotik.« Die Touristen aus dem Westen werfen den Kopf in den Nacken und zücken die Kameras.

»Wir schauen uns noch ein paar Fachwerkhäuser an und besuchen dann die Stephanskirche. Deren Turm ist der höchste von insgesamt zwölf in der Altstadt. Sie können gern mitzählen.«

»Die sind doch bestimmt alle nach 1990 aufgebaut worden«, fragt jemand.

»I wo«, sagt Rita. »Die DDR hat im Rahmen ihrer bescheidenen Möglichkeiten zumindest die wichtigsten Denkmale gesichert. Zwar verschlechterte sich der Zustand der Bausubstanz, aber die Altstadt blieb im Wesentlichen unverändert. So konnte dann nach der Wende schrittweise saniert und restauriert werden. Davon werden die Tangermünder und die Touristen noch in den nächsten hundert Jahren profitieren.«

Es folgt anerkennendes Gemurmel aus der Gruppe. Offenkundig sind sie zufrieden über die Verwendung

»ihrer« Transferzahlungen. Doch die Harmonie hält nicht lange vor. Einer aus der Gruppe, genau jener, der sich vorhin schon mal zu Wort gemeldet hat, reckt den Finger und fordert alle auf, den Blick auf ein Gebäude zu lenken. Als habe er dort etwas Unanständiges entdeckt, das unbedingt allen zur Kenntnis gegeben werden muss.

»Da, da«, stammelt er, als habe ihm das, was er sieht, die Sprache verschlagen.

»Was haben Sie denn?«, erkundigt sich Rita unbedarft, auch wenn sie den Grund für die auffällige Erregung zu ahnen beginnt.

»Sehen Sie nicht, was da steht? Ostprodukte-Versand.«

»Ja, und? Wo ist das Problem?«

*Stein des Anstoßes*

»Das ist doch eine Provokation, ein Aufruf zum Boykott. Wir sind doch ein Deutschland!«

»Und das heißt, dass wir nur noch Westprodukte kaufen dürfen?«

»Mir ist das gleich aufgefallen«, tritt ihm ein anderer zur Seite. »In der ganzen Innenstadt findet sich keine Werbung? Nicht ein Plakat, keine Großfläche, keine Litfaßsäule. Nix.«

»Und auch keine Döner-Bude, keine Taverne Akropolis und keine Pizzeria«, ergänzt Rita. »Da haben sich die Verantwortlichen gottlob durchgesetzt. Das ist eine mittelalterliche deutsche Stadt, deshalb wäre Reklame und ausländisches Fastfood ein wenig deplatziert, ein Stilbruch. Außerhalb der historischen Stadtmauer ist ausländische Küche zulässig, dort ist es in Ordnung, hier aber nicht.«

»Ach, reden Sie doch nicht so daher«, giftet der Querulant. Jetzt glaubt er eine Stelle gefunden zu haben, an der er bohren kann. »Hier regieren doch bestimmt die verkappten Altkommunisten von der PDS, die aus grundsätzlichen Erwägungen etwas gegen Farbe in Gestalt von Großflächenwerbung und Internationalität haben.«

Ritas Augen werden zu einem Spalt, um den Mund bilden sich Lachfältchen, ehe es aus ihr herausbricht. »Der Bürgermeister ist von der CDU, und dessen Partei stellt seit 2009 so viele Stadträte wie Linke, SPD und FDP zusammen. Nämlich neun.«

# »Die Moral ist hier wirklich im Eimer. Seit 500 Jahren«

»Wenn wir schon auf Luthers Spuren wandeln, will ich auch offen sein: Es kotzt mich an, dass wir im Westen am 31. Oktober arbeiten müssen, während ihr Ossis auf der faulen Haut liegt!«

Reiseleiter Paul kennt diesen Vorwurf, solange es die deutsche Einheit gibt. Er aber ist nicht dafür verantwortlich, dass der Reformationstag in den ostdeutschen Ländern gesetzlicher Feiertag ist. An jenem Herbsttag anno 1517 hatte der Theologieprofessor Martin Luther seine 95 Thesen zu Ablass und Buße an die Tür der Wittenberger Schlosskirche genagelt. Seither ist dieses Datum im evangelischen Kalender ein sehr wichtiges Datum. Der Osten ist seit fünfhundert Jahren protestantisch, hingegen dominiert im Westen der Katholizismus.

»Ihr habt stattdessen Fronleichnam und Allerheiligen«, kontert Paul. »Da wird bei uns gearbeitet.«

Das spielt natürlich keine Rolle. Es hat sich in die katholischen Westhirne als Ärgernis eingebrannt, dass es einen Faulenzertag im Osten gibt, der von den Westdeutschen gleichsam bezahlt wird.

»Da hättet ihr auch noch den 7. Oktober behalten können, euren Republikgeburtstag«, kommt es sarkastisch zurück.

»Den feiern wir ja nun mit euch zusammen bereits am 3. Oktober.« Paul versucht dem Bayern mit Humor den Wind aus den Segeln zu nehmen. Doch der lässt sich nicht bekehren, die negative Grundstimmung bleibt.

Warum kommen solche eingefleischten Katholiken überhaupt in den Osten und besuchen Erfurt, Eisenach und Eisleben? Paul vermag sich diese Frage nicht zu beantworten. Er betreut regelmäßig Reisegruppen aus Bayern, die Thüringen besuchen. In fast jeder Gruppe ist einer, der mit solchen Fragen provoziert. Rechthaberisch beharren sie auf ihrer Meinung, sie wissen oft wenig bis nichts, aber wähnen sich im Besitz der absoluten Wahrheit. Sie widersprechen aus Prinzip, egal, was der Reiseleiter sagt. Der kann schon deshalb nicht recht haben, weil er aus dem Osten stammt. Und wenn er auch noch lutherisch-protestantisch ist: halleluja.

In der Ferne ist bereits die Wartburg zu erkennen. Sie leuchtet in der Morgensonne oberhalb von Eisenach. Zu ihren Füßen dehnt sich Mischwald, der sich bereits zu färben beginnt. Eine malerische Kulisse.

Paul greift zum Mikrofon. »Links voraus also die Wartburg, seit 1999 UNESCO-Weltkulturerbe. Als Luther, vom Kaiser per Reichsacht für vogelfrei erklärt, im Auftrag von Kurfürst Friedrich dem Weisen gekidnappt und als Junker Jörg dort versteckt wurde, sah die Silhouette natürlich noch nicht so aus. Manches Bauwerk ist erst später entstanden. Entweder wurde Vorhandenes

*Blick durchs Tor der Wartburg auf Eisenach*

*Der Putz mit dem Tintenfleck neben dem Ofen wurde von Souvenirjägern in Jahrhunderten abgetragen*

rekonstruiert oder auf den alten Fundamenten errichtet. Mehrere Gebäude, die das Bild der Burg wesentlich prägen, stammen aus dem 19. Jahrhundert. Wir werden das aber noch im Einzelnen erfahren, wenn wir in etwa 20 Minuten dort oben sein werden.«

Die Blicke gehen hinüber.

»Und dort oben soll Luther die Bibel in elf Wochen übersetzt haben?«

»Ja. Die Räume, in denen er sich 1520/21 versteckt hielt, sind noch im Original erhalten. Auch sie werden wir besichtigen.«

»Das Studierzimmer mit dem Tintenfleck …?«

»Auch das. Wobei der Fleck weg ist. In den vergangenen Jahrhunderten hat man regelmäßig nachgefärbt, weil natürlich die Besucher die Stelle an der Wand sehen wollten, an der das Tintenfass zerschellte, welches Luther angeblich nach dem Teufel geworfen haben soll. Das ist, wie wir heute wissen, alles Legende. Aber die gehören nun mal zur Geschichte. Sie sind wie das Salz in der Suppe: unverzichtbar.«

Der Fahrer setzt den Blinker und verlässt die Autobahn. Der Bus quält sich durch die engen Straßen der Altstadt. Auf diese Weise bekäme man eine Vorstellung, was zu DDR-Zeiten hier los gewesen sei, sagt Paul.

»Da hattet ihr doch keine Autos!«

Paul ignoriert den Zwischenruf. »Seit der Jahrhundertwende werden hier Autos produziert. Das Unternehmen wurde übrigens 1928 von BMW übernommen.«

Deutliches Geraune unterbricht ihn bei seinen Ausführungen. Auch das kennt er. Es setzt bei Westtouristen stets dann ein, wenn ihnen eine vertraute Vokabel ins Ohr dringt. Aha, soso, die Bayerischen Motorenwerke haben hier in Thüringen Autos gebaut.

»Das BMW-Werk wurde während des Krieges zu 60 Prozent zerstört«, fährt Paul fort. Ab 1946 sei es unter dem Namen »Awtowelo« zunächst als sowjetische Aktiengesellschaft weitergeführt worden. 1952 aber wurde der Betrieb deutsch und VEB, durfte aber per Gerichtsentscheid das Kürzel »BMW« nicht benutzen. Das hatte München durchgesetzt. Seit 1955 wurde der »Wartburg« produziert,

*Eines der ältesten Häuser von Eisenach. Hier soll Luther von 1498 bis 1501 bei Familie Cotta gewohnt haben*

ein Zweitakter. Kurz vorm Ende der DDR bekam der »Wartburg« einen VW-Motor und lief als Viertakter vom Band. Als die Produktion eingestellt wurde, betrug die Bilanz von 1898 bis bis 1991 knapp zwei Millionen Fahrzeuge. Die Treuhand schloss das Unternehmen.

Zuvor hatte jedoch der Opel-Konzern seine Fühler ausgestreckt und bereits im März 1990, also noch zu DDR-Zeiten, eine Zusammenarbeit mit dem VEB vereinbart. Im Westen von Eisenach entstand schließlich ein neues Automobilwerk. Seit September 1992 werden dort Astra und Corsa gebaut.

»Und was hat das mit der DDR und den engen Straßen zu tun?«

Paul lächelt. »Seinerzeit gab es mehrere Produktionsstätten in Eisenach. Deshalb mussten Baugruppen und Karossen mehrmals durch die Innenstadt gekarrt werden. Fließstrecken, wie man sie in modernen Autofabriken kennt, gab es hier nicht. Es war, wenn man so will, eine Art Manufakturproduktion.«

So etwas hören die Reisenden gern. Es bestätigt die Behauptung, dass die DDR technisch hinterm Mond und marode war.

»Bei der Opel-Krise vor einigen Jahren, Sie werden sich vielleicht erinnern, standen ja auch mehrere Produktionsstätten in Deutschland zur Disposition. Die Trennung von General Motors schlug fehl, der Konzern in Übersee behielt das Unternehmen, spielte aber mit der Überlegung, einige Betriebe in Europa zu schließen. Eisenach, eines der erfolgreichsten und produktivsten Automobilwerke auf dem Kontinent, stand jedoch nie in Rede. Immerhin arbeiten dort um die 1.900 Menschen. Opel ist der größte Arbeitgeber in der Region. Sie können sich vorstellen, was passiert, wenn hier die Lichter ausgegangen wären.«

Die Bayern nicken verständnisvoll. Das kennen sie. Zeitlebens sind sie mit der Unwägbarkeit der Wirtschaft konfrontiert. Sie wissen um die Folgen, wenn ein Groß-

*Der Festsaal, links die Burschenschaftsfahne*

betrieb Knall auf Fall schließt und die Produktion ins Ausland verlagert, weil dort billiger produziert wird und die Rendite rascher steigt. Nein, das ist alles eine System-, keine Mentalitätsfrage. Doch das Mitgefühl hält sich in Grenzen. Wenn die Alternative Rüsselsheim oder Eisenach gelautet hätte, muss man nicht rätseln, wem die Sympathie gegolten hätte.

Der Bus schiebt sich weiter durch die verwinkelte Innenstadt. Stoßstange an Stoßstange schleicht der Autobandwurm dahin. Dann beginnt sich der Wurm langsam zu teilen, nur wenige Fahrzeuge fädeln sich in die Wartburgallee ein, die hinauf zur Burg führt, dem ersten Ziel in der Bach-Stadt.

»Das ist die Villa von Fritz Reuter«, sagt Paul beiläufig und weist nach rechts, wo ein formidables Anwesen zu erkennen ist.

»War das ein Bonze?«

»Nein, ein Dichter aus Mecklenburg.«

»Kenn ich nicht.«

»Der wurde als 23-jähriger Student in Berlin wegen ›Teilnahme an hochverräterischen burschenschaftlichen

Verbindungen‹ verhaftet und zum Tode verurteilt, später zu 30 Jahren Festungshaft begnadigt.«

»Von der Stasi?«

»Das war vor mehr als 170 Jahren …«

»Gab es da im Osten noch keine Stasi?«

»Nein.«

Der Bus quält sich die Serpentine hinauf. Die Haarnadelkurven verlangen dem Fahrer einiges ab. Das Gefährt quietscht und ächzt und schrammt nur wenige Zentimeter an den Bäumen vorbei.

Unterhalb der Burg öffnet sich ein Schlagbaum, nicht jedes Fahrzeug darf neben dem Hotel parken. Auf diese Weise bleibt den Bayern der lange Anstieg erspart, nur die letzten Meter müssen sie sich quälen.

Vor dem Burgtor ist ein Plateau zum Verschnaufen. Hier wird die Gruppe auch von einem speziellen Wartburgführer übernommen. Das alles ist streng reglementiert. Nicht jeder darf führen. Der Kuchen ist fein geteilt, jeder Krümel berechnet und jedes Kröpfchen bestimmt, in den sie wandern.

Kaum dass der Puls gefallen, beginnt der Stänkerer Paul erneut zu nerven.

»Zu DDR-Zeiten war die Burg bestimmt dicht?«

»Wie kommen Sie darauf?«

»Wegen Luther und dem Kreuz da auf dem Turm.« Er macht eine Bewegung mit dem Kopf.

»Die Wartburg hat ja nicht nur Bedeutung für Christen. Sie war und ist auch immer ein politisches Nationaldenkmal. 1817 fand das erste Wartburgfest der studentischen Burschenschaften statt, im Revolutionsjahr 1848 das zweite. Deshalb hat man die Schäden, die die amerikanische Artillerie 1945 angerichtet hatte, rasch behoben. Die Wartburg war zu allen Zeiten ein stark frequentiertes Museum. Aber auch ein Ort politischer Begegnung. Ulbricht traf sich dort mit Landesbischof Mitzenheim, um über das Verhältnis von Staat und Kirche zu sprechen. 1983 besuchte auch Honecker im Vorfeld des 500. Geburtstages von Luther die Burg, als diese nach mehrjährigen Restaurierungsarbeiten wieder in allen Teilen zugänglich war.«

»Ich erinnere mich, da gab es doch Ärger, weil er zwei Steine geklaut und in den Westen verschoben hatte.«

Paul kennt die Geschichte. Merkwürdigerweise kriegt er sie von jeder zweiten Gruppe aufgetischt. Es ist erstaunlich, welche Nebensächlichkeiten über Jahrzehnte in der Erinnerung bleiben. Honecker hatte 1985 veranlasst, dass der katholischen Kirche in Hamm-Heessen in NRW ein Doppelkapitell übergeben wurde. Die Gemeinde hatte aufgerufen, eine Symbolwand in ihrer Kirche mit jahrhundertealten Architektursteinen aus wichtigen Bauwerken des Christentums zu bestücken, die von der engen Gemeinschaft aller Christen zeugen sollte. Eine Botschaft des Glaubens, der Völkerverständigung und des Friedens sollte diese Wand werden. Papst Johannes Paul II. spendete im März 1985 einen Stein aus dem Grab des heiligen Petrus. Der Kölner Erzbischof Joseph Kardinal

*Warten auf den Burgführer*

*Touristen hinterlassen Zeichen. Auf der Wartburg schon
seit Jahrhunderten*

Höffner steuerte einen Ornamentstein aus dem Dom zu
Köln bei. Die Stadtkirche zu Wittenberg gab einen mittelalterlichen steinernen Mädchenkopf. Ehrenpaten-
schaften übernahmen Mutter Teresa, die britische Königin und Frankreichs Präsident Mitterrand.

Und Erich Honecker spendete. Der Stein aus dem
Osten fand in der Marienkirche im Westen ihren Platz,
während die Lücke im Osten durch eine Kopie ersetzt
wurde. Die Geste guten Willens provozierte im Westen
unterschiedliche Reaktionen. *Der Spiegel* höhnte (bis
heute bei SPIEGEL ONLINE) unter der Dachzeile:
»SED-Kirchenspende: Wie sich Honecker am Volksei-
gentum vergriff.« Als ob das Hamburger Nachrichten-
magazin jemals der Sachwalter des Volkseigentums in der
DDR gewesen wäre. Heuchelei und eine doppelbödige
Moral waren von Anfang an im Spiele, nicht erst nach
dem Untergang der DDR.

Der Wartburg-Stein wurde in Hamm vom Stellvertreter des Staatssekretärs für Kirchenfragen übergeben, die

*Reisegruppe beim Rundgang um die Wartburg*

Oberbürgermeisterin lud zu einem offiziellen Mittagessen, an der alle Fraktionschefs der im Stadtrat vertretenen Parteien teilnahmen. Die Kirche St. Marien wurde am 13. Dezember 1986 eingeweiht, dazu gab es eine Festschrift. In dieser wurde auch der Stein von der Wartburg erwähnt. Nicht aber, dass es sich um ein Geschenk des DDR-Staatsratsvorsitzenden handelte.

So sind sie eben, unsere Landsleute im Westen. Alles mitnehmen, aber das ohne den erforderlichen Takt. Stillos und instinktlos.

*Eisenach zu Füßen*

Das alles geht Paul nach der Bemerkung des Bayern durch den Kopf, doch er antwortet nur kurz. »Es handelte sich damals um eine symbolische Geste, die wohl nicht die angemessene Aufmerksamkeit fand. Davon stand damals weder in der DDR noch in Westen etwas in der Zeitung. Erst später, nach 1990, hat man die Geschichte hervorgekramt.«

»Und, war es etwa nicht so?«

»Nein. Warum wird Honecker nicht das gleiche Recht zugestanden, was der Papst und der Kölner Erzbischof für sich in Anspruch nahmen?«

Er ließ den Quälgeist stehen, um den Wartburg-Führer zu begrüßen, der auf die Gruppe zukommt.

»Gibt es Besonderheiten?«, erkundigte er sich mit gedämpfter Stimme.

Paul schüttelte den Kopf. »Nur die üblichen Blödheiten.«

Die Pappenheimer sind beiden bekannt, es bewegt sich alles im »grünen Bereich«. Oder doch nicht? Beide bemerken eine plötzlich aufkommende Unruhe in der Gruppe. Insbesondere einige Frauen zeigen sich sichtlich erregt. Paul macht ein paar Schritte in ihre Richtung. »Haben Sie irgendwelche Fragen oder Probleme, meine Damen?«

Eine Weißhaarige mit leichter Blautönung, Kreuz vor der Brust und mit merklichem Übergewicht, dreht auffällig den Kopf zur Seite. Der Hals schlägt Falten. Paul folgt ihrem Blick. An der Mauer steht ein junges Paar in inniger Umarmung. Meint sie etwa diese beiden?

»Was haben Sie?«

»Na, sehen Sie das nicht?«

»Was? Die zwei da?«

»Natürlich.«

»Ja und?«

»Diese protestantische Offenherzigkeit ist ja ungeheuerlich. So etwas macht man nicht in aller Öffentlichkeit! Die Moral ist hier wirklich im Eimer«, stößt sie angewidert hervor. »Hier bleibt in der Tat noch einiges für uns zu tun.«

# »Das alles hatten uns die Russen weggenommen!«

Schloss Hartenfels grüßt von jenseits der Elbe. Die Silhouette zeichnet sich vorm Himmel ab. Dieses Schloss haben schon die Cranachs gesehen und festgehalten. Lucas C. der Jüngere malte die Hirschjagd auf der Elbaue 1544, da war er 29 Jahre alt. Das Gemälde hängt in Wien. Der alte Cranach hielt eine »Hirschjagd zu Ehren Kaiser Karls V. vor Schloss Hartenfels« im gleichen Jahr fest – vermutlich war's dieselbe –, da war er bereits 72. Dieses Bild ist im Prado in Madrid zu besichtigen. So klein ist die Welt, und so bekannt dieser Blick.

In diesem Schloss wurde durch Luther höchstselbst in jenem Jahr auch der erste protestantische Kirchenbau eingeweiht. Gewiss war das einer der Gründe, weshalb die beiden Maler aus Wittenberg nach Torgau pilgerten, um das Bauwerk in Öl festzuhalten.

Ein Halbjahrtausend später rückte Torgau wieder einmal in den Fokus der Weltöffentlichkeit. Sturmspitzen der Alliierten stießen an der Elbe erstmals aufeinander. Russen und Amerikaner lagen sich Ende April 1945 auf den Trümmern der Brücke, die Durchhaltekrieger Stunden zuvor in die Luft gejagt hatten, glücklich in den Armen. Die Begegnung an der Elbe machte Geschichte, auf die hier nicht weiter eingegangen werden soll: Sie würde ein eigenes Buch füllen. In diesem Kontext interessiert nur die Brücke, deren Vorgängermodell bereits auf dem Bild von Cranach d. J. zu besichtigen ist.

Die zerstörte Elbüberquerung mit den stählernen Bögen wurde nach dem Krieg rasch wieder aufgebaut. In Sichtweite errichteten die Besatzungsmächte ein Denkmal, mit und auf dem auf Russisch wie Englisch an das Zusammentreffen und an den gemeinsamen Triumph über den Hitlerfaschismus erinnert wird. Der Quader, wenngleich ein wenig verwittert, steht trotzig noch immer auf jenem Platz, auf den die Sieger ihn einst stellten. Nicht so die Brücke. Diese wurde in einer Nacht- und Nebelaktion abgeräumt.

Gewiss, sie war altersschwach und hätte einer Erneuerung von Grund auf bedurft. Doch die sächsische Landesregierung unter der Führung von Kurt Biedenkopf, des Professors aus dem Westen, meinte, eine neue Brücke hundert Meter weiter wäre besser. Der Verdacht, den nicht nur eine Bürgerinitiative äußerte, dass auf diese Weise zugleich auch Geschichte entsorgt werden sollte, war nicht von der Hand zu weisen. Im Gegenteil: Das brachiale Vorgehen der Landesregierung nährte eher den Verdacht, als dass es ihn zerstreute. Man setzte sich demokratisch über die massiven Bürgerproteste hinweg und jagte am Abend des 16. Juni 1994 ein Bauwerk in die Luft, auf dem per Handschlag das Ende der Nazi-Diktatur symbolträchtig besiegelt worden war. Ein Stummel in

*Torgauer Silhouette: Schloss Hartenfels, rechts die Marienkirche*

der Ufermauer und diverse Tafeln erinnern noch an die vormalige Existenz des historischen Bauwerks.

Der Bus mit der Reisegruppe rollt über die moderne Spannbetonbrücke, die sich in luftiger Höhe über Elbaue und Fluss schwingt. Sie ist über einen halben Kilometer lang und eben modern-funktional. Auch Simone, die der Reisegruppe die Geschichte zu Gehör bringt, befindet sich im Zwiespalt. Natürlich ist sie stets dafür, Historie zu dokumentieren und bauliche Zeugnisse zu bewahren. Auf der anderen Seite fordern Verkehr und Fortschritt ihren Tribut. Sie kann sich noch gut daran erinnern, wie die alte Brücke mitschwang, wenn schwere Fahrzeuge darüberrollten. Bisweilen rutschte ihr das Herz in die Hose aus Furcht, dass sich unter den Rädern das Pflaster öffnen und der Bus in den Strom stürzen könnte.

Den ersten Touristen, die nach 1994 von Leipzig oder Dresden zu Tagesausflügen nach Torgau kamen (denn eine Übernachtung fiel mangels Hotelbetten hier aus), erklärte sie das Verschwinden der alten und die Errichtung der neuen Brücke mit dem Hinweis, dass die Regierung Biedenkopf einen Politbürobeschluss aus den 70er Jahren endlich umgesetzt habe. Danach herrschte, je nach Herkunft der Passagiere, eisiges Schweigen oder Heiterkeit im Bus. Tatsache ist, dass die DDR-Führung in Berlin damals beschlossen hatte, den Stadtkern Torgaus zu sanieren und die Silhouette der Renaissance-Stadt – der einzig derart erhaltenen in den beiden deutschen Staaten – soweit wie möglich wieder herzustellen. »Die um die Jahrhundertwende errichtete Brücke versperrte mit ihren Stahlbögen den ursprünglichen Blick auf Schloss und Stadt, den damals Luther, die Cranachs oder Karl V. vor Augen hatten. Mithin: Die Beseitigung der Straßenbrücke stellte den von den Berliner Genossen geforderten historischen Blick wieder her.«

Über die Zukunft dieser Brücke von 1898 hatte man schon zu Beginn der 60er Jahre nachgedacht. Wie meist bei klammen Kassen zog sich der beschlossene Bau einer neuen Brücke ewig in die Länge, zuletzt sollte damit 1990 begonnen werden. Da aber kam ungeplant die deutsche Einheit und Kurt Biedenkopf über Sachsen. Und der machte 30 Millionen DM locker, weil diese Brücke eine wichtige Verkehrsverbindung darstellt. Die nunmehrige Bundesstraße 87 (in der DDR F 87) verbindet Leipzig mit Frankfurt an der Oder.

Wie viele Brücken es an dieser Stelle bisher gab, wissen nicht einmal die Historiker. Die erste feste Elbüberquerung soll es jedenfalls 1070 gegeben haben. Es folgten einige weitere, auch jene, die Cranach d. J. festhielt. 1760, als unweit auf den Höhen bei Süptitz die Entscheidungsschlacht des Siebenjährigen Krieges ausgetragen wurde und zugunsten Preußens endete, fackelten die unterlegenen Österreicher die Brücke ab. Das scheint typisch für Besiegte: Sie versuchen, sinnlos wie vergebens, die drohende Niederlage oft mit »verbrannter Erde« abzuwenden.

Das Schlachtfeld auf den Süptitzer Höhen steht auch heute auf dem Besichtigungsprogramm, obwohl dort oben eigentlich nichts zu sehen ist – bis auf eine Säule mit Hohenzollernadler und einige Schautafeln. Im Schloss Hartenfels, im dortigen Heimatmuseum, erfährt der Tourist darüber wesentlich mehr.

Als man sich des 250. Jahrestages des Gemetzels mit einem lauten Volksfest erinnerte, meldete sich der Dorfpfarrer zu Wort und fragte in der Lokalpresse, ob man es denn nicht ein wenig ruhiger und besinnlicher angehen könne. Auch andere hauten in diese Kerbe. Ein Leser schrieb: »Der Süptitzer Pfarrer Christian Peisker hat in einem Leserbrief auf die Ambivalenz der Veranstaltungen zum 250. Jahrestag der Schlacht verwiesen. Mein Vater war Peiskers Vorgänger von 1956 bis 1969, auf seinem Schreibtisch, daran erinnere ich mich deutlich, lagen oft rostige Kanonenkugeln. Die neuen Pflüge gingen inzwischen tiefer in die Erde und förderten zutage, was dort seit 1760 vergraben lag. Der Kriegsschrott landete im Amtszimmer des Dorfpfarrers, und dieser trug ihn nach einiger Zeit ins Museum im Schloss Hartenfels.

Die Verwendung der Kugeln war mir als Kind durchaus bewusst, denn auch darüber wurde im Pfarrhaus gesprochen. Es klebte im Wort- wie im metaphorischen Sinne Blut an den Geschossen, weshalb ich die Andert-

*Denkmal auf den Süptitzer Höhen, das an die Schlacht von 1760 erinnert, mit Kränzen zur 250-Jahr-Feier*

halbpfünder und Sechspfünder und wie diese Mordsinstrumente alle hießen mit einer Mischung aus Faszination und Abscheu in die Hände nahm. Da klebte ja nicht nur Blut, sondern auch Geschichte dran. Das machte das Faszinosum aus.

Am Wochenende nach der Schlacht, von der nur noch Batterien von Dixi-Klos kündeten, war ich dort oben auf den Höhen. Auf der Schautafel am Fuße des Denkmals hieß es unter dem Stichwort Bilanz: Österreich: 7.300 Tote, 10.700 Gefangene; Preußen: 10.000 Tote, 3.000 Gefangene. ›Die Schlacht war die größte, blutigste und modernste Massenschlacht des 18. Jahrhunderts.‹

Nun will ich nicht die Frage aufwerfen, was an einem Massenmord ›modern‹ sein soll, wohl aber jene, die mich beim Studium der Kranzschleifen befiel, die dort auf den Stufen lagen. Auf der einen stand nämlich: ›Dem großen König und seiner Armee in tiefer Dankbarkeit. Verein Neues Preussen.‹ Abgesehen davon, dass sich Preußen auch nach der Rechtschreibreform noch immer mit ß schreibt, fragte ich mich ein wenig verwundert, wofür hier Dank abgestattet wurde, und warum? Dass dort so viele Menschen abgeschlachtet wurden wie Torgau heute annähernd Einwohner zählt? Die Bäuche aufgeschlitzt mit Seitengewehren oder Säbeln, die Köpfe zerschmettert mit Kanonenkugeln, verblutet nach dem Verlust der Beine oder Arme, krepiert an Kugeln aus Blei, die den Brustkorb zerschlugen … Und dafür ›tiefen Dank‹?

Peisker hat völlig recht: Angesichts des tausendfachen Blutvergießens ist es fragwürdig, mit einem Volksfest und Massenspektakel daran zu erinnern. Massenmord kommt dann nur als Folklore daher und wird konsumiert wie ein Computerspiel, wo Blut fließt und Banditen sterben. Aber eben nur virtuell. Etwas mehr Besinnung und kritische Reflexion wäre dem Jahrestag vielleicht angemessener gewesen als bloßer Klamauk mit nationalistischer Attitüde.«

»Ich schlage vor, dass wir zunächst nach Süptitz fahren«, spricht Simone in das Mikrofon der Bordanlage. »Danach besichtigen wir die Altstadt von Torgau. Wir beginnen auf dem Markt, schauen uns einige wunderbar restaurierte Bürgerhäuser von innen an, die Marienkirche mit dem Grab der Luther-Witwe Katharina von Bora und das Haus, in dem sie starb. Auf dem Weg zum Schloss werfen wir noch einen Blick auf das Haus, wo sich der große Leibniz im Oktober 1711 mit Peter dem Großen traf. Der Zar ernannte den international renommierten deutschen Wissenschaftler zum russischen Geheimen Justizrat …«

»Was ist mit dem Jugendwerkhof, in welchem Frau Honecker oppositionelle Jugendliche einsperren ließ?«, meldet sich einer, der sich offenkundig auf den Besuch der Kreisstadt vorbereitet hat und sich weniger für die Geschichte von fünfhundert Jahren und mehr für die der letzten Jahrzehnte zu interessieren scheint.

»Und mit dem Gulag, in welchem die Russen nach 1945 Sozialdemokraten eingesperrt haben?«

*Der einstige Jugendwerkhof. Daraus wurden Eigentums- und Mietwohnungen, links die Gedenk- und Begegnungsstätte*

Noch einer, der genau Bescheid weiß, was sich hier angeblich alles zugetragen hat, denkt Simone.

»Wenn der Wunsch besteht, können wir gern auch dort vorbeischauen. Ich kann ja schon jetzt dazu etwas sagen.«

»Müssen Sie nicht. Wir haben ja Augen zum Sehen.« Der Mann mit der geröteten Halbglatze und Goldrandbrille reckt sich auf seinem Sitz. Sein Blick duldet keinen Widerspruch. So wird er möglicherweise früher auch vor seiner Schulklasse gestanden haben.

»Mag sein«, lächelt Simone sanft. »Aber schon Fontane wusste: Man sieht, was man weiß.«

»Wir wissen! Da können Sie ganz ruhig sein«, meldet sich jener wieder, der nach dem Jugendwerkhof gefragt hatte.

»Gewiss«, sagt Simone. »Aber wussten Sie auch, dass dieser Jugendwerkhof 1996 von einem privaten Investor erworben und zu Eigentumswohnungen umgebaut worden ist? Da gibt es nämlich nicht mehr viel zu sehen. In einem Gebäude befindet sich eine kleine Erinnerungs- und Begegnungsstätte. Mehr nicht.«

Schweigen. Dann: »Naja, man konnte ein solches Objekt ja schlecht völlig in ein Museum umwandeln.«

»Richtig«, bricht es aus Simone heraus, und wieder kommt ihre Ironie nicht an. »Deshalb wird auch die Einrichtung, die von der nazistischen Militärjustiz genutzt wurde, nach dem Krieg Speziallager des NKWD und in der DDR ein Gefängnis war, vom Freistaat Sachsen unverändert als Justizvollzugsanstalt betrieben. Der Knast ist seit 1890 ununterbrochen in Benutzung.«

»Keine Gedenkstätte?«

»Nein. Es gibt lediglich vor den Mauern große Tafeln, die auf die unterschiedliche Verwendung der Einrichtung verweisen. Über die Gestaltung der Anlage und die Texte auf den Glastafeln wurde sehr lange und sehr intensiv gestritten. Selbst der Landtag befasste sich damit. Es gab auch Proteste – etwa von Ludwig Baumann aus Bremen, dem Sprecher der Bundesvereinigung der Opfer der Militärjustiz.« Baumann war 1941 in Frankreich desertiert, weil er nicht töten wollte, wurde zum Tode verurteilt und später zu 15 Jahren Zuchthaus begnadigt, die er in Torgau verbüßte, bis man ihn in ein Straftbataillon steckte. Nun fanden er und andere nicht zu Unrecht, dass die üble Rolle des aus Berlin nach Torgau evakuierten Reichskriegsgerichts nicht angemessen sichtbar gemacht werde. Immerhin: Das Terrororgan der Nazis verhängte an die 30.000 Todesurteile gegen Deserteure, etwa tausend wurden allein in Torgau vollstreckt.

Ludwig Baumann, Jahrgang 1921, und alle anderen Deserteure der Wehrmacht galten in der Bundesrepublik bis 1998 offiziell als vorbestraft. Erst ein reichliches halbes Jahrhundert nach dem Untergang des Hitlerreiches entschloss sich der Bundestag zur Korrektur. Und noch weitere zwölf Jahre mussten Baumann und andere darauf drängen, dass in den Text auf der Tafel vor der JVA folgender Satz neu aufgenommen wurde: »Die rechtsstaatlichen Grundsätzen widersprechenden Urteile der nationalsozialistischen Wehrmachtjustiz wurden in ihrer Gänze erst im Jahr 2009 gesetzlich aufgehoben. Nur wenige Opfer konnten die späte Rehabilitierung und die Errichtung dieser Gedenkstätte erleben.«

Die Hamburger *Zeit* berichtete im Mai 2010 über diesen Vorgang. In dem Text findet sich auch ein bemerkenswerter Nebensatz: »In der jungen Bundesrepublik genoss Baumann, *für DDR-Geborene kaum vorstellbar*, den Sozialstatus Verräter, Volksschädling, Kameradenschwein.«

Simone faltet das Papier, von dem sie vorgetragen hatte, und steckt es zurück in die Umhängetasche, in der sie ihre Informationsblätter für die jeweilige Tour mit sich führt.

Nur das Brummen des Motors ist zu vernehmen.

*Eingangstor der Justizvollzugsanstalt Torgau des Freistaates Sachsen, davor die Gedenktafel, die an die Mordstätigkeit des faschistischen Reichskriegsgerichtes erinnert*

Man schweigt entweder aus Betroffenheit oder weil man das Gehörte aus Überzeugung ablehnt.

Draußen sieht man einige dem Verfall preisgegebene Gebäude. Der ockerfarbene Anstrich verrät deren einstige Bewohner. Die Backstein-Kasernen aus der Kaiserzeit hingegen sind formidabel hergerichtet. »Miet- und Eigentumswohnungen«, sagt Simone. »Wie der Jugendwerkhof am anderen Ende der Stadt.«

Nach einer Weile meldet sich der Oberlehrer mit Goldrandbrille wieder, der das Wort »Gulag« vorhin in den Bus gerufen hatte. »Aber Sie wollen doch nicht etwa die Existenz des russischen Speziallagers bestreiten? Da sind auch Menschen gestorben.«

»Nein, keineswegs. Wir sollten aber erstens die Relation bedenken und zweitens, dass Deutschland einen Krieg angezettelt und sich des Völkermordes schuldig gemacht hatte. Die Russen waren Sieger- und Besatzungsmacht. Gemeinsam mit den Alliierten verfolgten sie konsequent Nazi- und Kriegsverbrecher. Das schloss deren Internierung zwangsläufig mit ein …«

»Kommen Sie uns doch nicht damit! Die meisten waren unschuldig.«

Simone redet unbeirrt weiter. »Wenn wir nachher kurz am Gedenkort vor der JVA halten, werden Sie, wenngleich auch nur andeutungsweise, lesen können, dass in diesem Speziallager nicht nur Unschuldige einsaßen. Inhaftiert waren vor allem schuldige Nazis und Kriminelle. Etliche kamen auch nach Sibirien und wurden nie wieder gesehen, andere starben hier. Mancher Überlebende gerierte sich später als Opfer des Stalinismus oder wurde als Widerstandskämpfer gegen den Kommunismus gefeiert. Die Überlebenden der Nazi-Justiz hingegen erkannten unter diesen vermeintlichen Opfern etliche ihrer früheren Peiniger wieder.«

»Was wollen Sie damit sagen?« Die gerötete Glatze braust merklich auf.

»Dass nicht jeder, den die Russen wegsperrten, ein Unschuldslamm war. Er hätte auch unter rechtsstaatlichen Umständen …«

*Zweigeteiltes Gedenken: rechts an die Opfer des Naziterrors, links an die tatsächlichen und vermeintlichen Opfer der sowjetischen Besatzungsmacht*

120

»Aha, Sie bestätigen also, dass keine rechtsstaatlichen Verhältnisse in der Sowjetischen Besatzungszone herrschten?«

»Selbstverständlich. In der SBZ galt – wie in den Westzonen übrigens auch – Besatzungsrecht. Ich denke, Sie wissen Bescheid?« Diese Spitze kann sich Simone nun doch nicht verkneifen. Ende der diplomatischen Höflichkeit, denkt sie, der Tag ist ohnehin gelaufen. Warum soll sie sich auch vor solchen Dämlacks aus dem Westen immer nur krumm machen? Zwanzig Jahre nach Herstellung der staatlichen Einheit ist Schluss mit dem Katzbuckeln, sie will sich nicht mehr für die Vergangenheit entschuldigen. Hat sich auch nur ein Wessi jemals für die Fehler, Irrtümer und Verbrechen seines Systems entschuldigt?

»Noch ein Wort zu den Jugendwerkhöfen.« Simone klammert sich ans Mikrofon. »Wir können uns gern über den pädagogischen Nutzen oder die Sinnlosigkeit solcher Einrichtungen unterhalten. Zunächst sollten wir einmal festhalten, dass wir regelmäßig – nicht erst seit gestern –

*Denkmal der Alliierten am Elbufer*

in der Zeitung von Vorfällen mit kriminellen oder schwer erziehbaren Jugendlichen lesen. Sie kennen die Prügelattacken auf Bahnhöfen, die durch die Medien gehen, die brutalen Überfälle auf Wehrlose. Die Polizei registriert inzwischen fast eine Viertelmillion schwere und gefährliche Körperverletzungen pro Jahr in der Bundesrepublik. Fast jede zweite verfolgte Gewalttat wird von Jugendlichen begangen.«

»Ja, von Ausländern.«

»Da täuschen Sie sich. Die Statistik spricht eine andere Sprache: Deutsche Jugendliche schlagen und stehlen ebenso oft wie Jugendliche mit Migrationshintergrund. Recht haben Sie allerdings, dass von diesen – prozentual gesehen – weitaus mehr straffällig werden als jugendliche Deutsche.«

»Ja, und? Das rechtfertigt doch nicht die Praxis der DDR in den Jugendwerkhöfen.«

»Ich will lediglich bewusst machen, dass es in jeder Gesellschaft, auch in der DDR, Jugendliche gab und gibt, die auffällig sind. Nun kann man Millionen und Abermillionen für Resozialierungsprogramme ausgeben – für Abenteuercamps in den USA, für eine Ausbildung im Ausland und dergleichen Konzepte mehr –, aber das Problem wird damit nicht gelöst.«

»Ja, ja, jetzt kommt wieder der Hinweis auf die schwierige Kindheit und die ungerechten gesellschaftlichen Verhältnisse«, ruft die Frau neben der Glatze mit Goldrandbrille.

»Nein, der kommt nicht«, sagt Simone in ihr Mikrofon. Vor Jahren hätten Fachleute in Zürich für eine Untersuchung die Schicksale hunderter Mörder, Psychopathen, Gewalt- und Sexualverbrecher durchleuchtet. Was kam dabei heraus? Dass alle bisherigen Vorstellungen vom angeblichen Schuldzusammenhang mit einer schweren Kindheit blanker Unsinn seien. Drei Viertel der Gewalttäter stammten aus intakten Familien. Interessant

*Eingang zur Gedenkstätte »Geschlossener Jugendwerkhof Torgau«. »Krisenangebot mit der Möglichkeit zu freiheitsentziehenden Maßnahmen« klingt natürlich besser*

war aber auch, dass neun von zehn jugendlichen Tätern rückfällig geworden seien, bei denen bereits eine Erziehungsmaßnahme angeordnet wurde.

Für sie sei der bemerkenswerteste Satz aus der Studie gewesen: »Programme, die kriminelle Jugendliche etwa mit einer Ausbildung auf den Weg der Tugend zurückführen sollen, sind zwar sicherlich gut gemeint, aber vollkommen wirklungslos. Die Idee, dass die Täter resozialisiert werden müssen, ist grundlegend falsch. Sie sind ja schon sozialisiert. Was sie brauchen, ist eine maßgeschneiderte Therapie, die nur eines zum Ziel hat: Rückfälligkeit verhindern«, sagt Simone und steckt das Blatt wieder zurück in die Tasche. »So, das ist der Kenntnisstand heute. In der DDR, wo es eben auch schwer erziehbare Kinder und Jugendliche gab, hat man sich für offene und geschlossene Jugendwerkhöfe entschieden. Natürlich wurde dort diszipliniert, der Druck war hoch. Und natürlich war es eine Illusion zu meinen, binnen eines halben Jahres – so lange waren die meisten Jugendlichen hier – könne man sie umerziehen, aus den 14- bis 17-Jährigen gleichsam neue Menschen machen. Das hat so wenig funktioniert wie im Westen unter dem Dach der Kirche mit Liebe und Zuneigung.«

Simone wühlt wieder in ihrer Tasche und holt ein Blatt hervor. Einige Verfahren, die von ehemaligen Insassen angestrengt worden waren, seien ins Leere gelaufen. Angehörige des Anstaltspersonals, die beschuldigt worden waren, mussten freigesprochen werden. »Ende Dezember 2004 rückte das Berliner Kammergericht von dieser Einzelfallregelung ab. Der Senat zur Rehabilitierung von DDR-Unrecht urteilte: Die Einweisung in den Geschlossenen Jugendwerkhof Torgau war ›mit wesentlichen Grundsätzen einer freiheitlichen rechtsstaatlichen Ordnung unvereinbar‹, ›verletzte die Menschenwürde grundsätzlich schwerwiegend‹. Zwar waren unter den Insassen auch besonders gewalttätige Jugendliche, darunter Neo-Nazis, weshalb andere Instanzen deren Rehabilitierung bislang abgelehnt haben. Die Berliner Richter befanden jetzt: Die Menschenwürde ist grundsätzlich wichtiger als solche Erwägungen.«

Anlass für dieses Urteil, so zitiert Simone den Beitrag aus der Beilage des *Parlaments* weiter, war die Klage eines Berliners gewesen, der vier Monate in Torgau war. »Nach dem Aufenthalt in Kinderheimen u. Ä. war der 16-jährige Betroffene 1971 für mehrere Monate in den Geschlossenen Jugendwerkhof Torgau verlegt worden, da er zuvor nach den Angaben der zuletzt für ihn zuständigen Heimleitung durch massive Disziplinierungsschwierigkeiten u. a. Prügeleien aufgefallen war«, hieß es nach der Entscheidung des Kammergerichts in der am 28. Dezember 2004 von der Justizpressestelle Moabit verbreiteten Pressemitteilung.

»Im Übrigen denkt man heute über vergleichbare Einrichtungen nach. Jugendhilfeeinrichtungen, in die etwa die Polizei jugendliche Straftäter eingeliefert hatte, erweisen sich als wenig hilfreich: Die Jugendlichen hauen ab und sind weiter kriminell aktiv«, fügt Simone an. Strafunmündige Kinder, bei denen eine kriminelle Karriere droht, werden beispielsweise in Berlin in »offenen stationären Wohngruppen« 24 Stunden am Tag »betreut«. Pro Kind und Monat kostet ein Platz dort etwa 4.800 Euro. Das sei nicht mehr zu finanzieren, und erfolgreich sei das auch kaum. Der Berliner Bildungs- und Jugendsenator – Simone kann ein leichtes Grienen kaum verbergen – denke über ein »Krisenangebot mit der Möglichkeit zu freiheitsentziehenden Maßnahmen« nach. »Gedacht ist es für Kinder und Jugendliche, die kriminell geworden sind und bei ihren Eltern keinen Rückhalt finden oder von diesen sogar zu kriminellen Taten herangezogen werden«, zitiert Simone aus dem Berliner *Tagesspiegel* vom 28. Mai 2011.

Der Bus passiert das Ortsschild von Süptitz, das seit der Verwaltungsreform »Dreiheide« heißt, als es mit zwei benachbarten Gemeinden zusammengelegt wurde. Dahinter beginnt der Naturpark Dübener Heide, der erste Naturpark in Deutschland, wie sich die Verantwortlichen rühmen, der nicht regierungsamtlich, sondern ausschließlich per Bürgerinitiative entstand. Die abwechslungsreiche, hügelige Heidelandschaft bedeckt an die achthundert Quadratkilometer und eben auch so manches blutige Schlachtfeld. Man kann über sie wandern oder mit dem Rad fahren, die Heide-Wege sind insgesamt über tausend Kilometer lang.

Oben, auf den Höhen oberhalb des Dorfes, blicken die Touristen schließlich ins Land. Zu ihren Füßen steht eine Ansammlung von Einfamilienhäusern. Die sind nicht von der Stange. Simone sieht die unverstellt neidischen Blicke. »Das sind meist Leute aus der Torgauer Oberschicht, die sich hier ihr Refugium geschaffen haben: Ärzte, Lehrer, Beamte, Angestellte im gehobenen öffentlichen Dienst. Na, Sie kennen das ja auch aus Ihrer Heimat …«

»Denen scheint es sichtlich gut zu gehen«, knurrt einer, was so viel heißt wie besser als uns. Und: alles mit unserem Geld.

Der Blick geht hinaus, bis zu einer Erhebung am Horizont.

»Was ist das für ein Berg?«, erkundigt sich eine neugierige Frau.

»Das ist der Schildberg bei Schildau. Etwa 215 Meter über NN.«

»Hat das was mit den Schildbürgern zu tun?«

»Ja. Es gibt in der Stadt einen Schildbürgerwanderweg mit etwa einem Dutzend Stationen, quasi den originalen Schauplätzen der einfältigen Schildbürger. Es ist übrigens üble Nachrede, dass Lothar Bisky deshalb seinen Alterssitz in Schildau gewählt habe. Zutreffend hingegen ist, dass der einstige Parteivorsitzende und Europaabgeordnete dort sein Anwesen hat.«

Einige lachen. Sie haben die Anspielung verstanden.

Der Wind weht mit einiger Schärfe über die Anhöhe. So nasskalt wird es hier oben auch an jenem 3. November

1760 gewesen sein, als Österreicher und Preußen aufeinander einschlugen. Zunächst sah es so aus, als würden die Habsburger obsiegen, weshalb bereits ein reitender Bote mit der Siegesmeldung nach Wien entsandt wurde. Auch der verwundete Friedrich gab bereits die Schlacht verloren, zumal ihm zwei Pferde unterm Hintern totgeschossen worden waren. Doch am Abend, o Wunder, wendete sich das Blatt. Der Husarengeneral Zieten eroberte die Batterie der Kanonen, mit denen zuvor an die fünftausend preußische Grenadiere niedergeschossen worden waren. Zieten drehte die Kanonen um und eröffnete damit das Feuer auf die Österreicher.

Doch irgendwie ist es schön hier: das leicht wellige Land mit den grünen Inseln, aus denen da und dort das Blau eines Gewässers blitzt. Niedrig segeln die Wolken dahin, fast glaubt man, mit dem Kopf gegen die Watte zu stoßen. Es ist ruhig hier oben, nur ab und an hört man die allgegenwärtigen Krähen krächzen. Irgendwo meldet sich ein Kuckuck. In der Ferne sieht man Torgau und das weiße Schloss Hartenfels leuchten.

»Ach«, bricht es unvermittelt aus einer Frau heraus, »das alles hatten uns die Russen weggenommen! Doch jetzt gehört es wieder uns.«

# »So sind se eben«

Sind unsere Landsleute wirklich so wie hier dargestellt? Ob sie *alle* so sind, weiß man nicht: Die Reiseführer konnten nur jene beschreiben, die sie betreuten. Ja, gewiss, auch unter den Ossis gibt es Einfaltspinsel zuhauf – wie es sie überall gibt. Der Prozentsatz an Flachzangen ist vermutlich in jeder Völkerschaft gleich groß. Da es aber viermal mehr Wessis gibt als Ossis, ist vermutlich auch der Anteil an Wichtigtuern, Aufschneidern und Knallchargen dort leider auch viermal so groß.

Unlängst war ich auf einer Feier in der Volksbühne. Ein sportlich-drahtiger Literaturprofessor aus NRW, der an unserem Tische saß und sich beizeiten erhob, weil ihm offenkundig das Echo auf seine bedeutungsschweren Sprechblasen zu mager war, schritt zur Garderobe am Ausgang. Wir verfolgten seinen Abgang, sahen, wie er sich seinen Mantel griff und dabei einen leeren Bügel von der Stange mitriss. Dieser fiel zu Boden. Der Akademiker vom Rhein schien das nicht zu bemerken. Erst als er sich den Mantel übergestreift und einen Schritt gemacht hatte, wobei er auf den Bügel trat, registrierte er sein Missgeschick. Was tat er? Er gab dem Bügel einen Tritt, dass dieser unter den langen Schößen der hängenden Mäntel verschwand.

Wir schauten uns ein wenig irritiert an.

»So sind se eben«, sagte einer.

Und jeder am Tisch wusste, was er meinte.